Vahlens Lernbücher

Mehrings
Grundlagen des Wirtschaftsprivatrechts

Grundlagen des Wirtschaftsprivatrechts

von

Jos Mehrings

2., grundlegend aktualisierte Auflage

Verlag Franz Vahlen München

VERLAG
VAHLEN
MÜNCHEN
www.vahlen.de

Die erste Auflage ist als „Grundlagen des Wirtschaftsprivatrechts"
im Pearson Verlag erschienen.

ISBN 978 3 8006 3794 2

Wilhelmstr. 9, 80801 München

Satz: Fotosatz H. Buck
Zweikirchener Str. 7, 84036 Kumhausen

Druck und Bindung: Druckhaus Nomos
In den Lissen 12, 76547 Sinzheim

Gedruckt auf säurefreiem, alterungsbeständigem Papier
(hergestellt aus chlorfrei gebleichtem Zellstoff)

Vorwort zur 1. Auflage

Noch ein Lehrbuch zum privaten Wirtschaftprivatrecht, obwohl es doch schon Dutzende zum Bürgerlichen Recht, zum Zivilrecht und auch zum Wirtschaftsprivatrecht gibt? Macht das Sinn? Die Fragen sind berechtigt, weil in der Tat zahlreiche Lehrbücher zu dieser Thematik auf dem Markt sind. Darunter sind auch einige, die speziell die Zielgruppe der „Nebenfach-Juristen" ansprechen wollen, aber nach Aufbau, Stil und Duktus gleichwohl eher juristische Lehrbücher sind. Von diesen Werken möchte sich dieses Buch unterscheiden. Auf der Grundlage einer langjährigen Lehrtätigkeit am wirtschaftswissenschaftlichen Fachbereich der Carl von Ossietzky Universität Oldenburg und im Studiengang Wirtschaft der Fachhochschule Münster sowie einer zwischenzeitlichen fünfjährigen Tätigkeit als Zivilrichter am Amtsgericht, Landgericht und Oberlandesgericht habe ich versucht, es ganz bewusst und zielgerichtet auf die Gruppe der Wirtschaftswissenschaftler auszurichten. Es werden deswegen viele Probleme anders, zugleich aber auch andere Probleme als in einem „echten" juristischen Lehrbuch für Anfangssemester behandelt.

Was wird anders behandelt?

- Manches, was in einem juristischen Lehrbuch unverzichtbar erscheint, etwa die legendäre Trierer Weinversteigerung, fehlt, weil die betriebliche Praxis das darin liegende Rechtsproblem nur sehr begrenzt interessiert. Dagegen interessieren mehr und mehr die Rechtsprobleme in Zusammenhang mit Versteigerungen im Internet, auf die an verschiedenen Stellen eingegangen wird.
- Bei den Leistungsstörungen wird die bei den Juristen so beliebte Unmöglichkeit in ihren vielfältigen Verschachtelungen und Ausprägungen nicht zu Beginn und auch nicht besonders ausführlich dargestellt; mehr Gewicht wird hingegen auf den Verzug und die Schlechtleistung gelegt, und zwar beim Kaufvertrag, aber auch beim Werkvertrag und beim Mietvertrag. Auch andere Aspekte dieser beiden Vertragstypen werden angesprochen, etwa die Frage der Sicherung von Werklohnforderungen und Probleme der Geschäftsraummiete. Denn es ist weitgehend bekannt, dass Mietverhältnisse über Geschäftsräume oft auf bestimmte Zeit (etwa auf fünf oder zehn Jahre) abgeschlossen werden, aber man macht sich oft keine Gedanken, warum dies so ist (Stichwort: kein Kündigungsschutz).
- Im Teil Sachenrecht werden dem gesetzlichen Eigentumserwerb und der Kreditsicherung mehr Seiten gewidmet als dem gutgläubigen Erwerb.
- Aspekte des Handels- und Gesellschaftsrechts sind in den jeweiligen Kontext einbezogen, etwa das Schweigen im Handelsverkehr und das kaufmännische Bestätigungsschreiben im Teil zum Vertragsabschluss, die Vertretung von Gesellschaften im Teil Vertretungsrecht und die kaufmännische Rügeobliegenheit in Zusammenhang mit der Mängelhaftung.

Es war mein Ziel, mit vielen Beispielen zu arbeiten, die ich der Rechtsprechung – mehr als einmal auch meiner eigenen – und der betrieblichen Praxis entnommen habe. Der minderjährige Lottogewinner, die unerkannt Geisteskranken und die Hunde, die zu Alleinerben eingesetzt werden sollen, fehlen hingegen. Dies gilt auch für schwierige dogmatische Ableitungen und für juristische Spielereien, soweit diese mehr theoretischer oder akademischer Natur sind. Dagegen sollen Merksätze, Grafiken, Praxistipps, zahlreiche Beispiele, Hinweise zum Anfertigen von Klausuren und ein Glossar wichtiger Begriffe das Buch abrunden.

Ob dieses „etwas andere Lehrbuch“ geglückt ist, mag jeder Leser für sich entscheiden. Ich hoffe, den „Nebenfach-Juristen“ an Universitäten, Fachhochschulen, Berufsakademien, Verwaltungs- und Wirtschaftsakademien und ähnlichen Einrichtungen einen für das Studium geeigneten und für die spätere Berufspraxis verwertbaren Zugang zum Recht zu eröffnen, der sie in die Lage versetzt, die Bedeutung des Rechts zu erkennen und die Chancen, die es bietet, zu nutzen. Daneben soll dieses Buch aber auch den „jungen Juristen“, der seine erste Hausarbeit oder seine ersten Klausuren zu schreiben hat, unterstützen. Schließlich wünsche ich mir, dass Lehrer an berufsbildenden Schulen, die Rechtskunde zu unterrichten haben, Nutzen ziehen mögen.

Münster, Mai 2006 Jos Mehrings

Vorwort zur 2. Auflage

Nach umfangreicher Überarbeitung und Aktualisierung liegt nunmehr die 2. Auflage des in 1. Auflage unter dem Titel „Grundlagen des Wirtschaftsprivatrechts. Theorie und Praxis für Wirtschaftswissenschaftler“ (Pearson, München 2006) erschienenen Lehrbuchs zum Wirtschaftsrecht vor. Das bisherige Konzept wurde beibehalten.

Ich freue mich, dass das Buch nunmehr im Verlag Franz Vahlen GmbH erschienen ist.

Münster, September 2010 Jos Mehrings

Inhaltsverzeichnis

2. Teil Vertragliche Schuldverhältnisse

4. Teil Gesetzliche Schuldverhältnisse

5. Teil Sachenrecht

8. Teil Glossar

Abkürzungsverzeichnis

Abs.	Absatz
AktG	Aktiengesetz
ALR	Allgemeines Landrecht für die Preußischen Staaten
APR	Allgemeines Persönlichkeitsrecht
ArbZG	Arbeitszeitgesetz
BauGB	Baugesetzbuch
BB	Betriebsberater (Zeitschrift)
BGBl.	Bundesgesetzblatt
BGH	Bundesgerichtshof
BurlG	Bundesurlaubsgesetz
C. I. C.	culpa in contrahendo
ebd.	ebenda
EMRK	Europäischen Menschenrechtskonvention
ErbbauRG	Erbbaurechtsgesetz
Etc.	et cetera
GBO	Grundbuchordnung
GG	Grundgesetz
Ggf.	gegebenenfalls
GmbHG	GmbH-Gesetz
GWB	Gesetz gegen Wettbewerbsbeschränkungen
HGB	Handelsgesetzbuch
km	Kilometer
KW	Kalenderwoche
LG	Landgericht
MDR	Monatsschrift für Deutsches Recht (Zeitschrift)
MMR	MultiMedia & Recht (Zeitschrift)
MuSchG	Mutterschutzgesetz
m. Rspr. Nachw.	mit Rechtsprechungsnachweisen
m. w. Nachw.	mit weiteren Nachweisen
NJW	Neue Juristische Wochenschrift (Zeitschrift)
NJW-RR	Neue Juristische Wochenschrift – Rechtssprechungsreport (Zeitschrift)
OLG	Oberlandesgericht
p.a.	per annum (pro Jahr)
PatG	Patentgesetz
ppA	per Prokura (durch den Stellvertreter)
RaU	Recht am Unternehmen
Rn.	Randnummer
RVG	Rechtsanwaltsvergütungsgesetz
S.	Satz
s.	siehe
SÜ	Sicherungsübereignung
t	Tonne(n)
TBM	Tatbestandsmerkmal

TierSchG	Tierschutzgesetz
UKlaG	Unterlassungsklagengesetz
UrhG	Urheberrechtsgesetz
usw.	und so weiter
VersR	Versicherungsrecht (Zeitschrift)
vgl.	vergleiche
WG	Wechselgesetz
WiStG	Wirtschaftsstrafgesetz
ZMR	Zeitschrift für Miet- und Raumrecht
ZPO	Zivilprozessordnung
ZVG	Zwangsversteigerungsgesetz

Einleitung

1. Usain Bolt – König der Sprinter

Juristische Vorlesungen erfreuen sich bei einem Teil der Studierenden, insbesondere auch bei den BWL-Studenten, keiner besonders großen Beliebtheit. Immer wieder wird beklagt, „Recht sei eine trockene Materie", langweilig und die Fälle, die man bearbeiten müsse, seien an den Haaren herbeigezogen. Dazu gesellt sich die Auffassung, Recht haben und Recht zu bekommen seien ganz unterschiedliche Dinge, die Gerichte seien zu teuer und arbeiteten zu langsam, und viele Strafurteile schützten mehr den Täter als das Opfer. Da verwundert es nicht, dass auch die Juristen selbst oft nicht gut wegkommen. Da ist von Paragrafenreitern, von Winkeladvokaten oder gar von Rechtsverdrehern die Rede.

In der Kurzgeschichte „Der Vertrag" von Ludwig Thoma heißt es in sehr bissiger Form:

„Der königliche Landgerichtsrat Alois Eschenberger war ein guter Jurist und auch sonst von mäßigem Verstande. Er kümmerte sich nicht um das Wesen der Dinge, sondern ausschließlich darum, unter welchen rechtlichen Begriff dieselben zu subsummieren waren."[1]

Die Einschätzungen über das Recht und über die Juristen sollen hier – man möge mir dies als Angehöriger dieser Berufsgruppe nachsehen – nicht kommentiert werden, doch hat Ludwig Thoma uns zu einem wichtigen Aspekt der juristischen Tätigkeit geführt: Dem **Subsumieren**. Hierbei handelt es sich um einen juristischen Zentralbegriff. Zwar ist nicht jeder, der gut subsumiert, schon ein guter Jurist, denn das erfordert eine ganze Reihe weiterer Fähigkeiten und persönlicher Eigenschaften. Aber jemand, der nicht subsumieren kann, ist mit ziemlich großer Sicherheit *kein* guter Jurist. Dieses Wortspiel lässt sich zwanglos auf das Anfertigen von juristischen Klausuren und Hausarbeiten übertragen.

Wer gut subsumiert, hat nicht automatisch Erfolg. Wer aber nicht subsumiert, wird keinen Erfolg haben.

Was steckt also hinter diesem Wort? Um was geht es? Es geht um die Anwendung einer juristischen Vorschrift auf einen bestimmten Sachverhalt. Die heutigen Gesetze sind abstrakt gefasst, gelten also für eine Vielzahl von Sachverhalten. In früheren Jahren waren die Gesetze zum Teil erheblich konkreter gefasst, regelten also bestimmte Fälle sehr detailliert. Diese Regelungstechnik bezeichnet man als Kasuistik[2].

Ein immer wieder gern zitiertes Beispiel für kasuistische Regelungen findet sich im **Allgemeinen Landrecht für die Preußischen Staaten** vom 05.02.1794 (ALR). Dort heißt es im Zweyten Titel des zweyten Theils:

---

1 Die sehr lesenswerte Geschichte findet sich unter http://de.wikisource.org/wiki/Der_Vertrag (Abruf am 27.07.2010).

2 Abgeleitet von casu, lat. der Fall.

Rechte und Pflichten der Aeltern[3]:

1) Wegen der Verpflegung. …

§ 67 Eine gesunde Mutter ist ihr Kind selbst zu säugen verpflichtet.

§ 68 Wie lange sie aber dem Kinde die Brust reichen solle, hängt von der Bestimmung des Vaters ab.

§ 69 Doch muß dieser, wenn die Gesundheit der Mutter oder des Kindes unter seiner Bestimmung leiden würde, dem Gutachten der Sachverständigen sich unterwerfen."

Es folgt eine Vielzahl weiterer Regelungen mit den Titeln:

2) Wegen der Erziehung und des Unterrichts.

3) Rechte der aelterlichen Zucht.

4) Von Erziehung der Kinder aus geschiedenen Ehen.

5) Rechte und Pflichten der Aeltern bey der Wahl einer Lebensart für die Kinder.

6) Bey der Verheirathung der Kinder.

7) Pflicht der Kinder zu häuslichen Diensten.

8) Wie weit Kinder etwas erwerben, oder sich oder die Aeltern verpflichten können.

9) Von den Verpflichtungen aus unerlaubten Handlungen der Kinder.

Die Regelung möglichst vieler Einzelheiten erleichtert die Rechtsanwendung und führt zu einer hohen Rechtssicherheit, doch waren die Gesetze viel umfangreicher als es heute der Fall ist. Das Preußische Landrecht (ALR) umfasste ca. 19.000 Paragrafen, es regelte neben dem allgemeinen Zivilrecht, Familien- und Erbrecht aber auch das Lehnsrecht, Ständerecht, Gemeinderecht, Staatsrecht, Kirchenrecht, Polizeirecht, Strafrecht und Strafvollzugsrecht. Wollte man alle diese Rechtsgebiete heute so konkret regeln wie im ALR, käme man vermutlich auf weit über 100.000 Vorschriften. Da kommt das BGB mit seinen ca. 2.400 Paragrafen schon fast bescheiden daher.

Dies ist nur möglich, weil das BGB einer anderen Technik folgt und abstrakt abgefasst ist. Regelungen dazu, ob und wie lange eine Mutter ihr Kind zu stillen hat, sucht man vergebens. Stattdessen heißt es ganz allgemein:

Buch 4: Familienrecht, Abschnitt 2: Verwandtschaft, Titel 5: Elterliche Sorge

§ 1626 Elterliche Sorge, Grundsätze

(1) Die Eltern haben die Pflicht und das Recht, für das minderjährige Kind zu sorgen (elterliche Sorge). Die elterliche Sorge umfasst die Sorge für die Person des Kindes (Personensorge) und das Vermögen des Kindes (Vermögenssorge).

(2) Bei der Pflege und Erziehung berücksichtigen die Eltern die wachsende Fähigkeit und das wachsende Bedürfnis des Kindes zu selbständigem verantwortungsbewusstem Handeln. Sie besprechen mit dem Kind, soweit es nach dessen Entwicklungsstand angezeigt ist, Fragen der elterlichen Sorge und streben Einvernehmen an.

(3) Zum Wohl des Kindes gehört in der Regel der Umgang mit beiden Elternteilen. Gleiches gilt für den Umgang mit anderen Personen, zu denen das Kind Bindungen besitzt, wenn ihre Aufrechterhaltung für seine Entwicklung förderlich ist.

3 Gemeint sind die Eltern.

Wenn es jetzt zu einem Streit darüber kommt, ob die Mutter das Kind stillen soll, fällt die Entscheidung auf der Grundlage des BGB viel schwerer als auf der Grundlage des ALR. Denn das BGB regelt nur allgemein, dass die Eltern die Pflicht zur elterlichen Sorge haben, ohne aber zu bestimmen, was darunter im Einzelnen zu verstehen ist, während das ALR die Frage des Stillens konkret regelt.

Als Student mag man bedauern, dass das BGB abstrakt gefasst ist, doch ist zu entgegnen, dass kasuistisch abgefasste Gesetze angesichts der Komplexität der Lebensverhältnisse heute nicht mehr handhabbar wären. Welche Auswüchse eine hohe Regelungsdichte haben kann, zeigt sich im deutschen Steuerrecht. Ob die immer wieder zu hörende Schätzung zutrifft, dass mehr als 70% der weltweit erschienenen Literatur zum Steuerrecht in deutscher Sprache verfasst ist, mag man bezweifeln, doch ohne Frage kommen sehr viele Steuerpflichtige mit den Regeln, Ausnahmen, Gesetzen und Erlassen des Steuerrechts ohne Hilfe durch einen Steuerberater nicht zurecht.

Zurück zum BGB: Wir müssen damit leben, dass das BGB **abstrakt** gefasst ist, wir aber gleichwohl **konkrete Sachverhalte** entscheiden müssen. Dabei hilft eine spezielle Arbeitstechnik, die Sie auf den nächsten Seiten kennenlernen.

Beispiel

Fahrradfahrer F kommt zu Fall, weil Autofahrer A ihm die Vorfahrt nimmt. Das Fahrrad des F wird völlig zerstört. F verlangt deshalb von A Schadensersatz.

Dieser einfache Fall mit den Beteiligten A und F ist natürlich in keinem Gesetz der Welt konkret geregelt, auch nicht im BGB. Andererseits muss es Regelungen zu der Frage geben, ob F von A Schadensersatz verlangen kann. *Eine* insoweit in Betracht kommende Vorschrift ist **§823 Abs.1 BGB**[4]. Dort heißt es:

„Wer vorsätzlich oder fahrlässig das Leben, den Körper, die Gesundheit oder die Freiheit, das Eigentum oder ein sonstiges Recht eines anderen widerrechtlich verletzt, ist dem anderen zum Ersatz des daraus entstehenden Schadens verpflichtet."

In dieser Vorschrift sind – man glaubt es kaum – nicht weniger als sieben Tatbestandsmerkmale (TBM)[5] enthalten (oder besser „versteckt?").

Für die Prüfung gilt abstrakt (also losgelöst vom Einzelfall) folgende Regel:

Wenn

alle sieben Tatbestandsmerkmale (TBM) des §823 Abs.1 BGB vorliegen (erfüllt sind),

dann

tritt die Rechtsfolge des §823 Abs.1 BGB *„ist dem anderen zum Ersatz des daraus entstehenden Schadens verpflichtet"* ein.

---

[4] Daneben kommen Vorschriften aus dem Straßenverkehrsgesetz in Betracht, nämlich §7 Abs.1 StVG (gegen den Halter des Kfz) und §18 Abs.1 StVG (gegen den Fahrer).

[5] Wenn Sie es nicht abwarten können oder wenn Sie mir nicht glauben, dürfen Sie schon mal auf S.382 nachsehen.

Das bedeutet für unseren konkreten Fall: Liegen alle sieben TBM vor, dann ist der Autofahrer A dem Fahrradfahrer F nach §823 Abs. 1 BGB zum Schadensersatz verpflichtet: Fehlt hingegen *nur eine* Voraussetzung, besteht nach §823 Abs. 1 BGB *kein* Anspruch des F auf Schadensersatz. Gegebenenfalls kommen aber andere Anspruchsgrundlagen in Betracht, die entsprechend zu prüfen sind[6].

Achtung: Was Sie unbedingt wissen sollten und notfalls auswendig lernen müssen, wird in diesem Buch mit **„Merke"** besonders gekennzeichnet.

Merke

§823 Abs. 1 BGB besteht – wie viele andere Paragrafen – aus einem Tatbestand (TB) und einer Rechtsfolge (RF). Dabei setzt sich der TB aus sieben Tatbestandsmerkmalen (TBM) zusammen.

Mathematisch gesehen gilt:

TBM 1 + TBM 2 + TBM 3 + TBM 4 + TBM 5 + TBM 6 + TBM 7 = RF Schadensersatz

So weit, so gut. Aber was bedeutet jetzt subsumieren?

Klausurtipp

Subsumieren bedeutet, dass für jedes einzelne **abstrakte Tatbestandsmerkmal** eine **konkrete Prüfung** stattfindet, ob es erfüllt ist. Wenn Sie eine Klausur oder Hausarbeit schreiben müssen, steht der zu untersuchende Sachverhalt (die gestellte Aufgabe, der Fall) fest. Sie können deshalb sofort mit der juristischen Bearbeitung beginnen.

Praxistipp

Ganz anders ist es im wirklichen Leben: Auch hier muss der Sachverhalt natürlich so berücksichtigt werden, wie er sich tatsächlich zugetragen hat. Oft muss das Gericht aber zunächst in zum Teil mühsamer Vorarbeit klären, *was* sich zugetragen hat, wenn die Parteien („Kläger" und „Beklagter") den Sachverhalt unterschiedlich, bisweilen sogar ganz unterschiedlich vortragen. Für die Feststellung des Sachverhalts müssen dann eventuell Zeugen vernommen, Urkunden gesichtet oder ein Sachverständiger mit der Erstellung eines Gutachtens beauftragt werden. Deshalb ist es ganz wichtig, rechtzeitig Vorkehrungen zu treffen, um die erforderlichen Beweise erbringen zu können.

Kommen wir zurück auf unseren Fall mit dem Unfall zwischen Autofahrer und Fahrradfahrer: Um entscheiden zu können, ob der Autofahrer A dem Fahrradfahrer F nach §823 Abs. 1 BGB zum Schadensersatz verpflichtet ist, muss geprüft werden, ob alle in §823 Abs. 1 BGB enthaltenen sieben Tatbestandsmerkmale in *diesem* Fall, also konkret vorliegen. Diese Prüfung geschieht mithilfe der Subsumtion für die einzelnen Tatbestandsmerkmale (TBM).

---

6 Vgl. Fn. 4.

§ 823 Abs. 1 BGB verlangt als **TBM 1** eine **Handlung** der Person, die Schadensersatz leisten soll. Da A Schadensersatz zahlen soll, ist also zu fragen, ob *hier* (im *konkreten* Fall) eine Handlung des A vorliegt.

> Fahrradfahrer F kommt zu Fall, weil Autofahrer **A ihm die Vorfahrt nimmt.** Das Fahrrad des F wird völlig zerstört.

Theorie

Um zuverlässig beurteilen zu können, ob eine Handlung des A vorliegt, ist zunächst abstrakt, also noch ohne Bezug zum konkreten Fall zu klären,

was eine Handlung im Sinne des § 823 Abs. 1 BGB ist (abstrakte Beschreibung = Definition).

Danach ist zu untersuchen,

ob *hier* eine Handlung des A vorliegt (konkrete Prüfung = Subsumtion).

Praxis

Nennen: Es ist zu prüfen, ob eine **Handlung** des A vorliegt.

Definieren: Eine **Handlung** im Sinne des § 823 Abs. 1 BGB ist ein Tun einer Person oder ein pflichtwidriges Unterlassen.

Subsumieren: A hat F mit dem Auto die Vorfahrt genommen. Also liegt eine **Handlung** des A vor. Das TBM 1 ist erfüllt.

In der gleichen Weise werden die weiteren TBM untersucht. Wenn die Untersuchung ergibt, dass alle sieben TBM erfüllt sind, wird die Rechtsfolge *„A ist F zum Schadensersatz verpflichtet"* ausgelöst.

Die Juristen haben eine sehr ausgefeilte **Subsumtionstechnik** entwickelt, die jeder, der ein juristisches Problem in der Praxis zu bearbeiten oder eine juristische Aufgabe im Studium oder in der Ausbildung zu lösen hat, beherrschen und anwenden sollte. Wie man das macht, haben wir gerade schon gesehen. Es wird aber innerhalb dieses Buchs immer wieder an Beispielen und in einem eigenen Kapitel zur Lösung von Rechtsfällen erläutert[7].

Die Subsumtionstechnik ist aber nicht alles. Zu ihr muss sich Wissen gesellen: Und zwar nicht allein das Wissen von bestimmten Einzelheiten, sondern auch die Kenntnis von Strukturen und Zusammenhängen. Oft reicht es aus, dass man weiß, *wo* etwas steht, um nachzusehen, *was* da steht. Warum sollte man sich die verschiedenen Verjährungsfristen merken, wenn man sich gemerkt hat, wo die Fristen in etwa stehen, oder wenn man in der Lage ist, mithilfe des Sachregisters die maßgeblichen Vorschriften zu finden?

Diese Ausführungen sollten nicht so verstanden werden, dass man keine Einzelheiten wissen darf! Wissen schadet nicht. Im Gegenteil: Bestimmte Defini-

[7] Vgl. Kap. 30 und die Beispiele in Kap. 31.

tionen sollte man kennen, weil sie im BGB und in den anderen Gesetzen nicht enthalten sind.

- So definiert das BGB in § 276 Abs. 2 BGB den Begriff „Fahrlässigkeit", aber an keiner Stelle den Begriff „Vorsatz".
- Aus § 151 BGB lässt sich zwar entnehmen, dass ein Vertrag durch die Annahme eines Antrags zustande kommt. Es wird aber weder hier noch an einer anderen Stelle des BGB definiert, was ein Antrag ist und wann eine Annahme vorliegt. Diese Begriffe muss man deshalb kennen und sich merken.
- Gleiches gilt für den Begriff „Zugang" in § 130 Abs. 1 S. 1 BGB. Diese Vorschrift regelt, dass bestimmte Willenserklärungen (erst) wirksam werden, wenn sie einem anderen *zugehen*, sagt aber nicht, was unter „Zugang" zu verstehen ist.

Wenn es jetzt für die Lösung eines Rechtsstreits darauf ankommt, ob ein Schreiben ein Angebot darstellt, eine Mahnung enthält oder ob eine Kündigung rechtzeitig angekommen (zugegangen) ist, dann muss der jeweilige Begriff, wie oben schon gesehen, vor der Subsumtion definiert werden.

Merke

Ohne Definition keine Subsumtion!

Zuvor wird der Begriff, der geprüft werden soll, *genannt*. Zur Verdeutlichung ein Beispiel aus einem ganz anderen Bereich:

Beispiel

Im Jahr 2009 fanden im Berliner Olympiastadion die Weltmeisterschaften der Leichtathleten statt. Einer der ganz großen Stars war der jamaikanische Sprinter Usain Bolt. Am 20. August 2009 siegte er, übrigens vor den Augen des Autors dieses Buches, über 200 Meter Männer in der Fabelzeit von 19,19 Sekunden. Durch diesen Sieg hatte er einen Anspruch auf die seit 1997 vom Leichtathletikweltverband (IAAF) gezahlte Siegprämie in Höhe von 60.000 $. Zu klären war zusätzlich, ob Usain Bolt mit 19,19 Sekunden einen neuen Weltrekord aufgestellt hatte. Denn dann stand ihm ein weiterer Anspruch gegen den IAAF auf die Weltrekordprämie von 100.000 $ zu.

Wie würden Sie vorgehen?

Zunächst ist festzulegen, was geprüft (untersucht) werden soll. Hier wird also das Untersuchungsziel genannt. Das ist der **erste** Schritt.

Um die Prüfung durchzuführen, muss im **zweiten** Schritt ermittelt werden, bei welcher Zeit der bisherige Weltrekord liegt. Dieser Schritt entspricht der **Definition**.

Anschließend wird im **dritten** Schritt geprüft, ob die im konkreten Wettbewerb erzielte Zeit besser als die bisher erzielte Zeit ist. Dieser Schritt entspricht der **Subsumtion**.

Daraus folgt:

Nennen: Es ist zu prüfen, ob Usain Bolt einen Anspruch auf Zahlung einer Prämie von 100.000 $ gegen den IAAF hat. Das ist der Fall, wenn er mit der anlässlich der WM in Berlin erzielten Zeit von 19,19 Sekunden über 200 Meter Männer einen neuen Weltrekord erzielt hat.

Definieren: Der bisherige Weltrekord auf dieser Strecke lag bei 19,30 Sekunden, aufgestellt von Usain Bolt bei den Olympischen Spielen in Peking im Jahr 2008.

Subsumieren: Die in Berlin erzielte Zeit von 19,19 Sekunden ist besser als die Zeit von 19,30 Sekunden. Also hat Usain Bolt durch die Verbesserung seines eigenen Weltrekords um 11/100 Sekunden einen neuen Weltrekord aufgestellt. Er hat damit einen Anspruch auf die Weltrekordprämie von 100.000 $.

Das war nicht schwer, oder? Eigentlich war es – wenn man ehrlich ist – sogar einfach und logisch, denn wie sollte man die Aufgabe anders lösen?

Genau wie gerade beschrieben, funktioniert die juristische Subsumtion: Auch hier wird der Begriff zunächst **genannt,** dann allgemein **definiert,** danach wird konkret geprüft, also **subsumiert.** Diese Technik kann man erlernen, aber man muss sie üben, üben und nochmals üben.

Merke

Die Untersuchung einer Rechtsfrage besteht aus drei Schritten:

Erster Schritt: **N**ennen, was untersucht werden soll

Zweiter Schritt: **D**efinition (abstrakte Beschreibung, noch ohne Bezug zum konkreten Fall)

Dritter Schritt: **S**ubsumtion (Prüfung, mit Bezug zum konkreten Fall)

Abgekürzt **NDS,** also das Bundesland Niedersachsen!

Nach dem „Weltrekordbeispiel" nun ein juristisches Beispiel:

In einem an den Schuldner gerichteten Schreiben der Gläubigerin G-GmbH vom 19.06.2010 heißt es:

„Leider ist der fällige Kaufpreis bisher auf unserem Konto nicht gutgeschrieben worden. Bitte nehmen Sie die Zahlung unverzüglich vor." Enthält dieses Schreiben eine Mahnung?

Nennen: Es ist zu prüfen, ob das Schreiben der G-GmbH vom 19.06.2010 eine Mahnung enthält.

Definition: Eine Mahnung ist eine an den Schuldner gerichtete bestimmte und eindeutige Aufforderung des Gläubigers zur Leistung. Eine Fristsetzung ist nicht erforderlich, auch nicht die Androhung negativer Folgen. Es genügt, wenn der Gläubiger deutlich zum Ausdruck bringt, dass er die Leistung ernsthaft verlangt.

Subsumtion: Das Schreiben der G-GmbH ist höflich formuliert, was gegen das Vorliegen einer Mahnung sprechen könnte. Auf der anderen Seite macht die G-GmbH deutlich, dass sie die Zahlung unverzüglich erhalten möchte. Darin liegt eine bestimmte und eindeutige Aufforderung, die verdeutlicht, dass die G-GmbH die Zahlung ernsthaft verlangt. Also enthält das Schreiben eine Mahnung.

2. Zur Arbeit mit diesem Buch

Wenn Sie dieses Buch nutzen wollen, um sich auf eine Klausur oder eine sonstige Prüfung vorzubereiten, beachten Sie in Ihrem eigenen Interesse unbedingt die folgenden Arbeitshinweise:

- Nehmen Sie Ihren Gesetzestext zur Hand. Lesen Sie bitte jede Vorschrift, die im Text genannt ist, sorgfältig durch. Manchmal muss man eine Vorschrift mehrfach lesen, um sie zu verstehen. Wenn Sie auch nach mehrfachem Lesen Schwierigkeiten mit dem Verständnis eines Paragrafen haben – was durchaus vorkommen kann –, notieren Sie sich, was Sie nicht verstanden haben. Bearbeiten Sie dann die Ausführungen im Buch und kontrollieren Sie, ob die Verständnisprobleme verschwunden sind. Anderenfalls fragen Sie jemanden, der Ihnen weiterhelfen kann, zum Beispiel Ihren Dozenten.
- Fast alle im Text enthaltenen Vorschriften einschließlich des BGB sind in der Textsammlung „Aktuelle Wirtschaftsgesetze“ (Verlag Vahlen) enthalten. Im Übrigen finden Sie auf der vom Bundesjustizministerium betreuten Seite http://www.gesetze-im-internet.de alle Gesetze in aktueller Fassung.
- Lesen Sie die Ausführungen im Text langsam, wenn es geht am besten laut. Versuchen Sie, einzelne Passagen zu wiederholen. Etwa so: „Also § 164 Abs. 1 BGB setzt voraus, dass …“
- Machen Sie, wenn überhaupt, zurückhaltend vom Textmarker Gebrauch. Hier gilt der Satz: „Weniger ist mehr!“ Schreiben Sie sich besonders wichtige Passagen heraus. Das erleichtert das Behalten.
- Prägen Sie sich die Merksätze ein und bearbeiten Sie die Übungsaufgaben! Versuchen Sie, die Merksätze nach einer kleinen Pause zu wiederholen.

3. Von P bis N

Bei einigen Paragrafen finden Sie vor den einzelnen Voraussetzungen (den Tatbestandsmerkmalen) die Abkürzungen P1, P2, N1, N2 usw.

Der Buchstabe **„P“** steht dabei für ein positives Tatbestandsmerkmal, das **vorliegen muss,** um eine bestimmte Rechtsfolge zu begründen.

Der Buchstabe **„N“** steht für ein negatives Merkmal, das **nicht vorliegen darf,** weil es die Rechtsfolge ausschließt.

Betrachtet man eine Anspruchsgrundlage, dann sind die P-Voraussetzungen anspruchsgründend, die N-Voraussetzungen anspruchsvernichtend oder anspruchshemmend. Was heißt das nun?

Vergleichen Sie zum besseren Verständnis die Ausführungen im Kaufrecht[8]. Danach hat der Anspruch des Käufers auf eine Nacherfüllung des Kaufvertrags nach § 437 Nr. 1 BGB drei positive Voraussetzungen (P1, P2, P3[9]). Diese drei

---

8 Vgl. S. 227
9 Vgl. S. 228 ff.

„P-Voraussetzungen" müssen alle drei vorliegen. Fehlt nur eine davon, besteht kein Anspruch. Das haben wir bereits oben zu § 823 Abs. 1 BGB gesehen, wo es sogar um sieben positive TBM ging.

Von den vier „N-Voraussetzungen" des § 437 Nr. 1 BGB (N1, N2, N3, N4[10]) darf *keine* vorliegen. Ist auch nur *eine* oder sind gar mehrere der negativen Voraussetzungen gegeben, besteht der Anspruch nicht bzw. ist er nicht durchsetzbar. Bei den negativen Voraussetzungen gilt der Satz: „*Ein* faules Ei verdirbt den Brei!"

Dieser Zusammenhang lässt sich in verschiedenen Formen darstellen:

3.1 Mathematische Darstellung

Wenn man § 437 Nr. 1 BGB mathematisch darstellen will und zunächst nur die positiven Voraussetzungen betrachtet, gilt Folgendes:

P1 (Kaufvertrag) + P2 (Mangel der Kaufsache) + P3 (im Zeitpunkt des Gefahrübergangs) = Anspruch des Käufers auf Nacherfüllung.

Auch wenn alle positiven TBM vorliegen, besteht der Anspruch aber nicht, wenn *eine* oder mehrere negative Voraussetzungen eingreifen. Die Gleichung ist deshalb wie folgt zu ergänzen:

P1 + P2 + P3 und *nicht* N1 (Kenntnis des Käufers vom Mangel) oder N2 (Haftungsausschluss) oder N3 (Verjährung) oder N4 (Verletzung § 377 HGB) = Anspruch.

3.2 Verbale Darstellung

Verbal heißt es:

Wenn

die Voraussetzungen P1, P2 und P3 vorliegen und wenn weder N1 noch N2 noch N3 noch N4 vorliegen,

dann

besteht ein Anspruch auf Nacherfüllung.

3.3 Grafische Darstellung

Grafisch ergibt sich folgendes Bild:

P1 und	P2 und	P3	und *nicht*	N1 oder	N2 oder	N3 oder	N4	=	Anspruch

4. Ein Vorgeschmack

Die folgenden zum Teil nicht ganz einfachen Fälle sollen Ihnen einen kleinen Vorgeschmack auf das liefern, was Sie in diesem Buch erwartet. Alle Beispiele sollten Sie nach dem Durcharbeiten des Buchs lösen können. An dieser Stelle können Sie vorab eine Vermutung äußern, die dann später auf ihre Richtigkeit hin zu überprüfen ist.

---

10 Vgl. S. 241 ff.

1. Ein Fehler kommt selten allein (Versteigerung im Internet)

Ein Student der Betriebswirtschaftslehre bot bei einer Versteigerung im Internet einen reimportierten neuen VW-Passat zum Verkauf an den Höchstbietenden an. Ihm unterliefen dabei zwei „kleine" Fehler: Er setzte keinen Mindestpreis fest und ließ Stufen für ein höheres Gebot von (nur) 10,– DM, also etwa 5,– € zu. Das Ergebnis: Am Ende der Auktion belief sich das höchste Gebot auf – umgerechnet – 13.472,– €, während der Listenpreis des Fahrzeuges 29.140,– € betrug. Angesichts dieses schlechten Geschäfts weigerte sich der Student, das Fahrzeug an den letzten Bieter K auszuliefern. Dieser erhob daraufhin Klage vor dem zuständigen Landgericht Münster. Dieses wies die Klage ab. Das ließ sich der letzte Bieter nicht bieten und ging in die Berufung. Das OLG Hamm gab ihm Recht, weil der Student aufgrund der Versteigerungsbedingungen verpflichtet sei, mit dem letzten Bieter einen Kaufvertrag abzuschließen. Gegen dieses Urteil legte der Student Revision beim Bundesgerichtshof (BGH) in Karlsruhe ein. Musste er das Fahrzeug für 13.472,– € an K liefern?[11]

Schreiben Sie Ihre Lösung in den folgenden Kasten:

Meine Lösung:

2. Zu kurz, um wahr zu sein (Inhaltskontrolle von AGB)

In dem vom Kfz-Händler G ständig genutzten „Autokaufvertrag" heißt es in Ziffer 9:

„Alle Mängel sind unverzüglich, spätestens aber innerhalb von zwei Wochen anzuzeigen."

Käufer K lässt sich ein wenig mehr Zeit und reklamiert einen Mangel seines neuen Pkw erst nach vier Wochen. G beruft sich auf den von K unterschriebenen Vertrag und verweigert die von K geforderte Nachbesserung „wegen Fristablaufs". Zu Recht?[12]

Meine Lösung:

3. Schnell verdientes Geld? (Skontoklausel)

Die S-GmbH erhält von der G-AG eine Rechnung über 350.000,– €. Auf der Rechnung heißt es:

---

[11] Zur Lösung S. 12.
[12] Zur Lösung S. 74.

„Bei Zahlung innerhalb von zehn Tagen gewähren wir einen Nachlass von 3 % auf den Rechnungsbetrag."

Die S-GmbH erteilt ihrer Hausbank am letzten Tag der Zehntagesfrist unter Abzug von 3 % (= 10.500,– €) einen Überweisungsauftrag. Zwei Tage später wird das Geld auf dem Konto der G-AG gutgeschrieben. Diese meint, die Zahlung sei verspätet erfolgt und verklagt die S-GmbH auf Zahlung des in Abzug gebrachten Betrags. Wer wird den Prozess gewinnen?[13]

Meine Lösung:

4. Sicher ist sicher (Vertragsstrafe)

In einem vom Besteller (Auftraggeber) vorformulierten Bauvertrag über ein Bürohaus heißt es:

„§ 8 Fertigstellung

Das Gebäude ist bis zum 31.08.2011 bezugsfertig zu erstellen.

§ 9 Vertragsstrafe

Für jeden Tag der verspäteten Fertigstellung hat der Unternehmer einen Betrag von 1.000,– € an den Auftraggeber zu zahlen."

Der Abschluss der Arbeiten verzögert sich um 13 Tage. Muss der Unternehmer aufgrund des § 9 des Bauvertrags 13.000,– € an den Auftraggeber zahlen?[14]

Meine Lösung:

5. Von Pontius zu Pilatus (Sachmängelhaftung)

Käufer K hat bei Verkäufer V ein Netbook mit dreijähriger Herstellergarantie gekauft. Vier Monate nach dem Kauf treten erhebliche Mängel auf. K wendet sich an V mit der Bitte um eine Reparatur. V erklärt unter Hinweis auf die Herstellergarantie, K müsse sich direkt an den Hersteller wenden, dieser sei zuständig. Hat V Recht?[15]

[13] Zur Lösung S. 163.
[14] Zur Lösung vgl. S. 220.
[15] Zur Lösung vgl. S. 283.

Meine Lösung:

6. Erst die Arbeit – dann kein Geld? (Absicherung von Werklohnforderungen)

Unternehmer U ist vertraglich verpflichtet, für den Auftraggeber A ein Bürohaus zu errichten. Drei Wochen vor Beginn der Arbeiten verlangt U von A, dass dieser eine Sicherheit für die Werklohnforderung in Form einer Bürgschaft oder einer Garantie stellen soll. Anderenfalls werde er mit den Arbeiten nicht beginnen. A erwidert, da dieser Punkt im Bauvertrag nicht geregelt sei, habe U keinen Anspruch auf eine solche Sicherheit. Wer hat Recht?[16]

Meine Lösung:

7. Schönheit vergeht – aber wer zahlt die Reparaturen? (Überwälzung von Schönheitsreparaturen)

Mieter M hat eine Wohnung von Vermieter V gemietet. In dem von V vorgelegten und dann von V und M unterschriebenen Mietvertrag heißt es:

„Der Mieter ist verpflichtet, auf seine Kosten die Schönheitsreparaturen fachgerecht auszuführen. Die Zeitfolge beträgt bei Küche, Bad und Toilette zwei Jahre, bei allen anderen Räumen fünf Jahre".

Als M nach gut fünf Jahren auszieht, verlangt V die Durchführung der Arbeiten. M weigert sich mit der Begründung, die Regelung sei „zu starr" und deshalb unwirksam. Hat M Recht?[17]

Meine Lösung:

8. Guter Glaube oder böse Absicht? (Gutgläubiger Erwerb)

Leasingnehmer N hat eine DV-Anlage vom Leasinggeber G geleast. N veräußert diese Anlage für einen angemessenen Preis an X, der davon ausgeht, dass die Anlage dem N gehört. Ist X Eigentümer der Anlage geworden?[18]

---

16 Zur Lösung vgl. S. 330.
17 Zur Lösung vgl. S. 348.
18 Zur Lösung vgl. S. 464.

Meine Lösung:

9. Und es hat Zoom gemacht (gesetzlicher Eigentumserwerb)

F liefert Holzfenster unter Eigentumsvorbehalt an K. K lässt diese Fenster in sein Bürogebäude einbauen. Weil K die fällige Rechnung des F auch nach zwei Mahnungen nicht bezahlt, will F die Fenster unter Hinweis auf den Eigentumsvorbehalt wieder ausbauen und abholen lassen. K meint, er habe durch den Einbau der Fenster das Eigentum erlangt und müsse den Ausbau deshalb nicht dulden. Hat K Recht?[19]

Meine Lösung:

10. Künstlerpech hoch drei (mündliche Bürgschaft eines GmbH-Geschäftsführers)

Die Rechtsanwälte R sind für die C-GmbH tätig. Da diese finanziell angeschlagen ist und mehrere Rechnungen der Anwälte offenstehen, weigern sich die Anwälte, neue Mandate für die C-GmbH zu übernehmen. Erst nachdem der Geschäftsführer G der C-GmbH am Telefon erklärt hat, „zur Not sei er ja auch noch da", nehmen die Anwälte ihre Arbeit wieder auf. Als die C-GmbH später in die Insolvenz gerät, verlangen die Anwälte die Bezahlung der Rechnungen für die neuen Mandate von G persönlich. Sie sind der Meinung, G habe eine Bürgschaft übernommen. G meint, es bestehe kein Anspruch gegen ihn, weil seine Zusage nur mündlich erfolgt sei. Daraufhin erheben die Rechtsanwälte gegen G eine Zahlungsklage vor dem zuständigen Landgericht. Mit Erfolg?[20]

Meine Lösung:

---

[19] Zur Lösung vgl. S. 476.
[20] Zur Lösung vgl. S. 500 f., 510 f.

1. Teil

Vertragsschluss und weitere Grundlagen

Gliederung des 1. Teils

Kapitel 1
Der Abschluss von Verträgen

Lernziele dieses Kapitels
Was kommt in diesem Kapitel auf Sie zu? Sie lernen kennen, wie ein Vertrag geschlossen wird. Es geht um Angebot und Annahme, um die Vorstufe eines Angebots („Invitatio ad offerendum" genannt), um die Rechtzeitigkeit der Vertragsannahme, um Willenserklärungen und deren Auslegung und um das Wirksamwerden (den Zugang) von Willenserklärungen. Sie werden nach der Lektüre in der Lage sein, Fragen des Vertragsabschlusses zuverlässig zu bearbeiten. Diese Themen bilden häufig den Inhalt von Anfängerklausuren.

Der Abschluss von Verträgen ist ein so wichtiges Thema, dass die Ausführungen damit beginnen sollen.

Klausurtipp

Vorab eine Frage: In welcher Zeit lief Usain Bolt am 20. August 2009 die 200 Meter Männer? Wenn Sie von dieser Frage vollkommen überrascht werden, zeigt das, dass Sie das Einleitungskapitel nicht gelesen haben. Bitte holen Sie dies sofort nach! Sie benötigen die dort gegebenen Informationen, um sinnvoll mit diesem Buch arbeiten zu können!

Warum sind Verträge so wichtig? Nun, ohne den Abschluss von Verträgen könnte die Volkswirtschaft nicht bestehen, weil der Vertrag das zentrale Mittel für die Regelung des Wirtschaftslebens bildet. Bekannte Vertragstypen sind der Kaufvertrag, der Darlehensvertrag, der Mietvertrag, der Dienstvertrag, zu dem auch der Arbeitsvertrag gehört, und der Werkvertrag. Daneben gibt es weitere wichtige Verträge, die im BGB nicht geregelt sind, wie etwa den Leasingvertrag, Franchisevertrag und Factoringvertrag[1].

Auch jeder Verbraucher schließt wohl täglich einen oder mehrere Verträge ab, häufig ohne es bewusst wahrzunehmen. Der Grund dafür besteht darin, dass der weitaus größte Teil aller Verträge ohne große Formalitäten mündlich geschlossen wird (aber dennoch wirksam ist!).

Beispiele

- Kaufverträge über Lebensmittel
- Beförderungsverträge in Bussen und Bahnen
- Verträge zum Kino- und Theaterbesuch

1 Zu diesen Vertragstypen vgl. ab S. 369.

Wie „funktioniert" also ein Vertragsabschluss? Was ist für den Abschluss eines Vertrags erforderlich? Die Grundlagen für die Beantwortung dieser Fragen finden sich im Bürgerlichen Gesetzbuch (BGB) von 1896, welches bis heute gilt. Die Regelungen des „alten BGB" gelten auch für „moderne Verträge", wie die im Internet abgeschlossenen Verträge. *Wie* ein Vertrag im Einzelnen zustande kommt, ist jedoch nicht geregelt.

Einen wichtigen Hinweis liefert aber der erste Teil des ersten Satzes von § 151 BGB. Dieser lautet: *„Der Vertrag kommt durch die Annahme des Antrags zustande, …"*

Klausurtipp

Wenn nach der für Sie geltenden Prüfungsordnung Markierungen im BGB erlaubt sind, sollten Sie § 151 BGB markieren.

Aus dem ersten Satzteil des § 151 BGB ergibt sich, dass für den Vertragsabschluss eine Annahme und ein Antrag vorliegen müssen.

Klausurtipp

Viele Vorschriften lassen sich in einer **„Wenn-dann-Formulierung"** einfacher lesen und viel besser verstehen. Für § 151 BGB bedeutet dies:

Wenn

die Annahme eines Antrags vorliegt,

dann

kommt der Vertrag zustande, ohne dass …

Dabei entspricht es der Logik, dass zunächst ein **Antrag** gegeben sein muss, weil die **Annahme** eine Reaktion auf den Antrag darstellt.

Also muss für den Vertragsabschluss

- ein Antrag vorliegen, der
- angenommen wird.

Statt des etwas altertümlichen Begriffes „Antrag" spricht man heute meistens vom **„Angebot"**, sodass sich für den Vertragsabschluss folgende Formel ergibt:

Merke

Angebot + Annahme des Angebots = Vertrag. Angebot und Annahme sind Willenserklärungen.

Beispiel

Ein Student der Betriebswirtschaftslehre bot bei einer Versteigerung im Internet einen aus dem Ausland nach Deutschland reimportierten neuen VW-Passat zum Verkauf an den Höchstbietenden an. Dem Studenten unterliefen dabei zwei „kleine" Fehler: Er setzte keinen Mindestpreis fest und ließ Stufen für ein höheres Gebot von (nur) 10,– DM, also etwa 5,– €, zu. Das Ergebnis: Am Ende der Auktion belief sich das höchste Gebot auf – umgerechnet – 13.472,– €, während der Listenpreis des Fahrzeuges 29.140,– € betrug. Angesichts des aus seiner Sicht schlechten Geschäfts weigerte sich der Student, das Fahrzeug an den letzten Bieter auszuliefern.

Dieser verklagte den Studenten vor dem Landgericht Münster (LG Münster), das die Klage jedoch abwies. Diese Entscheidung akzeptierte der letzte Bieter jedoch nicht und legte gegen das Urteil des LG Münster Berufung ein, die vor dem Oberlandesgericht Hamm Erfolg hatte. Gegen dieses Urteil ging der Student mit der Revision vor, verlor aber erneut: Er wurde vom Bundesgerichtshof (BGH) in letzter Instanz zur Lieferung eines entsprechenden Fahrzeuges zum Preis von 13.472,– € verurteilt, weil – so der BGH – zu diesem Preis durch Angebot und Annahme ein Kaufvertrag zustande gekommen sei[2].

Bei Verträgen, die zwischen den Parteien über längere Zeit ausgehandelt worden sind oder die ein Notar aufgesetzt und beurkundet hat, kann es vom Zufall abhängen, wer zuerst unterschreibt und damit das Angebot abgibt, und wer als Zweiter unterschreibt und damit die Annahme erklärt. Darauf kommt es aber auch gar nicht an, wenn feststeht, dass die Parteien sich **geeinigt** haben.

Merke

Der Vertragsschluss setzt eine **Einigung** der Parteien voraus. Diese kommt durch die **Annahme** eines **Angebots** zustande.

1.1 Angebot

Zur Wiederholung: Wenn zu entscheiden ist, ob ein Angebot (ein Antrag) zum Abschluss eines Vertrags vorliegt, muss zunächst allgemein (abstrakt) geklärt werden, was ein Angebot ist. Hier geht es also um eine **„Definition"** des Begriffes „Angebot".

Danach ist zu prüfen, ob im konkreten Fall ein Angebot vorliegt. Dieser Vorgang heißt **„Subsumtion"**.

Vorab wird gesagt, was geprüft werden soll **(„Nennen")**.

Klausurtipp

Wenn Sie die NDS-Vorgehensweise und den Begriff „Subsumtion" nicht kennen, sollten Sie nun endlich das Einleitungskapitel lesen! Wenn nicht jetzt, wann dann? Wenn nicht Sie, wer dann?

2 Das Urteil des BGH ist veröffentlicht in NJW 2002, S. 363, 364.

Merke

Ein Angebot (Antrag) zum Abschluss eines Vertrags ist eine Willenserklärug, die alle wesentlichen Inhalte des angestrebten Vertrags enthalten muss: Das sind die **Parteien** des Vertrags, die **Leistung** der einen Seite und die **Gegenleistung** der anderen Seite, sodass die Einigung über den Vertrag durch ein einfaches „Ja" der anderen Seite zustande kommen kann. Erforderlich ist außerdem, dass der Anbietende sich rechtlich binden will **(Rechtsbindungswille, Rechtsfolgewille).**

Abgekürzt kann man von **(P + L + GL) + RBW = Angebot** sprechen (für **P**arteien, **L**eistung, **G**egen**l**eistung und **R**echts**b**indungs**w**illen).

Beispiel

Vogel (V) erklärt König (K), er sei bereit, sein Auto für 3.000,– € an K zu verkaufen. Liegt ein Angebot des V vor?

Nennen: Es ist zu prüfen, ob ein Angebot des V vorliegt.

Definieren: Ein Angebot muss die Parteien des Vertrags, die Leistung der einen Partei und die Gegenleistung der anderen Partei enthalten. Außerdem muss der Erklärende sich rechtlich binden wollen.

Subsumieren: Die inhaltlichen Bestandteile eines Angebots zum Abschluss eines Kaufvertrags sind gegeben, nämlich die Parteien des Vertrags (V als Verkäufer und K als Käufer), die Leistung (Übereignung des Autos von V an K) und die Gegenleistung (Zahlung von 3.000,– € durch K an V). Aus dem Verhalten des V ist auf den Rechtsbindungswillen, das Fahrzeug zu verkaufen, zu schließen. Ein Angebot liegt somit vor.

Besonderheiten für den Inhalt eines Angebots bestehen bei Dienst- und Werkverträgen (§§ 611 ff., 631 ff. BGB). Entsprechende Angebote müssen auch die Parteien und die von der einen Partei zu erbringende Leistung enthalten, doch muss die Gegenleistung der anderen Partei nicht genau bezeichnet werden.

Beispiel

Im Einfamilienhaus des Eilers (E) ist es zu einem Wasserrohrbruch gekommen. E erteilt dem Sanitärfachmann Sauber (S) den „Auftrag zur Reparatur".

Hier stehen die Parteien des Vertrags fest (E und S), die Leistung ist ebenfalls bezeichnet (erfolgreiche Reparatur), die Gegenleistung (Vergütung des S) ist hingegen nicht bestimmt, weil noch nicht feststeht, was E für die Reparatur zu zahlen hat. Diese Lücke wird durch § 632 Abs. 2 BGB geschlossen, der anzuwenden ist, weil es sich bei dem „Reparaturauftrag" trotz der Bezeichnung als Auftrag nicht um einen *unentgeltlichen* Auftrag (§ 662 BGB), sondern um einen Werkvertrag im Sinne des § 631 BGB handelt. Das Angebot des E ist deshalb so zu verstehen, dass er sich bereit erklärt, die übliche Vergütung für eine erfolgreiche Reparatur zu zahlen.

Klausurtipp

Haben Sie die gerade genannten Paragrafen im BGB gelesen? Wenn nein, dann holen Sie das bitte nach, bevor Sie weiterlesen!

Eine Vorstufe zum Angebot bildet die sogenannte **Invitatio ad offerendum** (Einladung zur Abgabe eines Angebots, oft auch mit „Aufforderung zur Abgabe eines Angebots" übersetzt). Sie liegt vor, wenn das Verhalten einer Person **noch kein Angebot** beinhaltet, sondern darauf gerichtet ist, eine bestimmte andere Person oder viele andere Personen zur Abgabe von (verbindlichen) Angeboten zu bewegen. Derjenige, der eine Invitatio ad offerendum abgibt, will sich dagegen noch nicht rechtlich binden. Es fehlt der Rechtsbindungswille.

Beispiele bilden Anzeigen in Tageszeitungen oder Illustrierten, Auslagen in Schaufenstern und Warenpräsentationen in Bestellkatalogen.

Merke

Die Invitatio ad offerendum ist kein Angebot, weil der Wille des Handelnden, sich rechtlich zu binden, noch fehlt. Ob bereits ein (verbindliches) Angebot oder nur eine (unverbindliche) Invitatio ad offerendum vorliegt, ist im Wege der Auslegung zu entscheiden.

1.1.1 Willenserklärung

Bevor auf die *Auslegung* von Willenserklärungen eingegangen wird, wollen wir zunächst klären, was eine Willenserklärung überhaupt ist. Auch hier lässt uns das BGB wieder im Stich. Zwar wird der Begriff „Willenserklärung" an vielen Stellen verwendet, es fehlt jedoch eine gesetzliche Definition. Diese ist aber durch die Rechtsprechung und die juristische Literatur erarbeitet worden:

Merke

Eine Willenserklärung ist die **Erklärung** einer Person, die auf die Herbeiführung einer Rechtsfolge gerichtet ist. Neben der Erklärung ist der **Rechtsbindungswille,** also der Wille, eine in rechtlicher Hinsicht verbindliche Handlung vorzunehmen, ein wesentlicher Bestandteil der Willenserklärung. Dieser Wille wird auch **Rechtsfolgewille** genannt. Fehlt er, liegt keine Willenserklärung vor.

Beispiele

- Das Angebot zum Vertragsabschluss,
- die Annahme eines Vertragsangebots,
- die Kündigung eines Mietvertrags,
- die Anfechtung eines Angebots zu einem Kaufvertrag über ein Auto wegen arglistiger Täuschung (Verschweigen eines Unfalls durch den Verkäufer).

Jede Willenserklärung besteht aus einer **objektiven** und einer **subjektiven Komponente.** Für das Verständnis ist es am einfachsten, wenn man das Wort Willenserklärung in „der Mitte durchschneidet" und damit in seine beiden Bestandteile zerlegt.

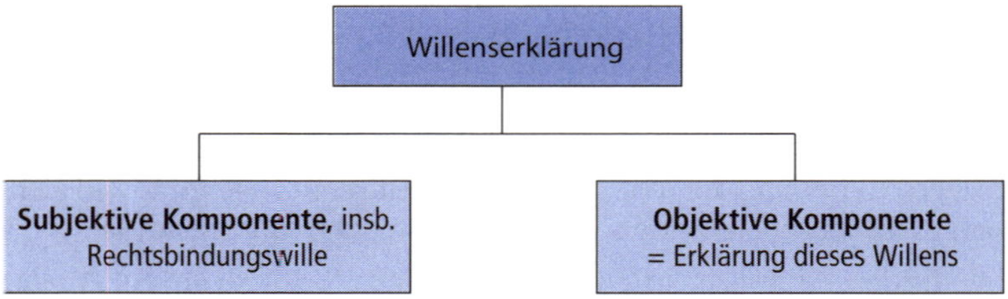

Abbildung 1.1: Willenserklärung

Die **subjektive Komponente** der Willenserklärung beinhaltet den Willen, eine rechtlich relevante Erklärung abzugeben, also mit Rechtsbindungswillen (Rechtsfolgewillen) zu handeln. Ob dieser Wille vorliegt, muss bei Zweifeln im Wege der Auslegung ermittelt werden, wobei der Grundsatz gilt: Je wichtiger eine Angelegenheit ist, desto eher ist ein Rechtsbindungswille anzunehmen.

Beispiele

- Die Zusage, sich mittags in der Mensa oder abends zum Kartenspielen zu treffen, enthält keine Willenserklärung, weil keine verbindliche Rechtsfolge begründet werden soll. Die Nichteinhaltung führt zu keinen *rechtlichen* Konsequenzen (etwa zu Schadensersatzansprüchen), doch muss man vielleicht in Zukunft allein essen oder sich eine neue Kartenspielrunde suchen.
- Der Zusage, jemanden im Auto mitzunehmen, damit dieser rechtzeitig zur Klausur oder zur Arbeit kommt, ist im Wege der Auslegung wegen der Bedeutung der Angelegenheit ein Rechtsfolgewille zu entnehmen. Die Nichteinhaltung kann zu Schadensersatzansprüchen führen.

Die **objektive Komponente** der Willenserklärung ist die Äußerung des Rechtsbindungswillens. Wenn jemand eine Willenserklärung abgeben will, dies aber nicht erklärt, sich also nicht äußert, dann liegt noch keine Willenserklärung vor.

Beispiel

Die K-GmbH erhält per Post ein Angebot des V über den Kauf eines gebrauchten Sattelschleppers zum Preis von 200.000,– €. Der Geschäftsführer der K-GmbH entschließt sich zum Kauf, teilt dies dem V aber noch nicht mit. Damit fehlt es an der objektiven Komponente der Willenserklärung, also an der Erklärung. Deshalb liegt noch keine Willenserklärung vor.

Da die Erklärung des Willens einer der beiden unverzichtbaren Bestandteile der Willenserklärung ist, gibt derjenige, der nicht reagiert, also **schweigt**, grundsätzlich keine Willenserklärung ab. Auch wenn immer wieder, etwa in der Berufsschule, das Gegenteil behauptet wird, gilt dies auch unter Kaufleuten! Nur ausnahmsweise wird Schweigen (Nichtreagieren) wie eine Willenserklärung behandelt. Weitere Ausführungen zu diesem Thema finden Sie an späterer Stelle[3].

1.1.2 Auslegung von Willenserklärungen

Mehrfach ist bereits von der Auslegung von Willenserklärungen die Rede gewesen. Was ist eine Auslegung? Wann muss eine Auslegung erfolgen? Wie wird eine Auslegung vorgenommen?

Willenserklärungen werden im täglichen Leben oft nicht eindeutig und klar formuliert. Insbesondere bei mündlichen Erklärungen ergibt sich häufig nur aus dem Zusammenhang, in dem sie abgegeben werden, was gemeint ist. Es kommt auch vor, dass gar keine schriftliche oder mündliche Erklärung erfolgt, sondern nur eine Handlung vorgenommen wird. Auch hierbei kann es sich um eine Willenserklärung handeln[4].

In unklaren Fällen muss im Wege der **Auslegung** ermittelt werden, ob

- (überhaupt) schon eine Willenserklärung vorliegt und
- (wenn ja) welchen Inhalt sie hat.

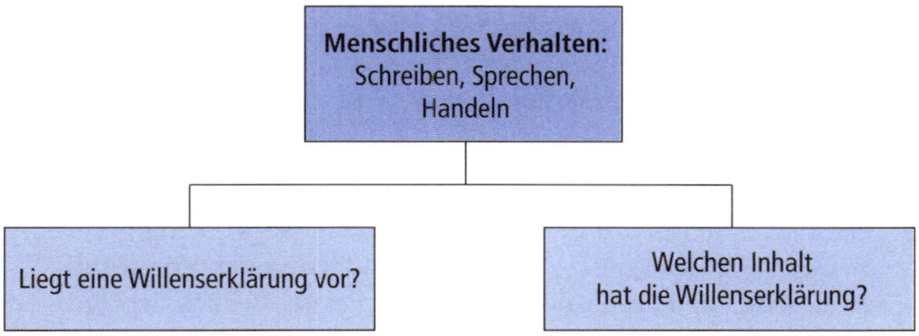

Abbildung 1.2: Menschliches Verhalten

Auslegungsmethode

Ausgangspunkt für die Beantwortung der Frage, *ob* (schon) eine Willenserklärung vorliegt und *welchen Inhalt* sie hat, ist § 133 BGB. Danach ist bei der Auslegung einer Willenserklärung *„der wirkliche Wille zu erforschen und nicht an dem buchstäblichen Sinne des Ausdrucks zu haften"*. Dieser Satz ist allerdings kaum verständlich. Es kommt hinzu, dass für die Auslegung von Willenserklärungen neben § 133 BGB zusätzlich § 157 BGB herangezogen wird, obwohl diese Vorschrift nach ihrem Wortlaut nur für die Auslegung von Verträgen gilt. Man spricht dann von einer **Auslegung gemäß §§ 133, 157 BGB.**

---

[3] Vgl. S. 22 ff.
[4] Vgl. S. 14 ff.

Zum § 133 BGB: Diese Vorschrift kann leicht zu einem Missverständnis führen, da es so scheint, als komme es (ausschließlich) auf den wirklichen Willen des Erklärenden an. Dieser Ansatz ist aber nur dann richtig, wenn der Empfänger eine Bezeichnung, obwohl sie falsch ist, dennoch so versteht, wie der Erklärende sie gemeint hat. In diesem Fall ist es ohne Bedeutung, wenn bei strenger juristischer Sicht ein falsches Wort benutzt wird.

Beispiel

V betreibt einen „Autoverleih". Er bietet M den Abschluss eines „Leihvertrags" an, wonach M gegen Zahlung von 35,– € pro Tag einen Opel-Corsa benutzen darf. M ist einverstanden.

Hier hat V nach dem Wortlaut ein Angebot zum Abschluss eines „Leihvertrags" gemacht, also für eine unentgeltliche Überlassung des Fahrzeugs (§ 598 BGB). V wollte jedoch einen Mietvertrag abschließen, weil die Überlassung gegen Zahlung einer Miete erfolgen sollte (§ 535 Abs. 2 BGB). Da M dies auch so verstanden hat, ist der wirkliche Wille des V maßgeblich und es darf nicht – wie es in § 133 BGB so schön heißt – *„an dem buchstäblichen Sinne des Ausdrucks"*, also an dem Wort „Leihvertrag" gehaftet (festgehalten) werden. Die falsche Bezeichnung als Leihvertrag steht dem Abschluss eines Mietvertrags nicht entgegen, sie schadet nicht (lateinisch *„falsa demonstratio non nocet"*).

Besteht kein übereinstimmendes Verständnis (V meint Miete, M versteht Leihe), so kommt es hingegen – insoweit abweichend vom Wortlaut des § 133 BGB – *nicht* auf den wirklichen Willen des Erklärenden, sondern darauf an, wie der Empfänger die Erklärung verstehen konnte und musste.

Merke

Für die Auslegung einer (unklaren) Willenserklärung kommt es nach §§ 133, 157 BGB darauf an, wie der Erklärungsempfänger die Willenserklärung nach Treu und Glauben und unter Berücksichtigung der Begleitumstände und der Verkehrssitte verstehen musste. Dieser Ansatz wird als **„Auslegung vom Empfängerhorizont"** bezeichnet.

Dies klingt komplizierter als es ist. Vereinfacht ausgedrückt geht es darum, wie ein vernünftiger, gut informierter Mensch („objektiver Dritter") die Erklärung eines anderen Menschen verstehen musste. Also kommt es auf das Verständnis des Empfängers an. Dies geht aber nicht so weit, dass „der Empfänger sich dumm stellen" und die Erklärung so verstehen darf, wie sie für ihn am günstigsten ist. Er ist vielmehr nach Treu und Glauben verpflichtet, unter Berücksichtigung aller ihm erkennbaren Umstände mit gehöriger Aufmerksamkeit zu prüfen, was der Erklärende gemeint hat.

Beispiel

Verkäufer V hat Kaufmann K eine Ware zum „Komplettpreis" angeboten, ohne die Umsatzsteuer aufzuführen. K kann daraus nicht ohne Weiteres ableiten, dass der angegebene Preis der Bruttopreis ist, also die Umsatzsteuer enthält. Wenn V dem K in der Vergangenheit bei vergleichbaren Angeboten immer zusätzlich die Umsatzsteuer in Rechnung gestellt hat, muss K auch dieses Angebot so verstehen, dass die Umsatzsteuer hinzukommt. Anders wäre es, wenn V das Angebot einem Verbraucher gemacht hätte, der von dieser Praxis keine Kenntnis hatte. Der Verbraucher könnte davon ausgehen, dass der angebotene „Komplettpreis" die Umsatzsteuer enthält.

1.1.3 Abgrenzung zwischen Angebot und Invitatio ad offerendum

Für die Abgrenzung zwischen einem (verbindlichen) Angebot und einer (unverbindlichen) Invitatio ad offerendum, also einer Aufforderung zur Abgabe eines Angebots, ergibt sich unter Anwendung der auch hier gemäß §§ 133, 157 BGB maßgeblichen Auslegung vom Empfängerhorizont Folgendes:

Anzeigen in **Zeitungen** und **Katalogen, Preislisten, Warenauslagen im Schaufenster** – auch mit Preisauszeichnung – werden rechtlich noch nicht als Angebote gewertet, obwohl zu Marketingzwecken häufig von „Angeboten" oder „Sonderangeboten" gesprochen wird. Zur Begründung wird angeführt, der Unternehmer wolle sich noch nicht rechtlich binden, weil sonst mit jedem, der das „Angebot" annehme, sofort ein Kaufvertrag zustande käme. Wenn der Unternehmer dann infolge einer zu großen Nachfrage nicht liefern könne, mache er sich schadensersatzpflichtig. Das Interesse des Unternehmers gehe deshalb dahin, vorab zu prüfen, ob er einen ausreichenden Warenvorrat habe und – zweites Argument – wie es um die Bonität (die Zahlungsfähigkeit) des Kunden stehe. Diese Argumente sind aus Sicht des Unternehmers sicherlich richtig, doch lässt sich dagegen einwenden, dass der Kunde, auf dessen Verständnis es ja ankommt, dieses Interesse des Unternehmers oft nicht kennen wird und auch nicht kennen muss. Der Kunde wird von der Rechtsprechung und den juristischen Autoren jedoch als „verständiger Kunde" angesehen, der von all diesen Dingen weiß.

Merke

Ein „Sonderangebot" in der Werbung eines Warenhauses ist (juristisch) gar kein Angebot, sondern nur eine Invitatio ad offerendum! Das Angebot gibt deshalb der Kunde ab, etwa durch eine schriftliche Bestellung.

In Bezug auf Auslagen in Verbrauchermärkten geht ein Teil der Juristen davon aus, dass diese bereits Angebote des Geschäftsinhabers darstellen, die von den Kunden an der Kasse angenommen würden.

Nach ganz überwiegender Meinung sind „Angebote" auf Websites im **Internet** juristisch ebenfalls noch keine Angebote, sondern stellen jeweils eine Invitatio ad offerendum dar[5]. Daran lässt sich bei der Auslegung vom Empfängerhorizont durchaus zweifeln, wenn der Internetanbieter mit Vokabeln wie „Sonderangebot. Nur heute! Lieferung binnen zwölf Stunden" wirbt.

Beispiele

- Kaufverträge im Internet werden – auf der Grundlage der ganz überwiegenden Meinung – dadurch geschlossen, dass der Kunde per E-Mail ein Angebot abgibt und die Annahme durch den Internethändler erklärt wird. Dies kann auch automatisch mittels Computererklärung geschehen, da es sich bei diesen Erklärungen um Willenserklärungen des Betreibers der Anlage handelt.
- Anders vollzieht sich der Vertragsabschluss bei vielen Internetauktionen: Hier gibt der Anbieter aufgrund der Auktionsbedingungen eine verbindliche Erklärung ab, den Gegenstand am Ende der Auktionszeit an denjenigen zu verkaufen, der das höchste Angebot abgegeben hat. Mit dieser Begründung hat der BGH den BWL-Studenten im ersten Beispielsfall[6] zur Lieferung des VW Passat verurteilt, wobei die genauen Einzelheiten des Vertragsabschlusses und die Begründung des BGH recht kompliziert sind[7].

Klausurtipp

Die soeben beschriebenen Abgrenzungen haben in der Praxis keine besonders große Bedeutung, die Problematik erfreut sich aber in der Ausbildung und in Prüfungen einer recht großen Beliebtheit. Also sollte man sich die Probleme schon aus diesem Grund gut einprägen.

1.1.4 Abgabe von Willenserklärungen

Im täglichen Leben werden Willenserklärungen in ganz unterschiedlichen Formen abgegeben. In bestimmten Fällen geschieht dies unter Einhaltung einer Form, weil das BGB die gesetzliche Schriftform (§ 126 BGB), die öffentliche Beglaubigung (§ 129 BGB) oder gar die notarielle Beurkundung (§ 128 BGB) verlangt.

Beispiele

Gesetzliche Schriftform (§ 126 BGB)

- Kündigung eines Wohnungsmietvertrags (§ 568 Abs. 1 BGB)
- Kündigung eines Arbeitsverhältnisses (§ 623 BGB)
- Erklärung des Bürgen zur Übernahme einer Bürgschaft (§ 766 S. 1 BGB)

---

5 BGH NJW 2005, S. 976.
6 S. XXVIII.
7 BGH NJW 2002, S. 363, 364 f.

Öffentliche Beglaubigung (§129 Abs. 1 BGB)

- Anmeldungen zum Handelsregister (§12 Abs. 1 Handelsgesetzbuch)
- Anmeldungen zum Grundbuch (§29 Abs. 1 Grundbuchordnung)

Notarielle Beurkundung (§128 BGB)

- Grundstückskaufvertrag (§311 b Abs. 1 BGB)
- Gesellschaftsvertrag der GmbH (§2 Abs. 1 GmbHG)

Bei anderen Verträgen beruht die Einhaltung der Form auf dem Willen einer oder beider Parteien. Man spricht dann von einer **gewillkürten Form.**

Beispiel

Obwohl der Mietvertrag nach dem BGB in aller Regel keiner Form bedarf, schließen die Parteien ihn schriftlich ab.

Praxistipp

Wichtige Verträge sollten schon aus Beweisgründen schriftlich geschlossen werden, auch wenn das BGB die Schriftform nicht verlangt.

Weitere Einzelheiten zu dieser Thematik entnehmen Sie bitte dem Kapitel zu den Formvorschriften[8].

Beschäftigen wir uns zuerst mit den „formlosen" Willenserklärungen. Der ganz überwiegende Teil aller Willenserklärungen wird nämlich formlos, und zwar mündlich oder durch ein bestimmtes Verhalten abgegeben, das man als *konkludentes* oder auch *schlüssiges* Verhalten bezeichnet. Diese so abgegebenen Willenserklärungen dürfen nicht mit dem Schweigen, also einem Nichtreagieren auf ein Angebot, verwechselt werden. Wie schon ausgeführt, wird Schweigen (Nichtreagieren) nur in Ausnahmefällen als Willenserklärung gewertet. Mehr dazu lesen Sie im Abschnitt „Schweigen als Annahme"[9].

---

8 S. 126 ff.
9 S. 22 ff.

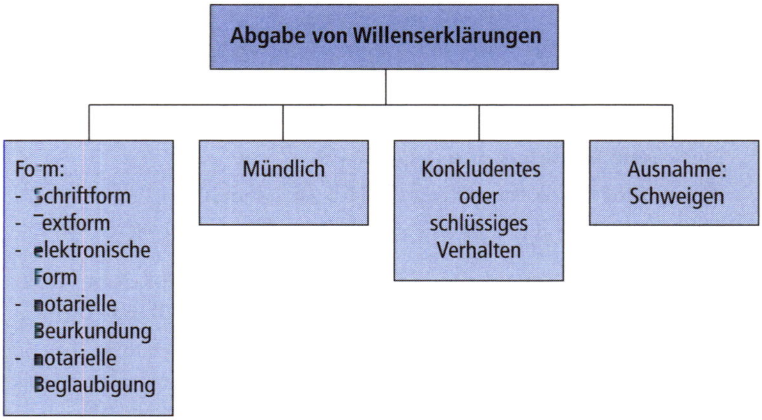

Abbildung 1.3: Abgabe von Willenserklärungen

An dieser Stelle soll nur das **konkludente Verhalten** erläutert werden.

Merke

Ein konkludentes (schlüssiges) Verhalten liegt vor, wenn aus dem Verhalten einer Person mit Sicherheit auf einen bestimmten Rechtsfolgewillen geschlossen werden kann. Das Verhalten muss also den eindeutigen Schluss auf einen bestimmten Willen zulassen. Ob dies der Fall ist, wird bei Zweifeln im Wege der Auslegung nach §§ 133, 157 BGB ermittelt, die – auch hier – vom Empfängerhorizont ausgeht.

Für die Beurteilung kommt es also im Falle von Unklarheiten – wie auch sonst bei der Auslegung – entgegen dem missverständlichen Wortlaut des § 133 BGB nicht auf den tatsächlichen Willen des Handelnden an, sondern darauf, wie ein objektiver Dritter, der über die Einzelheiten des Vorgangs informiert ist, das Verhalten nach Treu und Glauben und unter Berücksichtigung der Begleitumstände und der Verkehrssitte bewertet.

Beispiele

- Der alte Zecher Jogi verkehrt regelmäßig im Lokal „bei Beppo". Er trinkt dabei mindestens ein friesisch herbes Pils. Aufgrund langjähriger Übung wird vom freundlichen Mitarbeiter, dem schnellen Sigi, ein Pils angezapft, sobald Jogi das Lokal betritt. Hier kommt durch konkludentes Verhalten der beteiligten Personen ein Kaufvertrag zustande, ohne dass Angebot und Annahme ausdrücklich erklärt werden. Das Betreten des Lokals ist das konkludent erklärte Angebot von Jogi, das Anzapfen des Getränkes ist die konkludente Annahme durch den schnellen Sigi, der dabei die Pächterin Heike vertritt. Diese Rechtsfolge kann ein objektiver Dritter (z. B. ein anderer Stammkunde), der die Gepflogenheiten der Beteiligten kennt, aus deren Verhalten ableiten. Damit ist ohne Worte ein Kaufvertrag zwischen Jogi und Heike über ein Pils zu dem „bei Pecko" üblichen Preis geschlossen worden.

- K bestellt bei V per Fax Ware und bittet um „sofortige Lieferung". Der zuständige Mitarbeiter des V lässt die Ware vom Lager holen und versandfertig machen. Hier ist aus dem Verhalten des Mitarbeiters der eindeutige Schluss zu ziehen, dass er den Kaufvertrag abschließen will.

- Ein mürrischer Kunde legt in einem Verbrauchermarkt wortlos Ware auf das Förderband an der Kasse. Die schlecht gelaunte Verkäuferin scannt gleichfalls wortlos die Preise für die einzelnen Waren ein und gibt K dann schweigend den Kassenzettel. K nimmt diesen entgegen, seufzt laut und vernehmlich und zahlt. Danach packt er die Ware ein und verlässt grußlos den Ort der Stille. Durch das Verhalten der Beteiligten ist ein Kaufvertrag abgeschlossen worden. Nach überwiegender Meinung der Juristen hat K konkludent das Angebot abgegeben (Hinlegen der Ware auf das Förderband), V hat es mit dem Einscannen des Preises ebenfalls konkludent angenommen.

- Komplizierter ist folgender Fall, der zwei Gerichte beschäftigt hat:

  V steht gegen K eine Forderung in Höhe von 20.000,– € zu. K erklärt, er könne allenfalls 5.000,– € in Raten zahlen, da er „pleite" sei. V erwidert, wenn er „die 5.000,– € zügig in die Hand kriege", sei er bereit, auf die restlichen 15.000,– € zu verzichten. Er verlange aber, dass K die angebotenen 5.000,– € bis zum 01.07. in „einem Rutsch zahle. Auf ein Abstottern werde er sich auf keinen Fall einlassen". K äußert „mal sehen, ob ich das hinbekomme".

  Am 01.07. schickt K einen Verrechnungsscheck über 1.000,– € an V mit dem Zusatz: „Mit dem Einlösen kommt ein Ratenzahlungsvergleich über 5.000,– € zustande." Hierin liegt ein Angebot des K zum Abschluss eines Vergleichs mit dem Inhalt: „Nach Zahlung von 5.000,– € verzichtet V auf die Zahlung der weiteren 15.000,– €."

  V löst diesen und vier weitere Schecks über je 1.000,– € ein. Anschließend verklagt V den überraschten K auf Zahlung der restlichen 15.000,– €. V führt zur Begründung an, es sei kein Vergleich über die Zahlung von lediglich 5.000,– € zustande gekommen. Die Einlösung der Schecks stelle nämlich – so V – keine konkludente Annahme des Angebots des K dar.

  Hat V damit Recht? Argumentieren Sie! Was spricht für die Auffassung des V, was dagegen?

  Das **Landgericht Osnabrück** und das **Oberlandesgericht (OLG) Oldenburg** haben diesen Fall unterschiedlich entschieden: Das Landgericht hat im Einlösen der Schecks die Annahme zum Abschluss eines Ratenzahlungsvergleichs gesehen. Das OLG hat mit der Begründung, aus dem Verhalten des V sei **nicht eindeutig** zu entnehmen, dass er mit dem Ratenzahlungsvergleich einverstanden sei,

anders geurteilt und K rechtskräftig zur Zahlung der restlichen 15.000,– € verurteilt.
Das OLG hat argumentiert, die Entgegennahme und das Einlösen der Schecks könne auch deshalb erfolgt sein, weil V damit jedenfalls einen Teil der ihm zustehenden Forderung habe erlangen wollen, ohne zugleich auf den Rest der Forderung zu verzichten[10].

1.2 Annahme

Wie Sie schon wissen (sollten), ergibt sich aus dem ersten Teil des § 151 BGB, dass ein Vertrag durch die Annahme eines Antrags (Angebots) zustande kommt. Hinzukommen muss, dass die Annahme *rechtzeitig* erklärt wird.

1.2.1 Voraussetzungen der Annahme

Durch die Annahme (auch Annahmeerklärung genannt) erklärt sich der Empfänger eines Angebots mit dem Abschluss des Vertrags zu den im Angebot enthaltenen Bedingungen einverstanden. Der Annehmende muss das Angebot dabei vorbehaltlos und ohne jede Änderung akzeptieren. Auch bei der Annahme handelt es sich – wie beim Angebot – um eine Willenserklärung.

Merke

Die Annahme ist eine Willenserklärung. Sie muss sich auf ein Angebot beziehen und durch ein bloßes „Ja" oder „Einverstanden" oder in ähnlicher Weise das uneingeschränkte Einverständnis mit dem Angebot ausdrücken.

Wird die Annahme (rechtzeitig) erklärt, kommt der Vertrag zustande. Die Annahme muss dabei in den meisten Fällen weder schriftlich noch mündlich erfolgen, sondern kann auch konkludent erklärt werden. Auch für die Annahme reicht es also aus, dass sich aus dem Verhalten eindeutig das Einverständnis mit dem Angebot ergibt.

Beispiel

Nach längeren mündlichen Verhandlungen bietet V dem K sein „Schätzchen" (ein arg ramponierter VW-Käfer) für 195,– € zum Kauf an und hält K die Hand zum Einschlagen hin (Angebot). Schlägt K ein, stellt dieses Verhalten eine konkludente Annahme dar, sodass der Kaufvertrag geschlossen worden ist.

1.2.2 Geänderte Annahme

Weicht eine Annahme inhaltlich vom Angebot ab (Formulierung etwa: „Ja, aber ..."), kommt der Vertrag zunächst nicht zustande. Nach § 150 Abs. 2 BGB gilt eine Annahme unter Erweiterungen, Beschränkungen oder sonstigen Ände-

10 Beide Urteile sind nicht veröffentlicht.

rungen vielmehr als Ablehnung verbunden mit einem neuen Antrag (Angebot), der nunmehr von der Partei, die das erste Angebot gemacht hat, angenommen werden muss.

Beispiele

- M sieht sich bei V ein Zimmer an, das er gerne mieten möchte. V verlangt eine Warmmiete von 300,– € pro Monat (Angebot). M erwidert, er sei einverstanden, könne aber nur 280,– € zahlen (neues Angebot). V grummelt vor sich hin, das sei ihm eigentlich zu wenig, übergibt M aber die Schlüssel zum Zimmer (konkludente Annahme). Damit ist ein Mietvertrag über das Zimmer zum Preis von 280,– € zustande gekommen.
- In der Bestellung des Bauunternehmers B (Angebot) heißt es *„Lieferung frei Baustelle"*, während die Auftragsbestätigung des Händlers H (Annahme) lautet: *„Wir bestätigen die Bestellung. Die Lieferung erfolgt gegen eine Kostenpauschale in Höhe von 0,5 % des Bestellwertes."* Durch den Satz „Wir bestätigen die Bestellung" liegt scheinbar eine Annahme durch H vor. Juristisch ist das hingegen nicht der Fall, weil das Angebot des B zwar grundsätzlich angenommen wird („Wir bestätigen die Bestellung"), aber gegenüber dem Angebot des B eine Änderung enthält (Kostenpauschale von 0,5 % für die Lieferung statt „Lieferung frei Baustelle"). Die „geänderte Annahme" gilt nach § 150 Abs. 2 BGB als neues Angebot des H, das nunmehr von B angenommen werden muss. Erklärt B keine Annahme des Angebots des H, kommt kein Kaufvertrag zustande. Wenn B einverstanden ist, muss er die Kostenpauschale von 0,5 % des Bestellwertes zahlen.
- Kaufmann K bestellt Ware bei V (Angebot). V erklärt die Annahme unter Hinweis auf die Geltung seiner Lieferbedingungen, also seiner Allgemeinen Geschäftsbedingungen (AGB). Hier liegt eine geänderte Annahme vor, weil V das Angebot des K mit der Änderung „Geltung der Lieferbedingungen" angenommen hat. Die geänderte Annahme gilt nach § 150 Abs. 2 BGB als neues Angebot des V. Wird die Ware anschließend von V geliefert und von K abgenommen, so liegt in diesem Verhalten des K eine konkludente Annahme. Damit ist der Kaufvertrag mit der Geltung der Lieferbedingungen (AGB)[11] des V geschlossen worden.

1.2.3 Annahmefrist

Liegt ein Angebot vor, setzt der Vertragsabschluss voraus, dass die Annahme des Angebots (Antrags) *rechtzeitig* erfolgt. Anderenfalls erlischt der Antrag (§ 146 BGB). Eine Annahme ist rechtzeitig, wenn sie innerhalb der Annahmefrist erfolgt. Diese Frist gibt auch den Zeitraum an, in dem der Anbietende gemäß § 145 BGB an sein Angebot gebunden ist.

---

11 Zur Einbeziehung von Allgemeinen Geschäftsbedingungen (AGB) vgl. S. 65 ff.

Merke

Ein Vertrag kommt zustande, wenn das **Angebot** der einen Partei von der anderen Partei **rechtzeitig**, das heißt innerhalb der Annahmefrist, **angenommen** wird.

Bezüglich der Annahmefrist unterscheidet das BGB danach, ob ein Angebot gegenüber Anwesenden oder gegenüber Abwesenden vorliegt. Einschlägig sind § 147 BGB und § 148 BGB. Bitte lesen Sie beide Vorschriften:

Angebot gegenüber Anwesenden

Nach § 147 Abs. 1 S. 1 BGB kann der einem Anwesenden gemachte Antrag nur *sofort* angenommen werden. Dies gilt nach Satz 2 auch bei einem „mittels Fernsprechers oder einer sonstigen technischen Einrichtung von Person zu Person gemachten Antrag". Entscheidend für das Vorliegen einer entsprechenden technischen Einrichtung ist, dass eine direkte, unmittelbare Kommunikation möglich ist, sodass der Empfänger des Angebots sofort auf das Angebot reagieren kann. Die wichtigste Fallgruppe bilden die am **Telefon** unterbreiteten Angebote, da hier eine unmittelbare Kommunikation erfolgt und eine sofortige Reaktion möglich ist. Angebote, die im Internet mittels **E-Mail** abgegeben werden, fallen hingegen *nicht* unter § 147 Abs. 1 S. 2 BGB, weil die Parteien hier nicht unmittelbar miteinander kommunizieren.

Beispiele

Das Angebot eines Gebrauchtwagenhändlers, das dieser im Laufe einer mündlichen Verkaufsverhandlung abgibt, kann vom Kunden gemäß § 147 Abs. 1 S. 1 BGB nur sofort angenommen werden. Erfolgt keine sofortige Annahme, erlischt das Angebot nach § 146 BGB. Der Händler ist an das erloschene Angebot nicht mehr gebunden und kann das Fahrzeug deshalb anderweitig verkaufen.

Entschließt sich der Kunde zu einem späteren Zeitpunkt doch noch zu einer Annahme, kann er nicht mehr auf das Angebot „pochen", weil es erloschen ist. Es liegt eine verspätete Annahme vor, die nach § 150 Abs. 1 BGB aber nicht als Annahme, sondern als neues Angebot des Kunden gilt. Der Händler kann frei entscheiden, ob er dieses neue Angebot annimmt oder nicht annimmt.

Zur Verdeutlichung:

1. Ein Angebot des Händlers wird vom Kunden nicht rechtzeitig („sofort") angenommen (§ 147 Abs. 1 S. 1 BGB) und ist deshalb erloschen (§ 146 BGB).
2. Erklärt der Kunde nunmehr doch noch die Annahme, liegt eine „verspätete Annahme" vor, die juristisch keine Annahme ist, sondern als neues Angebot gilt (§ 150 Abs. 1 BGB).
3. Der Vertrag ist geschlossen, wenn der Händler dieses neue Angebot rechtzeitig annimmt.

Angebot gegenüber Abwesenden

Nach § 147 Abs. 2 BGB kann der einem Abwesenden gemachte Antrag nur bis zu dem Zeitpunkt angenommen werden, in welchem der Antragende den Eingang der Antwort, also die Annahme, unter regelmäßigen Umständen erwarten darf. Entscheidend ist, bis zu welchem Zeitpunkt derjenige, der das Angebot gemacht hat, noch damit rechnen muss, dass eine Annahme erfolgen könnte. Eine feste Frist gibt es dafür nicht und kann es auch nicht geben. Denn es macht einen Unterschied, ob das Angebot den Kauf von Lebensmitteln oder frischen Blumen, den Erwerb der „Sperrminorität" an einer Aktiengesellschaft[12] oder den Kauf einer Villa in einem Münchener „Promi-Viertel" betrifft. Die Annahmefrist muss deshalb – wie die Juristen so schön (?) formulieren – jeweils nach den Umständen des konkreten Einzelfalls ermittelt werden.

Eine Annahmefrist setzt sich zusammen aus

- der Zeit für die Übermittlung (Transport) des Antrags an den Empfänger,
- der Zeit bis zur Kenntnisnahme durch den Empfänger und dessen Überlegungs- und Bearbeitungszeit und
- der Zeit für die Übermittlung der Antwort an den Antragenden (Rücktransport).

Merke

Für die Berechnung der Annahmefrist des § 147 Abs. 2 BGB gilt die **„TÜR-Formel"**:

Transport + **Ü**berlegung und Bearbeitung + **R**ücktransport = Annahmefrist

Auf folgende Punkte ist zu achten:

- Wird für das Angebot ein schnelles Transportmittel benutzt (Fax, E-Mail), ist für die **Berechnung** der Annahmefrist davon auszugehen, dass die Annahmeerklärung mit einem ebenso schnellen Mittel übermittelt wird.
- Die Länge der Überlegungs- und Bearbeitungszeit hängt maßgeblich von der Art des Angebots ab.

Beispiele

Die K-GmbH bestellt auf der Grundlage einer aktuellen Preisliste ihres langjährigen Lieferanten L per Fax bei L gestanzte Bleche für 35.000,– € (Angebot). Nach zwei Wochen geht die „Auftragsbestätigung" des L bei der K-GmbH ein (Annahme). Ist die Annahme rechtzeitig erfolgt?

Die Frage richtet sich – auf der Grundlage der „TÜR-Formel" – nach § 147 Abs. 2 BGB, da das Angebot der K-GmbH unter Abwesenden erfolgte und keine Annahmefrist (§ 148 BGB) gesetzt wurde. Für den Transport (die Übermittlung) des Angebots per Fax und für die Zeit bis zur Kenntnisnahme ist bei einem gewerblichen Empfänger eine kurze Frist von wenigen Stunden anzusetzen. Diese kurze Frist gilt damit

[12] Erforderlich sind mehr als 25 % der Aktien, vgl. § 179 Abs. 2 AktG (Aktiengesetz).

auch für die Übermittlung (den Transport) der Annahmeerklärung. Somit ist für die Fristberechnung im Wesentlichen die „Überlegungs- und Bearbeitungszeit" des L maßgeblich. Danach sind zwei Wochen viel zu lang, da die Bestellung der K-GmbH auf einer aktuellen Preisliste des L beruhte und keinerlei Besonderheiten aufwies (Ware, Umfang). Die K-GmbH konnte deshalb mit einer deutlich früheren Annahme rechnen. Die Annahme ist damit verspätet, sie gilt nach § 150 Abs. 1 BGB als neues Angebot. Der K-GmbH steht es frei, dieses Angebot anzunehmen. Erfolgt keine rechtzeitige Annahme dieses neuen Angebots, erlischt es nach § 146 BGB.

Setzen einer Annahmefrist

Um die mit der Fristberechnung nach § 147 Abs. 2 BGB verbundenen Unsicherheiten zu vermeiden, hat der Antragende nach § 148 BGB die Möglichkeit, eine genaue (feste) Frist für die Annahme des Antrags zu bestimmen, etwa „bis zum 21.12." oder „... bis zum Ablauf der 16. Kalenderwoche". Die Möglichkeit, eine Annahmefrist zu setzen, besteht auch bei Angeboten unter Anwesenden. Wenn vom Antragenden eine Frist gesetzt wird, geht § 148 BGB dem § 147 Abs. 1 und Abs. 2 BGB vor nach der Regel: „Die spezielle Regelung verdrängt die allgemeine Regelung (lex specialis derogat legi generali)."

Praxistipp

Um Unklarheiten bezüglich der Länge der Annahmefrist zu vermeiden, sollte bei Angeboten unter Abwesenden eine Annahmefrist gesetzt werden.

Wird eine Annahmefrist gesetzt, muss die Annahmeerklärung innerhalb der gesetzten Frist erfolgen und beim Empfänger – das ist die Person, die das Angebot gemacht hat – innerhalb der Frist ankommen („zugehen" gemäß § 130 BGB)[13]. Es reicht deshalb nicht aus, die Annahmeerklärung am letzten Tag der Frist per Brief abzuschicken, da der Zugang dann nicht mehr innerhalb der Frist erfolgt[14].

Wird eine Annahmefrist nach § 148 BGB bei einem Angebot unter Anwesenden gesetzt, muss die Annahme – abweichend von dem dann nicht anwendbaren § 147 Abs. 1 BGB – nicht sofort erfolgen, sondern kann innerhalb der Frist erklärt werden.

Beispiel

K verhandelt mit Händler H über den Kauf eines gebrauchten Mercedes. Das „letzte" Angebot des H beträgt 13.500,– €, doch kann K sich noch nicht zum Kauf entschließen, sondern will „noch einmal drüber schlafen". Daraufhin gewährt H dem K „längstens 24 Stunden Bedenkzeit". Diese Erklärung ist im Wege der Auslegung nach §§ 133, 157 BGB

---

[13] Zu den Voraussetzungen des Zugangs vgl. S. 29 ff.

[14] Palandt/Ellenberger, Bürgerliches Gesetzbuch, 69. Aufl., München 2010, § 148 Rn. 2.

als Setzen einer Annahmefrist gemäß § 148 BGB zu werten. Deshalb ist H 24 Stunden an sein Angebot gebunden. K kann es innerhalb dieser Frist annehmen. Eine sofortige Annahme gemäß § 147 Abs. 1 S. 1 BGB ist nicht erforderlich, da der spezielle § 148 BGB den allgemeinen § 147 Abs. 1 BGB verdrängt.

Klausurtipp

Die Prüfung der Annahmefrist sollte mit § 148 BGB beginnen, falls nach dem Sachverhalt eine Fristsetzung vorliegen könnte. Denn § 148 BGB geht § 147 Abs. 1 und Abs. 2 BGB als spezielle Regelung vor. Ist keine Frist gesetzt worden, gilt für Angebote unter (körperlich) Anwesenden und am Telefon § 147 Abs. 1 BGB („sofortige Annahme"), für Angebote unter Abwesenden § 147 Abs. 2 BGB („TÜR-Formel").

Verspätete Annahme

Wird die Annahme eines Antrags *verspätet* erklärt, gilt sie nach § 150 Abs. 1 BGB als neuer Antrag, der nunmehr von der anderen Seite angenommen werden muss.

Beispiel

Die B-Bank hat dem Kunden den Abschluss eines Darlehensvertrags zu einem Zinssatz von 3,95 % p. a. angeboten und eine Annahmefrist von zwei Wochen gesetzt („Wir halten uns an das Angebot zwei Wochen gebunden"). Einen Tag nach Ablauf der zwei Wochen geht bei der B-Bank der vom Kunden am Vortag und damit innerhalb der Annahmefrist unterschriebene Darlehensvertrag ein.

Da der Zugang der Annahmeerklärung nach Ablauf der Annahmefrist erfolgt ist, liegt eine verspätete Annahme vor. Diese gilt nach § 150 Abs. 1 BGB als neuer Antrag des Kunden, der jetzt von der B-Bank angenommen werden muss. Erklärt die B-Bank die Annahme, kommt der Darlehensvertrag zustande. Dies kann auch konkludent durch die Auszahlung der Darlehenssumme erfolgen. Erklärt die B-Bank keine Annahme, kommt kein Vertrag zustande.

Praxistipp

Liegt eine verspätete Annahme (= neues Angebot) vor, steht es dem anderen Teil (also dem, der das erste, inzwischen erloschene Angebot abgegeben hatte) grundsätzlich frei, ob er das neue Angebot annimmt und den Vertrag damit zustande bringt oder ob er das nicht tut. Wie auch immer die Entscheidung ausfällt: Es ist ratsam, den anderen Teil davon in Kenntnis zu setzen.

Klausurtipp

An dieser Stelle können Sie die Lektüre des 1. Kapitels einstweilen unterbrechen. Ich möchte Sie ermutigen, sich an Ihre erste große Fallbearbeitung zu wagen. Sie sollten nun in der Lage sein, den Fall 1 (Damenmäntel) im 31. Kapitel zu lösen[15]. Probieren Sie es aus! Nur Mut. Es wird schon schiefgehen!

1.3 Schweigen als Annahme

Da eine Willenserklärung – wie wir schon gesehen haben[16] – neben der subjektiven Komponente (dem Rechtsfolgewillen) eine objektive Komponente (die Erklärung des Willens) voraussetzt, kann Schweigen im Sinne von Nichtreagieren eigentlich keine Willenserklärung sein. Dies gilt grundsätzlich auch unter Kaufleuten, sodass Schweigen, also Nichtreagieren, im kaufmännischen Verkehr im Regelfall keine Willenserklärung darstellt. Vielmehr gilt – auch unter Kaufleuten – der Satz:

Merke

Wer schweigt (nicht reagiert) gibt keine Willenserklärung ab, weil zumindest die objektive Komponente der Willenserklärung, nämlich die Erklärung, fehlt.

Ein Kaufmann, der auf ein Angebot schweigt (nicht reagiert), erklärt durch sein Schweigen deshalb grundsätzlich keine Annahme. Das muss einem eigentlich schon der gesunde Menschenverstand sagen: Denn anderenfalls wäre damit zu rechnen, dass allen Kaufleuten ständig per Fax oder E-Mail ungefragt Angebote zugehen würden. Der Kaufmann müsste mehrere Mitarbeiter als „Neinsager" beschäftigen, um die ständig und ungefragt eingehenden Angebote abzulehnen. Das kann nicht richtig sein!

Merke

Regel: Schweigen auf ein Angebot (Nichtreagieren) ist auch unter Kaufleuten grundsätzlich keine Annahme des Angebots!

Ausnahme: Von dieser Regel gibt es nur ganz wenige Ausnahmen.

Fehler: Die gegenteilige Behauptung („Schweigen unter Kaufleuten ist immer eine Annahme!") beruht darauf, dass *eine* dieser Ausnahmen zu Unrecht für allgemeinverbindlich erklärt wird.

Zur Regel „Schweigen ist keine Annahme" gibt es nur einige wenige **Ausnahmen:**

15 S. 563 ff.
16 Vgl. S. 8 f.

Vertragliche Vereinbarung

So können Parteien, die in einer Geschäftsverbindung stehen, in einem **Rahmenvertrag** vereinbaren, dass das Schweigen auf ein Angebot eine Annahme darstellen soll.

Beispiel

Zwischen V und K besteht ein Rahmenvertrag über die Lieferung von Schmierstoffen. In diesem Vertrag ist festgelegt, dass ein Kaufvertrag zum Tagespreis zustande kommt, wenn V auf eine Bestellung des K (Angebot) nicht binnen 24 Stunden reagiert.

Regelungen im BGB

Das BGB enthält mit § 108 Abs. 2 S. 2 BGB und § 177 Abs. 2 S. 2 BGB zwei Regelungen, in denen Schweigen als Verweigerung einer Genehmigung gilt[17]. In beiden Vorschriften geht es darum, dass jemand aufgefordert wird zu erklären, ob er einen *schwebend unwirksamen Vertrag* genehmigt. Wird die gewünschte Genehmigung nicht innerhalb von zwei Wochen erteilt, gilt sie nach diesen Vorschriften als verweigert. Schweigen (Nichtreagieren) gilt also als Nichtgenehmigung. Hingegen gilt nach § 516 Abs. 2 S. 2 BGB im Fall einer Schenkung das Schweigen unter bestimmten Voraussetzungen als Zustimmung.

Beispiele

- Händler H fordert die Eltern des minderjährigen M auf zu erklären, ob sie einen von M geschlossenen, bislang schwebend unwirksamen Kaufvertrag genehmigen. Reagieren die Eltern auf diese Aufforderung nicht, gilt die Genehmigung nach Ablauf von zwei Wochen als verweigert (§ 108 Abs. 2 S. 2 BGB). Der bis dahin schwebend unwirksame Kaufvertrag wird rückwirkend unwirksam (nichtig)[18].
- X schließt, ohne eine Vollmacht zu haben, als (angeblicher) Vertreter des K einen Kaufvertrag mit V ab. X handelt damit als „Vertreter ohne Vertretungsmacht". Der zwischen X und V ausgehandelte Vertrag ist deshalb schwebend unwirksam (§ 177 Abs. 1 BGB). Das „weitere Schicksal" des Vertrags hängt davon ab, ob K – also der angeblich Vertretene – das Handeln des X genehmigt und damit seine nachträgliche Zustimmung („Genehmigung") erteilt (vgl. § 184 Abs. 1 BGB). Reagiert K auf eine Aufforderung des V zur Erklärung über die Genehmigung nicht binnen zwei Wochen, gilt diese als verweigert (§ 177 Abs. 2 S. 2 BGB). Der Vertrag wird rückwirkend unwirksam (nichtig)[19].

---

[17] Unter einer Genehmigung versteht das BGB die nachträgliche Zustimmung (§ 184 Abs. 1 BGB), während die vorherige Zustimmung als Einwilligung bezeichnet wird (§ 183 BGB).

[18] Zu Einzelheiten S. 91.

[19] Zu Einzelheiten S. 119.

1.3.1 Schweigen von Kaufleuten

Einen gesetzlich geregelten **Ausnahmefall** für den kaufmännischen Geschäftsverkehr enthält **§362 Abs. 1 HGB.** In diesem Sonderfall gilt Schweigen als Annahme eines Angebots, sodass der Vertrag durch das Schweigen zustande kommt. Es wird aber oft übersehen, dass §362 Abs. 1 HGB eine Reihe von Voraussetzungen aufweist, von denen *eine* oder gar *mehrere* in den meisten Fällen *nicht* vorliegen.

§362 Abs. 1 HGB ist wie folgt zu lesen:

Wenn

P1 einem Kaufmann ein *Antrag* auf Besorgung von Geschäften (ein Angebot) zugeht, und wenn

P2 der Gewerbebetrieb des Kaufmanns die *Besorgung von Geschäften für andere* mit sich bringt,

und wenn

P3 das Angebot ein *solches* Geschäft betrifft,

und wenn

P4 das Angebot von jemandem stammt, mit dem der Kaufmann in *Geschäftsverbindung* steht,

und wenn

N1 der Kaufmann keine unverzügliche *Antwort* gibt,

dann (besser nur dann!!!)

gilt sein Schweigen als Annahme des Antrags.

Klausurtipp zur Wiederholung

Die positiven Voraussetzungen P1 bis P4 müssen **alle** vorliegen, damit die Rechtsfolge (Schweigen gilt als Annahme) eintritt. Die negative Voraussetzung (N1) darf **nicht** vorliegen.

Die Bedeutung des §362 Abs. 1 HGB wird erheblich überschätzt. In aller Regel gilt das Schweigen auf ein Angebot auch im geschäftlichen Verkehr nicht als Annahme, weil *eine* oder gleich *mehrere* der positiven Voraussetzungen des §362 Abs. 1 HGB nicht erfüllt sind.

P1: Einem Kaufmann geht ein Antrag auf Besorgung von Geschäften zu

Häufig fehlt bereits die erste Voraussetzung des §362 Abs. 1 HGB, weil der Empfänger des Angebots zwar Unternehmer nach §14 BGB, aber kein Kaufmann nach §§1 ff. HGB ist.

Nach §1 Abs. 1 HGB ist nur derjenige Gewerbetreibende (zugleich) Kaufmann, dessen Gewerbebetrieb so groß ist, dass er einen in kaufmännischer Weise eingerichteten Geschäftsbetrieb erfordert. Zu den **kaufmännischen Einrichtungen** gehören insbesondere die kaufmännische Buchführung einschließlich der Aufbewahrung von Belegen und der regelmäßigen Bilanzierung[20]. Dass sol-

[20] Weitere Einzelheiten auf S. 57.

che Einrichtungen erforderlich sind, wird nach § 1 Abs. 2 HGB zwar vermutet, doch sind die meisten Handwerker, Einzelhändler und Gastwirte in der Praxis **keine Kaufleute** nach HGB, und zwar auch dann nicht, wenn sie sich selbst als „Kaufmann" bezeichnen.

Von allen Einzelunternehmern sind weniger als 10 % Kaufleute im handelsrechtlichen Sinn und damit zur Eintragung in das Handelsregister verpflichtet[21]. Da über 90 % der Einzelunternehmer keine Kaufleute sind, gilt § 362 Abs. 1 HGB für diese Gewerbetreibenden nicht, sodass ein Schweigen dieser „Nichtkaufleute" („Nur-Unternehmer") auf ein Angebot schon deshalb nicht als Annahme gilt. Die Sachlage kann sich ändern, wenn ein „kleiner Handwerker" sein Unternehmen in der Rechtsform einer GmbH führt, da für eine GmbH immer das HGB gilt (§ 6 Abs. 1, 2 HGB, § 13 Abs. 3 GmbHG). Dies gilt auch für Aktiengesellschaften (§ 6 Abs. 1, 2 HGB, § 3 Abs. 1 AktG), für die Offene Handelsgesellschaft (§ 105 Abs. 1 HGB) und für die Kommanditgesellschaft (§ 161 Abs. 1 HGB).

Beispiel

Kioskpächter K bekommt vom Getränkehändler G ein Angebot über den Kauf von 100 Flaschen „Grauer Burgunder". Wenn K auf dieses Angebot nicht reagiert („schweigt"), gilt sein Schweigen schon deshalb nicht als Annahme nach § 362 Abs. 1 HGB, weil K zwar Unternehmer nach § 14 BGB, aber kein Kaufmann im Sinne des HGB ist.

Betreibt er den Kiosk in der Rechtsform einer GmbH, ändert sich die Rechtslage. Die GmbH gilt nämlich aufgrund der Rechtsform immer als Kaufmann (§ 6 Abs. 1, 2 HGB, § 13 Abs. 3 GmbHG).

P2: Der Gewerbebetrieb des Kaufmanns bringt die Besorgung von Geschäften für andere mit sich

Bei der Prüfung des § 362 Abs. 1 HGB wird nicht immer beachtet, dass von allen in das Handelsregister eingetragenen Kaufleuten die meisten nicht unter diese Vorschrift fallen, weil ihr Gewerbebetrieb keine **Besorgung von Geschäften für andere** mit sich bringt.

Der ganz überwiegende Teil aller Kaufleute besorgt nämlich keine Geschäfte für andere, sondern **Geschäfte für sich.** Unter § 362 Abs. 1 HGB fallen aber nur solche Tätigkeiten, die der andere (der „Auftraggeber") eigentlich selbst vornehmen müsste.

Beispiele

- K muss eine Rechnung bei V bezahlen. Er erteilt „seiner" Bank, der B-GmbH, einen Überweisungsauftrag. Die B-GmbH ist aufgrund ihrer Rechtsform Kaufmann (§ 6 Abs. 1, 2 HGB, § 13 Abs. 3 GmbHG). Wenn die B-GmbH die Überweisung vornimmt, besorgt sie ein Geschäft des K, nämlich die dem K obliegende Zahlung des Kaufpreises. Der Vertrag zur Durchführung der konkreten Über-

[21] Vgl. Meyer, Justus, Die Insolvenzanfälligkeit der GmbH als rechtspolitisches Problem, GmbH-Rundschau 2004, S. 1417 ff. m. w. Nachw.

weisung wird dadurch geschlossen, dass K durch das Einreichen des ausgefüllten Überweisungsträgers einen entsprechenden Antrag (ein Angebot) über die Besorgung eines Geschäftes (Voraussetzung P3) abgibt. Die nach § 362 Abs. 1 HGB erforderliche Geschäftsverbindung (Voraussetzung P4) wird durch den Girovertrag begründet. Wenn die B-GmbH auf das Angebot des K nicht reagiert (schweigt, Voraussetzung N1), wird dieses Schweigen als Annahme gewertet. Damit ist der konkrete Überweisungsvertrag geschlossen. Die Bank muss die Überweisung also ausführen. Etwas anderes kann sich daraus ergeben, dass die Bank dem K vorher unmissverständlich mitgeteilt hat, keine weiteren Überweisungen vorzunehmen, bevor das erheblich überzogene Konto des K nicht wieder in die Nähe der bewilligten Kreditlinie zurückgeführt worden ist.

- V ist nach dem Kaufvertrag verpflichtet, eine von K gekaufte Ware zu K zu transportieren („Bringschuld"[22]). Da V über keine freien Transportkapazitäten verfügt, beauftragt er per Fax die Frachtführer-GmbH, die schon mehrfach für V tätig geworden ist. Wenn die F-GmbH auf das im Fax enthaltene Angebot des V nicht reagiert (schweigt), ist der Frachtvertrag geschlossen.

Merke

Nicht unter § 362 Abs. 1 HGB fällt der sogenannte **„Warenkaufmann"**. Dies ist ein Kaufmann, der im eigenem Namen Waren kauft und wieder verkauft. Dieser Kaufmann besorgt keine (fremden) Geschäfte *für andere*, sondern nur (eigene) Geschäfte *für sich.*

Beispiel

K bestellt bei V, mit dem er in ständiger Geschäftsbeziehung steht, per Fax eine Lieferung von Elektromotoren. Wenn V auf die Bestellung nicht reagiert, kommt diesem Schweigen nicht die Wirkung einer Annahme zu, weil V keine Geschäfte *für andere*, sondern nur Geschäfte *für sich* besorgt.

Liegen im Einzelfall neben den beiden dargestellten auch die weiteren Voraussetzungen des § 362 Abs. 1 HGB vor[23], ist der Empfänger des Angebots **nicht verpflichtet,** unverzüglich zu antworten. Zwar legt der Wortlaut der Vorschrift eine solche Verpflichtung nahe, doch hat der Antragende keinen Anspruch auf eine Antwort. Der Kaufmann, der den Vertrag nicht schließen will, sollte aber im eigenen Interesse unverzüglich antworten: Denn anderenfalls **gilt** sein **Schweigen als Annahme** des Antrags.

Merke

Durch das Schweigen eines Kaufmanns auf einen Antrag (ein Angebot) kommt grundsätzlich kein Vertrag zustande. Etwas anderes gilt dann,

---

22 Vgl. S. 154.

23 Vgl. Aufzählung auf S. 24.

wenn alle Voraussetzungen des § 362 Abs. 1 HGB vorliegen. Insbesondere muss der Empfänger des Antrags **Kaufmann nach §§ 1 ff. HGB** sein, was bei den meisten Einzelunternehmern nicht der Fall ist.

Außerdem muss der Gewerbebetrieb desjenigen, an den sich das Angebot richtet, die Besorgung von **Geschäften für andere** mit sich bringen. Das ist insbesondere bei einem Warenkaufmann, der Ware kauft und wieder verkauft, *nicht* der Fall.

1.3.2 Kaufmännisches Bestätigungsschreiben

Das kaufmännische Bestätigungsschreiben ist im HGB nicht geregelt, sondern wird aus Handelsbräuchen abgeleitet (vgl. § 346 HGB). Ein Schweigen des Empfängers auf ein echtes Bestätigungsschreiben gilt als Zustimmung zum Inhalt des Schreibens, auch wenn das Schreiben andere Inhalte als ein zuvor (mündlich) geschlossener Vertrag aufweist. Der Vertrag wird also insoweit abgeändert. Die Voraussetzungen sind:

P1: Zumindest der Empfänger des Schreibens muss **Kaufmann** (§§ 1 ff. HGB) sein oder eine Person, die zwar kein Kaufmann im handelsrechtlichen Sinne ist, aber in größerem Umfang am Geschäftsverkehr teilnimmt (Grundstücksmakler, Architekt).

P2: Es muss ein echtes Bestätigungsschreiben vorliegen: Das Schreiben muss das Ergebnis vorangegangener **mündlicher Vertragsverhandlungen** schriftlich zusammenfassen und klarstellen, dass der Absender den Vertrag für geschlossen hält.

Beispiel

„Der guten Ordnung halber bestätigen wir den gestern zwischen uns geschlossenen Vertrag wie folgt: Sie liefern uns …“

Vom Bestätigungsschreiben zu unterscheiden ist die Auftragsbestätigung:

Merke

Der Absender eines Bestätigungsschreibens geht von einem bereits geschlossenen Vertrag aus, während die Auftragsbestätigung den Vertrag erst zustande bringen soll. Durch sie wird die Annahme zu einem vorhergehenden Angebot erklärt. Weicht die Auftragsbestätigung (Annahme) vom Angebot ab, gilt sie nach § 150 Abs. 2 BGB als Ablehnung verbunden mit einem neuen Angebot.

P3: Der Bestätigende muss **redlich** sein, also auf den Inhalt seines Schreibens vertrauen dürfen. Das ist nicht der Fall, wenn bewusst eine unrichtige Wiedergabe der vorhergehenden Vertragsverhandlungen erfolgt oder die Abweichungen zwischen dem mündlich Vereinbarten und dem schriftlich Bestätigten so erheblich sind, dass mit einem Einverständnis nicht gerechnet werden kann, oder wenn sich zwei Bestätigungsschreiben unterschiedlichen Inhalts kreuzen.

P4: Das Schreiben muss **unverzüglich** nach Ende der Vertragsverhandlungen abgesandt werden und dem anderen Teil unverzüglich **zugehen.**

N1: Kein **unverzüglicher Widerspruch** des anderen Teils gegen den Inhalt des Schreibens. Der Bundesgerichtshof (BGH) hat in einem Urteil einen Widerspruch nach drei Tagen als noch rechtzeitig angesehen[24].

Wenn alle positiven Voraussetzungen gegeben sind und die negative Voraussetzung nicht vorliegt, treten diese Rechtsfolgen ein:

- Wenn das Schreiben mit dem geschlossenen Vertrag übereinstimmt, hat es nur eine Beweisfunktion **(deklaratorische Bedeutung)**. Es wird etwas bestätigt, was vorher schon vereinbart war.
- Wenn ein Vertrag noch nicht (endgültig) geschlossen war, kommt der Vertrag durch das Schweigen des Empfängers zustande **(konstitutive Bedeutung).**
- Wenn der Inhalt des Schreibens von einem bereits mündlich geschlossenen Vertrag abweicht, wird dieser Vertrag geändert. Es gilt dann das, was im Schreiben steht **(konstitutive Bedeutung).**

Beispiel

Nach längeren zähen mündlichen Verhandlungen haben die Kaufleute V und K einen Kaufvertrag mit einem Kaufpreis von 150.000,– € geschlossen. Noch am selben Tag faxt K ein Schreiben an V, in dem er „der guten Ordnung halber den heute geschlossenen Vertrag bestätigt“ und den Kaufpreis, wie es nach seiner Erinnerung richtig ist, mit 145.000,– € angibt. Falls V diesem Schreiben nicht unverzüglich widerspricht, gilt der Kaufpreis von 145.000,– € als vereinbart.

Praxistipp

Es ist sehr sinnvoll, einen mündlich geschlossenen Vertrag schriftlich zu bestätigen. Dies muss unverzüglich geschehen; es muss auch sichergestellt werden, dass das Schreiben der anderen Seite zugeht und der Zugang ggf. auch bewiesen werden kann. Als Empfänger eines solchen Schreibens sollte man bei negativen Abweichungen unverzüglich widersprechen.

1.4 Zugang von Willenserklärungen

Es gibt Willenserklärungen, die wirksam sind, sobald der Erklärende sie geäußert hat. Die meisten Willenserklärungen werden hingegen erst wirksam, wenn sie beim Empfänger „ankommen“, wenn sie ihm **zugehen.**

1.4.1 Nicht empfangsbedürftige Willenserklärungen

Nicht empfangsbedürftige Willenserklärungen sind bereits mit ihrer Abgabe (Erklärung) wirksam. Ein Beispiel bildet die in einem Testament enthaltene

24 BGH NJW 1962, S. 246, 247.

Willenserklärung. Diese ist wirksam, sobald der Erblasser das **Testament** ordnungsgemäß angefertigt hat (vgl. §2247 BGB). Weder die Erben noch sonst jemand muss Kenntnis vom Inhalt des Testaments haben. Ein zweites Beispiel bildet die Aufgabe des Eigentums (§959 BGB), etwa durch Wegwerfen einer Sache. Daneben gibt es die sogenannte Auslobung (§657 BGB): Aushang im Verbrauchermarkt „Unser Struppi ist weggelaufen. Wer ihn zurückbringt, bekommt 50,– €."

1.4.2 Empfangsbedürftige Willenserklärungen

Die meisten Willenserklärungen sind empfangsbedürftig. Sie werden erst wirksam, wenn sie dem Empfänger zugehen. Beispiele bilden Angebot und Annahme sowie die Rücktritts-, Kündigungs-, Widerrufs- und Anfechtungserklärung.

Zugang unter Anwesenden

Unter Anwesenden geht eine Willenserklärung zu, sobald der Adressat sie vernehmen kann (sogenannte **„Vernehmungstheorie"**). Mündliche Erklärungen gehen deshalb sofort zu. Wird ein Schriftstück übergeben, muss dem Empfänger die Zeit für die (sofortige) Lektüre gewährt und damit die Möglichkeit der Kenntnisnahme eröffnet werden. In diesem Fall gilt §130 Abs. 1 S. 1 BGB – vgl. dazu die folgenden Ausführungen – entsprechend (analog).

Zugang unter Abwesenden

Eine empfangsbedürftige Willenserklärung unter Abwesenden wird nach §130 Abs. 1 S. 1 BGB wirksam, wenn sie dem Empfänger **zugeht.** Das BGB definiert den Begriff des Zugangs in §312 e Abs. 1 S. 2 BGB für Willenserklärungen, die per **E-Mail** übermittelt werden. Diese Erklärungen gelten als zugegangen, wenn die Parteien, für die sie bestimmt sind, sie unter gewöhnlichen Umständen abrufen können.

Für alle anderen Fälle (Brief, Fax) muss auf die von der Rechtsprechung und Literatur zu §130 BGB erarbeitete Definition zurückgegriffen werden.

Merke

Eine Willenserklärung unter Abwesenden ist nach §130 Abs. 1 S. 1 BGB zugegangen, wenn

P1: sie in den **Machtbereich** des Empfängers gelangt ist,

P2: der Empfänger unter normalen Verhältnissen die Möglichkeit hat, vom Inhalt der Erklärung Kenntnis zu nehmen und nach der Verkehrsanschauung mit einer **Kenntnisnahme** zu rechnen ist,

N1: außerdem darf kein vorheriger oder gleichzeitiger **Widerruf** erfolgen (§130 Abs. 1 S. 2 BGB).

P1: Machtbereich des Empfängers

Zum Machtbereich des Empfängers – auch Geschäftsbereich genannt – gehören die von ihm zur Entgegennahme von Erklärungen bereitgehaltenen Einrichtungen wie Briefkästen, Postfächer, Anrufbeantworter und bei einer aktiven Teilnahme am E-Mail-Verkehr auch ein E-Mail-Account. Das bloße Besitzen einer nicht genutzten **E-Mail-Adresse** reicht hingegen nicht aus.

Daraus ergibt sich Folgendes: Wenn ein Brief in den **Briefkasten** oder in das **Postfach** des Adressaten gelegt wird, gelangt er damit in dessen Machtbereich. Ebenfalls in den Machtbereich gelangt die auf einem Anrufbeantworter gespeicherte Nachricht. Bei Nutzung eines Mailboxsystems reicht es aus, dass der Empfänger die Möglichkeit hat, die Nachricht abzurufen.

Beispiel

Ein um 23.56 Uhr in einen Hausbriefkasten eingeworfener Brief gelangt sofort in den Machtbereich des Empfängers. Gleiches gilt für eine um diese Zeit auf dem Server eines Providers gespeicherte E-Mail, die für einen Kunden des Providers bestimmt ist.

P2: Möglichkeit der Kenntnisnahme

Damit ist aber nur die **erste** Voraussetzung des Zugangs erfüllt. Hinzukommen muss, dass der Empfänger unter normalen Verhältnissen die Möglichkeit hat, vom Inhalt der Erklärung Kenntnis zu nehmen **und dass** mit einer Kenntnisnahme auch zu rechnen ist. Nicht erforderlich ist hingegen, dass die Nachricht tatsächlich gelesen, – im Falle eines Anrufbeantworters – abgehört oder dass die E-Mail vom Server abgerufen wird.

Beispiele

- Wenn die Kündigung eines Mietvertrags abends um 23.56 Uhr in einen Hausbriefkasten geworfen wird, ist sie zwar in den Machtbereich des Empfängers gelangt, doch kann im Normalfall nicht damit gerechnet werden, dass bis 24.00 Uhr eine Kenntnisnahme erfolgt. Die Kündigungserklärung geht deshalb also frühestens am nächsten Tag zu.
- In einem Unternehmen geht um 13.31 Uhr ein Fax ein. Da an diesem Tag ab 13.00 Uhr eine Betriebsversammlung stattfindet, wird das Fax erst am folgenden Tag gelesen. Das Fax ist um 13.31 Uhr in den Machtbereich des Unternehmens gelangt; unter normalen Umständen – keine Betriebsversammlung – bestand die Möglichkeit der sofortigen Kenntnisnahme. Es war auch damit zu rechnen, dass das Fax innerhalb der nächsten Stunden gelesen wird. Damit ist es an diesem Tag zugegangen.

- Die X-GmbH kann aufgrund einer technischen Störung von 15.20 Uhr bis zum Ende der Arbeitszeit (17.30 Uhr) keine E-Mails lesen. Sollte eine E-Mail um 15.21 Uhr auf dem Server der X-GmbH angekommen sein, so ist sie an diesem Tag zugegangen, weil für die Beurteilung normale Verhältnisse zugrunde zu legen sind. Eine Störung des Servers von mehr als drei Stunden kann zwar vorkommen, ist aber nicht „normal".

N1: Kein vorheriger Widerruf

Nach § 130 Abs. 1 S. 2 BGB wird eine Willenserklärung nicht wirksam, wenn dem Empfänger vorher oder gleichzeitig ein Widerruf zugeht. Man kann also verhindern, dass eine schon abgegebene Erklärung wirksam wird.

Beispiel

Arbeitnehmer A hat aus Ärger über seinen Chef den Arbeitsvertrag per Einschreiben gekündigt. Noch bevor das Einschreiben beim Arbeitgeber ankommt, widerruft A durch einen persönlich abgegebenen Brief seine Kündigung. Damit wird die Kündigung nicht wirksam.

1.4.3 Sonderfall § 151 BGB

Einen Sonderfall für das Zustandekommen eines Vertrags – und zugleich eine wichtige Ausnahme zu § 130 Abs. 1 S. 1 BGB – bildet der oben schon angesprochene § 151 BGB. Für das richtige Verständnis dieser Vorschrift ist es ganz besonders wichtig, sie sorgfältig zu lesen. Die Vorschrift erweist sich sonst als „Studentenfalle".

Nach § 151 BGB kommt der Vertrag

- „durch die Annahme des Antrags zustande,
- ohne dass die Annahme dem Antragenden gegenüber erklärt zu werden braucht, wenn …".

Schon aus der Formulierung „Der Vertrag kommt **durch die Annahme** … zustande" ergibt sich, dass auch im Fall des § 151 BGB eine **Annahme** vorliegen **muss.** Keinesfalls kommt der Vertrag ohne Annahme zustande (auch wenn das immer wieder behauptet wird, leider auch in Klausuren!).

Die Besonderheit des § 151 BGB besteht darin, dass die Annahme demjenigen, der das Angebot gemacht hat, nicht erklärt (mitgeteilt) werden muss, ihm also abweichend von § 130 Abs. 1 S. 1 BGB nicht zugehen muss. Der Vertrag kommt also schon durch die Annahme als solche zustande, obwohl der Antragende von der Annahme noch gar nichts weiß.

Merke

Auch im Fall des § 151 BGB müssen Angebot und Annahme zwingend vorliegen. Verzichtet wird nur auf den **Zugang der Annahmeerklärung,** wenn

- die Erklärung der Annahme gegenüber dem Antragenden nach der **Verkehrssitte** nicht zu erwarten ist oder
- der Antragende auf die Erklärung (gemeint ist der Zugang der Annahmeerklärung) **verzichtet** hat.

„Nach der Verkehrssitte nicht zu erwarten" bedeutet so viel wie „nicht üblich". Dies gilt für Teile des Versandhandels, sofern die bestellte Ware sofort zugeschickt wird, ohne dass vorher eine „Auftragsbestätigung" (Annahmeerklärung) verschickt wird.

Beispiele

- K bestellt im Versandhandel eine Ware mit einer garantierten Lieferzeit von „12 Stunden" (Angebot). Wegen der kurzen Frist dürfte nach der Verkehrssitte davon auszugehen sein, dass K nicht vorab eine Auftragsbestätigung (Annahme) erhält, sondern dass die Ware sofort verschickt wird.
- K bestellt per Fax bei V Ware zur „unverzüglichen Lieferung" (Angebot). V lässt die Ware vom Lager holen und an einen Frachtführer übergeben. Hier liegt eine konkludente Annahme des V vor, weil aus seinem Verhalten der eindeutige Schluss gezogen werden kann, dass er das Angebot des K annehmen will. Da K eine „unverzügliche Lieferung" wünscht, liegt ein Verzicht auf den Zugang der Annahmeerklärung vor.

Klausurtipp

Jetzt sollten Sie sich an die Bearbeitung des 2. Falls („Vertrag oder nicht Vertrag, nur das ist hier die Frage") im Kapitel 31 machen[25]. Das werden Sie schon hinbekommen! Also los. Auf geht's!

1.5 Vorvertrag, Option, Letter of Intent

In der betrieblichen Praxis finden sich drei weitere Instrumente bezüglich des Abschlusses von Verträgen.

1.5.1 Vorvertrag

Sollten dem endgültigen Vertragsschluss noch tatsächliche oder rechtliche Hindernisse entgegenstehen, haben die Parteien die Möglichkeit, einen Vorvertrag abzuschließen.

Merke

Der Vorvertrag ist ein Vertrag, durch den die Verpflichtung zum Abschluss eines späteren Hauptvertrags begründet wird.

---

[25] S. 569 ff.

Der Vorvertrag bezweckt in der Regel eine vorzeitige Bindung der Parteien zu einem Zeitpunkt, in dem der „endgültige“ Vertrag wegen noch bestehender Unklarheiten noch nicht geschlossen werden kann. Es ist auch möglich, dass nur eine Partei eine Bindung eingeht.

In jedem Fall ist sorgfältig zu prüfen, ob die Parteien sich tatsächlich bereits binden wollen, später den Hauptvertrag zu schließen, oder ob insoweit eine noch unverbindliche Einigung im Sinne einer Absichtserklärung vorliegt. Kriterien für die Abgrenzung können der Wortlaut der getroffenen Vereinbarung und der aktuelle Stand der Verhandlungen, insbesondere der Grad ihrer Konkretisierung sein.

Inhaltlich setzt ein Vorvertrag voraus, dass sich die Vertragsparteien über alle **wesentlichen Punkte** bereits geeinigt haben und der Inhalt des abzuschließenden Hauptvertrags zumindest bestimmbar ist. Ein Vorvertrag zu einem Kaufvertrag ist dann hinreichend bestimmt, wenn Kaufgegenstand, Kaufpreis und alle von den Vertragsparteien als wesentlich angesehenen Nebenpunkte geregelt sind oder sich jedenfalls bestimmen lassen, notfalls im Wege einer gerichtlichen Klärung. Daraus folgt, dass nur noch kleine, eher nebensächliche Punkte offen sein dürfen.

Beispiel

V und K verhandeln über den Kauf eines dem V gehörenden Unternehmens. Nachdem über den Kaufpreis und über zahlreiche weitere Punkte eine Einigung erzielt worden ist, schließen die Parteien einen „Vorvertrag“, in dem sie sich zum Abschluss eines Hauptvertrags zu den bisher schon ausgehandelten Bedingungen verpflichten. In den Verhandlungen war lediglich offen geblieben, ob und ggf. zu welchem Preis K zwei Patente von V erwirbt, da hierzu vorab noch ein Gutachten eines Unternehmensberaters eingeholt werden soll. Nachdem dieses vorliegt, weigert sich K, den Hauptvertrag abzuschließen. Zu Recht?

K kann den Abschluss des Hauptvertrags nicht verweigern, wenn ein verbindlicher Vorvertrag vorliegt. Um zu prüfen, ob ein Vorvertrag verbindlich ist, muss geklärt werden, welche Bedeutung die Patente für den Kauf des Unternehmens haben. Kommt den Patenten im Gesamtgefüge des Kaufs nur eine untergeordnete Bedeutung zu, ist der Vorvertrag verbindlich. Anderenfalls ist K nicht zum Abschluss des Hauptvertrags verpflichtet, weil der Vorvertrag noch keine entsprechende Bindungswirkung entfaltet.

Praxistipp

Keine Wirkung hat ein Vorvertrag über den Erwerb eines Grundstückes, sofern der Vertrag nicht in notariell beurkundeter Form geschlossen wird (§§ 311 b Abs. 1 S. 1, 128, 125 BGB). Dies gilt auch für sogenannte „Ankaufs-“ oder „Reservierungsbestätigungen“, die Kaufinteressenten bisweilen von unseriösen Maklern vorgelegt werden.

Beispiel

Eheleute E sind am Erwerb eines Einfamilienhauses interessiert. Nach Auskunft des vom Eigentümer eingeschalteten Maklers ist „die Nachfrage riesig". Der „freundliche" Makler („Man hilft ja, wo man kann") legt den Eheleuten eine Reservierungsbestätigung vor, in der es wie folgt heißt:

„Hiermit wird das Grundstück Pappelallee 36 in Regensburg verbindlich für die Eheleute E reserviert. Die Eheleute verpflichten sich, das Grundstück für 300.000,– € zu kaufen. Sollte der Kauf aus Gründen scheitern, die die Eheleute E zu vertreten haben, schulden sie dem Makler eine Reservierungsentschädigung in Höhe von 4,5 % der Kaufsumme."

Diese Vereinbarung ist nach §§ 311 b Abs. 1, 128, 125 BGB wegen Formmangels nichtig. Die Eheleute E müssen also im Falle des Nichtkaufs keine Entschädigung an den Makler zahlen. Die Rechtsprechung geht sogar noch weiter: Sollten die Eheleute das Grundstück kaufen, hat der Makler wegen seines treuwidrigen Verhaltens in erweiterter Anwendung des § 654 BGB keinen Anspruch auf eine Provision[26], und zwar selbst dann nicht, wenn eine solche im notariellen Kaufvertrag zulasten der Eheleute E als Käufer vereinbart wird[27]. Damit hat der Makler sich kräftig ins eigene Fleisch geschnitten.

Vom Vorvertrag abzugrenzen ist das Optionsrecht und der Letter of Intent.

1.5.2 Option

Eine Option beinhaltet das Recht, durch eine einseitige Erklärung einen Vertrag zustande zu bringen oder die Laufzeit eines schon bestehenden Vertrags zu verlängern. Im Gegensatz zum Vorvertrag wird keine rechtliche Verpflichtung zum Abschluss eines Vertrags begründet, sondern ein **Gestaltungsrecht** für den aus der Option Berechtigten geschaffen. Der Berechtigte kann frei entscheiden, ob er von der ihm eingeräumten Option Gebrauch oder nicht Gebrauch macht. Die Ausübung eines Optionsrechts führt in der Praxis häufig zur Verlängerung von befristeten Mietverträgen oder zum Abschluss von Kaufverträgen.

Beispiele

- In einem Mietvertrag über Büroräume heißt es: „Das Mietverhältnis endet am 31.12.2015, es sei denn, der Mieter erklärt spätestens sechs Monate vor diesem Termin, das Mietverhältnis fortsetzen zu wollen. In diesem Fall tritt eine Verlängerung um drei Jahre ein. Für weitere Verlängerungen gilt Satz 1 entsprechend."

---

26 BGH Versicherungsrecht (VersR) 1992, S. 958.

27 OLG Hamm, Neue Juristische Wochenschrift-Rechtsprechungsreport (NJW-RR) 1997, S. 817.

- In einem Leasingvertrag heißt es: „Der Leasingnehmer ist berechtigt, die Leasingsache bei Ablauf des Leasingvertrags zum kalkulierten Restwert zu kaufen. Er hat die Kaufabsicht dem Leasinggeber sechs Wochen vor Vertragsende schriftlich anzuzeigen."

1.5.3 Letter of Intent

Der **Letter of Intent** (LOI) ist eine, in der Regel rechtlich nicht verbindliche, Fixierung der Verhandlungsposition des Verfassers.

Beispiel

V und K verhandeln seit einigen Wochen über den Verkauf des Unternehmens des V an K. Die Liste der zu verhandelnden Punkte füllt mehrere Seiten. Während man sich über einige Punkte bereits einig geworden ist, gehen die Vorstellungen bei anderen Punkten noch weit auseinander. K erstellt zur Förderung der weiteren Verhandlungen eine Aufstellung, in der er die noch unklaren Punkte benennt und seine Verhandlungsposition wiedergibt. So trägt er unter dem Stichwort „Wert Warenlager" 300.000,– €, unter „Wert Fuhrpark" 250.000,– € ein. Diese Eintragungen des K sind (noch) kein Angebot, es entsteht auch noch keine Bindung. Sie geben vielmehr nur die (augenblickliche) Verhandlungsposition des K wieder.

Da ein LOI noch keine Rechtsbindung begründet, weist er eine Parallele zur Invitatio ad offerendum auf[28]. Der wichtige Unterschied besteht darin, dass der LOI während schon laufender Vertragsverhandlungen abgegeben wird, während eine invitatio ad offerendum die Vertragsanbahnung erst in Gang bringen soll.

[28] Dazu S. 7.

Kapitel 2
Die Privatautonomie

Lernziele dieses Kapitels

Was kommt in diesem Kapitel auf Sie zu? Der Gesetzgeber ist bei der Schaffung des BGB davon ausgegangen, dass das Gemeinwohl und auch das Wohl des Einzelnen am besten dadurch gewährleistet wird, wenn Unternehmer und Verbraucher ihre wirtschaftlichen und sonstigen Dispositionen möglichst frei von staatlicher Bevormundung und Einmischung treffen. Jeder soll „seines Glückes Schmied sein". Deshalb gehen sowohl das BGB als auch die anderen Gesetze des Privatrechts, zum Beispiel das Handelsgesetzbuch (HGB), das GmbH-Gesetz (GmbHG) und das Aktiengesetz (AktG), vom Prinzip der Privatautonomie (Selbstbestimmung) aus. Dieses Prinzip enthält in Gestalt der Vertrags-, der Testier- und der Vereinsfreiheit drei wichtige Ausprägungen.

2.1 Die Vertragsfreiheit

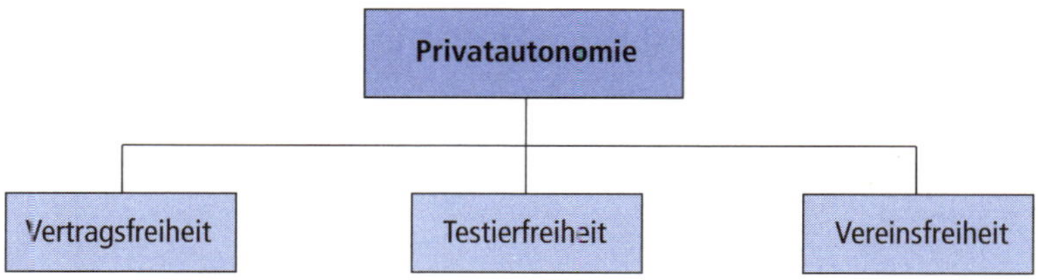

Abbildung 2.1: Privatautonomie

Die Vertragsfreiheit beinhaltet zum einen die Entscheidung einer Person, mit einer anderen Person einen Vertrag zu schließen oder *nicht* zu schließen. Außerdem umfasst sie das Recht der beiden Vertragsparteien, den Inhalt des Vertrags auszuhandeln, etwa den Kaufpreis oder die Dauer eines Mietvertrags über Geschäftsräume. Diese beiden Komponenten der Vertragsfreiheit werden als **Abschlussfreiheit** und als **Gestaltungsfreiheit** (auch „Inhaltsfreiheit" genannt) bezeichnet. Weitere Ausprägungen der Vertragsfreiheit, die man aber auch als Unterfälle der zuvor genannten Fälle verstehen kann, bilden die **Formfreiheit** und die **Beendigungsfreiheit.** Es ist „Geschmackssache", ob man die folgende Darstellung wählt oder ob man mit Unterfällen arbeitet. Viel wichtiger als die Darstellung ist das Verständnis dafür, was sich hinter den Begriffen verbirgt und welche Auswirkungen und Probleme sich in der Rechtspraxis ergeben.

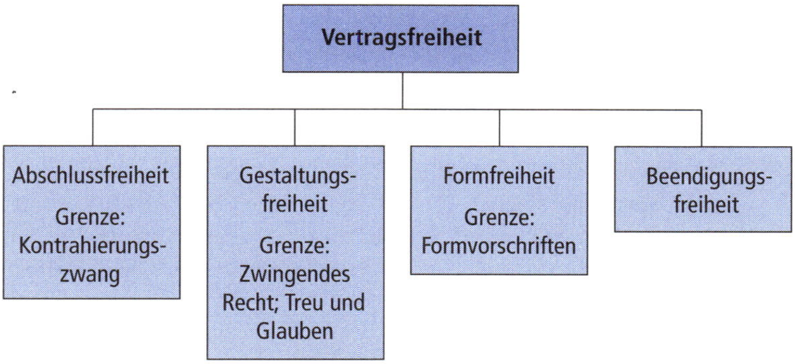

Abbildung 2.2: Vertragsfreiheit

2.1.1 Die Abschlussfreiheit

Bedeutung und Inhalt

Die Abschlussfreiheit beinhaltet das Recht des Einzelnen, selbst darüber zu entscheiden, **ob** er mit einem anderen einen Vertrag schließt oder ob er dies nicht tut. Auch die Wahl des Vertragspartners ist frei. Grundsätzlich soll niemand vom Staat oder einer anderen Instanz gezwungen werden, eine vertragliche Bindung einzugehen, die er nicht möchte.

Beispiele

- V wohnt in einem großen Zweifamilienhaus. Er nutzt dabei nur die im Erdgeschoss gelegene Wohnung (120 qm), während die im Obergeschoss gelegene Wohnung (108 qm) seit Jahren leer steht, weil V, wie er immer wieder betont, „keine fremden Leute im Hause haben will, die ihm von morgens bis abends auf dem Kopf herumtrampeln und laute Musik hören". Nachbar N, der aus der Türkei stammt, und dessen Wohnung kürzlich ausgebrannt ist, sucht für seine vierköpfige Familie eine Bleibe und bittet V deshalb dringend um den Abschluss eines jedenfalls kurzfristigen Mietvertrags. Hat N gegen V einen Anspruch auf den Abschluss eines Mietvertrags?
  Aufgrund der Abschlussfreiheit ist V juristisch nicht verpflichtet, mit dem wohnungssuchenden Familienvater einen Mietvertrag abzuschließen. Moralisch mag man die Sache hingegen ganz anders beurteilen.
  Eine Pflicht zum Vertragsabschluss ergibt sich auch nicht aus dem Allgemeinen Gleichbehandlungsgesetz (AGG), weil dieses Gesetz bei der Vermietung von Wohnungen nach § 19 Abs. 5 AGG in der Regel erst dann zur Anwendung kommt, wenn der Vermieter mehr als 50 Wohnungen vermietet.
- K wohnt in einem Vorort, in dem es nur zwei Verbrauchermärkte gibt. K hat in der Vergangenheit „Stress" mit einer Angestellten des

Inhabers V1 gehabt, weil diese das Wechselgeld falsch herausgegeben hatte. Nach einem heftigen Wortwechsel erteilt V1 dem K „Hausverbot", sodass K seine täglichen Einkäufe bei V2 erledigen muss, dessen Preise etwas höher liegen als die des V1. Kann K verlangen, dass V1 ihm Zutritt gewährt?
Auch wenn das Hausverbot eine übertriebene Reaktion des V1 darstellt und dazu führt, dass K nicht mehr bei V1 einkaufen kann, steht K kein Recht auf Aufhebung des Hausverbots zu. V1 kann aufgrund der Vertragsfreiheit selbst entscheiden, wen er in sein Geschäft lässt und an wen er verkauft.

Der Kontrahierungszwang (Abschlusszwang)

Wie aber wäre es im letzten Beispiel, wenn es in dem Vorort nur *einen* Verbrauchermarkt geben würde? Müsste V dann K Zutritt gewähren und die damit verbundene Möglichkeit eines Vertragsschlusses schaffen? Kann eine Pflicht zum Abschluss von Verträgen bestehen?

In Ausnahmefällen ist das tatsächlich der Fall! Diese Pflicht wird als **Kontrahierungszwang** bezeichnet. In der Sache geht es darum, dass eine Partei einen Vertragsschluss gegen den Willen der anderen Partei durchsetzen will. Dies setzt – wie bei anderen Ansprüchen auch – voraus, dass es für dieses Begehren eine **Anspruchsgrundlage** gibt. Diese muss als Rechtsfolge aussprechen, dass die vertragsunwillige Partei verpflichtet ist, den gewünschten Vertrag abzuschließen.

Zu unterscheiden ist zwischen einem unmittelbaren und einem mittelbaren Abschlusszwang (Kontrahierungszwang).

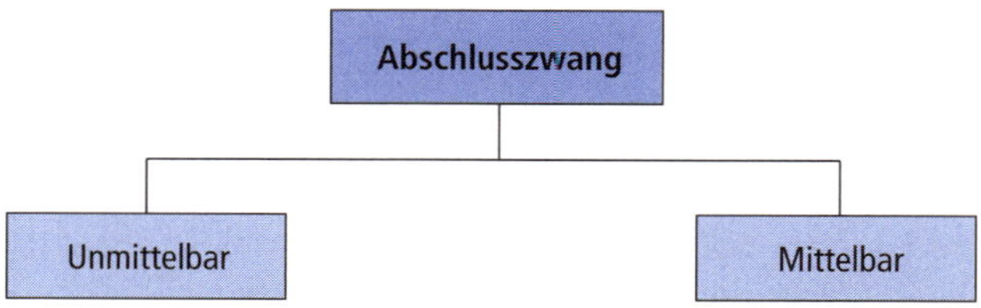

Abbildung 2.3: Abschlusszwang

Ein unmittelbarer Zwang zum Vertragsabschluss besteht im Bereich der sogenannten Daseinsvorsorge, etwa für die Versorgung mit Strom und Gas.

§ 17 Abs. 1 Energiewirtschaftsgesetz lautet wie folgt:

„§ 17 Netzanschluss

(1) Betreiber von Energieversorgungsnetzen haben Letztverbraucher, gleich- oder nachgelagerte Elektrizitäts- und Gasversorgungsnetze sowie -leitungen, Erzeugungs- und Speicheranlagen zu technischen und wirtschaftlichen Bedingungen an ihr Netz anzuschließen, die angemessen, diskriminierungsfrei, transparent und nicht ungünstiger sind, als sie von den Betreibern der Energieversorgungsnetze in vergleichbaren Fällen für Leistungen innerhalb ihres

Unternehmens oder gegenüber verbundenen oder assoziierten Unternehmen angewendet werden."

Einen unmittelbaren Kontrahierungszwang gibt es auch im Bereich der Personenbeförderung.

§ 22 Personenbeförderungsgesetz lautet:

„Beförderungspflicht

Der Unternehmer ist zur Beförderung verpflichtet, wenn

1. die Beförderungsbedingungen eingehalten werden,
2. die Beförderung mit den regelmäßig eingesetzten Beförderungsmitteln möglich ist und
3. die Beförderung nicht durch Umstände verhindert wird, die der Unternehmer nicht abwenden und denen er auch nicht abhelfen kann."

Beispiel

Der Betreiber des örtlichen Busverkehrs ist verpflichtet, zu den gültigen Tarifbedingungen mit jedem, der dies wünscht, einen Beförderungsvertrag abzuschließen. Er kann dies nicht mit der Begründung, Studenten könnten mit dem Fahrrad fahren oder zu Fuß gehen, oder aus anderen unsachlichen Gründen verweigern.

Die zweite Form des Kontrahierungszwangs ist der **mittelbare Abschlusszwang.** Dieser kann sich für Rechtsbeziehungen zwischen Unternehmen aus § 20 Abs. 1 und Abs. 2 GWB (Gesetz gegen Wettbewerbsbeschränkungen) i. V. m. § 33 Abs. 3 GWB ergeben. Nach § 20 Abs. 1 GWB darf ein marktbeherrschendes Unternehmen ein anderes Unternehmen in einem Geschäftsverkehr, der gleichartigen Unternehmen üblicherweise zugänglich ist, weder unmittelbar noch mittelbar unbillig (gemeint ist ohne sachliche Rechtfertigung) behindern. Wird gegen diese Vorschrift verstoßen, ist das marktbeherrschende Unternehmen gemäß § 33 Abs. 3 GWB zum Schadensersatz verpflichtet.

Die zum Vertragsabschluss führende Konstruktion ist allerdings ein wenig kompliziert, weil „um die Ecke gedacht" werden muss: Ausgangspunkt ist mit § 249 Abs. 1 BGB eine Vorschrift aus dem allgemeinen Schadensrecht des BGB, die auch für viele andere Gesetze unter Einschluss des GWB gilt. Nach § 249 Abs. 1 BGB ist der Schädiger verpflichtet, den Zustand herzustellen, der ohne die schädigende Handlung bestehen würde. Die schädigende Handlung besteht hier darin, dass das marktbeherrschende Unternehmen sich weigert, einen Kaufvertrag abzuschließen, sodass der andere Teil, sofern ein Ausweichen auf einen anderen Lieferanten nicht möglich oder nicht zumutbar ist, keine Ware beziehen kann. Um diesen Schaden auszugleichen, besteht für das marktbeherrschende Unternehmen die Verpflichtung zum Abschluss des Vertrags.

Beispiel

L ist alleiniger Lieferant der bekannten Skimarke Rossignol, Händler H betreibt ein bedeutendes Sportfachgeschäft in Oberbayern. Da H in der Vergangenheit mehrfach Produkte des L unter Einkaufspreis verkauft hat, weigert sich L, der Ärger mit seinen anderen Kunden hat, neue Kaufverträge mit H zu schließen. Der Bundesgerichtshof (BGH) hat 1975 auf der Grundlage des damals geltenden Rechts entschieden, dass L zum Vertragsabschluss mit H verpflichtet war. Zur Begründung hat der BGH ausgeführt, dass zum vollständigen Angebot eines Sportfachgeschäfts auch Rossignol-Skier gehören, die H nur von L beziehen konnte[1].

Wenn der Vertragsabschluss nicht von einem Unternehmen, sondern von einem Verbraucher angestrebt wird, tritt an die Stelle der Vorschriften des GWB die Vorschrift des § 826 BGB. Die Konstruktion ist gleich: Falls der Nichtabschluss des von einem Verbraucher gewünschten Vertrags eine vorsätzliche sittenwidrige Schädigung des Verbrauchers darstellt, ist der Unternehmer im Wege des Schadensersatzes (§ 249 Abs. 1 BGB) zum Vertragsabschluss verpflichtet. Da die Anforderungen des § 826 BGB recht hoch sind („vorsätzliche sittenwidrige Schädigung"), mehren sich in der juristischen Literatur die Stimmen, die eine entsprechende (analoge) Anwendung der §§ 20 Abs. 1, Abs. 2, 33 GWB auf Sachverhalte befürworten, in denen Verbraucher beteiligt sind. Hieraus wird abgeleitet, dass jeder, der **lebenswichtige Güter** öffentlich anbietet, den Vertragsabschluss nur aus sachlichen Gründen ablehnen darf, sofern für den Kunden keine zumutbare Möglichkeit bestehe, seinen Bedarf anderweitig zu befriedigen[2]. Auf dieser Grundlage wird eine Abschlusspflicht zum Beispiel für Theater, Museen, städtische Badeanstalten und für Krankenhäuser hinsichtlich allgemeiner Krankenhausleistungen bejaht. Sofern eine zumutbare Ausweichmöglichkeit gegeben ist, wie es in der Regel bei **Lebensmittelhändlern** und bei **Banken** der Fall ist, besteht hingegen kein Kontrahierungszwang. Die **Presse** muss politische Anzeigen nicht veröffentlichen, ist aber bei Bestehen einer regionalen Monopolstellung verpflichtet, Anzeigen nicht politischen Inhalts zu publizieren[3]. Demgegenüber hat der BGH einen Abschlusszwang für Spielbanken abgelehnt[4].

Noch nicht abschließend geklärt ist, ob sich ein allgemeiner Abschlusszwang aus dem am 18.08.2006 in Kraft getretenen Allgemeinen Gleichbehandlungsgesetz (**AGG**) ergibt[5]. Während ein solcher Anspruch für Arbeitsverträge nach § 15 Abs. 6 AGG ausgeschlossen ist, wird er in der Literatur für Verträge des allgemeinen Zivilrechts (etwa Kauf- und Werkverträge) bejaht[6]. Die entgegenstehende Meinung argumentiert damit, dass das AGG die Vertragsfreiheit unberührt lasse[7].

Für Mietverträge über Wohnraum ist zu beachten, dass das AGG nach § 19 Abs. 5 S. 3 AGG in der Regel erst dann gilt, wenn der Vermieter mehr als 50 Wohnungen vermietet. Unterhalb dieser Schwelle besteht also regelmäßig kein Ab-

---

1 BGH NJW 1976, S. 801, 803.
2 Palandt/Ellenberger, Bürgerliches Gesetzbuch, Einführung vor § 145 Rn. 10.
3 Vgl. Palandt/Ellenberger, Einführung vor § 145 Rn. 10 a.
4 BGH NVwZ 1994, S. 1240, 1241.
5 BGBl. I, S. 1897 ff.
6 Wendeling-Schröder/Stein, Allgemeines Gleichbehandlungsgesetz, 1. Aufl., München 2008, § 21 Rn. 12 ff.
7 Palandt/Grüneberg, Bürgerliches Gesetzbuch, AGG, § 21 Rn. 7.

schlusszwang. Der private Vermieter muss das AGG also im Normalfall nicht beachten.

2.1.2 Die Gestaltungsfreiheit (Inhaltsfreiheit)

Während die Abschlussfreiheit die Frage betrifft, ob eine Pflicht zum Abschluss eines Vertrags besteht, befasst sich die Gestaltungsfreiheit (Inhaltsfreiheit) damit, ob und in welcher Weise die Parteien den **Inhalt des Vertrags** frei vereinbaren können. Dieser Ausprägung der Vertragsfreiheit kommt eine wesentlich größere praktische Bedeutung zu als der Abschlussfreiheit. Konkret geht es hier um die Frage, ob die Parteien eines Vertrags Regelungen vereinbaren können, die nicht im BGB stehen oder die den BGB-Regelungen sogar explizit widersprechen. Diese Frage ist im Grundsatz mit einem eindeutigen „Ja" zu beantworten. Man denke nur an die in der Praxis weitverbreiteten, im BGB aber gar nicht geregelten „modernen Verträge" in Gestalt von Leasingverträgen, Franchiseverträgen (bekanntes Beispiel McDonald's) und Factoringverträgen (Ankauf von Forderungen)[8]. Im Übrigen enthalten Allgemeine Geschäftsbedingungen vielfach Regelungen, die nicht im BGB stehen oder von Vorschriften des BGB abweichen.

Nach der liberalen Grundvorstellung des BGB müsste die Inhaltsfreiheit eigentlich, ähnlich wie die Abschlussfreiheit, sehr weitgehend sein. Das ist in der Rechtspraxis aber nicht der Fall. Vielmehr gibt es zum Schutz der als schwächer angesehenen Vertragspartei und des Rechtsverkehrs eine Vielzahl von Beschränkungen, die sich zum Teil aus allgemeinen Vorschriften, zum Teil aus sehr detaillierten Regelungen ergeben. Bei einem Verstoß gegen Vorschriften, die die Inhaltsfreiheit beschränken, ist entweder ein Teil des Vertrags oder aber der ganze Vertrag nichtig (unwirksam).

Zwingendes und dispositives Recht

Grundlagen Die Gestaltungsfreiheit (Inhaltsfreiheit) wird dadurch beschränkt, dass zahlreiche Regelungen des BGB und anderer Gesetze **zwingendes Recht** sind. Darunter sind Vorschriften zu verstehen, die durch vertragliche Absprachen nicht geändert oder aufgehoben werden können. Das Gegenstück zum zwingenden Recht bildet das **dispositive Recht,** also das Recht das – so kann man sich das gut merken – zur Disposition der Parteien steht. Die Parteien können hier eine von der gesetzlichen Regelung abweichende Vereinbarung treffen.

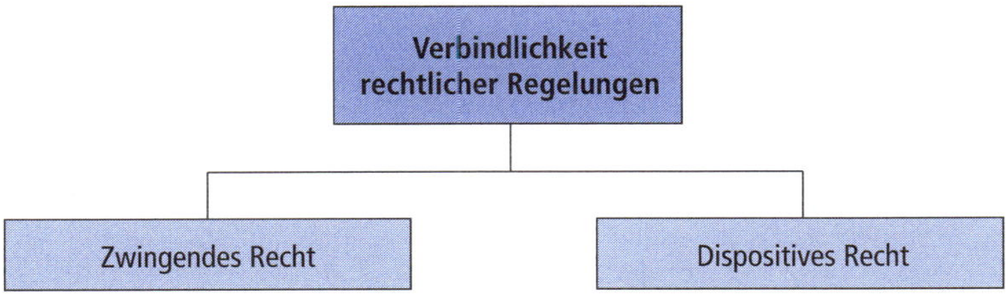

Abbildung 2.4: Verbindlichkeit rechtlicher Regelungen

[8] Zu diesen Vertragstypen vgl. S. 369 ff.

Die Schwierigkeit besteht nun oft darin, zu erkennen, ob eine Vorschrift zwingend oder dispositiv ist. Als sehr grobe Regel kann man sagen, dass die meisten dispositiven Vorschriften im 2. Buch des BGB „Recht der Schuldverhältnisse" (§§241 bis 853 BGB) stehen, während in den anderen Büchern (Teilen) des BGB viele zwingende Vorschriften enthalten sind. Dies hat seinen Grund darin, dass im Sachen-, im Familien- und im Erbrecht nicht nur die Interessen der unmittelbar Beteiligten geschützt werden sollen, sondern auch die Interessen des Rechtsverkehrs und der Allgemeinheit. Es darf und soll deshalb nicht der Disposition der Parteien unterliegen, wie das Eigentum an einer Sache übertragen wird oder welche Rechtsfolgen eine Eheschließung nach sich zieht. Auch die Scheidung der Ehe muss von einem Gericht ausgesprochen werden.

Einseitig zwingendes Recht Um die Sache noch ein wenig komplizierter zu machen, unterscheidet das BGB zwischen Vorschriften, die für beide Vertragspartner zwingend sind, und solchen, die nur zum Schutz *einer* Partei zwingend sind („einseitig zwingendes Recht").

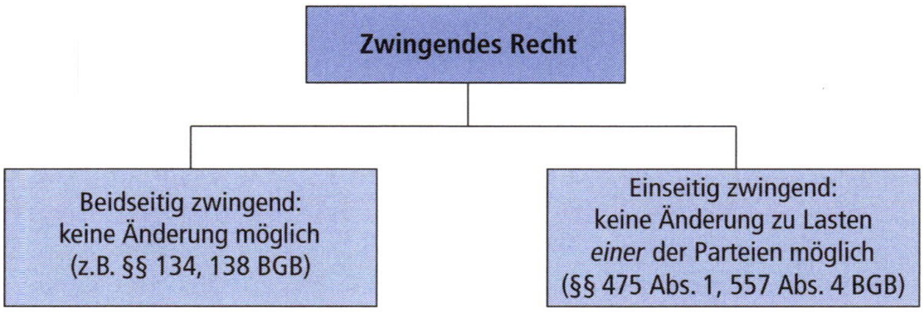

Abbildung 2.5: Zwingendes Recht

Einseitig zwingendes Recht bezweckt nur den Schutz der Vertragspartei, die vom Gesetzgeber als die schwächere Partei angesehen wird. So darf gemäß §475 Abs.1 und Abs.2 BGB bei einem Kaufvertrag zwischen einem Unternehmer – als Verkäufer – und einem Verbraucher – als Käufer – von bestimmten, dort genannten Vorschriften nicht zum **Nachteil des Verbrauchers** abgewichen werden, zum Vorteil hingegen schon.

Beispiel

Gebrauchtwagenhändler G verkauft einen acht Jahre alten Mercedes an Verbraucher K. Im Vertrag heißt es: „Volle Gewährleistung für sechs Monate." Diese Klausel ist nach §475 Abs.2 BGB unwirksam. Beim Kauf gebrauchter Sachen darf die gesetzliche Gewährleistungsfrist, die nach §438 Abs.1 Nr.3 BGB zwei Jahre beträgt, durch Rechtsgeschäft „nicht erleichtert werden" (gemeint ist insbesondere „nicht verkürzt werden"), sofern die vereinbarte Frist *weniger als ein Jahr* beträgt. Eine Verkürzung auf weniger als ein Jahr ist deshalb wegen Verstoßes gegen zwingendes Recht unwirksam. Zulässig wäre es hingegen, wenn G statt der gesetzlichen Verjährungsfrist von zwei Jahren nur eine Frist von *einem* Jahr einräumen würde.

Praxistipp

Beim Gebrauchtwagenkauf kann die Gewährleistung des Händlers nicht gänzlich ausgeschlossen werden. Es besteht aber die Möglichkeit, die Verjährungsfrist auf *ein* Jahr zu verkürzen. Für Schadensersatzansprüche gilt die Sonderregelung in § 475 Abs. 3 BGB[9].

Bei einem Verbraucherkreditvertrag ist gemäß § 506 Abs. 1 BGB in Bezug auf die §§ 491 bis 505 BGB ebenfalls keine Abweichung zum Nachteil des Verbrauchers zulässig. Deshalb darf dem Verbraucher das ihm nach § 495 Abs. 1 BGB zustehende Widerrufsrecht weder ganz genommen noch eingeschränkt werden.

Beispiel

In einem Darlehensvertrag zwischen einem Verbraucher und einem Kreditinstitut heißt es unter Ziffer 15: „Der Verbraucher kann diesen Vertrag innerhalb einer Woche widerrufen." Diese Klausel ist unzulässig, weil die Frist für den Widerruf nach § 495 Abs. 1 BGB i. V. m. § 355 Abs. 1 S. 2 BGB zwei Wochen beträgt. Nach § 506 Abs. 1 BGB darf von § 495 BGB und damit auch von § 355 BGB nicht zum Nachteil des Verbrauchers abgewichen werden. Es wäre hingegen zulässig und wirksam, die Frist für einen Widerruf des Verbrauchers auf vier Wochen zu verlängern.

Einseitig zwingendes Recht findet sich außerdem im Mietrecht zum Schutz der **Wohnungsmieter** (§§ 549 ff. BGB): Dort ist in zahlreichen Vorschriften ausdrücklich normiert, dass zum Nachteil des Mieters abweichende Regelungen unzulässig sind. Beispiele hierfür sind die Regelungen zur Kaution (§ 551 Abs. 4 BGB), zur Mieterhöhung (§§ 557 Abs. 4, 558 Abs. 6, 558 a Abs. 5 BGB) und zur ordentlichen Kündigung durch den Vermieter (§ 573 Abs. 4 BGB).

Im **Arbeitsrecht** gibt es zum Schutz des Arbeitnehmers neben dem allgemeinen Kündigungsschutz, geregelt im Kündigungsschutzgesetz (KSchG), einen Sonderkündigungsschutz, z. B. durch das Mutterschutzgesetz (MuSchG). Weitere Schutzgesetze sind das Arbeitszeitgesetz (ArbZG) und das Bundesurlaubsgesetz (BUrlG).

Weitere Einschränkungen der Gestaltungsfreiheit bestehen bei der Verwendung von **Allgemeinen Geschäftsbedingungen (AGB).** Auf diese Thematik wird noch ausführlich eingegangen[10].

Beidseitig zwingendes Recht Für beide Seiten zwingendes Recht kann durch eine Vereinbarung der Vertragsparteien überhaupt nicht, also auch nicht zum Vorteil einer Partei geändert werden. Allgemeine Regelungen („Generalklauseln") mit einem sehr breiten Anwendungsbereich enthalten § 134 BGB und § 138 BGB.

Nach **§ 134 BGB** ist ein Rechtsgeschäft, das gegen ein gesetzliches Verbot verstößt, nichtig, es sei denn, aus dem Gesetz, gegen das verstoßen wird, ergibt sich

9 Zu weitere Einzelheiten vgl. S. 245.
10 Zu AGB vgl. S. 61 ff.

etwas anderes, womit gemeint ist, dass das Rechtsgeschäft trotz des Verstoßes wirksam sein soll.

Beispiele

- Wenn ein Handwerker nach Feierabend oder am Wochenende „schwarz" auf dem Bau arbeitet, kann der gesamte Vertrag nach §§ 134, 139 BGB nichtig sein. Die Nichtigkeit kann sich einmal daraus ergeben, dass der Vertrag durch die Vereinbarung einer **Ohne-Rechnung-Abrede** auf eine **Steuerhinterziehung** gerichtet ist. Das ist der Fall, wenn diese Abrede die Vertragsbedingungen, insbesondere die Preisvereinbarung beeinflusst hat[11].

  Sofern ein nach der Handwerksordnung zulassungspflichtiges Handwerk ausgeübt wird, kann sich die Nichtigkeit bei fehlender Meisterprüfung außerdem daraus ergeben, dass der Handwerker gegen das **„Schwarzarbeitsgesetz"** verstößt[12].

  Infolge der Nichtigkeit des Vertrags steht dem Handwerker kein vertraglicher Vergütungsanspruch aus § 631 BGB zu. Der Bundesgerichtshof (BGH) lässt aber entgegen § 817 BGB aus Gründen der Gerechtigkeit seit einigen Jahren einen Anspruch aus **ungerechtfertigter Bereicherung** zu (§ 812 Abs. 1 S. 1 BGB). Der Bereicherungsanspruch ist aber der Höhe nach geringer als es ein vertraglicher Vergütungsanspruch wäre[13].

  In einer weiteren Entscheidung hat der BGH dem Auftraggeber eines Schwarzarbeiters außerdem Ansprüche wegen **Mängeln** zuerkannt, weil der Schwarzarbeiter regelmäßig treuwidrig handele, wenn er sich zur Abwehr von Mängelansprüchen des Bestellers darauf berufe, die Gesetzwidrigkeit der Ohne-Rechnung-Abrede führe zur Gesamtnichtigkeit des Bauvertrags[14].

  Diese Rechtsprechung ist nicht unproblematisch, weil in der Sache ähnliche Ansprüche begründet werden wie sie bei einem wirksamen Vertrag bestünden.

- Die **Abtretung von Forderungen** (§ 398 BGB), die auf einer der Schweigepflicht unterliegenden Tätigkeit beruhen, ist nach § 134 BGB nichtig, wenn mit der Abtretung die Verletzung von **Berufsgeheimnissen** nach § 203 StGB (Strafgesetzbuch) verbunden ist. Das ist regelmäßig der Fall, wenn ein Steuerberater oder ein Rechtsanwalt Forderungen, die ihm gegen Mandanten zustehen, ohne deren Einverständnis an einen anderen abtritt. Denn mit der Abtretung verbunden ist die Mitteilung von geheim zu haltenden Daten über das der Forderung zugrunde liegende Mandat. Die Abtretung ist selbst dann nichtig,

---

11 BGH NJW-RR 2008, S. 1050, 1051.
12 Gesetz zur Bekämpfung der Schwarzarbeit und der illegalen Beschäftigung, BGBl. I 2004, S. 1842 ff.
13 BGH NJW 1990, S. 2542, 2543.
14 BGH NJW-RR 2008, S. 1050 ff.

wenn der Abtretungsempfänger ebenfalls Rechtsanwalt[15] oder Steuerberater ist und damit gleichfalls der Schweigepflicht unterliegt, es sei denn, dem Abtretungsempfänger waren die vertraulichen Informationen zuvor bereits bekannt. Die 2008 in die Bundesrechtsanwaltsordnung (BRAO) eingefügte Abtretungserlaubnis nach Aufklärung und schriftlicher Zustimmung des Schuldners (Mandanten) hat zu keiner Änderung der Rechtslage geführt[16]. Etwas anders gilt, wenn der Rechtsanwalt, an den die Forderung abgetreten wird, den Sachverhalt aufgrund einer eigenen vorhergehenden Tätigkeit bereits umfassend kennt[17].

Ein Verstoß gegen § 203 StGB liegt auch beim Verkauf von Arztpraxen vor, wenn die **Patientendatei** mit übergeben wird[18]. Anders ist es nur dann, wenn der Betroffene (Mandant, Patient) mit der Abtretung einverstanden ist.

- Nach **§ 5 Abs. 1 WiStG (Wirtschaftsstrafgesetz)** handelt ordnungswidrig, wer vorsätzlich oder leichtfertig für die Vermietung von Räumen zum Wohnen (Wohnungen, Apartments, Zimmer) unangemessen hohe Entgelte fordert. Unangemessen hoch sind nach § 5 Abs. 2 WiStG Entgelte, die infolge der Ausnutzung eines geringen Angebots an vergleichbaren Räumen die ortsübliche Miete um mehr als 20 % übersteigen. Bei einem solchen Verstoß bleibt der Mietvertrag wirksam, doch wird die Miete auf die gerade noch zulässige Miete oder – nach anderer Ansicht – auf die ortsübliche Miete herabgesetzt[19]. Nichtig ist hier also nur der Teil des Mietvertrags, der die „überschießende“ Miete betrifft.

Gegenbeispiele, die keine Nichtigkeit zur Folge haben

- Der Verkauf einer Ware unter Verstoß gegen das Ladenschlussgesetz begründet keine Nichtigkeit des Kaufvertrags, weil dieses Gesetz nicht den Abschluss von Kaufverträgen verhindern will, sondern den Schutz der Arbeitnehmer bezweckt.
- Das Gesetz gegen den unlauteren Wettbewerb (UWG) verbietet unter anderem die irreführende Werbung. Dennoch ist ein Vertrag nicht nichtig, wenn ein Verbraucher „auf eine solche Werbung hereinfällt“. In Betracht kommt aber eine Anfechtung nach dem BGB. Außerdem hat der Werbende mit einer Abmahnung durch die IHK, eine Verbraucherzentrale oder einen Konkurrenten zu rechnen.

Nach **§ 138 Abs. 1 BGB** ist ein Rechtsgeschäft nichtig, wenn es gegen die guten Sitten verstößt. Die Schwierigkeit besteht nun aber darin, zu bestimmen, was die „guten Sitten“ sind. Nach einer gängigen Definition ist ein Rechtsgeschäft

---

15 BGH NJW 1993, S. 1638, 1639.
16 Palandt/Ellenberger, Bürgerliches Gesetzbuch, § 134 Rn. 22 a.
17 BGH NJW 2005, S. 507, 508.
18 Zur Abtretung ärztlicher oder zahnärztlicher Honorarforderungen BGH NJW 1993, S. 2371 f.
19 OLG Hamburg, NJW 1983, 1004.

sittenwidrig, wenn es gegen „das Anstandsgefühl aller billig und gerecht Denkenden verstößt“[20]. Natürlich ist es schwer, mit einer so vagen Definition juristisch korrekt zu arbeiten. Deshalb enthält § 138 Abs. 2 BGB einige Erläuterungen und Konkretisierungen, was durch das Wort „insbesondere“ ausgedrückt wird. Die dort aufgeführten Fälle stellen einen Verstoß gegen die guten Sitten dar, nach Abs. 1 können weitere Fälle hinzukommen. Beide Absätze gelten für ein- und zweiseitige Rechtsgeschäfte. Zur Sittenwidrigkeit von Testamenten – also einseitigen Rechtsgeschäften – vgl. die Ausführungen zur Testierfreiheit[21].

Verträge – zweiseitige Rechtsgeschäfte – können ebenfalls sittenwidrig sein, wobei sich die Sittenwidrigkeit aus beiden Absätzen des § 138 BGB ergeben kann. Abs. 2 erfasst die Rechtsgeschäfte (Verträge), bei denen die Leistung der einen Partei und die Gegenleistung der anderen Partei in einem auffälligen Missverhältnis stehen. Hinzukommen muss, dass das Rechtsgeschäft unter Ausbeutung der Zwangslage, der Unerfahrenheit, des Mangels an Urteilsvermögen oder der erheblichen Willensschwäche der benachteiligten Partei zustande gekommen ist. Wegen der hohen Voraussetzungen des Abs. 2 weicht die Rechtsprechung häufig auf den Abs. 1 aus, um die Nichtigkeit eines Rechtsgeschäfts zu begründen. Typische Beispiele für sittenwidrige Verträge bilden der Zinswucher und der Mietwucher, während ein überhöhter Kaufpreis nur selten zur Nichtigkeit des Kaufvertrags führt[22].

Beispiele

- K hat sich bei V einen Kühlschrank für 600,– € gekauft. Im nächsten Geschäft sieht er den gleichen Kühlschrank für nur 398,– €, was in etwa dem gängigen Marktpreis entspricht. Der zwischen V und K geschlossene **Kaufvertrag** ist trotz des hohen Preises wirksam. Die Rechtsprechung nimmt erst bei einem „vielfach“ überhöhten Kaufpreis eine Nichtigkeit des Kaufvertrags an[23].
- Nachdem die örtliche Sparkasse dem A den „Geldhahn zugedreht hat“, wendet A sich an das private Finanzierungsinstitut F, das ihm ein Darlehen über 15.000,– € gewährt, rückzahlbar in 48 Monatsraten. Während der Zinssatz für ein solches Darlehen bei Banken und Sparkassen durchschnittlich 11,75 % effektiv beträgt, muss A für das bei F aufgenommene Darlehen 19,5 % effektiv zahlen. Trotz dieser erheblichen Differenz liegt nach der Rechtsprechung noch keine Nichtigkeit nach § 138 vor, weil der „kritische Wert“ erst bei einem Zins angenommen wird, der etwa **100 % über dem Marktzins** liegt. Dann wird unter Hinzuziehung der weiteren Darlehensbedingungen geprüft, ob der Darlehensvertrag sittenwidrig ist[24]. Ausreichend für einen „Anfangsverdacht“, der zu einer näheren Prüfung führt, ist auch, wenn der zu zahlende Zins **12%-Punkte** höher ist als der

[20] BGH NJW 1969, S. 1343, 1345; BAG NJW 1976, S. 1958.
[21] S. 53 ff.
[22] Vgl. Palandt/Ellenberger, Bürgerliches Gesetzbuch, § 138 Rn. 34 a, b.
[23] BGH NJW 1992, S. 899, 900; NJW 2001, S. 1127, 1128.
[24] BGH NJW 1988, S. 1659, 1660.

Marktzins[25], was nur in Hochzinsphasen der Fall sein wird (Marktzins 14 %, vereinbarter Zins 26 %). Von der Konstruktion her nur schwer zu erklären ist die Rechtsfolge im Fall eines sittenwidrigen Darlehensvertrags. Die Rechtsprechung lässt zum Schutz des Darlehensnehmers den Darlehensvertrag als solchen bestehen, nichtig ist nur die Vereinbarung über die Zinsen. Dies bedeutet, dass der Darlehensnehmer das Darlehen zu den vereinbarten Terminen zurückzahlen (tilgen) muss, aber keine Zinsen (auch nicht die Marktzinsen oder die gesetzlichen Zinsen) zu zahlen hat. Wirtschaftlich erhält er damit ein **zinsloses Darlehen.** Bereits gezahlte Zinsen kann er nach § 812 Abs. 1 S. 1 BGB zurückfordern, es sei denn, der Darlehensgeber würde sich mit Erfolg auf eine inzwischen eingetretene Verjährung berufen. Die Verjährungsfrist beträgt drei Jahre; sie beginnt frühestens am Ende des Jahres, in dem die jeweiligen Zinsen gezahlt wurden (§§ 195, 199 Abs. 1 BGB).

- Im Fall einer überhöhten Miete kann sich die Nichtigkeit der Vereinbarung – wie schon ausgeführt – aus § 5 WiStG i. V. m. § 134 BGB ergeben, wenn der Vermieter „vorsätzlich oder leichtfertig" eine um mehr als 20 % überhöhte Miete verlangt und dabei eine Wohnungsknappheit ausnutzt[26].
- Eine Nichtigkeit der Vereinbarung zur Höhe der Miete nach **§ 138 BGB** wird bei Wohnraum angenommen, wenn die vereinbarte Miete die angemessene Miete um mehr als 50 % übersteigt[27], bei Gewerberaum gilt sogar eine Grenze von 100 %[28]. Im Fall einer wucherischen Miete bleibt der Mietvertrag als solcher bestehen, der Mieter hat eine angemessene Miete zu entrichten, Überzahlungen aus der Vergangenheit kann er nach § 812 Abs. 1 S. 1 BGB zurückfordern. Trotz der höheren Anforderungen hat § 138 BGB neben § 5 WiStG Bedeutung, wenn es nicht um eine Wohnungsmiete geht oder wenn keine Ausnutzung der Wohnungsknappheit festgestellt werden kann.

2.1.3 Die Formfreiheit

Das Prinzip der Formfreiheit bedeutet, dass Rechtsgeschäfte nach dem BGB grundsätzlich keiner bestimmten Form bedürfen. So muss ein Kaufvertrag nicht schriftlich abgeschlossen werden. Allerdings gibt es Ausnahmen, etwa beim Kauf eines Grundstücks nach § 311 b Abs. 1 BGB. Einzelheiten zu diesem Thema finden Sie im Kapitel zu den Formvorschriften[29].

2.1.4 Die Beendigungsfreiheit

Aufgrund der Beendigungsfreiheit können die Parteien einen zwischen ihnen geschlossenen Vertrag jederzeit durch einen anderen Vertrag wieder aufheben

---

25 BGH NJW 1990, S. 1595,1596,
26 Vgl. das obige Beispiel zu § 134 BGB.
27 BGH NJW 1997, S. 1845, 1846.
28 Kammergericht Berlin, NJW-Rechtsprechungsreport (NJW-RR) 2001, S. 1092.
29 Vgl. S. 126 ff.

(etwa einen Kaufvertrag) oder beenden (etwa einen Mietvertrag). Die Beendigungsfreiheit stellt das Gegenstück zur Vertragsabschlussfreiheit dar. Der Gedanke ist folgender: Wenn die Parteien das Recht haben, einen Vertrag zu schließen, dann haben sie selbstredend auch das Recht, diesen Vertrag durch einen weiteren Vertrag jederzeit zu „stornieren".

Wichtige Anwendungsbereiche bilden Miet- und Arbeitsverträge. Diese „Dauerschuldverhältnisse" enden, sofern sie wirksam befristet wurden, durch Zeitablauf (Miete eines Geschäftslokals für fünf Jahre) oder durch die wirksame Kündigung einer Partei. Die Parteien haben zusätzlich die Möglichkeit, jederzeit ohne Rücksicht auf die Kündigungsfrist und unabhängig davon, ob ein Kündigungsgrund vorliegt, einen **Auflösungsvertrag (Aufhebungsvertrag)** zu schließen.

Beispiele

- Der bisher arbeitslose Mieter M findet von heute auf morgen Arbeit in einer anderen Stadt und möchte deshalb möglichst sofort aus seinem Mietvertrag „raus". Nach § 573 c Abs. 1 BGB beträgt die von ihm einzuhaltende Kündigungsfrist jedoch fast drei Monate. Bei einer Kündigung bis zum dritten Werktag eines Monats (etwa 03.04.) endet das Mietverhältnis damit erst mit Ablauf des übernächsten Monats (also am 30.06.). M kann versuchen, sich mit Vermieter V darauf zu einigen, dass der Mietvertrag früher endet, zum Beispiel am 30.04. V muss sich darauf aber nicht einlassen, sondern kann auf Einhaltung der Kündigungsfrist bestehen. Es reicht auch nicht aus – obwohl dies oft behauptet wird –, dass M dem V drei Nachmieter präsentiert[30]. Insbesondere bei der relativ kurzen Kündigungsfrist verstößt V nämlich nicht gegen Treu und Glauben (§ 242 BGB), wenn er keinen der Nachmieter akzeptiert. Also ist es Verhandlungssache, ob V der vorzeitigen Beendigung des Mietverhältnisses durch den Abschluss eines Auflösungsvertrags zustimmt oder nicht. V kann seine Zustimmung davon abhängig machen, dass M einen Ausgleich zahlt, etwa eine weitere Monatsmiete.
- In Kündigungsschutzklagen vor den Arbeitsgerichten wird in vielen Fällen ein „Abfindungsvergleich" geschlossen. Die Parteien einigen sich darauf, dass der Arbeitnehmer seine Klage auf Feststellung der Unwirksamkeit der Kündigung zurücknimmt, der Arbeitgeber zahlt als Gegenleistung eine Abfindung. Zugleich wird das Arbeitsverhältnis „einvernehmlich" aufgehoben. Dieses Vorgehen ist sinnvoll, wenn das Vertrauensverhältnis der Parteien so stark erschüttert ist, dass eine Weiterbeschäftigung nur mit großen Problemen möglich wäre. Der Arbeitnehmer muss aber immer bedenken, wie seine Chancen sind, eine andere Arbeit zu finden. Außerdem müssen die steuerlichen Folgen und eine mögliche Sperre in Bezug auf das Arbeitslosengeld berücksichtigt werden.

---

30 Vgl S. 362 f.

2.2 Die Testierfreiheit

Nach einem Erbfall geht das Vermögen (Aktiva und Passiva) des Verstorbenen („Erblasser") gemäß § 1922 Abs. 1 BGB automatisch auf seinen oder seine Erben über („Von-Selbst-Erwerb"). Ist dies nur eine Person (Alleinerbe), gehört dieser Person das gesamte Vermögen des Erblassers. Sind mehrere Erben vorhanden (Miterben), bilden diese eine Erbengemeinschaft. Damit ist aber die vorgelagerte Frage, wer überhaupt Erbe wird, noch nicht entschieden.

Dies kann der Erblasser aufgrund der Testierfreiheit „durch Verfügung von Todes wegen" im Wege der sogenannten **„gewillkürten Erbfolge"** bestimmen. Zu diesem Zweck muss er ein Testament errichten (§§ 2247 ff. BGB) oder mit seinen gesetzlichen Erben oder Dritten einen Erbvertrag schließen (§§ 2274 ff. BGB). Hat der Erblasser keine „Verfügung von Todes wegen" errichtet, bestimmt das BGB, wer Erbe wird (§§ 1924 ff. BGB). Sind mehrere Personen Erben, regelt das BGB auch den Anteil der einzelnen Erben an der Erbschaft und die Rechtsbeziehungen zwischen den Erben.

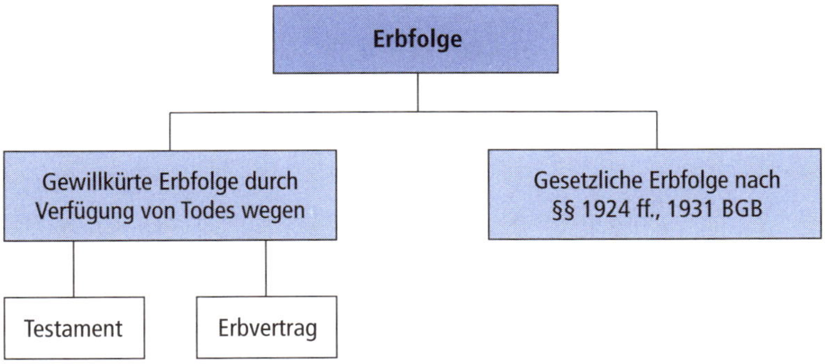

Abbildung 2.6: Erbfolge

Es folgen jetzt recht schwierige Ausführungen zum Erbrecht, deren Verständnis eine hohe Konzentration erfordert.

Beispiel

Ein Ehepaar hat zwei gemeinsame Kinder (Sohn und Tochter), der Ehemann (M) verstirbt, ein Bruder und die Mutter des M leben zur Zeit des Erbfalls noch. Die Eheleute haben keinen Güterstand (Gütertrennung, § 1414 BGB[31] bzw. Gütergemeinschaft, §§ 1415 ff. BGB) vereinbart, sodass sie im gesetzlichen Güterstand der **Zugewinngemeinschaft** leben (§§ 1363 ff. BGB).

---

31 Zur Erbfolge im Fall der Gütertrennung vgl. Palandt/Edenhofer, Bürgerliches Gesetzbuch, § 1931 Rn. 4.

Daraus folgt: Im Fall der gesetzlichen Erbfolge erhält der überlebende Ehegatte neben seinem gesetzlichen Erbteil zusätzlich einen *pauschalen* Zugewinnausgleich.

Es gibt auch Konstellationen, in denen ein *konkreter* Ausgleich zu erfolgen hat. Dafür ist es erforderlich, den Zugewinn für **jeden Ehegatten einzeln** zu berechnen.

Zugewinn ist nach § 1373 BGB der Betrag, durch den sich das Vermögen des (einzelnen) Ehegatten während der Ehe erhöht hat. Der Zugewinn wird ermittelt durch den Abzug des bei der Eheschließung vorhandenen Anfangsvermögens (§ 1374 BGB) von dem im Zeitpunkt des Todes vorhandenen Endvermögen (§ 1375 BGB). Die konkrete Ermittlung bereitet in der Praxis erhebliche Bewertungs- und Beweisprobleme (vgl. §§ 1376 ff. BGB), die hier nicht dargestellt werden können.

Aus Gründen der Vereinfachung wird davon ausgegangen, dass das Vermögen des M im Todeszeitpunkt 200.000,– € betrug, wovon 150.000,– € Zugewinn waren. Ehefrau F hat einen Zugewinn von 50.000,– € erzielt. Der Zugewinn des M übersteigt damit den Zugewinn der F um 100.000,– €.

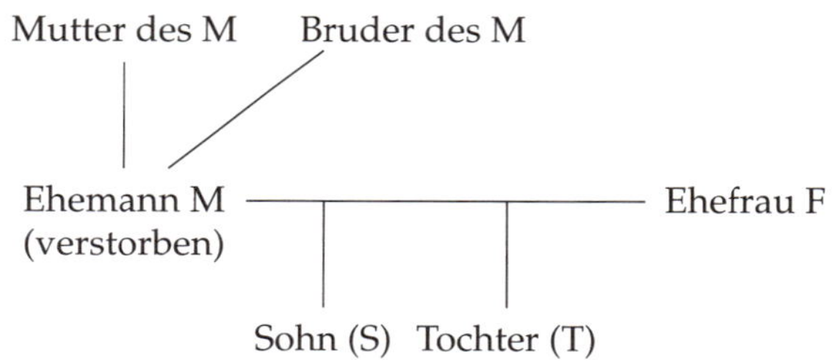

1. Fall: M hat keine Verfügung von Todes wegen getroffen, also weder ein Testament errichtet noch einen Erbvertrag geschlossen.

Da keine Verfügung von Todes wegen vorhanden ist, gilt die **gesetzliche Erbfolge** (§§ 1924 ff. BGB).

Gesetzliche Erben **erster Ordnung** sind nach § 1924 Abs. 1 BGB die Abkömmlinge des Erblassers, hier die **Kinder** des M, also T und S. Die gesetzlichen Erben erster Ordnung (Abkömmlinge) schließen die gesetzlichen Erben der höheren Ordnungen von der gesetzlichen Erbfolge aus (§ 1930 BGB). Sobald der Erblasser also nur *ein* (*einziges*) Kind hat, gehen die Erben zweiter Ordnung (§ 1925 Abs. 1 BGB, Eltern des Erblassers und deren Abkömmlinge, das sind die Geschwister des Erblassers) leer aus. Dies gilt auch, wenn das Kind (Abkömmling) nicht mehr lebt, aber ein Kind oder Kindeskind hat. Dieser – aus der Sicht des Erblassers – Enkel oder Urenkel tritt an die Stelle des verstorbenen Kindes (§ 1924 Abs. 3 BGB). Man spricht von einer **„Erbfolge nach Stämmen"**.

Das bedeutet hier, dass die Mutter des M und der Bruder des M als Erben *zweiter* Ordnung (§ 1925 Abs. 1 BGB) durch die Kinder des M (Erben erster Ordnung, § 1924 Abs. 1 BGB) von der Erbschaft ausgeschlossen werden (§ 1924 Abs. 2 BGB).

Neben den Erben der verschiedenen Ordnungen ist jeweils das **Erbrecht des überlebenden Ehegatten** nach § 1931 BGB zu ermitteln. Im Beispiel erbt die überlebende Ehefrau F gemäß § 1931 Abs. 1 BGB neben Verwandten der ersten Ordnung (= durch *eine* Geburt mit Erblasser verbunden, also Abkömmlinge = Kinder) mit einer **Quote von ein Viertel.**

Außerdem erhält F als **pauschalen Zugewinnausgleich** gemäß §§ 1931 Abs. 3, 1371 Abs. 1 BGB, also unabhängig davon, ob und ggf. in welcher Höhe tatsächlich ein Zugewinn erzielt wurde, ein **weiteres Viertel** des Vermögens des M im Todeszeitpunkt.

Achtung: Diese Regelung gilt nur, wenn F Erbin ist, also nicht, wenn sie von der Erbschaft ausgeschlossen ist oder wenn sie die Erbschaft ausschlägt!

Daraus ergeben sich aus dem Vermögen von 200.000,– € folgende Erbquoten bzw. Beträge:

- F = ¼ aus § 1931 Abs. 1 BGB + ¼ aus § 1371 Abs. 1 BGB = ½ von 200.000,– € = 100.000,– €
- Sohn und Tochter aus § 1924 Abs. 1, Abs. 4 BGB je ¼ von 200.000,– € = je 50.000,– €

Hinweis: Hätte M nur *ein* Kind gehabt, hätten F und das Kind je ½ geerbt. Bei drei Kindern wäre die Verteilung ½: ⅙ : ⅙ : ⅙.

Merke

Wenn die gesetzliche Erbfolge gilt, erbt der überlebende Ehepartner eine Hälfte, die andere Hälfte der Erbschaft wird zu gleichen Teilen auf die Kinder aufgeteilt.

2. Fall: M hat ein Testament errichtet und darin seinen Sohn S zum Alleinerben bestimmt.

Da S Alleinerbe ist, sind F und T von der Erbschaft ausgeschlossen, also keine Erben. Ein solcher Ausschluss auch nächster Angehöriger ist aufgrund der Testierfreiheit zulässig.

Folge ist, dass dem **Alleinerben** S der gesamte Nachlass des M gehört. Die von der Erbschaft ausgeschlossenen Angehörigen haben gegen den Alleinerben S einen **Pflichtteilsanspruch** nach § 2303 Abs. 1 BGB (für T) bzw. § 2303 Abs. 2 BGB (für F) in Höhe der Hälfte des Wertes des gesetzlichen Erbteils.

Jetzt ist Folgendes wichtig und zu beachten:

Für die Berechnung des Wertes der Erbschaft wird neben anderen Nachlassverbindlichkeiten **vorab** der Zugewinnausgleich der F vom Nachlass abgezogen. Die Forderung des überlebenden Ehegatten auf Ausgleich des Zugewinnes verringert also den Nachlasswert.

Für die anschließende Berechnung aller Pflichtteile wird nur der verringerte Nachlasswert in Ansatz gebracht.

Da F von der Erbschaft ausgeschlossen ist, hat sie keinen Anspruch auf **Zugewinnausgleich nach §§1931 Abs.3, 1371 Abs.1 BGB.** Es erfolgt also kein pauschaler Ausgleich des Zugewinns, vielmehr wird dieser gemäß **§§1371 Abs.2, 1373 ff. BGB** konkret berechnet.

Wenn der Zugewinn des verstorbenen Ehegatten den Zugewinn des überlebenden Ehegatten übersteigt, steht diesem nach §1371 Abs. 2, 1378 Abs. 1 BGB die Hälfte des Überschusses zu. Nach der Aufgabenstellung hat M einen Zugewinn von 150.000,– € und F einen solchen von 50.000,– € erzielt. Von der Differenz in Höhe von 100.000,– € steht F die Hälfte zu, also 50.000,– €.

Den errechneten Betrag in Höhe von 50.000,– € muss der Alleinerbe S an F zahlen. Durch diese Verpflichtung verringert sich der Wert der Erbschaft von 200.000,– € auf 150.000,– €.

Die **Pflichtteilsansprüche** für F und für T sind jetzt von diesem **verringerten** Nachlasswert, also von 150.000,– € ausgehend, auf der Basis der jeweiligen Erbquote zu berechnen.

Die **Erbquote** für die beiden Nichterben bestimmt sich „nach dem nicht erhöhten gesetzlichen Erbteil" der F (§1371 Abs. 2 BGB). Damit ist gemeint, dass die bei der gesetzlichen Erbfolge zur Abgeltung des Zugewinns vorzunehmende pauschale Erhöhung gemäß §1371 Abs. 1 BGB für die Berechnung der Erbquote *aller* Beteiligten *nicht* zu berücksichtigen ist.

1. Schritt: Zunächst muss der gesetzliche Erbteil für F und T ermittelt werden.

Da Verwandte der ersten Ordnung (Kinder des M) vorhanden sind, betrüge der (nicht pauschal nach §1371 Abs. 1 BGB erhöhte) „gesetzliche Erbteil" der F ¼ (§1931 Abs. 1 BGB).

Da der nicht erhöhte gesetzliche Erbteil der F (nur) ¼ betrüge, verblieben für S und T als gesetzlicher Erbteil insgesamt ¾, also je Kind ⅜.

2. Schritt: Ausgehend vom jeweiligen gesetzlichen Erbteil ist der Pflichtteil für F und T zu ermitteln:

F bekommt als Pflichtteil die Hälfte ihres (nicht erhöhten) gesetzlichen Erbteils, also die Hälfte von ¼ = ⅛ von 150.000,– € = 18.750,– €. Zuzüglich erhält sie, wie oben dargestellt, als Zugewinnausgleich 50.000,– €, gesamt also 68.750,– €.

T bekommt als Pflichtteil ebenfalls die Hälfte ihres gesetzlichen Erbteils, also die Hälfte von ⅜ = 3/16, bezogen auf den maßgeblichen Nachlasswert von 150.000,– €, also 28.125,– €.

Ergebnis: Dem Alleinerben S verbleibt damit vom Nachlass in Höhe von 200.000,– € insbesondere wegen des hohen, vorab auszugleichenden Zugewinns an F und wegen der Pflichtteilsansprüche von F und T lediglich ein Betrag von 200.000,– € – (50.000,– € + 18.750,– € + 28.125,– €) = 103.125,– €, also etwas mehr als die Hälfte des Vermögens. Die von der Erbschaft ausgeschlossene F erhält immerhin 68.750,– €, die ebenfalls ausgeschlossene T hingegen nur 28.125,– €.

3. Fall: Es ist kein Testament vorhanden: Ist es für F sinnvoll, die Erbschaft auszuschlagen?

Wenn (nur) F die Erbschaft **ausschlägt** (vgl. §§1942 ff. BGB), sind S und T gesetzliche Erben zu je ½.

F kann von den Erben trotz der Ausschlagung den **Zugewinnausgleich** nach §§ 1371 Abs. 2, 1378 Abs. 1 BGB verlangen, also 50.000,– €. Dieser Anspruch besteht unabhängig davon, ob der überlebende Ehepartner (hier F) Erbe ist.

Obwohl F die Erbschaft ausgeschlagen hat, kann sie nach § 1371 Abs. 3 BGB neben dem Zugewinn den **„kleinen Pflichtteil"** verlangen. Dieser wird nach ihrem nicht erhöhten gesetzlichen Erbteil (§ 1931 Abs. 1 BGB = ¼) berechnet. Sie erhält als Pflichtteil davon die Hälfte, also 1/8 von 150.000,– €, mithin 18.750,– €. Damit bekommt sie 50.000,– € + 18.750,– € = 68.750,– €, als gesetzliche Erbin – siehe 1. Fall – hingegen 100.000,– €. Die Ausschlagung der Erbschaft lohnt sich in diesem Fall also nicht.

Dies ändert sich, wenn der Zugewinn des verstorben Partners sehr hoch ist und den Zugewinn des überlebenden Partners deutlich übersteigt.

Beispiel:

Vermögen des M:	1.000.000,– €
Zugewinn M:	900.000,– €
Zugewinn F:	10.000,– €

Daraus ergibt sich ein Zugewinnausgleich von

(900.000,– € – 10.000,– €) : 2 = 445.000,– €.

Dazu kommt der kleine Pflichtteil von (1.000.000,– € – 445.000,– €) = 555.000,– € x ⅛ = 69.375,– €.

F bekäme im Falle der Ausschlagung der Erbschaft als Zugewinn 445.000,– € und als kleinen Pflichtteil 69.375,– €, gesamt 514.375,– €, während sie als gesetzliche Erbin nur 500.000,– € erhalten würde. Durch die Ausschlagung der Erbschaft würde sie also 14.375,– € mehr bekommen.

Praxistipp

Wenn die gesetzliche Erbfolge gilt, kann es sich für den überlebenden Ehepartner des Erblassers rechnen, die Erbschaft auszuschlagen. Bei einem hohen Zugewinn kann die Summe aus Zugewinnausgleich und kleinem Pflichtteilsanspruch den Wert des gesetzlichen Erbteils übersteigen.

4. Fall: Ehemann M hat testamentarisch nicht seinen Sohn S, sondern seine langjährige Lebensgefährtin X zur Alleinerbin bestimmt.

Damit sind seine Ehefrau und seine beiden Kinder von der Erbschaft ausgeschlossen. F steht aber gegen X ein Anspruch auf Ausgleich des Zugewinns nach § 1371 Abs. 2 BGB zu. Daneben können F, S und T von X den Pflichtteil verlangen (§ 2303 Abs. 1, Abs. 2 BGB).

Dies bedeutet:

Zugewinnausgleich der F: Da F keine Erbin ist, richtet sich der Zugewinnausgleich nach §§ 1371 Abs. 2, 1373 ff. BGB. Er beträgt wie zuvor berechnet 50.000,– €. Diesen Betrag muss die Alleinerbin an F zahlen.

Pflichtteilsansprüche: Durch den Anspruch auf den Zugewinn verkleinert sich das für die Pflichtteilsberechnung maßgebliche Vermögen des M von 200.000,– € auf 150.000,– €. Die Hälfte davon wird als Pflichtteil ausgekehrt.

F und die Kinder bekommen als Pflichtteil gemäß § 2303 Abs. 1, Abs. 2 die Hälfte von dem, was sie als gesetzliche Erben erhielten. Da F zu ¼ gesetzliche Erbin wäre, ergibt dies ⅛ von 150.000,– € = 18.750,– €. Die beiden Kinder hätten als gesetzliche Erben ¾ bekommen, als Pflichtteil die Hälfte davon, also ⅜. Auf jedes Kind entfällt davon die Hälfte = 3/16 von 150.000,– € = 28.125,– €.

Die Alleinerbin muss deshalb neben dem Zugewinn in Höhe von 50.000,– € weitere 18.750,– € als Pflichtteil an F und zweimal 28.125,– € als Pflichtteil an S und T zahlen, also 50.000,– € + 18.750,– € + (2 x 28.125,– €) = 125.000,– €.

Ergebnis: Die von der Erbschaft ausgeschlossene Ehefrau erhält insgesamt 68.750,– €, die Kinder bekommen je 28.125,– €. Der Alleinerbin verbleiben (nur) 75.000,– €.

Praxistipp

Die errechneten Zahlen können nicht auf andere Fälle übertragen werden, da die Berechnung maßgeblich davon beeinflusst wird, wie hoch der Zugewinnausgleich ist. In erbrechtlichen Angelegenheiten ist eine rechtzeitige („zu Lebzeiten") und qualifizierte Beratung, zum Beispiel durch einen Notar, sehr wichtig, insbesondere, wenn sich ein Unternehmen im Vermögen befindet. Zum 01.01.2010 sind Änderungen des Erbrechts in Kraft getreten, die in die Beratung einfließen müssen[32].

Weiterführung des 4. Falles: Sohn S hält das Testament für sittenwidrig.

Die Problematik, ob der mit der Erbeinsetzung einer Lebensgefährtin verbundene Ausschluss der nächsten Angehörigen von der Erbschaft von der Testierfreiheit gedeckt oder wegen Verstoßes gegen die guten Sitten nach § 138 Abs. 1 BGB nichtig ist, hat die Gerichte mehr als einmal beschäftigt. In früherer Zeit wurden Testamente, durch die ein Ehemann unter Ausschluss seiner Frau und seiner Kinder seine „Geliebte" zur Alleinerbin eingesetzt hatte, als sittenwidrig angesehen („Mätressentestament"). Seit etwa 1970 hat sich die Beurteilung geändert. Allein die Enterbung der gesetzlichen Erben stellt keinen Verstoß gegen die guten Sitten dar, die nach § 138 Abs. 1 BGB zur Nichtigkeit des Testaments führen würde[33]. Eine Sittenwidrigkeit wird nur noch angenommen, wenn die Erbeinsetzung *ausschließlich* den Zweck hatte, die geschlechtliche Hingabe zu belohnen oder zu fördern, was von den ausgeschlossenen Erben zu beweisen ist[34]. Bei einer langandauernden außerehelichen Beziehung spricht die Erfahrung gegen den Entgeltcharakter.

[32] Einen Überblick liefert Wälzholz, DStR 2009, 2104 ff.
[33] BGH NJW 1990, S. 2055, 2056.
[34] BGH NJW 1970, S. 1273, 1276.

2.3 Die Vereinsfreiheit

Die Vereinsfreiheit wird durch **Artikel 9 GG (Grundgesetz)** geschützt. Danach haben alle Deutschen das Recht, Vereine und Gesellschaften ohne staatliche Bevormundung zu gründen. Auch wenn es grundgesetzlich nicht verankert ist, können sich ausländische Mitbürger ebenfalls auf die Vereinsfreiheit berufen. Die Schranken der Vereinsfreiheit ergeben sich aus Art. 9 Abs. 2 GG. Vereinigungen, deren Zweck oder Tätigkeit den Strafgesetzen zuwiderlaufen oder die sich gegen die verfassungsmäßige Ordnung oder gegen den Gedanken der Völkerverständigung richten, sind verboten. Nähere Einzelheiten bestimmen sich nach dem Vereinsgesetz.

Die Vereinsfreiheit umfasst die Gründung ideeller Vereine (Gesangverein, Kaninchenzüchterverein, Kleingartenverein) und wirtschaftlicher Vereine, wozu insbesondere die juristischen Personen in Form der GmbH und der Aktiengesellschaft gehören. Unter die Vereinsfreiheit fallen auch die Personengesellschaften OHG, KG und GbR. Allerdings gilt im Gesellschaftsrecht ein „Typenzwang", das heißt, es sind nur die Rechtsformen zulässig, die in den Gesetzen vorgegeben sind. Es ist also nicht möglich, eine ganz neue Gesellschaftsform zu „erfinden" („numerus clausus" der Gesellschaftsformen). Zulässig ist es hingegen, verschiedene Gesellschaftsformen miteinander zu kombinieren, wie dies etwa bei der GmbH & Co. KG geschieht. Hierbei handelt es sich um eine KG (§§ 161 ff. HGB), bei der eine GmbH als Komplementär (Vollhafter) fungiert[35].

Nach der Rechtsprechung des Europäischen Gerichtshofs[36] ist es außerdem zulässig, eine Gesellschaft in einem Mitgliedsland der Europäischen Union zu gründen und anschließend den Sitz in ein anderes Mitgliedsland zu verlegen oder dort eine Zweigniederlassung zu errichten. Von dieser Möglichkeit wurde einige Jahre bezüglich der englischen „private limited company", kurz limited („ltd.") in der Bundesrepublik sehr stark Gebrauch gemacht. Eine Vielzahl von – häufig mit einem geringen Eigenkapital – ausgestatteten Ltd. war in der Bundesrepublik tätig. Der deutsche Gesetzgeber hat auf diese Entwicklung reagiert und mit der Reform des GmbHG im Jahre 2009 in § 5 a GmbHG eine „halbneue" Rechtsform geschaffen, die „Unternehmergesellschaft (haftungsbeschränkt)". Diese „Mini-GmbH" benötigt nur ein Stammkapital von einem Euro, muss aber in der Bilanz eine gesetzliche Rücklage bilden, in die ein Viertel des um einen Verlustvortrag aus dem Vorjahr geminderten Jahresüberschusses einzustellen ist. Diese Pflicht endet, wenn eine Stammeinlage von 25.000,– € erreicht ist. Nach ersten Erfahrungen wird die neue Rechtsform von der Praxis gut angenommen[37], zugleich ist die Zahl der Ltd. erheblich zurückgegangen.

---

[35] Vgl. S. 87 f., 123.

[36] EuGH NJW 2003, 3331 ff. – „Inspire Art"; NJW 2002, S. 3614 ff. – „Überseering"; NJW 1999, S. 2027 ff. – „Centros".

[37] Aktuelle Zahlen unter http://www.rewi.uni-jena.de/Forschungsprojekt+Unternehmergesellschaft (Abruf am 20.07.2010).

Kapitel 3
Verbraucherschutz, insbesondere Allgemeine Geschäftsbedingungen

Lernziele dieses Kapitels

Was kommt in diesem Kapitel auf Sie zu? Die schon behandelte Gestaltungsfreiheit (Inhaltsfreiheit) wird neben den schon dargestellten Generalklauseln (§§ 134, 138 BGB) zum Schutz von Verbrauchern (§ 13 BGB) durch spezielle Vorschriften weiter eingeschränkt. Dies sind insbesondere die Regelungen zum Fernabsatz, zum Verbraucherkreditvertrag, zum Haustürgeschäft und zu den Allgemeinen Geschäftsbedingungen (AGB). Die Regelungen zu den AGB (§§ 305 ff. BGB) gelten in abgeschwächter Form auch für Kaufleute (§§ 1 ff. HGB) und sonstige Unternehmer (§ 14 BGB). Bevor auf die §§ 305 ff. BGB näher eingegangen wird, sind einige Begriffe und andere verbraucherschutzrechtliche Vorschriften zu erläutern.

3.1 Verbraucher, Unternehmer, Kaufmann

Die in vielen Regelungen enthaltenen Begriffe „Verbraucher" und „Unternehmer" werden in § 13 BGB und § 14 BGB definiert. Ein **Verbraucher** ist nach § 13 BGB eine natürliche Person, die ein Rechtsgeschäft zu einem Zwecke abschließt, der weder ihrer gewerblichen noch ihrer selbstständigen beruflichen Tätigkeit zugerechnet werden kann. Dabei kommt es auf den *konkreten* Vertrag an. Dieselbe Person kann bei bestimmten Rechtsgeschäften Verbraucher sein, bei anderen hingegen Unternehmer oder Kaufmann.

Beispiele

- Angestellter A kauft sich in einem Baumarkt Arbeitskleidung, die er ausschließlich beruflich benötigt. Handelt A als Verbraucher? Auf den ersten Blick nein! Aber aus § 13 BGB ergibt sich etwas anderes: A ist eine natürliche Person (Mensch). Da A Angestellter ist, betreibt er aber weder ein *Gewerbe* noch dient der Kauf einer (anderen) *selbstständigen* Tätigkeit. A tätigt den Kauf der Berufskleidung deshalb als Verbraucher (§ 13 BGB), obwohl er die Kleidung ausschließlich beruflich benötigt.
- Der selbstständige Steuerberater S kauft sich einen Computer. Handelt S als Verbraucher? Es kommt auf den Zweck des Kaufs an: Soll der Computer von der Tochter des S privat genutzt werden, handelt S als Verbraucher. Ist eine betriebliche Nutzung beabsichtigt, handelt S nicht als Verbraucher, weil der Computer dann für eine selbstständige berufliche Tätigkeit verwendet werden soll.

Nach § 14 BGB ist ein **Unternehmer** eine natürliche oder juristische Person oder eine rechtsfähige Personengesellschaft, die bei Abschluss des Rechtsgeschäftes in Ausübung ihrer gewerblichen oder selbstständigen beruflichen Tätigkeit handelt. Der Begriff „Unternehmer" ist vom Begriff „Kaufmann" zu unterscheiden, der nicht im BGB definiert ist, sondern sich nach §§ 1 ff. HGB bestimmt. Die Begriffe überschneiden sich. **„Kaufmann"** ist dabei der engere Begriff: Nur ein Teil der Unternehmer ist *zugleich* Kaufmann im handelsrechtlichen Sinn.

Nach § 1 Abs. 1 HGB ist (nur) derjenige Kaufmann, der ein **Handelsgewerbe** betreibt. Ein Handelsgewerbe ist jeder Gewerbebetrieb, es sei denn, dass das Unternehmen nach Art oder Umfang einen in kaufmännischer Weise eingerichteten Geschäftsbetrieb nicht erfordert (§ 1 Abs. 2 HGB).

Kaufmännische Einrichtungen sind vor allem Buchführung und Bilanzierung, Führung einer Firma sowie eine kaufmännische Ordnung der Vertretung, insbesondere die Bestellung von Prokuristen.

Ob diese Einrichtungen *erforderlich* sind, richtet sich nach einer Vielzahl von zu gewichtenden Kriterien wie Zahl und Art der Geschäfte, Höhe des Eigen- und Fremdkapitals, Höhe des Umsatzes, Mitarbeiterzahl, Vielfalt der Erzeugnisse und Leistungen und der Geschäftsbeziehungen, Aufnahme und Gewährung von Krediten usw. Letztlich wird auf das Gesamterscheinungsbild des Unternehmens und auf die Zahl und Art der Geschäftsabschlüsse abgestellt[1]. Auch wenn die Kriterien eher vage sind, steht im Ergebnis fest, dass über 90 % der Einzelunternehmer *keine* Kaufleute im Sinne des HGB sind[2]. Sie sind Unternehmer nach § 14 BGB, aber keine Kaufleute nach §§ 1 ff. HGB.

Merke

Über 90 % aller Einzelunternehmer sind kein Kaufmann im Sinne des HGB.

Dies gilt für die meisten Einzelhändler, Handwerker und Gastwirte. Ebenfalls kein Kaufmann (oder besser keine Kauffrau?) ist die Gesellschaft bürgerlichen Rechts (GbR, §§ 705 ff. BGB). Demgegenüber betreiben die Offene Handelsgesellschaft (OHG, §§ 105 ff. HGB) und die Kommanditgesellschaft (KG, §§ 161 ff. HGB) ein Handelsgewerbe. Die GmbH und die Aktiengesellschaft *gelten* als Handelsgesellschaften, sodass das HGB sogar dann anzuwenden ist, wenn die jeweilige Gesellschaft weder ein Gewerbe noch ein Handelsgewerbe betreibt (§ 6 Abs. 1 HGB, § 13 Abs. 3 GmbHG, § 3 Abs. 1 AktG). Kein Kaufmann sind hingegen die sogenannten Freiberufler (Ärzte, Steuerberater, Wirtschaftsprüfer, Rechtsanwälte, Architekten usw.).

Beispiel

Für eine aus drei Steuerberatern bestehende „Steuerberatungsgesellschaft mbH" gilt aufgrund der Rechtsform (GmbH) das HGB, obwohl

---

1 Vgl. Canaris, Handelsrecht, 24. Aufl., München 2006, § 3 Rn. 9.

2 Vgl. Meyer, Justus, Die Insolvenzanfälligkeit der GmbH als rechtspolitisches Problem, GmbH-Rundschau 2004, S. 1417 ff. m. w. Nachw.

Steuerberater freiberuflich tätig sind, also kein Gewerbe und damit auch kein Handelsgewerbe ausüben.

Merke

Wird ein Unternehmen in der Rechtsform einer GmbH oder Aktiengesellschaft betrieben, sind unabhängig von der Größe des Unternehmens und vom Gesellschaftszweck die Vorschriften des HGB zu beachten (§ 6 Abs. 1 HGB, § 13 Abs. 3 GmbHG, § 3 Abs. 1 AktG). Diese Kaufleute werden (Rechts-)Formkaufleute genannt.

Für den „kleinen Handwerker" ergibt sich Folgendes: Betreibt er sein Unternehmen als Einzelunternehmer, muss er das HGB nicht beachten. Sobald er die Rechtsform der GmbH wählt, gilt für diese hingegen das HGB.

Beispiel

Fliesenleger F, der für sein Unternehmen keine kaufmännischen Einrichtungen benötigt, kauft Fliesen bei V ein. F hat diesen Kauf in Ausübung seiner gewerblichen Tätigkeit und damit als Unternehmer nach § 14 BGB getätigt. F ist aber kein Kaufmann nach § 1 HGB, weil er zwar ein Gewerbe, aber kein Handelsgewerbe im Sinne des § 1 Abs. 2 HGB betreibt. Würde F sein Unternehmen als GmbH führen, müsste für die GmbH das HGB beachtet werden (§ 6 HGB, § 13 Abs. 3 GmbHG).

Nochmals ist darauf hinzuweisen, dass jemand, der Kaufmann im Sinne des HGB ist, bei bestimmten Verträgen als **Verbraucher** handeln kann mit der Folge, dass er dann weder Kaufmann noch Unternehmer ist.

Beispiel

Der im Handelsregister eingetragene Kaufmann K erwirbt am 24.12. (Heiligabend!) um 17.59 Uhr – und damit eine Minute vor Ladenschluss – als Geschenk für seine, wie er sich gegenüber dem Juwelier auszudrücken beliebt, „herzallerliebste Frau" einen goldenen Ring. K ist und bleibt Kaufmann, doch hat er diesen Ring als Verbraucher im Sinne des § 13 BGB gekauft und unterfällt damit – obwohl er „sonst" Kaufmann ist – für dieses konkrete Geschäft den besonderen Schutzvorschriften für Verbraucher. Es liegt kein Handelsgeschäft (§ 343 HGB) vor. Die Vermutung des § 344 Abs. 1 HGB ist wegen des privaten Charakters des Kaufvertrags (Zeit, Ort und Umstände) widerlegt. Wie die Rechtslage ist, wenn der Ring für die Sekretärin bestimmt wäre, soll offen bleiben …

3.2 Verbraucherschützende Regelungen

Die Regelungen zum Verbraucherschutz sind in weiten Teilen kompliziert und zum Teil wegen zahlreicher Verweisungen auf andere Vorschriften recht verworren. Der „normale Verbraucher", der geschützt werden soll, wird die Regeln, die ihn schützen (sollen), oftmals nicht verstehen. Eine gute und kostengünstige Hilfe wird durch die Verbraucherzentralen geleistet.

3.2.1 Fernabsatzverträge

§ 312 d Abs. 1 S. 1 BGB gewährt dem **Verbraucher** (§ 13 BGB) beim Kauf im Fernabsatz ein zweiwöchiges **Widerrufsrecht** nach § 355 Abs. 1 BGB, wenn der Verkäufer ein Unternehmer ist (§ 14 BGB). Ein Fernabsatzvertrag ist nach § 312 b Abs. 1 BGB ein Vertrag zwischen einem Unternehmer und einem Verbraucher, der unter ausschließlicher Verwendung von Fernkommunikationsmitteln (Telefon, Brief, Fax, E-Mail) geschlossen wird. Beispiele bilden Kaufverträge im Versandhandel, im Teleshopping und im **Internet** sowie im Fernabsatz geschlossene Verträge über die Erbringung von Dienstleistungen und Finanzdienstleistungen. Wichtig ist die Rollenverteilung: Beim Kaufvertrag muss der Unternehmer der Verkäufer und der Verbraucher der Käufer sein!

Das Widerrufsrecht des Verbrauchers besteht auch bei Auktionen im Internet. Zwar bestimmt § 312 d Abs. 4 Nr. 5 BGB, dass bei Versteigerungen in Form des § 156 BGB kein Widerrufsrecht gegeben ist. Der BGH hat jedoch entschieden, dass Auktionen im Internet keine Versteigerungen im Sinne des § 156 BGB sind, sodass der Widerruf nicht ausgeschlossen ist[3].

Beispiel

Der Angestellte A hat bei eBay einen Laptop ersteigert, den er ganz überwiegend beruflich nutzen will. Steht A ein Widerrufsrecht gemäß § 312 d BGB zu?

Obwohl A den Laptop überwiegend beruflich nutzen will, ist er Verbraucher im Sinne des § 13 BGB, weil er als Angestellter kein Gewerbe betreibt und auch nicht anderweitig selbstständig tätig ist. Falls der Verkäufer V ein Unternehmer gemäß § 14 BGB ist, steht A ein Widerrufsrecht zu. Wenn V ebenfalls Verbraucher ist, liegt kein Fernabsatzvertrag nach § 312 b Abs. 1 BGB vor und damit hätte A auch kein Widerrufsrecht nach § 312 d Abs. 1 BGB.

Merke

Beim Kauf „von privat" besteht kein Widerrufsrecht. Der Verkäufer muss Unternehmer, der Käufer Verbraucher sein.

Oft ist nicht eindeutig erkennbar, ob jemand als Verbraucher oder als Unternehmer eine Bestellung tätigt:

[3] BGH NJW 2005, S. 53, 54 ff.

Beispiel

Rechtsanwältin B bestellt im Internet drei Lampen für 766,– € an die Liefer- und Rechnungsadresse „Kanzlei Dr. B.". Nach der Lieferung erklärt sie den Widerruf und beruft sich darauf, sie habe die Lampen als Verbraucherin gekauft. Tatsächlich waren die Lampen für die Ausstattung der Privatwohnung vorgesehen, was der Verkäufer wegen der „Lieferadresse/Rechungsanschrift" aber nicht erkennen konnte.

Der BGH gewährt gleichwohl ein Widerrufsrecht und führt dazu aus, es komme *nicht* darauf an, ob der Erklärende sich dem anderen Teil eindeutig als Verbraucher zu erkennen gebe. Vielmehr sei bei einem Vertragsschluss mit einer natürlichen Person grundsätzlich vom Verbraucherhandeln auszugehen. Anders sei dies nur dann, wenn Umstände vorlägen, nach denen das Handeln aus der Sicht des anderen Teils eindeutig und zweifelsfrei einer gewerblichen oder selbstständigen beruflichen Tätigkeit zuzurechnen sei[4].

Die Frist für die Ausübung des Widerrufs beträgt zwei Wochen. Sie beginnt bei einem Kaufvertrag erst nach Eingang der Ware **und** ordnungsgemäßer Belehrung über das Widerrufsrecht zu laufen (§ 312 d Abs. 2 BGB). Erfolgt keine oder keine ordnungsgemäße Belehrung, läuft die Frist gemäß § 355 Abs. 3 S. 3 BGB gar nicht an. Dem Verbraucher steht dann ein zeitlich nicht begrenztes Widerrufsrecht zu. Allerdings kann die Belehrung nachgeholt werden, von da an gilt dann gemäß § 355 Abs. 2 S. 2 BGB eine Monatsfrist.

§ 312 c BGB bestimmt in Verbindung mit der BGB-Informationspflichten-Verordnung (BGB-InfoV), welche Informationen ein Unternehmer einem Verbraucher bei Fernabsatzverträgen zu geben hat. Weitere Pflichten ergeben sich bei Verträgen, die im Internet geschlossen werden („Internetverträge") aus § 312 e BGB und aus §§ 5, 6 TMG (Telemediengesetz). Die Regelungen sind sehr umfangreich und zum Teil so kompliziert, dass es für Unternehmer einen erheblichen Aufwand verursacht, sie vollständig und richtig umzusetzen. Eine beträchtliche Zahl von Unternehmern scheitert an den gesetzlichen Vorgaben.

Die Rechtsfolgen des Widerrufs regelt § 357 BGB, unter anderem durch einen Verweis auf §§ 346 ff. BGB.

3.2.2 Haustürwiderruf

Um den Verbraucher vor einer Überrumpelung in Zusammenhang mit dem Abschluss von Verträgen zu schützen, gewährt ihm § 312 BGB bei Haustürgeschäften, die zwischen ihm und einem Unternehmer geschlossen werden, ein Widerrufsrecht. Der Anwendungsbereich der Vorschrift geht dabei über Geschäfte an der Haustür hinaus. Erfasst werden auch Vertragsabschlüsse auf Freizeitveranstaltungen (nicht auf entsprechend angekündigten Verkaufsveranstaltungen!), am Arbeitsplatz, in öffentlichen Verkehrsmitteln (Bus, U-Bahn) und auf öffentlichen Verkehrsflächen (Straßen, Plätzen). Für Einzelheiten des Widerrufs gelten – wie bei Fernabsatzverträgen – die §§ 355 ff. BGB.

---

[4] BGH NJW 2009, S. 3780, Rn. 11.

Beispiel

Der Vertreter V des Staubsaugerproduzenten Nachwerk verkauft Frau K an deren Haustür den „Super-Klopf-Sauger AX 71". K kann binnen zwei Wochen das Widerrufsrecht ausüben, wobei die Frist – auch hier – erst nach ordnungsgemäßer Belehrung und Eintreffen der Ware zu laufen beginnt. Kein Widerrufsrecht steht Frau K zu, wenn sie den Vertreterbesuch **angefordert** hatte, etwa in Zusammenhang mit der Teilnahme an einem **Gewinnspiel.**

Praxistipp

Seien Sie vorsichtig mit der Herausgabe Ihrer persönlichen Daten einschließlich Ihrer Adresse. Viele, wenn nicht alle Gewinnspiele zielen in erster Linie darauf ab, in den Besitz dieser Daten zu kommen, um sie zu Zwecken des Direktmarketings zu nutzen. Vergleichsweise harmlos, wenn auch ärgerlich, sind Spam-Mails und Faxe. Folgenreicher kann es sein, wenn man im Gewande eines Gewinnspiels einen Vertreter zu Verhandlungen eingeladen hat. Denn damit kann das Widerrufsrecht nach § 312 e BGB entfallen[5].

3.2.3 Verbraucherkreditvertrag

Besondere Regelungen zu Darlehensverträgen zwischen einem Verbraucher und einem Unternehmer enthalten die §§ 491 ff. BGB. Diese Vorschriften gelten gemäß § 499 Abs. 1 BGB überwiegend auch dann, wenn dem Verbraucher ein entgeltlicher Zahlungsaufschub von mehr als drei Monaten gewährt wird („Heute kaufen – in sechs Monaten zahlen, Zins 1,69 %"). Gleiches gilt für Teilzahlungsgeschäfte („Ratenkäufe" – §§ 501 ff. BGB) und für Ratenlieferungsverträge (etwa ein Zeitungsabonnement – § 505 BGB).

Die §§ 491 bis 505 BGB sind einseitig zwingendes Recht. Das bedeutet, dass von ihnen nicht zum Nachteil, wohl aber zum Vorteil des Verbrauchers abgewichen werden darf. Deshalb ist eine Verlängerung der Widerrufsfrist zulässig, nicht aber eine Verkürzung. Im Übrigen gelten diese Schutzvorschriften auch für Existenzgründer, es sei denn, das Volumen des Vertrags übersteigt 50.000,– € (§ 507 BGB).

3.3 Allgemeine Geschäftsbedingungen

Häufig findet man für Allgemeine Geschäftsbedingungen (kurz: AGB) auch heute noch die zwar eingängige, aber oft unzutreffende Bezeichnung „Das Kleingedruckte". Richtig ist die Bezeichnung für die aufgrund des gewählten Schriftgrades kaum oder nur mit einer Lupe lesbaren Regelungen, die auf der Rückseite von Vertragsformularen in weißer Schrift auf grauem Untergrund ab-

[5] Zu Einzelheiten Palandt/Grüneberg, Bürgerliches Gesetzbuch, § 312 Rn. 24 ff. m. w. Nachw.

gedruckt sind. AGB gehen heute jedoch weit über das „Kleingedruckte" hinaus. Viele Verträge stellen insgesamt AGB dar.

Beispiele

- Ein Formularkaufvertrag über ein gebrauchtes Kfz.
- Mustermietverträge vom Bundesjustizminister, vom Haus- und Grundeigentümerverein oder von gewerblichen Vermietern.

Mit den §§ 305 ff. BGB verfolgt der Gesetzgeber den Zweck, den *einen* Vertragsteil davor zu schützen, durch die vom anderen Vertragsteil („Verwender" genannt) eingeführten AGB in einer gegen Treu und Glauben (§ 242 BGB) verstoßenden Weise benachteiligt zu werden. In der Regel geht es um den **Schutz des Verbrauchers** gegen Benachteiligungen in den AGB eines Unternehmers (neudeutsch: B2C für „Business to Consumer"). Es kann aber auch sein, dass auf beiden Seiten Verbraucher stehen (neudeutsch: C2C, etwa beim privaten Autokauf unter Verwendung eines aus dem Internet bezogenen Kaufvertragsformulars) oder zwei Unternehmer beteiligt sind (neudeutsch: B2B für „Business to Business", z. B. beim Handelskauf oder einem gewerblichen Mietvertrag). Auch diese Konstellationen werden, für den B2B-Bereich allerdings mit Modifizierungen, von den §§ 305 ff. BGB erfasst.

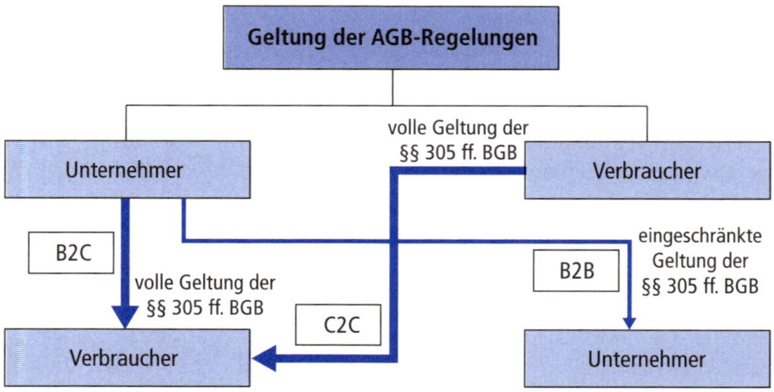

Abbildung 3.1: Geltung der AGB-Regelungen

Der von den §§ 305 ff. BGB bezweckte Schutz des anderen Teils basiert dabei im Wesentlichen auf zwei „Säulen":

Merke

1. AGB gelten nicht automatisch, sondern nur wenn ihre Geltung zwischen den Parteien *vereinbart* worden ist.
2. Wenn die Geltung der *kompletten* AGB im konkreten Fall vereinbart worden ist, wird im zweiten Schritt für jede *einzelne* Klausel geprüft, ob sie wegen eines Verstoßes gegen Treu und Glauben unwirksam ist.

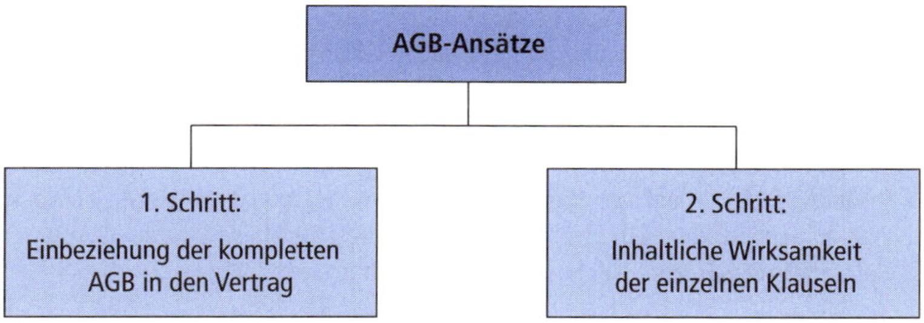

Abbildung 3.2: AGB-Ansätze

Diesen beiden „Hauptschritten" sind weitere Prüfungsschritte vor- und nachgelagert.

3.3.1 Anwendbarkeit der §§ 305 ff. BGB

Bevor in eine nähere Prüfung zur Einbeziehung und zur Wirksamkeit von AGB eingetreten wird, muss geklärt werden, ob die §§ 305 ff. BGB auf den zu beurteilenden Sachverhalt überhaupt Anwendung finden. Diese Frage bestimmt sich nach § 310 BGB. Um diese recht komplizierte Vorschrift verstehen zu können, sind aber Grundkenntnisse des AGB-Rechts erforderlich. Die Erläuterungen zur Anwendbarkeit sollen deshalb, obwohl sie systematisch eigentlich an den Anfang gehören, einstweilen zurückgestellt werden[6].

Klausurtipp

In einer Klausur sollten Sie mit der Prüfung des § 310 BGB beginnen, wenn die AGB gegenüber einem Unternehmer verwendet werden.

3.3.2 Begriff

Nach § 305 Abs. 1 S. 1 BGB sind Allgemeine Geschäftsbedingungen alle für eine Vielzahl von Verträgen **vorformulierten** Vertragsbedingungen, die eine Vertragspartei („Verwender") der anderen Vertragspartei bei Abschluss eines Vertrags stellt. Es muss sich also um schon fertige („vorformulierte") Bedingungen handeln, von der die eine Partei möchte, dass sie Bestandteil des Vertrags werden. Für das Merkmal **„für eine Vielzahl von Verträgen"** reicht es aus, dass die AGB bei (mindestens) drei Verträgen verwendet werden sollen, wobei es sich um unterschiedliche Parteien handeln kann.

Beispiel

Nach sanftem Druck durch andere Nachbarn („Wo sollen die armen Kinder denn hin?") hat Herr V sich nun doch entschlossen, die im Obergeschoss seines Zweifamilienhauses gelegene Wohnung an die türkische Familie, deren bisherige Wohnung ausgebrannt ist[7], zu ver-

---

6 Vgl. S. 79 ff.
7 Vgl. S. 37.

mieten. Um beim ersten Mal ja nichts falsch zu machen, besorgt V sich den Mustermietvertrag des Bundesjustizministeriums und legt diesen Vertrag nach handschriftlicher Vervollständigung (Namen, Miethöhe, Mietbeginn, Kontonummer usw.) dem künftigen Mieter zur Unterschrift vor. Bei diesem Mietvertrag handelt es sich um AGB, auch wenn V den Vertrag zum ersten (und vielleicht einzigen) Mal nutzen („verwenden") will. Der Mustermietvertrag als solcher soll nämlich **für eine Vielzahl von Verträgen** verwendet werden.

Für die Qualifizierung von Regelungen als AGB kommt es nach § 305 Abs. 1 S. 2 BGB *nicht* darauf an, ob sie

- im Vertrag selbst enthalten sind, also den Vertragstext bilden (Mustermietvertrag, Autokaufvertrag),
- auf der Rückseite des Vertrags abgedruckt sind,
- dem Vertrag beigefügt werden (etwa auf einem Extrablatt) oder
- als Datei im Internet abrufbar sind.

Es kommt auch nicht auf die Länge einer Regelung an. Bei dem auf einem Angebot abgedruckten Satz „Das Eigentum bleibt vorbehalten" handelt es sich trotz der Kürze um eine AGB. Auch die Form des Vertrags ist ohne Bedeutung (§ 305 Abs. 1 S. 2 BGB), sodass auch bei einem mündlichen Vertrag AGB möglich sind (etwa Reparatur- bzw. Reinigungsbedingungen).

Keine AGB liegen vor, wenn die Bedingungen eines Vertrags **einzeln ausgehandelt** werden (§ 305 Abs. 1 S. 3 BGB). Diese Voraussetzung ist aber nur erfüllt, wenn eine ernsthafte Bereitschaft des Verwenders zu Verhandlungen über eine vorformulierte Klausel besteht. Bloße Wahlmöglichkeiten der anderen Partei in einem engen Rahmen reichen dafür nicht aus.

Beispiel

In einem von einer Versicherung verwendeten Formular ist eine Laufzeit von zehn Jahren bereits eingesetzt und mit einem vorgedruckten Häkchen versehen. Daneben befindet sich ein Kästchen, in das der Kunde eine abweichende Laufzeit handschriftlich einfügen kann. Nach Auffassung des BGH überlagert der vorformulierte Vorschlag des Versicherers (zehn Jahre) die Wahlmöglichkeit des Kunden. Nach dem Schutzzweck der Regelungen zu den AGB liege bei dieser Gestaltung trotz der Änderungsmöglichkeit für den Kunden eine AGB vor[8].

Verwender ist derjenige, der möchte, dass bestimmte AGB für den Vertrag gelten. Dies können seine eigenen AGB (Einkaufs- oder Verkaufsbedingungen), aber auch fremde AGB, etwa die von einem Verband erstellten Bedingungen (Rahmen-, Formular- oder Musterverträge) sein. Der Verwender ist in der Regel ein Unternehmer, ein Verbraucher kann aber ebenfalls Verwender sein, zum Beispiel beim Verkauf eines gebrauchten Pkw oder beim Mietvertrag.

8 BGH NJW 1996, S. 1676, 1677.

Beispiel

V, ein Verbraucher, verkauft sein Fahrzeug unter Nutzung eines Musterkaufvertrags für gebrauchte Fahrzeuge an einen anderen Verbraucher. Hier ist V der Verwender der AGB. Hätte K das Formular gestellt, wäre er der Verwender.

Wenn beide Parteien Verbraucher sind und sich **einigen,** welche AGB gelten sollen, findet keine Inhaltskontrolle nach §§307 ff. BGB statt, ohne dass bisher abschließend entschieden ist, ob dann *beide* Parteien Verwender sind oder ob *keine* Partei Verwender ist[9].

3.3.3 Einbeziehung in den Vertrag

AGB gelten nicht automatisch, sondern nur, wenn die Parteien sich auf die Geltung der AGB, also auf deren **Einbeziehung** in den konkreten Vertrag **geeinigt** haben. Die Voraussetzungen der Einbeziehung enthält §305 Abs. 2 BGB. Danach müssen nicht zwei – wie man bei flüchtiger Lektüre aufgrund der Nummerierung meinen könnte –, sondern drei Voraussetzungen erfüllt sein, also positiv vorliegen. Zusätzlich ist §305 c BGB zu beachten, der ein negatives Merkmal enthält, das *nicht* vorliegen darf.

Merke

Voraussetzungen für die Einbeziehung von AGB sind:

P1[10]: Ein ausdrücklicher Hinweis des Verwenders auf die AGB,

P2: die Möglichkeit der zumutbaren Kenntnisnahme der AGB für die andere Partei,

P3: das Einverständnis der anderen Partei mit der Geltung der AGB.

Diese drei positiven Voraussetzungen müssen **„bei Vertragsschluss“,** also im Zeitpunkt des Vertragsschlusses vorliegen.

N1[11]: Aus §305 c BGB folgt, dass AGB-Klauseln, die ganz und gar ungewöhnlich sind, kein Vertragsbestandteil werden, auch wenn die drei dafür erforderlichen positiven Voraussetzungen erfüllt sind.

Zu P1: Hinweis des Verwenders

Der Verwender – also derjenige, der möchte, dass seine oder die von einem Dritten erstellten AGB für den Vertrag gelten – muss die andere Partei *bei* Vertragsabschluss **ausdrücklich** auf die AGB hinweisen. Dies kann schriftlich, aber auch mündlich geschehen. Der Hinweis muss dabei so klar sein, dass die andere Partei ihn bei „flüchtiger Betrachtung“, also selbst wenn sie sich nicht besonders konzentriert, nicht überhört bzw. übersieht. Ein Verbraucher ist hingegen nicht

---

[9] Vgl. BGH NJW 2010, S. 1131, Rn. 21.

[10] „P“ steht für ein positives Merkmal, das vorliegen muss. Fehlt nur ein positives Merkmal, werden die AGB kein Vertragsbestandteil, vgl. S. XXVI.

[11] „N“ steht für ein negatives Merkmal, das nicht vorliegen darf, vgl. S. XXVII.

verpflichtet, nach dem Motto „Es muss doch welche geben! Wo sind die denn bloß?" nach AGB zu suchen.

Beispiel

K will bei V Möbel kaufen. V legt ihm ein Bestellformular vor, auf dessen Rückseite die AGB des V abgedruckt sind. Auf der Vorderseite findet sich innerhalb eines längeren Textes ein kurzer Hinweis auf die AGB. K unterschreibt das Formular, ohne sich groß um den Inhalt zu kümmern.

Die auf der Rückseite abgedruckten AGB sind *kein* Vertragsbestandteil geworden, weil kein ausdrücklicher, sondern lediglich ein kurzer, in einem längeren Text enthaltener und damit leicht übersehbarer Hinweis vorlag. Dass K einen deutlichen Hinweis möglicherweise ebenfalls übersehen hätte, spielt keine Rolle.

Der ausdrückliche Hinweis ist ausnahmsweise entbehrlich, wenn er wegen der Art des Vertragsabschlusses nur unter unverhältnismäßigen Schwierigkeiten möglich ist. Den Hauptanwendungsfall bilden konkludent geschlossene Massenverträge ohne persönlichen Kontakt.

Beispiel

Bei Benutzung eines Parkhauses mit elektronischer Zufahrtssperre reicht ein solcher Hinweis aus, wenn er bei der Einfahrt gut sichtbar ist. Gleiches gilt für die AGB zur Benutzung von automatischen Schließfächern und Kfz-Waschanlagen.

In diesen und weiteren Fällen[12] reicht es aus, wenn am Ort des Vertragsabschlusses durch einen deutlich sichtbaren Aushang auf die AGB hingewiesen wird.

Zu P2: Möglichkeit der zumutbaren Kenntnisnahme

Neben dem ausdrücklichen Hinweis auf die AGB muss der Verwender der anderen Vertragspartei die Möglichkeit verschaffen, die AGB in **zumutbarer Weise** zur Kenntnis zu nehmen. Dies setzt regelmäßig eine Aushändigung der AGB oder – bei kurzen AGB – eine ausreichend lange Zeit zum Lesen der Bedingungen voraus. Außerdem müssen die Regelungen überschaubar aufgebaut und die Lektüre „ohne Lupe" möglich sein. Schließlich müssen Länge und Umfang der AGB in einem angemessenen Verhältnis zur Bedeutung des Geschäfts stehen.

Beispiel

Bei einem Vertrag mit einem Umfang von 50,– € werden AGB, die 50 Seiten lang sind, kein Vertragsbestandteil, da eine Kenntnisnahme zwar möglich, aber nicht zumutbar ist.

---

[12] Vgl. Palandt/Grüneberg, Bürgerliches Gesetzbuch, § 305 Rn. 31 mit weiteren Beispielen.

An der Voraussetzung der zumutbaren Kenntnisnahme scheitert häufig die Einbeziehung der „Vergabe- und Vertragsordnung für Bauleistungen, Teil B" **(VOB/B)**[13], sofern der Bauherr den „Auftrag" ohne Einschaltung eines Architekten vergibt[14].

Beispiel

Im Haus des E ist die Heizung ausgefallen. Heizungsbauer H unterbreitet ein schriftliches Angebot über den Einbau eines neuen Heizkessels. Auf dem Angebot heißt es deutlich sichtbar: „Es gelten die VOB/B in der neuesten Fassung, die wir auf Wunsch kostenfrei zusenden." Hier ist zwar ein ausreichender Hinweis auf die AGB erfolgt, doch ist die Voraussetzung der zumutbaren Kenntnisnahme nicht erfüllt, weil das bloße Angebot zur Aushändigung dafür nicht ausreicht. Es ist nämlich nicht Sache des Verbrauchers, sich um den Erhalt der AGB zu bemühen. Vielmehr obliegt es dem Verwender, dem anderen Teil die AGB zu „präsentieren", in der Regel also unaufgefordert auszuhändigen. Damit gelten für den Vertrag ausschließlich die §§ 631 ff. BGB und nicht die abweichenden Regelungen der VOB/B. Die Gewährleistungsfrist beträgt deshalb fünf Jahre (§ 634 a Abs. 1 Nr. 2 BGB) und nicht lediglich vier Jahre (§ 13 Nr. 4 VOB/B). Dies hat bei einem Mangel, der nach Ablauf des vierten Jahres und vor Ablauf des fünften Jahres auftritt, unmittelbare Bedeutung, weil der Heizungsbauer sich nicht mit Erfolg auf die Verjährung berufen kann.

Praxistipp

Bei Bauverträgen mit Verbrauchern, insbesondere bei Reparaturverträgen, wird die VOB/B häufig kein Vertragsbestandteil, weil dem Verbraucher die Möglichkeit der zumutbaren Kenntnisnahme nicht eröffnet wird. Will der Unternehmer sichergehen, fügt er dem Vertrag eine Textausgabe der VOB/B bei.

Da der Verwender dem anderen Teil nur die *Möglichkeit* der Kenntnisnahme verschaffen muss, kommt es für die Einbeziehung der AGB nicht darauf an, ob der andere Teil diese Möglichkeit auch tatsächlich nutzt. Er muss die AGB also **nicht lesen**, sondern nur die Möglichkeit erhalten, sie ohne großen Aufwand lesen zu können.

Beispiel

Bei einem Vertragsabschluss im Internet muss der Verwender im Zeitpunkt der Bestellung auf seine AGB hinweisen und dem Besteller die Möglichkeit der zumutbaren Kenntnisnahme eröffnen, zum Beispiel durch einen Link, der unmittelbar zu den AGB führt. Ausreichend ist folgendes Verfahren: „Hiermit bestelle ich unter Bezugnahme auf

[13] Zur VOB S. 318 f.
[14] BGH NJW 1994, S. 2547.

die Lieferbedingungen (zum Lesen klicken Sie hier) …", wenn sich die AGB ohne Probleme aufrufen und bei längeren AGB einfach und schnell herunterladen, speichern und ausdrucken lassen[15]. Ist dies der Fall, erfüllt der Unternehmer zugleich seine Verpflichtung nach § 312 e Abs. 1 Nr. 4 BGB.

Zu P3: Einverständnis mit der Geltung der AGB

Das Einverständnis mit der Geltung der AGB muss nicht ausdrücklich erklärt werden (etwa: „Ich erkenne die AGB an"). Es kann sich vielmehr auch daraus ergeben, dass der andere Teil nach einem Hinweis auf die AGB und der Möglichkeit der zumutbaren Kenntnisnahme den Vertrag abschließt. In diesen Fällen ist von einem konkludent erklärten Einverständnis auszugehen. Obwohl es insbesondere bei Verträgen im Internet immer wieder gefordert wird, ist es also *nicht* erforderlich, dass der Besteller ausdrücklich bestätigt, die AGB gelesen zu haben und mit ihnen einverstanden zu sein.

Zu N1: Keine überraschende Klausel

Nach § 305 c Abs. 1 BGB werden Klauseln, die nach den Umständen, insbesondere nach dem äußeren Erscheinungsbild des Vertrags so ungewöhnlich sind, dass der andere Teil mit ihnen nicht zu rechnen braucht, kein Vertragsbestandteil, auch wenn die vorab dargestellten drei (positiven) Voraussetzungen vorliegen. Diese Regel erfasst aber nur „ganz und gar ungewöhnliche" Klauseln frei nach dem Motto „Ich rechne ja mit allem, aber damit nun wirklich nicht" oder anders formuliert „Das ist ja schier unglaublich". Ein solcher Fall liegt etwa dann vor, wenn zulasten der anderen Vertragspartei in den AGB zusätzliche vertragliche Pflichten begründet werden.

Beispiele

- Als Schulbeispiel dient der Fall des Kaufs einer scheinbar „günstigen Kaffeemaschine". In den beigefügten AGB heißt es nämlich. „Der Käufer ist verpflichtet, zwei Jahre lang jeden Monat drei Kilo Kaffee von uns zu kaufen."
- Abtretung von Gehaltsansprüchen des Mieters an den Vermieter zur Sicherung der Mietzahlungen in einem Formularmietvertrag.
- Befugnis des Verkäufers, neben dem Kaufpreis Erschließungskosten zu berechnen[16].

Zeitpunkt der Einbeziehung

Die Voraussetzungen für die Einbeziehung der AGB müssen nach § 305 Abs. 2 BGB **bei Vertragsschluss** erfüllt sein. Daran fehlt es zum Beispiel, wenn die AGB erst auf der Rechnung enthalten sind oder sich in der Verpackung befinden.

---

[15] BGH NJW 2006, S. 2976, Rn. 16.

[16] Diese und weitere Beispiele bei Palandt/Grüneberg, Bürgerliches Gesetzbuch, § 305 c Rn. 5 ff.

Beispiel

Gast G und Hotelier H haben an der Rezeption des Hotels einen Vertrag über die Nutzung eines Hotelzimmers geschlossen. Im Zimmer entdeckt G im Schrank „Nutzungsbedingungen", die vorschreiben, dass er das Zimmer am Abreisetag bis 9.30 Uhr zu räumen oder 50 % des Zimmerpreises zu zahlen hat. Diese AGB gelten nicht, da der Vertrag zuvor bereits ohne die AGB geschlossen worden war. G muss das Zimmer deshalb erst zur üblichen Zeit räumen, also nicht vor 11.00 oder 12.00 Uhr.

Ist der Vertrag ohne AGB geschlossen, kann der Verwender die Benutzung der Sache nicht davon abhängig machen, dass der andere Teil nachträglich der Geltung der AGB zustimmt.

Beispiele

- K hat bei V eine CD-ROM mit darauf gespeicherter Software gekauft. Bei der Installation erscheint auf der ersten Seite der Hinweis: „Es gelten die folgenden AGB. Sollten Sie damit nicht einverstanden sein, beenden Sie sofort die Installation. Sie erhalten gegen Rückgabe der CD-ROM den Kaufpreis erstattet." K muss auf dieses „freundliche Angebot" nicht eingehen, da der Vertrag ohne AGB geschlossen wurde. Er kann die Software nutzen, die AGB gelten nicht.
- K hat im Internet Software bestellt, die ihm zugeschickt wird. Auf der Verpackung befindet sich der Hinweis: „Mit dem Aufreißen der Verpackung werden die inliegenden AGB anerkannt." Auch dieser Hinweis ist nicht *bei* Vertragsschluss und damit zu spät erfolgt. Die AGB gelten deshalb nicht.

Telefonischer Vertragsabschluss

Beim telefonischen Vertragsabschluss kann zwar auf die AGB hingewiesen werden (Voraussetzung P1), die Möglichkeit der zumutbaren Kenntnisnahme lässt sich aber kaum eröffnen (Voraussetzung P2). Nur ganz kurze und einfache AGB könnten vorgelesen werden, im Übrigen ist eine Einbeziehung kaum möglich. Insbesondere ist es – entgegen einer zum Teil vertretenen Ansicht – nicht ausreichend, wenn der Kunde durch formularmäßige Erklärung dazu animiert wird, im Telefongespräch auf die Möglichkeit der Kenntnisnahme zu verzichten. Dagegen soll es möglich sein, dass der Kunde durch Individualvereinbarung einen solchen Verzicht erklärt[17].

Erleichterte Einbeziehung in besonderen Fällen

§ 305 a BGB ermöglicht eine erleichterte Einbeziehung für AGB von Verkehrsbetrieben und von Telekommunikationsanbietern. So können die AGB der Telekom und die ihrer Konkurrenten ohne ausdrücklichen Hinweis der Telekommunika-

---

17 Palandt/Grüneberg, Bürgerliches Gesetzbuch, § 305 Rn. 37.

tionsanbieter und ohne Verschaffung der Möglichkeit der zumutbaren Kenntnisnahme Vertragsinhalt werden, sofern die AGB der anderen Vertragspartei nur unter unverhältnismäßigen Schwierigkeiten vor dem Vertragsabschluss zugänglich gemacht werden können. Weitere Voraussetzung ist, dass die AGB im Amtsblatt der Regulierungsbehörde für Post und Telekommunikation veröffentlicht sind und in den Geschäftsstellen des Telekommunikationsanbieters bereitgehalten werden.

Beispiel

Der Telekommunikationsanbieter T bietet die Möglichkeit des Call-by-Call-Verfahrens ohne vorherigen Vertragsschluss. T hat keine praktikable Möglichkeit, den Kunden vor Nutzung des Dienstes die AGB zugänglich zu machen. Die Möglichkeit, die AGB jeweils vor Beginn des Gespräches vorzulesen, kommt nicht ernsthaft in Betracht.

3.3.4 Inhaltskontrolle

Die praktische Bedeutung der Inhaltskontrolle ist sehr hoch, da AGB weit verbreitet, aber in vielen AGB unwirksame Klauseln enthalten sind[18].

Praxistipp

Hat die Prüfung ergeben, dass die *kompletten* AGB, also die Gesamtheit der Regelungen, Vertragsbestandteil geworden sind, ist noch nichts verloren! Denn jetzt erfolgt im zweiten Schritt für jede *einzelne* Klausel die Prüfung, ob diese nach §§ 305 ff. BGB unwirksam ist. Das ist bei zahlreichen in der Praxis verwendeten Klauseln der Fall.

Grundlagen

Es erscheint vielleicht etwas merkwürdig, dass Klauseln, die unwirksam sind, dennoch Vertragsbestandteil werden können. Aber der Gesetzgeber hat diese beiden Fragen unterschieden. Die Prüfung erfolgt deshalb in zwei Schritten:

Klausurtipp

1. Schritt: Sind die **(kompletten) AGB** nach §§ 305 Abs. 2, 305 c BGB Vertragsbestandteil geworden? Falls nein, entfalten alle Klauseln keine Wirkung.

2. Schritt: Sind alle Voraussetzungen für die Einbeziehung der AGB erfolgt, wird im zweiten Schritt im Detail geprüft, ob **einzelne Klauseln** wegen eines Verstoßes gegen Treu und Glauben unwirksam sind.

---

18 Eine an der Fachhochschule Münster geschriebene Diplomarbeit ergab, dass von 20 Klauseln in den AGB eines mittelgroßen Möbelfachgeschäfts nicht weniger als 17 Klauseln unwirksam waren.

Beispiel

K kauft bei V eine Couchgarnitur. Neben der von K geleisteten Unterschrift befindet sich auf dem Bestellformular des V der fett gedruckte und gut lesbare Hinweis: „Es gelten die umseitig abgedruckten Geschäftsbedingungen." Wenn die AGB auf der Rückseite des Formulars in lesbarer Form abgedruckt sind und K damit die Möglichkeit der zumutbaren Kenntnisnahme hat, gelten die kompletten Bedingungen für den Vertrag.

Damit steht aber noch nicht fest, dass die einzelnen Bedingungen auch wirksam sind. Denn es kann durchaus sein, dass einige oder im Extremfall sogar alle Klauseln in den AGB den Käufer K in einer Treu und Glauben widersprechenden Weise benachteiligen. Dann wären die AGB zwar insgesamt Vertragsbestandteil, doch würden die nichtigen Klauseln keine Wirkung entfalten.

Abweichung von Rechtsvorschriften

Wichtig ist, dass eine Inhaltskontrolle nach § 307 Abs. 3 S. 1 BGB nur dann stattfindet, wenn die AGB Bestimmungen enthalten, die von Rechtsvorschriften abweichen oder diese ergänzen. Das bedeutet zunächst einmal, dass nicht jede Vereinbarung in einem Vertrag der Kontrolle nach den AGB-Vorschriften unterliegt.

Keine Kontrolle erfolgt, wenn die AGB lediglich das wiedergeben, was ohnehin im Gesetz steht. In vielen AGB finden sich durchaus solche Regelungen.

Ebenfalls keine Inhaltskontrolle erfolgt im Hinblick auf die von den Parteien vereinbarten **Hauptleistungen.** Dies gilt insbesondere für den vereinbarten Preis. Hier können gegebenenfalls aber andere Vorschriften eingreifen, wie § 138 Abs. 1 und Abs. 2 BGB in Fällen des Zins- oder Mietwuchers[19].

Beispiel

V und M haben einen Mietvertrag zu einem völlig überhöhten Mietpreis geschlossen. M kann sich nicht mit Erfolg auf die §§ 307 ff. BGB berufen, weil Hauptleistungen eines Vertrags der Inhaltskontrolle nach diesen Regelungen nicht unterliegen. Denn durch die Vereinbarung des Preises wird nicht von Rechtsvorschriften abgewichen. Möglich ist aber eine Sittenwidrigkeit nach § 138 BGB.

Etwas anderes gilt für **Preisnebenabreden** und für **Preisbestandteile.** Hier lässt die Rechtsprechung eine Inhaltskontrolle zu. Immer wieder werden Klauseln, die Banken in ihre AGB zum Nachteil der Kunden aufgenommen hatten, für unwirksam erklärt.

---

[19] Vgl. S. 46 f.

Beispiel

Die B-Bank hat D ein langfristiges Darlehen gewährt, das D in monatlichen Raten tilgen muss. Nach den AGB der B-Bank werden die monatlichen Tilgungen aber erst zum Jahresende berücksichtigt („jährliche Tilgungsverrechnung"). Das bedeutet, dass D für die im Laufe des Jahres schon zurückgezahlten Beträge bis zum Ende des jeweiligen Jahres weiterhin Zinsen zahlen muss. Diese Tilgungsvereinbarung ist als Nebenabrede zum Darlehensvertrag kontrollfähig, inhaltlich ist sie nach Treu und Glauben unwirksam, es sei denn, dass der Kunde auf die zinssteigende Wirkung ausreichend deutlich hingewiesen wird[20].

Ebenfalls der Inhaltskontrolle unterliegen Klauseln, durch die ein Vertragspartner sich das Recht vorbehält, eine Preisänderung vorzunehmen. Seit einigen Jahren standen und stehen die **„Preisanpassungsklauseln"** der Energieversorgungsunternehmen auf dem Prüfstand.

Beispiel

Durch Urteil vom 13.01.2010[21] hat der BGH entschieden, eine Preisanpassungsklausel benachteilige die Kunden entgegen den Geboten von Treu und Glauben jedenfalls deshalb unangemessen, weil sie nur das Recht des Versorgers vorsehe, Änderungen der Gasbezugskosten an die Kunden weiterzugeben, nicht aber die Verpflichtung, bei gesunkenen Gestehungskosten den Preis zu senken. Eine Preisanpassungsklausel müsse aber das vertragliche Äquivalenzverhältnis wahren und dürfe dem Verwender nicht die Möglichkeit geben, über die Abwälzung konkreter Kostensteigerungen hinaus einen zusätzlichen Gewinn zu erzielen.

Methode der Inhaltskontrolle

Die Inhaltskontrolle richtet sich nach den §§ 307 bis 309 BGB. Während die §§ 308, 309 BGB eine Vielzahl von einzelnen Klauseln enthalten, ist § 307 BGB eine sogenannte Generalklausel, von der die Klauseln aufgefangen werden sollen, die nicht bereits von §§ 308, 309 BGB erfasst werden. Daraus ergibt sich für die Prüfungsreihenfolge, dass § 307 BGB als letzte dieser drei Vorschriften zu prüfen ist. § 308 BGB und § 309 BGB unterscheiden sich dadurch, dass die in § 309 BGB enthaltenen Klauseln (automatisch) unwirksam sind, ohne dass es einer Wertung durch das zuständige Gericht bedarf, während in Fällen des § 308 BGB eine Wertung durch das Gericht vorzunehmen ist.

[20] BGH NJW 1997, S. 1068; weitere Nachweise bei Palandt/Grüneberg, Bürgerliches Gesetzbuch, § 307 Rn. 109.

[21] BGH, Urt. vom 13.01.2010, Aktenzeichen VIII ZR 81/08, Rn. 16 ff. (abzurufen aus der Entscheidungsdatenbank des BGH unter www.bundesgerichtshof.de); vgl. auch BGH NJW 2010, S. 2789 ff., BGH NJW 2010, S. 2793 ff.

Merke

Bei der Inhaltskontrolle von AGB gilt der Satz: § 309 vor § 308 vor § 307 BGB (oder kürzer: 9 vor 8 vor 7).

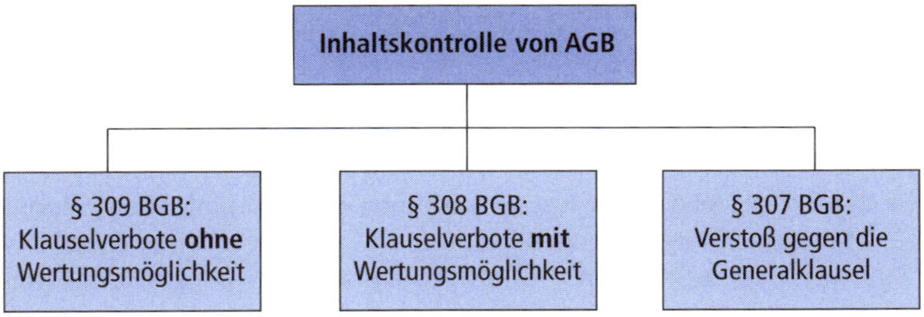

Abbildung 3.3: Inhaltskontrolle von AGB

Wegen der Vielzahl der Klauseln können hier nur einige Beispiele gegeben werden:

Klauselverbote ohne Wertungsmöglichkeit (§ 309 BGB)

- **§ 309 Nr. 1 BGB** erklärt kurzfristige **Preiserhöhungen** für unwirksam, wenn die Ware innerhalb von vier Monaten nach Vertragsabschluss geliefert werden soll.

Beispiel

Die Klausel „Preiserhöhungen bleiben vorbehalten, sofern sich unser Einkaufspreis erhöht" ist unwirksam, es sei denn, dass die Ware erst vier Monate nach Vertragsabschluss zu liefern ist. In einem solchen Fall kann die Klausel aber gegen § 307 BGB verstoßen[22].

- **§ 309 Nr. 3 BGB** beschränkt die Möglichkeit, in AGB ein **Aufrechnungsverbot** zu begründen.

Beispiel

Die Klausel „Eine Aufrechnung gegen uns zustehende Forderungen ist ausgeschlossen, es sei denn, die Forderung, mit der aufgerechnet werden soll, ist unbestritten" ist unwirksam, weil der in § 309 Nr. 3 BGB enthaltene weitere Vorbehalt „oder rechtskräftig festgestellt" fehlt.

- **§ 309 Nr. 4 BGB** erklärt eine Klausel für unwirksam, nach der der Schuldner **ohne Mahnung** in Verzug gerät.

[22] Palandt/Grüneberg, Bürgerliches Gesetzbuch, § 309 Rn. 4, 8.

Beispiel

Die Klausel „Der Schuldner gerät in Verzug, wenn er nicht innerhalb der in der Rechnung angegebenen Frist zahlt" ist nichtig.

- **§309 Nr. 7 BGB** betrifft **Haftungsausschlüsse** in Bezug auf Schadensersatzansprüche.

Beispiel

Die Klausel „Die Haftung für Schäden wird ausgeschlossen, es sei denn, der Verwender hat vorsätzlich oder grob fahrlässig gehandelt" ist wegen Verstoßes gegen §309 Nr. 7 a) BGB unwirksam, weil der Ausschluss auch Schäden umfasst, die auf einer Körperverletzung beruhen.

- **§309 Nr. 8 BGB** betrifft sonstige **Haftungsausschlüsse,** wobei die Nr. 8 b) die Mängelhaftung beim Kauf **neuer** Sachen[23] und beim Werkvertrag regelt.

Beispiel

Die Klausel „Alle Mängel der Kaufsache sind binnen zwei Wochen nach der Lieferung zu rügen" ist nach §309 Nr. 8 b) ee) BGB unwirksam, weil beim Kauf **neuer** Sachen eine Rügefrist nur für **offensichtliche** Mängel gesetzt werden kann.

Deshalb ist die in der Einleitung im Fall Nr. 2 abgedruckte Klausel unwirksam[24], sodass K die Nachbesserung nicht unter Hinweis auf diese Klausel verweigern kann. Davon zu trennen ist die kaufmännische Rügeobliegenheit nach §377 HGB[25].

Klauselverbote mit Wertungsmöglichkeit (§ 308 BGB)

- **§308 Nr. 1 BGB** erklärt „unangemessen lange oder nicht hinreichend bestimmte" **Annahme- oder Lieferfristen** für unwirksam. Hier muss das Gericht jeweils im Rahmen einer Wertung eine Entscheidung treffen.

Beispiel

In den AGB des Möbelhändlers M heißt es wie folgt: „Bei Möbeln, die nicht vorrätig sind, ist der Besteller an sein Angebot gebunden, bis wir es annehmen oder ablehnen." Da ein Besteller nicht weiß und auch nicht wissen kann, wann M eine Entscheidung trifft, ist völlig unklar, wie lange er an das Angebot gebunden ist. Theoretisch könnte M seine Entscheidung erst nach zwei oder noch mehr Jahren treffen. Diese Klausel benachteiligt den Besteller ganz erheblich und ist deshalb

23 Zu beachten ist, dass die Regelungen zum Verbrauchsgüterkauf (§§474 ff. BGB) **zwingendes** Recht darstellen, sodass eine Prüfung nach §309 BGB ausscheidet, vgl. S. 243 ff.

24 Vgl. S. XXVIII.

25 Vgl. S. 251 ff.

unwirksam. Schwieriger wäre die Entscheidung, wenn der Besteller „sechs Wochen an sein Angebot gebunden" wäre. Auch diese Frist dürfte zu lang sein, weil nicht erkennbar ist, warum M so lange Zeit benötigt, um eine Entscheidung zu treffen. Aber wie wäre es bei drei Wochen? Das OLG Köln hat diese Frist als angemessen angesehen[26].

Nach **§308 Nr.4 BGB** ist eine Klausel unwirksam, durch die sich der Verwender das Recht vorbehält, die versprochene **Leistung zu ändern** oder von ihr abzuweichen, es sei denn, „die Änderung ist … für den anderen Vertragsteil **zumutbar**".

Beispiel

K hat bei V Möbel gekauft. In seinen AGB behält sich V das Recht vor, die Möbel auch in einer anderen Farbe zu liefern. Ein derartiger Vorbehalt ist unwirksam. Wirksam wäre die folgende Klausel: „Änderungen der Farbe bleiben vorbehalten, wenn und soweit sie für den Käufer zumutbar sind."

Generalklausel des §307 BGB

Nach §307 Abs.1 S.1 BGB sind Klauseln unwirksam, die den anderen Teil entgegen den Geboten von **Treu und Glauben** unangemessen benachteiligen. Dieser Grundsatz liegt auch §§308, 309 BGB zugrunde. In diesen Vorschriften ist für bestimmte, typische Klauseln präzisiert worden, wann eine Benachteiligung gegen Treu und Glauben verstößt, während §307 BGB als „Auffangbecken" für die dort nicht erfassten Klauseln dient. Dieses Zusammenspiel der Vorschriften führt zu der Prüfungsreihenfolge „9 vor 8 vor 7".

Durch die wenig präzise Formulierung in §307 Abs.1 S.1 BGB „wenn sie den Vertragspartner des Verwenders entgegen den Geboten von Treu und Glauben unangemessen benachteiligen", ergeben sich für die Rechtsanwendung erhebliche Bewertungsprobleme. Der Gesetzgeber hat versucht, diese Probleme durch weitere Regelungen zu verringern:

- In §307 Abs.1 S.2 BGB wird normiert, dass sich eine unangemessene Benachteiligung auch daraus ergeben kann, dass die Bestimmung nicht klar und verständlich ist. Dahinter verbirgt sich das sogenannte **Transparenzgebot.** Die gerichtliche Praxis tut sich aber gerade hiermit recht schwer. Es kommt zwar oft vor, dass AGB kaum, sehr schwer oder gar nicht verständlich sind (Beispiele: Versicherungs- oder Bankbedingungen), doch gibt es kaum Urteile, die daraus eine Unwirksamkeit der Klauseln abgeleitet haben. Im Gegenteil: Der BGH hat sinngemäß entschieden, wenn es nicht einfach ginge, dann sei auch das Schwierige in Ordnung. Das Transparenzgebot bestehe nämlich nur im Rahmen des Möglichen[27]. Dies ist im Ansatz sicherlich richtig, aber die Frage

---

[26] OLG Köln NJW-RR 2001, S.198; weitere Beispiele bei Palandt/Grüneberg, Bürgerliches Gesetzbuch, §308 Rn.4.

[27] BGH NJW 1998, S.3114, 3116.

ist vielfach, ob das Mögliche auch getan wurde, um die AGB verständlich zu erstellen. Das betrifft die Sprache, aber auch die Länge der Regelungen.

- § 307 Abs. 2 BGB enthält eine Auslegungsregel: Danach ist „im Zweifel" davon auszugehen, dass eine Klausel unwirksam ist, wenn sie mit **wesentlichen Grundgedanken der gesetzlichen Regelung,** von der abgewichen wird, nicht übereinstimmt (Nr. 1). Gleiches gilt, wenn wesentliche Rechte und Pflichten, die sich aus der Natur des Vertrags ergeben, so eingeschränkt werden, dass die Erreichung des Vertragszwecks gefährdet ist (Nr. 2).

Beispiele

- Nach Ziff. 6 eines **Maklervertrags** hat der Kunde eine „Aufwandsentschädigung" zu zahlen, wenn aufgrund der Tätigkeit des Maklers *kein* Vertrag mit einem Dritten zustande kommt (etwa ein Grundstückskaufvertrag oder ein Mietvertrag)[28]. Da nach § 652 BGB ein Provisionsanspruch des Maklers nur entsteht, wenn infolge des Nachweises oder infolge der Vermittlung des Maklers ein Kauf- oder Mietvertrag zustande kommt, weicht die obige Klausel, die eine versteckte Provision für den Fall des Nichterfolgs enthält, zum Nachteil des Kunden vom Grundgedanken der in § 652 BGB enthaltenen Regelung ab. Sie ist deshalb nach § 307 Abs. 2 Nr. 1 BGB unwirksam. Es gilt der Satz: „Maklers Müh ist oft umsonst!" Klauseln über den Ersatz von Aufwendungen sind hingegen zulässig, soweit sie sich auf den bei dem konkreten Geschäft entstandenen Aufwand beziehen. Dies kann aus § 652 Abs. 2 BGB abgeleitet werden[29].
- Eine **Gefährdung des Vertragszwecks** kommt insbesondere dann in Betracht, wenn in AGB jede Haftung für eine Verletzung wesentlicher Vertragspflichten (sogenannter „Kardinalpflichten") ausgeschlossen wird. Wäre ein solcher Haftungsausschluss wirksam, drohten dem Schuldner keine Schadensersatzansprüche bei mangelhafter Leistung. Man müsste dann befürchten, dass er seinen Pflichten nicht sorgfältig nachkäme, was zu einer Gefährdung des Vertragszwecks führen könnte. Ein so weitgehender Haftungsausschluss ist daher nach § 307 Abs. 2 Nr. 2 BGB unwirksam.
- Klauseln zur Übertragung der **Schönheitsreparaturen** vom Vermieter auf den Mieter werden im Mietrecht behandelt[30].

Verhältnis zu anderen Vorschriften

Nach § 276 Abs. 3 BGB kann dem Schuldner die Haftung wegen Vorsatzes nicht im Voraus erlassen werden. Wenn der Schuldner den Gläubiger vorsätzlich schädigt, haftet er also immer! Bei **§ 276 Abs. 3 BGB** handelt es sich um **zwingendes Recht,** also um eine Regelung, die nicht zur Disposition der Parteien steht: Eine

[28] Zu weiteren Klauseln in Maklerverträgen vgl. Palandt/Grüneberg, Bürgerliches Gesetzbuch, § 307 Rn. 29.
[29] BGH NJW 1987, S. 1634, 1636.
[30] Vgl. S. 346 ff.

vertragliche Änderung ist deshalb nicht möglich. Dies gilt unabhängig davon, ob der Haftungsausschluss in AGB oder individuell vereinbart worden ist.

Beispiel

Der Schuldner hat im Vertrag jede Haftung für Schäden, die er verursacht, ausgeschlossen. Diese Regelung ist nach § 276 Abs. 3 BGB unwirksam, gleichgültig, ob sie in einem Individualvertrag oder in AGB enthalten ist. Wenn ein Schuldner die Haftung nicht vollständig, sondern „nur" für grobe und für einfache Fahrlässigkeit ausgeschlossen hat, kommt es darauf an, ob sich diese Regelung in AGB befindet. Für diesen Fall ist § 309 Nr. 7 BGB zu prüfen, anderenfalls § 242 BGB.

Eine weitere wichtige Ergänzung zum AGB-Recht stellt § 475 BGB für den **Verbrauchsgüterkauf** dar. Danach sind bestimmte Vertragsinhalte unwirksam, wenn durch sie zum Nachteil des Verbrauchers von gesetzlichen Regelungen abgewichen wird. **§ 475 Abs. 1 und Abs. 2 BGB** sind **zwingendes Recht,** sodass keine AGB-Kontrolle stattfindet. Auf § 475 BGB wird an späterer Stelle ausführlich eingegangen[31].

Merke

- Wenn eine gesetzliche Vorschrift **zwingend** ist, können die Parteien nichts Abweichendes vereinbaren. Jede Änderung einer zwingenden Vorschrift ist nichtig, wobei es nicht darauf ankommt, ob die Änderung individuell oder in AGB vereinbart wird.
- Ändern können die Parteien nur die gesetzlichen Regelungen, die **dispositiv** sind. Wenn die Änderung in AGB erfolgt, findet gemäß § 307 Abs. 3 BGB eine Inhaltskontrolle auf der Grundlage der §§ 307 ff. BGB statt[32].

3.3.5 Rechtsfolgen

Der Gesetzgeber musste entscheiden, welche Rechtsfolge eintreten soll, wenn AGB kein Vertragsbestandteil geworden sind (vgl. §§ 305 Abs. 2, 305 c BGB) oder wenn einzelne, mehrere oder gar alle Klauseln nach §§ 307 bis 309 BGB unwirksam sind. *Eine* mögliche Rechtsfolge besteht darin, dass der gesamte Vertrag dann ebenfalls unwirksam (nichtig) ist. Das hätte aber fatale Konsequenzen, weil jeder Vertrag, der auch nur *eine* (einzige) unwirksame Klausel enthielte, ebenfalls nichtig wäre. Dies wäre eine unverhältnismäßige, auch wirtschaftlich unangemessene Reaktion auf einen möglicherweise nur geringfügigen Verstoß gegen die §§ 305 ff. BGB.

Der Gesetzgeber hat sich deshalb für eine andere Rechtsfolge entschieden:

- Nach § 306 Abs. 1 BGB hängt die **Wirksamkeit** des Vertrags weder davon ab, ob die AGB in den Vertrag einbezogen wurden, noch ob sie wirksam oder unwirksam sind. Der Vertrag ist unabhängig davon wirksam.

---

31 S. 243 ff.

32 Lesen Sie zur Vertiefung nochmals die S. 71 f.

– Nach § 306 Abs. 2 BGB treten an die Stelle der nicht einbezogenen oder nichtigen AGB die **gesetzlichen Regelungen**.

Beispiele

- Die AGB enthalten eine nach § 308 Nr. 1 BGB unwirksame Annahmefrist. Der Vertrag bleibt dennoch wirksam, an die Stelle der unwirksamen Klausel tritt das BGB: Bei Verträgen unter Anwesenden gilt § 147 Abs. 1 BGB, bei Verträgen unter Abwesenden § 147 Abs. 2 BGB.
- Im Falle einer unzulässigen Verkürzung der Verjährungsfrist nach § 309 Nr. 8 b) ff) BGB gilt bei Kaufverträgen die gesetzliche Gewährleistungsfrist des § 438 BGB, bei Werkverträgen gilt § 634 a Abs. 1 BGB.

Welche Folge aber soll eintreten, wenn eine Klausel zwar unwirksam ist, aber mit einem geringfügig geänderten Inhalt wirksam wäre? Sollte die Klausel dann auf das gerade noch zulässige Maß reduziert werden oder sollte sie insgesamt unwirksam sein?

Beispiel

Eine Klausel schließt „jede Haftung des Verwenders für fahrlässig verursachte Sachschäden aus". Diese Klausel ist nach § 309 Nr. 7 b) BGB unwirksam, weil sie auch die Haftung für *grob fahrlässig* herbeigeführte Schäden umfasst.

Zu fragen ist, ob die Klausel auf den zulässigen Inhalt reduziert werden soll – Ausschluss der Haftung für *einfache* Fahrlässigkeit – oder ob sie insgesamt unwirksam sein soll? Die Rechtsprechung wendet in diesen Fällen das **Verbot der geltungserhaltenden Reduktion** an. Dies bedeutet, dass eine unwirksame Klausel insgesamt unwirksam ist, auch wenn sie mit einem geänderten Inhalt wirksam wäre. Die Gerichte sehen es zu Recht nicht als ihre Aufgabe an, unwirksame Klauseln im (gerade) noch zulässigen Umfang aufrechtzuerhalten. Der Verwender einer Klausel, die über das Ziel hinausschießt, hätte sonst kein Risiko, weil das Gericht es für ihn „schon richten würde".

Fortsetzung des Beispiels

Die obige Klausel ist deshalb unwirksam. Sie wird nicht auf den wirksamen Inhalt reduziert, wonach nur die Haftung für die *einfache* Fahrlässigkeit ausgeschlossen wird.

Merke

Wenn eine Klausel unwirksam ist, weil sie die Rechte des anderen Teils in unangemessener Weise einschränkt, wird die Klausel von der Rechtsprechung nicht mit einem reduzierten, wirksamen Inhalt aufrechterhalten. Es gilt das Verbot der **geltungserhaltenden Reduktion.**

Die Klausel ist damit insgesamt nichtig. Frei nach dem Satz „Weniger (also eine weniger einschneidende Regelung) wäre mehr gewesen (wirksam gewesen)!"

Die Unwirksamkeit einer Klausel betrifft dabei nur **diese eine Klausel.** Andere Klauseln in denselben AGB, die einer Wirksamkeitskontrolle standhalten, bleiben also bestehen. Die Unwirksamkeit *einer* Klausel infiziert die anderen Klauseln also nicht. Eine Ausnahme besteht, wenn die Klauseln unmittelbar zusammenhängen.

Beispiel

Von 20 Klauseln in AGB sind vier Klauseln nach §§307 bis 309 BGB unwirksam, die anderen 16 hingegen wirksam. An die Stelle der vier unwirksamen Klauseln treten gemäß §306 Abs. 2 BGB die gesetzlichen Regelungen, insbesondere die des BGB, während die anderen 16 Klauseln unverändert gelten.

3.3.6 Verwendung gegenüber Unternehmern

Grundlagen

Zu Beginn dieses Abschnitts ist die Frage nach dem Anwendungsbereich der §§305 ff. BGB bewusst zurückgestellt worden, obwohl sie systematisch eigentlich an den Anfang gehört. Denn wenn die §§305 ff. BGB für einen bestimmten Sachverhalt gar nicht gelten, ist nicht zu prüfen,

- ob eine Klausel eine AGB ist,
- ob die Klausel in den Vertrag einbezogen wurde,
- ob sie wirksam oder unwirksam ist, und
- welche Rechtsfolge sich aus der Nichteinbeziehung oder der Unwirksamkeit für den Vertrag ergibt.

Der für die Anwendung der §§305 ff. BGB maßgebliche §310 BGB ist eine komplizierte Vorschrift, die aber auf der Grundlage der bisherigen Ausführungen verständlich sein dürfte.

Nach §310 Abs. 1 S. 1 BGB finden die §§305 Abs. 2 und 3 und die §§308 und 309 BGB keine Anwendung, wenn AGB gegenüber einem **Unternehmer** oder einer juristischen Person des öffentlichen Rechts verwendet werden. Der volle Schutz der §§305 ff. BGB soll demnach nur Verbrauchern (§13 BGB) zugutekommen, während die Unternehmer und die juristischen Personen des öffentlichen Rechts (Bund, Länder, Kreise, Gemeinden) nur einen eingeschränkten Schutz genießen. Nach §14 BGB sind Unternehmer alle natürlichen und juristischen Personen und rechtsfähige Personengesellschaften, die bei Abschluss des Rechtsgeschäfts in Ausübung ihrer gewerblichen oder selbstständigen beruflichen Tätigkeit handeln. Dazu gehören neben den im Handelsregister eingetragenen Kaufleuten auch alle nicht eingetragenen Gewerbetreibenden und die sogenannten **Freiberufler** (Ärzte, Steuerberater, Wirtschaftsprüfer, Rechtsanwälte, Architekten usw.)[33]. Diese Personen genießen also nur einen **eingeschränkten Schutz gegen AGB.**

Einbeziehung von AGB gegenüber Unternehmern

Da nach §310 Abs. 1 BGB bei der Verwendung von AGB gegenüber einem **Unternehmer** §305 Abs. 2 und 3 BGB nicht gelten, richtet sich die Einbeziehung der AGB nicht nach dieser Vorschrift. Daraus folgt, dass die gegenüber Verbrauchern geltenden strengen Anforderungen an die Einbeziehung nicht vorliegen müssen, wenn auf der Gegenseite des Verwenders ein Unternehmer steht. Dies bedeutet aber nicht, dass die AGB automatisch gelten. Auch gegenüber Unternehmern bedarf es vielmehr einer Einbeziehung der AGB, doch ist diese im Verhältnis zu den Anforderungen des §305 Abs. 2 BGB leichter herbeizuführen.

- Sofern die Verwendung von AGB **branchenüblich** ist (AGB der Banken), muss nicht einmal auf die AGB hingewiesen werden. Der Verwender muss auch nicht von sich aus dem anderen Teil die Möglichkeit der Kenntnisnahme verschaffen.
- Bei nicht branchenüblichen AGB reicht der **Hinweis** auf die AGB aus. Die Möglichkeit der zumutbaren Kenntnisnahme durch eine Übergabe der AGB ist nicht erforderlich. Allerdings sind die AGB auf Anforderung der anderen Seite zu übersenden.

Praxistipp

Für die Einbeziehung von AGB im Verkehr mit Unternehmern reicht ein Hinweis auf die AGB aus. Die AGB müssen nicht beigefügt werden, sind aber auf Anfrage zu übersenden.

Einander widersprechende AGB

Im kaufmännischen Verkehr kommt es häufig vor, dass beide Parteien **unterschiedliche AGB** haben. Hier ist zu entscheiden, welche AGB gelten.

Beispiel

Die K-GmbH bestellt unter Bezugnahme auf ihre „Einkaufsbedingungen" bei der V-AG Ware. V erklärt die Annahme mit dem Zusatz „Es gelten unsere Lieferbedingungen". Anschließend erfolgen Lieferung und Bezahlung. Welche AGB gelten?

Das Angebot der K-GmbH hat die V-AG abgelehnt, weil die V-AG nur mit „Ja, aber unsere AGB gelten" zur Annahme bereit war. Diese eingeschränkte Annahme gilt nach §150 Abs. 2 BGB als neues Angebot, das die K-GmbH mit der Entgegennahme der Lieferung und der Zahlung angenommen hat. Deshalb müssten *eigentlich* die AGB der V-AG gelten.

---

[33] Vgl. zum Begriff S. 56ff.

Nach der früheren Rechtsprechung galten in der Tat die AGB der Partei, die zuletzt auf ihre AGB verwiesen hatte („Theorie des letzten Wortes"). Diese Lösung war für den vorsichtigen Unternehmer Anlass, bis zuletzt und immer wieder auf die Geltung seiner AGB hinzuweisen. Heute geht der BGH davon aus, dass beide AGB-Werke gelten, soweit sie sich nicht widersprechen. Wenn ein Widerspruch zwischen den beiden AGB vorliegt, gelten insoweit das BGB, das HGB und die anderen Gesetze[34].

Fortsetzung des Beispiels

Wenn in den AGB der V-AG ein Aufrechnungsverbot enthalten ist und diesem Verbot in den AGB der K-GmbH nicht widersprochen wird, gilt das Verbot. Wenn beide AGB unterschiedliche Regeln zu den Transportkosten enthalten, gilt die gesetzliche Regelung, nämlich § 448 BGB.

Abwehrklauseln

In der kaufmännischen Praxis werden in AGB bisweilen **Abwehrklauseln** mit folgendem Inhalt verwendet:

> „Für den Vertrag gelten ausschließlich unsere Lieferbedingungen. Der Geltung anderer Bedingungen wird widersprochen, auch wenn diese Bedingungen unseren Lieferbedingungen nicht widersprechen."

Nach der Rechtsprechung sind derartige Klauseln **wirksam,** und zwar auch **in AGB**[35]. Sie haben zur Folge, dass die AGB der anderen Partei (überhaupt) **nicht gelten,** und zwar unabhängig davon, ob ein Widerspruch zwischen den beiden AGB vorliegt.

Sollten **beide Seiten** Abwehrklauseln verwenden, gelten die beiderseitigen AGB nur insoweit, als sie übereinstimmen[36]. Das wird, wenn überhaupt, nur in ganz geringem Umfang der Fall sein. Regelmäßig werden deshalb die gesetzlichen Bestimmungen des BGB, HGB usw. zur Anwendung kommen.

Praxistipp

Durch die Aufnahme einer Abwehrklausel in Ihre AGB können Sie erreichen, dass die AGB der anderen Seite für das Vertragsverhältnis nicht gelten. Wenn beide Seiten Abwehrklauseln verwenden, gelten für den Vertrag in der Regel mangels übereinstimmender Klauseln gar keine AGB.

---

34 BGH NJW 1991, S. 2633, 2634 f.
35 BGH NJW-RR 2001, S. 484, 485; BGH NJW 1991, S. 1604, 1606.
36 BGH ebd.

Inhaltskontrolle

Nach § 310 Abs. 1 BGB finden die §§ 308 und 309 BGB keine Anwendung, wenn AGB gegenüber einem Unternehmer verwendet werden. Hieraus könnte man schließen, dass die bei Verwendung gegenüber einem Verbraucher nach §§ 308, 309 BGB unwirksamen AGB gegenüber Unternehmern wirksam sind. Dass diese Annahme ein **Fehlschluss** ist, folgt aus dem zweiten, allerdings schwer verständlichen Satz des § 310 Abs. 1 BGB. Danach findet § 307 Abs. 1 und Abs. 2 BGB in den Fällen des Satzes 1 auch insoweit Anwendung, als dies zur Unwirksamkeit von in den §§ 308 und 309 BGB genannten Vertragsbestimmungen führt.

Dies bedeutet Folgendes: Während bei einer Verwendung von AGB gegenüber Verbrauchern die §§ 308, 309 BGB unmittelbar zur Anwendung kommen und – wie oben dargestellt – vor § 307 BGB zu prüfen sind, ist bei einer Verwendung gegenüber Unternehmern nur § 307 BGB zu prüfen. Eine Klausel zur Annahmefrist kann im geschäftlichen Verkehr deshalb nicht nach § 308 Nr. 1 BGB unwirksam sein. Das heißt aber nicht, dass eine solche Klausel gar keiner Inhaltskontrolle unterliegt und deshalb immer wirksam ist. Auch hier findet eine Wirksamkeitsprüfung statt, aber eben nicht nach § 308 Nr. 1 BGB, sondern unmittelbar nur nach **§ 307 BGB.** Dies hat zur Konsequenz, dass der Prüfungsmaßstab etwas weniger streng ist.

Daraus folgt: Klauseln, die gegenüber Verbrauchern nach §§ 308 oder 309 BGB unwirksam sind, können gegenüber Unternehmern wirksam sein. Es ist Aufgabe der Rechtsprechung, in jedem Einzelfall zu entscheiden, welche der nach §§ 308 und 309 BGB unwirksamen Klauseln bei einer Verwendung gegenüber einem Unternehmer auf der Grundlage des § 307 BGB ebenfalls unwirksam sind.

Praxistipp

Wenn eine Klausel bei ihrer Verwendung gegenüber Verbrauchern unter eine Verbotsnorm des § 309 BGB fällt, so ist dies nach der Rechtsprechung des BGH ein **Indiz** dafür, dass sie auch im Falle der Verwendung gegenüber Unternehmern zu einer unangemessenen Benachteiligung führt, es sei denn, die Klausel kann wegen der besonderen Interessen und Bedürfnisse des unternehmerischen Geschäftsverkehrs ausnahmsweise als angemessen angesehen werden[37]. Man kann im Übrigen in den einschlägigen Quellen, insbesondere in den Kommentaren zum BGB, etwa dem Palandt[38], oder in einem Kommentar zu den Allgemeinen Geschäftsbedingungen[39] nachlesen, welche der in §§ 308 und 309 BGB enthaltenen Klauseln auch im geschäftlichen Verkehr gemäß § 307 BGB unwirksam sind. Merken kann und sollte man sich die Einzelfälle nicht.

---

37 BGH NJW 2007, S. 3774, Rn. 12.

38 Palandt, Bürgerliches Gesetzbuch, erscheint jährlich neu, zur Zeit der Drucklegung dieses Buchs 69. Aufl., München 2010.

39 Ulmer/Brandner/Hensen, AGB-Recht, 10. Auflage, Köln 2006; Wolf/Lindacher/Pfeiffer, AGB-Recht, 5. Aufl., München 2009.

3.3.7 Abschließende Hinweise

Hinzuweisen ist abschließend auf Privilegien für bestimmte Bereiche (Strom, Gas, Fernwärme) in § 310 Abs. 2 BGB und auf den generellen Ausschluss der Regelungen zu AGB für Verträge auf dem Gebiet des Erb-, Familien- und Gesellschaftsrechts sowie auf Tarifverträge, Betriebs- und Dienstvereinbarungen (§ 310 Abs. 4 BGB). Arbeitsverträge unterliegen hingegen einer Inhaltskontrolle, wobei die im Arbeitsrecht geltenden Besonderheiten angemessen zu berücksichtigen sind.

Kapitel 4
Rechtsfähigkeit, Geschäftsfähigkeit und Deliktsfähigkeit

Lernziele dieses Kapitels
Was kommt in diesem Kapitel auf Sie zu? Vor den Ausführungen zu einzelnen Problembereichen sollen einige für das weitere Verständnis wichtige Begriffe erläutert werden, nämlich die Rechtsfähigkeit, die Geschäftsfähigkeit und die Deliktsfähigkeit.

Die sehr ähnlich klingenden Begriffe lassen sich mit etwas Fantasie aus der jeweiligen Wortbedeutung erklären:

Bei der **Rechtsfähigkeit** geht es darum, ob eine Person *fähig* ist, *Rechte* zu haben, ob sie also Rechte und – als Kehrseite – Pflichten haben kann.

Die **Geschäftsfähigkeit** betrifft die Frage, ob eine Person *fähig* ist, (Rechts-)*Geschäfte* vorzunehmen, insbesondere Verträge zu schließen.

Bei der **Deliktsfähigkeit** geht es darum, ob eine Person für ein *Delikt* haften kann, besser ob sie für ein Unrecht, das sie einer anderen Person zugefügt hat, haften *muss*.

4.1 Rechtsfähigkeit

Merke

Rechtsfähig ist, wer Träger von Rechten und Pflichten sein kann. Dies können neben natürlichen und juristischen Personen auch Personenvereinigungen sein, sofern sie den juristischen Personen angenähert sind.

4.1.1 Natürliche Personen

Merke

Rechtsfähig sind alle natürlichen Personen (Menschen) mit der Vollendung der Geburt (§ 1 BGB). Deshalb sind gerade geborene Kinder sofort rechtsfähig.

Beispiel

Ein nur wenige Tage altes Kind kann infolge einer Erbschaft bereits Millionär sein. Das Erbe gehört sofort dem Kind, weil es rechtsfähig ist. Eine andere Frage ist, wer für die Verwaltung des Erbes zuständig ist.

Mehr noch: Nach §1923 Abs. 2 BGB gilt das vor dem Erbfall bereits gezeugte, aber noch nicht geborene Kind als vor dem Erbfall geboren, sodass es bereits Erbe werden kann.

Beispiel

Am 29.04.2010 wird ein Kind geboren, dessen Vater ca. drei Monate zuvor verstorben ist. Obwohl das Kind im Zeitpunkt des Erbfalls noch nicht geboren und damit nach §1 BGB noch nicht rechtsfähig war, wird es gemäß §1923 Abs. 1 i. V. m. Abs. 2 BGB bereits Erbe.

Durch §218 StGB (Strafgesetzbuch) wird das heranwachsende Kind gegen den Abbruch der Schwangerschaft geschützt.

4.1.2 Juristische Personen

Merke

Neben den natürlichen Personen (Menschen) sind die juristischen Personen ebenfalls rechtsfähig.

Bei den juristischen Personen handelt es sich um künstliche Gebilde, die durch die Rechtsordnung („von den Juristen") geschaffen werden, während die natürlichen Personen „von der Natur" – wenn auch unter Mithilfe von Menschen – geschaffen werden. Man unterscheidet zwischen juristischen Personen des öffentlichen Rechts (Bund, Länder, Kreise, Gemeinden) und denen des Privatrechts.

Im BGB ist der Verein geregelt, der nach §21 BGB mit der Eintragung in das Vereinsregister (beim Amtsgericht) die Rechtsfähigkeit erlangt. Ohne eine solche Eintragung ist der Verein nicht rechtsfähig. Aus dem Gesellschaftsrecht verdienen besonders die GmbH und die Aktiengesellschaft Erwähnung, die gleichfalls mit der Eintragung, und zwar im Handelsregister (ebenfalls beim Amtsgericht), rechtsfähig werden (§§11 Abs. 1, 13 Abs. 1 GmbHG, §§1 Abs. 1, 41 Abs. 1 S. 1 AktG). GmbH und AG werden als **Kapitalgesellschaften** bezeichnet.

4.1.3 Den juristischen Personen angenäherte Personenvereinigungen

Keine juristischen Personen sind die **Personengesellschaften:** Hierzu gehören die Gesellschaft bürgerlichen Rechts (GbR, vereinzelt noch „BGB-Gesellschaft" genannt), die Offene Handelsgesellschaft (OHG) und die Kommanditgesellschaft (KG).

Offene Handelsgesellschaft (OHG) und Kommanditgesellschaft (KG)

OHG und KG sind im Handelsgesetzbuch geregelt (§§105 ff. HGB, §§161 ff. HGB). Es handelt sich bei ihnen nicht um „echte" juristische Personen, doch sind diese beiden Personenhandelsgesellschaften „der juristischen Person angenähert", also so etwas Ähnliches wie eine juristische Person. So kann eine

OHG nach § 124 Abs. 1 HGB unter ihrer Firma (also ihrem Namen, vgl. §§ 17 ff. HGB) Rechte erwerben und Verbindlichkeiten eingehen, Eigentum und andere dingliche Rechte an Grundstücken erwerben und vor Gericht klagen und verklagt werden. Dies gilt in gleicher Weise für die Kommanditgesellschaft, da auf die KG weitgehend das Recht der OHG Anwendung findet (§ 161 Abs. 2 HGB i. V. m. § 124 Abs. 1 HGB).

Beispiele

- Ein Grundstück, das als Betriebsgrundstück für eine OHG gekauft wird, gehört der OHG, nicht ihren Gesellschaftern, denen – wenn man so will – allerdings die OHG gehört. In das Grundbuch wird aber die OHG als Eigentümerin eingetragen.
- Wenn ein Werkvertrag zwischen einer KG und einem Besteller vorliegt, steht der Anspruch auf Bezahlung des Werklohns gemäß § 631 BGB (allein) der KG zu, nicht deren Gesellschaftern. Die Klage eines Gesellschafters auf Zahlung an sich persönlich würde deshalb abgewiesen werden, er wäre – wie die Juristen sagen – nicht aktivlegitimiert.

Die vorstehenden Ausführungen gelten in gleicher Weise für die „echten" juristischen Personen, also die GmbH und die Aktiengesellschaft. Forderungen gegen Dritte (Kunden) stehen den Gesellschaften, nicht den Gesellschaftern (bei der GmbH) bzw. den Aktionären (bei der AG) zu. Insoweit besteht zwischen den („echten") juristischen Personen (GmbH, AG) und den an die juristischen Personen angenäherten Personenhandelsgesellschaften (OHG, KG) kein Unterschied.

Anders sieht es hingegen bei der **Haftung** für Verbindlichkeiten aus: Während für Schulden (Verbindlichkeiten) der juristischen Person **ausschließlich deren Vermögen** haftet (§ 13 Abs. 2 GmbHG, § 1 Abs. 1 S. 2 AktG), haften bei OHG und KG *neben* der Gesellschaft auch deren **Gesellschafter.**

Die Haftung für Verbindlichkeiten ist bei der OHG für den Gläubiger deshalb deutlich besser geregelt als bei der AG und GmbH:

- Zunächst einmal haftet die OHG nach § 124 HGB mit ihrem Vermögen.
- Daneben haftet gemäß § 128 HGB aber auch jeder einzelne Gesellschafter mit seinem gesamten Vermögen (anteiliges Gesellschaftsvermögen und **Privatvermögen**) für alle Verbindlichkeiten der OHG als Gesamtschuldner[1]. Der Gläubiger kann deshalb neben der OHG auch die einzelnen Gesellschafter **unmittelbar** in Anspruch nehmen.

Beispiele

- Die Aktionäre der Telekom-Aktiengesellschaft haften nicht für Schulden der Telekom-AG, etwa bei Banken und Lieferanten. Die Gläubiger können nur von der Telekom-AG Zahlung verlangen.

[1] Zur Gesamtschuld vgl. S. 167 ff.

- Wird eine GmbH insolvent, haben die Gläubiger der GmbH (Lieferanten, Vermieter, Banken, Arbeitnehmer usw.) wegen § 13 Abs. 2 GmbHG in der Regel keine Möglichkeit, auf das Privatvermögen der Gesellschafter der GmbH oder ihrer Geschäftsführer zuzugreifen. Nur in den Fällen der „Durchgriffshaftung" kann ein Gesellschafter persönlich neben der GmbH haftbar gemacht werden. Eine unmittelbare Haftung eines GmbH-Geschäftsführers kommt in Betracht, wenn dieser einen Insolvenzantrag zu spät gestellt (§ 823 Abs. 2 BGB i. V. m. § 15 a Abs. 1 InsO) oder einen Lieferanten geschädigt hat (§ 826 BGB; § 823 Abs. 2 BGB i. V. m. § 263 StGB)[2].

Praxistipp

Da die Gesellschafter und Geschäftsführer einer GmbH nur in Ausnahmefällen persönlich für Schulden der GmbH haften, ist es sehr wichtig, bei Geschäften mit einer GmbH für ausreichende Kreditsicherheiten zu sorgen. In Betracht kommt etwa die Bürgschaft eines Gesellschafters, da damit eine persönliche Haftung begründet wird.

Gemäß §§ 161 Abs. 2, 124 HGB gilt die für die OHG beschriebene Haftung in gleicher Weise für die KG und gemäß §§ 161 Abs. 2, 128 HGB für deren Komplementäre (oft „Vollhafter" genannt). Demgegenüber haften die Kommanditisten (oft „Teilhafter" genannt) den Gläubigern der KG nicht mehr persönlich, sobald sie ihre Einlage vollständig geleistet haben (§ 171 HGB).

Beispiele

- Wenn eine OHG aus den Gesellschaftern A, B und C besteht, kann der Vermieter der Geschäftsräume die Zahlung der Miete von der OHG (§§ 535 BGB, 124 HGB) und/oder von A, B und/oder C als Gesamtschuldner verlangen (§§ 535 BGB, 128 HGB, 421 ff. BGB). Er kann seine Forderung dabei beliebig aufteilen, bekommt sie insgesamt aber natürlich nur einmal bezahlt.
- Eine KG besteht aus dem Komplementär V („Vollhafter") und den Kommanditisten K 1, K 2 und K 3 („Teilhafter"), die ihre Kommanditanteile vollständig eingezahlt haben. Für Mietschulden der KG haftet die KG (§§ 535 BGB, 161 Abs. 2 HGB i. V. m. § 124 HGB) und der Komplementär V (§§ 535, 161 Abs. 2 HGB i. V. m. § 128 HGB), nicht hingegen die Kommanditisten, da sie ihre Einlage geleistet haben (§ 171 HGB).
- Identisch ist die Situation bei einer GmbH & Co. KG, da es sich bei dieser Rechtsform um eine besondere Form einer KG handelt. Die Besonderheit besteht darin, dass die Komplementärin eine GmbH ist. Diese GmbH ist also die „Vollhafterin" und haftet deshalb gemäß §§ 161 Abs. 1, 128 HGB mit ihrem gesamten Vermögen (§ 13 Abs. 2 GmbHG). Daneben haftet die KG selbst (§§ 161 Abs. 2, 124 HGB),

[2] Vgl. S. 401.

während die Kommanditisten nach vollständiger Einzahlung ihrer Einlage nicht haften (§ 171 HGB).

Merke

Die GmbH & Co. KG ist eine KG! Die Besonderheit zu anderen KG besteht darin, dass die Komplementärin keine natürliche Person (Mensch), sondern eine GmbH und damit eine juristische Person ist.

Gesellschaft bürgerlichen Rechts (GbR)

Die Gesellschaft bürgerlichen Rechts (GbR) (früher oft als „BGB-Gesellschaft" bezeichnet) ist ebenfalls keine „echte" juristische Person. Anders als bei der OHG und der KG gibt es auch keine dem § 124 HGB vergleichbare Regelung, durch die eine Annäherung an die juristische Person erfolgt. Deshalb konnte die GbR seit Inkrafttreten des BGB am 01.01.1900 keine Rechte erwerben und keine Verbindlichkeiten eingehen. Inhaber der Rechte waren die Gesellschafter, diese hafteten nicht neben der GbR, sondern *ausschließlich* für Verbindlichkeiten.

Diese Rechtslage hat sich durch ein bahnbrechendes Urteil des BGH vom 29.01.2001 geändert[3]. Seit dieser Entscheidung ist die GbR wie die OHG und die KG der juristischen Person angenähert, sofern sie durch den Abschluss von Verträgen am Rechtsverkehr teilnimmt. Folge dieser vom BGH begründeten „Teilrechtsfähigkeit" ist, dass eine GbR nunmehr auch eigene Rechte und Pflichten haben kann. Der GbR können deshalb Fahrzeuge, Produktionsmittel und sonstige Sachen gehören, sie kann Forderungen und Verbindlichkeiten (Schulden) haben.

Verträge werden deshalb mit der GbR geschlossen (und nicht mehr – wie bis dahin – mit allen Gesellschaftern), Ansprüche stehen der GbR zu. Die GbR haftet selbst für Verbindlichkeiten.

Neben der GbR haften deren Gesellschafter wie die Gesellschafter einer OHG. Auf das Verhältnis der Gesellschafter einer GbR untereinander wird § 128 HGB entsprechend (analog) angewendet.

Beispiel

Ein Steuerberater und ein Wirtschaftsprüfer haben sich zur gemeinsamen Berufsausübung in der Rechtsform einer GbR zusammengeschlossen. Wird für die damit gegründete Sozietät ein „Firmenauto" gekauft, kann der Verkäufer nach seiner Wahl Zahlung von der GbR, aber auch von jedem der Gesellschafter, also vom Steuerberater und/oder vom Wirtschaftsprüfer, verlangen. Natürlich bekommt er den Kaufpreis insgesamt nur einmal. Die Chance, seine Forderung durchzusetzen, ist aber hoch, weil neben der GbR auch die beiden Gesellschafter persönlich haften.

---

3 BGH NJW 2001, S. 1056 ff.

In der Praxis wird bisweilen der Versuch unternommen, die Haftung der Gesellschafter einer GbR auf das Gesellschaftsvermögen oder auf den Anteil des einzelnen Gesellschafters am Gesellschaftsvermögen zu beschränken. Dies versucht man dadurch zu erreichen, dass bei Vertragsabschlüssen oder auf Briefbögen die Bezeichnung „GbRmbH" verwendet wird. Dabei soll das Kürzel „mbH" – in Anlehnung an die GmbH – für „mit beschränkter Haftung" stehen. Der zweite Ansatz erfolgte in Form einer Beschränkung der Vertretungsmacht des handelnden Gesellschafters. Der BGH hat beiden Varianten eine Absage erteilt.

Zwar ist eine Beschränkung der Haftung nach der Rechtsprechung grundsätzlich möglich, doch kann die persönliche unbegrenzte Haftung der GbR-Gesellschafter für die im Namen der GbR begründeten Verpflichtungen nur durch eine individualvertragliche Vereinbarung ausgeschlossen werden. Nicht ausreichend ist ein bloßer Namenszusatz („GbRmbH") oder ein anderer, den Willen, nur beschränkt für diese Verpflichtungen einzustehen, verdeutlichender Hinweis[4]. Das Privatvermögen der Gesellschafter kann also nur durch eine Individualvereinbarung vor einem Zugriff der Gläubiger geschützt werden[5]. Besonderheiten gelten für geschlossene Immobilienfonds, die vor Oktober 1999 in der Rechtsform einer GbR gegründet wurden[6].

Merke

Bei GbR und OHG haften den Gläubigern der Gesellschaften neben der Gesellschaft auch die Gesellschafter mit ihrem gesamten Vermögen. Gleiches gilt für die KG und für deren Komplementäre. Bei der GmbH und der Aktiengesellschaft haften den Gläubigern hingegen nur die Gesellschaften mit dem jeweiligen Gesellschaftsvermögen.

4.2 Geschäftsfähigkeit

Merke

Geschäftsfähig ist, wer durch eigene Willenserklärungen wirksam Rechtsgeschäfte vornehmen kann. Dies können zweiseitige Rechtsgeschäfte (Verträge) oder einseitige Rechtsgeschäfte (Rücktritt, Widerruf, Kündigung, Anfechtung, Testament) sein.

Das BGB nimmt in Bezug auf die Geschäftsfähigkeit drei Abstufungen vor:

- **Unbeschränkt (voll) geschäftsfähig** sind alle Menschen (natürliche Personen), die volljährig sind. Nach § 2 BGB tritt die Volljährigkeit mit der Vollendung des 18. Lebensjahres ein (also mit dem 18. Geburtstag).
- **Beschränkt geschäftsfähig** sind Personen zwischen der Vollendung des siebten Lebensjahres bis zur Vollendung des 18. Lebensjahres. Für deren Wil-

4 BGH NJW 1999, S. 3483 ff.
5 Vgl. Palandt/Sprau, Bürgerliches Gesetzbuch, § 714 Rn. 18.
6 BGH NJW 2002, S. 1642 f.

lenserklärungen gelten gemäß § 106 BGB die §§ 107 bis 113 BGB. Das BGB bezeichnet diese Personen als **„Minderjährige"**.

– **Geschäftsunfähig** sind Kinder vor Vollendung des siebten Lebensjahres (§ 104 Nr. 1 BGB) und dauernd geistig gestörte Personen (§ 104 Nr. 2 BGB).

Beispiele

- Wenn sich ein fünfjähriges Kind am Kiosk für 80 Cent eine Kugel Schoko-Eis kauft, ist der Kaufvertrag unwirksam (nichtig), weil das Kind nicht geschäftsfähig ist (§ 104 Nr. 1 BGB) und deshalb keine wirksame Willenserklärung abgeben kann (§ 105 Abs. 1 BGB). Dies gilt sogar dann, wenn die Eltern dem Kind das Geld als Taschengeld gegeben haben, da der „Taschengeldparagraf" nur für Minderjährige, also für Kinder ab sieben Jahre, gilt (§ 110 BGB). Das Ergebnis ist sicherlich etwas sonderbar. In der Praxis machen solche Geschäfte indes keine Probleme, weil sich niemand daran stört, dass der Vertrag unwirksam ist. Der Verkäufer hat den Kaufpreis erhalten, das Kind schleckt das Eis. Ärger gibt es allenfalls, wenn sich Spuren des Schokoeises auf dem gerade gewaschenen T-Shirt wiederfinden.
- Wenn sich ein zwölfjähriges Mädchen einen MP3-Player kauft, ist die Sache hingegen komplizierter. Der Kaufvertrag ist wirksam, wenn die Eltern mit dem Kauf von Anfang an einverstanden waren, also ihre vorherige Zustimmung (Einwilligung) gegeben haben (§§ 107, 182 Abs. 1, 183 Abs. 1 BGB). Anderenfalls ist der Vertrag zunächst weder wirksam noch unwirksam („weder Fisch noch Fleisch"), er befindet sich vielmehr in einer Schwebelage und wird als **„schwebend unwirksam"** bezeichnet. Ob der Vertrag wirksam oder (endgültig) unwirksam (nichtig) wird, hängt davon ab, ob die Eltern als „gesetzlicher Vertreter" der Minderjährigen (§§ 1626 Abs. 1, 1629 Abs. 1 BGB) nachträglich ihre Zustimmung (Genehmigung) erteilen (§§ 108 Abs. 1, 182 Abs. 1, 184 Abs. 1 BGB). Wird die Genehmigung erteilt, wird der Vertrag rückwirkend – also von Anfang an – wirksam, sonst wird er unwirksam (nichtig).

Ein anderer Weg wird durch § 110 BGB eröffnet, der häufig, was aber ungenau ist, als **Taschengeldparagraf** bezeichnet wird. Nach dieser Vorschrift gilt der von einem Minderjährigen abgeschlossene Vertrag von Anfang an als wirksam, wenn der Minderjährige die vertragsgemäße Leistung mit Mitteln bewirkt (hat), die ihm zu diesem Zweck vom gesetzlichen Vertreter (den Eltern, § 1626 BGB) oder mit dessen Zustimmung von einem Dritten *(Tante Karin)* zur freien Verfügung überlassen worden sind. Der Sache nach ist § 110 BGB ein Sonderfall des § 107 BGB. Während sich § 107 BGB auf einen bestimmten Vertrag bezieht, enthält § 110 BGB eine generelle Einwilligung zu allen Verträgen, die der Minderjährige mit seinem „Taschengeld" erfüllt.

Zu beachten ist, dass ein Vertrag nach § 110 BGB erst dann wirksam wird, wenn der Minderjährige die ihm obliegende Leistung vollständig erbracht *hat*. In den Text des § 110 BGB muss man – wie oben geschehen – hinter die Passage „mit Mitteln bewirkt" das kleine Wort „hat" hineinlesen. Solange auch nur ein kleiner Teil des Kaufpreises offen ist, ist ein Kaufvertrag deshalb noch schwebend unwirksam.

Merke

Der von einem Minderjährigen geschlossene Vertrag wird nach § 110 BGB erst wirksam, wenn der Minderjährige die ihm obliegende Leistung vollständig mit ihm dafür überlassenen Mitteln erbracht *hat*. Im Fall eines Ratenkaufs muss also auch die letzte Rate gezahlt sein.

Aufgrund eines schwebend unwirksamen Vertrags kann der Verkäufer die Zahlung des Restkaufpreises vom Minderjährigen *nicht* verlangen. Verweigert dieser beim Ratenkauf weitere Zahlungen und genehmigen die Eltern den Vertrag nicht, ist der Vertrag nichtig. Als Folge müssen die wechselseitig schon erbrachten Leistungen herausgegeben werden (§ 812 Abs. 1 S. 1 BGB). Der Verkäufer bekommt also die Kaufsache zurück, der Minderjährige die bereits geleistete Anzahlung. Juristisch sehr schwierig ist die Frage, ob der Minderjährige oder dessen Eltern für die Nutzung oder Verschlechterung der Sache eine Zahlung erbringen müssen. Häufig ist dies nicht der Fall, weil der Schutz des Minderjährigen vorgeht[7].

Unabhängig von § 108 BGB und § 110 BGB ist die von einem Minderjährigen abgegebene Willenserklärung von Anfang an wirksam, wenn der Minderjährige durch die Willenserklärung **„lediglich einen rechtlichen Vorteil erlangt".** Denn in einem solchen Fall bedarf der Minderjährige nach § 107 BGB keiner Einwilligung des gesetzlichen Vertreters. Dies bedeutet Folgendes: Gibt der Minderjährige eine Willenserklärung ab, die zu einem Vertrag führt (Angebot oder Annahme), ist zu prüfen, welche *rechtlichen* Folgen der Vertrag für den Minderjährigen hat.

Beispiel

Der minderjährige M schließt einen Kaufvertrag. Dieser Vertrag ist für M nicht „lediglich rechtlich vorteilhaft", weil M verpflichtet ist, den Kaufpreis zu zahlen. Anders ist es, wenn M eine Sache geschenkt wird (§ 516 BGB), denn dann muss er keine Gegenleistung erbringen.

Zwei Punkte sind besonders zu beachten:

- Abzustellen ist nur auf die *rechtlichen* Folgen der Willenserklärung, nicht auf die *wirtschaftlichen* Folgen. Auch ein wirtschaftlich sehr günstiger Vertrag ist deshalb nicht nach § 107 BGB wirksam, wenn der Minderjährige irgendeine, auch noch so kleine Gegenleistung erbringen muss.
- Bei den rechtlichen Folgen werden ausschließlich die *unmittelbaren* Nachteile berücksichtigt, nur *mittelbare* Nachteile (Folgen) bleiben unberücksichtigt.

[7] Vgl. Palandt/Sprau, Bürgerliches Gesetzbuch, § 812 Rn. 68.

Beispiele

- Der Minderjährige M kauft ein Mountainbike, das einen Wert von 600,– € hat, für 150,– €. Der Kaufvertrag ist *nicht* nach § 107 BGB wirksam, weil M zwar ein gutes Geschäft gemacht hat, aber gleichwohl einen unmittelbaren rechtlichen Nachteil hat, weil er 150,– € zahlen muss.
- M erhält ein Moped geschenkt, für das er Steuern zahlen und eine Versicherung abschließen muss. Hier muss M keine *unmittelbare* Gegenleistung für den Erwerb des Mopeds erbringen, sodass er insoweit nur einen rechtlichen Vorteil hat. Die Steuerpflicht ist zwar ein Nachteil, aber nur ein *mittelbarer* Nachteil, der unberücksichtigt bleibt. Der Schenkungsvertrag ist deshalb wirksam.

Hinzuweisen ist noch darauf, dass Probleme der Geschäftsfähigkeit in der gerichtlichen Praxis eine erheblich geringere Rolle spielen als in der juristischen Ausbildung.

4.3 Deliktsfähigkeit

Merke

Nur wer deliktsfähig ist, muss für einen Schaden, den er einem anderen durch eine unerlaubte Handlung zufügt, aufkommen, also Schadensersatz leisten.

Deliktsfähig sind alle volljährigen Menschen (ab 18 Jahren, § 2 BGB), es sei denn, die Deliktsfähigkeit ist gemäß § 827 BGB ausnahmsweise ausgeschlossen. Für die unter 18-jährigen Personen unterscheidet das Gesetz in § 828 BGB zwischen den **nicht deliktsfähigen Personen** (Kinder bis zur Vollendung des siebten bzw. bei Verkehrsunfällen des zehnten Lebensjahres) und den **beschränkt deliktsfähigen Personen** (zwischen sieben bzw. zehn) und 18 Jahre alte Personen).

4.3.1 Kinder bis zur Vollendung des siebten Lebensjahres

Nach § 828 Abs. 1 BGB ist ein Kind bis zur Vollendung des siebten Lebensjahres für einen Schaden, den es einem anderen zufügt, nicht verantwortlich. Dies bedeutet, dass das Kind nicht zum Schadensersatz verpflichtet ist.

Beispiel

Ein Sechsjähriger verletzt beim Spielen ein anderes Kind mit einem Hammer. Der kindliche Schädiger haftet nicht, weil er noch nicht deliktsfähig ist. Eine Ausnahme enthält § 829 BGB, der eine Billigkeitshaftung für den Fall vorsieht, dass dem Geschädigten auch kein Anspruch gegen Dritte, insbesondere die Eltern des Schädigers oder deren Versicherung zusteht, während der Schädiger über ausreichende Mittel verfügt („reiches Kind verletzt armes Kind“).

4.3.2 Sonderregelung für Verkehrsunfälle

Nach §828 Abs. 2 S. 1 BGB wird die Grenze für den Beginn der Deliktsfähigkeit auf zehn Jahre angehoben, wenn der Schaden bei einem Unfall mit einem Kraftfahrzeug, einer Schienenbahn oder einer Schwebebahn entstanden ist. Nach Satz 2 gilt dieses Privileg allerdings nicht, wenn der Minderjährige vorsätzlich handelt.

Beispiel

Ein Neunjähriger verursacht aus Unachtsamkeit einen Verkehrsunfall, weil er ein „Stoppschild" übersieht. Der Neunjährige haftet nicht, weil er bezüglich der Herbeiführung eines Verkehrsunfalls nicht deliktsfähig ist. Eine Ausnahme kommt nicht in Betracht, weil lediglich ein fahrlässiges Handeln (§276 Abs. 2 BGB), aber kein Vorsatz (keine Absicht) vorliegt.

4.3.3 Haftung von Minderjährigen

Die Deliktsfähigkeit von Personen zwischen sieben (bzw. zehn) und 18 Jahren regelt §828 Abs. 3 BGB. Diese Personen sind **nicht deliktsfähig,** wenn sie bei Begehung der schädigenden Handlung die zur Erkenntnis der Verantwortlichkeit erforderliche Einsicht nicht hatten. Für die Beurteilung kommt es darauf an, ob der Minderjährige das Unrecht seiner Handlung gegenüber den Mitmenschen und die Verpflichtung erkennen kann, in irgendeiner Weise für die Folgen seiner Handlung einstehen zu müssen. In der Praxis kommt der Frage nach der Deliktsfähigkeit Minderjähriger besondere Bedeutung bei Verkehrsunfällen und bei der Verursachung von Bränden zu.

Beispiel

Drei Elfjährige unternehmen in der großen Pause ihre ersten Rauchversuche. Da die Zigaretten ihnen überhaupt nicht schmecken, werfen sie diese in einen Papierkorb, ohne sie vorher richtig ausgemacht zu haben. Das Papier entzündet sich und die Dreifachturnhalle der Schule brennt ab. Die Deliktsfähigkeit der drei „Nachwuchsraucher" ist gemäß §828 Abs. 3 BGB zu bejahen, da normal entwickelte elfjährige Kinder wissen, dass das Verursachen von Bränden negative Folgen für sie haben wird. Es ist deshalb davon auszugehen, dass die drei „Nachwuchsraucher" bei der Begehung der schädigenden Handlung die zur Erkenntnis der Verantwortlichkeit erforderliche Einsicht hatten.

4.3.4 Konsequenzen für die Praxis

Wenn ein unter sieben bzw. – bei Verkehrsunfällen – zehn Jahre altes Kind oder ein nicht deliktsfähiger Minderjähriger einen Dritten schädigt, hat der Geschädigte *keinen* Anspruch gegen das Kind. Der Geschädigte hat auch nicht – obwohl dies immer wieder behauptet wird – automatisch einen Anspruch gegen die Eltern des Kindes. Als gesetzliche Vertreter des Kindes haften die Eltern nach §832

Abs. 1 BGB nämlich nur dann, wenn sie ihre **Aufsichtspflicht** verletzt haben. Dies wird zwar vermutet, doch können die Eltern diese Vermutung gemäß § 832 Abs. 1 S. 2 BGB widerlegen, indem sie beweisen, dass sie ihrer Aufsichtspflicht ausreichend nachgekommen sind. Gelingt dieser Beweis, hat der Geschädigte weder einen Anspruch gegen das nicht deliktsfähige Kind noch gegen dessen Eltern und muss seinen Schaden deshalb, sofern er nicht versichert ist, selbst tragen. Die Versicherung der Eltern oder des Schädigers tritt hingegen nicht ein, da die Versicherung nur zahlen muss, wenn der Versicherte (Eltern oder Kind) zahlen muss.

Beispiel

Ein fast achtjähriges Kind legt den kurzen Weg zur Schule regelmäßig mit dem Fahrrad zurück. Die Eltern haben das Kind einen Monat lang begleitet und es danach mehrfach unbemerkt überwacht. Das Kind hat sich dabei absolut verkehrsgerecht verhalten. Wenn dieses Kind dennoch aus Unachtsamkeit einen Verkehrsunfall mit einem Auto verursacht, hat der Geschädigte „schlechte Karten“: Das Kind haftet nicht, weil es gemäß § 828 Abs. 2 BGB nicht deliktsfähig ist; die Eltern haften nicht, wenn sie beweisen, dass sie ihrer Aufsichtspflicht genügt haben (§ 832 Abs. 1 S. 2 BGB).

Praxistipp

Eltern sollten für sich und ihre Kinder eine ausreichend hohe Haftpflichtversicherung abschließen, um im Falle einer Inanspruchnahme abgesichert zu sein.

Zum Schluss ein zusammenfassendes **Beispiel** zur Rechts-, Geschäfts- und Deliktsfähigkeit:

Beispiel

Wenn sich ein zehn Jahre altes Kind einen Basketball kauft und damit bei der Vielkauf-GmbH, deren Alleingesellschafterin Frau Bettina Viel ist, eine Scheibe einwirft, stellen sich folgende Fragen:

- Hat die GmbH den Anspruch auf Schadensersatz oder steht der Schadensersatzanspruch der Alleingesellschafterin zu?

→ Frage nach der **Rechtsfähigkeit** der GmbH (vgl. § 13 Abs. 1 GmbHG).

- Ist der Kaufvertrag über den Basketball wirksam?

→ Frage nach der **Geschäftsfähigkeit** des Kindes (§§ 107 ff. BGB).

- Muss das Kind Schadensersatz leisten? Ist es für den angerichteten Schaden verantwortlich?

→ Frage nach der **Deliktsfähigkeit** des Kindes (§ 828 Abs. 3 BGB).

- Müssen die Eltern Schadensersatz leisten?

→ Frage nach der Verletzung der **Aufsichtspflicht** (§ 832 Abs. 1 BGB).

Kapitel 5
Gestaltungsrechte, insbesondere Anfechtung

Lernziele dieses Kapitels
Was kommt in diesem Kapitel auf Sie zu? Nicht immer geht alles glatt im Leben, und so können auch Rechtsgeschäfte unter verschiedenen Mängeln leiden, die wiederum unterschiedliche Folgen nach sich ziehen: Zu unterscheiden ist zwischen der Nichtigkeit, der schwebenden Unwirksamkeit und der Anfechtbarkeit von Rechtsgeschäften. Diese Begriffe werden Sie auf den nächsten Seiten kennenlernen. Anschließend wird die Anfechtung von Verträgen genauer beleuchtet. Vorab gilt es aber, erneut einige Begriffe zu klären.

5.1 Begriffe

5.1.1 Nichtigkeit

Ein **nichtiges** Rechtsgeschäft entfaltet von Anfang an keine Wirkungen. Anfängliche Nichtigkeitsgründe sind Formmängel (§ 125 BGB)[1], der schon behandelte Verstoß gegen ein gesetzliches Verbot (§ 134 BGB)[2] und der ebenfalls schon angesprochene Verstoß gegen die guten Sitten (§ 138 Abs. 1 BGB), insbesondere wegen Wuchers (§ 138 Abs. 2 BGB)[3]. Aus einem nichtigen Rechtsgeschäft können keine Ansprüche abgeleitet werden. Wenn das Geschäft aber trotz der Nichtigkeit durchgeführt wird, kommen Ansprüche wegen ungerechtfertigter Bereicherung in Betracht.

Beispiel

Ein Bauvertrag, der gegen das „Schwarzarbeitsgesetz" verstößt, ist nichtig, sodass dem Schwarzarbeiter kein vertraglicher Anspruch aus § 631 BGB zusteht. Die Rechtsprechung gewährt aber einen Anspruch aus § 812 Abs. 1 S. 1 BGB[4].

5.1.2 Schwebende Unwirksamkeit

Ein **schwebend unwirksames** Rechtsgeschäft ist weder wirksam noch unwirksam (nichtig), sondern befindet sich in einer Schwebelage. Sein weiteres „Schicksal" hängt davon ab, ob ein bisher nicht beteiligter Dritter dem Rechtsgeschäft nachträglich zustimmt, indem er seine Genehmigung erteilt (vgl. §§ 177 Abs. 1, 108 Abs. 1 BGB). Tut er dies, wird das Rechtsgeschäft rückwirkend wirksam (§ 184 Abs. 1 BGB). Die Verweigerung der Genehmigung führt hingegen zur

---

1 Zu Formmängeln vgl. S. 126 ff.
2 Vgl. S. 44.
3 Vgl. S. 46 f.
4 Zu weiteren Einzelheiten vgl. S. 44.

Nichtigkeit des Rechtsgeschäfts. Bis zur Erteilung bzw. Verweigerung der Genehmigung spricht man von einer „schwebenden Unwirksamkeit“.

Beispiel

X hat als Vertreter ohne Vertretungsmacht im Namen des K einen Vertrag mit V geschlossen. Dieser Vertrag ist nach § 177 Abs. 1 BGB schwebend unwirksam. Genehmigt K den Vertrag, wird dieser wirksam. Verweigert K die Genehmigung, wird der Vertrag nichtig[5].

5.1.3 Anfechtbarkeit

Ein **anfechtbares** Rechtsgeschäft ist („voll“) wirksam. Es „leidet“ aber darunter, dass es möglicherweise angefochten und deshalb rückwirkend nichtig wird (vgl. § 142 Abs. 1 BGB). Im Falle einer wirksamen Anfechtung wird das Rechtsgeschäft also so behandelt, als wenn es von Anfang an nichtig gewesen wäre. Erfolgt keine oder keine rechtzeitige Anfechtung, bleibt das Rechtsgeschäft hingegen wirksam. Weitere Einzelheiten folgen sogleich unter Kapitel 5.3.

5.2 Gestaltungsrechte

Beim Recht zur Anfechtung handelt es sich um ein Gestaltungsrecht. Weitere Gestaltungsrechte sind der Rücktritt, der Widerruf, die Kündigung, die Option und die Aufrechnung. Alle diese Rechte eröffnen die Möglichkeit, durch eine einseitige Erklärung auf einen Vertrag einzuwirken, ihn also zu gestalten. Diese Einwirkung kann dabei ganz unterschiedlicher Natur sein:

- Im Fall einer wirksamen **Anfechtung** gilt der Vertrag rückwirkend als von Anfang an nichtig (§ 142 Abs. 1 BGB).
- Wird der **Rücktritt** von einem Vertrag erklärt, wird ein Rückgewährschuldverhältnis begründet (§§ 346 ff. BGB). Dies gilt grundsätzlich auch im Falle eines **Widerrufs** (§ 357 Abs. 1 S. 1 BGB).
- Eine **Kündigung** beendet den Vertrag für die Zukunft.
- Durch die Ausübung einer **Option** wird die Laufzeit eines Vertrags verlängert („Mietoption“) oder ein Vertrag zustande gebracht („Kaufoption“).
- Eine **Aufrechnung** bewirkt, dass wechselseitige Forderungen erlöschen.

5.2.1 Rücktritt

Der Rücktritt vom Vertrag setzt voraus, dass ein **Rücktrittsrecht** vorliegt und dass der Berechtigte den **Rücktritt erklärt** (§ 349 BGB). Ein Rücktrittsrecht kann sich aus dem **Vertrag** („Der Käufer ist berechtigt, vom Vertrag zurückzutreten, wenn nicht …“) oder aus dem **Gesetz** ergeben, zum Beispiel aus § 323 BGB. Außerdem kann ein Käufer, wenn die Kaufsache einen Sach- oder Rechtsmangel hat, gemäß § 437 Nr. 2 BGB nach fruchtloser Fristsetzung vom Kaufvertrag

[5] Zu näheren Einzelheiten vgl. die Ausführungen zum Vertreter ohne Vertretungsmacht (S. 118 ff.) und zur beschränkten Geschäftsfähigkeit (S. 89 ff.).

zurücktreten. Im Falle eines wirksamen Rücktritts sind die Parteien nach § 346 Abs. 1 BGB verpflichtet, die empfangenen Leistungen zurückzugewähren. Der Vertrag wird nicht nichtig, sondern wandelt sich in ein **„Rückgewährschuldverhältnis"** um. Er ändert, wenn man so will, seine Richtung: Die Leistungen, die schon erfolgt sind, werden zurückgewährt. Wenn die vereinbarten Leistungen nicht erfolgt sind, werden sie nicht mehr erbracht.

Beispiel

Tritt ein Käufer wirksam von einem Autokaufvertrag zurück, erhält der Verkäufer das Fahrzeug und der Käufer den Kaufpreis zurück, allerdings unter Abzug einer Nutzungsentschädigung für die gefahrenen Kilometer[6].

5.2.2 Widerruf

In zahlreichen Fällen stehen Verbrauchern Widerrufsrechte zu, so beim Fernabsatzvertrag (§§ 312 d Abs. 1, 355 BGB), bei Haustürgeschäften (§§ 312, 355 BGB) und beim Verbraucherdarlehensvertrag (§§ 495 Abs. 1, 355 BGB). Die fristgerechte Erklärung des Widerrufs hat nach § 357 Abs. 1 BGB zur Folge, dass der Vertrag gemäß §§ 346 ff. BGB rückabgewickelt wird. Zu den Voraussetzungen und zu weiteren Einzelheiten vergleichen Sie die Ausführungen im Kapitel Verbraucherschutz[7].

5.2.3 Kündigung

Die Kündigung beendet einen Vertrag, der auf einen dauernden Leistungsaustausch gerichtet ist („Dauerschuldverhältnis") **für die Zukunft.**

Merke

Im Falle der Kündigung werden die bis zum Wirksamwerden der Kündigung ausgetauschten Leistungen **nicht** zurückgegeben, eine Rückabwicklung findet also nicht statt. Deshalb muss ein Vermieter die erhaltene Miete nicht zurückzahlen, der Arbeitnehmer darf den für die Vergangenheit gezahlten Lohn behalten. Hierdurch unterscheidet sich die Kündigung vom Rücktritt, vom Widerruf und von der Anfechtung.

Ordentliche Kündigung

Bei einer ordentlichen (auch fristgerechte) Kündigung muss eine **Kündigungsfrist** eingehalten werden (vgl. für den Mietvertrag über Wohnraum § 573 c BGB, für den Dienstvertrag §§ 621, 622 BGB), sie bedarf hingegen **eigentlich keines Grundes** (also **„mit Frist, ohne Grund"**).

Abweichend davon wird aber in bestimmten Bereichen aus sozialen Gründen auch bei dieser Kündigungsart ein Kündigungsgrund verlangt. Im **Wohnungs-**

[6] Zu Einzelheiten vgl. S. 260 f.
[7] S. 59 ff.

mietrecht ist §573 BGB („berechtigtes Interesse des Vermieters", zum Beispiel „Eigenbedarf") zu nennen[8]. Bei **Arbeitsverträgen** sind häufig die Regelungen des Kündigungsschutzgesetzes (allgemeiner Kündigungsschutz) und solche zum Sonderkündigungsschutz (z. B. Mutterschutzgesetz) zu beachten, die eine ordentliche Kündigung erschweren oder für bestimmte Personengruppen sogar ausschließen.

Außerordentliche Kündigung

Eine außerordentliche Kündigung – oft auch fristlose Kündigung genannt – setzt voraus, dass ein Kündigungsgrund vorliegt (vgl. für den Mietvertrag §§543 und 569 BGB, für den Dienstvertrag §§626 f. BGB), eine Kündigungsfrist muss nicht eingehalten werden (also **„mit Grund, ohne Frist"**[9]). Bei Arbeitsverträgen wird in der Regel verlangt, dass vor Ausspruch der Kündigung eine **Abmahnung** erfolgt ist („gelbe Karte"), es sei denn, der Verstoß des Arbeitnehmers ist so gravierend, dass eine sofortige Beendigung des Arbeitsverhältnisses gerechtfertigt ist (sofort die „rote Karte"). Zur Problematik der Kündigung von Arbeitsverhältnissen wegen **geringer Vermögensdelikte** lesen sie bitte die Ausführungen im 18. Kapitel[10]. Eine allgemeine Regelung zur außerordentlichen Kündigung von Dauerschuldverhältnissen enthält §314 BGB.

5.2.4 Option

Die Option ist im BGB nicht geregelt. In der Praxis hat sie bei befristeten Mietverträgen über Geschäftsräume eine große Bedeutung. Im Mietvertrag wird dem Mieter das Recht eingeräumt, durch einseitige Erklärung eine **Verlängerung der Mietzeit** zu erreichen.

Beispiele

- V und M haben einen Mietvertrag über Geschäftsräume an der „Frankfurter Zeil", einer großen Einkaufsstraße, geschlossen. Der Vertag hat eine Laufzeit vom 01.01.2008 bis zum 31.12.2013. In dem Vertrag heißt es:

  „Der Mieter kann durch schriftliche Anzeige an den Vermieter bis sechs Monate vor Ende der Mietzeit eine Verlängerung des Mietverhältnisses für drei Jahre verlangen. Dieses Recht steht dem Mieter insgesamt zweimal zu".

  Wenn der Mieter von diesem Optionsrecht rechtzeitig Gebrauch macht, verlängert sich das Mietverhältnis um jeweils drei Jahre.
- In einigen Leasingverträgen ist das Recht des Leasingnehmers enthalten, den Leasinggegenstand nach Ablauf der Leasingzeit zum „kalkulierten Restwert" zu kaufen. Nutzt der Leasingnehmer diese

8 Zu Einzelheiten vgl. S. 354 ff.
9 Vgl. aber §626 Abs. 2 BGB: Danach muss die Kündigung eines Dienstverhältnisses innerhalb von zwei Wochen nach Kenntnis von den Kündigungsgründen erklärt werden.
10 S. 337 ff.

Option, kommt nach dem Ende des Leasingvertrags ein Kaufvertrag zustande.

5.2.5 Aufrechnung

Die Aufrechnung ist in den §§ 387 ff. BGB geregelt. Die Erklärung der Aufrechnung bewirkt, dass wechselseitige Forderungen erlöschen, soweit sie sich decken.

Beispiel

A hat eine Forderung in Höhe von 100,– € gegen B, B hat eine Forderung in Höhe von 70,– € gegen A. Wenn A oder B die Aufrechnung erklärt, erlöschen die Forderungen, soweit sie sich decken. Das ist hier in Höhe von 70,– € der Fall. Also erlischt die Forderung des A im Umfang von 70,– €, die des B erlischt komplett. Damit verbleibt eine Forderung des A gegen B in Höhe von 30,– €.

Einzelheiten erfahren Sie an späterer Stelle[11].

5.3 Anfechtung

Besondere Formen der Anfechtung sind die Testamentsanfechtung (§§ 2078 ff. BGB), die Insolvenzanfechtung (§§ 129 ff. Insolvenzordnung), die Anfechtung von Hauptversammlungsbeschlüssen bei Aktiengesellschaften (§§ 243 ff. AktG) und die Anfechtung der Vaterschaft (§§ 1600 ff. BGB). Auf diese – zum Teil durchaus interessanten – Sonderformen kann an dieser Stelle aber nicht eingegangen werden. Vielmehr erfolgt eine Beschränkung auf die in den §§ 119 ff. BGB genannten Anfechtungstatbestände. Für diese sieht § 142 Abs. 1 BGB als Rechtsfolge vor, dass das bis zur Erklärung der Anfechtung wirksame Rechtsgeschäft als von Anfang an nichtig anzusehen ist, also rückwirkend nichtig wird („ex tunc"). Dies gilt für einseitige Rechtsgeschäfte (Kündigung, Rücktritt) und für mehrseitige Rechtsgeschäfte, insbesondere Verträge, die den Gegenstand der folgenden Erörterungen bilden.

Beispiel

Die Parteien haben am 21.01. einen Kaufvertrag über einen gebrauchten VW-Golf geschlossen. Nach drei Monaten bemerkt der Käufer, dass der Verkäufer ihm einen schweren Unfall des Fahrzeugs verschwiegen hat. Der Käufer erklärt daraufhin am 25.04. die Anfechtung des Kaufvertrags wegen arglistiger Täuschung (§ 123 Abs. 1 BGB). Folge ist, dass der zunächst wirksame Kaufvertrag als von Anfang an nichtig angesehen wird, also rückwirkend zum 21.01. Es wird also, obwohl es anders ist, so getan, als wenn es nie einen wirksamen Kaufvertrag gegeben hätte. Die Rückabwicklung des nichtigen Vertrags erfolgt gemäß §§ 812 ff. BGB.

---

11 Vgl. S. 173 ff.

Merke

Die Anfechtung nach den §§ 119 ff. BGB ist wie folgt zu prüfen:

- Liegt ein Anfechtungsgrund vor?
- Hat der Anfechtungsberechtigte die Anfechtung erklärt?
- Ist die Erklärung der Anfechtung innerhalb der Anfechtungsfrist erfolgt?

Liegen diese drei Voraussetzungen vor, gilt das Rechtsgeschäft als von Anfang an nichtig (§ 142 Abs. 1 BGB).

5.3.1 Anfechtungsgründe

Die Anfechtungsgründe sind im BGB abschließend geregelt. Die Anfechtung bezieht sich dabei immer auf eine *einzelne* Willenserklärung, nicht auf den Vertrag als solchen. Wird aber *eine* Willenserklärung mit Erfolg angefochten, ist damit zugleich der Vertrag „hinfällig", weil es dann an einem Angebot bzw. an der Annahme fehlt.

Die verschiedenen Anfechtungsgründe sind in § 119 Abs. 1, § 119 Abs. 2, § 120 und § 123 BGB enthalten.

- **§ 119 Abs. 1, 1. Fall BGB – Inhaltsirrtum:** Hier erklärt jemand, **was** er erklären will, er erklärt **damit** aber etwas **anderes,** als er will. Der Erklärende irrt sich also über die Bedeutung seiner Erklärung. Der von ihm verwendete Ausdruck bedeutet nämlich etwas anderes (hat einen anderen Inhalt) als der Erklärende meint. Die Fälle sind selten: Als Schulbeispiel wird immer wieder die Bestellung eines „halven Hahnes" in einer Kölner Altstadtkneipe benutzt, die in Köln nicht zu einem Kaufvertrag über einen halben Hahn, sondern über ein Käsebrot führt.

Aus der Rechtsprechung zu nennen ist die Bestellung von „25 Gros Rollen" Toilettenpapier durch die Konrektorin einer Realschule, wodurch ein Kaufvertrag über 3.600 Rollen Toilettenpapier geschlossen wurde. Das Landgericht Hanau gewährte ein Anfechtungsrecht wegen eines Inhaltsirrtums, da die Konrektorin nur 25 große Rollen Papier habe bestellen wollen. Deshalb sei anzunehmen, dass sie die Erklärung bei Kenntnis der Sachlage und bei verständiger Würdigung des Falls nicht abgegeben hätte[12].

- **§ 119 Abs. 1, 2. Fall BGB – Erklärungsirrtum:** Hier erklärt jemand **etwas anderes**, als er erklären will, weil er sich versieht. Es handelt sich um die sogenannten „Ver-Fälle": Ver-schreiben, Ver-sprechen, Ver-tippen, Ver-greifen usw.[13]

Beispiel

A hat sich bei der Abgabe einer Bestellung vertippt und deswegen statt 40 Stück einer Ware 400 Stück bestellt. Durch Annahme des Verkäufers ist der Kaufvertrag über 400 Stück zustande gekommen. Wenn A seine Bestellung nicht anficht, bleibt der Vertrag über 400 Stück wirksam.

---

12 LG Hanau, NJW 1979, S. 721.

13 Ver-loben und Ver-heiraten gehören nicht dazu!

A muss dann 400 Stück bezahlen. Erklärt A hingegen wegen eines Erklärungsirrtums (§ 119 Abs. 1, 2. Fall BGB) rechtzeitig die Anfechtung (§ 121 BGB), gilt der Kaufvertrag als von Anfang an nichtig. Es besteht dann gar kein Kaufvertrag, auch nicht einer über 40 Stück. Die Schwierigkeit in der Praxis besteht darin, dass A in einem möglichen Prozess beweisen müsste, dass er sich geirrt (vertippt) hat.

- **§ 119 Abs. 2 BGB** – Irrtum über eine **verkehrswesentliche Eigenschaft** einer Person oder einer Sache.

Merke

Eigenschaften sind alle wertbildenden Faktoren einer Sache. Verkehrswesentlich sind die Eigenschaften, die gerade für dieses konkrete Rechtsgeschäft von Bedeutung sind. Bei Personen können zum Beispiel Alter, Sachkunde und Zuverlässigkeit entsprechende Eigenschaften sein.

Beispiel

Das Bestehen eines Bebauungsplans für ein Grundstück ist bei Abschluss eines Kaufvertrags über das Grundstück eine verkehrswesentliche Eigenschaft. Der **Preis** einer Sache als solcher ist hingegen **keine Eigenschaft,** sondern nur das in Geld bewertete Ergebnis der Eigenschaften dieser Sache. Ein bloßer Irrtum über die Vorteilhaftigkeit des Preises berechtigt also nicht zur Anfechtung.

- **§ 120 BGB – falsche Übermittlung einer Erklärung:** Beim Empfänger kommt etwas anderes an, als der Absender auf den Weg gebracht hat, weil die Erklärung auf dem Transport einen anderen Inhalt erhält.

Die §§ 119 Abs. 1, Abs. 2, 120 BGB haben in der Praxis keine besonders große Bedeutung. Allerdings hat der Bundesgerichtshof (BGH) Anfang 2005 einen besonderen Fall zum Anfechtungsrecht entschieden[14]. Aufgrund eines **Softwarefehlers** war der Preis zum Kauf eines Notebooks im Internet nicht wie gewollt mit 2.650,– €, sondern nur mit 245,– € angegeben. Dieser Fehler wurde vom Verkäufer erst nach Abschluss eines Kaufvertrags über 245,– € und der Auslieferung des Geräts zu diesem Preis entdeckt. Der Verkäufer erklärte daraufhin die Anfechtung des Vertrags und verlangte die Rückgabe des Notebooks aus § 812 Abs. 1 S. 1 BGB. Die Klage hatte Erfolg: Der BGH ließ eine Anfechtung des Verkäufers wegen eines Erklärungsirrtums nach § 119 Abs. 1 BGB zu.

- **§ 123 Abs. 1, 1. Fall BGB – arglistige Täuschung:** Die arglistige Täuschung ist nicht ganz identisch, aber durchaus vergleichbar mit dem strafrechtlichen Betrug (§ 263 StGB). Beispiele bilden falsche Angaben des Verkäufers eines Gebrauchtwagens zur Unfallfreiheit oder zur bisherigen Laufleistung des Fahrzeugs, die Vorlage gefälschter Zeugnisse bei der Bewerbung oder eine „frisierte Bilanz“ beim Unternehmenskauf.

---

14 BGH NJW 2005, S. 976 f.

Beispiel

V und K haben einen Kaufvertrag über einen gebrauchten BMW geschlossen. V hat die bisherige Laufleistung mit ca. 60.000 km angegeben, obwohl er wusste, dass das Fahrzeug deutlich mehr Kilometer „auf dem Buckel" hat. K kann den Kaufvertrag wegen arglistiger Täuschung anfechten oder Ansprüche aus der Haftung wegen Sachmängeln (§ 437 BGB) geltend machen[15].

– **§ 123 Abs. 1, 2. Fall BGB – widerrechtliche Drohung:** Hier geht es nicht um einen Irrtum, sondern darum, dass jemand durch eine widerrechtliche Drohung zur Abgabe einer Willenserklärung veranlasst wird. Unter Drohung versteht man die „Inaussichtstellung eines empfindlichen Übels". Eine Widerrechtlichkeit ist gegeben, wenn zwischen der Drohung und dem Übel eine „verwerfliche Zweck-Mittel-Relation" besteht. Das bedeutet, dass nicht jede Drohung ein Anfechtungsrecht begründet.

Beispiel

Die Drohung, eine Klage auf Zahlung zu erheben oder den Schuldner wegen Betrugs bei der Polizei anzuzeigen, wenn eine fällige Forderung nicht bis zu einem bestimmten Termin bezahlt wird, ist nicht widerrechtlich.

5.3.2 Anfechtungserklärung

Trotz Vorliegens eines Anfechtungsgrundes ist der Vertrag zunächst („voll") wirksam. Eine Änderung tritt nur ein, wenn der Anfechtungsberechtigte die Anfechtung fristgerecht erklärt. Diese Erklärung hat bei einem Vertrag gegenüber dem Vertragspartner zu erfolgen (§ 143 Abs. 1, 2 BGB). Das Wort „Anfechtung" muss nicht unbedingt benutzt werden, vielmehr reicht es aus, dass zumindest im Wege der Auslegung (§§ 133, 157 BGB) erkennbar ist, dass der Vertrag wegen des Irrtums bzw. wegen der widerrechtlichen Drohung keinen Bestand haben soll.

Fortsetzung des obigen Beispiels über den gebrauchten BMW

Nachdem K Kenntnis von der erhöhten Fahrleistung des Autos erhalten hat, erklärt er gegenüber V, er „annulliere den Kaufvertrag wegen Betrugs". Im Wege der Auslegung kann diese Erklärung gemäß §§ 133, 157 BGB aus der maßgeblichen Sicht des Erklärungsempfängers als Erklärung der Anfechtung wegen arglistiger Täuschung verstanden werden.

5.3.3 Anfechtungsfrist

Der Anfechtungsberechtigte muss sich innerhalb der Anfechtungsfrist entscheiden, ob er die Anfechtung erklären will. Lässt er die Frist, bei der es sich um

[15] Vgl. S. 225 ff.

eine **Ausschlussfrist** handelt, verstreichen, ist keine Anfechtung mehr möglich. Der Vertrag bleibt damit wirksam, der Makel der möglichen Anfechtbarkeit entfällt mit Ablauf der Frist.

Je nach Anfechtungsgrund gibt es verschiedene Fristen: Wird die Anfechtung auf § 119 Abs. 1 bzw. Abs. 2 BGB oder § 120 BGB gestützt, hat die Anfechtung nach § 121 BGB ohne schuldhaftes Zögern (unverzüglich) zu erfolgen, nachdem der Anfechtungsberechtigte Kenntnis von dem Anfechtungsgrund erlangt hat. **„Unverzüglich"** heißt dabei nicht sofort. Vielmehr steht dem Anfechtungsberechtigten eine angemessene Überlegungsfrist zu. Soweit es erforderlich ist, darf er auch Rechtsrat einholen. Angesichts der Vielzahl möglicher Fälle gibt es keine feste Frist. Bei einfach gelagerten Sachverhalten muss die Anfechtung schnell erklärt werden, in der Regel innerhalb weniger Tage, eine Höchstgrenze dürfte bei zwei Wochen liegen[16]. Wenn in anderen Gesetzen oder Regelwerken, etwa in einer Prüfungsordnung, von „unverzüglich" die Rede ist, liegt darin im Übrigen ein Verweis auf § 121 BGB.

Beruht das Anfechtungsrecht auf § 123 Abs. 1 BGB, beträgt die Frist gemäß § 124 Abs. 1 BGB ein Jahr ab Kenntniserlangung bzw. ab dem Ende der durch die Drohung geschaffenen Zwangslage.

Der Grund für die unterschiedlichen Fristen liegt darin, dass in den Fällen des § 123 BGB die Gründe für die Anfechtung vom Anfechtungsgegner geschaffen wurden (arglistige Täuschung, widerrechtliche Drohung), während sie in den Fällen der §§ 119, 120 BGB hingegen aus der Sphäre des Anfechtungsberechtigten stammen, weil er sich versehen oder die von ihm gewählte Einrichtung zur Übermittlung einen Fehler verursacht hat.

Rechtsfolgen der Anfechtung

Nichtigkeit Die erste Rechtsfolge einer fristgerecht erklärten und begründeten Anfechtung besteht darin, dass das angefochtene Rechtsgeschäft nach § 142 Abs. 1 BGB als von Anfang an nichtig gilt.

Merke

Wird ein Kaufvertrag angefochten, wird er so behandelt, als sei er schon im Zeitpunkt des Abschlusses unwirksam gewesen. Sofern die Leistungen (Lieferung und Zahlung) schon erfolgt sind, findet eine Rückabwicklung nach den Vorschriften der ungerechtfertigten Bereicherung (§ 812 Abs. 1 S. 1 BGB) statt.

Eine Ausnahme von der rückwirkenden Nichtigkeit gibt es für **Arbeitsverträge,** die bereits in Vollzug gesetzt worden sind. Hier wirkt die Anfechtung erst ab dem Zeitpunkt ihrer Erklärung, also nur für die Zukunft („ex nunc"), weil eine Rückabwicklung nur mit großen Schwierigkeiten oder auch gar nicht möglich wäre. Zwar könnte der Arbeitnehmer den erhaltenen Lohn erstatten, doch kann der Arbeitgeber die geleistete Arbeit nicht zurückgewähren.

---

16 OLG Hamm, NJW-RR 1990, S. 523; OLG Oldenburg, NJW 2004, S. 168, 169.

Beispiel

Ein Bewerber legt bei der Einstellung ein gefälschtes Zeugnis vor. Nach drei Monaten fliegt der Schwindel auf. Der Arbeitgeber erklärt daraufhin die Anfechtung des Arbeitsvertrags gemäß § 123 Abs. 1 BGB. Abweichend von § 142 Abs. 1 BGB wird der Arbeitsvertrag nicht rückwirkend, sondern erst mit Zugang der Anfechtungserklärung nichtig. Alternativ hätte der Arbeitgeber auch eine fristlose Kündigung des Arbeitsvertrags aus wichtigem Grund gemäß § 626 Abs. 1 BGB erklären können. Die Kündigung würde ebenfalls nur für die Zukunft wirken.

Schadensersatz Neben der Nichtigkeit des Vertrags besteht eine weitere Rechtsfolge der Anfechtung nach § 122 BGB darin, dass der Anfechtende bei einer auf §§ 119 Abs. 1 und Abs. 2, 120 BGB gestützten Anfechtung dem anderen Teil Schadensersatz zu leisten hat. Zu ersetzen ist dabei das sogenannte „negative Interesse". Dies bedeutet, dass der andere Vertragspartner so zu stellen ist, als wäre das schädigende Ereignis, hier der Vertragsabschluss, nicht eingetreten. Man muss sich also den Vertrag „wegdenken".

Beispiel

Wenn dem Verkäufer für die Anlieferung der Ware Transportkosten entstanden sind, sind diese zu ersetzen, falls der Käufer die Anfechtung erklärt. Denn ohne den Vertrag wären diese Kosten ja nicht angefallen. Der Verkäufer hat hingegen keinen Anspruch auf den entgangenen Gewinn aus einem Weiterverkauf, weil ohne den Vertrag – den man sich ja wegdenken muss – dieser Gewinn nicht erzielt worden wäre. Wenn er wegen des angefochtenen Vertrags einen anderen Vertrag nicht geschlossen und einen anderweitigen Gewinn nicht erzielt hat, ist der entgangene Gewinn aus dem unterbliebenen Vertrag allerdings zu ersetzen.

5.3.4 Praktische Bedeutung

Klausurtipp

Die praktische Bedeutung der §§ 119 ff. BGB ist deutlich geringer als die Bedeutung, die diese Vorschriften in Klausuren haben.

Praktikertipp

Rechtlich schwierig ist die Behandlung des im BGB nicht geregelten **Kalkulationsirrtums** bei der Abgabe eines Angebots. Hier ist zwischen einem internen, das heißt für den anderen Teil nicht erkennbaren, und einem externen, also für den anderen Teil erkennbaren Irrtum zu unterscheiden. Der interne Kalkulationsirrtum berechtigt nicht zur

Anfechtung, vielmehr muss der Irrende sich am Vertrag festhalten lassen[17].

Die Behandlung des externen Kalkulationsirrtums ist umstritten. Früher wurde die Möglichkeit der Anfechtung bejaht, nach anderer Auffassung soll es an einem wirksamen Vertragsabschluss fehlen (Dissens), eine dritte Meinung befürwortet eine Anpassung des Vertrags[18].

Beispiel

Die A-AG nimmt das Angebot des Bauunternehmers B über den Bau einer Lagerhalle zum Pauschalpreis (Festpreis) von 2,3 Mio. € an. Versehentlich hatte B bei der Preisermittlung die Kosten für die Fundamente in Höhe von 250.000,– € nicht berücksichtigt. Wenn B der A-AG nur den Festpreis, nicht aber die einzelnen Positionen genannt hat, kann B den Vertrag nicht anfechten (interner Kalkulationsirrtum). Er muss die Halle dann zum Preis von 2,3 Mio. € errichten. Falls B der A-AG auch die einzelnen Positionen mitgeteilt hat und die A-AG den Irrtum erkennen konnte, ist die Rechtslage umstritten (vgl. die vorstehenden Ausführungen).

Den praktisch wichtigsten Anwendungsfall der §§ 119 ff. BGB bildet die Anfechtung wegen **arglistiger Täuschung (§ 123 Abs. 1, 1. Fall BGB),** wobei es häufig zu einer Konkurrenz mit den Ansprüchen wegen Mängeln der Kaufsache kommt.

Merke

Wenn der Verkäufer bei einem gebrauchten Pkw einen Unfall arglistig verschweigt und dadurch den Käufer täuscht, kann der Käufer den Kaufvertrag nach § 123 Abs. 1 BGB anfechten *oder* Ansprüche wegen eines Mangels der Kaufsache nach § 437 BGB geltend machen[19].

5.3.5 Zusammenfassung

Wird bei Vorliegen eines Anfechtungsgrundes (§§ 119 Abs. 1, Abs. 2, 120, 123 Abs. 1 BGB) vom Berechtigten innerhalb der Anfechtungsfrist (§§ 121, 124 BGB) die Anfechtung erklärt (§ 143 Abs. 1 BGB), gilt das Rechtsgeschäft (der Vertrag) als von Anfang an nichtig (§ 142 Abs. 1 BGB). Dies hat zur Folge, dass die bereits erbrachten Leistungen nach § 812 Abs. 1 S. 1 BGB zurückzugewähren sind.

---

17 BGH NJW 2002, S. 2312.

18 Vgl. Palandt/Ellenberger, Bürgerliches Gesetzbuch, § 119 Rn. 19 ff.

19 Vgl. S. 225 ff.

Kapitel 6
Das Recht der Stellvertretung

Lernziele dieses Kapitels
Was kommt in diesem Kapitel auf Sie zu? Sie werden lernen, wie die Vertretung einer natürlichen oder juristischen Person bei der Vornahme von Rechtsgeschäften erfolgt. Es geht also um die Voraussetzungen und die Rechtsfolgen der Vertretung und auch darum, welche Folge es hat, wenn jemand keine Vertretungsberechtigung hat, aber dennoch als „Vertreter" tätig wird.

6.1 Grundlagen des Vertretungsrechts

Merke

Vertretung im Sinne der §§ 164 ff. BGB bedeutet, dass jemand für einen anderen eine **Willenserklärung** abgibt („Aktivvertretung") oder entgegennimmt („Passivvertretung"). Die Vertretung bezieht sich also auf die Vornahme von *Rechtsgeschäften*.

Im Folgenden wird nur die Aktivvertretung behandelt, alle Ausführungen gelten aber gemäß § 164 Abs. 3 BGB entsprechend für die Passivvertretung.

Nach § 164 Abs. 1 BGB liegt eine (Aktiv-)Vertretung vor, wenn jemand innerhalb einer Vertretungsmacht im Namen des Vertretenen eine Willenserklärung abgibt. Bei der Vertretung geht es also um **die Abgabe von Willenserklärungen** und damit um ein *rechtsgeschäftliches* Handeln. Keine Vertretung liegt vor, wenn nur *tatsächliche* Handlungen vorgenommen werden. Die meisten Mitarbeiterinnen und Mitarbeiter eines Unternehmers handeln deshalb nicht als Vertreter im Sinne der §§ 164 ff. BGB.

Beispiele

- Arbeitnehmer in der Produktion sind keine Vertreter i. S. d. §§ 164 ff. BGB, da sie zwar für den Unternehmer tätig sind (tatsächliches Handeln), aber keine Willenserklärung für ihn abgeben (also *kein* rechtsgeschäftliches Handeln).
- Eine Angestellte, die die Buchhaltung für den Inhaber verrichtet, ist keine Vertreterin i. S. d. § 164 Abs. 1 BGB. Anders ist es, wenn die Angestellte „für die Firma" Papier oder CD-ROMs zum Abspeichern von Belegen bestellt. Dann liegt ein rechtsgeschäftliches Handeln, also eine Vertretung vor.
- Die Kassierer in einem Verbrauchermarkt sind Vertreter i. S. d. §§ 164 ff. BGB, denn sie vertreten den Inhaber (Unternehmensträger) bei Abschluss der Kaufverträge mit den einzelnen Kunden.

Die Rechtsfolge einer wirksamen Vertretung besteht darin, dass die vom Vertreter abgegebene Willenserklärung „unmittelbar für und gegen den Vertretenen" wirkt (§ 164 Abs. 1 S. 1 BGB). Dies bedeutet, dass so getan wird, als ob der Vertretene die Willenserklärung selbst abgegeben hätte.

Eine Vertretung findet beim Abschluss von Verträgen, aber auch bei der Ausübung von Gestaltungsrechten statt (Kündigung, Anfechtung, Widerruf, Rücktritt).

Beispiele

- Wenn der zur Vertretung berechtigte Personalchef als Vertreter des Inhabers einen Arbeitsvertrag mit einem neuen Mitarbeiter abschließt, kommt dieser Vertrag zwischen dem Inhaber und dem neuen Arbeitnehmer zustande.
- Wenn der zur Vertretung berechtigte Personalchef einem Mitarbeiter kündigt, hat die Kündigung dieselbe Wirkung, als wäre sie vom Inhaber erklärt worden. Sie wirkt unmittelbar für und gegen den Inhaber. Falls die Kündigung wirksam ist, wird deshalb das zwischen dem Inhaber und dem Gekündigten bestehende Arbeitsverhältnis beendet, obwohl der Inhaber an dem Vorgang nicht unmittelbar beteiligt ist.

Im Vertretungsrecht sind drei Beteiligte zu unterscheiden, nämlich der Vertreter, der Vertretene und der Dritte (vgl. § 167 Abs. 1 BGB), der auch – was verwirrend ist – „der andere Teil" genannt wird (so in § 177 Abs. 2 BGB).

Beispiel

Wenn ein Angestellter für seine Chefin Ware bei einem Lieferanten bestellt, ist der Angestellte der Vertreter, die Chefin die Vertretene und der Lieferant der Dritte (der andere Teil).

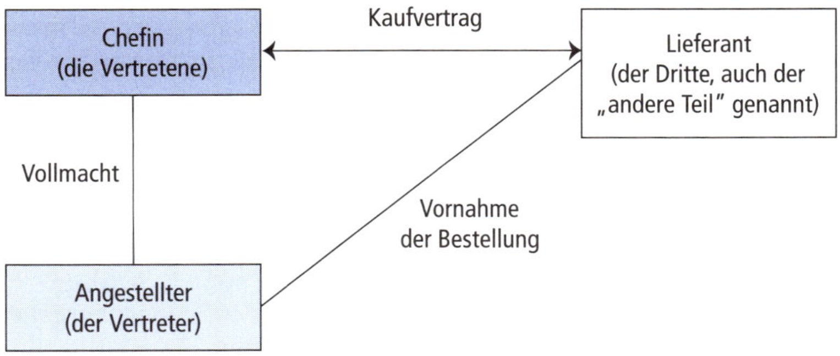

Abbildung 6.1: Vertretung

6.2 Voraussetzungen der Stellvertretung

Merke

Nach der Grundvorschrift des Vertretungsrechts, § 164 Abs. 1 S. 1 BGB, müssen für die Vertretung drei Voraussetzungen erfüllt sein, wobei sich folgende Prüfungsreihenfolge bewährt hat:

P1: Abgabe einer (eigenen) Willenserklärung durch den Vertreter

P2: Abgabe dieser Willenserklärung im Namen des Vertretenen

P3: Handeln im Rahmen der Vertretungsmacht.

- **Rechtsfolge:** Liegen diese drei Voraussetzungen vor, wirkt die vom Vertreter abgegebene Willenserklärung unmittelbar für und gegen den Vertretenen. Es ist also so, als ob dieser die Erklärung selbst abgegeben hätte.

Klausurtipp

Wenn

P1 (Abgabe einer (eigenen) Willenserklärung) + P2 (im Namen des Vertretenen) + P3 (innerhalb der Vertretungsmacht) vorliegen,

dann

(RF) wirkt die Willenserklärung für und gegen den Vertretenen.

6.2.1 Abgabe einer eigenen Willenserklärung durch den Vertreter

Der Vertreter muss eine (eigene) Willenserklärung abgeben und nicht lediglich eine (fremde) Willenserklärung überbringen. Das Merkmal „Abgabe einer Willenserklärung" betrifft die in der Praxis wenig problematische Abgrenzung zwischen einem Vertreter und einem Boten. Als Kriterium für die Abgrenzung wird häufig genannt, dass der Vertreter selbst entscheidet, ob er eine Willenserklärung abgibt, also eine *Entscheidungskompetenz* hat. Das ist im Ansatz richtig, doch kann die Kompetenz des Vertreters „gegen null" gehen, wenn ihm genau vorgeschrieben ist, wie er sich zu verhalten hat. Dennoch kann er ein Vertreter sein.

Beispiel

Studentin S ist als Aushilfe im Cafe „Chancenlos" tätig. Sie handelt beim Abschluss von Kaufverträgen über Speisen und Getränke als Vertreterin des Pächters, obwohl sie nahezu keine Entscheidungskompetenz hat. Denn sie muss die Bestellungen der Kunden im vorgegebenen Rahmen entgegennehmen. Dennoch liegt keine Botentätigkeit vor, da die einzelnen Willenserklärungen (Angebot oder Annahme) nicht vom Pächter, sondern von der Studentin abgegeben (erzeugt) werden.

Für die Abgrenzung zwischen einem Vertreter und einem Boten dürfte deshalb folgender Ansatz besser geeignet sein: Während der Vertreter die Willenserklärung selbst „erzeugt" (hervorbringt), überbringt der Bote die von einem anderen erzeugte und damit bereits vorhandene Willenserklärung. Der Bote macht somit nichts anderes als eine Brieftaube (Merkhilfe: **B**ote = **B**rieftaube).

Beispiele

- Ein Unternehmer übergibt einem Fahrer einen Brief, der die Kündigung eines Arbeitnehmers enthält, und weist den Fahrer an, den Brief persönlich gegen eine Empfangsquittung beim Arbeitnehmer abzugeben. Hier überbringt der Fahrer eine vom Unternehmer hergestellte (schon „fertige") *„fremde"* Willenserklärung. Er handelt deshalb nicht als Vertreter, sondern als Bote.
- Angestellte A bestellt Ware. Hier gibt die Angestellte eine *eigene* Willenserklärung ab und handelt als Vertreterin.
- Vertreter ist auch der Kassierer in einem Lebensmittelmarkt, denn durch sein Handeln werden die Kaufverträge mit den einzelnen Kunden geschlossen. Da nicht feststeht, welche Kunden kommen und was diese einkaufen werden, kann der Geschäftsinhaber die Willenserklärungen nicht „auf Vorrat" abgeben.

6.2.2 Im Namen des Vertretenen

Eine wirksame Vertretung setzt weiterhin voraus, dass die Willenserklärung erkennbar im Namen des Vertretenen abgegeben wird **(Offenkundigkeitsprinzip).** Häufig wird auch gesagt, der Vertreter müsse „im fremden Namen" handeln. Diese Voraussetzung bezweckt, dass der andere Teil schon vor Abschluss eines Vertrags wissen soll, dass der Vertrag nicht mit dem Handelnden (dem Vertreter), sondern mit einem anderen (dem Vertretenen) geschlossen werden soll. Dafür genügt es, dass der Vertretene bestimmbar ist, sein Name muss nicht genannt werden und dem anderen Teil (dem Dritten) auch nicht bekannt sein.

Nach § 164 Abs. 1 S. 2 BGB muss die Willenserklärung des Vertreters außerdem nicht ausdrücklich im Namen des Vertretenen abgegeben werden, es reicht vielmehr aus, wenn sich dies aus den Umständen ergibt. Solche Umstände können sich aus der Verwendung von Firmenpapier, aus der Angabe der Firmenadresse als Lieferadresse und aus Art, Inhalt und Umfang einer Bestellung ergeben.

Unternehmensbezogenes (betriebsbezogenes) Geschäft

Bei Verträgen und anderen Rechtsgeschäften, die sich auf ein *Unternehmen* beziehen, nimmt die Rechtsprechung an, dass der Wille der Beteiligten im Zweifel dahin geht, dass der Unternehmensinhaber und nicht der handelnde Angestellte Vertragspartei werden soll. Diese Vermutung gilt insbesondere dann, wenn ein Rechtsgeschäft in den Räumen eines Unternehmens vorgenommen wird. Dabei muss der Wille, für den Unternehmer zu handeln, hinreichend zum Ausdruck kommen und für den anderen Teil erkennbar sein[1]. Es kann sich aber

1 BGH NJW 1995, S. 43, 44.

auch aus den Umständen ergeben, zum Beispiel bei einem Reparaturauftrag für einen Firmenwagen.

Beispiele

- Die Käuferin im Bekleidungsgeschäft „just4you" will das „kleine Schwarze" für die Bachelorabschlussfeier nicht von der Angestellten kaufen, von der sie bedient wird, sondern von der Inhaberin des Geschäfts. Auch die Angestellte will den Vertrag nicht für sich persönlich schließen, sondern als Vertreterin für ihre Chefin, die Inhaberin. Deshalb kommt der Kaufvertrag zwischen der erfolgreichen Bachelorabsolventin und der Inhaberin zustande. Dies gilt sogar dann, wenn die Käuferin die Angestellte aufgrund des Auftretens („*Ich* kann Ihnen preislich deutlich entgegenkommen …") irrtümlich für die Inhaberin halten sollte. Vertragspartei wird also die tatsächliche Inhaberin!
- Der Kaufvertrag in der Mensa soll nach dem Willen der Beteiligten nicht mit der Kassiererin, sondern mit dem Betreiber der Mensa geschlossen werden, zum Beispiel dem Studentenwerk.
- Ein Versicherungsvertrag soll nach dem Willen der Beteiligten nicht mit dem Versicherungsvertreter, sondern mit der Versicherung geschlossen werden.

Der Grundsatz des unternehmensbezogenen Geschäfts kommt auch zur Anwendung, wenn ein **Geschäftsführer einer GmbH mündlich** einen Vertrag für die GmbH schließt. Wenn sich der Vertrag erkennbar auf das Unternehmen bezieht, wird die GmbH Vertragspartnerin. Dafür kommt es nicht darauf an, ob die andere Seite weiß, dass das Unternehmen die Rechtsform der GmbH hat.

Etwas anderes gilt, wenn ein **schriftlicher Vertrag** geschlossen wird und der für die GmbH Handelnde bei der Firmenbezeichnung den Zusatz „GmbH" weglässt und damit den Eindruck einer persönlichen, unbeschränkten Haftung erweckt. Nach der Rechtsprechung haftet der im Geschäftsverkehr für eine GmbH Auftretende (Geschäftsführer, anderer Vertreter) wegen Verstoßes gegen §4 GmbHG aus dem Gesichtspunkt einer Rechtsscheinhaftung analog §179 BGB dann, wenn er durch die Verwendung einer Firma ohne GmbH-Zusatz das berechtigte Vertrauen des Geschäftsgegners auf die Haftung mindestens einer natürlichen Person hervorgerufen hat[2].

In einem solchen Fall haftet der Handelnde als Vertreter ohne Vertretungsmacht analog §179 Abs. 1 BGB[3], es sei denn, dem anderen Teil ist bekannt, dass der Vertrag für eine GmbH geschlossen werden soll (vgl. §179 Abs. 3 BGB).

Beispiel

Alleingesellschafter und Alleingeschäftsführer A der L-GmbH erteilt Bauunternehmer B *mündlich* den Auftrag für den Bau einer Lagerhal-

2 BGH NJW 2007, 1529, Rn. 14.
3 Vgl. zu dieser Vorschrift die folgenden Ausführungen.

le, ohne ausdrücklich darauf hinzuweisen, dass nicht er, sondern die L-GmbH die Vertragspartnerin des B werden soll. B war bei Vertragsabschluss aber bekannt, dass die Bauarbeiten für das Unternehmen des A und nicht für A privat sein sollten. Er wusste jedoch nicht, dass das Unternehmen des A in der Rechtsform einer GmbH geführt wurde.

Nach Durchführung der Bauarbeiten ging die L-GmbH in die Insolvenz und war deshalb nicht in der Lage, den Werklohn zu zahlen. Daraufhin erhob B Klage gegen A persönlich auf Zahlung. Das angerufene Landgericht hat die Klage rechtskräftig abgewiesen, der Bauvertrag sei nach den Grundsätzen des unternehmensbezogenen Geschäfts mit der GmbH als Unternehmensträgerin zustande gekommen. Damit sei gemäß § 13 Abs. 2 GmbHG nur eine Haftung der GmbH mit ihrem Gesellschaftsvermögen, aber keine persönliche Haftung des A begründet worden[4].

Der Fall wäre anders zu entscheiden gewesen, wenn ein schriftlicher Vertrag geschlossen worden wäre und der Geschäftsführer bei der Bezeichnung des Auftraggebers den Zusatz „GmbH" weggelassen hätte. In diesem Fall hätte er nach § 179 Abs. 1 BGB analog gehaftet, es sei denn, B hätte gewusst, dass der Vertrag für die L-GmbH geschlossen würde.

Praxistipp

Wenn Sie einen Vertrag schließen, der sich auf ein Unternehmen bezieht, wird das Unternehmen Ihr Vertragspartner. Dies gilt auch, wenn das Unternehmen die Rechtsform einer GmbH hat. In diesem Fall haftet nur das Vermögen der GmbH für die Bezahlung Ihrer Forderung (§ 13 Abs. 2 GmbHG), es sei denn, Ihr Vertragspartner hätte bei einem schriftlich geschlossenen Vertrag den GmbH-Zusatz weggelassen.

Geschäft für den, den es angeht

Hinter dem Wortungetüm „Geschäft für den, den es angeht" verbirgt sich, dass das Offenkundigkeitsprinzip nicht gilt, wenn es der anderen Seite gleichgültig ist, wer ihr Vertragspartner wird. Davon kann man bei Bargeschäften des täglichen Lebens ausgehen, also insbesondere bei Kaufverträgen, die von beiden Seiten sofort vollständig erfüllt werden. Die praktische Bedeutung dieser Fallgruppe ist eher gering.

Beispiel

Wenn jemand ein Pfund Kaffee für einen anderen kauft und sofort bezahlt, ist es dem Verkäufer egal, ob der Käufer den Kaffee für sich oder für seinen Nachbarn kaufen will.

---

[4] LG Oldenburg, das Urteil ist nicht veröffentlicht.

6.2.3 Im Rahmen der Vertretungsmacht

Neben der Abgabe einer eigenen Willenserklärung (P1) und dem Handeln im Namen des Vertretenen (P2) ist dritte Voraussetzung für eine wirksame Vertretung, dass der Vertreter innerhalb der ihm zustehenden Vertretungsmacht handelt. Diese Voraussetzung zerfällt in zwei Bestandteile:

- Der Vertreter muss (überhaupt) eine Vertretungsmacht haben.
- Der Vertreter muss im Rahmen der Vertretungsmacht handeln.

Beispiel

Wenn jemand als Vertreter einen roten AUDI für maximal 15.000,– € kaufen soll, dann aber einen grauen OPEL für 19.000,– € erwirbt, dann hat er zwar eine Vertretungsmacht zum Kauf eines Autos, er hat aber nicht im Rahmen der Vertretungsmacht gehandelt, weil er ein anderes Fahrzeug erworben und außerdem einen zu hohen Preis vereinbart hat.

Merke

Die Vertretungsmacht kann sich ergeben aus

- der Erteilung einer **Vollmacht** (§ 167 Abs. 1 BGB),
- dem **Gesetz** (§§ 1626 Abs. 1, 1629 Abs. 2 BGB) und
- einer **Organstellung** (§ 35 Abs. 1 GmbHG, § 78 Abs. 1 AktG).

Vollmacht

Die durch Rechtsgeschäft erteilte Vertretungsmacht wird „Vollmacht" genannt (vgl. § 167 Abs. 1 BGB).

Beispiel

Ein Arbeitgeber erteilt seiner Angestellten die Vollmacht, ihn während seiner Abwesenheit im Einkauf zu vertreten.

Die Vollmacht kann nach § 167 Abs. 1 BGB durch Erklärung gegenüber dem zu Bevollmächtigenden (das ist der Vertreter) oder gegenüber dem Dritten, dem gegenüber die Vertretung stattfinden soll, erteilt werden. Im ersten Fall handelt es sich um eine **Innenvollmacht,** da an der Erteilung nur der Vertretene und der Vertreter beteiligt sind, im zweiten Fall liegt eine **Außenvollmacht** vor.

Nach § 167 Abs. 2 BGB bedarf die Erteilung der Vollmacht nicht der **Form,** die für das abzuschließende Rechtsgeschäft gilt. Das bedeutet, dass die Erteilung einer Vollmacht für einen Vertrag, der schriftlich abgeschlossen werden muss, auch mündlich erfolgen kann. Allerdings gibt es von dieser Regel zahlreiche wichtige Ausnahmen, zum Beispiel in § 2 Abs. 2 GmbHG. Danach erfordert die Unterzeichnung eines GmbH-Vertrags durch einen Vertreter eine notariell errichtete oder beglaubigte Vollmacht.

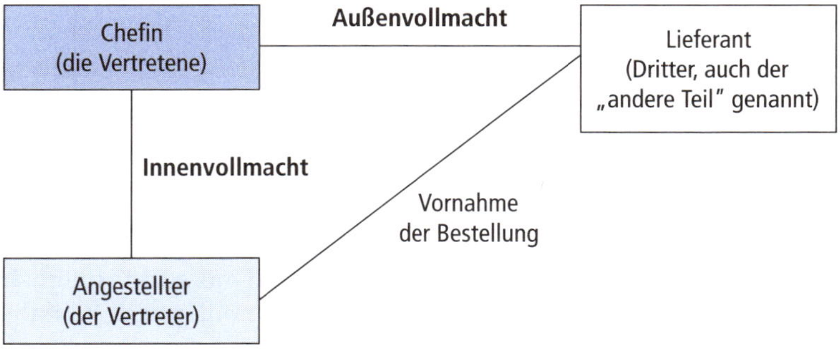

Abbildung 6.2: Erteilung der Vollmacht

Weitere Ausnahmen zu § 167 Abs. 2 BGB hat die Rechtsprechung gegen dessen Wortlaut geschaffen. Immer dann, wenn die formfreie Erteilung der Vollmacht im Ergebnis zu einer Umgehung einer Formvorschrift führen würde, wird für die Erteilung der Vollmacht die Form verlangt, die auch für das Rechtsgeschäft vorgeschrieben ist[5].

Beispiel

In einem Maklervertrag heißt es: „Der Makler wird unwiderruflich bevollmächtigt, das Objekt Kirschallee 39 in Dresden für die Eigentümer zu verkaufen." Durch diese Vollmachtserteilung wird § 311 b Abs. 1 BGB umgangen, da sich die Eigentümer rechtlich und tatsächlich in gleicher Weise gebunden hätten wie beim Abschluss eines notariellen Grundstückskaufvertrags. Eine so weitgehende Vollmachtserteilung bedarf deshalb der für den Grundstückskauf vorgeschriebenen Form, nämlich der notariellen Beurkundung (§§ 311 b Abs. 1, 128 BGB).

Anscheins- und Duldungsvollmacht

Die §§ 170 ff. BGB enthalten Regelungen zu den sogenannten Rechtsscheinsvollmachten. Hierunter ist zu verstehen, dass jemand *keine* Vollmacht hat, es aber so *aussieht* (den Anschein hat), als ob er eine Vollmacht hätte. Aus den in §§ 170 ff. BGB geregelten Fällen, denen unmittelbar keine große praktische Relevanz zukommt, haben Rechtsprechung und juristische Literatur die Grundsätze der **Anscheins- und der Duldungsvollmacht** entwickelt. Dabei geht es darum, dass der „Vertretene" durch ein Tun oder Unterlassen gegenüber dem anderen Teil den – unrichtigen – Anschein erweckt, er hätte demjenigen, der als sein Vertreter auftritt, eine Vollmacht erteilt. Wenn die weiteren Voraussetzungen des § 164 Abs. 1 BGB vorliegen – Abgabe einer eigenen Willenserklärung durch den „Vertreter" im Namen des „Vertretenen" – wird der „Vertretene" deshalb in gleicher Weise verpflichtet, als wenn er den „Vertreter" bevollmächtigt hätte. Deshalb kommt der Vertrag mit dem „Vertretenen" zustande.

5 Vgl. Palandt/Ellenberger, Bürgerliches Gesetzbuch, § 167 Rn. 2.

Merke

Der Unterschied zwischen einer Anscheins- und einer Duldungsvollmacht besteht darin, dass der „Vertretene" im Fall der **Duldungsvollmacht** weiß, dass jemand als „Vertreter" für ihn handelt, gleichwohl aber nichts dagegen unternimmt.

Bei der **Anscheinsvollmacht** kennt der „Vertretene" das Handeln des „Vertreters" zwar nicht, hätte es aber bei pflichtgemäßer Sorgfalt erkennen und verhindern können. Außerdem muss der andere Teil annehmen dürfen, der „Vertretene" dulde und billige das Verhalten des „Vertreters". Dafür ist ein Verhalten von einer gewissen Dauer oder Häufigkeit erforderlich. Ausreichend ist zum Beispiel die wiederholte Verwendung überlassener Geschäftspapiere oder Firmenstempel[6].

Beispiel

Architekt A ist für Bauträger B für verschiedene Projekte in den Bereichen Planung und Bauüberwachung tätig. A hat nach dem Architektenvertrag keine Vollmacht zur Vertretung des B. Anlässlich von Änderungen in der Bauausführung hat A bei früheren Bauvorhaben dennoch mehrfach „Aufträge" an Handwerker H vergeben, die von B anschließend ohne Beanstandung bezahlt wurden. Hier durfte H darauf vertrauen, dass A über eine Vollmacht verfügte. B hätte das Handeln des A verhindern müssen. Ob B Kenntnis davon hatte (Duldungsvollmacht) oder ob er es (nur) hätte wissen müssen (Anscheinsvollmacht), ist ohne Bedeutung.

Exkurs: Handelsrechtliche Vollmachten

Besondere Formen der rechtsgeschäftlichen Vertretungsmacht sind im HGB enthalten, nämlich die Prokura (§§ 48 ff. HGB), die Handlungsvollmacht (§ 54 HGB) und die (fingierte) Vollmacht des Ladenangestellten (§ 56 HGB).

Die Prokura Die Prokura ist eine rechtsgeschäftlich erteilte Vertretungsbefugnis und damit eine besondere Form der Vollmacht nach § 167 BGB. Die Grundlage der Vertretung bilden auch bei der Prokura die §§ 164 ff. BGB.

Merke

Der Prokurist muss nach § 164 Abs. 1 S. 1 BGB – wie ein „normaler Vertreter" – eine **eigene Willenserklärung** abgeben (P1), **im Namen des Vertretenen** auftreten (oft liegt ein unternehmensbezogenes Geschäft vor, P2) und **im Rahmen seiner Vertretungsmacht** handeln (P3), hier also im Rahmen der Prokura.

Die Erteilung der Prokura kann *nur* durch den Inhaber des Handelsgeschäfts erfolgen und verlangt eine *ausdrückliche* Erklärung (§ 48 Abs. 1 HGB). Nach § 53 Abs. 1 HGB muss die Prokura außerdem zur Eintragung in das Handelsregister

6 Palandt/Ellenberger, Bürgerliches Gesetzbuch, § 172 Rn. 11, 12.

angemeldet werden, doch ist dies lediglich eine sogenannte Ordnungsvorschrift und damit keine Voraussetzung für die Wirksamkeit der Prokuraerteilung. Die Eintragung hat damit keine konstitutive (rechtsbegründende), sondern nur eine deklaratorische (rechtsbezeugende) Wirkung.

Beispiel

Am 01.02. erteilt der im Handelsregister eingetragene Kaufmann K seinem langjährigen Mitarbeiter Pelle (P) mündlich Prokura. Die Eintragung in das Handelsregister erfolgt am 15.03. Bereits am 01.03. bestellt P unter Hinweis auf seine Prokura einen neuen Lkw bei V. P handelte hier bereits als Prokurist, da die Erteilung der Prokura am 01.02. sofort wirksam war. Die nachfolgende Handelsregistereintragung ist nur deklaratorisch.

Der Umfang der Vertretungsmacht eines Prokuristen ergibt sich aus §49 Abs. 1 HGB, wobei mit dem Begriff *„eines* Handelsgewerbes" gemeint ist **„irgendeines** Handelsgewerbes". Die Prokura ist also nicht auf eine bestimmte Branche oder den Tätigkeitsbereich des jeweiligen Handelsgeschäfts beschränkt, sondern umfasst alle Angelegenheiten, die in **irgendeinem** Handelsgeschäft anfallen. Der Umfang der Vertretungsmacht ist also extrem weit, sodass ein Prokurist die verrücktesten Bestellungen vornehmen könnte. Die praktische Bedeutung des §49 Abs. 1 HGB ist dagegen eher gering, da die Prokuristen sich in aller Regel an die Vorgaben ihrer Arbeitgeber halten und auch keine branchenfremden Geschäfte tätigen.

Beispiel

Der Prokurist einer Bank kann aufgrund seiner umfassenden Vertretungsmacht als Vertreter der Bank für alle Mitarbeiter Liegestühle bestellen, da diese Bestellung zwar kein Geschäft einer Bank ist, aber bei einem *(„irgendeinem")* Handelsgeschäft, zum Beispiel bei einem Gartencenter, zum Geschäftsbereich gehört. Der Kaufvertrag ist deshalb im Außenverhältnis zum Lieferanten wirksam, doch muss der Prokurist im Innenverhältnis mit Schwierigkeiten rechnen, wenn er eine solche Bestellung tätigt. Möglicherweise hat er bald auch an Wochentagen die nötige Zeit für die Nutzung eines Liegestuhls …

Eine Besonderheit der Prokura besteht darin, dass die sehr umfassende Vertretungsmacht des Prokuristen gemäß §50 Abs. 1 HGB gegenüber Dritten (also **im Außenverhältnis**) nicht beschränkt werden kann. Eine Beschränkung kann nur gegenüber dem Prokuristen erfolgen (also im Innenverhältnis). Dann fallen das *rechtliche Können* (unbeschränkte Vertretungsbefugnis im Außenverhältnis) und das *rechtliche Dürfen* (Beschränkung im Innenverhältnis) auseinander. Ein vom Prokuristen unter Überschreitung der intern erteilten Beschränkungen geschlossener Vertrag ist zwar wirksam, der Prokurist hat jedoch eine Pflichtverletzung begangen, die arbeitsrechtlich relevant ist (Abmahnung, Kündigung) und Schadensersatzansprüche des Inhabers auslösen kann.

Beispiel

Wenn einem Prokuristen einer GmbH vom Geschäftsführer die Weisung erteilt wird, bei Verträgen mit einem Volumen von über 200.000,– € die Einwilligung des Geschäftsführers oder des Beirats einzuholen, wirkt diese Beschränkung nur im **Innenverhältnis.** Hält der Prokurist sich nicht an die Vorgabe, verstößt er gegen seine internen Pflichten und kann sich schadensersatzpflichtig machen. Außerdem drohen ihm der Entzug der Prokura und eine fristlose Kündigung des Arbeitsvertrags.

Sofern die weiteren Voraussetzungen der Vertretung nach § 164 Abs. 1 BGB vorliegen, ist der abgeschlossene Vertrag im **Außenverhältnis** hingegen wirksam, weil die Vertretungsmacht eines Prokuristen gegenüber Dritten gemäß § 50 Abs. 1 HGB nicht beschränkt werden kann. Etwas anderes gilt nur dann, wenn der Dritte von der Beschränkung weiß bzw. hätte wissen müssen. Dann kann er sich nach § 242 BGB nicht auf die unbeschränkte Vertretungsmacht berufen.

Nach § 48 Abs. 2 HGB kann eine Gesamtprokura für zwei (oder auch mehrere) Prokuristen erteilt werden, die dann jeweils zusammen handeln müssen. § 50 Abs. 3 HGB lässt eine Filialprokura zu.

Beispiel

P erhält Filialprokura für die Niederlassung der Deutschen Bank in Baden-Baden. Er kann damit nur Geschäfte für diese Filiale tätigen.

Die Handlungsvollmacht Neben der Prokura kennt das HGB die Handlungsvollmacht. Nach § 54 HGB kann die Handlungsvollmacht in verschiedenen Abstufungen erteilt werden, nämlich

- zur Führung des Betriebs eines (kompletten) Handelsgewerbes,
- zur Vornahme einer bestimmten zu einem Handelsgewerbe gehörenden Art von Geschäften (Einkauf oder Verkauf, Personaleinstellungen und Entlassungen) oder
- zur Vornahme einzelner zu einem Handelsgewerbe gehörender Geschäfte (Abschluss von Verträgen mit Auszubildenden).

Neben dem Umfang der Vertretungsmacht bestehen weitere Unterschiede zwischen der Prokura und der Handlungsvollmacht darin, dass die Prokura nur durch eine ausdrückliche Erklärung vom Inhaber des Handelsgeschäfts erteilt werden kann und in das Handelsregister eingetragen wird (§§ 48, 53 HGB). Eine Handlungsvollmacht kann hingegen auch von einem Prokuristen erteilt werden, eine Eintragung in das Handelsregister ist weder vorgeschrieben noch möglich. Der Prokurist unterschreibt in der Regel mit dem Zusatz „ppa." („per procura"), der Handlungsbevollmächtigte häufig mit „i. V." (für „in Vertretung", auch „in Vollmacht") oder „i. A." („im Auftrag").

Für den Geschäftsverkehr hat die Prokura die Vorteile, dass ihr Bestehen durch einen Blick ins Handelsregister schnell prüfbar und der Umfang der Vertretungsmacht gesetzlich festgelegt ist. Überdies macht sich die Bezeichnung „Prokurist“ auf Visitenkarten besser als die Bezeichnung „Handlungsbevollmächtigter“. In der Sache würde es hingegen bei zahlreichen Prokuraerteilungen ausreichen, eine Handlungsvollmacht zu erteilen. Häufig erhalten verdiente Mitarbeiter als Auszeichnung „Prokura“.

Vollmacht des Ladenangestellten §56 HGB enthält eine fingierte Vollmacht des Ladenangestellten. Fingiert bedeutet, dass keine Vollmacht erteilt wurde, aber so getan wird, *als ob* eine Bevollmächtigung erfolgt sei. Diese Fiktion kommt zur Anwendung, wenn jemand in „einem Laden oder offenen Warenlager“ angestellt ist, aber keine Vollmacht hat. Sie hat schon deshalb keine große praktische Bedeutung, weil mit dem Anstellungsvertrag im Regelfall eine zumindest konkludente Vollmachtserteilung verbunden ist.

Beispiel

Studentin S arbeitet als Aushilfskraft im Verkauf der Filiale einer Bäckerei. Mit der Einstellung und der Zuweisung der Arbeit ist die Erteilung einer Vollmacht für die üblichen Verkäufe verbunden. Anderenfalls hätte S nach §56 HGB eine fingierte Vollmacht.

Gesetzliche Vertreter

Nach §1629 Abs. 1 BGB umfasst die elterliche Sorge (§1626 Abs. 1 BGB) auch die Vertretung des Kindes. Den Eltern steht eine *gesetzliche* Vertretungsmacht zu, eine Bevollmächtigung ist nicht erforderlich. Die elterliche Sorge steht beiden Elternteilen gemeinsam zu, sodass sie auch **gemeinsam** zur Vertretung des Kindes berechtigt sind. Natürlich können die Eltern sich absprechen, sodass es ausreicht, wenn jeweils ein Elternteil handelt. §1629 Abs. 2 BGB enthält Beschränkungen zum Umfang der Vertretungsmacht, um eine mögliche Gefährdung der Kindesinteressen zu vermeiden.

Eine weitere auf dem Gesetz beruhende Vertretungsmacht ist in §1357 Abs. 1 BGB geregelt. Danach ist ein Ehegatte auch ohne Erteilung einer Vollmacht berechtigt, den anderen Ehegatten zu vertreten, sofern die abgeschlossenen Geschäfte zur angemessenen Deckung des Lebensbedarfs der Familie erforderlich sind. Der Umfang der sogenannten **„Schlüsselgewalt“** richtet sich nach den persönlichen und wirtschaftlichen Verhältnissen des Ehepaares[7].

Beispiele

- Erteilt ein Ehegatte einen Reparaturauftrag zur Behebung eines Wasserrohrbruchs, erfolgt eine Vertretung des anderen Ehegatten, sodass dieser ebenfalls zur Zahlung der Vergütung nach §631 BGB verpflichtet ist.
- Lässt sich ein Ehegatte von einem Arzt privat behandeln, wird in der Regel auch der andere zur Zahlung verpflichtet. Dies gilt auch bei der Behandlung gemeinsamer Kinder.

[7] Palandt/Brudermüller, Bürgerliches Gesetzbuch, §1357 Rn. 12 ff.

Von diesen Fällen abgesehen haften Ehepartner grundsätzlich nicht für die Schulden des anderen Ehegatten.

Beispiel

Ehemann K hat sich bei V auf Raten ein für die Einkommensverhältnisse der Familie viel zu teures Auto gekauft und gerät prompt mit der Zahlung der Raten in Verzug. V wendet sich deshalb an die Ehefrau des K und fordert diese zur Zahlung auf. Die Ehefrau ist nicht zur Zahlung verpflichtet, weil kein Fall des § 1357 Abs. 1 BGB vorliegt und auch aus keinem anderen Rechtsgrund eine Verpflichtung der Ehefrau begründet worden ist. Anders wäre es, wenn die Ehefrau den Kaufvertrag ebenfalls unterschrieben oder – was viel zu häufig geschieht – eine Bürgschaft übernommen hätte[8].

Exkurs: Organschaftliche Vertreter

Organe sind natürliche Personen (Menschen), die für juristische Personen handeln. Ein Teil der Organe ist auch zur Vertretung der juristischen Person berechtigt. Die Vertretungsmacht knüpft dabei unmittelbar an die Organstellung an, sodass – wie bei den gesetzlichen Vertretern – keine Vollmachtserteilung gemäß § 167 Abs. 1 BGB erforderlich ist. Man spricht von einer organschaftlichen Vertretung. So ist der **Geschäftsführer einer GmbH** nach § 35 Abs. 1 GmbHG umfassend zur Vertretung der GmbH befugt. Dies gilt in gleicher Weise für den **Vorstand einer Aktiengesellschaft** (§ 78 Abs. 1 AktG).

6.3 Vertreter ohne Vertretungsmacht

Wenn jemand als Vertreter einen Vertrag schließt, ohne seine Vertretungsmacht nachzuweisen, ist der Vertrag nach § 177 Abs. 1 BGB „schwebend unwirksam". Die Wirksamkeit des Vertrags hängt davon ab, ob der „Vertretene" den Vertrag genehmigt, also seine nachträgliche Zustimmung zur Vertretung erteilt (§§ 182 Abs. 1, 184 Abs. 1 BGB). Tut er dies nicht, wird der zunächst schwebend unwirksame Vertrag unwirksam (nichtig).

6.3.1 Vertragsabschluss als Vertreter

Ein Vertragsabschluss als Vertreter liegt vor, wenn der Handelnde *wie* ein Vertreter auftritt, indem er eine eigene Willenserklärung (P1) im Namen des Vertretenen (P2) abgibt. Mit anderen Worten: Die beiden ersten Voraussetzungen des § 164 Abs. 1 BGB sind erfüllt. Für den anderen Beteiligten (den anderen Teil) sieht es deshalb so aus, als ob ein Vertreter handelt.

8 Zu Bürgschaften durch Familienangehörige vgl. S. 507 f.

Beispiel

A bestellt auf Firmenbögen bei V Waren, wobei er mit „i. V. A" unterschreibt. A hatte für dieses Geschäft keine Vollmacht. Hier hat A eine *eigene Willenserklärung* abgegeben und durch die Verwendung von Firmenbögen und den Zusatz „i. V." (für „in Vertretung" oder auch „in Vollmacht") *im Namen des Vertretenen* gehandelt.

6.3.2 Ohne Vertretungsmacht

Ein Handeln „ohne Vertretungsmacht" liegt zum einen dann vor, wenn der als Vertreter Handelnde (gar) keine Vertretungsmacht besitzt, so wie im vorstehenden Beispiel. Diese Voraussetzung ist zum anderem aber auch erfüllt, wenn zwar eine Vertretungsmacht erteilt wurde, diese den konkreten Vertrag aber nicht abdeckt.

Beispiel

V soll sich auf einer Messe über neue Maschinen informieren. Bis zu einem Betrag von 50.000,– € ist V bevollmächtigt, für seinen Arbeitgeber A einen Kaufvertrag abzuschließen. V kauft in Vertretung des A eine Maschine für 70.000,– €. Der Kaufvertrag ist gemäß § 177 Abs. 1 BGB schwebend unwirksam, weil V zwar eine Vertretungsmacht hatte, aber außerhalb dieser Vertretungsmacht gehandelt hat.

6.3.3 Genehmigung der Vertretung

Die „Schwebelage", in der sich der Vertrag gemäß § 177 Abs. 1 BGB befindet, wird dadurch beendet, dass der „Vertretene" sich äußert: Erteilt er die Genehmigung, wird der bis dahin schwebend unwirksame Vertrag rückwirkend wirksam (§§ 182 Abs. 1, 184 Abs. 1 BGB). Verweigert der „Vertretene" die Genehmigung, wird der Vertrag unwirksam (nichtig). Schwierigkeiten bereitet, dass § 182 Abs. 1 BGB andere Bezeichnungen verwendet als die §§ 164 ff. BGB. Man muss sich deshalb vorab verdeutlichen, wer jeweils gemeint ist.

Nach § 182 Abs. 1 BGB kommt es auf die „Zustimmung des Dritten" an: Dies ist im Fall des Vertreters ohne Vertretungsmacht der „Vertretene", zum Beispiel ein Arbeitgeber oder Firmeninhaber. Die Zustimmung kann „sowohl dem einen als dem anderen Teil gegenüber erklärt werden". Dabei handelt es sich einmal um den Vertreter („der eine Teil"), das andere Mal um denjenigen, mit dem der Vertreter den (schwebend unwirksamen) Vertrag geschlossen hat („der andere Teil").

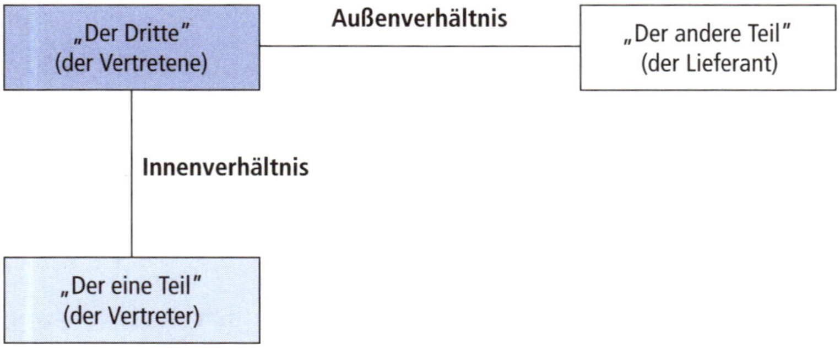

Abbildung 6.3: Zustimmung nach § 182 BGB

6.3.4 Anspruch gegen den Vertreter ohne Vertretungsmacht

Wenn der angeblich „Vertretene" den von einem Vertreter ohne Vertretungsmacht geschlossenen Vertrag nicht genehmigt, wird der bis dahin schwebend unwirksame Vertrag unwirksam (nichtig). Deshalb hat der „andere Teil" keinen Anspruch gegen den „Vertretenen", doch gewährt ihm § 179 Abs. 1 BGB einen Anspruch gegen den Vertreter ohne Vertretungsmacht. Dabei steht „dem anderen Teil" ein Wahlrecht zu. Er kann verlangen, dass der Vertreter ohne Vertretungsmacht die Leistung erbringt, die nach dem gescheiterten Vertrag geschuldet war, oder dass der „Vertreter" Schadensersatz leistet.

Beispiel

V hat als „Vertreter ohne Vertretungsmacht" im Namen des X mit Hersteller H einen Kaufvertrag über eine Maschine zu einem Kaufpreis von 1,2 Mio. € geschlossen. X verweigert die Genehmigung des Vertrags, sodass der zunächst schwebend unwirksame Vertrag nichtig wird. Damit besteht zwischen H und X kein Kaufvertrag. H steht gegen X deshalb kein Anspruch aus § 433 Abs. 2 BGB auf Zahlung des Kaufpreises zu.

Auch zwischen dem Vertreter ohne Vertretungsmacht (V) und H besteht kein Kaufvertrag, da V im fremden und nicht im eigenen Namen gehandelt hat. Also steht H gegen V ebenfalls kein Anspruch aus § 433 Abs. 2 BGB zu.

H kann aber einen Anspruch nach § 179 Abs. 1 BGB gegen V geltend machen:

- Wenn H sich für die Erfüllung des gescheiterten Kaufvertrags entscheidet, hat er gegen V aus § 179 Abs. 1 BGB einen Anspruch auf Zahlung des Kaufpreises, zugleich muss H die Maschine an V liefern und übereignen. Wirtschaftlich ist es dann so, als wenn ein Kaufvertrag zwischen V und H bestehen würde.
- H kann V aus § 179 Abs. 1 BGB aber auch auf Schadensersatz in Anspruch nehmen, insbesondere für den entgangenen Gewinn (vgl. § 252 BGB) aus dem gescheiterten Kaufvertrag. In diesem Fall muss

V „nur“ Schadensersatz leisten, er bekommt allerdings auch die Maschine nicht.

Die Rechte „des anderen Teils“ werden durch § 179 Abs. 2 und 3 BGB eingeschränkt: Wenn der Vertreter nicht gewusst haben sollte, dass er keine Vertretungsmacht hatte, kann er nach § 179 Abs. 2 BGB nur in eingeschränktem Umfang auf Schadensersatz in Anspruch genommen werden. Er muss dann nicht den entgangenen Gewinn ausgleichen, sondern nur die Kosten, die dem anderen Teil für die Anbahnung und die Durchführung des Vertrags entstanden sind, etwa Transportkosten oder Provisionen an Dritte.

Beispiel

Geschäftsführer GF 1 einer GmbH erteilt V Vollmacht. V wusste nicht, dass der zweite Geschäftsführer der GmbH (GF 2) ebenfalls hätte zustimmen müssen, sodass die Vollmachtserteilung nicht wirksam ist. Wenn V im Vertrauen auf die Vollmacht einen von den Geschäftsführern später nicht genehmigten Vertrag schließt, müsste er dem anderen Teil nur eingeschränkt Schadensersatz leisten.

Nach § 179 Abs. 3 S. 1 BGB haftet der Vertreter ohne Vertretungsmacht gar nicht, also weder auf Erfüllung noch auf Schadensersatz, wenn der andere Teil wusste oder hätte wissen müssen, dass der „Vertreter“ keine Vertretungsmacht hatte.

Beispiel

Anlässlich von Verhandlungen über die Anmietung von Geschäftsräumen erklärt der als Vertreter handelnde H, dass seine Chefin sich „als letzte Instanz stets die endgültige Entscheidung vorbehalte. Das sei nun leider mal so“. Aber man könne den Mietvertrag ja schon mal unterschreiben. Aus der Erklärung des H musste der andere Teil (Vermieter) entnehmen, dass H *keine* Vertretungsmacht hatte. Verweigert die Chefin die Genehmigung des Mietvertrags, stehen dem Vermieter deshalb keine Ansprüche gegen den „Vertreter“ zu (§ 179 Abs. 3 S. 1 BGB).

Merke

Ein Anspruch aus § 179 Abs. 1 BGB ist wie folgt zu prüfen:

P1: Abgabe einer eigenen Willenserklärung durch den „Vertreter“

P2: im Namen des „Vertretenen“

P3: ohne den Nachweis der Vertretungsmacht

N1: keine Kenntnis des anderen Teils vom Mangel der Vertretungsmacht (§ 179 Abs. 3 S. 1 BGB).

Rechtsfolge: Wahlrecht des anderen Teils auf Erfüllung oder Schadensersatz, evtl. nach § 179 Abs. 2 BGB eingeschränkt.

6.4 Exkurs: Vertretung bei Personengesellschaften

6.4.1 Grundlagen

Die „Basisvorschrift" des Vertretungsrechts, § 164 Abs. 1 BGB, gilt auch bei Vertretungsfällen außerhalb des BGB. Die Vorschrift wird aber durch spezielle Regelungen modifiziert oder verdrängt. Die Voraussetzungen

P1: Abgabe einer eigenen Willenserklärung durch den Vertreter

P2: im Namen des Vertretenen

P3: im Rahmen der Vertretungsmacht

müssen aber immer vorliegen.

6.4.2 Gesellschafter als Vertreter

Die Vertretungsmacht ergibt sich bei Personengesellschaften (GbR, OHG, KG) aus der Stellung einer Person als Gesellschafter. Es gilt der Grundsatz: Wer Gesellschafter einer GbR, OHG oder KG ist (Ausnahme: Kommanditist, § 170 HGB), ist auch zur Vertretung der Gesellschaft berechtigt. Dabei wird zwischen der Einzelvertretung (jeder Gesellschafter ist allein berechtigt) und der Gesamtvertretung (alle Gesellschafter sind gemeinsam berechtigt) unterschieden. Das Gesetz sieht bei der GbR die Gesamtvertretung vor (§§ 714, 709 BGB), bei OHG (§ 125 Abs. 1 HGB) und KG (§§ 161 Abs. 2, 125 HGB) hingegen die Einzelvertretung. Durch den Gesellschaftsvertrag können abweichende Vereinbarungen getroffen werden.

Merke

Oft übersehen, aber von großer praktischer Bedeutung ist, dass neben den Gesellschaftern häufig auch Mitarbeiter, also Arbeitnehmer der Gesellschaft, zur Vertretung berechtigt sind.

Beispiel

Die X-GbR betreibt eine Boutique für Geschenkartikel. Gesellschafter sind Herr und Frau A, die nach dem Gesellschaftsvertrag alleinvertretungsberechtigt sind. Im Geschäft sind drei Verkäuferinnen angestellt, die neben den Gesellschaftern befugt sind, mit Wirkung für und gegen die GbR Kaufverträge mit den Kunden abzuschließen. Das Recht zur Vertretung ergibt sich entweder aus einer zumindest konkludent erteilten Vollmacht oder aber aus § 56 HGB. Also wird die X-GbR beim Abschluss von Kaufverträgen neben den Gesellschaftern auch von den Angestellten vertreten.

Gesellschaft bürgerlichen Rechts (GbR)

Wenn im Gesellschaftsvertrag keine Regelungen zur Vertretung enthalten sind, richtet sich die Vertretungsmacht bei der GbR gemäß § 714 BGB nach der Geschäftsführungsbefugnis. § 709 Abs. 1 BGB sieht eine gemeinschaftliche

Geschäftsführung aller Gesellschafter vor, woraus nach §§709, 714 BGB eine Gesamtvertretung folgt. Dies bedeutet, dass bei *jedem* Rechtsgeschäft alle Gesellschafter *gemeinsam* handeln müssen. Da dies recht unpraktisch ist, werden in vielen Gesellschaftsverträgen abweichende Regelungen getroffen, z.B. das Recht zur Einzelvertretung. Im Übrigen können Mitarbeitern Vertretungsbefugnisse für bestimmte Geschäfte erteilt werden, was sehr oft geschieht.

Offene Handelsgesellschaft (OHG)

Die OHG wird nach §125 HGB von ihren Gesellschaftern vertreten. Wenn keine andere Vereinbarung im Gesellschaftsvertrag getroffen worden ist, gilt nach §125 Abs.1 HGB das Prinzip der Einzelvertretung. Der Umfang der Vertretungsmacht ergibt sich aus §126 HGB.

Kommanditgesellschaft (KG)

Nach §170 HGB ist der Kommanditist („Teilhafter") von der Vertretung der KG ausgeschlossen. Für die Komplementäre gelten gemäß §161 Abs.2 HGB die §§125 bis 127 HGB, sodass auch hier das Prinzip der Einzelvertretung greift. Diese Regeln gelten auch für die GmbH & Co. KG, die eine besondere Form der KG ist. Die Besonderheit besteht darin, dass der Komplementär („Vollhafter") eine GmbH ist. Die Vertretung ist deshalb zweigestuft zu prüfen:

1. Schritt: Wer vertritt die KG? §§161 Abs.2, 125 HGB: Der Komplementär.

2. Schritt: Wer vertritt den Komplementär, also die GmbH? §35 GmbHG: Der oder die Geschäftsführer.

Merke

Die GmbH & Co. KG ist eine KG, die von den Geschäftsführern der Komplementär-GmbH vertreten wird.

6.5 Exkurs: Vertretung bei Kapitalgesellschaften

6.5.1 Vertretung der GmbH

Die GmbH wird von dem oder – falls mehrere bestellt sind – von den Geschäftsführern vertreten. Diese können, müssen aber nicht GmbH-Gesellschafter sein. Sind sie keine Gesellschafter, spricht man vom „Prinzip der Fremdorganschaft", anderenfalls vom „Prinzip der Selbstorganschaft". In der Praxis weit verbreitet ist die Eine-Person-GmbH (auch „Ein-Mann-GmbH"), bei der alle Funktionen von nur einer Person ausgeübt werden.

Beispiel

Handwerker H entschließt sich aus Haftungsgründen, sein Unternehmen künftig in der Rechtsform der GmbH zu führen. In der „Errichtungserklärung", für die eine notarielle Beurkundung erforderlich ist (§2 GmbHG), übernimmt H alle Geschäftsanteile, sodass er Alleingesellschafter der GmbH wird, und bestimmt sich außerdem zum (Allein-)Geschäftsführer.

Sind mehrere Geschäftsführer bestellt, gilt nach §35 Abs. 2 S. 1 GmbHG das Prinzip der Gesamtvertretung, sodass alle Geschäftsführer gemeinsam handeln müssten. Von dieser Rechtslage wird in der Praxis häufig durch die Einräumung des Einzelvertretungsrechts abgewichen.

Beispiel

Auszug aus dem Gesellschaftsvertrag:

„Die GmbH hat einen oder mehrere Geschäftsführer. Zum Geschäftsführer werden Frau F und Herr H bestellt. Sie sind berechtigt, die GmbH allein zu vertreten."

Der Umfang der Vertretungsmacht eines GmbH-Geschäftsführers geht sehr weit. Er vertritt die Gesellschaft in allen Angelegenheiten, die nicht gemäß §46 GmbHG der Gesellschafterversammlung vorbehalten sind. Eine Beschränkung der Vertretungsbefugnis hat gemäß §37 Abs. 2 GmbHG gegenüber Dritten keine Wirkung.

Beispiel

Frau G wird zur Geschäftsführerin der A-GmbH bestellt. Damit hat sie Vertretungsmacht für (fast) alle Angelegenheiten der GmbH (§35 GmbHG). Der Umfang der Vertretungsmacht ist – wie bei der Prokura – gesetzlich geregelt und kann Dritten gegenüber nicht eingeschränkt werden (§37 Abs. 2 GmbHG). Nur gewisse Geschäfte sind der Gesellschafterversammlung vorbehalten (vgl. §46 GmbHG).

Die Gesellschafter der GmbH, die keine Geschäftsführer sind, sind nur in bestimmten Angelegenheiten zur Vertretung der GmbH berechtigt, insbesondere bei der Bestellung und Abberufung der Geschäftsführer (§46 Nr. 5 GmbHG) sowie bei der Bestellung von Prokuristen und von Handlungsbevollmächtigten zum gesamten Geschäftsbetrieb (§46 Nr. 7 GmbHG).

6.5.2 Vertretung der Aktiengesellschaft

Nach §78 Abs. 1 AktG vertritt der Vorstand die Aktiengesellschaft (AG) gerichtlich und außergerichtlich. Sofern der Vorstand aus mehreren Personen besteht, sind diese gemeinschaftlich zur Vertretung berechtigt (Prinzip der Gesamtvertretung). Die Satzung kann aber bestimmen, dass einzelne Vorstandsmitglieder allein oder in Gemeinschaft mit einem Prokuristen zur Vertretung der AG befugt sind (§78 Abs. 2, Abs. 3 AktG).

6.6 Selbstkontrahieren

6.6.1 Grundlagen

Nach § 181 BGB kann jemand als Vertreter einer anderen Person mit sich selbst keinen Vertrag abschließen („selbstkontrahieren"), also kein „In-Sich-Geschäft" vornehmen. Wird gegen diese Vorschrift verstoßen, ist der Vertrag allerdings nicht nichtig, sondern schwebend unwirksam. Das „weitere Schicksal" des Vertrags (wirksam oder unwirksam?) hängt dann davon ab, ob der Vertretene die Genehmigung erteilt oder verweigert.

Beispiel

Der Prokurist einer Bank ist aufgrund der Prokura berechtigt, die Bank umfassend zu vertreten (§§ 49 f. HGB). Er kann aber wegen § 181 BGB nicht als Vertreter der Bank mit sich selbst einen Darlehensvertrag, etwa für seine private Hausfinanzierung, schließen. Tut er es doch, ist der Vertrag schwebend unwirksam. Genehmigt der Vorstand der Bank den Vertrag, wird er wirksam, anderenfalls wird er unwirksam.

6.6.2 Ausnahmen

In § 181 BGB sieht das Gesetz zwei Ausnahmen vor:

Erfüllung einer Verbindlichkeit

Eine weniger wichtige Ausnahme ist gegeben, wenn das Rechtsgeschäft nur der Erfüllung einer schon bestehenden Verbindlichkeit dient, etwa in der Auszahlung der Vergütung durch den Vertreter eines Unternehmers an sich selbst oder in der Auszahlung von Reisekosten durch den Geschäftsführer einer GmbH an sich selbst.

Gestattung

Die wichtigere, besonders im Gesellschaftsrecht relevante Ausnahme liegt vor, wenn dem Vertreter das In-Sich-Geschäft gestattet, also erlaubt worden ist. Dies geschieht häufig im Gesellschaftsvertrag „kleiner" GmbHs.

Beispiel

Handwerker H, der Alleingesellschafter und Alleingeschäftsführer der H-GmbH ist, lässt in die Errichtungserklärung der GmbH den Passus aufnehmen:

„Der Geschäftsführer H ist von den Beschränkungen des § 181 BGB befreit."

In diesem Fall kann H als Geschäftsführer der GmbH mit sich selbst einen Vertrag schließen.

Kapitel 7
Formvorschriften

Lernziele dieses Kapitels

Was kommt in diesem Kapitel auf Sie zu? Aufgrund des Prinzips der Formfreiheit können die meisten Rechtsgeschäfte ohne Einhaltung einer besonderen Form geschlossen werden. Deswegen sind mündliche Verträge wirksam. In bestimmten Fällen verlangt das Gesetz aber die Einhaltung einer Form, in anderen Fällen vereinbaren die Parteien, obwohl dies nicht erforderlich ist, die Einhaltung einer Form, oft der Schriftform. Welche Formvorschriften es gibt und was passiert, wenn diese nicht eingehalten werden, lernen Sie auf den folgenden Seiten.

7.1 Grundlagen der Formbedürftigkeit

Rechtsgeschäfte bedürfen grundsätzlich keiner bestimmten Form. Sehr viele Verträge können und werden daher mündlich geschlossen, oft auch durch konkludentes Verhalten.

Beispiele

- Kaufverträge in Verbrauchermärkten, in Bekleidungsgeschäften,
- Beförderungsverträge für Bahn oder Bus,
- Verträge über einen Kino- oder Theaterbesuch,
- Kaufverträge über einen Pkw per Handschlag,
- Mietverträge über ein Hotelzimmer oder – wenn auch seltener – über Wohn- oder Geschäftsräume.

Alle gerade genannten Verträge sind nach dem **Prinzip der Formfreiheit** wirksam. Nur für bestimmte Rechtsgeschäfte wird dieses Prinzip durch das Gesetz durchbrochen („gesetzliche Form"). In anderen Fällen vereinbaren die Parteien, dass der Vertrag eine bestimmte Form haben soll („vereinbarte Form", auch **„gewillkürte Form"** genannt). Nach § 127 Abs. 1 BGB gelten die Vorschriften zur gesetzlichen Form (§§ 126, 126 a und 126 b BGB) „im Zweifel" auch für die vereinbarte Form („gewillkürte Form").

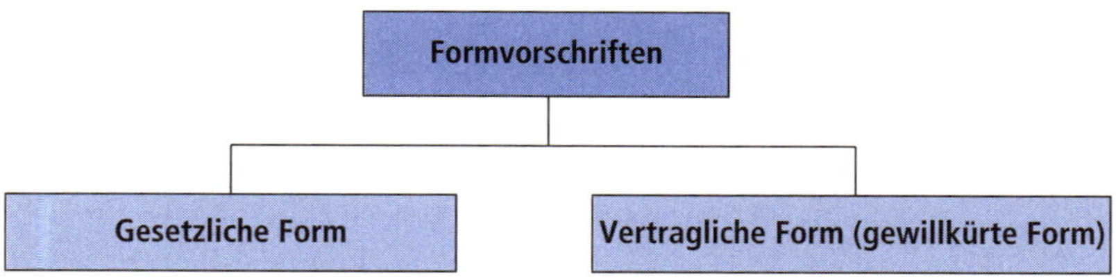

Abbildung 7.1: Formvorschriften

7.2 Funktionen von Formvorschriften

Die gesetzlichen Formvorschriften erfüllen verschiedene Funktionen, die sich teilweise überschneiden und nicht immer klar voneinander abzugrenzen sind. Allgemein lassen sich folgende Funktionen unterscheiden:

- Warnfunktion, insbesondere zum Schutze des Verbrauchers,
- Klarstellungs- und Beweisfunktion,
- Beratungsfunktion, zum Beispiel durch einen Notar,
- Kontrollfunktion, zum Beispiel durch eine Behörde.

7.3 Formarten des BGB

Das BGB unterscheidet in den §§ 126 ff. BGB zwischen fünf verschiedenen Formarten, von denen zwei – die Textform und die elektronische Form – erst im Jahre 2001 auch als Reaktion auf die zunehmende Verbreitung des Internets gesetzlich geregelt wurden.

7.3.1 Schriftform

Die Einhaltung der Schriftform (§ 126 BGB) erfordert eine **eigenhändige Unterschrift.** Für die Errichtung eines „eigenhändigen Testaments" muss außerdem der ganze Text handschriftlich abgefasst sein (§ 2247 Abs. 1 BGB). Gilt für einen Vertrag die Schriftform, müssen die Unterschriften („die Unterzeichnung") auf derselben Urkunde erfolgen. Werden mehrere gleichlautende Urkunden erstellt, genügt es, wenn jede Partei die für die andere Partei bestimmte Urkunde unterschreibt („unterzeichnet").

Beispiele, in denen die gesetzliche Schriftform einzuhalten ist:

- Verbraucherkreditvertrag: § 492 Abs. 1 S. 1 BGB,
- Mietvertrag, der für längere Zeit als ein Jahr geschlossen wird: § 550 S. 1 BGB[1],
- Kündigung und vertragliche Auflösung eines Arbeitsverhältnisses: § 623 BGB,
- Übernahme einer Bürgschaft: § 766 S. 1 BGB (Ausnahme: § 350 HGB)[2].

7.3.2 Elektronische Form

Die Einhaltung der elektronischen Form, die einen Sonderfall der Schriftform bildet, erfordert nach § 126 a BGB, dass der Aussteller der Erklärung seinen Namen hinzufügt und das elektronische Dokument mit einer **qualifizierten elektronischen Signatur** nach dem Signaturgesetz (SigG) versieht. Dieses Gesetz stellt sehr hohe Anforderungen auf, die in der Bundesrepublik zurzeit nur selten erfüllt werden. Die Verbreitung der digitalen Signatur ist deshalb eher gering.

Liegt im konkreten Fall eine dem Signaturgesetz entsprechende qualifizierte elektronische Signatur vor, wird nach § 126 Abs. 3 BGB die Schriftform und

---

[1] Vgl. S. 343 ff.
[2] Vgl. S. 499 ff.

damit die eigenhändige Unterschrift **ersetzt**. Die qualifizierte elektronische Signatur ist also grundsätzlich ein Substitut zur Schriftform.

Der Ersatz der Schriftform gilt nach § 126 Abs. 3 BGB nicht, wenn sich aus dem Gesetz etwas anderes ergibt. Diese Einschränkung bildet im BGB fast den Regelfall, weil zahlreiche Formvorschriften die Möglichkeit des Schriftformersatzes durch die elektronische Form ausdrücklich ausschließen.

Beispiele bilden der Verbraucherkreditvertrag (§ 492 Abs. 1 S. 2 BGB), die Kündigung eines Arbeitsverhältnisses (§ 623, 2. Halbsatz BGB), die Erteilung eines Zeugnisses über Arbeitsleistungen und andere Dienstleistungen (§ 630 S. 3 BGB) und die Übernahme einer Bürgschaft (§ 766 S. 2 BGB). Hier ist nach wie vor eine eigenhändige Unterschrift erforderlich. Eine Vornahme dieser Geschäfte im Internet mittels digitaler Signatur ist also nicht möglich.

Nun mögen Sie fragen, warum der Gesetzgeber die elektronische Form 2001 in das BGB eingefügt, dann aber sofort wichtige Bereiche ausgenommen hat. Die Erklärung ist recht einfach: Der deutsche Gesetzgeber war aufgrund zweier Richtlinien der europäischen Union zur Einführung der elektronischen Form verpflichtet. Dieser Verpflichtung ist er nachgekommen, hat aber für zahlreiche Bereiche an der eigenhändigen Unterschrift festgehalten[3].

Etwas anderes gilt beim Mietvertrag, der für längere Zeit als ein Jahr geschlossen wird. Da sich in § 550 BGB kein entsprechender Vorbehalt findet, kann die elektronische Form in Gestalt einer qualifizierten digitalen Signatur die Schriftform ersetzen.

7.3.3 Textform

Die Textform (§ 126 b BGB) stellt von allen Formvorschriften die geringsten Anforderungen auf. Nach dem schwer verständlichen Wortlaut der Vorschrift muss

- die Erklärung in einer Urkunde oder auf andere zur dauerhaften Wiedergabe in Schriftzeichen geeignete Weise (Diskette, CD-ROM, E-Mail) abgegeben werden,
- die Person des Erklärenden genannt und
- der Abschluss der Erklärung durch Nachbildung der Namensunterschrift oder anders erkennbar gemacht werden.

Diese Anforderungen können bei einem **Computerfax** durch eine **eingescannte Unterschrift** oder bei einer **E-Mail** durch die Namensnennung des Erklärenden erfüllt werden.

Die Textform soll bei Massengeschäften eingesetzt werden, bei denen eine eigenhändige Unterschrift einen zu großen Aufwand erfordern würde. So profitieren Vermieter mit einem großen Bestand an Wohnungen von der Textform, wie folgende Anwendungsfälle zeigen:

- Mitteilung der Änderung der Betriebskostenabrechnung durch den Vermieter: § 556 a Abs. 2 BGB,

[3] Vgl. die Nachweise bei Palandt/Ellenberger, Bürgerliches Gesetzbuch, § 126 a Rn. 1.

- Begründung der Mieterhöhung durch den Vermieter: §558 a Abs. 1 BGB.

In diesen Fällen reicht es also aus, wenn die Textform eingehalten wird.

7.3.4 Notarielle Beurkundung

Bei der notariellen Beurkundung (§128 BGB) müssen Antrag und Annahme vor einem Notar beurkundet werden, allerdings nicht in allen Fällen gleichzeitig. Der **Notar** beurkundet den gesamten Vertragsinhalt, nicht nur die Unterschriften der Parteien. Nach §13 Abs. 1 Beurkundungsgesetz ist der Notar verpflichtet, den Beteiligten den ganzen **Vertrag vorzulesen.** Bei vielen Beurkundungen ist erstaunlich, in welcher Geschwindigkeit Notare auch längere Urkunden in kürzester Zeit vorlesen können. Soweit auf Karten, Zeichnungen oder Abbildungen verwiesen wird, müssen diese den Beteiligten anstelle des Vorlesens zur Durchsicht vorgelegt werden, zum Beispiel eine **Bauzeichnung.**

Beispiele für die notarielle Beurkundung sind:

- Der **Grundstückskaufvertrag:** §311 b Abs. 1 S. 1 BGB,
- die Einigung über den Übergang des Eigentums an einem Grundstück („**Auflassung**" genannt), die nach §§873 Abs. 1, 925 Abs. 1 BGB bei gleichzeitiger Anwesenheit der Parteien vor dem Notar erklärt und beurkundet werden muss[4],
- der **Gesellschaftsvertrag** einer **GmbH:** §2 Abs. 1 GmbHG,
- die **Satzung** einer **Aktiengesellschaft:** §23 Abs. 1 AktG,
- **Hauptversammlungsbeschlüsse einer Aktiengesellschaft:** §130 Abs. 1 S. 1 AktG. Ausnahmen bestehen für nicht börsennotierte Aktiengesellschaften (§130 Abs. 1 S. 2 AktG).

7.3.5 Öffentliche Beglaubigung

Im Falle der öffentlichen Beglaubigung (§129 BGB) beglaubigt der Notar nur die Echtheit einer Unterschrift, hingegen nicht den Inhalt der Urkunde. Beispiele sind:

- Anmeldungen zum Handelsregister: §12 HGB, etwa bezüglich der Bestellung oder Abberufung eines GmbH-Geschäftsführers,
- Anträge auf Eintragungen in das Grundbuch: §29 GBO (Grundbuchordnung), etwa die Eintragung des Käufers als neuer Eigentümer oder einer Bank als Hypothekengläubiger[5].

7.4 Rechtsfolgen von Formmängeln

Die Rechtsfolgen von Formmängeln ergeben sich allgemein aus §125 BGB, für bestimmte Formmängel gelten davon abweichend spezielle Regelungen, die der allgemeinen Vorschrift vorgehen.

---

[4] Vgl. S. 483 f.

[5] Zum Grundbuch vgl. S. 486 f.

7.4.1 Allgemeine Regelung

Wenn eine gesetzlich vorgeschriebene Form nicht beachtet wird und keine spezielle Vorschrift eingreift, ist das Rechtsgeschäft nach § 125 S. 1 BGB nichtig. Nach Satz 2 gilt dies im Zweifel auch, wenn die Parteien die von ihnen vereinbarte Form – etwa die **gewillkürte** (vereinbarte) **Schriftform** – nicht beachten. Zur Frage, ob der Vertrag schon abgeschlossen ist, wenn die Parteien eine notarielle Beurkundung vereinbart haben, enthält § 154 Abs. 2 BGB die Auslegungsregel, dass der Vertrag „im Zweifel" noch nicht geschlossen ist. Diese Regelung gilt **analog** (entsprechend), wenn die Parteien vereinbaren, dass der Vertrag eine andere Form, etwa die Schriftform, haben soll.

Beispiele

- V und M verhandeln über den Abschluss eines Mietvertrags. Wenn der Vertrag nach dem Willen der Parteien erst mit den beiden Unterschriften wirksam werden soll, ist er nach § 154 Abs. 2 BGB analog vorher „im Zweifel" noch nicht geschlossen, auch wenn die Parteien sich schon über alle wesentlichen Punkte (Mietbeginn, Miete, Nebenkosten) einig sind.
- U plant die Errichtung eines Seniorenheims. Die von ihm kontaktierte Werbeagentur W beginnt bereits erste Entwürfe für eine **Marketingkampagne** zu fertigen. Unter anderem entwirft sie Flyer. Da sich das Projekt als nicht durchführbar erweist, nimmt U von weiteren Planungen Abstand.

  W klagt eine seinem Aufwand entsprechende Vergütung beim **Landgericht** ein. U gelingt im Prozess der Beweis, dass der Vertrag mit M schriftlich geschlossen werden sollte. Nach § 154 Abs. 2 BGB analog ist der Vertrag damit vor der Unterzeichnung „im Zweifel" nicht geschlossen. Die Klage des M wurde deshalb abgewiesen.

7.4.2 Spezielle Vorschriften

Der Gesetzgeber hat die Rechtsfolgen eines Formmangels für bestimmte Fälle abweichend von § 125 S. 1 BGB geregelt. Die Rechtsfolge „Nichtigkeit" tritt gar nicht erst ein oder wird durch ein nachfolgendes Verhalten der Parteien modifiziert. Man spricht von einer „Heilung des Formmangels".

Beispiele zur „Heilung von Formmängeln"

- Wenn jemand mündlich für die Schulden eines anderen eine **Bürgschaft** übernimmt, ist der Bürgschaftsvertrag nach §§ 766 S. 1, 125 BGB nichtig. Leistet der Bürge aber anschließend eine **Zahlung**, wird der Formmangel gemäß § 766 S. 3 BGB in Höhe der Zahlung geheilt („Soweit der Bürge …"). Wenn sich die Bürgschaft auf 30.000,– € beläuft und der Bürge 10.000,– € zahlt, tritt also eine Heilung in Höhe von 10.000,– € ein. Insoweit wird der Bürgschaftsvertrag wirksam. Da die Leistung mit Rechtsgrund erfolgte, kann der Bürge das Geld nicht nach § 812 Abs. 1 S. 1 BGB vom Gläubiger zurückverlangen. In

Höhe des Restbetrags von 20.000,– € bleibt der Bürgschaftsvertrag hingegen nichtig (unwirksam). Insoweit hat der Gläubiger gegen den Bürgen keinen Anspruch auf Zahlung aus §765 BGB[6].

- Nach §311 b Abs. 1 S. 2 BGB wird ein wegen Formmangels unwirksamer Grundstückskaufvertrag nach der **Auflassung** (die vor einem Notar erfolgen muss, §§873 Abs. 1, 925 Abs. 1 BGB) und der **Eintragung in das Grundbuch** wirksam[7].
- Nach §550 S. 1 BGB gilt der auf **bestimmte** Zeit (zum Beispiel für fünf Jahre) geschlossene Mietvertrag, sofern er nicht schriftlich abgeschlossen wird, als auf *unbestimmte* Zeit geschlossen. Der Mietvertrag ist damit trotz des Formmangels von Anfang an wirksam, aber als unbefristeter und nicht als befristeter Vertrag. Er endet deshalb nicht automatisch nach Ablauf von fünf Jahren, sondern nur durch die Kündigung einer der Parteien. Eine solche **Kündigung** ist erstmals nach einem Jahr zulässig (§550 S. 2 BGB). Bei Einhaltung der Schriftform könnte der Vertrag wegen der festen Laufzeit von fünf Jahren während dieser Zeit ordentlich gar nicht gekündigt werden. Eine außerordentliche (fristlose) Kündigung, etwa wegen Nichtzahlung der Miete, wäre aber möglich[8].

6 Vgl. das weitere Beispiel auf S. 499.
7 Zu Einzelheiten vgl. S. 483 ff.
8 Vgl. zu Einzelheiten S. 343 ff., 359 ff.

Kapitel 8
Verjährung

Lernziele dieses Kapitels

Was kommt in diesem Kapitel auf Sie zu? Der Satz „Knapp zu spät ist auch verjährt" führt uns zum Thema Verjährung. Der Verjährung unterliegen Ansprüche. Wenn man das als Gläubiger nicht beachtet und nicht rechtzeitig aktiv wird, kann der Schuldner nach Ablauf der Verjährungsfrist die Leistung, zum Beispiel die Zahlung des Kaufpreises, verweigern. Das ist mehr als ärgerlich für den Gläubiger. Deshalb sollen hier die wichtigsten Verjährungsvorschriften und die Möglichkeiten, wie man den Eintritt der Verjährung verhindern kann, dargestellt werden.

8.1 Grundlagen

Nach § 194 Abs. 1 BGB unterliegt das Recht, von einem anderen ein Tun oder Unterlassen zu verlangen (Anspruch), der Verjährung. Die in dieser Vorschrift enthaltene Definition des **Anspruchs** gilt für das gesamte Privatrecht, also nicht nur für das BGB, sondern auch für das Handelsrecht, das Gesellschaftsrecht, das Versicherungsvertragsrecht, das Patentrecht, das Urheberrecht usw.

Beispiele für Ansprüche

- Der Handelsvertreter hat nach § 87 Abs. 1 HGB gegen den Unternehmer einen Anspruch auf Zahlung einer Provision für die Geschäfte, die auf die Tätigkeit des Handelsvertreters zurückzuführen sind.
- Nach § 7 Abs. 1 UWG (Gesetz gegen den unlauteren Wettbewerb) sind geschäftliche Handlungen unzulässig, durch die ein Marktteilnehmer in unzulässiger Weise belästigt wird. Dazu zählt zum Beispiel das Zusenden unbestellter Werbefaxe und E-Mails (§ 7 Abs. 2 Nr. 3 UWG). Wird gegen dieses Verbot verstoßen, steht dem Belästigten gemäß § 8 Abs. 1 UWG ein Unterlassungsanspruch zu. Die Durchsetzung des Anspruchs bereitet in der Praxis allerdings oft erhebliche Probleme, vielfach ist sie sogar unmöglich (Server im Ausland, Absender verschleiert).

Was passiert, wenn ein Anspruch verjährt ist? Diese Frage wird oft falsch beantwortet. Die Rechtsfolge der Verjährung besteht *nicht* darin, dass der Anspruch untergeht (erlischt). Sie ist also nicht zu vergleichen mit der Bezahlung, die zu einem Untergang des Anspruchs führt (§ 362 Abs. 1 BGB).

Maßgeblich ist § 214 BGB: Nach Abs. 1 dieser Vorschrift ist der Schuldner nach Eintritt der Verjährung, also nach dem Ablauf der Verjährungsfrist, berechtigt, die Leistung zu verweigern. Der Schuldner hat also ein **Leistungsverweigerungsrecht.** Er kann frei entscheiden, ob er die Leistung noch erbringen oder ob er sich auf die Verjährung berufen will, indem er die **„Einrede der Verjährung"** erhebt. Erhebt er die Einrede nicht, wird die eingetretene Verjährung in einem Gerichtsverfahren nicht beachtet und der Schuldner wird trotz der Verjährung des Anspruchs zur Leistung verurteilt. Eine eingetretene Verjährung wird also nicht „von Amts wegen", sondern nur nach Einrede des Schuldners beachtet.

Beispiel

K klagt gegen V auf Nacherfüllung eines Kaufvertrags mit der Begründung, die von V gelieferte Kaufsache sei mangelhaft. Die zweijährige Verjährungsfrist des §438 Abs. 1 Nr. 3 BGB ist abgelaufen. V verteidigt sich im Prozess nur damit, die Sache sei nicht mangelhaft, beruft sich aber nicht auf die eingetretene Verjährung. Falls das Gericht zu dem Ergebnis gelangt, dass die Sache einen Mangel aufweist, hat die Klage trotz der Verjährung Erfolg.

Praxistipp

Wenn ein Anspruch verjährt ist, ist der Verpflichtete nach §214 Abs. 1 BGB berechtigt, die Leistung zu verweigern. Die Verjährung bewirkt also nicht den Untergang (das Erlöschen) des Anspruchs, sondern begründet nur ein Gegenrecht. Dieses muss der Verpflichtete ausüben, indem er die „Einrede der Verjährung" erhebt. Aus Gründen der Neutralität darf das Gericht den Schuldner nicht auf eine eingetretene Verjährung hinweisen. Es darf diese auch nicht „von Amts wegen" (also „von sich aus"), beachten, sondern nur, wenn die Einrede der Verjährung tatsächlich vom Schuldner erhoben wird.

8.2 Verjährungsfristen

Das BGB kennt eine nicht nur auf den ersten Blick verwirrende Vielzahl unterschiedlicher Verjährungsfristen. Es ist deshalb sehr wichtig, sich in jedem Fall zunächst klarzumachen, um welchen Anspruch es geht, um so die richtige Verjährungsfrist zu finden und zu prüfen.

Beispiel

V und K haben einen Kaufvertrag über einen Lkw geschlossen. Nach §433 Abs. 1 S. 1 BGB ist V damit zur Lieferung des Lkw und zur Übertragung des Eigentums verpflichtet, K nach §433 Abs. 2 BGB zur Zahlung des Kaufpreises und zur Abnahme des Lkw.

- Diese beiden Erfüllungsansprüche verjähren nach derselben Frist (§195 BGB: drei Jahre).
- Wenn der Lkw Mängel aufweist, gilt für die daraus resultierenden Ansprüche des K eine andere Verjährungsfrist, die gemäß §438 Abs. 1 Nr. 3 zwei Jahre beträgt.

- Falls V bei der Lieferung des Fahrzeugs einen Schaden an der Garage des K verursacht, gilt für den Schadensersatzanspruch des K nochmals eine andere Verjährungsfrist (§ 199 Abs. 3 Nr. 1 BGB: zehn Jahre).

Ganz schön verwirrend, oder? Hinzu kommt noch, dass die Fristen zu verschiedenen Zeitpunkten zu laufen beginnen. Hat man die „richtige" Verjährungsfrist gefunden, ist deshalb im zweiten Schritt zu klären, wann die Frist angelaufen, und – dritter Schritt –, ob der Lauf der Frist möglicherweise unterbrochen worden ist.

Merke

Die Verjährung ist wie folgt zu prüfen:

1. Welche Verjährungsfrist gilt?
2. Wann beginnt die Frist zu laufen?
3. Ist der Lauf der Frist unterbrochen worden?

8.2.1 Regelmäßige Verjährungsfrist

Länge der Frist

Die „regelmäßige" Verjährungsfrist beträgt nach § 195 BGB drei Jahre. Die Frist von drei Jahren gilt immer dann, wenn es für einen Anspruch keine spezielle Verjährungsfrist gibt, wovon hier zunächst ausgegangen werden soll. In der regelmäßigen Frist verjähren zum Beispiel Forderungen auf Zahlung des Kaufpreises (§ 433 Abs. 2 BGB) und der Vergütung beim Werkvertrag (§ 631 Abs. 1 BGB). Wenn die für den Fall richtige Verjährungsfrist – hier § 195 BGB – ermittelt worden ist, ist nur der erste Schritt getan, nämlich die Länge der Frist bestimmt. Im zweiten Schritt ist zu klären, wann die Frist zu laufen beginnt. Diese Frage ist leider nicht einheitlich geregelt und muss deshalb jeweils bei den unterschiedlichen Fristen dargestellt werden.

Beginn der Frist

§ 199 Nr. 1 BGB ordnet für die regelmäßige Verjährungsfrist des § 195 BGB an, dass die Verjährung nicht sofort, sondern erst am **Schluss des Jahres** zu laufen beginnt, in dem die folgenden Voraussetzungen vorliegen:

P1: Der Anspruch muss entstanden sein, **und**

P2: der Gläubiger muss

- von den Umständen, die den Anspruch begründen, und
- von der Person des Schuldners Kenntnis erlangt oder wegen grober Fahrlässigkeit nicht erlangt haben.

Die tatsächliche Länge der dreijährigen Verjährungsfrist kann fast vier Jahre betragen, nämlich dann, wenn der Vertrag Anfang Januar geschlossen wird.

Beispiel

K hat am 11.01.2009 eine EDV-Anlage bei V gekauft und die Rechnung erhalten. Die Zahlung des K lässt auf sich warten, weil K immer wieder angebliche Mängel der Anlage rügt. V möchte wissen, wann er Gefahr läuft, dass sein Anspruch auf Kaufpreiszahlung verjährt.

1. **Welche Verjährungsfrist gilt?** Da es für den Zahlungsanspruch keine spezielle Frist gibt, gilt die **regelmäßige Verjährungsfrist** des § 195 BGB, die drei Jahre beträgt.
2. **Fristbeginn:** Diese Frist beginnt nach § 199 Abs. 1 BGB aber erst mit dem Schluss des Jahres zu laufen, in dem:
   Nr. 1: der Anspruch auf Zahlung **entstanden** ist. Der Zahlungsanspruch ist mit Abschluss des Kaufvertrags am 11.01.2009 und Übersendung der Rechnung fällig geworden und damit entstanden,
   Nr. 2: der Gläubiger Kenntnis erlangt: Gläubiger V hat sofort **Kenntnis** vom Kaufvertrag (also „von den den Anspruch begründenden Umständen") und von der Person des **Schuldners** (Käufer K) erlangt.

Damit lagen die Voraussetzungen für den Beginn der Verjährung am 11.01.2009 vor. Die dreijährige Verjährungsfrist des § 195 BGB begann deshalb nach § 199 Abs. 1 BGB am Ende des Jahres 2009 zu laufen und endet am 31.12.2012.

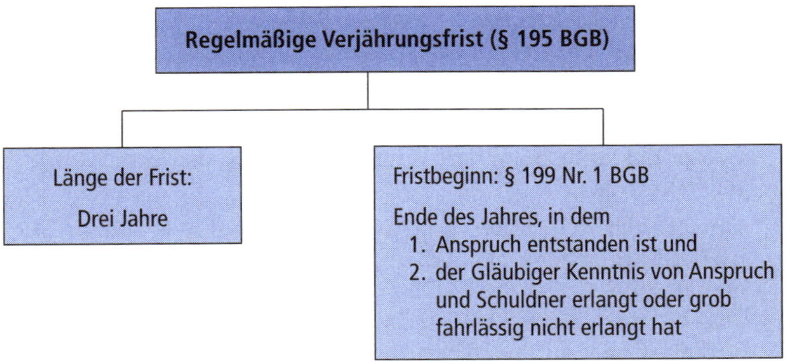

Abbildung 8.1: Regelmäßige Verjährungsfrist

8.2.2 Besondere Verjährungsfristen des Allgemeinen Teils

Grundstücke

Nach § 196 BGB verjähren Ansprüche auf Übertragung des Eigentums an einem Grundstück und weitere in Zusammenhang mit Grundstücken stehende Ansprüche nicht in der regelmäßigen Verjährungsfrist des § 195 BGB, sondern erst nach zehn Jahren. Die Frist beginnt nach § 200 BGB mit der Entstehung des Anspruchs, also sofort und nicht erst am Jahresende.

Ansprüche aus Urteilen und Vollstreckungsbescheiden

§ 197 BGB sieht für die dort genannten Ansprüche eine Verjährungsfrist von **30 Jahren** vor. Besonders wichtig ist die Regelung in § 197 Abs. 1 Nr. 3 BGB: Danach verjähren rechtskräftig festgestellte Ansprüche erst in 30 Jahren. Dies sind Ansprüche aus **Urteilen** und aus **Vollstreckungsbescheiden.** Die Verjährungsfrist beginnt nach § 201 BGB bei einem Urteil oder einem Vollstreckungsbescheid mit der Rechtskraft zu laufen, also sobald kein Rechtsmittel (Berufung, Revision bzw. Einspruch) mehr möglich ist.

Praxistipp

Auch wenn der Schuldner zurzeit kein Geld haben sollte, kann eine Klage sinnvoll sein, weil aus einem Urteil 30 Jahre lang vollstreckt werden kann.

Beispiel

Die V-GmbH verklagt im Frühjahr 2010 den Käufer K auf Zahlung des Kaufpreises in Höhe von 50.000,– € aus einem im Jahr 2008 geschlossenen Kaufvertrag. Das Landgericht verkündet im Mai 2010 folgendes Urteil:

> *„Der Beklagte wird verurteilt, an die Klägerin 50.000,– € zuzüglich acht Prozentpunkte Zinsen über dem Basiszinssatz seit dem 23.03.2009 zu zahlen*[1]*.*
>
> *Die Kosten des Rechtstreits trägt der Beklagte.*
>
> *Das Urteil ist gegen Sicherheitsleistung in Höhe von 65.000,– € vorläufig vollstreckbar."*

Da der Beklagte keine Berufung einlegt, wird das Urteil am 10.06.2010 rechtskräftig.

Obwohl der dem Urteil zugrunde liegende Anspruch auf die Kaufpreiszahlung nach § 195 BGB in drei Jahren verjährt, kann die V-GmbH gemäß § 197 Abs. 1 Nr. 3 BGB aus dem Urteil **30 Jahre ab Rechtskraft,** also bis zum 10.06.2040 die Vollstreckung wegen der Zahlung der 50.000,– € gegen K betreiben.

In Bezug auf die **Zinsen** ist zu unterscheiden: Die Zinsen, die bis zur Rechtskraft des Urteils aufgelaufen sind, unterliegen ebenfalls der 30-jährigen Verjährungsfrist des § 197 Abs. 1 Nr. 3 BGB. Die nach der Rechtskraft fällig werdenden Zinsen verjähren hingegen nach § 197 Abs. 2 BGB in der regelmäßigen Verjährungsfrist des § 195 BGB, also in drei Jahren[2].

---

1 Zu den Zinsen vgl. §§ 288 Abs. 1, Abs. 2, 247 BGB und S. 211.

2 Palandt/Ellenberger, Bürgerliches Gesetzbuch, § 197 Rn. 10

Schadensersatzansprüche

Bei der Verjährung von Schadensersatzansprüchen unterscheidet das BGB danach, welches Rechtsgut oder Recht verletzt worden ist. Im Falle einer Verletzung des Lebens, des Körpers, der Gesundheit oder der Freiheit gilt die längste im BGB enthaltene Verjährungsfrist von 30 Jahren ab der Verletzungshandlung (§ 199 Abs. 2 BGB).

Beispiel

Fahrradfahrer F wird bei einem Unfall durch Verschulden des Autofahrers A erheblich verletzt. Die Ansprüche des F auf Schadensersatz verjähren in 30 Jahren ab dem Unfall. Sollte es nach 28 Jahren zu einem Spätschaden kommen, könnte A sich (noch) nicht auf Verjährung berufen. Anders wäre es, wenn mehr als 30 Jahre seit dem Unfall vergangen wären.

Kompliziert ist die Regelung zu den sonstigen Schadensersatzansprüchen in § 199 Abs. 3 BGB. Hier gibt es eine Frist von zehn Jahren und eine solche von 30 Jahren. Die Zehn-Jahres-Frist beginnt mit der **Entstehung** des Schadens, die 30-Jahres-Frist beginnt mit der **schädigenden Handlung** zu laufen. Von diesen beiden Fristen gilt die im konkreten Fall früher endende Frist. Hierzu zwei recht komplizierte Beispiele:

Beispiel zu § 199 Abs. 3 Nr. 1 BGB

T hat am 23.02.2002 schuldhaft schädigende Stoffe auf das Grundstück seines Nachbarn N geleitet, die sofort zu einer erheblichen, aber noch nicht sichtbaren Verunreinigung des Erdreichs und damit zu einer Eigentumsverletzung des N geführt haben. Nehmen wir an, die Eigentumsverletzung würde erst acht Jahre später, also im Jahre 2010 anlässlich einer Bodenuntersuchung festgestellt. Am Tag nach der **Entstehung** des Schadens (§ 187 Abs. 1 BGB), also am 24.02.2002, und nicht erst mit der Entdeckung im Jahre 2010 begann die zehnjährige Verjährungsfrist des § 199 Abs. 3 Nr. 1 BGB zu laufen. Die Frist endet am 23.02.2012, sodass N nach der Entdeckung des Schadens im Jahre 2010 noch ausreichend Zeit zur Verfügung hat, um den Schadensersatzanspruch geltend zu machen. Wenn N die Eigentumsverletzung erst nach dem 23.02.2012 entdecken sollte, wäre die Zehn-Jahres-Frist um und T könnte sich auf die Verjährung berufen.

Beispiel zu § 199 Abs. 3 Nr. 2 BGB

Notar N gestaltet im Jahr 2001 einen Erbvertrag zwischen E und seinen vier Kindern. Danach soll die Tochter T Alleinerbin werden. E stirbt 32 Jahre später. Aufgrund eines von N verschuldeten Fehlers im Erbvertrag wird T nicht Alleinerbin, sondern erbt zusammen mit ihren Brüdern B 1, B 2 und B 3. Hier tritt der Schaden erst mit dem Erbfall ein, sodass nach § 199 Abs. 3 Nr. 1 BGB noch keine Verjährung vorliegt. Nach Nr. 2 tritt die Verjährung aber spätestens 30 Jahre nach der Pflichtverletzung ein, auch wenn der Schaden noch nicht entstanden ist. Diese Frist ist verstrichen. Da bei einer Kollision der Zehn-Jahres-Frist mit der 30-Jahres-Frist die früher endende Frist maßgeblich ist, ist der Schadensersatzanspruch der T gegen N verjährt.

Neben den im Allgemeinen Teil geregelten Verjährungsfristen gibt es eine Reihe von besonderen Vorschriften im **Schuldrecht.** Zu nennen sind insbesondere § 438 BGB, § 548 BGB und § 634 a BGB. Auf diese Vorschriften wird im Zusammenhang mit den zugrundeliegenden Ansprüchen eingegangen, also in den Kapiteln Kaufrecht, Mietrecht und Werkvertragsrecht.

8.3 Neubeginn und Hemmung der Verjährung

Wenn der Gläubiger bemerkt, dass ein Anspruch zu verjähren droht, hat er verschiedene Möglichkeiten, um den weiteren Lauf der Verjährungsfrist zu „stoppen" und so den Eintritt der Verjährung zu verhindern. Bezogen auf die Wirkung unterscheidet das BGB zwischen einer Hemmung und einem Neubeginn der Verjährung.

8.3.1 Neubeginn der Verjährung

Bei einem Neubeginn läuft die ursprüngliche Verjährungsfrist in voller Länge noch einmal von vorne an. Das ist vergleichbar mit einer Stoppuhr, die angehalten, auf „null" zurückgestellt und dann neu gestartet wird. Nach § 212 Abs. 1 BGB kommt es zu einem Neubeginn der Frist, wenn der Schuldner dem Gläubiger gegenüber den Anspruch **anerkennt** oder wenn eine **Vollstreckungshandlung** vorgenommen wird. Der Neubeginn der Verjährung ist auch mehrmals nacheinander möglich.

Beispiel

Ein der dreijährigen Regelverjährung unterliegender Anspruch auf Kaufpreiszahlung verjährt am 31.12.2010 (§§ 195, 199 Abs. 1 BGB). Der Schuldner hat am 22.10.2009 eine **Abschlagszahlung** geleistet. Dies hat gemäß § 212 Abs. 1 Nr. 1 BGB einen Neubeginn der Verjährung zur Folge. Die neue Frist läuft aber nicht erst zum Jahresende, sondern **sofort** an. Gemäß **§ 187 Abs. 1 BGB** wird dabei der Tag, an dem das Ereignis stattfindet, nicht mitgerechnet. Das Ereignis war hier die Abschlagszahlung am 22.10.2009. Die neue dreijährige Verjährungsfrist beginnt deshalb am Tag danach, also am 23.10.2009, 0.00 Uhr. Sie beträgt drei Jahre und endet deshalb am 22.10.2012 um 24.00 Uhr.

Praxistipp

Für einen Neubeginn der Verjährung reicht es aus, dass der Schuldner den Anspruch in irgendeiner Weise als berechtigt anerkennt. Dafür genügt eine Abschlagszahlung, eine Zinszahlung, eine Bitte des Schuldners um einen (weiteren) Zahlungsaufschub oder um eine Ratenzahlung. Treffen Sie Vorkehrungen, damit Sie später beweisen können, dass es zu einer solchen Anerkennung gekommen ist!

8.3.2 Hemmung der Verjährung

Vom Neubeginn der Verjährung zu unterscheiden ist die (bloße) Hemmung der Verjährung. Nach §209 BGB wird der Zeitraum, in dem die Verjährung gehemmt ist, in die Verjährungsfrist nicht eingerechnet. Dies bedeutet, dass die Frist während des Zeitraums der Hemmung nicht weiterläuft. Endet die Hemmung, läuft die Verjährungsfrist genau an der Stelle wieder an, an der sie sich vor der Hemmung befand. Die Hemmung ist vergleichbar mit einer Stoppuhr, die angehalten und dann wieder in Gang gesetzt wird, ohne vorher auf „null" gestellt zu werden.

Aus der Vielzahl von Tatbeständen, die zu einer Hemmung der Verjährung führen, sollen §§203, 204 und 205 BGB kurz dargestellt werden.

Nach **§203 BGB** tritt eine Hemmung der Verjährung ein, wenn zwischen dem Gläubiger und dem Schuldner Verhandlungen über den Anspruch stattfinden.

Beispiel

Zwischen der Bau-GmbH und dem Besteller besteht Streit über die Höhe der Restvergütung aus dem Werkvertrag und darüber, ob das Werk mangelfrei ist. Wenn die Parteien sich darauf verständigen, einen Sachverständigen zu beauftragen, um danach auf der Grundlage seines Gutachtens über die Restzahlung und die Mängelbeseitigung zu verhandeln, sind die Ansprüche auf Zahlung der Restvergütung und auf Mängelbeseitigung gemäß §203 BGB bis zum Ende der Verhandlungen gehemmt.

§204 BGB regelt die Hemmung der Verjährung infolge einer Rechtsverfolgung. Wichtige Fälle sind die Erhebung einer Leistungsklage (§204 Abs. 1 Nr. 1 BGB) und die Zustellung eines Mahnbescheids im Mahnverfahren (§204 Abs. 1 Nr. 3 BGB). Hierbei ist das **gerichtliche Mahnverfahren** (§§688 ff. ZPO) gemeint, eine einfache Mahnung hat auf die Verjährung keinen Einfluss. Die Frist läuft also trotz der Mahnung weiter, allerdings gerät der Schuldner durch die Mahnung in der Regel in Verzug[3].

Beispiel

Vermieter V stehen gegen Mieter M Ansprüche auf Mietzinszahlung in Höhe von 240.000,– € für ein Bürogebäude zu. Um eine Verjährung dieser Ansprüche zu verhindern, reicht es *nicht* aus, dass V dem M eine oder auch mehrere Mahnungen schickt. V müsste entweder beim zu-

---

[3] Vgl. S. 204 ff.

ständigen Amtsgericht einen gerichtlichen Mahnbescheid beantragen oder bei dem aufgrund des Streitwertes für eine Klage zuständigen Landgericht eine Zahlungsklage mit dem Antrag erheben „Der Beklagte wird verurteilt, an den Kläger 240.000,– € zu zahlen." (in der Regel zuzüglich Zinsen).

Praxistipp

Eine **außergerichtliche Mahnung** hat auf den Lauf der Verjährungsfrist **keine Wirkung.** Um eine Hemmung der Verjährung zu erreichen, ist die Zustellung eines **gerichtlichen Mahnbescheids** oder die Erhebung einer **Leistungsklage** erforderlich. Lassen Sie sich nicht von mündlichen – und damit schwer zu beweisenden – Zahlungsversprechen oder anderen „Spielchen" des Schuldners vertrösten, sondern erheben Sie vor Ablauf der Verjährungsfrist eine Klage oder beantragen Sie den Erlass eines gerichtlichen Mahnbescheids.

Nach **§205 BGB** tritt eine Hemmung dann ein, wenn der Schuldner aufgrund einer Vereinbarung mit dem Gläubiger vorübergehend zur Verweigerung der Leistung berechtigt ist. Dies ist zum Beispiel dann der Fall, wenn die Parteien eine **Stundungsvereinbarung** treffen. Solange der Anspruch gestundet ist, läuft die Verjährungsfrist also nicht weiter. Die Stundung muss aber auf einer Vereinbarung beruhen. Es reicht nicht aus, dass der Gläubiger einseitig eine Stundung gewährt.

2. Teil

Vertragliche Schuldverhältnisse

Gliederung des 2. Teils

Kapitel 9
Vertragliche Schuldverhältnisse

Lernziele dieses Kapitels
Was kommt in diesem Kapitel auf Sie zu? Sie lernen, was ein Schuldverhältnis ist, welche Arten es gibt und wie ein Schuldverhältnis zustande kommt. Besonderes Augenmerk wird auf vertragliche Schuldverhältnisse gelegt. Außerdem werden wichtige Bereiche des Allgemeinen Schuldrechts behandelt. Vorab lernen Sie den Aufbau des BGB kennen.

9.1 Der Aufbau des BGB

Das BGB besteht aus ca. 2.400 Paragrafen, sodass man schnell die Orientierung verlieren kann. Mehr noch: Es fällt dem Ungeübten schon sehr schwer, vor lauter Paragrafen überhaupt eine Ordnung zu finden. Diese ist aber durchaus vorhanden. Und wenn man die Systematik des BGB verstanden hat, ist die Arbeit mit dem Gesetz viel einfacher. Zunächst einmal: Das BGB besteht aus fünf großen Abschnitten, die als „Bücher" bezeichnet werden. Jedes Buch fasst dabei nach sachlichen Kriterien bestimmte Regelungen zusammen. Die Bücher heißen:

- Buch 1: Allgemeiner Teil (§§ 1–240 BGB)
- Buch 2: Recht der Schuldverhältnisse (§§ 241–853 BGB)
- Buch 3: Sachenrecht (§§ 854–1296 BGB)
- Buch 4: Familienrecht (§§ 1297–1921 BGB)
- Buch 5: Erbrecht (§§ 1922–2385 BGB)

9.1.1 Buch 1: Allgemeiner Teil

Das 1. Buch des BGB ist der **„Allgemeine Teil"** (§§ 1–240 BGB). In diesem Buch stehen Regelungen, die für alle folgenden Bücher von Bedeutung sind, so zum Beispiel, wie ein Vertrag geschlossen wird. Die „Väter des BGB" – „Mütter des BGB" gab es nicht – haben sich überlegt, diese wichtigen Bereiche einmal zu Beginn des BGB zu regeln, um die Vorschriften dann überall, wo sie gebraucht werden, anzuwenden. Verträge werden nämlich in allen Büchern des BGB geschlossen. So gibt es Kauf-, Miet- und Werkverträge (2. Buch), Verträge zur Übereignung einer Sache (3. Buch), Unterhalts- und Eheverträge (4. Buch) und Erbverträge (5. Buch). Der Vertragsschluss ist immer gleich. Warum sollte man ihn deshalb immer wieder regeln?

Die Juristen sprechen bildlich gesehen davon, dass die Regelungen des 1. Buchs, also des Allgemeinen Teils **„vor die Klammer"** gezogen sind. Mathematisch sind damit die Inhalte in der Klammer (das sind die anderen vier Bücher des BGB) mit dem vor der Klammer stehenden Allgemeinen Teil zu multiplizieren.

Bei der Rechtsanwendung gilt dabei die Regel, dass das spezielle Gesetz das allgemeine Gesetz verdrängt. Wenn also eine Frage im Allgemeinen Teil und in einem der anderen Bücher geregelt ist, tritt die Regelung aus dem Allgemeinen Teil zurück.

Beispiel

Nach § 125 S. 1 BGB ist ein Rechtsgeschäft, das die durch Gesetz vorgeschriebene Form nicht beachtet, nichtig (= allgemeine Regel aus dem Allgemeinen Teil). Nach § 550 S. 1 BGB gilt ein Mietvertrag, der für längere Zeit als ein Jahr (z. B. für fünf Jahre) nicht in schriftlicher Form geschlossen wird, als Mietvertrag auf unbestimmte Zeit (spezielle Regelung aus dem Schuldrecht). Die spezielle Regelung (§ 550 S. 1 BGB) verdrängt die allgemeine Regelung (§ 125 S. 1 BGB). Der mündlich geschlossene Mietvertrag auf bestimmte Zeit ist also nicht nichtig, sondern gilt als Mietvertrag auf unbestimmte Zeit.

9.1.2 Buch 2: Recht der Schuldverhältnisse

Das 2. Buch des BGB beinhaltet das „Recht der Schuldverhältnisse" (§§ 241-853 BGB); oft spricht man abgekürzt vom **„Schuldrecht".** Ein Schuldverhältnis liegt vor, wenn eine Person einer anderen Person etwas schuldet. Die am Schuldverhältnis beteiligten Personen heißen **Gläubiger** und **Schuldner.** Gläubiger ist derjenige, der einen Anspruch hat und glaubt (hofft), dass er diesen durchsetzen kann (also der, der glaubt, dass er etwas bekommt). Schuldner ist derjenige, der den Anspruch erfüllen soll (also der, der etwas schuldet). So einfach ist das!

Merke

Das Buch Schuldrecht regelt die Beziehungen zwischen Personen, insbesondere, ob eine Person einen Anspruch gegen eine andere Person hat. Wenn dies der Fall ist, spricht man von einem relativen Recht.

Der Begriff „Schuldverhältnis" umfasst die **vertraglichen Schuldverhältnisse** (Verträge) und die **gesetzlichen Schuldverhältnisse,** zu denen insbesondere das „Recht der unerlaubten Handlungen" (auch „Deliktsrecht" genannt, §§ 823 ff. BGB) und das „Recht der ungerechtfertigten Bereicherung" (§§ 812 ff. BGB) gehören.

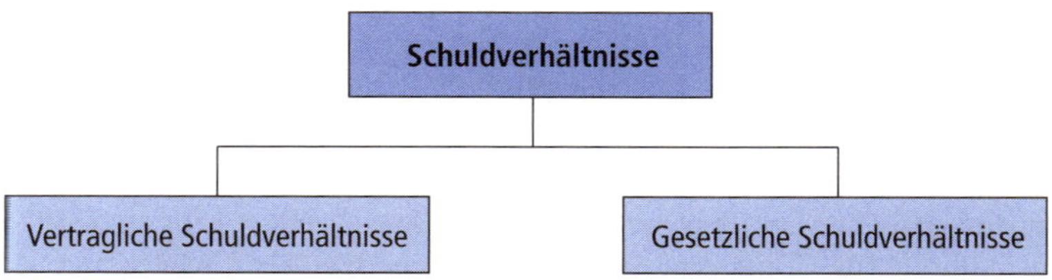

Abbildung 9.1: Schuldverhältnisse

Merke

Die gesetzlichen Schuldverhältnisse unterscheiden sich von den vertraglichen Schuldverhältnissen dadurch, dass die gesetzlichen Schuldverhältnisse ohne und auch gegen den Willen der Beteiligten allein deshalb entstehen, weil die im Gesetz enthaltenen Tatbestandsvoraussetzungen erfüllt sind.

Beispiel

Autofahrer A kollidiert aus Unachtsamkeit beim Einparken mit dem Fahrzeug des Autofahrers B, sodass dessen Fahrzeug beschädigt wird. B steht gegen A ein Schadensersatzanspruch gemäß § 823 Abs. 1 BGB, also aus einem gesetzlichen Schuldverhältnis, zu.

Demgegenüber beruht ein vertragliches Schuldverhältnis auf dem **Willen der Beteiligten:** Ein Arbeitsvertrag kommt zustande, wenn Arbeitgeber und Arbeitnehmer sich über die zu leistende Arbeit, die Bezahlung und den Beginn der Tätigkeit einigen. Der Darlehensvertrag beruht auf der Einigung zwischen der Bank (Darlehensgeber) und dem Kunden (Darlehensnehmer) über die Darlehenssumme, die Rückzahlung der Darlehenssumme, über die Zinsen, das Disagio usw.

Merke

Ein vertragliches Schuldverhältnis entsteht, weil die Parteien es wollen; ein gesetzliches Schuldverhältnis entsteht, weil „das Gesetz es will".

Neben den vertraglichen und den gesetzlichen Schuldverhältnissen finden sich im Buch Schuldrecht allgemeine Vorschriften, die für alle Schuldverhältnisse gelten. Das Buch „Schuldrecht" besteht also – auch wenn die Begriffe im BGB so nicht enthalten sind – aus einem **„Allgemeinen Teil"** (§§ 241–432 BGB) und einem **„Besonderen Teil"** (§§ 433–853 BGB). Im Besonderen Teil sind zunächst die vertraglichen Schuldverhältnisse geregelt, beginnend mit dem Kaufvertrag (§§ 433 ff. BGB). Dieser Teil umfasst außerdem die gesetzlichen Schuldverhältnisse (§§ 812 ff. BGB; §§ 823 ff. BGB). Vom Besonderen Schuldrecht soll aber erst später die Rede sein. Zunächst wird der Blick auf die wichtigsten Regelungen des Allgemeinen Schuldrechts gerichtet.

Zu beachten ist dabei Folgendes: Die Vorschriften des Allgemeinen Schuldrechts (nicht zu verwechseln mit dem Allgemeinen Teil des BGB!) gelten für **alle Schuldverhältnisse**, es sei denn, es gibt speziellere Vorschriften, die die Vorschriften des Allgemeinen Schuldrechts verdrängen.

Beispiel

Nach § 362 Abs. 1 BGB erlischt ein Schuldverhältnis, wenn die geschuldete Leistung an den Gläubiger bewirkt (erbracht) wird. Diese Regel gilt für den Kaufvertrag, den Mietvertrag und für alle anderen Verträge, aber auch für die gesetzlichen Schuldverhältnisse, zum Beispiel, wenn Schadensersatz zu leisten ist.

Eine der wichtigsten Vorschriften, vermutlich sogar die **wichtigste Vorschrift** des Allgemeinen Schuldrechts ist **§280 BGB**[1]. Nach dessen Abs. 1 hat der Gläubiger einen Anspruch auf **Schadensersatz** gegen den Schuldner, wenn der Schuldner eine Pflicht aus dem Schuldverhältnis verletzt. Hierbei kommt es nicht darauf an, welche Art von Schuldverhältnis vorliegt. In der Regel wird es sich um ein vertragliches Schuldverhältnis (etwa um einen Kauf-, Dienst- oder Werkvertrag) handeln. In Betracht kommt aber auch eine Pflichtverletzung aus einem gesetzlichen Schuldverhältnis.

Mit §280 Abs. 1 BGB hat der Gesetzgeber den Schadensersatzanspruch für (fast) alle vertraglichen Schuldverhältnisse in **einer einzigen Vorschrift** geregelt.

Merke

§280 Abs. 1 BGB begründet allein oder in Verbindung mit anderen Vorschriften eine Schadensersatzpflicht für (fast)[2] alle Schuldverhältnisse. Daraus leitet sich der Satz ab: „§280 Abs. 1 BGB ist fast immer dabei!"

Dieses Prinzip – **eine** Regel für **alle** Schuldverhältnisse – gilt auch für andere Normen des Allgemeinen Schuldrechts, etwa für die Frage, wann der Schuldner für einen Schaden verantwortlich ist (vgl. §§276–278 BGB) und für die Art und den Umfang eines Schadensersatzanspruchs (§§249–254 BGB).

9.1.3 Buch 3: Sachenrecht

Das 3. Buch des BGB **„Sachenrecht"** (§854–1296) regelt nicht die Rechtsbeziehungen zwischen zwei oder mehreren Personen, sondern die Beziehungen zwischen einer Person und einer **Sache.** Es schreibt unter anderem vor, wie das **Eigentum** an einer Sache von einer Person auf eine andere Person übertragen wird (vgl. für bewegliche Sachen §§929 ff. BGB). Im Gegensatz zu den im Schuldrecht geregelten **relativen,** gegenüber einer bestimmten anderen Person bestehenden Rechten, begründet das Sachenrecht **absolute** Rechte, die gegenüber jedermann bestehen.

Beispiele

- S hat den Pkw des G beschädigt. G verlangt gemäß §823 Abs. 1 BGB Schadensersatz von S, also von einer **bestimmten** Person. Es geht damit um ein relatives, nur S gegenüber bestehendes Recht.
- Ein absolutes Recht gewährt §985 BGB. Danach kann der Eigentümer von dem Besitzer die Herausgabe der Sache verlangen. Der Anspruch richtet sich dabei gegen den **jeweiligen** Besitzer.

---

[1] Zu Einzelheiten vgl. S. 187 ff.
[2] Ausnahme: §311 a Abs. 2 BGB.

9.1.4 Buch 4: Familienrecht

Das 4. Buch **„Familienrecht"** (§§1297–1921 BGB) regelt neben dem Verlöbnis und der **Ehe** das eheliche **Güterrecht,** die **Scheidung,** den **Unterhalt** und die **Verwandtschaft.** Diese Themen spielen in der Ausbildung von Wirtschaftswissenschaftlern und jungen Juristen (noch) keine Rolle.

9.1.5 Buch 5: Erbrecht

Ebenfalls von eher untergeordneter Bedeutung sind die Inhalte des 5. Buchs **„Erbrecht"** (§§1922–2385 BGB). Hier geht es um die Erbfolge, die Errichtung von Testamenten und den Abschluss von Erbverträgen sowie um Pflichtteilsansprüche. Ein Teil dieser Themen ist oben bereits angesprochen worden[3].

9.1.6 Das BGB – mathematisch gesehen

Aus streng mathematischer Sicht mag die nachfolgende Formel zur Struktur des BGB nicht in Ordnung sein, doch dürfte die Darstellung zum besseren Verständnis beitragen.

Allgemeiner Teil (Schuldrecht + Sachenrecht + Familienrecht + Erbrecht) = BGB

9.2 Zustandekommen eines vertraglichen Schuldverhältnisses

Das BGB verwendet den Begriff „Vertrag" nur in Zusammenhang mit einzelnen Verträgen, etwa in den grundlegenden Regelungen zum Kauf- und zum Mietvertrag. So heißt es in §433 Abs. 1 BGB: „Durch den Kauf*vertrag* wird der Verkäufer einer Sache verpflichtet, …" Ganz ähnlich lautet §535 Abs. 1 BGB: „Durch den Miet*vertrag* wird der Vermieter verpflichtet, …" Außerhalb der Sonderregelungen zu den einzelnen Verträgen spricht das BGB hingegen nicht vom „Vertrag", sondern – umfassender – von den „Schuldverhältnissen".

Nach **§311 Abs. 1 BGB** ist zur Begründung eines Schuldverhältnisses durch **Rechtsgeschäft** ein Vertrag zwischen den Beteiligten erforderlich, „soweit nicht das Gesetz ein anderes vorschreibt". Da aber der im letzten Halbsatz genannten Ausnahme keine praktische Bedeutung zukommt[4], setzt ein rechtsgeschäftliches Schuldverhältnis (fast) immer einen **Vertrag** voraus. Ein Vertrag wiederum verlangt, wie Sie schon gelernt haben[5], eine **Einigung** der Parteien, die durch die Annahme eines Angebots erzielt wird.

§311 Abs. 1 BGB regelt außerdem, dass die Änderung des Inhalts eines Schuldverhältnisses ebenfalls einen Vertrag erfordert.

---

3 Vgl. S. 49 ff.

4 Ein Beispiel bildet die sogenannte Auslobung: „Unser Bello ist ausgerissen. Wer ihn lebend zurückbringt, bekommt 100,– €.", vgl. §657 BGB.

5 Vgl. S. 4 ff.

Beispiel

S hat im Jahre 2006 bei der B-Bank ein Darlehen zu 6,9 % Zinsen mit einer Laufzeit bis zum 31.03.2016 aufgenommen. Nach zähen Verhandlungen mit der Bank wird der Zinssatz auf 4,23 % gesenkt und eine Laufzeit bis zum 31.12.2020 vereinbart. Alle anderen Vereinbarungen bleiben unverändert. Hier ist ein bestehender Vertrag durch einen anderen Vertrag geändert worden.

Nicht besonders erwähnt wird in § 311 Abs. 1 BGB, dass die Aufhebung eines Vertrags ebenfalls einen Vertrag voraussetzt. Sogenannte **„Auflösungsverträge"** (auch „Aufhebungsverträge") werden bei Dauerschuldverhältnissen geschlossen, insbesondere im Arbeitsrecht, teilweise auch im Mietrecht. Hier können die Vertragsparteien, unabhängig von eventuellen Kündigungsgründen und ohne die Einhaltung von Kündigungsfristen, einen bestehenden Vertrag sofort oder zu einem späteren Zeitpunkt „einvernehmlich auflösen". Dieses Recht erklärt sich wie folgt: Wenn die Parteien das Recht haben, einen Vertrag zu schließen, dann haben sie auch das Recht, den Vertrag wieder aufzulösen.

Beispiel

Arbeitgeber AG muss sich aus betrieblichen Gründen von einem Teil der Belegschaft trennen, möchte aber Kündigungen möglichst vermeiden. Er bietet daher der Belegschaft an, mit ihm über den Abschluss von Auflösungsverträgen zu verhandeln. Mit dem Arbeitnehmer AN schließt er einen solchen Vertrag mit dem Inhalt, dass das bestehende Arbeitsverhältnis gegen Zahlung einer Abfindung in Höhe von 10.000,– € zum Ersten des nächsten Monats einvernehmlich aufgehoben wird.

9.3 Inhalte des Schuldverhältnisses

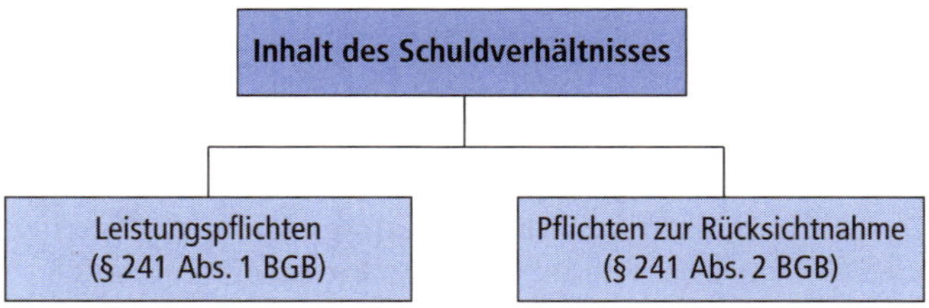

Abbildung 9.2: Inhalt von Schuldverhältnissen

9.3.1 Leistungspflichten

Wenn ein Schuldverhältnis vorliegt, ist der *Gläubiger* nach § 241 Abs. 1 BGB berechtigt, vom *Schuldner* eine *Leistung* zu fordern. Die **Leistung** kann in einem **Tun** (zum Beispiel Lieferung einer Ware, Zahlung des Kaufpreises, Arbeitsleistung, Reparatur einer Sache, Leistung von Schadensersatz oder Herausgabe einer

Sache) oder in einem **Unterlassen** bestehen. Den Unterlassungspflichten kommt im Wettbewerbsrecht eine besondere Bedeutung zu.

Beispiel

Der M-Markt startet eine nach §§3, 5 Abs. 2 UWG (Gesetz gegen den unlauteren Wettbewerb) unzulässige Werbekampagne. Hier können Konkurrenten oder bestimmte Verbände (etwa die Verbraucherzentralen) nach §8 Abs. 1 UWG einen Unterlassungsanspruch mit dem Inhalt geltend machen, dass diese Werbung in Zukunft unterbleibt. Da ein Klageverfahren zu viel Zeit in Anspruch nehmen würde, wird in der Regel zunächst eine einstweilige Verfügung (EV) beantragt und bei Vorliegen der Voraussetzungen der §§935, 940 ZPO (Zivilprozessordnung) auch erlassen:

„Der Antragsgegner hat es zu unterlassen, in Zukunft wie folgt zu werben: (es folgt die beanstandete Werbemaßnahme).“

Durch die einstweilige Verfügung wird dem Werbenden die Werbung **vorläufig** verboten. Auf Antrag wird vom Gericht für jeden Fall der Zuwiderhandlung ein Ordnungsgeld von **bis zu 250.000,– €** oder eine Ordnungshaft von *bis zu* sechs Monaten angedroht (§890 Abs. 1 ZPO). Das „*bis zu*“ wird in der Presse übrigens gerne „vergessen“.

9.3.2 Pflichten zur Rücksichtnahme

§241 Abs. 2 BGB bestimmt, dass ein Schuldverhältnis nach seinem Inhalt jeden Teil zur Rücksicht auf die Rechte, Rechtsgüter und Interessen des anderen Teils verpflichten kann. Damit ist gemeint, dass neben den in Abs. 1 angesprochenen Hauptpflichten (Leistungen) je nach der Art des Vertrags weitere Pflichten in Form von Schutzpflichten, Aufklärungspflichten und anderen Nebenpflichten bestehen können.

Beispiele

- Der bundesweit bekannte Medienunternehmer K befindet sich in großen finanziellen Schwierigkeiten. Ein Sprecher „seiner Hausbank“ erklärt in einem Interview gegenüber einem Fernsehreporter, er glaube nicht, dass es K gelingen werde, bei anderen Banken weitere Kredite zu bekommen. Hierin hat der BGH eine Verletzung des „Bankgeheimnisses“ gesehen[6].
- V ist vertraglich verpflichtet, eine von K gekaufte Einbauküche in der Wohnung des K zu montieren. Die Montage als solche erfolgt ordnungsgemäß, doch beschädigen Mitarbeiter des V beim Abtransport der alten Küchenmöbel den Eingangsbereich der Wohnung des K. Auch hier ist eine Nebenpflicht (§241 Abs. 2 BGB) verletzt.

---

6 Vgl. BGH NJW 2006, S. 830, Rn. 35 ff. (Kirch/Deutsche Bank AG).

9.4 Vorvertragliche Schuldverhältnisse

Eine zeitliche Vorverlegung zur Rücksichtnahme im Umfang des § 241 Abs. 2 BGB erfolgt durch **§ 311 Abs. 2 BGB.** Nach dieser Vorschrift entsteht ein Schuldverhältnis mit Schutz-, Aufklärungs- und sonstigen Nebenpflichten bereits vor Abschluss eines Vertrags. Man spricht dann von einem **vorvertraglichen Schuldverhältnis.** Zum Teil wird auch heute noch die – allerdings zu enge – lateinische Bezeichnung „culpa in contrahendo" (Verschulden bei den Vertragsverhandlungen), abgekürzt **c. i. c.**, verwendet.

§ 311 Abs. 2 BGB nennt drei Fälle, in denen ein vorvertragliches Schuldverhältnis begründet wird:

- Nr. 1: Die Aufnahme von Vertragsverhandlungen,
- Nr. 2: die Anbahnung eines Vertrags, bei welchem der eine Teil im Hinblick auf eine eventuelle rechtsgeschäftliche Beziehung dem anderen Teil die Möglichkeit zur Einwirkung auf seine Rechte, Rechtsgüter oder Interessen gewährt oder ihm diese anvertraut,
- Nr. 3: ähnliche geschäftliche Kontakte.

Nr. 1 setzt die Aufnahme von Vertragsverhandlungen voraus, für Nr. 2 genügt die bloße Anbahnung eines Vertrags, etwa durch das Betreten von Geschäftsräumen. Nr. 3 bildet einen Auffangtatbestand für ähnliche, von Nr. 1 und Nr. 2 nicht erfasste Sachverhalte.

Zwei Beispiele aus der Rechtsprechung[7]

- V und K verhandeln über den Kauf eines Hotels auf einer ostfriesischen Insel. K erklärt V, dass er das Hotel umfangreich umbauen möchte und deshalb schon in den nächsten Tagen „einen bekannten Hamburger Stararchitekten" mit der Planung beauftragen werde. Um den Kaufvertragsabschluss nicht zu gefährden, informiert V den K nicht darüber, dass eine von ihm (V) vor einem Jahr gestellte Bauvoranfrage aus Gründen des Denkmalschutzes keinen Erfolg hatte.
  Auch wenn der für einen Grundstückskauf erforderliche notarielle Kaufvertrag (§ 311 b Abs. 1 BGB) noch nicht vorlag und damit noch kein Schuldverhältnis nach § 241 Abs. 1 BGB bestand, war durch die **Aufnahme der Vertragsverhandlungen** ein vorvertragliches Schuldverhältnis (§ 311 Abs. 1 Nr. 1 BGB) zustande gekommen, das V nach § 241 Abs. 2 BGB verpflichtete, K über mögliche Probleme bezüglich seiner Umbaupläne aufzuklären. Da er schuldhaft gegen diese Pflicht verstoßen hat, ist er nach § 280 Abs. 1 BGB zum Schadensersatz (Ersatz der Architektenkosten) verpflichtet. Die komplette Lösung dieses Falls finden Sie an späterer Stelle[8].
- Frau K begibt sich in den Verbrauchermarkt des V, um ihren Wochenendeinkauf zu tätigen. Unmittelbar nach dem Betreten des Ge-

---

7 Beide OLG Oldenburg, die Urteile sind nicht veröffentlicht.

8 Vgl. die Lösung auf S. 198.

bäudes kommt Frau K am Obst- und Gemüsestand zu Fall, weil sie in einer Wasserlache ausrutscht. Hier liegt ein Fall des §311 Abs. 2 Nr. 2 vor, weil Frau K **„im Hinblick auf eine etwaige rechtsgeschäftliche Beziehung“** (Abschluss eines Kaufvertrags) den Verbrauchermarkt betreten hat und V somit die Möglichkeit hatte, auf die Rechtsgüter Gesundheit und Körper von Frau K einzuwirken.

Damit ist aber nur entschieden, dass ein vorvertragliches Schuldverhältnis besteht. Ob V zum Schadensersatz verpflichtet ist, richtet sich nach §280 Abs. 1 BGB. Frau K hätte keinen Anspruch, wenn V *nicht* schuldhaft gehandelt hätte, etwa weil die Wasserlache erst unmittelbar zuvor entstanden war.

9.5 Art und Zeit der Leistungserbringung

Nach dem BGB haben die Parteien die Möglichkeit, in einem Vertrag alle wichtigen Punkte detailliert zu regeln. Dieses Vorgehen erfordert aber einen großen Aufwand, der oft in keinem angemessenen Verhältnis zur Bedeutung des Vertrags steht. Die damit unverhältnismäßig hohen Transaktionskosten lassen sich durch die **Verwendung von Musterverträgen** reduzieren, doch besteht hier das Problem, ob diese für eine Vielzahl von Fällen erstellten Verträge tatsächlich den Interessen der Parteien im konkreten Fall ausreichend Rechnung tragen. Außerdem können Klauseln in derartigen Musterverträgen, bei denen es sich in aller Regel um Allgemeine Geschäftsbedingungen handelt, wegen Verstoßes gegen Treu und Glauben nach §§307–309 BGB unwirksam sein[9].

Zum Glück hat der Gesetzgeber den Parteien „ein wenig Arbeit abgenommen“ und eine Reihe von Punkten, die für den Inhalt und für die Abwicklung von Verträgen wichtig sind, „auf Vorrat“ geregelt. Diese Regelungen greifen ein, wenn die Parteien nichts anderes vereinbart haben. Die entsprechenden Vorschriften stehen zum Teil im Besonderen Schuldrecht bei den einzelnen Verträgen (vgl. zum Kaufvertrag §§446 ff. BGB), zum Teil im Allgemeinen Schuldrecht.

Bitte prägen Sie sich das folgende Beispiel gut ein, da es uns auf den nächsten Seiten begleiten wird:

Beispiel

Kaufmann Kaiser (K) aus Düsseldorf hat beim Verkäufer Vey (V) aus Erlangen 2.000 Waschmaschinen der von der Stiftung Warentest mit „sehr gut“ getesteten Marke Öko-Power GM zur „umgehenden Lieferung“ gekauft. Als die Maschinen nach vier Tagen noch nicht bei K eingetroffen sind, mahnt K die sofortige Lieferung bei V an. V meint, so schnell sei er nicht zur Lieferung verpflichtet. Außerdem müsse K die Ware abholen oder abholen lassen, da eine Lieferung im Vertrag nicht vereinbart worden sei. Im Übrigen könne er zunächst nur 1.500 Geräte anbieten, da die Nachfrage ganz außergewöhnlich stark sei.

9 Vgl. Kapitel 3, S. 70 ff.

Das Beispiel wirft folgende Fragen auf:

- Hat K bereits jetzt einen Anspruch gegen V auf die Ware?
- Hat K einen Anspruch gegen V darauf, dass dieser die Ware liefert oder liefern lässt, oder muss K sich selbst um den Transport kümmern?
- Hat K einen Anspruch gegen V auf eine vollständige Lieferung von 2.000 Geräten?

Da diese Punkte im Kaufvertrag zwischen V und K nicht geregelt sind, ist zu untersuchen, ob im Schuldrecht „passende" Regelungen enthalten sind. Der erste Blick muss dabei in das Besondere Schuldrecht gehen, da besondere Vorschriften die allgemeinen Vorschriften verdrängen.

Merke

Die Regelungen des **Besonderen** Schuldrechts gehen als spezielle Regelungen den allgemeinen Regeln des **Allgemeinen** Schuldrechts vor.

In den Regelungen zum Kaufvertrag (§§ 433 ff. BGB), die zu Beginn des Besonderen Schuldrechts stehen, gibt es zu diesen Fragen aber keine Vorschriften. Deshalb muss das Allgemeine Schuldrecht herangezogen werden.

9.5.1 Fälligkeit des Anspruchs

K hat bereits jetzt einen Anspruch auf den Erhalt der Waschmaschinen, wenn der Anspruch schon **fällig** ist. Die maßgebliche Regelung zur Fälligkeit enthält § 271 BGB.

Aufgabe

Bevor Sie weiterlesen, lesen Sie bitte **§ 271 Abs. 1 BGB** in der **Wenn-dann-Formulierung.**

Haben Sie die Aufgabe bearbeitet? Das sollte herausgekommen sein:

Wenn

eine Zeit für die Leistung nicht **bestimmt** ist, und wenn

die Zeit für die Leistung nicht **aus den Umständen** zu entnehmen ist,

dann

kann der Gläubiger die Leistung **sofort** verlangen und der Schuldner sie **sofort** bewirken.

Merke

Für die Fälligkeit eines Anspruchs kommt es in erster Linie darauf an, ob eine Zeit für die Leistung **bestimmt** ist. Wenn das nicht der Fall ist, ist zu prüfen, ob die Leistungszeit aus **den Umständen zu entnehmen** ist. Ist auch das nicht der Fall, kann der Gläubiger die Leistung **sofort** verlangen und der Schuldner sie sofort bewirken (erbringen).

Eine **Bestimmung der Leistungszeit** kann sich aus einer **Vereinbarung der Parteien** oder aus einer **gesetzlichen Regelung** ergeben. Eine wichtige gesetzliche Regelung betrifft die Zahlung der Miete (§ 556 b BGB)[10].

Zurück zum Beispielsfall: Im Kaufvertrag zwischen V und K über den Kauf der 2.000 Waschmaschinen ist geregelt, dass die Lieferung **„umgehend"** erfolgen soll. Damit liegt eine vertragliche Vereinbarung vor, sodass nicht auf die „Umstände" abzustellen ist. Wegen der vorliegenden Vereinbarung scheidet außerdem eine sofortige Fälligkeit aus.

Unklar ist allerdings, was unter einer „umgehenden Lieferung" zu verstehen ist. Der Vertrag ist insoweit zumindest ungeschickt formuliert, weil die Regelung nicht eindeutig ist. Sie muss deshalb nach **§§ 133, 157 BGB ausgelegt** werden.

Bei der **Auslegung eines Vertrags**[11] ist vom **Wortlaut** des Vertragstextes auszugehen, außerdem ist **der Zweck des Vertrags** zu berücksichtigen. Auch wenn der Sachverhalt nur spärliche Angaben enthält, dürfte die Fälligkeit hier bereits gegeben sein, weil eine „umgehende Lieferung" vereinbart wurde und der kaufmännische Verkehr generell auf Schnelligkeit ausgelegt ist. Aus dem Fall wird außerdem deutlich, dass es sich um einen Artikel handelt, der zurzeit stark nachgefragt ist. Also ist der Anspruch des K bereits fällig.

Praxistipp

Der Vertrag ist in diesem Punkt schlecht formuliert, weil der Begriff „umgehend" zu ungenau ist. Besser wäre es gewesen, einen konkreten Termin (genaues Datum) zu nennen. Im Geschäftsverkehr wird oft die Angabe „KW" für Kalenderwoche verwendet, also etwa „Lieferung in der 17. KW".

9.5.2 Holschuld, Schickschuld und Bringschuld

In Fortführung des obigen Beispiels ist zu fragen, ob der Käufer Kaiser einen Anspruch gegen den Verkäufer Vey darauf hat, dass V die Waschmaschinen liefert oder liefern lässt, oder ob K sich selbst um den Transport kümmern muss. Die Praxis verwendet in diesem Zusammenhang die – im BGB nicht enthaltenen – Begriffe **Holschuld**, **Schickschuld** und **Bringschuld.**

Bezogen auf die Pflicht zur Lieferung der Waschmaschinen ergibt sich Folgendes:

- Eine **Holschuld** liegt vor, wenn der Gläubiger (hier: Käufer Kaiser) die Ware beim Schuldner (hier: beim Verkäufer Vey in Erlangen) abholen muss. Der Verkäufer muss im Falle der Holschuld lediglich das Abholen der Ware ermöglichen, etwa durch Aussondern aus einer größeren Vorratsmenge und Bereitstellung zur Abholung, sich aber nicht um den Transport als solchen kümmern.
- Eine **Schickschuld** liegt vor, wenn der Schuldner (Verkäufer Vey) die Ware an den Gläubiger (Käufer Kaiser) abschicken, also zum Transport geben muss. Der Verkäufer muss die Ware in diesem Fall „auf den Weg bringen", zum

10 Vgl. dazu S. 159.
11 Zur Auslegung einer einzelnen Willenserklärung vgl. S. 9 ff.

Beispiel durch Aufgabe bei der Post oder Abgabe an eine andere Transportperson, etwa einen Frachtführer.
- Eine **Bringschuld** liegt vor, wenn der Schuldner (Verkäufer Vey) die Ware zum Gläubiger (Käufer Kaiser) bringen, in unserem Fall also in Düsseldorf abliefern muss.

Die Prüfungsreihenfolge gibt § 269 BGB vor, der sehr stark an den zuvor behandelten § 271 BGB erinnert.

Nach § 269 Abs. 1 BGB gilt Folgendes:

Ist (**wenn**)

- der Ort für die Leistung weder bestimmt (im Vertrag, etwa in AGB, vereinbart bzw. gesetzlich bestimmt)
- noch aus den Umständen, insbesondere aus der Natur des Schuldverhältnisses zu entnehmen (Hausbau auf dem Baugrundstück, Reparatur einer schweren Maschine „vor Ort"),

so (**dann**)

- hat die Leistung an dem Orte zu erfolgen, an dem der Schuldner zur Zeit der Entstehung des Schuldverhältnisses (also bei Vertragsabschluss) seinen **Wohnsitz** hatte. Nach § 269 Abs. 2 BGB tritt bei gewerblichen Schuldnern der Sitz der **Niederlassung („Firmensitz")** an die Stelle des Wohnsitzes des Schuldners.

Da Vey und Kaiser im obigen Beispielsfall keine Vereinbarung getroffen haben und sich der Leistungsort auch nicht aus der „Natur des Kaufvertrags" ergibt, hat die Leistung nach § 269 Abs. 1 und Abs. 2 BGB an dem Ort zu erfolgen, an dem der Schuldner bei Vertragsabschluss seine **Niederlassung** hat. In Bezug auf die Lieferung ist V der Schuldner und K der Gläubiger[12]. Also hat die Leistung am Sitz des Schuldners V in Erlangen zu erfolgen.

Dieses Ergebnis wird durch § 269 Abs. 3 BGB gestützt: Danach ist allein aus dem Umstand, dass der Schuldner die Kosten der Versendung (Transportkosten) übernommen hat, nicht zu entnehmen, dass der Ort, an den die Versendung zu erfolgen hat (Niederlassung des *Käufers*) der Leistungsort sein soll. Was ein wenig wie Haarspalterei klingt, hat in der Praxis große Bedeutung!

Praxistipp

Gemäß § 269 Abs. 3 BGB folgt allein aus der Übernahme der **Transportkosten** durch den Verkäufer **nicht**, dass eine **Bringschuld** vorliegt und der Verkäufer damit für die Durchführung des Transports verantwortlich ist und damit die Transportrisiken trägt. Auch wenn der Verkäufer die Transportkosten zu tragen hat, kann also eine Schickschuld oder eine Holschuld vorliegen.

§ 269 Abs. 3 BGB ist mithin zu entnehmen, dass eine Bringschuld ohne eine entsprechende Vereinbarung und ohne dass sich dies aus der Natur des Schuldverhältnisses ergibt nur in sehr seltenen Fällen gegeben ist. Die bloße Übernahme

[12] Bezüglich der Kaufpreiszahlung ist es umgekehrt!

der Transportkosten durch den Verkäufer reicht jedenfalls nicht aus, es müssen weitere Anhaltspunkte hinzukommen.

Beispiel

K hat bei V eine Spezialmaschine gekauft, die aufgrund ihrer Ausmaße nur auf einem besonderen Sattelschlepper transportiert werden kann, den V in seinem Fuhrpark hat. Nach dem Vertrag hat V die Transportkosten zu tragen. Hier ist aufgrund der besonderen Umstände von einer Bringschuld auszugehen.

Merke

Die Unterscheidung zwischen Hol-, Schick- und Bringschuld ist wichtig für die Frage, wer das **Transportrisiko** zu tragen hat:

- Bei der **Holschuld** trägt der **Käufer** das Transportrisiko, da er die Ware beim Verkäufer abholen und den Transport selbst durchführen oder durchführen lassen muss.
- Auch im Falle der **Schickschuld** trägt der **Käufer** das Transportrisiko. Zwar muss der Verkäufer die Ware **abschicken,** also zum Transport geben, der Verkäufer ist aber *nicht* für die Durchführung des Transports verantwortlich.
- Anders ist es bei der **Bringschuld:** Hier trägt der **Verkäufer** das Transportrisiko, weil er die Ware transportieren (oder transportieren lassen) und beim Käufer abliefern (lassen) muss. Die Lieferung ist ein Teil seiner Verpflichtung aus dem Kaufvertrag.

Zurück zum Kauf der Waschmaschinen: Nach den bisherigen auf §269 BGB basierenden Überlegungen steht fest, dass keine Bringschuld vorliegt. V ist also nicht verpflichtet, die Ware nach Düsseldorf zu bringen.

Zu entscheiden ist aber noch, ob V die Ware nur zur Abholung bereitstellen muss (Holschuld) oder ob er sie abschicken muss (Schickschuld). Da keine Vereinbarung vorliegt, ist bei Geschäften des Handelsverkehrs Rücksicht auf die Handelsbräuche zu nehmen (§346 HGB). Im gewerblichen Verkehr ist häufig von einer Schickschuld auszugehen. Die Pflicht des Verkäufers besteht dann darin, die Ware „auf den Weg zu bringen". Das dürfte auch hier der Fall sein.

Für die weitere Abwicklung ist **§447 BGB** von Bedeutung: Da der Verkäufer die Ware im Falle der Schickschuld „auf Verlangen des Käufers … nach einem anderen Ort als den Erfüllungsort" versendet, trägt der Käufer bei dem damit vorliegenden **Versendungskauf** nach §447 BGB das Transportrisiko. Etwas verwirrend ist, dass mit dem Begriff „Erfüllungsort" in §447 BGB der „Leistungsort" im Sinne des §269 BGB gemeint ist.

Auf unseren Fall bezogen bedeutet dies, dass V die Ware (nur) zum Transport geben muss (Schickschuld). K hat keinen Anspruch darauf, dass V ihm die Ware liefert (keine Bringschuld). Andererseits ist K aber auch nicht verpflichtet, die Ware bei V abzuholen oder abholen zu lassen (keine Holschuld).

Zu beachten ist, dass § 447 BGB nicht gilt, wenn ein **Verbrauchsgüterkauf** vorliegt (§ 474 Abs. 2 BGB). Dies wird damit begründet, dass der Verkäufer über Art und Weg der Beförderung entscheidet, den Transporteur auswählt und eine Transportversicherung abschließen kann[13].

Beispiel

Studentin S kauft im Internet eine Ware beim Unternehmer U. Die Ware kommt beschädigt bei S an. S muss die Ware nicht bezahlen, da § 447 BGB auf diesen Kaufvertrag gemäß § 474 Abs. 2 BGB nicht anwendbar ist. Das Transportrisiko trägt deshalb U. Das Risiko geht erst auf S über, wenn sie den Besitz erlangt, also mit der Ablieferung. Kommt die Ware nicht oder beschädigt bei S an, muss U noch einmal liefern.

9.5.3 Transportkosten

Anzusprechen ist noch, wer bei fehlender Vereinbarung die **Transportkosten** zu tragen hat. Hierzu findet sich für den Kaufvertrag, also im Besonderen Schuldrecht, eine spezielle Regelung in **§ 448 BGB:** Danach trägt der Verkäufer die Kosten der Übergabe der Sache an die Transportperson, während der Käufer die Kosten der Abnahme und die Kosten der Versendung an einen anderen Ort als den Erfüllungsort zu tragen hat. Da Vey seine Pflicht (Übergabe an die Transportperson) in Erlangen zu erfüllen hat, bildet diese Stadt den Erfüllungsort (= „Leistungsort" im Sinne des § 269 BGB). Also muss – wenn nichts anderes vereinbart wurde – Käufer Kaiser die Transportkosten zahlen, während Verkäufer Vey – da eine Schickschuld vorliegt – verpflichtet ist, dafür zu sorgen, dass der Transport erfolgt.

9.5.4 Incoterms

Bei internationalen Lieferverträgen haben die Parteien die Möglichkeit, die Geltung der **International Commercial Terms** (kurz: „Incoterms") zu vereinbaren. Hierbei handelt es sich um Klauseln, die von der International Chamber of Commerce (Paris) seit 1936 herausgegeben werden. Die aktuelle Fassung stammt vom 01.01.2000. Durch eine einfache Bezugnahme auf eine der 13 Klauseln können die Bedingungen für die Durchführung des Transports geregelt werden. Es gibt vier Gruppen von Klauseln (*eine* E-Klausel, drei F-Klauseln, vier C-Klauseln und fünf D-Klauseln), die sich dadurch unterscheiden, wer das Transportrisiko und wer die Transportkosten zu tragen hat[14].

Beispiele

EXW[15]**:** Der Gefahrenübergang auf den Importeur erfolgt direkt ab Werk des Exporteurs. Der Importeur trägt außerdem sämtliche Transportkosten.

---

[13] Palandt/Weidenkaff, Bürgerliches Gesetzbuch, § 474 Rn. 12.

[14] Zu Einzelheiten vgl. Gildeggen/Willburger, Internationale Handelsgeschäfte. Das Recht des grenzüberschreitenden Handels, 3. Aufl., München 2010, S. 57 ff.

[15] Ex Works (ab Werk).

DAF[16]**:** Der Exporteur trägt die Transportkosten bis zu einem Bestimmungsort an der Grenze sowie der Exportabwicklung. Ab der Grenze geht die Gefahr auf den Importeur über, der auch die Einfuhrzölle zu zahlen hat.

9.5.5 Verbot von Teilleistungen

Abschließend ist noch zu klären, ob Kaiser einen Anspruch gegen Vey auf die sofortige **vollständige Lieferung** der gekauften 2.000 Waschmaschinen hat. Nach **§266 BGB** ist der Schuldner zu Teilleistungen nicht berechtigt. Daraus folgt im Umkehrschluss, dass dem Gläubiger ein Anspruch auf die vollständige Lieferung zusteht. Kaiser kann also verlangen, dass er die komplette Lieferung der gekauften 2.000 Waschmaschinen erhält. Eine davon abweichende Lieferung könnte er zurückweisen, es sei denn, sein Verhalten würde gegen Treu und Glauben verstoßen (§242 BGB). Dies könnte der Fall sein, wenn nur wenige Geräte fehlten oder Kaiser aus anderen Gründen durch die Teillieferung keinen Nachteil hätte.

9.5.6 Zusammenfassung

Zusammenfassend ist festzuhalten, dass Käufer Kaiser

- einen schon fälligen Anspruch auf 2.000 Waschmaschinen der Marke Öko-Power GM gegen den Verkäufer Vey hat, aber
- nicht verlangen kann, dass die Waschmaschinen von Vey geliefert werden. Vey ist lediglich verpflichtet, die Ware an eine Transportperson zu übergeben (Schickschuld). Die Kosten für den Transport hat Kaiser zu tragen (§448 BGB), er trägt nach §447 BGB auch das Transportrisiko.

Praxistipp

Wegen der erheblichen Kosten und Risiken, die mit der Lieferung einer Ware verbunden sind, ist es sinnvoll, im Vertrag zu regeln, wer den Transport durchzuführen und wer das Transportrisiko zu tragen hat. Die §§447, 448 BGB sind dispositiv. Eine abweichende Regelung kann auch in Allgemeinen Geschäftsbedingungen geschehen, etwa in „Einkaufsbedingungen“ oder in „Verkaufsbedingungen“. Beispiel aus einer Einkaufsbedingung: **„Lieferung auf Kosten und Gefahr des Verkäufers.“** Durch diese schlichte Klausel wird dem Verkäufer abweichend von §447 BGB die Transportgefahr auferlegt, außerdem hat er, abweichend von §448 BGB, die Transportkosten zu tragen.

Gegenüber **Verbrauchern** wäre die Überbürdung der Transportgefahr nach §474 Abs. 2 BGB allerdings wegen eines Verstoßes gegen zwingendes Recht **unwirksam.** Eine Regelung zu den Kosten könnte grundsätzlich getroffen werden. Sofern der Verbraucher aber von seinem bei einem Fernabsatzvertrag bestehenden Widerrufsrecht (§§312 d, 355 BGB) Gebrauch macht, hat der Verkäufer nach einem Urteil des

[16] Delivered at frontier (geliefert bis zur Grenze).

Gerichtshofs der Europäischen Union die Kosten der Zusendung der Ware zu tragen[17].

9.5.7 Gegenleistung (Kaufpreiszahlung)

Die soeben für die Lieferung der Ware behandelten Fragen stellen sich in ähnlicher Weise für die Gegenleistung, also für die Zahlung des Kaufpreises. Wiederum anknüpfend an den obigen Beispielsfall ist zu fragen:

- Wann ist der Anspruch auf die Zahlung des Kaufpreises fällig?
- Wie muss oder darf K den Kaufpreis bezahlen? In bar, per Überweisung, per Lastschrift oder in sonstiger Weise (Wechsel, Scheck)?
- Wann ist die Zahlung rechtzeitig?
- Wer trägt das Risiko, wenn das Geld nicht oder verspätet ankommt?
- Zusätzlich interessiert, ob und ggf. unter welchen Voraussetzungen K berechtigt ist, Skonto von der Rechnungssumme abzuziehen.

Da keine Vereinbarung vorliegt und die Vorschriften des Kaufrechts im Besonderen Teil des Schuldrechts (§§ 433 ff. BGB) zu diesen Fragen keine Regelungen enthalten, ist wiederum auf das Allgemeine Schuldrecht zurückzugreifen, und zwar auf die §§ 270, 271 BGB.

Fälligkeit der Gegenleistung

Für die Fälligkeit einer Geldschuld gilt mangels spezieller Regelungen der schon behandelte § 271 BGB.

- Deshalb kommt es auch für die **Fälligkeit des Kaufpreises** in erster Linie auf eine **Bestimmung** (vertragliche Vereinbarung oder gesetzliche Regelung) an.
- Fehlt eine Bestimmung, kommt es auf die **Umstände** an.
- Geben diese keine Auskunft, ist der Anspruch des Verkäufers auf die Zahlung des Kaufpreises **sofort fällig.**

Wenn es keine gesetzliche Regelung gibt und der Vertrag keine *ausdrückliche* Regelung enthält („Zahlung eine Woche nach Lieferung"), ist an eine Vertragsauslegung nach §§ 133, 157 BGB zu denken, die allerdings vor der Schwierigkeit steht, dass konkrete Anhaltspunkte für die Auslegung oft fehlen. In zweiter Linie kommt es auf die Umstände an. Geben auch diese keine Auskunft, ist der Anspruch auf die Zahlung des Kaufpreises sofort fällig.

Kaufmännische Übung

Der sofortigen Fälligkeit einer Kaufpreisforderung widerspricht aber die kaufmännische Übung: Danach ist der Kaufpreis bei einem Kaufvertrag zwischen zwei Kaufleuten bzw. Unternehmern regelmäßig erst **nach Lieferung der Ware** zu zahlen, sofern nicht etwas anderes vereinbart wurde („Vorkasse"). Über die Begründung mag man streiten:

- Man könnte, obwohl der Vertrag keine Regelung enthält, wegen der weiten Verbreitung dieser kaufmännischen Übung an eine ergänzende Vertrags-

[17] EuGH (4. Kammer), NJW 2010, S. 1941, Rn. 43 ff.; so auch BGH NJW 2010, S. 2651, Rn. 14.

auslegung denken, bei der auch die bisherige Praxis der Parteien zu berücksichtigen wäre.

- Sofern man auf die Umstände abstellt, kommt neben der Natur des Schuldverhältnisses (gewerblicher Kaufvertrag) der Verkehrssitte Bedeutung zu.

Nach beiden Ansätzen wird der Anspruch erst nach der Lieferung fällig. Obwohl die Erteilung einer Rechnung nicht notwendig eine Voraussetzung für die Fälligkeit ist[18], werden beide Parteien oft der Meinung sein, dass erst nach Rechnungsstellung zu zahlen ist.

- Es ist auch vertretbar, von einer sofortigen Fälligkeit auszugehen, dem Käufer aber bis zur Lieferung und Rechnungsstellung die Einrede des nicht erfüllten Vertrags gemäß **§320 BGB** zu gewähren.

Welcher Begründung man auch folgen mag: Auf den Beispielsfall bezogen ist Kaiser jedenfalls nicht verpflichtet, vor Lieferung und Rechnungsstellung zu zahlen.

Besondere Regelungen

Bei einigen Vertragstypen gibt es besondere gesetzliche Regelungen zur Fälligkeit, die der allgemeinen Vorschrift (§271 BGB) vorgehen.

Mietvertrag Aus §556 b Abs. 1 BGB folgt für einen **Mietvertrag über Wohnraum,** dass im Falle der Vereinbarung einer **Monatsmiete** die Miete spätestens bis zum **dritten Werktag des Monats** im Voraus zu entrichten ist.

Beispiel

Die Miete für den Monat Mai ist nach §§579 Abs. 2, 556 b Abs. 1 BGB am dritten Werktag des Monats Mai fällig, falls die Miete **monatlich** zu entrichten ist. Da der 1. Mai ein Feiertag ist, kann dies frühestens am 4. Mai der Fall sein. Ein Samstag zählt dabei nicht als Werktag[19].

Da es hier nur um die Frage der Fälligkeit geht, ist noch nicht entschieden, ob die Miete am dritten Werktag nur gezahlt werden muss, etwa per Banküberweisung, oder ob sie an diesem Tag bereits auf dem Konto des Vermieters eingegangen sein muss. Dazu sogleich mehr.

§556 b Abs. 1 BGB gilt gemäß §579 Abs. 2 BGB entsprechend für **Geschäftsräume.** Dies kann fatale Folgen für den gewerblichen Mieter haben! Wenn zum Beispiel eine **Jahresmiete** vereinbart wurde, was bei Geschäftsräumen durchaus der Fall sein kann, ist die komplette Jahresmiete **zu Beginn des Jahres,** also Anfang Januar, zu entrichten. Hier empfiehlt sich aus Sicht des Mieters aus Liquiditätsgründen eine abweichende Vereinbarung, etwa Zahlung von je 50% zum 30.03. und 30.09. des Jahres oder – noch besser – eine „nachschüssige Zahlung".

Dienstvertrag Bei einem Dienstvertrag ist die Vergütung gemäß §614 Satz 1 BGB **nach der Leistung der Dienste** zu entrichten. Diese Vorschrift gilt auch für Arbeitsverträge, da der Arbeitsvertrag eine besondere Form des Dienstvertrags

[18] Palandt/Grüneberg, Bürgerliches Gesetzbuch, §271 Rn. 7.

[19] BGH, Urteil vom 13.07.2010, Aktenzeichen VIII ZR 129/09, Rn. 42 ff.

ist. Ist – wie üblich – monatliche Zahlung vereinbart, erhält der Arbeitnehmer den Lohn gemäß § 614 S. 2 BGB am Monatsende. Allerdings gibt es häufig abweichende Vereinbarungen, etwa in Tarifverträgen oder in den einzelnen Arbeitsverträgen, die dem dispositiven § 614 BGB vorgehen.

Werkvertrag Bei einem Werkvertrag, etwa einem Bauvertrag, ist die Vergütung gemäß § 641 Abs. 1 Satz 1 BGB **bei der Abnahme** des Werks zu entrichten. Das bedeutet, dass die Abnahme erfolgen muss, damit der Vergütungsanspruch fällig wird. Nach § 632 a BGB kann der Unternehmer allerdings für in sich abgeschlossene Teile des Werks Abschlagszahlungen verlangen[20].

Diese soeben dargestellten Vorschriften aus dem Besonderen Schuldrecht greifen ein, wenn die Parteien keine Vereinbarung zur Fälligkeit getroffen haben. Eine abweichende vertragliche Absprache geht den Regelungen hingegen vor, zum Beispiel die Vereinbarung, dass die Miete – abweichend von § 556 b BGB – erst am 20. des Monats zu überweisen oder der Arbeitslohn nicht erst am Monatsende (vgl. § 614 Satz 1 BGB), sondern bereits zum 15. eines jeden Monats zu zahlen ist.

9.5.8 Art der Kaufpreiszahlung

Das „alte" BGB (von 1896) geht – ohne dies ausdrücklich auszusprechen – davon aus, dass eine Geldschuld in bar zu begleichen ist. Dieser Grundsatz gilt heute aber nur noch bei bestimmten Geschäften, so bei relativ kleinen Geschäften zur Deckung des täglichen Lebensbedarfs, bei Besuchen in Lokalen usw. Aber selbst hier wird seitens der Verkäufer oder der Restaurantbesitzer immer häufiger die Möglichkeit der bargeldlosen Zahlung mittels elektronischer Zahlungsmittel (EC-Karte, Kreditkarte) angeboten. In zahlreichen anderen Fällen ist die Überweisung oder die Zahlung mittels Einzugsermächtigung an die Stelle der Barzahlung getreten, so etwa bei der Zahlung der Miete und der Begleichung von Versicherungsprämien. Im kaufmännischen Verkehr ist die Barzahlung fast völlig „ausgestorben": Wer hier eine Barzahlung verlangt oder anbietet, macht sich schon fast verdächtig (Schwarzgeld?). Die Zahlung erfolgt regelmäßig nach Rechnungsstellung per **Überweisung.** Nur noch relativ selten dienen Wechsel oder Scheck als Zahlungsmittel.

Bezogen auf unseren Beispielsfall ist davon auszugehen, dass Kaiser den Kaufpreis nach der Rechnungsstellung zu **überweisen** hat. Das Recht – und auch die Pflicht – zur Überweisung anstelle der vom BGB favorisierten Barzahlung kann sich aus der Verkehrssitte, der bisherigen Übung der Parteien oder schlicht daraus ergeben, dass auf der Rechnung des Gläubigers dessen Bankverbindung angegeben ist.

Merke

Insbesondere im kaufmännischen Verkehr ist an die Stelle der Barzahlung im Regelfall die Überweisung getreten. Ein Recht zur Überweisung ergibt sich aus der Angabe der Bankverbindung des Gläubigers auf der Rechnung.

---

[20] Vgl. zur Absicherung von Werklohnforderungen S. 329 ff.

9.5.9 Leistungshandlung und Leistungserfolg

Wenn der Schuldner verpflichtet ist, seine Verbindlichkeit mittels Überweisung innerhalb einer bestimmten Frist zu erfüllen („zwei Wochen nach Lieferung"), stellt sich die Frage, ob er das Geld innerhalb der Frist nur „auf den Weg bringen", also überweisen muss, oder ob der Betrag innerhalb der Frist auf dem **Konto** des Gläubigers **gutgeschrieben** werden muss. Dieses Problem tritt in gleicher Weise auf, wenn es um eine Zahlung geht, die bis zu einem bestimmten Termin geschuldet wird, wie etwa bei der Miete bis zum dritten Werktag des Monats (§ 556 b Abs. 1 BGB).

Wenn nichts anderes vereinbart ist, reicht es aus, dass der Schuldner rechtzeitig die sogenannte **Leistungshandlung** vornimmt. Diese besteht im Falle der Überweisung darin, dass er „seine" Bank anweist, die Überweisung auszuführen. Diese Anweisung kann auch noch am letzten Tag der Frist erfolgen. Dagegen kommt es nicht darauf an, ob der **Leistungserfolg** (Gutschrift des Geldes auf dem Gläubigerkonto) ebenfalls innerhalb der Frist eintritt. Die Gutschrift des Geldes kann also auch noch nach Ablauf der Frist vorgenommen werden. Da Banken einige Tage für die Abwicklung einer Überweisung benötigen (vgl. zu den Fristen § 675 s BGB), kommt es damit zulasten des Gläubigers zu Verzögerungen.

Beispiel

Ein Dauerauftrag für die Zahlung der Miete kann so eingerichtet werden, dass die Bank ihn jeweils am dritten Werktag des Monats ausführt. Die Zahlung ist rechtzeitig, auch wenn die Miete erst zwei oder drei Tage später dem Konto des Vermieters gutgeschrieben wird.

Praxistipp

Will ein Vermieter oder ein sonstiger Gläubiger früher über das Geld verfügen, hat er die Möglichkeit, die Klausel wie folgt abzufassen: *„Für die Rechtzeitigkeit der Zahlung kommt es auf den Eingang des Geldes auf dem Empfängerkonto an."* In einem solchen Fall muss der Schuldner die Überweisung so früh veranlassen, dass die Gutschrift innerhalb der Frist erfolgt.

9.5.10 Verlustrisiko bei Geldzahlungen

Während § 269 BGB den Leistungsort für die Lieferung von Waren bestimmt, regelt § 270 BGB den Zahlungsort für eine Geldschuld. Dabei gibt es einen gravierenden Unterschied: Nach § 270 Abs. 1 BGB hat der Schuldner Geld „im Zweifel auf seine Gefahr und seine Kosten dem Gläubiger an dessen Wohnsitz" bzw. nach Abs. 2 an den Ort der gewerblichen Niederlassung „zu übermitteln".

– „Im Zweifel" bedeutet, dass diese Regel gilt, wenn **keine** andere Regelung (Vereinbarung oder Gesetz) eingreift.

- „Auf seine Gefahr“ bedeutet, dass der **Schuldner das Risiko** trägt, dass das von seinem Konto abgebuchte Geld auch auf dem Konto des Gläubigers ankommt.
- „Auf seine Kosten“ bedeutet, dass der Schuldner die **Überweisungskosten** zu tragen hat, allerdings unter Ausschluss etwaiger Kontoführungs- und Buchungsgebühren, die dem Gläubiger entstehen.

Nach §270 Abs. 4 BGB bleiben die Vorschriften über den Leistungsort unberührt, womit §269 BGB gemeint ist. Das ist wieder einmal recht kompliziert. Gemeint ist Folgendes: Geld ist damit trotz der Regelung in §270 BGB keine Bringschuld, sondern eine Schickschuld. Da der Schuldner aber nach §269 Abs. 1 BGB das Risiko trägt, dass das Geld ankommt, spricht man von einer **„qualifizierten Schickschuld“.**

Merke

Für die Rechtzeitigkeit einer Geldzahlung per Überweisung kommt es – sofern keine andere Vereinbarung vorliegt – darauf an, dass der Schuldner die Leistungshandlung (Erteilung des Überweisungsauftrags) innerhalb der Frist vornimmt. Der Leistungserfolg (Gutschrift auf dem Gläubigerkonto) kann später eintreten. Daraus folgt, dass der Gläubiger das Verzögerungsrisiko trägt. Das Transportrisiko trägt nach §270 BGB hingegen der Schuldner.

9.5.11 Abzug von Skonto

Der Abzug von Skonto ist im BGB nicht geregelt, in der Praxis aber weit verbreitet. Ein Schuldner ist nur dann zu einem Abzug von **Skonto** berechtigt, wenn eine entsprechende **vertragliche Regelung** mit dem Gläubiger besteht. Der Schuldner ist also nicht berechtigt, von sich aus einen Abzug vorzunehmen, und zwar auch dann nicht, wenn er eine Rechnung vor Ablauf der Zahlungsfrist begleicht. Dem Gläubiger steht es frei, ob er ein Recht zum Abzug von Skonto einräumt, um den Schuldner zu einer schnellen Zahlung zu veranlassen. Tut der Gläubiger dies nicht, muss der Schuldner den vollen Preis zahlen.

Merke

Ohne Einverständnis des Gläubigers ist der Schuldner nicht berechtigt, einen Abzug von Skonto vorzunehmen.

Nochmals zurück zum Beispielsfall[21]: Da im Kaufvertrag zwischen Vey und Kaiser keine Skontoklausel enthalten ist, ist Kaiser nicht berechtigt, einen Abzug vorzunehmen. Anders wäre es, wenn die Rechnung des Vey folgende Klausel enthielte:[22]

„Bei Zahlung innerhalb von 10 Tagen gewähren wir einen Nachlass von 3% auf den Rechnungsbetrag.“

[21] Vgl. S. 151.

[22] Zugleich Lösung des in der Einleitung unter Nr. 3 (S. XXVIII f.) enthaltenen Beispielsfalls

Hierin läge ein **Angebot** des Gläubigers zum Abschluss eines Skontovertrags, das der Schuldner durch die rechtzeitige Zahlung **konkludent** annehmen könnte. Für die Rechtzeitigkeit der Zahlung reicht es – wie bei anderen Zahlungsfristen – aus, wenn der Schuldner innerhalb der Frist die **Leistungshandlung (Überweisung)** vornimmt, die Gutschrift auf dem Gläubigerkonto kann auch hier nach Ablauf der Frist erfolgen. Der Gläubiger hat aber die Möglichkeit zu bestimmen, dass die Gutschrift auf seinem Konto maßgeblich sein soll.

Einen besonderen Fall hatte vor einigen Jahren der Bundesgerichtshof (BGH) zu entscheiden. Hier hatte der Schuldner nach dem Vertrag das Recht, per **Scheck** zu bezahlen und zugleich innerhalb von 40 Tagen 3% Skonto in Anspruch zu nehmen. Der Schuldner schickte dem Gläubiger am letzten Tag der Skontofrist einen Verrechnungsscheck, den dieser anschließend bei seiner Bank zur Einziehung einreichte. Der BGH entschied, die Übersendung des Schecks am letzten Tag der Skontofrist sei ausreichend, da der Schuldner damit die ihm obliegende Leistungshandlung rechtzeitig vorgenommen habe[23].

Im Fall Nr. 3 des Einleitungskapitels[24] wird die S-GmbH den Prozess gewinnen, weil die Zahlung so rechtzeitig erfolgt, dass sie berechtigt war, Skonto abzuziehen.

9.6 Leistung in Person oder durch einen Dritten

Nach § 267 Abs. 1 Satz 1 BGB kann, wenn der Schuldner nicht in Person zu leisten hat, auch ein **Dritter die Leistung** bewirken. Der Gläubiger hat also grundsätzlich keinen Anspruch darauf, dass der Schuldner persönlich tätig wird. Dieser kann die Leistung vielmehr durch andere Personen erbringen lassen, es sei denn, die Parteien hätten eine abweichende Vereinbarung getroffen, oder aber eine spezielle Regelung verdrängt die allgemeine Vorschrift (§ 267 Abs. 1 BGB).

- Eine Pflicht zum persönlichen Tätigwerden des Schuldners kann sich aber aus einer ausdrücklichen **vertraglichen Vereinbarung** oder im Wege der **Auslegung** eines Vertrags (§§ 133, 157 BGB) ergeben.

Beispiel

Wenn ein Spezialist gegen Zahlung einer sehr hohen Vergütung damit beauftragt wird, Sicherheitslücken in einem betrieblichen DV-System ausfindig zu machen und zu beseitigen, ist er verpflichtet, persönlich tätig zu werden.

- Eine wichtige gesetzliche Einschränkung des § 267 Abs. 1 BGB findet sich in **§ 613 S. 1 BGB.** Danach hat der zur Dienstleistung Verpflichtete die Dienste im Zweifel „in Person" (persönlich) zu leisten. Da der Arbeitsvertrag ein Dienstvertrag ist, folgt daraus, dass ein Arbeitnehmer nicht einfach eine „Ersatzkraft" schicken darf, sondern **persönlich** zu erscheinen und zu arbeiten hat. Gleiches gilt für sonstige Dienstverträge: Wenn ein Mandant

---

23 BGH NJW 1998, S. 1302.
24 S. XXVIII f.

einen „berühmten" Wirtschaftsprüfer oder einen „Star-Anwalt" beauftragt oder ein Patient einen Vertrag mit dem Chefarzt schließt, dann müssen diese Personen persönlich tätig werden und können sich nicht vom Steuerfachangestellten, vom Referendar oder vom „Arzt im Praktikum" vertreten lassen. Dies schließt nicht aus, dass die genannten oder andere Personen bei der Erbringung der Leistung mitwirken.

In zahlreichen anderen Fällen darf der Schuldner die Leistung nach § 267 Abs. 1 BGB hingegen durch einen Dritten erbringen lassen. Dies können **Arbeitnehmer** oder Subunternehmer sein. Oft wird von „selbstständigen" Subunternehmern gesprochen, was in der Regel „doppelt gemoppelt" ist, weil **Subunternehmer** nahezu immer selbstständig sind.

Beispiel

Bauunternehmer B ist Generalunternehmer („Unternehmer", vgl. § 631 BGB) für den Bau einer neuen Sportarena. Hier versteht es sich von selbst, dass B nicht alle Arbeiten persönlich ausführen muss, sondern seine Arbeitnehmer damit betrauen kann. Sofern im Vertrag kein Ausschluss enthalten ist, darf B auch Subunternehmer mit einzelnen Gewerken, zum Beispiel mit den Gründungsarbeiten oder mit dem Einbau des Hallenbodens beauftragen. Mit diesen schließt B „Subunternehmer-Werkverträge". Im Verhältnis zum Auftraggeber („Besteller", vgl. § 631 BGB) ist und bleibt B für die Erbringung der Leistung verantwortlich, auch wenn einzelne oder alle Leistungen von Subunternehmern ausgeführt werden. Diese sind „Erfüllungsgehilfen" des B (§ 278 BGB). Die Arbeitnehmer des B sind ebenfalls dessen Erfüllungsgehilfen und zusätzlich dessen Verrichtungsgehilfen (§ 831 BGB)[25].

9.7 Abtretung von Forderungen

9.7.1 Regelungen im BGB

So, wie das Eigentum an Sachen von einer Person auf eine andere Person übertragen werden kann[26], besteht auch die Möglichkeit, Forderungen und andere Rechte zu übertragen. Bei Forderungen spricht man von einer „Abtretung" oder „Zession". Nach § 398 BGB kann eine Forderung vom Gläubiger (auch „Zedent" genannt) durch Vertrag mit einem anderen („Zessionar") auf diesen übertragen werden. Mit dem Abschluss dieses Vertrags tritt der neue Gläubiger („Zessionar") an die Stelle des bisherigen Gläubigers („Zedent").

Der Abtretungsvertrag (§ 398 BGB) ist zu unterscheiden von dem Vertrag, durch den sich der Gläubiger zur Abtretung *verpflichtet*.

[25] Zu Einzelheiten vgl. S. 402 ff., 409 ff.

[26] Vgl. für bewegliche Sachen §§ 929 ff. BGB (S. 448 ff.), für unbewegliche Sachen §§ 873 Abs. 1, 925 Abs. 1 BGB (S. 482 ff.).

Beispiel

A verkauft an N eine Forderung auf Zahlung von Miete (§ 535 Abs. 2 BGB) in Höhe von 15.000,– €, die ihm gegenüber Schuldner S zusteht. Der **Kaufvertrag** (hier ein Rechtskauf gemäß § 453 Abs. 1 BGB) bewirkt zunächst nur, dass A zur Abtretung der Forderung *verpflichtet* ist. Vollzogen wird die Abtretung dadurch, dass A und N sich zusätzlich darüber einigen, dass die Forderung dem N zustehen soll. Erst mit Abschluss dieses **„Abtretungsvertrags"** ist nicht mehr A, sondern N der Inhaber der Forderung. In der Praxis werden diese Verträge oft nicht so genau auseinander gehalten und in einer Urkunde geregelt.

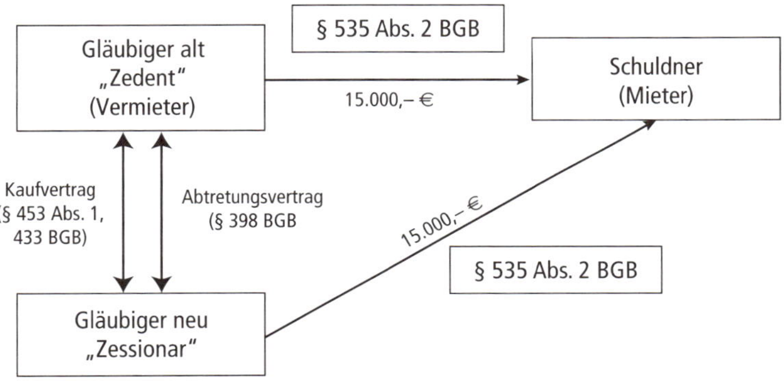

Abbildung 9.3: Abtretung

Nach § 398 BGB erfolgt die Abtretung und der damit verbundene Wechsel des Gläubigers ohne Beteiligung des Schuldners, der nicht einmal zu informieren ist. Deshalb besteht die Gefahr, dass der Schuldner an den bisherigen Gläubiger leistet, obwohl dieser gar nicht mehr der Gläubiger ist. Zum Schutz des Schuldners bestimmt § 407 Abs. 1 BGB, dass der neue Gläubiger eine Leistung, die der Schuldner nach der Abtretung an den bisherigen Gläubiger bewirkt, gegen sich gelten lassen muss, es sei denn, dass der Schuldner die Abtretung bei der Leistung kannte.

Beispiel

Im obigen Beispiel zahlt Schuldner S, der von der Abtretung an N nichts weiß, die 15.000,– € an den alten Gläubiger A. Durch die an A geleistete Zahlung wird S gemäß § 407 Abs. 1 BGB von seiner Verbindlichkeit befreit, obwohl der neue Gläuger N und nicht A im Zeitpunkt der Zahlung der Inhaber der Forderung war und S damit objektiv an den „Falschen" gezahlt hat. N hat einen Anspruch gegen A auf Herausgabe des erlangten Geldes aus § 816 Abs. 2 BGB.

Will der Schuldner verhindern, dass ihm ohne sein Zutun ein neuer Gläubiger „präsentiert“ wird, hat er die Möglichkeit, mit „seinem“ Gläubiger ein Abtretungsverbot zu vereinbaren. Dass dies zulässig ist, folgt aus § 399 BGB. Danach kann eine Forderung nicht abgetreten werden, wenn die Abtretung durch Vereinbarung mit dem Schuldner ausgeschlossen ist. Der Schuldner kann sich auch damit begnügen, die Wirksamkeit der Abtretung von seiner Zustimmung abhängig zu machen.

Entsprechende Vereinbarungen können nach der Rechtsprechung des BGH auch in AGB getroffen werden. Sowohl die Vereinbarung eines abgeschwächten als auch eines uneingeschränkten Abtretungsausschlusses wird als grundsätzlich unbedenklich angesehen. Eine derartige Klausel sei, so der BGH, nur dann nach § 307 Abs. 1 BGB unwirksam, wenn ein schützenswertes Interesse des Verwenders an dem Abtretungsverbot nicht bestehe oder die berechtigten Belange des Vertragspartners an der freien Abtretbarkeit vertraglicher Ansprüche das entgegenstehende Interesse des Verwenders überwögen[27]. Damit wird das Interesse des Schuldners, sich nicht auf wechselnde Gläubiger einstellen zu müssen, geschützt.

9.7.2 Ergänzung durch das HGB

Eine Begrenzung zum Ausschluss der Abtretbarkeit folgt aus § 354 a HGB. Nach Satz 1 der Vorschrift ist die Abtretung einer Forderung trotz eines vertraglichen Abtretungsverbots nach § 399 BGB wirksam, wenn

P1: das Abtretungsverbot eine **Geldforderung** betrifft, und

P2: das Rechtsgeschäft, auf dem die Forderung beruht, **für beide Teile ein Handelsgeschäft** ist.

Ob die Forderung auf einem beiderseitigen Handelsgeschäft beruht, ist nach §§ 343, 344 HGB zu entscheiden. Nach § 343 Abs. 1 HGB sind alle Geschäfte eines Kaufmanns, die zum Betriebe seines Handelsgewerbes gehören, Handelsgeschäfte. Nach § 344 Abs. 1 HGB gelten die von einem Kaufmann vorgenommenen Rechtsgeschäfte im Zweifel als Geschäfte, die zu seinem Handelsgewerbe gehören. Die entsprechenden Voraussetzungen werden an anderer Stelle genauer behandelt[28]. Hier wird davon ausgegangen, dass es um die Abtretung einer Geldforderung geht, die auf einem beiderseitigen Handelsgeschäft beruht.

Dies hat zur Folge, dass eine vorgenommene Abtretung trotz eines vertraglichen Abtretungsausschlusses **wirksam** ist. Diese Vorschrift gilt auch, wenn die Abtretung nicht (vollständig) ausgeschlossen ist, sondern „nur“ von der Zustimmung des Schuldners abhängig gemacht wird.

Mit § 354 a S. 1 HGB soll dem Interesse des Gläubigers Rechnung getragen werden, werthaltige Forderungen als Kreditsicherheit nutzen zu können oder vor Fälligkeit veräußern zu können, um die Liquidität zu erhöhen[29].

---

27 BGH NJW 2006, S. 3486, Rn. 14.
28 Vgl. S. 253.
29 Seggewiße, NJW 2008, 3256.

Beispiel

Der V-GmbH steht gegen die K-AG ein Zahlungsanspruch aus § 433 Abs. 2 BGB zu. Im Kaufvertrag zwischen der V-GmbH und der K-AG ist **wirksam** vereinbart, dass eine Abtretung der Forderung nur mit Zustimmung der K-AG zulässig ist. Da die V-GmbH dringend Liquidität benötigt, verkauft sie gleichwohl die Forderung an das Factoring-Unternehmen F und tritt die Forderung an F ab. F nimmt die Abtretung an. Die K-AG widerspricht der Abtretung.

Lösung BGB: Aufgrund des wirksamen Abtretungsverbots konnte die V-AG die Abtretung an F nur mit Zustimmung der K-AG wirksam vornehmen (§ 399 BGB). Da diese nicht erteilt wurde, ist die Abtretung unwirksam. Die V-GmbH ist damit weiterhin Inhaberin der Forderung.

Ergänzung durch das HGB: Nach § 354 a S. 1 HGB ist die Abtretung trotz der fehlenden Zustimmung der K-AG wirksam, weil es sich bei der abgetretenen Forderung um eine Geldforderung handelt, die – was hier unterstellt wird – auf einem beiderseitigen Handelsgeschäft beruht. Also ist F der neue Gläubiger und damit der Inhaber der Forderung. § 354 a S. 1 HGB (spezielles Gesetz) geht § 399 BGB (allgemeines Gesetz) vor. Die Abtretung ist deshalb ohne Zustimmung der K-AG wirksam.

Abwandlung

Wie ist die Rechtslage, wenn die K-AG der Abtretung nicht zustimmt und an die V-GmbH zahlt? Damit hätte die K-AG an den „Falschen" gezahlt, weil F nach §§ 398 BGB, 354 a S. 1 HGB Gläubiger der Forderung geworden wäre.

Nach § 354 a S. 2 HGB kann der Schuldner (K-AG) aber mit befreiender Wirkung an den bisherigen Gläubiger (V-GmbH) leisten. Die K-AG kann sich also aussuchen, ob sie an die V-GmbH oder an F zahlt.

9.8 Gesamtschuld

Die in der Praxis sehr relevante Gesamtschuld liegt nach **§ 421 Satz 1 BGB** vor, wenn mehrere (Personen) eine Leistung in der Weise schulden, dass **jeder die ganze Leistung** erbringen muss, der Gläubiger die Leistung aber **nur einmal fordern** kann. In einem solchen Fall kann der Gläubiger die Leistung von jedem Schuldner ganz oder zum Teil fordern.

Beispiel

A und B schulden Gläubiger G als Gesamtschuldner 5.000,– €. G kann die gesamten 5.000,– € von A oder von B verlangen oder eine beliebige Aufteilung, etwa „50 : 50", „70 : 30" oder „80 : 20" vornehmen. Insgesamt erhält er aber nur 5.000,– €.

Eine Gesamtschuld kann sich aus einer vertraglichen Vereinbarung („rechtsgeschäftliche Gesamtschuld") oder aus dem Gesetz ergeben.

9.8.1 Rechtsgeschäftliche Gesamtschuld

Die rechtsgeschäftliche Gesamtschuld wird durch eine Vereinbarung der Parteien begründet, also durch einen **Vertrag.** Ein häufiger Fall liegt im **Mietrecht** vor, wenn mehrere Personen einen Mietvertrag als Mieter unterschreiben.

Beispiele

- M1 und M2 sind gemeinsam Mieter einer Wohnung. Die Miete beträgt 900,– €. Der Vermieter kann die komplette Miete von M1 oder M2 verlangen, aber auch eine beliebige Aufteilung vornehmen. Außerdem kann der Mietvertrag nur von beiden Mietern gemeinsam gekündigt werden. Die Kündigung durch einen Mieter ist nicht wirksam, es sei denn, der Vermieter ist einverstanden. Anderenfalls bleibt auch der kündigende Mieter weiter zur Zahlung der vollen Miete verpflichtet. Er muss versuchen, aus dem „Mietvertrag zu kommen", was sich in der Praxis als schwierig erweisen kann, weil der Vermieter die Kündigung durch den ausgezogenen Mieter nicht akzeptieren muss. Notfalls muss der ausziehende Mieter seinen Mitmieter verklagen, damit dieser ebenfalls die Kündigung erklärt.
- V hat Geschäftsräume an die G-GmbH vermietet. Um den Abschluss des Mietvertrags trotz bestehender Zweifel an der Liquidität der Gesellschaft zu ermöglichen, hat der Alleingesellschafter der GmbH, Herr A, den Mietvertrag „als weiterer Mieter" unterschrieben. Damit sind die GmbH und A Gesamtschuldner. Aus Sicht des V wäre ein ähnliches Ergebnis erzielt worden, wenn A eine selbstschuldnerische Bürgschaft übernommen hätte (§§765, 773 Abs. 1 Nr. 1 BGB)[30].

9.8.2 Gesetzliche Gesamtschuld

Nach **§128 HGB** haften die Gesellschafter einer **Offenen Handelsgesellschaft** (OHG) den Gläubigern der Gesellschaft als Gesamtschuldner. Diese Vorschrift gilt **analog** (entsprechend) für die Gesellschafter einer **Gesellschaft bürgerlichen Rechts** (GbR)[31].

Beispiele

- Die X-OHG besteht aus den Gesellschaftern O, H und G. Für Verbindlichkeiten der OHG aus einem mit der OHG geschlossenen Werkvertrag haftet dem Werkunternehmer (Gläubiger) zum einen die OHG (§631 BGB i. V. m. §124 HGB). Zusätzlich haften aber auch die Gesellschafter O, H und G (§631 BGB i. V. m. §128 HGB) als Gesamtschuldner mit ihrem gesamten sonstigen Vermögen einschließlich des Privatvermögens.

---

30 Vgl. S. 502 f.
31 Vgl. S. 85 ff.

Dem Werkunternehmer steht es frei, ob er die OHG, alle Gesellschafter, zwei Gesellschafter oder nur einen von ihnen in Anspruch nimmt. In der **Praxis** werden neben der OHG oft „alle Gesellschafter als Gesamtschuldner" verklagt. Dies hat den Vorteil, dass im Falle des Erfolges der Klage in das Gesellschaftsvermögen **und** in die Vermögen der einzelnen Gesellschafter unter Einschluss des Privatvermögens **vollstreckt werden kann.**

- Ebenfalls als Gesamtschuldner haften die Gesellschafter der Gesellschaft bürgerlichen Rechts (GbR, § 128 HGB analog) und die Komplementäre („Vollhafter") der Kommanditgesellschaft (§§ 161 Abs. 2, 128 HGB).
- **Nur zur Erinnerung:** Die Gesellschafter einer GmbH und die Aktionäre einer AG haften den Gläubigern nicht unmittelbar. Hier haftet nur das Gesellschaftsvermögen (§ 13 Abs. 2 GmbHG, § 1 Abs. 1 S. 2 AktG)[32].
- Wenn mehrere Personen für einen aus einer unerlaubten Handlung (§§ 823 ff. BGB) entstandenen Schaden nebeneinander verantwortlich sind, haften sie nach § 840 Abs. 1 BGB als Gesamtschuldner[33].

9.8.3 Rechtsfolgen der Gesamtschuld

Wie schon ausgeführt, kann der Gläubiger nach § 421 S. 1 BGB von jedem Gesamtschuldner die ganze Leistung verlangen. Diese Vorschrift betrifft das Außenverhältnis zwischen dem Gläubiger auf der einen und den Gesamtschuldnern auf der anderen Seite. Das **Innenverhältnis,** also die Beziehung zwischen den Gesamtschuldnern, ist in § 426 BGB geregelt. Nach dessen erstem Absatz sind die Gesamtschuldner untereinander zu gleichen Teilen verpflichtet **(„nach Köpfen"),** soweit nicht ein anderes bestimmt ist, insbesondere in einem Vertrag vereinbart worden ist. Der zweite Absatz regelt den Ausgleichsanspruch zwischen den Gesamtschuldnern, wenn einer oder auch mehrere Gesamtschuldner eine Leistung an den Gläubiger erbracht haben.

Beispiel

A, B, und C sind Gesellschafter der X-GbR, die dem Gläubiger G aus einem Werkvertrag 240.000,– € schuldet. Da die GbR zahlungsunfähig wird, fordert G die Zahlung gemäß § 631 BGB i. V. m. § 128 HGB analog vom finanzkräftigen Gesellschafter A. Dieser zahlt die 240.000,– € und fragt nach seinen Ausgleichsansprüchen.

A hat gemäß § 110 HGB in voller Höhe einen Aufwendungsersatzanspruch gegen die GbR, der jedoch wegen der Zahlungsunfähigkeit nicht werthaltig ist.

A bleibt aber der Ausgleichsanspruch gegen die anderen Gesellschafter. Wenn im Gesellschaftsvertrag keine andere Regelung enthalten

[32] Vgl. zu Einzelheiten S. 86 ff.
[33] Vgl. S. 407.

ist, haften die Gesellschafter der GbR A, B und C gemäß § 426 Abs. 1 BGB als Gesamtschuldner „nach Köpfen", also mit gleichen Anteilen, hier in Höhe von jeweils 80.000,– €. Da die Forderung aus dem Werkvertrag in Höhe des Ausgleichsanspruchs gemäß § 426 Abs. 2 BGB auf A übergegangen ist, kann er aus § 631 BGB i. V. m. § 426 Abs. 2 BGB von B und C die Zahlung von je 80.000,– € verlangen.

Kapitel 10
Erlöschen von Schuldverhältnissen

Lernziele dieses Kapitels
Was kommt in diesem Kapitel auf Sie zu? Sie lernen verschiedene Möglichkeiten kennen, wie ein Schuldverhältnis erlöschen kann. Das Erlöschen setzt voraus, dass der Schuldner oder ein Dritter die geschuldete Leistung erbringt. Das BGB kennt aber auch einige Möglichkeiten, in denen das Schuldverhältnis durch eine andere als die geschuldete Leistung erlischt, zum Beispiel durch eine Aufrechnung.

10.1 Erlöschen durch Leistung

Nach § 362 Abs. 1 BGB erlischt das Schuldverhältnis, wenn die geschuldete Leistung an den Gläubiger bewirkt wird. Aus dem Fehlen des Wortes „Schuldner" im Text der Vorschrift folgt, dass es nicht unbedingt erforderlich ist, dass der Schuldner persönlich leistet, sondern dass die Leistung auch durch einen anderen („Dritten") erfolgen kann. Etwas anderes gilt nach § 267 Abs. 1 BGB, wenn der Schuldner „in Person" zu leisten hat[1].

Beispiel

Der 13-jährige M hat einen Fahrradunfall verursacht, durch den G einen Schaden erlitten hat. Wenn G diesen Schaden von der Haftpflichtversicherung des M oder von dessen Eltern ersetzt bekommt, führt die Zahlung gemäß § 362 Abs. 1 BGB zum Erlöschen des zwischen G und M bestehenden gesetzlichen Schuldverhältnisses (§ 823 Abs. 1 BGB), obwohl die Leistung nicht durch den Schuldner M erfolgt.

Für das weitere Verständnis ist es wichtig zu beachten, dass in jedem gegenseitigen Vertrag (besser „gegenseitig *verpflichtender* Vertrag" genannt) *zwei* Schuldverhältnisse enthalten sind.

Beispiele

- Beim Kaufvertrag ist zwischen der Verpflichtung des Verkäufers, die Sache zu übergeben und das Eigentum zu verschaffen (*erstes* Schuldverhältnis) und der Verpflichtung des Käufers zur Zahlung des Kaufpreises und zur Abnahme der Kaufsache (*zweites* Schuldverhältnis) zu unterscheiden.
- Beim Mietvertrag betrifft das erste Schuldverhältnis die Überlassung der Mietsache, das zweite die Zahlung der Miete.

---

[1] Vgl. S. 163 f.

- Beim Werkvertrag bildet die Verpflichtung zur Herstellung des Werks das erste, die Zahlung der Vergütung das zweite Schuldverhältnis.

Hieraus ergibt sich, dass es in gegenseitigen Verträgen jeweils *zwei Schuldner* und demzufolge auch *zwei Gläubiger* gibt.

Beispiel

In Bezug auf die Übergabe der Sache und auf die Übertragung des Eigentums ist der Käufer der Gläubiger und der Verkäufer der Schuldner. Für die Kaufpreiszahlung ist es umgekehrt: Hier ist der Verkäufer der Gläubiger und der Käufer der Schuldner.

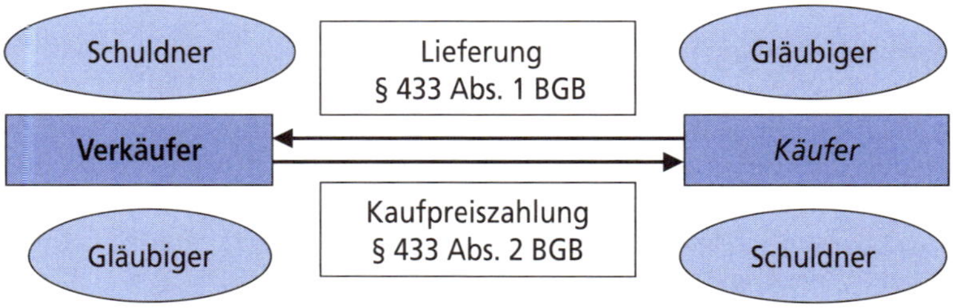

Abbildung 10.1: Schuldverhältnisse

Mit „Schuldverhältnis" ist in §362 BGB bei gegenseitigen Verträgen die einzelne Leistungspflicht gemeint, also *eines* der beiden Schuldverhältnisse.

Beispiel

K hat die bei V gekaufte Ware bereits erhalten und das Eigentum erworben, die Zahlung des Kaufpreises soll per Überweisung erfolgen. Hier ist das *eine* Schuldverhältnis (gerichtet auf die Übergabe der Sache und die Übertragung des Eigentums) nach §362 Abs. 1 BGB bereits erloschen, weil die nach §433 Abs. 1 BGB von V geschuldete Leistung an den K bewirkt wurde. Das *andere* Schuldverhältnis (Zahlung des Kaufpreises) ist noch nicht erloschen.

10.2 Annahme an Erfüllungs statt

Nach **§364 Abs. 1 BGB** erlischt das Schuldverhältnis auch dann, wenn der Gläubiger eine *andere* als die geschuldete Leistung an Erfüllungs statt annimmt.

Beispiel

K schuldet V 3.000,– €. Da K den Kaufpreis nicht zahlen kann, vereinbaren die beiden, dass K an V statt der Zahlung des Geldes bestimmte Wertpapiere übereignet.

In **§364 Abs.2 BGB** geht es nicht um eine andere Leistung, sondern darum, dass der Schuldner zum Zwecke der Befriedigung des Gläubigers (zur Erfüllung) eine neue (zusätzliche) Verbindlichkeit übernimmt.

Beispiel

Bauherr Berger schuldet dem Unternehmer Unger Restwerklohn in Höhe von 40.000,– €. B ist aber nicht in der Lage, diesen Betrag sofort zu zahlen. B unterschreibt deshalb einen Wechsel, der in drei Monaten zur Zahlung fällig ist (sogenanntes „3-Monats-Akzept") und übergibt diesen Wechsel an U. B hat damit eine neue Verbindlichkeit nach Art. 28 Abs. 1 WG (Wechselgesetz) übernommen, was nach §364 Abs. 2 BGB „im Zweifel" nicht an Erfüllungs statt geschah. Die Wechselforderung tritt deshalb nicht an die Stelle der Werklohnforderung, sondern *neben* diese. U steht deshalb gegen B nach wie vor der Anspruch aus §631 BGB und zusätzlich ein Anspruch aus Art. 28 Abs. 1 WG zu.

Die Annahme des Wechsels hat zur Folge, dass U bis zu dessen Fälligkeit in drei Monaten keine Zahlung aus der Werklohnforderung verlangen kann. Wird der Wechsel dann nicht eingelöst, kann U wieder auf die immer noch bestehende Forderung aus dem Werkvertrag zugreifen oder aus dem Wechsel vorgehen. Natürlich erhält er den Werklohn nur einmal!

10.3 Aufrechnung

Eine weitere Möglichkeit, eine Verbindlichkeit zu erfüllen, bietet die Aufrechnung[2]. Außerdem – und das ist fast wichtiger – eröffnet die Aufrechnung eine gute Möglichkeit, um Forderungen auch gegenüber „schlechten Schuldnern" wirtschaftlich durchzusetzen. Eine Aufrechnung kann nach §387 BGB erklärt werden, wenn

- **P1:** zwei Personen einander Leistungen schulden
- **P2:** die ihrem Gegenstand nach gleichartig sind
- **P3:** der Aufrechnende die ihm gebührende Leistung fordern und
- **P4:** die ihm obliegende Leistung bewirken kann.

Beispiel

V und M haben einen Mietvertrag über einen Lagerraum geschlossen, aus dem V noch eine Forderung in Höhe von 20.000,– € gegen M

[2] Vgl. zu weiteren Gestaltungsrechten S. 96 ff.

zusteht. M weigert sich wegen angeblicher Mängel zu zahlen. Hier müsste V den M auf Zahlung verklagen und das Urteil anschließend ggf. im Wege der Zwangsvollstreckung durchsetzen. Dies kann durchaus ein oder auch mehrere Jahre dauern, wobei zusätzlich die Gefahr besteht, dass sich die Vermögensverhältnisse des M in dieser Zeit verschlechtern. Die Durchsetzung der Forderung ist einfacher, wenn V bei M ebenfalls Schulden hat, zum Beispiel aus einem Kaufvertrag über 15.000,– €. Dann liegen die ersten beiden Voraussetzungen für eine Aufrechnung vor:

- Zwei Personen schulden einander Leistungen: M schuldet V 20.000,– € aus dem Mietvertrag, V schuldet M 15.000,– € aus dem Kaufvertrag; die Leistungen sind auch *gleichartig*, da sie beide auf die Zahlung von Geld gerichtet sind, auch wenn unterschiedliche Vertragstypen zugrunde liegen.

- Wenn V die Aufrechnung erklären will, muss hinzukommen, dass er die ihm gebührende (zustehende) Leistung aus dem Mietvertrag bereits fordern kann. Das bedeutet, dass der Anspruch auf die Leistung fällig sein muss (§§ 579 Abs. 2, 556 b Abs. 1 BGB) und dass dem Anspruch keine Einrede entgegensteht (§ 390 BGB), etwa die Einrede der Verjährung (§ 214 Abs. 1 BGB).

- Außerdem muss V die ihm obliegende Leistung bereits bewirken dürfen, also den Kaufpreis schon zahlen dürfen. Diese Voraussetzung ist bei Forderungen, die auf Zahlung von Geld gerichtet sind, regelmäßig gegeben; anders kann es bei Darlehensverträgen sein, bei denen der Darlehensgeber eine vorzeitige Rückzahlung ablehnt, um weiterhin die vereinbarten Zinsen zu erhalten.

Wenn alle Voraussetzungen für eine Aufrechnung vorliegen, kann jede Partei nach § 388 BGB die Aufrechnung erklären. Es erfolgt also keine automatische Verrechnung (Saldierung) der Forderungen. Die Wirkung der Aufrechnung ergibt sich aus § 389 BGB: Nach Erklärung der Aufrechnung erlöschen die Forderungen, soweit sie sich decken, hier in Höhe von 15.000,– €. Mit der Erklärung der Aufrechnung durch V erlischt deshalb die Forderung des M gegen V aus dem Kaufvertrag in voller Höhe (15.000,– €), zugleich erlischt die Forderung des V gegen M aus dem Mietvertrag in Höhe von 15.000,– €, während sie in Höhe von 5.000,– € bestehen bleibt. Bei wirtschaftlicher Betrachtung hat V 15.000,– € Mietrückstände ohne die Einschaltung von Gerichten durchgesetzt.

Die §§ 391 ff. BGB enthalten Regelungen zu Sonderfällen, auf die hier nicht eingegangen wird. Hinzuweisen ist aber darauf, dass das Recht zur Aufrechnung in der Praxis oft ausgeschlossen wird, in der Regel durch ein in Allgemeinen Geschäftsbedingungen (AGB) enthaltenes **Aufrechnungsverbot.** Es stellt sich dann die Frage, ob diese Regelung wirksam ist. Den Beurteilungsmaßstab bildet § 309 Nr. 3 BGB: Danach ist eine Bestimmung unwirksam, durch die dem

Vertragspartner des Verwenders das Recht genommen wird, mit einer unbestrittenen oder rechtskräftig festgestellten Forderung aufzurechnen.

Beispiel

In den „Verkaufsbedingungen" der V-GmbH heißt es wie folgt: „*Eine Aufrechnung gegen unsere Forderungen ist ausgeschlossen*". Diese Klausel verstößt gegen § 309 Nr. 3 BGB. Nach § 306 Abs. 1 BGB bleiben die unter Einbeziehung der AGB geschlossenen Verträge wirksam, an die Stelle der unwirksamen Klausel treten nach § 306 Abs. 2 BGB die §§ 387 ff. BGB.

Die Klausel wäre wirksam, wenn sie wie folgt gelautet hätte: „*Eine Aufrechnung gegen unsere Forderungen ist ausgeschlossen, es sei denn, die Aufrechnung erfolgt mit einer unbestrittenen oder rechtskräftig festgestellten Forderung*".

Bei Verwendung einer Aufrechnungsklausel in AGB gegenüber einem Unternehmer gilt § 309 Nr. 3 BGB nach § 310 Abs. 1 BGB nicht unmittelbar[3]. Als konkretisierte Ausformung von § 307 Abs. 2 Nr. 1 BGB ist § 309 Nr. 3 BGB aber mittelbar anzuwenden, sodass Aufrechnungsverbote auch im Verhältnis zu Unternehmern nur unter Beachtung dieser Vorschrift zulässig sind[4].

10.4 Hinterlegung

Neben dem Erlöschen der Leistung durch Erfüllung (§ 362 Abs. 1 BGB), der Annahme einer anderen Leistung an Erfüllungs statt (§ 364 Abs. 1 BGB) und der Aufrechnung (§§ 387 ff. BGB) kann der Schuldner sich gemäß **§ 378 BGB** durch eine Hinterlegung von seiner Verbindlichkeit befreien. Der Schuldner ist gemäß § 372 S. 1 BGB zur Hinterlegung berechtigt, wenn sich der Gläubiger in Annahmeverzug befindet (§§ 293 ff. BGB), weil er die vom Schuldner angebotene Leistung nicht annimmt. Ein weiterer Hinterlegungsgrund liegt vor, wenn der Schuldner nicht weiß, an welchen Gläubiger er zu leisten hat (vgl. § 372 S. 2 BGB). Hinterlegt werden können nach § 372 BGB Geld, Wertpapiere (Aktien, Schatzbriefe) und sonstige Urkunden sowie Kostbarkeiten, etwa Schmuck.

Beispiel aus der Rechtsprechung[5]

Einzelhändler E hat bei der Versicherungs-AG (V-AG) eine Tiefkühltruhenversicherung abgeschlossen. Nach einem Stromausfall verderben die in den Tiefkühltruhen liegenden Waren. Bevor die V-AG den Schaden bei E beglichen hat, erhält sie ein Schreiben des Fleischlieferanten L, in dem dieser behauptet, E habe ihm die Forderung gegen die V-AG abgetreten. Die V-AG müsse deshalb an ihn, also L zahlen. E bestreitet

---

3 Vgl. S. 79 f.

4 BGH NJW 1984, S. 2404, 2405; Palandt/Grüneberg, Bürgerliches Gesetzbuch, § 309 Rn. 21.

5 OLG Oldenburg; das Urteil ist nicht veröffentlicht.

die Abtretung und behauptet, die Forderung stehe nach wie vor ihm zu. Was soll die V-AG tun?

Da die V-AG nicht weiß, wer der Gläubiger der Forderung ist, läuft sie Gefahr, an den „Falschen" zu zahlen. Wenn sie gar nicht zahlt, ist zu befürchten, dass sie von L oder E oder sogar von beiden auf Zahlung verklagt werden könnte. Um diese Risiken auszuschließen, kann die V-AG die Versicherungssumme gemäß § 372 S. 2 BGB bei der dazu bestimmten öffentlichen Stelle – das sind die Amtsgerichte – hinterlegen. Wenn die V-AG dabei auf das Rücknahmerecht (§ 376 Abs. 1 BGB) verzichtet, wird sie durch die Hinterlegung in gleicher Weise von ihrer Verbindlichkeit befreit, als wenn sie an den (richtigen) Gläubiger gezahlt hätte (§ 378 BGB). Die Hinterlegung wirkt also wie eine Zahlung nach § 362 Abs. 1 BGB. Das Amtsgericht zahlt das hinterlegte Geld nur aus, wenn die beiden von der V-AG genannten möglichen Gläubiger, also der Einzelhändler E und dessen Fleischlieferant L, sich einigen. Gelingt keine Einigung, muss einer der Beteiligten den anderen auf Zustimmung zur Auszahlung verklagen, während die V-AG sich in Ruhe zurücklehnen kann. Insoweit gilt der bekannte Satz: „Wenn zwei sich streiten, freut sich der Dritte!"

Liegt ein Handelskauf vor (§§ 343 ff. HGB), gibt es nach § 373 Abs. 1 HGB zwei Erweiterungen, wenn sich der Käufer in Annahmeverzug befindet:

- Hinterlegt werden können neben den in § 372 BGB genannten Gegenständen (Geld, Wertpapiere und sonstige Urkunden sowie Kostbarkeiten) auch Waren des Handelsverkehrs, also sonstige bewegliche Sachen, zum Beispiel Waschmaschinen.
- Die Hinterlegung kann in einem öffentlichen Lagerhaus oder in sonst sicherer Weise erfolgen. Das ist mehr als sinnvoll, weil das Amtsgericht mit der Lagerung von Waschmaschinen deutlich überfordert wäre.

§ 373 Abs. 2 HGB gewährt dem Verkäufer alternativ zur Hinterlegung das Recht zur öffentlichen Versteigerung oder zum freien Verkauf durch einen dazu ermächtigten Handelsmakler.

Beispiel

Die V-AG will verderbliche Ware bei der K-GmbH anliefern, die die Ware aber aufgrund von technischen Problemen nicht kühlen kann und deshalb die Annahme verweigert. Hier hat die V-AG nach § 373 Abs. 1 HGB das Recht, die Ware einzulagern (zu hinterlegen), kann sie aber auch gemäß § 373 Abs. 2 HGB, was sinnvoll wäre, öffentlich versteigern oder durch einen dazu ermächtigten Handelsmakler verkaufen lassen.

Kapitel 11
Vergleich

Lernziele dieses Kapitels

Was kommt in diesem Kapitel auf Sie zu? Ein berühmter Satz der Juristen lautet: „Auf hoher See und vor Gericht ist man in Gottes Hand." Damit soll ausgedrückt werden, dass man im Voraus nie sagen kann, wie ein Prozess ausgeht. Nicht immer bekommt der Recht, der recht hat. Das liegt daran, dass Richter auch nur Menschen sind, die Fehler machen können. Viel häufiger liegt es aber daran, dass derjenige, der recht hat, nicht beweisen kann, dass er recht hat. Außerdem können Prozesse mehrere Jahre dauern und erhebliche Kosten verursachen, insbesondere wenn Sachverständigengutachten erforderlich sind und sich die Verfahren durch mehrere Instanzen ziehen. All dies sind Gründe, darüber nachzudenken, ob man einen Streit nicht besser durch einen Vergleich beilegt. Im folgenden Kapitel lernen Sie zwei Arten des Vergleichs kennen und erfahren, was Sie beim Abschluss eines Vergleichs beachten sollten.

11.1 Grundlagen

Zur Beilegung eines Streits werden häufig die Gerichte angerufen, die den Streit – oft nach langer Prozessdauer – durch ein sogenanntes **streitiges Urteil** beenden. In vielen Fällen bietet sich für Parteien als bessere Lösung der Abschluss eines **Vergleichs** an **(§779 BGB).** Ein Vergleich kann vor Erhebung einer Klage („vorprozessual") oder als sogenannter gerichtlicher Vergleich anstelle eines Urteils zur Beendigung eines Gerichtsverfahrens geschlossen werden.

11.2 Außergerichtlicher Vergleich

Aus Kosten- und Zeitgründen ist der außergerichtliche Vergleich zu empfehlen, und zwar auch noch zu einem Zeitpunkt, in dem bereits Rechtsanwälte tätig sind. Die Abfassung und Gestaltung des Vergleichstextes sollte sorgfältig vorbereitet werden. Die Einhaltung der Schriftform ist nicht vorgeschrieben, aber in den meisten Fällen sinnvoll. Der Gläubiger sollte Wert darauf legen, eine nach dem Vergleich vom Schuldner zu erbringende Leistung möglichst schnell zu erhalten. Als „sanftes Druckmittel" kann die rechtzeitige Zahlung als **auflösende Bedingung (§158 Abs.2 BGB)** in den Vergleich aufgenommen werden.

Beispiel

Die Parteien streiten darüber, wie stark die Nutzung einer gemieteten Wohnung durch inzwischen beseitigte Feuchtigkeit beeinträchtigt war.

Der Mieter hat die Miete um insgesamt 2.000,– € gemindert. Wenn es den Parteien gelingt, sich auf eine Mietminderung in Höhe von 1.000,– € zu einigen, könnte der Vergleich wie folgt lauten:

1. *Der Mieter zahlt an den Vermieter mit der nächsten Monatsmiete zusätzlich 1.000,– €.*
2. *Mit Eingang dieser Zahlung sind die Mietrückstände für die Monate März bis Juni 2010 und alle Ansprüche des Mieters wegen der in der Wohnung aufgetretenen Feuchtigkeit erledigt.*
3. *Zahlt der Mieter den Betrag nicht rechtzeitig, wird dieser Vergleich hinfällig.*

Praxistipp

Ein von den Parteien geschlossener Vergleich hat den Nachteil, dass er nicht Grundlage einer Zwangsvollstreckung sein kann. Er ist also **kein Vollstreckungstitel.** Wenn beide Parteien Rechtsanwälte beauftragen, kann nach **§796 a ZPO** jedoch ein Vollstreckungstitel geschaffen werden. Voraussetzungen sind, dass eine Partei einen entsprechenden Antrag stellt, dass sich der Schuldner im Vergleich der sofortigen Zwangsvollstreckung unterworfen hat und dass der Vergleich unter Angabe des Tages seines Zustandekommens bei einem Amtsgericht niedergelegt ist, bei dem eine der Parteien zur Zeit des Vergleichsabschlusses ihren allgemeinen Gerichtsstand hat.

11.3 Gerichtlicher Vergleich

Ausgangslage

Nach §278 Abs. 1 ZPO soll das Gericht in jeder Lage des Verfahrens auf eine gütliche Einigung des Rechtsstreits oder einzelner Streitpunkte bedacht sein. Deshalb geht der mündlichen Verhandlung in der Regel eine Güteverhandlung voraus, zu der häufig das persönliche Erscheinen der Parteien, also des Klägers und des Beklagten, angeordnet wird (§278 Abs. 2, Abs. 3 ZPO).

Der in der ZPO enthaltenen Aufforderung, eine gütliche Einigung herbeizuführen, kommen die Richter gerne nach, weil sie „die Akte damit vom Tisch bekommen“. Durch eine gütliche Einigung in Form eines gerichtlichen Vergleichs endet nämlich auch für die Richter der Prozess, der sonst möglicherweise wegen einer aufwendigen Beweisaufnahme für alle Beteiligten – Gericht, Rechtsanwälte, Parteien – noch viel Zeit und Nerven in Anspruch genommen hätte. Das Ausmaß dieser Belastungen wird von den Parteien zu Beginn eines Prozesses oft völlig unterschätzt.

Deshalb kommt es in der gerichtlichen Praxis immer wieder vor, dass Parteien nach Abschluss eines Gerichtsverfahrens äußern, wenn man das alles gewusst hätte, dann hätte man den vom Gericht im Gütetermin unterbreiteten Vergleichsvorschlag angenommen. Für einen Vergleich kann auch sprechen, dass der Kläger (Gläubiger) zwar nur einen Teil seiner Forderung durchsetzen kann, dieses Geld aber sehr schnell bekommt. Damit schließt der Kläger neben dem immer bestehenden Prozessrisiko („Es gibt keine sicheren Prozesse!") auch das Risiko aus, dass der Beklagte (Schuldner) während des Prozesses insolvent wird. Deshalb ist ein frühzeitig geschlossener Vergleich aus der Sicht der Parteien oft, wenn auch nicht immer, eine sinnvolle Möglichkeit zur Streitbeilegung.

Praxistipp

Wenn das Gericht einen Vergleich vorschlägt, sollte man den Vorschlag zumindest unvoreingenommen prüfen und ihn nicht mit der Begründung ablehnen, man sei „ohnehin im Recht und werde den Prozess doch sowieso gewinnen". Es liegt dabei in der Natur eines Vergleichs, dass beide Parteien bereit sein müssen, Abstriche zu machen, also in gewissem Umfang nachzugeben. Die Einstellung „Es geht mir nicht um das Geld, ich will nur mein Recht haben" oder gar „Dem werde ich es mal zeigen, das wollen wir doch mal sehen" ist wenig hilfreich.

Formulierung des Vergleichstextes

Besteht die beiderseitige Bereitschaft, einen Vergleich zu schließen, ist viel Sorgfalt auf die richtige Formulierung des Vergleichstextes zu legen.

Beispiel

Unternehmer Unger (U) klagt aus einem Bauvertrag Restwerklohn in Höhe von 31.500,– € gegen den Besteller Baumann (B) ein. B bestreitet die Höhe der Rechnung und macht außerdem diverse Mängel geltend. Er beziffert die Mängelbeseitigungskosten auf mindestens 30.000,– €. B lehnt deswegen jede weitere Zahlung ab („keinen Cent") und meint, er müsse wegen des ganzen Ärgers eigentlich noch Geld herausbekommen.

Da kaum ein größeres Bauwerk ohne Mängel errichtet wird, ist es in **Bauprozessen** erfahrungsgemäß oft so, dass zwar Mängel vorliegen, diese aber nicht so gravierend sind, wie vom Besteller behauptet. Die Wahrheit liegt nicht immer in der Mitte, aber doch in aller Regel zwischen den von den Parteien eingenommenen Positionen. Wenn zur genauen Aufklärung der Mängel und zur Ermittlung der Mängelbeseitigungskosten umfangreiche und damit teure und zeitintensive Sachverständigengutachten erforderlich sind, kann sich ein Vergleich für beide Parteien aus folgenden Gründen „rechnen":

- In aller Regel eine **Zeit-** und **Kostenersparnis** für beide Parteien.
- Ausschaltung des **Prozessrisikos** für beide Parteien. „Auf hoher See und vor Gericht ist man in Gottes Hand!"
- Für den **Unternehmer:** Er bekommt zwar nur einen Teil der eingeklagten Forderung, doch erhält er dieses Geld kurzfristig, was zu einem schnellen Zufluss an **Liquidität** führt. Das Risiko, dass der Besteller während eines mehrjährigen Prozesses **insolvent** werden könnte, wird ausgeschaltet.

- Für den **Besteller:** Er muss **weniger zahlen** als der Unternehmer verlangt und kann immer noch entscheiden, ob, wann und wie er die Mängel beseitigen lässt. Die Erfahrung zeigt, dass man mit bestimmten Mängeln gut leben kann, insbesondere wenn man dafür einen Teil der Werklohnforderung nicht zahlen muss. Natürlich gibt es auch Mängel, die so gravierend sind, dass sie beseitigt werden müssen.
- Für **beide Parteien:** Mit dem Vergleich ist man „auseinander", der Streit ist beendet. Das eröffnet die Möglichkeit zu weiteren geschäftlichen Kontakten, die nach einem **streitigen Urteil** mit einem „Sieger" und einem „Verlierer" schwieriger sind.

Angenommen, Baumann (im Prozess der **Beklagte**) und Unger (im Prozess der **Kläger**) aus dem Beispielsfall einigen sich mithilfe des Gerichts darauf, dass B noch 21.000,– € an U zahlt. Dann könnte der Vergleich wie folgt lauten:

Beispiel

1. *Zur Abgeltung aller Forderungen aus dem streitigen Rechtsverhältnis verpflichtet sich der Beklagte, 21.000,– € an den Kläger zu zahlen.*
2. *Mit der Zahlung dieses Betrags sind alle wechselseitigen Ansprüche aus dem Bauvertrag vom 09.12.2009 erledigt.*
3. *Zahlt der Beklagte den Betrag nicht innerhalb von zwei Wochen, ist der Betrag in Höhe von 12 % zu verzinsen.*
4. *Die Kosten des Rechtsstreits und dieses Vergleichs tragen der Kläger zu ⅓ und der Beklagte zu ⅔.*

Dieser Vergleichstext liest sich recht gut, enthält aber für beide Beteiligten Risiken und Nachteile:

Der **Besteller** trägt das Risiko, dass er möglicherweise einen höheren Betrag als die in Abzug gebrachten 10.500,– € für die Mängelbeseitigung benötigt. Noch gravierender ist, dass nach Ziffer 2 **alle Ansprüche** aus dem Bauvertrag **abgegolten** sind. Diese Formulierung erfasst damit auch Ansprüche wegen noch nicht bekannter Mängel. Wenn also innerhalb der Gewährleistungsfrist weitere Mängel auftreten, hätte der Besteller wegen der weit gefassten **Erledigungsklausel** in Ziffer 2 des Vergleichs keine Gewährleistungsansprüche gegen den Unternehmer. Aus Sicht des Bestellers wäre deshalb folgende Formulierung in Ziffer 2 günstiger, wobei natürlich fraglich ist, ob der Unternehmer einen solchen Vergleich akzeptiert hätte:

Beispiel

2. *Mit der Zahlung dieses Betrags sind alle wechselseitigen Ansprüche aus dem Bauvertrag mit Ausnahme der Ansprüche wegen noch nicht bekannter Mängel erledigt.*

Der **Unternehmer** muss bedenken, dass er durch den Vergleich auf bisher möglicherweise schon angefallene Verzugszinsen verzichtet. Will er dies nicht, muss eine Regelung zu den Zinsen getroffen oder der zu zahlende Betrag erhöht werden.

Um Druck auf die Zahlungsbereitschaft des Bestellers auszuüben, könnte die Ziffer 3 im Übrigen wie folgt abgefasst werden:

Beispiel

> 3. *Zahlt der Beklagte den Betrag gemäß Nr. 1 nicht innerhalb von zwei Wochen, ist er zur Zahlung der gesamten Klageforderung in Höhe von 31.500,– € verpflichtet. Überdies ist dieser Betrag ab dem Ende der Zahlungsfrist mit 12 % zu verzinsen.*

Wenn der Besteller sich gegen diese Regelung sperrt, kann dies ein Indiz dafür sein, dass er nicht über die erforderlichen Mittel für die kurzfristige Zahlung der Vergleichssumme verfügt und mit dem Abschluss des Vergleichs nur **„auf Zeit spielen will".** Dieser Verdacht würde sich verstärken, wenn sich der Besteller zusätzlich ein Recht zum Widerruf des Vergleichs einräumen lassen würde.

Widerrufsvorbehalt

Sollte man sich im Gerichtstermin nicht endgültig zum Abschluss eines Vergleichs entschließen können, etwa weil man „eine Nacht über die Sache schlafen" oder Rücksprache mit der Geschäftsführung nehmen möchte, besteht die Möglichkeit, einen Widerrufsvorbehalt in den Vergleichstext aufzunehmen. Möglich ist, dass sich nur eine Partei den Widerruf vorbehält; oft machen aber auch beide Parteien von dieser Möglichkeit Gebrauch. In diesem Fall lautet die Formulierung im typischen Juristendeutsch wie folgt:

Beispiel

> 5. *Beiden Parteien bleibt nachgelassen, diesen Vergleich mit einem binnen zwei Wochen bei Gericht eingehenden Schriftsatz zu widerrufen.*

Erfolgt während der Frist kein Widerruf, ist der Vergleich endgültig wirksam. Widerruft eine Partei oder widerrufen beide Parteien den Vergleich, ist er hinfällig. Der Prozess wird dann so weitergeführt, als ob kein Vergleich geschlossen worden wäre. In solchen Fällen ist es zwar empirisch nicht belegt, doch ist aus Anwaltskreisen und sogar aus der Richterschaft zu hören, dass die Partei, die den Vergleich widerruft, sich der Gefahr aussetzt, einen „auf der Kippe stehenden Prozess" eher zu verlieren als die andere Partei.

Beispiel

In einem Prozess zwischen einem Versicherungsnehmer (Kläger) und einer Versicherung (Beklagte) geht es darum, ob der Kläger den der Klage zugrunde liegenden Versicherungsfall grob fahrlässig oder nur leicht fahrlässig herbeigeführt hat. In der mündlichen Verhandlung gibt das Gericht zu erkennen, dass es erhebliche Anhaltspunkte für eine grobe Fahrlässigkeit des Klägers sieht. Nach § 81 Abs. 2 VVG (Versicherungsvertragsgesetz) hätte die beklagte Versicherung somit das Recht, ihre Leistung in einem der Schwere des Verschuldens des Klägers entsprechenden Verhältnis zu kürzen. Der Kläger müsste also damit rechnen, nicht 100 % seines Schadens ersetzt zu bekommen, sondern vielleicht nur 50 %. Außerdem bestreitet die Versicherung, dass alle vom Kläger geltend gemachten Schäden aus dem Versicherungsfall stammen und bestreitet auch die Höhe mehrerer Schadenspositionen.

Nach der **Erörterung der Sach- und Rechtslage** schließen die Parteien „auf dringendes Anraten des Gerichts und zur Vermeidung einer anderenfalls erforderlichen langwierigen und kostenintensiven Beweisaufnahme" einen Vergleich unter Widerruf. Darin verpflichtet sich die beklagte Versicherung,

„... zur endgültigen Erledigung aller aus dem Versicherungsfall vom 19.02.2010 resultierenden Ansprüche ⅔ der Klageforderung an den Kläger zu zahlen".

Wenn der Versicherungsnehmer diesen Vergleich mit dem Ziel, einen höheren Betrag durchzusetzen, widerruft, läuft er Gefahr, dass das Gericht eine *grobe* Fahrlässigkeit bejaht und eine prozentuale Kürzung auf weniger als ⅔ des Anspruchs vornimmt. Auch bei der Ursächlichkeit von Schäden und bei der Höhe von Schadenspositionen könnte das Pendel bei Zweifeln zu Ungunsten des Klägers ausschlagen. In diesem Fall würde sich der (un)schöne, aber unter Juristen durchaus bekannte Satz **„Wer widerruft, verliert."** bewahrheiten.

Kosten

Bezüglich der Kosten eines Vergleichs ist Folgendes zu beachten:

- Alle vor Abschluss eines Vergleichs bereits angefallenen Kosten und die Kosten des Vergleichs sind von den Parteien des Rechtsstreits vollständig zu tragen. Diese Kosten werden bei gerichtlichen Vergleichsverhandlungen oft weder vom Gericht noch von den Rechtsanwälten gesondert angesprochen.

Praxistipp

Die Kosten eines in erster Instanz durch einen gerichtlichen Vergleich vor dem Landgericht beendeten Verfahrens betragen bei einem Streitwert von 31.500,– €, der für den obigen Beispielfall aus dem Baurecht gilt, gut 7.300,– €. Davon entfallen fast 7.000,– € auf die Gebühren der beiden Rechtsanwälte, der verbleibende kleine Rest entfällt auf die Gerichtskosten. Wird der Prozess durchgeführt, kommen in Bauprozessen nahezu immer Kosten für einen oder auch mehrere **Sachverständige** hinzu. Außerdem besteht die Möglichkeit, dass der Unterlegene oder bei beiderseitigem Teilunterliegen beide Unterlegene in die **Berufung** gehen (zuständig ist das Oberlandesgericht), wodurch weitere Kosten entstehen. Die Gefahr, dass danach auch noch die **Revision** beim Bundesgerichtshof durchgeführt wird, ist hingegen relativ gering, da eine Revision nur unter engen Voraussetzungen zulässig ist, §§ 542 ff. ZPO (Zivilprozessordnung).

Über diese Informationen sollten die Parteien verfügen, bevor sie einen Vergleich schließen oder sich einem Vergleichsvorschlag widersetzen. Außerdem sollte eine ausgewogene Regelung zu den Kosten einen wesentlichen Bestandteil des Vergleichs bilden.

Im obigen Beispiel orientiert sich die Regelung zu den Kosten in Ziffer 4 des Vergleichs am Ergebnis des Vergleichs: Der Kläger bekommt von den eingeklagten 31.500,– € aufgrund des Vergleichs 21.000,– €, also etwa ⅔. Damit verzichtet er auf ⅓ seiner Forderung und trägt in diesem Umfang die Kosten. Der Beklagte, der gar nichts zahlen wollte, erklärt sich bereit, ca. ⅔ der vom Kläger erhobenen Forderung zu begleichen und die entsprechenden Kosten zu übernehmen. Damit trägt der Kläger ⅓ und der Beklagte ⅔ der Kosten. Auf den Kläger entfallen ca. 2.300,– €, auf den Beklagten 4.700,– € der Kosten. Diese Kostenquote hätte sich auch ergeben, wenn der Beklagte durch ein Urteil des Gerichts zur Zahlung von 21.000,– € verurteilt worden wäre (vgl. § 92 Abs. 1 ZPO). Für die Berechnung der zu zahlenden Kosten werden alle Kosten (Gerichtskosten, zu denen, soweit angefallen, auch die Kosten für Sachverständige und Zeugen gehören, sowie die Kosten für beide Rechtsanwälte) ermittelt, addiert und anschließend gemäß der Regelung in Ziffer 4 des Vergleichs zu ⅓ dem Kläger und zu ⅔ dem Beklagten auferlegt.

Abweichend von dieser Quotelung können die Parteien im Vergleich vereinbaren, dass die Kosten **„gegeneinander aufgehoben werden"**. Dies bedeutet, dass die Gerichtskosten einschließlich eventuell schon entstandener Kosten für Zeugen und Sachverständige von jeder Partei zur Hälfte zu tragen sind und jede Partei darüber hinaus ihre eigenen Kosten, insbesondere für den von ihr beauftragten Rechtsanwalt, übernimmt. Dies kann bei einem möglichen Entgegenkommen des eigenen Rechtsanwalts in Bezug auf die Abrechnung günstig sein, verhindert aber auf jeden Fall einen Streit darüber, ob die Abrechnung des gegnerischen Rechtsanwalts, etwa im Hinblick auf die Reisekosten, zutreffend ist.

Wenn die Parteien keine Vereinbarung zu den Kosten eines Vergleichs treffen, gelten diese nach § 98 Satz 1 ZPO als gegeneinander aufgehoben.

Praxistipp

Jede Partei sollte vor Abschluss eines Vergleichs wissen, auf was sie sich einlässt. Das Positive an einem Vergleich ist, dass der Prozess **endgültig** zu Ende ist. Zeit und Nerven aller Beteiligten werden geschont. Arbeitskraft, die für die Lektüre von Schriftsätzen, für Gespräche mit Rechtsanwälten sowie für die Vorbereitung und Teilnahme an Gerichtsverhandlungen anfällt, kann anderweitig produktiv genutzt werden. Das Kostenrisiko für eine zweite Instanz (Berufung) oder ausnahmsweise gar die dritte Instanz (Revision) wird ausgeschaltet. Dies gilt auch für das Risiko, dass der Beklagte (Schuldner) während des laufenden Verfahrens insolvent wird, sodass möglicherweise bestehende und vom Gericht nach langer Prozessdauer zugesprochene Ansprüche sich mangels Durchsetzbarkeit als wertlos erweisen. Mithin gilt der Satz: *„Der Spatz in der Hand ist oft besser als die Taube auf dem Dach"*.

Kapitel 12
Leistungsstörungen (Einführung)

Lernziele dieses Kapitels

Was kommt in diesem Kapitel auf Sie zu? Die Praxis, insbesondere auch die gerichtliche Praxis, hat in vielen Fällen damit zu tun, dass es bei der Abwicklung von Schuldverhältnissen zu Störungen kommt. Das BGB enthält zahlreiche Regelungen zu unterschiedlichen Arten von Leistungsstörungen mit einer nicht nur auf den ersten Blick verwirrenden Anzahl verstreuter Vorschriften. Im Folgenden sollen nur die jeweils wichtigsten Regelungen zunächst genannt und später behandelt werden.

12.1 Grundlagen

Nach der Reihenfolge im Gesetz, die allerdings nicht der praktischen Bedeutung entspricht, sind folgende Fälle von Leistungsstörungen zu unterscheiden:

a) **Unmöglichkeit** der Leistung,
b) Verzögerung der Leistung (**Verzug),**
c) **Schlechtleistung,**
d) **Verletzung von Schutzpflichten** und
e) **Störung der Geschäftsgrundlage.**

Diese bereits „beeindruckende" Aufzählung wird dadurch „getoppt", dass *eine (von mehreren)* Rechtsfolgen bei den verschiedenen Leistungsstörungen ein Anspruch auf Schadensersatz ist. Bei genauem Hinsehen wird dann aber zwischen einem (einfachen) „Schadensersatz", einem „Schadensersatz statt der Leistung" und einem „Schadensersatz statt der ganzen Leistung" unterschieden. Ob die mit der Schuldrechtsreform 2002 beabsichtigte Steigerung der Transparenz des BGB für den Bürger erreicht worden ist, darf angesichts dieses Begriffswirrwarrs wohl mehr als in Zweifel gezogen werden.

Die folgenden Ausführungen greifen zum besseren Verständnis der nicht ganz einfachen Materie immer wieder auf das folgende **Beispiel** zurück:

Beispiel

Fahrradhersteller Kaiser (K) kauft im Herbst beim Maschinenlieferanten Vey (V) eine Maschine, Typ HD 10.3, zur Herstellung von Fahrrädern. K weist in den Verhandlungen darauf hin, dass die Maschine zunächst im 2-Schicht-Betrieb eingesetzt werden soll (16 Stunden/Tag), bei einer erhofften steigenden Nachfrage im Frühjahr des kommenden Jahres aber höchstwahrscheinlich im 3-Schicht-Betrieb arbeiten wird (24 Stunden/Tag). Unter „Liefertermin" heißt es im schriftlichen Kaufvertrag „ca. 45. KW".

Bei diesem Kaufvertrag können zum Beispiel folgende **Leistungsstörungen** auftreten:

1. Anlässlich der Anlieferung der HD 10.3 beschädigt der Angestellte (A) des Verkäufers Vey (V) zwei Kraftfahrzeuge des Käufers Kaiser (K).
2. V liefert die Maschine erst in der 49. KW. Dadurch entstehen K Gewinneinbußen.
3. Die Maschine wird termingerecht geliefert, eignet sich aber nicht für einen 3-Schicht-Betrieb.
4. Die Maschine wird auf dem Transport von V zu K beschädigt.
5. V liefert die Maschine pünktlich, K zahlt jedoch wegen erheblicher Liquiditätsprobleme den Kaufpreis nicht.
6. Nach Abschluss des Kaufvertrags zwischen V und K erhöht sich der Preis, zu dem V die Maschine von einem ausländischen Hersteller erwirbt, um 50%.
7. Eine Maschine dieses Typs ist auf dem Weltmarkt nicht mehr verfügbar. Ein Nachbau ist aufgrund eines patentrechtlichen Schutzes des Maschinentyps HD 10.3 nicht zulässig.

Aufgabe

Bitte versuchen Sie zu Übungszwecken, diese möglichen „Störfälle" der vorstehenden Liste der Leistungsstörungen wie folgt zuzuordnen:

1. = d), weil durch die Verletzung einer Schutzpflicht ein anderes Rechtsgut (Eigentum) des Käufers Kaiser geschädigt wurde.

Folgende Zuordnung sollten Sie für die Störfälle 2. bis 7. vorgenommen haben:

2. = b), weil eine verspätete Lieferung vorliegt.

3. = c), weil – jedenfalls aus Sicht des Käufers Kaiser – eine schlechte (mangelhafte) Maschine geliefert wurde.

4. = hier kommt in Betracht, dass die Beschädigung eine verspätete Lieferung nach sich zieht, also b). Es ist aber auch möglich, dass keine Lieferung mehr erfolgen kann, weil eine Maschine des Typs HD 10.3 weltweit nicht mehr zu erwerben ist und einem Nachbau das Patentrecht entgegensteht, also a).

5. = b), weil eine verspätete Zahlung infrage steht.

6. = e), weil der Einkaufspreis die Geschäftsgrundlage für den Weiterverkauf von V an K sein könnte.

7. = a), weil die Lieferung einer Maschine des Typs HD 10.3 unmöglich ist.

Mit dieser Einordnung ist natürlich noch nicht entschieden, ob und ggf. welche Rechte den Beteiligten tatsächlich zustehen. Auch ist zu bedenken, dass die Komplexität noch deutlich zunehmen kann, etwa dadurch, dass Vey eine mangelhafte Maschine zu spät liefert und seine Angestellten anlässlich der Montage durch unsachgemäße Schweißarbeiten einen Brand der Lagerhalle verursachen. Dann läge eine Kombination verschiedener Leistungsstörungen vor.

12.2 Die Grundvorschrift des §280 Abs. 1 BGB

Die wohl **wichtigste Vorschrift** zu den Leistungsstörungen ist **§280 Abs. 1 BGB,** die für sich allein gesehen nicht besonders schwierig ist.

Aufgabe

Lesen Sie bitte zunächst §280 Abs. 1 S. 1 BGB in einer *„Wenn-dann-Formulierung"*. Investieren Sie ruhig Arbeit in diese Aufgabe. Die wird sich bezahlt machen! Diese Vorschrift ist eine extrem wichtige, wenn nicht sogar die wichtigste Anspruchsgrundlage des BGB!

Das sollte herausgekommen sein:

„**Wenn**

der **Schuldner** eine **Pflicht** aus dem **Schuldverhältnis verletzt,**

dann

kann der **Gläubiger** Ersatz des hieraus entstehenden **Schadens** verlangen."

Daraus leiten sich folgende **Tatbestandsmerkmale** ab:

- Es muss ein **Schuldner** vorhanden sein.
- Der Schuldner muss eine **Pflicht** aus einem Schuldverhältnis **verletzen,** also muss ein **Schuldverhältnis** vorhanden sein.
- Es muss ein **Gläubiger** vorhanden sein.
- Dem Gläubiger muss durch die Pflichtverletzung des Schuldners ein **Schaden** entstanden sein.

Die Voraussetzungen „Gläubiger" und „Schaden" stehen zwar in dem Teil der Vorschrift, der die Rechtsfolge ausspricht, es handelt sich dennoch um **Tatbestandsvoraussetzungen**.

Jetzt nehmen Sie bitte Satz 2 des §280 Abs. 1 BGB hinzu. Was ergibt sich daraus?

Aus diesem Satz folgt, dass die Pflicht zum Schadensersatz **nicht** besteht, wenn der Schuldner die Pflichtverletzung **nicht** zu vertreten hat. Aus dieser doppelten Verneinung („besteht *nicht*, wenn *nicht*") wird abgeleitet, dass bei Vorliegen einer Pflichtverletzung **vermutet** wird, dass der Schuldner die Pflichtverletzung auch **zu vertreten hat**.

Diese gesetzliche Vermutung muss der Schuldner **widerlegen.** Gelingt ihm die Widerlegung, besteht kein Anspruch aus §280 Abs. 1 BGB. Gelingt dem Schuldner die Widerlegung nicht, bleibt es bei der Vermutung, sodass der Schuldner die Pflichtverletzung zu vertreten hat.

Aufgepasst: In bestimmten Fällen werden nach §280 Abs. 2 und Abs. 3 BGB **zusätzliche Voraussetzungen** gefordert. Dann kann der Anspruch **nicht** auf §280 Abs. 1 BGB **allein** gestützt werden.

Alle Voraussetzungen sind nun in eine logische und zweckmäßige Prüfungsreihenfolge zu bringen. Dazu folgende Überlegungen:

- Ein Schuldner und ein Gläubiger sind immer dann vorhanden, wenn ein Schuldverhältnis vorliegt. Also sollte man die Prüfung mit der Voraussetzung **„Schuldverhältnis"** beginnen. Liegt dieses vor, sind damit zugleich Schuldner und Gläubiger vorhanden, ohne dass dies besonders erwähnt werden muss.
- Der Schuldner muss eine **Pflicht** aus dem Schuldverhältnis **verletzt** haben.
- Aus §280 Abs.1 S.2 BGB ergibt sich, dass der Schuldner diese Pflichtverletzung **zu vertreten** haben muss, was aber **vermutet** wird. **Widerlegt** der Schuldner die Vermutung, kann der Gläubiger keinen Schadensersatz verlangen.
- Dem Gläubiger muss **durch** die Pflichtverletzung des Schuldners ein **Schaden** entstanden sein.
- Es darf **kein Fall** des §280 Abs.2 oder Abs.3 BGB vorliegen, weil dann zusätzliche Voraussetzungen erforderlich sind.

Das ergibt folgende Prüfungsreihenfolge für §280 Abs.1 BGB:

Merke

Wenn

- **P1**[1]: ein Schuldverhältnis vorliegt, *und wenn*
- **P2:** der Schuldner eine Pflicht daraus verletzt, *und wenn*
- **N1**[2]: das vermutete Vertretenmüssen vom Schuldner nicht widerlegt wird, *und wenn*
- **P3:** dem Gläubiger *durch* die Pflichtverletzung ein Schaden entsteht, *und wenn*
- **N2:** kein Fall des §280 Abs.2 und Abs.3 BGB gegeben ist,

dann

kann der Gläubiger nach §280 Abs.1 BGB Ersatz des entstandenen Schadens vom Schuldner verlangen.

12.2.1 Schuldverhältnis

Bei dem Schuldverhältnis kann es sich um ein gesetzliches (§§812ff. BGB, §§823ff. BGB) oder um ein rechtsgeschäftliches Schuldverhältnis handeln. In aller Regel wird ein rechtsgeschäftliches Schuldverhältnis in Form eines Vertrags („vertragliches Schuldverhältnis") vorliegen. Ausreichend ist auch ein **vorvertragliches Schuldverhältnis** im Sinne des §311 Abs.2 BGB.

Beispiel

K betritt den Verbrauchermarkt des V, um sich über neue Angebote zu informieren. Dieses Verhalten des K reicht aus, um nach §311 Abs.2 Nr.2 BGB ein vorvertragliches Schuldverhältnis mit den Schutzpflich-

---

1 Zur Erinnerung: „P" steht für eine positive Tatbestandsvoraussetzung, die vorliegen muss.

2 Zur Erinnerung: „N" steht für eine negative Tatbestandsvoraussetzung, die nicht vorliegen darf.

ten nach §241 Abs. 2 BGB zu begründen. Bei einem Verstoß des V gegen diese Pflichten kommt ein Schadensersatzanspruch des K aus §280 Abs. 1 BGB in Betracht[3].

12.2.2 Objektive Pflichtverletzung

Hinsichtlich der möglichen Pflichtverletzung des Schuldners sind der Fantasie keine Grenzen gesetzt: Verletzt sein können **Hauptpflichten** (bei einem Kaufvertrag etwa Nichtlieferung, verspätete Lieferung, Lieferung einer mangelhaften Sache) oder **Nebenpflichten** (etwa Schutzpflichten, Aufklärungspflichten). Beim Mietvertrag sieht es ähnlich aus: Die Wohnung wird dem Mieter nicht (rechtzeitig) überlassen, die Wohnung ist feucht, hat Schimmelbefall usw. Bei der Durchführung von Werkverträgen treten zwei Störungen besonders häufig auf: Verspätete Herstellung (Verzug) und Baumängel (Schlechtleistung). Ob eine Pflichtverletzung vorliegt, wird rein objektiv beurteilt. Es kommt an dieser Stelle also noch nicht darauf an, ob der Schuldner die Pflichtverletzung auch subjektiv zu vertreten hat. Man spricht deshalb von einer **objektiven Pflichtverletzung.**

Beispiel

V und K haben einen Kaufvertrag über einen Stahlträger geschlossen, der nach wenigen Wochen rostet. Auch wenn V keinerlei Verschulden an diesem Mangel treffen sollte, liegt durch die Lieferung der mangelhaften Sache eine **objektive Pflichtverletzung** vor. Denn nach §433 Abs. 1 S. 2 BGB hat der Verkäufer die Ware frei von Sach- und Rechtsmängeln zu verschaffen.

12.2.3 Vertretenmüssen

Vermutetes Vertretenmüssen

Für einen Schadensersatzanspruch nach §280 Abs. 1 BGB ist zusätzlich erforderlich, dass der Schuldner die *objektive* Pflichtverletzung auch **subjektiv** zu vertreten hat. Hierbei wird aber aus der objektiven Pflichtverletzung auf das Vertretenmüssen des Schuldners geschlossen. Man nennt dies ein **vermutetes Vertretenmüssen** (oft wird auch – etwas zu eng – von einem „vermuteten Verschulden" gesprochen).

Dieser Umstand hat Bedeutung, wenn es zu einem Prozess kommt. Dann muss, sofern darüber Streit besteht, der geschädigte Kläger (Gläubiger) das Bestehen des Schuldverhältnisses, die objektive Pflichtverletzung des Schuldners, den Eintritt eines Schadens und die Kausalität (den Ursachenzusammenhang) zwischen der Pflichtverletzung und dem Schaden beweisen[4]. Der Beklagte (Schuldner) muss beweisen, dass er die Pflichtverletzung **nicht** zu vertreten hat. Man spricht von einer **Beweislastumkehr,** womit gemeint ist, dass der Schuldner sich entlasten („exkulpieren") muss. Gelingt dem Schuldner dieser Entlastungsbeweis („Exkulpationsbeweis") nicht, ist die Voraussetzung „zu vertreten hat" erfüllt.

---

3 Vgl. die Lösung eines ähnlichen Falle auf S. 198.
4 Vgl. Palandt/Grüneberg, Bürgerliches Gesetzbuch, §280 Rn. 35 ff.

Merke

§280 Abs. 1 BGB verlangt, dass der Schuldner die (objektive) Pflichtverletzung auch (subjektiv) zu vertreten hat. Die Prüfung dieser Voraussetzung ist aber erleichtert: Wenn eine objektive Pflichtverletzung des Schuldners vorliegt, wird nämlich vermutet, dass der Schuldner die Pflichtverletzung (auch subjektiv) zu vertreten hat. Es ist deshalb Sache des Schuldners, diese Vermutung zu widerlegen, indem er sich entlastet (exkulpiert). Gelingt dem Schuldner die Widerlegung der Vermutung nicht, ist das Merkmal „Vertretenmüssen" erfüllt. Eine Ausnahme enthält §619 a BGB für Arbeitsverhältnisse.

Nichtwiderlegung der Vermutung

Für die Beurteilung, was ein Schuldner tun muss, um die Vermutung des §280 Abs. 1 BGB zu widerlegen, ist zu klären, was der Schuldner grundsätzlich zu vertreten hat. Nach §276 Abs. 1 S. 1, 1. Halbsatz BGB hat der Schuldner Vorsatz und Fahrlässigkeit zu vertreten. Dies sind die beiden Verschuldensformen, die das BGB kennt. Der im BGB nicht definierte Begriff **„Vorsatz"** wird umschrieben als das „Wissen und Wollen des rechtswidrigen Erfolges"[5].

Merke

Vorsatz liegt vor, wenn der Täter **absichtlich** handelt (direkter Vorsatz, dolus directus). Vorsätzlich handelt aber auch, wer den Verletzungserfolg nicht will, ihn aber zumindest **billigend in Kauf nimmt** (bedingter Vorsatz, dolus eventualis). Hier handelt der Täter nach dem Motto: „Es wird schon nichts passieren, aber wenn es passiert, dann passiert es eben."

Nach §276 Abs. 2 BGB handelt **fahrlässig,** wer die im Verkehr erforderliche Sorgfalt außer Acht lässt. Damit ist gemeint, dass jemand nicht so aufpasst, wie es in der konkreten Situation erforderlich ist.

Beispiele

- Der militante Radfahrer R ärgert sich über jedes Auto, das auf einem Fahrradweg geparkt ist. Im Wege der Selbstjustiz bringt er „zur Strafe" mit einem spitzen Gegenstand jeweils einen Kratzer an. Hier liegt ein vorsätzliches Handeln vor.
- Auf einer Landstraße kommt es zu einem Unfall, weil der Autofahrer A 1 beim Überholen seiner „doppelten Rückschaupflicht" (vor dem Setzen des „Blinkers" und noch einmal vor dem Fahrbahnwechsel) nicht nachkommt und deshalb den von hinten auf der Überholspur kommenden A 2 übersieht. Hier hat A 1 fahrlässig gehandelt.

Die Regel, dass der Schuldner Vorsatz und Fahrlässigkeit zu vertreten hat, gilt nach §276 Abs. 1 S. 1, 2. Halbsatz BGB nicht, wenn

- eine strengere oder mildere Haftung bestimmt ist oder

[5] Palandt/Grüneberg, Bürgerliches Gesetzbuch, §276 Rn. 10.

– wenn eine andere Haftung aus dem sonstigen Inhalt des Schuldverhältnisses, insbesondere aus der Übernahme einer **Garantie**[6] oder eines **Beschaffungsrisikos,** zu entnehmen ist.

Eine strengere Haftung kann sich aus dem **Gesetz** ergeben. So haftet der Schuldner, der sich in Verzug befindet (Schuldnerverzug, § 286 BGB), gemäß § 287 S. 2 BGB auch dann, wenn die Sache während des Verzugs durch Zufall untergeht (zerstört wird). Eine mildere Haftung ordnet § 300 Abs. 1 BGB an: Wenn sich der Käufer mit der Annahme der Ware in Verzug befindet (Annahmeverzug, §§ 293 ff. BGB), haftet der Verkäufer nur für Vorsatz und *grobe* Fahrlässigkeit, nicht aber für leichte (normale) Fahrlässigkeit.

Beispiele

- Verkäufer V ist mit der Lieferung der Ware in Verzug geraten. Während des Verzugs wird die Ware gestohlen, ohne dass V ein Verschulden trifft (weder Vorsatz noch Fahrlässigkeit). Nach § 287 S. 2 BGB hat V dennoch die Nichtlieferung zu vertreten.
- Bei der vertragsgemäß erfolgenden Anlieferung verweigert K die Abnahme, weil er über keine freien Lagerkapazitäten verfügt. Wenn die Ware auf der Rückfahrt infolge „normaler" Fahrlässigkeit des Lieferanten L bei einem Unfall zerstört wird, haftet L nicht.

Zurück zum Entlastungsbeweis: Der Schuldner kann sich *nicht* entlasten, wenn er die Pflichtverletzung fahrlässig oder vorsätzlich, also schuldhaft, begangen hat oder wenn er wegen einer strengeren Haftung ohne Verschulden haftet.

Klausurtipp

Enthält der Sachverhalt zur möglichen Entlastung des Schuldners Angaben, ist eine entsprechende Untersuchung durchzuführen. Fehlen solche Angaben, kann wie folgt formuliert werden:

„Nach § 280 Abs. 1 S. 2 BGB wird vermutet, dass der Schuldner die oben bereits festgestellte objektive Pflichtverletzung zu vertreten hat. Hier sind keine Anhaltspunkte ersichtlich, die zu einer Widerlegung dieser Vermutung führen könnten. Also hat der Schuldner die Pflichtverletzung zu vertreten."

Sonderfall: Erfüllungsgehilfe

Aufgrund der arbeitsteiligen Wirtschaft handelt in vielen Fällen nicht der Schuldner persönlich, sondern einer seiner Arbeitnehmer oder ein vom Schuldner beauftragter Subunternehmer.

Wenn ein **Arbeitnehmer** zur Erfüllung einer Verbindlichkeit des Schuldners (Arbeitgebers) tätig wird, ist er gemäß § 278 BGB der Erfüllungsgehilfe des Schuldners (Arbeitgebers). Er ist außerdem, worauf aber erst später zurückzukommen ist, dessen Verrichtungsgehilfe (§ 831 BGB)[7].

---

6 Vgl. die Ausführungen im Kapitel zur Sachmängelhaftung im Kaufrecht, S. 280 ff.
7 Vgl. S. 402 ff.

Selbstständige Unternehmer, die vom Schuldner mit Arbeiten beauftragt werden **(Subunternehmer)**, sind ebenfalls Erfüllungsgehilfen des Schuldners, in aller Regel aber keine Verrichtungsgehilfen[8].

Oft wird übersehen, dass die Qualifizierung als Erfüllungsgehilfe nur gegenüber dem **jeweiligen Vertragspartner** des Schuldners gilt, nicht aber gegenüber Personen, die an dem Schuldverhältnis nicht beteiligt sind[9].

Beispiel

Wenn ein Unternehmer mit einem Besteller einen Werkvertrag schließt und einen Gesellen mit der Durchführung der Arbeiten beauftragt, ist der Geselle **im Verhältnis zum Besteller Erfüllungsgehilfe** des Unternehmers (§ 278 BGB), weil der Unternehmer (Schuldner) sich des Gesellen zur Erfüllung seiner (dem Besteller gegenüber bestehenden) Verbindlichkeit bedient.

Im Verhältnis zu **anderen Personen** (Passanten, Nachbarn) ist der Geselle **kein Erfüllungsgehilfe**, weil der Unternehmer diesen Personen gegenüber *keine* Verbindlichkeit zu erfüllen hat. Also wird der Geselle insoweit auch nicht zur Erfüllung einer Verbindlichkeit des Unternehmers tätig.

Merke

Erfüllungsgehilfen sind alle Personen, derer sich der Schuldner zur Erfüllung einer Verbindlichkeit bedient. Dies können Arbeitnehmer des Schuldners sein, aber auch selbstständige Unternehmer, zum Beispiel Subunternehmer. Die Qualifizierung als Erfüllungsgehilfe gilt aber immer nur gegenüber dem jeweiligen Gläubiger des Schuldners, nicht gegenüber dritten Personen (Passanten, Nachbarn, sonstige Dritte).

Aufgabe

Worin besteht die Rechtsfolge des § 278 BGB? Handelt es sich um eine Anspruchsgrundlage? Denken Sie nach! Wann ist eine Vorschrift eine „AGL"?[10] Ist § 278 BGB danach eine AGL?

Klausurtipp

In Klausuren wird immer versucht, einen Anspruch auf § 278 BGB zu stützen. Das sind untaugliche Versuche! **§ 278 BGB** ist **keine Anspruchsgrundlage,** sondern nur eine sogenannte unselbstständige Zurechnungsnorm.

Das Verschulden des Erfüllungsgehilfen wird dem Schuldner wie eigenes Verschulden zugerechnet. Der Schuldner wird so behandelt, als hätte er **persönlich**

---

8 Vgl. S. 409 ff.

9 Insoweit kommt eine Haftung des Schuldners für seinen Verrichtungsgehilfen nach § 831 BGB in Betracht, die im Kapitel Deliktsrecht erläutert wird, vgl. S. 402 ff..

10 Lesen Sie im Vorgriff S. 540 ff.

schuldhaft gehandelt. Hinter dieser Zurechnung steckt der Gedanke, dass derjenige, der die Vorteile der Arbeitsteilung nutzt, im Verhältnis zu seinem Vertragspartner auch die Risiken tragen soll. Steht fest, dass ein Erfüllungsgehilfe anlässlich der Erfüllung der Verbindlichkeit schuldhaft gehandelt hat, hat der Schuldner **keine Möglichkeit,** sich **zu entlasten.** Es nützt ihm also nichts, wenn er beweist, dass er den Erfüllungsgehilfen sorgfältig ausgesucht und überwacht hat[11]. Auch in diesem Fall wird das Verschulden des Erfüllungsgehilfen dem Schuldner zugerechnet.

Wie verhält sich § 278 BGB zur **objektiven Pflichtverletzung?** Nun, jetzt wird es wieder einmal etwas schwierig! Wenn der Schuldner die objektive Pflichtverletzung nicht persönlich begangen hat, sondern sein Erfüllungsgehilfe gehandelt hat, reicht § 280 Abs. 1 BGB für die Tatbestandsvoraussetzung „Pflichtverletzung" allein nicht aus, weil der Schuldner ja *nicht* gehandelt und damit auch *keine* Pflicht verletzt hat. Deshalb ist ergänzend § 278 BGB heranzuziehen. Diese Vorschrift regelt unmittelbar aber nur eine Zurechnung des (subjektiven) Verschuldens des Erfüllungsgehilfen auf den Schuldner, nicht aber die (objektive) Pflichtverletzung. Nach dem Rechtsgedanken des § 278 BGB muss die Vorschrift aber entsprechend für eine Zurechnung der Pflichtverletzung zur Anwendung kommen.

Merke

Die von einem Erfüllungsgehilfen begangene Pflichtverletzung wird wie eine Pflichtverletzung des Schuldners behandelt. Es macht also keinen Unterschied, ob der Schuldner oder sein Erfüllungsgehilfe gehandelt hat.

Wiederaufnahme des Ausgangsbeispiels

Anlässlich der Lieferung der Maschine HD 10.3 beschädigt der Auslieferungsfahrer A des Verkäufers Vey zwei Kraftfahrzeuge des Käufers Kaiser. K verlangt die Erstattung der Reparaturkosten von V. Dieser wendet ein, er habe die Fahrzeuge nicht beschädigt. Hat der Einwand Erfolg?

A wurde von V zur Erfüllung der Verbindlichkeit eingesetzt und war damit im Verhältnis zum Gläubiger K Erfüllungsgehilfe des V. V wird deshalb die von A begangene Pflichtverletzung nach dem Rechtsgedanken des § 278 BGB wie eine eigene Pflichtverletzung zugerechnet. Es wird so getan, als wenn V persönlich eine Pflicht verletzt hätte. Sein Einwand hat also keinen Erfolg.

12.2.4 Schaden des Gläubigers infolge der Pflichtverletzung

Bisher wurden die Voraussetzungen

P1: Schuldverhältnis,

P2: objektive Pflichtverletzung,

---

11 Anders ist es bei der Haftung für den Verrichtungsgehilfen, vgl. § 831 Abs. 1 S. 2 BGB und die S. 404 ff.

N1: Nichtwiderlegung des vermuteten Vertretenmüssens

behandelt.

Die dritte positive Voraussetzung **(P3)** für einen Schadensersatzanspruch nach § 280 Abs. 1 BGB ist, dass dem Gläubiger infolge der (objektiven) Pflichtverletzung „adäquat kausal" ein Schaden entstanden ist. Es muss also

(1) ein **Schaden** vorliegen, und

(2) dieser muss **ursächlich (adäquat kausal)** auf der **Pflichtverletzung** beruhen[12].

Zu (1): Zur Beantwortung der Frage, ob ein Schaden vorliegt, wird das Vermögen des Gläubigers vor der schädigenden Handlung mit dem Vermögen nach der schädigenden Handlung verglichen[13].

Zu (2): Das BGB lässt fast jede Form der Kausalität (Ursächlichkeit) ausreichen. Nur solche Schäden, die nach der **Lebenserfahrung ganz und gar unwahrscheinlich** sind, sind nicht adäquat kausal[14].

Beispiele

- Infolge der verspäteten Lieferung der Maschine HD 10.3 durch V entgeht dem K „das Geschäft seines Lebens", weil ein europaweit tätiger Discounter von einem mit K geschlossenen Kaufvertrag über 500.000 Fahrräder zurücktritt. Der dem K dadurch entstehende Schaden beruht adäquat kausal auf der Pflichtverletzung des V, weil diese Entwicklung nach der Lebenserfahrung nicht völlig unwahrscheinlich ist.
- H wird bei einem Verkehrsunfall leicht verletzt, aber zur Vorsicht für eine Nacht zur Beobachtung in ein Krankenhaus eingeliefert. Hier zieht H sich eine Infektion zu, die zu einer dauerhaften Gesundheitsbeeinträchtigung führt. Dieser Geschehensablauf ist (noch) adäquat kausal, sodass der Unfallverursacher – ggf. neben dem Krankenhaus und der „Stationsschwester Stefanie" – auch für die weiteren Folgen schadensersatzpflichtig ist.

Art und Umfang des zu ersetzenden Schadens richten sich nach §§ 249 ff. BGB, die im Kapitel „Allgemeines Schadensrecht" behandelt werden[15].

12.2.5 Kein Fall des § 280 Abs. 2 und Abs. 3 BGB

So weit, so gut! Doch jetzt wird es leider schon wieder etwas kompliziert, weil das BGB nur den Ersatz bestimmter Schäden aus § 280 Abs. 1 BGB (allein) gewährt, während für andere Schäden **zusätzliche Voraussetzungen** erfüllt sein müssen. Dies ergibt sich aus § 280 Abs. 2 und Abs. 3 BGB.

---

12 Vgl. S. 391 f.

13 Zu Einzelheiten vgl. S. 396.

14 Vgl. Palandt/Grüneberg, Bürgerliches Gesetzbuch, Vorbemerkung vor § 249 Rn. 26.

15 Vgl. S. 413 ff.

- Nach § 280 Abs. 2 BGB kann der Gläubiger Schadensersatz wegen der Verzögerung der Leistung **(„Verzug“)** nur unter den zusätzlichen Voraussetzungen des § 286 BGB verlangen.
- Wenn der Gläubiger Schadensersatz **„statt der Leistung“** oder „statt der *ganzen* Leistung“ begehrt, müssen nach § 280 Abs. 3 BGB die zusätzlichen Voraussetzungen des § 281 BGB, des § 282 BGB oder des § 283 BGB vorliegen.

Soll der Anspruch auf § 280 Abs. 1 BGB allein gestützt werden, dürfen diese Fallgruppen nicht vorliegen. Diese Einschränkung legt die Frage nahe, ob § 280 Abs. 1 BGB nur eine kleine, unbedeutende Norm ist, weil ja nur bestimmte Schäden *allein* aus dieser Vorschrift ersetzt werden. Die Antwort ist ein eindeutiges „Nein“. Vielmehr ist das Gegenteil der Fall: Bei **§ 280 Abs. 1 BGB** handelt es sich um die **wichtigste Vorschrift** aus dem Recht der Leistungsstörungen, weil § 280 Abs. 1 BGB in (fast) allen Fällen die Grundlage des Anspruchs bildet.

Merke

Bei einem Schadensersatzanspruch aufgrund einer Leistungsstörung ist § 280 Abs. 1 BGB (fast[16]) immer zu prüfen! Der Anspruch kann sich

- aus § 280 Abs. 1 BGB (allein) oder
- aus § 280 Abs. 1 BGB in Verbindung mit weiteren Vorschriften (§§ 286, 281-283 BGB) ergeben.

Ob § 280 Abs. 1 BGB (allein) oder nur in Zusammenhang mit zusätzlichen Vorschriften zu einem Schadensersatzanspruch führt, hängt

- von der Art der Pflichtverletzung und davon ab,
- welchen Schaden der Gläubiger geltend macht.

12.3 Anspruch aus § 280 Abs. 1 BGB (allein)

Das BGB beschreibt leider nicht, in welchen Fällen § 280 Abs. 1 BGB allein die Anspruchsgrundlage bildet, sondern benennt nur die Fälle, in denen das *nicht* der Fall ist. Ein Anspruch aus § 280 Abs. 1 BGB allein, also ohne zusätzliche Voraussetzungen, kommt danach **nicht** in Betracht, wenn der Schaden auf einer Verzögerung der Leistung **(„Verzug“)** beruht (vgl. § 280 Abs. 2 BGB) oder wenn **„Schadensersatz statt der Leistung“** verlangt wird (vgl. § 280 Abs. 3 BGB). Was bleibt dann noch übrig? Mehr als man denkt!

12.3.1 Verletzung von Hauptpflichten

Von den vielen im BGB geregelten Vertragstypen enthalten nur der Kaufvertrag, der Mietvertrag und der Werkvertrag Vorschriften zu den Folgen von Sach- und Rechtsmängeln:

- § 437 BGB regelt, welche Rechte der Käufer hat, wenn die Sache einen Mangel hat.

---

16 Anders ist es nur im Fall der anfänglichen Unmöglichkeit. Hier bildet § 311 a Abs. 2 BGB die Anspruchsgrundlage.

- §§536, 536 a BGB regeln die Rechte des Mieters im Fall von Mängeln der Mietsache.
- §634 BGB stellt die entsprechende Regelung für Werkverträge dar.

Aus diesem Befund darf nicht geschlossen werden, dass im Fall einer mangelhaften Dienstleistung, etwa einer fehlerhaften Erfüllung eines Beratervertrags, keine vertraglichen Schadensersatzansprüche bestehen können. Wenn es für einen Vertrag keine spezielle Anspruchsgrundlage gibt, wird vielmehr auf die allgemeine Regelung zurückgegriffen, der Anspruch also unmittelbar auf §280 Abs. 1 BGB gestützt.

Unter §280 Abs.1 BGB fallen Ansprüche gegen Ärzte wegen Operationsfehlern, gegen Steuerberater und Wirtschaftsprüfer wegen falscher Beratung und gegen Rechtsanwälte wegen fehlerhafter Prozessführung[17], sofern der jeweiligen Tätigkeit ein **Dienstvertrag** zugrunde lag[18]. Viele Anleger, die infolge der Insolvenz der **Lehman Brothers Inc.** unmittelbar oder mittelbar Verluste erlitten haben, erhoffen sich aus §280 Abs. 1 BGB Schadensersatz wegen fehlerhafter Beratung durch Banken, Sparkassen oder andere Vermittler.

Beispiele

- Steuerberater S verpasst die Einspruchsfrist gegen einen fehlerhaften Steuerbescheid, der deshalb bestandskräftig wird. Dem Mandanten entsteht ein Schaden in Höhe von 10.000,– €. Dieser Schaden ist endgültig entstanden, er kann durch eine Nachbesserung nicht mehr beseitigt werden.
- Der Anlagenberater der A-Bank empfiehlt einem Kunden, der zur Alterssicherung eine konservative Geldanlage wünscht, ein hoch spekulatives und kompliziertes Produkt der *Kahn Brothers Inc.* Es kommt zu einem Totalverlust!

Schadensersatzansprüche in Arbeitsverhältnissen zwischen Arbeitnehmer und Arbeitgeber können ebenfalls auf §280 Abs. 1 BGB gestützt werden, da der Arbeitsvertrag ein Dienstvertrag ist (§§611 ff. BGB). Eine Besonderheit besteht darin, dass für Ansprüche des Arbeitgebers gegen den Arbeitnehmer gemäß §619 a BGB die Beweislastumkehr des §280 Abs. 1 S. 2 BGB nicht gilt.

12.3.2 Verletzung von Nebenpflichten

Erinnern wir uns an den oben geschilderten Fall 1[19]:

Anlässlich der Anlieferung der HD 10.3 beschädigt der Angestellte (A) des Verkäufers Vey (V) zwei Kraftfahrzeuge des Käufers Kaiser (K).

Der Schaden des K beruht hier darauf, dass der Angestellte des V die Fahrzeuge beschädigt hat. Dieser Umstand hat mit der Pflicht zur Lieferung und Montage der Maschine nur mittelbar etwas zu tun, weil der Schaden weder auf einem Mangel der Maschine noch auf Verzug oder Unmöglichkeit beruht. Es handelt

[17] Vgl. das Beispiel auf S. 314 f.
[18] Vgl. zur Abgrenzung vom Dienstvertrag zum Werkvertrag S. 314 ff.
[19] S. 185 f.

sich vielmehr um einen **Begleitschaden**, für den **§ 280 Abs. 1 BGB** die (alleinige) **Anspruchsgrundlage** bildet.

Aufgabe

Versuchen Sie, diesen Fall zu lösen, bevor Sie weiterlesen

Lösungsskizze zum letzten Beispiel

Anspruch des K gegen V auf Schadensersatz aus § 280 Abs. 1 BGB.

- **P1: Schuldverhältnis:** Zwischen V und K liegt ein Schuldverhältnis in Form des Kaufvertrags vor.
- **P2: Objektive Pflichtverletzung:** Die Pflichtverletzung besteht darin, dass das Eigentum des K an den Fahrzeugen beschädigt wurde. Damit ist eine Nebenpflicht gemäß § 241 Abs. 2 BGB verletzt worden. Der Schuldner V hat nicht selbst gehandelt, vielmehr hat sein Angestellter A die Verletzungshandlung begangen. Für dieses Verhalten könnte V nach § 278 BGB einstehen müssen. Dann müsste A im Verhältnis zu K Erfüllungsgehilfe des V gewesen sein. Das ist der Fall, weil A auf Veranlassung des V zur Erfüllung des mit K geschlossenen Kaufvertrags tätig wurde. § 278 BGB regelt unmittelbar aber nur eine Zurechnung des (subjektiven) Verschuldens des Erfüllungsgehilfen auf den Schuldner, nicht aber die (objektive) Pflichtverletzung. Nach dem Rechtsgedanken des § 278 BGB kommt die Vorschrift aber entsprechend für die Zurechnung der Pflichtverletzung zur Anwendung. Die von A begangene Verletzungshandlung (Beschädigung des Eigentums des K) wird deshalb wie eine Pflichtverletzung des Schuldners V bewertet.
- **N1: Keine Widerlegung des vermuteten Vertretenmüssens:** Enthält der Sachverhalt – wie hier – keine Angaben zur Widerlegung der – aus auf der objektiven Pflichtverletzung beruhenden – Vermutung des Vertretenmüssens, bleibt es bei dieser Vermutung. Hier hat aber nicht V, sondern sein Erfüllungsgehilfe A gehandelt. Nach § 278 BGB wird dem Schuldner ein (tatsächlich vorhandenes) Verschulden seines Erfüllungsgehilfen wie ein eigenes Verschulden zugerechnet. Diese Regel gilt entsprechend für ein vermutetes Verschulden. Das bedeutet, dass die Vermutung des § 280 Abs. 1 S. 2 BGB auch dann eingreift, wenn nicht der Schuldner persönlich, sondern dessen Erfüllungsgehilfe gehandelt hat. Dann wird ein Verschulden des Erfüllungsgehilfen vermutet, für das der Schuldner nach § 278 BGB einzustehen hat[20]. V hat laut Sachverhalt nichts vorgetragen, was die Vermutung entfallen lassen könnte.
- **P3: Schaden:** Das Vermögen des K hat sich verringert, weil er zuvor unbeschädigte Fahrzeuge hatte, die nunmehr beschädigt sind und repariert werden müssen. Dieser Schaden beruht adäquat kausal auf der Pflichtverletzung.

[20] Vgl. Palandt/Grüneberg, Bürgerliches Gesetzbuch, § 280 Rn. 40.

- **N2:** Es liegt kein Fall des § 280 Abs. 2 BGB (Verzug) bzw. § 280 Abs. 3 BGB (Schadensersatz statt der Leistung) vor, sodass zusätzliche Voraussetzungen nicht zu prüfen sind.
- **Rechtsfolge:** K hat deshalb gegen V einen Schadensersatzanspruch in Höhe der Reparaturkosten aus §§ 280 Abs. 1, 278 BGB. Die Höhe des Anspruchs richtet sich nach §§ 249 ff. BGB.

Hinweis

Dieser Anspruch kann sich gegen V auch aus § 831 BGB ergeben. A kann K aus § 823 Abs. 1 BGB zum Schadensersatz verpflichtet sein[21].

12.3.3 Ersatz von Schäden aus einem vorvertraglichen Schuldverhältnis

§ 280 Abs. 1 BGB bildet auch dann die (alleinige) Anspruchsgrundlage, wenn der Gläubiger einen Schadensersatzanspruch aus einem vorvertraglichen Schuldverhältnis geltend macht. Erinnert sei an zwei schon genannte Fälle:

Beispiel 1

V und K verhandeln über den Kauf eines Hotels auf einer ostfriesischen Insel. K erklärt V, dass er das Hotel umfangreich umbauen möchte und deshalb schon in den nächsten Tagen „einen bekannten Hamburger Stararchitekten" mit der Planung beauftragen werde. Um den Kaufvertragsabschluss nicht zu gefährden, informiert V den K nicht darüber, dass eine von ihm (V) vor einem Jahr gestellte Bauvoranfrage aus Gründen des Denkmalschutzes keinen Erfolg hatte. Die Planung des Architekten, für die K 10.000,– € zu zahlen hat, wird von der Baubehörde nicht genehmigt und ist deshalb wertlos.

Lösungsskizze

Anspruch des K gegen V auf Schadensersatz in Höhe von 10.000,– € aus § 280 Abs. 1 BGB.

- **P1: Schuldverhältnis:** Obwohl der notarielle Kaufvertrag (§ 311 b Abs. 1 BGB) noch nicht abgeschlossen war, war durch die Aufnahme der Vertragsverhandlungen ein vorvertragliches Schuldverhältnis gemäß § 311 Abs. 2 Nr. 1 BGB zustande gekommen.
- **P2: Objektive Pflichtverletzung:** V war verpflichtet, K über zu erwartende Probleme bezüglich der Umbaupläne zu informieren (Nebenpflicht aus § 241 Abs. 2 BGB), da V die Bedeutung des Umbaus erkannt hatte und von den baurechtlichen Schwierigkeiten wusste.
- **N1: Keine Widerlegung des vermuteten Vertretenmüssens:** V hat nichts zu seiner Entlastung vorgetragen und den Entlastungsbeweis damit nicht geführt.

---

21 Vgl. 22. Kapitel.

- **P3: Schaden:** Durch die Beauftragung des Architekten ist K ein Schaden in Höhe von 10.000,– € entstanden, der adäquat kausal auf der Nichtauskunft des V beruht. Es ist nämlich davon auszugehen, dass K den Architekten bei rechtzeitiger Aufklärung nicht beauftragt hätte, sodass die Kosten nicht angefallen wären.
- **N2:** Kein Fall des § 280 Abs. 2 und Abs. 3 BGB.
- **Rechtsfolge:** K hat gegen V nach § 280 Abs. 1 BGB einen Anspruch auf Schadensersatz in Höhe von 10.000,– €.

Beispiel 2

K begibt sich in den Verbrauchermarkt des V, um seinen Wochenendeinkauf zu tätigen. Unmittelbar nach dem Betreten des Gebäudes kommt K zu Fall, weil er in einer großen Wasserlache, die sich bereits seit zwei Stunden im Eingangsbereich des Marktes befindet, ausrutscht und sich erheblich verletzt, woraus sich ein Schaden von 5.000,– € ergibt.

Kurze Lösungsskizze

Anspruch des K gegen V auf Schadensersatz in Höhe von 5.000,– € aus § 280 Abs. 1 BGB.

- Durch das Betreten des Geschäftslokals ist ein **vorvertragliches Schuldverhältnis** zustande gekommen (§ 311 Abs. 2 Nr. 2 BGB).
- Die **objektive Pflichtverletzung** besteht darin, dass V die Wasserlache, die bereits zwei Stunden vorhanden war, nicht beseitigt und dadurch seine Verkehrssicherungspflicht verletzt hat.
- Das **Vertretenmüssen** des V wird **vermutet** (§ 280 Abs. 1 S. 2 BGB). Eine **Widerlegung** ist nicht erfolgt.
- Durch die Pflichtverletzung ist dem K adäquat kausal ein **Schaden** in Höhe von 5.000,– € entstanden.
- Es liegt kein Fall des § 280 Abs. 2 oder Abs. 3 BGB vor.
- V ist K zum Schadensersatz in Höhe von 5.000,– € verpflichtet.

Kapitel 13
Verzögerung der Leistung (Verzug)

Lernziele dieses Kapitels
Was kommt in diesem Kapitel auf Sie zu? Die Verzögerung der Leistung (Verzug) bildet in der Praxis eine wichtige Leistungsstörung. In vielen Prozessen geht es zumindest auch um Fragen des Verzugs, etwa um die Zahlung von Verzugszinsen. Sie werden die Voraussetzungen und Rechtsfolgen des Schuldnerverzugs kennenlernen und erfahren, welche Rechte dem Gläubiger zustehen, wenn der Schuldner nicht termingerecht leistet.

13.1 Grundlagen

Die Verzögerung der Leistung kann aufseiten des Gläubigers und des Schuldners auftreten. Nimmt der Gläubiger die Leistung, die ihm vom Schuldner angeboten wird, nicht an, gerät er in **Annahmeverzug** (Gläubigerverzug, §§ 293 ff. BGB). Leistet der Schuldner nicht termingerecht, kann er in **Schuldnerverzug** geraten (§ 286 BGB). Auf den Annahmeverzug, der seine größte Bedeutung im **Arbeitsrecht** hat, soll an dieser Stelle nicht näher eingegangen werden. Deshalb hierzu nur ein kurzes Beispiel:

Beispiel

Arbeitgeber G hat Arbeitnehmer N fristlos gekündigt. N erscheint trotzdem am nächsten Werktag und möchte die Arbeit aufnehmen. G lehnt dies ab und erteilt N Hausverbot. N erhebt daraufhin innerhalb der dreiwöchigen Ausschlussfrist des § 4 KSchG (Kündigungsschutzgesetz) eine **Kündigungsschutzklage** vor dem Arbeitsgericht. Das Arbeitsgericht erklärt in seinem Urteil die Kündigung für unwirksam. Da die Kündigung unwirksam war, ist G durch die Ablehnung der Arbeitsleistungen des N gemäß § 293 BGB in Annahmeverzug geraten.

Im Zivil- und Wirtschaftsrecht dominiert ganz eindeutig der Schuldnerverzug. Zwei wichtige Ausprägungen sind der **Lieferantenverzug** und der **Zahlungsverzug**.

Beispiele

- V kommt seiner Pflicht nicht nach, die Ware in der 16. KW (Kalenderwoche) zu liefern.
- K zahlt den Kaufpreis nicht innerhalb der vereinbarten Zahlungsfrist.

- V überweist die Miete erst am fünften Werktag des Monats und damit nicht rechtzeitig (vgl. § 556 b Abs. 1 BGB).

In den Beispielsfällen besteht die Gefahr, dass dem Gläubiger infolge der verzögerten Leistung ein **Schaden** entsteht. Will der Gläubiger diesen Schaden ersetzt haben, benötigt er eine **Anspruchsgrundlage (AGL).**

Aufgabe

Bitte überlegen Sie, warum § 286 Abs. 1 BGB *keine* Anspruchsgrundlage (AGL) ist. Tipp: Lesen Sie die Vorschrift in der *„Wenn-dann-Formulierung"!*

Lösung

§ 286 Abs. 1 BGB lautet in der *Wenn-dann-Formulierung:*

Wenn

der Schuldner auf eine Mahnung des Gläubigers, die nach dem Eintritt der Fälligkeit erfolgt, nicht leistet,

dann

kommt er durch die Mahnung in Verzug.

Auf den ersten Blick liegt eine AGL vor: *Wenn* die Tatbestandsmerkmale vorliegen, *dann* tritt die Rechtsfolge ein. Das ist aber nicht richtig, weil die Rechtsfolge nicht „passt". Sie beschränkt sich darauf, dass der Schuldner in Verzug kommt. Es wird aber kein Anspruch des Gläubigers begründet.

Überlegen Sie bitte, wie die Rechtsfolge lauten müsste, damit § 286 Abs. 1 BGB eine AGL wäre?

Es gibt verschiedene Formulierungen:

1. „Ist der Schuldner verpflichtet, dem Gläubiger den entstehenden Schaden zu ersetzen", oder
2. „kann der Gläubiger Ersatz des hierdurch entstehenden Schadens verlangen" oder – besonders deutlich –
3. „steht dem Gläubiger ein Anspruch auf Ersatz des entstehenden Schadens zu."

Diese Übung dürfen Sie gerne noch einmal machen, wenn sie nicht auf Anhieb gelungen ist.

Nachdem nun feststeht, dass § 286 Abs. 1 BGB keine AGL ist, müsste es Ihnen aufgrund der bisherigen Arbeit mit diesem Buch leicht fallen, die richtige AGL zu benennen.

Den Ausgangspunkt bildet der so wichtige § 280 Abs. 1 BGB. Durch die verspätete Lieferung verletzt der Verkäufer in gleicher Weise wie der Käufer, der nicht rechtzeitig zahlt, eine Pflicht aus dem Kaufvertrag, also einem Schuldverhältnis. Dies begründet gemäß § 280 Abs. 1 BGB einen Anspruch des Gläubigers auf Ersatz des entstehenden Schadens. Aber aufgepasst: §280 Abs. 1 BGB allein reicht in diesen Fällen nicht aus!

Wie im letzten Kapitel schon ausgeführt, setzt der Anspruch auf Ersatz dieses Verzögerungsschadens gemäß §280 Abs. 2 BGB neben den Tatbestandsmerkmalen des §280 Abs. 1 BGB **zusätzlich** voraus, dass die Voraussetzungen des §286 BGB vorliegen. Dies bedeutet, dass der Schuldner sich mit seiner Leistung in **Verzug** befinden muss. Also ist eine Kette zu bilden:

§280 Abs. 1 BGB + §286 BGB. Das „+" ergibt sich aus §280 Abs. 2 BGB.

Merke

Die AGL für den Ersatz von Verzugsschäden beim Schuldnerverzug lautet §§280 Abs. 1, Abs. 2, 286 BGB.

Bevor auf das Zusammenspiel der „Grundvorschrift" (§280 Abs. 1 BGB) mit der „Ergänzungsvorschrift" (§286 BGB) eingegangen wird, werden zunächst die Voraussetzungen des Verzugs erläutert.

Neben §286 Abs. 1 BGB ist zusätzlich dessen Abs. 4 zu beachten. In einer für die Prüfung geeigneten, sinnvollen Reihenfolge ist **§286 Abs. 1 S. 1, Abs. 4 BGB** wie folgt zu lesen:

Wenn

- **P1:** der Gläubiger einen fälligen (und durchsetzbaren) Anspruch auf eine (noch mögliche) Leistung hat, *und wenn*
- **P2:** der Schuldner die Leistung nicht erbringt, *und wenn*
- **P3:** der Gläubiger den Schuldner nach Eintritt der Fälligkeit mahnt, *und wenn*
- **N1:** keine Widerlegung des vermuteten Vertretenmüssens erfolgt,

dann

gerät der Schuldner durch die Mahnung in Verzug.

13.1.1 Fälliger Anspruch

Zunächst einmal muss überhaupt ein Anspruch bestehen, zum Beispiel aus einem Vertrag (§§433, 535, 611 oder 631 BGB) oder aus einer gesetzlichen Anspruchsgrundlage (§823 Abs. 1, §831 BGB). Dieser Anspruch muss außerdem (schon) **fällig** sein. Für die Bestimmung der Fälligkeit ist – wie schon gesehen – von §271 BGB unter Berücksichtigung einiger gesetzlicher Sonderbestimmungen (§556 b Abs. 1 BGB, §614 S. 1 BGB, §641 Abs. 1 S. 1 BGB) auszugehen[1].

Der Anspruch muss außerdem **durchsetzbar** sein. Das ist nicht der Fall, wenn dem Schuldner gegen den Anspruch eine dauernde oder aufschiebende Einrede zusteht, zum Beispiel die Verjährungseinrede (§214 BGB) oder die Einrede des nicht erfüllten Vertrags (§320 BGB)[2].

---

[1] Vgl. S. 152 f., 159 f.

[2] Einzelheiten bei Palandt/Grüneberg, Bürgerliches Gesetzbuch, §286 Rn. 11.

Klausurtipp

Auf die Frage der Durchsetzbarkeit müssen Sie nur eingehen, wenn sich dazu im Sachverhalt ausdrückliche Hinweise befinden.

Zu beachten ist, dass ein Anspruch nach §275 Abs. 1 BGB entfällt, wenn die Leistung für den Schuldner **unmöglich** ist. Wenn der Schuldner nicht leisten kann, liegt deshalb kein Verzug vor. In einem solchen Fall verdrängen die Regelungen zur Unmöglichkeit die Vorschriften zum Verzug. Dies gilt für die dauernde Unmöglichkeit, während für die **vorübergehende** Unmöglichkeit die Verzugsvorschriften gelten, wenn und solange die Leistung noch sinnvoll nachholbar ist. Macht eine noch mögliche Nachholung der Leistung keinen Sinn mehr, liegt auch bei einer vorübergehenden Hinderung ein Fall der Unmöglichkeit vor.

Beispiel[3]

Die Stadt C hat für einen Stand auf dem Altstadtfest 50.000 Bratwürste beim Fleischer F bestellt. F liefert die Ware nicht rechtzeitig. Wenn die Stadt C nach Ende des Festes keine Verwendung mehr für die Würste hat, kann F zwar noch liefern, doch ist die Nachholung nicht sinnvoll. Damit gelten die Vorschriften für die Unmöglichkeit.

Eine Besonderheit gilt für **Geld**: Auch wenn der Schuldner auf Dauer nicht in der Lage sein sollte, seine Verbindlichkeit zu begleichen, tritt keine Unmöglichkeit ein. Es bleibt vielmehr beim Verzug. Insoweit gilt der schöne Satz: *„Geld hat man zu haben!"* Der Schuldner kann also nicht mit Erfolg die *„Einrede der leeren Kasse"* erheben.

Klausurtipp

Auf die Abgrenzung zwischen Verzug und Unmöglichkeit müssen Sie nur eingehen, wenn sich dazu im Sachverhalt ausdrückliche Hinweise befinden. In aller Regel reicht es aus, dass Sie feststellen, dass der Gläubiger gegen den Schuldner einen fälligen Anspruch hat.

13.1.2 Nichtleistung

Der Verzug setzt neben dem fälligen Anspruch zusätzlich voraus, dass der Schuldner die Leistung *nicht* erbringt.

Vorsicht

Das BGB ist an dieser Stelle sprachlich nicht korrekt abgefasst. Nach dem Wortlaut des §286 Abs. 1 BGB („Leistet der Schuldner auf eine Mahnung des Gläubigers nicht, … kommt er durch die Mahnung in Verzug") scheint es um folgende Reihenfolge zu gehen:

1. Mahnung des Gläubigers,
2. der Schuldner leistet auf die Mahnung *(immer noch)* nicht,

[3] Weitere Beispiele auf S. 298.

3. der Schuldner kommt durch die Nichtleistung nach Eingang der Mahnung in Verzug.

Vom Gesetzgeber gemeint ist aber Folgendes:

1. Der Schuldner leistet nicht,
2. Mahnung des Gläubigers,
3. der Schuldner kommt mit Zugang der Mahnung (sofort) in Verzug.

Beispiel

Der Anspruch auf Lieferung ist am 03.09. fällig. Der Schuldner leistet nicht. Am 10.09. geht dem Schuldner eine Mahnung des Gläubigers zu. Im Zeitpunkt des Zugangs der Mahnung – und nicht erst nach Ablauf einer weiteren Frist – gerät der Schuldner *sofort* in Verzug. Der Schuldner erhält also keine weitere Frist für die Leistung.

13.1.3 Mahnung

Der Verzug tritt nicht automatisch mit Fälligkeit des Anspruchs und der Nichtleistung, sondern erst dann ein, wenn

- der Schuldner gemahnt wird (§ 286 Abs. 1 S. 1 BGB) *oder*
- ein mahnungsgleicher Tatbestand vorliegt (§ 286 Abs. 1 S. 2 BGB) *oder*
- die Mahnung ausnahmsweise entbehrlich ist (§ 286 Abs. 2, Abs. 3 BGB).

Anforderungen an eine Mahnung

Der Begriff „Mahnung" ist im BGB nicht definiert, sondern von der Rechtsprechung und Lehre entwickelt worden.

Merke

Eine Mahnung ist eine an den Schuldner gerichtete **bestimmte und eindeutige Aufforderung des Gläubigers zur Leistung.** Eine Fristsetzung ist nicht erforderlich, auch nicht die Androhung negativer Folgen. Es genügt, dass der Gläubiger deutlich zum Ausdruck bringt, dass er die Leistung ernsthaft verlangt[4].

Ob eine Mahnung vorliegt, ist bei Unklarheiten im Wege der Auslegung nach §§ 133, 157 BGB analog zu ermitteln[5].

Beispiele

- „Bitte seien Sie so freundlich, bei Gelegenheit unsere Rechnung zu bezahlen!"
- Übersenden einer „2. Rechnung" ohne jeden weiteren Hinweis.

In beiden Fällen ist problematisch, ob bereits eine Mahnung vorliegt, da Zweifel bestehen, ob eine bestimmte und eindeutige Leistungsaufforderung gegeben

---

4 BGH NJW 1998, S. 2132, 2133.

5 Die Vorschriften gelten nicht direkt, weil die Mahnung keine Willenserklärung ist; man wendet die Vorschriften aber analog, also entsprechend an.

ist[6]. Andererseits kann auch ein höflich abgefasstes Schreiben eine Mahnung darstellen[7]. Dies gilt auch für ein Schreiben, das mit „Zahlungserinnerung" betitelt ist, wenn der Inhalt des Schreibens „hart" genug formuliert ist und der Schuldner deshalb erkennen kann, dass der Gläubiger die Leistung verlangt.

In Erweiterung des Wortlauts des § 286 Abs. 1 S. 1 BGB muss die Mahnung nach der Rechtsprechung nicht notwendig *nach* Fälligkeit, sondern kann *zeitgleich* mit der Fälligkeit erfolgen. Eine Mahnung vor Fälligkeit hat hingegen keine Wirkung, auch nicht, wenn der Anspruch nachträglich fällig wird.

Beispiel

Käufer K erhält am 19.03. eine Mahnung des Verkäufers V bezüglich der Zahlung des Kaufpreises. Die Kaufpreisforderung wird aber erst am 22.03. fällig. Da die Mahnung *vor* der Fälligkeit erfolgt ist, hat sie keine Wirkung. Auch wenn K nach dem 22.03. nicht zahlt, tritt aufgrund der verfrühten und damit unwirksamen Mahnung also kein Verzug ein. V müsste noch einmal mahnen.

Mahnungsgleiche Tatbestände

In § 286 Abs. 1 S. 2 BGB werden bestimmte Vorgehensweisen, mit denen der Gläubiger seinen Anspruch durchsetzen will, in ihrer rechtlichen Wirkung der **Mahnung gleichgestellt,** also wie eine Mahnung bewertet. Dies gilt für die Erhebung einer **Klage** auf die Leistung (Beispiel für den Klageantrag: *„Der Beklagte wird verurteilt, an den Kläger 50.000,– € nebst 8 Prozentpunkten Zinsen über dem Basiszinssatz seit dem 05.05.2009 zu zahlen")* und für die Zustellung eines **Mahnbescheids** im (gerichtlichen) Mahnverfahren (§§ 688 ff. ZPO). In diesen Fällen liegt kein Verzicht auf die Mahnung vor. Vielmehr werden diese, gegenüber einer „normalen" Mahnung, intensivere Formen der Rechtsverfolgung in ihrer Wirkung einer Mahnung gleichgesetzt.

Man kann einen Erst-recht-Schluss ziehen:

„Wenn schon die einfache Mahnung zum Verzug führt, dann müssen die Klageerhebung und die Zustellung eines gerichtlichen Mahnbescheids erst recht die Rechtsfolge Verzug auslösen."

Vornehmer spricht man von einem „argumentum a minori ad maius", weil man vom Kleinen (a minori: einfache Mahnung) auf das Große schließt (ad maius: Klage oder gerichtlicher Mahnbescheid).

Entbehrlichkeit der Mahnung

Nach § 286 Abs. 2 BGB ist in bestimmten Fällen eine **Mahnung entbehrlich,** sodass der Verzug ausnahmsweise ohne Mahnung (bzw. ohne einen mahnungsgleichen Tatbestand) eintreten kann.

Dies ist nach **§ 286 Abs. 2 Nr. 1 BGB** der Fall, wenn für die Leistung eine Zeit nach dem Kalender bestimmt ist („kalendermäßige Bestimmung"). Hierunter

---

6 Vgl. zu weiteren Einzelheiten Palandt/Grüneberg, Bürgerliches Gesetzbuch, § 286 Rn. 17 f.

7 BGH NJW 1998, S. 2132, 2133.

versteht man, dass bereits **im Vertrag vereinbart wird** oder sich **aus dem Gesetz** ergibt, wann der Schuldner die Leistung spätestens zu erbringen hat. Eine einseitig gesetzte Zahlungsfrist, etwa auf der **Rechnung,** reicht hingegen **nicht** aus[8]. Hier werden in der Praxis häufig Fehler gemacht.

Beispiele

- Folgende Formulierungen in einem Vertrag reichen aus: „Lieferung am 21.12.2010", „Lieferung bis zum 21.12.2010", „Lieferung in der 16. KW", „Zahlbar am 15. Werktag des Monats".
- Folgende Klauseln reichen für Nr. 1 hingegen *nicht* aus: „Zahlung innerhalb von zwei Wochen nach Rechnungserstellung" oder „zehn Tage nach Lieferung", da in diesen Fällen **im Zeitpunkt des Vertragsschlusses** noch nicht feststeht, wann die Rechnung gestellt wird bzw. die Lieferung erfolgt und damit auch noch nicht feststeht, wann die Zahlung zu leisten ist.
- Ausreichend ist hingegen, wenn sich der Zahlungszeitpunkt aus dem Gesetz ergibt, vgl. § 556 b BGB für die Zahlung der Miete.

Nach **§ 286 Abs. 2 Nr. 2 BGB** bedarf es keiner Mahnung, wenn der Leistung ein Ereignis vorauszugehen hat und wenn eine angemessene Zeit für die Leistung **bereits im Vertrag** in der Weise bestimmt ist, dass sie sich von dem Ereignis an nach dem Kalender berechnen lässt.

Beispiel

Im Vertrag heißt es „Lieferung binnen zwei Wochen nach Abruf". Das Ereignis ist hier der Abruf, von da ab hat der Schuldner zwei Wochen Zeit für die Erbringung der Leistung. Der Tag des Abrufs zählt dabei noch nicht mit (§ 187 Abs. 1 BGB). Erfolgt der Abruf zum Beispiel an einem Mittwoch, tritt Verzug zwei Wochen später am Mittwoch nach Ende der Geschäftszeit ein.

§ 286 Abs. 2 Nr. 3 BGB verzichtet auf die Mahnung, wenn der Schuldner die Leistung ernsthaft und endgültig verweigert. An diesen Fall sind aber hohe Anforderungen zu stellen. Nicht ausreichend ist es, wenn der Schuldner „nur auf Zeit spielt".

Praxistipp

Zur Sicherheit sollte eine Mahnung erfolgen, um später nicht in Beweisprobleme zu geraten.

Schließlich enthält **§ 286 Abs. 2 Nr. 4 BGB** ein „Sammelbecken" für die von den vorhergehenden Nummern noch nicht erfassten Fälle.

---

[8] BGH NJW 2008, S. 50, Rn. 9.

Beispiele[9]

- Reparatur eines Wasserrohrbruchs.
- Die Zusage „einer schnellstmöglichen Reparatur" in einem dringenden Fall.
- Die Zusage, Wertpapierkaufverträge im Internet in Sekundenschnelle auszuführen.

Entgeltforderungen

Eine wichtige Sonderregelung für „Entgeltforderungen", also Forderungen, die auf Zahlung von Geld gerichtet sind, enthält **§286 Abs. 3 BGB.** Nach Satz 1 kommt der Schuldner **spätestens** in Verzug, wenn er

- nicht innerhalb von 30 Tagen nach Fälligkeit und
- Zugang einer Rechnung oder gleichwertigen Zahlungsaufstellung leistet. Ist der Schuldner Verbraucher (§13 BGB), gilt dies aber nur, wenn er auf diese Folgen in der Rechnung besonders hingewiesen worden ist.

Die Besonderheit des §286 Abs. 3 BGB besteht darin, dass der Verzug durch bloßen Zeitablauf eintritt, auch wenn keine Zahlungsfrist im Vertrag oder Gesetz bestimmt ist.

„Faule Schuldner" versuchen aus der Vorschrift abzuleiten, dass sie erst nach 30 Tagen zahlen müssten, weil ihnen eine gesetzliche Zahlungsfrist zustehe. Das ist falsch, weil §286 Abs. 3 BGB die Fälligkeit des Anspruchs nicht ändert. Es wird nur der Zeitpunkt bestimmt, in dem **spätestens** Verzug eintritt.

Der Gläubiger hat es aber in der Hand, den Verzug schon vor Ablauf der 30 Tage durch Zusendung einer Mahnung herbeizuführen. Dann tritt der Verzug, sofern die anderen Voraussetzungen vorliegen, bereits mit Zugang der Mahnung beim Schuldner ein.

Beispiele

- Die V-GmbH und die K-AG haben einen Kaufvertrag geschlossen. Eine Woche vor der Lieferung erhält die K-AG bereits die Rechnung. Wann gerät die K-AG in Verzug, wenn keine Mahnung erfolgt? Der Verzug tritt spätestens 30 Tage nach Erhalt der Rechnung *und* der Fälligkeit ein. Die Fälligkeit des Zahlungsanspruchs ist im kaufmännischen Verkehr wegen der üblichen Vorleistungspflicht des Verkäufers erst gegeben, wenn die Lieferung erfolgt und die Rechnung gestellt ist[10]. Der Verzug tritt hier also erst 30 Tage nach der Lieferung ein.
- Verbraucher V erhält eine Rechnung seines Zahnarztes, worin in normaler Schriftgröße steht: „Auf die neuen Vorschriften zum Verzugseintritt nach dem BGB wird hingewiesen." Da V Verbraucher ist, setzt der automatische Verzugseintritt voraus, dass V auf die

---

9 Vgl. Palandt/Grüneberg, Bürgerliches Gesetzbuch, §286 Rn. 25 m. w. Nachw.

10 Vgl. S. 159.

Folgen des Ablaufs der 30-Tage-Frist *besonders* hingewiesen wird. Diesen Anforderungen genügt der Hinweis nicht, da V nicht erkennen kann, worin die Bedeutung der neuen Vorschriften des BGB zum Verzugseintritt liegt. Es kommt hinzu, dass der Hinweis im Text der Rechnung „versteckt" ist, sodass auch deshalb kein *besonderer* Hinweis vorliegt.

13.1.4 Vertretenmüssen

Nach **§286 Abs.4 BGB** kommt der Schuldner **nicht** in Verzug, solange die Leistung infolge eines Umstands unterbleibt, den er **nicht** zu vertreten hat. Inhaltlich gelten zu dieser Vorschrift die Ausführungen zu §280 Abs.1 S.2 BGB[11]. Da die im Rahmen des §280 Abs.1 BGB erforderliche Pflichtverletzung in der verspäteten Leistung besteht, ist das Merkmal des vermuteten Vertretenmüssens hier doppelt enthalten und in der Regel identisch[12].

Klausurtipp

In einer Klausur reicht es aus, wenn das in §280 Abs.1 S.2 BGB und in §286 Abs.4 BGB enthaltene Merkmal „Vertretenmüssen" einmal geprüft wird.

Beispiele für ein Nichtvertretenmüssen

- Plötzliche schwere Erkrankung des Schuldners, dessen persönliche (Mit-)Arbeit unverzichtbar ist.
- Nicht vorhersehbare, plötzliche Einfuhrbeschränkungen aus einem bisher politisch und wirtschaftlich stabilen Land.
- Völlig ungewöhnlicher, monatelanger Dauerfrost, der keine Bauarbeiten zulässt. Mit gewissen zeitlichen Behinderungen durch Frost muss ein Bauunternehmer hingegen rechnen. Sie sind einzukalkulieren.

13.2 Rechtsfolgen des Verzugs (Überblick)

Wie wir schon gesehen haben, bestimmt §286 Abs.1 BGB als Rechtsfolge, dass der Schuldner in Verzug kommt. Nicht geregelt wird, **welche Rechte** dem Gläubiger als Folge des Verzugs erwachsen können. Diese sind mannigfaltig und ergeben sich aus anderen Vorschriften. In Betracht kommen:

- Schadensersatz *neben* der Leistung,
- Ersatz der Kosten der Mahnung,
- Verzugszinsen,
- Schadensersatz *statt* der Leistung,
- Rücktritt vom Vertrag.

---

11 Vgl. S.189ff.

12 Zu Einzelheiten vgl. Kaiser, in Staudinger, Eckpfeiler des Zivilrechts, Berlin 2005, S.338f.

Zur Erläuterung: Wenn der Schuldner nicht rechtzeitig leistet, eröffnet das BGB dem Gläubiger in Bezug auf den **Schadensersatz** zwei Möglichkeiten:

(1) Der Gläubiger kann die verzögerte Leistung annehmen und sich darauf beschränken, den durch den Verzug entstandenen **Schaden** vom Schuldner zu fordern (AGL: §§ 280 Abs. 1, Abs. 2, 286 BGB). In diesem Fall wird der Vertrag, wenn auch verspätet, durchgeführt, sodass der Gläubiger auch die von ihm geschuldete Gegenleistung erbringen muss, beim Lieferantenverzug also die Zahlung des Kaufpreises. Gegen diese Zahlungspflicht kann er aber mit einem Schadensersatzanspruch aus §§ 280 Abs. 1, Abs. 2, 286 BGB aufrechnen[13]. Diese Fallgruppe heißt **„Schadensersatz neben der Leistung".**

(2) Der Gläubiger hat aber auch die Möglichkeit, den Vertrag zu „stornieren". In diesem Fall wird der Vertrag nicht mehr durchgeführt, die verzögerte Leistung und die Gegenleistung werden also nicht mehr erbracht. Der Gläubiger kann aber gemäß §§ 280 Abs. 1, Abs. 3, 281 BGB **„Schadensersatz statt der Leistung"** verlangen.

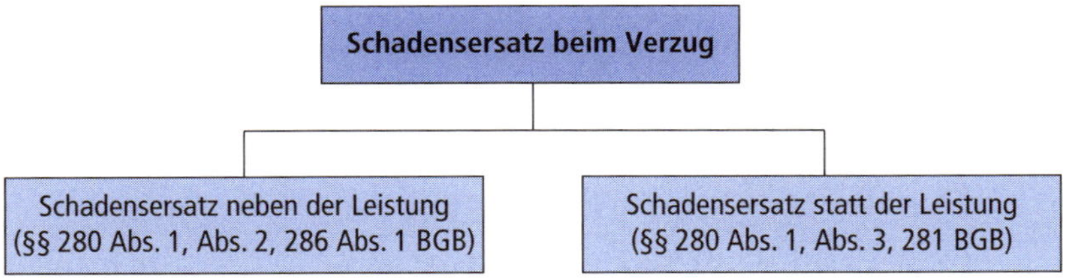

Abbildung 13.1: Schadensersatz beim Verzug

13.3 Schadensersatz neben der Leistung

Zunächst soll der Schadensersatz *neben* der Leistung behandelt werden. Nach § 280 Abs. 1 BGB hat der Gläubiger gegen den Schuldner einen Anspruch auf Ersatz des Schadens, der dem Gläubiger durch die Pflichtverletzung des Schuldners – das ist hier die nicht rechtzeitige Leistung – entsteht. Hinzukommen muss nach §§ 280 Abs. 2, 286 BGB, dass der Schuldner sich in Verzug befindet.

Beispiele für mögliche Verzugsschäden

- Dem Zwischenhändler entgehen Gewinne aus einem Weiterverkauf, weil der Produzent die Ware nicht termingerecht liefert.
- Die G-GmbH muss hohe Zinsen bei der B-Bank für einen Dispokredit zahlen, weil die K-AG den fälligen Kaufpreis nicht leistet.

Die in den Beispielen genannten Schäden sind aus §§ 280 Abs. 1, Abs. 2, 286 Abs. 1 BGB ersatzfähig, aber erst vom Eintritt des Verzugs an. Ein Schaden, der bis zum Eintritt des Verzugs entsteht, wird – jedenfalls – nach diesen Regeln nicht ersetzt!

[13] Zur Aufrechnung vgl. S. 173 ff.

13.3.1 Kosten der Mahnung

Die Kosten für die **erste Mahnung** sind nach §§ 280 Abs. 1, Abs. 2, 286 BGB nur dann als Verzugsschaden zu ersetzen, wenn sich der Schuldner zuvor bereits in Verzug befand, etwa nach § 286 Abs. 2 BGB. Die Kosten für **weitere Mahnungen** können aus §§ 280 Abs. 1, Abs. 2, 286 Abs. 1 BGB als Verzugsschaden geltend gemacht werden. Allerdings darf der Gläubiger nicht unendlich viele Mahnungen schicken, weil er sonst gegen seine aus § 254 BGB abgeleitete Schadensminderungspflicht verstößt.

In der Praxis ist es weit verbreitet, **drei Mahnungen** zu verschicken. Erforderlich ist das nicht, weil der Schuldner schon durch die *erste* Mahnung in Verzug gerät, doch können weitere Mahnungen sinnvoll sein, wenn Aussicht besteht, dass der Schuldner sich davon beeindrucken lässt und die Forderung ohne die Inanspruchnahme eines Gerichts begleicht.

Beispiel

Besteller B bezahlt trotz Abnahme des Werks den Werklohn nicht. Unternehmer U lässt deshalb durch einen Rechtsanwalt, der dafür 300,– € in Rechnung stellt, eine Mahnung schicken. U verlangt neben dem Werklohn Zinsen ab dem Tag der Abnahme des Werks und die Kosten der Mahnung. Zu Recht?

- Nach § 641 Abs. 4 BGB steht dem Unternehmer von der **Abnahme** des Werks an ein Anspruch auf **Zinsen** zu, den viele Unternehmer und auch deren Rechtsanwälte aus Unwissenheit (?) nicht geltend machen. Geschuldet wird allerdings nur der gesetzliche Zinssatz in Höhe von 4 % (§ 246 BGB) bzw. bei einem beiderseitigen Handelsgeschäft von 5 % (§ 352 Abs. 1 HGB). In dieser Höhe besteht der Anspruch also ab der Abnahme, ohne Mahnung und ohne Verzug.
- Ab Eintritt des Verzugs erhöht sich der Zinssatz auf **fünf bzw. acht Prozentpunkte über dem Basiszinssatz** (§ 288 Abs. 1, 2 BGB), es sei denn, es ist ein höherer Schaden eingetreten.
- Die Kosten für den **Rechtsanwalt** können hier nicht als Verzugsschaden geltend gemacht werden, weil sie bereits entstanden sind, als B sich *noch nicht* in Verzug befand. Anders wäre es gewesen, wenn U vorab bereits eine Mahnung an B geschickt und erst für die *zweite* Mahnung den Rechtsanwalt beauftragt hätte.

Praxistipp

Bevor ein Rechtsanwalt eingeschaltet wird, sollte der Schuldner durch eine Mahnung in Verzug gesetzt werden, falls er sich nicht schon aus anderen Gründen (§§ 286 Abs. 2, Abs. 3 BGB) in Verzug befindet. Nur dann können die Kosten des Rechtsanwalts als Verzugsschaden geltend gemacht werden.

13.3.2 Verzugszinsen

Besondere Regelungen zu Verzugszinsen enthalten die §§288 und 291 BGB. Nach **§288 Abs. 1 BGB** ist

P1: eine Geldschuld

P2: während des Verzugs

RF: mit fünf Prozentpunkten über dem **Basiszinssatz** zu verzinsen.

Der Basiszinssatz wird halbjährlich von der Deutschen Bundesbank im Bundesanzeiger bekannt gegeben (§247 Abs. 2 BGB).

Nach §288 Abs. 2 BGB beträgt der Verzugszinssatz bei Rechtsgeschäften, an denen kein Verbraucher beteiligt ist, also Verträgen zwischen Unternehmern, sogar **acht** Prozentpunkte über dem Basiszinssatz.

Praxistipp

Der korrekte Antrag in einer Klageschrift muss heißen: *„Der Beklagte wird verurteilt, an den Kläger 45.000,– € zzgl. fünf Prozentpunkte über dem Basiszinssatz ab dem 21.12.2010 zu zahlen.“* Falsch wäre es, lediglich „5% Zinsen über dem Basiszinssatz“ zu verlangen[14]. Wenn der Basiszinssatz zum Beispiel 3,62% beträgt, sind 5% darüber nämlich nur 3,62 + (3,62% x 5%) = 3,801%. Bei fünf Prozentpunkten hingegen 3,62% + 5% = 8,62%.

Die Bedeutung des §288 BGB besteht nicht nur in dem relativ hohen Zinssatz, sondern auch darin, dass der Gläubiger einer Geldschuld einen Anspruch auf Verzugszinsen auch dann hat, wenn ihm insoweit gar **kein Schaden** entstanden ist. Er muss deshalb einen Zinsschaden weder behaupten noch beweisen. Dadurch will der Gesetzgeber die Zahlungsmoral verbessern (Abbau des sogenannten „Lieferantenkredits“). Es soll sich nicht mehr lohnen, fällige Zahlungen zurückzuhalten. Soweit der Gläubiger **höhere Zinsen** verlangen kann, etwa aufgrund eines Vertrags, kann er diese fordern (Abs. 3). AGL ist dann nicht §288 Abs. 1 BGB, sondern die bekannte Kette §§280 Abs. 1, Abs. 2, 286 BGB.

Nach **§291 BGB** ist eine fällige **Geldschuld** während des **Prozesses** immer zu verzinsen. Für die Höhe gilt §288 BGB.

13.3.3 Prüfungsschema

Theoretisch ist die Prüfung eines Anspruchs auf Ersatz des Verzugsschadens ganz einfach: Neben den Voraussetzungen des §280 Abs. 1 BGB müssen gemäß §280 Abs. 2 BGB **zusätzlich** die Voraussetzungen des §286 BGB vorliegen. Hält man sich daran, ergibt sich folgender Aufbau:

Voraussetzungen des §280 Abs. 1 BGB:

- **P1:** Schuldverhältnis,
- **P2:** objektive Pflichtverletzung des Schuldners,

---

14 Vgl. zu den praktischen Auswirkungen OLG Hamm, NJW 2005, S. 2238.

- **N1:** keine Widerlegung des nach § 280 Abs. 1 S. 2 BGB vermuteten Vertretenmüssens,
- **P3:** infolge der Pflichtverletzung Eintritt eines Schadens beim Gläubiger.

Wegen **§ 280 Abs. 2 BGB** sind **zusätzlich** die Voraussetzungen des **§ 286 BGB** zu prüfen:

- **P4:** Fälliger Anspruch des Gläubigers auf die (noch mögliche) Leistung,
- **N2:** Nichterbringung der Leistung durch den Schuldner,
- **P5:** Mahnung des Schuldners durch den Gläubiger oder mahnungsgleicher Tatbestand oder Entbehrlichkeit der Mahnung,
- **N3:** keine Widerlegung des nach § 286 Abs. 4 BGB vermuteten Vertretenmüssens.

Rechtsfolge: Ersatz des durch die Pflichtverletzung (Nichtleistung) entstandenen Schadens.

Für eine Fallbearbeitung ist dieser Aufbau aber nicht sinnvoll, weil sich die Voraussetzungen zum Teil überschneiden und nicht eindeutig voneinander trennen lassen:

Die nach § 280 Abs. 1 BGB erforderliche objektive Pflichtverletzung ist die nicht rechtzeitige Leistung, sodass schon hier § 286 Abs. 1 BGB zu prüfen ist. Sowohl § 280 Abs. 1 BGB als auch § 286 Abs. 1 BGB setzen ein Vertretenmüssen des Schuldners bezüglich der Pflichtverletzung (verzögerte Leistung) voraus, das in beiden Fällen vermutet wird (§ 280 Abs. 1 S. 2 BGB bzw. § 286 Abs. 4 BGB).

Merke

Ein Anspruch auf Ersatz des Verzugsschadens gemäß §§ 280 Abs. 1, Abs. 2, 286 BGB ist wie folgt zu prüfen:

- **P1:** Schuldverhältnis,
- **P2:** objektive Pflichtverletzung des Schuldners durch Nichterbringung der (möglichen) fälligen Leistung,
- **P3:** Mahnung des Schuldners durch den Gläubiger oder mahnungsgleicher Tatbestand oder Entbehrlichkeit der Mahnung,
- **N1:** keine Widerlegung des vermuteten Vertretenmüssens,
- **P4:** infolge der Pflichtverletzung (Nichtleistung) Eintritt eines Schadens beim Gläubiger.

Rechtsfolge: Ersatz des durch den Verzug entstandenen Schadens.

Dieser Anspruch auf Schadensersatz hat keine Auswirkung auf den Vertrag, er lässt diesen unberührt: Die bestehenden Pflichten sind deshalb von beiden Seiten nach wie vor zu erfüllen. **Zusätzlich** muss der Schuldner **Schadensersatz** zahlen. Man spricht deshalb von einem „Schadensersatz *neben* der Leistung".

Beispiel

V ist verpflichtet, am 11.12. Ware an K zum Preis von 15.000,– € zu liefern. Die Ware trifft aber erst am 16.12. ein. K entsteht nachweislich ein Schaden von 5.000,– €. Da die Lieferung durch V, wenn auch verspätet, erfolgt ist, muss K den Kaufpreis zahlen. Er kann aber mit seinem Schadensersatzanspruch in Höhe von 5.000,– € aufrechnen, sodass er nur 10.000,– € zu zahlen hat[15].

13.4 Schadensersatz statt der Leistung

Bisher wurde nur der Fall behandelt, dass der Vertrag trotz des Verzuges noch durchgeführt wurde. Möglicherweise hat der Gläubiger daran aber gar kein Interesse mehr. Deshalb stellen sich folgende Fragen:

- Hat der Gläubiger die Möglichkeit, die Entgegennahme der verspäteten Leistung abzulehnen?
- Kann der Gläubiger sich anderweitig eindecken und die Mehrkosten vom Schuldner ersetzt verlangen?
- Was passiert in diesen Fällen mit dem Anspruch des Schuldners gegen den Gläubiger, also mit der Gegenleistung?

Fortsetzung des obigen Beispiels

V ist mit der Lieferung einer Ware an K seit dem 11.12. in Verzug. Da K die Ware dringend benötigt, kauft er diese anderweitig. Für den damit getätigten „Deckungskauf" entstehen K gegenüber dem mit V vereinbarten Preis Mehrkosten von 4.000,– €. Da K für die bei V gekaufte Ware keine Verwendung mehr hat, verweigert er deren Abnahme und verlangt den Ersatz der Mehrkosten in Höhe von 4.000,– € von V. V verlangt den Kaufpreis von K.

Fristsetzung

Will der Gläubiger anstelle der verspäteten Leistung Schadensersatz verlangen, genügt es nicht, den Schuldner lediglich zu mahnen. Vielmehr muss der Gläubiger dem Schuldner zuvor eine **angemessene Frist** für die Erbringung der Leistung setzen. Diese Frist muss erfolglos abgelaufen sein.

Merke

Schadensersatz statt der Leistung gemäß §§ 280 Abs. 1, Abs. 3, 281 BGB kann der Gläubiger nur verlangen, wenn er dem Schuldner zuvor eine angemessene **Frist** für die Erbringung der Leistung gesetzt hat. Eine (einfache) Mahnung reicht hingegen nicht aus.

Zu klären ist, welche Anforderungen an eine **Fristsetzung** zu stellen sind. Sicherlich reicht es aus, wenn der Gläubiger einen konkreten Zeitraum vorgibt („Zwei Wochen ab Zugang dieses Schreibens"), einen Endtermin bezeichnet („Ende 19. KW") oder ein konkretes Datum nennt („28.09.2010").

Der BGH hatte folgenden Fall zu entscheiden:

---

15 Zur Aufrechnung vgl. Vgl. S. 173 ff.

Sachverhalt (vereinfacht)

Der Kläger erwarb von der beklagten Autohändlerin einen Mercedes SL 230. Nachdem Mängel am Motor des Fahrzeugs aufgetreten waren, forderte der Kläger (Käufer) die Beklagte (Verkäuferin) zur umgehenden Beseitigung auf und kündigte an, anderenfalls werde er eine andere Werkstatt mit der Reparatur beauftragen. Entgegen einer von ihrem Mitarbeiter zunächst erteilten Zusage, sich um die Angelegenheit zu kümmern, meldete sich die Beklagte in der Folgezeit nicht beim Kläger; dessen Versuch, die Beklagte telefonisch zu erreichen, scheiterte. Daraufhin ließ der Käufer das Fahrzeug bei der H-GmbH für 2.194,09 € reparieren und verlangte den Ersatz dieser Kosten von der Händlerin[16].

Der BGH entschied – übrigens gegen die überwiegende Meinung in der Literatur – eine Fristsetzung gemäß §281 Abs. 1 BGB verlange *nicht* die Bestimmung eines konkreten Zeitraums durch Mitteilung eines bestimmten Termins, zu dem die Frist ablaufe, oder die Angabe bestimmter Zeiteinheiten, die dem Schuldner für die Leistung eingeräumt werden. Vielmehr könne auch die Aufforderung zur unverzüglichen Leistung ausreichen. Dem Begriff der Fristsetzung lasse sich nicht entnehmen, dass die maßgebliche Zeitspanne nach dem Kalender bestimmt sein müsse oder in konkreten Zeiteinheiten anzugeben sei. Mit der Aufforderung, die Leistung oder die Nacherfüllung „in angemessener Zeit", „umgehend" oder „so schnell wie möglich" zu bewirken, werde eine zeitliche Grenze gesetzt, die aufgrund der jeweiligen Umstände des Einzelfalls bestimmbar sei. Für eine Fristsetzung gemäß §281 Abs. 1 BGB genüge es deshalb, wenn der Gläubiger durch das Verlangen nach **sofortiger, unverzüglicher** oder **umgehender Leistung** oder vergleichbare Formulierungen deutlich mache, dass dem Schuldner für die Erfüllung nur ein begrenzter (bestimmbarer) Zeitraum zur Verfügung stehe; der Angabe eines bestimmten Zeitraums oder eines bestimmten (End-)Termins bedürfe es nicht[17].

Angemessenheit der Frist

Die Schwierigkeit für den Gläubiger besteht beim Verlangen von „Schadensersatz statt der Leistung" nach §§280 Abs. 1, Abs. 3, 281 BGB darin, dass er dem Schuldner eine **angemessene Frist** für die Erbringung der Leistung setzen muss. Wann aber ist eine Frist angemessen? Leider ist es nicht möglich, eine allgemein gültige Frist anzugeben, vielmehr ist auf die Umstände des konkreten Einzelfalls abzustellen.

Merke

Angemessen ist eine Frist nach der Rechtsprechung des BGH[18], wenn der Schuldner die Möglichkeit hat, seine im Wesentlichen vorbereitete

---

[16] BGH NJW 2009, S. 3153.
[17] BGH NJW 2009, S. 3153, Rn. 8 ff.
[18] BGH NJW 1985, S. 855, 857.

Leistung nunmehr zu erbringen. Er soll seine schon begonnene Leistung beenden können[19].

Beispiel

Die G-GmbH hat bei der Schultz-OHG Dachpfannen zur „Lieferung binnen fünf Tagen frei Baustelle" gekauft. Wenn die G-GmbH infolge einer Nichtlieferung nicht weiterarbeiten kann, dürfte eine Frist von drei Tagen angemessen sein.

Die Rechtsprechung kommt dem Gläubiger dadurch entgegen, dass eine zu kurze Frist in eine angemessene Frist umgedeutet wird[20].

Praxistipp

Auch wenn der BGH es für eine Fristsetzung nach §281 Abs. 1 BGB genügen lässt, dass der Gläubiger durch das Verlangen nach sofortiger, unverzüglicher oder umgehender Leistung oder vergleichbarer Formulierungen deutlich macht, dass dem Schuldner für die Erfüllung nur ein begrenzter (bestimmbarer) Zeitraum zur Verfügung steht[21], sollte – wenn möglich – eine zeitlich fixierte Frist gesetzt werden, an der sich dann beide Parteien orientieren können.

Ausnahme: Entbehrlichkeit der Fristsetzung

In bestimmten Fällen bedarf es keiner Fristsetzung: Nach §281 Abs. 2 BGB ist diese entbehrlich, wenn der Schuldner die Leistung ernsthaft und endgültig verweigert oder wenn besondere Umstände einen sofortigen Rücktritt rechtfertigen.

Praxistipp

Bei §281 Abs. 2 BGB handelt es sich um Ausnahmen, deren Voraussetzungen im Streitfall vom Gläubiger zu beweisen sind. Um einer möglichen Beweisnot im Falle einer gerichtlichen Auseinandersetzung zu entgehen, sollte möglichst eine Frist gesetzt werden.

Ablauf der Frist

Erfolgt innerhalb der dem Schuldner gesetzten Frist keine Leistung, hat dies zunächst noch keine Auswirkungen auf die vertraglichen Pflichten. Der Anspruch des Gläubigers auf die Leistung besteht nach Fristablauf unverändert fort. Der Schuldner ist also nach wie vor zur Leistung verpflichtet, der Gläubiger hat die geschuldete Gegenleistung zu erbringen. Die entscheidende Änderung tritt gemäß **§281 Abs. 4 BGB** erst ein, wenn der Gläubiger **erklärt**, jetzt **„Schadenser-**

19 BGH NJW 1985, S. 320, 323.
20 BGH NJW 1985, S. 2640.
21 BGH NJW 2009, S. 3153, Rn. 8 ff.

satz statt der Leistung" zu verlangen. Erst mit Zugang dieser Erklärung beim Schuldner geht der Anspruch auf die verzögerte Leistung unter.

Weitere Folge ist, dass bei gegenseitig verpflichtenden Verträgen auch der Anspruch auf die Gegenleistung untergeht, auch wenn sich dies nicht aus § 281 Abs. 4 BGB ergibt[22]. Denn es kann nicht sein, dass der säumige Schuldner nicht mehr leisten muss, der vertragstreue Gläubiger aber nach wie vor zur Leistung verpflichtet ist.

Beispiel

17.05. K und V schließen einen Kaufvertrag über die Lieferung von Röhren; vereinbarter Liefertermin 01.06.

01.06. Keine Lieferung durch V.

02.06. K setzt eine angemessene Lieferfrist bis zum 09.06.

09.06. Keine Lieferung durch V innerhalb der Frist.

11.06. K verlangt von V statt Lieferung der Röhren Schadensersatz in Höhe von 40.000,– €, weil er die Röhren mit diesen Mehrkosten anderweitig bezogen hat („Deckungskauf").

Rechtliche Bewertung

AGL: §§ 280 Abs. 1, Abs. 3, 281 BGB

01.06. Da V zu dem im Vertrag vereinbarten Liefertermin nicht geleistet hat, hat er eine fällige Leistung nicht erbracht.

02.06. K hat eine angemessene Lieferfrist gesetzt.

09.06. Obwohl die Lieferfrist erfolglos abgelaufen ist, besteht der Kaufvertrag nach wie vor fort. V muss also trotz Fristablaufs noch liefern, K muss den Kaufpreis noch zahlen.

11.06. Dadurch, dass K Schadensersatz für die durch den Deckungskauf entstandenen Mehrkosten verlangt, gehen nach § 281 Abs. 4 BGB die beiderseitigen Erfüllungsansprüche unter. Es bestehen damit keine Ansprüche mehr aus § 433 BGB. Der Kaufvertrag wird nicht mehr durchgeführt. K hat einen Anspruch auf Zahlung von 40.000,– € gegen V aus §§ 280 Abs. 1, Abs. 3, 281 BGB.

Prüfungsschema

Die Voraussetzungen für einen Anspruch auf „Schadensersatz statt der Leistung" sind:

- **P1:** Schuldverhältnis,
- **P2:** objektive Pflichtverletzung des Schuldners durch Nichterbringung der (möglichen) fälligen Leistung,
- **P3:** Gläubiger setzt dem Schuldner eine angemessene Frist für die Erbringung der Leistung, es sei denn, die Fristsetzung ist ausnahmsweise entbehrlich,

[22] Palandt/Grüneberg, Bürgerliches Gesetzbuch, § 281 Rn. 52.

- **N1:** keine Leistung des Schuldners innerhalb der Frist,
- **N2:** keine Widerlegung des nach § 280 Abs. 1 S. 2 BGB vermuteten Vertretenmüssens,
- **P4:** infolge der Pflichtverletzung (Nichtleistung) Eintritt eines Schadens beim Gläubiger,
- **P5:** Gläubiger verlangt Schadensersatz statt der Leistung.

Rechtsfolgen:

RF 1: Ersatz des durch die Pflichtverletzung entstandenen Schadens,

RF 2: der Anspruch auf die (verspätete) Leistung ist ausgeschlossen,

RF 3: der Anspruch auf die Gegenleistung ist ebenfalls ausgeschlossen.

Zusammenfassung

Die Prüfung eines Anspruchs auf „Schadensersatz **statt** der Leistung“ gemäß §§ 280 Abs. 1, Abs. 3, 281 BGB ist sehr anspruchsvoll. Gegenüber der Prüfung eines Anspruchs auf „Schadensersatz **neben** der Leistung“ (§§ 280 Abs. 1, Abs. 2, 286 BGB) ergeben sich folgende Unterschiede:

- An die Stelle der Mahnung tritt das Setzen einer angemessenen Frist. Da der Gläubiger mit einer solchen Fristsetzung die Leistung verlangt, ist darin eine (einfache) Mahnung enthalten. Man bezeichnet die Fristsetzung deshalb auch als „qualifizierte Mahnung“. Spätestens mit Ablauf der Frist tritt damit auch Verzug ein.
- Wird Schadensersatz statt der Leistung verlangt, ist eine entsprechende Erklärung nach Fristablauf erforderlich (§ 281 Abs. 4 BGB).

13.5 Rücktritt vom Vertrag

Voraussetzungen

Der Gläubiger kann **neben** dem „Schadensersatz statt der Leistung“ zusätzlich vom Vertrag zurücktreten (§ 325 BGB), beispielsweise, um eine bereits erbrachte Anzahlung zurückzufordern. Das Rücktrittsrecht ergibt sich aus § 323 BGB. Die Voraussetzungen entsprechen in etwa den Voraussetzungen für den Anspruch auf „Schadensersatz statt der Leistung“ mit der Besonderheit, dass ein Vertretenmüssen nicht erforderlich wird.

Prüfungsschema

Rücktrittsrecht gemäß § 323 Abs. 1 BGB, bezogen auf einen Kaufvertrag.

Wenn

- **P1:** ein gegenseitiger Vertrag vorliegt: *Kaufvertrag,*
- **N1:** der Schuldner (Verkäufer) die fällige Leistung nicht rechtzeitig erbringt: *Lieferung erfolgt nicht termingerecht,*

- **P2:** der Gläubiger dem Schuldner eine angemessene Frist zur Leistung setzt: *Gläubiger (Käufer) setzt dem Schuldner (Verkäufer) eine angemessene Frist zur Lieferung* und
- **N2:** keine Leistung innerhalb der Frist durch den Schuldner: *Verkäufer liefert nicht innerhalb der Frist,*
- **N3:** Die Pflichtverletzung ist nicht unerheblich (§323 Abs. 5, S. 2 BGB): *kein ganz kleiner Mangel,*

dann

hat der Gläubiger (Käufer) das Recht, vom Vertrag zurückzutreten.

Erklärung des Rücktritts

§323 Abs. 1 BGB begründet zunächst nur das **Recht** des Gläubigers, vom Vertrag zurückzutreten, führt also nicht automatisch **zum Rücktritt.** Entscheidet sich der Gläubiger für den Rücktritt, muss er diesen gemäß **§349 BGB** erklären. Erst mit Zugang der Rücktrittserklärung wandelt sich das Schuldverhältnis in ein sogenanntes Rückgewährschuldverhältnis um. Nach **§346 Abs. 1 BGB** sind die schon empfangenen Leistungen anschließend zurückzugewähren, noch nicht erbrachte Leistungen müssen nicht mehr erbracht werden.

Fortsetzung des obigen Beispiels

K hatte eine Anzahlung von 20.000,– € geleistet. Nach Erklärung des Rücktritts hat K einen Anspruch auf Rückzahlung dieses Betrags aus §346 Abs. 1 BGB. Die noch nicht erfolgten Leistungen – Lieferung der Röhren und Zahlung des Restkaufpreises – entfallen.

13.6 Zusammenfassung zum Verzug

Merke

Gerät der Schuldner in Verzug, hat der Gläubiger folgende Möglichkeiten:

(1) Schadensersatz *neben* der Leistung: Ersatz des durch den Verzug entstandenen Schadens (§§280 Abs. 1, Abs. 2, 286 BGB) unter Beibehaltung des Erfüllungsanspruchs,

(2) Schadensersatz *statt* der Leistung (§§280 Abs. 1, Abs. 3, 281 BGB) *und*

(3) Rücktritt vom Vertrag (§§323, 346 ff. BGB)

Die Ansprüche (2) und (3) können gemäß §325 BGB nebeneinander geltend gemacht werden.

Abschließend ein ganz einfaches, sicherlich stark hinkendes, nicht ganz ernst gemeintes, aber hoffentlich einprägsames Beispiel:

Beispiel

Sie sitzen in einem Restaurant und haben als Vorspeise eine Tomatensuppe und als Hauptgang eine Pizza bestellt. Sie sind sehr, sehr hungrig. Nach 35 Minuten ist die Suppe noch nicht serviert. Auf Ihre höfliche Nachfrage murmelt der Kellner etwas von „Gleich. Küche überlastet!“. Nach 50 Minuten hat sich noch nichts getan:

Was können Sie jetzt tun?

1. Sie erklären, dass Sie die Suppe sofort haben möchten (Mahnung). Außerdem machen Sie deutlich, dass Sie als Wiedergutmachung einen Grappa erwarten. Hier begehren Sie Schadensersatz (einen Grappa) neben der Leistung (Suppe)! Sie werden irgendwann Ihre Suppe und danach auch irgendwann die Pizza bekommen und müssen beide Speisen wie vereinbart bezahlen.
2. Sie erklären, dass Sie noch genau fünf Minuten warten und danach gehen werden. Da die Suppe innerhalb der fünf Minuten nicht kommt, erheben Sie sich und bitten den Kellner um die Zahlung von 3,– Euro, weil die beiden Speisen (Suppe und Pizza) im Restaurant nebenan 3,– Euro mehr kosten. Hier verlangen Sie Schadensersatz (3,– Euro) statt der Leistung (Suppe, Pizza).

13.7 Vertragsstrafe und pauschalierter Schadensersatz

Klausurtipp und Praxistipp

Die folgenden Ausführungen werden für Studierende weniger relevant sein, haben aber für die wirtschaftliche Praxis große Bedeutung.

13.7.1 Vertragsstrafe

Inhalt der Vertragsstrafe

Die Vertragsstrafe, auch *Konventionalstrafe* genannt, wird in Verträgen vereinbart, um den Schuldner zu einer ordnungsgemäßen, insbesondere rechtzeitigen Erfüllung seiner vertraglichen Pflichten anzuhalten. Nach § 339 BGB verpflichtet sich der Schuldner zur Zahlung einer Geldstrafe an den Gläubiger für den Fall, dass

- er seine Verbindlichkeit (gar) nicht erfüllt oder
- nicht in gehöriger Weise, insbesondere nicht rechtzeitig erfüllt.

Die Strafe ist **verwirkt** (fällig), wenn der Schuldner mit seiner Leistung in **Verzug** gerät. Mit „Strafe“ ist hier nicht eine vom Gericht verhängte und an die Gerichte zu zahlende Geldstrafe oder gar eine Freiheitsstrafe gemeint, sondern eine Geldzahlung des Schuldners an den Gläubiger.

Beispiel

In einem Bauvertrag über ein Bürohaus heißt es:

§ 8 Fertigstellung

Das Gebäude ist bis zum 31.08.2010 bezugsfertig zu erstellen.

§ 9 Vertragsstrafe

Gerät der Unternehmer mit der Fertigstellung in Verzug, ist er verpflichtet, für jeden Tag der verspäteten Fertigstellung 0,2 % der Auftragssumme an den Besteller zu zahlen, höchstens aber 5 % der Auftragssumme.

Im Beispiel hat der Schuldner (Bauunternehmer) die Strafe für den Fall versprochen, dass er seine Leistung nicht in „gehöriger Weise", nämlich nicht termingerecht erbringt und in Verzug gerät. In bestimmten Fällen ist es sogar möglich, eine Vertragsstrafe ohne die Voraussetzung des Verzugs zu vereinbaren. Dies setzt allerdings regelmäßig eine individuelle Vereinbarung voraus[23]. Eine entsprechende Klausel in AGB ist nur wirksam, wenn für sie wichtige Gründe vorliegen, was aber bei Bauverträgen nicht der Fall ist[24]. Schon aus diesem Grund ist die in der Einleitung im Fall Nr. 4[25] enthaltene Vertragsstrafe unwirksam, da dort ein AGB-Bauvertrag vorliegt, die Zahlung der Strafe aber nicht an die Voraussetzung des Verzugs gekoppelt ist.

Anders verhält es sich im vorstehenden Beispiel: Da der Tag der Fertigstellung im Vertrag geregelt ist, tritt Verzug mit Ablauf des 31.08.2010 ein, es sei denn, der Unternehmer beweist, dass er die verspätete Fertigstellung nicht zu vertreten hat[26]. Vom 01.09.2010 an steht dem Besteller (Gläubiger) aus der Vertragsstrafe ein Anspruch auf Zahlung von 0,2 % der Auftragssumme pro Tag gegen den Unternehmer zu. Diese Zahlung kann der Gläubiger nach § 341 Abs. 1 BGB *neben* der Erfüllung, also der Fertigstellung des Gebäudes, verlangen. Die Begrenzung auf 0,2 % der Auftragssumme pro Tag und auf insgesamt 5 % der Auftragssumme ist nach der Rechtsprechung des BGH erforderlich, wenn die Vertragsstrafe in AGB vereinbart wird[27].

Verhältnis zum Schadensersatz

Sollte dem Gläubiger infolge der verspäteten Fertigstellung ein (höherer) Schaden entstehen, kommt **neben** der Vertragsstrafe ein Schadensersatzanspruch wegen Verzugs nach §§ 280 Abs. 1, Abs. 2, 286 BGB in Betracht, sodass das Verhältnis zwischen Vertragsstrafe und Schadensersatz zu klären ist. Anzuknüpfen ist an §§ 341 Abs. 2, 340 Abs. 2 BGB: Danach kann der Gläubiger die verwirkte (entstandene) Strafe als **Mindestbetrag** des Schadens verlangen. Dies bedeutet, dass der Gläubiger die Vertragsstrafe auf jeden Fall bekommt, und zwar – was sich allerdings aus dem Wortlaut der Vorschrift nicht ergibt – auch, wenn ihm gar **kein Schaden** oder kein Schaden in dieser Höhe entstanden ist.

---

23 BGH NJW-RR 1997, 686, 688.

24 Vgl. OLG Düsseldorf, NJW-RR 1997, S. 1378, 1380; vgl. auch BGH NJW 1998, S. 3488, 3489.

25 Vgl. S. XXIX.

26 Vgl. die Ausführungen zum Schuldnerverzug, S. 208, 189 ff.

27 BGH NJW 2003, S. 1805, 1808.

Beispiel

Das Gebäude ist am 20.09.2010 bezugsfertig. Dem Besteller steht damit eine Vertragsstrafe von 0,2 % der Auftragssumme für 20 Tage zu, zum Beispiel 20 x 1.000,– € = 20.000,– €. Diesen Betrag bekommt der Gläubiger auch, wenn er für den Monat September gar keinen Mieter gefunden und damit gar keinen Mietausfallschaden gehabt hätte.

Ist dem Gläubiger hingegen ein Schaden entstanden (zum Beispiel Mietausfall), ist die zu zahlende Vertragsstrafe auf diesen Schaden anzurechnen. Der Gläubiger bekommt also nicht die Vertragsstrafe *und* zusätzlich den vollen Schadensersatz.

Beispiel

Beträgt die verwirkte Vertragsstrafe 20.000,– € und der entstandene Mietausfallschaden 30.000,– €, bekommt der Besteller insgesamt nur 30.000,– €.

Vorteile der Vertragsstrafe

Praxistipp

Trotz dieser Anrechnungspflicht ist die Vereinbarung einer Vertragsstrafe aus der Sicht des Gläubigers sehr sinnvoll, weil er bei verspäteter Fertigstellung in Höhe der verwirkten Vertragsstrafe nicht **beweisen** muss, dass er einen Schaden erlitten hat. Außerdem stellt die Vertragsstrafe ein gutes Mittel dar, um den Schuldner zu motivieren, seine Leistung ordnungsgemäß zu erbringen. Es sollte deshalb insbesondere bei Werkverträgen immer über die Vereinbarung einer Vertragsstrafe nachgedacht werden.

Herabsetzung der Vertragsstrafe

Nach § 343 BGB kann eine unverhältnismäßig hohe Vertragsstrafe durch ein Gericht herabgesetzt werden. Dies gilt gemäß § 348 HGB nicht, wenn die Vertragsstrafe von einem Kaufmann (§§ 1 ff. HGB) im Betriebe seines Handelsgewerbes versprochen wird, etwa durch eine Bau-GmbH (§§ 343, 344, 6 Abs. 1 HGB, 13 Abs. 3 GmbHG)

Vertragsstrafe im Wettbewerbsrecht

Aus § 339 S. 2 BGB folgt, dass der Schuldner sich auch dazu verpflichten kann, eine Handlung zu **unterlassen.** In einem solchen Fall ist die Strafe verwirkt, wenn der Schuldner die Handlung dennoch begeht. Diese Form der Vertragsstrafe hat im **Wettbewerbsrecht** besondere Bedeutung. Verstößt jemand gegen eine Regelung des UWG (Gesetz gegen den unlauteren Wettbewerb), können die in § 8 Abs. 2 UWG genannten Personen und Einrichtungen (u. a. Mitbewerber, rechtsfähige Verbände zur Förderung gewerblicher oder selbstständiger beruflicher Interessen, Industrie- und Handelskammern sowie Handwerkskammern) **Unterlassungsansprüche** geltend machen (§8 Abs. 1 UWG).

Das Verfahren gestaltet sich in der Regel wie folgt:

Zunächst erhält der Schuldner eine **Abmahnung.** Darin wird er aufgefordert, Folgendes zu erklären:

1. *Die beanstandete Handlung (z. B. eine bestimmte Werbung) in Zukunft zu* **unterlassen,**
2. *für jeden Fall der Zuwiderhandlung eine* **Vertragsstrafe** *in Höhe von 5.100,– € an den Gläubiger zu zahlen,*
3. *die dem Gläubiger entstandenen* **Kosten** *der Abmahnung zu zahlen.*

Gibt der Schuldner die geforderten Erklärungen nicht innerhalb der vom Gläubiger gesetzten, in der Regel sehr kurzen Frist ab, muss er damit rechnen, dass der Gläubiger beim zuständigen Gericht den Erlass einer **einstweiligen Verfügung** beantragt. Davon sieht der Gläubiger nur dann ab, wenn der Schuldner neben der Erklärung, die beanstandete Handlung zukünftig zu unterlassen (Nr. 1), zugleich zumindest auch das Versprechen abgibt, für jeden Fall der Zuwiderhandlung eine Vertragsstrafe an den Gläubiger zu zahlen (Nr. 2). Damit hat es folgende Bewandtnis:

Nach ständiger Rechtsprechung begründet schon ein *einmal* begangener Wettbewerbsverstoß die **tatsächliche Vermutung** für eine **Wiederholungsgefahr.** Einfacher ausgedrückt: Wenn jemand *einmal* gegen des UWG verstoßen hat, wird vermutet, dass er dies in der Zukunft wieder tut, auch wenn er sich zur Unterlassung verpflichtet hat *(„Wer einmal lügt, dem glaubt man nicht, auch wenn er dann die Wahrheit spricht!“).*

Diese Vermutung kann nur durch eine **„strafbewehrte Unterlassungserklärung“** ausgeräumt werden, die darin besteht, dass der Schuldner verspricht, für jeden Fall der Zuwiderhandlung gegen die übernommene Unterlassungspflicht eine angemessene (Geld-)Strafe an den Gläubiger zu zahlen[28].

Die Höhe der Strafe setzt der Gläubiger in seinem Abmahnschreiben fest. Sie liegt in der Praxis in vielen Fällen bemerkenswert oft knapp über 5.000,– €. Der Grund besteht darin, dass bei einem Streit darüber, ob die Vertragsstrafe verwirkt (fällig) ist, bei einem Wert bis einschließlich 5.000,– € das Amtsgericht und bei einem Wert über 5.000,– € das **Landgericht** zuständig ist (§§ 23 Nr. 1, 71 Abs. 1 GVG – Gerichtsverfassungsgesetz). Um im Streitfall die Zuständigkeit des Landgerichts zu erreichen, würde es reichen, einen Cent mehr als 5.000,– € zu vereinbaren. Davon sehen die meisten Gläubiger ab und setzen einen Betrag z. B. von 5.100,– € an.

Wenn der Schuldner das Abmahnschreiben unterzeichnet, kommt zwischen ihm und dem Gläubiger ein **Vertrag** über die im Abmahnschreiben genannten Inhalte zustande. Unabhängig davon, ob die vom Gläubiger beanstandete Handlung des Schuldners tatsächlich wettbewerbswidrig ist, muss der Schuldner sie in Zukunft aufgrund des Vertrags unterlassen oder die vereinbarte Vertragsstrafe an den Gläubiger zahlen.

---

[28] Vgl. BGH NJW 1996, S. 723, 724.

Praxistipp

Bei Zugang einer wettbewerbsrechtlichen Abmahnung ist Eile geboten. Gar nicht zu reagieren, ist in der Regel nicht sinnvoll. Das sofortige Unterschreiben des Abmahnschreibens ohne über die Folgen nachzudenken ist aber ebenfalls nicht ratsam. Oft ist es erforderlich, sich qualifizierten **Rechtsrat** einzuholen. Gegen den Erlass einer drohenden einstweiligen Verfügung kann ein Rechtsanwalt eine sogenannte **Schutzschrift** verfassen und an die zuständigen Gerichte schicken, um zu erreichen, dass die einstweilige Verfügung gar nicht oder jedenfalls nicht ohne mündliche Verhandlung erlassen wird.

13.7.2 Pauschalierter Schadensersatz

Als Alternative zur Vertragsstrafe kann für den Fall der nicht gehörigen Erfüllung einer Pflicht durch den Schuldner die Zahlung eines **pauschalierten Schadensersatzes** vereinbart werden. Vertragsstrafe und pauschalierter Schadensersatz **unterscheiden** sich dadurch, dass sie unterschiedliche Zwecke verfolgen:

Mit der Vertragsstrafe werden *zwei* Zecke verfolgt:

- Sie ist ein **Druckmittel,** um den Schuldner zur Erfüllung der Hauptverbindlichkeit anzuhalten.
- Außerdem soll sie dem Gläubiger den **Beweis** ersparen, dass und in welcher Höhe ein **Schaden** entstanden ist.

Demgegenüber wird mit der Vereinbarung eines pauschalierten Schadensersatzanspruchs vom Gläubiger **nur** der Zweck verfolgt, den Schadensnachweis zu ersparen[29]. Der Schuldner soll hingegen nicht oder nicht mehr dazu angehalten werden, die Hauptverbindlichkeit zu erfüllen, weil der Gläubiger an der Erfüllung durch den Schuldner kein Interesse mehr hat.

Beispiel zur Abgrenzung[30]

V und K haben einen notariellen Kaufvertrag über ein bisher als Fabrikgelände genutztes Grundstück geschlossen, auf dem K einen Verbrauchermarkt errichten möchte. Auf dem Grundstück befinden sich mehrere abbruchreife Produktionshallen, außerdem sind in erheblichem Umfang Altlasten (starke Verunreinigungen des Erdreichs) vorhanden. Im Kaufvertrag ist vereinbart, dass der Verkäufer V die Gebäude bis zum 31.12.2009 abreißen und das Grundstück von den Altlasten befreien muss.

Aufgabe

Welche Regelungen sollte der Käufer K als Gläubiger in den Vertrag aufnehmen, wenn er alle bis zum 31.12.2009 von V noch nicht erledigten Arbeiten aus Zeitgründen in Eigenregie ausführen will?

---

29 Palandt/Grüneberg, Bürgerliches Gesetzbuch, § 339 Rn. 1, § 276 Rn. 26.
30 LG Münster; der Prozess endete mit einem Vergleich.

Da V die Arbeiten bis zum 31.12.2009 abschließen muss, sollte bis zu diesem Termin eine Vertragsstrafe vereinbart werden. Sie dient als Druckmittel zur Erfüllung der Pflicht des V. Außerdem müsste K ggf. nicht nachweisen, dass und in welcher Höhe ab 01.01.2010 ein Schaden entstanden ist.

Da K die Arbeiten ab dem 01.01.2010 in Eigenregie durchführen will, sollte ab dem 01.01.2010 ein pauschalierter Schadensersatz vereinbart werden.

Wenn der pauschalierte Schadensersatz in AGB vereinbart wird, erfolgt eine Inhaltskontrolle nach § 309 Nr. 5 BGB. Danach ist die Vereinbarung unwirksam, wenn die Pauschale den in den geregelten Fällen nach dem gewöhnlichen Lauf der Dinge zu erwartenden Schaden übersteigt *oder* dem anderen Vertragsteil nicht ausdrücklich der **Nachweis** gestattet wird, ein **Schaden** sei überhaupt **nicht** entstanden oder wesentlich **niedriger** als die **Pauschale.**

Diese Reglung ist nach §§ 310 Abs. 1, 307 BGB grundsätzlich auch im Verkehr zwischen Unternehmern anzuwenden. Der von § 309 Nr. 5 b geforderte Gegenbeweis muss allerdings nicht ausdrücklich zugelassen werden. Es genügt, dass er nicht ausgeschlossen wird[31].

Praxistipp

Vertragsstrafe und pauschalierter Schadensersatz sind zwei betriebswirtschaftlich wichtige und juristisch anspruchsvolle Themen. Hiermit kann man viel Geld verdienen, aber auch viel Geld „verbrennen“. Eine qualifizierte juristische Beratung ist unverzichtbar!

[31] Vgl. Palandt/Grüneberg, Bürgerliches Gesetzbuch, § 309 Rn. 32.

Kapitel 14
Schlechtleistung im Kaufrecht

Lernziele dieses Kapitels

Was kommt in diesem Kapitel auf Sie zu? Wer kennt das nicht: Der neue Computer stürzt immer wieder ab, und bei den neuen Turnschuhen lösen sich nach nur dreimaligem Gebrauch die Sohlen. Der Verkäufer bietet nach einigem Hin und Her an, die Ware einzuschicken, oder er verweist auf die Herstellergarantie. Außerdem betont er mit großem Nachdruck: „Geld zurück gibt es auf keinen Fall! Zunächst einmal habe ich das Recht, dreimal zu reparieren!" Das ist fast alles falsch! In diesem Kapitel lernen Sie, welche Rechte Sie als Käufer einer Sache haben, wenn diese mangelhaft ist. Wahrscheinlich werden Sie an der einen oder anderen Stelle mehr als angenehm überrascht sein!

Die in der Praxis neben dem Verzug zweite wichtige Leistungsstörung bildet die Schlechtleistung. Hier erbringt der Schuldner seine Leistung zwar rechtzeitig, doch weist die Leistung Mängel auf. Auch für diese Störung gilt grundsätzlich § 280 Abs. 1 BGB. Für den Kaufvertrag und für den Werkvertrag gibt es aber ergänzende, für den Mietvertrag ersetzende Regelungen.

In der gerichtlichen Praxis spielen Baumängel eine große Rolle. Wenn der Streitwert höher als 5.000,– € ist, sind in erster Instanz die Landgerichte zuständig, an denen es häufig Spezialkammern für Bauprozesse gibt. Anderenfalls findet der Prozess vor einem Amtsgericht statt (§§ 23 Nr. 1, 71 Abs. 1 GVG – Gerichtsverfassungsgesetz). Betrifft der Prozess die Wohnungsmiete, sind ausschließlich, also unabhängig vom Streitwert, die Amtsgerichte zuständig (§ 23 Nr. 2 a) GVG). Wenn eine Kaufsache mangelhaft ist, verteilen sich die Prozesse wie bei den Bauprozessen nach dem Streitwert auf die Amtsgerichte (bis 5.000,– €) und die Landgerichte (größer 5.000,– €).

Die Regeln zur Schlechtleistung werden anhand der kaufrechtlichen Vorschriften erläutert, da diesen in der Ausbildung die größte Bedeutung beigemessen wird. Die insoweit maßgeblichen §§ 434 ff. BGB weisen seit 2002 große Parallelen zu den entsprechenden Vorschriften des Werkvertragsrechts auf (§§ 633 ff. BGB)[1], sodass weite Teile der Ausführungen auch für den Werkvertrag gelten. Den mietrechtlichen Regelungen kommt hingegen eine Sonderrolle zu (§§ 536 ff. BGB)[2].

---

1 Vgl. S. 324 ff.
2 Vgl. S. 351 ff.

14.1 Grundlagen

Nach §433 Abs. 1 S. 1 BGB ist der Verkäufer einer Sache verpflichtet, dem Käufer die Sache zu **übergeben** und das **Eigentum** an der Sache zu verschaffen. Die Übergabe erfolgt in der Regel dadurch, dass der Käufer die Ware sofort mitnehmen kann oder dass sie ihm geliefert wird. In beiden Fällen wird der Käufer unmittelbarer Besitzer der Sache (vgl. §854 Abs. 1 BGB). Die Verschaffung des Eigentums vollzieht sich im Regelfall nach §929 S. 1 BGB. Danach ist es erforderlich, dass der bisherige Eigentümer (Verkäufer) und der Erwerber (Käufer, neuer Eigentümer) sich einigen, dass das Eigentum vom Verkäufer auf den Käufer übergehen soll. Außerdem muss der Verkäufer zur Übereignung berechtigt sein[3].

Im Folgenden geht es (noch) nicht um die Übereignung, sondern allein darum, welche Rechte einem Käufer zustehen, wenn die Kaufsache nicht in Ordnung ist. Den Ausgangspunkt bildet §433 Abs. 1 S. 2 BGB: Danach hat der Verkäufer dem Käufer die Sache **frei von Sach- und Rechtsmängeln** zu verschaffen. Das bedeutet, dass der Verkäufer seine Pflicht aus dem Kaufvertrag nicht erfüllt hat, wenn die Sache einen Mangel aufweist.

Beispiel

K hat bei V einen Rasenmäher gekauft und das Eigentum erworben. Der Mäher hat jedoch einen Mangel, weil er sich nach jeweils 15 Minuten eine „Pause gönnt". V hat seine Pflicht aus dem Kaufvertrag damit noch nicht erfüllt. Die Verschaffung des Besitzes und die Übertragung des Eigentums reichen nicht aus. Hinzukommen muss vielmehr, dass die Sache mangelfrei ist.

Falls eine Kaufsache einen Mangel hat, können dem Käufer verschiedene Rechte aus §437 BGB jeweils in Verbindung mit weiteren Vorschriften zustehen:

Merke

Mögliche Rechte des Käufers bei Mängeln der Kaufsache:

- §437 Nr. 1 BGB: Nacherfüllung,
- §437 Nr. 2 BGB: Rücktritt vom Vertrag *oder* Minderung des Kaufpreises,
- §437 Nr. 3 BGB: Schadensersatz *oder* Aufwendungsersatz.

Hinweis

Aufgepasst! Diese Rechte stehen in einer bestimmten Rangordnung zueinander, die aus dem Wortlaut des §437 BGB aber nicht ersichtlich ist. Der Käufer hat zunächst (nur) ein Recht auf Nacherfüllung (§437 Nr. 1 BGB). Die weiteren Rechte (§437 Nr. 2 und Nr. 3 BGB) bestehen hingegen nur **nachrangig.**

[3] Zu Einzelheiten vgl. S. 447 ff.

Merke

Wenn eine Kaufsache mangelhaft ist, steht dem Käufer gegen den Verkäufer zunächst nur ein Recht auf Nacherfüllung gemäß § 437 Nr. 1 BGB zu. Die in § 437 Nr. 2 und Nr. 3 BGB genannten Rechte bestehen nur nachrangig.

Beginnen wir deshalb mit der Nacherfüllung:

14.2 Voraussetzungen der Nacherfüllung

Verlangt ein Käufer wegen eines Mangels der Kaufsache die Nacherfüllung des Kaufvertrags nach § 437 Nr. 1 BGB, müssen folgende positive Voraussetzungen (P1 bis P3) vorliegen:

- **P1:** Ein wirksamer Kaufvertrag über eine Sache oder ein Recht,
- **P2:** ein Sachmangel (§ 434 BGB) oder ein Rechtsmangel (§ 435 BGB), und zwar jeweils
- **P3:** im Zeitpunkt des Gefahrübergangs (§§ 434 Abs. 1, 446, 447 BGB).

Diese drei **(positiven)** Voraussetzungen (Tatbestandsmerkmale) müssen **alle** (kumulativ) gegeben sein, also P1 + P2 + P3. Auch wenn nur *eine* der Voraussetzungen fehlt, besteht kein Anspruch auf Nacherfüllung. Liegen die drei positiven Tatbestandsmerkmale vor, ist zu prüfen, ob (mindestens) **ein negatives** Tatbestandsmerkmal gegeben ist. Hierbei handelt es sich um Merkmale, die *nicht* vorliegen dürfen, da sie den Anspruch „zu Fall bringen".

Von den folgenden negativen Tatbestandsmerkmalen (N1 bis N4) darf deshalb *keines* vorliegen:

- **N1:** Kenntnis des Käufers vom Mangel (gesetzlicher Ausschluss nach § 442 BGB),
- **N2:** wirksamer vertraglicher Ausschluss der Rechte in einem Individualvertrag oder in Allgemeinen Geschäftsbedingungen,
- **N3:** Verjährung des Anspruchs (§§ 438, 214 Abs. 1 BGB),
- **N4:** nur im kaufmännischen Bereich: Nichtbeachtung der kaufmännischen Untersuchungs- und Rügeobliegenheit (§ 377 HGB).

Bitte machen Sie sich noch einmal klar, dass der Nacherfüllungsanspruch bereits dann ausscheidet, wenn nur *eines* dieser negativen Merkmale gegeben ist. Es gilt der Satz: „*Ein* faules Ei verdirbt den Brei!" Anders als die positiven Tatbestandsmerkmale müssen diese Merkmale also nicht kumulativ vorliegen!

Das Zusammenspiel von positiven und negativen Tatbestandsmerkmalen bedeutet für die Prüfung Folgendes:

- Zunächst ist zu klären, ob *alle* positiven („anspruchsbegründenden") Tatbestandsmerkmale vorliegen, hier also P1 + P2 + P3. Fehlt (nur) eine dieser Voraussetzungen, besteht kein Anspruch aus § 437 Nr. 1 BGB. Die Prüfung kann beendet werden.
- Liegen alle positiven Voraussetzungen vor, ist zu prüfen, ob (mindestens) *ein* negatives („anspruchsvernichtendes") Tatbestandsmerkmal vorliegt, also

N1, N2, N3 *oder* N4. In diesem Fall ist kein Anspruch gegeben bzw. der Anspruch ist nicht durchsetzbar.

Merke

Um einen Anspruch zu begründen, müssen alle positiven Tatbestandsmerkmale einer Anspruchsgrundlage vorliegen. Negative Tatbestandsmerkmale dürfen nicht vorliegen, da sie einem Anspruch entgegenstehen, wobei frei nach dem Satz *„Ein* schlechtes Ei verdirbt den Brei!" schon *ein* negatives Merkmal ausreicht.

Mathematisch („ohne Gewähr") ergibt sich folgende Gleichung:

(P1 plus P2 plus P3) und *nicht* (N1 oder N2 oder N3 oder N4) = Anspruch

14.2.1 Vorliegen eines Kaufvertrags

Da die Rechte nach § 437 BGB „dem Käufer" zustehen, folgt daraus, dass zwischen den Parteien ein wirksamer Kaufvertrag bestehen muss. Im Falle eines Werk- oder Mietvertrags bestehen keine Ansprüche aus § 437 BGB, vielmehr sind dann die §§ 633 ff. BGB (Werkvertrag) bzw. die §§ 536 ff. BGB (Mietvertrag) zu prüfen. Ob ein Kaufvertrag vorliegt, ist nur dann genauer zu untersuchen, wenn der Sachverhalt dazu Angaben enthält, insbesondere solche, die Anlass zu Zweifeln geben. In einem solchen Fall ist zu prüfen, ob und wie der Kaufvertrag abgeschlossen wurde und ob er noch besteht.

So könnte ein Kaufvertrag nicht zustande gekommen sein, weil keine rechtzeitige Annahme eines Angebots vorliegt. Wenn die Parteien sich geeinigt haben, könnte der Kaufvertrag

- infolge der Minderjährigkeit eines Beteiligten (§§ 106 ff. BGB) oder
- wegen Verstoßes gegen eine Formvorschrift (§§ 311 b Abs. 1, 125 BGB) nichtig sein oder
- infolge einer Anfechtung als von Anfang an nichtig gelten (§§ 142, 119 ff. BGB).

Liegt einer dieser Fälle vor, scheidet ein Anspruch aus § 437 Nr. 1 BGB aus.

Klausurtipp

Finden sich keine entsprechenden Hinweise im Sachverhalt oder heißt es *„K hat von V einen roten Opel gekauft"*, reicht der Satz aus: *„Nach dem Sachverhalt ist davon auszugehen, dass ein wirksamer Kaufvertrag über eine Sache (Kfz Opel) zwischen V und K besteht."*

14.2.2 Mangel der Kaufsache

Ob die Sache einen Mangel hat, ist nach § 434 BGB und § 435 BGB zu prüfen. Das Gesetz unterscheidet zwischen Sach- und Rechtsmängeln, wobei in den allermeisten Fällen ein Sachmangel infrage steht.

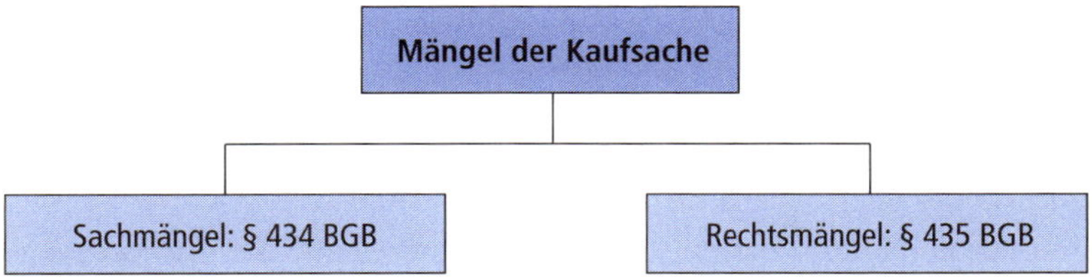

Abbildung 14.1: Mängelarten

Sachmangel

Obwohl – vielleicht aber auch weil – §434 BGB sehr ausführliche Definitionen zum Sachmangel enthält, kann die Klärung der Frage, ob im konkreten Fall ein solcher Mangel vorliegt, insbesondere aber, welche Art von Sachmangel gegeben ist, im Einzelfall große Probleme bereiten. Zu beachten ist Folgendes:

- §434 BGB enthält trotz einer etwas irreführenden Nummerierung nicht zwei, sondern **drei Ansätze** zur Bestimmung eines Sachmangels. Die Vorschrift definiert dabei *nicht*, wann ein Sachmangel vorliegt, sondern nennt drei Fälle, in denen *kein* Sachmangel gegeben ist, die Sache also mangelfrei ist.
- Relevant sind nur für **den Käufer nachteilige Abweichungen.** Wenn die Sache besser ist als vereinbart, vertraglich vorausgesetzt oder üblich, liegt kein Mangel vor.

Merke

Eine Sache ist frei von Sachmängeln, wenn sie bei Gefahrübergang

- die **vereinbarte Beschaffenheit** hat (§434 Abs. 1 S. 1 BGB).
- Soweit die Beschaffenheit nicht vereinbart ist, ist die Sache mangelfrei, wenn sie sich für die nach dem Vertrag **vorausgesetzte Verwendung** eignet (§434 Abs. 1 S. 2 Nr. 1 BGB), sonst (gemeint ist im Übrigen),
- wenn die Sache sich für die **gewöhnliche Verwendung** eignet und eine Beschaffenheit aufweist, die bei Sachen der gleichen Art **üblich** ist und die der Käufer nach der Art der Sache erwarten kann (§434 Abs. 1 S. 2 Nr. 2 BGB).

Das BGB geht vom sogenannten subjektiven Fehlerbegriff aus. Für die Frage, ob ein Mangel vorliegt, kommt es deshalb in erster Linie darauf an, welche Beschaffenheit der Sache die Parteien **vereinbart** oder **nach dem Vertrag vorausgesetzt** haben (subjektiver Ansatz!). Wenn keine dieser Varianten vorliegt, ist zu fragen, ob sich die Sache für die **gewöhnliche Verwendung** eignet und was ein „vernünftiger" Käufer an Qualität erwarten durfte (insoweit objektiver Ansatz). Das Gesetz gibt damit die Prüfungsreihenfolge vor:

Zunächst ist also zu fragen, ob

- die Parteien eine bestimmte Beschaffenheit der Sache vereinbart haben *(Sollbeschaffenheit)*. Wenn dies der Fall ist, schließt sich die Prüfung an, ob die vereinbarte *Sollbeschaffenheit* zum Nachteil des Käufers von der tatsächlichen Beschaffenheit (*Istbeschaffenheit*) abweicht.

- Wenn keine Beschaffenheit vereinbart wurde, ist zu klären, ob die Parteien eine bestimmte Verwendung der Sache *im Vertrag vorausgesetzt* haben und, falls ja, ob die Sache diese Beschaffenheit aufweist.
- In den verbleibenden Fällen („sonst") kommt es auf die Eignung der Sache für die gewöhnliche Verwendung und darauf an, welche Qualität bei Sachen der gleichen Art üblich ist und vom Käufer nach der Art der Sache erwartet werden kann.

Da die Rechtsfolge in allen drei Fallgruppen identisch ist – die Sache ist *nicht* mangelfrei, *also* mangelhaft –, bedarf es nicht unbedingt in jedem Einzelfall einer ganz genauen Abgrenzung zwischen diesen Ansätzen, zumal diese sehr schwierig sein kann. Die drei Ansätze für die Bestimmung eines Mangels sollten aber bekannt sein und die Prüfungsreihenfolge sollte beachtet werden.

Die vereinbarte Beschaffenheit Eine Vereinbarung der Beschaffenheit der Kaufsache (*Sollbeschaffenheit*) im Sinne des § 434 Abs. 1 S. 1 BGB kann dadurch erfolgen, dass der Zustand der Kaufsache im Kaufvertrag ausdrücklich festgehalten wird.

Beispiele

- „Verwendungszweck: Außenanstrichfarbe Segelboot, geeignet für extreme Bedingungen (Salzwasser)".
- „Bisherige Laufleistung des Fahrzeugs 270.552 km, unfallfrei, zwei Vorbesitzer".
- „Hitzebeständig bis 300 Grad".

Die Vereinbarung kann auch stillschweigend (konkludent) getroffen werden: Wenn ein Verkäufer im **Verkaufsgespräch,** in einer **Annonce,** einem **Katalog** oder auf seiner **Website** konkrete Angaben zum Zustand der Kaufsache macht und der Käufer die Sache deshalb erwirbt, werden die entsprechenden Erklärungen des Verkäufers zum Inhalt des Vertrags und bilden damit die Grundlage für die Entscheidung, ob die vereinbarte Beschaffenheit von der tatsächlichen Beschaffenheit zum Nachteil des Käufers abweicht. Dies gilt allerdings nicht für reklamehafte Anpreisungen wie „Spitzenqualität", „superfrisch" oder „absolute Weltneuheit".

Beispiel

Fahrradhersteller Kaiser kauft im Herbst beim Maschinenlieferanten Vey eine Maschine, Typ HD 10.3, zur Herstellung von Fahrrädern. K weist in den Verhandlungen darauf hin, dass die Maschine zunächst im 2-Schicht-Betrieb eingesetzt werden soll (16 Stunden/Tag), bei einer erhofften steigenden Nachfrage im Frühjahr des kommenden Jahres aber höchstwahrscheinlich im 3-Schicht-Betrieb (24 Stunden/Tag) arbeiten wird.

Durch den Hinweis des K im Verkaufsgespräch auf den erwarteten Einsatz im 3-Schicht-Betrieb und den anschließenden Abschluss des Vertrags ist angesichts der Bedeutung dieses Leistungsmerkmals (Eigenschaft der Kaufsache) eine konkludente Beschaffenheitsvereinbarung getroffen worden, auch wenn im Kaufvertrag hierzu keine Einzelheiten enthalten sein sollten. Wenn die Maschine den Anforderungen an einen 3-Schicht-Betrieb nicht entspricht, ist sie deshalb nach §434 Abs. 1 S. 1 BGB mangelhaft.

Hinweis

Bitte prägen Sie sich diesen Fall gut ein. Er wird uns auf den nächsten Seiten begleiten.

Eine Vereinbarung der Beschaffenheit liegt auch dann vor, wenn der Verkäufer dem Käufer vorab ein **Muster** oder eine **Probe** zur Darstellung und Festlegung der Eigenschaften der Sache zur Verfügung gestellt hat.

Beispiel

Reifenhersteller R überlässt dem Fahrradhersteller K während der Vertragsverhandlungen zu Testzwecken eine neu entwickelte „nahezu pannensichere" Fahrraddecke. Wird daraufhin ein Kaufvertrag geschlossen, stellt eine Abweichung vom Muster oder von der Probe einen Sachmangel nach §434 Abs. 1 S. 1 BGB dar.

Zu beachten ist, dass die Parteien aufgrund der Privatautonomie die Möglichkeit haben, die Vereinbarung der Beschaffenheit ganz individuell zu treffen. Sie können dabei gegenüber der „Normalbeschaffenheit" eine höhere, aber auch eine geringere Qualität vereinbaren, was insbesondere beim Kauf gebrauchter Sachen wichtig sein kann.

Beispiel

V verkauft seinen drei Jahre alten Pkw an K. Wenn V im Kaufvertrag festhält, dass das Fahrzeug einen erhöhten Benzinverbrauch hat, liegt insoweit kein Mangel vor, weil die vereinbarte Sollbeschaffenheit nicht negativ von der Istbeschaffenheit abweicht. Falls das Fahrzeug einen von V nicht angegebenen Unfall hatte, ist es aber aus diesem Grunde mangelhaft.

Die nach dem Vertrag vorausgesetzte Verwendung Wenn die Beschaffenheit weder ausdrücklich noch stillschweigend (konkludent) vereinbart wurde, ist zu prüfen, ob die Sache sich für die nach dem Vertrag vorausgesetzte Verwendung eignet (§434 Abs. 1 S. 2 Nr. 1 BGB). Die hier zu stellenden Anforderungen sind etwas geringer als in der ersten Fallgruppe, weil keine rechtsgeschäftliche (vertragliche) Vereinbarung vorliegen muss. Es reicht vielmehr aus, dass die Parteien eine *gemeinsame Vorstellung* vom Verwendungszweck der Sache haben, zum Beispiel weil eine bestimmte Verwendung der Sache im Vorfeld des Vertrags zugrunde gelegt wurde. Einseitige Vorstellungen des Käufers genügen ebenso wenig wie das Wissen des Verkäufers, wozu der Käufer die Sache nutzen will. Es ist vielmehr erforderlich, dass beide Parteien eine bestimmte Verwendung der Sache „gemeinsam vor Augen" und damit **nach dem Vertrag gemeinsam vorausgesetzt** haben.

Beispiele

- V weiß aufgrund langjähriger Geschäftsbeziehung, dass K ausschließlich exklusive Rennräder im oberen Marktsegment für Profifahrer produziert. Für deren Herstellung bezieht er seit Jahren qualitativ hochwertige Schaltungen bei V. Sollte K nunmehr „für meine Produktion" auch Bremsen von V kaufen, müssen diese Bremsen sich für entsprechende Rennräder eignen, auch wenn die Parteien insoweit keine ausdrückliche oder konkludente Vereinbarung getroffen haben.
- K führt eine kostspielige Außenrenovierung seines denkmalgeschützten Hauses durch und hat schon diverse Materialien (Mörtel, Putz, Werkzeuge) nach intensiver Beratung von V gekauft. Wenn K bei V „für die Beendigung der Arbeiten gute Farbe für die Giebelwand" erwirbt, muss diese Farbe für den Außenanstrich geeignet sein.

Die gewöhnliche Verwendung Ist die Beschaffenheit der Sache weder vereinbart noch nach dem Vertrag vorausgesetzt, ist die Sache nach § 434 Abs. 1 S. 2 Nr. 2 BGB mangelfrei, wenn sie sich für die **gewöhnliche Verwendung** eignet und eine Beschaffenheit aufweist, die bei Sachen der gleichen Art **üblich** ist und die der Käufer nach der Art der Sache *erwarten kann*. Diese Fallgruppe wird vielfach bei Alltagsgeschäften vorliegen, etwa beim Kauf von Lebensmitteln oder Gebrauchsgegenständen (Kfz, Werkzeug, CD, DVD). Hier geben die Parteien keine rechtsgeschäftlichen Erklärungen zum Verwendungszweck der Kaufsache ab und treffen deshalb auch keine entsprechende Vereinbarung. Selbst wenn beiden Parteien klar ist, wozu die Sache dienen soll, lässt sich vielfach auch nicht feststellen, dass die Parteien nach dem Vertrag eine bestimmte Verwendung *vorausgesetzt* haben, da dieses Merkmal – wie gesehen – mehr als die bloße beiderseitige Kenntnis vom Verwendungszweck erfordert.

Beispiel

K hat im Verbrauchermarkt des V einen Liter „frische Milch" gekauft, die infolge falscher Lagerung ungenießbar ist.

Hier haben V und K sich nicht vertraglich *geeinigt*, dass die Milch zum Verzehr geeignet sein muss.

Es ist auch problematisch, ob die Parteien nach dem Kaufvertrag einen bestimmten Verwendungszweck vorausgesetzt haben. Dafür soll es ausreichen, dass der Käufer bei Vertragsabschluss dem Verkäufer den Zweck des Kaufs zur Kenntnis bringt und der Verkäufer ausdrücklich oder stillschweigend zustimmt oder sich nicht dagegen verwahrt. Dies soll auch für den gefahrlosen Verzehr von Lebensmitteln innerhalb der Haltbarkeitsfrist gelten[4]. Diese Annahme erscheint bei Alltagsgeschäften ein wenig konstruiert. Auch wenn beiden Parteien der Verwendungszweck bekannt war (wozu sollte die Milch sonst gut sein?), ist zweifelhaft, ob diese Eignung nach dem Kaufvertrag tatsächlich vorausgesetzt war[5].

Letztlich muss die Frage aber auch nicht entschieden werden, weil die Milch sich nicht für die gewöhnliche Verwendung eignet und keine Beschaffenheit aufweist, die bei Sachen der gleichen Art üblich ist und die der Käufer nach der Art der Sache erwarten darf und schon deshalb mangelhaft ist (§434 Abs. 1 S. 2 Nr. 2 BGB).

Welche Beschaffenheit der Käufer erwarten darf, bestimmt sich nicht nach der Erwartung des konkreten Käufers, sondern nach dem Erwartungshorizont eines **Durchschnittskäufers.** Den Vergleichsmaßstab bilden dabei Sachen der gleichen Art.

Beispiele

- K hat bei V „per Handschlag“ zu einem marktgerechten Preis einen vier Jahre alten Mittelklassewagen gekauft, der laut Tachometer eine Laufleistung von 45.000 km aufweist. Nachdem K mit dem Fahrzeug 5.000 km gefahren ist, hat der Pkw einen schweren Motorschaden. Liegt ein Mangel vor?

  Die Parteien haben keine Vereinbarung zum Zustand des Motors getroffen, etwa durch Aufnahme der bisherigen Laufleistung in den Vertrag. Nach dem Vertrag wurde auch keine bestimmte Nutzung vorausgesetzt, sodass es auf die gewöhnliche Verwendung ankommt. Diese besteht bei einem Mittelklassewagen nach heutigem Stand der Technik darin, dass man mit dem „ersten Motor“ ohne Reparaturen auf jeden Fall 100.000 km (wohl sogar 150.000 oder mehr km) fahren kann. Bei vergleichbaren Fahrzeugen (Typ, Alter, Laufleistung) hat ein Motor bei 50.000 km keinen schweren Schaden, was ein durchschnittlicher (normaler) Käufer angesichts der objektiven Umstände (Preis, Alter, Laufleistung) erwarten kann. Das Fahrzeug ist damit mangelhaft.

- Wie ist der Fall zu beurteilen, wenn das Fahrzeug (ein „Benziner“) bereits 14 Jahre alt ist und 210.150 km „auf dem Buckel“ hat und der Kaufpreis 999,– € beträgt? Hier ändern sich die Beurteilungskriterien: Ein Durchschnittskäufer muss damit rechnen, dass es aufgrund des altersgemäßen Verschleißes des Fahrzeugs relativ schnell zu einem Motorschaden oder zu anderen gravierenden Schäden kommen kann. Deshalb liegt kein Mangel vor.

---

4 Palandt/Weidenkaff, Bürgerliches Gesetzbuch, §434 Rn. 22.
5 Anderer Ansicht Palandt/Weidenkaff, ebd.

Zur Beschaffenheit für die gewöhnliche Verwendung gehören nach § 434 Abs. 1 S. 3 BGB auch solche Eigenschaften der Kaufsache, die der Käufer nach den **öffentlichen Äußerungen** des Verkäufers, des Herstellers oder seines Gehilfen[6] in der Werbung erwarten kann. Relevant sind insbesondere die „öffentlichen Äußerungen" des Herstellers in der Fernseh-, Rundfunk- oder Internetwerbung, in Prospekten, Katalogen und in Zeitschriften- und Zeitungsanzeigen.

Beispiel

Die Auto-AG wirbt in Hochglanzbroschüren für ein neues Fahrzeug der Luxusklasse. Darin wird der Verbrauch mit „6,3 Liter/100 km" angegeben. Ein von K beim Verkäufer V gekauftes Fahrzeug dieses Typs verbraucht jedoch 6,8 Liter auf 100 km. Liegt ein Mangel vor, wenn V und K bei Abschluss des Kaufvertrags nicht über den Benzinverbrauch gesprochen haben?

Da der Benzinverbrauch weder konkret vereinbart noch nach dem Vertrag vorausgesetzt ist, kommt es darauf an, welche Beschaffenheit ein Durchschnittskäufer nach der Art der Sache erwarten darf. Insoweit ist auch auf den Inhalt der Hochglanzbroschüre abzustellen, da es sich hierbei um eine „öffentliche Äußerung des Herstellers" handelt. Der Mehrverbrauch beträgt hier 7,9 %. Zum früheren Recht (§ 459 Abs. 1 BGB a. F.) hat der BGH die Auffassung vertreten, erst bei einem Mehrverbrauch von 10 % läge ein *erheblicher* Mangel vor[7]. Da § 434 Abs. 1 S. 2 Nr. 2 BGB das Merkmal der „Erheblichkeit" nicht nennt, dürfte diese Grenze nicht mehr gelten. Für ausreichend wird ein Mehrverbrauch von 3,03 % bzw. 5 %[8] gehalten. Die hier vorliegende Abweichung von 7,9 % begründet deshalb einen Fehler, auch wenn sie relativ gering ist und ein Verbrauch von 6,8 Liter/100 km für ein Fahrzeug der Luxusklasse eher niedrig ist.

Die gerade dargestellte Erweiterung in Bezug auf die öffentlichen Äußerungen gilt nach § 434 Abs. 1 S. 3, 2. Halbsatz BGB nicht, wenn der Verkäufer die Äußerungen

- nicht kannte und auch nicht kennen musste,
- sie im Zeitpunkt des Vertragsabschlusses in gleicher Weise berichtigt waren oder
- sie die Kaufentscheidung nicht beeinflussen konnten.

Die Beweislast für einen dieser Ausnahmetatbestände (negatives Tatbestandsmerkmal) trifft im Streitfall den Verkäufer. Der Käufer muss also im vorstehenden Beispielsfall *nicht* beweisen, dass er die Werbung zum Benzinverbrauch kannte und das Fahrzeug deshalb gekauft hat. Vielmehr obliegt dem Verkäufer der Beweis dafür, dass er die unzutreffenden Angaben nicht kannte und auch nicht kennen musste, dass sie einer anderen Hochglanzbroschüre berichtigt

6 Gemeint ist der Gehilfe des Verkäufers, zum Beispiel eine Werbeagentur.
7 Vgl. BGH NJW 2007, S. 2111, Rn. 3 m.Anm. Reinking.
8 LG Ravensburg, NJW 2007, S. 2127.

waren oder für den Kaufabschluss nicht ursächlich waren. Dieser Beweis wird dem Verkäufer nur schwerlich gelingen.

Montagefehler Nach § 434 Abs. 2 BGB ist ein Sachmangel auch dann gegeben, wenn die vereinbarte Montage der Kaufsache durch den Verkäufer unsachgemäß durchgeführt wird oder wenn eine Montageanleitung mangelhaft ist (sogenannte „IKEA-Klausel").

Beispiele

- K hat in einem Küchenmarkt des V eine Einbauküche gekauft, wobei V zur Lieferung und Montage verpflichtet ist. Mitarbeiter des V liefern die mangelfreie Küche, doch unterläuft ihnen beim Anschluss des Elektroherdes ein Fehler, sodass der – an sich mangelfreie – Herd nur eingeschränkt zu benutzen ist. Hier liegt kein bloßer Montagefehler, sondern ein Sachmangel der Küche vor.
- Dies gilt auch, wenn ein Käufer aufgrund einer für den Durchschnittskäufer unverständlichen Montageanleitung eine Sache falsch zusammenbaut. Anders ist es, wenn es K trotz der fehlerhaften Anweisung gelingt, die Sache richtig zu montieren.

Falsche Lieferung Nach § 434 Abs. 3 BGB werden bestimmte Fehler bei der Lieferung einem Sachmangel gleichgestellt, also wie ein Sachmangel behandelt. Dies gilt, wenn der Verkäufer

- eine **andere** als die gekaufte **Sache** (ein „aliud") oder
- eine zu **geringe Menge** liefert.

Diesen beiden Erweiterungen kommt in Zusammenhang mit der kaufmännischen Untersuchungs- und Rügeobliegenheit (§ 377 HGB) große Bedeutung zu[9].

Beispiele

- Fahrradhersteller K hat bei V 22-mm-Felgen bestellt. V liefert aber Felgen in einer 23-mm-Breite. Hier hat V etwas anderes geliefert als K bestellt hat (ein **„aliud"**). Diese Falschlieferung wird wie ein Mangel behandelt, sodass K die Rechte zustehen, die er bei der Lieferung mangelhafter 22-mm-Felgen hätte.
- K hat bei V 2.000 Stück 22-mm-Felgen bestellt, V liefert aber nur 1.950 Stück. Auch die Zu-wenig-Lieferung wird nach § 434 Abs. 3 BGB einem Sachmangel gleichgestellt.

Praxistipp

Wenn beide Parteien Kaufleute sind, obliegt es K in beiden Fällen, die Abweichungen unverzüglich zu rügen (§ 377 Abs. 1 HGB). Anderenfalls gelten die Lieferungen als genehmigt (§ 377 Abs. 2 HGB)[10].

---

9 Vgl. S. 251 ff.

10 Einzelheiten auf S. 256.

Merke

§434 Abs. 1 BGB enthält folgende Kategorien von Sachmängeln:

1. Die Sache hat nicht die (vertraglich) **vereinbarte Beschaffenheit,**
2. die Sache eignet sich nicht für die **nach dem Vertrag vorausgesetzte Verwendung,** oder
3. die Sache eignet sich nicht für die **gewöhnliche Verwendung** und weist nicht die Beschaffenheit auf, die bei Sachen gleicher Art **üblich ist** und die der Käufer nach der Art der Sache erwarten darf. Für die Beurteilung wird auch auf Angaben in der Werbung des Verkäufers, des Herstellers und eines vom Verkäufer beauftragten Gehilfen, wie etwa einer Werbeagentur, zurückgegriffen.

Erweiterungen, in denen ebenfalls ein Mangel vorliegt:

4. Die Sache wird vom Verkäufer **unsachgemäß montiert** (§434 Abs. 2 S. 1 BGB),
5. die vom Verkäufer übergebene **Montageanleitung** *ist* **mangelhaft** („IKEA-Klausel"), es sei denn, die Montage durch den Käufer erfolgt dennoch fehlerfrei (§434 Abs. 2 S. 2 BGB).

Dem Sachmangel **gleichgestellt** werden folgende Fälle:

6. Der Verkäufer liefert eine **andere Sache** oder eine **zu geringe Menge** (§434 Abs. 3 BGB).

Rechtsmangel nach §435 BGB

Ein Anspruch auf Nacherfüllung kommt auch in Betracht, wenn ein Rechtsmangel vorliegt. Die Kaufsache ist nach §435 S. 1 BGB frei von Rechtsmängeln, wenn Dritte in Bezug auf die Sache keine oder nur die im Kaufvertrag übernommenen Rechte gegen den Käufer geltend machen können.

Beispiel

Regisseur R hat von V das Drehbuch zum Roman „Niemand hat die Absicht" gekauft. Die geplante Verfilmung scheitert daran, dass der sehr eigenwillige Autor des als Vorlage für das Drehbuch dienenden Romans mit der filmischen Umsetzung seines Werks nicht einverstanden ist und der Verfilmung unter Hinweis auf sein Urheberrecht widerspricht.

Da dem Rechtsmangel in der Praxis eine erheblich geringere Bedeutung als dem Sachmangel zukommt, soll auf den Rechtsmangel nicht näher eingegangen werden.

14.2.3 Im Zeitpunkt des Gefahrübergangs

Grundlagen

Bisher sind die beiden ersten positiven Tatbestandsmerkmale des §437 Abs. 1 BGB behandelt worden, nämlich das Vorliegen eines Kaufvertrags **(P1)** und eines Mangels **(P2).** Die dritte Voraussetzung **(P3)** ist, dass der Mangel bereits „bei

Gefahrübergang" vorlag. Diese Voraussetzung wird zwar nur in Satz 1 von §434 Abs. 1 BGB genannt, gilt aber in gleicher Weise für die anderen Mängelarten.

Regelungen zum **Gefahrübergang** finden sich in §§446, 447 BGB. Nach §446 S. 1 BGB geht die Gefahr **mit der Übergabe der Sache** auf den Käufer über. Die Übergabe erfolgt bei Einkäufen in einem Ladenlokal dadurch, dass der Käufer die Sache erhält und mitnehmen kann und so deren unmittelbarer Besitzer wird (vgl. §854 Abs. 1 BGB). Gleichbehandelt wird nach §446 S. 3 BGB der Fall, dass der Käufer in Annahmeverzug gerät, zum Beispiel weil er eine Ware nicht wie vereinbart annimmt. Beim sogenannten **Versendungskauf** geht die Gefahr nach §447 BGB auf den Käufer über, wenn der Verkäufer die Ware an eine Transportperson ausgehändigt hat („Schickschuld")[11].

Der Mangel der Kaufsache muss im Zeitpunkt des Gefahrübergangs noch nicht aufgetreten sein, also noch nicht sichtbar sein. Es reicht vielmehr aus, wenn der Mangel jedenfalls „im Kern" vorhanden ist (sogenannte **Kerntheorie**), „zeigen" kann er sich auch noch später. In der Praxis ist problematisch, dass Mängel im Regelfall erst nach einiger Zeit, bisweilen erst nach mehreren Monaten oder gar Jahren sichtbar werden. Hier kann es naturgemäß sehr schnell zum Streit darüber kommen, ob die Sache schon bei Gefahrübergang „im Kern" mangelhaft war („von Anfang an nicht in Ordnung", so der Käufer) oder erst infolge einer unsachgemäßen Nutzung durch den Käufer mangelhaft geworden ist („völlig unsachgemäße Nutzung", so der Verkäufer).

Beispiele

- K hat von V einen Laptop gekauft. Nach 18 Monaten lässt sich das CD-ROM-Laufwerk nicht mehr öffnen. Wenn dieser Umstand auf einem Materialfehler beruht, lag der Mangel bereits bei Gefahrübergang vor, war also „im Kern" vorhanden. Anders ist es, wenn K das Laufwerk unsachgemäß bedient hat.
- Ein Getriebeschaden bei einem Auto kann auf einem Konstruktions- oder Fabrikationsfehler oder auf einer extrem „sportlichen" Fahrweise („Die Gänge mal richtig hochziehen") beruhen, durch die das Getriebe geschädigt wird.

Beweislast

Während Fragen zur Beweislast in Vorlesungen häufig kaum behandelt werden, kommt der Beweislast in der **gerichtlichen Praxis** eine sehr große Bedeutung zu. In sehr vielen Prozessen geht es (nur) um die Fragen:

- Wer trägt die Beweislast?
- Wie kann der Beweis erbracht werden?
- Ist der beweisbelasteten Partei der Beweis gelungen?

[11] Vgl. auch zu Ausnahmen beim Verbrauchsgüterkauf S. 155 f.

Praxistipp

Die Beweislast ist in Prozessen so verteilt, dass jede Partei die für sie **günstigen Tatsachen** beweisen muss, sofern nicht das Gesetz[12] oder die Rechtsprechung[13] eine andere Beweislastverteilung vornehmen. Beweis wird vom Gericht nur erhoben, wenn die Parteien zu einem für die Beurteilung des Rechtsstreits wesentlichen Punkt unterschiedlich vortragen. Im Regelfall muss der **Kläger** die anspruchsbegründenden Tatsachen (positive Tatbestandsmerkmale), der **Beklagte** die anspruchsvernichtenden und anspruchshemmenden Tatsachen (negative Tatbestandsmerkmale) darlegen und ggf. beweisen.

Dies bedeutet für die Mängelhaftung Folgendes:

Wenn Streit zwischen den Parteien zu der Frage besteht, ob ein **positives Tatbestandsmerkmal** vorliegt, trifft die Darlegungs- und Beweislast den **Kläger** (Käufer). Er muss dann zunächst das Vorliegen eines Kaufvertrags darlegen (den Sachverhalt vortragen) und beweisen (Voraussetzung P1). Aus einer versteckten Vorschrift (§363 BGB) folgt, dass dem Käufer, wenn er die Sache als Erfüllung angenommen hat, auch der Beweis obliegt, dass die Sache einen Mangel hat (P2). Außerdem muss der Käufer beweisen, dass der Mangel bereits bei Gefahrübergang (Lieferung, sonstige Besitzverschaffung, Abschicken der Ware) jedenfalls „im Kern" schon vorhanden war (P3). Der Beweis muss aber immer **nur** für die Tatbestandsvoraussetzungen erbracht werden, die vom **Verkäufer bestritten** werden.

Das Vorliegen eines **negativen Tatbestandsmerkmals,** durch das der Anspruch ausgeschlossen würde, muss hingegen der **Verkäufer** darlegen und ggf. beweisen, etwa die Kenntnis des Käufers vom Mangel oder den Ablauf der Gewährleistungsfrist[14].

Beweislast beim Verbrauchsgüterkauf

Von dieser allgemeinen Beweislastverteilung gibt es in der Praxis eine wichtige Abweichung, wenn ein **Verbrauchsgüterkauf** vorliegt.

Begriff des Verbrauchsgüterkaufs Ein Verbrauchsgüterkauf ist nach §474 Abs. 1 BGB gegeben, wenn ein **Verbraucher** (§13 BGB)[15] von einem **Unternehmer** (§14 BGB)[16] eine **bewegliche Sache** kauft. Zum Schutz des Verbrauchers gelten neben den (allgemeinen) §§433 ff. BGB zusätzlich die (besonderen) §§474 Abs. 2 bis 479 BGB. Kaufverträge über Rechte, insbesondere Forderungen, und über Grundstücke (unbewegliche Sachen) fallen nicht in den Anwendungsbereich der §§474 ff. BGB. Ebenfalls ausgenommen sind öffentliche Versteigerungen über gebrauchte bewegliche Sachen, an denen der Verbraucher persönlich teilnehmen kann (§474 Abs. 1 S. 2 BGB).

12 Vgl. §280 Abs. 1 S. 2 BGB (S. 189 ff.); §286 Abs. 4 BGB (S. 208); außerdem §831 Abs. 1 S. 2 BGB (S. 404 ff.).
13 Vgl. die Ausführungen zur Produzentenhaftung aus §823 Abs. 1 BGB, S. 289.
14 Vgl. S. 248.
15 Zum Begriff vgl. S. 56.
16 Zum Begriff vgl. S. 57 f.

Aufgabe

Prüfen Sie, ob in den folgenden Fällen ein Verbrauchsgüterkauf vorliegt:

a) Privatmann X kauft vom Kfz-Händler H ein gebrauchtes Kraftfahrzeug.
b) Privatmann X verkauft sein gebrauchtes Fahrzeug an den Kfz-Händler H.
c) Verbraucher X verkauft sein gebrauchtes Fahrzeug an Verbraucher Y.
d) Verbraucher X ersteigert einen Pkw im Internet.

Lösungen

a) Die §§474 ff. BGB sind anwendbar, weil ein Verbraucher (§13 BGB) von einem Unternehmer (§14 BGB) eine bewegliche Sache *gekauft* hat.
b) Die §§474 ff. BGB sind nicht anwendbar, weil ein Verbraucher eine Sache an einen Unternehmer *verkauft* hat.
c) Die §§474 ff. BGB sind nicht anwendbar, weil ein Verbraucher von einem *anderen* Verbraucher eine Sache gekauft hat.
d) Wenn der Verkäufer ein **Unternehmer** ist, sind die §§474 ff. BGB anwendbar. Ist er ebenfalls **Verbraucher,** gelten die §§474 ff. BGB hingegen nicht.

Beweislastumkehr Neben weiteren Besonderheiten für Verbrauchsgüterkaufverträge[17] ergibt sich aus §476 BGB eine Beweislastumkehr zugunsten des Käufers. Diese Vorschrift hat in kurzer Zeit bereits mehrfach den Bundesgerichtshof beschäftigt[18], woraus ersichtlich wird, dass sie große praktische Bedeutung hat.

Um was geht es in §476 BGB?

Während nach der allgemeinen **Beweislastverteilung** der Käufer darlegen und beweisen muss, dass ein Mangel bereits im Zeitpunkt des Gefahrübergangs (§§446, 447 BGB) jedenfalls „im Kern" vorhanden war, wird bei einem Verbrauchsgüterkauf gemäß §476 BGB **vermutet,** dass ein Sachmangel, der innerhalb von sechs Monaten ab Gefahrübergang auftritt (sich „zeigt"), bereits bei Gefahrübergang vorlag, es sei denn, diese Vermutung ist mit der Art der Sache oder des Mangels nicht vereinbar.

Nicht immer beachtet wird, dass diese Vermutung *nicht* die Frage betrifft, *ob* (überhaupt) ein Mangel vorliegt. Diese Voraussetzung (P2) muss auch beim Verbrauchsgüterkauf der Käufer beweisen. §476 BGB enthält nur eine in **zeitlicher Hinsicht wirkende Vermutung,** dass ein innerhalb von sechs Monaten auftretender Mangel bereits bei Gefahrübergang „im Kern" vorhanden war[19]. Diese Vermutung gilt auch für **gebrauchte Sachen** und muss vom Verkäufer widerlegt werden.

---

17 Vgl. S. 243 ff., 284.
18 BGH NJW 2004, S. 2299 ff.; BGH NJW 2005, S. 283 ff.; BGH NJW 2005, S. 3490 ff.; dazu Witt, NJW 2005, S. 3468 ff.
19 BGH NJW 2004, S. 2299, 2300.

Beispiel

Verbraucher K hat bei V, einem Unternehmer, zu einem marktgerechten Preis einen vier Jahre alten Mittelklassewagen gekauft, der laut Tachometer eine Laufleistung von 75.000 km aufweist. Nachdem K mit dem Fahrzeug fünf Monate gefahren ist, hat dieses einen schweren Motorschaden. K behauptet, der Motor sei schon bei der Lieferung nicht in Ordnung gewesen, V beruft sich darauf, K habe einen „äußerst rasanten Fahrstil". Nach der allgemeinen Beweislastverteilung müsste K – etwa durch Vorlage eines Sachverständigengutachtens – beweisen, dass der Mangel im Zeitpunkt des Gefahrübergangs (bei der Auslieferung) jedenfalls „im Kern" vorhanden war[20]. Da hier ein **Verbrauchsgüterkauf** vorliegt und der Mangel innerhalb von sechs Monaten nach Gefahrübergang aufgetreten ist, greift jedoch zugunsten des K die Vermutung des §476 BGB ein. Deshalb muss **V beweisen**, dass der Mangel nicht vorhanden war, sondern auf dem Fahrstil des K oder auf einer anderen Ursache beruht. Dieser Beweis dürfte nur sehr schwer zu führen sein.

Die Vermutung zugunsten des Käufers greift nach dem zweiten Halbsatz des §476 BGB nicht ein, wenn sie mit der Art des Mangels nicht vereinbar ist.

Beispiele

- K reklamiert mit Nachdruck das Nichtfunktionieren seines Laptops. Aufgrund äußerer Spuren ist deutlich zu erkennen, dass das Gerät mindestens einmal aus großer Höhe zu Boden gefallen ist.
- K reklamiert einen Motorschaden. Es wird festgestellt, dass K statt „Super unverbleit" versehentlich Dieselkraftstoff getankt hat.
- Das verbeulte Fahrzeug des K weist deutliche Unfallspuren auf.

Eine Entscheidung des Bundesgerichtshofs betraf einen äußerlich sichtbaren Karosserieschaden eines Kraftfahrzeugs in Gestalt einer Verformung des vorderen rechten Kotflügels und des Stoßfängers. Der BGH entschied, die Vermutung des §476 BGB könne auch für äußere Beschädigungen der Kaufsache eingreifen. Sie sei jedoch dann mit der Art des Mangels unvereinbar, wenn es sich um äußere Beschädigungen handle, die auch einem fachlich nicht versierten Käufer beim Kauf auffallen müssten. Denn in einem solchen Fall sei zu erwarten, dass der Käufer den Mangel beanstande[21].

14.2.4 Ausschluss des Anspruchs

Wenn die drei positiven Tatbestandsmerkmale (P1 + P2 + P3) gegeben sind, ist jedenfalls gedanklich kurz durchzugehen, ob der Anspruch ausgeschlossen sein könnte, weil *ein* negatives Tatbestandsmerkmal vorliegt oder sogar mehrere

[20] Zur Kerntheorie vgl. S. 237 f.
[21] BGH NJW 2005, S. 3490, 3492.

negative Tatbestandsmerkmale vorliegen. Zu unterscheiden sind die folgenden vier Konstellationen:

- Kenntnis des Käufers vom Mangel,
- Vertraglicher Ausschluss der Rechte,
- Verjährung des Anspruchs,
- Ausschluss im kaufmännischen Geschäftsverkehr.

Kenntnis des Käufers vom Mangel

Nach §442 S. 1 BGB sind die Rechte des Käufers wegen eines Mangels ausgeschlossen, wenn der Käufer den Mangel bei Vertragsschluss kennt, also weiß, dass die Sache einen Mangel hat.

Der folgende Satz 2 betrifft den Fall, dass der Käufer den Mangel infolge grober Fahrlässigkeit nicht erkannt hat. Da den Käufer grundsätzlich **keine Untersuchungspflicht** trifft[22], beschränkt sich diese Gruppe auf Mängel, die einem Käufer eigentlich sofort auffallen müssten, die ihm also geradezu „ins Auge springen". Übersieht der Käufer infolge besonderer Nachlässigkeit einen Mangel, behält er seine Rechte gemäß §442 S. 2 BGB nur, wenn der Verkäufer den Mangel arglistig verschwiegen oder eine Garantie für die Beschaffenheit der Sache übernommen hat[23].

Klausurtipp

§442 BGB kommt keine große Bedeutung zu. Wenn keine Anhaltspunkte vorliegen, kann man die Vorschrift in einer Prüfung unerwähnt lassen oder sich mit dem Satz begnügen: *„Anhaltspunkte für einen Ausschluss des Nacherfüllungsanspruchs nach §442 BGB sind nicht ersichtlich."*

Vertraglicher Ausschluss der Rechte

Bis zur Änderung des BGB zum 01.01.2002 enthielten viele Kaufverträge über gebrauchte Kraftfahrzeuge eine der folgenden Klauseln: *„Gekauft wie besichtigt unter Ausschluss jeglicher Gewährleistung"* oder *„Die Gewährleistung für Mängel wird ausgeschlossen"*. Auch heute wird in der Praxis nicht nur beim Kauf gebrauchter Gegenstände immer noch der Versuch gemacht, die Rechte des Käufers wegen Mängeln der Kaufsache vollständig auszuschließen oder jedenfalls mehr oder weniger stark zu beschneiden.

Ist das zulässig? Darf der Verkäufer das überhaupt? Ist das nicht ungerecht? Wie sich aus einem Umkehrschluss aus **§444 BGB** ergibt, ist eine solche Vereinbarung **grundsätzlich zulässig.** Bei den **§§434 ff. BGB** handelt es sich nämlich nicht um zwingendes, sondern um **dispositives Recht,** also um Vorschriften, die zur Disposition der Parteien stehen und die deshalb aufgrund der Vertragsfreiheit geändert oder auch ganz ausgeschlossen werden können[24].

---

[22] Vgl. aber §377 HGB, dazu S. 251 ff.
[23] Zur Übernahme einer Garantie vgl. S. 278 ff.
[24] Zur Vertragsfreiheit vgl. S. 41 ff.

Das ist aber ein eher theoretischer Ansatz, von dem die Rechtswirklichkeit zugunsten des Käufers und damit zulasten des Verkäufers erheblich abweicht. In Bezug auf den Ausschluss der Mängelhaftung gibt es nämlich eine Reihe von Beschränkungen – und zwar insbesondere beim **Verbrauchsgüterkauf** und bei der Verwendung von **Allgemeinen Geschäftsbedingungen**. In beiden Fällen ist es für den Verkäufer zum Teil unmöglich, zum Teil nur sehr eingeschränkt möglich, die Haftung für Mängel zu beschränken oder gar ganz auszuschließen.

Merke

Theoretisch kann die Mängelhaftung beim Kaufvertrag beschränkt oder sogar ganz ausgeschlossen werden, in der Praxis ist dies aber insbesondere beim Kauf neuer Sachen häufig nicht möglich.

Ausschluss durch Individualvereinbarung Am ehesten kann die Haftung für Mängel durch eine Individualvereinbarung modifiziert werden. Eine solche liegt vor, wenn die Parteien den Inhalt einer vertraglichen Regelung im Einzelfall konkret aushandeln, wobei beide Parteien zu ernsthaften Verhandlungen über die Regelungen des Vertrags bereit sein müssen. Das Gegenteil bilden Allgemeine Geschäftsbedingungen. Hierbei handelt es sich gemäß § 305 Abs. 1 S. 1 BGB um vorformulierte Bedingungen, die eine Partei der anderen bei Abschluss des Vertrags stellt. Beispiele für AGB bilden Einkaufs- und Verkaufsbedingungen, Mustermietverträge, Versicherungsbedingungen und zahlreiche Bedingungen von Banken[25].

Auch bei einer individuell getroffenen Vereinbarung gibt es eine Reihe von Schranken:

1. Schranke: Liegt eine im konkreten Fall zulässige individuelle Vereinbarung zur Beschränkung oder zum vollständigen Ausschluss der Mängelhaftung vor, kann sich der Verkäufer nach § 444 BGB auf diese Vereinbarung nicht berufen, wenn er den Mangel arglistig verschwiegen oder eine Garantie für das Vorhandensein der Eigenschaft übernommen hat[26].

Beispiel

V und K verhandeln über den Kauf eines gebrauchten Sattelschleppers, den V von einem Spediteur in Zahlung genommen hat. Während der zähen Verhandlungen über den Preis erklärt V, er könne K „deutlich entgegenkommen", wenn dieser einem Gewährleistungsausschluss zustimme. K erklärt sich einverstanden. Nachträglich stellt sich heraus, dass der Sattelschlepper schwere technische Mängel aufweist, die dem V bekannt waren. Da V verpflichtet war, K diese Mängel ungefragt zu offenbaren[27], stellt sein Verhalten ein arglistiges Verschweigen dar. Aus

[25] Zu Einzelheiten vgl. S. 63 ff.
[26] Zur Übernahme einer Garantie vgl. S. 278 ff..
[27] Zur Aufklärungspflicht eines Kfz-Verkäufers vgl. Palandt/Ellenberger, Bürgerliches Gesetzbuch § 123 Rn. 7.

diesem Grund kann V sich gemäß §444 BGB auf den Ausschluss der Mängelhaftung nicht berufen.

2. Schranke: Handelt es sich bei dem Kaufvertrag um einen **Verbrauchsgüterkauf (§474 Abs.1 BGB),** greift zum Schutz des Verbrauchers neben §444 BGB zusätzlich §475 BGB ein. Nach §475 Abs. 1 BGB kann sich der Unternehmer auf eine vor Mitteilung des Mangels getroffene Vereinbarung, die zum Nachteil des Verbrauchers von den dort aufgeführten Paragrafen abweicht, nicht berufen. Da §437 BGB in der Aufzählung des §475 Abs. 1 BGB enthalten ist, ist eine Beschränkung oder ein Ausschluss der dem Verbraucher nach §437 BGB zustehenden Mängelrechte unwirksam. Insoweit kommt es nicht darauf an, ob die Vereinbarung individuell getroffen wird oder in AGB enthalten ist. Das Verbot gilt also unabhängig davon, wie die Vereinbarung zustande gekommen ist. §475 BGB enthält **zwingendes Recht.**

Der Schutz des Verbrauchers nach §475 Abs. 1, Abs. 2 BGB bezieht sich auf den Zeitraum vom Vertragsabschluss **bis zur** Mitteilung des Mangels. Er endet, sobald der Käufer dem Verkäufer einen Mangel mitgeteilt hat. **Nach** der Mitteilung können die Parteien, etwa im Wege eines Vergleichs, auch Vereinbarungen treffen, die von den §§437, 439 BGB und den anderen in §475 Abs. 1 BGB genannten Vorschriften abweichen.

Beispiele

- Student K („Verbraucher", §13 BGB) hat bei V („Unternehmer", §14 BGB) einen Computer gekauft. In den „Service- und Garantiebedingungen" des V heißt es: „Im Falle eines Mangels werden wir das Gerät binnen drei Tagen kostenlos reparieren und bis zum Ende der Reparaturzeit kostenlos ein Ersatzgerät bereitstellen." Nach §475 Abs. 1 BGB kann V sich auf diese Klausel nicht berufen, weil dem Käufer K gemäß §437 Nr. 1 i. V. m. §439 Abs. 1 BGB ein Wahlrecht zwischen der Nachbesserung (Reparatur) und der Neulieferung (Lieferung eines mangelfreien Geräts) zusteht, während die Klausel des V nur die Reparatur vorsieht.
- Verbraucher K kauft beim Kfz-Händler V ein gebrauchtes Fahrzeug. In das Formular trägt V nach Absprache mit K handschriftlich ein „Sechs Monate Gewährleistung". Obwohl K zugestimmt hat, kann V sich auf diese Regelung nicht berufen, weil die Verjährungsfrist bei *gebrauchten* Sachen nach §475 Abs. 2 BGB mindestens ein Jahr betragen *muss*. Dies gilt auch, wenn der Verbraucher mit einer Verkürzung der Verjährungsfrist einverstanden ist. Da sich der Unternehmer auf die unwirksame Vereinbarung nicht berufen kann, tritt an ihre Stelle die gesetzliche Frist von zwei Jahren (§438 Abs. 1 Nr. 3 BGB). Die Vereinbarung wird also nicht in dem nach §475 Abs. 2 BGB zulässigen Umfang (*ein* Jahr) aufrecht erhalten[28].

[28] Vgl. Palandt/Weidenkaff, Bürgerliches Gesetzbuch, §475 Rn. 8.

2. Teil Vertragliche Schuldverhältnisse

Zulässig – und aus Sicht des Verkäufers geschickt – ist es allerdings, von vornherein die Sollbeschaffenheit der Sache gemäß § 434 Abs. 1 S. 1 BGB so zu vereinbaren, dass bestimmte negative Abweichungen gar keine Mängel sind. Darin liegt kein Ausschluss von Mängelrechten.

Beispiel

K kauft bei V einen vier Jahre alten Pkw. In die Rubrik „Zustand des Fahrzeugs" trägt V ein: „Fahrzeug hatte Unfall, Rahmen auch nach Reparatur leicht verzogen." Hier haben die Parteien in Bezug auf die Eigenschaften „unfallfrei" und „Zustand des Rahmens" eine ausdrückliche Vereinbarung getroffen. V ist deshalb (nur) verpflichtet, ein Fahrzeug zu liefern, das einen Unfall hatte und einen leicht verzogenen Rahmen aufweist. Ein Fahrzeug mit dieser Istbeschaffenheit entspricht der vertraglich vereinbarten Sollbeschaffenheit und ist somit mangelfrei. Anders wäre es, wenn der Rahmen erheblich verzogen wäre oder das Fahrzeug andere, nicht aufgeführte Mängel hätte: Denn dann würde es der vereinbarten bzw. üblichen Beschaffenheit nicht entsprechen und wäre damit mangelhaft.

Wie das Beispiel zeigt, haben Gebrauchtwagenhändler und andere Verkäufer durchaus die Möglichkeit, sich vor Mängelansprüchen zu schützen. Allerdings müssen sie die Mängel der Kaufsache deutlich offenlegen und damit eine entsprechende Sollbeschaffenheit einschließlich der Mängel vereinbaren. Natürlich ist ein solches Vorgehen für die Preisverhandlungen nicht unbedingt förderlich und deswegen wenig beliebt.

Eine andere – nach der Einführung der §§ 474 ff. BGB – wieder entdeckte Möglichkeit im Kfz-Handel besteht darin, dass der gewerbliche Händler nicht als Verkäufer auftritt, sondern den Kaufvertrag zwischen dem Verkäufer (bisheriger Eigentümer) und dem Käufer lediglich vermittelt. Der Händler ist damit keine Partei des Kaufvertrags! Dieser kommt zwischen dem bisherigen und dem neuen Eigentümer zustande.

Aufgabe

Was folgt daraus für die §§ 474 ff. BGB, wenn der Verkäufer bei einem vom Händler vermittelten Vertrag kein Unternehmer ist?

Lösung

Wenn der Verkäufer kein Unternehmer ist, liegt kein Verbrauchsgüterkauf im Sinne des § 474 Abs. 1 BGB vor, sodass die §§ 474 ff. BGB keine Anwendung finden. § 475 Abs. 1 BGB steht einem Haftungsausschluss damit nicht entgegen.

Beispiel

Verbraucher V will ein neues Auto beim Kfz-Händler H kaufen und sein gebrauchtes Fahrzeug in Zahlung geben. Wenn H das Auto des V ankauft und anschließend an den Verbraucher K verkauft, liegt beim

Verkauf ein Verbrauchsgüterkauf vor, weil Verbraucher K vom Unternehmer H eine bewegliche Sache gekauft hat. Wenn der Kaufvertrag über das gebrauchte Auto des Verbrauchers V – unter Vermittlung des H – direkt zwischen Verbraucher V und Verbraucher K geschlossen wird, liegt hingegen *kein* Verbrauchsgüterkauf vor. §475 Abs. 1 BGB steht damit einem Haftungsausschluss nicht entgegen.

Allerdings könnte es sich bei dieser Konstruktion um eine „anderweitige Gestaltung" im Sinne des §475 Abs. 1 S. 2 BGB mit der Folge handeln, dass die in Satz 1 genannten Vorschriften anzuwenden sind. Nach der Rechtsprechung sind solche **Agenturgeschäfte** im Gebrauchtwagenhandel mit Verbrauchern aber nicht generell, sondern nur dann als Umgehungsgeschäfte anzusehen, wenn der Gebrauchtwagenhändler bei wirtschaftlicher Betrachtungsweise als Verkäufer des Fahrzeugs anzusehen ist. Entscheidende Bedeutung wird der Frage beigemessen, ob der Händler oder der nach außen als Verkäufer auftretende bisherige Fahrzeugeigentümer das wirtschaftliche Risiko des Verkaufs zu tragen hat. Dafür kommt es zum Beispiel darauf an, ob der Händler dem Kunden einen bestimmten Mindestverkaufspreis garantiert und ihm beim Kauf eines Neuwagens den entsprechenden Teil des Kaufpreises für den Neuwagen gestundet hat[29]. In diesem Fall läge ein Umgehungsgeschäft mit der Folge vor, dass der Händler sich nicht auf die anderweitige Gestaltung berufen könnte und deshalb gewährleistungspflichtig wäre[30]. Hier lohnt sich also eine genaue Prüfung des Einzelfalls.

Kleiner Trost für den Gebrauchtwagenhändler: Nach §475 Abs. 3 BGB besteht beim Verbrauchsgüterkauf immerhin die Möglichkeit, **Schadensersatzansprüche** zu beschränken oder auszuschließen. Geschieht dies nicht in einem Individualvertrag, sondern – wie üblich – in Allgemeinen Geschäftsbedingungen, ist aber zu prüfen, ob ein Verstoß gegen §§307 bis 309 BGB vorliegt[31].

Ausschluss durch Allgemeine Geschäftsbedingungen In der Praxis werden bei zahlreichen Geschäften AGB verwendet, die – sofern der Verkäufer der Verwender ist – häufig Regelungen zur Mängelhaftung enthalten, die für den Käufer ungünstiger sind als die gesetzlichen Regelungen. Zum Schutz der anderen Partei, hier des Käufers, findet nach §§307–309 BGB eine Inhaltskontrolle von AGB statt. In Bezug auf „Mängelhaftungsklauseln" sind §309 Nr. 7, Nr. 8 b) BGB und ergänzend §307 BGB von besonderer Bedeutung.

Hinweis

Aber aufgepasst: Oft kommt man in der Prüfung gar nicht bis zu diesen Vorschriften, weil ein Verbrauchsgüterkauf vorliegt und die fragliche AGB-Klausel deshalb schon nach §475 Abs. 1 BGB keine Wirkung entfaltet.

---

29 BGH NJW 2005, S. 1039, 1040.

30 Vgl. Palandt/Weidenkaff, Bürgerliches Gesetzbuch, §475 Rn. 8.

31 Vgl. dazu S. 70 ff.

Merke

§ 475 Abs. 1 BGB ist zwingendes Recht. Zwingendes Recht kann nicht geändert werden, weder durch einen individuellen Vertrag noch durch AGB. Eine Änderung ist immer unwirksam.

Soweit eine grundsätzlich zulässige Änderung von dispositiven Vorschriften erfolgt, wird im Einzelfall geprüft, ob diese wirksam ist. Erfolgt die Änderung in AGB, sind die §§ 307–309 BGB anzuwenden, wobei die Reihenfolge „9 vor 8 vor 7" gilt[32].

Merke

Nur außerhalb des Verbrauchsgüterkaufs und bei dem nach § 475 Abs. 3 BGB möglichen Ausschluss von Schadensersatzansprüchen sind bei Vorliegen von AGB § 309 Nr. 7, Nr. 8 b) BGB und – ergänzend – § 307 BGB zu prüfen.

Haben Sie das verstanden? Sonst bitte noch einmal lesen!

Für die Anwendung des § 309 Nr. 7, 8 b) BGB und des § 307 BGB verbleiben wegen des Vorrangs des § 475 BGB in Fällen des Verbrauchsgüterkaufs folgende Konstellationen:

1. Kaufverträge zwischen zwei Verbrauchern („von privat an privat", also C2C[33]),
2. Klauseln, die Ansprüche auf Schadensersatz beschränken oder ausschließen (vgl. § 475 Abs. 3 BGB),
3. Kaufverträge, bei denen der Käufer ein Unternehmer ist (C2B[34] und B2B[35]).

Die Hauptanwendungsfälle in der ersten Fallgruppe (C2C) dürften Kaufverträge über gebrauchte Gegenstände sein, vor allem im Rahmen von **Internetversteigerungen.** Hier ist es außerhalb des Verbrauchsgüterkaufs üblich und grundsätzlich auch wirksam, bei gebrauchten Sachen die Gewährleistung ganz auszuschließen.

Beispiel zur ersten Fallgruppe

Verbraucher K hat im Internet eine gebrauchte Kamera von Verbraucher V gekauft. Im Kaufvertrag sind alle Ansprüche wegen Mängeln der Sache ausgeschlossen. Ist der Ausschluss wirksam?

- Kein Verstoß gegen § 475 Abs. 1 BGB, da **kein Verbrauchsgüterkauf** vorliegt, weil beide Parteien Verbraucher sind.
- Falls Ausschluss in AGB: Kein Verstoß gegen § 309 Nr. 8 b) BGB, da kein Kauf einer **neuen** Sache.
- Grenze des Gewährleistungsausschlusses gemäß § 444 BGB: **Arglistiges Verhalten** des V: Dieses liegt vor, wenn V wusste oder es

---

32 Vgl. S. 73 ff.
33 „Neudeutsch" für „Consumer to Consumer".
34 „Neudeutsch" für „Consumer to Business".
35 „Neudeutsch" für „Business to Business".

jedenfalls für möglich hielt, dass die Kamera einen Mangel hatte. Das müsste der Käufer beweisen!

Beispiel zur zweiten Fallgruppe

Verbraucher K kauft beim Händler V ein Auto. In den Lieferbedingungen des V heißt es: „Schadensersatzansprüche bestehen nur im Falle vorsätzlichen Handelns." Ist die Klausel wirksam?

Frage: Liegt ein Verbrauchsgüterkauf vor?

Antwort: Ja, weil ein Verbraucher (§ 13 BGB) von einem Unternehmer (§ 14 BGB) eine bewegliche Sache gekauft hat (§ 474 Abs. 1 BGB).

Frage: Verstößt die Klausel gegen § 475 Abs. 1 BGB?

Antwort: Nein, wegen § 475 Abs. 3 BGB.

Frage: Ist die Klausel individuell vereinbart worden oder handelt es sich um eine AGB?

Antwort: Klausel in den Lieferbedingungen des V, also AGB.

Frage: Verstößt die Klausel gegen §§ 307–309 BGB?

Antwort: Ja, und zwar gegen § 309 Nr. 7 a) und Nr. 7 b) BGB[36]. Die Klausel ist deshalb unwirksam.

Bei der dritten Fallgruppe – Kaufverträge mit einem Unternehmer als Käufer – besteht die Besonderheit darin, dass §§ 308, 309 BGB nicht unmittelbar gelten, weil es sich beim Käufer um einen Unternehmer handelt. Die Unwirksamkeit einer Klausel kann sich deshalb nur aus § 307 BGB ergeben. Gemäß § 310 Abs. 1 BGB kommt §§ 308, 309 BGB im Rahmen der Inhaltskontrolle des § 307 BGB aber eine mittelbare Wirkung zu[37]. Deshalb ist in jedem Einzelfall zu prüfen, ob die in den §§ 308, 309 BGB enthaltenen Verbote auch im Verkehr zwischen Unternehmern gelten. Einzelheiten hierzu kann und sollte man sich nicht merken, sondern in den einschlägigen Quellen, insbesondere in den Kommentaren zum AGB-Recht[38] oder zum BGB, etwa dem Palandt[39], nachlesen.

Klausurtipp

Wird die Haftung für Mängel ausgeschlossen oder modifiziert, ist zunächst zu klären, ob ein **Verbrauchsgüterkauf** (§ 474 Abs. 1 BGB) vorliegt.

1. Liegt ein **Verbrauchsgüterkauf** vor (§ 474 Abs. 1 BGB), gilt Folgendes:

---

[36] Vgl. zu Einzelheiten S. 74.

[37] Vgl. S. 82.

[38] Ulmer/Brandner/Hensen, AGB-Recht, 10. Auflage, Köln 2006; Wolf/Lindacher/Pfeiffer, AGB-Recht, 5. Auflage, München 2009.

[39] Palandt, Bürgerliches Gesetzbuch, erscheint jährlich neu, zur Zeit der Drucklegung dieses Buchs 69. Aufl., München 2010.

a) Die Rechte des Käufers (Verbrauchers) wegen Mängeln der Kaufsache können **nicht beschränkt** oder gar **ausgeschlossen** werden (§ 475 Abs. 1 BGB).
b) Dieses Verbot gilt nicht für **Schadensersatzansprüche** (§ 475 Abs. 3 BGB). Hier sind bei Verwendung von AGB aber die §§ 307 ff. BGB, insbesondere § 309 Nr. 7 BGB, zu beachten.
c) Beim Kauf **gebrauchter Sachen** besteht – auch in AGB – die Möglichkeit, die Gewährleistungsfrist auf **ein Jahr** zu verkürzen.
d) Der Unternehmer, z. B. ein Gebrauchtwagenhändler, kann sich darauf beschränken, den Kaufvertrag zwischen zwei Verbrauchern nur zu vermitteln **(„Agenturgeschäft")**, sodass die §§ 474 ff. BGB nicht gelten. Bei dieser Gestaltung ist darauf zu achten, dass kein Umgehungsgeschäft gemäß § 474 Abs. 1 S. 2 BGB vorliegt[40].

2. Liegt **kein Verbrauchsgüterkauf** vor, gilt Folgendes:
   a) Bei neuen Sachen sind bei Verwendung von AGB die §§ 307 ff. BGB zu beachten, insbesondere § 309 Nr. 7 und 8 b) BGB.
   b) Bei *gebrauchten* Sachen kann die Mängelhaftung vollständig ausgeschlossen werden. Der Ausschluss ist möglich bei einem Verkauf „von privat an privat", „von privat an gewerblich" und „von gewerblich an gewerblich".
   c) Im Fall eines arglistigen Verschweigens von Mängeln durch den Verkäufer sind Beschränkungen der Sachmängelhaftung unwirksam (§ 444 BGB).

Verjährung des Anspruchs (§§ 438, 214 Abs. 1 BGB)

Gemäß § 214 Abs. 1 BGB ist der Verpflichtete nach Eintritt der Verjährung berechtigt, die Leistung zu verweigern, indem er die „Einrede der Verjährung" erhebt. Mit „Eintritt der Verjährung" ist der Ablauf der Verjährungsfrist gemeint.

Bei der Prüfung der Verjährung ist zunächst die Länge der Frist zu bestimmen, sodann ist zu klären, wann die Frist zu laufen begonnen hat, ob der Lauf der Frist unterbrochen wurde und – aus der Sicht des Gläubigers – was der Gläubiger unternehmen kann, wenn der Eintritt der Verjährung droht[41].

Verjährungsfrist Die Verjährung der dem Käufer bei Mängeln der Kaufsache nach § 437 BGB zustehenden Rechte richtet sich nach § 438 BGB. Diese Vorschrift trifft eine Unterscheidung nach der Art des Kaufgegenstands:

---

[40] Dazu BGH NJW 2005, S. 1039, 1040.
[41] Vgl. S. 134 ff.

Tabelle 14.1

Gegenstand	Verjährungsfrist
Dingliche Rechte auf Herausgabe einer Sache (nach § 985 BGB) oder ein sonstiges im Grundbuch eingetragenes Recht (Grundschuld, Wegerecht)	30 Jahre § 438 Abs. 1 Nr. 1 BGB
Bauwerk oder Sache, die für ein Bauwerk verwendet wurde und dessen Mangelhaftigkeit verursacht hat (Beton, Fenster, Heizkessel)	Fünf Jahre § 438 Abs. 1 Nr. 2 BGB
Im Übrigen (Autos, Elektrogeräte, Haushaltsgegenstände, Kleidung, Möbel usw.), auch für gebrauchte Gegenstände	Zwei Jahre § 438 Abs. 1 Nr. 3 BGB
Bei arglistigem Verschweigen des Mangels durch den Verkäufer	Mindestens drei Jahre §§ 438 Abs. 3, 195 BGB

Besonders häufig ist die vorletzte Fallgruppe betroffen, in der Ansprüche des Käufers wegen Mängeln einer beweglichen Sache gegen den Verkäufer in **zwei Jahren** verjähren. Sollte die bewegliche Sache entsprechend ihrer üblichen Verwendungsweise für ein Bauwerk verwendet worden sein und dessen Mangelhaftigkeit verursacht haben, gilt abweichend eine Frist von **fünf Jahren** (§ 438 Abs. 1 Nr. 2 b) BGB).

Beispiel

Bauunternehmer U kauft bei V Fenster und baut diese in einen Neubau ein. Für die Fenster gilt nicht die zweijährige Verjährungsfrist des § 438 Abs. 1 Nr. 3 BGB, sondern die fünfjährige Frist des § 438 Abs. 1 Nr. 2 b) BGB. Grund: Eine fünfjährige Frist gilt gemäß § 634 a Abs. 1 Nr. 2 BGB auch zwischen U und seinem Auftraggeber (dem Bauherrn).

Fristbeginn Nach § 438 Abs. 2 BGB beginnt die Verjährung bei Grundstücken mit der Übergabe, bei beweglichen Sachen mit der Ablieferung der Ware. Die Frist läuft gemäß § 187 Abs. 1 BGB an dem auf das Ereignis folgenden Tag an, beim Kauf einer beweglichen Sache also am Tag nach der Lieferung[42]. Etwas anderes gilt im Falle der Arglist des Verkäufers, da hier § 195 BGB i. V. m. § 199 BGB anzuwenden ist.

Praxistipp

Ein Problem für Bauunternehmer kann sich daraus ergeben, dass die maßgeblichen Fristen im Kauf- und im Werkvertragsrecht zu unterschiedlichen Zeitpunkten anlaufen. Die Frist des § 438 Abs. 1 Nr. 2 b)

[42] Etwas anderes gilt für die allgemeinen Verjährungsfristen der §§ 195 ff. BGB, vgl. S. 134 f.

BGB beginnt mit der *Ablieferung* der Sache, die Frist des §634 a Abs. 1 Nr. 2 BGB hingegen erst mit der *Abnahme* des Werks zu laufen (§634 a Abs. 2 BGB).

Zur Verdeutlichung: Wenn ein am 03.03.2009 gelieferter Brenner von U am 05.03.2009 eingebaut wird, die Abnahme aber erst am 03.04.2009 erfolgt, verjährt der Anspruch aus §437 BGB einen Monat früher als der Anspruch aus §634 BGB. Für den Unternehmer wäre es günstiger, wenn die Geltung der VOB vereinbart wäre, da die Verjährungsfrist nach §13 Nr. 4 VOB/B nur vier Jahre beträgt[43].

Abschließend ein zusammenfassendes Beispiel:

Beispiel

K hat bei V am 10.01.2008 einen neuen Pkw gekauft, die Auslieferung erfolgte am 24.01.2008. Am 03.02.2010 tritt ein „Kolbenfresser" auf. Als K eine Nachbesserung (Reparatur) verlangt, beruft V sich auf Verjährung. Zu Recht? Zu beachten ist folgende Prüfungsreihenfolge[44]:

1. Welche Verjährungsfrist gilt?
2. Wann ist die Frist angelaufen?
3. Ist der Lauf der Frist „gestoppt" worden?
4. Wann endete die Frist?

Prüfung

Zu 1: Nach §438 Abs. 1 Nr. 3 BGB gilt eine zweijährige Verjährungsfrist.

Zu 2: Die Frist ist am Tag nach dem Gefahrübergang (hier der Auslieferung des Fahrzeugs an K) und damit am 25.01.2009, 0.00 Uhr angelaufen (vgl. §187 Abs. 1 BGB).

Zu 3: Die Frist ist nicht gehemmt worden, ein Neubeginn der Frist liegt nicht vor.

Zu 4: Die Frist endete am 24.01.2010, 24.00 Uhr (§188 Abs. 2 BGB).

Ergebnis: Schuldner V ist deshalb berechtigt, die „Einrede der Verjährung" zu erheben und damit die Reparatur zu verweigern (§214 Abs. 1 BGB). K kann den Anspruch nicht mehr durchsetzen.

Klausurtipp

Auf die Frage der Verjährung ist in einer Klausur, sofern keine Anhaltspunkte vorliegen, nicht oder nur sehr knapp, etwa wie folgt einzugehen *„Anhaltspunkte für eine Verjährung des Anspruchs nach §438 Abs. 1 Nr. 3 BGB sind nicht ersichtlich"* oder: *„Da die zweijährige Verjährungsfrist des §438 Abs. 1 Nr. 3 BGB noch nicht abgelaufen ist, kann V sich nicht mit Erfolg auf die Verjährung berufen (§214 Abs. 1 BGB)."*

[43] Zur VOB vgl. S. 318 f.

[44] Zu weiteren Einzelheiten vgl. S. 134 ff.

Ausschluss der Rechte im kaufmännischen Verkehr

Von großer praktischer Bedeutung im kaufmännischen Rechtsverkehr ist **§ 377 HGB.** Die Nichtbeachtung der kaufmännischen Rügeobliegenheit führt für den Käufer zu einem vollständigen Verlust der Mängelrechte innerhalb einer ganz kurzen Frist, oft von wenigen Tagen oder Wochen.

Praxistipp

Bei der Teilnahme an Sitzungen der Kammer für Handelssachen am Landgericht Münster im Rahmen der Ausbildung im Erweiterungsmodul „Arbeits- und Wirtschaftsrecht" stehen immer wieder Fälle an, in denen ein Kaufmann wegen Nichtbeachtung des § 377 HGB erhebliche Rechtsverluste erleidet. Die Prozessabläufe im Unternehmen sollten so gestaltet werden, dass dieses Risiko nicht besteht.

Nach § 381 HGB gelten die §§ 377 ff. HGB auch für den Kauf von Wertpapieren (Abs. 1) und für Verträge, die die Lieferung herzustellender oder zu erzeugender beweglicher Sachen zum Gegenstand haben (Abs. 2). Diese Erweiterung wurde einer Marketingagentur in einem vor dem Landgericht Münster verhandelten Fall zum Verhängnis:

Beispiel

Die Marketingagentur M-GmbH ließ bei der Druckerei D-AG Kataloge für Damenoberbekleidung drucken. Nach Eintreffen der Kataloge bei der M-GmbH beanstandete deren Mitarbeiterin X, „dass bei mehreren Bildern die Farben nicht in Ordnung seien und die Modells deshalb so aussähen, als hätten sie alle einen Sonnenbrand." Das Landgericht Münster entschied, dass diese Mängelrüge nicht den Anforderungen des § 377 HGB genügt habe und verurteilte die Marketingagentur zur Zahlung der Vergütung für die nicht brauchbaren Kataloge. Die im Prozess als Zeugin gehörte Mitarbeiterin X der Agentur hatte ihre Arbeitsstelle inzwischen gewechselt (Gründe unbekannt!).

Funktion der Vorschrift Nach § 377 Abs. 1 HGB hat der Käufer eine Ware unverzüglich nach der Ablieferung zu untersuchen, soweit dies „nach ordnungsgemäßem Geschäftsgange tunlich ist". Zeigt sich dabei ein Mangel, ist dieser dem Verkäufer unverzüglich anzuzeigen. Anderenfalls **gilt** die Ware, auch wenn sie einen Mangel aufweist, nach § 377 Abs. 2 HGB **als genehmigt.**

Dies bedeutet: Obwohl die Sache einen Mangel hat, wird fingiert (geht man davon aus), dass der Käufer die mangelhafte Sache als vertragsgerecht akzeptiert und er deshalb keine Rechte wegen der Mängel geltend machen will. Aus dieser Fiktion folgt, dass der Käufer den vollen Kaufpreis zahlen muss, auch wenn die zwei- oder fünfjährige Verjährungsfrist für die Ansprüche wegen Mängeln (§ 438 Abs. 1 Nr. 2, Nr. 3 BGB) noch nicht abgelaufen ist.

Die juristisch korrekte Bezeichnung für diesen Sachverhalt lautet: „Verletzung der kaufmännischen **Rügeobliegenheit",** nicht der Rüge*pflicht*. Der Käufer ist nämlich nicht *verpflichtet,* die Ware zu untersuchen. Wenn er die Untersuchung nebst unverzüglicher Rüge unterlässt, steht dem Verkäufer deshalb kein Anspruch gegen den Käufer zu. Der Käufer „schneidet sich aber ins eigene Fleisch", wenn er die Untersuchung nicht durchführt. Denn er verliert möglicherweise die ihm wegen des Mangels nach §437 BGB gegen den Verkäufer zustehenden Rechte. Der vorliegende Verstoß gegen eigene Interessen wird als *Obliegenheitsverletzung* bezeichnet.

Voraussetzungen des §377 HGB

§377 Abs. 1 HGB ist wie folgt zu lesen:

Wenn

- **P1:** der Kauf für beide Teile ein Handelsgeschäft ist,
- **P2:** die Ware durch den Verkäufer abgeliefert wurde,

dann

- **P3:** hat der Käufer die Ware unverzüglich zu untersuchen, soweit dies im ordnungsgemäßen Geschäftsgange tunlich ist,
- **P4:** wenn sich ein Mangel zeigt, dem Verkäufer unverzüglich eine Anzeige zu machen.

Aus §377 Abs. 1 HGB ergibt sich nicht, welche Rechtsfolge eintritt, wenn der Käufer der Rügeobliegenheit nicht nachkommt. Die **Rechtsfolge** der unterlassenen oder verspäteten Anzeige folgt aus **§377 Abs. 2 HGB:**

Merke

Unterlässt der Käufer die nach §377 Abs. 1 HGB erforderliche Anzeige, so gilt die Ware nach §377 Abs. 2 HGB als genehmigt, sodass dem Käufer wegen des Mangels keine Rechte mehr aus §437 BGB zustehen, es sei denn, dass der Mangel bei einer ordnungsgemäßen Untersuchung nicht erkennbar war. Der Verkäufer kann sich allerdings nicht auf §377 HGB berufen, wenn der den Mangel arglistig verschwiegen hat (§377 Abs. 5 HGB).

Kauf für beide Teile ein Handelsgeschäft §377 Abs. 1 HGB setzt voraus, dass der Kauf für *beide* Teile ein *Handelsgeschäft* ist.

Vorliegen muss ein Kaufvertrag über **bewegliche Sachen,** also Waren im Sinne des HGB, einschließlich des Kaufs von Wertpapieren (§381 Abs. 1 HGB). Die §§377 ff. HGB gelten – wie schon gesehen – nach §381 Abs. 2 HGB zudem auch für Verträge, die die Lieferung herzustellender oder zu erzeugender beweglicher Sachen zum Gegenstand haben. Damit scheiden Kaufverträge über unbewegliche Sachen (Grundstücke) und reine Werkverträge aus, etwa Reparatur- und Wartungsverträge. Allerdings kann unter Kaufleuten auch für diese Verträge eine Mängelrüge vereinbart werden, auch in Allgemeinen Geschäftsbedingungen[45].

Der Kauf muss für **beide Teile** ein **Handelsgeschäft** sein.

[45] Vgl Palandt/Grüneberg, Bürgerliches Gesetzbuch, §309 Rn. 73.

Ob ein Kauf ein Handelsgeschäft ist, richtet sich nach §§343, 344 HGB: Verkäufer und Käufer müssen Kaufleute im Sinne der §§1 ff. HGB sein, und der Kauf muss zum Betrieb des jeweiligen Handelsgewerbes gehören, was aber nach §344 Abs. 1 HGB vermutet wird. Kauft ein Verbraucher von einem Kaufmann eine bewegliche Sache (Verbrauchsgüterkauf) oder ein Kaufmann von einem Verbraucher (etwa Ankauf eines gebrauchten Kfz durch einen Kfz-Händler), gilt §377 HGB nicht. Es ist auch nicht ausreichend, dass ein Kaufmann und ein Unternehmer (§13 BGB) beteiligt sind oder dass ein Unternehmer von einem anderen Unternehmer eine Sache kauft. Beide Vertragspartner müssen **Kaufleute** im handelsrechtlichen Sinn sein[46]!

Beispiel

Einzelhändler E hat 200 Kaffeemaschinen von der L-GmbH gekauft. Nach drei Wochen teilt E der L-GmbH mit, dass an 15 Maschinen erhebliche Mängel vorliegen. Er verlangt deshalb gemäß §437 Nr. 1 BGB die Lieferung mangelfreier Maschinen. Die L-GmbH lehnt dies unter Hinweis auf §377 HGB ab. Zu Recht?

§377 Abs. 1 HGB gilt nur, wenn der hier vorliegende Kauf über bewegliche Sachen für *beide* Teile ein Handelsgeschäft ist. Dies setzt nach §343 Abs. 1 HGB voraus, dass *beide* Parteien Kaufleute im Sinne des HGB sind. Die L-GmbH ist Formkaufmann nach §§6 Abs. 1 HGB, 13 Abs. 3 GmbHG. E ist nur dann Kaufmann, wenn sein Unternehmen, was zu klären ist, kaufmännische Einrichtungen erfordert (§1 Abs. 1 HGB)[47], oder wenn er im Handelsregister eingetragen ist (§2 HGB). Liegt keiner dieser Fälle vor, ist schon die erste Voraussetzung des §377 Abs. 1 HGB nicht gegeben.

Ablieferung der Ware an den Käufer

Die Ware ist an den Käufer abgeliefert, wenn der Besitz auf ihn übertragen wurde, er also die tatsächliche Sachherrschaft erlangt hat (§854 Abs. 1 BGB). Es ist nicht erforderlich, dass der Käufer bereits Eigentümer der Kaufsache ist. Wird die Ware auf Veranlassung des Käufers an einen Dritten geliefert (sogenannte „Durchlieferung“, auch „Streckengeschäft“ genannt), gilt sie ebenfalls als abgeliefert. Dem Käufer ist in einem solchen Fall zur Vermeidung von Rechtsnachteilen zu raten, den Dritten vertraglich mit der Untersuchung zu beauftragen oder sich notfalls selbst an den Lieferort zu begeben. Eventuell besteht auch die Möglichkeit, §377 HGB im Verhältnis zum Lieferanten vertraglich etwa wie folgt zu ändern:

Praxistipp

„Im Falle eines Streckengeschäfts ist die Mängelanzeige rechtzeitig, wenn der Käufer einen von seinem Abnehmer angezeigten Mangel unverzüglich an den Verkäufer weiterleitet.“

[46] Zum Kaufmannsbegriff vgl. S. 57 f.
[47] Vgl. S. 57.

Umfang der Untersuchung

Schwierigkeiten bereitet in der Praxis der Umfang der gebotenen Untersuchung. Das Gesetz verlangt eine Untersuchung, wie sie „im ordnungsgemäßen Geschäftsgange **tunlich** ist". „Tunlich" bedeutet nicht „üblich", sondern **zumutbar.** Die Untersuchung ist auf solche Mängel auszurichten, die bei einer mit verkehrsüblicher Sorgfalt durchgeführten Untersuchung erkennbar sind. Art und Umfang der Untersuchung hängen von den Umständen des Einzelfalls ab.

Beispiele

- Werden nur wenige Stücke einer Ware geliefert, ist eine Untersuchung, die zur Zerstörung oder Unverkäuflichkeit der untersuchten Gegenstände führt, nicht tunlich (zumutbar). Die Ware ist aber „auf Sicht" zu prüfen, etwa auf äußere Beschädigungen der Verpackung und der Ware selbst. Soweit vorhanden, ist das Haltbarkeitsdatum zu kontrollieren.
- Kann eine Ware – hier 2.000 Computerdisketten – ohne Einbuße von Wert und Verkaufsfähigkeit geprüft werden, sind bei einer Gesamtliefermenge von 20000 Stück 15 bis 20 Stichproben *nicht* ausreichend[48].
- „Tunlich" (zumutbar) kann auch eine Weiter- oder Probeverarbeitung sein, sofern ein Mangel nur so festgestellt werden kann.

Ohne schuldhaftes Zögern

In allen Fällen muss die Untersuchung „ohne schuldhaftes Zögern" (vgl. § 121 BGB) erfolgen, um so die Voraussetzung für eine unverzügliche Rüge zu schaffen.

Beispiel

Kaufmann K hat von der V-GmbH eine große Menge tiefgefrorenes Fleisch bezogen, das er verarbeiten will. Als K das Fleisch nach drei Wochen auftaut, wird aufgrund des Geruchs und des Aussehens sofort festgestellt, dass es verdorben ist. Hier hätte K, um der Rügeobliegenheit zu genügen, einen Teil des Fleisches auftauen und unverzüglich untersuchen müssen. Eine Untersuchung nach drei Wochen ist nicht mehr „unverzüglich" und damit zu spät. Da K die unverzügliche Untersuchung und damit auch die unverzügliche Rüge unterlassen hat, gilt die Ware (obwohl sie mangelhaft ist!) als genehmigt. K hat seine Ansprüche aus § 437 BGB gemäß § 377 Abs. 2 HGB verloren und ist, sofern noch nicht geschehen, nach § 433 Abs. 2 BGB verpflichtet, den vollständigen Kaufpreis an die V-GmbH zu zahlen, obwohl das Fleisch verdorben ist[49].

---

48 OLG Köln, NJW-RR 1999, S. 565, 566.
49 Vgl. OLG Oldenburg, Betriebs-Berater (BB) 1998, S. 398 f.

Unverzügliche Anzeige

Wenn sich ein Mangel zeigt, hat der Käufer dem Verkäufer den Mangel unverzüglich, das heißt ohne schuldhaftes Zögern anzuzeigen (§ 121 BGB). Eine feste, bestimmte Frist für die Anzeige gibt es nicht. Vielmehr kann diese je nach Liefergegenstand, Umfang der Lieferung und Schwierigkeit der Untersuchung zwischen wenigen Stunden (leicht verderbliche Ware) und einigen Tagen oder ausnahmsweise sogar Wochen schwanken. Ein vorsichtiger Kaufmann wird unmittelbar nach dem Eintreffen der Ware mit der Untersuchung beginnen.

Praxistipp

In jedem Fall sollte, gerade auch im Hinblick auf eine mögliche gerichtliche Auseinandersetzung, in einem *Prüfprotokoll* festgehalten werden, **w**er **w**ann **w**elche Untersuchung mit **w**elcher Methode und mit **w**elchem Ergebnis vorgenommen hat.

Eine Anzeige des Mangels setzt inhaltlich voraus, dass der Mangel möglichst genau beschrieben wird. Der Käufer muss zwar nicht mitteilen, *warum* die Sache mangelhaft ist, aber genau beschreiben, *welcher* Mangel vorliegt. Er muss also nicht die Ursache des Mangels nennen (die der Käufer ja oft auch gar nicht kennt), sondern lediglich das *Erscheinungsbild* des Mangels, dessen Symptom beschreiben. Man spricht von einer „substantiierten Mängelrüge". Diese Anforderungen hatte die Mitarbeiterin der Marketingagentur bei der Rüge der mangelhaften Flyer nicht beachtet[50].

Beispiele

- Die Rüge „Die Ware ist EDV-Schrott. Sie steht zur Abholung bereit" genügt nicht den Anforderungen an eine ordnungsgemäße Anzeige.
- Ausreichend wäre folgende Anzeige: „Beim Hochfahren des Computers kommt es unregelmäßig zu folgender Fehlermeldung: Es ist ein schwerer Ausnahmefehler im Modul KS 12.0551 aufgetreten. Danach lässt sich das Gerät nicht weiter hochfahren und der Bootvorgang muss vollständig wiederholt werden."

Praxistipp

Auch wenn § 377 HGB für die Anzeige des Mangels keine Form vorsieht, ist es aus Beweisgründen dringend zu raten, eine schriftliche Rüge zu erheben. Häufig wird die Schriftform ohnehin in den AGB des Lieferanten festgeschrieben, was in dem hier vorliegenden kaufmännischen Verkehr zulässig ist.

---

50 Vgl. S. 251.

Rechtsfolgen der unterlassenen Rüge

Die Rechtsfolge bei Nichtbeachtung der Rügeobliegenheit ergibt sich aus § 377 Abs. 2 HGB: Danach gilt die Ware, so wie sie ist, als genehmigt. Es wird also so getan (es wird fingiert), als ob der Käufer mit der Qualität der Ware zufrieden ist und keine Mängelansprüche gemäß § 437 BGB geltend machen will.

Beispiel

Die bundesweit tätige K-AG (K) bezieht von der V-GmbH (V) 10.000 Computer, die K im Rahmen einer Sonderaktion vier Wochen später verkaufen will. Eine Eingangsuntersuchung bei K auf mögliche Mängel unterbleibt. Weniger als zwei Stunden nach dem Start der Aktion sind sämtliche Computer nach teilweise heftigen Verteilungskämpfen in allen Filialen der K ausverkauft. Die Freude der erfolgreichen Käufer währt aber nur kurz, da alle Geräte erhebliche Mängel aufweisen, die bei der Installation unmittelbar sichtbar werden. K verlangt von V die Lieferung mangelfreier Geräte.

Lösungsskizze

Nach §§ 437 Nr. 1, 439 BGB steht K – was in einer Klausur zu prüfen wäre – der begehrte Nacherfüllungsanspruch zu.

Dieser Anspruch ist nach § 377 Abs. 2 HGB ausgeschlossen, wenn K ihrer Untersuchungs- und Rügeobliegenheit nach § 377 Abs. 1 HGB nicht nachgekommen ist. Ein beidseitiger Handelskauf über bewegliche Sachen liegt vor, weil beide Parteien Kaufleute sind (§§ 6 Abs. 1 HGB, 3 Abs. 1 AktG, 13 Abs. 3 GmbHG) und der zwischen ihnen geschlossene Kaufvertrag zum Betriebe des jeweiligen Handelsgewerbes gehört (§§ 343, 344 Abs. 1 HGB). Eine Ablieferung der Ware ist erfolgt. K hat die Ware nach der Ablieferung aber nicht untersucht, was hier stichprobenartig durch eine Testinstallation tunlich (zumutbar) gewesen wäre. Da die Anzeige des Mangels erst vier Wochen nach der Ablieferung erfolgt, liegt ein schuldhaftes Zögern vor (§ 121 BGB), sodass keine unverzügliche Rüge erfolgt ist. Der Anspruch des K auf Neulieferung gemäß §§ 437 Nr. 1, 439 BGB ist deshalb nach § 377 Abs. 2 HGB ausgeschlossen.

Hinweis

Das ist die juristische Lösung. Aufgrund der Nachfragemacht der K-AG und – aus der Sicht der V-GmbH – um Folgegeschäfte nicht zu gefährden, dürfte die betriebswirtschaftliche Lösung ganz anders aussehen!

14.2.5 Arten der Nacherfüllung

Wahlrecht des Käufers

Ergibt die Prüfung, dass dem Käufer ein Anspruch auf Nacherfüllung nach §437 Nr. 1 BGB „dem Grunde nach“ zusteht, kann der Käufer nach §439 Abs. 1 BGB die Beseitigung des Mangels (also die Reparatur) *oder* die Lieferung einer mangelfreien Sache (also den Umtausch) verlangen.

Praxistipp

Was viele Verkäufer nicht wissen oder nicht wissen wollen: Die Wahl zwischen Reparatur und Umtausch trifft der Käufer, nicht der Verkäufer!

Viele Verkäufer haben allerdings aus durchaus nachvollziehbaren Gründen wenig oder gar kein Interesse daran, die mangelhafte, oft schon gebrauchte Sache zurückzunehmen und dem Kunden eine neue mangelfreie Sache zu liefern. Sie versuchen deshalb, den Kunden in eine für sie günstige Richtung zu drängen.

Beispiel

K hat bei V einen neuen Lastwagen gekauft, an dem nach drei Monaten aufgrund eines Montagefehlers des Herstellers erhebliche Getriebeprobleme auftreten. V bietet die Reparatur an, K besteht auf der Lieferung eines neuen Fahrzeugs. V meint, das komme auf keinen Fall infrage. Wer hat Recht?

Nach §439 Abs. 1 BGB steht dem Käufer das **Wahlrecht** zwischen der Beseitigung des Mangels und der Lieferung einer mangelfreien Sache zu. K kann deshalb nach §§437 Nr. 1, 439 Abs. 1 BGB die Lieferung eines anderen Fahrzeugs verlangen. Er ist in der Wahl frei und kann beliebig nach seinem Interesse entscheiden[51]. Lediglich aus §439 Abs. 3 BGB können sich Einschränkungen des Wahlrechts ergeben, worauf zurückzukommen ist.

Entscheidet sich der Käufer für die Neulieferung (Umtausch), hat er nach §439 Abs. 1 BGB einen Anspruch auf eine mangelfreie Sache. Damit gemeint ist eine **neue, mangelfreie** Sache! Es reicht also nicht aus, wenn der Verkäufer dem Käufer eine zwar mangelfreie, aber bereits gebrauchte Sache zur Verfügung stellt.

Beispiel[52]

Das fünf Monate alte Handy des K fällt immer wieder wegen eines Softwarefehlers aus. V bietet K an, das Handy einzuschicken, für die Zwischenzeit könne K ein Ersatzgerät für 9,95 € pauschal „ausleihen“ (also mieten!). K möchte ein neues Handy. V erwidert, darauf habe K keinen Anspruch; er könne nur ein gebrauchtes, aber generalüberholtes

51 Palandt/Weidenkaff, Bürgerliches Gesetzbuch, §439 Rn. 5.
52 So live erlebt in einem „Handyladen“.

Gerät bekommen. Schließlich gebe K ja auch ein gebrauchtes Handy zurück. Nach kurzer Diskussion lässt K sich in Unkenntnis der Rechtslage auf eine Reparatur ein, nachdem der V „großzügig" auf die Miete für das Ersatzhandy verzichtet hat.

K hätte nach §§ 437 Nr. 1, 439 Abs. 1 BGB gegen Rückgabe des defekten Handys ein **neues** Gerät verlangen können, weil der Verkäufer seine Pflicht aus § 433 Abs. 1 S. 2 BGB zur Lieferung eines mangelfreien Handys bisher nicht erfüllt hat.

Nach § 439 Abs. 2 BGB hat der Verkäufer die für die Mangelbeseitigung oder die Neulieferung erforderlichen Aufwendungen zu tragen, wobei ausdrücklich Transport-, Wege-, Arbeits- und Materialkosten genannt werden.

Beispiel

Da die von K bei V vor 18 Monaten gekaufte Waschmaschine nur noch bis 30 Grad aufheizt, bestellt K den Kundendienst des V. Dieser wechselt kostenlos ein defektes Teil aus („da ist noch Garantie drauf"), stellt aber pauschal Anfahrtskosten (20,– €), eine Montagefahrzeugbereitstellungspauschale (7,50– €) und Arbeitskosten (50,– €), jeweils zzgl. Umsatzsteuer, in Rechnung. Da der Anspruch des K aus §§ 437 Nr. 1, 439 BGB bestand, hat V nach § 439 Abs. 2 BGB sämtliche Kosten der Nachbesserung zu tragen. K muss die Rechnung also nicht bezahlen.

Besondere Probleme treten auf, wenn eine mangelhafte Sache in eine andere Sache **eingebaut** worden ist. Hier können erhebliche Kosten für den Ausbau der mangelhaften Sache und den (erneuten) Einbau einer mangelfreien Sache entstehen. Die Frage ist, ob der Verkäufer auch diese Kosten zu tragen hat. Zu dieser Problematik gibt es zwei grundlegende BGH-Entscheidungen:

1. Entscheidung: Parkettstäbe Im ersten Fall kaufte der Kläger beim Beklagten Parkettstäbe und Sockelleisten für 1.514,22 € und ließ diese verlegen. Ein Sachverständiger stellte nicht behebbare Mängel des Parketts fest. Der Beklagte erstattete die Kosten für die Entfernung und Entsorgung des mangelhaften Parketts in Höhe von 569,29 €. Der Kläger begeht die Zahlung weiterer 1.583,05 € für die Kosten der Verlegung der von einem Dritten beschafften neuen Parkettstäbe[53].

Der BGH entschied gegen den Käufer und führte zur Begründung aus, der Verkäufer der mangelhaften Parkettstäbe schulde nach § 439 Abs. 1 BGB im Wege der Ersatzlieferung nur die Lieferung mangelfreier Parkettstäbe, das heißt die Verschaffung von Besitz und Eigentum an einer mangelfreien Kaufsache. Zur Verlegung ersatzweise gelieferter Parkettstäbe sei der Verkäufer im Wege der Nacherfüllung auch dann nicht verpflichtet, wenn der Käufer die mangelhaften Parkettstäbe bereits verlegt habe[54]. Eine Haftung des Verkäufers für die Kosten der Neuverlegung komme nur unter dem Gesichtspunkt des „Schadensersatzes statt der Leistung" in Betracht. Insoweit hafte der Verkäufer aber nur, wenn

---

53 BGH NJW 2008, S. 2837.
54 BGH NJW 2008, S. 2837, Rn. 19.

er die in der mangelhaften Lieferung liegende Pflichtverletzung zu vertreten habe[55].

Der Anspruch ergebe sich auch nicht aus § 439 Abs. 2 BGB über die vom Verkäufer zu tragenden Kosten der Nacherfüllung. Diese Vorschrift erfasse nur die Aufwendungen – insbesondere die Transport-, Wege-, Arbeits- und Materialkosten –, die erforderlich seien, um die Nacherfüllung gemäß § 439 Abs. 1 BGB durchzuführen, also die Lieferung der mangelfreien Stäbe. Da sich die Pflicht der Beklagten aus § 439 Abs. 1 BGB nicht auf die Verlegung erstrecke, müsse sie auch nicht die dafür entstehenden Arbeitskosten tragen[56].

2. Entscheidung: Fliesen Der Kläger – ein Verbraucher – kaufte beim Beklagten für 1.382,27 € Fliesen und ließ diese in seinem Haus verlegen. Nach dem Gutachten eines Sachverständigen weisen die Fliesen feine Mikroschleifspuren auf, die nicht beseitigt werden können. Deshalb ist ein kompletter Ausbau mit anschließender Neuverlegung anderer Fliesen erforderlich, wofür Kosten in Höhe von 5.830,57 € entstehen.

Der BGH entschied, dass der Verkäufer die vom Käufer begehrte Nacherfüllung durch Lieferung mangelfreier Fliesen *und Ausbau* der mangelhaften Fliesen zu Recht gemäß § 439 Abs. 3 BGB verweigert habe. Denn die anfallenden Kosten für die Neulieferung der Fliesen (ca. 1.200,– €) und für den Ausbau der mangelhaften Fliesen (ca. 2.100,– €,) gesamt also ca. 3.300,– €, seien in Relation zum Kaufpreis absolut unverhältnismäßig[57].

Da der BGH Zweifel hegt, ob der für diese Entscheidung maßgebliche § 439 Abs. 3 BGB mit der Richtlinie 1999/44/EG[58] zu vereinbaren ist, legte er diese Frage dem Europäischen Gerichtshof (EuGH) vor. Der BGH verband die Vorlage mit der Frage, ob die Bestimmungen des Artikels 3 II und III Unterabschnitt 3 der Richtlinie so auszulegen seien, dass der Verkäufer die Kosten des Ausbaus der mangelhaften Sache zu tragen habe.

Merke

Nach der Rechtsprechung des BGH schuldet der Verkäufer einer mangelhaften Sache, sofern der Käufer sich für die Neulieferung entscheidet, gemäß §§ 437 Nr. 1, 439 Abs. 1 BGB die Lieferung einer mangelfreien Kaufsache. Der Verkäufer hat außerdem die für *diese* Lieferung anfallenden Kosten zu tragen (§§ 437 Nr. 1, 439 Abs. 2 BGB).

Sofern der Käufer die mangelhafte Sache eingebaut hat, schuldet der Verkäufer aus §§ 437 Nr. 1, 439 Abs. 1 BGB hingegen nicht die Kosten für die Entfernung und den Neueinbau der mangelfreien Sache. In Betracht kommt nur eine Haftung nach §§ 437 Nr. 3, 280 Abs. 1, Abs. 3, 281 BGB im Wege des Schadensersatzes statt der Leistung.

55 BGH NJW 2008, S. 2837, Rn. 29 ff.
56 BGH NJW 2008, S. 2837, Rn. 23 f.
57 BGH NJW 2009, S. 1660, Rn. 15 f.
58 Richtlinie 1999/44/EG des Europäischen Parlaments und des Rates vom 25.05.1999 zu bestimmten Aspekten des Verbrauchsgüterkaufs und der Garantien für Verbrauchsgüter.

Allerdings können sich Änderungen zu dieser Rechtsprechung ergeben, wenn der EuGH über die Vorlagefrage des BGH entschieden hat.

Einschränkungen des Wahlrechts

Es kann vorkommen, dass ein uneinsichtiger Käufer wegen eines kleinen Mangels, der kurz vor Ablauf der zweijährigen Verjährungsfrist auftritt, von seinem ihm nach §439 Abs. 1 BGB zustehenden Wahlrecht (Nachbesserung oder Neulieferung) in der Weise Gebrauch macht, dass er die Lieferung einer neuen Sache verlangt, obwohl mit einem geringen Aufwand eine Reparatur der mangelhaften Sache möglich ist.

In einem solchen Fall kann der Verkäufer sich auf §439 Abs. 3 BGB berufen: Danach kann er die vom Käufer gewählte Art der Nacherfüllung verweigern, wenn diese mit unverhältnismäßigen Kosten verbunden ist. Für die Beurteilung sind insbesondere der Wert der Sache im mangelfreien Zustand, die Bedeutung des Mangels und der Aspekt zu berücksichtigen, ob ohne erhebliche Nachteile für den Käufer auf die andere Art der Nacherfüllung zurückgegriffen werden kann[59]. Eine weitere Einschränkung des Wahlrechts des Käufers besteht, wenn die gewählte Art der Nacherfüllung unmöglich ist (§275 Abs. 1 BGB) oder der Verkäufer sie nach §275 Abs. 2 oder Abs. 3 BGB verweigern kann.

Liegt eine solche, vom Verkäufer zu beweisende Einschränkung nicht vor, bleibt es dabei, dass der Käufer die Wahl zwischen der Neulieferung (Umtausch) und der Nachbesserung (Reparatur) hat.

Praxistipp

Mit ziemlich großer Sicherheit ist damit zu rechnen, dass der Verkäufer diese Rechtsauffassung nicht teilen wird. Hier hilft nur ein gewisses Maß an Beharrlichkeit, auch mit Hinweis auf die entsprechenden Regelungen im BGB.

Folgen der Neulieferung

Erhält der Käufer im Wege der Neulieferung für die mangelhafte Sache eine neue Sache, kann der Verkäufer nach §439 Abs. 4 BGB vom Käufer gemäß §§346–348 BGB die Rückgewähr **(Rückgabe)** der mangelhaften Sache verlangen. Dieser Anspruch umfasst nach §346 Abs. 1 BGB auch die Herausgabe der gezogenen **Nutzungen.**

Beispiel

Nachdem K 19 Monate mit einem für 300.000,– € bei V gekauften Lkw gefahren und insgesamt 140.000 km zurückgelegt hat, erhält er wegen eines schweren Mangels an diesem Lkw im Wege der Nacherfüllung ein neues Fahrzeug von V. Für den Gebrauch des Fahrzeugs muss K dem V eine Nutzungsentschädigung zahlen. Diese wird dadurch ermittelt, dass aus dem Kaufpreis des mangelhaften Fahrzeugs und

[59] Vgl. BGH NJW 2009, S. 1660, Rn. 14 ff.

der voraussichtlichen Laufleistung ein Nutzungswert pro Kilometer errechnet wird. Bei einem Kaufpreis von 300.000,– € und einer – angenommenen – voraussichtlichen Laufleistung des Lkw von 500.000 km entfällt nach der Formel

(300.000,– € : 500.000 km = x € : 1 km) auf einen Kilometer ein Betrag von 0,60 €.

Nach Multiplikation mit den gefahrenen Kilometern ergibt sich eine Nutzungsentschädigung von 140.000 * 0,60 € = 84.000 – €. Diese lineare Berechnung der Nutzungsentschädigung ist für den Verkäufer sehr nachteilhaft, weil der eingetretene Wertverlust am Fahrzeug nicht angemessen ausgeglichen wird.

K bekommt hier also einen *neuen* Lkw, muss aber neben der Rückgabe des defekten Lkw für die Nutzung 84.000,– € an V zahlen. V bekommt das defekte, fast zwei Jahre genutzte Fahrzeug zurück. Die Nutzungsentschädigung deckt den Wertverlust des Lkw bei Weitem nicht ab.

Das Beispiel verdeutlicht, warum einem Verkäufer bei teuren Waren daran gelegen ist, möglichst eine Reparatur durchzuführen. Bei preiswerten billigen Waren, etwa bei aus Billiglohnländern bezogenen Elektrogeräten, lohnt sich eine Reparatur hingegen nicht. Hier ist – nicht nur – aus Sicht des Verkäufers der Umtausch die bessere Variante.

Verbrauchsgüterkauf

Die Rechtslage verschlechtert sich weiter zum Nachteil des Verkäufers, wenn ein Verbrauchsgüterkauf vorliegt. In diesem Fall muss der Verbraucher nicht einmal eine Nutzungsentschädigung zahlen. Wenn es im vorangegangenen Beispiel nicht um einen Lkw, sondern um einen vom Verbraucher K gekauften Pkw gehandelt hätte, hätte V zwar den Pkw zurückbekommen, aber keine Entschädigung für die 19-monatige Nutzungszeit durch K erhalten.

Diese für den Verkäufer sehr nachteilige Rechtslage beruht auf einem Urteil des BGH, das wiederum auf ein Urteil des Europäischen Gerichtshofs (EuGH) zurückgeht. In dem zugrunde liegenden Fall ging es im Ausgangspunkt um eine Forderung von sage und schreibe 67,86 €. Wie kommt ein solcher Fall vor den EuGH und den BGH?

Zum Sachverhalt: Die Klägerin, eine Einrichtung der Verbraucherberatung, ließ sich einen Anspruch einer Verbraucherin abtreten, um ihn im eigenen Namen gerichtlich geltend zu machen. Die Verbraucherin hatte bei dem inzwischen – aber aus ganz anderen Gründen – insolventen Versandhaus Quelle ein „Herd-Set“ für 524,90 € gekauft. Als sich innerhalb der Gewährleistungszeit im Backofen des Herds die Emailleschicht löste, tauschte Quelle den gesamten Herd aus, gewährte also die Nacherfüllung in Form der Neulieferung. Die Verbraucherin zahlte an Quelle einen gemäß §§ 439 Abs. 4, 346 Abs. 1 BGB für die Nutzung geforderten Betrag in Höhe von 67,86 €. Im Prozess ging es unter anderem um die Frage, ob diese Zahlung zu Recht oder zu Unrecht erfolgt war.

Da neben dem Anspruch auf Rückzahlung auch ein Unterlassungsanspruch nach dem UKlaG[60] geltend gemacht wurde, begann der Rechtsstreit am **Landgericht** Nürnberg-Fürth[61]. Von dort ging der Prozess in die Berufung zum **Oberlandesgericht** Nürnberg[62], das wegen der grundsätzlichen Bedeutung des Falls die Revision zum BGH zuließ. Der angerufene **BGH** hatte Zweifel, ob die aus §§ 439 Abs. 4, 346 Abs. 1 BGB folgende Pflicht zur Zahlung einer Entschädigung für die gezogenen Nutzungen mit der EG-Richtlinie 1999/44/EG[63] vereinbar ist und legte die Sache dem **EuGH** vor[64].

Nachdem dieser entschieden hatte[65], urteilte der BGH unter Anwendung des Urteils des EuGH, § 439 Abs. 4 BGB sei im Wege der richtlinienkonformen Rechtsfortbildung in Fällen des Verbrauchsgüterkaufs einschränkend anzuwenden. Die in § 439 Abs. 4 BGB in Bezug genommenen Vorschriften über den Rücktritt (§§ 346 bis § 348 BGB) seien in diesen Fällen nur für die Rückgewähr der mangelhaften Sache anzuwenden, führten hingegen nicht zu einem Anspruch des Verkäufers gegen den Käufer auf Herausgabe der gezogenen Nutzungen oder auf Wertersatz für die Nutzung der mangelhaften Sache[66].

Das bedeutet Folgendes: Der BGH legte § 439 Abs. 4 BGB so aus, dass auf den letzten Satzteil des § 346 Abs. 1 BGB „und die gezogenen Nutzungen herauszugeben" *nicht* verwiesen wird, wenn ein Verbrauchsgüterkauf vorliegt. Der BGH begründete dies mit der Pflicht der Gerichte, das nationale Recht so auszulegen, dass es den Richtlinien der Europäischen Gemeinschaft entspricht.

Der Gesetzgeber hat auf diese Urteile reagiert und im Jahre 2008 § 474 Abs. 2 S. 1 BGB geändert. § 439 Abs. 4 BGB ist bei Vorliegen eines Verbrauchsgüterkaufs mit der Maßgabe anzuwenden, dass der Verbraucher die aus dem Gebrauch der mangelhaften Sache gezogenen Nutzungen *nicht* herauszugeben hat und auch *keinen* Wertersatz leisten muss.

Praxistipp

Beim Verbrauchsgüterkauf muss der Verbraucher keine Nutzungsentschädigung zahlen oder Wertersatz leisten, wenn er im Wege der Nacherfüllung statt der mangelhaften Sache eine **neue Sache** erhält. Anders ist es, wenn der Verbraucher vom Kaufvertrag zurücktritt[67].

---

60 Gesetz über Unterlassungsklagen bei Verbraucherrechts- und anderen Verstößen.
61 LG Nürnberg-Fürth, NJW 2005, S. 2558 ff.
62 OLG Nürnberg, NJW 2005, S. 3000 ff.
63 Richtlinie 1999/44/EG des Europäischen Parlaments und des Rates vom 25.05.1999 zu bestimmten Aspekten des Verbrauchsgüterkaufs und der Garantien für Verbrauchsgüter.
64 BGH NJW 2006, S. 3200 ff.
65 EuGH NJW 2008, S. 1433 ff.
66 BGH NJW 2009, S. 427, Rn. 26.
67 Vgl. S. 269.

14.2.6 Zusammenfassung zum Anspruch auf Nacherfüllung

Begehrt der Käufer wegen eines Mangels der Kaufsache die Nacherfüllung nach §§ 437 Nr. 1, 439 BGB, müssen die positiven Voraussetzungen P1 + P2 + P3 kumulativ vorliegen:

- **P1:** Wirksamer Kaufvertrag über eine Sache,
- **P2:** Sachmangel (§ 434 BGB) oder Rechtsmangel (§ 435 BGB), und zwar jeweils
- **P3:** im Zeitpunkt des Gefahrübergangs (§§ 434 Abs. 1, 446, 447 BGB).

Von den folgenden negativen Tatbestandsmerkmalen N1 bis N4 darf keines vorliegen:

- **N1:** Kenntnis des Käufers vom Mangel (gesetzlicher Ausschluss nach § 442 BGB),
- **N2:** wirksamer vertraglicher Ausschluss der Rechte in einem Individualvertrag oder in Allgemeinen Geschäftsbedingungen,
- **N3:** Verjährung des Anspruchs (§§ 438, 214 Abs. 1 BGB),
- **N4:** nur im kaufmännischen Bereich: Nichtbeachtung der kaufmännischen Rügeobliegenheit (§ 377 HGB).

Abschließend ist darauf hinzuweisen, dass der Anspruch auf Nacherfüllung nach § 437 Nr. 1 BGB *kein* Verschulden oder ein sonstiges **Vertretenmüssen** des Verkäufers voraussetzt. Der Verkäufer kann sich deshalb nicht darauf berufen, dass der Mangel vom Hersteller verursacht wurde und dass er – der Verkäufer ihn weder kennen konnte noch kennen musste oder gar verhindern konnte.

Beispiel

Käufer K reklamiert beim Verkäufer V einen Mangel. V erklärt, „damit habe er rein gar nichts zu tun, weil er den Mangel nicht verursacht habe. K solle sich direkt an den Hersteller in China oder an den Importeur in Rotterdam wenden."

Der Einwand des V mag menschlich verständlich sein, ist juristisch aber ohne Belang. V schuldet die Nacherfüllung gemäß §§ 437 Nr. 1, 439 Abs. 1 BGB auch dann, wenn er den Mangel *nicht* zu vertreten hat.

Merke

Der Anspruch des Käufers auf Nacherfüllung gegen den Verkäufer besteht auch dann, wenn der Verkäufer den Mangel nicht verschuldet oder sonst zu vertreten hat.

14.3 Rücktritt vom Vertrag

Vor den weiteren Ausführungen ist der Aufbau des § 437 BGB nochmals in Erinnerung zu rufen, wonach die Vorschrift dreigeteilt ist: Sie gewährt dem Käufer jeweils im Zusammenwirken mit anderen Vorschriften folgende Rechte:

- Nr. 1: Nacherfüllung (soeben behandelt),
- Nr. 2: Rücktritt vom Vertrag oder Minderung des Kaufpreises *und*
- Nr. 3: Schadens- oder Aufwendungsersatz.

14.3.1 Verhältnis der Rechte zueinander

Leider hat der Gesetzgeber es versäumt, das Verhältnis dieser Rechte zueinander klarzustellen. Dies lässt sich lediglich aus den in § 437 Nr. 2 und Nr. 3 BGB genannten Vorschriften entnehmen. Insbesondere aus der Nennung des § 440 BGB folgt, dass der Käufer *vorrangig* ein Recht auf die Nacherfüllung hat, während ihm die weiteren Rechte nur nachrangig zustehen. Sie setzen nämlich den ergebnislosen Ablauf einer dem Verkäufer zuvor gesetzten **Frist zur Nacherfüllung** voraus.

Das bedeutet, dass der Verkäufer zunächst „eine zweite Chance" erhält: Er kann die Sache reparieren oder eine mangelfreie Sache liefern, wobei das Wahlrecht, wie gesehen, dem Käufer zusteht. In beiden Fällen bleibt der Kaufvertrag bestehen. Der Käufer ist (noch) nicht berechtigt, vom Kaufvertrag zurückzutreten. Der Verkäufer muss (noch) keine Herabsetzung des Kaufpreises hinnehmen (Minderung) und ist (noch) nicht der Gefahr ausgesetzt, Schadensersatz zahlen zu müssen.

Merke

Dem Käufer steht nach § 437 BGB bei einem Mangel der Kaufsache in erster Linie ein Recht auf Nacherfüllung (Nachbesserung oder Neulieferung) zu. Die anderen Rechte (Rücktritt vom Kaufvertrag, Minderung, Schadensersatz und Aufwendungsersatz) sind nachrangig.

§ 437 BGB enthält damit, bildlich betrachtet, eine Kommode mit drei Schubladen, in denen die Rechte des Käufers liegen:

- Zunächst („obere Schublade") hat der Käufer ein Recht auf Nacherfüllung, wobei er zwischen der Beseitigung des Mangels (Reparatur der Sache) und der Lieferung einer mangelfreien Sache (Umtausch) wählen kann (§§ 437 Nr. 1, 439 Abs. 1 BGB).
- Darunter befinden sich nebeneinander zwei „untere Schubladen": Die linke „untere Schublade" enthält als weitere Rechte den Rücktritt vom Vertrag („Sache zurück – Geld zurück") und die Minderung (Reduzierung) des Kaufpreises (§ 437 Nr. 2 BGB). Schließlich kann dem Käufer („rechte untere Schublade") ein Anspruch auf Schadensersatz oder auf Aufwendungsersatz zustehen (§ 437 Nr. 3 BGB).

Will man das Verhältnis dieser Rechte zueinander ebenfalls bildlich beschreiben, kann man sagen, dass dem Käufer ein Griff in die „unteren Schubladen" erst erlaubt ist, wenn die Rechte der „oberen Schublade" nicht ausreichen, zum Beispiel, weil diese leer ist (Unmöglichkeit der Nacherfüllung), weil die dort liegenden Gegenstände ebenfalls mangelhaft sind (Fehlschlagen der Nacherfüllung) oder weil der Verkäufer die „obere Schublade" abgeschlossen hat (die Nachbesserung verweigert).

14.3.2 Voraussetzungen des Rücktritts

Die in § 437 Nr. 2 BGB geregelten Ansprüche auf Rücktritt vom Vertrag und auf Minderung des Kaufpreises weisen identische Voraussetzungen auf, sodass im Folgenden zunächst nur der **Rücktritt** behandelt wird. § 437 Nr. 2 BGB ist wenig glücklich formuliert, weil eine Verweisung auf verschiedene andere Vorschriften erfolgt, was einigermaßen verwirrend ist. Die Verwirrung löst sich aber bei näherem Hinsehen auf, weil sich alle dort aufgeführten Vorschriften (§§ 440, 323, 326 Abs. 5 BGB) mit der Fristsetzung befassen. Unschön ist aber, dass der Gesetzgeber darauf verzichtet, die **Fristsetzung als Voraussetzung für den Rücktritt** ausdrücklich und klar zu benennen, sondern sich darauf beschränkt, Vorschriften anzugeben, in denen es um eine Fristsetzung geht. Erfreulich ist hingegen, dass mit Ausnahme des neuen Tatbestandsmerkmals, also der Fristsetzung, nahtlos an die Ausführungen zur Nacherfüllung angeknüpft werden kann.

Merke

Der Rücktritt vom Kaufvertrag setzt nach §§ 437 Nr. 2, 323 BGB voraus, dass

P1: die Voraussetzungen der Nacherfüllung (§§ 437 Nr. 1, 439 BGB) gegeben sind

und (abgeleitet aus § 323 BGB)

P2: der Käufer dem Verkäufer eine **angemessene Frist** zur Nacherfüllung gemäß § 323 Abs. 1 BGB setzt, es sei denn, die Fristsetzung ist gemäß §§ 323 Abs. 2, 440 BGB entbehrlich[68],

N1: keine Nacherfüllung während der Frist erfolgt,

N2: der Mangel nicht unerheblich ist (§ 323 Abs. 5 S. 2 BGB).

Fristsetzung

Diese oben schon behandelte § 323 BGB[69] ist als Grundlage für ein Gewährleistungsrecht beim Kaufvertrag wie folgt zu lesen:

Wenn

- **P1:** ein Kaufvertrag als gegenseitiger Vertrag vorliegt,
- **N1:** der Schuldner eine Leistung aus dem Kaufvertrag nicht vertragsgemäß erbringt (Lieferung einer im Zeitpunkt des Gefahrübergangs mangelhaften Kaufsache, kein Ausschluss der Sachmängelhaftung),
- **P2:** der Gläubiger dem Schuldner für die Nacherfüllung (Lieferung einer mangelfreien Sache) eine angemessene Frist setzt,
- **N2:** der Schuldner keine Nacherfüllung innerhalb der Frist erbringt,
- **N3:** der Mangel nicht unerheblich ist (§ 323 Abs. 5 S. 2 BGB),

dann

hat der Gläubiger das Recht, vom Vertrag zurückzutreten.

---

68 Vgl. S. 267 ff.
69 Vgl. S. 217 f.

Beispiel

Da die von K bei V gekaufte Waschmaschine nur noch bis 30 Grad aufheizt, ruft K den Kundendienst des V an. V weist darauf hin, dass im Moment viel zu tun sei und man erst in etwa zwei Wochen vorbeikommen könne. K erklärt daraufhin, er verlange, dass V die Maschine innerhalb einer Woche in Ordnung bringe. V erscheint in dieser Woche nicht. Kann K vom Vertrag zurücktreten?

Lösungsskizze

Recht des K zum Rücktritt aus **§§437 Nr.2 BGB, 323 Abs.1 BGB**

P1: Gegenseitiger Vertrag, hier der Kaufvertrag.

N1: Leistung des Schuldners nicht vertragsgemäß (Lieferung einer im Zeitpunkt des Gefahrübergangs mangelhaften Kaufsache, kein Ausschluss der Sachmängelhaftung), wovon hier ausgegangen wird.

P2: Angemessene Frist zur Nacherfüllung nach §323 Abs.1 BGB: Das Verlangen des K, die Maschine innerhalb einer Woche in Ordnung zu bringen, enthält im Wege der Auslegung (§§133, 157 BGB) eine Fristsetzung zur Vornahme der Nacherfüllung in Form der Nachbesserung. Die Frist war auch angemessen, da ein Kundendienst spätestens innerhalb einer Woche tätig werden muss.

N1: Keine Nacherfüllung innerhalb der Frist. V hat den Mangel während der Frist nicht beseitigt.

N2: Sachmangel nicht unerheblich gemäß §323 Abs.5 S.2 BGB, hier erheblicher Mangel.

Rechtsfolge: K hat nach §437 Nr.2 BGB das Recht, vom Vertrag zurückzutreten. Dies geschieht durch **Erklärung des Rücktritts gemäß §349 BGB.** Bis dahin steht K trotz des Fristablaufs weiterhin der Anspruch auf die Nacherfüllung (hier Reparatur) zu.

Angemessenheit der Frist

Der Käufer muss dem Verkäufer eine **angemessene Frist** zur Nacherfüllung setzen.

Merke

Angemessen ist eine Frist nach der Rechtsprechung des BGH, wenn der Schuldner die Möglichkeit hat, seine im Wesentlichen vorbereitete Leistung nunmehr zu erbringen[70]. Er soll seine schon begonnene Leistung beenden können[71].

Dies bedeutet, dass die Frist so lang sein muss, dass es dem Verkäufer möglich ist, die vom Käufer gewählte Art der Nacherfüllung zu Ende zu bringen. Inso-

70 BGH NJW 1985, S.855, 857.
71 BGH NJW 1985, S.320, 323.

weit kann keine allgemein gültige Frist angegeben werden, vielmehr ist – wie die Juristen es so schön formulieren – auf die Umstände des konkreten Einzelfalls abzustellen. Wegen der Schwierigkeit für den Käufer, eine angemessene Frist zu setzen, kommt die Rechtsprechung ihm dadurch entgegen, dass eine zu kurze Frist in eine angemessene Frist umgedeutet wird[72].

Beispiel

Das Rechenzentrum R hat von V Hard- und Software gekauft. Nach Installation und Durchführung einer erfolgreichen Probephase mit Beseitigung einiger Mängel werden die vorhandenen Systeme abgeschaltet. Kurze Zeit später fällt die neue Anlage komplett aus, sodass der Betrieb des R vollständig zum Erliegen kommt. R setzt V eine Frist von 24 Stunden für die Nachbesserung. Sollte sich diese Frist später als zu kurz erweisen, lässt die Rechtsprechung eine angemessene Frist anlaufen, zum Beispiel von 48 Stunden.

Zu den Anforderungen an eine Fristsetzung hat der BGH zu § 281 Abs. 1 BGB entschieden, dass ein fester Termin oder ein fester Zeitrahmen nicht genannt werden müsse. Für eine Fristsetzung genüge es, wenn der Gläubiger durch das Verlangen nach sofortiger, unverzüglicher oder umgehender Leistung oder vergleichbare Formulierungen deutlich mache, dass dem Schuldner für die Erfüllung nur ein begrenzter (bestimmbarer) Zeitraum zur Verfügung stehe; der Angabe eines bestimmten Zeitraums oder eines bestimmten (End-)Termins bedürfe es nicht[73]. Diese Rechtsprechung dürfte auch auf § 323 Abs. 1 BGB anwendbar sein[74].

Entbehrlichkeit der Fristsetzung

In bestimmten Konstellationen ist eine Fristsetzung **entbehrlich.** Einige dieser Fälle enthält § 440 Abs. 1 BGB, der zunächst auf zwei Regelungen aus dem Allgemeinen Schuldrecht (§ 281 Abs. 2 BGB und § 323 Abs. 2 BGB) verweist und eine Fristsetzung auch dann für entbehrlich erklärt, wenn

- der Verkäufer beide Formen der Nacherfüllung nach § 439 Abs. 3 BGB wegen unverhältnismäßiger Kosten verweigert,
- die dem Käufer zustehende Art der Nacherfüllung fehlgeschlagen ist oder
- ihm – dem Käufer – unzumutbar ist.

Eine Nachbesserung (Reparatur) gilt gemäß § 440 S. 2 BGB nach dem **erfolglosen zweiten Versuch als fehlgeschlagen**, sofern sich nicht aus der Art der Sache oder des Mangels oder aus den sonstigen Umständen etwas anderes ergibt. Der Käufer, der sich für eine Reparatur entscheidet, muss also im Regelfall zwei Nachbesserungsversuche (Reparaturversuche) „erdulden", bevor er ohne Fristsetzung den Rücktritt vom Vertrag erklären kann.

---

[72] BGH NJW 1985, S. 2640.
[73] BGH NJW 2009, S. 3153, Rn. 8 ff.
[74] So auch Koch, NJW 2010, S. 1636, Fn. 3.

Beispiele

- Da die von K bei V gekaufte Waschmaschine nur noch bis 30 Grad aufheizt, bestellt K den Kundendienst des V. V führt eine Reparatur durch, doch tritt der Mangel nach drei Waschgängen erneut auf. Bevor K vom Vertrag zurücktreten kann, muss K dem V nochmals eine Möglichkeit zur Reparatur geben.
- Das Krankenhaus K kauft ein medizinisches Gerät bei V. Während einer Operation kommt es zu einem erheblichen Leistungsabfall mit einer Gefährdung für den Patienten. Sollte dieser Mangel nach *einer* Reparatur nochmals auftreten, kann K abweichend vom Regelfall wegen der besonderen Umstände sofort vom Vertrag zurücktreten.

Hinweis

§ 440 S. 2 BGB bezieht sich nur auf die Nachbesserung (Reparatur), nicht auf die Nacherfüllung durch Lieferung einer anderen Sache. Eine Neulieferung (Umtausch) ist deshalb schon dann fehlgeschlagen, wenn die als Ersatz gelieferte Sache denselben oder einen anderen Mangel aufweist, sofern zu befürchten ist, dass eine weitere Neulieferung ebenfalls mangelhaft sein wird[75]. Der Käufer ist dann berechtigt, ohne Fristsetzung vom Vertrag zurückzutreten. Weitere Fälle enthalten die §§ 323 Abs. 2 und 326 Abs. 5 BGB.

Praxistipp

Wenn Sie sich als Käufer für die Nachbesserung entscheiden, müssen Sie in der Regel zwei Reparaturversuche zulassen, bevor Sie ohne Fristsetzung vom Vertrag zurücktreten und damit ihr Geld zurückverlangen können. Entscheiden Sie sich für die Neulieferung (Umtausch), können Sie bereits vom Kaufvertrag zurücktreten, wenn die Ersatzsache ebenfalls mangelhaft ist und zu befürchten ist, dass eine weitere Neulieferung ebenfalls keinen Erfolg haben wird.

Falls die Nacherfüllung nicht möglich ist (§ 275 Abs. 1 BGB) oder vom Verkäufer nach § 275 Abs. 2, Abs. 3 BGB zu Recht verweigert wird, ist eine Fristsetzung ebenfalls entbehrlich.

Beispiele

- Eine für den 3-Schicht-Betrieb geeignete Maschine des Typs HD 10.3 ist auf dem Weltmarkt nicht mehr verfügbar. Eine Umrüstung ist aufgrund eines patentrechtlichen Schutzes nicht zulässig. Hier macht es keinen Sinn, wenn K dem V eine Frist zur Nachrüstung setzen würde.
- Ein gebrauchtes Fahrzeug, das einen Unfall hatte, bleibt auch nach einer fachgerecht ausgeführten Reparatur ein Unfallfahrzeug. Eine Nachbesserung ist also nicht möglich. Eine Neulieferung scheidet

[75] Palandt/Weidenkaff, Bürgerliches Gesetzbuch, § 440 Rn. 7.

ebenfalls aus, da es ein anderes Fahrzeug dieses Typs mit genau diesen Abnutzungserscheinungen nicht gibt.

Wie der Anspruch auf die Nacherfüllung (§ 439 Nr. 1 BGB) erfordert auch der Rücktritt vom Vertrag *kein* Verschulden oder sonstiges Vertretenmüssen des Verkäufers.

Beispiel

Nachdem Käufer K den Rücktritt vom Kaufvertrag erklärt hat, weigert sich Verkäufer V, den Kaufpreis zurückzuzahlen, weil er „für den Mangel nichts könne". Dieses Argument zählt nicht, weil es für den Rücktritt nicht darauf ankommt, ob der Verkäufer den Mangel zu vertreten hat.

Möglichkeiten des Käufers

Wenn alle Voraussetzungen für den Rücktritt vorliegen, kann der Käufer frei entscheiden, ob er den Rücktritt erklärt oder ob er das Recht zur Minderung, also zur Herabsetzung des Kaufpreises, in Anspruch nimmt. Dieses Wahlrecht übt der Käufer durch Erklärung gegenüber dem Verkäufer aus. Erklärt er den Rücktritt (§ 349 BGB), wandelt sich der Kaufvertrag in ein sogenanntes „Rückgewährschuldverhältnis" um. Man kann sich das so vorstellen, dass der Kaufvertrag in Bezug auf den Leistungsaustausch seine Richtung ändert. Die bisher ausgetauschten **Leistungen** werden gemäß § 346 Abs. 1 BGB **zurückgegeben.** Der Verkäufer erhält die mangelhafte Sache zurück, der Käufer den Kaufpreis. Außerdem muss der Käufer eine **Nutzungsentschädigung** zahlen, und zwar auch beim Verbrauchsgüterkauf. Die oben beschriebene Ausnahme, nach der keine Nutzungsentschädigung zu zahlen ist, gilt gemäß §§ 474 Abs. 1 S. 1, 439 Abs. 3 BGB[76] nur für den Fall der Ersatzlieferung, nicht hingegen beim Rücktritt vom Kaufvertrag.

Zusammenfassung zum Rücktritt vom Kaufvertrag:

Merke

Der Rücktritt vom Kaufvertrag setzt gemäß **§ 437 Nr. 2 BGB** voraus:

P1: Voraussetzungen der Nacherfüllung (Kaufvertrag, Mangel im Zeitpunkt des Gefahrübergangs, kein Ausschluss der Sachmängelhaftung),

P2: Setzen einer angemessenen Frist zur Nacherfüllung durch den Käufer. Ausnahmsweise ist die Fristsetzung entbehrlich, zum Beispiel, wenn die Nacherfüllung fehlgeschlagen ist, was bei einer Reparatur in der Regel nach dem zweiten Versuch angenommen wird,

N1: keine Nacherfüllung während der Frist,

N2: Mangel nicht unerheblich (§ 323 Abs. 5 S. 2 BGB).

[76] Vgl. S. 261 ff.

Rechtsfolge: Sind diese Voraussetzungen gegeben, hat der Käufer das Recht, den Rücktritt vom Vertrag zu erklären (§ 349 BGB). Damit wandelt sich der Kaufvertrag in ein Rückgewährschuldverhältnis um (§ 346 BGB).

14.4 Minderung des Kaufpreises

Liegen die gerade behandelten Voraussetzungen der §§ 437 Nr. 2, 323 BGB vor, kann der Käufer *statt* des Rücktritts vom Vertrag auch die Minderung des Kaufpreises (§ 441 Abs. 1 S. 1 BGB) wählen. Der Unterschied besteht darin, dass die mangelhafte Sache im Falle des Rücktritts an den Verkäufer zurückgegeben wird und der Käufer den Kaufpreis, ggf. unter Abzug einer Nutzungsentschädigung, zurückerhält (§ 346 Abs. 1 BGB). Im Falle der Minderung behält der Käufer die Sache, doch wird der Kaufpreis wegen des Mangels reduziert. Die Berechnung erfolgt nach § 441 Abs. 3 BGB.

Beispiel

Erklärt der Käufer bei einem Kaufvertrag über einen Lkw den Rücktritt, bekommt er „Zug um Zug" gegen Rückgabe des Fahrzeugs den Kaufpreis zurück, muss sich aber nach § 346 Abs. 1 BGB wegen der gezogenen Nutzungen (der gefahrenen Kilometer) Abzüge gefallen lassen. Entscheidet er sich für die Minderung, behält der Käufer das mangelhafte Fahrzeug, doch wird der Kaufpreis in Höhe des Minderwertes herabgesetzt.

Eine Prüfung, ob der Mangel erheblich ist, findet gemäß § 441 Abs. 1 S. 2 BGB nicht statt. Auch bei einem nicht erheblichen Mangel kann also eine Minderung verlangt werden.

14.5 Rückgriff des Unternehmers

§ 478 BGB berücksichtigt, dass der Verkäufer Ansprüche des Verbrauchers wegen Mängeln der Kaufsache erfüllen muss, obwohl der Verkäufer diese Mängel in der Regel *nicht zu vertreten* hat. Wie gesehen setzen die Ansprüche des Käufers auf Nacherfüllung (§ 437 Nr. 1 BGB) und auf Rücktritt oder Minderung (§ 437 Nr. 2 BGB) *kein* Vertretenmüssen des Verkäufers voraus[77]. Der Verkäufer muss die Ansprüche also auch dann erfüllen, wenn er weder vorsätzlich noch fahrlässig gehandelt hat. Deshalb wird er versuchen, Rückgriff bei seinem Lieferanten (Zwischenhändler oder Hersteller) zu nehmen.

[77] Im Gegensatz zum Anspruch auf Schadensersatz (§ 437 Nr. 3 BGB), dazu sogleich.

Beispiel

Verbraucher K hat beim Unternehmer V einen Fernseher gekauft, der nach 19 Monaten nicht mehr funktioniert. Damit steht K gegen V ein Recht auf Nacherfüllung zu (§§ 437 Nr. 1, 439 BGB).

Wählt K gemäß §§ 437 Nr. 1, 439 Abs. 1 BGB die **Neulieferung** (Umtausch), muss V einen neuen Fernseher an K liefern und bekommt als „Gegenleistung" das defekte Gerät zurück. Da K Verbraucher und V Unternehmer ist, muss K nach §§ 474 Abs. 2 S. 1, 439 Abs. 4 BGB keine Nutzungsentschädigung zahlen und keinen Wertersatz leisten.

Wählt K die **Nachbesserung,** muss V den Fernseher auf seine Kosten reparieren (§ 439 Abs. 2 BGB).

Es liegt auf der Hand, dass V versuchen wird, das defekte Gerät an seinen Lieferanten (Zwischenhändler oder Hersteller) zurückzugeben und den gezahlten Kaufpreis zurückzuerhalten bzw. die Reparaturkosten von seinem Lieferanten ersetzt zu bekommen.

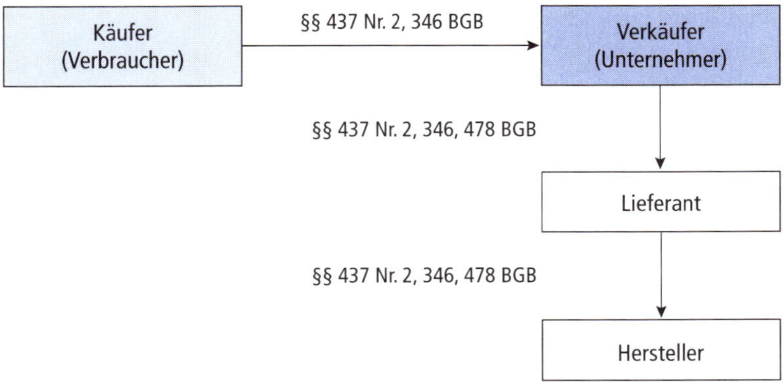

Abbildung 14.2: Rückgriff des Unternehmers

Fortsetzung des Beispiels

Da auch zwischen dem Lieferanten und dem Verkäufer ein Kaufvertrag besteht, bilden §§ 437 Nr. 2, 323, 346 BGB die Anspruchsgrundlage des Verkäufers auf Rückzahlung des Kaufpreises „Zug um Zug" gegen Rückgabe des defekten Fernsehers. Dies gilt auch, wenn beide Parteien Kaufleute im Sinne des HGB sein sollten, weil das HGB insoweit keine speziellen Regelungen enthält.

Will der Verkäufer den vom Verbraucher zurückgenommenen defekten Fernseher an seinen Lieferanten zurückgeben, muss der Verkäufer nach § 437 Nr. 2 BGB vom Kaufvertrag mit dem Lieferanten zurücktreten. Dieser Rücktritt setzt *eigentlich* eine Fristsetzung des Verkäufers an den Lieferanten zur Nacherfüllung voraus. Diese Voraussetzung ist nach

§ 478 Abs. 1 BGB jedoch **entbehrlich,** wenn der Verkäufer die neu hergestellte Sache als Folge ihres Mangels vom Verbraucher zurücknehmen musste. Diese Regelung soll dem Verkäufer helfen, seine Rechte gegenüber seinem Lieferanten leichter durchzusetzen. Im Falle einer mehrstufigen Absatzkette reicht das erleichterte Rücktrittsrecht nach § 478 Abs. 5 BGB vom Verkäufer über den oder die Zwischenhändler bis auf den Hersteller zurück.

Falls der Verbraucher die Nachbesserung (Reparatur) wählt, hat der Lieferant die dem Verkäufer für die Nachbesserung anfallenden Kosten zu tragen, wobei die Kette wiederum bis zum Hersteller zurückläuft (§§ 478 Abs. 2, 478 Abs. 5 BGB). Für den Rückgriffsanspruch gilt gemäß § 478 Abs. 3 BGB die Beweislastumkehr des § 476 BGB entsprechend, obwohl zwischen Verkäufer und Lieferant bzw. Lieferant und Hersteller kein Verbrauchsgüterkauf vorliegt.

Große praktische Bedeutung kommt § 478 Abs. 6 BGB zu, wonach **§ 377 HGB** „unberührt" bleibt. Dies bedeutet, dass der jeweilige Käufer, sofern er Kaufmann im Sinne der §§ 1 ff. HGB ist, seine Ansprüche aus § 437 BGB verliert, wenn er die kaufmännische Rügeobliegenheit des § 377 HGB nicht beachtet[78]. Dann kommt auch kein erleichterter Rückgriff in Betracht.

Beispiel

Die K-AG bezieht Ware von der V-GmbH, sodass ein zweiseitiger Handelskauf vorliegt. Wenn die K-AG die Ware nicht ordnungsgemäß untersucht und der V-GmbH bei Auftreten eines Mangels nicht unverzüglich eine substantiierte Mängelanzeige schickt, verliert sie gemäß § 377 Abs. 2 HGB ihre Ansprüche aus § 437 BGB gegenüber der V-GmbH. Der K-AG steht damit auch kein Anspruch auf Rücktritt vom Kaufvertrag zu. Da § 377 HGB im Verhältnis zu Verbrauchern nicht gilt, kann es sein, dass die K-AG die Ware von einem Verbraucher zurücknehmen und diesem den Kaufpreis erstatten muss. Die K-AG bleibt damit „auf der mangelhaften Sache sitzen". Ein Rückgriff auf die V-GmbH ist nach § 377 Abs. 2 HGB ausgeschlossen.

14.6 Schadensersatz

Nach § 437 Nr. 3 BGB kann der Käufer Schadensersatz gemäß §§ 280, 281 BGB oder den Ersatz von Aufwendungen gemäß § 284 BGB verlangen.

14.6.1 Verhältnis zu den anderen Ansprüchen aus § 437 BGB

Der Anspruch auf Schadensersatz ist wie der Anspruch auf Rücktritt vom Kaufvertrag ein *nachrangiges* Recht des Käufers. Grundsätzlich geht der Nacherfüllungsanspruch des § 437 Nr. 1 BGB also auch dem Schadensersatzanspruch vor.

[78] Zu Einzelheiten vgl. S. 251 ff.

Durch das ganz am Ende von § 437 Nr. 2 BGB im Text enthaltene *„und"* wird klargestellt, dass die (nachrangigen) Rechte aus Nr. 2 und Nr. 3 nebeneinander bestehen können. Der Käufer kann also nach erfolgloser Fristsetzung

- den Rücktritt vom Kaufvertrag erklären,
- Schadensersatz verlangen oder
- beide Rechte *nebeneinander* geltend machen.

14.6.2 Schadensersatz

Bisher haben Sie bezogen auf den Schuldnerverzug die Varianten

- „Schadensersatz *neben* der Leistung" und
- „Schadensersatz *statt* der Leistung" kennengelernt[79].

Im Gewährleistungsrecht wird hingegen wie folgt unterschieden:

- Schadensersatz statt der Leistung („kleiner Schadensersatz"),
- Schadensersatz statt der *ganzen* Leistung („großer Schadensersatz"),
- Ersatz von Mangelfolgeschäden.

Das ist alles sehr verwirrend, oder? Die drei Möglichkeiten des Schadensersatzes sind aus sich heraus nicht verständlich, und auch unter Juristen besteht in vielen Punkten keine Einigkeit.

Zur Erläuterung dieser schwierigen Thematik soll unser schon bekanntes Beispiel wieder aufgenommen werden:

Beispiel

Fahrradhersteller Kaiser kauft im Herbst beim Maschinenlieferanten Vey eine Maschine, Typ HD 10.3, zur Herstellung von Fahrrädern. K weist in den Verhandlungen darauf hin, dass die Maschine zunächst im 2-Schicht-Betrieb eingesetzt werden soll (16 Stunden/Tag), bei einer erhofften steigenden Nachfrage im Frühjahr des kommenden Jahres aber höchstwahrscheinlich im 3-Schicht-Betrieb (24 Stunden/Tag) arbeiten wird.

Bei diesem Kaufvertrag kann es zu folgenden Schäden kommen:

(1) Die Maschine wird pünktlich geliefert und montiert, doch zeigt sich nach einem halben Jahr, dass sie sich nicht für den 3-Schicht-Betrieb eignet. K möchte die Maschine aufrüsten. Er verlangt die dafür erforderlichen Kosten (20.000,– €) von V.

(2) Wie (1), doch will K die Maschine *nicht* behalten und verlangt die Rückzahlung des Kaufpreises und zusätzlich 15.000,– €, weil er eine für den 3-Schicht-Betrieb geeignete Maschine bei einem anderen Lieferanten zu einem um diesen Betrag höheren Preis kaufen muss.

(3) Da die Maschine nur im 2-Schicht-Betrieb einsetzbar ist, erleidet K einen Nutzungsausfallschaden in Höhe von 100.000,– €.

---

[79] Vgl. S. 208 ff.

In allen Fällen beruhen die Ansprüche auf einem Mangel der Kaufsache, weil sich die Maschine für den 3-Schicht-Betrieb nicht eignet. Ausgangspunkt für einen Anspruch auf Schadensersatz ist deshalb jeweils **§437 Nr. 3 BGB.** Ein Anspruch auf Schadensersatz ergibt sich aber nicht aus dieser Vorschrift *allein*, sondern nur in Zusammenwirken mit weiteren Regelungen, insbesondere mit den in der Aufzählung des §437 Nr. 3 BGB genannten §§280 und 281 BGB. §437 Nr. 3 BGB enthält damit eine Verweisung auf das **allgemeine Leistungsstörungsrecht,** insbesondere auf **§280 Abs. 1 BGB.**

Hinweis

Alle im Folgenden behandelten Schadensersatzansprüche setzen ein **Vertretenmüssen** des Verkäufers voraus. Um die Komplexität nicht noch weiter zu erhöhen, wird davon ausgegangen, dass V den Mangel der Kaufsache jeweils zu vertreten hat.

Welche Vorschriften im Einzelfall neben §437 Nr. 3 BGB heranzuziehen sind, hängt davon ab, welchen Schaden der Käufer ersetzt bekommen möchte:

Schadensersatz statt der Leistung

Im Fall (1) möchte K die mangelhafte Maschine behalten und verlangt die Kosten für die Aufrüstung der Maschine. Dieses Begehren wird im Kaufrecht als **Schadensersatz statt der Leistung** („kleiner Schadensersatz") bezeichnet. Die Anspruchsgrundlage bilden die §§437 Nr. 3, 280 Abs. 1, Abs. 3, 281 BGB. K muss V also zunächst nach §281 Abs. 1 BGB eine angemessene Frist für die Beseitigung des Mangels setzen. Sobald K nach erfolglosem Ablauf der Frist **Schadensersatz statt der Leistung** verlangt, erlischt gemäß §281 Abs. 4 BGB der Anspruch auf die Leistung einer mangelfreien Maschine. In den in §281 Abs. 2 BGB genannten Fällen ist die Fristsetzung entbehrlich.

Schadensersatz statt der ganzen Leistung

Der Käufer kann nach seiner Wahl auch **Schadensersatz statt der *ganzen* (mangelfreien) Leistung** verlangen („großer Schadensersatz"). In diesem Fall gibt er die mangelhafte Sache an den Verkäufer zurück und verlangt

- die Erstattung des bereits gezahlten Kaufpreises und zusätzlich
- Schadensersatz, zum Beispiel dafür, dass er eine für den 3-Schicht-Betrieb geeignete Maschine anderweitig teurer einkaufen muss („Deckungskauf"). Diese Wahlmöglichkeit besteht nicht, wenn die Pflichtverletzung nur unerheblich ist, zum Beispiel wenn nur ein kleiner Mangel vorliegt (§281 Abs. 1 S. 3 BGB).

Im Fall (2) will K von dieser Möglichkeit Gebrauch machen. Auch hier bedarf es grundsätzlich einer Fristsetzung.

Ersatz von Mangelfolgeschäden

Ein Mangelfolgeschaden ist ein Schaden, der durch eine Nacherfüllung nicht beseitigt werden kann. Dies sind Schäden an *anderen* Rechtsgütern des Käufers, etwa Eigentums- oder Körperverletzungen infolge der Mangelhaftigkeit der Kaufsache. Weitere Beispiele bilden Gutachterkosten für die Ermittlung des Mangels und Nutzungsausfallschäden.

Im Fall (3) möchte K einen solchen Schaden ersetzt haben, weil er die Maschine nicht im 3-Schicht-Betrieb nutzen konnte. Diesen Schaden in Höhe von 30.000,– € kann K aus §§ 437 Nr. 3, 280 Abs. 1 BGB verlangen[80]. Die Pflichtverletzung des V besteht in der Lieferung einer mangelhaften Maschine. Hieran knüpft der Ersatz des Nutzungsausfallschadens an. Eine Fristsetzung ist hier nicht erforderlich, weil der Schaden bereits entstanden ist.

14.6.3 Vertretenmüssen des Verkäufers

In den bisherigen Ausführungen zur Sachmängelhaftung ist die Voraussetzung „Vertretenmüssen" aus zwei Gründen nicht näher thematisiert worden:

- Nacherfüllung (§ 437 Nr. 1 BGB), Rücktritt und Minderung (§ 437 Nr. 2 BGB) erfordern kein Vertretenmüssen, setzen also insbesondere kein Verschulden des Verkäufers bezüglich des Mangels voraus.
- Wenn eine objektive Pflichtverletzung (Lieferung einer mangelhaften Kaufsache) vorliegt, wird gemäß § 280 Abs. 1 S. 2 BGB vermutet, dass der Schuldner (Verkäufer) diese auch subjektiv zu vertreten hat. Das BGB enthält damit eine für den Verkäufer ungünstige Vermutung, die dieser widerlegen muss. Gelingt ihm dies nicht, hat er die Pflichtverletzung zu vertreten und muss dem Käufer – wenn die anderen Voraussetzungen der §§ 437 Nr. 3, 280, 281 BGB vorliegen – Schadensersatz leisten[81].

Merke

Wenn ein Käufer durch eine mangelhafte Kaufsache einen Schaden erleidet, gilt nach §§ 437 Nr. 3, 280 Abs. 1 S. 2 BGB die Vermutung, dass der Verkäufer die in der Lieferung der mangelhaften Sache liegende (objektive) Pflichtverletzung auch (subjektiv) zu vertreten hat. Deshalb muss der Verkäufer beweisen, dass dies nicht der Fall ist. Diese Regelung kann für den Verkäufer zu erheblichen Problemen führen.

Beispiele

- K hat bei V ein neues Auto gekauft. Da dessen Bremsanlage mangelhaft ist, verunglückt K und zieht sich erhebliche Verletzungen zu, die zu einer dauernden Erwerbsunfähigkeit führen.
- K hat im Verbrauchermarkt des V Konfitüre gekauft, die Unbekannte zuvor vergiftet hatten. K erleidet nach dem Verzehr eine schwere Lebensmittelvergiftung, die zu Dauerschäden führt.

In beiden Fällen wird nach §§ 437 Nr. 3, 280 Abs. 1 S. 2 BGB vermutet, dass der Verkäufer die in der Lieferung der mangelhaften Kaufsache liegende objektive Pflichtverletzung auch zu vertreten hat und folglich schadensersatzpflichtig

[80] BGH NJW 2009, S. 2674, Rn. 11 f.
[81] Vgl. S. 189 ff.

ist. Es leuchtet aber ohne Weiteres ein, dass diese Rechtsfolge für den Verkäufer ein hohes Risiko enthält. Es ist deshalb zu fragen, was ein Verkäufer tun muss, um die ihn stark belastende Vermutung zu widerlegen. Auszugehen ist davon, was der Schuldner generell zu vertreten hat[82]. Nach **§276 Abs.1 BGB** hat der Schuldner (hier der Verkäufer) **Vorsatz** und **Fahrlässigkeit** zu vertreten, wenn eine strengere oder mildere Haftung weder bestimmt noch aus dem sonstigen Inhalt des Schuldverhältnisses zu entnehmen ist. Dabei macht es keinen Unterschied, ob der **Schuldner** selbst oder sein **Erfüllungsgehilfe** handelt, da dem Schuldner dessen Verschulden wie eigenes Verschulden zugerechnet wird **(§278 BGB)**[83]. Für den Bereich des Kaufrechts ist zusätzlich die verschärfte Haftung aus der Übernahme einer **Garantie** wichtig, die in einem der nächsten Unterpunkte behandelt wird[84].

Haftung wegen Vorsatzes

Eine vorsätzliche, also absichtliche Pflichtverletzung eines Verkäufers durch die Lieferung einer mangelhaften Sache ist eher selten. Sie liegt vor, wenn der Verkäufer weiß oder – was ausreicht – davon ausgeht, dass die Sache einen Mangel hat, er die Sache aber gleichwohl an den Käufer übergibt und eine mögliche Verletzung billigend in Kauf nimmt. Darin liegt häufig zugleich ein arglistiges Verhalten, das weitere Rechtsfolgen nach sich zieht[85].

Beispiel

Der Verkäufer erkennt, dass die Lenkung eines Fahrzeugs möglicherweise bei einem Unfall einen Schaden erlitten hat. Obwohl der Verkäufer weiß, dass es zu einem weiteren Unfall kommen kann, wenn die Lenkung tatsächlich nicht in Ordnung ist, unterlässt er eine genauere Untersuchung, weil sich „diese nicht rechnet." Dieses Verhalten könnte als bedingter Vorsatz zu werten sein.

Haftung wegen Fahrlässigkeit

Nach §276 Abs.2 BGB handelt fahrlässig, wer die im Verkehr (gemeint ist der Rechts- und Geschäftsverkehr) erforderliche Sorgfalt außer Acht lässt. Dabei ist auf die Sorgfalt abzustellen, die vom Schuldner (hier vom Verkäufer) in der konkreten Situation erwartet werden kann.

Zu fragen ist also, welche Sorgfaltspflicht ein Verkäufer aufwenden muss, damit der Käufer durch einen Mangel der Kaufsache nicht zu Schaden kommt. Insoweit ist zu beachten, dass die meisten Verkäufer Zwischenhändler in einer oft mehrstufigen Absatzkette sind. Sie beziehen die Ware, um sie möglichst schnell in unveränderter Form weiter zu veräußern, was vielfach – wie etwa bei Lebensmitteln – innerhalb weniger Stunden oder Tage geschieht. Hier können einem Verkäufer keine aufwendigen Untersuchungen zugemutet werden, da

[82] Vgl. dazu S. 190 f.
[83] Vgl. S. 191 ff.
[84] S. 278 ff.
[85] Vgl. §§444, 438 Abs. 3 BGB.

diese organisatorisch und finanziell nicht oder nur mit größten, wirtschaftlich nicht tragbaren Anstrengungen zu leisten wären. In diesen Fällen kann die Nichtvornahme einer Untersuchung durch den Verkäufer kein fahrlässiges Verhalten darstellen, sodass der Verkäufer die Möglichkeit hat, das nach § 280 Abs. 1 S. 2 BGB vermutete Vertretenmüssen zu widerlegen.

Beispiele

Die vom Verkäufer V gelieferte Ware ist mangelhaft, weil

1. beim Pkw-Hersteller ein versteckter Montagefehler aufgetreten ist,
2. beim Pkw-Hersteller ein Konstruktionsfehler aufgetreten ist,
3. der Verkäufer einen Gebrauchtwagen nicht ordnungsgemäß durchgecheckt hat,
4. Lebensmittel beim Erzeuger falsch gelagert wurden,
5. Lebensmittel beim Verkäufer versehentlich falsch gelagert wurden.

Zu (1): Hier kann eine Fahrlässigkeit des Verkäufers nur angenommen werden, wenn von ihm erwartet werden konnte, dass er den Montagefehler bei Anwendung der im Verkehr erforderlichen Sorgfalt hätte erkennen müssen. Davon ist *nicht* auszugehen, da V als Zwischenhändler gar nicht oder nur mit unverhältnismäßigem Aufwand in der Lage ist, jedes vom Hersteller bezogene Fahrzeug auf versteckte Mängel zu untersuchen. Das Unterlassen der Untersuchung war deshalb nicht fahrlässig. Demgegenüber ist dem V eine Eingangsuntersuchung zuzumuten, etwa ein Test, ob die Räder richtig montiert sind, die Beleuchtung funktioniert und ausreichend Bremsflüssigkeit vorhanden ist. Unterlässt V eine solche Untersuchung, hat er die im Verkehr erforderliche Sorgfalt nicht beachtet und damit fahrlässig gehandelt. V könnte in diesen Fällen die Vermutung des § 280 Abs. 1 S. 2 BGB nicht widerlegen.

Zu (2): Hier liegt *kein* fahrlässiges Verhalten des V vor, weil er nicht in der Lage ist, einen Konstruktionsfehler zu erkennen.

Zu (3): In diesem Fall liegt ein fahrlässiges Verhalten des V vor, weil von einem Gebrauchtwagenhändler erwartet werden kann, dass er die von ihm an- und verkauften Fahrzeuge ordnungsgemäß durchcheckt. Tut er dies nicht, verletzt er die im Verkehr erforderliche Sorgfalt. Man muss „die Kirche allerdings im Dorf lassen" und den Vorbehalt machen, dass die Untersuchungspflicht nicht unbegrenzt besteht. Für das Nichtaufspüren von Mängeln, die unwahrscheinlich sind und sich nur mit einem erheblichen Aufwand finden lassen, haftet der Verkäufer nicht.

Zu (4): Auch hier kommt es darauf an, ob V mit zumutbarem Aufwand erkennen konnte, dass die Lebensmittel aufgrund der falschen Lagerung beim Erzeuger verdorben waren.

Zu (5): Es liegt ein fahrlässiges Verhalten des V und damit ein Verschulden vor, da die falsche Lagerung bei ihm erfolgt ist. V kann die Verschuldensvermutung nicht widerlegen.

Verhältnis zu § 377 HGB

Nach – dem schon behandelten – § 377 HGB hat der Käufer bei Vorliegen eines beiderseitigen Handelskaufs die vom Verkäufer abgelieferte Ware, soweit dies im ordnungsgemäßen Geschäftsgang tunlich ist, zu untersuchen und dem Verkäufer etwaige Mängel unverzüglich anzuzeigen. Hierbei handelt es sich allerdings nicht um eine Pflicht des Käufers, sondern um eine Obliegenheit. Die Nichtbeachtung der kaufmännischen Untersuchungs- und Rügeobliegenheit begründet deshalb keinen Schadensersatzanspruch des Lieferanten gegen den Käufer (Zwischenhändler), sondern hat „nur" zur Folge, dass der Käufer seine Rechte wegen der Mängel der Kaufsache verliert[86]. Deswegen kann aus der Nichtbeachtung des § 377 HGB, der ja nur gegenüber dem Lieferanten und außerdem nur im kaufmännischen Geschäftsverkehr gilt, **nicht** automatisch geschlossen werden, dass damit auch ein Verschulden des Zwischenhändlers als Verkäufer im Verhältnis zu seinem Käufer (Abnehmer) vorliegt.

Abbildung 14.3: Absatzkette

Die Grundsätze, die von der Rechtsprechung zu Art und Umfang der Untersuchung nach § 377 HGB entwickelt worden sind[87], können gleichwohl zumindest Anhaltspunkte dafür liefern, was der Verkäufer tun muss, um das nach § 280 Abs. 1 S. 2 BGB vermutete Vertretenmüssen zu widerlegen. Im Hinblick auf eine Untersuchung der Ware ist es auf jeden Fall ausreichend, wenn der Verkäufer den strengen Anforderungen an die kaufmännische Rügeobliegenheit genügt. In vielen Fällen, etwa bei „kleinen Einzelhändlern" werden die Anforderungen sogar deutlich darunter liegen.

Übernahme einer Garantie durch den Verkäufer

Nach § 276 Abs. 1 BGB kann sich eine verschärfte Haftung des Verkäufers aus der Übernahme einer Garantie oder eines Beschaffungsrisikos ergeben. Hier soll zunächst die Garantie behandelt werden.

In der Praxis wird oft nicht zwischen den gesetzlichen Ansprüchen aus § 437 BGB und den Ansprüchen aus einer vertraglich übernommenen **Garantie nach § 443 BGB** unterschieden. Beides sind jedoch ganz unterschiedliche Dinge, obwohl die Begriffe oft verwechselt werden. Dazu trägt bei, dass Allgemeine Geschäftsbedingungen häufig als „Garantiebedingungen" betitelt werden, obwohl in den AGB gar keine Garantie im Sinne des § 443 BGB enthalten ist.

---

86 Vgl. S. 251 ff.
87 S. 254.

Merke

- Die Haftung nach **§437 BGB** beruht auf dem **Gesetz,** sie tritt in Kraft, ohne dass Verkäufer und Käufer eine Vereinbarung treffen (müssen).
- Die **Garantie** nach §443 BGB beruht auf einem Vertrag. Sie setzt eine **freiwillige Übernahme** durch den Verkäufer, den Hersteller oder einen Dritten voraus. Die Garantie kann für die Beschaffenheit der Sache übernommen werden *(Beschaffenheitsgarantie)* oder dafür, dass die Sache für eine bestimmte Dauer eine bestimmte Beschaffenheit behält *(Haltbarkeitsgarantie).*

Nach §276 Abs. 1 S. 1 BGB hat ein Verkäufer, der gemäß §443 BGB eine Garantie übernimmt, eine Pflichtverletzung in Form der Lieferung einer mangelhaften Sache auch dann zu vertreten, wenn er die Pflichtverletzung weder vorsätzlich noch fahrlässig begangen und damit *nicht schuldhaft* gehandelt hat.

Merke

Die Übernahme einer Garantie für Schäden, die sich aus Mängeln der Kaufsache ergeben, begründet eine Schadensersatzhaftung ohne Verschulden („verschuldensunabhängige Garantiehaftung").

Nicht zuletzt wegen dieser weitreichenden Folge muss in jedem Fall sehr sorgfältig untersucht werden, ob ein Verkäufer tatsächlich eine Garantie übernommen hat und welchen Inhalt die Garantie gegebenenfalls hat.

Merke

Die Übernahme einer Garantie durch den Verkäufer für Schäden aus der Nutzung der Kaufsache setzt voraus, dass der Garantiegeber (hier der Verkäufer) zu erkennen gibt, dass er für das Vorliegen einer oder auch mehrerer Eigenschaften der Kaufsache **und** für alle Schäden, die sich aus dem Nichtvorliegen dieser Eigenschaft(en) ergeben, *verbindlich einstehen will.* Von der Garantie abzugrenzen sind bloße werbemäßige Anpreisungen und Zusagen, die sich nicht auf konkrete Eigenschaften beziehen.

Daraus folgt, dass Verkäufer in der Praxis ihr Produkt zwar gerne anpreisen, aber nur selten eine verbindliche Garantie übernehmen. Es gilt der Satz: **„Nur ein dummer Verkäufer übernimmt eine Garantie."** Wesentlich weiter verbreitet ist dagegen die Übernahme einer Garantie durch den Hersteller („Herstellergarantie"), auf die noch näher eingegangen wird[88].

Beispiele zur Garantie durch einen Verkäufer

- K benötigt einen Kleber, den er zur Anbringung von schweren Deckenplatten in verwenden will. K erkundigt sich ausdrücklich beim

[88] Vgl. S. 280 ff.

Verkäufer V, ob das Produkt „Super-Klebefix“ dafür geeignet sei. V erklärt, „Super-Klebefix“ sei eine absolute Neuentwicklung aus der Weltraumforschung und so gut, dass er ohne jedes Problem auch das zehnfache Gewicht der von K verwendeten Platten halte. Darauf könne K „Gift nehmen. Mit diesem Kleber sei er absolut auf der sicheren Seite“.

Die Erklärung des V ist gemäß §§133, 157 BGB als Übernahme einer Beschaffenheitsgarantie auszulegen, da es dafür nicht erforderlich ist, dass das Wort „Garantie“ verwendet wird. Falls der Kleber für die von K beabsichtigte Verwendung nicht geeignet sein sollte, sodass die Deckenplatten nach einiger Zeit herabfallen und das Fernsehgerät des K beschädigen, liegt ein **Mangelfolgeschaden** vor, der von V gemäß §§437 Nr. 3, 280 Abs. 1 BGB zu ersetzen ist. Da V eine Garantie übernommen hat, besteht der Anspruch auch dann, wenn ihn **kein Verschulden** trifft, weil er nach der Produktinformation des Herstellers von der zugesagten Leistungsfähigkeit von „Super-Klebefix“ ausgehen durfte. Man bezeichnet diesen Sachverhalt als **verschuldensunabhängige Garantiehaftung.**

Anders wäre es, wenn V lediglich erklärt hätte, „Super-Klebefix heiße nicht nur so, er sei es auch. Dies sei der beste Kleber, den er kenne“. Hier liegt keine Übernahme einer Beschaffenheitsgarantie vor, weil keine bestimmte Eigenschaft zugesichert worden ist.

- Die Angaben eines gewerblichen Kfz-Händlers auf dem Verkaufsschild eines Pkw zu bestimmten Eigenschaften (Zahl der Halter, Km-Leistung, PS/kW, Unfallfreiheit) wurden von der insoweit recht strengen Rechtsprechung zum §459 Abs. 2 BGB a. F. als Zusicherung von Eigenschaften gewertet[89]. Heute dürfte eine Beschaffenheitsgarantie vorliegen. Der Kfz-Händler haftet damit ohne Verschulden für mögliche Schäden, die sich aus dem Nichtvorliegen dieser Eigenschaften ergeben. Erweist sich das als „unfallfrei“ verkaufte Fahrzeug als Unfallauto, schuldet der Händler dem Käufer aufgrund der Garantie Schadensersatz, ohne dass es darauf ankommt, ob der Händler schuldhaft gehandelt hat.

Übernahme eines Beschaffungsrisikos

Falls der Verkäufer das Risiko übernimmt, eine Sache zu beschaffen, ihm die Beschaffung aber nicht gelingt, haftet er nach §§280 Abs. 1, Abs. 3, 281 Abs. 1 BGB ebenfalls ohne Verschulden auf Schadensersatz. Ob und inwieweit der Verkäufer eine verschuldensunabhängige Einstandspflicht übernehmen will, ist im Wege der Auslegung zu ermitteln (§§ 133, 157 BGB). Bei „normalen“ Kaufverträgen kann davon nicht ausgegangen werden, auch wenn der Verkäufer vollmundig erklärt, „der Käufer solle geschmeidig bleiben, das kriegen wir auf jeden Fall locker hin“.

[89] Vgl. BGH NJW 1981, S. 1268.

14.7 Die Herstellergarantie

Insbesondere beim Absatz hochwertiger Konsumgüter wird in der Praxis häufig vom Hersteller eine Garantie in Form einer Beschaffenheits- oder Haltbarkeitsgarantie gemäß § 443 BGB übernommen.

Beispiele

Beschaffenheitsgarantie:

- Garantie, dass ein Autoreifen für Geschwindigkeiten über 200 km/h geeignet ist.

Haltbarkeitsgarantien:

- Sechs Jahre Durchrostungsgarantie bei einem Pkw,
- garantierte Laufleistung des Motors 300.000 km.

Das Besondere an der Herstellergarantie ist, dass der Käufer als Garantienehmer Rechte erwirbt, obwohl zwischen ihm und dem Hersteller (Garantiegeber) in vielen Fällen gar kein Kaufvertrag besteht.

Beispiel

K kauft einen Pkw vom Kfz-Händler V, der das Fahrzeug vom Hersteller H erwirbt. Hier liegen zwei Kaufverträge vor: Vertragspartner des K ist der Kfz-Händler V, während der andere Kaufvertrag zwischen Hersteller H und V besteht. K und H haben hingegen keinen Kaufvertrag miteinander geschlossen.

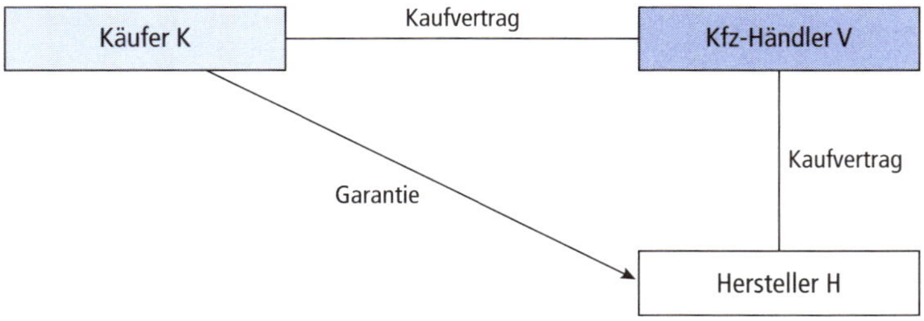

Abbildung 14.4: Herstellergarantie

14.7.1 Übernahme der Herstellergarantie

Da der Käufer und der Hersteller in der Regel nicht in direktem Kontakt stehen[90], erfolgt die Übernahme der Herstellergarantie häufig durch Einschaltung des Verkäufers, indem dieser dem Käufer eine Garantieerklärung des Herstellers übergibt. Ausreichend für die Übernahme der Garantie kann auch ein schlichter, vom Hersteller auf der Ware angebrachter Aufkleber („36 Monate Garan-

[90] Anders ist es, wenn der Hersteller zugleich der Verkäufer ist, etwa bei einem Verkauf „ab Werk“.

tie") oder die Werbung des Herstellers mit bestimmten, ganz konkreten Eigenschaften der Kaufsache („Garantierte Laufleistung 300.000 km"; „Sechs Jahre Durchrostungsgarantie") sein. Die Anforderungen an das Zustandekommen einer Herstellergarantie sind geringer als im Falle einer Verkäufergarantie. Bloße werbemäßige Anpreisungen genügen aber auch bei Herstellergarantie nicht.

14.7.2 Verhältnis zur Sachmängelhaftung

Durch die Herstellergarantie erwirbt der Käufer **zusätzliche** Ansprüche:

- Bei Mängeln der Kaufsache stehen ihm nach wie vor die gesetzlichen Rechte gegen den **Verkäufer** aus §§437 ff. BGB zu.
- Bei Fehlen der garantierten Eigenschaft hat der Käufer nach §443 Abs. 1 BGB **zusätzliche** Ansprüche aus der Garantie gegen den **Hersteller**.

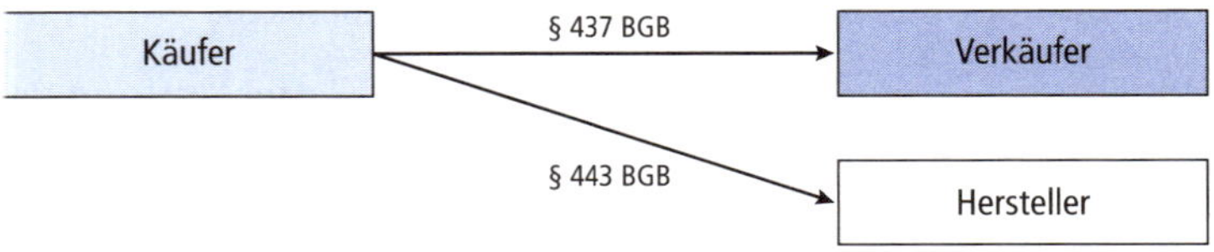

Abbildung 14.5: Mängelhaftung und Garantie

Das Wahlrecht zwischen den Ansprüchen aus Mängelhaftung und Garantie steht dem Käufer zu. Wie §443 Abs. 1 BGB mit der Formulierung „unbeschadet der gesetzlichen Ansprüche" zum Ausdruck bringt, kann der Verkäufer den Käufer nicht unter Hinweis auf die Garantie an den Hersteller verweisen, obwohl dies in der Praxis von Verkäufern – obwohl sie es besser wissen (sollten) – gerne getan oder zumindest versucht wird.

Beispiel

K hat einen Computer bei V gekauft, der erhebliche Mängel aufweist. Als K diese Mängel bei V reklamiert, verweigert dieser unter Hinweis auf die „umfassende Herstellergarantie" die Reparatur und erst recht den von K sodann geforderten Umtausch gegen ein mangelfreies Gerät. V meint vielmehr, „so etwas habe er ja noch nie gehört. K müsse sich direkt an den Hersteller wenden. Er (V) sei zu nichts verpflichtet und werde auch nichts machen. Das sei definitiv sein letztes Wort". Als K daraufhin etwas unwirsch sein Geld zurückverlangt, erteilt V ihm Hausverbot. Welche Ansprüche hat K?

Lösungsskizze

K kann von V nach §§437 Nr. 1, 439 Abs. 1 BGB wegen des Mangels der Kaufsache nach seiner Wahl die Mangelbeseitigung oder die Lieferung einer mangelfreien Sache verlangen. Diese Rechte werden gemäß §443 Abs. 1 BGB durch die Herstellergarantie *nicht* berührt. Da V beide Arten der Nacherfüllung verweigert, kann K nach §§437 Nr. 2, 323, 440 S. 1

BGB ohne Fristsetzung vom Vertrag zurücktreten. Nach Erklärung des Rücktritts (§ 349 BGB) hat K gegen V einen Anspruch auf Rückzahlung des Kaufpreises Zug um Zug gegen Rückgabe des Computers (§ 346 Abs. 1 BGB), eventuell abzüglich einer Nutzungsentschädigung.

Wahlweise könnte K die Herstellergarantie in Anspruch nehmen, er muss es aber nicht! Außerdem müsste zunächst einmal geklärt werden, ob H tatsächlich eine Herstellergarantie übernommen hat und welchen genauen Inhalt diese hat.

Diese Ausführungen gelten auch für den in der Einleitung unter Nr. 5 enthaltenen Beispielsfall des mangelhaften Netbooks[91].

14.7.3 Inhalt der Herstellergarantie

Da die Übernahme der Herstellergarantie eine freiwillige Leistung ist, ist der Garantiegeber bezüglich der Ausgestaltung an keine gesetzlichen Vorgaben gebunden. Er kann eine gegenüber den gesetzlichen Ansprüchen weitergehende, aber auch eine dahinter zurückbleibende oder eine ganz andersartige Garantie übernehmen. Welche Rechte dem Garantienehmer im Einzelfall zustehen und unter welchen Voraussetzungen diese Rechte bestehen, richtet sich nach dem Inhalt der Garantieerklärung, die bei Unklarheiten auszulegen ist (§§ 133, 157 BGB).

Beispiele

- Durchrostungsgarantie bei einem Pkw für sechs Jahre: Diese Garantie erstreckt sich nur auf Durchrostungen, aber über einen Zeitraum, der vier Jahre länger ist als die gesetzliche Verjährungsfrist für Mängel (§ 438 Abs. 1 Nr. 3 BGB).
- Übernahme einer „Mobilitätsgarantie bei einem Reisebus europaweit für ein Jahr". Diese Garantie bleibt hinter der gesetzlichen Frist von zwei Jahren für Sachmängel zurück, dürfte aber – je nach konkreter Ausgestaltung – andere Leistungen, etwa das Bereitstellen eines Ersatzbusses und die Kosten der Unterbringung der Fahrgäste einschließen.

Wenn eine **Haltbarkeitsgarantie** vorliegt, wird nach § 443 Abs. 2 BGB vermutet, dass ein während der Geltungsdauer auftretender Sachmangel die Rechte aus der Garantie begründet.

Beispiel

„Herstellergarantie: Laufleistung eines Pkw-Motors 300.000 km":

Sollte der Motor nach 250.000 km einen Mangel aufweisen, wird zugunsten des Käufers (Garantienehmers) vermutet, dass der Mangel bereits bei Gefahrübergang (§§ 446, 447 BGB) vorlag und nicht auf einem Fehlverhalten des Käufers beruht. Diese Vermutung muss der Garan-

[91] S. XXIX.

tiegeber (Hersteller) widerlegen, wenn er eine Inanspruchnahme aus der Garantie abwenden möchte. Sollte der Käufer hingegen Ansprüche gegen den Verkäufer wegen eines Mangels des Motors geltend machen wollen, müsste der *Käufer beweisen,* dass der Mangel schon bei Gefahrübergang vorhanden war[92], was angesichts der gefahrenen Kilometer mehr als fraglich ist.

14.7.4 Sonderbestimmungen beim Verbrauchsgüterkauf

§ 477 BGB stellt bei Vorliegen eines Verbrauchsgüterkaufs (§ 474 BGB) besondere Anforderungen an Haltbarkeits- und Beschaffenheitsgarantien (§ 443 BGB). Diese Garantien müssen einfach und verständlich abgefasst sein. Außerdem muss der Verbraucher darauf hingewiesen werden, dass die Rechte aus der Garantie neben den Ansprüchen aus § 437 BGB bestehen und dass diese Rechte durch die Garantie nicht eingeschränkt werden (§ 477 Abs. 1 Nr. 1 BGB).

Beispiel

In der Garantieurkunde eines Herstellers heißt es „Bei Mängeln gewähren wir eine dreijährige Garantie“: Diese Klausel entspricht nicht den Anforderungen des § 477 Abs. 1 Nr. 1 BGB, weil der Hinweis fehlt, dass dem Verbraucher daneben die gesetzlichen Ansprüche aus § 437 BGB gegen den Verkäufer zustehen und dass diese Ansprüche durch die Garantie nicht eingeschränkt werden.

Weitere Anforderungen ergeben sich aus § 477 Abs. 1 Nr. 2 BGB (Informationen zur Durchsetzung der Garantie). Überdies kann der Verbraucher nach § 477 Abs. 2 BGB verlangen, dass ihm die Garantieerklärung in Textform, das heißt auf einer Urkunde oder einem anderen Datenträger übergeben wird (§ 126 b BGB). Werden diese Anforderungen nicht oder nur unzureichend erfüllt, ist die Garantieerklärung gleichwohl wirksam (§ 477 Abs. 3 BGB). Anderenfalls würde der Verbraucher daraus, dass der Unternehmer das BGB nicht beachtet, einen Rechtsnachteil erleiden.

[92] Vgl. aber § 476 BGB, wenn ein Verbrauchsgüterkauf vorliegt, dazu S. 238 ff.

Kapitel 15
Exkurs: Die Produkthaftung (Produzentenhaftung)

Lernziele dieses Kapitels
Was kommt in diesem Kapitel auf Sie zu? Immer wieder kommt es durch die Nutzung von Sachen zu Verletzungen und Sachschäden. Ein spektakulärer Fall ereignete sich im Jahre 2010 in den USA. Bei Fahrzeugen der Marke Toyota klemmten die Gaspedale, es kam zu schweren Unfällen mit Todesfolge. Daraufhin setzte eine Klagewelle gegen den japanischen Automobilhersteller ein. Ein „gefundenes Fressen" für amerikanische Anwälte, die diverse Sammelklagen einreichten. Neben dem erheblichen Imageschaden drohen Toyota riesige weitere Schadensersatzforderungen, zumal die amerikanischen Gerichte in Fällen der Produkthaftung den Opfern zum Teil Entschädigungen in astronomischer Höhe zusprechen. Frei nach dem Motto der Toyota-Werbung: „Nichts ist unmöglich!"

15.1 Grundlagen

Obwohl es sich bei der Produkthaftung (auch Produzentenhaftung genannt) um einen **gesetzlichen Anspruch** handelt, der deshalb eigentlich in den 4. Teil dieses Buchs („Gesetzliche Schuldverhältnisse") gehört, soll dieses Thema bereits in diesem Teil („Vertragliche Schuldverhältnisse") dargestellt werden. Dies geschieht deshalb, weil die Produkthaftung häufig mit der gerade behandelten Haftung des Verkäufers wegen Mängeln der Kaufsache verwechselt oder sogar gleichgesetzt wird. Sie werden jedoch lernen, dass es sich bei der Sachmängel- und der Produkthaftung um „zwei Paar Schuhe handelt".

Bei der Sachmängelhaftung nach §§ 434 ff. BGB geht es darum, dass der Käufer eine Sache erwirbt, die aufgrund eines Mangels weniger wert ist als eine mangelfreie Sache. Geschützt wird das Interesse des Käufers, für „sein gutes Geld" eine „gute", nämlich mangelfreie Sache und damit eine äquivalente Gegenleistung zu erhalten. Man spricht vom **Äquivalenzinteresse** des Käufers: Die Leistung des Käufers und die Leistung des Verkäufers sollen sich entsprechen. Anspruchsgegner im Fall von Mängeln ist der Verkäufer, also der Vertragspartner des Käufers. Bei der Sachmängelhaftung handelt es sich demnach um einen **vertraglichen Anspruch.** Erleidet der Käufer infolge der mangelhaften Sache einen Schaden, kommt ein Anspruch gegen den Verkäufer nur dann in Betracht, wenn dieser – was aber häufig nicht der Fall ist – den Mangel der Kaufsache zu vertreten hat[1].

Durch die Produkthaftung wird das Interesse des Käufers oder einer anderen mit der Sache in Berührung kommenden Person geschützt, durch den Gebrauch

[1] Vgl. S. 275 ff.

der Sache keinen Schaden zu erleiden. Man spricht vom Schutz des **Integritätsinteresses.** Hier geht es nicht um einen mangelbedingten Minderwert der Sache, sondern um Schäden an *anderen* Rechtsgütern (Leben, Körper, Gesundheit) oder Rechten (Eigentum an *anderen* Sachen). Anspruchsgegner ist der Produzent (Hersteller), der in der Regel keinen Vertrag mit dem Käufer bzw. dem sonstigen Nutzer der Sache hat. Es handelt sich also um einen **gesetzlichen Anspruch** auf Schadensersatz.

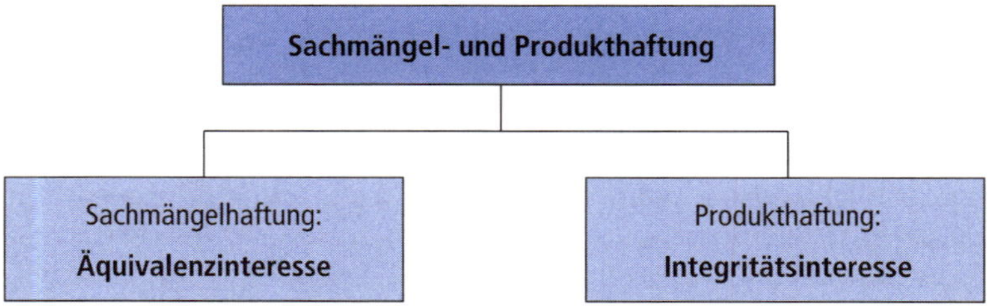

Abbildung 15.1: Sachmängel- und Produkthaftung

Hat der Verkäufer oder der Hersteller eine Garantie übernommen, ist es möglich, dass auf dieser Grundlage ebenfalls Schadensersatz zu leisten ist[2].

Merke

Ein Anspruch auf Schadensersatz wegen eines Mangels der Sache kann sich ergeben aus:

1. Haftung wegen Sachmängeln: §§ 437 Nr. 3, 280 Abs. 1, Abs. 3, 281 Abs. 1 BGB gegen den Verkäufer (Voraussetzung: Vertretenmüssen des Mangels),
2. Übernahme einer Garantie: § 443 BGB gegen den Garantiegeber (Hersteller, Verkäufer, Dritter),
3. Produkthaftung gegen den Hersteller (Produzenten).

Das Verhältnis dieser Rechte lässt sich mit Hilfe eines Beispiels verdeutlichen:

Beispiel

K hat bei V ein Fernsehgerät gekauft, das infolge einer fehlerhaften Montage des Herstellers (H) in Brand gerät. Durch den Brand wird neben dem Fernsehgerät auch die sonstige Wohnzimmereinrichtung des K zerstört.

- Der Anspruch des K auf Nacherfüllung (§§ 437 Nr. 1, 439 BGB) richtet sich gegen den Verkäufer, da K für den gezahlten Kaufpreis einen mangelhaften Fernseher und damit keine äquivalente Gegenleistung erhalten hat. Nur unter strengen Voraussetzungen (**Vertretenmüssen!**) ist gegen den Verkäufer auch ein Schadensersatzanspruch

---

[2] Vgl. S. 280 ff.

wegen des Mangelschadens (zerstörter Fernseher) gemäß §§437 Nr.3, 280 Abs.1, Abs.3, 281 Abs.1 BGB[3] und des Mangelfolgeschadens (zerstörte Wohnzimmereinrichtung) gemäß §280 Abs.1 BGB möglich[4].

- Je nach Umfang und Inhalt einer vom Hersteller, Verkäufer oder Dritten übernommenen **Garantie** können weitere Ansprüche aus §443 BGB bestehen. In aller Regel sind Schadensersatzansprüche allerdings **nicht** Inhalt einer Garantie.
- Die Schäden an den sonstigen Einrichtungsgegenständen fallen deshalb vorrangig unter die **Produkthaftung,** da K durch die Benutzung des Fernsehers einen Schaden an *anderen* Sachen erlitten hat. Der Anspruch richtet sich gegen den Hersteller (Produzenten).

Die Produkthaftung (Produzentenhaftung) beruht auf zwei Ansätzen: Aufgrund der Rechtsprechung des Bundesgerichtshofs basiert sie zum einen auf §823 Abs.1 BGB[5], zum anderen ist sie im Produkthaftungsgesetz (ProdHaftG) geregelt.

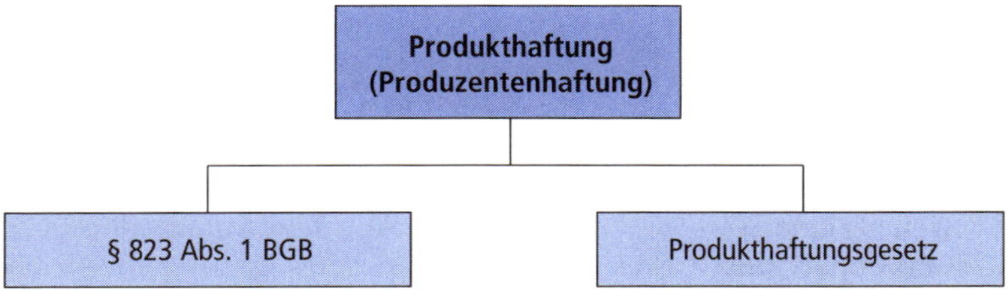

Abbildung 15.2: Produkthaftung

Beide Ansätze bestehen dabei nebeneinander (§15 Abs.2 ProdHaftG) und beruhen auf einem ähnlichen Rechtsgedanken, auch wenn im Detail einige relevante Unterschiede bestehen.

Merke

Die Produkthaftung beruht auf folgendem Ansatz: Den Hersteller eines Massenprodukts trifft die Pflicht, alle zumutbaren Maßnahmen zu ergreifen, um zu verhindern, dass jemand durch die Nutzung des in Verkehr gebrachten Produkts eine Rechtsgut- oder Rechtsverletzung erleidet und dadurch zu Schaden kommt. Wird diese Pflicht nicht beachtet, liegt ein Verstoß gegen eine Verkehrssicherungspflicht vor, der zum Schadensersatz verpflichtet.

[3] Palandt/Weidenkaff, Bürgerliches Gesetzbuch, §437 Rn.38.
[4] Palandt/Weidenkaff, Bürgerliches Gesetzbuch, §437 Rn.39.
[5] Beginnend mit der „Hühnerpestentscheidung", BGH NJW 1969, S.269ff.

15.2 Produkthaftung nach §823 Abs. 1 BGB

15.2.1 Fallgruppen der Produkthaftung

Die Rechtsprechung hat zu §823 Abs. 1 BGB je nach der Art des Pflichtenverstoßes verschiedene Fallgruppen entwickelt:

- Aufgrund der **Organisationspflicht** hat der Hersteller seinen Betrieb so einzurichten, dass Konstruktions- und Produktionsfehler möglichst ausgeschaltet oder durch Kontrollen entdeckt werden.
- Die **Instruktionspflicht** umfasst die Pflicht des Herstellers, den Benutzer des Gegenstands so einzuweisen, dass aus der Nutzung keine Gefahren entstehen, etwa durch Warnhinweise auf dem Produkt selbst. Immer wieder wird in diesem Zusammenhang eine Geschichte aus den USA berichtet, nach der ein Katzenhalter sein Tier in der Mikrowelle getrocknet habe, was dem Tier nicht gut bekommen sein soll. Glaubt man seriösen Quellen, hat sich diese Geschichte jedoch so nicht zugetragen.
- Ab dem In-Verkehr-Bringen, also der Auslieferung, trifft den Hersteller eine **Produktbeobachtungspflicht** bezüglich der bis dahin noch nicht bekannten schädlichen Eigenschaften und der sonstigen eine Gefahrenlage schaffenden Verwendungsfolgen, und zwar unter Beachtung der Fachliteratur und der Produktentwicklung seiner wichtigsten Mitbewerber.
- Aus dieser Pflicht können sich zusätzlich Instruktions- und Warnpflichten und **Rückrufpflichten** ergeben. Diese Pflicht ist vom Nacherfüllungsanspruch aus §§437 Nr. 1, 439 BGB zu unterscheiden und unterliegt deshalb auch nicht der Verjährung nach §438 Abs. 1 Nr. 3 BGB. Aus dem **Automobilbereich** sind Rückrufaktionen zum Zwecke der kostenlosen Beseitigung von sicherheitsrelevanten Mängeln bekannt, wie im Fall Toyota.

Beispiel

Bei Vertragshändlern der Auto-AG werden bei turnusmäßigen Inspektionen an einem Teil der Fahrzeuge Unregelmäßigkeiten an den Bremsen festgestellt, die im Zusammentreffen mit weiteren Umständen zu einem Abfall der Bremsleistung führen können. Hier ist die Auto-AG verpflichtet, *alle* Fahrzeuge dieses Typs durch öffentliche Bekanntmachungen, etwa Zeitungsanzeigen, zurückzurufen und die Mängel kostenlos zu beseitigen. Das gilt auch dann, wenn die Gewährleistungsfrist wegen Mängeln (§438 Abs. 1 Nr. 3 BGB) bereits abgelaufen ist.

15.2.2 Verschulden

Fahrlässiger Verstoß gegen Verkehrssicherungspflicht

Schadensersatzansprüche nach §823 Abs. 1 BGB setzen neben der schädigenden Handlung ein Verschulden voraus. Erforderlich ist also ein zumindest *fahrlässiger* Verstoß gegen die Verkehrssicherungspflicht im Zeitpunkt des In-Verkehr-Bringens des Produkts, wofür es auf den Stand von Wissenschaft und Technik in diesem Zeitpunkt ankommt. Diese Voraussetzung kommt insbesondere bei Konstruktionsfehlern in Betracht. Dagegen besteht bei sogenannten „Ausreißern" in Form von Fabrikationsfehlern, die trotz aller zumutbaren Vorkehrungen unvermeidbar sind, mangels Verschuldens oft kein Anspruch auf Schadensersatz nach § 823 Abs. 1 BGB. Ein schuldhafter Verstoß gegen die Produktbeobachtungspflicht ist demgegenüber eher möglich.

Beweislast

Wer muss nun in einem Prozess was beweisen? Von dieser Frage hängt der Ausgang eines Prozesses oft maßgeblich ab.

Nach den allgemeinen Grundsätzen muss der Geschädigte die für ihn günstigen (anspruchsbegründenden) Tatsachen beweisen, also dass das Produkt einen Fehler hatte und dass ihm durch diesen Fehler ein Schaden entstanden ist. Eigentlich müsste der Geschädigte im Fall der auf § 823 Abs. 1 BGB gestützten Produkthaftung zusätzlich beweisen, dass der Hersteller den Produktfehler vorsätzlich oder zumindest fahrlässig herbeigeführt hat. Wie sollte dem Geschädigten dieser Beweis gelingen? Er hat doch keinen Einblick in den Konstruktions- und Produktionsprozess der Sache.

Aus diesem Grund kommt die Rechtsprechung dem Geschädigten im Fall der Produkthaftung nach § 823 Abs. 1 BGB ganz entscheidend entgegen: Der Geschädigte muss – abweichend von den allgemeinen Regeln – neben dem Mangel des Produkts und dem dadurch eingetretenen Schaden *nicht* zusätzlich beweisen, dass den Hersteller ein Verschulden trifft (Vorsatz oder Fahrlässigkeit). Vielmehr muss der Hersteller im industriellen und auch im handwerklichen Bereich beweisen, dass ihn **kein Verschulden** an dem Fehler des Produkts trifft[6]. Wie im Fall des § 280 Abs. 1 BGB[7] wird das Verschulden also auch hier vermutet. An den Gegenbeweis des Herstellers werden hohe Anforderungen gestellt, sodass dieser häufig nicht gelingt.

Beispiel

K hat bei V ein Fernsehgerät gekauft, das in Brand gerät. Durch den Brand wird die Wohnzimmereinrichtung des K zerstört. Wenn K einen Anspruch auf Schadensersatz aus einer auf § 823 Abs. 1 BGB gestützten Produkthaftung gegen den Hersteller H durchsetzen will, muss er beweisen, dass der Fernseher einen Fehler hatte und dass ihm durch diesen Fehler ein Schaden entstanden ist. K muss hingegen *nicht* beweisen, dass H ein Verschulden trifft. Vielmehr muss H beweisen, dass ihn *kein* Verschulden trifft (Beweislastumkehr).

15.2.3 Schadensumfang

Art, Inhalt und Umfang des Schadensersatzanspruchs richten sich nach §§ 842 ff. BGB und §§ 249 ff. BGB. Zu ersetzen ist der Vermögensschaden (materieller Schaden), aber auch der immaterielle Schaden, insbesondere in Form von Schmerzensgeld (§ 253 Abs. 2 BGB)[8].

---

6 BGH NJW 1999, S. 1028, 1029; BGH NJW 1992, S. 1039, 1040.
7 Vgl. S. 189 ff.
8 Zu Einzelheiten vgl. S. 414 ff.

15.2.4 Verjährung

Wenn eine Verletzung des Lebens, des Körpers oder der Gesundheit vorliegt, beträgt die Verjährungsfrist gemäß § 199 Abs. 2 BGB 30 Jahre. Die Frist beginnt mit der schädigenden Handlung, also mit der Auslieferung eines fehlerhaften Produkts. Soweit Sachschäden infrage stehen, richtet sich die Verjährung nach § 199 Abs. 3 BGB, wobei die Frist mindestens zehn und höchstens 30 Jahre beträgt[9].

15.3 Produkthaftung nach dem ProdHaftG

Das ProdHaftG beruht auf einer Richtlinie der (damaligen) Europäischen Wirtschaftsgemeinschaft (EWG)[10], durch die alle Mitglieder verpflichtet wurden, im nationalen Recht bestimmte Regelungen zur Produkthaftung zu schaffen. Der deutsche Gesetzgeber hat die neuen Vorschriften nicht – was möglich gewesen wäre[11] – in das BGB eingefügt, sondern das ProdHaftG mit insgesamt (nur) 19 Paragrafen geschaffen. Bis zu dessen Inkrafttreten am 01.01.1990 bildete § 823 Abs. 1 BGB die alleinige Anspruchsgrundlage der Produkthaftung.

15.3.1 Anspruchsgrundlage

Die Anspruchsgrundlage für den Schadensersatzanspruch ist § 1 Abs. 1 S. 1 ProdHaftG. Zu beachten ist bei der Prüfung Folgendes:

- Die Voraussetzungen „Schaden“ und „Hersteller“ sind in der Rechtsfolge der Vorschrift „versteckt“, doch handelt es sich um Tatbestandsvoraussetzungen.
- Die Voraussetzungen „Produkt“, „Fehler“ und „Hersteller“ werden in den §§ 2 bis 4 ProdHaftG definiert.
- Der Anspruch setzt *kein Verschulden* des Herstellers voraus. Bei § 1 Abs. 1 S. 1 ProdHaftG handelt es sich vielmehr um einen Fall der **Gefährdungshaftung**, also einer Haftung ohne Verschulden. Im Gegensatz dazu verlangt § 823 Abs. 1 BGB ein Verschulden des Herstellers, das allerdings – wie gesehen – vermutet wird.

Im *Wenn-dann-Schema* lautet § 1 Abs. 1 S. 1 ProdHaftG wie folgt:

Wenn

- **P1:** ein Produkt (vorliegt),
- **P2:** das Produkt einen Fehler hat,
- **P3:** jemand durch den Fehler des Produkts getötet, sein Körper oder seine Gesundheit verletzt oder eine (andere) Sache beschädigt wird,

---

9 Zu Einzelheiten vgl. S. 137 f.

10 Richtlinie 85/374/EWG des Rates vom 25.07.1985 zur Angleichung der Rechts- und Verwaltungsvorschriften über die Haftung für fehlerhafte Produkte, Amtsblatt L 210 vom 07.08.1985, S. 29 ff.

11 Vgl. §§ 651 a bis m BGB in Umsetzung der Richtlinie 90/314/EWG des Europäischen Parlaments und des Rates über Pauschalreisen vom 13.06.1990 (Amtsblatt EG Nr. L 158, S. 59 ff.).

- **P4:** dadurch ein Schaden entsteht,
- **P5:** jemand Hersteller des Produkts ist,
- **N1:** kein Ausschluss nach §1 Abs.1 S.2 ProdHaftG besteht,
- **N2:** kein Ausschluss nach §1 Abs.2 ProdHaftG besteht,

dann

ist der Hersteller dem Geschädigten zum Schadensersatz verpflichtet.

15.3.2 Einschränkungen der Haftung

Die nach §1 Abs.1 S.1 ProdHaftG begründete – für den Hersteller sehr *gefährliche* – Gefährdungshaftung wird in Satz 2 und im folgenden Absatz 2 erheblich eingeschränkt. Nach Satz 2 ist im Falle der Sachbeschädigung nur der Schaden an *anderen* Sachen zu ersetzen, wobei hinzukommen muss, dass die beschädigte Sache ihrer Art nach gewöhnlich für den privaten Gebrauch oder Verbrauch bestimmt war und hierzu vom Geschädigten hauptsächlich verwendet worden ist. Derartige Einschränkungen bestehen bei §823 Abs.1 BGB nicht.

Beispiel

A verunglückt mit seinem Pkw aufgrund eines Fehlers der Bremsanlage. Wenn A bei dem Unfall eine Körperverletzung erleidet, die zu einem Schaden führt (etwa Zuzahlungen im Krankenhaus oder Verdienstausfall), kommt ein Anspruch aus §1 Abs.1 S.1 ProdHaftG gegen den Hersteller des Pkw in Betracht.

Der Schaden am Fahrzeug scheidet hingegen aus, weil keine im Verhältnis zum fehlerhaften Produkt *andere* Sache beschädigt worden ist. Wenn ein im Fahrzeug liegender Laptop zerstört wird, setzt der Anspruch voraus, dass dieser Laptop seiner Art nach gewöhnlich für den privaten Gebrauch oder Verbrauch bestimmt war und hierzu von A hauptsächlich verwendet worden ist. Der Laptop eines Handelsvertreters wäre deshalb nach dem ProdHaftG nicht zu ersetzen, aber möglicherweise nach §823 Abs.1 BGB.

§1 Abs.2 ProdHaftG regelt zahlreiche Ausschlüsse der Ersatzpflicht des Herstellers, etwa wenn der Fehler darauf beruht, dass das Produkt in dem Zeitpunkt, in dem der Hersteller es in den Verkehr gebracht hat, zwingenden Rechtsvorschriften entsprach (Nr.4) oder der Fehler nach dem Stand der Wissenschaft und Technik im Zeitpunkt des In-Verkehr-Bringens nicht erkannt werden konnte (Nr.5).

15.3.3 Beweislast

§1 Abs.4 ProdHaftG enthält eine Beweisregel: Danach trägt der Geschädigte – in gleicher Weise wie bei der Produkthaftung nach §823 Abs.1 BGB – die Beweislast für den Fehler, den Schaden und den ursächlichen Zusammenhang zwischen Fehler und Schaden. Einen möglichen Ausschluss der Ersatzpflicht nach §1 Abs.2 und Abs.3 ProdHaftG hat der Hersteller zu beweisen.

Beispiel

K hat durch die Nutzung einer im Jahre 2008 gekauften fehlerhaften elektrischen Heizdecke erhebliche Verbrennungen erlitten. Der Hersteller H behauptet, die Decke habe im Jahre 2008 exakt den damals geltenden und verbindlichen Sicherheitsanforderungen entsprochen. K bestreitet dies. Wenn dem nach §1 Abs. 4 S. 2 ProdHaftG insoweit beweispflichtigen H der Beweis gelingt, dass die Heizdecke im Zeitpunkt des In-Verkehr-Bringens im Jahre 2008 den geltenden Rechtsvorschriften (Sicherheitsanforderungen) entsprochen hat, führt dies gemäß §1 Abs. 2 Nr. 4 ProdHaftG zu einem Ausschluss seiner Haftung nach §1 Abs. 1 ProdHaftG. Der unabhängig davon mögliche Anspruch aus §823 Abs. 1 BGB dürfte daran scheitern, dass H wegen der Beachtung der verbindlichen Sicherheitsanforderungen kein Verschulden treffen dürfte.

15.3.4 Produkt und Fehler

Die §§2–4 ProdHaftG enthalten Definitionen wichtiger Begriffe, nämlich des Produkts, des Fehlers und des Herstellers. Nach §2 ProdHaftG sind **Produkte** bewegliche Sachen, auch wenn sie Teil einer anderen beweglichen Sache (Motor in einem Auto) oder einer unbeweglichen Sache (Heizungskessel in einem Haus) sind. Elektrizität wird ebenfalls als Produkt angesehen. Nach §3 Abs. 1 ProdHaftG hat ein Produkt einen **Fehler,** wenn es nicht die Sicherheit bietet, die unter Berücksichtigung aller Umstände erwartet werden kann. Diese Definition des Fehlers unterscheidet sich im Ansatz ganz erheblich vom Begriff des Mangels in §434 BGB. Während nach §434 Abs. 1 BGB maßgeblich ist, ob die Sache sich für die vereinbarte, für die vorausgesetzte oder für die gewöhnliche Verwendung *eignet*[12], geht es im ProdHaftG um die *Sicherheit* des Produkts. Diese unterschiedlichen Ansätze können zu abweichenden Ergebnissen führen.

Beispiele

- Wenn die Bremsanlage eines Reisebusses bei Nässe nur eingeschränkt funktioniert, liegt sowohl ein Mangel nach §434 Abs. 1 BGB als auch ein Fehler nach §3 Abs. 1 ProdHaftG vor.
- Wenn der Reisebus einen gegenüber der Werbung um 11 % erhöhten Benzinverbrauch hat, liegt zwar ein Mangel nach §434 Abs. 1 S. 3 BGB, aber kein Fehler nach §3 ProdHaftG vor, weil die Sicherheit durch den Mehrverbrauch nicht beeinträchtigt wird.

15.3.5 Hersteller

Um den durch ein fehlerhaftes Produkt Geschädigten eine gute Chance zur Rechtsdurchsetzung zu geben, ist der Begriff Hersteller sehr weit gefasst. Nach §4 Abs. 1 ProdHaftG ist **Hersteller** jeder, der das Endprodukt, einen Grundstoff oder ein Teilprodukt der fehlerhaften Sache hergestellt hat.

---

[12] Zu Einzelheiten vgl. S. 229 ff.

Beispiel

Reißt ein Motorblock, ist neben dem Automobilproduzenten auch der Hersteller des Motors „Hersteller" im Sinne des ProdHaftG.

Als Hersteller *gilt* außerdem jeder, der sich durch das Anbringen seines Namens, seiner Marke (Warenzeichen, Logo) oder eines anderen Kennzeichens als Hersteller ausgibt (§4 Abs. 1 S. 2 ProdHaftG).

Beispiel

Die M-AG kauft Spielzeugautos, die das Logo der M-AG tragen, vom Hersteller aus China. Da die Autos schädliche Stoffe enthalten, erleiden zahlreiche Kinder Hauterkrankungen. Neben dem tatsächlichen Hersteller in China ist auch die M-AG Hersteller im Sinne des ProdHaftG, weil sie ihr Logo hat anbringen lassen.

§4 Abs. 2 ProdHaftG enthält eine nochmalige Erweiterung. Danach gilt auch derjenige als Hersteller, der ein Produkt zum wirtschaftlichen Vertrieb in den Geltungsbereich des Abkommens über den europäischen Wirtschaftsraum einführt. Hierzu gehören neben den 27 Mitgliedsländern der EU[13] Island, Liechtenstein und Norwegen.

Beispiel

H hat Ware aus Lettland eingeführt und in Deutschland verkauft. Da Lettland seit Mai 2004 Mitglied der Europäischen Union ist, liegt keine Einfuhr in den Europäischen Wirtschaftsraum vor, sodass H nicht als Hersteller nach §4 Abs. 2 ProdHaftG gilt. Wenn er seine Marke (Warenzeichen, Logo) auf der Ware anbringt, gilt er aber als Hersteller nach §4 Abs. 1 S. 2 ProdHaftG.

§4 Abs. 3 ProdHaftG enthält besondere Regelungen für den Fall, dass der Hersteller nicht ermittelt werden kann. §5 ProdHaftG betrifft das Verhältnis mehrerer Hersteller zueinander, §6 ProdHaftG regelt die Folgen, wenn der Geschädigte bei der Entstehung des Schadens mitgewirkt hat.

Beispiel

K bemerkt beim Lenken seines zwei Jahre alten Pkw „seltsame Geräusche". Er fährt dennoch mit dem Fahrzeug in den Urlaub, ohne es vorher in einer Werkstatt durchchecken zu lassen. Kommt es wegen eines Fehlers der Lenkung zu einem Unfall, trifft K ein erhebliches Verschulden, sodass ein möglicher Anspruch aus der Produkthaftung nach §6 ProdHaftG deutlich zu reduzieren wäre.

---

13 Stand Sommer 2010.

15.3.6 Schadensumfang, Selbstbeteiligung

Die §§7 bis 12 ProdHaftG regeln den Umfang und die Art des Schadensersatzanspruchs im Falle der Tötung und der Körperverletzung. §10 ProdHaftG sieht einen **Höchstbetrag** von 85 Millionen Euro bezüglich der Haftung für Personenschäden vor, die durch *ein* Produkt oder *gleiche* Produkte mit demselben Fehler verursacht worden sind. Diese Zahl erscheint auf den ersten Blick sehr hoch, doch ist das Risiko, dass durch massenhaft vertriebene fehlerhafte Produkte ausgelöst wird, nicht zu unterschätzen. Sollten die 85 Millionen Euro nicht für alle Geschädigten ausreichen, wird Schadensersatz anteilig geleistet.

Nach §11 ProdHaftG besteht im Falle einer Sachbeschädigung eine **Selbstbeteiligung** in Höhe von 500,– €. Diese beiden Einschränkungen gibt es bei Anwendung des §823 Abs. 1 BGB nicht. Hier ist der Hersteller unbegrenzt schadensersatzpflichtig, eine Selbstbeteiligung des Geschädigten ist nicht vorgesehen. Auch deshalb hat §823 Abs. 1 BGB neben dem Produkthaftungsgesetz nach wie vor Bedeutung.

Art, Inhalt und Umfang des Schadensersatzanspruchs richten sich auch unter Anwendung des ProdHaftG ergänzend nach den §§249 ff. BGB. Zu ersetzen ist – wie bei einem auf §823 Abs. 1 BGB gestützten Schadensersatz – der Vermögensschaden (materieller Schaden) und der immaterielle Schaden, insbesondere in Form von Schmerzensgeld (§253 Abs. 2 BGB)[14].

15.3.7 Verjährungs- und Ausschlussfristen

Die **Verjährungsfrist** für die Ansprüche aus dem ProdHaftG beträgt drei Jahre: Diese Frist beginnt aber erst zu laufen, wenn der Geschädigte vom Schaden, vom Fehler und von der Person des Ersatzpflichtigen Kenntnis erlangt hat oder hätte erlangen müssen (§12 Abs. 1 ProdHaftG). Zusätzlich enthält §13 Abs. 1 ProdHaftG eine **Ausschlussfrist** von zehn Jahren, beginnend mit dem Zeitpunkt des In-Verkehr-Bringens des Produkts.

Beispiel

Das Produkt wurde im Frühjahr 2000 vom Hersteller in Verkehr gebracht. Am 19.04.2008 erlitt Verbraucher V durch einen Fehler des Produkts einen Schaden. Alle erforderlichen Informationen (Schaden, Fehler, Hersteller) lagen V am 29.05.2008 vor, sodass am folgenden Tag (30.05.2008, §187 Abs. 1 BGB) um 0.00 Uhr die dreijährige Verjährungsfrist zu laufen begann. Die Frist endet am 29.05.2011, 24.00 Uhr (§12 Abs. 1 ProdHaftG). In diesem Zeitpunkt ist der Anspruch aber nach §13 Abs. 1 ProdHaftG bereits ausgeschlossen, weil im Frühjahr 2010 mehr als zehn Jahre seit dem In-Verkehr-Bringen des Produkts vergangen sind.

[14] Zu Einzelheiten vgl. S. 415 ff.

15.3.8 Ergänzende Regelungen

Nach §14 ProdHaftG darf die Ersatzpflicht des Herstellers nach diesem Gesetz im Voraus weder ausgeschlossen noch beschränkt werden. Entgegenstehende Vereinbarungen sind nichtig. Das ProdHaftG enthält also **zwingendes Recht.**

Das Verhältnis des ProdHaftG zu anderen Haftungsgrundlagen regelt §15 ProdHaftG. Nach dessen Abs. 1 gilt das ProdHaftG nicht für bestimmte Arzneimittel[15], nach Abs. 2 bleibt eine Haftung nach anderen Vorschriften unberührt, zu denen insbesondere §823 Abs. 1 BGB gehört. *Derselbe Anspruch* kann sich also aus §1 Abs. 1 S. 1 ProdHaftG *und* aus §823 Abs. 1 BGB ergeben.

Die wichtigsten Unterschiede zwischen den beiden Formen der Produkthaftung zeigt die folgende Tabelle:

Tabelle 15.1

	§823 Abs. 1 BGB	**ProdHaftG**
Voraussetzungen für den Anspruch	Der Anspruchsteller muss beweisen, dass er durch ein fehlerhaftes Produkt einen Schaden erlitten hat	
Verschulden des Herstellers	Erforderlich, wird aber vermutet (Beweislastumkehr)	Nicht erforderlich, vielmehr Gefährdungshaftung
Haftungsbegrenzung bei Personenschäden	Keine	85 Millionen € pro Produkt oder insgesamt für Produkte mit demselben Fehler
Selbstbeteiligung	Keine	Nur bei Sachschäden: 500,– €
Schadensumfang	Materieller Schaden und Schmerzensgeld für Körperschäden; Sachschäden, aber nur an anderen Sachen	Materieller Schaden und Schmerzensgeld für Körperschäden; Sachschäden, aber nur an anderen und zudem privat genutzten Sachen
Verjährungsfrist	Zwischen zehn und 30 Jahren	Drei Jahre ab Kenntnis
Ausschlussfrist	Keine	Zehn Jahre ab In-Verkehr-Bringen des Produkts

[15] Hier gilt das Arzneimittelgesetz vom 24.08.1976, das in §84 AMG ebenfalls eine Gefährdungshaftung enthält.

Kapitel 16
Weitere Leistungsstörungen

Lernziele dieses Kapitels
Was kommt in diesem Kapitel auf Sie zu? Was passiert eigentlich, wenn der Schuldner nicht in der Lage ist, die vom Gläubiger beanspruchte Leistung zu erbringen? Ist der Vertrag dann nichtig? Muss der Schuldner Schadensersatz zahlen? Die aufgeworfenen Fragen berühren die Leistungsstörung der Unmöglichkeit, deren Beherrschung vielen Studierenden erhebliche Probleme bereitet. Nach der Lektüre der folgenden Seiten sollten Sie diese Probleme nicht mehr haben. Am Ende des Kapitels wird die Störung der Geschäftsgrundlage behandelt.

Die zu Beginn des Kapitels zu den Leistungsstörungen gegebene Übersicht[1] ist noch einmal in Erinnerung zu rufen:

a) Unmöglichkeit der Leistung,
b) Verzögerung der Leistung – Verzug,
c) Schlechtleistung,
d) Verletzung von Schutzpflichten,
e) Störung der Geschäftsgrundlage.

Die unter b), c) und d) aufgeführten Leistungsstörungen sind bereits behandelt worden[2].

16.1 Unmöglichkeit

16.1.1 Grundlagen

Zur Leistungsstörung der Unmöglichkeit enthält das BGB mit den §§ 275, 280 Abs. 1, Abs. 3, 283, 311 a, 326 BGB zahlreiche Vorschriften, was auf den ersten Blick sicherlich etwas verwirrend ist. Beim zweiten Hinsehen kann man die Systematik des Gesetzes aber durchaus verstehen. Dafür ist es ganz wichtig, dass man konsequent zwischen der Leistung, die unmöglich ist, und der anderen, in aller Regel noch möglichen Leistung unterscheidet.

Beispiel

V hat ein gebrauchtes Kfz an K verkauft. V und K vereinbaren, dass V das Fahrzeug noch so lange benutzen darf, bis der von ihm bestellte Neuwagen eingetroffen ist. Noch bevor der Neuwagen geliefert wird, verunglückt V mit dem Fahrzeug, das bei dem Unfall völlig zerstört

---

1 Vgl. S. 185.
2 Vgl. S. 196 f., 200 ff., 225 ff.

wird. Hier kann V das verkaufte Fahrzeug nicht mehr an K liefern und übereignen, die von ihm nach §433 Abs. 1 S. 1 BGB geschuldete **Leistung** ist **unmöglich.** Die vereinbarte **Gegenleistung,** also die von K gemäß §433 Abs. 2 BGB geschuldete Zahlung des Kaufpreises, ist hingegen noch **möglich.**

Anknüpfend an das Beispiel wird deutlich, dass es überhaupt keinen Sinn ergibt, den Schuldner der unmöglich gewordenen Leistung, hier also den Verkäufer V, zur Lieferung und Übereignung des völlig zerstörten Fahrzeugs zu verurteilen, da V, auch wenn er sich noch so viel Mühe gibt, diese Leistung nicht erbringen kann.

Schon im römischen Recht hieß es deshalb „Impossibilium nulla est obligatio" (Unmögliches kann nicht geschuldet werden).

Dieser Erkenntnis folgend bestimmt §275 Abs. 1 BGB, dass der Anspruch auf die Leistung ausgeschlossen ist, soweit diese für den Schuldner oder für jedermann unmöglich ist. Diese Rechtsfolge – der Anspruch ist ausgeschlossen – tritt aus logischen Gründen ohne Wenn und Aber ein! Zwar wird im Ansatz zwischen der subjektiven Unmöglichkeit (bezogen auf den Schuldner) und der objektiven Unmöglichkeit (für jedermann) unterschieden, doch ist die Rechtsfolge („Der Anspruch ist ausgeschlossen") dieselbe. Insoweit kommt es auch *nicht* darauf an, wer die Unmöglichkeit zu vertreten hat. Dieser Aspekt ist erst für einen eventuellen Schadensersatzanspruch des Gläubigers oder für die Frage von Bedeutung, ob die noch mögliche Gegenleistung zu erbringen ist.

Merke

Wenn eine Leistung unmöglich ist, hat der Gläubiger gemäß §275 Abs. 1 BGB keinen Anspruch mehr auf die Leistung, ohne dass es darauf ankommt, wer die Unmöglichkeit zu vertreten hat. Davon zu trennen sind die Fragen, ob der Gläubiger einen Schadensersatzanspruch hat und ob er die noch mögliche Gegenleistung erbringen muss. Bei der Behandlung der Unmöglichkeit muss nämlich zwischen der unmöglichen und der anderen, oft noch möglichen Leistung unterschieden werden. Aus der Unmöglichkeit der einen Leistung folgt nicht, dass die andere Leistung ebenfalls unmöglich ist.

16.1.2 Abgrenzung zum Verzug

Die Unmöglichkeit ist von den anderen Leistungsstörungen, insbesondere vom Verzug, abzugrenzen. Unmöglichkeit liegt vor, wenn die Leistung *auf Dauer* nicht erbracht werden kann, während der Verzug ein vorübergehendes Leistungshindernis darstellt.

Beispiele

- V hat K eine Maschine HD 10.3 verkauft, ohne zu wissen, dass eine Maschine dieses Typs auf dem Weltmarkt gar nicht mehr verfügbar ist. Ein Nachbau ist aufgrund eines patentrechtlichen Schutzes des

Maschinentyps HD 10.3 nicht zulässig. Hier liegt ein Fall der Unmöglichkeit nach § 275 Abs. 1 BGB vor. V muss die Maschine nicht mehr liefern, aber ggf. Schadensersatz an K leisten.

- Anders wäre es, wenn die Maschine nur im Augenblick nicht verfügbar wäre und V deshalb nicht termingerecht liefern könnte. Dann läge nur ein *vorübergehendes* Leistungshindernis vor, sodass die Regeln des Verzugs und nicht die der Unmöglichkeit zur Anwendung kämen. V wäre weiterhin zur Lieferung verpflichtet.

Wenn eine Leistung zwar noch nachgeholt werden kann, dies aber keinen Sinn mehr ergibt, liegt kein Verzug, sondern ebenfalls Unmöglichkeit vor. Dies ist der Fall, wenn die exakte Einhaltung der Leistungszeit nach dem Zweck des Vertrags und der Interessenlage für den Gläubiger so wesentlich ist, dass eine Leistung zwar noch möglich ist, aber keine sinnvolle Erfüllung mehr darstellt **(„absolutes Fixgeschäft").**

Beispiele

- B hat bei T ein Taxi bestellt, das ihn zum Flughafen bringen soll. Das Taxi trifft aufgrund eines Staus so spät bei B ein, dass der Flieger nicht mehr erreicht werden kann, eine kurzfristige Umbuchung auf einen anderen Flug ist nicht möglich. Hier kann T den B zwar noch zum Flughafen fahren, doch ist dies sinnlos. Also ist die Leistung durch den Zeitablauf unmöglich geworden, obwohl sie grundsätzlich noch erbracht werden kann.
- Musikveranstalter M hat von V eine Bühne für ein Open-Air-Konzert gemietet. Wenn V die Bühne nicht zum vereinbarten Termin bereitstellt, ist die geschuldete Leistung zwar noch nachholbar, ergibt aber keinen Sinn mehr. Deshalb liegt auch hier ein Fall der Unmöglichkeit und kein Verzugsfall vor[3].

Zwei spezielle Fälle enthalten **§ 275 Abs. 2 und Abs. 3 BGB.** Hier ist die Leistung zwar **nicht unmöglich,** doch kann der Schuldner sie aus besonderen Gründen nach Erhebung einer Einrede verweigern. Dieses Recht steht dem Schuldner nach § 275 Abs. 2 BGB zu, wenn die (mögliche) Leistung einen Aufwand erfordert, der unter Beachtung des Inhalts des Schuldverhältnisses und der Gebote von Treu und Glauben in einem groben Missverhältnis zum Leistungsinteresse des Gläubigers steht. Für die Entscheidung ist unter anderem zu berücksichtigen, ob der Schuldner das Leistungshindernis zu vertreten oder nicht zu vertreten hat.

Beispiel

Das arg strapazierte, sogar in der Gesetzesbegründung zum neuen Schuldrecht enthaltene Schulbeispiel ist der Ring, der sich auf dem Grund eines Sees befindet und den der Verkäufer (Schuldner) nur

[3] Vgl. das weitere Beispiel auf S. 203.

liefern kann, wenn er den Ring zuvor mit großem Aufwand bergen lässt[4].

Von ungleich größerer praktischer Relevanz ist, dass die Fälle der sogenannten **„wirtschaftlichen Unmöglichkeit"**, etwa verursacht durch stark gestiegene Einkaufspreise, von **§275 Abs. 2 BGB nicht** erfasst werden.

Beispiel

Nach Abschluss des Kaufvertrags zwischen V und K erhöht sich der Preis, zu dem V die Maschine HD 10.3 von einem ausländischen Hersteller erwirbt, um 50%. Der Anstieg des Einkaufspreises ist kein Fall des §275 Abs. 2 BGB, sondern lediglich eine „wirtschaftliche Unmöglichkeit", die V kein Recht zur Verweigerung der Leistung gibt. Es könnte allenfalls eine Störung der Geschäftsgrundlage nach §313 BGB vorliegen[5].

Nach **§275 Abs. 3 BGB** kann der Schuldner die ihm mögliche Leistung auch dann verweigern, wenn er diese persönlich zu erbringen hat und sie ihm unter Abwägung des seiner Leistung entgegenstehenden Hindernisses mit dem Leistungsinteresse des Gläubigers **nicht zugemutet** werden kann.

Beispiel

Rechtsanwalt R aus Rostock, der zugleich Steuerberater ist, hat sich verpflichtet, die V-GmbH in einer mündlichen Verhandlung vor dem Bundesfinanzhof in München *persönlich* zu vertreten. Unmittelbar vor der geplanten Abreise zum Termin erleidet die Ehefrau des R einen schweren Verkehrsunfall, sodass nach Auskunft der Ärzte „mit dem Schlimmsten gerechnet werden muss". Hier ist es R nicht zumutbar, den Termin persönlich wahrzunehmen.

16.1.3 Gegenleistung

Die bisherigen Ausführungen bezogen sich nur auf die unmögliche Leistung, die der Schuldner nach §275 BGB nicht mehr erbringen muss. Noch nicht entschieden ist, wie es sich mit der anderen, in der Regel **noch möglichen Gegenleistung** verhält, zum Beispiel der Zahlung des Kaufpreises.

Beispiel

Die gemäß §433 Abs. 1 S. 2 BGB geschuldete Lieferung und Übereignung eines gebrauchten Baggers ist für den Verkäufer (V) infolge eines Totalschadens unmöglich. Damit verliert der Gläubiger (Käufer K) gemäß §275 Abs. 1 BGB seinen Anspruch auf die Lieferung des Baggers.

---

4 Deutscher Bundestag, Entwurf eines Gesetzes zur Modernisierung des Schuldrechts, Bundestagsdrucksache 14/6040 vom 14.05.2001, S. 129 f.

5 Vgl. S. 308 f.

Die gemäß § 433 Abs. 2 BGB geschuldete Gegenleistung, also die Zahlung des Kaufpreises durch K, ist hingegen (noch) möglich.

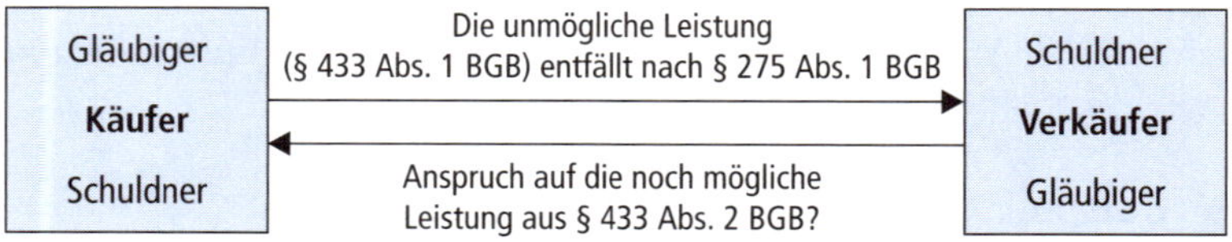

Abbildung 16.1: Unmöglichkeit beim Kaufvertrag

Aufgabe

Denken Sie bitte einmal nach: Worauf muss es für das „Schicksal" der noch möglichen Gegenleistung ankommen? Wann muss diese noch erbracht werden, wann nicht? Was sollte dafür entscheidend sein?

Von entscheidender Bedeutung für die noch mögliche Gegenleistung muss doch sein, wer die **Unmöglichkeit der anderen Leistung zu vertreten** hat. Bezogen auf den Kaufvertrag über den gebrauchten Bagger ergibt sich Folgendes:

1. Fall: *Der Gläubiger hat die Unmöglichkeit zu vertreten.*

Falls der *Gläubiger* der unmöglich gewordenen Leistung (Lieferung des Baggers), also der Käufer die Unmöglichkeit zu vertreten hat, behält der *Schuldner* (Verkäufer) den Anspruch auf die vereinbarte Gegenleistung, also die Zahlung des Kaufpreises (§ 433 Abs. 2 BGB).

2. Fall: *Der Schuldner hat die Unmöglichkeit zu vertreten.*

Falls der *Schuldner* (Verkäufer) die Unmöglichkeit der Lieferung des Baggers zu vertreten hat, entfällt sein Anspruch auf die *Gegenleistung* (Zahlung des Kaufpreises). Außerdem muss der Schuldner (Verkäufer) dem Gläubiger (Käufer) anstelle der unmöglichen Leistung (Lieferung des Baggers) eventuell **Schadensersatz** leisten (höhere Kosten beim Kauf eines anderen Fahrzeugs).

3. Fall: *Weder der Gläubiger noch der Schuldner haben die Unmöglichkeit zu vertreten.*

Falls weder der Gläubiger noch der Schuldner die Unmöglichkeit zu vertreten haben, entfallen beide Leistungspflichten aus § 433 BGB, sodass der Verkäufer den Bagger nicht liefern und der Käufer den Kaufpreis nicht zahlen muss.

Diese Rechtsfolgen ordnet § 326 BGB an, auf den sich das folgende Beispiel bezieht:

Beispiel

V und K haben einen Kaufvertrag über einen gebrauchten Bagger zum Preis von 125.000,– € geschlossen. Vor der Übertragung des Eigentums wird der Bagger auf dem Transport von V zu K vollständig zerstört.

Lösungsskizze

1. Anspruch des K auf Lieferung des Baggers von V aus § 433 Abs. 1 BGB
   a) Der Anspruch ist mit Abschluss des Kaufvertrags entstanden.
   b) Da der Schuldner V die von ihm nach § 433 Abs. 1 BGB geschuldete Leistung zur Lieferung und Übereignung des Baggers nicht mehr erbringen kann, ist der Anspruch des K gemäß § 275 Abs. 1 BGB ausgeschlossen, ohne dass es darauf ankommt, wer die Unmöglichkeit zu vertreten hat. Sie erinnern sich hoffentlich: „Impossibilium nulla est obligatio!“
2. Anspruch des V auf Zahlung des Kaufpreises von K aus § 433 Abs. 2 BGB

Diese Frage lässt sich nach dem (kurzen) Sachverhalt nicht beantworten, weil unklar ist, wer die Unmöglichkeit zu vertreten hat:

- Wenn der Schuldner der unmöglichen Leistung, hier also V, den Unfall verschuldet und damit die Unmöglichkeit zu vertreten hat, hat er keinen Anspruch mehr auf die Zahlung des Kaufpreises. Anderenfalls müsste V nach § 275 Abs. 1 BGB nicht liefern, bekäme aber dennoch aus § 433 Abs. 2 BGB den Kaufpreis von K. Deshalb ordnet § 326 Abs. 1 BGB an, dass der Anspruch auf die Gegenleistung (hier die Zahlung des Kaufpreises) entfällt, wenn der Schuldner die Unmöglichkeit der anderen Leistung (hier der Lieferung) zu vertreten hat. Also müssen weder K noch V die jeweiligen Pflichten aus § 433 BGB erfüllen. Wenn K infolge der Nichtlieferung ein Schaden entsteht, kann er unter den Voraussetzungen der §§ 280 Abs. 1, Abs. 3, 283 BGB von V Schadensersatz verlangen.

- Wenn nicht der Schuldner V, sondern der Gläubiger K die Unmöglichkeit allein oder weit überwiegend zu vertreten hat, zum Beispiel weil K den Transport durchgeführt und dabei den Unfall verursacht hat, entfällt der Schadensersatzanspruch des K. Außerdem muss K den vereinbarten Kaufpreis an V zahlen. Diese Rechtsfolge ordnet § 326 Abs. 2 S. 1 BGB an.

- Wenn weder der Gläubiger K noch der Schuldner V die Unmöglichkeit zu vertreten haben, entfällt gemäß § 275 BGB der Anspruch auf die Leistung (Lieferung und Übereignung des Baggers) und nach § 326 Abs. 1 BGB auch der Anspruch auf die Gegenleistung (Zahlung des Kaufpreises). Man spricht von einem **synallagmatischen Zusammenhang** von Leistung und Gegenleistung[6].

---

6 Vgl. Palandt/Grüneberg, Bürgerliches Gesetzbuch, § 326 Rn. 2.

Praxistipp

Kein Fall der Unmöglichkeit ist die **Zahlungsunfähigkeit.** Hier gilt der schöne Satz „Geld hat man zu haben". Niemand kann deshalb mit Erfolg die „Einrede der leeren Kasse" erheben. Falls jemand zur Zahlung verurteilt wird, verjährt der Anspruch erst nach 30 Jahren (§ 197 Abs. 1 Nr. 3 BGB), sodass aus dem Urteil so lange vollstreckt werden kann. Auch wenn die Zinsen der dreijährigen Verjährung des § 195 BGB unterliegen[7], kann es sich also durchaus lohnen, jemanden zu verklagen, der zurzeit über keine Mittel verfügt.

16.1.4 Sonderfall: Die anfängliche Unmöglichkeit

Eine versteckte Sonderregel zur Unmöglichkeit findet sich in § 311 a BGB. Sie betrifft den zwar wenig wahrscheinlichen, bei Juristen aber gleichwohl – oder deswegen? – sehr beliebten Fall, dass die Unmöglichkeit schon im Zeitpunkt des Vertragsabschlusses vorlag, ohne dass eine der Parteien davon wusste.

Beispiel

Landwirt L verkauft seinem Nachbarn N das Pferd „Mäxchen", das aber zehn Minuten vor Abschluss des Kaufvertrags infolge eines Blitzschlags eingegangen war. Nach § 311 a Abs. 1 BGB ist der Kaufvertrag trotz der schon bei Vertragsabschluss vorliegenden Unmöglichkeit wirksam. Da die Lieferung und Übereignung des Pferdes unmöglich ist, hat der Käufer darauf zwar keinen Anspruch (§ 275 Abs. 1 BGB), muss aber auch den Kaufpreis nicht zahlen (§ 326 Abs. 1 BGB). Nach § 311 a Abs. 2 BGB kann dem Gläubiger (Käufer) ein Anspruch auf Schadensersatz oder Aufwendungsersatz zustehen, falls der Schuldner (Verkäufer) die Unmöglichkeit zu vertreten hat.

Von einem weiteren Fall berichtete unlängst eine Studentin. Sie verkaufte im Internet für je 15,– € vier gebrauchte Autoreifen, die ihr Mann, was sie nicht wusste, kurz zuvor an einen anderen Interessenten verkauft und geliefert hatte. Hier kann der zweite Käufer aus § 311 a Abs. 2 BGB Schadensersatz verlangen. Der Schaden besteht in der Differenz zwischen dem Kaufpreis (hier 60,– €) und dem tatsächlichen Wert der Reifen. Die Parteien haben sich entsprechend geeinigt.

16.1.5 Versendungskauf und Unmöglichkeit

In der Praxis dürfte das Problem der Unmöglichkeit am häufigsten in Verbindung mit dem in § 447 BGB geregelten **Versendungskauf** auftreten. In diesem Zusammenhang ergeben sich schwierige Rechtsfragen.

Zunächst ist zu beachten, dass die **allgemeine** Vorschrift des § 326 BGB bei Vorliegen eines Versendungskaufs durch die **spezielle** Vorschrift des § 447 BGB **verdrängt** wird, es sei denn, es liegt ein Verbrauchsgüterkauf vor (vgl. § 474 Abs. 2 BGB)[8].

---

7 Vgl. dazu S. 136.
8 Dazu mehr auf S. 239.

Merke

§ 447 BGB verdrängt beim Versendungskauf § 326 BGB. Dies gilt nicht, wenn ein Verbrauchsgüterkauf vorliegt (vgl. § 474 Abs. 2 BGB).

Beispiel

Unternehmer K aus Köln bestellt bei V aus Verden im Internet ein neues Netbook des Typs KB-S, wobei V gegen eine Kostenpauschale den Versand übernimmt. Das von V ordnungsgemäß zum Transport gegebene Netbook wird von Unbekannten aus einem Lastwagen gestohlen. Im Lager des V befinden sich zehn weitere Exemplare dieses Typs. Wie ist die Rechtslage?

Vorüberlegung zur Lösung: Was muss untersucht werden?

Da nicht nach einem konkreten Anspruch, sondern nach der Rechtslage gefragt ist, muss zunächst ermittelt werden, welche Fragen überhaupt untersucht werden sollen:

1. Muss K den Kaufpreis zahlen, auch wenn er kein Netbook bekommt?
2. Muss V ein anderes Netbook des Typs KB-S aus seinem Lagerbestand liefern?

Weitere Vorüberlegung: Welche Rechtsfragen stellen sich?

Auf den ersten Blick scheint kein Fall der Unmöglichkeit vorzuliegen, weil V vom Lager ein anderes Netbook des Typs KB-S liefern könnte. Die Sachlage ändert sich aber, wenn man **ausschließlich** auf das von V zum Transport gegebene Netbook abstellt, da *dieses* Gerät gestohlen worden ist und die Lieferung und Übereignung **dieses Netbooks** damit unmöglich ist (§ 275 Abs. 1 BGB).

Deshalb ist zu fragen, worauf es ankommt: Kommt es darauf an, ob ein Gerät **dieses Typs** von V ohne Probleme noch geliefert werden kann oder darauf, dass das **zum Transport gegebene Gerät** nicht mehr geliefert werden kann?

Den Ausgangspunkt für die Entscheidung bildet **§ 243 BGB.** Nach dessen Abs. 1 hat derjenige, der eine nur der Gattung nach bestimmte Sache schuldet, eine Sache mittlerer Art und Güte zu leisten. Man spricht von einer **Gattungsschuld,** den Gegenbegriff bildet die Stückschuld. Bei einer **Stückschuld** bezieht sich der Kaufvertrag von Anfang an auf eine **ganz konkrete, bestimmte Sache,** bei einer Gattungsschuld bezieht sich der Vertrag auf eine Sache aus einer größeren Menge gleicher Sachen. Einmal geht es also um **dieselbe** Sache (Stückschuld), das andere Mal um **die gleiche** Sache (Gattungsschuld). Bei der konkreten Abgrenzung gilt allerdings der Satz: „Der Teufel steckt im Detail", weil scheinbare Kleinigkeiten zu unterschiedlichen Ergebnissen führen.

Beispiele

- Der Kauf eines **gebrauchten Pkw** ist ein Stückkauf, weil ein ganz **bestimmtes** Auto gekauft wird, das es so nicht noch einmal gibt.
- Der Kauf eines **Neufahrzeugs,** das beim Händler nicht vorrätig ist, ist ein Gattungskauf, weil nicht ein ganz bestimmtes Fahrzeug ge-

liefert werden muss, sondern ein Fahrzeug mit bestimmten (Gattungs-)Merkmalen (Typ, Farbe, Ausstattung usw.). Steht das Auto hingegen schon in der Halle des Händlers und wird genau dieses bestimmte Auto gekauft, liegt auch bei einem Neuwagenkauf ein Stückkauf vor.

- Die Bestellung von **Ware** durch einen Unternehmer bei seinem Lieferanten ist ein Gattungskauf, weil Waren mit bestimmten Gattungsmerkmalen gekauft werden („10.000 Schrauben, 8 cm, runder Kopf, Kreuzschlitz, verchromt").
- Beim Kauf im **Versandhandel** liegt ebenfalls ein Gattungskauf vor, oft auch bei Kaufverträgen im Internet.
- Bei Versteigerungen im **Internet** kommt es darauf an: Ein Stückkauf ist gegeben, wenn es um eine ganz bestimmte Sache geht, etwa um ein gebrauchtes Sofa. Ein Gattungskauf liegt vor, wenn der Verkäufer über mehrere gleichartige Stücke verfügt.
- Der Kauf im **Verbrauchermarkt** ist ein Stückkauf, wenn der Kunde mit einer bestimmten Ware an die Kasse geht oder sich bei Textilien nach Anprobe für eine bestimmte Hose (*„die oder keine!"*) entscheidet. Kauft er hingegen drei Brötchen, die von der Bedienung aus einer größeren Menge entnommen und eingepackt werden, liegt ein Gattungskauf vor.

Mittlerer Art und Güte Nach § 243 Abs. 1 BGB ist im Falle der Gattungsschuld eine Sache von mittlerer Art und Güte zu leisten. Die Sache muss deshalb durchschnittliche Qualitätsanforderungen erfüllen, es sei denn, die Parteien hätten eine abweichende Qualität vereinbart. Hier gilt das zum Mangel einer Kaufsache zu § 434 BGB bereits Ausgeführte[9]: Eine vereinbarte oder eine nach dem Vertrag vorausgesetzte Beschaffenheit geht auch bei einer Gattungssache der üblichen Beschaffenheit des § 243 Abs. 1 BGB („mittlere Art und Güte") vor.

Konkretisierung Gemäß § 243 Abs. 2 BGB beschränkt sich das Schuldverhältnis, sobald der Schuldner das zur Leistung einer Gattungssache **seinerseits Erforderliche** getan hat, auf **diese** Sache. Die Vorschrift entfaltet, ohne dass dies aus dem Wortlaut zu ersehen ist, weitreichende und nicht ganz einfache Konsequenzen:

- Zunächst ist also zu fragen, was der Schuldner einer Gattungssache tun muss (was das „seinerseits Erforderliche" ist), um seine Leistung zu erfüllen.
- Hat der Schuldner das „seinerseits Erforderliche" in Bezug auf die gekaufte Sache getan, ordnet § 243 Abs. 2 BGB an, dass sich das Schuldverhältnis auf *diese* Sache beschränkt. Dies bedeutet, dass durch die Handlung des Schuldners aus einer Gattungsschuld insoweit eine Stückschuld wird. Man nennt diesen Vorgang **„Konkretisierung".** Das Schuldverhältnis betrifft nur diese eine bestimmte (konkrete) Sache! Für die Frage der Unmöglichkeit folgt daraus: Kann **diese Sache** nicht mehr geliefert werden, tritt nach § 275 Abs. 1 BGB Unmöglichkeit ein, auch wenn der Schuldner ohne Probleme eine *andere* Sache dieses Typs liefern könnte.

9 Vgl. S. 229 ff.

Das ist sicherlich nicht ganz einfach zu verstehen. Deswegen noch einmal:

Obwohl V noch zehn Netbooks des Typs KB-S auf dem Lager hat, ist für ihn die Lieferung eines Netbooks KB-S **juristisch** unmöglich, wenn eine Konkretisierung auf das zum Transport gegebene Gerät erfolgt ist. Dann würde es nur noch um dieses eine Gerät gehen! Da dieses Gerät gestohlen worden ist, könnte es vom Verkäufer nicht mehr geliefert werden. Deshalb wäre Unmöglichkeit eingetreten (jedenfalls juristisch!).

Es bleibt die Frage, was der Schuldner tun muss, um eine **Konkretisierung** herbeizuführen. Und hier lautet die typische Juristenantwort wieder einmal: „Es kommt darauf an", nämlich darauf, ob eine Holschuld, eine Schickschuld oder eine Bringschuld vorliegt.

Zur Erinnerung[10]

- Beim Kaufvertrag liegt eine **Holschuld** vor, wenn der Gläubiger (Käufer) die Ware beim Schuldner (Verkäufer) abholen muss. Der Schuldner (Verkäufer) muss die Ware in diesem Fall lediglich zur Abholung bereitstellen und dem Gläubiger die Möglichkeit zur Abholung geben.
- Eine **Schickschuld** liegt vor, wenn der Schuldner (Verkäufer) die Ware an den Gläubiger (Käufer) abschicken, also zum Transport geben muss. Der Transport selbst ist nicht vom Schuldner (Verkäufer) geschuldet.
- Eine **Bringschuld** liegt vor, wenn der Schuldner (Verkäufer) die Ware zum Gläubiger (Käufer) bringen, sie also anliefern muss.

Im Verkehr zwischen Unternehmern, aber auch im Versandhandel mit einem Verbraucher als Käufer, liegen – wie oben gesehen[11] – oft **Schickschulden** vor. Das bedeutet, dass der Schuldner die Ware zwar zum Transport geben, den Transport aber nicht selbst durchführen muss.

Deshalb die Frage an Sie: Wann hat der Schuldner (Verkäufer) bei der Schickschuld das „seinerseits Erforderliche" getan?

Im Fall der **Schickschuld** hat der Schuldner das „seinerseits Erforderliche" getan, sobald er die Sache an eine **Transportperson übergeben** hat. Von diesem Zeitpunkt an beschränkt sich das Schuldverhältnis auf die zum Transport gegebene Sache, gemäß § 243 Abs. 2 BGB tritt die **Konkretisierung** ein.

Zurück zum obigen Beispiel mit dem gestohlenen Netbook:

Beispiel

Unternehmer K aus Köln hat bei V aus Verden im Internet ein neues Netbook des Typs KB-S bestellt, wobei V gegen eine Kostenpauschale den Versand übernimmt. Die von V ordnungsgemäß zum Transport gegebene Ware wird von Unbekannten aus einem Lastwagen gestohlen. Im Lager des V befinden sich zehn weitere Exemplare dieses Typs. Wie ist die Rechtslage?

1. Muss K den Kaufpreis nach § 433 Abs. 2 BGB zahlen, obwohl er kein Netbook bekommt?

---

10 Vgl. S. 153 ff.

11 Zu Einzelheiten vgl. S. 155 f.

2. Muss V nach §433 Abs. 1 BGB ein anderes Netbook des Typs KB-S aus seinem Lagerbestand liefern?

Klausurtipp

Kommt in Betracht, dass *eine* von mehreren Leistungen unmöglich ist, ist die Prüfung mit der eventuell unmöglichen Leistung beginnen. Erst danach wird das „Schicksal" der – noch möglichen – Gegenleistung untersucht. Also ist hier mit dem Anspruch des K auf die Lieferung des Netbooks zu beginnen.

Lösungsskizze

1. Anspruch des K gegen V auf Lieferung eines Netbooks des Typs KB-S gemäß §433 Abs. 1 BGB

K könnte einen Anspruch auf die Lieferung (Eigentumsübertragung und Besitzverschaffung) eines Netbooks KB-S gegen V aus §433 Abs. 1 BGB haben. Der Anspruch ist mit dem Abschluss des Kaufvertrags entstanden. Er ist aber nach §275 Abs. 1 BGB ausgeschlossen, soweit die Leistung für V oder für jedermann unmöglich ist. V kann das zum Transport gegebene Netbook nicht mehr liefern, aber durchaus vom Lager ein anderes Netbook desselben Typs.

Deshalb kommt es darauf an, ob bereits eine Konkretisierung nach §243 Abs. 2 BGB eingetreten ist. Dies setzt voraus, dass eine Gattungsschuld vorliegt, was hier der Fall ist, und dass V das seinerseits Erforderliche getan hat, um seine Verpflichtung zu erfüllen. Da V das Gerät nach der Vereinbarung der Parteien versenden sollte, lag eine Schickschuld vor. Das seinerseits Erforderliche hat V getan, indem er die Ware zum Transport gegeben hat. Damit ist nach §243 Abs. 2 BGB die Konkretisierung eingetreten, sodass aus der Gattungsschuld insoweit eine Stückschuld geworden ist. Für die Beurteilung der Frage, ob Unmöglichkeit vorliegt, geht es deshalb nur noch um das von V zum Transport gegebene Netbook. Infolge des Diebstahls ist es V nicht möglich, **dieses Netbook** zu liefern und so seine Pflicht aus §433 Abs. 1 BGB zu erfüllen. Deshalb ist der Anspruch des K auf Lieferung und Übereignung nach §275 Abs. 1 BGB wegen Unmöglichkeit ausgeschlossen, ohne dass es darauf ankommt, wer die Unmöglichkeit zu vertreten hat.

2. Anspruch des V gegen K auf Zahlung des Kaufpreises aus §433 Abs. 2 BGB

Der Anspruch auf Zahlung des Kaufpreises ist entstanden, könnte aber nach §326 Abs. 1 BGB infolge der Unmöglichkeit der Gegenleistung ausgeschlossen sein. Diese allgemeine Vorschrift wird aber bei Vorliegen eines Versendungskaufs durch die spezielle Vorschrift des §447 BGB verdrängt, es sei denn, es läge ein Verbrauchsgüterkauf vor (§474 Abs. 2 BGB), was hier nicht der Fall ist. Deshalb ist die Gefahr – gemeint ist die Gefahr des Untergangs oder der Beschädigung der Sache – nach §447 BGB mit der Übergabe des Netbooks an die Transportperson vom

Verkäufer auf den Käufer übergegangen. Dies bedeutet, dass die Transportrisiken vom Käufer zu tragen sind. Der Käufer muss deshalb nach §433 Abs. 2 BGB den Kaufpreis zahlen, obwohl er weder das gestohlene noch ein anderes Netbook erhält.

Hinweis

Der Käufer hat mithilfe einer recht schwierigen juristischen Konstruktion die Möglichkeit, Schadensersatz vom Transportunternehmer zu verlangen (sogenannte „Drittschadensliquidation"[12]). Eine gesetzliche Regelung findet sich in §421 Abs. 1 S. 2 HGB.

Änderungen beim Verbrauchsgüterkauf

Wenn ein Verbrauchsgüterkauf gemäß §474 Abs. 1 BGB vorliegt[13], findet §447 BGB gemäß §474 Abs. 2 BGB keine Anwendung. Daraus folgt, dass nicht der Käufer (Verbraucher), sondern der Verkäufer (Unternehmer) das Transportrisiko trägt. Geht die Ware auf dem Transport verloren oder wird sie beschädigt, muss der Verbraucher (Käufer) sie also *nicht* bezahlen. Das Versandrisiko des zufälligen Untergangs und der zufälligen Verschlechterung trägt der Verkäufer, weil er über Art und Weg der Beförderung entscheidet, den Beförderer auswählt (eigenes Personal, Frachtführer, Spediteur) und außerdem eine über den Kaufpreis finanzierte Transportversicherung abschließen kann[14].

Diese Besonderheit gilt beim „klassischen" Versandhandel, aber auch im Internethandel – aber immer nur dann! –, wenn der Verkäufer Unternehmer und der Käufer Verbraucher ist (vgl. §474 Abs. 1 BGB). Also nicht bei einer privaten Auktion! Hier trägt der Käufer das Transportrisiko, wenn die Ware auf Verlangen des Käufers vom Verkäufer geschickt wird (Schickschuld)[15], da §447 BGB mangels Vorliegen eines Verbrauchsgüterkaufs *nicht* ausgeschlossen ist.

Beispiel

Verbraucher S, ein Student, hat bei eBay einen iPod ersteigert, der ohne Verschulden des Verkäufers V beschädigt bei S eintrifft. Wenn V Unternehmer ist, findet §447 BGB gemäß §474 Abs. 2 BGB keine Anwendung, sodass V das Transportrisiko trägt. Folge: S muss den beschädigten iPod nicht bezahlen.

Sollte V ebenfalls Verbraucher sein („private Auktion"), läge das Transportrisiko wegen des nicht ausgeschlossenen §447 BGB bei S. Er müsste für das beschädigte Gerät den vollen Preis zahlen und mühsam versuchen, im Wege der Drittschadensliquidation Schadensersatz vom Frachtführer zu erhalten[16].

---

12 Vgl. Palandt/Grüneberg, Bürgerliches Gesetzbuch, Vorbemerkung vor §249 Rn. 105 ff.

13 Vgl. S. 239.

14 Palandt/Weidekaff, Bürgerliches Gesetzbuch, §474 Rn. 12.

15 Vgl. S. 153 f.

16 Vgl. Palandt/Grüneberg, Bürgerliches Gesetzbuch, Vorbemerkung vor §249 Rn. 105 ff.

16.2 Störung der Geschäftsgrundlage

Nach § 313 Abs. 1 BGB kann eine Partei abweichend vom allgemein gültigen Prinzip „Verträge sind zu halten" („pacta sunt servanda") die Anpassung eines Vertrags verlangen, wenn sich die Umstände, die zur Grundlage des Vertrags geworden sind, nach Vertragsabschluss schwerwiegend geändert haben. Hinzukommen muss, dass die Parteien den Vertrag gar nicht oder zu anderen Bedingungen abgeschlossen hätten, wenn sie die Veränderung vorausgesehen hätten. Schließlich muss ein Festhalten am unveränderten Vertrag dem einen Teil unter Berücksichtigung aller Umstände des Einzelfalls, insbesondere der vertraglichen und gesetzlichen Risikoverteilung, nicht zumutbar sein. Einer Veränderung der Umstände steht es gleich, wenn sich wesentliche Vorstellungen, die zur Grundlage des Vertrags geworden sind, als falsch herausstellen (§ 313 Abs. 2 BGB).

Die Bedeutung dieser Vorschrift darf nicht überschätzt werden. Ihre Funktion besteht nicht darin, Verträge, die sich für einen Beteiligten als ungünstig erweisen, weil sich seine Erwartungen nicht erfüllen, im Nachhinein zu ändern. § 313 BGB stellt insbesondere kein Mittel bereit, um unternehmerische Risiken zu reduzieren oder entsprechende Fehlentscheidungen auszugleichen. Vielmehr muss sich nach Vertragsabschluss ein schwerwiegender Umstand so ändern, dass es gegen Treu und Glauben verstoßen würde, wenn der Vertrag unverändert bestehen bliebe. Das ist relativ selten der Fall.

Beispiele

- Eine unerwartet hohe **Geldentwertung** berechtigt den Darlehensgeber auch bei einem langfristigen Darlehen **nicht** zu einer Anpassung des Vertrags, da sie zu seinem Risiko gehört.
- Kann eine vom Großhändler bezogene Ware vom Händler mangels Nachfrage nur **unter Einkaufspreis** und in Sonderverkäufen abgesetzt werden, muss der Händler dennoch den vereinbarten Kaufpreis an den Großhändler zahlen. Er muss für die Folgen seiner **unternehmerischen Fehlentscheidung** allein einstehen.
- Erwirbt ein Bauunternehmer von einem Landwirt landwirtschaftliche Flächen in der Hoffnung, dass daraus **Bauland** wird, stellt die Gemeinde für dieses Gebiet aber keinen Bebauungsplan auf, begründet dieser Umstand grundsätzlich keinen Anspruch auf eine Vertragsanpassung[17].
- Demgegenüber steht Musikern kein Anspruch aus einem Engagement für eine Faschingsveranstaltung zu, wenn diese ausfällt, weil die Gemeinde dem Veranstalter die angemietete Halle wegen eines kurze Zeit vorher begonnenen **Kriegs** (hier Golfkrieg) nicht zur Verfügung stellt[18].

---

[17] Palandt/Weidekaff, Bürgerliches Gesetzbuch, § 313 Rn. 37.
[18] OLG Karlsruhe, NJW 1992, S. 3176, 3177.

Sollte eine Vertragsanpassung nicht möglich sein, besteht ein Rücktrittsrecht bzw. bei Dauerschuldverhältnissen (Miete, Pacht, Darlehen) ein Kündigungsrecht (§ 313 Abs. 3 BGB).

Beispiel

Pächter P hat für zehn Jahre eine „Bier- und Schnitzelkneipe" an einer Straße gepachtet, an der 5.000 Soldaten stationiert sind, aber sonst keinerlei Verkehr herrscht. Nach einem Jahr wird dieser Standort völlig überraschend geschlossen. P kann eine Vertragsanpassung in Form einer Reduzierung der Pacht verlangen, wenn das Vorhandensein der Kaserne im konkreten Fall tatsächlich die Geschäftsgrundlage des Vertrags bildete. Kommt eine Anpassung nicht in Betracht, kann der Vertrag von P gekündigt werden.

3. Teil

Einzelne vertragliche Schuldverhältnisse

Gliederung des 3. Teils

Kapitel 17
Der Werkvertrag

Lernziele dieses Kapitels
Was kommt in diesem und in den folgenden Kapiteln auf Sie zu? Während in der Ausbildung der Kaufvertrag dominiert und die anderen Verträge in den Hintergrund rücken, kommt in der Praxis dem Mietvertrag, besonders aber dem Werkvertrag und dem Dienstvertrag eine mindestens gleich große Bedeutung zu.

Sehr „beliebt" bei den Gerichten sind Bauprozesse, die sich aufgrund der vom Besteller geltend gemachten Mängel bereits in der ersten Instanz über Jahre hinziehen können. Die rechtlichen Lösungen für Bauprozesse ergeben sich aus dem Werkvertragsrecht (§§ 631 ff. BGB).

Die Arbeitsgerichte stöhnen über die stetig steigende Zahl von Prozessen, ganz überwiegend in Form von Kündigungsschutzklagen. Hier geht es um Probleme aus dem Arbeitsrecht, das zum Dienstvertragsrecht gehört (§§ 611 ff. BGB).

In Zeiten knappen Wohnraums haben die Amtsgerichte Konjunktur mit Klagen, die sich gegen die Kündigung von Wohnungsmietverträgen richten und in denen vielfach die Frage zu klären ist, ob ein vom Vermieter behaupteter „Eigenbedarf" tatsächlich vorliegt (§ 573 Abs. 2 Nr. 2 BGB). Daneben hat es in den letzten Jahren viele Urteile gegeben, die sich mit den sogenannten „Schönheitsreparaturen" befassen.

Aus alledem folgt: „Es gibt also nicht nur ein Leben, sondern viele Leben neben dem Kaufvertrag!" Deshalb werden in den folgenden Kapiteln der Werkvertrag, der Dienstvertrag, der Mietvertrag und einige weitere Verträge behandelt. Zunächst lernen Sie den Werkvertrag kennen.

17.1 Grundlagen

Die Vorschriften zum Werkvertrag finden sich in den §§ 631–651 BGB. Nach § 631 Abs. 1 BGB wird der **Unternehmer** durch den Werkvertrag zur Herstellung des versprochenen Werkes, der **Besteller** zur Entrichtung der vereinbarten Vergütung, also zur Bezahlung des Werklohns, verpflichtet.

Gegenstand eines Werkvertrags kann sowohl die Herstellung oder Veränderung einer Sache als auch jeder andere durch Arbeits- oder Dienstleistung herbeizuführende Erfolg sein (§ 631 Abs. 2 BGB). Aus diesem Satz ist zu entnehmen, dass der Werkvertrag auf einen **Erfolg** ausgerichtet, also erfolgsbezogen ist.

17.2 Abgrenzung zu anderen Verträgen

17.2.1 Abgrenzung zum Dienstvertrag

Durch die Erfolgsbezogenheit unterscheidet sich der Werkvertrag vom Dienstvertrag, der gemäß § 611 Abs. 1 BGB auf die Leistung der versprochenen Dienste gegen Zahlung einer Vergütung und damit auf eine **Tätigkeit** gerichtet ist.

Die gerade beschriebene Abgrenzung zwischen Werk- und Dienstvertrag kann im Einzelfall schwierig sein, weil die beim Dienstvertrag geschuldete Tätigkeit ebenfalls auf einen Erfolg gerichtet sein kann. Der entscheidende Unterschied zwischen Dienst- und Werkvertrag besteht darin, dass der Dienstverpflichtete auch in diesen Fällen den Erfolg als solchen *nicht* schuldet, sondern nur das *Bemühen*, den Erfolg herbeizuführen.

Merke

Beim Werkvertrag muss der vereinbarte Erfolg tatsächlich herbeigeführt werden, beim Dienstvertrag reicht das Bemühen aus, den Erfolg herbeizuführen. Der Werkvertrag ist erfolgsbezogen, der Dienstvertrag ist tätigkeitsbezogen.

Diese möglicherweise als sehr kleinlich erscheinende Differenzierung hat in der Praxis erhebliche Auswirkungen für die Frage, wer das **Risiko** trägt, dass der mit dem Vertrag bezweckte Erfolg eintritt. Können Sie diese Frage schon beantworten?

Liegt ein Werkvertrag vor, trägt der Unternehmer das Risiko. Führt er den Erfolg nicht herbei, hat er keinen Anspruch auf eine Vergütung („ohne Erfolg kein Geld"). Anders ist es beim Dienstvertrag: Hier muss der Dienstberechtigte (zum Beispiel ein **Arbeitgeber**) den zur Leistung der Dienste Verpflichteten (zum Beispiel einen **Arbeitnehmer**) auch dann bezahlen, wenn der mit der Dienstleistung angestrebte Erfolg *nicht* erreicht wird, obwohl der Dienstverpflichtete sich darum bemüht hat.

Beispiel

Rechtsanwalt R führt einen Prozess für die G-GmbH, die gegen K auf Zahlung des Kaufpreises für 10 t Stahl klagt. Im Prozess gelingt es der G-GmbH und ihrem Rechtsanwalt nicht, zu beweisen, dass zwischen der G-GmbH und dem K ein Kaufvertrag zustande gekommen ist. Die auf Zahlung des Kaufpreises Zug um Zug gegen Lieferung des Stahls erhobene Klage wird deshalb vom Landgericht als unbegründet abgewiesen. Hat Rechtsanwalt R trotzdem einen Anspruch auf Zahlung der Vergütung gegen die G-GmbH?

Für die Lösung kommt es darauf an, ob der Beauftragung des Rechtsanwalts ein Dienst- oder ein Werkvertrag zugrunde lag. Dafür ist entscheidend, ob R als Erfolg seiner Tätigkeit den Gewinn des Prozesses schuldete (dann Werkvertrag) oder nur eine Tätigkeit in Form des Bemühens um den Erfolg (dann Dienstvertrag). Es ist anerkannt, dass die

Prozessführung eines Rechtsanwalts auf einem Dienstvertrag beruht. R steht deshalb gemäß §611 BGB ein Anspruch auf Zahlung der Vergütung gegen die G-GmbH zu, dessen Höhe sich aus dem Rechtsanwaltsvergütungsgesetz (RVG) ergibt.

Nur in ganz engen Ausnahmefällen lässt das Rechtsanwaltsvergütungsgesetz (RVG) die Vereinbarung eines Erfolgshonorars zu.

Eine besondere Bedeutung hat der Werkvertrag im Baurecht.

Beispiel

S ist Inhaber eines Sanitärfachbetriebs. Er erhält vom Hauseigentümer H den Auftrag zum Einbau einer neuen Badezimmerausstattung. S betraut seinen Gesellen G mit den Arbeiten. Hier liegen zwei unterschiedliche Verträge vor:

- Der Vertrag zwischen S und H ist ein **Werkvertrag,** da S einen **Erfolg,** nämlich den Einbau der Sanitärobjekte schuldet. Gelingt ihm dies nicht, hat S keinen Anspruch auf eine Vergütung gegen H.
- Der Vertrag zwischen S und dem Gesellen G ist ein **Dienstvertrag** in Form eines **Arbeitsvertrags.** S muss G auch bezahlen, wenn dieser sich **bemüht,** aber den Einbau nicht „hinbekommen hat".

Abbildung 17.1: Werkvertrag und Dienstvertrag

Die Palette möglicher Werkverträge ist sehr groß. Hier eine kleine Auswahl:

Beispiele

Werkverträge sind:

- Architektenverträge (Planung, aber auch die bloße Bauüberwachung: Das Objekt muss mangelfrei sein),
- Bauverträge, gleichgültig, ob Neubau oder Renovierung (das Haus muss mangelfrei sein, die defekte Heizung muss wieder laufen; merke: „Bauvertrag ist Werkvertrag"),
- Erstellung des Jahresabschlusses durch einen Steuerberater, sofern ein *Einzelauftrag* vorliegt. Bei dauernder und umfassender Beauftragung durch ein Unternehmen (Beratung, insbesondere über steuerliche Gestaltungsmöglichkeiten) handelt es sich um einen Dienstver-

trag, auch wenn werkvertragliche Komponenten wie die Erstellung des Jahresabschlusses und der Bilanz enthalten sind[1],

- Erstellung eines Gutachtens, etwa zur Bewertung eines Unternehmens (das Gutachten muss richtig sein),
- Frachtverträge, Speditionsverträge (die Ware muss ankommen und nicht nur in der Gegend herumgefahren werden),
- Herstellung von Individualsoftware und Homepages für das Internet (das System muss laufen),
- Reparaturverträge über bewegliche Sachen (der Computer muss wieder funktionieren, die Waschmaschine muss wieder waschen).

Dienstverträge sind:

- Arbeitsverträge,
- Sonstige Dienstverträge, wie Anstellungsverträge mit GmbH-Geschäftsführern,
- Arztverträge, gleichgültig, ob bloße Untersuchung oder Operation, bei Schönheitsoperationen kann auch ein Werkvertrag vorliegen,
- Beauftragung eines Rechtsanwalts mit der Führung eines Prozesses.

Merke

Architektenverträge und Bauverträge sind **immer** Werkverträge, weil immer ein **Erfolg** geschuldet wird!

17.2.2 Abgrenzung zum Kaufvertrag

Die Abgrenzung zwischen Werkvertrag und Kaufvertrag scheint nach § 433 BGB bzw. § 631 BGB ganz einfach zu sein. Nach § 433 BGB ist der Verkäufer zur Übergabe der Kaufsache und zur Verschaffung des Eigentums an der Sache verpflichtet, während der Werkunternehmer nach § 631 BGB die Herstellung des versprochenen Werkes schuldet. Einmal scheint es darum zu gehen, eine schon *vorhandene Sache* zu liefern, das andere Mal um *die Herstellung* einer Sache oder eines sonstigen Werkes. Dies ist im Ansatz richtig, doch enthält **§ 651 S. 1 BGB** einen häufig übersehenen, aber sehr wichtigen und weitreichenden **Verweis** aus dem Werkvertragsrecht in das Kaufrecht:

Nach § 651 S. 1 BGB finden §§ 433 ff. BGB auch dann Anwendung, wenn der Vertrag die Lieferung **herzustellender** oder zu **erzeugender beweglicher Sachen** zum Gegenstand hat. Obwohl der Gegenstand noch hergestellt werden muss, gilt nicht das Werkvertragsrecht, sondern das Kaufrecht. Wenn der Vertrag die Herstellung sogenannter unvertretbarer Sachen betrifft, gilt nach Satz 1 ebenfalls das Kaufrecht, doch sind zusätzlich einige Vorschriften des Werkvertragsrechts anzuwenden (vgl. § 651 S. 3 BGB). **Unvertretbare Sachen** sind solche, die für einen bestimmten Besteller hergestellt und anderweitig nicht absetzbar sind.

[1] BGH NJW-RR 2006, S. 1490.

Beispiele

- Fahrradhersteller F beauftragt P mit der Herstellung spezieller Kettenschaltungen, die nur für die Fahrräder des F verwendbar sind. Da hier bewegliche Sachen herzustellen sind, ist auf diesen Vertrag nach § 651 S. 1 BGB das Kaufrecht (§§ 433 ff. BGB) anwendbar. Weil es sich bei den Schaltungen um anderweitig nicht absetzbare Produkte („unvertretbare Sachen") handelt, gelten neben den §§ 433 ff. BGB zusätzlich die in § 651 S. 3 BGB genannten werkvertraglichen Vorschriften.
- Gleiches gilt für die Herstellung von Flyern, Prospekten, Werbefilmen und sonstigen Werbeträgern, die auf ein bestimmtes Unternehmen zugeschnitten und deswegen unvertretbare Sachen sind.
- Wenn herzustellende Sachen hingegen auch anderweitig absetzbar sind, etwa Werkzeuge für einen Baumarkt, die auch über andere Baumärkte vertrieben werden können, gilt ausschließlich Kaufrecht.

Merke

Für die Herstellung beweglicher Sachen gilt gemäß § 651 S. 1 BGB nicht das Werkvertragsrecht, sondern das Kaufrecht. Sofern es sich um unvertretbare Sachen handelt, sind neben den §§ 433 ff. BGB zusätzlich die in § 651 S. 3 BGB genannten Vorschriften aus dem Werkvertragsrecht anwendbar.

Die Verweisung auf das Kaufrecht gilt **nicht** für

- **Reparaturverträge,** auch wenn sie sich auf bewegliche Sachen beziehen (Computer, Autos, Waschmaschinen),
- **geistige Werke** (Gutachten, Anfertigung eines Jahresabschlusses),
- die Herstellung **unbeweglicher Sachen** (Gebäude),
- **Architektenleistungen** (Planung und Bauaufsicht).

Für die gerade genannten Fälle gelten ausschließlich die **§§ 631 ff. BGB.**

17.2.3 Abgrenzung zum Auftrag

In der Praxis ist häufig die Rede davon, dass man „einen dicken Auftrag an Land gezogen habe" oder „einen Auftrag vergeben" habe. Diese Bezeichnung ist fast immer *falsch,* weil der **Auftrag** nach § 662 BGB zu einer **unentgeltlichen,** also kostenlosen Tätigkeit verpflichtet. Hinter einem „Auftrag" verbirgt sich deshalb in aller Regel ein Werkvertrag („Auftrag", ein Haus zu streichen), ein Kaufvertrag („Auftrag" zur Lieferung einer Ware) oder ein Dienstvertrag („Auftrag", einen Prozess zu führen). Für die Wirksamkeit des jeweiligen Vertrags ist es ohne Bedeutung, wenn die Parteien für den Vertrag eine falsche Bezeichnung verwenden. Die falsche Bezeichnung schadet nicht (*„falsa demonstratio non nocet"*). Man kann sich das so merken:

Merke

Wenn man einem Pferd ein Schild umhängt, auf dem steht *„Ich bin ein Esel"*, dann ist das Pferd immer noch ein Pferd. Entsprechend kommt es für die Qualifizierung eines Vertrags *nicht* darauf an, wie die Parteien den Vertrag nennen, sondern darauf, was sie *inhaltlich vereinbart* haben. Es zählt nicht „was drauf steht, sondern was drin ist!".

Beispiel

A schließt mit der B-Bank einen als *„Dienstleistungsvertrag"* bezeichneten Vertrag. Darin verpflichtet sich A, das EDV-System der B-Bank zu warten, wobei eine Verfügbarkeit von mindestens 99,5 % pro Monat vereinbart wird. Trotz der Bezeichnung, die einen Dienstvertrag vermuten lässt, liegt ein **Werkvertrag** vor, da A einen bestimmten Erfolg schuldet (Verfügbarkeit der Anlage von 99,5 % pro Monat). Es reicht deshalb nicht aus, wenn A sich nur bemüht, dieses Ergebnis zu erreichen, er muss den vereinbarten **Erfolg** vielmehr herbeiführen.

17.3 Einzelheiten zum Werkvertrag

Die Parteien beim Werkvertrag heißen in §§ 631 ff. BGB Unternehmer und Besteller, doch wird in der Praxis häufig auch von „Auftragnehmer" und „Auftraggeber" gesprochen.

17.3.1 Die VOB

Diese Bezeichnungen verwendet auch die VOB, die seit 2002 „Vergabe- und Vertragsordnung für Bauleistungen" (VOB) heißt und im Jahre 2009 erneut geändert worden ist[2]. Die **VOB** ist **kein Gesetz,** sondern ein vom Deutschen Vergabe- und Vertragsausschuss für Bauleistungen (DVA) erarbeitetes Regelwerk. Dieser Ausschuss ist ein von den Interessengruppen paritätisch besetztes Gremium, das auch für die regelmäßig erfolgende Fortschreibung der VOB zuständig ist.

Die VOB ist in die Teile A, B und C gegliedert:

- Teil A (= **VOB/A**) enthält „Allgemeine Bestimmungen für die Vergabe von Bauleistungen". Dieser Teil betrifft damit den Zeitraum **bis zum Abschluss** des Bauvertrags. Die Vorschriften der VOB/A geben Richtlinien und Empfehlungen für die Bauvergabe und die Bauvertragsgestaltung. Wichtig sind etwa die Vergabegrundsätze (§§ 2 ff. VOB/A) und die Regelungen über die Leistungsbeschreibung und das Leistungsverzeichnis (§ 9 VOB/A). Während die öffentliche Hand die VOB/A in aller Regel aufgrund öffentlich-rechtlicher Vorgaben zu berücksichtigen hat, spielen diese Regelungen beim Abschluss privater Bauverträge keine so große Rolle.
- Teil B (= **VOB/B**) enthält „Allgemeine Vertragsbedingungen für die Ausführung von Bauleistungen". Diese Vorschriften werden oft als das **„Kernstück**

2 Veröffentlicht im Bundesanzeiger Nr. 155 vom 15.10.2009, S. 3549 ff.

der VOB" bezeichnet. Neben der Regelung zur Vergütung in §2 VOB/B sind Regelungen zu folgenden Punkten enthalten: Zur Bauausführung (§§3–6 VOB/B), zur Gefahrtragung (§7 VOB/B), zur Kündigung des Bauvertrags (§§8, 9 VOB/B), zur Vertragsstrafe (§11 VOB/B), zur Abnahme (§12 VOB/B), zur Gewährleistung einschließlich der Verjährung (§13 VOB/B) und zur Abrechnung und Zahlung (§§14–16 VOB/B).
- Teil C (=**VOB/C**) enthält „Allgemeine Technische Vorschriften für Bauleistungen".

Praxistipp

Bei der VOB handelt es sich – trotz des äußeren Erscheinungsbilds und ihrer Veröffentlichung im Bundesanzeiger – weder um ein Gesetz noch um eine andere Rechtsnorm (etwa eine Rechtsverordnung). Die Regelungen der VOB/B stellen vielmehr Allgemeine Geschäftsbedingungen dar und unterfallen den §§305ff. BGB[3]. Daraus folgt: Da die VOB kein Gesetz ist, gilt sie nicht automatisch. Vielmehr muss ihre Geltung von den Parteien vereinbart werden, was insbesondere gegenüber Verbrauchern wegen der Nichtbeachtung der Anforderungen des §305 Abs.2 Nr.2 BGB oft nicht gelingt[4]. Häufig wird dem Verbraucher nämlich die Möglichkeit der zumutbaren Kenntnisnahme nicht eröffnet[5]. Wenn die VOB/B wirksam vereinbart ist, geht sie in ihrem Anwendungsbereich den §§631ff. BGB vor. Dies ist bei größeren Bauvorhaben in der Regel der Fall, zumal die öffentliche Hand bereits die Ausschreibungen auf der Grundlage der VOB/A durchzuführen hat.

17.3.2 Pflichten der Parteien

Pflichten aus §631 BGB

Nach §631 Abs.1 BGB ist der Unternehmer zur Herstellung des versprochenen Werks und der Besteller zur Entrichtung der vereinbarten Vergütung verpflichtet.

Abnahme und Fälligkeit der Vergütung

Nach §640 Abs.1 BGB ist der Besteller zusätzlich verpflichtet, das vertragsgemäß hergestellte Werk abzunehmen. Hierbei handelt es sich um die *zweite* Hauptpflicht des Bestellers.

Merke

Eine Abnahme liegt – in der Sprache der Juristen – vor, wenn „der Besteller das Werk als im Wesentlichen vertragsgerechte Leistung kör-

---

3 BGH NJW 1990, S.715, 716; BGH NJW 1983, S.816, 817, jeweils zur Frage der Einbeziehung der VOB/B in den Vertrag.

4 Zu Einzelheiten vgl. Mehrings, Monatsschrift für Deutsches Recht (MDR) 1998, S.78ff.

5 Vgl. das Beispiel auf S.67f.

perlich entgegennimmt". Die Abnahme kann förmlich durch die Unterzeichnung eines Abnahmeprotokolls oder konkludent (stillschweigend) erfolgen. In beiden Fällen muss gegenüber dem Unternehmer zum Ausdruck kommen, dass der Besteller die Werkleistung als im Wesentlichen vertragsgemäß anerkennt.

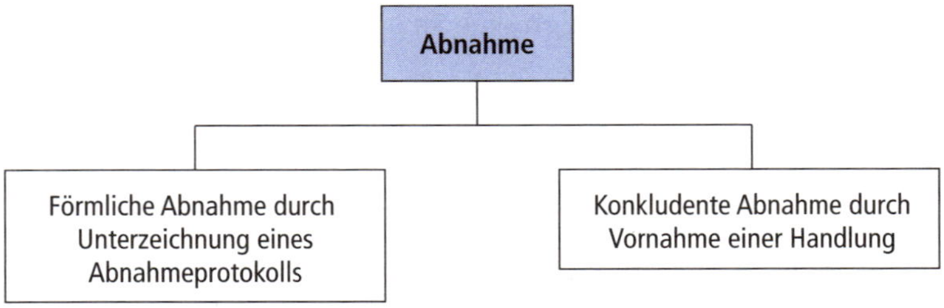

Abbildung 17.2: Abnahme

Beispiele

- Architekt A nimmt als Vertreter des Bauherrn einen Neubau ab. Im „Abnahmeprotokoll" heißt es: „Die Abnahme erfolgt. Folgende Mängel sind binnen zwei Wochen zu beseitigen: Außenanstrich Kellereingang, Befestigung Markise, Steckdose Waschmaschine." Hier liegt eine förmliche Abnahme unter Vorbehalt bestimmter kleinerer Mängel vor.
- Das Auto des B ist in der Werkstatt des U repariert worden. B bezahlt die Rechnung und fährt mit dem Fahrzeug davon. Die Bezahlung der Rechnung vor Entgegennahme des Fahrzeugs ist noch keine Abnahme, weil B das Fahrzeug noch gar nicht körperlich entgegengenommen hatte und auch nicht testen konnte. Wenn B aber wegfährt und *nicht* zurückkommt, kann U davon ausgehen, dass B mit seiner Leistung einverstanden ist. Damit liegt eine konkludente Abnahme vor.

An die Abnahme der Werkleistung werden wichtige Rechtsfolgen geknüpft:

- Nach § 641 BGB ist die Vergütung *bei der Abnahme* des Werks zu entrichten. Insbesondere bei Kfz-Reparaturen ist es allerdings üblich, bereits vor der Abnahme zu zahlen. Dies gilt auch bei Textilreinigungen, da hier sogar eine Vorkasse verlangt wird. Dies ist zulässig, da § 641 BGB dispositiv ist.
- Nach § 634 a Abs. 2 BGB beginnen mit der Abnahme die wichtigen Verjährungsfristen für Mängel zu laufen.
- Nach § 644 Abs. 1 S. 1 BGB trägt der Unternehmer bis zur Abnahme des Werks die Gefahr, dass das Werk zerstört oder beschädigt wird, mit der Abnahme geht diese Gefahr auf den Besteller über.
- Nach § 640 Abs. 2 BGB verliert der Besteller hinsichtlich der ihm bei der Abnahme bereits bekannten Mängel des Werks die ihm zustehenden Rechte, wenn er sich die Rechte bei der Abnahme nicht vorbehält (vgl. dazu das obige Beispiel mit dem Abnahmeprotokoll).

Nicht zuletzt die Rechtsfolge, dass der Anspruch auf die Zahlung der Vergütung nach § 641 BGB bei (mit) der Abnahme fällig wird, bewirkt in der Praxis, dass Besteller mit zum Teil fadenscheinigen Begründungen die Abnahme verweigern. Insbesondere bei Bauverträgen ist die Kreativität von zahlungsschwachen oder zahlungsunwilligen Bestellern sehr hoch, sodass dem vorleistungspflichtigen Bauunternehmer über lange Zeit „lebensnotwendige" Liquidität vorenthalten wird. Der Gesetzgeber hat auf dieses Phänomen der „faulen Zahler" durch Änderungen des BGB reagiert: Nach § 640 Abs. 1 S. 2 BGB kann die Abnahme wegen unwesentlicher Mängel nicht (mehr) verweigert werden.

Praxistipp

§ 632 a BGB gibt dem Unternehmer – auch ohne eine entsprechende Vereinbarung im Bauvertrag – schon vor der Abnahme ein Recht auf Abschlagszahlungen für in sich abgeschlossene vertragsgemäß erbrachte Leistungen. Diese im Jahre 2000 in das BGB eingefügte Regelung erweist sich in der Praxis allerdings als wenig tauglich[6], sodass im Vertrag ausdrücklich vereinbart werden sollte, wann und in welcher Höhe Abschläge zu zahlen sind. Wenn die VOB Vertragsgrundlage ist, kann eine Abschlagszahlung nach § 16 Nr. 1 VOB/B verlangt werden.

17.3.3 Besonderheiten der Vergütung

Der Abschluss eines Werkvertrags setzt – wie auch bei anderen Verträgen – eine Einigung der Parteien voraus, die in aller Regel durch die Annahme eines Angebots erzielt wird. Insoweit enthält § 632 BGB aber zwei spezielle Regelungen, die den Besonderheiten des Werkvertrags Rechnung tragen.

Fiktive Vergütung

Nach § 632 Abs. 1 BGB *gilt* eine Vergütung als vereinbart, wenn die Herstellung des Werkes den Umständen nach nur gegen eine Vergütung zu erwarten ist. Diese Fiktion („gilt als vereinbart …") greift (nur) dann ein, wenn die Parteien keine ausdrückliche oder konkludente Vereinbarung zur Vergütung getroffen haben, was im wirtschaftlichen Bereich eher selten der Fall ist, allerdings unter Freunden oder Bekannten schon eher vorkommen kann. Oft bedeuten solche Arbeiten das Ende einer Freundschaft!

Beispiele

- B bringt sein Auto in die Werkstatt des U mit der Bitte, es „TÜV-fertig" zu machen. Auch wenn kein Wort zur Vergütung gefallen ist, haben B und U zumindest konkludent vereinbart, dass B die Leistungen des U bezahlen muss.
- Die Eheleute E, beide höhere Beamte im pädagogischen Bereich, bitten ihren über das Internet ausfindig gemachten „alten Studien-

[6] Vgl. Karsten/Bauer/Klose, Forderungsabsicherung und -durchsetzung in der Bauwirtschaft, Baden-Baden 2006, Rn. 286.

freund“, den freiberuflich tätigen Gartenbauarchitekten G, eine Planung für ihren neu anzulegenden Garten zu erstellen. G fertigt Zeichnungen an, die ausgiebig diskutiert („doch, eigentlich schon ganz schön, aber …“) und danach mehrfach den Wünschen der Eheleute angepasst werden („schon besser!“). G beaufsichtigt „auf Wunsch“ der Eheleute E auch die Durchführung der Arbeiten durch einen Gärtnereibetrieb.

Als G den Eheleuten E nach Abschluss der Arbeiten eine sehr moderate Rechnung schickt, verweigern diese die Bezahlung mit der Begründung, hier habe ein unentgeltlicher Freundschaftsdienst vorgelegen. Auch wenn man sich in den letzten 15 Jahren ein wenig „aus den Augen verloren“ habe, kenne man sich schließlich seit dem Studium. Die Einstellung der Eheleute mag weit verbreitet sein, ist aber falsch: Wenn jemand einen anderen in dessen beruflicher Tätigkeit in einem solchen Umfang in Anspruch nimmt, gilt eine Vergütung gemäß § 632 Abs. 1 BGB als stillschweigend vereinbart.

Ähnliches widerfährt auch Juristen („Kanns'te mal eben was für mich nachsehen?“) und Steuerberatern („Kanns'te mal eben über unsere Steuererklärung rübergucken?“). Wie man sich richtig verhält, erfahren Sie jetzt:

Ein Arzt beklagt sich auf einer Vernissage bei einem Rechtsanwalt darüber, dass er ständig kostenlose Gesundheitstipps geben müsse und fragt, was er dagegen tun könne. Der Anwalt denkt kurz nach und sagt: „Sie müssen immer sofort eine Rechnung stellen.“ Der Arzt bedankt sich überschwänglich, doch schlägt seine Dankbarkeit in blankes Entsetzen um, als der Anwalt hinzufügt „keine Ursache, hier ist meine Rechnung für den gerade erteilten Rechtsrat“.

In der Praxis treten häufig Probleme auf, wenn von einer Seite *vor* Vertragsabschluss **Vorarbeiten** in Form von **Entwürfen, Mustern** oder **Modellen** erbracht werden. Wenn der angestrebte Vertragsschluss dann unterbleibt, sind diese Arbeiten grundsätzlich **nicht** zu vergüten. Anders ist es, wenn diese Leistungen bereits gegen Entgelt in Auftrag gegeben wurden, wie etwa bei Planungen von Architekten.

Ein Vergütungsanspruch für Arbeiten vor Vertragsschluss kann dann bestehen, wenn der Unternehmer bereits **vorwiegend im Interesse des Bestellers** tätig wird, zum Beispiel weil die Arbeiten einen im Verhältnis zum späteren Werkvertrag unverhältnismäßigen Aufwand erfordern. Dies kann bei aufwendigen Vorarbeiten für die Entwicklung einer Computersoftware der Fall sein[7].

Schließlich besteht eine Vergütungspflicht auch dann, wenn der Unternehmer **verpflichtet** ist, die Vorarbeiten zu erbringen und wenn bereits für diese Vorarbeiten eine Vergütung nach § 632 Abs. 1 BGB **zu erwarten** war[8]. Keine Vergütung

7 OLG Nürnberg, NJW-RR 1993, S. 760, 761.
8 Vgl. Palandt/Sprau, Bürgerliches Gesetzbuch, § 632 Rn. 10.

ist zu zahlen, wenn der Unternehmer die Vorarbeiten im eigenen Interesse erbringt, um den „Auftrag" zu erhalten[9].

Die Vergütungspflicht eines **Kostenanschlags** (oft Kostenvoranschlag genannt) regelt § 632 Abs. 3 BGB: Im Zweifel ist er nicht zu vergüten, auch wenn die Erstellung für den Unternehmer mit einem erheblichen Aufwand verbunden war.

Beispiel

Vor dem Landgericht klagte ein Bauunternehmer, der nach den Vorgaben eines anderen Unternehmers und in Absprache mit diesem durch einen angestellten Architekten eine Lagerhalle geplant hatte, um so einen qualifizierten Kostenanschlag abgeben zu können. Der Auftrag ging an einen anderen Unternehmer ohne Nutzung der vom Bauunternehmer erstellten Planungen.

Das Landgericht riet dem Kläger (Bauunternehmer), das vom Beklagten (anderer Unternehmer) unterbreitete Vergleichsangebot in Höhe von ¼ der Forderung anzunehmen. Da der Beklagte dies ablehnte, musste das Landgericht den Rechtsstreit entscheiden. Die Klage wurde vollständig abgewiesen[10].

Praxistipp

Wenn Sie als Unternehmer eine Bezahlung Ihrer Vorarbeiten haben möchten, sollten Sie das vorher klar zum Ausdruck bringen und eine entsprechende vertragliche Vereinbarung treffen.

Übliche Vergütung

Da es bei einem Werkvertrag häufig nicht möglich ist, die Höhe der Vergütung im Voraus zu bestimmen, enthält neben dem § 632 Abs. 1 BGB, der das „Ob" der Vergütung betrifft, der Absatz 2 eine weitere **Fiktion.** Bei fehlender Vereinbarung zur Höhe der Vergütung ist bei Bestehen einer Taxe die taxmäßige Vergütung, anderenfalls die **übliche Vergütung** als vereinbart anzusehen.

Unter einer **Taxe** versteht man einen behördlich festgesetzten Preis, etwa für die Benutzung von Taxen. Hier setzen die Kommunen die Tarife fest. Weitere Beispiele bilden die Gebührenordnungen für Ärzte, Architekten, Rechtsanwälte und Steuerberater. Diese Ordnungen enthalten allerdings nicht immer starre Gebühren, sondern lassen den Rechnungsstellern einen Spielraum, den sie im Rahmen des Üblichen nutzen dürfen.

In der Praxis sorgen **Handwerkerrechnungen** häufiger für Ärger. Dieser beschränkt sich nicht auf die vielfach – bis hin zur Sittenwidrigkeit (§ 138 BGB) – überteuerten Schlüsseldienste, sondern tritt auch bei „ganz normalen" Handwerkern auf, die ihre Rechnungen für Reparaturen mit großer Kreativität gestalten. „Anfahrts- und Abfahrtspauschalen", „Rüstkosten für die Beladung des Fahrzeugs" und „Montagefahrzeugbereitstellungspauschalen" (!) bilden fast

9 OLG Hamm, NJW-RR 1996, S. 83, 84.
10 LG Oldenburg, das Urteil ist nicht veröffentlicht.

schon alltägliche Beispiele. Zu diesen Kosten kommen die reinen Arbeitskosten – bei Reparaturen üblicherweise im Stundenlohn – hinzu. Sollte der Bogen durch den Handwerker überspannt werden, empfiehlt sich die Einholung einer Stellungnahme durch die Handwerkskammer oder die Verbraucherberatung.

17.4 Ansprüche des Bestellers bei Mängeln

Die Rechte des Bestellers wegen Mängeln des Werkes bestimmen sich nach § 634 BGB. Diese Vorschrift weist starke Parallelen zu dem im Kapitel „Kaufrecht" bereits ausführlich behandelten § 437 BGB auf[11]. Da die Definitionen für „Sach- und Rechtsmangel" in § 633 BGB außerdem nahezu identisch mit den Definitionen in § 434 BGB sind, gilt dies auch für die Frage, wann ein Werk mangelhaft ist. Deshalb kann insoweit weitgehend auf die obigen Ausführungen verwiesen werden[12].

17.4.1 Nacherfüllung

Wenn das Werk mangelhaft ist, gewähren §§ 634 Nr. 1, 635 BGB dem Besteller einen Anspruch auf Nacherfüllung durch die Beseitigung des Mangels oder durch eine Neuherstellung des Werkes. Das **Wahlrecht** zwischen diesen beiden Varianten steht nach § 635 Abs. 1 BGB dem Unternehmer zu. Hierin liegt ein wesentlicher Unterschied zum Kaufrecht, da dort der Käufer zwischen Nachbesserung und Neulieferung wählen kann (§ 439 Abs. 1 BGB).

Beispiel U hat auf der Produktionshalle des B ein Flachdach errichtet, durch das an mehreren Stellen Wasser in das Gebäude eindringt. B fordert U auf, das gesamte Dach zu entfernen und ein neues Dach aufzubringen, U ist lediglich bereit, eine Reparatur vorzunehmen. Nach § 635 Abs. 1 BGB kann U entscheiden, wie er den Mangel beseitigt.

17.4.2 Selbstbeseitigungsrecht und Aufwendungsersatz

Anders als im Kaufrecht hat der Besteller nach §§ 634 Nr. 2, 637 BGB das Recht, einen Mangel des Werkes selbst zu beseitigen und Ersatz der dafür erforderlichen Aufwendungen vom Unternehmer zu verlangen. Zuvor muss der Besteller dem Unternehmer eine angemessene, erfolglos abgelaufene Frist zur Nacherfüllung bestimmt haben (§ 637 Abs. 1 BGB). Der Anspruch besteht nicht, wenn der Unternehmer die Nacherfüllung zu Recht verweigert, zum Beispiel weil gar kein relevanter Mangel vorliegt oder weil die Verjährungsfrist abgelaufen ist (§ 634 a BGB). Die Fristsetzung ist nach § 637 Abs. 2 BGB neben den in § 323 Abs. 2 BGB genannten Fällen entbehrlich, wenn die Nacherfüllung fehlgeschlagen oder dem Besteller unzumutbar ist.

---

[11] Vgl. S. 227 ff.
[12] Vgl. S. 228 ff.

Beispiel

Im Auftrag des Grundstückseigentümers Eilers (E) hat Unternehmer Unger (U) bei der Errichtung eines Einfamilienhauses in einem Gebiet mit hohem Grundwasserspiegel die Maurer- und Betonarbeiten ausgeführt. Vor Abschluss des Bauvertrags hatte U auf Nachfrage des E erklärt, die Wanne (der Keller) des Hauses werde „absolut dicht werden. Er kenne sich mit Feuchtigkeit bestens aus". Etwa drei Jahre nach dem Einzug des E traten jedoch im Keller des Hauses infolge eines Fehlers, der U bei der Gründung des Bauwerkes unterlaufen war, kleine Risse auf, durch die bei starken Regenfällen Wasser eindrang. Dies teilte E dem U schriftlich mit. Nachdem dieser nicht reagierte, rief E nach drei Wochen bei U an und bat darum, „dass die Sache gelegentlich in Ordnung gebracht werde, da die Feuchtigkeit zugenommen habe und es schlecht zu riechen beginne". U erwiderte, man „werde sich selbstverständlich um die Sache kümmern", tatsächlich passierte aber drei weitere Wochen nichts. Weil sich die Risse inzwischen vergrößert hatten und E des Wartens überdrüssig war, beauftragte er – ohne sich zuvor nochmals mit U in Verbindung zu setzen – einen anderen Maurer mit der Mängelbeseitigung, die – was angemessen und erforderlich war – 14.800,– € kostete. Kann E diesen Betrag von U verlangen?

Lösungsskizze

Anspruchsgrundlage: §§ 634 Nr. 2, 637 Abs. 1 BGB

- **P1:** Ein Werkvertrag liegt in Form des Bauvertrags vor („Bauvertrag ist Werkvertrag!").
- **P2:** Ein Mangel des Werkes liegt vor (§ 633 Abs. 2 S. 1 BGB: Fehlen der vereinbarten Beschaffenheit: „absolut dichter Keller").
- **P3:** Im Zeitpunkt des Gefahrübergangs (die Gefahr geht mit der Abnahme über, § 644 Abs. 1 S. 1 BGB; in diesem Zeitpunkt war der Mangel wegen des bei der Gründung gemachten Fehlers im Kern schon vorhanden[13]).
- **P4:** Bestimmung einer angemessenen Frist zur Mängelbeseitigung (zunächst nur schriftliche Mitteilung des Mangels, dann telefonische Bitte, die Sache in Ordnung zu bringen: Zweifelhaft, ob dies für eine Fristsetzung ausreicht; allerdings verlangt der **BGH** für eine Fristsetzung nach § 281 Abs. 1 BGB keinen Zeitraum oder bestimmten Termin. Vielmehr könne auch die Aufforderung zur unverzüglichen Leistung ausreichen, sodass es genüge, wenn der Gläubiger durch das Verlangen nach sofortiger, unverzüglicher oder umgehender Leistung oder vergleichbare Formulierungen deutlich mache, dass dem Schuldner für die Erfüllung nur ein begrenzter (bestimmbarer) Zeitraum zur Verfügung steht[14].

---

13 Zur Kerntheorie vgl. 236 f.
14 BGH NJW 2009, S. 3153, Rn. 8 ff.

Überträgt man diese Ausführungen auf § 637 BGB, liegt gleichwohl keine Fristsetzung vor, weil E zu höflich war. Die Bitte, die Sache gelegentlich in Ordnung zu bringen, enthält nicht genügend Druck, um daraus eine Fristsetzung abzuleiten. Anders wäre es, wenn E den U unmissverständlich **aufgefordert** hätte, die Sache **unverzüglich** in Ordnung zu bringen.

Fristsetzung entbehrlich? §§ 637 Abs. 2 S. 1, 323 Abs. 2 BGB? (Hinweis: § 323 Abs. 2 BGB betrifft den Rücktritt, während es hier um die Erstattung der Mängelbeseitigungskosten geht; die Vorschrift findet wegen der Verweisung in § 637 Abs. 2 BGB aber entsprechende Anwendung).

§ 323 Abs. 2 Nr. 1 und Nr. 2 BGB liegen nicht vor,

- allenfalls Nr. 3: Besondere Umstände, die unter Abwägung der beiderseitigen Interessen die Fristsetzung entbehrlich machen. Da es sich insoweit um einen Ausnahmefall handelt, sind hohe Anforderungen zu stellen, etwa eine über das Normale hinausgehende besondere Dringlichkeit (Wasserrohrbruch!); hier nicht ersichtlich, also war die Fristsetzung nach § 637 Abs. 2 S. 1, 323 Abs. 2 BGB *nicht* entbehrlich;
- Kein Fall des § 637 Abs. 2 S. 2 BGB, weil die Nacherfüllung nicht fehlgeschlagen ist und für E auch nicht unzumutbar ist. Damit kein Anspruch aus §§ 634 Nr. 2, 637 Abs. 1 BGB.

Ein möglicher Schadensersatzanspruch[15] nach §§ 634 Nr. 4, 636, 280 Abs. 1, Abs. 3, 281 BGB scheitert ebenfalls an der fehlenden Fristsetzung zur Mängelbeseitigung.

Andere denkbare Anspruchsgrundlagen, insbesondere **§§ 812 ff. BGB,** werden durch die Sondervorschriften der §§ 633 ff. BGB ausgeschlossen[16].

Ergebnis: E hat keinen Anspruch gegen U auf die Zahlung der 14.800,– €.

Hinweis: Das Ergebnis ist wenig befriedigend, da dem nachlässigen U erhebliche Kosten erspart bleiben. Ursächlich ist aber das Verhalten des E. Er hat die nach dem Gesetz vorgeschriebene Frist zur Beseitigung der Mängel ohne Not nicht gesetzt. Nicht immer führt Höflichkeit zum Ziel!

Liegen die Voraussetzungen der Selbstvornahme gemäß § 637 Abs. 1 BGB vor, gewährt § 637 Abs. 3 BGB dem Besteller gegen den Unternehmer einen Anspruch auf **Vorschuss** in Höhe der (voraussichtlich) erforderlichen Aufwendungen, die bei der Beauftragung eines anderen Unternehmers für die Mängelbeseitigung entstehen. Die genaue Abrechnung erfolgt nach Durchführung der Arbeiten. Um diese Fragen geht es in vielen Bauprozessen.

15 Palandt/Sprau, Bürgerliches Gesetzbuch, § 637 Rn. 5.
16 Palandt/Sprau, Bürgerliches Gesetzbuch, ebd.

Praxistipp

Setzen Sie, wann immer es möglich ist, dem Unternehmer eine Frist für die Mängelbeseitigung. Sonst kann es Ihnen wie dem höflichen E gehen!

17.4.3 Rücktritt vom Vertrag oder Minderung der Vergütung

Unter ganz ähnlichen Voraussetzungen wie im Kaufrecht[17] steht dem Besteller nach §634 Nr. 3 BGB in Verbindung mit den dort genannten weiteren Vorschriften das Recht auf **Rücktritt** vom Werkvertrag oder auf Minderung der Vergütung zu. Wie im Kaufrecht ist es auch hier, vorbehaltlich einer Reihe von Ausnahmen, grundsätzlich erforderlich, dass eine vom Besteller gesetzte angemessene Frist zur Mängelbeseitigung erfolglos abgelaufen ist.

17.4.4 Schadensersatz und Ersatz von Aufwendungen

Die Ansprüche auf Schadensersatz und auf den Ersatz vergeblicher Aufwendungen gemäß §634 Nr. 4 BGB sind ebenfalls ähnlich ausgestaltet wie die entsprechenden kaufrechtlichen Ansprüche (§§437 Nr. 3, 280ff. BGB). Auch das Werkvertragsrecht greift für den **Schadensersatzanspruch** auf die allgemeinen Vorschriften (§§280ff. BGB) zurück. Die dortigen Ausführungen gelten also auch hier.[18]

17.5 Verjährungsfristen der Mängelansprüche im Werkvertragsrecht

Die dem Besteller eines Werkvertrags nach §634 BGB im Falle von Mängeln des Werkes zustehenden Ansprüche – Nacherfüllung, Ersatz der Mängelbeseitigungskosten, Rücktritt vom Vertrag, Minderung der Vergütung, Schadensersatz und Ersatz vergeblicher Aufwendungen – **verjähren** gemäß §634 a BGB wie folgt:

---

17 Vgl. S. 263ff.
18 Vgl. S. 272ff.

Tabelle 17.1

Gegenstand des Werkes	Verjährungsfrist
Das Werk besteht in der Herstellung (Maschine, Katalog), Wartung (Maschine, Software) oder Veränderung einer beweglichen Sache (Reparatur) oder in der Erbringung von Planungs- oder Überwachungsleistungen für ein solches Werk	§ 634 a Abs. 1 Nr. 1 BGB: Zwei Jahre
Bauwerk (Gebäude, Brücke) oder Planungs- und Überwachungsleistungen für ein Bauwerk	§ 634 a Abs. 1 Nr. 2 BGB: Fünf Jahre
Andere Werke (Gutachten, Jahresabschluss)	§ 634 a Abs. 1 Nr. 3 i. V. m. § 195 BGB: Drei Jahre

Die Verjährungsfrist beginnt nach § 634 a Abs. 2 BGB mit der Abnahme zu laufen[19], soweit nicht die regelmäßige Verjährungsfrist gilt (§§ 634 a Abs. 1 Nr. 3, 195, 199 BGB[20]). Für Bauwerke tritt in Bezug auf die Länge der Frist eine für die Praxis relevante Änderung ein, wenn **Teil B der VOB** (Vergabe- und Vertragsordnung für Bauleistungen) Vertragsbestandteil ist[21]. Abweichend von der fünfjährigen Gewährleistungsfrist des § 634 a Abs. 1 Nr. 2 BGB beträgt die Gewährleistungsfrist für Bauwerke nach § 13 Nr. 4 Abs. 1 VOB/B nur **vier Jahre.**

Allerdings ist in jedem Fall zunächst zu prüfen,

- ob die Geltung der VOB/B überhaupt vereinbart geworden ist
- Ist diese Frage zu bejahen, ist zu klären, ob die Geltung der VOB/B „als Ganzes" vereinbart wurde oder ob nur Teile der VOB/B gelten sollen. Ist die VOB/B vollständig vereinbart, ist die Verkürzung der Verjährungsfrist gemäß § 309 Nr. 8 b) ff) BGB wirksam. Wenn nur Teile vereinbart sind, ist die Verkürzung der Verjährungsfrist auf vier Jahre hingegen unwirksam (§ 307 BGB, sofern der andere Teil Unternehmer ist, sonst § 309 Nr. 8 b) ff) BGB)[22]. Es gilt dann gemäß § 306 Abs. 2 BGB die 5-Jahres-Frist des § 634 a Abs. 1 Nr. 2 BGB.

Beispiel

B und U haben einen Werkvertrag über die Errichtung eines Bürogebäudes geschlossen. Im Vertrag heißt es: „Die Rechtsbeziehungen der Parteien richten sich in erster Linie nach diesem Vertrag, dann nach der Leistungsbeschreibung und schließlich nach der VOB/B." Sollte im Vertrag oder in der Leistungsbeschreibung eine Regelung enthalten sein, die von einer Vorschrift der VOB/B abweicht, hätte dies zur Folge,

[19] Zur Abnahme vgl. S. 319 ff.
[20] Hierzu vgl. S. 134 f.
[21] Zur VOB vgl. S. 318 f.
[22] BGH NJW 1986, S. 315, 316.

dass die VOB/B wegen des Vorrangs des Vertrags und der Leistungsbeschreibung nicht „als Ganzes“ vereinbart worden wäre. Dann wäre die Verkürzung der Verjährungsfrist auf vier Jahre nach § 307 bzw. § 309 Nr. 8 b) ff) BGB unwirksam.

Praxistipp

Wenn Ihr Vertragspartner sich auf eine Bestimmung der VOB/B beruft, sollten Sie fachkundig prüfen lassen, ob die Geltung der VOB/B wirksam vereinbart wurde. Ist dies der Fall, sollte sich die Prüfung anschließen, ob die entsprechende Klausel der Inhaltskontrolle nach §§ 307 ff. BGB standhält.

17.6 Sicherung der Werklohnforderung

Da der Anspruch des Unternehmers auf Zahlung der Vergütung nach § 641 Abs. 1 S. 1 BGB erst „bei der Abnahme des Werkes zu entrichten“ ist, ist der Unternehmer zur **Vorleistung** verpflichtet. Es besteht deshalb die Gefahr, dass der Unternehmer seine Leistungen vollständig erbracht hat, seinen Vergütungsanspruch aber infolge einer Zahlungsunfähigkeit des Bestellers nicht oder nur teilweise durchsetzen kann. Das damit für den Unternehmer verbundene Risiko ist angesichts der zahlreichen Unternehmens- und Privatinsolvenzen nicht zu unterschätzen.

Beispiel

U hat eine Produktionshalle für die G-GmbH errichtet. Unmittelbar nach der Fertigstellung stellt ein anderer Gläubiger der G-GmbH einen Antrag auf Eröffnung des Insolvenzverfahrens über das Vermögen der G-GmbH. Das zuständige Amtsgericht lehnt den Antrag „mangels Masse“ ab. Dies bedeutet, dass das vorhandene Vermögen der G-GmbH die Kosten des Insolvenzverfahrens (Gerichtskosten, Kosten des Insolvenzverwalters) nicht deckt. Wenn die Forderung des U nicht abgesichert ist, fällt er damit komplett aus. Die GmbH wird nach Verwertung eines eventuellen Restvermögens aus dem Handelsregister gelöscht und ist damit nicht mehr existent. Im Gegensatz zu Menschen (natürlichen Personen) gibt es bei GmbHs (juristischen Personen) keine Erben!

Das BGB enthält aber einige Möglichkeiten, um den Vergütungsanspruch zu sichern.

Praxistipps

Die folgenden Ausführungen richten sich in erster Linie an die Praxis!

17.6.1 Unternehmerpfandrecht

Nach § 647 BGB steht dem Unternehmer für seine Forderungen aus dem Werkvertrag ein Pfandrecht an den **beweglichen** Sachen zu, die in seinen Besitz gelangt sind. Das Pfandrecht berechtigt ihn zur Verwertung des Gegenstands.

Beispiel

B hat bei U ein Fahrzeug zur Reparatur gegeben. U führt die erforderlichen Arbeiten fachgerecht aus, doch weigert sich B, die angemessene Rechnung zu bezahlen. U kann die Herausgabe des Autos verweigern und dieses versteigern lassen. U erhält aus dem Versteigerungserlös oder einer anderen Verwertung die Bezahlung seiner Forderung (§§ 1257, 1220, 1221 BGB). Den nach Abzug der Versteigerungskosten verbleibenden Restbetrag bekommt B.

17.6.2 Bauhandwerkersicherung

Eine gute Absicherung sieht § 648 a BGB in Form der Bauhandwerkersicherung vor. Danach kann der Bauunternehmer den Besteller schon **vor Beginn der Arbeiten** zur Stellung einer **Sicherheit** nach § 232 BGB (Hinterlegung von Geld oder Stellung einer Bürgschaft) oder nach § 648 a Abs. 2 BGB (Garantie oder sonstiges Zahlungsversprechen eines Kreditinstituts) auffordern, allerdings auf Kosten des Unternehmers (§ 648 a Abs. 3 BGB). Kommt der Besteller der Aufforderung innerhalb einer vom Unternehmer gesetzten angemessenen Frist nicht nach, kann der Unternehmer die Erbringung seiner Leistung verweigern (§ 648 a Abs. 1 BGB) und den Vertrag kündigen (§§ 648 a Abs. 5, 643 BGB). Damit ergibt sich für den in der Einleitung unter Nr. 6 enthaltenen Beispielsfall[23], dass U Recht hat.

17.6.3 Bauhandwerkerhypothek

Der Unternehmer eines Bauwerkes hat nach § 648 BGB das Recht, für **schon erbrachte Leistungen** die Eintragung einer Sicherungshypothek an dem Baugrundstück des Bestellers zu verlangen. Die Eintragung in das Grundbuch erfolgt dabei auf der Grundlage einer einstweiligen Verfügung. Von dieser Möglichkeit sollte der Unternehmer Gebrauch machen, wenn Abschlagszahlungen oder die Schlusszahlung ausbleiben. Er schafft damit die Möglichkeit, seine Vergütung aus der Verwertung des Grundstücks im Wege der Zwangsvollstreckung zu erhalten.

17.6.4 Bürgschaft

Eine einfache, aber sehr wirksame Möglichkeit zur Sicherung einer Forderung aus einem Werkvertrag besteht darin, dass ein Dritter eine **Vertragserfüllungsbürgschaft** übernimmt[24].

---

23 Vgl. S. XXX.
24 Zu weiteren Einzelheiten vgl. S. 505 f.

Beispiel

U hat mit der X-GmbH einen Bauvertrag geschlossen. Alleingesellschafter A der X-GmbH übernimmt zur Sicherung der Werklohnforderung eine selbstschuldnerische Bürgschaft. Jetzt haftet neben dem Vermögen der GmbH (§ 13 Abs. 2 GmbHG) zusätzlich das gesamte Vermögen des A, also auch dessen Privatvermögen, für die Werklohnforderung.

Praxistipp

Wichtig: Im vorstehenden Beispiel muss die Übernahme der Bürgschaft durch A nach § 766 S. 1 BGB schriftlich erfolgen. Die Ausnahmevorschrift des § 350 HGB gilt nicht. Auch wenn A Alleingesellschafter und Alleingeschäftsführer der X-GmbH ist, ist er *kein Kaufmann* im Sinne der §§ 1 ff. HGB, sodass die Übernahme der Bürgschaft für ihn kein Handelsgeschäft ist (§§ 343, 344 HGB)[25].

Weitere Einzelheiten zur Absicherung des Unternehmers sind nicht darzustellen, doch sollte bekannt sein, dass ein Unternehmer durchaus Möglichkeiten hat, die aus seiner Vorleistungspflicht resultierenden erheblichen finanziellen Risiken zu reduzieren[26].

17.7 Der Kostenanschlag

Wenn dem Werkvertrag ein Kostenanschlag (oft Kostenvoranschlag genannt) zugrunde liegt, ohne dass der Unternehmer die Gewähr für dessen Richtigkeit übernommen hat, muss der Unternehmer den Besteller nach § 650 Abs. 2 BGB informieren, wenn sich während der Herstellung des Werkes zeigt, dass es nicht ohne eine wesentliche finanzielle Überschreitung ausführbar ist. Als wesentlich wird eine Überschreitung ab 15 % oder ab 20 % angesehen[27]. Unterlässt der Unternehmer die Anzeige, liegt hierin eine Pflichtverletzung gemäß § 280 Abs. 1 BGB mit der Folge, dass der Besteller nur dem Kostenanschlag gemäß zur Zahlung verpflichtet ist.

In der Praxis kommt es bei der Errichtung von Gebäuden neben einer sehr engen Kalkulation häufig auch deshalb zu Kostensteigerungen, weil während der Bauphase Änderungen vorgenommen werden. Statt des im Kostenanschlag kalkulierten Fliesenpreises von 35,– €/qm werden auf Wunsch des Bestellers (Auftraggeber) Fliesen für 60,– €/qm ausgewählt, statt Laminat wird doch Echtholzparkett gewünscht usw. Natürlich sind diese Änderungen nicht vom Kostenanschlag gedeckt.

---

[25] Zu Einzelheiten vgl. S. 499 ff.

[26] Umfassend Karsten/Bauer/Klose, Forderungsabsicherung und -durchsetzung in der Bauwirtschaft, Baden-Baden 2006.

[27] Palandt/Sprau, Bürgerliches Gesetzbuch, § 650 Rn. 2.

17.8 Kündigungsrecht des Bestellers

Nach § 649 S. 1 BGB hat der Besteller bis zur Vollendung des Werkes das Recht, den Werkvertrag jederzeit und ohne Angabe von Gründen zu kündigen, es sei denn, dieses Recht ist im Vertrag ausgeschlossen. Der Besteller sollte aber sehr genau überlegen, ob er von dieser Möglichkeit Gebrauch macht. Der Unternehmer ist nämlich nach § 649 S. 2 BGB berechtigt, trotz der Kündigung die vereinbarte Vergütung zu verlangen. Das bedeutet, dass der Besteller zwar jederzeit kündigen kann, den Werklohn aber dennoch bezahlen muss! Der Unternehmer muss sich nur das anrechnen (abziehen) lassen, was er infolge der Aufhebung des Vertrags an Aufwendungen erspart oder durch anderweitige Verwendung seiner Arbeitskraft erwirbt oder zu erwerben böswillig unterlässt.

Beispiel

B ist mit den Leistungen des Unternehmers U nicht zufrieden und kündigt deshalb den geschlossenen Werkvertrag über die Einrichtung eines Internetshops. Die Kündigung ist nach § 649 S. 1 BGB wirksam, doch kann U nach § 649 S. 2 BGB den vereinbarten Werklohn verlangen. Abzuziehen ist nur, was U an Aufwendungen durch die Kündigung erspart, etwa für „freie" Mitarbeiter oder für Hardware, und was er anderweitig einnimmt oder böswillig nicht einnimmt. B müsste insoweit beweisen, dass U wegen der Kündigung anderweitig Einnahmen erzielt hat oder dies absichtlich verhindert hat. Dieser Beweis ist nur sehr schwer zu führen, da B keinen Einblick in die geschäftlichen Verhältnisse des U hat. Nach § 649 S. 3 BGB wird vermutet, dass dem Unternehmer 5 % Vergütung für die noch nicht erbrachten Leistungen zustehen.

In der Praxis geht der Streit nach der Kündigung eines Werkvertrags häufig um einen anderen Punkt: Nach der Rechtsprechung gilt § 649 S. 2 BGB *nicht*, wenn die Kündigung des Vertrags aus einem wichtigen, vom Unternehmer zu vertretenen Grund erfolgt, sodass dem Besteller bei Abwägung aller Umstände die Fortsetzung des Vertragsverhältnisses nicht zuzumuten ist. Dies kann der Fall sein, wenn der Besteller das Vertrauen in die Leistungsfähigkeit (schwerwiegende Mängel) oder Zuverlässigkeit (erhebliche Terminüberschreitungen) des Unternehmers verloren hat und die Vertragsgrundlage dadurch so erschüttert ist, dass vom Besteller ein weiteres Festhalten am Vertrag nicht zu verlangen ist[28]. Die Beweislast obliegt dem Besteller. Da die Kündigung den Vertrag für die Zukunft aufhebt, behält der Unternehmer den Anspruch auf Bezahlung der schon erbrachten Leistungen[29], sofern diese mangelfrei sind.

---

28 BGH NJW-RR 1990, S. 1109, 1110.
29 BGH NJW 1993, S. 1972, 1973.

Kapitel 18
Der Dienstvertrag

Lernziele dieses Kapitels
Was kommt in diesem Kapitel auf Sie zu? In knapper Form werden Sie einige Grundlagen des Dienstvertragsrechts kennenlernen. Die Kürze der Ausführungen wird deshalb gewählt, weil der zahlenmäßig größte Teil der Dienstverträge die Arbeitsverhältnisse betrifft, auf die in diesem Buch aber nur am Rande eingegangen werden soll.

18.1 Grundlagen

Der in §§ 611 ff. BGB geregelte Dienstvertrag umfasst zwei Typen von Dienstverträgen: Den einen Bereich bilden die Dienstverträge, die unselbstständige, abhängige Dienstleistungen zum Gegenstand haben: Das sind die **Arbeitsverträge.** Die grundlegenden Vorschriften, insbesondere zum Arbeitsvertragsrecht, sind in den §§ 611–630 BGB enthalten, daneben finden sich arbeitsrechtliche Regelungen in der Gewerbeordnung, im HGB und in zahlreichen Sondergesetzen wie etwa dem Kündigungsschutzgesetz, dem Teilzeit- und Befristungsgesetz, dem Arbeitsschutzgesetz, dem Arbeitszeitgesetz, dem Sozialgesetzbuch IX (Behinderte betreffend), dem Tarifvertragsgesetz und dem Betriebsverfassungsgesetz. Das Arbeitsrecht hat sich zu einem eigenen Rechtsgebiet entwickelt, auf das hier nur am Rande eingegangen werden kann.

Die zweite große Gruppe umfasst die **„sonstigen Dienstverträge“.** Dazu zählen die Verträge der **selbstständig Tätigen,** die ihre Dienstleistung in wirtschaftlicher und sozialer Unabhängigkeit leisten (Ärzte, Rechtsanwälte, Steuerberater und Wirtschaftsprüfer[1]). Zu dieser Gruppe der Dienstverträge gehören auch bestimmte Formen von Krankenhausverträgen[2] und die Anstellungsverträge mit den Organen juristischer Personen, insbesondere dem Vorstand einer Aktiengesellschaft und dem Geschäftsführer einer GmbH[3]. Der angestellte

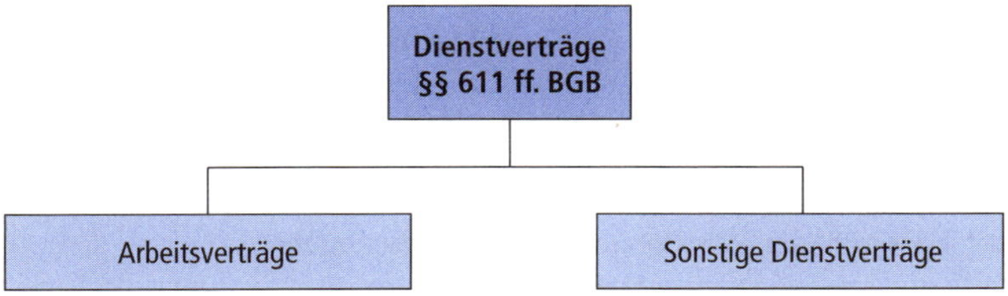

Abbildung 18.1: Dienstverträge

1 Vorliegen kann hier auch ein Werkvertrag, vgl. S. 314 f.
2 Vgl. Palandt/Weidenkaff, Bürgerliches Gesetzbuch, Einführung vor § 611 Rn. 19.
3 Palandt/Weidenkaff, Bürgerliches Gesetzbuch, Einführung vor § 611 Rn. 23.

Geschäftsführer einer GmbH ist deshalb kein Arbeitnehmer[4]. Dies gilt auch für das Vorstandsmitglied einer Sparkasse[5].

Beispiele

- Ein angestellter Architekt ist Arbeitnehmer, ein „freier" Architekt wird regelmäßig auf der Grundlage eines Werkvertrags tätig, nur ausnahmsweise liegt ein Dienstvertrag vor[6]. Eine solche Ausnahme ist gegeben, wenn der Architekt nur mit der Mängelbeseitigung beauftragt wird, aber nicht den *Erfolg* der Mängelbeseitigung, sondern nur die Beratung und ggf. Einleitung der erforderlichen Beseitigungsmaßnahmen schuldet. Der Schwerpunkt liegt dann in einer den Vermögensinteressen des Vertragspartners dienenden Betreuungstätigkeit, weshalb der Objektbetreuung Dienstvertragscharakter beizumessen ist[7].
- Ein im Krankenhaus angestellter Arzt ist Arbeitnehmer, der Behandlungsvertrag zwischen dem Krankenhaus und dem Patienten ist ein sonstiger Dienstvertrag.

18.2 Abschluss des Dienstvertrags

In Bezug auf den Abschluss des Dienstvertrags kann auf die Ausführungen zum Abschluss von Werkverträgen verwiesen werden, insbesondere hinsichtlich der Fiktionen zum „Ob" und zur Höhe der Vergütung, da §612 BGB weitgehend §632 BGB entspricht[8].

18.3 Vertragspflichten

Gemäß §611 Abs. 1 BGB wird derjenige, der Dienste zusagt (der Dienstverpflichtete), zur Leistung der versprochenen Dienste, der andere (der Dienstberechtigte) zur Gewährung (Bezahlung) der vereinbarten Vergütung verpflichtet. Gegenstand des Dienstvertrags können gemäß Abs. 2 **Dienste aller Art** sein.

Bitte erinnern Sie sich noch einmal an den **Werkvertrag:** Gegenstand des Werkvertrags kann nach §631 Abs. 2 BGB jeder durch Arbeit oder *Dienstleistung* herbeizuführende **Erfolg** sein. Auch der Werkvertrag kann also eine Dienstleistung enthalten, doch wird hier als Ergebnis die Herbeiführung des Erfolges geschuldet, während beim Dienstvertrag nur die *Dienstleistung als solche* geschuldet wird, auch wenn sie auf einen *Erfolg* ausgerichtet ist. Der Dienstvertrag ist also tätigkeitsbezogen, der Werkvertrag ist erfolgsbezogen.

---

4 Bundesarbeitsgericht (BAG) NJW 1995, S. 675, 676.
5 BGH NJW 2000, S. 1864, 1865.
6 Palandt/Weidekaff, Bürgerliches Gesetzbuch, Einführung vor §611 Rn. 17 m. w. Nachw.
7 OLG Hamm, NJW-RR 1995, S. 400, 401.
8 Vgl. S. 321 ff.

Liegt ein Werkvertrag vor, trägt deshalb der Unternehmer das Risiko, dass das Werk gelingt. Führt er den Erfolg nicht herbei, hat er keinen Anspruch auf Vergütung („ohne Erfolg, keine Vergütung"). Anders ist es beim Dienstvertrag: Hier muss der Dienstberechtigte den zur Leistung der Dienste Verpflichteten auch dann bezahlen, wenn der mit der Dienstleistung angestrebte Erfolg nicht erreicht wird, obwohl der Dienstverpflichtete sich darum bemüht hat[9].

18.4 Ansprüche wegen mangelhafter Dienstleistungen

Im Gegensatz zum **Kaufrecht** (§§ 434 ff. BGB), zum **Mietrecht** (§§ 536 ff. BGB) und zum **Werkvertragsrecht** (§§ 633 ff. BGB) enthalten die §§ 611 ff. BGB keine Regelungen zu mangelhaften Dienstleistungen, sodass sich mögliche Ansprüche unmittelbar aus §§ 280 ff. BGB ergeben. Die Voraussetzungen für einen Schadensersatzanspruch des Dienstberechtigten (Mandant, Patient) gegen den Dienstverpflichteten (Rechtsanwalt, Steuerberater, Arzt) nach § 280 Abs. 1 BGB sind:

- **P1: Schuldverhältnis:** hier der Dienstvertrag,
- **P2: objektive Pflichtverletzung:** mangelhafte Dienstleistung,
- **N1: keine Widerlegung des vermuteten Vertretenmüssens,**
- **P3: Schaden** infolge der Pflichtverletzung.

Beispiele

- Patient P wird vom Arzt A operiert. A beachtet alle medizinischen Regeln und Standards und begeht auch sonst keinen Fehler, doch treten infolge einer Infektion bei P schwere gesundheitliche Schäden auf. Hier besteht kein Schadensersatzanspruch des P gegen A aus § 280 Abs. 1 BGB, weil A keine Pflichtverletzung begangen hat. Im Gegenteil: A steht trotz der Gesundheitsschäden ein Vergütungsanspruch gegen P zu, da er nach § 611 BGB nur eine an den ärztlichen Standards ausgerichtete Leistung, nicht aber den Erfolg in Form der Heilung des Patienten schuldet.
- Wie zuvor, doch unterläuft A ein Behandlungsfehler. Dieser Fehler stellt eine objektive Pflichtverletzung dar. Nach § 280 Abs. 1 S. 2 BGB wird vermutet, dass A ein Verschulden trifft. Sofern P infolge der Pflichtverletzung einen Schaden erleidet, ist A zum Ersatz verpflichtet.
- Steuerberater S versäumt eine Frist für die Einlegung eines Rechtsmittels gegen einen Steuerbescheid. Falls das Rechtsmittel zu einer Verringerung der Steuerlast geführt hätte, ist S seinem Mandanten nach § 280 Abs. 1 BGB zum Schadensersatz verpflichtet.

Die Haftung von **Arbeitnehmern** wird in Zusammenhang mit dem **Verrichtungsgehilfen** behandelt[10]. Bereits hier ist aber darauf hinzuweisen, dass die

9 Vgl. das Beispiel auf S. 315.
10 S. 402 ff.

Vermutung des § 280 Abs. 1 S. 2 BGB *nicht* gilt, wenn ein Arbeitsverhältnis vorliegt (§ 619 a BGB). Bei einem auf § 280 Abs. 1 BGB gestützten Anspruch gegen einen Arbeitnehmer muss der Arbeitgeber neben den anderen Voraussetzungen auch das Vertretenmüssen des Arbeitnehmers beweisen.

18.5 Beendigung

Nach § 620 Abs. 1 BGB endet das Dienstverhältnis mit dem Ablauf der Zeit, für die es eingegangen ist. Ein befristeter Dienstvertrag endet also von selbst („ipso iure") mit dem Ablauf der Frist.

Beispiel

G ist Geschäftsführer der X-GmbH. Der Anstellungsvertrag gilt für die Zeit vom 01.01.2009 bis zum 31.12.2013. Der Vertrag endet damit automatisch zum Ende des Jahres 2013.

Liegt ein unbefristeter Dienstvertrag vor, kann jeder Teil gemäß § 620 Abs. 1 BGB das Dienstverhältnis nach Maßgabe der §§ 621, 622 BGB „ordentlich" kündigen. Weitere Beendigungsgründe bilden die außerordentliche („fristlose") Kündigung gemäß § 626 BGB und der Abschluss eines Auflösungsvertrags.

- Eine ordentliche Kündigung setzt das Einhalten einer Kündigungsfrist voraus, bedarf aber grundsätzlich keines Grundes, es sei denn, es besteht ein Kündigungsschutz.
- Die außerordentliche („fristlose") Kündigung verlangt einen Grund, doch bedarf es keiner Einhaltung einer Frist.

Merke

- Ordentliche Kündigung: *mit* Frist – *ohne* Grund (vorbehaltlich Kündigungsschutz),
- außerordentliche Kündigung: *mit* Grund – *ohne* Frist.

Für „freie" Dienstverträge gelten im Fall der **ordentlichen Kündigung** die Kündigungsfristen des § 621 BGB.

Bei der Kündigung eines Arbeitsvertrags sind die Fristen des § 622 BGB einzuhalten, deren Länge von der Beschäftigungsdauer abhängt. Je länger die Beschäftigungsdauer ist, desto länger sind die Kündigungsfristen. Nach § 622 Abs. 2 S. 2 BGB werden für die Berechnung der Beschäftigungsdauer Zeiten, die vor der Vollendung des 25. Lebensjahres liegen, nicht berücksichtigt. Nach einer Entscheidung des EuGH[11] verstößt diese Vorschrift wegen einer Altersdiskriminierung junger Arbeitnehmer gegen die Richtlinie 2000/78/EG des Rates vom 27.11.2000 zur Festlegung eines allgemeinen Rahmens für die Verwirklichung der Gleichbehandlung in Beschäftigung und Beruf.

---

[11] EuGH NJW 2010, S. 427.

Für Arbeitsverhältnisse besteht im Falle einer **ordentlichen Kündigung** zugunsten der Arbeitnehmer ein allgemeiner **Kündigungsschutz** nach dem Kündigungsschutzgesetz (KSchG), sofern dieses auf das Arbeitsverhältnis anwendbar ist (§ 23 KSchG). Ein besonderer Kündigungsschutz in Form des grundsätzlichen Ausschlusses der ordentlichen Kündigung besteht für Schwangere und Mütter bis vier Monate nach der Entbindung nach dem Mutterschutzgesetz (MuSchG), für Schwerbehinderte nach dem 9. Buch des Sozialgesetzbuchs (SGB IX) und für Betriebsräte nach § 15 KSchG.

Die Voraussetzungen der **außerordentlichen Kündigung** ergeben sich aus § 626 Abs. 1 BGB: Es müssen Tatsachen vorliegen, aufgrund derer dem Kündigenden unter Berücksichtigung aller Umstände des Einzelfalls und unter Abwägung der Interessen beider Vertragsteile die Fortsetzung des Dienstverhältnisses bis zum Ende der Kündigungsfrist oder bis zur vereinbarten Beendigung des Dienstverhältnisses nicht zugemutet werden kann.

Eine **mangelhafte Dienstleistung** bildet nur dann einen Grund für eine fristlose Kündigung, wenn so erhebliche Mängel vorliegen, dass jede weitere Fortsetzung des Dienstverhältnisses für den Kündigenden unzumutbar ist. „Kleine" Fehlleistungen berechtigen schon deshalb nicht zur Kündigung, weil beim Dienstvertrag – im Gegensatz zum Werkvertrag – kein Erfolg, sondern „nur" eine Tätigkeit geschuldet ist.

Die außerordentliche Kündigung eines **Betriebsratsmitglieds** setzt zudem die Zustimmung der anderen Betriebsratsmitglieder voraus (§ 103 Betriebsverfassungsgesetz – BetrVG).

Bei Arbeitsverträgen wird in der Regel verlangt, dass vor Ausspruch der Kündigung eine **Abmahnung** erfolgt ist („gelbe Karte"), es sei denn, der Verstoß des Arbeitnehmers ist so gravierend, dass eine sofortige Beendigung des Arbeitsverhältnisses gerechtfertigt ist (sofort die „rote Karte").

Beispiel

Ein Arbeitnehmer hatte während der Arbeitszeit pornografische Dateien, die erkennbar dem Unternehmenszweck zuwiderliefen, aus dem Internet auf seinen Rechner am Arbeitsplatz geladen. In diesem Fall war die fristlose Kündigung ohne vorherige Abmahnung wirksam[12].

Für sehr kontroverse Diskussionen sorgen immer wieder außerordentliche Kündigungen, die Arbeitgeber wegen relativ **geringer Vermögensdelikte** von Arbeitnehmern ausgesprochen haben. Die Rechtsprechung der Arbeitsgerichte ist recht rigoros: Danach kann auch ein Diebstahl oder eine Unterschlagung einer geringwertigen Sache ein ausreichender Grund für eine außerordentliche (fristlose) Kündigung sein.

12 Arbeitsgericht Hannover, NJW 2001, S. 3500, 3501; die Berufung des Arbeitnehmers hatte keinen Erfolg, MultiMedia und Recht (MMR) 2002, S. 766, 767.

Beispiele

Einer der „berühmtesten" Fälle aus der Vergangenheit betraf die außerordentliche Kündigung einer als Bufettkraft in einem Warenhaus beschäftigten Arbeitnehmerin. Diese verzehrte ein Stück Bienenstich, ohne es zu bezahlen. Das **Bundesarbeitsgericht (BAG)** entschied im sogenannten **„Bienenstich-Urteil"** in der Sache nicht selbst, sondern verwies den Rechtstreit an das Landesarbeitsgericht zurück, das die Frage des Verschuldens der Arbeitnehmerin aufklären musste. Das BAG brachte aber zum Ausdruck, dass die Entwendung einer Sache von geringem Wert grundsätzlich einen wichtigen Grund für eine fristlose Kündigung darstellen könne. Die durch den unentgeltlichen Verzehr ausgelöste Störung im Vertrauensbereich könne im Fall eines vorsätzlichen Handelns die außerordentliche Kündigung ohne vorherige Abmahnung rechtfertigen. Ob dies der Fall sei, hänge von der unter Berücksichtigung der konkreten Umstände des Einzelfalls vorzunehmenden Interessenabwägung ab[13].

Im Jahre 2009 sorgte die fristlose Kündigung einer Arbeitnehmerin, die **Leergutbons** im Wert von 1,30 € im Geschäft gefunden und eingelöst hatte, für breite Diskussionen. Das **LAG Berlin-Brandenburg** hat mit Urteil vom 24.02.2009 die Kündigung der Supermarktkassiererin wegen des Diebstahls bestätigt. Bei der im Rahmen von § 626 Abs. 1 BGB vorzunehmenden Interessenabwägung sei zwar das Alter der Klägerin und ihre langjährige Beschäftigungszeit zu ihren Gunsten zu berücksichtigen gewesen. Zu ihren Lasten sei ins Gewicht gefallen, dass sie als Kassiererin unbedingte Zuverlässigkeit und absolute Korrektheit zeigen müsse. Der ihr obliegende Umgang mit Geld, Bons etc. setze absolute Ehrlichkeit voraus. Der Arbeitgeber müsse sich bei einer Kassiererin auf diese unabdingbaren Voraussetzungen verlassen können. Insofern könne es auch nicht auf den Wert der entwendeten Ware ankommen, das Eigentum des Arbeitgebers stehe auch nicht für geringe Beträge zur Disposition, und das auch nicht bei längerer Betriebszugehörigkeit. Durch eine entsprechende Tatbegehung einer Kassiererin entstehe ein irreparabler Vertrauensverlust. Das Gericht wies ausdrücklich darauf hin, dass gerade dieser Vertrauensverlust gegenüber der als Kassiererin beschäftigten Klägerin, nicht aber der Wert der Sache (1,30 €) maßgeblicher Kündigungsgrund sei. Der Vertrauensverlust sei im zu entscheidenden Fall noch nachhaltiger gewesen, weil die Klägerin im Rahmen der Befragungen durch den Arbeitgeber immer wieder falsche Angaben gemacht habe, die sie dann, als sie vom Arbeitgeber widerlegt waren, einfach fallengelassen hat. So habe sie beispielsweise ohne Grund und Rechtfertigung eine Kollegin belastet, die nichts mit der Sache zu tun hatte.

Die **Revision** zum **Bundesarbeitsgericht** hatte **Erfolg.** Das BAG entschied am 10.06.2010, dass die Kündigung wegen besonderer Umstände un-

---

[13] BAG NJW 1985, S. 284, 285.

wirksam sei[14]. Zwar ging auch das BAG von einem schwerwiegenden Vertragsverstoß aus, doch habe sich die Klägerin insbesondere durch die über drei Jahrzehnte ohne rechtlich relevante Störungen verlaufene Beschäftigung ein hohes Maß an Vertrauen erworben. Dieses Vertrauen sei durch den in vieler Hinsicht atypischen und einmaligen Kündigungssachverhalt nicht vollständig zerstört worden. Im Rahmen der Abwägung sei auch die vergleichsweise geringfügige wirtschaftliche Schädigung der Beklagten zu berücksichtigen, sodass eine Abmahnung als milderes Mittel gegenüber einer Kündigung angemessen und ausreichend gewesen wäre, um einen künftig wieder störungsfreien Verlauf des Arbeitsverhältnisses zu bewirken[15].

In einem anderen Fall wurde dem Arbeitnehmer vorgeworfen, sein privates **Handy** im Unternehmen geladen zu haben und dadurch Strom im Wert von 0,00014 Euro verbraucht zu haben[16]. Der im Gütetermin vor dem Arbeitsgericht noch uneinsichtige Arbeitgeber beschäftigt den Arbeitnehmer inzwischen weiter.

Ausschlussfrist

§ 626 Abs. 2 BGB enthält für die außerordentliche Kündigung eine wichtige **Ausschlussfrist:** Die Kündigung kann nur innerhalb einer Frist von **zwei Wochen** erfolgen, die mit der Kenntnis des Kündigungsgrunds zu laufen beginnt.

Beispiel

Unternehmer U hat seine gesamte Lohnbuchhaltung im Wege des Outsourcings auf die Dauer von fünf Jahren an O übertragen. Bei der Dezemberabrechnung unterlaufen O gravierende Fehler, die zu einer Verzögerung bei der Auszahlung des ohnehin schon gekürzten Weihnachtsgeldes und damit zu erheblicher Unruhe unter der Belegschaft führen. Wenn U diesen Vorfall zum Anlass für eine fristlose Kündigung des O nehmen will, muss er die zweiwöchige Ausschlussfrist des § 626 Abs. 2 BGB beachten. Lässt er die Frist verstreichen, kann die Kündigung auf diesen Vorfall nicht mehr gestützt werden.

14 BAG – 2 AZR 541/09.
15 Zitiert aus der Pressemitteilung 42/10 des BAG vom 10.06.2010.
16 http://www.sueddeutsche.de/jobkarriere/511/482961/text/(16.02.2010)

Kapitel 19
Der Mietvertrag

Lernziele dieses Kapitels
Was kommt in diesem Kapitel auf Sie zu? Mietverträge werfen im privaten und im geschäftlichen Bereich viele Fragen auf. Eine kleine Auswahl: Muss ein Mietvertrag schriftlich abgeschlossen werden, und wann bin ich als Mieter zur Renovierung verpflichtet? Kann der Vermieter einfach die Miete erhöhen oder mich „auf die Straße setzen"? Kann ich als Mieter vor Ablauf der Kündigungsfrist ausziehen, wenn ich dem Vermieter drei Nachmieter „präsentiere"? Warum werden Geschäftsräume oft für einen festen Zeitraum gemietet, und was ist eine Option? Antworten auf diese und weitere Fragen erhalten Sie auf den nächsten Seiten.

19.1 Grundlagen

Das Mietrecht ist in §§ 535–580 a BGB geregelt, wobei eine Schwierigkeit darin besteht, welche Vorschriften auf welche Art von Mietverhältnissen anzuwenden sind.

Aufgabe

Schauen Sie bitte in das Register Ihres BGB. Erkennen Sie eine Struktur? Wie viele große „Blöcke" gibt es im Titel 5: Mietvertrag, Pachtvertrag und wie sind diese „Blöcke" bezeichnet? Welcher der „Blöcke" zerfällt in kleinere „Einheiten"? Wie viele sind das und wie heißen diese?

Das Mietrecht besteht aus drei **Untertiteln** („Blöcken"), wobei der **Untertitel 2** aus sechs **Kapiteln** („kleinere Einheiten") besteht.

Untertitel 1: Allgemeine Vorschriften (§§ 535–548 BGB)

Untertitel 2: Mietverhältnisse über Wohnraum (§§ 549–577 a BGB)

- Kapitel 1: Allgemeine Vorschriften (§§ 549–555 BGB)
- Kapitel 2: Die Miete (§§ 556–561 BGB)
- Kapitel 3: Pfandrecht des Vermieters (§§ 562–562 d BGB)
- Kapitel 4: Wechsel der Vertragsparteien (§§ 563–567 b BGB)
- Kapitel 5: Beendigung des Mietverhältnisses (§§ 568–576 b BGB)
- Kapitel 6: Besonderheiten bei der Bildung von Wohnungseigentum an vermieteten Wohnungen (§§ 577–577 a BGB)

Untertitel 3: Mietverhältnisse über andere Sachen (§§ 578–580 a BGB)

Diese Übersicht ist hilfreich, um die für den konkreten Fall relevanten Vorschriften zu finden. Dazu einige kleine Übungen:

Problem 1: Zulässigkeit einer Mieterhöhung bei Wohnraum

Ansatz: Im Untertitel 2, Kapitel 2 (also in den §§ 556–561 BGB)

Lösung: §§ 557 ff. BGB regeln die Frage der Mieterhöhung.

Problem 2: Kündigung von Wohnraum

Ansatz: Untertitel 2, Kapitel 5 (§§ 568–576 b BGB)

Lösung: Allgemeine Vorschriften zur Kündigung in §§ 568 f. BGB. In den folgenden drei Unterkapiteln wird zwischen verschiedenen Arten von Mietverträgen differenziert.

Problem 3: Kündigungsfrist bei Geschäftsräumen

Ansatz: Untertitel 3 (Mietverhältnisse über andere Sachen)

Lösung: § 580 a Abs. 2 BGB.

Problem 4: Ansprüche des Mieters bei Mängeln der Mietsache

Ansatz: Keine Regelungen im Untertitel 2 und 3, also Untertitel 1 maßgeblich

Lösung: §§ 536–536 d BGB.

19.2 Abgrenzung zu anderen Verträgen

19.2.1 Leihvertrag

Durch einen Leihvertrag wird der Verleiher einer Sache gemäß § 598 BGB verpflichtet, dem Entleiher den Gebrauch der Sache **unentgeltlich** zu gestatten. Der Verleiher erhält also keine Gegenleistung, er hat aber – wie der Vermieter – am Ende der Leihzeit nach § 604 Abs. 1 BGB einen Anspruch auf die Rückgabe der Sache. Während der Vertragslaufzeit hat der Entleiher das Recht, die Sache zu nutzen. Der Leihvertrag ist damit, wenn man so will, der „unentgeltliche Bruder" des Mietvertrags.

19.2.2 Pachtvertrag

Der Pachtvertrag ist in den §§ 581–584 b BGB geregelt, es folgt der Landpachtvertrag (§§ 585–597 BGB). Der wichtigste Unterschied zwischen einem Mietvertrag und einem Pachtvertrag besteht darin, dass der Verpächter dem Pächter neben der Gebrauchsüberlassung des Gegenstands nach § 581 Abs. 1 BGB zusätzlich **„den Genuss der Früchte"** zu gewähren hat. Früchte einer Sache sind nach § 99 Abs. 1 BGB die Erzeugnisse der Sache (Tier- und Bodenprodukte), Früchte eines Rechts sind nach § 99 Abs. 2 BGB die Erträge (Dividende einer Aktie, Gewinn eines GmbH-Anteils). Ein Pachtvertrag über eine Sache liegt vor, wenn die Sache so beschaffen ist, dass aus ihrer Nutzung unmittelbar Erträge erzielt werden können.

Beispiel

P schließt mit V einen Vertrag über eine Gastwirtschaft. Mobiliar, Gläser, Besteck und sogar eine Espressomaschine sind vorhanden. Hier liegt ein Pachtvertrag vor, weil P wegen der vollständigen Einrichtung unmittelbar Früchte aus der Nutzung der Gastwirtschaft ziehen kann. Anders wäre es, wenn „nackte", also nicht eingerichtete Räume den Vertragsgegenstand gebildet hätten. Dann wäre ein Mietvertrag gegeben.

Da auf den Pachtvertrag nach § 581 Abs. 2 BGB – abgesehen von einigen Sondervorschriften, insbesondere zum **Inventar** – ganz überwiegend die Vorschriften des Mietrechts Anwendung finden, gelten viele der folgenden Ausführungen auch für Pachtverträge.

Merke

Mathematisch gesehen gilt: Mietrecht + Regelungen zum Inventar = Pachtrecht.

19.2.3 Leasingvertrag

Ein Leasingvertrag liegt vor, wenn der Leasinggeber dem Leasingnehmer eine Sache oder Sachgesamtheit gegen Zahlung von Leasingraten zum vorübergehenden Gebrauch überlässt. Die Besonderheit des Leasingvertrags gegenüber einem Mietvertrag besteht darin, dass der **Leasingnehmer** die **Gefahr** und Haftung für **Instandhaltung, Mängel, Untergang** und **Beschädigung** der Sache trägt[1].

19.3 Abschluss des Mietvertrags

19.3.1 Formfreiheit für Mietverträge

Wie andere Verträge kommt auch der Mietvertrag durch die Annahme eines Angebots zustande. Entgegen einer weit verbreiteten Auffassung muss ein Mietvertrag nach dem BGB *nicht* schriftlich geschlossen werden, sondern ist nach dem BGB grundsätzlich auch mündlich („formfrei“) wirksam.

Beispiel

V und M einigen sich, dass M eine Wohnung des V ab dem 01.05.2010 für 400,– € zzgl. Nebenkosten mietet. Diese Einigung ist wirksam, auch wenn kein schriftlicher Vertrag geschlossen wurde. Anders wäre es, wenn (mindestens) einer der Beteiligten zum Ausdruck gebracht hätte, dass der Vertrag erst nach der Unterzeichnung wirksam werden soll.

19.3.2 Vereinbarte Schriftform

Bei Mietverträgen ist es relativ häufig, dass die Parteien vereinbaren, den Vertrag schriftlich abzuschließen. Man spricht von einer vereinbarten Schriftform, die auch **gewillkürte Schriftform** genannt wird. In einem solchen Fall ist gemäß **§ 154 Abs. 2 BGB** „im Zweifel“ davon auszugehen, dass der Vertrag erst nach der

---

[1] Zu Einzelheiten vgl. S. 369 ff.

Unterschrift von Mieter und Vermieter wirksam werden soll[2]. Das Unterzeichnen des Vertrags hat in diesem Fall **konstitutive** (rechtsbegründende) **Wirkung.** Sind die Parteien sich hingegen bereits vorher einig und sollen die Unterschriften nur „gelegentlich nachgeholt werden", ist der Mietvertrag sofort wirksam. Die Unterschriften haben dann nur **deklaratorische,** also rechtsbezeugende Wirkung. Ob das eine oder andere gewollt ist, muss unter Berücksichtigung des § 154 Abs. 2 BGB im Wege der Auslegung ermittelt werden.

19.3.3 Gesetzliche Formvorschrift

Nach § 550 BGB besteht eine gesetzliche Formvorschrift für Mietverträge, die für längere Zeit als ein Jahr geschlossen werden. Diese Mietverträge *„auf bestimmte Zeit"* weisen von vornherein eine feste Laufzeit auf, was bei der Geschäftsraummiete oft der Fall ist. Dagegen werden Mietverträge über Wohnungen in der Regel auf *„unbestimmte Zeit"* geschlossen, also ohne Vereinbarung eines sofort feststehenden Endtermins.

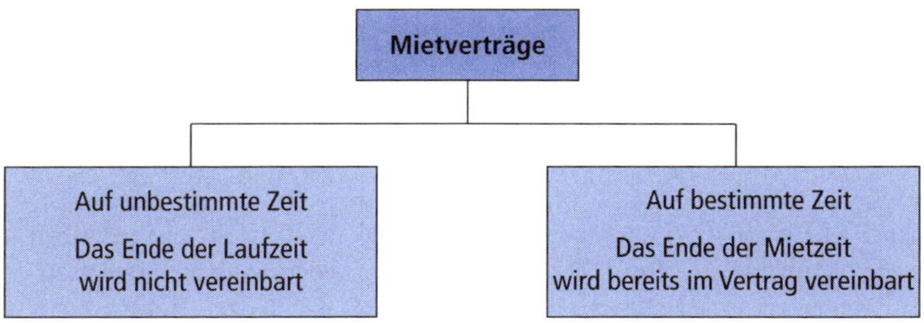

Abbildung 19.1: Laufzeit von Mietverträgen

Beispiele

- Mietvertrag über ein Ladenlokal vom 01.01.2007 bis 31.12.2017: Mietvertrag **auf bestimmte Zeit.**
- Mietvertrag über eine Wohnung; Mietbeginn: 01.12.2010, Ende der Mietzeit nicht vereinbart: Mietvertrag **auf unbestimmte Zeit.**

Der Hauptgrund dafür, dass **Geschäftsraummietverträge** oft auf bestimmte Zeit geschlossen werden, liegt darin, dass es bei diesen Verträgen – im Gegensatz zur Wohnungsmiete – keinen Kündigungsschutz gibt, sodass beide Seiten das Mietverhältnis zum Quartalsende mit einer Frist von etwas weniger als sechs Monaten (§ 580 a Abs. 2 BGB) ohne Angabe von Gründen kündigen können. Insbesondere die Mieter waren in früheren Jahren an einer längeren Planungssicherheit interessiert, zumal die lange Bindung auch vor Mieterhöhungen während der Laufzeit schützte. Wegen der angespannten wirtschaftlichen Lage und zum Teil erheblicher Überkapazitäten, insbesondere in den neuen Bundeslän-

[2] § 154 Abs. 2 BGB regelt unmittelbar nur die Rechtsfolgen einer noch nicht erfolgten (notariellen) Beurkundung. Die Vorschrift findet aber auf andere Formvorschriften eine analoge (entsprechende) Anwendung.

dern, werden entsprechende Verträge heute allerdings auf Veranlassung der Mieter vielfach nur noch für zwei, drei oder fünf Jahre abgeschlossen, während früher 10-Jahres-Verträge weitverbreitet waren. Die Verträge auf bestimmte Zeit enden durch Zeitablauf, sofern nicht eine Partei durch Inanspruchnahme einer – vereinbarten – **Option** eine Verlängerung herbeiführt[3].

Verträge auf unbestimmte Zeit bilden bei **Wohnungsmietverträgen** den Regelfall, zumal Zeitmietverträge (befristete Verträge) über Wohnungen nur unter engen Voraussetzungen zulässig sind (§ 575 BGB). Die Verträge auf unbestimmte Zeit enden in der Regel durch die Kündigung einer der Parteien (Mieter, Vermieter).

Zurück zur Formvorschrift des § 550 BGB: Da diese Vorschrift im Untertitel 2 „Mietverhältnisse über Wohnraum" steht, gilt die Vorschrift unmittelbar nur für Mietverträge

- über Wohnraum,
- die auf bestimmte Zeit, und zwar länger als ein Jahr, geschlossen werden sollen.

Beispiel

V und M schließen mündlich einen Mietvertrag über eine Wohnung und vereinbaren eine Mietzeit vom 01.10.2010 bis zum 31.12.2015.

Da V und M die gesetzliche Schriftform (§ 126 BGB) nicht eingehalten haben, müsste der Mietvertrag nach § 125 S. 1 BGB eigentlich nichtig sein, weil er einer „durch Gesetz vorgeschriebenen Form ermangelt". Diese allgemeine Regel zu den Rechtsfolgen eines Formmangels wird aber bei Mietverträgen nach dem Prinzip, dass die allgemeine Regel durch die spezielle Regel verdrängt wird, durch § 550 S. 2 BGB modifiziert. Danach ist der auf bestimmte Zeit gewollte Vertrag trotz des Formmangels nicht nichtig, sondern gilt *für unbestimmte Zeit*, wobei eine ordentliche Kündigung im ersten Jahr ausgeschlossen ist.

Doch jetzt wird es etwas sonderlich. Da Zeitmietverträge über Wohnraum nach § 575 BGB nur eingeschränkt wirksam und (auch deswegen) sehr selten sind, kommt § 550 BGB für die Wohnungsmiete fast keine Bedeutung zu, obwohl die Vorschrift im Untertitel 2 („Mietverhältnisse über Wohnraum") steht.

Deshalb ist zu fragen, ob die Vorschrift auch für Geschäftsräume gilt. Wegen ihrer Stellung im Untertitel 2 eigentlich nicht, da es sich bei der Geschäftsraummiete um „Mietverhältnisse über andere Sachen" handelt, für die die §§ 578 – 580 a BGB gelten.

Hier steht jedoch an erster Stelle § 578 BGB, der sehr wichtige **Verweisungen** in das Wohnungsmietrecht ausspricht. Bitte lesen Sie beide Absätze des § 578 BGB und machen Sie sich klar, was dort geregelt wird. Ich hoffe, Sie haben das verstanden:

- **§ 578 Abs. 1 BGB** ordnet an, dass für Mietverhältnisse über Grundstücke – gemeint sind in erster Linie unbebaute Grundstücke – die genannten Vor-

[3] Zur Option vgl. S. 98 f. und S. 361 f.

schriften aus dem Wohnungsmietrecht entsprechend anzuwenden sind. Hier wird auch **§ 550 BGB** genannt.

- **§ 578 Abs. 2 BGB** bestimmt für Mietverhältnisse über Räume, die keine Wohnräume sind – gemeint sind in erster Linie Geschäftsräume –, dass *alle* in Absatz 1 genannten Vorschriften und *zusätzlich* die in Absatz 2 genannten Vorschriften entsprechend anzuwenden sind.

Daraus folgt: Für Geschäftsräume gelten nach § 578 Abs. 2 BGB neben den dort aufgeführten Vorschriften zusätzlich die in Absatz 1 genannten Vorschriften und damit auch die Formvorschrift des § 550 BGB. Verstanden? Sonst bitte noch einmal lesen!

Beispiel

Kaufmann M mietet von V in einer Einkaufspassage ein Ladenlokal für zehn Jahre. Da einige Kleinigkeiten noch nicht geklärt sind, unterbleibt zunächst eine Unterzeichnung des Mietvertrags. Der Vertrag gilt damit nach §§ 578 Abs. 2, Abs. 1, 550 BGB nicht für zehn Jahre, sondern für unbestimmte Zeit. V und M sind unter Einhaltung der Kündigungsfrist des § 580 a Abs. 2 BGB und unter Beachtung des § 550 S. 2 BGB zur Kündigung berechtigt. Diese Möglichkeit könnte M nutzen, wenn sich die Lage als nicht geeignet herausstellt. V könnte kündigen, falls er eine Chance für die Durchsetzung einer höheren Miete sieht oder einen anderen Branchenmix herbeiführen möchte.

Praxistipp

Achten Sie bei Abschluss eines Geschäftsraummietvertrags darauf, dass alle von § 550 BGB geforderten Voraussetzungen eingehalten werden. Lassen Sie sich fachkundig beraten, denn selbst einem Rechtsanwalt können, insbesondere wenn er sich nicht auf das Mietrecht spezialisiert hat, leicht folgenreiche Fehler unterlaufen[4].

19.4 Pflichten der Parteien

19.4.1 Hauptpflichten

Gemäß § 535 Abs. 1 BGB ist der Vermieter verpflichtet, dem Mieter den Gebrauch der Mietsache während der Mietzeit zu gewähren. Der Vermieter hat die Sache außerdem in einem zum vertragsgemäßen Gebrauch geeigneten Zustand zu überlassen und – was wichtig ist – während der Mietzeit zu erhalten. Auch wenn die Vermieter das häufig anders sehen, ist es also auch bei der Wohnungsmiete die Pflicht des Vermieters, die Wohnung in Ordnung zu halten, es sei denn, die Parteien hätten wirksam (!) etwas anderes vereinbart[5].

---

[4] Zu Beratungsfallen im Mietrecht vgl. Mehrings, NZM 2009, S. 386 ff.

[5] Vgl. zu den „Schönheitsreparaturen" S. 346 ff.

Nach § 535 Abs. 2 BGB ist der Mieter verpflichtet, die vereinbarte Miete zu entrichten. Diese setzt sich in der Regel aus der Kaltmiete und aus den Betriebskosten nach § 556 BGB („Nebenkosten") zusammen, die vom Vermieter auf den Mieter umgelegt werden können. Wenn nichts anderes vereinbart ist, ist eine **Monatsmiete** bis zum dritten Werktag des Monats zu zahlen (§ 556 b Abs. 1 BGB). Da § 556 b BGB gemäß § 579 Abs. 2 BGB auch für Geschäftsräume entsprechend gilt, muss der Mieter, wenn eine **Jahresmiete** vereinbart ist, die Miete für das gesamte Jahr am Jahresanfang, also Anfang Januar, im Voraus zahlen. Hier sollte der Mieter aus Liquiditätsgründen auf eine abweichende Vereinbarung drängen, etwa in Form einer quartalsweisen Zahlung der Miete.

Die Miete ist rechtzeitig gezahlt, wenn der Mieter die *Leistungshandlung* am dritten Werktag des Monats (bzw. Jahres) vornimmt, zum Beispiel durch die Erteilung des Überweisungsauftrags, wobei der Samstag *nicht* als Werktag zählt[6]. Die Miete muss also noch nicht auf dem Konto des Vermieters gutgeschrieben sein, es sei denn, die Parteien hätten dies vereinbart[7].

Beispiel

„Für die Rechtzeitigkeit der Zahlung kommt es auf den Eingang der Miete auf dem Konto des Vermieters an."

19.4.2 Erhaltung der Mietsache, insbesondere Schönheitsreparaturen

Nach § 535 Abs. 1 S. 2 BGB hat der Vermieter die Mietsache während der Mietzeit in einem vertragsgemäßen Zustand zu erhalten. Diese Regelung ist dispositiv, kann also durch eine Vereinbarung der Parteien geändert werden. Im Bereich der Geschäftsraummiete gehen diese Änderungen zum Teil sehr weit[8], bei der Wohnungsmiete beschränken sie sich in der Regel auf die sogenannten „**Schönheitsreparaturen**". Dies sind Maßnahmen zur Beseitigung von Mängeln, die durch einen vertragsgemäßen Gebrauch entstanden sind. Dazu gehören das Streichen oder Tapezieren von Wänden, Decken, Böden, Heizkörpern einschließlich der Rohre und von Fensterrahmen und Außentüren **von innen.** Enthält die Klausel keine Begrenzung auf das Streichen der Fensterrahmen (nur) von innen, ist sie *insgesamt* unwirksam[9].

Beispiel

V und M haben einen Mietvertrag geschlossen, ohne eine Regelung zu „Schönheitsreparaturen" zu treffen. Nach sechs Jahren fordert M den V auf, die Wohnung neu zu tapezieren, den Teppich in den Kinderzimmern zu erneuern und das Parkett im Wohnzimmer abschleifen und neu versiegeln zu lassen. Wenn eine Renovierungsbedürftigkeit vorliegt und diese auf einer normalen Abnutzung der Mietsache beruht, ist V nach § 535 Abs. 1 S. 2 BGB zur Renovierung verpflichtet, weil

---

6 BGH, Urt. vom 13.07.2010, Aktenzeichen VIII ZR 129/09, Rn. 42 ff.

7 Vgl. zu dieser Thematik S. 161.

8 Zur Kombination von Schönheitsreparatur und Endrenovierung im Gewerbemietrecht vgl. BGH NJW 2005, S. 2006 ff.

9 BGH NJW 2009, S. 1408, Rn. 13 ff.

er die Mietsache in einem zum vertragsgemäßen Gebrauch geeigneten Zustand zu erhalten hat. Dazu zählt auch die Durchführung von „Schönheitsreparaturen"!

Etwas anderes gilt nur, wenn die Parteien

- eine abweichende Vereinbarung getroffen haben (was oft geschieht) und wenn
- diese Vereinbarung auch wirksam ist (was längst nicht immer der Fall ist).

In Mietverträgen über Wohnraum wird häufig eine Verpflichtung des Mieters zur Vornahme der **„Schönheitsreparaturen"** begründet. Diese Arbeiten werden „auf den Mieter überwälzt". Da es sich bei § 535 Abs. 1 S. 2 BGB um eine dispositive (also nicht zwingende) Vorschrift handelt, ist eine solche Übertragung auf den Mieter grundsätzlich zulässig. Sie kann durch eine individuelle Vereinbarung oder in „Mustermietverträgen", also in Allgemeinen Geschäftsbedingungen, erfolgen. Bei der Verwendung von AGB durch den Vermieter sind entsprechende Klauseln aber auf ihre inhaltliche Wirksamkeit nach §§ 307 ff. BGB zu prüfen. Da die §§ 308 und 309 BGB zu diesem Komplex keine Regelungen enthalten, ist die Prüfung nach § 307 BGB durchzuführen.

Praxistipp

Eine Inhaltskontrolle des Mustermietvertrags zugunsten des Mieters findet nur statt, wenn der Vermieter der Verwender dieses Vertrags ist. Besorgt der Mieter den Vertrag, ist er der Verwender.

Nach der Rechtsprechung des Bundesgerichtshofs (BGH) ist eine „Renovierungsklausel" nach § 307 Abs. 1 S. 1, Abs. 2 Nr. 1 BGB unwirksam, wenn sie dem Wohnungsmieter ein **Übermaß an Renovierungsverpflichtungen** auferlegt, indem sie ihn mit Renovierungspflichten belastet, die über den tatsächlichen Renovierungsbedarf hinausgehen. Dies ist nach einer Entscheidung des BGH aus dem Jahre 2004 für eine Klausel der Fall, nach der der Mieter Küche, Bad und Toilette unabhängig vom Abnutzungsgrad mindestens alle zwei Jahre, alle anderen Räume nach fünf Jahren fachgerecht renovieren muss. Da diese Klausel **starre Fristen** für die Renovierung vorsieht („alle zwei Jahre", „alle fünf Jahre"), bestehe – so der BGH – die Gefahr, dass der Mieter zur Renovierung verpflichtet sei, ohne dass eine entsprechende Abnutzung vorliege[10]. Von diesem Urteil dürften viele Mietverträge betroffen sein, da entsprechende Klauseln weit verbreitet sind bzw. waren[11].

Dass es bei Juristen auf einzelne Wörter ankommen kann, wird durch ein anderes BGH-Urteil belegt: Eine Klausel, nach der die Schönheitsreparaturen **„in der Regel"** in Küchen, Bädern und Toiletten spätestens nach drei Jahren, in Wohnräumen, Schlafräumen, Dielen … spätestens nach fünf Jahren und in sonstigen Räumlichkeiten … spätestens nach sieben Jahren" durchzuführen sind, ist

---

10 BGH NJW 2004, S. 2586, 2587.

11 Die hier beanstandete Klausel befand sich in einem Formularmietvertrag, der vom Landesverband der Hessischen Haus-, Wohnungs- und Grundeigentümer herausgegeben war.

vom BGH als wirksam bewertet worden. Durch den Vorbehalt **„in der Regel“** bestehe – so der BGH – genügend Raum für eine Beurteilung des Einzelfalls, um so eine Anpassung der tatsächlichen Renovierungsintervalle an das objektiv Erforderliche zu ermöglichen[12]. Gleiches gilt, wenn die Renovierung **„im Allgemeinen“** zu bestimmten Fristen durchzuführen ist[13], wie es in dem vom Bundesminister der Justiz herausgegebenen Mustermietvertrag heißt.

Praxistipp

Unwirksam ist auch die folgende – in der Einleitung unter Nr. 7 abgedruckte[14] – Klausel, weil sie **starre Fristen** enthält:

„Der Mieter ist verpflichtet, auf seine Kosten die Schönheitsreparaturen fachgerecht auszuführen. Die Zeitfolge beträgt bei Küche, Bad und Toilette zwei Jahre, bei allen anderen Räumen fünf Jahre.“

Wirksam wäre die Klausel mit dem Zusatz:

„Der Mieter ist **im Allgemeinen** *verpflichtet, auf seine Kosten die Schönheitsreparaturen fachgerecht auszuführen. Die Zeitfolge beträgt bei Küche, Bad und Toilette zwei Jahre, bei allen anderen Räumen fünf Jahre.“*

oder

„Der Mieter ist **in der Regel** *verpflichtet, auf seine Kosten die Schönheitsreparaturen fachgerecht auszuführen. Die Zeitfolge beträgt bei Küche, Bad und Toilette zwei Jahre, bei allen anderen Räumen fünf Jahre.“*

In den letzten Jahren hat es eine Vielzahl von BGH-Entscheidungen zum Thema „Schönheitsreparaturen“ gegeben. Dabei standen zahlreiche „Dekorationsklauseln“ auf dem Prüfstand, auf die an dieser Stelle aber nicht näher eingegangen werden kann.

Anzusprechen ist demgegenüber noch, welche Folgen eintreten, wenn eine Renovierungsklausel („Dekorationsklausel“) unwirksam ist.

Nach § 306 Abs. 1 BGB bleibt der Mietvertrag wirksam. Die Klausel ist hingegen vollständig nichtig, sie wird nicht auf das gerade noch zulässige Maß reduziert („Verbot der geltungserhaltenden Reduktion“)[15].

Die für den Mieter höchst erfreuliche Folge ist, dass er *überhaupt* nicht zur Renovierung verpflichtet ist. An die Stelle der unwirksamen Klausel tritt nämlich gemäß § 306 Abs. 2 BGB die gesetzliche Regelung, hier also § 535 Abs. 1 S. 2 BGB und damit die Renovierungspflicht des Vermieters.

Dieser Umstand haben Vermieter zum Anlass für Mieterhöhungen über die örtliche Vergleichsmiete hinaus genommen. Die Argumentation lautete wie folgt: Die Miete ist so kalkuliert, dass der Mieter die Schönheitsreparaturen vornimmt. Wenn diese Kosten nun wegen Unwirksamkeit der „Dekorations-

---

12 BGH NJW 2005, S. 3416.
13 BGH NJW 2004, S. 2087.
14 Vgl. S. XXX.
15 Vgl. S. 78 f.; BGH NJW 2009, S. 1408, Rn. 13 ff.

klausel" vom Vermieter zu tragen sind, muss die Miete entsprechend erhöht werden.

Was halten Sie von dieser Argumentation?

Nachdem ein Teil der Instanzgerichte (Amtsgericht, Landgericht, Oberlandesgericht) sich dieser Argumentation angeschlossen hatte, hat der BGH ihr eine klare Absage erteilt. Das BGB, so der BGH, sehe einen Zuschlag zur örtlichen Vergleichsmiete nicht vor. Nach §558 Abs. 1 BGB könne der Vermieter eine Mieterhöhung nur bis zur ortsüblichen Vergleichsmiete und nicht darüber hinaus verlangen. Einem weitergehenden Anspruch auf Erhöhung der Miete durch die Gewährung eines Zuschlags stehe auch der Sinn und Zweck des §558 BGB entgegen[16]. Bei *öffentlich gefördertem*, preisgebundenem Wohnraum ist der Vermieter hingegen berechtigt, die Kostenmiete einseitig zu erhöhen, wenn die im Mietvertrag enthaltene Klausel über die Abwälzung der Schönheitsreparaturen auf den Mieter unwirksam ist[17].

Von den Schönheitsreparaturen zu unterscheiden sind **Instandsetzungsreparaturen,** die auf die Beseitigung der durch Abnutzung, Alterung und Witterungseinflüsse beruhenden Mängel abzielen[18]. Diese hat der Vermieter zu tragen.

19.4.3 Erhöhung der Miete

Gemäß §557 Abs. 1 BGB können die Parteien während des Mietverhältnisses eine Erhöhung der Miete **einvernehmlich vereinbaren.** Dies ist selbstverständlich und müsste eigentlich nicht besonders erwähnt werden. Die Parteien können sich deshalb ohne eine Einhaltung von Fristen, Terminen und Formalien auf eine Änderung der Miete einigen.

Beispiel

Mieter Mikus erzählt seiner Vermieterin stolz, „er sei, was ja längst überfällig gewesen sei, endlich befördert worden. Nun komme die dicke Kohle ins Haus!". Die abgeklärte Vermieterin erklärt höflich, aber bestimmt: „Mensch Mikus, das trifft sich gut, wir möchten nämlich die Miete ab dem nächsten Ersten um 30,– € erhöhen." Wenn Mikus, sei es auch nur zähneknirschend, einverstanden ist, wird die Erhöhung wirksam.

Schwierig wird es, wenn der Mieter der vom Vermieter gewünschten Mieterhöhung nicht zustimmt. Der Vermieter von Wohnraum muss dann ein recht kompliziertes und fehleranfälliges Verfahren einhalten (§§558–558 e BGB), an dem auch Fachleute leicht scheitern können. Ist der Mieter nicht zu „überzeugen", bleibt dem Vermieter nur die Möglichkeit, **Klage** vor dem nach §23 Nr. 2 a) GVG (Gerichtsverfassungsgesetz) für die Wohnungsmiete in erster Instanz ausschließlich zuständigen **Amtsgericht** zu erheben. Der Vermieter muss den Antrag stellen, den Mieter zu verurteilen, der begehrten höheren Miete

16 BGH NJW 2008, S. 2840, Rn. 10 f.
17 BGH NJW 2010, S. 1590, Rn. 9 ff.
18 Vgl. Palandt/Weidenkaff, Bürgerliches Gesetzbuch, §535 Rn. 41.

zuzustimmen. Hier lässt das Gericht oft durch einen Sachverständigen prüfen, ob die geforderte Miete angemessen ist. Unter Umständen kann auch ein Mietspiegel eine ausreichende Grundlage bilden. Verurteilt das Gericht den Mieter zur Zahlung einer höheren Miete, gilt die Zustimmungserklärung des Mieters als abgegeben, sobald er gegen das Urteil kein Rechtsmittel mehr einlegen kann (§794 ZPO).

Um den geschilderten Problemen einer Mieterhöhung zu entgehen, können die Parteien auch für Wohnraummietverhältnisse eine **Staffelmiete** (§557 a BGB) oder eine **Indexmiete** (§557 b BGB) vereinbaren. Von dieser Möglichkeit wird häufiger bei Geschäftsräumen in Form der Indexmiete Gebrauch gemacht. Grund ist, dass Geschäftsräume oft auf bestimmte Zeit gemietet werden und deshalb eine Mieterhöhung während der Laufzeit des Vertrags ausgeschlossen ist. Die Zulässigkeit von **Wertsicherungsklauseln** richtet sich seit September 2007 nach dem Preisklauselgesetz[19], wobei für Mietverträge §3 Abs. 1 Nr. 1 e) PrKlG gilt.

19.4.4 Nebenkosten

Es ist üblich geworden, vertraglich zu vereinbaren, dass der Mieter neben der sogenannten Kaltmiete einen Großteil der Nebenkosten („Betriebskosten") zu tragen hat. Für den Fall der Wohnraummiete gibt es hierzu spezielle Regelungen (§§556, 556 a BGB), etwa dazu, welche Kosten „auf den Mieter umgelegt" werden dürfen und zu welchem Zeitpunkt spätestens die Abrechnung zu erfolgen hat (§556 Abs. 3 BGB). Umgelegt werden können unter anderem die Grundsteuer, die Kosten der Wasserversorgung und Entwässerung, der Heizungsanlage und der Aufzüge, der Straßenreinigung, der Gartenpflege, der Beleuchtung, der Schornsteinreinigung, der Versicherungen, des Hauswartes und weitere Betriebskosten[20]. Diese sogenannte „zweite Miete" stellt für den Mieter eine erhebliche zusätzliche Belastung dar. Liegt keine oder keine wirksame Vereinbarung vor, hat der Vermieter die oben genannten Kosten zu tragen.

19.4.5 Mietsicherheit (Kaution)

§551 BGB enthält für die Wohnungsmiete eine Regelung zur Kaution. Sie darf höchstens drei Monatsmieten ohne die Nebenkostenpauschale betragen, wobei der Mieter berechtigt ist, die Sicherheit in drei Monatsraten zu erbringen, die erste Rate zu Beginn des Mietverhältnisses. Darunter ist nicht der Tag des Abschlusses des Mietvertrags gemeint, sondern der Tag, an dem die Wohnung dem Mieter überlassen wird[21]. Der Vermieter hat die Kaution getrennt von seinem sonstigen Vermögen verzinslich anzulegen; die Zinsen stehen dem Mieter zu und erhöhen die Kaution.

---

19 Gesetz über das Verbot der Verwendung von Preisklauseln bei der Bestimmung von Geldschulden (Preisklauselgesetz), veröffentlicht im Bundesgesetzblatt I 2007, S. 2246, 2247.

20 Vgl. Palandt/Weidenkaff, Bürgerliches Gesetzbuch, §556 Rn. 4.

21 ders., §551 Rn. 10.

19.4.6 Wechsel der Vertragsparteien

§§ 563 ff. BGB enthalten zahlreiche Regelungen zum Wechsel von Mieter oder Vermieter. So tritt ein Ehegatte oder Lebenspartner[22], der mit dem Mieter einen gemeinsamen Haushalt führt, bei Tod des Mieters in das Mietverhältnis ein (§ 563 Abs. 1 BGB). Wenn vermieteter Wohnraum vom Vermieter an einen Dritten veräußert wird, tritt der Erwerber in den Mietvertrag ein und wird damit aus Sicht des Mieters sein neuer Vermieter (§ 566 Abs. 1 BGB: „Kauf bricht nicht Miete").

19.5 Haftung für Mängel

Die Ansprüche des Mieters bei Mängeln der Mietsache regeln die §§ 536 ff. BGB. Diese Vorschriften unterscheiden sich ganz erheblich von den entsprechenden Regelungen des Kaufrechts (§§ 434 ff. BGB)[23] und des Werkvertragsrechts (§§ 633 ff. BGB)[24]. Zwar wird auch im Mietrecht zwischen Sach- und Rechtsmängeln differenziert, doch fehlt eine umfassende Definition des Mangels. Daneben gibt es zahlreiche weitere Unterschiede.

19.5.1 Befreiung von der Mietzahlung, Minderung der Miete

Wenn die Mietsache zur Zeit der Überlassung an den Mieter einen **Mangel** hat, der ihre Tauglichkeit zum vertragsgemäßen Gebrauch aufhebt, oder wenn **während der Mietzeit** ein solcher Mangel entsteht, ist der Mieter gemäß § 536 Abs. 1 BGB für die Zeit, in der die Tauglichkeit aufgehoben ist, von der Entrichtung der Miete befreit. Sollte die Tauglichkeit nur gemindert sein, kann der Mieter eine angemessene Herabsetzung der Miete verlangen, es sei denn, die Tauglichkeit ist nur unerheblich gemindert. Auf ein Vertretenmüssen des Vermieters kommt es nicht an.

Im Gegensatz zum Kaufrecht (§§ 437 Nr. 2, 441 BGB) und zum Werkvertragsrecht (§§ 634 Nr. 3, 638 BGB) muss der Mieter dem Vermieter **keine Frist** zur Beseitigung des Mangels setzen. Der Mieter ist vielmehr sofort zur Einstellung der Mietzahlung oder zur Minderung der Miete berechtigt, wenn ein relevanter Mangel auftritt.

Beispiele

- M hat von V eine 4-Zimmer-Wohnung gemietet. Nach einer Mietdauer von zwei Jahren sind infolge aufsteigenden Grundwassers zwei Wände im Kinderzimmer so feucht, dass dieses Zimmer unbewohnbar ist. Hier haben sich sogenannte „Schimmelkulturen" gebildet. Die Mietsache hat damit einen Mangel. Wenn die anderen

[22] Voraussetzung ist eine eingetragene Lebenspartnerschaft nach § 1 LPartG (Lebenspartnerschaftsgesetz); der sonstige Lebensgefährte fällt unter § 563 Abs. 2 S. 4 BGB, vgl. Palandt/Weidenkaff, Bürgerliches Gesetzbuch, § 563 Rn. 10, 15.

[23] Vgl. S. 225 ff.

[24] Vgl. S. 324 ff.

Räume der Wohnung noch benutzbar sind, ist die Tauglichkeit der Mietsache nicht völlig aufgehoben, sondern nur gemindert. M ist nach § 536 Abs. 1 S. 2 BGB deswegen (nur) berechtigt, die Miete ohne vorherige Fristsetzung anteilig zu **mindern.** Dafür kommt es nicht darauf an, ob V ein Verschulden an der Feuchtigkeit trifft.

In der gerichtlichen **Praxis** wird in vergleichbaren Fällen in der Regel darum gestritten, wer die Feuchtigkeit zu vertreten hat. Der Mieter behauptet, die Mietsache sei mangelhaft, der Vermieter behauptet, der Mieter lüfte und heize nicht richtig (was häufig vorkommt!). Viele Mieter bevorzugen statt des sinnvollen „Stoßlüftens" (Fenster für einige Minuten weit öffnen) das wenig sinnvolle Dauerlüften (Fenster stundenlang „auf Kippstellung").

- M hat neue Geschäftsräume von V gemietet, in denen es aufgrund eines Baumangels zu erheblichen gesundheitsgefährdenden Ausdünstungen kommt, die bei Mitarbeitern und Kunden schon nach kurzer Zeit heftige Kopfschmerzen und starkes Unwohlsein auslösen. Da die Tauglichkeit der Räume zum vertragsgemäßen Gebrauch völlig aufgehoben ist, ist M ohne Weiteres von der Zahlung des Mietzinses vollständig befreit (§ 536 Abs. 1 S. 1 BGB).

19.5.2 Schadensersatz

Neben dem Anspruch auf Minderung aus § 536 BGB kann der Mieter vom Vermieter gemäß § 536 a BGB **Schadensersatz** verlangen, wenn ein Mangel der Mietsache

- bei Vertragsabschluss vorhanden war,
- später wegen eines Umstands entsteht, den der Vermieter zu vertreten hat, oder wenn
- der Vermieter mit der Beseitigung des Mangels in Verzug gerät.

Mit besonderen Risiken für den Vermieter ist die erste Variante (1. Fall) verbunden. Hier besteht eine Schadensersatzpflicht **ohne Verschulden** des Vermieters. Man spricht von einer **verschuldensunabhängigen Garantiehaftung.** Der Schadensersatzanspruch umfasst dabei alle Schäden, die sich aus dem Mangel der Mietsache ergeben, einschließlich der sogenannten Mangelfolgeschäden.

Beispiel

M hat von V in einem von U errichteten Gebäude Geschäftsräume für den Betrieb eines Spielwarenshops gemietet. Vier Monate nach der Eröffnung brennt das Gebäude aufgrund eines Kurzschlusses, der auf einem geringfügigen Montagefehler eines Auszubildenden des U beruht, vollständig nieder. M entgeht das unmittelbar bevorstehende Weihnachtsgeschäft, in dem er in der Vergangenheit ca. 70 % seines Jahresumsatzes erzielt hat. Da die Mietsache schon zu Beginn des Mietvertrags einen Mangel aufwies (Montagefehler), hat M gegen V gemäß § 536 a Abs. 1, 1. Fall BGB einen Anspruch auf Schadensersatz (Gewinneinbußen), auch wenn V keinerlei Verschulden trifft.

Praxistipp

Ein Vermieter sollte die Garantiehaftung des §536 a Abs. 1 S. 1, 1. Fall BGB im Mietvertrag ausschließen, was auch in AGB (Formularmietvertrag) ohne Verstoß gegen die §§307 ff. BGB zulässig ist[25], und zwar auch für Wohnräume[26].

Die zweite oben angeführte Fallgruppe betrifft Mängel, die der Vermieter zu *vertreten hat*, zum Beispiel weil er erforderliche Instandsetzungs- oder Wartungsarbeiten nicht hat ausführen lassen. In der dritten Gruppe befindet sich der Vermieter mit der Beseitigung eines Mangels in Verzug, was ebenfalls ein – allerdings nach §286 Abs. 4 BGB vermutetes[27] – Vertretenmüssen voraussetzt. In diesen beiden Fallgruppen der verschuldensabhängigen Haftung kann der Vermieter seine Haftung bei Räumen, die nicht zu Wohnzwecken dienen, in AGB nur in geringem Umfang, nämlich für bestimmte Schäden, die infolge leichter Fahrlässigkeit verursacht werden, unter Beachtung der §§307 ff. BGB beschränken[28]. Bei Wohnungsmietverträgen verstößt ein Haftungsausschluss in AGB für fahrlässig verursachte Schäden gegen §307 BGB[29].

19.6 Beendigung des Mietverhältnisses

Mietverhältnisse können beendet werden

- durch Kündigung,
- durch Zeitablauf,
- durch Auflösungsvertrag.

19.6.1 Kündigung

Zur Wiederholung und Vertiefung

Die Kündigung ist wie der Rücktritt, der Widerruf und die Anfechtung ein Gestaltungsrecht. Eine Partei kann einseitig, also ohne und auch gegen den Willen der anderen Partei, auf einen Vertrag einwirken, ihn gestalten. Die Rechtsfolge der Kündigung ist, dass der Vertrag für die Zukunft aufgehoben wird. Die bis dahin erbrachten Leistungen sind nicht zurückzugewähren. Dadurch unterscheidet sich die Kündigung von den anderen Gestaltungsrechten: Im Falle des Rücktritts und des Widerrufs wandelt sich der Vertrag in ein Rückgewährschuldverhältnis, was zur Folge hat, dass jede Partei die von ihr erbrachte Leistung nach §346 BGB zurückerhält. Ähnliches gilt auch nach einer Anfechtung des Vertrags: Da der Vertrag nach §142 Abs. 1 BGB als von Anfang an nichtig gilt, sind die von den Parteien erbrachten Leistungen nach §812 Abs. 1 S. 1 BGB an die jeweils andere Partei herauszugeben[30].

[25] BGH NJW 2002, S. 3232, zu Einzelheiten Mehrings, NZM 2009, 386, 387 ff.
[26] BGH NJW-RR 1991, S. 74, 75.
[27] Vgl. S. 208.
[28] Zu Einzelheiten Palandt/Weidenkaff, Bürgerliches Gesetzbuch, §536 a Rn. 7.
[29] BGH NJW 2002, S. 673, 675 zur §9 AGBG.
[30] Vgl. bereits 96 ff.

Beispiele

- M hat von V ein Auto auf unbestimmte Zeit gemietet. Nach einer Kündigung wird der Mietvertrag mit Wirkung für die Zukunft aufgehoben. Eine Rückabwicklung, etwa eine Rückzahlung der gezahlten Miete, erfolgt nicht.
- K hat bei einem Autokauf gemäß §§437 Nr.2, 323 BGB den Rücktritt vom Vertrag erklärt (§349 BGB). Gemäß §346 BGB erhält K den ggf. um die Nutzungsentschädigung reduzierten Kaufpreis zurück, V bekommt das Fahrzeug zurück[31].
- K hat einen Autokaufvertrag wegen arglistiger Täuschung (Verschweigen erheblicher Mängel durch den Verkäufer) nach §123 Abs.1 BGB angefochten. K hat nach §812 Abs.1 S.1 BGB Anspruch auf die Rückzahlung des Kaufpreises, V erhält nach §812 Abs.1 S.1 BGB das Fahrzeug zurück[32].

Zu unterscheiden ist – wie bei Dienstverträgen – auch im Mietrecht zwischen der ordentlichen und der außerordentlichen Kündigung.

Ordentliche Kündigung

Um den Mieter einer **Wohnung** zu schützen, wird die Möglichkeit des Vermieters zur ordentlichen Kündigung eines Mietverhältnisses ganz erheblich eingeschränkt. Nach §573 Abs.1 BGB kann der Vermieter das Mietverhältnis über Wohnraum nur kündigen, wenn er ein **berechtigtes Interesse** an dessen Beendigung hat. Dabei wird eine Kündigung zum Zwecke der Mieterhöhung ausdrücklich ausgeschlossen. Was als berechtigtes Interesse anzuerkennen ist, wird in §573 Abs.2 BGB durch die Nennung von drei Beispielen erläutert.

Da vor der Aufzählung das Wort **„insbesondere"** steht, können auch andere als die dort genannten Gründe eine Kündigung rechtfertigen. In der Praxis geht es häufig um die Frage des sogenannten **„Eigenbedarfs".** Nach §573 Abs.2 Nr.2 BGB liegt Eigenbedarf vor, wenn der Vermieter die Räume für sich, seine Familienangehörigen oder Angehörige seines Haushalts **benötigt.** Zu dieser Problematik gibt es eine Vielzahl von Entscheidungen der Instanzgerichte (besonders der Amts- und Landgerichte), wobei deren Rechtsprechung sehr stark durch Urteile des Bundesverfassungsgerichts bestimmt wird[33]. Danach ist der Entschluss des Vermieters, ihm gehörenden Wohnraum selbst zu nutzen oder durch einen eng gezogenen Kreis bestimmter Dritter nutzen zu lassen, grundsätzlich zu akzeptieren und der Rechtsfindung zugrunde zu legen[34]. Der Entschluss muss auf vernünftigen nachvollziehbaren Gründen beruhen, der bloße Wunsch, die vermieteten Räume selbst zu bewohnen, reicht demgegenüber nicht aus[35].

---

[31] Zu Einzelheiten vgl. S.265ff.
[32] Zu Einzelheiten vgl. S.424ff.
[33] Vgl. BVerfG NJW 1993, S.1637f.; BVerfG NJW 1994, S.308f.; BVerfG NJW 1994, S.435f.
[34] BVerfG NJW 1989, S.970, 971.
[35] BGH NJW 1988, S.904, 905.

Eigenbedarf kann vorliegen, wenn sich die Familie des Vermieters vergrößert hat und deswegen mehr Wohnraum benötigt wird. Ähnliches gilt, wenn „die Kinder endlich aus dem Haus sind“ und die Eltern von der bisher genutzten 6-Zimmer-Wohnung in eine 3-Zimmer-Wohnung umziehen möchten. Die Aufnahme des Studiums durch ein Kind kann ausreichen, um einen Eigenbedarf für ein vermietetes Apartment, das den Eltern des Studierenden gehört, zu begründen[36]. Ob Eigenbedarf tatsächlich vorliegt, ist in der gerichtlichen Praxis oft schwer zu entscheiden. Immer wieder kommt es vor, dass eine Wohnung nach dem Auszug der Mieter vom Eigentümer nicht bezogen, sondern verkauft wird. In einem solchen Fall können dem Mieter gegen den Vermieter Schadensersatzansprüche zustehen, zum Beispiel die Umzugskosten oder die Kosten für den Makler, der die neue Wohnung vermittelt hat[37].

Eine ordentliche Kündigung ist auch gerechtfertigt, wenn der Mieter seine **Vertragspflichten schuldhaft nicht unerheblich** verletzt (§573 Abs. 2 Nr. 1 BGB); hier kommt oft auch eine fristlose Kündigung in Betracht (§543 BGB). Der vorsichtige Vermieter wird die Kündigung aus beiden Gründen aussprechen.

Praxistipp

Mieter M hat mehrfach nächtliche Ruhestörungen verursacht, sodass sich die anderen Mieter massiv beschweren und dem Vermieter V gegenüber mit einer Minderung der Miete drohen. V kündigt nach zwei erfolglosen Abmahnungen (vgl. §543 Abs. 3 BGB) das Mietverhältnis fristlos (§543 Abs. 1 BGB). Um das Risiko auszuschließen, dass die fristlose Kündigung im Fall einer Kündigungsschutzklage des Mieters von den Gerichten für unwirksam erklärt wird, sollte V hier zusätzlich („hilfsweise“) nach §573 Abs. 2 Nr. 1 BGB auch fristgerecht kündigen.

Schließlich ist die Kündigung eines Wohnungsmietvertrags auch dann wirksam, wenn der Vermieter durch die Fortsetzung des Mietverhältnisses an einer **angemessenen wirtschaftlichen Verwertung** des Grundstücks gehindert wird (§573 Abs. 2 Nr. 3 BGB). Die Vorschrift nennt Beispiele, in denen das **nicht** der Fall ist. So reicht die Absicht nicht aus, durch eine Neuvermietung eine **höhere Miete** zu erzielen.

Einschränkungen in Bezug auf den Kündigungsschutz und die Kündigungsfristen gelten gemäß §549 Abs. 2 Nr. 2 BGB für Wohnraum, der Teil der vom Vermieter selbst genutzten Wohnung ist und der vom Vermieter überwiegend mit Einrichtungsgegenständen ausgestattet ist, es sei denn, der Wohnraum ist dem Mieter zum dauernden Gebrauch mit seiner Familie überlassen worden.

---

[36] Zu Einzelheiten vgl. Palandt/Weidenkaff, Bürgerliches Gesetzbuch §573 Rn. 23 ff.

[37] Zur Darlegungs- und Beweislast vgl. BGH NJW 2005, S. 2395, 2396.

Beispiel

Keinen Kündigungsschutz nach § 573 BGB genießt der Mieter des „**möblierten Zimmers** für den ruhigen Wochenendheimfahrer" (§ 549 Abs. 2 Nr. 2 BGB)[38].

Für **Wohnraum in Studentenheimen** besteht ebenfalls kein Kündigungsschutz (§§ 549 Abs. 3, 573 BGB). Für die Einordnung als Studentenheim ist die Widmung des Trägers maßgeblich. Der Betrieb des Heimes muss zu einem fremdnützigen Zweck erfolgen, darf also nicht auf eine Gewinnerzielung ausgerichtet sein[39]. Unter den Begriff fallen deshalb nur solche Heime, die vom Studentenwerk oder einer anderen sozialen Einrichtung getragen werden. Ein Apartmenthaus eines privaten Vermieters ist auch dann kein Studentenheim im Sinne des § 549 Abs. 3 BGB, wenn es ausschließlich von Studenten bewohnt wird. Für solche Häuser gilt uneingeschränkt das allgemeine Wohnungsmietrecht einschließlich des Kündigungsschutzes nach § 573 BGB.

Form der Kündigung Nach § 568 Abs. 1 BGB bedarf die Kündigung des Mietverhältnisses der schriftlichen Form, und zwar auch dann, wenn der Mietvertrag mündlich geschlossen wurde.

Praxistipp

Auch ein mündlich geschlossener Mietvertrag muss schriftlich gekündigt werden (§ 568 Abs. 1 BGB). Eine mündliche Kündigung ist wegen Formmangels unwirksam (§ 125 S. 1 BGB).

Die Formvorschrift des § 568 BGB gilt für beide Kündigungsarten (ordentliche, außerordentliche Kündigung).

Beispiel

M teilt seinem Vermieter im Treppenhaus beiläufig mit, er kündige und werde in sechs Wochen ausziehen. Diese Kündigung ist unwirksam, weil sie nur mündlich erklärt wurde (§§ 568 Abs. 1, 125 S. 1 BGB). Außerdem ist die Kündigungsfrist nicht eingehalten (§ 573 c Abs. 1 BGB).

Diese Mängel haben keine Auswirkungen, wenn V sich mit der Beendigung des Mietverhältnisses zu dem von M genannten Termin einverstanden erklärt (Vermieter: *„Ist gut! Dann gebe ich schon mal eine Anzeige für die Neuvermietung auf."*). In diesem Fall hätten die Parteien einvernehmlich einen Auflösungsvertrag geschlossen, der im Mietrecht – anders als im Arbeitsrecht, § 623 BGB – keiner Form und auch keiner Frist bedarf.

Inhaltliche Anforderungen an die Kündigung Kündigt der Vermieter, so soll (nicht *„muss"*) er den Mieter nach § 568 Abs. 2 BGB darauf hinweisen, dass und wie dieser der Kündigung widersprechen kann. Auf jeden Fall müssen bei der Kündigung einer Wohnung gemäß § 573 Abs. 3 BGB die **Gründe** für ein be-

[38] Die Kündigungsfrist beträgt nur ca. zwei Wochen, vgl. S. 360.
[39] Palandt/Weidenkaff, Bürgerliches Gesetzbuch, § 549 Rn. 20.

rechtigtes Interesse des Vermieters an der Beendigung des Mietverhältnisses im Kündigungsschreiben so ausführlich angegeben werden, dass der Mieter prüfen kann, ob die Kündigung berechtigt ist. Nicht genannte Gründe werden im Falle einer gerichtlichen Überprüfung nur berücksichtigt, wenn sie nachträglich entstanden sind. An dieser Hürde scheitern viele durch Vermieter erklärte Kündigungen.

Beispiel

V kündigt den mit M geschlossenen Mietvertrag fristgerecht zum 31.08. „wegen Eigenbedarfs für unsere Tochter Betti", ohne näher zu begründen, worauf der Eigenbedarf beruht (Alter der Tochter, Familienstand, bisherige Wohnung usw.). Diese Kündigung ist unwirksam. Weil V keine Angaben zum Eigenbedarf gemacht hat, kann M nämlich nicht prüfen, ob die Gründe tatsächlich ausreichend sind. Eine Kündigungsschutzklage des M, für die bei Wohnraum in erster Instanz die Amtsgerichte zuständig sind (§23 Nr. 2 a GVG), hätte deshalb Erfolg.

V müsste den Mietvertrag unter erneuter Beachtung der Kündigungsfrist mit Angabe der erforderlichen Gründe nochmals kündigen.

Fortsetzungsverlangen des Mieters Liegt ein Grund für eine ordentliche Kündigung vor und wird diese formgerecht erklärt, kann der Mieter nach §574 Abs. 1 BGB der Kündigung widersprechen und die Fortsetzung des Mietverhältnisses verlangen, wenn die Beendigung des Mietverhältnisses für den Mieter auch unter Würdigung der berechtigten Interessen des Vermieters eine **nicht zu rechtfertigende Härte** bedeuten würde. Nach §574 a BGB ist das Mietverhältnis grundsätzlich auf bestimmte Zeit zu verlängern[40], wobei das BGB keine Höchstgrenze vorsieht.

Beispiel

Eheleute E erwarten ihr drittes Kind. Die nach der Kündigung eintretende Beendigung des Mietverhältnisses fällt genau in den Geburtszeitraum (§574 Abs. 1 BGB). Außerdem ist eine vergleichbare Wohnung kurzfristig nicht zu finden (§574 Abs. 2 BGB). Hier können die Eheleute eine Fortsetzung des Mietverhältnisses für einen begrenzten Zeitraum verlangen, wenn ihre Gründe nach Abwägung mit den von V für die Kündigung geltend gemachten Gründen schwerer wiegen.

Räumungsschutz Wenn der Mieter zur Herausgabe der Wohnung verurteilt worden ist und eine Zwangsräumung bevorsteht, kann ihm vom Gericht nach §721 ZPO *Räumungsschutz* für einen Zeitraum von *bis zu einem Jahr* gewährt werden (§721 Abs. 5 ZPO). Von dieser Möglichkeit wird in der Praxis durchaus Gebrauch gemacht, etwa wenn der Mieter durch Vorlage eines Mietvertrags nachweist, dass er in Kürze eine andere Wohnung beziehen kann.

[40] Palandt/Weidenkaff, Bürgerliches Gesetzbuch, §574 a Rn. 2.

Prüfungsschema

Im Falle der ordentlichen Kündigung eines Mietverhältnisses über Wohnraum durch den Vermieter ist wie folgt zu prüfen:

- Ist die Kündigung *schriftlich* erfolgt?
- Falls nein: Die Kündigung ist unwirksam (§§568 Abs. 1, 125 S. 1 BGB).
- Falls ja: Ergibt sich aus den im Kündigungsschreiben angegebenen Gründen, dass der Vermieter ein *berechtigtes Interesse* an der Beendigung des Mietverhältnisses im Sinne des §573 BGB hat?
- Falls nein: Die Kündigung ist unwirksam.
- Falls ja: Ist einem *Widerspruch* des Mieters mit einem Antrag auf Verlängerung des Mietverhältnisses nach §574 BGB vom Gericht entsprochen worden?
- Falls ja: Das Mietverhältnis wird für bestimmte Zeit fortgesetzt.
- Falls nein: Der Mieter ist zur Räumung der Wohnung verpflichtet.
- Falls der Mieter die Wohnung nicht freiwillig räumt: Hat das Gericht dem Mieter *Räumungsschutz* nach §721 Abs. 1 ZPO gewährt?
- Falls ja: Die Räumung hat, längstens für ein Jahr, zu unterbleiben (§721 Abs. 5 ZPO).
- Falls nein: Die Räumung kann erfolgen. Für die zwangsweise Räumung ist der Gerichtsvollzieher zuständig, der sich notfalls der Unterstützung der Polizei bedient. Die Kosten für die Räumung, insbesondere für ein Umzugsunternehmen, muss der Vermieter zunächst vorstrecken. Wenn der Mieter diese nicht ersetzen kann, bleibt der Vermieter „auf den Kosten sitzen".

Praxistipp

Ein Vermieter, der an einer schnellen und reibungslosen Beendigung des Mietverhältnisses interessiert ist, ist oft gut beraten, wenn er sich mit dem Mieter einigt. Die Einigungsbereitschaft des Mieters lässt sich durch finanzielle Anreize wecken und steigern (Beteiligung an den Umzugskosten, Erlass der letzten Monatsmiete, der offenen Nebenkosten usw.). Diese Investition kann sich angesichts der Schwierigkeiten und Kosten, die im Falle einer ordentlichen Kündigung auftreten können (berechtigtes Interesse des Vermieters, Fortsetzungsverlangen des Mieters, gerichtlicher Räumungsschutz, Kostenvorschuss für die Räumung), schnell auszahlen. Das mag man nicht für gerecht halten, aber man sollte die Augen vor den sonst möglichen Problemen nicht verschließen.

Kündigungsfrist Die Fristen für eine ordentliche Kündigung von **Wohnraum** sind in §573 c BGB enthalten. Nach Abs. 1 S. 1 ist die Kündigung spätestens am dritten Werktag eines Kalendermonats zum Ablauf des übernächsten Monats zulässig. Die Frist beträgt damit knapp drei Monate. Diese Frist gilt für Vermieter und Mieter.

Aufgabe

M möchte einen mit V über Wohnraum geschlossenen Mietvertrag zum Ende des Monats August kündigen. Wann muss M spätestens kündigen?

Die Kündigung muss V gemäß § 573 c Abs. 1 BGB spätestens am dritten Werktag des Monats Juni zugehen[41], damit sie zu Ende August, also zum Ablauf des übernächsten Monats, wirksam wird.

Nach § 573 c Abs. 1 S. 2 BGB verlängert sich die vom *Vermieter* einzuhaltende Frist nach einer Mietdauer von fünf und acht Jahren um jeweils drei Monate, sodass sie dann fast sechs bzw. fast neun Monate beträgt. Die Parteien können weitere Verlängerungen vereinbaren, aber **nicht** zum Nachteil des (Wohnungs-) Mieters.

Beispiel

V und M vereinbaren im Mietvertrag, dass die Kündigungsfrist für beide Parteien einheitlich sechs Monate betragen soll. Hier ist zum Nachteil des M die für ihn geltende 3-Monats-Frist verlängert worden. Deshalb ist die Vereinbarung gemäß § 573 c Abs. 4 BGB unwirksam.

Wie schon gesehen, fällt die Vermietung von **Geschäftsräumen** in den „Untertitel 3. Mietverhältnisse über andere Sachen" (§§ 578–580 a BGB). Zur Form der Kündigung gibt es hier keine Vorschrift, in § 578 BGB erfolgt auch keine Verweisung auf § 568 BGB. Die Kündigung bedarf deshalb nach dem BGB nicht der Schriftform, doch können die Parteien die Schriftform als gewillkürte Form[42] im Vertrag vereinbaren.

Die **Kündigungsfrist** für **Geschäftsräume** beträgt nach § 580 a Abs. 2 BGB fast **sechs Monate,** außerdem kann nur zum **Kalendervierteljahr** (Quartal) gekündigt werden.

Aufgabe

M hat von V auf unbestimmte Zeit Räume für den Betrieb einer Gaststätte gemietet. V möchte wissen, wann er das Mietverhältnis kündigen muss, damit M zur Räumung der Gaststätte zum 31.08. verpflichtet ist.

Die Kündigung ist bei Geschäftsräumen gemäß § 580 a Abs. 2 BGB spätestens am dritten Werktag eines Kalendervierteljahres zum Ablauf des nächsten Kalendervierteljahres zulässig. Daraus folgt, dass V zum 31.08. gar nicht kündigen kann, sondern nur jeweils zum Ende eines Quartals, also zum 31.03., 30.06., 30.09. und 31.12. Wenn V die Räume zum 31.08. benötigt, muss er die Kündigung zum 30.06. erklären. Die Kündigung muss M spätestens am dritten Werktag im Januar zugehen, damit die (fast) sechsmonatige Kündigungsfrist eingehalten und die

[41] Zum Zugang einer Willenserklärung vgl. S. 29 ff.
[42] Vgl. S. 126.

Kündigung damit zum 30.06. (Ablauf des nächsten auf die Kündigung folgenden Kalendervierteljahres) wirksam wird.

Eine kurze Frist von etwa zwei Wochen gilt für „möblierte Zimmer" (§§ 573 c Abs. 3, 549 Abs. 2 Nr. 2 BGB)[43].

19.6.2 Außerordentliche Kündigung

Eine außerordentliche Kündigung, oft auch **fristlose Kündigung** genannt, setzt einen wichtigen Grund voraus, verzichtet aber auf die Einhaltung einer Frist. Auch die außerordentliche Kündigung muss bei Wohnraum gemäß § 568 Abs. 1 BGB unter möglichst genauer Angabe des Kündigungsgrundes schriftlich erfolgen[44].

Wichtiger Grund

Ein wichtiger Grund liegt nach § 543 Abs. 1 S. 2 BGB vor, wenn dem Kündigenden unter Berücksichtigung aller Umstände des Einzelfalls die Fortsetzung des Mietverhältnisses unter Abwägung der beiderseitigen Interessen bis zum Ablauf der Kündigungsfrist nicht zugemutet werden kann. Da diese Vorschrift im „Untertitel 1. Allgemeine Vorschriften" des Mietrechts steht, gilt sie für die Wohnungs- und die Geschäftsraummiete.

In § 543 Abs. 2 Nr. 3 BGB werden Beispiele dazu gegeben, wann ein wichtiger Grund vorliegt.

- Nach Nr. 3 a) ist dies der Fall, wenn der Mieter für zwei aufeinander folgende Termine mit der Entrichtung der Miete oder eines nicht unerheblichen Teils der Miete in Verzug ist.
- Buchstabe b) erfasst einen Mietrückstand in Höhe von zwei Monatsmieten, der über mehr als zwei Zahlungstermine entstanden ist.

Beispiel

M hat von V Büroräume für 4.200,– €/Monat für fünf Jahre gemietet. Da sich die Geschäfte des M nicht wie erhofft entwickeln, kommt es immer wieder zu Verzögerungen bei der Zahlung der Miete. Häufig zahlt M erst nach Mahnung durch V und überdies oft nur Teilbeträge in Höhe von 60 bis 70 % der geschuldeten Miete. Nach zwei Jahren beläuft sich der Mietrückstand aus vielen kleinen Beträgen auf fast 7.000,– € mit zunehmender Tendenz. Kann V das Mietverhältnis schon jetzt fristlos kündigen?

§ 543 BGB steht in den allgemeinen Vorschriften über Mietverhältnisse und gilt damit auch für Geschäftsräume. Einer der in Nr. 3 genannten Fälle liegt jedoch nicht vor, da der Mietrückstand nicht aus zwei aufeinander folgenden Terminen herrührt (Buchstabe a) und der Höhe nach noch keine zwei Monatsmieten beträgt (Buchstabe b). Bei diesen Regelungen handelt es sich aber nur um Beispiele („insbesondere"),

---

[43] Vgl. S. 355 f.

[44] Vgl. Palandt/Weidenkaff, Bürgerliches Gesetzbuch, § 568 Rn. 11.

sodass eine fristlose Kündigung nach § 543 Abs. 1 BGB auch aus anderen Gründen wirksam sein kann. Aufgrund des Verhaltens des M (Zahlung erst nach Aufforderung, oft nur Teilbeträge) und wegen der Zunahme der Mietrückstände spricht vieles dafür, dass V das Mietverhältnis bereits jetzt fristlos kündigen kann und nicht warten muss, bis die Grenze von zwei Monatsmieten überschritten ist.

Im Fall der **Wohnungsmiete** gilt bei **Mietrückständen** ergänzend § 569 BGB: Nach § 569 Abs. 3 Nr. 1 BGB ist bei aufeinander folgenden Mietrückständen eine Erheblichkeit im Sinne des § 543 Abs. 2 S. 1 Nr. 3 a) BGB erst dann gegeben, wenn der Rückstand mindestens eine Monatsmiete beträgt.

Unwirksamwerden der Kündigung

Gemäß § 569 Abs. 3 Nr. 2 S. 1 BGB wird bei der Wohnungsmiete eine wegen Mietrückstands ausgesprochene fristlose Kündigung unwirksam, wenn der Vermieter spätestens zwei Monate nach Einreichung der Räumungsklage die rückständige Miete erhält oder sich eine öffentliche Stelle, zum Beispiel das Sozialamt, zur Zahlung der Mietrückstände bereit erklärt[45].

Beispiel

Familie F, die drei noch nicht schulpflichtige Kinder hat, ist durch Arbeitslosigkeit des Vaters und Krankheit eines Kindes vollkommen überschuldet und dadurch erheblich in Mietrückstand geraten. Vermieter V kündigt das Mietverhältnis nach § 543 Abs. 2 Nr. 3 b BGB fristlos und erhebt Räumungsklage vor dem zuständigen Amtsgericht. Da Familie F aufgrund der Schulden keine andere Wohnung findet und das Sozialamt keinen geeigneten Wohnraum zur Verfügung stellen kann, erklärt sich das Sozialamt bereit, die rückständige Miete an V zu zahlen. Damit wird die Kündigung gemäß § 569 Abs. 3 Nr. 2 S. 1 BGB unwirksam.

19.7 Mietverhältnisse auf bestimmte Zeit

Zeitmietverträge über Wohnungen sind selten, zumal sie nur unter engen Voraussetzungen zulässig sind (§ 575 BGB). Geschäftsräume werden hingegen – unter anderem wegen des fehlenden Kündigungsschutzes – häufig auf bestimmte Zeit, zum Beispiel für drei, fünf oder auch zehn Jahre gemietet. Zum Teil sind die Fristen noch länger, zum Beispiel 25 Jahre bei der Miete – oder auch Pacht – eines Hotels. Bei einem Mietvertrag auf bestimmte Zeit gelten folgende Besonderheiten:

- Die **ordentliche Kündigung** ist während der Laufzeit des Vertrags ausgeschlossen.

[45] Zu Einschränkungen im Wiederholungsfall vgl. § 569 Abs. 3 Nr. 2 S. 2 BGB.

- Das Recht zur **außerordentlichen Kündigung** (§ 543 BGB), etwa wegen Mietrückstands, bleibt aber bestehen.
- Die Verträge enden mit Ablauf der **vereinbarten Laufzeit** (§ 542 Abs. 2 BGB).
- Die Parteien haben aber die Möglichkeit, in den Mietvertrag eine **Option** auf Verlängerung aufzunehmen. Das Optionsrecht besteht in der Regel nur für den **Mieter**[46].
- Eine weitere Besonderheit bei Zeitmietverträgen besteht darin, dass Mieterhöhungen ausgeschlossen sind. Deshalb enthalten diese Verträge häufig eine **Indexklausel**[47]. Die Vereinbarung geht dahin, dass bei einer Steigerung des als Bezugsgröße gewählten Indexes um einen Prozentbetrag x die Miete ebenfalls prozentual um den Betrag x oder um einen aus x abgeleiteten Betrag y steigt.

Beispiel

Aus einem Mietvertrag über eine Lagerhalle:

§ 6 Laufzeit

Das Mietverhältnis beginnt am 01.01.2010 und endet am 31.12.2019, es sei denn, der Mieter erklärt spätestens sechs Monate vor diesem Termin in schriftlicher Form, das Mietverhältnis fortsetzen zu wollen. In diesem Fall tritt eine Verlängerung um drei Jahre ein. Nach Maßgabe des Satzes 1 sind insgesamt drei Verlängerungen möglich.

§ 7 Miete

Die Jahresmiete beträgt 500.000,– € zzgl. der gesetzlichen Umsatzsteuer. Sie ist in zwei gleichen Raten zum dritten Werktag des Monats Januar und des Monats Juli im Voraus spesenfrei auf das Konto des Vermieters zu zahlen.

§ 8 Indexklausel

Verändert sich der vom Statistischen Bundesamt ermittelte Preisindex für die Lebenshaltung aller privaten Haushalte in Deutschland um mehr als 10 %, kann eine Anpassung der Miete in Höhe von 75 % dieser Änderung verlangt werden.

Erläuterung: Wenn sich der Index zum Beispiel um 11 % erhöht hat, kann eine um 75 % von 11 % höhere Mieter verlangt werden, das sind 8,25 %.

19.8 Nachmieter, Untervermietung

Insbesondere bei Verträgen, die auf bestimmte Zeit geschlossen werden, kann während der Vertragslaufzeit beim Mieter der Wunsch entstehen, vorzeitig „aus dem Vertrag auszusteigen“ oder, sofern dies nicht möglich ist, die gesamte

46 Vgl. das Beispiel auf S. 98.
47 Vgl. S. 350.

Mietsache oder einen Teil davon einem Dritten als „Untermieter“ zu überlassen. Auch bei Verträgen auf unbestimmte Zeit suchen Mieter bisweilen nach entsprechenden Möglichkeiten, um die Kündigungsfristen nicht einhalten zu müssen.

19.8.1 Die „Drei-Nachmieter-Legende“

Immer wieder ist in diesem Zusammenhang zu hören, man müsse die vereinbarte Mietzeit bzw. die Kündigungsfristen nicht einhalten, wenn man dem Vermieter „drei Nachmieter präsentiere“. Diese Auffassung ist schlicht falsch! Sie findet im BGB keine Stütze, für sie ist die Bezeichnung „Drei-Nachmieter-Legende“ angemessen.

Richtig ist vielmehr, dass bei einem Vertrag auf **unbestimmte Zeit** der Mieter in gleicher Weise wie der Vermieter die Kündigungsfrist einhalten muss.

Bei einem Vertrag auf **bestimmte Zeit** ist die ordentliche Kündigung für *beide* Parteien (Vermieter und Mieter) während der Laufzeit ausgeschlossen. Wie bei anderen Verträgen gilt auch im Mietrecht der schöne Satz „Verträge sind zu halten“ („pacta sunt servanda“), und zwar für beide Parteien, also auch für den Mieter.

Etwas anderes gilt nur, wenn der Vermieter durch die Weigerung, einen Nachmieter zu akzeptieren, ausnahmsweise gegen **Treu und Glauben** (§ 242 BGB) verstößt[48]. Dies kommt wegen der nur dreimonatigen Kündigungsfrist bei Wohnungsmietverträgen (§ 573 c Abs. 1 BGB) nur sehr selten in Betracht, da dem Mieter in der Regel die Einhaltung der dreimonatigen Kündigungsfrist zumutbar ist. Wegen des Ausschlusses der ordentlichen Kündigung kann sich bei langfristigen **Zeitmietverträgen** eine andere Bewertung ergeben.

Beispiel

Uni-Assistent M hat in Tübingen eine Wohnung gemietet und dabei auf Drängen des Vermieters eine fünfjährige Mietzeit akzeptiert, die der Länge seiner Assistentenzeit entspricht. Nach § 4 des Mietvertrags soll nach den fünf Jahren die heute 13-jährige Tochter des Vermieters die Wohnung beziehen (zum Befristungsgrund vgl. § 575 Abs. 1 S. 1 Nr. 1 BGB). Kurz nach dem Einzug erhält M ganz überraschend ein dreijähriges Doktorandenstipendium an einer anerkannten amerikanischen Eliteuniversität.

Nachdem V eine Auflösung des Mietvertrags abgelehnt hat, stellt M ihm zwei ordentliche, strebsame, nette, zahlungskräftige, nicht rauchende und nicht trinkende Assistenten vor, die beide bereit sind, ohne jede Änderung in den zwischen V und M geschlossenen Mietvertrag einzutreten. V erklärt, *„an den Jungs habe er nichts auszusetzen“*. Er lehnt den Eintritt eines der Interessierten in den mit M geschlossenen Mietvertrag aber mit der Begründung ab, *„junge Leute müssten lernen, dass Verträge einzuhalten sind. Wo käme man denn sonst hin“?*

---

[48] BGH NJW 2003, S. 1246, 1247.

Die Weigerung des V verstößt gegen Treu und Glauben (§242 BGB), sodass M einen Anspruch auf den Eintritt eines der beiden potenziellen Nachmieter in den Mietvertrag hat.

19.8.2 Untervermietung

Voraussetzungen

Nach §540 Abs. 1 BGB ist der Mieter **ohne Erlaubnis** des Vermieters nicht berechtigt, den Gebrauch der Mietsache einem Dritten zu überlassen, insbesondere sie **weiter zu vermieten.** Da diese Vorschrift im „Untertitel 1. Allgemeine Vorschriften" steht, gilt sie für die Geschäftsraummiete *und* die Wohnungsmiete, wo sie durch §553 BGB ergänzt wird.

Falls der Vermieter die Erlaubnis zur Untervermietung verweigert, ohne dass in der Person des Dritten (Untermieter) Gründe vorliegen, „kann der Mieter das Mietverhältnis außerordentlich mit der gesetzlichen Frist kündigen" (§540 Abs. 1 S. 2 BGB).

Aus diesem schwer zu verstehenden Satz ergibt sich Folgendes:

1. Der Mieter kann das Mietverhältnis **außerordentlich** kündigen.
2. Er muss die **gesetzliche Frist** einhalten, womit die gesetzliche Frist für die ordentliche Kündigung gemeint ist.

Zu 1): Die durch §540 BGB eröffnete Möglichkeit, „außerordentlich" kündigen zu können, ist nur für die Mietverhältnisse von Interesse, in denen (eigentlich) keine Möglichkeit zur ordentlichen Kündigung besteht. Das sind Mietverhältnisse auf **bestimmte Zeit.** Aus einer grundlos verweigerten Zustimmung zur Untervermietung ergibt sich für den Mieter ein Kündigungsrecht. Die Bedeutung des §540 Abs. 1 BGB liegt also darin, dass die (eigentlich) nicht kündbaren Mietverträge auf bestimmte Zeit **doch kündbar** *sind.*

Zu 2): Die maßgebliche Kündigungsfrist ergibt sich für Wohnräume aus §573 d Abs. 2 BGB (knapp drei Monate), für Geschäftsräume aus §580 a Abs. 4 i. V. m. Abs. 2 BGB (knapp sechs Monate).

Aufgabe

M hat von V ein Geschäftslokal für zehn Jahre gemietet, ist jedoch nach zwei Jahren aus gesundheitlichen Gründen gezwungen, den Geschäftsbetrieb einzustellen. Die mehrfach vorgetragene Bitte des M zur Auflösung des Mietvertrags lehnt V ab. M möchte die Räume deshalb an U untervermieten, doch verweigert V die Erlaubnis dazu. Wie ist die Rechtslage?

M hat nach §540 Abs. 1 BGB zwar **keinen Anspruch** auf die Erlaubnis des V zur Untervermietung, doch kann M bei verweigerter Zustimmung des V den Mietvertrag mit der gesetzlichen Frist von knapp einem halben Jahr (§580 a Abs. 4 i. V. m. Abs. 2 BGB) kündigen, sofern nicht in der Person des U ein wichtiger gegen die Untervermietung sprechender Grund vorliegt. Deshalb dürfte es auch im Interesse des V liegen, die Untervermietung zu akzeptieren.

Praxistipp

§540 BGB ist dispositiv und kann deshalb vertraglich ausgeschlossen werden, auch in einem Formularmietvertrag (AGB)[49].

Untervermietung

Kommt es zu einer Untervermietung, besteht ein (Haupt-)Mietvertrag zwischen V und M und ein weiterer (Unter-)Mietvertrag zwischen M und U. M muss deshalb die Miete wie zuvor weiter an V zahlen, während U als (Unter-)Mieter an M als Vermieter zu zahlen hat.

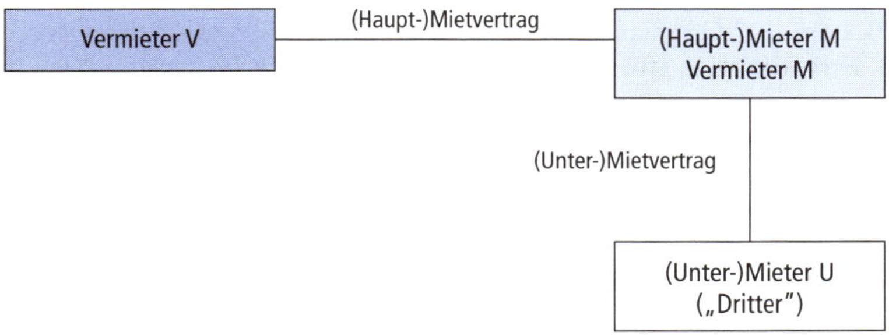

Abbildung 19.2: Untervermietung

Für **Wohnraummietverträge** gilt neben §540 BGB **zusätzlich** die spezielle Vorschrift des **§553 BGB.** Danach hat der Mieter (sogar) einen Anspruch auf die Erlaubnis, **einen Teil** des Wohnraums an einen Dritten zu überlassen, wenn nach Abschluss des Mietvertrags ein berechtigtes Interesse an der Überlassung entstanden ist. Kein Anspruch besteht, wenn in der Person des Dritten ein (dagegensprechender) wichtiger Grund vorliegt, die Wohnung übermäßig belegt wird oder die Überlassung dem Vermieter aus anderen Gründen nicht zumutbar ist. Nach §553 Abs. 2 BGB kann der Vermieter die Erlaubnis ggf. von einer angemessenen Erhöhung der Miete abhängig machen.

Nach der Rechtsprechung des BGH ist auch der **Lebensgefährte** (Freund, Freundin) des Mieters „Dritter" im Sinne dieser Vorschrift. Seine Aufnahme in die Wohnung fällt also unter §553 BGB und ist von der Zustimmung des Vermieters abhängig[50]. Diese Zustimmung kann der Vermieter aber nur dann verweigern, wenn die Aufnahme des Dritten ihm nicht zugemutet werden kann. Kein „Dritter" sind der **Ehepartner** und der Lebenspartner nach dem Lebenspartnerschaftsgesetz. Diese Personen kann der Mieter ohne Erlaubnis des Vermieters in die Wohnung aufnehmen, was dem Vermieter aber anzuzeigen ist.

§540 Abs. 1 BGB und §553 Abs. 1 BGB unterscheiden sich wie folgt:

- §553 BGB gilt **nur** für **Wohnraum,** §540 BGB gilt für **Wohn- und für Geschäftsräume.**

---

[49] BGH NJW 1990, S. 3016, 3017; Einzelheiten bei Mehrings, NZM 2009, S. 386, 392.
[50] BGH NJW 2004, S. 56, 57f.

- § 553 Abs. 1 BGB begründet einen **Anspruch** des Mieters von Wohnraum auf Überlassung eines Teils der Mietsache an einen Dritten, während § 540 Abs. 1 BGB lediglich bestimmt, dass der Mieter das Mietverhältnis im Falle einer zu Unrecht verweigerten Zustimmung mit den gesetzlichen Fristen **kündigen** kann. Einen Anspruch auf Zustimmung hat der Mieter hier hingegen nicht.

19.8.3 Sonderfall: Der Unternehmenskauf

Ein zwischen dem Verkäufer eines Unternehmens und dem Eigentümer der Geschäftsräume geschlossener Mietvertrag geht – anders als bestehende Arbeitsverträge (vgl. § 613 a BGB) – nicht automatisch auf den Käufer des Unternehmens über. Bei den für Geschäftsräume üblichen längerfristigen Zeitmietverträgen ist der Verkäufer des Unternehmens (Mieter der Geschäftsräume) auch nicht berechtigt, vorzeitig zu kündigen, weil die ordentliche Kündigung bei Mietverträgen auf bestimmte Zeit ausgeschlossen ist und die Übertragung des Unternehmens keinen Grund für eine fristlose Kündigung durch den Mieter bildet.

Für die Abwicklung des Problems gibt es aber verschiedene andere Gestaltungsmöglichkeiten[51]:

1. Möglichkeit:

Wie bei jedem anderen Mietvertrag können die Parteien auch bei einem Zeitmietvertrag jederzeit und ohne die Einhaltung von Fristen einvernehmlich einen **Auflösungsvertrag** schließen. Der Vermieter kann (und wird) seine Bereitschaft häufig von einer Abstandszahlung durch den Mieter und davon abhängig machen, ob er eine Chance für eine angemessene Neuvermietung sieht. Die Vereinbarung könnte wie folgt lauten:

„§ 1

Das zum 01.10.2010 geschlossene Mietverhältnis wird mit Wirkung zum 01.04.2012 aufgelöst.

§ 2

Die Auflösung wird erst wirksam, wenn der Mieter an den Vermieter als Ausgleich einen Betrag von 50.000,– € gezahlt hat."

2. Möglichkeit

Der Vermieter, der Verkäufer des Unternehmens und der Käufer können vereinbaren, dass der bisherige Mieter (Verkäufer) aus dem Mietverhältnis ausscheidet und der Erwerber in den (weiter) laufenden Mietvertrag eintritt. Etwa so:

[51] Vgl. zu Einzelheiten Palandt/Weidenkaff, Bürgerliches Gesetzbuch, § 537 Rn. 8 f.

„Mit Wirkung zum 01.04.2012 tritt Frau Elsa Neu anstelle von Herrn Franz Alt in das am 01.10.2010 mit der V-GmbH begründete Mietverhältnis über das Objekt Baumannallee 49, Hamburg, ein. Herr Alt scheidet zu diesem Zeitpunkt aus. Seine Haftung für die an diesem Tag bestehenden Mietrückstände und Nebenkosten bleibt unberührt."

3. Möglichkeit

Kommt es zu keiner Einigung mit dem Vermieter, hat der Mieter, wie gesehen, zwar keinen Anspruch auf eine Zustimmung zur Untervermietung, da §553 Abs. 1 BGB für Geschäftsräume nicht gilt. Der Mieter kann jedoch das Mietverhältnis unter Einhaltung der gesetzlichen Frist kündigen, es sei denn, der neue Inhaber (Käufer des Unternehmens) ist aus Sicht des Vermieters als Untermieter nicht akzeptabel (§540 Abs. 1 BGB i. V. m. §580 a Abs. 4 i. V. m. Abs. 2 BGB).

19.9 Rechtslage nach Beendigung des Mietverhältnisses

Nach Beendigung des Mietverhältnisses ist der Mieter nach §546 BGB zur Herausgabe der Mietsache an den Vermieter verpflichtet. Er muss die Mietsache räumen und alle Schlüssel zurückgeben. Dieser Herausgabeanspruch ergibt sich auch aus §985 BGB[52].

Unter Umständen muss der Vermieter es nach Treu und Glauben (§242 BGB) dulden, dass der Mieter für einen begrenzten Zeitraum ein Hinweisschild mit seiner neuen Adresse anbringt.

Beispiel

Steuerberater S ist umgezogen. Er hat das Recht, an dem bisher gemieteten Gebäude ein Schild mit dem Hinweis auf seine neue Adresse anzubringen. Wie groß dieses Schild sein darf und wie lange es hängen darf, ist nach Treu und Glauben zu entscheiden (§242 BGB).

Nach §548 BGB **verjähren** Ansprüche des Vermieters gegen den Mieter wegen Veränderungen oder Verschlechterungen der Mietsache in einer kurzen Frist von nur sechs Monaten, beginnend mit der Rückgabe der Mietsache.

Für die Abrechnung von Nebenkosten gilt §556 Abs. 3 BGB. Die Abrechnung ist spätestens zwölf Monate nach Ende des Abrechnungszeitraums mitzuteilen. Gemäß Satz 3 handelt es sich hierbei um eine Ausschlussfrist, die während und auch nach dem Ende des Mietverhältnisses gilt.

[52] Vgl. S. 442 ff.

Kapitel 20
Weitere Vertragstypen

Lernziele dieses Kapitels
Was kommt in diesem Kapitel auf Sie zu? Neben den bereits behandelten Verträgen (Kauf-, Werk-, Dienst- und Mietvertrag) gibt es im BGB weitere Verträge wie Darlehen und Leihe. Daneben existieren in der wirtschaftlichen Praxis im BGB nicht geregelte, nach dem Prinzip der Vertragsfreiheit aber gleichwohl zulässige Verträge. Neben dem Darlehensvertrag sollen der Leasing-, Franchise-, Factoring- und der Lizenzvertrag kurz dargestellt werden.

20.1 Der Darlehensvertrag

20.1.1 Grundlagen

Das BGB unterscheidet zwischen Sachdarlehensverträgen (§§ 607 ff. BGB) und den auf Geld gerichteten Darlehensverträgen (§§ 488 ff. BGB). Beim Sachdarlehensvertrag erhält der Darlehensnehmer eine Sache. Sofern vereinbart, muss er ein Darlehensentgelt zahlen. Nach Ablauf der vereinbarten Zeit bzw. nach einer Kündigung muss der Darlehensnehmer **Sachen gleicher Art, Güte und Menge** zurückgeben. Im Gegensatz dazu muss bei Miete oder Leihe die erhaltene Sache zurückgeben werden.

Beispiel

Unternehmer U 1 benötigt dringend Rohstoffe, die wegen eines Streiks zurzeit nicht zu bekommen sind. Unternehmer U 2 hilft kurzfristig aus. U 1 kann diese Rohstoffe verbrauchen, er muss nur entsprechende Rohstoffe an U 2 rückerstatten.

Bedeutender als die eher seltenen Sachdarlehensverträge sind Darlehensverträge über Geld. Nach § 488 Abs. 1 BGB ist der Darlehensgeber verpflichtet, dem Darlehensnehmer einen Geldbetrag in der vereinbarten Höhe zur Verfügung zu stellen. Der Darlehensnehmer schuldet die Zahlung der Zinsen und die Rückzahlung.

Der genaue Inhalt der Darlehensverträge wird in der Praxis in aller Regel durch die AGB des Darlehensgebers (Bank, Sparkasse) bestimmt, wobei immer zu prüfen ist, ob deren Geltung nach § 305 Abs. 2 BGB wirksam vereinbart ist und ob die Bedingungen einer Wirksamkeitskontrolle nach §§ 307 ff. BGB standhalten. Insbesondere bei längerfristigen Darlehen werden neben der Darlehensgewährung in der Regel Sicherheiten verlangt, etwa die Bestellung einer Grundschuld oder – eher selten – einer Hypothek[1].

---

[1] Vgl. S. 527 ff.

20.1.2 Verbraucherdarlehensverträge

Besondere Regelungen gelten für Darlehen, die von Verbrauchern aufgenommen werden (§§ 491 ff. BGB): Der Vertrag bedarf der Schriftform und muss eine Vielzahl von Einzelpunkten enthalten (vgl. § 492 BGB). Werden diese – zwingenden (§ 506 BGB) – Anforderungen nicht erfüllt, ergeben sich die Rechtsfolgen aus § 494 BGB. Fehlen zum Beispiel bestimmte Angaben zum Zinssatz, schuldet der Verbraucher nach § 494 Abs. 2 BGB nicht den vereinbarten, sondern nur den gesetzlichen Zinssatz in Höhe von 4 % (§ 246 BGB). Weitere, recht komplizierte und verschachtelte Sonderregelungen finden sich zum Zahlungsaufschub (§§ 499 ff. BGB) und zu Ratenlieferungsverträgen (§ 505 BGB).

20.2 Der Leasingvertrag

Ein Leasingvertrag liegt vor, wenn der Leasinggeber dem Leasingnehmer eine Sache oder Sachgesamtheit gegen Zahlung von Leasingraten zum vorübergehenden Gebrauch überlässt. Die Besonderheit des Leasingvertrags gegenüber einem Mietvertrag besteht darin, dass der Leasingnehmer die Gefahr und Haftung für Instandhaltung, Mängel, Untergang und Beschädigung der Sache trägt. Als Ausgleich tritt der Leasinggeber seine Ansprüche wegen Mängeln der Leasingsache gemäß §§ 434 ff. BGB, die ihm aus dem Kaufvertrag gegen den Lieferanten zustehen, gemäß § 398 BGB an den Leasingnehmer ab. Diese Vertragsgestaltung hält nach der Rechtsprechung des BGH einer AGB-Kontrolle stand, wenn der Ausschluss der eigenen Gewährleistung durch den Leasinggeber durch eine vorbehaltlose Abtretung aller ihm gegen den Verkäufer zustehenden Ansprüche einen hinreichenden Ausgleich findet[2].

Beispiel

Leasingobjekt ist ein Reisebus, Leasinggeberin ist die L-GmbH, die den Bus beim Hersteller H gekauft hat, Leasingnehmer ist Busunternehmer B. Nach dem Leasingvertrag trägt B – wie ein Eigentümer – das Risiko, dass der Bus beschädigt wird. Außerdem ist er zur Instandhaltung verpflichtet. Ansprüche des B gegen die L-GmbH wegen Mängeln des Leasingobjektes werden ausgeschlossen. An deren Stelle tritt die L-GmbH vorbehaltlos sämtliche Ansprüche aus § 437 BGB wegen Mängeln des Busses gegen den Hersteller an B ab. Im Falle eines Mangels kann B sich direkt an H wenden und die kaufrechtlichen Ansprüche nach § 437 BGB geltend machen[3].

---

2 BGH NJW-RR 2003, S. 51, 52.
3 Vgl. S. 226 ff.

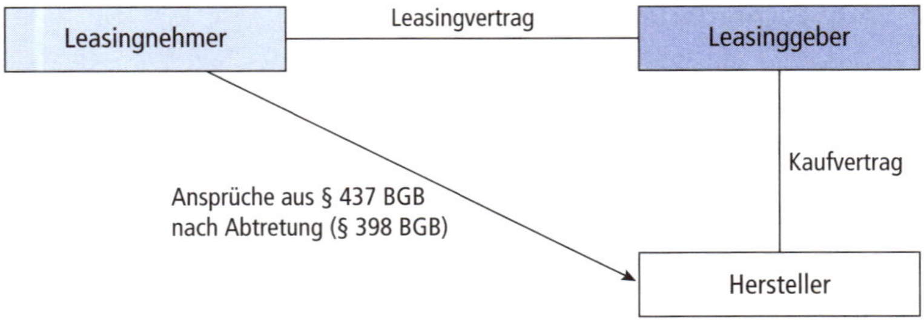

Abbildung 20.1: Leasingvertrag

Durch diese Regelungen unterscheidet sich der Leasingvertrag vom Mietvertrag, bei dem die Risiken der Beschädigung und des Untergangs der Sache vom Vermieter zu tragen sind, der lediglich in bestimmtem Umfang die Schönheitsreparaturen[4] und – bei der Geschäftsraummiete – bestimmte Instandsetzungsarbeiten auf den Mieter übertragen kann.

Leasingverträge werden in der Regel auf *bestimmte Zeit* geschlossen, die sich aus steuerlichen Gründen an der voraussichtlichen Nutzungsdauer des Objekts orientiert. Sie können, müssen aber keine *Kaufoption* zugunsten des Leasingnehmers enthalten[5]. Welche Art von Leasing vorliegt und wie das Rechtsverhältnis ausgestaltet ist, richtet sich – mangels gesetzlicher Regelungen – allein nach dem Leasingvertrag. Hierbei handelt es sich um Formularverträge, die in aller Regel vom Leasinggeber erstellt werden und deshalb zugunsten des Leasingnehmers der Inhaltskontrolle nach den §§ 307 bis 309 BGB bzw. bei Verwendung gegenüber einem Unternehmer ausschließlich nach § 307 BGB unterliegen[6].

Bei den Leasingverträgen wird unterschieden zwischen dem

- Finanzierungsleasing (lange, feste Laufzeit, oft mit Kaufoption, Beispiele: DV-Anlage, Pkw),
- Operatingleasing (kurze Laufzeit oder Kündigungsmöglichkeit, Beispiel: Maschine, die nur vorübergehend benötigt wird),
- Immobilienleasing (besondere Form des Finanzierungsleasings mit langer Vertragsdauer bis zu 30 Jahren, Beispiel: Bürogebäude),
- Herstellerleasing (der Hersteller ist zugleich der Leasinggeber, Beispiel: hochwertige Industriegüter),
- Sale-and-lease-back (Leasingnehmer veräußert das Gut an den Leasinggeber, um es von diesem zu leasen: Beispiel: Fuhrpark) und
- Personalleasing (Überlassung von Personal).

4 Vgl. S. 346 ff.
5 Zur Option vgl. 99.
6 Vgl. S. 79 ff.

Praxistipp

Die Auswahl zwischen den verschiedenen Gestaltungsmöglichkeiten wird in erster Linie durch betriebswirtschaftliche und steuerliche Aspekte bestimmt. Was aus steuerlicher Sicht zu beachten ist, ergibt sich unter anderem aus Leasingerlassen des Bundesfinanzministeriums[7].

20.3 Der Factoringvertrag

Factoring bedeutet den Kauf und die Abtretung von Forderungen. Dabei wird zwischen dem echten und dem unechten Factoring unterschieden.

Beim **unechten Factoring** behält das übertragende Unternehmen das Risiko der Durchsetzbarkeit der Forderung. Scheitert die Durchsetzung, ist der bereits gezahlte Kaufpreis gegen Rückabtretung der Forderung zurückzuzahlen. Die (zunächst nur vorläufige) Gutschrift wird rechtlich als **Kreditgeschäft** bewertet. Die Abtretung der Forderung erfolgt zur Sicherung des Kredits und zugleich erfüllungshalber[8].

Beispiel

Die A-GmbH tritt alle Forderungen gegen Kunden, deren Name/Firma mit den Buchstaben A bis L beginnt, gegen sofortige Zahlung in Höhe von 90 % des Nominalbetrags der Forderungen an die F-AG ab. Für den Fall, dass eine Realisierung der Forderungen durch die F-AG scheitert, wird eine Rückabtretung der Forderungen gegen Rückzahlung des Kaufpreises vereinbart.

Beim **echten Factoring** kauft ein Factoringunternehmen (Factor) eine einzige, bestimmte oder alle Forderungen eines Unternehmens gegen dessen Schuldner (Rechtskauf: § 453 BGB). Zur Erfüllung des Kaufvertrags werden diese Forderungen nach § 398 BGB vom bisherigen Inhaber (Verkäufer) an den Factor (Käufer) abgetreten[9]. Die Forderungen „gehören" damit dem Factor, er ist deren Inhaber. Es findet also ein Gläubigerwechsel statt.

Der Factor ist als Inhaber der Forderung berechtigt, diese im eigenen Namen einzufordern. Er kann den Schuldner mahnen, einen gerichtlichen Mahnbescheid beantragen oder Klage auf Zahlung erheben. Das Risiko, ob die Forderungen werthaltig und durchsetzbar sind, trägt der Factor. Deswegen werden die Forderungen vor dem Kauf bewertet und nach jeweiligem Risiko zum Teil deutliche Abschläge auf den Kaufpreis vorgenommen. Weitere Abschläge fallen an, wenn die Forderungen noch nicht fällig sind und deshalb abgezinst (diskontiert) werden. Der Kaufpreis liegt also mehr oder weniger deutlich unter dem Nominalwert der Forderung.

---

7 Bundesminister der Finanzen, BMF-Schreiben vom 22.12.1975, IV B/2 – S 2170 – 161/75; Bundesminister der Finanzen, BMF-Schreiben vom 19.04.1971, IV B/2 – S 2170 – 31/71.

8 Palandt/Grüneberg, Bürgerliches Gesetzbuch, § 398 Rn. 40.

9 Zur Abtretung und zu Abtretungsverboten vgl. S. 164 ff.

Die Vorteile des Factorings für das verkaufende Unternehmen liegen darin, dass ihm sofort Liquidität zufließt und dass das Risiko eines Forderungsausfalls nicht mehr besteht. Wenn alle Forderungen abgetreten werden, kann überdies auf eine eigene Mahn- und Vollstreckungsabteilung verzichtet werden. Dafür sind aber die genannten Abschläge hinzunehmen. Das Factoringunternehmen kalkuliert damit, die mit Abschlägen gekaufte Forderung in möglichst großem Umfang durchsetzen zu können.

20.4 Der Franchisevertrag

Durch den Franchisevertrag räumt ein Unternehmer (Franchisegeber) einem anderen Unternehmer (Franchisenehmer) das Recht ein, gegen Zahlung einer laufenden Franchisegebühr bestimmte Waren oder Dienstleistungen unter Nutzung der Marke, der Geschäftsform, der Vertriebsmethoden und des Know-how des Franchisegebers zu vertreiben. Beide Vertragspartner sind selbstständige Unternehmer, die im eigenen Namen und auf eigene Rechnung handeln. Die Bindung der Franchisenehmer an die Vorgaben des Franchisegebers kann gleichwohl sehr erheblich sein. Diese reichen von der Qualität der Ware und ihrer Zubereitung bis hin zur Gestaltung der Geschäftsräume und zur Kleidung des Personals. Die Abgrenzung zu anderen Absatzmittlern, wie etwa den im Automobilbereich bekannten Vertragshändlern, kann im Einzelfall schwierig sein. Ein bekanntes Beispiel für einen Franchisevertrag bilden die McDonalds-Restaurants. Der Bundesgerichtshof hatte darüber zu befinden, ob McDonalds zur Kündigung des Vertrags berechtigt war, weil der Franchisenehmer Speisen mit einer anderen als der vorgegebenen Grilltemperatur zubereitet hatte. Die von McDonalds ausgesprochene Kündigung scheiterte daran, dass sie erst mehrere Monate nach dem gerügten Verstoß erklärt worden war[10].

In der Praxis muss der Franchisevertrag von ähnlichen Verträgen abgegrenzt werden, und zwar vom Vertragshändler- bzw. Eigenhändlervertrag, vom Lizenzvertrag, vom Agenturvertrag des Handelsvertreters und von der Mitgliedschaft in einer Einkaufsvereinigung oder Genossenschaft[11].

20.5 Der Lizenzvertrag

20.5.1 Begriff

Nach einer engen Definition wird durch den im BGB nicht geregelten Lizenzvertrag ein gewerbliches Schutzrecht (Patent, Gebrauchsmuster) einem anderen zur Nutzung überlassen. Zum Teil wird der Begriff aber auch weiter verstanden und umfasst als Vertragsgegenstand auch Urheberrechte und andere – rechtlich nicht geschützte – unkörperliche Gegenstände wie etwa Informationen, Geschäftsideen oder ein sonstiges Know-how.

---

10 BGH NJW 1985, S. 1894, 1895.

11 Vgl. Palandt/Weidenkaff, Bürgerliches Gesetzbuch, Einführung vor § 581 Rn. 24 m. w. Nachw.

Beispiele

- E hat ein neues Produktionsverfahren zur Speicherung von Strom entwickelt und sich patentrechtlich schützen lassen, sodass E ein *ausschließliches Nutzungsrecht* hat. E räumt dem Energieversorger A das Recht ein, das Verfahren für zehn Jahre anzuwenden.
- E hat ein Konzept für eine „ultimative Unterhaltungsshow mit hammerharten Supereffekten" entwickelt. Dieses Konzept überlässt er gegen eine hohe Vergütung exklusiv dem „Quotensender" Nat pro 2.

20.5.2 Rechtsnatur

Hinter dem schillernden Ausdruck „Lizenzvertrag" kann sich im Einzelfall ein ganz gewöhnlicher BGB-Vertrag verbergen, etwa ein Kaufvertrag über ein Recht. Dies gilt zum Beispiel, wenn ein Recht auf Dauer und exklusiv übertragen wird. Ein Indiz für das Vorliegen eines Kaufvertrags in Form eines Rechtskaufs kann sein, dass der Lizenznehmer (besser: der Käufer) das Recht auch an Dritte weiter übertragen darf. Von einem Lizenzvertrag wird dagegen eher gesprochen, wenn die Übertragung auf Zeit erfolgt. Je nach Ausgestaltung im Einzelfall kann dieser Vertrag ein Pachtvertrag oder ein gemischter Vertrag sein, der Elemente verschiedener Vertragstypen enthält. Die vorgenannten Verträge erfordern in besonderer Weise eine fachkundige Beratung, weil nicht auf einen im BGB ausdifferenziert geregelten Vertrag zurückgegriffen werden kann. Hier sollte man sich an einen spezialisierten Wirtschaftsanwalt wenden, um einen sachgerechten Vertrag zu schließen.

4. Teil

Gesetzliche Schuldverhältnisse

Gliederung des 4. Teils

Kapitel 21
Überblick zu den gesetzlichen Schuldverhältnissen

Lernziele dieses Kapitels

Was kommt in diesem Kapitel auf Sie zu? Bisher haben Sie vertragliche und vorvertragliche Schuldverhältnisse kennengelernt. Daneben gibt es als dritte Gruppe die gesetzlichen Schuldverhältnisse. Im Wege eines Exkurses ist in Gestalt der Produkthaftung (Produzentenhaftung) bereits ein gesetzliches Schuldverhältnis behandelt worden[1]. Bedeutsam sind daneben vor allen Dingen die Vorschriften des Deliktsrechts (§§ 823 ff. BGB), die mehrere Anspruchsgrundlagen für einen Schadensersatzanspruch enthalten. Eine zweite große Fallgruppe der gesetzlichen Schuldverhältnisse betrifft Ansprüche aus ungerechtfertigter Bereicherung (§§ 812 ff. BGB). Bevor in den nachfolgenden Kapiteln Einzelheiten vermittelt werden, lernen Sie vorab die Grundlagen dieser beiden wichtigen Rechtsgebiete kennen.

Wenn ein Schuldverhältnis vorliegt, ist der Gläubiger nach § 241 Abs. 1 BGB berechtigt, von dem Schuldner eine Leistung zu fordern. Die Leistung kann auch in einem Unterlassen bestehen. Anders formuliert:

Merke

Ein Schuldverhältnis liegt vor, wenn eine Person – der „Schuldner" – einer anderen Person – dem „Gläubiger" – etwas schuldet. Dabei sind vertragliche (rechtsgeschäftliche), vorvertragliche und gesetzliche Schuldverhältnisse zu unterscheiden.

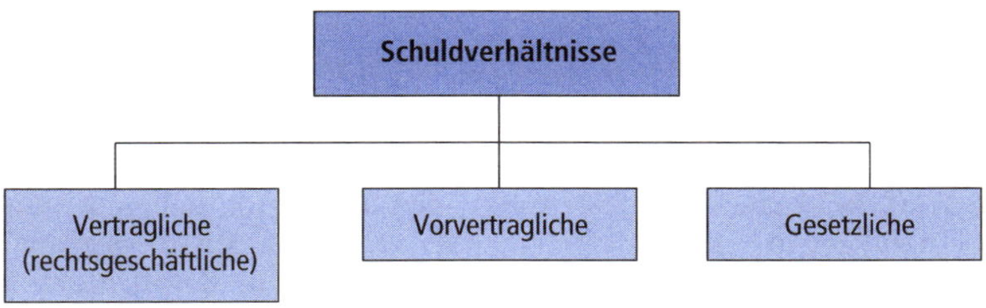

Abbildung 21.1: Schuldverhältnisse

Zur Wiederholung und Vertiefung

Die **vertraglichen** Schuldverhältnisse beruhen darauf, dass die Parteien einen Vertrag geschlossen haben (§ 311 Abs. 1 BGB). Dies können gegenseitige Verträge

---

1 Kap. 15, S. 285 ff.

(besser „gegenseitig *verpflichtende* Verträge") sein wie Kaufverträge (§433 BGB), Mietverträge (§535 BGB), Dienstverträge (§611 BGB) und Werkverträge (§631 BGB) oder die im vorhergehenden Kapitel behandelten, im BGB nicht geregelten Verträge (Leasing-, Factoring-, Lizenz- und Franchiseverträge). Bei anderen Verträgen verpflichtet sich nur *eine* Partei zu einer Hauptleistung, wie beim Schenkungsvertrag (§516 BGB), beim Leihvertrag (§598 BGB) und beim Auftrag (§662 BGB). Diese Verträge sind einseitige (besser *einseitig* verpflichtende) Verträge.

Ein **vorvertragliches Schuldverhältnis** kommt unter den in §311 Abs.2 BGB aufgeführten Voraussetzungen zustande, etwa durch die Aufnahme von Vertragsverhandlungen oder die Anbahnung eines sonstigen geschäftlichen Kontakts. Hier bestehen noch keine Leistungspflichten nach §241 Abs.1 BGB, aber bereits Pflichten zur **Rücksichtnahme** auf die Interessen des anderen Beteiligten nach **§241 Abs.2 BGB**[2].

Ein **gesetzliches Schuldverhältnis** kommt dadurch zustande, dass die im Gesetz genannten Tatbestandsvoraussetzungen erfüllt sind. Es entsteht ohne und auch gegen den Willen der Parteien allein deshalb, weil „das Gesetz es will". Bei den gesetzlichen Schuldverhältnissen sind folgende Arten zu unterscheiden:

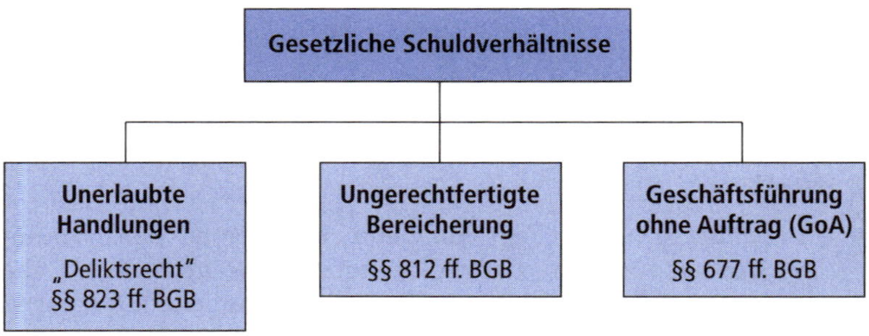

Abbildung 21.2: Gesetzliche Schuldverhältnisse

Diese Schuldverhältnisse erfüllen ganz unterschiedliche Funktionen:

Recht der unerlaubten Handlungen (Deliktsrecht)

Die **§§823ff. BGB,** die eine große praktische Bedeutung haben, bestimmen, wann jemand gegen einen anderen einen Anspruch auf Schadensersatz hat. In den §§823–853 BGB finden sich zahlreiche **Anspruchsgrundlagen,** die als *Rechtsfolge* jeweils die Verpflichtung des Schädigers zur Leistung von *Schadensersatz* aussprechen. Zu nennen sind insbesondere §823 Abs.1 BGB, §823 Abs.2 BGB i.V.m. einem Schutzgesetz[3], §826 BGB (vorsätzliche sittenwidrige Schädigung) und §831 BGB (Haftung für den Verrichtungsgehilfen). Auszugleichen ist in allen Fällen der entstandene Schaden, also eine Vermögenseinbuße.

---

2 Vgl zu Einzelheiten S.148ff.

3 Zum Beispiel aus dem Strafgesetzbuch: Körperverletzung, Diebstahl, Unterschlagung, Betrug.

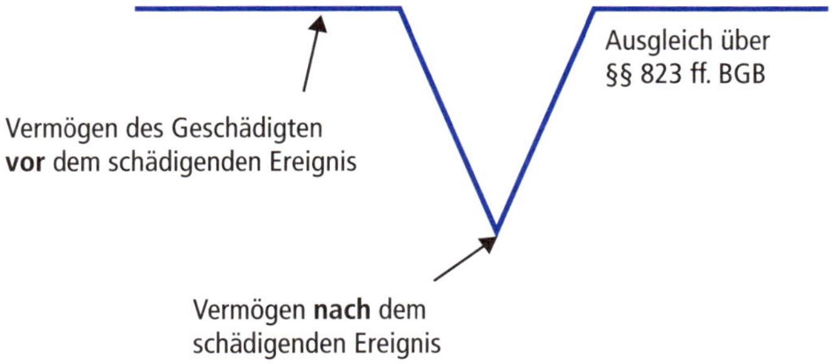

Abbildung 21.3: Funktion der §§ 823 ff. BGB

Recht der ungerechtfertigten Bereicherung

Die **§§ 812 ff. BGB** sollen keine Vermögens*einbußen* (Schäden) ausgleichen, sondern Vermögens*zuwächse*, für die es keinen rechtlichen Grund gibt, zum Beispiel dasjenige, was jemand aufgrund eines unwirksamen Vertrags erlangt hat.

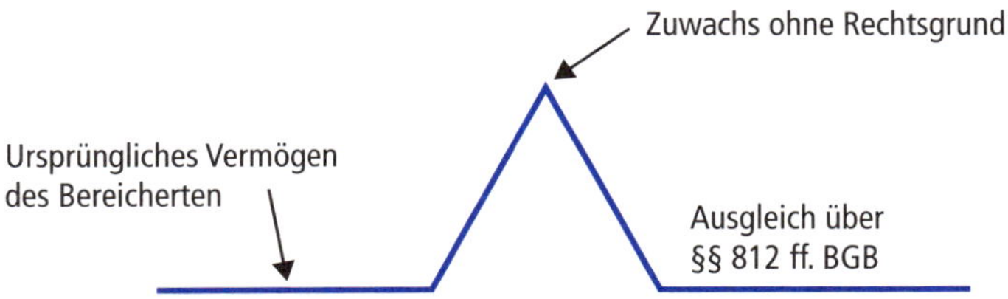

Abbildung 21.4: Funktion der §§ 812 ff. BGB

Geschäftsführung ohne Auftrag

Die Vorschriften zur **Geschäftsführung ohne Auftrag (GoA), §§ 677 ff. BGB** regeln, welche Rechte und Pflichten bestehen, wenn jemand für einen anderen ein „Geschäft führt" (gemeint ist eine Tätigkeit ausübt), ohne dazu beauftragt zu sein. Der Hauptanwendungsfall der §§ 677 ff. BGB bestand bis vor wenigen Jahren darin, dass mit ihrer Hilfe im Falle von Abmahnungen bei Verstößen gegen das Wettbewerbsrecht ein **Aufwendungsersatzanspruch für die durch die Abmahnung entstandenen Kosten** gewährt wurde. Nachdem dieser Anspruch seit 2004 in § 12 Abs. 1 S. 2 UWG gesetzlich geregelt ist, kommt den §§ 677 ff. BGB in der Praxis keine große Bedeutung mehr zu. Auf eine nähere Darstellung dieser Vorschriften wird deshalb verzichtet.

Kapitel 22
Recht der unerlaubten Handlungen

Lernziele dieses Kapitels
Was kommt in diesem Kapitel auf Sie zu? Wie schnell kann das passieren: Nur ganz kurz nicht richtig aufgepasst, und schon hat man einen anderen verletzt oder eine fremde Sache beschädigt oder man wird als Geschädigter in einen Unfall verwickelt. Von wem und unter welchen Voraussetzungen kann Schadensersatz verlangt werden? Besteht ein Anspruch gegen den „reichen" Chef, wenn dessen „armer" Mitarbeiter den Schaden verursacht hat? Diese und weitere Fragen werden im folgenden Kapitel behandelt.

22.1 Grundlagen

Nach dem in den §§ 823–853 BGB enthaltenen Recht der unerlaubten Handlungen, dem **„Deliktsrecht"**, bestimmt sich, wann eine geschädigte Person vom Schädiger Schadensersatz verlangen kann. Die Vorschriften regeln dabei – mit Ausnahme der §§ 842 ff. BGB – nur, **ob ein Schadensersatzanspruch** besteht, nicht aber, wie und in welcher Höhe der Schaden auszugleichen ist. Art, Inhalt und Umfang des Anspruchs ergeben sich für bestimmte Sonderfälle aus §§ 842 ff. BGB, im Übrigen aus §§ 249 ff. BGB.

Beispiel

Auf einer Landstraße kommt es zu einem Unfall, weil Autofahrer A 1 beim Überholen „seine doppelte Rückschaupflicht" (vor dem Setzen des „Blinkers" und noch einmal vor dem Fahrbahnwechsel) nicht beachtet und deshalb das Fahrzeug des von hinten kommenden A 2 übersieht. A 2 wird bei dem Zusammenstoß der Fahrzeuge erheblich verletzt, sein Fahrzeug stark beschädigt.

Die Frage, **ob** A 2 von A 1 Schadensersatz verlangen kann, regeln die §§ 823 ff. BGB (und daneben § 7 Abs. 1, § 18 Abs. 1 StVG – Straßenverkehrsgesetz).

Wie der Schadensersatz zu leisten ist und **in welcher Höhe** ein Anspruch besteht, ergibt sich für bestimmte Schäden aus den §§ 842 ff. BGB, im Übrigen aus den §§ 249 ff. BGB.

Merke

Die §§ 823 ff. BGB regeln **das „Ob"** des Schadensersatzanspruchs, die §§ 842 ff. BGB und die §§ 249 ff. BGB regeln **das „Wie"** und **die „Höhe"** des Anspruchs.

Neben den §§823 ff. BGB gibt es eine Reihe weiterer Anspruchsgrundlagen für einen Anspruch auf Schadensersatz, also für **das „Ob“:**

- §179 Abs. 1 BGB: Vertreter ohne Vertretungsmacht[1],
- §280 Abs. 1 BGB: Pflichtverletzung aus dem Schuldverhältnis[2],
- §§280 Abs. 1, Abs. 2, 286 BGB: Ersatz des Verzugsschadens[3],
- §§280 Abs. 1, Abs. 3, 281 Abs. 1 BGB: Schadensersatz bei Nichtleistung oder Schlechtleistung[4],
- §1 ProdHaftG[5].

Für alle genannten Anspruchsgrundlagen gelten für das „Wie“ und für die Höhe des Schadensersatzanspruchs die §§249 ff. BGB.

22.2 Haftung aus §823 Abs. 1 BGB

Klausurtipp

Die Prüfung des §823 Abs. 1 BGB leidet oft darunter, dass ein falscher, ganz eng am Aufbau der Vorschrift angelehnter Aufbau gewählt wird. Eine sinnvolle Prüfung ist aber nur möglich, wenn man sich *nicht* am Aufbau der Vorschrift orientiert (obwohl dies in Klausuren immer wieder, allerdings ohne Erfolg, versucht wird!). §823 Abs. 1 BGB beginnt wie folgt *„Wer vorsätzlich oder fahrlässig das Leben, den Körper, … verletzt“*. Wenn nun die Prüfung damit beginnt, dass jemand *„vorsätzlich oder fahrlässig“* ist gar nicht klar, worauf sich der Vorsatz oder die Fahrlässigkeit beziehen soll. Deshalb ist es erforderlich, zu Beginn klarzustellen, **welche** konkrete **Handlung** untersucht werden soll. Man sollte sich verdeutlichen, um was es geht: Es geht um einen Anspruch auf Schadensersatz, weil eine Person einer anderen Person durch ihr Handeln einen Schaden zugefügt hat. Deswegen ist es sinnvoll, mit der **Handlung** zu beginnen, durch die es zu einer **Verletzung** der in der Vorschrift geschützten Rechtsgüter oder Rechte gekommen ist, die wiederum die Ursache für den **Schaden** bilden muss.

Merke

Der grobe Aufbau einer Prüfung des §823 Abs. 1 BGB lautet deshalb wie folgt:

1. **Handlung**: A fährt mit dem Auto F an.
2. **Durch** die Handlung tritt eine **Rechtsgutverletzung** ein: F erleidet infolge der Handlung des A eine Körperverletzung.

[1] Vgl. S. 118 ff.
[2] Vgl. S. 187 ff.
[3] Vgl. S. 209 ff.
[4] Vgl. S. 213 ff.
[5] Vgl. S. 290 ff.

3. **Durch** die Rechtsgutverletzung kommt es zu einem **Schaden:** F muss ins Krankenhaus und erleidet einen Verdienstausfall in Höhe von 5.000,– €.

   Also: Handlung ⇒ daraus Verletzung ⇒ daraus Schaden.

Zu diesem noch unvollständigen „Prüfungsgerüst" kommt hinzu, dass die Verletzung des Rechtsguts oder Rechts **widerrechtlich** ist und dass den Schädiger ein **Verschulden** trifft. Schließlich muss in zweifacher Weise eine Ursächlichkeit vorliegen. Die Juristen wählen dafür in der Regel den Begriff der **„Kausalität".** Diese weiteren Merkmale sind wie folgt in den Aufbau zu integrieren:

Merke

P1: Handlung,

P2: durch die Handlung kausale Verletzung eines durch § 823 Abs. 1 BGB geschützten Rechtsguts oder Rechts,

P3: Widerrechtlichkeit der Verletzung,

P4: Vorsatz oder Fahrlässigkeit (Verschulden),

P5: durch die Rechts- oder Rechtsgutverletzung kausale Verursachung eines Schadens.

Es besteht auch die Möglichkeit eines „gestreckten" Aufbaus, in dem die beiden Voraussetzungen der Kausalität jeweils einen selbstständigen Prüfungspunkt bilden. Dann ergibt sich folgende Prüfungsreihenfolge:

Merke

- **P1:** Handlung,
- **P2:** Verletzung eines durch § 823 Abs. 1 BGB geschützten Rechtsguts oder Rechts,
- **P3:** Kausalität zwischen der Handlung und der Verletzung, d. h., die Verletzung muss adäquat kausal auf der Handlung beruhen,
- **P4:** Widerrechtlichkeit der Verletzung,
- **P5:** Vorsatz oder Fahrlässigkeit (Verschulden),
- **P6:** Eintritt eines Schadens,
- **P7:** adäquate Kausalität zwischen der Verletzung und dem eingetretenen Schaden.

Ob der kürzere (fünf Prüfungspunkte) oder der längere Aufbau (sieben Prüfungspunkte) gewählt wird, ist ohne Bedeutung. Wichtig ist nur, dass **alle** Tatbestandsvoraussetzungen einschließlich der zweifachen Kausalität in dieser Reihenfolge geprüft werden. Die Darstellung auf den nächsten Seiten geht vom 7-Punkte-Aufbau aus.

22.2.1 Verletzungshandlung

Merke

Die für § 823 Abs. 1 BGB erforderliche Verletzungshandlung kann in einem aktiven Verhalten (die Juristen sprechen von einem „positiven Tun") oder in einem pflichtwidrigen Unterlassen bestehen.

Abgrenzung zwischen positivem Tun und Unterlassen

Die Abgrenzung zwischen einem positiven Tun und einem Unterlassen kann im Einzelfall schwierig sein, hat aber durchaus praktische Bedeutung, weil ein Unterlassen nur dann den Tatbestand des § 823 Abs. 1 BGB erfüllt, wenn es **pflichtwidrig** ist. Für die Abgrenzung kommt es darauf an, ob der **Schwerpunkt der Vorwerfbarkeit** in einem Tun oder in einem Unterlassen besteht.

Beispiele

- P produziert eine Maschine, durch deren Gebrauch zahlreiche Konsumenten zu Schaden kommen. Ursächlich ist, dass die Maschine einige scharfe Kanten enthält, die bei der Endkontrolle nicht aufgefallen waren. P könnte vorzuwerfen sein, eine sorgfältige Endkontrolle **unterlassen** zu haben. Ihn könnte aber auch der Vorwurf treffen, eine gefährliche Maschine in den Verkehr gebracht zu haben (positives Tun). Der Schwerpunkt der Vorwerfbarkeit dürfte darin liegen, dass P eine gefährliche Maschine in Verkehr gebracht hat. Also liegt ein positives Tun vor.
- G betreibt eine Gaststätte. Auf dem Weg zu den Toiletten befindet sich eine Stufe, die infolge der gedämpften Beleuchtung immer wieder von Gästen übersehen wird. Gast A kommt deshalb zu Fall und verletzt sich erheblich. G ist nicht vorzuwerfen, dass er eine Gaststätte betreibt, sondern dass er es **unterlassen** hat, den Weg zur Toilette ausreichend zu beleuchten oder in anderer Weise auf die Stufe aufmerksam zu machen. Also liegt ein Unterlassen vor.

Pflichtwidrigkeit des Unterlassens

Ein Unterlassen erfüllt nur dann den Tatbestand des § 823 Abs. 1 BGB, wenn eine **Pflicht zum Tätigwerden,** also zum Handeln bestand. Die Pflicht kann sich aus dem Gesetz, einer konkreten Lebensbeziehung (insbesondere innerhalb der Familie) oder aus einem vorangegangenen Tun ergeben.

Beispiele

- F stürzt an einem Montag um 7.17 Uhr auf dem Gehweg, weil der Eigentümer des Hauses, vor dem sich der Gehweg befindet, diesen nicht von Eis und Schnee geräumt hat, obwohl nach der Satzung der Gemeinde die Reinigung an Werktagen bis 7.00 Uhr morgens zu erfolgen hat. Hier liegt ein pflichtwidriges Unterlassen vor. Die Pflicht zum Tätigwerden folgt aus der Satzung der Gemeinde.

- F 1 sieht auf dem Gehweg eine Bananenschale liegen, hebt diese aber nicht auf. F 2 rutscht auf der Schale aus und bricht sich ein Bein. Hier hat F 1 es zwar unterlassen, die Schale aufzuheben. Dieses Unterlassen war jedoch nicht pflichtwidrig, weil es keine Vorschrift gibt, die den „normalen" Fußgänger verpflichtet, Gefahren auf dem Gehweg zu beseitigen. Tun sollte man es trotzdem!

Ganz allgemein gilt der Grundsatz, dass jeder, der eine **Gefahrenquelle** schafft oder unterhält, verpflichtet ist, alle zumutbaren Maßnahmen zu ergreifen, damit mögliche Gefahren nicht eintreten. Insoweit trifft ihn eine **Verkehrssicherungspflicht.**

Gefahrenquellen können bestehen bei Gebäuden (herunterfallende Dachpfannen bei Sturm), bei Bäumen (abknickende Äste, Glätte infolge von Laub), in Badeanstalten (fehlende Hinweise auf die Wassertiefe), bei Baustellen (unzureichende Sicherung), bei Maschinen (fehlende Schutzgitter, scharfe Kanten), bei Schrottplätzen (als Anziehungspunkt für Kinder), in Fußballstadien (Überfüllung, unzureichende Fluchtwege, keine Trennung der „Fans"), bei Schleppliften (völlig vereiste Spur) usw. In allen Fällen ist derjenige, der die Gefahrenquelle geschaffen hat oder unterhält, verpflichtet, alles für die Gefahrenabwehr Zumutbare zu tun. Kommt er dieser Pflicht nicht nach, liegt ein **pflichtwidriges Unterlassen** vor. Ein schuldhafter Verstoß gegen die **Verkehrssicherungspflicht** begründet einen Schadensersatzanspruch.

Beispiel

W betreibt an der Nordseeküste einen Wasserskilift. Urlauberin U kommt auf der Anlage zu Fall und schlägt mit dem Rücken auf einen 40 cm unterhalb der Wasseroberfläche befindlichen Eisenträger auf, der von einer früheren Anlage stammt. U erleidet eine Querschnittslähmung. Hier hätte W als Betreiber der Anlage für die vollständige Entfernung des Eisenträgers sorgen müssen. Er hat gegen die ihm obliegende Verkehrssicherungspflicht verstoßen.

22.2.2 Rechtsgutverletzung bzw. Rechtsverletzung

Merke

Aus der Verletzungshandlung muss eine Verletzung eines der in § 823 Abs. 1 BGB geschützten Rechtsgüter (Leben, Körper, Gesundheit, Freiheit) oder Rechte (Eigentum, „sonstiges Recht") resultieren.

Leben, Körper und Gesundheit

Verletzung des **Lebens** bedeutet, dass jemand durch die Verletzungshandlung stirbt. Anspruchsberechtigt sind die Hinterbliebenen. Nach §§ 823 Abs. 1, 844 Abs. 1 BGB hat der Schädiger die Beerdigungskosten zu ersetzen. §§ 823 Abs. 1, 844 Abs. 2 BGB regeln Ansprüche unterhaltsberechtigter Personen, insbesondere des Ehegatten und der Kinder des Verstorbenen.

Die Rechtsgüter **Körper** und **Gesundheit** müssen nicht konkret voneinander abgegrenzt werden, da die Rechtsfolgen im Falle einer Verletzung identisch sind. Oft sagt man, dass die Körperverletzung **äußere Eingriffe** erfasst, während die Gesundheitsbeeinträchtigung sich auf **innere Vorgänge** bezieht. Ein Armbruch wäre danach als Körperverletzung zu bewerten; ein Nervenzusammenbruch oder die Infizierung mit dem HI-Virus stellen – auch wenn die Aidskrankheit noch nicht zum Ausbruch gekommen ist – zwei Arten der Verletzung der Gesundheit dar[6].

Freiheit

Eine Verletzung der Freiheit ist gegeben, wenn die körperliche Bewegungsfreiheit entzogen wird, etwa durch Einschließen in einem Raum oder Fesselung an ein Gitter. Nicht geschützt wird hingegen die allgemeine Handlungsfreiheit[7], die zum Beispiel durch einen Stau auf der Autobahn beeinträchtigt wird.

Eigentum

Die Verletzung des Eigentumsrechts umfasst die Zerstörung, Beschädigung, Verunstaltung oder die Entziehung einer Sache. Dabei muss es nicht notwendig zu einer Substanzverletzung kommen.

Beispiele

- D stiehlt E ein defektes Fahrrad, bringt es in Ordnung und benutzt es selbst. Obwohl das Fahrrad an Wert gewonnen hat, also keinesfalls beschädigt oder gar zerstört wurde, liegt eine Verletzung des Eigentumsrechts des E vor, weil ihm die Nutzungsmöglichkeit entzogen wurde.
- Mieter M verkauft ein gemietetes Fahrrad und übereignet es wirksam an den gutgläubigen G (§§ 929, 932 BGB), sodass der bisherige Eigentümer sein Eigentum verliert[8].

Sonstige Rechte

Neben den vier ausdrücklich genannten Rechtsgütern (Leben, Körper, Gesundheit, Freiheit) und dem Eigentumsrecht schützt § 823 Abs. 1 BGB die „sonstigen Rechte“, allerdings ohne näher zu bestimmen, welche Rechte unter diesen Begriff fallen.

Grundlagen Es besteht Einigkeit, dass der Begriff der „sonstigen Rechte“ eingeschränkt zu interpretieren ist. Es muss sich um Rechte handeln, die ähnlich „stark“ sind wie das Eigentumsrecht an Sachen und die wesensmäßig den Rechtsgütern Leben, Körper, Gesundheit und Freiheit entsprechen.

---

[6] BGH NJW 1991, S. 1948, 1949.
[7] Palandt/Sprau, Bürgerliches Gesetzbuch, § 823 Rn. 6.
[8] Zum gutgläubigen Erwerb vgl. S. 456 ff.

Merke

„Sonstige Rechte" im Sinne des §823 Abs. 1 BGB sind Rechte, die denselben rechtlichen Charakter wie das Eigentum haben und die wie Leben, Körper, Gesundheit und Freiheit von jedermann zu beachten sind. Man spricht insoweit von **ausschließlichen** (auch absoluten) **Rechten**. Als „sonstige Rechte" sind der Besitz (§854 BGB), das Namensrecht (§12 BGB), das Anwartschaftsrecht[9], die Immaterialgüterrechte (Patentrecht, Markenrecht), das Urheberrecht, das Allgemeine Persönlichkeitsrecht (APR) und das Recht am Unternehmen (RaU) anerkannt.

Beispiele

- Durch den Mietvertrag erhält der Mieter das Recht zur Nutzung der Mietsache und wird deren unmittelbarer Besitzer. Wenn der Vermieter dem Mieter diesen Besitz durch den **Einbau neuer Schlösser** entzieht oder durch das **Abstellen des Stroms** oder der **Heizung** im Besitz stört, ist ein „sonstiges Recht" im Sinne des §823 Abs. 1 BGB verletzt.
- Das Recht am eigenen Namen (§12 BGB) ist ebenfalls ein sonstiges Recht. Das **Namensrecht** hat in Zusammenhang mit domain names im Internet in den letzten Jahren große Bedeutung erlangt. Führt jemand unter Verstoß gegen §12 BGB einen domain name, kann der berechtigte Namensträger Unterlassung und eventuell auch Schadensersatz verlangen[10].

Vermögen

Merke

Das **Vermögen als solches** wird durch §823 Abs. 1 BGB **nicht** geschützt, auch nicht als „sonstiges Recht". Wenn aber aus der Verletzung eines in §823 Abs. 1 BGB aufgeführten Rechtsguts oder Rechts ein Vermögensschaden resultiert, besteht ein Schadensersatzanspruch.

Beispiele

- Anlageberater A verkauft der Rentnerin R, die eine sichere Geldanlage sucht, hochspekulative Anleihen, was zu einem Totalverlust führt.
  Besteht ein Anspruch aus §823 Abs. 1 BGB? Dieser Anspruch besteht nur, wenn ein in 823 Abs. 1 BGB aufgeführtes Rechtsgut oder Recht verletzt worden ist. Das ist hier nicht der Fall, da nur das **Vermögen als solches** betroffen ist. In Betracht kommen aber neben einem vertraglichen Anspruch wegen Falschberatung (§280 Abs. 1 BGB) Ansprüche aus anderen Vorschriften des Deliktsrechts, nämlich aus

---

9 Vgl. S. 519 f.

10 Vgl. BGH NJW 2002, S. 2031, 2034 („Shell.de"), dort allerdings auf markenrechtliche Vorschriften gestützt.

§ 823 Abs. 2 BGB in Verbindung mit einem Schutzgesetz und aus § 826 BGB[11].

- F wird bei einem Autounfall verletzt, muss ins Krankenhaus und erleidet einen Verdienstausfall. Der Verdienstausfall ist ein Vermögensschaden. Da der Schaden aber eine **Folge der Körperverletzung** ist, hat A Anspruch auf Schadensersatz aus § 823 Abs. 1 BGB.
- F gerät auf der A 1 in einen 50 km langen Stau, der durch einen Unfall verursacht worden ist. Infolge des Staus verpasst F einen wichtigen Geschäftstermin und erleidet einen Schaden von 50.000,– €. Besteht ein Anspruch aus § 823 Abs. 1 BGB?

  F hat *keinen* Anspruch aus § 823 Abs. 1 BGB auf Schadensersatz gegen den Unfallverursacher, weil keines der dort genannten Rechtsgüter oder Rechte verletzt ist. Obwohl F sich nicht wie beabsichtigt auf der Autobahn fortbewegen konnte, ist auch das Rechtsgut Freiheit nicht betroffen. Dafür reicht eine Beeinträchtigung der allgemeinen Handlungsfreiheit des F nicht aus. Vielmehr muss die körperliche Bewegungsfreiheit entzogen werden, was bei einem Verkehrsstau nicht der Fall ist. Obwohl F einen Vermögensschaden erlitten hat, steht ihm aus § 823 Abs. 1 BGB also kein Anspruch gegen den Verursacher des Unfalls zu. Anders wäre es, wenn F unmittelbar in den Unfall verwickelt worden wäre und aufgrund der Beschädigung seines Fahrzeuges den Termin verpasst hätte.

Recht am Unternehmen Als sonstiges Recht hat die Rechtsprechung außerdem das „Recht am eingerichteten und ausgeübten Gewerbebetrieb“ entwickelt, das heute oft kürzer und prägnanter als **„Recht am Unternehmen“** (RaU) bezeichnet wird. Durch dieses Recht wird der Schutz des Unternehmers (natürliche Person, Personengesellschaft oder juristische Person) gegen Beeinträchtigungen seiner rechtmäßig ausgeübten unternehmerischen Betätigung gesichert. Hierbei handelt es sich um einen sogenannten „Auffangtatbestand“, durch den eine im Gesetz, insbesondere im gewerblichen Rechtsschutz bestehende Lücke geschlossen werden soll. Das Recht am Unternehmen ist deshalb **subsidiär** (nachrangig). Es kommt nicht zur Anwendung, wenn es für den Sachverhalt eine gesetzliche Vorschrift gibt.

Bei der Prüfung des „Rechts am Unternehmen“ sind folgende Punkte zu beachten:

- Da das Recht am Unternehmen eine **Lücke** im Rechtssystem schließen soll, darf es **keine andere Anspruchsgrundlage** für einen Schadensersatzanspruch geben, etwa eine Verletzung des Eigentums.
- Es muss ein auf Dauer und Gewinnerzielung angelegtes **Unternehmen** bestehen.
- Es muss ein **betriebsbezogener Eingriff** vorliegen.

Durch die Voraussetzung des „betriebsbezogenen Eingriffs“ wird der Anwendungsbereich des Rechts am Unternehmen erheblich eingeschränkt: Für einen Schadensersatzanspruch reicht nicht jede Beeinträchtigung des unternehmeri-

[11] Zu Einzelheiten vgl. die folgenden Ausführungen.

schen Handelns aus, vielmehr muss ein Eingriff vorliegen, der sich **spezifisch und gezielt** gegen den Organismus oder gegen die unternehmerische Entscheidungsfreiheit richtet. Eine nur mittelbare Beeinträchtigung genügt nicht. Einfacher ausgedrückt:

Merke

Ein Eingriff in das Recht am Unternehmen setzt eine direkte und gewollte Beeinträchtigung der unternehmerischen Betätigung voraus. Eine zufällige, nicht beabsichtigte Beeinträchtigung reicht hingegen nicht aus.

Bekannt und beliebt zur Verdeutlichung dieses nicht ganz einfachen Sachverhalts sind die „Bagger-Fälle".

Beispiel

Baggerführer Willibald (W)[12] zerstört bei Ausschachtungsarbeiten für eine neue Straße infolge einer leichten Unachtsamkeit ein Stromkabel. Durch den Stromausfall kommt es in der 2 km entfernten Lebensmittelfabrik des F für mehrere Stunden zu einem Produktionsstillstand: Außerdem verderben infolge fehlender Kühlung wertvolle, F gehörende Rohstoffe. Welche Ansprüche stehen F gegen W zu?

- In Bezug auf die verdorbenen Rohstoffe liegt eine Verletzung des **Eigentums** des F vor, sodass ein Rückgriff auf das Recht am Unternehmen als sonstiges Recht nicht zulässig ist. Hier haftet W aus § 823 Abs. 1 BGB auf Schadensersatz.
- Hinsichtlich des Produktionsausfalls ist das Eigentum des F nicht beeinträchtigt, weil nichts schon Vorhandenes zerstört worden ist. Vielmehr liegt ein allgemeiner Vermögensschaden vor, der unter keines der in § 823 Abs. 1 BGB ausdrücklich bezeichneten Rechtsgüter und Rechte fällt.

  Verletzt sein könnte das Recht am Unternehmen (RaU) als ein sonstiges Recht. Neben den hier erfüllten Voraussetzungen (Vorliegen einer Lücke im Gesetz, Bestehen eines Unternehmens) muss ein **betriebsbezogener Eingriff** vorliegen, also eine direkt gegen das Unternehmen gerichtete Handlung. Das ist hier nicht der Fall: B hat das Kabel nicht mit der Absicht zerstört, die Produktion des F zum Erliegen zu bringen. Deshalb ist bezüglich des Produktionsausfalls kein Anspruch aus § 823 Abs. 1 BGB gegeben. Da andere Anspruchsgrundlagen nicht in Betracht kommen, muss F diesen Teil seines Schadens selbst tragen, sofern er keine Betriebsunterbrechungsversicherung hat.

Dieses Ergebnis mag auf den ersten Blick ungerecht erscheinen, doch ist eine Begrenzung der Haftung aus dem Recht am Unternehmen nicht nur zwingend

[12] Den Älteren bekannt aus dem Lied vom Baggerführer Willibald von Dieter Süverkrüp aus dem Jahr 1970.

geboten, sondern auch sachgerecht, weil anderenfalls schon im Fall leichtester Fahrlässigkeit ein Weg zu unüberschaubaren Schadensersatzansprüchen eröffnet wäre (vgl. den Bagger-Fall!).

Trotz der gerade aufgezeigten hohen Anforderungen gibt es in der Praxis durchaus Fälle, in denen sich aus dem „RaU" Ansprüche ableiten lassen.

Ein **rechtswidriger Streik** löst für die teilnehmenden Arbeitnehmer und für die Gewerkschaft, sofern sie zu dem Streik aufgerufen hat, eine Pflicht zum Schadensersatz aus. Auch wenn ein Streik *rechtmäßig* ist, dürfen Lieferanten, Kunden und arbeitswillige Arbeitnehmer nicht mit Gewalt am Zutritt zum Unternehmen gehindert werden.

Schwierige Abgrenzungsfragen ergeben sich zwischen dem Eingriff in das Recht am Unternehmen und dem Recht der **freien Meinungsäußerung,** zum Beispiel wenn ein **Boykottaufruf** bezüglich bestimmter Unternehmen oder Waren erfolgt.

Beispiel

Im Jahre 1995 setzte Greenpeace den Shell-Konzern massiv unter Druck, weil der Konzern die ausgediente Ölplattform „Brent Spar" in der Nordsee versenken wollte. Nach einem Aufruf von Politikern aller Parteien, zu denen auch die damalige Umweltministerin Angela Merkel gehörte, wurden auch in Deutschland Shell-Tankstellen boykottiert. Shell musste einlenken, die Plattform wurde an Land geschleppt und hier entsorgt.

In dem Boykottaufruf von Frau Merkel und anderen lag ohne Frage ein betriebsbezogener Eingriff, da eine Schädigung der Shell-AG beabsichtigt war, um deren Entscheidungsträger zu einem Umdenken zu veranlassen. Daraus allein folgt aber noch keine Schadensersatzpflicht. Vielmehr muss zusätzlich festgestellt werden, dass der Eingriff **widerrechtlich** ist. Dies hat durch eine umfassende Güter- und Interessenabwägung unter Einbeziehung der Grundrechte der Beteiligten zu geschehen. Die Abwägung kann dazu führen, dass ein Eingriff in das Recht am Unternehmen nicht als rechtswidrig qualifiziert wird. Dies gilt etwa für einen rechtmäßigen Streik und wohl auch im obigen „Shell-Fall", wobei es hier für die Beurteilung auf Art, Ausmaß und Länge der Aktionen ankommt. Zumindest ein zeitlich begrenzter Aufruf zum Boykott dürfte angesichts der geplanten „Entsorgungspraxis" der Shell-AG nicht rechtswidrig gewesen sein. Anders wäre es, wenn Autofahrer mit Gewalt daran gehindert worden wären, Produkte der Shell-AG zu tanken.

Allgemeines Persönlichkeitsrecht (APR) Ebenfalls als „sonstiges Recht" ist das Allgemeine Persönlichkeitsrecht anerkannt, abgeleitet aus Art. 1, 2 Grundgesetz (GG). Es beinhaltet das Recht des Einzelnen auf Achtung seiner individuellen Persönlichkeit durch den Staat, aber auch im privaten Rechtsverkehr. Geschützt werden die **Individualsphäre** (besonders das Selbstbestimmungsrecht), die **Privatsphäre** (Leben im häuslichen Kreis und in der Familie) und die **Intimsphäre** (vertrauliche Briefe, Tagebuchaufzeichnungen, Gesundheitszustand). Die Verletzungshandlung liegt darin, dass in eine dieser Sphären eingegriffen wird. Dies kann insbesondere bei Personen, die in der Öffentlichkeit stehen, tatbestandlich sehr schnell der Fall sein, zum Beispiel durch eine Berichterstattung in Presse, Funk oder Fernsehen, oft ausgelöst im Kampf um Marktanteile und Quoten.

In gleicher Weise wie beim Recht am Unternehmen ist auch beim Allgemeinen Persönlichkeitsrecht bezüglich der Widerrechtlichkeit eine **Abwägung** vorzunehmen, insbesondere zwischen den verschiedenen **Grundrechten** der Beteiligten. Auf der einen Seite steht die Pressefreiheit (Art. 5 Abs. 3 GG – Grundgesetz) oder die Meinungsfreiheit (Art. 5 Abs. 1 GG) des „Täters“, auf der anderen Seite der Schutz des „Opfers“, insbesondere seine Menschenwürde (Art. 1 Abs. 2 GG) und sein Recht auf die freie Entfaltung der Persönlichkeit (Art. 2 Abs. 1 GG).

Für die Beurteilung ist zunächst zu prüfen, in welche der oben genannten Sphären eingegriffen wird:

– Absoluten Schutz genießt die **Intimsphäre.** Über sie darf keine öffentliche Darstellung erfolgen[13].
– Ein Eingriff in die **Privatsphäre** kann gerechtfertigt sein, wenn die wahrheitsgemäße Aufklärung über Vorgänge aus dem privaten Lebensbereich einer Person aus besonderen Gründen für die Allgemeinheit von Bedeutung ist.
– Einen reduzierten Schutz genießt die **Individualsphäre,** insbesondere die Betätigung einer Person im öffentlichen, politischen oder wirtschaftlichen Leben. So müssen sich Politiker scharfe, abwertende Kritiken bis hin zur Polemik gefallen lassen. Dies gilt auch für Künstler (und für Personen, die sich dafür halten) und für Prinzessinnen und andere „Königskinder“. Nach der Rechtsprechung des Bundesverfassungsgerichts ist es zulässig, von Personen, die in der Öffentlichkeit stehen („Personen der Zeitgeschichte“) ohne deren Einwilligung Fotos zu machen und zu verbreiten. Allerdings dürfen diese Fotos nicht heimlich gemacht worden sein (etwa vom Hubschrauber aus) oder die Personen in sehr privaten oder gar intimen Situationen zeigen[14]. Eine weitere, nicht nur seitens der Presse kritisierte Einschränkung hat der Europäische Gerichtshof für Menschenrechte vorgenommen[15]. Danach dürfen Fotoaufnahmen einer Person der Zeitgeschichte (hier Prinzessin Caroline von Hannover) aus deren Alltagsleben *nicht* veröffentlicht werden. Die entgegenstehende Rechtsprechung des Bundesverfassungsgerichts stelle einen Verstoß gegen Art. 8 Europäische Menschenrechtskonvention (EMRK) dar. Im Übrigen ist für die Bewertung auch das eigene Verhalten des Betroffenen von Bedeutung. Wer sich bewusst in die Öffentlichkeit drängt, muss hinnehmen, dass über ihn berichtet wird, und zwar auch in negativer Weise (Big Brother, DSDS und ähnliche Formate usw.). Hier wie anderswo gilt der Satz: „Wie man in den Wald hineinruft, so schallt es heraus.“

Die Liste der Entscheidungen, in denen die Rechtsprechung eine Verletzung des Allgemeinen Persönlichkeitsrechts angenommen hat, ist lang[16].

13 BGH NJW 1988, S. 1984, 1985.
14 BVerfG NJW 2000, S. 1021, 1025 f.; vgl. auch BGH NJW 2004, S. 766, 767.
15 EGMR NJW 2004, S. 2647, 2649 ff.
16 Vgl. die zahlreichen Nachweise bei Palandt/Sprau, Bürgerliches Gesetzbuch, § 823 Rn. 110 ff.

Beispiele

- Heimliches Mitschneiden eines Telefongesprächs,
- ungenehmigte Veröffentlichung eines Bildes bei einer Person, die keine Person der Zeitgeschichte war,
- unbefugtes Öffnen von Post,
- ständige Überwachung eines Arbeitnehmers mittels versteckter Kamera, wenn nicht überwiegende Interessen des Arbeitgebers dies rechtfertigen,
- Bezeichnung eines Rollstuhlfahrers als Krüppel in einer satirischen Zeitschrift.

Als Rechtsfolge besteht unter anderem ein Anspruch auf Schadensersatz.[17]

22.2.3 Haftungsbegründende Kausalität

Neben der Verletzungshandlung **(Voraussetzung P1)** und der Rechtsgut- bzw. der Rechtsverletzung **(P2)** setzt der Schadensersatzanspruch nach §823 Abs. 1 BGB voraus, dass zwischen der Handlung und der Verletzung eine ursächliche (kausale) Beziehung besteht **(P3).** Die Verletzung muss durch die Handlung entstanden sein **(haftungsbegründende Kausalität).** Verlangt wird dabei eine **adäquate Kausalität.** Nach einer in der Rechtsprechung verwendeten, aber wenig verständlichen Formel liegt eine adäquate Kausalität vor, wenn eine Tatsache im Allgemeinen und nicht nur unter besonders eigenartigen, ganz unwahrscheinlichen und nach regelmäßigen Verlauf der Dinge außer Betracht zu lassenden Umständen zur Herbeiführung eines Erfolges geeignet ist[18]. Diese Definitionen kann man sich auch bei viel gutem Willen kaum merken. Einfacher ist die folgende negative Formulierung:

Merke

Eine adäquate Kausalität ist **nicht** gegeben, wenn der Ursachenzusammenhang zwischen der Verletzungshandlung und der Verletzung völlig **außergewöhnlich und unwahrscheinlich** ist. Nur in solchen Fällen wird die adäquate Kausalität verneint.

Beispiele

- Ein Mann wird bei einem Verkehrsunfall verletzt. Der Unfall wird von seiner schwangeren Ehefrau beobachtet, die einen Nervenzusammenbruch erleidet. Dadurch kommt das Kind später mit Schäden zur Welt. Diese Entwicklung liegt *noch nicht* außerhalb jeder Wahrscheinlichkeit, die Schäden des Kindes beruhen damit (noch) adäquat kausal auf dem Unfall.

---

17 Vgl. S. 421.
18 BGH NJW 2005, S. 1420, 1421.

- F erleidet bei einem Fußballspiel der 2. Kreisklasse einen Beinbruch. Im Krankenhaus zieht er sich eine Infektion zu. Diese Entwicklung ist auch im 21. Jahrhundert in deutschen Krankenhäusern nicht ganz und gar unwahrscheinlich und deshalb adäquat kausal. Die Kausalität wird nicht dadurch ausgeschlossen, dass eine weitere Ursache (zum Beispiel die Benutzung eines nicht sterilen OP-Bestecks) hinzukommt.
- Auf der Grenze dürfte folgender Fall liegen: X erleidet durch einen Verkehrsunfall auf dem Weg zur Lotto-Annahmestelle, eine Körperverletzung, die ihn daran hindert, den schon ausgefüllten Tippschein abzugeben. Es stellt sich heraus, dass X anderenfalls den Jackpot mit 18,5 Mio. € geknackt hätte.

Merke

Liegen eine Verletzungshandlung (P1), eine Rechtsgut- oder Rechtsverletzung (P2) und eine adäquate Kausalität zwischen der Handlung und der Verletzung vor (P3), ist der **objektive Tatbestand des** § 823 Abs. 1 BGB erfüllt.

22.2.4 Widerrechtlichkeit (Rechtswidrigkeit)

Weitere Voraussetzung **(P4)** für einen Schadensersatzanspruch nach § 823 Abs. 1 BGB ist, dass die Verletzung des Rechtsguts bzw. Rechts widerrechtlich ist. Die Prüfung dieser Voraussetzung ist im Ausgangspunkt sehr einfach, weil grundsätzlich jede Verletzung eines fremden Rechtsguts oder Rechts gegen die Rechtsordnung verstößt. Aus der Verletzung folgt (automatisch) die Widerrechtlichkeit. Kurz und bündig formuliert man: **„Die Widerrechtlichkeit wird indiziert".** Dies gilt allerdings – wie schon ausgeführt wurde – nicht, wenn ein Eingriff in das Allgemeine Persönlichkeitsrecht oder in das Recht am Unternehmen in Betracht kommt. In diesen Fällen wird die Rechtswidrigkeit nicht indiziert, sie ist vielmehr – siehe oben[19] – nach einer umfassenden Güter- und Interessenabwägung positiv festzustellen.

In den sonstigen Fällen wird die Rechtswidrigkeit nur dann nicht indiziert, wenn im konkreten Fall ein **Rechtfertigungsgrund** vorliegt. Dies kann zum Beispiel eine **Einwilligung** des Verletzten oder ein Handeln in **Notwehr** sein.

Merke

Jede Verletzung eines fremden Rechtsguts oder Rechts ist widerrechtlich, es sei denn, es liegt ausnahmsweise ein Rechtfertigungsgrund vor (Einwilligung, Notwehr). *„Die Tatbestandsmäßigkeit indiziert die Widerrechtlichkeit!"* Dies gilt nicht, wenn ein Eingriff in das Recht am Unternehmen oder in das Allgemeine Persönlichkeitsrecht vorliegt. In diesen beiden Fällen muss die Rechtswidrigkeit im Wege einer Güter- und Interessenabwägung ausdrücklich festgestellt werden.

---

19 Vgl. S. 387 ff.

Beispiele

- A muss sich einer komplizierten Operation unterziehen. Nach umfänglicher und verständlicher Aufklärung durch den Arzt über die Risiken der OP erklärt sich A mit dem Eingriff einverstanden. Damit erteilt A seine Einwilligung zu einer tatbestandlichen Körperverletzung des Arztes in Form des Öffnens der Bauchdecke.
- Bei einem Fußballspiel wird ein Spieler beim „Kampf um den Ball" verletzt. Bei der Teilnahme an einer Sportart, bei der es zu körperlichen Kontakten kommt, ist von einer konkludenten Einwilligung des anderen Spielers in die Verletzungen auszugehen, die „im Eifer des Gefechts geschehen". Die Einwilligung erfasst aber nicht die Verletzungen aus groben und aus vorsätzlichen Fouls. Ein schuldhafter Verstoß gegen die Regel XII des Deutschen Fußballbunds und damit eine zum Schadensersatz und Schmerzensgeld verpflichtende Körperverletzung ist zum Beispiel anzunehmen, wenn ein Abwehrspieler von schräg hinten in die Beine eines den Ball führenden, auf das Tor zustürmenden Gegners grätscht, ohne eine realistische Chance zu haben, den Ball spielen zu können („Notbremse")[20].

22.2.5 Verschulden

Merke

Ein Anspruch auf Schadensersatz setzt im Regelfall ein Verschulden des Schädigers voraus. Nur in den besonders gelagerten Fällen der **Gefährdungshaftung** wird auf die Voraussetzung des Verschuldens verzichtet. Hier haftet jemand auch dann für einen Schaden, wenn ihn **kein Verschulden** trifft. Man spricht von einer „Haftung ohne Verschulden".

Beispiele für eine Gefährdungshaftung

- §833 S. 1 BGB: Haftung des Tierhalters,
- §7 Abs. 1 StVG (Straßenverkehrsgesetz): Haftung des Kfz-Halters,
- §1 Abs. 1 ProdHaftG[21].

§823 Abs. 1 BGB gehört nicht in diese Gruppe, sondern verlangt – wie der ganz überwiegende Teil der Vorschriften, die zum Schadensersatz verpflichten – ein Verschulden des Schädigers. Verschuldensformen sind Vorsatz und Fahrlässigkeit. Dies entspricht dem Prüfungspunkt **P5.**

---

[20] OLG Hamm, Versicherungsrecht (VersR) 1999, S. 1115.
[21] Vgl. S. 290 ff.

Vorsatz

Der im BGB nicht definierte Begriff „Vorsatz" wird umschrieben als das „Wissen und Wollen des rechtswidrigen Erfolgs"[22].

Merke

Vorsatz liegt vor, wenn der Täter absichtlich handelt (direkter Vorsatz, dolus directus). Vorsätzlich handelt aber auch, wer den Verletzungserfolg nicht will, ihn aber zumindest billigend in Kauf nimmt (bedingter Vorsatz, Eventualvorsatz, dolus eventualis). Hier handelt der Täter nach dem Motto: „Es wird schon nichts passieren, aber wenn es passiert, dann passiert es eben."

Beispiele

- F führt einen „Privatkrieg" gegen Autofahrer, die auf Radwegen parken. Deswegen fügt er mit einem kleinen Nagel allen Fahrzeugen, die seiner Meinung nach verbotswidrig parken, Lackschäden zu. Hier liegt ein vorsätzliches Handeln vor, weil F mit der Absicht der Schädigung handelt.
- F fährt mit seinem Fahrrad wider besseres Wissen auf der „falschen Seite" (also entgegen der erlaubten Fahrtrichtung) und stößt deshalb mit einem anderen Fahrradfahrer zusammen, der erheblich verletzt wird. Hier ist F vorsätzlich auf der „falschen Seite" gefahren, den Unfall und die Verletzung des anderen Radfahrers hat er aber nicht absichtlich herbeigeführt. Man wird ihm auch kaum nachweisen können, dass er mit bedingtem Vorsatz handelte.

Fahrlässigkeit

Das BGB unterscheidet zwischen der leichten (einfachen) und der groben Fahrlässigkeit. Zum Teil wird innerhalb der leichten Fahrlässigkeit nochmals zwischen der leichtesten und der normalen Fahrlässigkeit differenziert[23].

- Die **einfache (leichte) Fahrlässigkeit** ist in § 276 Abs. 2 BGB definiert. Danach handelt fahrlässig, wer die im Verkehr erforderliche Sorgfalt außer Acht lässt. Damit ist gemeint, wer nicht so aufpasst, wie es in der konkreten Situation erforderlich ist. Mit „Verkehr" ist nicht etwa nur der „Autoverkehr", sondern der gesamte Rechts- und Geschäftsverkehr gemeint.
- Die **grobe Fahrlässigkeit** ist eine gesteigerte Form der einfachen Fahrlässigkeit. Der Begriff der „groben Fahrlässigkeit" ist im BGB nicht definiert. Nach einer Definition des BGH handelt *grob fahrlässig,* wer die im Verkehr erforderliche Sorgfalt in ungewöhnlich hohem Maße verletzt, einfachste, ganz nahe liegende Überlegungen nicht anstellt und dasjenige unbeachtet lässt, was im

[22] Palandt/Grüneberg, Bürgerliches Gesetzbuch, § 276 Rn. 10.
[23] Bundesarbeitsgericht (BAG) NJW 1995, S. 210, 211.

gegebenen Fall jedem hätte einleuchten müssen[24]. Da sich die Definition nur schwer einprägen lässt, kann man sich wie folgt behelfen:

Merke

Grob fahrlässig handelt, wer die im Verkehr erforderliche Sorgfalt **in besonders schwerer Weise** außer Acht lässt. Diese Definition entspricht §276 Abs. 2 BGB mit dem Einschub „in besonders schwerer Weise".

Diese Form der Fahrlässigkeit hat beim gutgläubigen Eigentumserwerb (§932 Abs. 2 BGB)[25] und im Versicherungsrecht große Bedeutung.

Nach §61 VVG (Versicherungsvertragsgesetz) alte Fassung musste der Versicherer einen Schaden des Versicherten nicht ausgleichen, wenn der Versicherte den Schaden an seinem Eigentum vorsätzlich oder grob fahrlässig herbeigeführt hatte. Dieses „Alles-oder-nichts-Prinzip" besteht seit der Neufassung des VVG nicht mehr. Nach §81 Abs. 2 VVG in der Fassung vom 23.11.2007 ist der Versicherer bei einer grob fahrlässigen Herbeiführung des Versicherungsfalls (nur) berechtigt, seine Leistung in einem der Schwere des Verschuldens des Versicherungsnehmers entsprechenden Verhältnis zu kürzen.

Nach der Rechtsprechung liegt grobe Fahrlässigkeit vor, wenn sich ein Autofahrer durch Rauchen, heruntergefallene Gegenstände, die Suche nach ihnen oder das Greifen nach Gegenständen auf dem Beifahrersitz in einer Weise von dem Verkehrsgeschehen ablenken lässt, dass er die Übersicht darüber verliert und es – sei es auch nur reflexartig – dadurch zu Fehlreaktionen oder dazu kommt, dass er die Herrschaft über das Fahrzeug verliert. Das ist der Fall, wenn ein Autofahrer sich nach der heruntergefallenen Zigarette bückt, dabei das Steuer „verreißt", den Blick von der Fahrbahn abwendet und gegen die Leitplanke gerät. Gleiches gilt, wenn ein durch die Suche nach einer brennenden Zigarette abgelenkter Autofahrer zu spät erkennt, dass er abbremsen musste und dann durch zu starkes Bremsen ins Schleudern gerät. Gerade an Raucher werden wegen der erhöhten Risiken des Rauchens während der Fahrt gesteigerte Anforderungen in Bezug auf die Sicherheit der Fahrzeugführung gestellt. Ihnen werden Vorkehrungen abverlangt, dass brennende Zigaretten oder Teile von Glut oder Asche nicht herunterfallen und Situationen schaffen können, auf die nicht mehr kontrolliert, sondern nur noch reflexartig reagiert werden kann. Noch ein Grund mehr, um endlich mit dem Rauchen aufzuhören!

Diese strengen Grundsätze der Rechtsprechung gelten in ähnlicher Weise für andere Handlungen, durch die sich der Autofahrer ohne zwingende und ohne sein Hinzutun aufgetretene Notwendigkeit von dem Verkehrsgeschehen in einer Weise ablenken lässt, die ihm nicht mehr erlaubt, den Anforderungen gerecht zu werden, so z. B. durch herunterfallende Musikkassetten, Gegenstände

[24] BGH NJW 2005, S. 981, 982; BGH NJW 2005, S. 1365, 1366.
[25] Vgl. S. 457 ff.

auf dem Beifahrersitz, einem schreienden Baby auf dem Rücksitz[26] oder durch eine Handynutzung ohne Freisprecheinrichtung[27].

Beispiel

Autofahrer F wechselt bei einer Geschwindigkeit von 95 km/h eine CD und gerät dadurch auf die Gegenfahrbahn der Landstraße, sodass es zu einem Zusammenstoß mit einem anderen Fahrzeug kommt. Hier liegt bezüglich der Herbeiführung des Unfalls eine grobe Fahrlässigkeit vor, die dazu führt, dass die Kaskoversicherung nach §81 Abs. 2 VVG berechtigt ist, ihre Leistung zu kürzen. Welche Kürzung angemessen ist, richtet sich nach der Schwere des Verschuldens des Versicherten. Hierbei sind alle Umstände des konkreten Einzelfalls zu berücksichtigen (Geschwindigkeit, Verkehrsdichte usw.)

22.2.6 Schaden

Weitere Voraussetzung **(P6)** für einen Anspruch aus §823 Abs. 1 BGB ist, dass durch die Verletzung des Rechtsguts oder Rechts ein **Schaden** entstanden ist. Ob ein Schaden vorliegt, wird durch einen Vorher-nachher-Vergleich ermittelt.

Merke

Wert des Vermögens vor der unerlaubten Handlung:	10.000,– €
./. Wert des Vermögens nach der unerlaubten Handlung:	8.000,– €
= Schaden:	2.000,– €

Klausurtipp

Die Tatbestandsmerkmale „Verletzung eines Rechtsguts oder Rechts" **(P2)** und „Schaden" **(P6)** werden oft nicht ausreichend unterschieden oder sogar gleichgesetzt. Sie bedeuten aber etwas anderes und müssen deshalb getrennt geprüft werden.

Beispiel

Das vor der FH abgestellte Fahrzeug von Prof. Y wird beschädigt, weil Prof. X beim Einparken dagegen fährt. Hier ist das *Recht* **„Eigentum"** des Y an seinem Fahrzeug verletzt worden, der **Schaden** besteht darin, dass der Wert des beschädigten Fahrzeugs geringer ist als der Wert des unbeschädigten Fahrzeugs.

22.2.7 Haftungsausfüllende Kausalität

Zwischen der Rechtsgut- bzw. Rechtsverletzung und dem Schaden muss eine **adäquate Kausalität** bestehen **(P7)**, das heißt, es darf nicht ganz und gar un-

[26] OLG Frankfurt, NJW-RR 1995, S. 1368, 1369 m. w. Nachw.
[27] OLG Köln, NJW-RR 2001, S. 22; LG Frankfurt, NJW-RR 2001, S. 1679, 1680; AG Berlin-Mitte, NJW 2005, 442.

wahrscheinlich sein, dass aus der Rechtsgutverletzung der geltend gemachte Schaden entsteht (haftungsausfüllende Kausalität)[28].

Beispiel

Arzt A wird bei einem Verkehrsunfall verletzt, sodass er drei Wochen stationär behandelt wird. Dadurch erleidet er einen Verdienstausfall in Höhe von 7.000,– €. Der Ursachenzusammenhang ist adäquat kausal, weil es nach der Lebenserfahrung nicht unwahrscheinlich ist, dass es infolge einer Körperverletzung zu einem Krankenhausaufenthalt (haftungsbegründende Kausalität) und dadurch zu einem Verdienstausfall (haftungsausfüllende Kausalität) kommt. Die Kausalität ist also zweimal zu prüfen (P3 und P7).

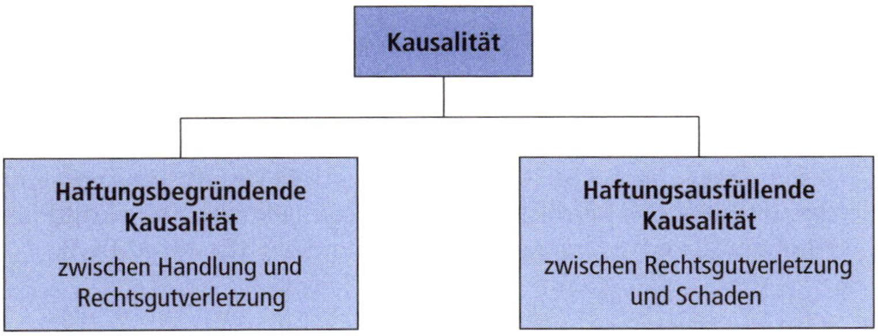

Abbildung 22.1: Kausalität

22.2.8 Rechtsfolge

Wenn die Voraussetzungen P1 bis P7 vorliegen, hat der Geschädigte gegen den Schädiger einen Anspruch auf Schadensersatz. Damit ist über das **„Ob“** des Anspruchs entschieden, aber noch nicht über das **„Wie“** und die **Höhe.** Diese Frage richtet sich – wie zu Beginn dieses Teils ausgeführt – in einigen Fällen nach §§ 842 ff. BGB, im Übrigen nach §§ 249 ff. BGB[29].

Abschließender Klausurtipp

Eine erfolgreiche Prüfung des § 823 Abs. 1 BGB setzt ein besonders diszipliniertes Vorgehen voraus. Zum einen muss eine vom Wortlaut der Vorschrift abweichende Prüfungsreihenfolge gewählt werden, beginnend mit der (unerlaubten) Handlung. Außerdem muss deutlich zwischen den verschiedenen Tatbestandsmerkmalen unterschieden werden. Die Voraussetzungen „Verletzung eines Rechtsguts oder Rechts“ und „Schaden“ dürfen nicht gleichgesetzt werden. Eine gute Übung besteht darin, nur mithilfe des Gesetzes die Tatbestandsmerk-

[28] Zwischen beiden Arten der Kausalität (haftungsbegründende und haftungsausfüllende) kann es zu Überschneidungen und schwierigen Abgrenzungsfragen kommen, vgl. Palandt/Grüneberg, Bürgerliches Gesetzbuch, Vorbemerkung vor § 249 Rn. 24.

[29] Einzelheiten im folgenden Kapitel, S. 413 ff.

male (Voraussetzungen) herauszuarbeiten und in eine für die Prüfung sinnvolle Reihenfolge zu bringen.

22.3 §823 Abs. 2 BGB in Verbindung mit einem Schutzgesetz

Die Verpflichtung zum Schadensersatz trifft nach §823 Abs. 2 BGB auch denjenigen, der gegen ein Gesetz verstößt, das den Schutz eines anderen bezweckt. Der Handelnde muss also gegen ein **Schutzgesetz** verstoßen und dadurch einem anderen einen **Schaden** zufügen.

Merke

Ein Schutzgesetz ist eine Norm, die dem Einzelnen einen Schutz vor der Verletzung seiner Rechtsgüter, Rechte und anderen rechtlich geschützten Interessen gewähren soll. Dazu gehören viele Vorschriften des **Strafgesetzbuchs** (StGB), zum Beispiel die Straftatbestände der Körperverletzung (§§ 223 ff. StGB), des Diebstahls (§ 242 StGB), der Unterschlagung (§ 246 StGB) und des Betrugs (§ 263 StGB). Eine gemeindliche Satzung, die das Reinigen der Bürgersteige von Schnee und Eis regelt, ist ebenfalls ein Schutzgesetz im Sinne des §823 Abs. 2 BGB.

Klausurtipp

Oft wird nicht beachtet, dass es sich bei den beiden Absätzen des §823 BGB jeweils um **eigenständige Anspruchsgrundlagen** handelt. Daraus folgt, dass sich derselbe Anspruch aus §823 Abs. 1 BGB **und** aus §823 Abs. 2 BGB i. V. m. der Verletzung eines Schutzgesetzes ergeben kann. **Ein und derselbe** Anspruch kann also auf **mehreren** Anspruchsgrundlagen beruhen.

Beispiel

Auf einer Landstraße kommt es zu einem Unfall, weil Autofahrer A 1 beim Überholen „seiner doppelten Rückschaupflicht" (vor dem Setzen des „Blinkers" und noch einmal vor dem Fahrbahnwechsel) nicht nachgekommen ist und deshalb das Fahrzeug des von hinten kommenden A 2 übersieht. A 2 wird bei dem Zusammenstoß der Fahrzeuge erheblich verletzt, sein Fahrzeug stark beschädigt.

Der Anspruch des A 2 auf Schadensersatz gegen A 1 ergibt sich aus §823 Abs. 1 BGB (Verletzung von Körper und Eigentum) und (zugleich) aus §823 Abs. 2 BGB i. V. m. §223 StGB (fahrlässige Körperverletzung). Weitere Anspruchsgrundlagen bilden §7 Abs. 1 StVG[30] gegen den Halter des Fahrzeuges und §18 Abs. 1 StVG gegen den Fahrer A 1. Natürlich bekommt A 2 den Schaden aber nur einmal ersetzt.

30 Straßenverkehrsgesetz.

Klausurtipp

Bei einer Prüfung ist genau anzugeben, welcher Absatz des §823 BGB geprüft wird.

Falsch: „A 2 könnte gegen A 1 einen Anspruch auf Schadensersatz aus §823 BGB haben."

Richtig: „A 2 könnte gegen A 1 einen Anspruch auf Schadensersatz aus §823 **Abs. 1** BGB haben."

§823 Abs. 2 BGB hat unter anderem dann Bedeutung, wenn jemand geschädigt wird, aber kein in §823 Abs. 1 BGB geschütztes Rechtsgut oder Recht verletzt worden ist, sondern nur das von §823 Abs. 1 BGB *nicht* geschützte Vermögen als solches.

Beispiel

Anlageberater A verkauft der Rentnerin R, die eine sichere Geldanlage sucht, unter Vorspiegelung falscher Tatsachen hochspekulative Anleihen, was zu einem Totalverlust führt. R hat gegen A keinen Anspruch aus §823 Abs. 1 BGB, weil kein dort aufgeführtes Rechtsgut oder Recht verletzt worden ist. Ein Anspruch kann sich aber aus §823 Abs. 2 BGB i. V. m. einem Schutzgesetz, hier §263 StGB (Betrug), ergeben (und daneben aus §280 Abs. 1 BGB).

Einen weiteren Fall bildet die sogenannte **Insolvenzverschleppung.** Nach §64 Abs. 1 GmbHG alte Fassung waren die Geschäftsführer einer GmbH verpflichtet, ohne schuldhaftes Zögern, spätestens aber drei Wochen nach Eintritt der Zahlungsunfähigkeit oder Überschuldung der GmbH die Eröffnung des Insolvenzverfahrens zu beantragen. Bei §64 Abs. 1 GmbHG handelte es sich um ein Schutzgesetz im Sinne des §823 Abs. 2 BGB[31]. Deshalb hafteten die Geschäftsführer einer GmbH den Gläubigern der GmbH – abweichend von §13 Abs. 2 GmbHG[32] – persönlich, wenn sie der Insolvenzantragspflicht nicht unverzüglich nachgekommen waren. Die Beurteilung, ob ein Insolvenzgrund vorliegt, ist in der Praxis mit erheblichen Schwierigkeiten verbunden.

Die Pflicht zur **Stellung des Insolvenzantrags** findet sich heute für alle juristischen Personen in **§15 a InsO.** Nach dessen Abs. 1 haben die Mitglieder des Vertretungsorgans oder die Abwickler ohne schuldhaftes Zögern, spätestens aber drei Wochen nach Eintritt der Zahlungsunfähigkeit oder Überschuldung einen Insolvenzantrag zu stellen.

Wenn dieser Pflicht nicht nachgekommen wird, erhalten die „Altgläubiger" den sogenannten Quotenschaden ersetzt, „Neugläubiger" haben Anspruch auf das negative Interesse. Sie sind so zu stellen, als wenn der Vertrag nicht geschlossen worden wäre[33]. Bei marktgängigen Waren umfasst der Anspruch auch den entgangenen Gewinn aus einem anderweitig nicht abgeschlossenen Geschäft.

---

31 BGH NJW 1994, S. 2220, 2224.
32 Vgl. S. 87.
33 BGH NJW 1994, S. 2220, 2225 f.

Beispiel

Die G-GmbH war am 30.03. zahlungsunfähig, der Insolvenzantrag wurde vom Alleingeschäftsführer A aber erst am 01.09. gestellt. Diejenigen Gläubiger, die am 30.03. bereits Forderungen gegen die GmbH hatten („Altgläubiger“), bekommen von A den Schaden ersetzt, der ihnen durch die verspätete Antragstellung entstanden ist. Wenn sie bei einer am 30.03. eingeleiteten Insolvenz 20 % ihrer Forderung bekommen hätten und bei der am 30.09. eingeleiteten Insolvenz nur noch 3 % erhalten, haben sie Anspruch auf die Differenz von 17 % gegen den Geschäftsführer A persönlich.

„Neugläubiger“ sind die Gläubiger, die nach Ablauf der Antragspflicht (spätestens drei Wochen nach dem 30.03., vgl. § 15 a InsO) Verträge mit der GmbH geschlossen haben. Sie werden so gestellt, als hätten sie die Verträge nicht geschlossen (Ersatz des sogenannten „negativen Interesses“). Man muss sich also den Vertrag „wegdenken“. Deshalb gibt es aus dem (weggedachten) Vertrag keinen Anspruch auf entgangenen Gewinn. Wenn der Neugläubiger N der GmbH eine Ware geliefert hat, muss er so gestellt werden, als sei der Vertrag nicht geschlossen worden. Deshalb hat er gegen den Geschäftsführer einen Anspruch auf Rückgabe der Ware oder auf Schadensersatz in Höhe des Wertes der Ware. Zusätzlich hat er Anspruch auf den entgangenen Gewinn aus einem nicht getätigten anderen Geschäft, da davon ausgegangen wird, dass N die Ware ohne den Vertrag mit der GmbH mit Gewinn an einen anderen Kunden verkauft hätte.

22.4 Vorsätzliche sittenwidrige Schädigung (§ 826 BGB)

Nach **§ 826 BGB,** einer weiteren Anspruchsgrundlage, ist schadensersatzpflichtig, wer in einer gegen die guten Sitten verstoßenden Weise einem anderen vorsätzlich sittenwidrig einen Schaden zufügt. Die Vorschrift stellt „auf dem Papier“ hohe Anforderungen auf, die in der Praxis aber stark herabgesetzt werden:

P1: Der Täter muss **vorsätzlich** handeln,

P2: die Handlung des Täters muss außerdem **sittenwidrig** sein.

Daraus, dass beide Tatbestandsvoraussetzungen erfüllt sein müssen, folgt, dass Vorsatz und Sittenwidrigkeit getrennt zu prüfen sind.

Vorsätzlich handelt, wer einen anderen mit **Absicht** schädigt. Vorsätzlich handelt aber auch, wer den Verletzungserfolg nicht will, ihn aber zumindest **billigend in Kauf nimmt** (bedingter Vorsatz, Eventualvorsatz).

Nicht jede vorsätzliche Schädigung ist (automatisch) auch sittenwidrig. Ein Rechtsgeschäft ist sittenwidrig, „wenn es gegen das Anstandsgefühl aller billig und gerecht Denkenden verstößt"[34]. Diese Definition ist wenig greifbar, sondern erfordert ein erhebliches Maß an Wertungen im Einzelfall.

Die Rechtsprechung zu § 826 BGB ist sehr umfangreich und durch die Bildung zahlreicher Fallgruppen stark differenziert. Sittenwidrig ist in der Regel

- die Zahlung von Schmiergeldern,
- die bewusste Unwahrheit in Prozessen und die Verwendung gefälschter Beweismittel,
- die bewusst unrichtige Auskunft über die Kreditwürdigkeit,
- unwahre Angaben über Mieterträge beim Hausverkauf oder andere Formen der arglistigen Täuschung beim Vertragsabschluss[35].

Eine in der Praxis wichtige Fallgruppe für die Anwendung des § 826 BGB gibt es im **Gesellschaftsrecht.** Abweichend von dem Grundsatz, dass den Gläubigern juristischer Personen nur das Gesellschaftsvermögen haftet (vgl. § 13 Abs. 2 GmbHG, § 1 Abs. 1 S. 2 AktG)[36], kommt in Ausnahmefällen eine persönliche Haftung eines GmbH-Geschäftsführers in Betracht. Ein solcher unmittelbarer Anspruch kann sich – neben den Fällen der **Insolvenzverschleppung** – aus § 826 BGB ergeben. Dies ist der Fall, wenn der Geschäftsführer einen vorleistungspflichtigen Gläubiger der GmbH bei Abschluss eines Vertrags vorsätzlich über die Leistungsfähigkeit der GmbH täuscht.

Beispiel

Geschäftsführer G kauft für die G-GmbH Ware bei L ein. G weiß schon bei Vertragsabschluss, dass die G-GmbH die Forderung des vorleistungspflichtigen Lieferanten bei Fälligkeit nicht begleichen kann, belässt den Lieferanten aber in dem Glauben, die Bezahlung werde ordnungsgemäß erfolgen. Die GmbH fällt kurze Zeit später in die Insolvenz.

Für einen Anspruch aus § 826 BGB reicht es aus, wenn der Geschäftsführer das Risiko eines Forderungsausfalls des Lieferanten zumindest billigend in Kauf nimmt („Ich will es nicht. Aber wenn es passiert, dann passiert es eben!"). Nach der Rechtsprechung des Bundesgerichtshofs kann bereits ein besonders leichtfertiges – und damit sittenwidriges – Verhalten des Geschäftsführers den Schluss rechtfertigen, dass der Schaden mit bedingtem Vorsatz und nicht lediglich grob fahrlässig herbeigeführt worden ist[37]. Damit haftet der Geschäftsführer aus § 826 BGB persönlich. Eine weitere Anspruchsgrundlage bildet in diesem Fall häufig § 823 Abs. 2 BGB i. V. m. § 263 StGB (sogenannter Eingehungsbetrug).

---

[34] BGH NJW 2004, S. 2668, 2670.

[35] Vgl., auch zu weiteren Fallgruppen, Palandt/Sprau, Bürgerliches Gesetzbuch, § 826 Rn. 20 ff.

[36] Vgl. 86 f.

[37] BGH NJW 1994, S. 197, 198.

Merke

Für die Verbindlichkeiten einer GmbH haftet den Gläubigern der GmbH nach § 13 Abs. 2 GmbHG nur das Gesellschaftsvermögen. Abweichend davon kommt eine persönliche Haftung der GmbH-Geschäftsführer in folgenden Fällen in Betracht: Insolvenzverschleppung (§ 823 Abs. 2 BGB i. V. m. § 15 a Abs. 1 InsO), vorsätzliche sittenwidrige Schädigung eines vorleistungspflichtigen Gläubigers (§ 826 BGB) und Eingehungsbetrug (§ 823 Abs. 2 BGB i. V. m. § 263 StGB).

22.5 Haftung für den Verrichtungsgehilfen (§ 831 BGB)

Neben § 823 Abs. 1, § 823 Abs. 2 und § 826 BGB bildet **§ 831 Abs. 1 BGB** eine weitere Anspruchsgrundlage. Nach dieser Vorschrift haftet ein **Geschäftsherr** für den Schaden, den sein **Verrichtungsgehilfe** einem anderen in Ausführung der Verrichtung widerrechtlich zufügt. Die Voraussetzungen für eine Haftung nach § 831 Abs. 1 BGB sind:

P1: Jemand muss Verrichtungsgehilfe sein.

P2: Der Verrichtungsgehilfe muss einem Dritten durch die Verletzung eines in § 823 Abs. 1 BGB geschützten Rechtsguts oder Rechts adäquat kausal und widerrechtlich einen Schaden zugefügt haben.

P3: Die Schädigung muss in Ausführung der Verrichtung geschehen sein.

N1: Keine Widerlegung des vermuteten Verschuldens bezüglich der Auswahl oder der Überwachung des Verrichtungsgehilfen.

Rechtsfolge: Der Geschädigte hat gegen den Geschäftsherrn einen Anspruch auf Schadensersatz.

Art und Umfang des Schadensersatzes bestimmen sich nach §§ 842 ff. BGB und §§ 249 ff. BGB.

22.5.1 Begriff des Verrichtungsgehilfen

Verrichtungsgehilfe im Sinn des § 831 Abs. 1 BGB ist jemand,

- dem von einem anderen (dem Geschäftsherrn) eine **Tätigkeit übertragen** wird und
- der allgemein oder im konkreten Fall im Einflussbereich und in einer gewissen **Abhängigkeit** zum Geschäftsherrn steht.

Für das damit eröffnete **Weisungsrecht** des Geschäftsherrn reicht es aus, dass dieser die Tätigkeit des Handelnden jederzeit beschränken, untersagen oder nach Zeit und Umfang bestimmen kann. Der Beauftragte muss bei der Ausführung der Verrichtung vom Willen des Geschäftsherrn abhängig sein[38]. In Kurzform lautet die Definition:

[38] Palandt/Sprau, Bürgerliches Gesetzbuch, § 831 Rn. 5.

Merke

Verrichtungsgehilfe ist, wer in weisungsabhängiger Form von einem anderen (dem Geschäftsherrn) in dessen Interesse zu einer Verrichtung bestellt ist.

Daraus ergibt sich Folgendes:

- **Arbeitnehmer** sind Verrichtungsgehilfen, da sie im Interesse des Arbeitgebers (Geschäftsherrn) eine Tätigkeit ausüben und der Arbeitgeber aufgrund des Arbeitsvertrags weisungsbefugt ist.
- **Subunternehmer** sind in der Regel *keine* Verrichtungsgehilfen, da sie zwar im Interesse des Generalunternehmers tätig werden, die Tätigkeit aber nicht nach dessen Weisungen, sondern in eigener Verantwortung erbringen[39].
- **Der Geschäftsführer einer GmbH oder der Vorstand einer Aktiengesellschaft** ist mangels Weisungsabhängigkeit kein Verrichtungsgehilfe; es kommt aber eine Haftung der Gesellschaft nach §31 BGB in Betracht.

Beispiel

Ein Anleger erwarb Aktien der E-AG, nachdem die E-AG mehrere Ad-hoc-Mitteilungen über Gewinn- und Umsatzzahlen im Internet veröffentlicht hatte. Die Mitteilungen beruhten auf bewusst fingierten Umsätzen des damaligen Vorstands der E-AG. Die Kurse gaben anschließend nach, sodass der Anleger erhebliche Verluste erlitt. Die E-AG haftet gemäß §§826, 31 BGB auf Schadensersatz. Der Anspruch ergibt sich auch aus §823 Abs. 2 BGB i. V. m. der Verletzung eines Schutzgesetzes (§400 Aktiengesetz – AktG), 31 BGB[40]. Außerdem haftet der Vorstand persönlich.

22.5.2 Widerrechtliche Schädigung eines Dritten

Weitere Voraussetzung für einen Anspruch aus §831 Abs. 1 BGB ist, dass der Verrichtungsgehilfe den **objektiven Tatbestand des §823 Abs. 1 BGB** erfüllt. Er muss also durch eine Handlung eines der in §823 Abs. 1 BGB geschützten Rechtsgüter oder Rechte verletzt haben. An dieser Stelle müssen also die ersten drei Voraussetzungen des §823 Abs. 1 BGB (Handlung, Verletzung eines Rechtsguts oder Rechts, haftungsbegründende Kausalität) geprüft werden. Insoweit kann auf die obigen Ausführungen verwiesen werden[41]. Die Zufügung eines Schadens, der nicht auf einer Verletzung eines in §823 Abs. 1 BGB geschützten Rechts oder Rechtsguts beruht, insbesondere eines reinen Vermögensschadens, begründet *keine* Haftung nach §831 Abs. 1 BGB!

Klausurtipp

§831 Abs. 1 BGB ist eine eigenständige Anspruchsgrundlage. Innerhalb der Prüfung des §831 Abs. 1 BGB sind aber einige Voraussetzungen

[39] BGH NJW 1994, S. 2756, 2757.
[40] BGH NJW 2005, S. 2450, 2451.
[41] Vgl. S. 383 ff.

des §823 Abs. 1 BGB zu prüfen, nämlich die Handlung des Verrichtungsgehilfen, die Rechtsgutverletzung und die haftungsbegründende Kausalität.

Außerdem muss die Verletzung **widerrechtlich** sein und **adäquat kausal** zu einem **Schaden** führen. Auch insoweit gelten die Ausführungen zu §823 Abs. 1 BGB[42].

22.5.3 In Ausführung der Verrichtung

Die Haftung des Geschäftsherrn nach §831 Abs. 1 BGB wird dadurch eingeschränkt, dass die Schädigung des Dritten **in Ausübung der Verrichtung** erfolgen muss und **nicht** lediglich **„bei Gelegenheit"** geschieht. Es muss ein unmittelbarer innerer Zusammenhang zwischen der vom Geschäftsherrn aufgetragenen Verrichtung und der schädigenden Handlung bestehen[43].

Merke

Das Merkmal „in Ausführung der Verrichtung" setzt einen zeitlichen und sachlichen Zusammenhang zwischen der aufgetragenen Verrichtung und der schädigenden Handlung voraus. Bei einer vom Verrichtungsgehilfen vorsätzlich begangenen Straftat ist dieser Zusammenhang in aller Regel *nicht* gegeben.

Beispiel

Geselle Klepto (K) wird vom Malermeister M auf einer Baustelle eingesetzt. K „lässt" eine dem Installateur I gehörende Bohrmaschine „mitgehen". Dieser Diebstahl erfolgte nicht in „Ausführung der Verrichtung", sondern „bei Gelegenheit". M haftet nicht nach §831 Abs. 1 BGB. Wenn M allerdings bekannt war, dass K sich schon häufiger mit Maschinen „eingedeckt" hat, kommt eine Haftung des M aus §823 Abs. 1 BGB in Betracht.

22.5.4 Verschulden des Geschäftsherrn

Merke

Da sich der Anspruch aus §831 Abs. 1 BGB gegen den Geschäftsherrn und nicht gegen den Verrichtungsgehilfen richtet, setzt er **kein Verschulden des Verrichtungsgehilfen** voraus. Schuldhaft handeln muss (nur!) der Geschäftsherr!

Da der Geschäftsherr die schädigende Handlung nicht selbst vornimmt, kann sein Verschulden nur darin bestehen, dass er einen ungeeigneten Verrichtungsgehilfen beauftragt hat. Dem Geschäftsherrn wird vorgeworfen, dass er „den falschen Mann bzw. die falsche Frau" zur Verrichtung bestellt hat. Sein Ver-

42 Vgl. S. 392 f., 396 f.

43 BGH NJW-RR 1989, S. 723, 725.

schulden kann in einer schlechten Auswahl oder einer nicht ausreichenden Überwachung des Verrichtungsgehilfen bestehen.

Auswahl Der Geschäftsherr darf eine Tätigkeit nur einem Gehilfen übertragen, der etwaige gesetzliche Voraussetzungen erfüllt (Fahrerlaubnis, Prüfungen) und von dem eine gefahrlose Durchführung erwartet werden kann. Er muss sich deshalb von dessen Fähigkeit, Eignung und Zuverlässigkeit überzeugen. Besonders scharfe Maßstäbe sind anzulegen, wenn die übertragene Tätigkeit mit Gefahren für die öffentliche Sicherheit oder gravierenden Risiken für Leben, Eigentum und Gesundheit Dritter verbunden ist[44].

Überwachung Obwohl es im Wortlaut des § 831 Abs. 1 S. 2 BGB nicht zum Ausdruck kommt, kann sich das Verschulden des Geschäftsherrn auch daraus ergeben, dass er den Verrichtungsgehilfen zwar (irgendwann einmal) sorgfältig ausgewählt hat, aber nicht fortgesetzt geprüft hat, ob der Gehilfe immer noch zu den übertragenen Verrichtungen befähigt ist. Auch bei Arbeitnehmern, die schon länger beschäftigt sind, hat der Geschäftsherr sich laufend von der ordnungsgemäßen Dienstausübung durch den Gehilfen zu überzeugen. Art und Ausmaß der Überwachung richten sich – wie könnte es anders sein – nach den Umständen des Einzelfalls. Zu berücksichtigen sind insbesondere die Gefährlichkeit der übertragenen Aufgabe, die Persönlichkeit des Gehilfen, sein Alter, seine Vorbildung und Erfahrung und seine bisherige Bewährung im Verhältnis zu der ihm übertragenen Aufgabe. Dabei können für den Gehilfen nicht vorhersehbare und unauffällige Kontrollen erforderlich sein[45].

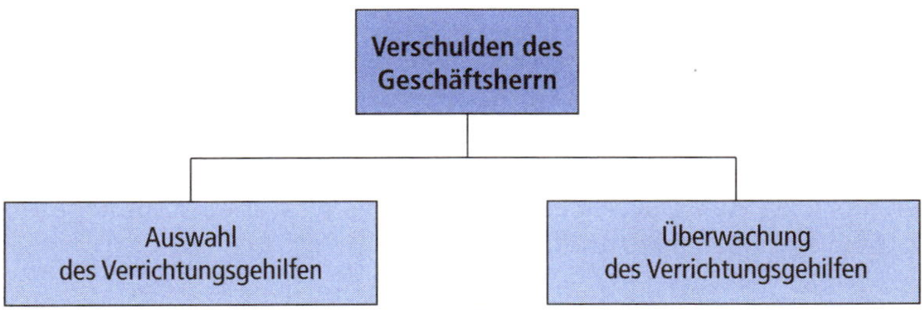

Abbildung 22.2: Verschulden des Geschäftsherrn

Beweislastumkehr Da ein durch den Verrichtungsgehilfen Geschädigter in einem Prozess kaum darlegen und beweisen kann, dass der Geschäftsherr seiner Verpflichtung zur sorgfältigen Auswahl und laufenden Überwachung des Verrichtungsgehilfen *nicht* nachgekommen ist, erfolgt zugunsten des Geschädigten eine Beweislastumkehr. Ein **Verschulden** des Geschäftsherrn wird also – wie bei § 280 Abs. 1 BGB[46] und § 286 Abs. 4 BGB[47] – **vermutet.** Es obliegt dem Geschäftsherrn, sich zu entlasten (zu exkulpieren), indem er den sogenannten Entlastungsbeweis (Exkulpationsbeweis) führt. Dafür muss er darlegen und

---

[44] BGH NJW 2003, S. 288, 289 f.
[45] BGH NJW 2003, S. 288, 290.
[46] Vgl. S. 189 ff.
[47] Vgl. S. 208.

beweisen, dass er den Verrichtungsgehilfen sorgfältig **ausgewählt und** laufend in geeigneter Weise **überwacht** hat.

Merke

§ 831 Abs. 1 BGB setzt ein Verschulden des Geschäftsherrn in Bezug auf die Auswahl *oder* Überwachung des Verrichtungsgehilfen voraus. Dieses Verschulden wird vermutet. Deshalb muss der Geschäftsherr sich exkulpieren, indem er beweist, dass ihn bezüglich der Auswahl *und* der laufenden Überwachung des Verrichtungsgehilfen kein Verschulden trifft. Gelingt dieser Beweis nicht, bleibt es beim vermuteten Verschulden.

Beispiel

F ist seit 22 Jahren bei den Stadtwerken S als Busfahrer im öffentlichen Personennahverkehr tätig. Falls F einen Unfall verursacht, reicht es für die Widerlegung des nach § 831 Abs. 1 BGB vermuteten Verschuldens der Stadtwerke *nicht* aus, wenn sie beweisen, dass sie F vor 22 Jahren sorgfältig ausgewählt haben. Erforderlich ist auch der Beweis, dass sie die Fahrweise des F regelmäßig überwacht haben, was bei einem Fahrer im Linienverkehr durch verdecktes Mitfahren relativ leicht möglich ist.

22.5.5 Verhältnis zu § 823 Abs. 1 BGB

Fraglich ist, ob dem Geschädigten neben dem Anspruch gegen den Geschäftsherrn aus § 831 Abs. 1 BGB auch ein Anspruch gegen den Verrichtungsgehilfen zusteht. Das ist grundsätzlich möglich! Die Haftung des Geschäftsherrn nach § 831 Abs. 1 BGB besteht also **neben** der persönlichen Haftung des Verrichtungsgehilfen aus § 823 Abs. 1 BGB, § 823 Abs. 2 BGB i. V. m. einem Schutzgesetz oder einer anderen Anspruchsgrundlage.

Beispiel

Geselle V wird vom Malermeister G auf einer Baustelle des E eingesetzt. V zerstört infolge einer leichten Unachtsamkeit – ihm gleitet ein Eimer Farbe aus der Hand – werden mehrere Quadratmeter des bereits verlegten Parketts verdreckt, sodass ein Schaden von 2.000,– € entsteht. Von wem kann E Schadensersatz verlangen, wenn G der Beweis, V sorgfältig ausgewählt und überwacht zu haben, *nicht* gelingt?

Lösungsskizze[48]

1. Anspruch E gegen G auf Schadensersatz aus § 831 Abs. 1 BGB

P1: V war Verrichtungsgehilfe, da er weisungsabhängig für G tätig war.

[48] Vertragliche Ansprüche (§§ 280 Abs. 1, 278 BGB) werden nicht dargestellt.

P2: V hat E geschädigt, da durch eine Handlung des V (Fallenlassen des Farbeimers) adäquat kausal das Eigentumsrecht des E am Parkettboden verletzt wurde und E dadurch adäquat kausal ein Schaden (2.000,– €) entstanden ist. Die Widerrechtlichkeit der Eigentumsverletzung wird indiziert, ein Rechtfertigungsgrund liegt nicht vor.

P3: Die Schädigung erfolgte in Ausführung der Verrichtung, weil ein zeitlicher und fachlicher Zusammenhang mit der Tätigkeit bestand, die V übertragenen war.

N1: Keine Widerlegung (Entlastung, Exkulpation) des vermuteten Verschuldens bezüglich der Auswahl oder der Überwachung des V.

Rechtsfolge: E hat gegen G einen Schadensersatzanspruch in Höhe von 2.000,– €.

2. Anspruch E gegen V auf Schadensersatz aus §823 Abs. 1 BGB

Zur Wiederholung: Die Prüfungspunkte des §823 Abs. 1 BGB sind[49]:

P1: Handlung des V: Fallenlassen des Farbeimers,

P2: Verletzung eines durch §823 Abs. 1 BGB geschützten Rechtsguts oder Rechts, hier Eigentum des E am Parkett,

P3: adäquate Kausalität zwischen der Handlung des V und der Eigentumsverletzung,

P4: Widerrechtlichkeit der Verletzung,

P5: Vorsatz oder Fahrlässigkeit (Verschulden),

P6: Eintritt eines Schadens infolge der Rechtsverletzung,

P7: adäquate Kausalität zwischen der Verletzung und dem eingetretenen Schaden.

Klausurtipp

Diese Voraussetzungen müssen **nicht noch einmal** vollständig geprüft werden, weil *sechs* Voraussetzungen identisch mit den schon im Rahmen des §831 Abs. 1 BGB geprüften Voraussetzungen sind. Dies gilt für P1, P2, P3, P4, P6 und P7. Zu prüfen ist allein, ob V ein Verschulden trifft, weil er vorsätzlich oder fahrlässig gehandelt hat. Nach dem Sachverhalt hat er die Beschädigung des Parketts infolge einer leichten Unachtsamkeit und damit fahrlässig herbeigeführt (§276 Abs. 2 BGB). V ist E damit ebenfalls zum Schadensersatz verpflichtet.

Da V *und* G haften, ist zu klären, in welchem Verhältnis die Ansprüche zueinander stehen. Gemäß §840 Abs. 1 BGB sind V und G **Gesamtschuldner**[50], da beide E aus einer unerlaubten Handlung (§831 Abs. 1 BGB bzw. §823 Abs. 1 BGB) zum Schadensersatz verpflichtet sind. E kann deshalb im **Außenverhältnis** vollen Schadensersatz von V *und* von G verlangen oder seinen Anspruch aufteilen

[49] Vgl. S. 382.
[50] Zur Gesamtschuld vgl. S. 167 ff.

(§421 S. 1 BGB). Für das **Innenverhältnis** zwischen G und V gilt – abweichend zu §426 Abs. 1 BGB – als spezielle Vorschrift §840 Abs. 2 BGB.

Aufgabe

Bitte lesen Sie die Vorschrift: Was folgt daraus? Da G aus §831 BGB haftet, müsste V nach §840 Abs. 2 BGB als „der andere" im Innenverhältnis den Schaden eigentlich allein tragen.

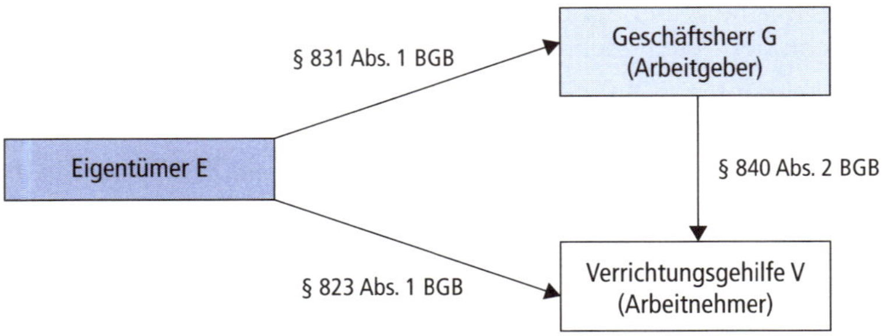

Abbildung 22.3: Gesamtschuldnerische Haftung

Nach der Rechtsprechung des Bundesarbeitsgerichts (BAG) gilt diese Regelung aber nicht in Arbeitsverhältnissen. Das BAG hat vielmehr zum Schutz des Arbeitnehmers die **Grundsätze über die Beschränkung der Arbeitnehmerhaftung** entwickelt, die heute auf alle Arbeiten angewendet werden, die durch den Betrieb veranlasst sind und auf Grund eines Arbeitsverhältnisses geleistet werden[51].

Zur Klarstellung

Es geht nicht darum, von wem der Geschädigte Ersatz verlangen kann. Diese Frage betrifft das Außenverhältnis. Insoweit sind V und G Gesamtschuldner (§840 Abs. 1, 421 Abs. 1 BGB). Die Grundsätze über die Beschränkung der Arbeitnehmerhaftung betreffen nur das Innenverhältnis, also das Verhältnis zwischen Geschäftsherrn (hier zugleich Arbeitgeber) und Verrichtungsgehilfen (hier zugleich Arbeitnehmer).

Die Frage, ob und in welchem Umfang der **Arbeitnehmer** für einen von ihm angerichteten Schaden im **Innenverhältnis** haftet, richtet sich zunächst nach dem **Grad seines Verschuldens.** Das BAG unterscheidet zwischen leichtester, normaler (einfacher) und grober Fahrlässigkeit. Bei grober Fahrlässigkeit – und natürlich auch bei Vorsatz – hat der Arbeitnehmer in aller Regel den gesamten Schaden zu tragen, bei leichtester Fahrlässigkeit haftet er dagegen nicht, während der Schaden bei normaler Fahrlässigkeit (§276 Abs. 2 BGB) in aller Regel zwischen Arbeitgeber und Arbeitnehmer quotal zu teilen ist.

---

[51] BAG NJW 1995, S. 210, 211.

Ob und ggf. in welchem Umfang der Arbeitnehmer an den Schadensfolgen zu beteiligen ist, richtet sich – so das BAG – im Rahmen einer Abwägung der Gesamtumstände, insbesondere von Schadensanlass und Schadensfolgen, nach Billigkeits- und Zumutbarkeitsgesichtspunkten. Zu den Umständen, denen je nach Lage des Einzelfalls ein unterschiedliches Gewicht beizumessen ist und die im Hinblick auf die Vielfalt möglicher Schadensursachen auch nicht abschließend bezeichnet werden können, gehören der Grad des dem Arbeitnehmer zur Last fallenden Verschuldens, die Gefahrgeneigtheit der Arbeit, die Höhe des Schadens, ein vom Arbeitgeber einkalkuliertes oder durch Versicherung deckbares Risiko, die Stellung des Arbeitnehmers im Betrieb und die Höhe des Arbeitsentgelts, in dem möglicherweise eine Risikoprämie enthalten ist. Auch können unter Umständen die persönlichen Verhältnisse des Arbeitnehmers, wie die Dauer seiner Betriebszugehörigkeit, sein Lebensalter, seine Familienverhältnisse und sein bisheriges Verhalten, zu berücksichtigen sein[52].

Fortsetzung des obigen Beispiels

Aufgrund dieser Kriterien haftet V im Innenverhältnis, also im Verhältnis zu G, gar nicht, da er nur *leicht* fahrlässig gehandelt hat. Seine Haftung im Außenverhältnis gegenüber Eigentümer E nach § 823 Abs. 1 BGB bleibt allerdings in vollem Umfang bestehen. Nimmt der E den V in Anspruch, kann V von G verlangen, dass dieser ihn von der Haftung freistellt, also Schadensersatz an E leistet („Freistellungsanspruch").

Neben dieser von der Rechtsprechung geschaffenen Privilegierung des Arbeitnehmers besteht eine gesetzliche Sonderregel: Nach § 619 a BGB gilt die Beweislastumkehr des § 280 Abs. 1 S. 2 BGB nicht für Schäden, die der Arbeitnehmer dem Arbeitgeber infolge einer Pflichtverletzung aus dem Arbeitsverhältnis zugefügt hat.

Beispiel

Arbeitnehmer V verursacht einen Verkehrsunfall mit einem Betriebsfahrzeug. Ein möglicher Schadensersatzanspruch des Arbeitgebers G steht zum einen unter dem Vorbehalt der Rechtsprechung des Bundesarbeitsgerichts zur Beschränkung der Arbeitnehmerhaftung. Außerdem gilt gemäß § 619 a BGB die Beweislastumkehr des § 280 Abs. 1 S. 2 BGB nicht.

22.5.6 Exkurs: Erfüllungsgehilfe

Gerade in Klausuren werden der in § 831 BGB geregelte Verrichtungsgehilfe und der in § 278 BGB geregelte Erfüllungsgehilfe oft verwechselt. Deshalb sollen an dieser Stelle die Gemeinsamkeiten und die Unterscheide der beiden Vorschriften herausgearbeitet werden.

---

52 BAG NJW 1995, S. 210, 213; BAG NJW 2005, S. 2469, 2470.

Begriff

Erfüllungsgehilfe ist nach §278 BGB, wer mit dem Willen des Schuldners für diesen bei der **Erfüllung einer Verbindlichkeit** tätig wird[53]. Diese Qualifizierung gilt aber nur gegenüber **dem jeweiligen Vertragspartner des Schuldners,** also dem Gläubiger, nicht aber gegenüber Dritten (Passanten, Nachbarn).

Beispiel 1

Unternehmer U („Chef") hat mit einem Besteller B einen Werkvertrag geschlossen und betraut den Gesellen G mit der Durchführung der Arbeiten. Was ist G? Erfüllungsgehilfe? Verrichtungsgehilfe? Beides?

- G ist im Verhältnis zum Besteller gemäß §278 BGB **Erfüllungsgehilfe** des U, weil sich der Chef U (Schuldner des Werkvertrags) zur Erfüllung der gegenüber B bestehenden Verbindlichkeit aus dem Werkvertrag des G bedient. **Gleichzeitig** ist G auch **Verrichtungsgehilfe** des U gemäß §831 Abs. 1 BGB, weil er **weisungsabhängig** zu einer Verrichtung bestellt worden ist[54].

  Dieselbe Person kann also gegenüber dem Gläubiger ihres „Chefs" **Verrichtungs- und Erfüllungsgehilfe** sein.
- Im Verhältnis zu Dritten (Passanten, Nachbarn) ist der G hingegen **kein** Erfüllungsgehilfe, weil U **den Dritten gegenüber** keine Verbindlichkeit zu erfüllen hat. Also wird G diesen Personen gegenüber auch *nicht* zur Erfüllung einer Verbindlichkeit des U tätig. Er ist gegenüber Passanten und Nachbarn also „nur" Verrichtungsgehilfe des U (§831 Abs. 1 BGB).

Haben Sie das verstanden? Sonst ganz in Ruhe noch einmal lesen!

Beispiel 2

Wenn ein Generalunternehmer bei einem Hausbau eigene Arbeitnehmer einsetzt, sind diese im Verhältnis zu seinem Auftraggeber Erfüllungsgehilfen, da sie diesem gegenüber zur Erfüllung des Bauvertrags tätig werden (§278 BGB). Wenn der Generalunternehmer einen Subunternehmer beauftragt (zum Beispiel einen Fliesenleger), ist dieser ebenfalls Erfüllungsgehilfe des Generalunternehmers, weil auch er zur Erfüllung des Bauvertrags eingesetzt wird (ebenfalls §278 BGB).

Die Arbeitnehmer des Generalunternehmers sind aufgrund des Arbeitsvertrags weisungsabhängig für ihn tätig und deshalb (auch) dessen Verrichtungsgehilfen (§831 Abs. 1 BGB). Der Subunternehmer ist hingegen im Normalfall nicht weisungsabhängig und damit kein Verrichtungsgehilfe.

[53] Vgl. S. 191 ff.
[54] Zum Begriff des Verrichtungsgehilfen vgl. S. 402 f.

Aufgabe

Nehmen Sie an, bei den Bauarbeiten werden der Besteller und ein unbeteiligter Passant verletzt. Was sind die Arbeitnehmer und der Subunternehmer im Verhältnis zum Besteller bzw. zum Passanten? Erfüllungsgehilfen? Verrichtungsgehilfen? Beides? Teils – teils? Die Antwort finden Sie am Ende dieses Kapitels! Bitte erst nach*denken* und dann nach*sehen*[55]!

Merke

Ein Arbeitnehmer ist im Verhältnis zum Vertragspartner des Geschäftsherrn (des Schuldners) Erfüllungsgehilfe und zugleich Verrichtungsgehilfe. Ein Subunternehmer ist nur Erfüllungsgehilfe, weil er nicht weisungsabhängig ist.

Abgrenzung des Erfüllungsgehilfen zum Verrichtungsgehilfen

Die wichtigsten Abgrenzungskriterien zwischen einem Erfüllungs- und einem Verrichtungsgehilfen enthält die folgende Tabelle:

Antwort zur Aufgabe[56]:

- Die Arbeitnehmer und der Subunternehmer sind im Verhältnis zum Besteller **Erfüllungsgehilfen.** Im Verhältnis zum Passanten sind sie *keine* Erfüllungsgehilfen, weil sie diesem gegenüber *nicht* zur Erfüllung einer Verbindlichkeit tätig werden.
- Die Arbeitnehmer sind aufgrund der Weisungsabhängigkeit **Verrichtungsgehilfen** des Generalunternehmers gegenüber jedermann (Passant, aber auch Vertragspartner des Generalunternehmers). Der („selbstständige") Subunternehmer ist mangels Weisungsabhängigkeit hingegen *kein* Verrichtungsgehilfe.

[55] S. 412.
[56] S. 410.

Tabelle 22.1

	Erfüllungsgehilfe (§ 278 BGB)	Verrichtungsgehilfe (§ 831 Abs. 1 BGB)
Anspruchsgrundlage	Nein, nur unselbstständige Zurechnungsnorm	Ja
Tätigkeit	Vom Schuldner zur Erfüllung einer Verbindlichkeit eingesetzt	Vom Geschäftsherrn zu einer Verrichtung bestellt
Vertrag[57]	Erforderlich	Nicht erforderlich, kann aber vorliegen
Weisungsabhängigkeit	Möglich, aber nicht erforderlich	Erforderlich
Funktion	Haftung für (fremdes) Verschulden des Erfüllungsgehilfen wie für eigenes Verschulden des Schuldners	Haftung für vermutetes eigenes Verschulden des Geschäftsherrn hinsichtlich Auswahl oder Überwachung des Verrichtungsgehilfen
Geschützter Personenkreis	Nur der Vertragspartner des Schuldners	Der Vertragspartner des Schuldners und jeder andere Geschädigte
Verschulden	Des Erfüllungsgehilfen erforderlich, damit eine Zurechnung auf den Schuldner erfolgen kann	Des Verrichtungsgehilfen nicht erforderlich, da Haftung des Geschäftsherrn für (vermutetes) eigenes Verschulden
Entlastungsbeweis (Exkulpation)	Nicht möglich, da Haftung für fremdes Verschulden	Möglich
Beispiele	– Arbeitnehmer des Schuldners – Subunternehmer	Arbeitnehmer des Geschäftsherrn

57 Ausreichend ist jedes Schuldverhältnis, doch geht es in aller Regel um vertragliche Schuldverhältnisse.

Kapitel 23
Allgemeines Schadensrecht

Lernziele dieses Kapitels

Was kommt in diesem Kapitel auf Sie zu? Nehmen Sie an, Sie sind in Ihrem Urlaub in Köln als Fußgänger ohne Verschulden in einen Verkehrsunfall mit einem Pkw verwickelt. Sie erleiden eine Körperverletzung, außerdem wird Ihr neues iPhone völlig zerstört. Welche Ansprüche haben Sie gegen den Autofahrer? Nach den bisherigen Ausführungen wissen Sie bereits, dass und warum der Fahrer des Pkw Ihnen Schadensersatz zu leisten hat. Eine der möglichen Anspruchsgrundlagen ist dabei §823 Abs. 1 BGB. Aber wie viel und in welcher Form erhalten Sie Schadensersatz?

23.1 Grundlagen

Wenn eine Prüfung ergeben hat, dass einer Person gegen eine andere Person aus §823 Abs. 1 BGB, §823 Abs. 2 BGB i. V. m. einem Verstoß gegen ein Schutzgesetz, §826 BGB, §831 BGB oder aus einer anderen Anspruchsgrundlage – etwa §179 Abs. 1 BGB, §280 Abs. 1 S. 1 BGB, §536 a Abs. 1 BGB, §1 Abs. 1 ProdHaftG – ein Anspruch auf Schadensersatz zusteht, ist damit nur eine Art **Grundentscheidung** getroffen. Denn es steht nur fest, *dass* Schadensersatz zu leisten ist, aber noch nicht, **wie** und **in welcher Höhe** dies zu geschehen hat.

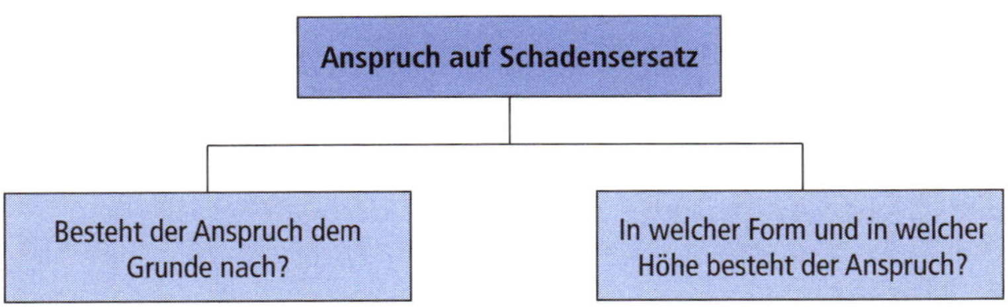

Abbildung 23.1: Schadensersatz

Sollte es zu einem Prozess kommen, kann das Gericht, wovon in komplizierten Fällen Gebrauch gemacht wird – zunächst ein **„Grundurteil"** (§304 Abs. 1 ZPO) etwa mit folgendem Tenor (Urteilsspruch) erlassen:

Landgericht Köln	**12 O 234/10**

Im Namen des Volkes!

Grundurteil

Der Beklagte ist der Klägerin dem Grunde nach zum Ersatz aller materiellen und immateriellen[1] Schäden verpflichtet, die der Klägerin aus dem Unfall am 17.01.2009 in Köln, Käthe-Kollwitz-Platz 16, entstanden sind.

(Es folgen der **Tatbestand** und die **Entscheidungsgründe** des Urteils).

Wenn gegen dieses Urteil innerhalb **eines Monats** nach der Zustellung beim zuständigen Oberlandesgericht in Köln **keine Berufung** eingelegt wird (§§ 519 Abs. 1, 517 ZPO), klärt das erstinstanzliche Gericht (also das Landgericht Köln) das „Wie“ und die Höhe des Anspruchs. Wenn der Unfallverursacher hingegen Berufung einlegt, entscheidet das **OLG Köln** darüber, ob das Grundurteil zu Recht ergangen ist. Gegen das Urteil des OLG kann vom Unterlegenen unter bestimmten Voraussetzungen Revision beim **Bundesgerichtshof** (Karlsruhe) eingelegt werden (§§ 542 ff. ZPO). Bestätigt das zuletzt angerufene Gericht (OLG oder BGH) das Grundurteil des LG Köln, wird der Prozess zum Schadensumfang vor dem Landgericht fortgesetzt. Entscheidet die letzte Instanz hingegen, dass der Anspruch (gar) nicht begründet ist, muss sich das Landgericht nicht mit der Höhe des Schadensersatzes befassen. Der Vorteil eines Grundurteils besteht also darin, dass zunächst **rechtskräftig** entschieden wird, ob „dem Grunde nach“ (überhaupt) ein Anspruch besteht oder nicht besteht. Nur wenn die Klage „dem Grunde nach“ Erfolg hat, beschäftigt sich das angerufene Gericht mit der Höhe des Schadens. Dies geschieht auch, wenn klar ist, *dass* ein Schadensersatzanspruch besteht.

23.2 Sondervorschriften (§§ 842 ff. BGB)

Art, Inhalt und Umfang des Schadensersatzes ergeben sich aus §§ 842 ff. BGB und §§ 249 ff. BGB. Die **§§ 842 ff. BGB** haben nur einen engen Anwendungsbereich. Sie kommen nur zur Anwendung, wenn der Schadensersatzanspruch auf einer deliktischen Anspruchsgrundlage (§§ 823 ff. BGB) beruht.

Merke

§§ 842 ff. BGB setzen voraus, dass dem Grunde nach ein Schadensersatzanspruch aus einer unerlaubten Handlung vorliegt, zum Beispiel aus § 823 Abs. 1 BGB. Die §§ 842 ff. BGB sind *keine* Anspruchsgrundlagen, sondern regeln (nur), wie und in welcher Höhe Schadensersatz zu leisten ist.

Nach § 842 BGB umfasst der Schadensersatz im Falle einer Körper- oder Gesundheitsverletzung auch die Nachteile „für den Erwerb oder das Fortkommen des Verletzten“. Diese Vorschrift hat aber keine eigenständige Bedeutung, son-

[1] Vgl. zu den Schadensarten S. 419 ff.

dern stellt nur klar, dass die dort genannten Schäden Vermögensschäden im Sinne der §§ 249 ff. BGB sind[2]. Gemäß § 843 Abs. 1 BGB ist bei einer Verletzung von Körper und Gesundheit als Ausgleich für dauerhafte Nachteile in Form einer Aufhebung oder Minderung der Erwerbsfähigkeit oder einer Vermehrung der Bedürfnisse des Verletzten eine Geldrente oder – aber nur bei Vorliegen eines wichtigen Grundes – eine Kapitalabfindung zu zahlen. Der Anspruch wird nicht dadurch ausgeschlossen, dass ein Dritter dem Geschädigten unterhaltspflichtig ist (§ 843 Abs. 4 BGB).

Beispiel

Der geschiedene 25-jährige Schlosser S wird als Fahrradfahrer bei einem Zusammenstoß mit einem anderen Fahrradfahrer, der leicht fahrlässig handelt, so schwer verletzt, dass S seinen bisherigen Beruf als Schlosser auf einer Werft nicht mehr ausführen kann. S kann nur noch sitzende Tätigkeiten im Umfang von vier Stunden/Tag ausüben. Außerdem benötigt er eine Haushaltshilfe im Umfang von 15 Stunden/Woche. S hat gemäß §§ 823 Abs. 1, 843 Abs. 1 BGB Anspruch auf eine Rente, die die Mindereinnahmen aus seiner beruflichen Tätigkeit und die Kosten der Haushaltshilfe umfasst. Sollte die geschiedene Ehefrau dem S unterhaltspflichtig sein, berührt dies seinen Anspruch nicht. Damit kommen auf den Schadensverursacher, obwohl dieser lediglich leicht fahrlässig gehandelt hat, ganz erhebliche, mit zunehmendem Alter des Verletzten häufig sogar noch steigende Belastungen zu.

Praxistipp

Es ist deshalb ganz wichtig, eine private Haftpflichtversicherung mit einer ausreichenden Deckungssumme abzuschließen.

Im Falle der Tötung hat der Ersatzpflichtige nach § 844 Abs. 1 BGB die Beerdigungskosten zu tragen. Nach Absatz 2 muss er den Personen, denen der Getötete unterhaltspflichtig war, Schadensersatz in dem Umfang leisten, wie ihn der Getötete während der mutmaßlichen Dauer seines Lebens hätte leisten müssen. Auch hier können ganz erhebliche Belastungen auf den Schädiger zukommen, die ohne eine Haftpflichtversicherung in vielen Fällen nicht zu tragen sind.

23.3 Allgemeine Regelungen (§§ 249 ff. BGB)

Das Wichtigste vorab:

Merke

Die **§§ 249 ff. BGB** enthalten **keine Anspruchsgrundlagen.** Deshalb kann sich ein Anspruch niemals aus § 249 Abs. 1 BGB oder einer der folgenden Vorschriften ergeben. Die §§ 249 ff. BGB regeln – wie §§ 842 ff.

[2] Palandt/Sprau, Bürgerliches Gesetzbuch, § 842 Rn. 1.

BGB – nur Art, Inhalt und Umfang eines Schadensersatzanspruchs. Sie kommen erst zur Anwendung, wenn aufgrund eines anderen Paragrafen – einer Anspruchsgrundlage – ein Anspruch auf Schadensersatz besteht.

23.3.1 Die Basisvorschrift: § 249 BGB

Nach § 249 Abs. 1 BGB hat der Schädiger den Zustand herzustellen, der ohne das schädigende Ereignis bestehen würde. Im Fall der Beschädigung einer Sache wird damit eine Reparatur geschuldet, bei einer Körperverletzung die medizinische Heilbehandlung, im Falle der Behauptung unrichtiger Tatsachen der Widerruf. Praktische Bedeutung kommt nur der dritten Variante, dem Widerruf, zu. In den anderen Fällen (Körperverletzung, Sachbeschädigung) macht der Geschädigte (Gläubiger) eigentlich immer von dem ihm durch § 249 Abs. 2 BGB eingeräumten **Wahlrecht** Gebrauch und verlangt **statt der Herstellung** durch den Schädiger von diesem den für die Herstellung **erforderlichen Geldbetrag.**

Beispiel

Der Pkw der Studentin S wird bei einem Unfall durch das Fahrzeug von Prof. P stark beschädigt. Hier könnte S nach §§ 823 Abs. 1, 249 Abs. 1 BGB verlangen, dass Prof. P das Fahrzeug repariert. S kann aber auch nach § 249 Abs. 2 BGB von Prof. P den für die Reparatur erforderlichen Geldbetrag, also die Reparaturkosten, verlangen. Nichts gegen das handwerkliche Geschick von Professoren, aber sinnvollerweise wählt S die zweite Möglichkeit, zumal sie den Betrag nach § 115 Abs. 1 Nr. 1 VVG (Versicherungsvertragsgesetz) auch direkt von der Versicherung verlangen kann, bei der das Kfz von Prof. P haftpflichtversichert ist.

Die Möglichkeit, nach § 249 Abs. 2 BGB die Reparaturkosten zu verlangen, ist auch deshalb sehr beliebt, weil der Geschädigte das Geld unabhängig davon erhält, ob er die Reparatur tatsächlich durchführen lässt. Nach § 249 Abs. 2 S. 1 BGB ist nämlich der für die Reparatur **erforderliche Geldbetrag** *(„fiktive Betrag")* zu ersetzen. Deshalb kann und wird in vielen Fällen auf „Gutachterbasis" abgerechnet, zum Teil auch unter Vorlage von mehr oder weniger deutlich überhöhten „Kostenvoranschlägen" von Kfz-Werkstätten. Der Gesetzgeber hat – wohl auch deshalb – inzwischen in § 249 Abs. 2 S. 2 BGB geregelt, dass die Umsatzsteuer nur noch zu erstatten ist, wenn und soweit sie tatsächlich angefallen ist.

Fortsetzung des Beispiels

Nach dem Gutachten des Sachverständigen G, das von der Versicherung des Unfallverursachers akzeptiert wird, betragen die notwendigen Reparaturkosten 6.500,– € zzgl. Umsatzsteuer („Mehrwertsteuer"). Daraus folgt: Auch wenn S die Reparatur gar nicht, nur zum Teil oder nur provisorisch durchführen lässt, hat sie einen Anspruch auf den

Nettobetrag (6.500,– €). Die Umsatzsteuer bekommt S aber nur, soweit diese tatsächlich angefallen ist.

Wenn S das Fahrzeug beispielsweise nur notdürftig für 4.000,– € reparieren lässt, erhält sie dennoch den nach dem Gutachten für eine fachgerechte Reparatur *erforderlichen* Geldbetrag, also den vollen Nettobetrag in Höhe von 6.500,– €. Daneben bekommt sie die tatsächlich angefallene Umsatzsteuer, im Jahre 2010 also 19 % von 4.000,– €, mithin 760,– €. Insgesamt erhält sie damit (6.500,– € + 760,– €) = 7.260,– €.

Ein Anspruch auf den vollen Ersatz der fiktiven Reparaturkosten besteht nicht, wenn die Kosten den Wert des Fahrzeugs übersteigen und somit ein **wirtschaftlicher Totalschaden** vorliegt.

Bei einer „Abrechnung auf Gutachterbasis" wird in einem solchen Fall aber nur der Zeitwert des Fahrzeugs ersetzt. Dies kann für den Geschädigten sehr nachteilig sein, wenn er für diesen Betrag kein gleichwertiges Fahrzeug erwerben kann.

Wird die Reparatur ordnungsgemäß durchgeführt, gewährt die Rechtsprechung beim wirtschaftlichen Totalschaden einen Anspruch von **bis zu 30 % über dem Zeitwert** des Fahrzeugs[3].

Beispiel

Der Verkehrswert des Fahrzeugs beträgt 5.000,– €. Die erforderlichen Reparaturkosten laut Gutachten belaufen sich auf 6.000,– €. Damit liegt ein wirtschaftlicher Totalschaden vor. Erfolgt keine Reparatur, erhält der Geschädigte nur 5.000,– €, also den Verkehrswert des Fahrzeugs. Wird die Reparatur ordnungsgemäß durchgeführt, hat er Anspruch auf 6.000,– €, da der Betrag weniger als 30 % über dem Verkehrswert von 5.000,– € liegt.

Neben den reinen Reparaturkosten kann der Geschädigte für die Zeit, die die Reparatur beansprucht und in der er sein Fahrzeug nicht nutzen kann, die Kosten für die Anmietung eines **Ersatzfahrzeugs** verlangen. Verzichtet er auf ein Ersatzfahrzeug, kann er einen **Nutzungsausfall** geltend machen[4].

Vorsicht ist geboten bei der Anmietung eines Fahrzeugs zu einem **Unfallersatztarif (UET).** Diese von Autovermietern angebotenen „speziellen" Tarife liegen zum Teil erheblich über den Normaltarifen (NT), mit Erhöhungen zwischen 100 % bis manchmal sogar 365 %[5]. Hier läuft der Geschädigte Gefahr, dass die Kfz-Versicherung seines Unfallgegners und möglicherweise auch das angerufene Gericht zu der Auffassung gelangen, die durch den UET ausgelösten überhöhten Mietkosten seien **nicht erforderlich** im Sinne des § 249 Abs. 2 BGB und deshalb auch nicht zu ersetzen. Der Geschädigte muss nämlich seinen Schaden möglichst gering halten (sogenannte **Schadensminderungspflicht**). Von mehre-

---

[3] BGH NJW 2005, S. 1108, 1110.
[4] Palandt/Grüneberg, Bürgerliches Gesetzbuch, § 249 Rn. 40.
[5] Palandt/Grüneberg, Bürgerliches Gesetzbuch, § 249 Rn. 32.

ren Möglichkeiten hat er im Rahmen des Zumutbaren den wirtschaftlichsten Weg der Schadensbeseitigung zu wählen.

Dies setzt natürlich voraus, dass der Geschädigte überhaupt erkennen konnte, dass der UET überteuert war. Dafür kommt es nach der Rechtsprechung des BGH darauf an, ob ein vernünftiger und wirtschaftlich denkender Geschädigter unter dem Aspekt des Wirtschaftlichkeitsgebots nach einem günstigeren Tarif hätte fragen müssen. Dies ist der Fall, wenn er Bedenken gegen die Angemessenheit des ihm angebotenen UET haben muss, die sich insbesondere aus dessen Höhe ergeben können. Dabei kann es je nach Lage des Einzelfalls auch erforderlich sein, sich nach anderen Tarifen zu erkundigen und gegebenenfalls ein oder zwei Konkurrenzangebote einzuholen. In diesem Zusammenhang kann es auch eine Rolle spielen, wie schnell der Geschädigte ein Ersatzfahrzeug benötigt. Außerdem muss für den Geschädigten in der konkreten Situation die Möglichkeit bestanden haben, den Normaltarif zu wählen. Allein das allgemeine Vertrauen darauf, der ihm vom Autovermieter angebotene Tarif sei „auf seine speziellen Bedürfnisse zugeschnitten", rechtfertigt es dagegen nicht, zulasten des Schädigers und seines Haftpflichtversicherers überhöhte und nicht durch unfallbedingte Mehrleistungen des Vermieters gedeckte Unfallersatztarife zu akzeptieren[6].

Praxistipp

Nach ständiger Rechtsprechung kann der Geschädigte, der ein Fahrzeug zum Unfallersatztarif (UET) mietet, von Ausnahmen abgesehen nur die Sätze des Normaltarifs verlangen[7]. Sofern es die Umstände zulassen, sollte vor der Anmietung eines Ersatzfahrzeugs nach dem Normaltarif gefragt werden und es sollten zwei bis drei Vergleichsangebote eingeholt und dokumentiert werden.

Bei **gebrauchten** Sachen hat der Geschädigte einen **„Abzug neu für alt"** hinzunehmen, wenn er statt der gebrauchten Sache die Mittel für die Anschaffung einer ganz neuen Sache erhält, etwa bei stark gebrauchter Kleidung und bei Schuhen. Ob und welcher Abzug erfolgt, ist im Einzelfall zu entscheiden und kann insbesondere bei geringen Abzügen vom Gericht geschätzt werden (§ 287 Abs. 1 ZPO – Zivilprozessordnung –).

23.3.2 Erweiterungen durch §§ 250, 251 BGB

Die §§ 250, 251 BGB betreffen bestimmte Sonderfälle, in denen der Gläubiger – nach Fristsetzung bzw. ohne Fristsetzung – eine Entschädigung in Geld verlangen kann, auch wenn die Voraussetzungen des § 249 Abs. 2 BGB nicht gegeben sind. Wichtigster Fall ist in der Praxis der Anspruch auf den **merkantilen Minderwert** bei einem beschädigten Kfz. Ersetzt wird nach § 251 Abs. 1 BGB der Betrag, um den der Wert des Fahrzeugs auch nach einer sachgemäßen Reparatur gemindert ist, weil es nunmehr ein Unfallfahrzeug ist, für das bei einem ge-

6 BGH NJW 2007, S. 1122, Rn. 11.
7 Palandt/Grüneberg, Bürgerliches Gesetzbuch, § 249 Rn. 32 m. Rspr. Nachw.

dachten oder tatsächlichen Verkauf ein geringerer Kaufpreis erzielt wird. Dieser Anspruch besteht unabhängig davon, ob eine Reparatur durchgeführt wird.

23.3.3 Entgangener Gewinn (§ 252 BGB)

§ 252 S. 1 BGB stellt klar, dass der zu ersetzende Schaden auch den durch das Schadensereignis entgangenen Gewinn umfasst. Satz 2 enthält zugunsten des Geschädigten eine Beweiserleichterung: Er muss nicht bis ins Letzte hinein den vollen Beweis führen, welchen Gewinn er *nicht* erzielt hat. Vielmehr gilt der Gewinn als entgangen, der nach dem „gewöhnlichen Lauf der Dinge oder nach den besonderen Umständen, insbesondere nach den getroffenen Anstalten und Vorkehrungen, mit Wahrscheinlichkeit erwartet werden konnte."

Beispiel

Aufgrund eines Verkehrsunfalls muss ein Taxi für vier Tage in die Reparaturwerkstatt. Hier kann der Taxifahrer nicht nachweisen, wie viele Kunden und welche Fahrten er in dieser Zeit genau gehabt und welchen Gewinn er exakt erzielt hätte. Deshalb wird nach § 252 S. 2 BGB ein durchschnittlicher Betrag angesetzt. Die Richter können einen Sachverständigen beauftragen oder – insbesondere bei kleinen Schäden – auch „über den Daumen", gestützt auf Erfahrungswerte, eine Schätzung vornehmen (§ 287 Abs. 1 ZPO).

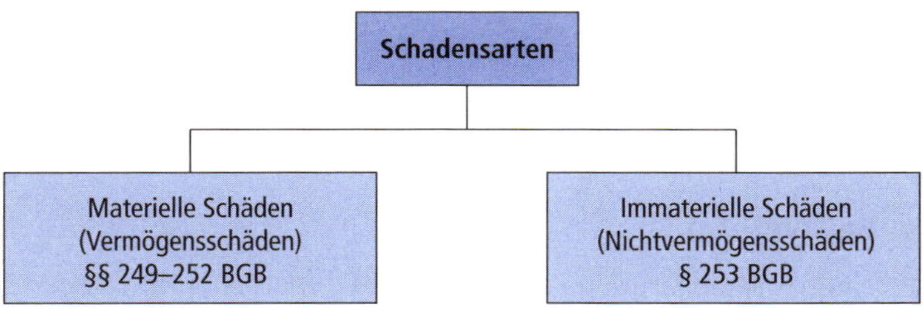

Abbildung 23.2: Schadensarten

23.3.4 Immaterieller Schaden (§ 253 BGB)

Das BGB unterscheidet zwischen materiellen und immateriellen Schäden.

Materielle Schäden – auch **Vermögensschäden** genannt – sind solche, die sich in Euro und Cent konkret bestimmen lassen. Typische Beispiele sind Reparaturkosten, Heilungskosten (Krankenhauskosten, Zuzahlung für Medikamente, Fahrten mit dem Taxi zum Arzt), Verdienstausfall und entgangener Gewinn. Selbst wenn hier zum Teil eine Schätzung erfolgen sollte (§ 287 Abs. 1 ZPO), kommt im Ergebnis ein bestimmter Betrag heraus. **Immaterielle Schäden** – auch **Nichtvermögensschäden** – lassen sich hingegen nicht konkret in Geld bestimmen und mit Geld auch nicht angemessen ausgleichen.

Beispiele

- A wird bei einem Unfall erheblich verletzt, unter anderem muss ein Arm amputiert werden. Die Behandlungskosten und der Verdienstausfall sind materielle Schäden, die sich berechnen lassen. Die Schmerzen, die A zu erleiden hat, und die entgangene Lebensfreude (A ist aktiver Hobby-Basketballspieler) sind immaterielle Schäden, die nicht konkret berechnet werden können.
- Infolge einer Schlägerei hat B immer wieder, besonders bei Wetterumschwüngen, starke Kopfschmerzen bis hin zu stundenlangen Migräneanfällen. Wenn B seinen Beruf wegen der Schmerzen nicht mehr (voll) ausüben kann, liegt ein materieller Schaden vor. Die Kopfschmerzen als solche stellen hingegen einen immateriellen Schaden dar.

Gemäß § 253 Abs. 1 BGB kann für immaterielle Schäden (Nichtvermögensschäden) Schadensersatz nur dann verlangt werden, wenn diese Rechtsfolge im Gesetz – das heißt in einem bestimmten Paragrafen – ausdrücklich bestimmt ist. Wenn es keine gesetzliche Regelung gibt, bekommt der Verletzte zwar seinen materiellen Schaden ersetzt (nach §§ 249–252 BGB), nicht aber einen daneben oder ausschließlich bestehenden immateriellen Schaden. Die für die Praxis wichtigste Regelung zu Nichtvermögensschäden enthält **§ 253 Abs. 2 BGB.** Im Falle der **Verletzung des Körpers,** der **Gesundheit,** der **Freiheit** und der **sexuellen Selbstbestimmung** kann vom Schädiger auch für den immateriellen Schaden eine billige – gemeint ist eine *angemessene* – Entschädigung in Geld gefordert werden. Der bei einem Unfall Verletzte erhält also neben dem Ersatz seiner materiellen Schäden auch eine Entschädigung für die erlittenen Schmerzen **(„Schmerzensgeld“).** Ein solcher Anspruch kann auch bestehen, wenn es bei der Durchführung von Verträgen zu Verletzungen kommt.

Beispiel

Aufgrund unsorgfältig ausgeführter Dacharbeiten durch den Unternehmer U lösen sich einige Dachpfannen und verletzen den Besteller B (Auftraggeber). Hier kommen für B Ansprüche aus Vertrag (§ 280 Abs. 1 BGB) und aus Gesetz (u. a. § 823 Abs. 1 BGB) in Betracht. Nach beiden Anspruchsgrundlagen kann B Ersatz der materiellen Schäden gemäß §§ 249–252 BGB **und** – weil eine Körperverletzung vorliegt – gemäß § 253 Abs. 2 BGB Ersatz der immateriellen Schäden („Schmerzensgeld“) von U verlangen.

Ein großes Problem besteht in der Bemessung einer *angemessenen* Entschädigung. Die Schmerzensgeldbeträge, die in Deutschland zugesprochen werden, sind eher gering, insbesondere wenn man einen Vergleich mit den **USA** zieht, wobei dort aber die materiellen Schäden zum Teil eingeschlossen sind. Die deutschen Gerichte orientieren sich an Schmerzensgeldtabellen, also daran, welchen Betrag andere Gerichte in vergleichbaren Fällen zugesprochen haben[8].

Eine weitere Regelung zum Ersatz des immateriellen Schadens enthält § 651 f. Abs. 2 BGB[9], der dem Urlauber bei einer vereitelten oder erheblich beeinträchtigten **Reise** einen Anspruch auf eine angemessene Entschädigung in Geld gibt.

Eine dritte, im BGB nicht enthaltene, aber **gewohnheitsrechtlich** anerkannte Fallgruppe bildet ein Eingriff in das **Allgemeine Persönlichkeitsrecht (APR)**[10]. Hier wird eine Entschädigung zugesprochen, obwohl § 253 Abs. 1 BGB dem eigentlich entgegensteht. In diesem Fall setzt sich das „Richterrecht" (insbesondere vom Bundesverfassungsgericht und vom Bundesgerichtshof entwickelt) über das positive, also schriftlich fixierte Recht hinweg. Nach dieser Rechtsprechung handelt es sich bei der Entschädigung im Falle einer Verletzung des Allgemeinen Persönlichkeitsrechts nicht um einen Schmerzensgeldanspruch nach § 847 BGB alte Fassung, jetzt § 253 Abs. 2 BGB, sondern um einen Rechtsbehelf, der auf Art. 1 GG (Menschenwürde) und Art. 2 Abs. 1 GG (Handlungsfreiheit) zurückgeht[11].

Eine Geldentschädigung setzt dabei voraus, dass eine schwerwiegende Verletzung des Persönlichkeitsrechts vorliegt *und* die Beeinträchtigung nach Art der Verletzung nicht in anderer Weise **(Unterlassung, Gegendarstellung, Widerruf)** befriedigend ausgeglichen werden kann[12]. Sehr häufig sind es Prominente aus Film, Funk, Medien und aus Fürstenhäusern, die – unterstützt von spezialisierten Rechtsanwälten – Verfahren gegen die „Regenbogenpresse" („Yellow Press") anstrengen und auch gewinnen. Die ausgeurteilten Beträge haben in den letzten Jahren zugenommen, weil die Gerichte immer stärker berücksichtigen, welche Auflagensteigerung eine Zeitschrift durch den Eingriff in das Persönlichkeitsrecht erzielt hat und so eine Art „Gewinnabschöpfung" vornehmen[13]. Zahlreiche Klagen hat dabei **Prinzessin Caroline** von Hannover (vormals Monaco) erhoben, wobei sie häufig „standesgemäß" von einem Hamburger **Rechtsanwalt** namens **Prinz** vertreten wurde.

23.3.5 Mitverschulden (§ 254 BGB)

Insbesondere bei Verkehrsunfällen bekommen die Beteiligten ihre Schäden häufig nicht vollständig ersetzt, weil sie an der Verursachung des Unfalls ein Mitverschulden trifft. Die gesetzliche Regelung für die Begrenzung der An-

---

8 Vgl. Hacks/Ring/Böhm, Schmerzensgeldbeträge, 28. Aufl., Bonn 2009; Slizyk, Beck'sche Schmerzensgeldtabelle, 6. Aufl., München 2010; Jaeger/Luckey, Schmerzensgeld, 5. Aufl., Münster 2009.

9 Hier gemeint: § 651 Buchstabe f).

10 Zu den Voraussetzungen des Anspruchs vgl. S. 389 ff.

11 BGH NJW 1995, S. 861, 865.

12 Vgl. BGH NJW 2005, S. 58, 59.

13 Vgl. BGH NJW 1995, S. 861, 865.

sprüche enthält § 254 Abs. 1 BGB[14]. Die kompliziert zu lesende Vorschrift sagt Folgendes: Wenn der Geschädigte eine Mitschuld an der Verursachung des erlittenen Schadens trägt, wird sein Anspruch gegen den Schädiger im Umfang seiner Mitverursachung anteilig gekürzt.

Beispiel

A fährt mit seinem Pkw auf einer vorfahrtsberechtigten Straße. Versehentlich hat er den rechten „Blinker" gesetzt, obwohl er geradeaus weiterfahren möchte. Der wartepflichtige B will auf diese Straße einbiegen und geht aufgrund des gesetzten Blinkers davon aus, dass A abbiegen werde. B fährt also unter Missachtung des „Vorfahrt gewähren"-Schildes auf die Straße, sodass es zu einem Zusammenstoß der Fahrzeuge kommt. Der Schaden des A beträgt 6.000,– €, der des B 9.000,– €. Wer bekommt von wem wie viel Schadenersatz?

Hier haben beide Parteien wechselseitig Ansprüche gegeneinander. A schuldet B aus § 823 Abs. 1 BGB Schadensersatz, B ist A ebenfalls aus § 823 Abs. 1 BGB schadensersatzpflichtig, weil beide durch ihre Handlung das Eigentum des jeweils anderen widerrechtlich und schuldhaft (fahrlässig) verletzt haben. A hätte den „Blinker" abstellen müssen, B durfte nicht „blind" darauf vertrauen, dass A abbiegen wird. B hat außerdem seine Wartepflicht verletzt. Eine weitere Anspruchsgrundlage gegen A und B als Fahrer bildet § 18 Abs. 1 StVG (Straßenverkehrsgesetz). Gegen die jeweiligen Halter der Fahrzeuge ergeben sich die wechselseitigen Ansprüche zusätzlich aus § 7 Abs. 1 StVG, und zwar unabhängig davon, ob die Beteiligten ein Verschulden trifft (Fall der Gefährdungshaftung).

Um die Schäden auszugleichen, ist für alle Anspruchsgrundlagen zunächst die Mitverschuldensquote zu bilden. In vergleichbaren Fällen hat die Rechtsprechung dem „blinkenden" A ⅓ und dem die Vorfahrt verletzenden und wartepflichtigen B ⅔ Mitverschulden angelastet. Jetzt werden nicht beide Schäden „in einen Topf geworfen", sondern jeder Schaden wird einzeln betrachtet und unter Beachtung der Quote berechnet. Deshalb bekommt A (⅓ Mitverschulden) seinen Schaden von B nur zu ⅔ ersetzt, erhält also von 6.000,– € nur 4.000,– €. B muss ⅔ seines Schadens selbst tragen, bekommt also von 9.000,– € nur 3.000,– € von A. Diese Quote wird auch zugrunde gelegt, wenn es um den Ersatz des immateriellen Schadens, also um Schmerzensgeld geht.

14 Vgl. auch § 846 BGB.

Kapitel 24
Ungerechtfertigte Bereicherung

Lernziele dieses Kapitels

Was kommt in diesem Kapitel auf Sie zu? Es geht um den Ausgleich von Vermögensverschiebungen, für die es keinen Rechtsgrund, insbesondere keinen Vertrag gibt. Ein klassischer Fall liegt vor, wenn ein Kaufvertrag angefochten wird, sich die Ware aber noch beim Käufer und der Kaufpreis beim Verkäufer befinden. Hier sorgen die §§ 812 ff. BGB für einen Ausgleich.

24.1 Grundlagen

Die Regelungen des Rechts der ungerechtfertigten Bereicherung (§§ 812 ff. BGB) dienen dem Ausgleich eines Vermögenszuwachses (eines *Mehr* im Vermögen), der sich zu Unrecht („ohne rechtfertigenden Grund") im Vermögen einer Person befindet. Im Gegensatz dazu betrifft das zuvor behandelte Deliktsrecht (§§ 823 ff. BGB) den Ersatz von Schäden und damit den Ausgleich eines Vermögensnachteils (eines *Minus* im Vermögen).

Der Anwendungsbereich der §§ 812 ff. BGB ist sehr breit, es gibt zahlreiche Fallgruppen. Wichtig ist die grundlegende Unterscheidung zwischen den Fällen der „Leistungskondiktion" und den Fällen der „Kondiktionen in sonstiger Weise". Das Wort „Kondiktion" bedeutet dabei Rückgabeverlangen.

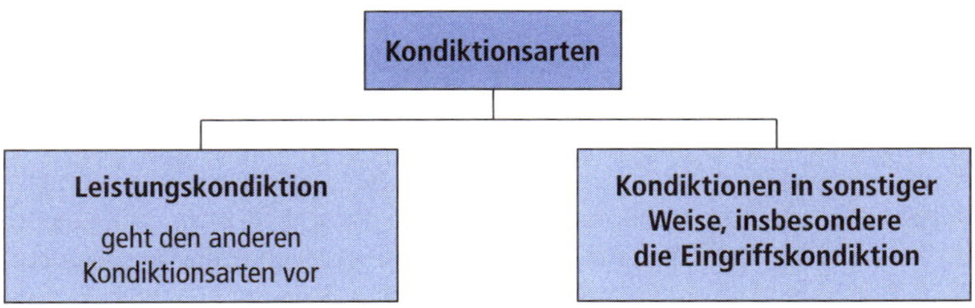

Abbildung 24.1: Kondiktionsarten

Merke

Eine **Leistungskondiktion** liegt vor, wenn eine Bereicherung dadurch eingetreten ist, dass (irgend-)jemand eine *Leistung* an den Bereicherten erbracht hat. Die wichtigste Kondiktionsart der anderen Gruppe („in sonstiger Weise") bildet die **Eingriffskondiktion.**

Beispiele

- Hauseigentümer E und Handwerker H schließen einen Vertrag über Arbeiten am Haus des E. Dabei vereinbaren sie, „dass sie das Finanzamt da ganz raushalten wollen". Dieser Vertrag ist auf eine Steuerhinterziehung gerichtet und deshalb nach § 134 Abs. 1 BGB nichtig[1]. Wenn H gleichwohl **Leistungen** erbringt, erfolgen diese ohne wirksamen Vertrag und damit „ohne rechtlichen Grund" **(Fall der Leistungskondiktion).**
- X wohnt in einem Studentenheim mit einer Gemeinschaftsküche. Wenn kein anderer Bewohner in der Nähe ist, bedient X sich gerne aus einem fremden Kühlschrank. Hier liegt ein **Eingriff** des X in das Eigentum eines anderen vor **(Fall der Eingriffskondiktion).**

24.2 Voraussetzungen

Merke

Die Voraussetzungen und die Rechtsfolge eines Anspruchs aus ungerechtfertigter Bereicherung nach § 812 Abs. 1 S. 1 BGB sind:

P1: Jemand muss **etwas erlangt** haben

P2: durch Leistung eines anderen (1. Fall) **oder** in **sonstiger Weise auf dessen Kosten** (2. Fall)

P3: ohne rechtlichen Grund (ohne Rechtsgrund).

Rechtsfolge: Herausgabe des Erlangten gemäß § 812 Abs. 1 S. 1 BGB.

24.2.1 Etwas erlangt

Derjenige, gegen den der Anspruch geltend gemacht wird, muss „etwas erlangt" haben. „Etwas" ist jeder Vermögensvorteil, den jemand erhält. Um festzustellen, ob ein Vermögenszuwachs erfolgt ist, ist das Vermögen, wie es **vor** der Handlung bestand, mit dem Vermögen **nach** der maßgeblichen Handlung zu vergleichen. Hat ein Zuwachs stattgefunden, ist das Merkmal „etwas erlangt" erfüllt. Neben einer Erhöhung der Aktiva kommt auch eine Verringerung der Passiva in Betracht.

Merke

„Etwas erlangt" ist jeder **Vermögensvorteil,** wie der Erwerb von Eigentum, Besitz, einer Forderung, der Erhalt von Dienst- und Werkleistungen, aber auch die Verringerung von Schulden.

[1] Zu Einzelheiten vgl. S. 44.

24.2.2 Durch Leistung oder in sonstiger Weise auf Kosten eines anderen

Das „etwas Erlangte" muss auf der **Leistung** der Person beruhen, die die Herausgabe begehrt (1. Fallgruppe), oder in sonstiger Weise auf Kosten dieser Person erlangt worden sein (2. Fallgruppe). Nicht ausreichend ist es, wenn ein Dritter die Leistung erbracht hat. Die Herausgabe kann immer nur **der Leistende** oder der, **auf dessen Kosten** etwas erlangt wurde, verlangen.

Leistung

Merke

Leistung ist eine gewollte und zweckgerichtete Vermehrung fremden Vermögens (Fallgruppe die „Leistungskondiktion").

Beispiele

- V und K schließen einen Kaufvertrag über einen Lkw. Anschließend liefert V das Fahrzeug aus und übereignet es gemäß § 929 S. 1 BGB an K. Damit hat V freiwillig („gewollt") das Eigentum an der Kaufsache auf K übertragen, um dadurch („zweckgerichtet") seine durch den Kaufvertrag gemäß § 433 Abs. 1 BGB begründete Verpflichtung zu erfüllen. K hat durch die **Leistung** des V etwas erlangt, nämlich das Eigentum und den Besitz am Lkw.
- Käufer K erteilt seiner Bank einen Überweisungsauftrag, um einen Kaufpreis an Verkäufer V zu bezahlen. Hier erlangt V die Gutschrift auf seinem Konto durch eine Leistung des K, da dieser – und nicht die eingeschaltete Bank – der Leistende ist. Denn die Bank tätigt die Überweisung aus Mitteln des K, falls dessen Konto eine ausreichende Deckung aufweist. Anderenfalls stellt die Bank dem K einen entsprechenden Betrag als Überziehungskredit zur Verfügung.

In sonstiger Weise auf Kosten eines anderen

Alternativ zur Leistung kann ein Erwerb in **„sonstiger Weise auf Kosten"** eines anderen, also des Anspruchstellers, vorliegen. In diese Fallgruppe fallen zahlreiche, recht unterschiedliche Fälle, in denen jemand „etwas erlangt", **ohne** dass eine *Leistung* vorliegt („Kondiktionen in **sonstiger Weise**"). Den wichtigsten Fall bildet die **„Eingriffskondiktion".**

Beispiele

- Wenn jemand einen Eimer Farbe, den er gestohlen hat, verbraucht, dann hat er wirtschaftlich „etwas erlangt", nämlich die ersparten Aufwendungen für einen Kauf der Farbe. Dieser Vermögenszuwachs ist *nicht* durch eine Leistung des Eigentümers, sondern „in sonstiger Weise auf dessen Kosten" erfolgt, nämlich durch einen Eingriff in das Eigentumsrecht.

- Jemand vertreibt ohne Erlaubnis des Urhebers Computersoftware über das Internet. Hier liegt ein Eingriff in das Urheberrecht vor, der – neben möglichen Schadensersatzansprüchen (§ 97 UrhG – Urheberrechtsgesetz) und strafrechtlichen Folgen (§§ 106 ff. UrhG) – Ansprüche aus ungerechtfertigter Bereicherung auslöst.

Für das Verhältnis der „Leistungskondiktion" zu den anderen Kondiktionsarten ist zu beachten, dass immer dann, wenn die Vermögensverschiebung durch eine Leistung *einer* (im Sinne von *irgendeiner*) Person erfolgt ist, die Fallgruppe „in sonstiger Weise auf Kosten eines anderen" *nicht* mehr zu prüfen ist.

Merke

Die Leistungskondiktion verdrängt die anderen Kondiktionsarten. Wenn die Leistung irgendeiner Person vorliegt, ist die Kondiktion „in sonstiger Weise" nicht mehr zu prüfen.

Beispiel

M hat vom Eigentümer E eine Sache gemietet. M übereignet diese Sache an den gutgläubigen G, der nach §§ 929, 932 BGB das Eigentum erwirbt. Kann der bisherige Eigentümer E die Sache vom neuen Eigentümer G aus § 812 Abs. 1 S. 1 BGB herausverlangen?

G hat **etwas erlangt**, nämlich den Besitz und das Eigentum an der Sache.

Dies müsste durch eine Leistung des E oder in sonstiger Weise auf Kosten des E geschehen sein.

Aus der Sicht des G, auf die es ankommt, hat jedoch nicht E, sondern M geleistet.

Der Erwerb des Eigentums ist gleichwohl **in sonstiger Weise** auf Kosten des E erfolgt.

Da aber eine **Leistung des M** vorliegt, ist die Fallgruppe „in sonstiger Weise auf Kosten" wegen des Vorrangs der Leistungskondiktion „gesperrt", also nicht zu prüfen. G muss die Sache deshalb nicht nach § 812 Abs. 1 S. 1 BGB an E herausgeben. Er kann sie vielmehr behalten, weil er gutgläubig deren Eigentümer geworden ist[2].

24.2.3 Ohne rechtlichen Grund

Merke

Das Merkmal „ohne rechtlichen Grund" ist erfüllt, wenn für eine Vermögensverschiebung **kein Rechtsgrund** vorhanden ist.

[2] Zum gutgläubigen Erwerb vgl. S. 456 ff.

4. Teil Gesetzliche Schuldverhältnisse

Wenn sich nach Durchführung eines Vertrags herausstellt, dass der Vertrag nichtig ist – zum Beispiel wegen Formmangels (§ 125 Abs. 1 BGB)[3], wegen Verstoßes gegen ein gesetzliches Verbot (§ 134 BGB)[4], wegen Sittenwidrigkeit (§ 138 BGB)[5] oder infolge einer Anfechtung (§ 142 BGB)[6] –, dann sind die von den Parteien erbrachten Leistungen „ohne Rechtsgrund" erfolgt. Sie müssen deshalb nach § 812 Abs. 1 S. 1 BGB herausgegeben werden. Ein nichtiger Kaufvertrag bildet nämlich gerade keinen Rechtsgrund für das Behaltendürfen der Leistungen.

Beispiel

V und K haben einen Kaufvertrag über ein gebrauchtes Kfz geschlossen. Nach drei Jahren erfährt K, dass V ihm arglistig einen Unfall verschwiegen hat. K entscheidet sich keine Ansprüche aus § 437 BGB wegen eines Sachmangels geltend zu machen, sondern den Kaufvertrag nach § 123 Abs. 1 BGB anzufechten. Nach Erklärung der Anfechtung gilt der Vertrag als von Anfang an nichtig (§ 142 Abs. 1 BGB). Damit ist K aber nicht geholfen, weil er den Kaufpreis noch nicht zurückerhalten hat.

Lösungsskizze

1. Anspruch des K auf die Rückzahlung des Kaufpreises von V gemäß § 812 Abs. 1 S. 1 BGB

P1: V hat etwas erlangt (den Kaufpreis)

P2: durch Leistung des K (freiwillige und zweckgerichtete Vermehrung fremden Vermögens durch die Zahlung des Kaufpreises zur Erfüllung des Kaufvertrags)

P3: ohne rechtlichen Grund (Kaufvertrag gilt infolge der Anfechtung nach § 142 Abs. 1 BGB als von Anfang an nichtig).

Rechtsfolge: K steht ein Anspruch auf Rückzahlung des Kaufpreises gegen V aus § 812 Abs. 1 S. 1 BGB zu.

2. Anspruch des V auf die Rückübereignung des Fahrzeugs und Besitzübertragung von K gemäß § 812 Abs. 1 S. 1 BGB

P1: K hat etwas erlangt (Eigentum und Besitz am Kfz)

P2: durch Leistung des V (freiwillige und zweckgerichtete Vermehrung fremden Vermögens durch die Übertragung des Eigentums und die Besitzverschaffung am Kfz zur Erfüllung des Kaufvertrags)

P3: ohne rechtlichen Grund (Kaufvertrag gilt nach § 142 Abs. 1 BGB als von Anfang an nichtig).

Rechtsfolge: V steht ein Anspruch auf Rückübereignung des Fahrzeugs und Besitzübertragung gegen K zu.

---

3 Vgl. S. 129 f.
4 Vgl. S. 43 ff.
5 Vgl. S. 45 ff.
6 Vgl. S. 103 f.

Umfang des Herausgabeanspruchs

Nach § 812 Abs. 1 S. 1 BGB muss „das Erlangte" herausgegeben werden. Dies kann zum Beispiel das Eigentum an einer Sache und/oder der Besitz an der Sache sein oder ein gezahlter Kaufpreis.

Ergänzend gilt **§ 818 BGB,** der eine ähnliche Funktion wie die §§ 249 ff. BGB erfüllt, da er Einzelheiten zum Umfang der Herausgabepflicht regelt. Nach § 818 Abs. 1 BGB erstreckt sich die Verpflichtung zur Herausgabe auf die gezogenen **Nutzungen** sowie auf dasjenige, was der Empfänger aufgrund eines erlangten Rechts oder als Ersatz für die Zerstörung, Beschädigung oder Entziehung des erlangten Gegenstands erwirbt. Wenn die Herausgabe wegen der Beschaffenheit des Erlangten nicht möglich ist oder der Empfänger aus einem anderen Grund zur Herausgabe außerstande ist, hat er nach § 818 Abs. 2 BGB **Wertersatz** zu leisten.

Fortsetzung des obigen Beispiels

Wenn V mit dem Kaufpreis, über den er drei Jahre verfügen konnte, Schulden getilgt und dadurch Zinsen erspart hat, umfasst der Herausgabeanspruch des K diese Vorteile (§ 818 Abs. 1 BGB). Da K Vorteile aus der Nutzung des mangelhaften Pkw gezogen hat, sind diese nach § 818 Abs. 2 BGB in Verbindung mit Absatz 1 an V herauszugeben. Allerdings besteht, was im Detail sehr kompliziert ist[7], im Fall der arglistigen Täuschung häufig ein Schadensersatzanspruch des Käufers gegen den Verkäufer aus § 823 Abs. 2 i. V. m. § 263 Strafgesetzbuch (StGB, Betrug) und aus § 826 BGB, der einen Bereicherungsanspruch des Verkäufers wegen der Nutzungen ausschließt. Im Ergebnis bekommt der Käufer deshalb den vollen Kaufpreis, ggf. zuzüglich Zinsen, gegen Rückgabe des mangelhaften Fahrzeuges zurück.

Ein Wertersatzanspruch nach § 818 Abs. 2 BGB kommt auch in Betracht, wenn Arbeitsleistungen erbracht worden sind, da diese ja nicht zurückgegeben werden können.

Beispiel

Wenn ein Handwerker nach Feierabend oder am Wochenende „schwarz" auf dem Bau arbeitet, ist der Vertrag nach § 134 BGB nichtig. Die Nichtigkeit ergibt sich einmal daraus, dass der Vertrag auf eine **Steuerhinterziehung** gerichtet ist. Sofern ein nach der Handwerksordnung zulassungspflichtiges Handwerk ausgeübt wird, folgt die Nichtigkeit bei fehlender Meisterprüfung außerdem daraus, dass der Handwerker gegen das **„Schwarzarbeitsgesetz"** verstößt[8]. Infolge der Nichtigkeit des Vertrags steht dem Handwerker kein vertraglicher Vergütungsanspruch aus § 631 BGB zu. Der Bundesgerichtshof (BGH) lässt aber entgegen § 817 BGB aus Gründen der Gerechtigkeit seit einigen

7 BGH NJW 1962, S. 1909, 1910.

8 Gesetz zur Bekämpfung der Schwarzarbeit und der illegalen Beschäftigung, BGBl. I 2004, S. 1842 ff.

Jahren einen Anspruch des „Schwarzarbeiters" aus ungerechtfertigter Bereicherung zu (§812 Abs.1 S.1 BGB). Der Anspruch ist allerdings geringer als der Vergütungsanspruch aus einem wirksam vereinbarten Werkvertrag gemäß §631 BGB[9]. Da eine Herausgabe der Arbeitsleistungen nicht möglich ist, ist die Höhe des Anspruchs nach §818 Abs.2 BGB zu bestimmen.

24.3 Verfügung eines Nichtberechtigten

Die Verfügung eines Nichtberechtigten wird in §816 Abs.1 BGB geregelt. Diese spezielle Anspruchsgrundlage geht §812 Abs.1 BGB vor. Falls also ein Anspruch aus §816 Abs.1 BGB in Betracht kommt, ist diese Vorschrift **vor §812 BGB** zu prüfen. Die Voraussetzungen und die Rechtsfolge des §816 Abs.1 S.1 BGB sind:

P1: Ein Nichtberechtigter hat eine **Verfügung** getroffen,

P2: die Verfügung muss **dem Berechtigten gegenüber wirksam** sein,

P3: der Nichtberechtigte muss durch die Verfügung **etwas erlangt** haben.

Rechtsfolge: Der Nichtberechtigte ist dem Berechtigten gegenüber zur Herausgabe des Erlangten verpflichtet.

Einzelheiten zu §816 Abs.1 BGB werden zum besseren Verständnis in Zusammenhang mit dem gutgläubigen Erwerb dargestellt[10].

§816 Abs.2 BGB betrifft den Fall, dass eine Leistung, die an einen **Nichtberechtigten** erbracht wird, dem Berechtigten gegenüber wirksam ist. Die Vorschrift ist in Zusammenhang mit der Forderungsabtretung bereits angesprochen worden[11].

9 BGH NJW 1990, S.2542, 2543.
10 Vgl. S.467f.
11 Vgl. S.165.

5. Teil

Sachenrecht

Gliederung des 5. Teils

Kapitel 25
Grundlagen des Sachenrechts

Lernziele dieses Kapitels
Was kommt in diesem Kapitel auf Sie zu? Sie werden einen großen Sprung machen! Und zwar vom zweiten in das dritte Buch (große Kapitel) des BGB, das „Sachenrecht". Nach dem „Allgemeinen Teil" (Erstes Buch) mit seinen allgemeinen, für das gesamte BGB geltenden Regelungen – zum Beispiel zum Vertragsabschluss (§§ 145 ff. BGB) und zur Vertretung (§§ 164 ff. BGB) – und dem Zweiten Buch, dem „Recht der Schuldverhältnisse", folgt jetzt also der dritte große Teil des BGB.

25.1 Einführung

Das dritte Buch des BGB befasst sich, wie der Name schon sagt, mit „Sachen". Dabei geht es insbesondere darum, wer welche Rechte an einer Sache hat und wie diese Rechte erworben werden. Man spricht im Sachenrecht von dinglichen Rechten (auch „absoluten Rechten"), weil diese Rechte gegenüber jedermann bestehen. Das umfassendste dingliche Recht ist das **Eigentumsrecht.** Daneben gibt es eine Reihe von **„beschränkten dinglichen Rechten"**, zum Beispiel Pfandrechte an beweglichen Sachen oder an Grundstücken (Hypothek und Grundschuld).

Die Abgrenzung zwischen dem Buch „Recht der Schulverhältnisse" (§§ 241–853 BGB) und dem Buch „Sachenrecht" (§§ 854–1296 BGB) lässt sich vereinfacht wie folgt beschreiben:

Merke

Das **Schuldrecht** gibt eine Antwort darauf, ob eine Person (Schuldner) einer anderen Person (Gläubiger) etwas *schuldet* (Kaufpreis, Schadensersatz). Es regelt damit die Beziehungen zwischen (mindestens) zwei Personen. **Ansprüche** bestehen nur zwischen *diesen* Personen. Man spricht von **relativen** oder auch **schuldrechtlichen Ansprüchen.**

Das **Sachenrecht** regelt hingegen die Beziehung zwischen *einer* Person und einer Sache, zum Beispiel, wer der **Eigentümer** der Sache ist. Die aus dem Eigentum fließenden Rechte bestehen gegenüber *jedermann*; sie werden **absolute** oder auch **dingliche Rechte** genannt.

In der Praxis werden die beiden zentralen Begriffe des Sachenrechts – „Eigentum" und „Besitz" – häufig falsch verwendet. Wenn vom Haus*besitzer* die Rede ist, ist fast immer der Haus*eigentümer* gemeint. Eine Suche in Google zum Begriff „Haus- und Grund*besitzer*" ergab ungefähr 164.000 Nachweise[1], obwohl

---

[1] Durchgeführt am 04.08.2010, 11.34 Uhr.

es korrekt „Haus- und Grund*eigentümer*“[2] heißen müsste. Denn gemeint sind die Eigentümer der Häuser und nicht lediglich deren Besitzer. Folglich sind in den „Haus- und Grund*besitzer*vereinen“ die Eigentümer von Immobilien zusammengeschlossen und nicht deren Besitzer, also die Mieter. Diese können einem Mieterverein beitreten.

25.2 Eigentum

Der Begriff „Eigentum“ drückt eine **rechtliche** Beziehung (ein rechtliches Band) zwischen einer Person und einer Sache aus.

Merke

Eigentümer ist derjenige, dem eine Sache **gehört.**

Dem Eigentümer stehen umfassende Rechte an seiner Sache zu. Nach § 903 BGB kann er, soweit nicht das Gesetz oder Rechte Dritter entgegenstehen, mit seiner Sache nach Belieben verfahren und andere von jeder Einwirkung ausschließen. Ein wichtiges Recht des Eigentümers besteht darin, dass er seine Sache veräußern und belasten darf. Er darf die Sache grundsätzlich auch zerstören. Seine Rechte sind allerdings beschränkt, sofern das Gesetz oder Rechte Dritter entgegenstehen.

Beispiele

- Der Eigentümer eines Tieres – bei Tieren handelt es sich juristisch um Sachen – hat bei der Ausübung seiner Befugnisse die besonderen Vorschriften zum Schutz der Tiere zu beachten, insbesondere das Tierschutzgesetz (TierSchG).
- Der Eigentümer eines Autos darf das Auto, wenn es ihm nicht mehr gefällt, zwar grundsätzlich zerstören, er darf es aber nicht auf dem Standstreifen der Autobahn anzünden oder eine andere Umweltgefährdung herbeiführen.
- Dem Eigentümer einer Musikanlage ist es nicht gestattet, diese Anlage so laut zu betreiben, dass die Nachbarn durch den Lärm gestört werden.

25.3 Besitz

25.3.1 Grundlagen

„Besitz“ drückt eine **tatsächliche** Beziehung zwischen einer Person und einer Sache aus (vgl. § 854 Abs. 1 BGB zum Besitzerwerb).

[2] Die zeitgleich durchgeführte Suche nach „Haus- und Grund*eigentümer*“ führte „nur“ zu ungefähr 49.900 Nachweisen.

Merke

Besitzer ist derjenige, der die **tatsächliche Gewalt** über eine Sache ausübt (der die Sache *hat*!).

Für die Frage, ob jemand Besitzer ist, kommt es *nicht* darauf an, ob er auch ein *Recht* zum Besitz hat.

Beispiele

- Der Mieter einer Sache ist deren **rechtmäßiger** Besitzer, der Vermieter ist der Eigentümer der Sache.
- Der Dieb einer Sache ist deren **unrechtmäßiger** Besitzer; Eigentümer der Sache ist derjenige, dem die Sache gehört.

25.3.2 Besitzarten

Unmittelbarer Besitz

Wenn das BGB vom „Besitz" spricht, ist der *unmittelbare* Besitz gemeint. Der unmittelbare Besitz wird nach **§854 Abs.1 BGB** durch die Erlangung der **tatsächlichen Gewalt** erworben.

Mittelbarer Besitz

Daneben kennt das BGB den *mittelbaren* Besitz, der in **§868 BGB** definiert ist. Die schwierig zu lesende Vorschrift ist leichter verständlich, wenn man sie auf das Wesentliche reduziert. Dann lautet §868 BGB wie folgt:

„Besitzt jemand eine Sache als … Mieter, … so ist auch der andere Besitzer (mittelbarer Besitz)."

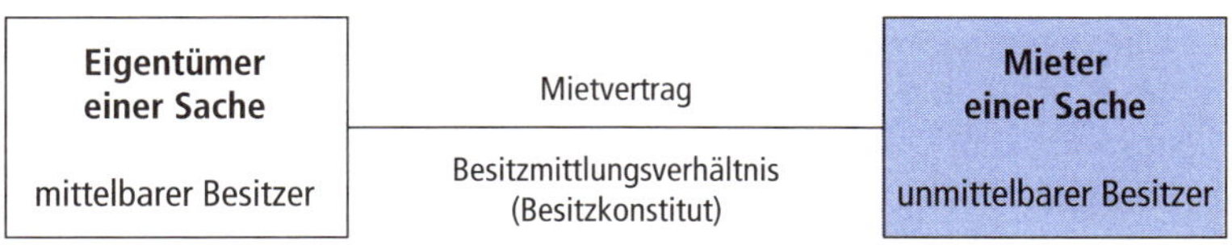

Abbildung 25.1: Besitzmittlungsverhältnis

Durch den Mietvertrag wird ein **Besitzmittlungsverhältnis** begründet, das auch **„Besitzkonstitut"** genannt wird.

Neben den in §868 BGB ausdrücklich genannten Fällen (Nießbraucher, Pfandgläubiger, Pächter, Mieter und Verwahrer) bildet auch der Leihvertrag (§598 BGB) ein Rechtsverhältnis, „vermöge dessen" (gemeint ist: „durch das") der eine Teil (Entleiher) dem anderen Teil (Verleiher) „auf Zeit zum Besitz berechtigt oder verpflichtet ist".

Der mittelbare Besitzer hat in allen Fällen *keine tatsächliche* Herrschaft über die Sache; er leitet seine besitzrechtliche Stellung allein aus einem mit dem unmittelbaren Besitzer geschlossenen Vertrag ab. Das klingt schwieriger als es ist!

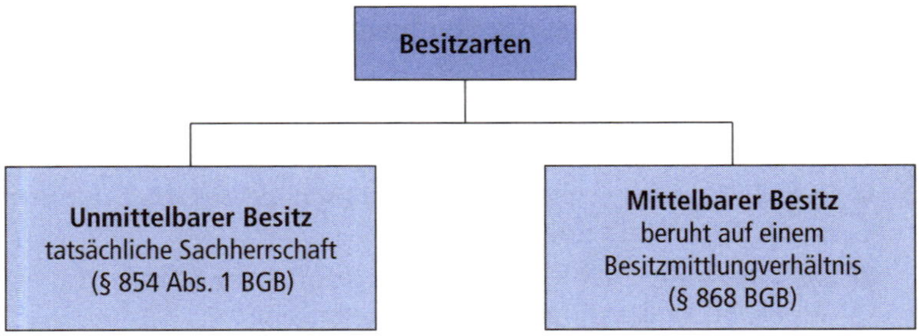

Abbildung 25.2: Besitzarten

Beispiel

Der Mieter einer Wohnung ist deren unmittelbarer Besitzer, weil er die *tatsächliche* Gewalt über die Wohnung ausübt (vgl. §854 Abs. 1 BGB). Er weiß aber, dass die Wohnung einem anderen (dem Vermieter) gehört, und dass er sie nur aufgrund des Mietvertrags besitzt. Der Mieter besitzt die Wohnung, wenn man so will, „stellvertretend" für den Eigentümer (Vermieter). Weil er eine „fremde" (ihm nicht gehörende) Wohnung besitzt, wird der Mieter ganz korrekt als „unmittelbarer Fremdbesitzer" bezeichnet.

Der Vermieter ist *kein* Besitzer nach §854 Abs. 1 BGB, weil er bezüglich der vermieteten Wohnung *keine* tatsächliche Sachherrschaft ausübt. Da der Mieter die Wohnung aber aufgrund des Mietvertrags auf Zeit „stellvertretend" für den Vermieter besitzt („diesem den Besitz mittelt"), ist der Vermieter gemäß §868 BGB „mittelbarer Besitzer" der Wohnung.

Merke

Unmittelbarer Besitzer ist, wer die Sachherrschaft tatsächlich ausübt. Besitzt der unmittelbare Besitzer die Sache als Mieter, Entleiher oder aufgrund eines ähnlichen Vertrags für einen anderen, so ist der andere (Vermieter, Verleiher usw.) **mittelbarer** Besitzer.

Besondere Bedeutung kommt dem „mittelbaren Besitz" bei der Sicherungsübereignung zu. In diesem Zusammenhang wird deshalb auf dieses nicht ganz einfache Thema nochmals eingegangen[3].

[3] Vgl. S. 523 ff.

Besitzdiener

Nachdem Sie den *unmittelbaren* und den *mittelbaren Besitz* hoffentlich gut verarbeitet haben, kommt jetzt noch eine Besonderheit auf Sie zu: Nach §855 BGB und in Abweichung zu §854 Abs. 1 BGB ist jemand ausnahmsweise nicht unmittelbarer Besitzer einer Sache, obwohl er die tatsächliche Sachherrschaft über die Sache ausübt. Diese Personen werden als **„Besitzdiener"** bezeichnet. §855 BGB gilt insbesondere für Arbeitnehmer, die in Bezug auf die Nutzung von Sachen den Weisungen der Arbeitgeber unterliegen. Der Arbeitnehmer ist lediglich Besitzdiener, der **Arbeitgeber** ist unmittelbarer Besitzer der Sache, obwohl er *keine tatsächliche* Gewalt über die Sache ausübt.

Beispiele

- G ist als Geselle für den Bauunternehmer B auf der Baustelle Hafenpromenade eingesetzt. Nach §854 Abs. 1 BGB müsste G eigentlich Besitzer der Bohrmaschine und der anderen Werkzeuge sein, mit denen er seine Arbeit verrichtet. Weil der Bauunternehmer als Arbeitgeber dem Gesellen aber Weisungen bezüglich der Nutzung der Werkzeuge erteilen kann, ist der Arbeitgeber B nach §855 BGB deren unmittelbarer Besitzer, während der Geselle „nur" Besitzdiener ist. §855 BGB verdrängt als spezielle Vorschrift die allgemeine Regelung in §854 Abs. 1 BGB.
- A ist als angestellter Auslieferungsfahrer für seinen Chef C tätig. Da C die Routen und den Einsatz des A bestimmt, ist A bezüglich des Firmen-Lkw Besitzdiener. Besitzer ist nach §855 BGB der Chef, auch wenn sich der Lkw Hunderte von Kilometern vom Firmengelände entfernt befindet.
- Bankprokurist A hat als Firmenwagen einen Audi A4, den er uneingeschränkt auch privat nutzen darf, etwa für Fahrten zu Basketballspielen. Da A im Hinblick auf die Nutzung des Fahrzeugs keinen Anweisungen der Bank unterliegt, ist er kein Besitzdiener (§855 BGB), sondern unmittelbarer Besitzer des Fahrzeugs (§854 Abs. 1 BGB). Die Bank ist mittelbare Besitzerin (§868 BGB), weil A das Fahrzeug aufgrund des Überlassungsvertrags *für die Bank* besitzt.

Merke

Regel: (Unmittelbarer) Besitzer einer Sache ist derjenige, der die **tatsächliche** *Sachherrschaft* über die Sache ausübt (§854 Abs. 1 BGB).

Ausnahme: Arbeitnehmer, die den Weisungen des Arbeitgebers in Bezug auf die Nutzung der Sache unterliegen, sind **Besitzdiener.** Unmittelbarer Besitzer ist der Arbeitgeber, auch wenn er keine tatsächliche Sachherrschaft hat (§855 BGB).

Besonderheit: Wenn jemand eine Sache aufgrund eines Miet-, Leasing-, Leih- oder eines ähnlichen Vertrags unmittelbar besitzt (§854 Abs. 1 BGB), ist der andere Vertragspartner **mittelbarer** *Besitzer* der Sache (§868 BGB). Zwischen den Parteien besteht ein Besitzmittlungsverhältnis (auch „Besitzkonstitut" genannt).

25.4 Weitere Begriffe aus dem Sachenrecht

25.4.1 Verfügung

Nach einer schwer verständlichen Definition ist eine **Verfügung** ein Rechtsgeschäft, das unmittelbar darauf gerichtet ist, auf ein bestehendes Recht einzuwirken, es zu verändern, zu übertragen oder aufzuheben[4]. Es dürfte sinnvoll sein, sich statt dieser Definition einige Beispiele zu merken, in denen eine Verfügung vorliegt.

Merke

Der wichtigste Fall einer **Verfügung** ist die (sachenrechtliche) **Übertragung des Eigentums** vom bisherigen Eigentümer auf den neuen Eigentümer (Erwerber). Ebenfalls eine Verfügung ist die Belastung einer Sache, zum Beispiel mit einer **Hypothek** oder einer **Grundschuld**[5]. Die **Abtretung** einer Forderung, durch die deren Inhaber wechselt, ist gleichfalls eine Verfügung. Diese Rechtsgeschäfte heißen **Verfügungsgeschäfte.**

25.4.2 Veräußerung

Mit „Veräußerung" ist die Übertragung des Eigentums nach §§ 929 ff. BGB (für bewegliche Sachen) bzw. §§ 873, 925 BGB (für unbewegliche Sachen) gemeint. „Veräußerer" ist derjenige, der das Eigentum überträgt. Wenn in einem juristischen Text von „Veräußerung" die Rede ist, sind damit – in der Regel – der (schuldrechtliche) Kaufvertrag (§ 433 BGB) und die (sachenrechtliche) Übertragung des Eigentums (§§ 929 ff. BGB) gemeint.

Klausurtipp

Der Satz „X **veräußert** für 900,– € einen Computer an G" bedeutet, dass X und G einen Kaufvertrag geschlossen *und* die Übereignung des Computers vorgenommen haben. Der Satz „X **verkauft** für 900,– € einen Computer an G" bedeutet, dass (bisher nur) ein Kaufvertrag geschlossen wurde, aber noch keine Übereignung erfolgt ist. Zu Einzelheiten vgl. die folgenden Ausführungen zum Trennungsprinzip (Abstraktionsprinzip).

25.4.3 Dingliche Rechte

Dingliche Rechte sind Rechte, die gegenüber jedermann bestehen („inter omnes"). Sie werden deshalb auch **absolute Rechte** genannt. Das wichtigste dingliche Recht ist das Eigentum. Dem Eigentümer stehen gegen jedem anderen aufgrund des Eigentums Ansprüche zu. So kann der Eigentümer gemäß § 985

4 Palandt/Ellenberger, Bürgerliches Gesetzbuch, Überblick vor § 104 Rn. 16.
5 Vgl. hierzu S. 527 ff.

BGB von **jedem Besitzer** die Herausgabe seiner Sache verlangen, es sei denn, der Besitzer hat gegenüber dem Eigentümer ein Besitzrecht (§ 986 BGB)[6].

Neben dem Eigentum als Vollrecht an einer Sache gibt es **beschränkte dingliche Rechte,** die ebenfalls gegenüber jedermann bestehen, sich aber nur auf einen bestimmten Ausschnitt des „Vollrechts" Eigentum beziehen. Gemeint ist damit Folgendes:

Beispiel

E ist Eigentümer eines Grundstücks, an dem zugunsten der B-Bank eine Hypothek und zugunsten des Eigentümers des benachbarten Grundstücks ein Überwegungsrecht in Form einer Grunddienstbarkeit besteht. Hier ist E Inhaber des „Vollrechts" Eigentum, während für die anderen Genannten (nur) beschränkte dingliche Rechte (Hypothek bzw. Grunddienstbarkeit) bestehen.

Von den dinglichen (absoluten) Rechten zu unterscheiden sind die **relativen Rechte.** Diese bestehen nur zwischen einzelnen Personen, insbesondere zwischen den Parteien eines Vertrags („inter partes"): Sie werden auch obligatorische Rechte genannt. So besteht der Anspruch des Vermieters auf Zahlung des Mietzinses nur gegenüber dem Mieter, der Anspruch des Käufers auf Lieferung nur gegenüber dem Verkäufer.

25.5 Das Trennungsprinzip (Abstraktionsprinzip)

Das – nicht nur bei Studierenden „beliebte" – „Trennungsprinzip" (oft gleichgesetzt mit Abstraktionsprinzip) ist für das weitere Verständnis von sehr großer Bedeutung. Es ist nur ein schwacher Trost, dass diese Besonderheit des deutschen Rechts wohl keine Aussicht hat, sich im Prozess der europäischen Rechtsvereinheitlichung zu behaupten[7]. Zurzeit – und auch die nächsten Jahre – müssen wir weiter mit dem Trennungsprinzip leben.

Es soll am Kauf einer beweglichen Sache dargestellt werden. Die Grundsätze gelten aber in gleicher Weise für die Abwicklung anderer Verträge, die auf den Eigentumserwerb an beweglichen Sachen gerichtet sind, zum Beispiel für eine Schenkung und für bestimmte Arten von Werkverträgen. Das Trennungsprinzip gilt auch für den Erwerb unbeweglicher Sachen (Grundstücke) und für den Erwerb von Rechten, insbesondere von Forderungen.

Wenn man vom Wortlaut des § 433 Abs. 1 S. 1 BGB ausgeht, verliert das Trennungsprinzip sofort einen Teil seines Schreckens:

„Durch den Kaufvertrag wird der Verkäufer einer Sache **verpflichtet,** *dem Käufer die Sache zu übergeben und das Eigentum an der Sache zu verschaffen."*

Bei sorgfältiger Lektüre ergibt sich aus dieser Formulierung, dass durch den Abschluss eines Kaufvertrags (nur schuldrechtliche) **Verpflichtungen** begründet

---

[6] Zu Einzelheiten vgl. S. 442 ff.
[7] Palandt/Ellenberger, Bürgerliches Gesetzbuch, Überblick vor § 104 Rn. 22.

werden, die anschließend noch erfüllt werden müssen. Der Verkäufer einer Sache ist nach §433 Abs. 1 S. 1 BGB **verpflichtet,** dem Käufer die Sache zu übergeben und ihm das Eigentum an der Sache zu verschaffen. Der Käufer ist nach §433 Abs. 2 BGB **verpflichtet,** dem Verkäufer den vereinbarten Kaufpreis zu zahlen und die gekaufte Sache abzunehmen. Man bezeichnet den Kaufvertrag deshalb als **schuldrechtliches Verpflichtungsgeschäft.**

Da durch den Kaufvertrag nur **Verpflichtungen** begründet werden, geht durch den *Abschluss dieses Vertrags* weder das Eigentum an der Kaufsache noch – im Falle einer Barzahlung – das Eigentum an den Zahlungsmitteln auf den anderen Vertragspartner über. Vielmehr müssen die durch den Kaufvertrag begründeten Verpflichtungen des Verkäufers und des Käufers noch erfüllt werden. Das kann gleichzeitig mit dem Abschluss des Kaufvertrags, aber auch später geschehen.

Beispiele

- K kauft sich im Verbrauchermarkt des V als Belohnung für eine gute Klausur in Wirtschaftsrecht eine Flasche Rotwein. Hier erfolgt die Übereignung im unmittelbaren zeitlichen Zusammenhang mit dem Abschluss des Kaufvertrags und der Zahlung des Kaufpreises.
- Verkäufer V und Käufer K schließen am 23.04. einen Kaufvertrag über einen neuen Lkw, den V noch vom Hersteller H beziehen muss. Wem gehört der Lkw? Hier dürfte klar sein, dass der Lkw K (noch) nicht gehört, obwohl der Kaufvertrag bereits wirksam abgeschlossen wurde. V ist deshalb nach §433 Abs. 1 S. 1 BGB nach wie vor verpflichtet, K das Fahrzeug zu übergeben und das Eigentum am Fahrzeug zu verschaffen.
- V und K schließen einen Kaufvertrag über einen gebrauchten Lkw „unter Eigentumsvorbehalt". Das Fahrzeug wird K sofort ausgehändigt, die Zahlung des Kaufpreises ist noch nicht erfolgt. Der vereinbarte Eigentumsvorbehalt bewirkt, dass das Eigentum erst dann auf K übergeht, wenn er den Kaufpreis vollständig zahlt. Vorher ist K noch nicht Eigentümer des Lkw, aber bereits dessen unmittelbarer Besitzer. Außerdem steht K ein sogenanntes **Anwartschaftsrecht** am Lkw zu. Weitere Einzelheiten folgen beim Eigentumsvorbehalt[8].

5. Teil Sachenrecht

Die Erfüllung der durch den Kaufvertrag begründeten Verpflichtungen des Verkäufers (Übereignung der Kaufsache) und des Käufers (Zahlung des Kaufpreises) erfolgt durch die Vornahme von *zwei* Verfügungsgeschäften (auch „Erfüllungsgeschäfte" genannt). Die Übereignung der Kaufsache wird oft als **„erstes Verfügungsgeschäft"** bezeichnet. Die Voraussetzungen für die Übereignung einer beweglichen Sache ergeben sich aus **§929 S. 1 BGB:**

P1: Der Eigentümer (hier: der Verkäufer) muss die (gekaufte) Sache dem Erwerber (hier: dem Käufer) **übergeben** (ihm also den unmittelbaren Besitz verschaffen, §854 Abs. 1 BGB).

---

8 S. 517 ff.

P2: Der Eigentümer (Verkäufer) und der Erwerber (Käufer) müssen sich darüber **einig sein,** dass das Eigentum vom Eigentümer auf den Erwerber übergehen soll. Dafür bedarf es eines sachenrechtlichen Vertrags mit dem Inhalt: *„Wir sind uns einig, dass die Sache jetzt dem Erwerber gehört."*

P3: Aus § 929 BGB nicht unmittelbar abzulesen ist die dritte Voraussetzung: Der Eigentümer (Verkäufer) muss zur Übereignung **berechtigt** sein. Das ist er – von Ausnahmen abgesehen – immer dann, wenn ihm die Sache gehört. Für die Prüfung wird die Reihenfolge üblicherweise wie folgt geändert:

Merke

§ 929 S. 1 BGB verlangt: Einigung + Übergabe + Berechtigung.

Für die vollständige Abwicklung des Kaufvertrags ist es zusätzlich erforderlich, dass der Käufer seiner durch den Kaufvertrag begründeten Verpflichtung zur Zahlung des Kaufpreises nachkommt. Falls ein Barkauf vorliegt, muss er das Eigentum an den Zahlungsmitteln auf den Verkäufer übertragen, was ebenfalls nach § 929 S. 1 BGB geschieht, also wiederum durch Einigung, Übergabe und Berechtigung. Dieser Vorgang wird oft als **„zweites Verfügungsgeschäft"** bezeichnet.

Merke

Die Abwicklung eines Kaufvertrags besteht aus **drei** Rechtsgeschäften:

1. Abschluss des Kaufvertrags (schuldrechtliches Verpflichtungsgeschäft)
2. Übereignung der Kaufsache (erstes sachenrechtliches Verfügungsgeschäft)
3. Zahlung des Kaufpreises (zweites sachenrechtliches Verfügungsgeschäft)

Das **Trennungsprinzip** besagt nun, dass die Wirksamkeit dieser drei Rechtsgeschäfte getrennt (isoliert) betrachtet wird. Mehr noch: Die drei Rechtsgeschäfte sind in ihrer **rechtlichen Wirksamkeit unabhängig** voneinander. Das bedeutet, dass zum Beispiel der Kaufvertrag **unwirksam** sein kann, während die beiden Erfüllungsgeschäfte **wirksam** sein können. Ebenso kann im Falle eines wirksamen Kaufvertrags die Übereignung der Kaufsache unwirksam sein, zum Beispiel, weil die Sache dem Veräußerer nicht gehört.

Einige mögliche Fallgestaltungen zeigt die folgende Tabelle:

Tabelle 25.1

	Kaufvertrag (Verpflichtungsgeschäft)	Übereignung der Kaufsache (erstes Verfügungsgeschäft)	Zahlung des Kaufpreises (zweites Verfügungsgeschäft)
Die Kaufsache war gestohlen, was der Käufer nicht wusste	Wirksam	Unwirksam	Wirksam
Der Käufer ist minderjährig; keine Zustimmung der Eltern, kein Fall des § 110 BGB[9]	Unwirksam	Wirksam	Unwirksam
Der Kaufvertrag wird angefochten[10]	Unwirksam	Wirksam	Wirksam

Beispiel

Wenn ein Kaufvertrag infolge Minderjährigkeit (§§ 107 ff. BGB) oder Anfechtung nichtig ist (§ 142 Abs. 1 BGB), während die beiden Verfügungsgeschäfte wirksam sind, erfolgt die Rückabwicklung dieser Geschäfte gemäß § 812 Abs. 1 S. 1 BGB im Wege der Leistungskondiktion[11].

25.6 Anspruchsgrundlagen im Sachenrecht

Klausurtipp

Das Buch Sachenrecht enthält, beginnend mit den besitzrechtlichen Regelungen wegen Besitzentziehung (§ 861 BGB) und Besitzstörung (§ 862 BGB) eine Vielzahl von **Anspruchsgrundlagen.** In der Ausbildung dominieren zwei Vorschriften: **§ 985 BGB,** und abgeschwächt **§ 1004 BGB.**

25.6.1 Herausgabeanspruch gemäß §§ 985, 986 BGB

§ 985 BGB stellt die wohl wichtigste Anspruchsgrundlage des Sachenrechts dar. Die ausgesprochen kurze und zudem gut verständliche Vorschrift enthält lediglich zwei Tatbestandsmerkmale:

P1: Jemand muss Eigentümer einer Sache sein,

P2: ein anderer muss Besitzer dieser Sache sein.

---

9 Vgl. S. 89 ff.
10 Vgl. S. 99 ff. und das Beispiel auf S. 427.
11 Vgl. S. 424 ff.

Rechtsfolge: Der Eigentümer kann vom Besitzer die Herausgabe der Sache verlangen.

Das klingt so einfach, dass es eigentlich nicht wahr sein kann. Und in der Tat: Die Anwendung des §985 BGB *allein* führt zu fatalen Ergebnissen:

Beispiel

Sie haben eine Wohnung von V gemietet. Als Sie abends erschöpft von den vielen Vorlesungen nach Hause kommen, erklärt V Ihnen, er verlange gemäß §985 BGB die sofortige Herausgabe der Wohnung, weil seine erkrankte Mutter dort kurzfristig einziehen werde. Was würden Sie V erwidern?

Nun, Sie würden hoffentlich sagen, dass Sie nicht ausziehen müssten, weil zwischen Ihnen und V ein wirksamer Mietvertrag vorliege und eine Rückgabepflicht des Mieters gemäß **§546 Abs. 1 BGB** erst nach Beendigung des Mietverhältnisses bestehe. Eine solche Beendigung setze bei einem Mietverhältnis auf unbestimmte Zeit eine ordentliche oder eine außerordentliche Kündigung, bei einem befristeten Mietverhältnis den Ablauf der Mietzeit oder bei beiden Arten von Mietverhältnissen den Abschluss eines Auflösungsvertrags voraus. Da keiner dieser Beendigungsgründe vorliege, müssten Sie dem Herausgabeanspruch aus §546 Abs. 1 BGB jedenfalls zurzeit nicht nachkommen. Gut gemacht! Das ist alles richtig!

Aber wie verhält sich diese Lösung zu §985 BGB? Die Antwort ergibt sich nicht aus dieser Vorschrift, sondern aus **§986 BGB.** Nach dessen Absatz 1 Satz 1 kann der Besitzer die Herausgabe der Sache verweigern, wenn er **dem Eigentümer gegenüber zum Besitze berechtigt** ist. Dieses Besitzrecht leitet sich oft aus einem Miet- oder Leasingvertrag ab, kann sich aber auch aus einem Kaufvertrag ergeben, wenn die Ware schon geliefert wurde, das Eigentum aber noch nicht übergegangen ist.

Beispiele

- Leasinggeber (Eigentümer) und Leasingnehmer (Besitzer) haben einen Leasingvertrag für 60 Monate geschlossen. Während der Laufzeit hat B aus dem Leasingvertrag „ein Recht zum Besitz" der Leasingsache.
- V hat Ware an K unter Eigentumsvorbehalt verkauft und bereits geliefert. K steht aus dem Kaufvertrag ein Besitzrecht zu.

Komplizierter ist die in §986 BGB enthaltene zweite Möglichkeit für die Begründung eines Besitzrechts. Hier leitet der Besitzer das Recht nicht unmittelbar vom Eigentümer, sondern von einem anderen Besitzer ab.

Beispiel

Mieter M hat einen Pkw mit dem Recht zur Weitervermietung vom Eigentümer E gemietet. M hat einen „Untermietvertrag“ mit U geschlossen. Der (unmittelbare) Besitzer U ist nicht zur Herausgabe der Mietsache an den Eigentümer E verpflichtet, weil M gegenüber E ein Besitzrecht zusteht.

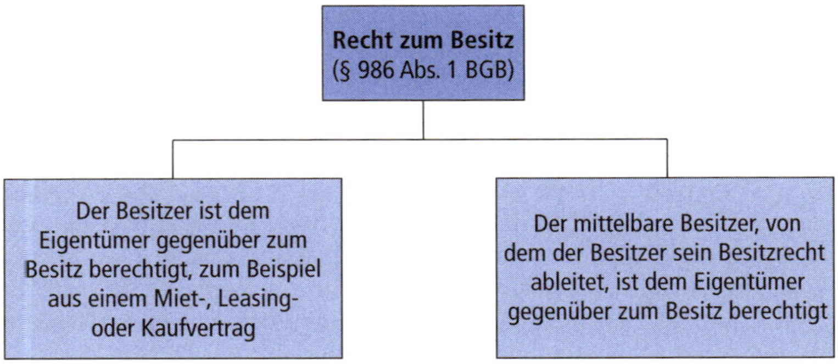

Abbildung 25.3: Recht zum Besitz

§986 BGB enthält ein **negatives Tatbestandsmerkmal,** also ein Merkmal, das nicht vorliegen darf, weil es dem Herausgabeanspruch aus §985 BGB entgegensteht. Deshalb sollte §985 BGB immer in Verbindung mit §986 BGB gelesen werden.

Merke

Der Herausgabeanspruch nach §§985, 986 BGB setzt voraus:

P1: Jemand muss Eigentümer einer Sache sein,

P2: ein anderer muss (unmittelbarer) Besitzer dieser Sache sein,

N1: dem Besitzer darf gegenüber dem Eigentümer kein Recht zum Besitz zustehen.

Rechtsfolge: Der Eigentümer kann vom Besitzer die Herausgabe der Sache verlangen.

Einzelheiten zur Prüfung der §§985, 986 BGB werden im Kapitel „Beispiele von Fallbearbeitungen“ ausführlich behandelt[12].

25.6.2 Beseitigungs- und Unterlassungsanspruch aus §1004 BGB

Eine Beeinträchtigung des Eigentums kann insbesondere durch die Zerstörung der Sache oder durch deren Entzug erfolgen. Im Falle der Zerstörung kommen Schadensersatzansprüche aus Vertrag (§280 Abs.1 BGB) und aus §§823ff. BGB in Betracht. Der Entzug der Sache kann neben Schadensersatzansprüchen den

[12] S. 602ff., 609ff., 612ff.

gerade behandelten Herausgabeanspruch aus §§ 985, 986 BGB auslösen. Eine Erweiterung dieser Ansprüche erfolgt durch **§ 1004 Abs. 1 BGB** für die Fälle, in denen das Eigentum *in anderer Weise* als durch Entziehung oder Vorenthaltung des Besitzes beeinträchtigt wird. Nach § 1004 Abs. 1 S. 1 BGB kann der Eigentümer von dem Störer die Beseitigung der Beeinträchtigung verlangen.

Beispiel

A hat sein Fahrzeug vor der Einfahrt des E geparkt, sodass E das Grundstück mit seinem Kfz nicht verlassen kann.

§ 1004 Abs. 1 S. 2 BGB gewährt dem Eigentümer einen Unterlassungsanspruch, wenn „weitere Beeinträchtigungen zu besorgen" sind. Dieser Anspruch ist auf die Abwehr künftiger Beeinträchtigungen gerichtet. Er setzt voraus, dass eine **Wiederholungsgefahr** vorliegt[13]. Nach der Rechtsprechung begründet eine vorangegangene rechtswidrige Beeinträchtigung eine tatsächliche Vermutung für die Wiederholungsgefahr[14]. An eine Widerlegung dieser Vermutung werden hohe Anforderungen gestellt[15]. Das bloße Versprechen, das beanstandete Verhalten nicht zu wiederholen, reicht in der Regel nicht aus. Vielmehr ist die Abgabe eines Strafversprechens für den Fall des erneuten Verstoßes erforderlich[16].

Beispiel

Über das Grundstück der I-KG verlaufen private Bahngleise. Diese werden von einem Nachbarbetrieb (N) ohne Zustimmung der I-KG mehrfach täglich zu Rangierfahrten genutzt, wodurch die Nutzung des Grundstücks der I-KG erheblich eingeschränkt wird.

Hier wird der I-KG das Eigentum am Betriebsgrundstück nicht entzogen. Es liegt auch keine Verletzung des Eigentums vor, aber eine sonstige Beeinträchtigung. Diese begründet nach § 1004 Abs. 1 S. 2 BGB einen Unterlassungsanspruch, es sei denn, die I-KG ist aufgrund eines Vertrags oder eines Wegerechts zur Duldung der Rangierfahrten verpflichtet (§ 1004 Abs. 2 BGB). Besteht keine Duldungspflicht, kann die I-KG dem N das Befahren der Gleise durch eine Unterlassungsklage für die Zukunft untersagen lassen. Gemäß § 890 ZPO (Zivilprozessordnung) wird dem Beklagten auf Antrag des Klägers im Urteil für jeden Fall der Zuwiderhandlung ein Ordnungsgeld von *bis zu* 250.000,– € bzw. einer Ordnungshaft von *bis zu* sechs Monaten angedroht.

Die Unterlassungserklärung zur Ausräumung der durch das bisherige Verhalten des N begründeten Wiederholungsgefahr könnte wie folgt lauten:

---

[13] Palandt/Bassenge, Bürgerliches Gesetzbuch, § 1004 Rn. 32.
[14] BGH NJW 1986, S. 2503, 2505.
[15] BGH NJW 1999, S. 356, 358.
[16] OLG Karlsruhe, NJW-RR 1990, S. 244, 245; zum Wettbewerbsrecht vgl. S. 221 f.

1. *Wir verpflichten uns, es ab sofort zu unterlassen, das Grundstück der I-KG in der Schmidt-Straße 126–140, 20034 Hamburg, zu Rangierzwecken zu benutzen.*
2. *Für jeden Fall der Zuwiderhandlung verpflichten wir uns, an die I-KG einen Betrag von 20.000,– € zu zahlen.*

Getreu nach dem Motto, dass man nicht warten soll, bis das Kind in den Brunnen gefallen ist, kann eine **vorbeugende Unterlassungsklage** erhoben werden, wenn *noch* keine rechtswidrige Verletzung vorliegt, diese aber ernsthaft droht. Diese Möglichkeit geht über den Wortlaut des § 1004 Abs. 1 S. 2 BGB hinaus, der von „weiteren Beeinträchtigungen" spricht. Statt der Wiederholungsgefahr erfordert eine vorbeugende Unterlassungsklage eine **Erstbegehungsgefahr.** Diese ist in einem Prozess vom Kläger anhand der konkreten Umstände des Einzelfalls darzulegen und ggf. zu beweisen[17].

[17] BGH NJW 1986, S. 2503, 2505; OLG Hamm, NJW-RR 1995, S. 1399, 1401.

Kapitel 26
Der rechtsgeschäftliche Eigentumserwerb an beweglichen Sachen

Lernziele dieses Kapitels
Was kommt in diesem Kapitel auf Sie zu? Sie lernen die verschiedenen Möglichkeiten kennen, wie das Eigentum an beweglichen Sachen von einer Person auf eine andere Person übertragen werden kann. Dabei werden Sie die im Kapitel zuvor erworbenen Kenntnisse gut gebrauchen können.

26.1 Grundlagen

Der Erwerb des Eigentums an Sachen kann sich in unterschiedlicher Weise vollziehen. Zunächst ist zwischen dem **rechtsgeschäftlichen** und dem **gesetzlichen Eigentumserwerb** zu unterscheiden; beim rechtsgeschäftlichen Erwerb ist dann noch zwischen *beweglichen* und *unbeweglichen* Sachen zu differenzieren. Dies ergibt folgende Übersicht:

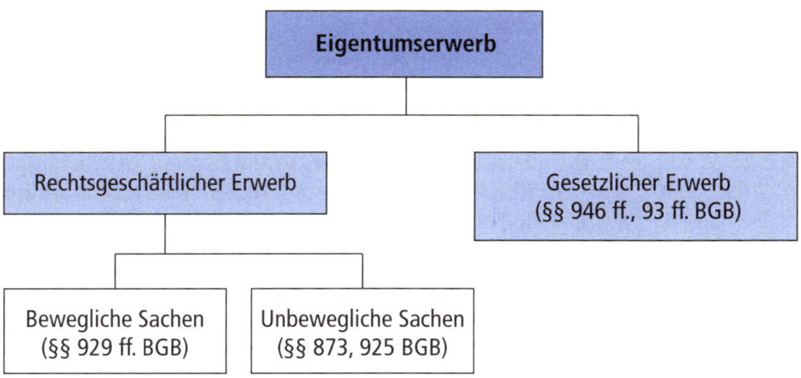

Abbildung 26.1: Eigentumserwerb

Beim **rechtsgeschäftlichen Eigentumserwerb** gelten für bewegliche Sachen §§ 929 ff. BGB, für unbewegliche Sachen §§ 873 Abs. 1, 925 Abs. 1 BGB.

Merke

Der **rechtsgeschäftliche** Eigentumserwerb beruht auf einer **Einigung** der Parteien. Das Eigentum geht über, weil der (bisherige) Eigentümer und der Erwerber dies *wollen* und sich deshalb entsprechend *einigen*.

Diese Einigung ist ein sachenrechtlicher *Vertrag*, der nach dem Trennungsprinzip von dem – in der Regel – zugrunde liegenden Kaufvertrag zu unterscheiden ist.

Beim **gesetzlichen Eigentumserwerb** vollzieht sich der Wechsel des Eigentums gemäß §§946–950 BGB allein dadurch, dass bestimmte im **Gesetz** genannte Tatbestandsmerkmale vorliegen. Dagegen kommt es nicht darauf an, ob die Parteien den Eigentumswechsel wollen oder ob sie überhaupt wissen, dass das Eigentum übergeht. Dieser erfolgt vielmehr „von selbst", also ohne und auch gegen den Willen einer oder beider Parteien.

Merke

Beim **gesetzlichen** Eigentumserwerb geht das Eigentum über, „weil das Gesetz es will!".

26.2 Eigentumserwerb an beweglichen Sachen

26.2.1 Voraussetzungen im Überblick

Der Grundtatbestand für den Erwerb des Eigentums an beweglichen Sachen ist **§929 S.1 BGB.** Aus dieser Vorschrift lassen sich die beiden ersten Voraussetzungen unmittelbar ablesen: Der *Eigentümer* (gemeint ist der Noch-Eigentümer) muss die Sache dem *Erwerber* **übergeben** und beide müssen sich darüber **einig sein, dass das Eigentum übergehen soll.**

Bei der Prüfung ist es üblich, abweichend vom Wortlaut des §929 S.1 BGB mit der Einigung zu beginnen und danach die Übergabe zu prüfen, also **„Einigung und Übergabe".**

Die dritte Voraussetzung des §929 S.1 BGB ergibt sich nicht unmittelbar aus dem Wortlaut der Vorschrift, doch kann aus der Bezeichnung „der Eigentümer" und aus §932 Abs.1 BGB abgeleitet werden, dass die Sache demjenigen, der die Übereignung vornimmt, **gehören** muss. Etwas allgemeiner wird diese Voraussetzung als **Berechtigung zur Übereignung** beschrieben. §929 S.1 BGB geht in Übereinstimmung mit §903 BGB stillschweigend davon aus, dass der *Eigentümer* berechtigt ist, über „seine" Sache zu verfügen, also das Eigentum auf einen anderen zu übertragen.

Vorliegen müssen also folgende Voraussetzungen:

P1: Einigung, dass das Eigentum übergehen soll,

P2: Übergabe der Sache,

P3: Berechtigung zur Übereignung.

26.2.2 Einigung

Der Eigentümer und der Erwerber müssen sich einigen, dass das Eigentum an der Sache vom Eigentümer auf den Erwerber übergehen soll. Bei dieser **Einigung** handelt es sich um einen **sachenrechtlichen Vertrag,** der – wie andere

Verträge – gemäß §§ 145 ff. BGB durch die Annahme eines Angebots zustande kommt. Beim Erwerb beweglicher Sachen wird dieser Vertrag sehr häufig durch **konkludentes Handeln** geschlossen, also durch ein Verhalten der Beteiligten, aus dem auf einen entsprechenden Rechtsfolgewillen geschlossen werden kann. Dabei kann häufig gar nicht oder nur sehr schwer festgestellt werden, wer das Angebot und wer die Annahme zur Übertragung des Eigentums erklärt hat. Dies ist aber auch nicht erforderlich, wenn feststeht, *dass* die Parteien sich entsprechend *geeinigt* haben.

Beispiele

- K hat bei V für 890,– € einen Fernsehsessel gekauft, den V zunächst bei seinem Lieferanten bestellen muss. Nachdem V dem K das Eintreffen der Ware mitgeteilt hat, fährt K zu V, zahlt den Kaufpreis, erhält den Sessel ausgehändigt und verstaut ihn in seinem Auto. Hier haben V und K nicht ausdrücklich vereinbart, dass das Eigentum übergehen soll. Möglicherweise kennen sie § 929 S. 1 BGB gar nicht. Dennoch ist für beide klar, dass der Sessel jetzt K *gehören* soll. Also liegt eine konkludente Einigung zum Übergang des Eigentums vor. Dann kann *dahinstehen* (muss nicht entschieden werden), wer das Angebot abgegeben und wer die Annahme erklärt hat.
- K interessiert sich auf einem Flohmarkt am Stand des V für das „künstlerisch wertvolle" Gemälde „Rudi, der röhrende Hirsch, im spätabendlichen Sonnenlicht". Nachdem K das Bild bereits zur Begutachtung in der Hand hält, einigen sich die Parteien auf den Kaufpreis von 20,– €. K zahlt und geht! Hier steht im Ergebnis fest, dass die Parteien einen Kaufvertrag geschlossen haben und sich *außerdem* darüber einig geworden sind, dass das Eigentum an dem Gemälde von V auf K übergehen soll. Das reicht für die nach § 929 S. 1 BGB erforderliche Einigung aus, auch wenn nicht klar ist, wer das Angebot zur Übereignung gemacht und wer die entsprechende Annahme erklärt hat.

Merke

Die auf den Erwerb des Eigentums gerichtete Einigung nach § 929 S. 1 BGB kann zum Beispiel den Inhalt haben:

„Wir sind uns darüber einig, dass das Eigentum am Computer vom Eigentümer auf den Erwerber übergeht, also dass der Computer jetzt dem Erwerber gehören soll."

Es ist wichtig, die Einigung nach § 929 S. 1 BGB von der Einigung zu unterscheiden, die zum Abschluss des Kaufvertrags führt. Durch den Kaufvertrag (das schuldrechtliche Verpflichtungsgeschäft) wird – wie oben schon dargelegt[1] – (nur) die **Verpflichtung** zur Übereignung begründet, während die sachenrechtliche Einigung der **Erfüllung** des Kaufvertrags dient.

[1] Vgl. S. 439 ff.

Beispiel

Die Einigung zum Abschluss des Kaufvertrags heißt:

„Wir sind uns einig, dass K den Fernsehsessel für 890,– € von V **kauft.**"

Die Einigung nach §929 S. 1 BGB heißt:

„Wir sind uns einig, dass das **Eigentum** *an dem Fernsehsessel von V auf K* **übergeht**".

Im Falle der Barzahlung kommt – ebenfalls nach §929 S. 1 BGB – hinzu:

„Wir sind uns einig, dass das **Eigentum** *an den Zahlungsmitteln von K auf V* **übergeht**".

26.2.3 Übergabe

Normalfall des §§929 S. 1, 854 Abs. 1 BGB

Neben der **Einigung (P1)** setzt die Übereignung einer beweglichen Sache nach §929 S. 1 BGB voraus, dass der Eigentümer die Sache dem Erwerber **übergibt (P2).**

Merke

Die Übergabe erfordert, dass der Erwerber den **unmittelbaren Besitz** an der Sache erlangt. Dies geschieht gemäß §854 Abs. 1 BGB dadurch, dass der Erwerber die tatsächliche Gewalt über die Sache erwirbt. Hierbei handelt es sich *nicht* um einen Vertrag, sondern um einen **Realakt,** also eine tatsächliche Handlung.

Beispiel

Im vorhergehenden Beispiel hat K durch das Einladen des Fernsehsessels in sein Auto die tatsächliche Gewalt über den Sessel erworben und ist damit dessen unmittelbarer Besitzer geworden (§854 Abs. 1 BGB).

Sonderfall des §929 S. 2 BGB

Im Fall des **§929 S. 2 BGB** befindet sich die Sache, die übereignet werden soll, bereits beim Erwerber, zum Beispiel, weil er sie zuvor vom Eigentümer gemietet oder geleast hat. Hier müssen nach §929 S. 1 BGB die Voraussetzungen **Einigung (P1)** und **Berechtigung zur Übereignung (P3)** vorliegen. Nicht erforderlich ist aber die **Übergabe (P2),** weil der Erwerber bereits unmittelbarer Besitzer der Sache ist.

Beispiel

Kaufmann K aus Leipzig hat von der Leasing-GmbH (L-GmbH) aus Frankfurt eine Computeranlage mit einer Kaufoption geleast. Rechtzeitig vor Ablauf des Leasingvertrags nimmt K die im Leasingvertrag enthaltene Option wahr[2], sodass ein Kaufvertrag zwischen ihm und der L-GmbH zustande kommt. Hier wäre es wenig sinnvoll, wenn die Anlage nach Beendigung des Leasingvertrags von Leipzig an die L-GmbH in Frankfurt geliefert würde, um sie anschließend zum Zwecke der Erfüllung des Kaufvertrags (Übereignung) wieder von Frankfurt nach Leipzig zu bringen.

Übergabesurrogate (Ersatz der Übergabe)

Neben dem Sonderfall des § 929 S. 2 BGB, in dem eine Übergabe nicht erforderlich ist, kennt das BGB zwei Fälle, in denen die Übergabe durch eine **Vereinbarung** der Parteien **ersetzt** werden kann. Die beiden anderen Voraussetzungen – Einigung (P1) und Berechtigung zur Übereignung (P3) – müssen vorliegen. An die Stelle der Übergabe tritt jedoch eine Vereinbarung in Form eines Vertrags. Der Vertrag bildet einen Ersatz für die Übergabe, er ist ein **„Übergabesurrogat"**.

Vereinbarung eines Besitzmittlungsverhältnisses Nach **§ 930 BGB** kann anstelle der Übergabe ein Besitzmittlungsverhältnis (auch **„Besitzkonstitut"** genannt) vereinbart werden. Dies geschieht durch den Abschluss eines **Vertrags** mit dem Inhalt, dass der Erwerber (nur) den **mittelbaren** Besitz an der Sache erlangt, während der Veräußerer unmittelbarer Besitzer bleibt. Beispiele finden sich in **§ 868 BGB.** Praktisch wichtig sind Miet-, Leih-, Leasing- und Verwahrungsverträge.

Eigentümer und Erwerber einigen sich, dass das Eigentum übergehen soll. Anstelle der Übergabe wird ein Miet-, Leasing- oder Verwahrungsvertrag über die Sache geschlossen.

Aufgabe

Wer ist im Falle eines Mietvertrags der Vermieter? Der alte oder der neue Eigentümer?

Vermieter ist der neue Eigentümer (Erwerber), Mieter ist der bisherige Eigentümer. Die Sache ist und bleibt damit beim bisherigen Eigentümer, er ist nach wie vor der unmittelbare Besitzer, der Erwerber wird mittelbarer Besitzer (§ 868 BGB).

Beispiel

Unternehmer U benötigt liquide Mittel. Deshalb verkauft und übereignet er einen Bagger an die Baumaschinen-Vermietungs-GmbH (B-GmbH). Die nach §§ 929 S. 1, 854 Abs. 1 BGB erforderliche Übergabe des Baggers an die B-GmbH wird durch einen Mietvertrag ersetzt. Die B-GmbH (Vermieterin) ist neue Eigentümerin und mittelbare Besitzerin, U ist Mieter und wie bisher unmittelbarer Besitzer. U kann den Bagger weiterhin nutzen, muss allerdings Miete an die B-GmbH zahlen.

---

[2] Zur Option vgl. S. 34 f., 96, 370.

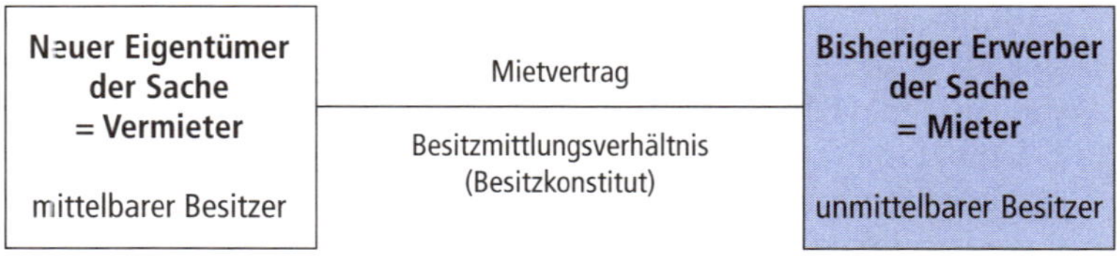

Abbildung 26.2: Besitzmittlungsverhältnis

Möglich ist auch der Abschluss eines Leasingvertrags. Diese Konstellation wird als **„Sale-and-lease-back-Verfahren"** bezeichnet. Hier kauft der künftige Leasingnehmer das Objekt vom Hersteller/Händler, verkauft und übereignet es an die Leasinggesellschaft und least es dann zurück. Diese Gestaltung wird aus betriebswirtschaftlichen und steuerlichen Gründen gewählt.

Für das Verständnis dürfte es hilfreich sein, sich zu verdeutlichen, dass hier „zwei Fliegen mit einer Klappe geschlagen" werden: Wenn es §930 BGB nicht gäbe, müsste der Eigentümer (zum Beispiel ein Verkäufer) zur Herbeiführung des Eigentumswechsels den unmittelbaren Besitz gemäß §§929 S.1, 854 Abs.1 BGB auf den Erwerber (den Käufer) übertragen. Anschließend könnte der Erwerber als (neuer) Eigentümer mit dem „alten" Eigentümer einen Mietvertrag schließen. Für die Durchführung des Mietvertrags müsste der (neue) Eigentümer als Vermieter den unmittelbaren Besitz an der Mietsache auf den „alten" Eigentümer (Mieter) rückübertragen. Dank §§930, 868 BGB bedarf es dieser unwirtschaftlichen zweifachen Übertragung des unmittelbaren Besitzes nicht. Das ist nicht ganz einfach, oder? Deshalb noch ein Beispiel:

Beispiel

V verkauft einen Bagger an K, den V aber noch für vier Wochen gegen Bezahlung nutzen möchte. K möchte aber sofort das Eigentum erwerben.

Umständliche Lösung

1. Schritt: Wenn die Beteiligten hier nach §§929 S.1, 854 Abs.1 BGB vorgehen, müsste V den unmittelbaren Besitz an dem Bagger auf K übertragen. Hinzukommen müssen die Einigung und die Berechtigung des V zur Übereignung. Dann wäre K der neue Eigentümer.

2. Schritt: Jetzt würde ein Mietvertrag geschlossen (§535 BGB). Zur Erfüllung dieses Vertrags müsste K den unmittelbaren Besitz wieder auf V übertragen.

Einfache Lösung

Diese zwei Schritte lassen sich in *einem* Schritt zusammenfassen, indem gemäß §§930, 868 BGB **anstelle der Übergabe** sofort ein Mietvertrag abgeschlossen wird, durch den K mittelbarer Besitzer wird, während V den unmittelbaren Besitz behält. Der Mietvertrag *ersetzt* die Übergabe. Er ist ein Übergabesurrogat.

Diese Konstruktion spielt in der Praxis eine besonders wichtige Rolle bei der **Sicherungsübereignung.** Dort werden wir nochmals auf die §§ 930, 868 BGB zurückkommen[3].

Abtretung des Herausgabeanspruchs Ein weiteres Übergabesurrogat (Übergabeersatz) enthalten die **§§ 931, 398 BGB.** Wenn die Sache sich im unmittelbaren Besitz eines Dritten befindet, kann die Übergabe dadurch ersetzt werden, dass der (bisherige) Eigentümer dem Erwerber (neuer Eigentümer) den Herausgabeanspruch abtritt, der dem (bisherigen) Eigentümer gegen den Dritten zusteht.

Beispiel

Der verkaufte Pkw befindet sich aufgrund eines Mietvertrags noch für drei Wochen bei einem Mieter. Der Veräußerer tritt seinen Anspruch auf Rückgabe des Pkw (§ 546 BGB) an den Erwerber ab (§ 398 BGB). Diese Abtretung ersetzt die Übergabe. Das Eigentum geht sofort auf den Erwerber über, auch wenn der abgetretene Herausgabeanspruch erst mit Beendigung des Mietverhältnisses in drei Wochen fällig wird.

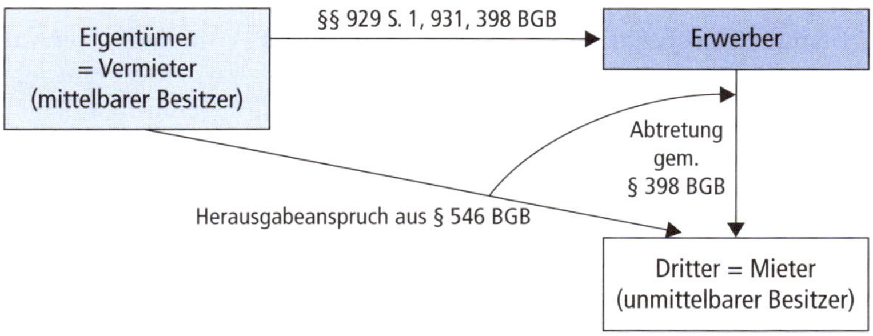

Abbildung 26.3: Abtretung des Herausgabeanspruchs

Als Ersatz für die nach § 929 S. 1 BGB erforderliche Übergabe bestehen also folgende Möglichkeiten:

Merke

Die nach den § 929 S. 1BGB erforderliche Übergabe (§ 854 Abs. 1 BGB) kann durch ein **Besitzkonstitut** (§§ 930, 868 BGB) oder durch die **Abtretung eines Herausgabeanspruchs** (§§ 931, 398 BGB) ersetzt werden. Die beiden anderen Voraussetzungen des § 929 S. 1 BGB, nämlich die **Einigung zur Übertragung des Eigentums** und die **Berechtigung zur Übereignung** müssen zusätzlich erfüllt sein. Die Übereignung vollzieht sich dann wie folgt:

1. §§ 929 S. 1, 930, 868 BGB: Einigung + Besitzkonstitut + Berechtigung bzw.
2. §§ 929 S. 1, 931, 398 BGB: Einigung + Abtretung des Herausgabeanspruchs + Berechtigung.

---

3 Vgl. S. 523 ff.

5. Teil Sachenrecht

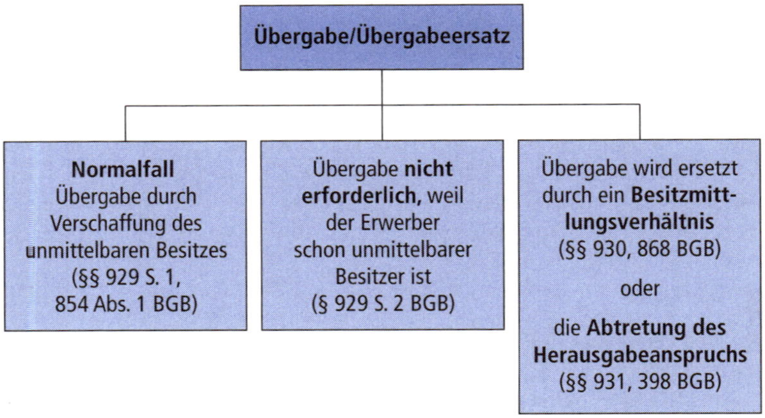

Abbildung 26.4: Übergabe/Übergabeersatz

26.2.4 Berechtigung

Die schon mehrfach genannte dritte Voraussetzung **(P3)** für einen Eigentumserwerb an einer beweglichen Sache ist die Berechtigung zur Übereignung. Diese Voraussetzung wird in § 929 S. 1 BGB nicht ausdrücklich genannt, doch lässt sie sich aus der Verwendung der Bezeichnungen „Eigentümer" und „Veräußerer" in den §§ 929 ff. BGB ableiten. Als „Eigentümer" (vgl. §§ 929, 930, 931, 935 BGB) wird derjenige bezeichnet, dem die Sache (tatsächlich) gehört. „Veräußerer" (vgl. §§ 932, 933, 934 BGB) ist derjenige, der den Anschein erweckt, dass ihm die Sache gehört Aufschlussreich ist insbesondere § 932 Abs. 1 S. 1 BGB: Danach „ *... wird der Erwerber auch dann Eigentümer, wenn die Sache nicht dem Veräußerer gehört, es sei denn ...*". Daraus, dass dieser Fall eine Ausnahme regelt, ergibt sich, dass im Normalfall der *Eigentümer* handeln muss.

Berechtigung des Eigentümers

Wenn ein Erwerb vom Eigentümer infrage steht, treten in der Regel keine Probleme mit dem Merkmal „Berechtigung" auf, weil der Eigentümer grundsätzlich zur Eigentumsübertragung berechtigt ist. Dieses Recht ergibt sich aus seiner Stellung als Eigentümer (vgl. § 903 BGB).

Nur in Ausnahmefällen ist der Eigentümer *nicht* zur Übereignung (oder zu einer anderen Verfügung) berechtigt, zum Beispiel im Insolvenzverfahren. Nach **§ 21 Abs. 2 Nr. 2 InsO (Insolvenzordnung)** kann das Insolvenzgericht (Amtsgericht) nach Eingang eines Insolvenzantrags schon vor der Eröffnung des Insolvenzverfahrens einen vorläufigen Insolvenzverwalter bestellen und dem Schuldner ein **allgemeines Verfügungsverbot** auferlegen. Geschieht dies, geht die Verwaltungs- und Verfügungsbefugnis über das Vermögen des Schuldners (Eigentümer) gemäß § 22 Abs. 1 S. 1 InsO auf den **(vorläufigen) Insolvenzverwalter** über. Das bedeutet, dass die Sachen zwar noch dem Schuldner gehören (er ist noch der Eigentümer), dieser aber keine Verfügungen mehr treffen darf. Deshalb ist er nicht mehr zur Übereignung berechtigt. Diese Beschränkung gilt nach **§80 Abs.1 InsO** spätestens mit der **Eröffnung des Insolvenzverfahrens.**

Beispiel

Über das Vermögen des S ist am 01.06. das Insolvenzverfahren eröffnet worden. Am 03.06. übereignet S einen ihm gehörenden Radlader an G. Diese Übereignung ist nach §81 Abs.1 S.1 InsO unwirksam, weil S zwar noch Eigentümer des Radladers ist, er aber gemäß §80 Abs.1 InsO nicht mehr zur Übereignung berechtigt war.

Im Ergebnis nicht zur Verfügung befugt ist auch derjenige Eigentümer, der seine Sache bereits unter **Eigentumsvorbehalt** (§§929 S.1, 158 Abs.1 BGB) an einen Käufer übereignet hat[4]. Nach §161 Abs.1 BGB – einer komplizierten Vorschrift – wird eine weitere Übereignung unwirksam, wenn der erste Käufer den Kaufpreis vollständig zahlt. So soll gewährleistet werden, dass der erste Käufer nach Zahlung des Kaufpreises Eigentümer wird.

Schwieriges Beispiel

V hat einen Lkw unter Eigentumsvorbehalt an K 1 veräußert. Nachdem K 1 das Fahrzeug vor der vollständigen Zahlung des Kaufpreises zu einer Inspektion zu V gebracht hat, nimmt V eine weitere Veräußerung an K 2 vor. Da V aufgrund des Eigentumsvorbehalts noch Eigentümer des Lkw war, ist die zweite Übereignung – zunächst – nach §929 S.1 BGB wirksam, sodass K 2 das Eigentum an dem Lkw erwirbt. Die Übereignung wird aber nach §161 Abs.1 BGB unwirksam, sobald K 1 den Kaufpreis vollständig bezahlt hat und damit die Bedingung für den Erwerb des Eigentums durch K 1 eingetreten ist. In diesem Augenblick verliert K 2 sein Eigentum, Eigentümer wird K 1.

Etwas anderes gilt dann, wenn K 2 das Eigentum – was hier der Fall sein dürfte – gutgläubig erworben hat (§161 Abs.3 BGB, §§929 S.1, 932 BGB). Dann bleibt K 2 Eigentümer[5].

Verfügung mit Zustimmung des Eigentümers

Eine Eigentumsübertragung oder sonstige Verfügung durch einen Nichtberechtigten ist nach §185 Abs.1 BGB wirksam, wenn sie mit Einwilligung des (berechtigten) Eigentümers erfolgt.

Beispiel

M hat eine Sache vom Eigentümer V gemietet. Ein Freund des M hat Interesse am Erwerb dieser Sache. V stimmt dem Verkauf und der Übereignung der Sache durch M an F zu. M einigt sich deshalb mit F über den Übergang des Eigentums und überträgt den unmittelbaren

---

4 Zu Einzelheiten vgl. S.517ff.
5 Zum gutgläubigen Erwerb vgl. S.456ff.

Besitz auf F (Übergabe). Die fehlende Berechtigung des M zur Übereignung steht dem Eigentumserwerb durch F nicht entgegen, weil die Übertragung des Eigentums (die Verfügung) mit der Einwilligung des Eigentümers V (Berechtigten) erfolgt (§ 185 Abs. 1 BGB).

Diese Erwerbsform spielt beim verlängerten Eigentumsvorbehalt eine große Rolle und wird dort genauer behandelt[6].

26.3 Der gutgläubige Eigentumserwerb an beweglichen Sachen

26.3.1 Der Interessenkonflikt

Die „Väter des BGB" mussten entscheiden, ob es möglich sein soll, das Eigentum an einer Sache von einem Nichtberechtigten zu erwerben. Das ist jemand, dem die Sache **nicht gehört** und der auch aus keinem anderen Grund zur Veräußerung berechtigt ist. Unter den Begriff fällt außerdem der Eigentümer, der ausnahmsweise nicht zur Verfügung berechtigt ist[7].

In der Regel geht es um einen Interessenkonflikt zwischen dem wahren Eigentümer und einem Erwerber, der einen Nichtberechtigten für den Eigentümer hält.

Neben den Interessen der im Einzelfall beteiligten Personen musste der Gesetzgeber bezüglich der Frage des gutgläubigen Erwerbs auch die Interessen des Rechtsverkehrs berücksichtigen. Bezogen auf den Kaufvertrag war zu fragen, ob der Käufer davon ausgehen darf, dass der Verkäufer einer Sache auch deren Eigentümer ist. Oder muss der Käufer in jedem Fall eine entsprechende Prüfung vornehmen, weil er anderenfalls Gefahr läuft, nicht Eigentümer zu werden? Kann ein Käufer eine solche Prüfung mit zumutbaren Kosten überhaupt durchführen? Welche zusätzlichen Transaktionskosten würden gesamtwirtschaftlich dadurch entstehen?

5. Teil
Sachenrecht

Beispiel

K kauft von V auf einer Messe „als Vorführgerät" einen fast neuen Laptop für 850,– €. Aufgrund des Auftretens des V und der sonstigen Umstände (Messestand, angemessener Preis) geht K davon aus, dass V der Eigentümer des Geräts ist. In Wirklichkeit gehört der Laptop aber der Leasing-GmbH. Diese beruft sich K gegenüber auf „ihr Eigentum" und verlangt die Herausgabe des Laptops.

K weigert sich mit der Begründung, der Laptop gehöre jetzt ihm. Zumindest müsse die Leasing-GmbH ihm – dem K – den an V gezahlten Kaufpreis (850,– €) erstatten. Der Geschäftsführer der Leasing-GmbH meint, das sei ja wohl noch schöner, dass die Leasing-GmbH für die

[6] S. 521 ff.
[7] Vgl. S. 454 f.

Rückgabe ihres eigenen Laptops etwas zahlen solle. Hat der Geschäftsführer damit Recht? Was meinen Sie?[8]

Das BGB hat eine differenzierte Lösung gewählt:

- Zum Schutz des Rechtsverkehrs und des einzelnen Erwerbers besteht gemäß §§ 932 ff. BGB grundsätzlich die Möglichkeit eines gutgläubigen Erwerbs, also des Erwerbs des Eigentums von einem Nichtberechtigten (Nichteigentümer).
- Dies gilt gemäß § 935 Abs. 1 BGB aber nicht, wenn die Sache dem Eigentümer gestohlen worden, verloren gegangen oder sonst abhandengekommen ist.
- Insoweit besteht nach § 935 Abs. 2 BGB, insbesondere für Geld, eine Ausnahme. Auch an gestohlenem Geld ist deshalb ein gutgläubiger Erwerb möglich.

26.3.2 Begriff des „guten Glaubens"

Die Grundregel für alle Fälle des gutgläubigen Erwerbs an beweglichen Sachen bildet **§ 932 Abs. 1 BGB.** Danach wird der Erwerber auch dann Eigentümer,

- wenn die Sache dem Veräußerer **nicht gehört,**
- es sei denn, dass der Erwerber im Zeitpunkt des Eigentumserwerbs **nicht im guten Glauben** ist.

Aus dieser Formulierung sind zwei Dinge abzuleiten:

1. Aus dem Wort *„gehört"* in § 932 Abs. 2 BGB folgt, dass der Erwerber glauben muss, dass der Veräußerer der Eigentümer der Sache ist. Das BGB schützt also (nur) den **guten Glauben** des Erwerbers **an das Eigentum** des Veräußerers.

Fortsetzung des Beispiels

V veräußert einen Laptop an K, der aber nicht dem V, sondern der Leasing-GmbH gehört. K kann nur dann nach §§ 929, 932 BGB Eigentümer werden, wenn er glaubt, dass V der **Eigentümer** ist. Nicht ausreichend wäre es, wenn K lediglich glauben würde, dass die Leasing-GmbH mit der Veräußerung einverstanden ist. Dieser Glaube kann aber nach § 366 HGB geschützt sein (dazu später mehr)[9].

2. Das BGB geht im Ansatz davon aus, dass der Erwerber gutgläubig ist, also an das Eigentum des Veräußerers glaubt. Anknüpfungspunkt für den guten Glauben ist § 1006 Abs. 1 S. 1 BGB: Danach wird zugunsten des (unmittelbaren) Besitzers einer beweglichen Sache vermutet, dass er der Eigentümer der Sache ist. Auf diese Vermutung kann sich der Erwerber berufen, es sei denn, er ist nicht im guten Glauben („bösgläubig").

Nach **§ 932 Abs. 2 BGB** ist der Erwerber nicht im guten Glauben („bösgläubig"), wenn

- ihm *bekannt* ist, dass der Veräußerer nicht der Eigentümer ist oder wenn
- ihm dieser Umstand infolge *grober Fahrlässigkeit nicht* bekannt ist.

---

[8] Zur Lösung vgl. S. 462.

[9] S. 464 f.

„Bekannt sein“ bedeutet, dass der Erwerber **weiß,** dass der Veräußerer nicht der Eigentümer ist. Die Juristen sprechen von einer „positiven Kenntnis“.

Fortsetzung des Beispiels

K kauft den Laptop von V, obwohl K weiß, dass V das Gerät von der Leasing-GmbH geleast hat. Hier weiß K, dass V nicht der Eigentümer ist. Er ist deshalb bösgläubig, ein gutgläubiger Erwerb ist nicht möglich. K kann sich nicht auf § 1006 Abs. 1 S. 1 BGB berufen.

Ein gutgläubiger Erwerb scheidet auch dann aus, wenn der Erwerber infolge **grober Fahrlässigkeit** nicht erkennt, dass der Veräußerer nicht der Eigentümer ist. In diesem Fall hat der Erwerber von diesem Umstand zwar keine positive Kenntnis (er weiß es also nicht sicher), doch müsste er die Kenntnis eigentlich haben. Anders ausgedrückt: „Er hätte wat merken müssen!“.

Wichtig ist, dass nur das Vorliegen **grober** Fahrlässigkeit dem gutgläubigen Erwerb entgegensteht. Wenn der Erwerber aufgrund normaler (leichter) Fahrlässigkeit nicht bemerkt, dass der Veräußerer nicht der Eigentümer ist, oder wenn er insoweit gar nicht fahrlässig handelt, ist er *gutgläubig,* sodass er das Eigentum vom Nichtberechtigten erwerben kann.

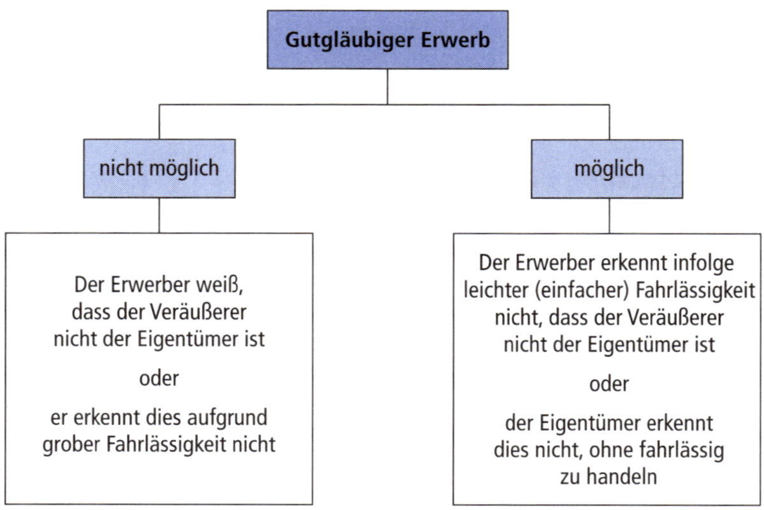

Abbildung 26.5: Gutgläubiger Erwerb

Da die Grenze zwischen der groben und der einfachen (leichten) Fahrlässigkeit verläuft, kommt es häufig entscheidend darauf an, ob der Erwerber nur (leicht) fahrlässig *oder* grob fahrlässig nicht erkannt hat, dass der Veräußerer *nicht* der Eigentümer ist.

Zur Wiederholung[10]:

- Die **einfache (leichte) Fahrlässigkeit** ist in § 276 Abs. 2 BGB definiert. Danach handelt fahrlässig, wer die im Verkehr erforderliche Sorgfalt außer Acht lässt. Damit ist gemeint, wer nicht so aufpasst, wie es in der konkreten Situation erforderlich ist. Mit „Verkehr" ist nicht etwa nur der „Autoverkehr", sondern der gesamte Rechts- und Geschäftsverkehr gemeint.
- Der Begriff der **„groben Fahrlässigkeit"** ist im BGB *nicht* definiert. Ausgehend von der gesetzlichen Definition in § 276 Abs. 2 BGB handelt **grob fahrlässig,** wer die im Verkehr erforderliche Sorgfalt in ungewöhnlich hohem Maße verletzt, einfachste, ganz nahe liegende Überlegungen nicht anstellt und dasjenige unbeachtet lässt, was im gegebenen Fall jedem hätte einleuchten müssen[11]. Die grobe Fahrlässigkeit ist also eine gesteigerte Form der normalen Fahrlässigkeit. Da sich die Definition nur schwer einprägen lässt, kann man sich wie folgt behelfen:

Merke

„Grob fahrlässig handelt, wer die im Verkehr erforderliche Sorgfalt *in besonders schwerer Weise* außer Acht lässt." Diese Definition entspricht § 276 Abs. 2 BGB mit dem Einschub *„in besonders schwerer Weise"*.

Die möglichen Verschuldensformen noch einmal im Überblick:

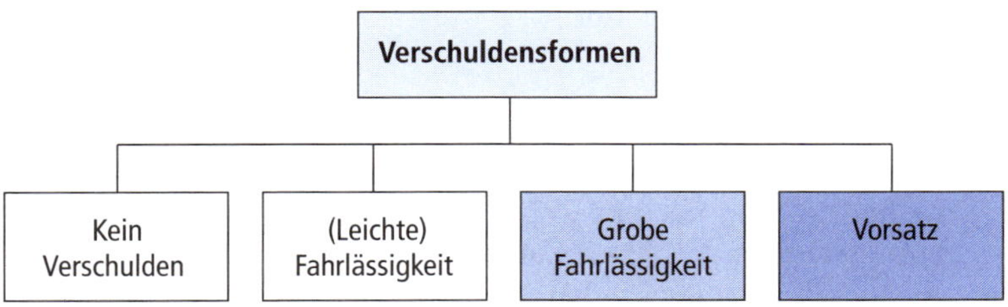

Abbildung 26.6: Verschuldensformen

26.3.3 Fälle des gutgläubigen Erwerbs

Das BGB unterscheidet zwischen drei Fällen des gutgläubigen Erwerbs:

- § 932 BGB greift ein, wenn die Eigentumsübertragung durch Einigung und Übergabe gemäß § 929 BGB erfolgt.
- § 933 BGB ist anzuwenden, wenn statt der Übergabe ein Besitzkonstitut (§§ 930, 868 BGB) vereinbart wird.
- § 934 BGB gilt, wenn die Übergabe durch die Abtretung eines Herausgabeanspruchs (§§ 931, 398 BGB) ersetzt wird.

In allen Fällen muss der Erwerber **gutgläubig** sein, was jeweils **gemäß § 932 BGB** zu beurteilen ist. § 932 BGB ist also unabhängig davon zu prüfen, ob der unmittelbare Besitz übertragen oder die Übergabe durch ein Besitzkonstitut oder aber durch eine Abtretung des Herausgabeanspruchs ersetzt wird.

[10] Vgl. bereits S. 394 f.
[11] BGH NJW 2005, S. 981, 982; BGH NJW 2005, S. 1365, 1366.

Gutgläubiger Erwerb nach §§ 929, 932 BGB

Der Grundfall des gutgläubigen Erwerbs liegt vor, wenn die Übereignung gemäß § 929 BGB durch Einigung und Übergabe, also Verschaffung des unmittelbaren Besitzes, erfolgen soll. Das „einzige Problem" besteht in diesen Fällen darin, dass derjenige, der sich als Eigentümer ausgibt, in Wirklichkeit nicht der Eigentümer ist.

Beispiel

M mietet eine Sache von E. M verkauft die Sache ohne Einverständnis des Eigentümers E an G, einigt sich mit G, dass diesem die Sache gehören soll, und übergibt die Sache an G. Hier liegen *Einigung* und *Übergabe* vor, doch hat nicht der berechtigte Eigentümer E, sondern der nicht zur Eigentumsübertragung berechtigte Mieter M gehandelt. Wenn E mit der Verfügung des M nicht einverstanden war, ist kein Fall des § 185 Abs. 1 BGB gegeben. Deshalb kommt nur ein gutgläubiger Erwerb in Betracht. Dafür muss der Erwerber G *geglaubt* haben, dass M der *Eigentümer* der Sache ist.

Zu beachten ist, dass auch in den Fällen des gutgläubigen Erwerbs § 929 S. 1 BGB die „*Basisvorschrift*" bildet, aus der die beiden ersten Voraussetzungen (Einigung und Übergabe) zu entnehmen sind.

Klausurtipp

Beim rechtsgeschäftlichen Eigentumserwerb beweglicher Sachen ist die Prüfung immer mit § 929 S. 1 BGB zu beginnen, und zwar auch dann, wenn es um einen gutgläubigen Erwerb geht. Es gilt der Satz: **„§ 929 BGB ist immer dabei!"** Beim Grundfall des Eigentumserwerbs nach § 929 S. 1 BGB wird die Vorschrift durch § 932 BGB wie folgt ergänzt:

P1: Einigung (abgeleitet aus § 929 S. 1 BGB),

P2: Übergabe (abgeleitet aus § 929 S. 1 BGB),

P3: *anstelle* der fehlenden Berechtigung zur Übereignung muss der gute Glaube des Erwerbers an das Eigentum des Veräußernden treten (zu prüfen nach § 932 BGB).

Da beim gutgläubigen Erwerb nicht der wahre Eigentümer, sondern jemand, den der Erwerber für den Eigentümer hält, handelt, muss in den Text des § 929 S. 1 BGB – aus der Sicht des Erwerbers – das Wort „vermeintlich" hineingelesen werden.

Klausurtipp

§ 929 S. 1 BGB lautet in Fällen des gutgläubigen Erwerbs deshalb wie folgt:

„Zur Übertragung des Eigentums an einer beweglichen Sache ist erforderlich, dass der **vermeintliche** *Eigentümer die Sache dem Erwerber übergibt und beide (also der* **vermeintliche** *Eigentümer und der Erwerber) darüber einig sind, dass das Eigentum (auf den Erwerber) übergehen soll."*

An die Stelle der dritten Voraussetzung des § 929 BGB (Berechtigung zur Eigentumsübertragung) tritt der gute Glaube des Erwerbers daran, dass der vermeintliche Eigentümer (Veräußerer) der Eigentümer ist, was nach § 932 BGB zu prüfen ist.

In der Praxis tritt die Problematik des gutgläubigen Erwerbs häufiger beim Kauf von Kraftfahrzeugen auf, wobei für die rechtliche Beurteilung zwischen Neufahrzeugen und gebrauchten Fahrzeugen zu unterscheiden ist.

Beim Erwerb eines **Neufahrzeugs** und **Vorführwagens** vom Kfz-Händler steht einer Gutgläubigkeit des Erwerbs *nicht* entgegen, dass der Händler den „Kfz-Brief" (offiziell: „Zulassungsbescheinigung Teil II") nicht vorlegen kann, etwa weil der Kfz-Brief noch angefertigt werden muss. Dies gilt jedenfalls dann, wenn es sich um einen autorisierten und nicht als unzuverlässig bekannten Kraftfahrzeughändler handelt. Etwas anderes gilt, wenn dem Erwerber erkennbare Umstände vorliegen, die gegen das Eigentum (bzw. die Verfügungsbefugnis) des Händlers sprechen[12].

Beim Kauf eines **Gebrauchtfahrzeugs** nimmt die Rechtsprechung hingegen Bösgläubigkeit an, wenn der Erwerber sich nicht aufgrund der Eintragung im **Kfz-Brief** davon überzeugt, dass der Veräußerer zur Übertragung des Eigentums befugt ist. Dafür reicht es nicht aus, dass der Veräußerer im Besitz des Kfz-Briefs ist. Der Käufer muss sich den Brief vielmehr vorlegen lassen, um so die Berechtigung des Veräußerers und dessen Identität prüfen zu können[13], es sei denn, besondere Umstände ließen eine andere Beurteilung zu[14].

Die Anforderungen an die Prüfungspflicht des Erwerbers dürfen aber nicht überspannt werden. Im Falle einer geschickten Fälschung des Kfz-Briefs auf einem Originalblankett aus einer Reihe gestohlener Kfz-Briefblankette und der Vorlage weiterer Papiere liegt jedenfalls dann keine Bösgläubigkeit vor, wenn selbst die Kfz-Zulassungsstelle keinen Verdacht schöpft[15].

Hinzuweisen ist darauf, dass die Übereignung des **Kfz-Briefs** keine Voraussetzung für die Übereignung des Kraftfahrzeugs ist. Vielmehr ist es so, dass das Eigentum am Kfz-Brief gemäß § 952 BGB analog dem Eigentum am Kfz folgt[16]. Das bedeutet, dass der Kfz-Brief immer demjenigen gehört, dem das Kfz gehört. Das Eigentum am Kfz-Brief folgt also dem Eigentum am Kfz, nicht umgekehrt!

---

12 BGH NJW 2005, S. 1365, 1366.
13 BGH NJW 1996, S. 2226, 2227.
14 BGH NJW 2005, S. 1365, 1366.
15 LG Mönchengladbach, NJW 2005, S. 3578.
16 Palandt/Bassenge, Bürgerliches Gesetzbuch, § 952 Rn. 7.

Merke

A wie **A**uto vor **B** wie **B**rief!

Zusammenfassend gelten für einen gutgläubigen Erwerb nach §§ 929 S. 1, 854 Abs. 1, 932 BGB folgende Voraussetzungen:

P1: Der vermeintliche Eigentümer (Veräußerer) und der Erwerber müssen sich einigen, dass das Eigentum auf den Erwerber übergehen soll,

P2: der vermeintliche Eigentümer (Veräußerer) muss den Besitz auf den Erwerber übertragen (§ 854 Abs. 1 BGB),

P3: der Erwerber muss glauben und glauben dürfen (§ 932 Abs. 2 BGB), dass der Veräußerer der Eigentümer der Sache ist.

Nur wenn diese drei Voraussetzungen gegeben sind, kommt der Erwerb des Eigentums vom Nichtberechtigten in Betracht, zugleich verliert der bisherige Eigentümer sein Eigentum.

Im Fall mit dem Kauf des Laptops[17] spricht vieles dafür, dass K gutgläubig das Eigentum erworben hat.

Gutgläubiger Erwerb nach anderen Vorschriften

Weitere Fälle des gutgläubigen Erwerbs enthalten § 933 BGB und § 934 BGB. Diese beiden Vorschriften kommen ergänzend zu §§ 929, 932 BGB zur Anwendung, wenn die Übergabe gemäß § 930 BGB bzw. § 931 BGB ersetzt wird. Diese Sonderfälle sollen aber im Folgenden unbeachtet bleiben.

26.3.4 Ausschluss nach § 935 Abs. 1 BGB

Grundlagen

Das BGB enthält zugunsten des wahren Eigentümers in § 935 Abs. 1 BGB eine Grenze. Auch wenn der Erwerber gutgläubig ist, erwirbt er das Eigentum *nicht*, wenn die Sache dem Eigentümer gestohlen worden, verloren gegangen oder sonst (also in anderer Weise) **abhandengekommen** ist. Als „Ausnahme von der Ausnahme" lässt § 935 Abs. 2 BGB bei Geld (Scheinen und Münzen), bei Inhaberpapieren (insbesondere bei Inhaberaktien) und bei Sachen, die in einer öffentlichen Versteigerung veräußert werden, einen gutgläubigen Erwerb selbst dann zu, wenn die Sachen zuvor abhandengekommen sind.

Gedankengang

Regel: Nach §§ 929 S. 1, 932 BGB ist ein Eigentumserwerb von einem Nichtberechtigten möglich, wenn der Erwerber gutgläubig ist, weil er an das Eigentum des Veräußerers glaubt und glauben darf.

Ausnahme: Der Eigentumserwerb scheidet aus, wenn die Sache dem Eigentümer gestohlen worden, verloren gegangen oder sonst abhandengekommen war (§ 935 Abs. 1 S. 1 BGB). Dann wird der Erwerber trotz guten Glaubens an das Eigentum des Veräußerers kein Eigentümer.

---

17 Vgl. S. 456.

Ausnahme von der Ausnahme: § 935 Abs. 1 BGB gilt nicht, wenn die Voraussetzungen des § 935 Abs. 2 BGB vorliegen. An gestohlenem Geld kann deshalb gutgläubig das Eigentum erworben werden.

Abhandengekommen

Aus der Formulierung „*sonst* abhandengekommen" in § 935 Abs. 1 BGB lässt sich ableiten, dass der Begriff „abhandengekommen" der Oberbegriff ist, während „gestohlen" und „verloren gegangen" Unterbegriffe bilden.

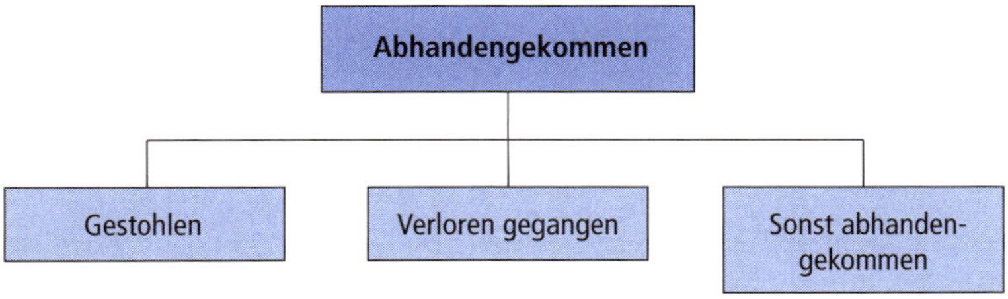

Abbildung 26.7: Abhandengekommen

Die Definition **„abhandengekommen"** kann aus der Art und Weise, wie der Eigentümer bei den beispielhaft angeführten Fällen (Diebstahl und Verlust der Sache) seinen unmittelbaren Besitz verliert, abgeleitet werden. In den in der Vorschrift genannten Beispielsfällen verliert der Eigentümer seinen **unmittelbaren** Besitz **unfreiwillig,** also ohne oder gegen seinen Willen.

Merke

Eine Sache ist abhandengekommen, wenn der Eigentümer den **un**mittelbaren Besitz an der Sache **un**freiwillig verloren hat („unmittelbar" und „unfreiwillig").

Daraus folgt im Umkehrschluss, dass ein Abhandenkommen *nicht* vorliegt, wenn der Eigentümer den unmittelbaren Besitz an der Sache **freiwillig** auf einen anderen übertragen hat. Das BGB verfährt nach dem Motto: Wer seine Sache freiwillig einem anderen gibt, der soll auch das Risiko tragen, wenn dieser die Sache an einen Dritten veräußert. Denn diese Gefahr hat der Eigentümer selbst geschaffen, sodass der gutgläubige Erwerber hier zulasten des Eigentümers geschützt wird. Anders ist es, wenn dem Eigentümer die Sache gestohlen wurde, wenn er sie verloren hat oder wenn sie ihm sonst abhandengekommen ist. Hier wird der (wahre) Eigentümer zulasten des gutgläubigen Erwerbers geschützt, der trotz guten Glaubens kein Eigentum erwirbt.

Beispiele

- Wenn der Eigentümer eine Sache an einen anderen **vermietet** oder verleiht und dem anderen damit **freiwillig** den **unmittelbaren** *Besitz* einräumt, ist die Sache **nicht abhandengekommen.** § 935 Abs. 1 BGB steht damit einem gutgläubigen Erwerb des Eigentums durch einen Dritten nicht entgegen. Der Erwerber wird Eigentümer, wenn die Voraussetzungen der §§ 929, 932 BGB erfüllt sind. Der „alte Eigentümer" hat keine Rechte mehr an der Sache, er kann diese insbesondere nicht vom Erwerber herausverlangen. Ihm können aber Ansprüche gegen den Veräußerer auf Schadensersatz und Bereicherungsansprüche gemäß § 816 Abs. 1 S. 1 BGB auf Herausgabe des Erlangten (in der Regel des Kaufpreises) zustehen.

- Anders ist die Rechtslage, wenn dem Eigentümer die Sache **gestohlen** wurde. Auch wenn der Erwerber den Dieb gutgläubig für den Eigentümer hält und auch die weiteren Voraussetzungen (Einigung und Übergabe) vorliegen, wird der Erwerber wegen § 935 Abs. 1 BGB nicht Eigentümer, sondern nur Besitzer. Dem (Noch-)Eigentümer steht gegen den „Erwerber" (Besitzer) ein Herausgabeanspruch nach §§ 985, 986 BGB zu, der „verhinderte" Erwerber hat Ansprüche gegen denjenigen, der ihm die Sache verkauft hat.

Ob G im Beispielsfall Nr. 8 in der Einleitung[18] Eigentümer der Leasingsache geworden ist, hängt davon ab, ob er aufgrund der Umstände, ohne grob fahrlässig zu handeln, davon ausgehen durfte, dass die Sache dem Leasingnehmer gehört. Dafür spricht, dass der Kaufpreis angemessen war. Für eine Entscheidung müssten aber mehr Einzelheiten bekannt sein. Fest steht indes, dass der gutgläubige Erwerb *nicht* an § 935 Abs. 1 BGB scheitert, weil die Leasingsache dem Eigentümer *nicht* abhandengekommen ist.

26.3.5 Erweiterung durch § 366 HGB

§ 932 BGB wird für den geschäftlichen Verkehr durch § 366 HGB erweitert. Sofern ein im Handelsregister eingetragener Kaufmann im Betriebe seines Handelsgewerbes eine ihm nicht gehörige (gemeint: gehörende) bewegliche Sache veräußert, gelten nach § 366 Abs. 1 HGB die Vorschriften des BGB über den gutgläubigen Erwerb – das sind die §§ 932 ff. BGB – auch dann, wenn der gute Glaube des Erwerbers (lediglich) dahin geht, dass der Veräußerer berechtigt ist, über die Sache **zu verfügen.**

Damit ist gemeint, dass ein gutgläubiger Erwerb auch dann in Betracht kommt, wenn der Erwerber zwar weiß, dass die Sache dem Veräußerer nicht gehört, aber glaubt, der Eigentümer habe gemäß § 185 Abs. 1 BGB eingewilligt, dass der Veräußerer das Eigentum überträgt.

Merke

Der Erwerber muss nach § 366 Abs. 1 HGB glauben, dass der Eigentümer mit der Verfügung (Eigentumsübertragung) durch den Veräußerer einverstanden ist; er muss nicht glauben, dass der Veräußerer der Eigentümer ist (so aber bei § 932 BGB).

Beispiel

Ein Produzent liefert an einen Zwischenhändler Ware unter Eigentumsvorbehalt, räumt dem Zwischenhändler aber das Recht ein, die „Ware im Wege des ordnungsgemäßen Geschäftsgangs weiterzuver-

[18] Vgl. S. XXX.

äußern“ (Einwilligung im Sinne des § 185 Abs. 1 BGB). Auch wenn der Zwischenhändler den Kaufpreis noch nicht vollständig gezahlt hat und deshalb noch nicht Eigentümer der Ware ist, darf er sie aufgrund der Einwilligung des Noch-Eigentümers (Produzenten) bereits weiterveräußern, also an seine Kunden übereignen. Diese Fallgestaltung wird als „verlängerter Eigentumsvorbehalt“ bezeichnet. Weitere Einzelheiten dazu im Kapitel Kreditsicherung[19].

Merke

§ 366 Abs. 1 HGB schützt den **guten Glauben** des Erwerbers **an die Verfügungsbefugnis** *des Veräußerers*, also daran, dass der Eigentümer einem Nichtberechtigten (Nichteigentümer) eine solche Befugnis zur Veräußerung erteilt hat. Damit kann auch ein Käufer, der weiß, dass der Verkäufer noch nicht der Eigentümer ist, aber gutgläubig davon ausgeht (Maßstab: § 932 Abs. 2 BGB), dass ein verlängerter Eigentumsvorbehalt mit der Befugnis zur Weiterveräußerung vereinbart worden ist, gemäß §§ 929 S. 1, 932 BGB i. V. m. § 366 HGB das Eigentum erwerben.

26.3.6 Zusammenfassung

Somit ergibt sich zum rechtsgeschäftlichen Eigentumserwerb an beweglichen Sachen folgende Übersicht:

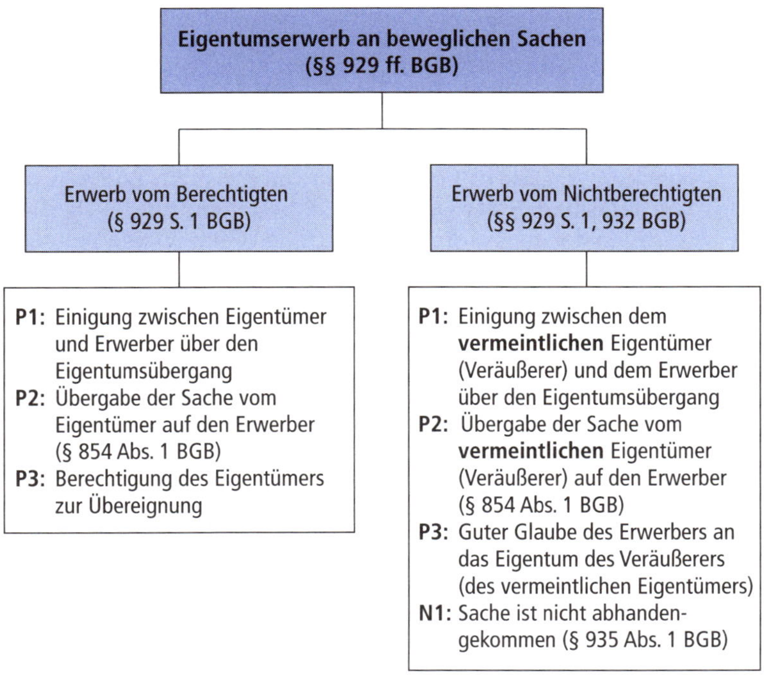

Abbildung 26.8: Eigentumserwerb an beweglichen Sachen

[19] Vgl. S. 521 ff..

26.3.7 Ansprüche des bisherigen Eigentümers

Ansprüche gegen den Erwerber

Folge des gutgläubigen Erwerbs ist, dass der Eigentümer sein Eigentum an den gutgläubigen Dritten verliert. Gegen diesen Dritten (den neuen Eigentümer) stehen dem bisherigen Eigentümer keinerlei Ansprüche auf Herausgabe, Schadensersatz oder auf Ausgleich einer ungerechtfertigten Bereicherung zu.

Beispiel

Veräußerer V veräußert ein dem Eigentümer E gehörendes Handy an G, der gutgläubig das Eigentum erwirbt (§§ 929 S. 1, 932 BGB).

E steht gegen G kein Anspruch zu:

1. E hat gegen G keinen Herausgabeanspruch gemäß §§ 985, 986 BGB, weil E infolge des Eigentumserwerbs durch G *nicht* mehr Eigentümer des Handys ist.
2. E hat auch keinen Schadensersatzanspruch gegen G aus § 823 Abs. 1 BGB. Zwar ist E durch den Erwerb des Eigentums durch G das Eigentum am Handy entzogen worden, doch geschah dies im Wege eines gutgläubigen Erwerbs gemäß §§ 929, 932 BGB. Dieses von der Rechtsordnung gewollte Ergebnis darf nicht durch eine Pflicht zum Schadensersatz beeinträchtigt oder rückgängig gemacht werden.

Für dieses Ergebnis gibt es verschiedene, nicht ganz einfache Begründungen:

a) Man kann argumentieren, dass der mit dem Erwerb des Eigentums verbundene Verlust des Eigentums für den bisherigen Eigentümer im Falle eines gutgläubigen Erwerbs keine Verletzungshandlung gemäß § 823 Abs. 1 BGB darstellt, weil sonst ein Widerspruch zum **Wertungsmodell der §§ 932 ff. BGB** bestehen würde. Da diese Vorschriften den Eigentumserwerb für den Gutgläubigen ermöglichen, kann nicht gleichzeitig eine Verletzung des Eigentums durch diesen angenommen werden.

b) Falls man eine Verletzungshandlung durch den Erwerb des Eigentums annimmt, liegt es nahe, die **Rechtswidrigkeit** zu verneinen, weil der gutgläubige Erwerb mit der Rechtsordnung (§§ 932 ff. BGB) in Einklang steht, also nicht widerrechtlich ist.

c) Auf jeden Fall scheitert der Anspruch am **fehlenden Verschulden** des neuen Eigentümers. Da im Rahmen der §§ 932 ff. BGB nur Vorsatz und grobe Fahrlässigkeit einem gutgläubigen Eigentumserwerb entgegenstehen, muss dieser Verschuldensmaßstab auch im Rahmen des § 823 Abs. 1 BGB gelten.

3. Schließlich besteht auch kein Anspruch des bisherigen Eigentümers E gegen den neuen Eigentümer G aus § 812 Abs. 1 S. 1 BGB. Zwar hat G das Eigentum und den Besitz an dem Handy erlangt, doch geschah dies nicht durch eine Leistung des E, sondern durch eine **Leistung des (unberechtigten) V.** Maßgeblich für die Beurteilung,

wer die Leistung erbracht hat, ist nämlich die Sicht des Empfängers, hier also des G. Aus dessen Sicht ist nicht der (ihm gar nicht bekannte) bisherige Eigentümer E, sondern der Veräußerer V der Leistende. Wegen des sogenannten **„Vorrangs der Leistungskondiktion"**[20] scheidet ein Anspruch des E aus der Fallgruppe „oder in sonstiger Weise auf dessen Kosten" ebenfalls aus. Da eine Leistung des V vorliegt, ist also nicht mehr zu prüfen, ob der G den Vermögensvorteil „in sonstiger Weise auf Kosten" des E erhalten hat.

Ansprüche gegen den Veräußerer

Dem bisherigen Eigentümer stehen aber Ansprüche gegen den unberechtigten Veräußerer zu. In Betracht kommen vertragliche *und* gesetzliche Ansprüche:

Wenn zwischen dem Veräußerer M und dem bisherigen Eigentümer E ein Mietvertrag bestand, ist Mieter M gemäß §546 BGB verpflichtet, die Sache am Ende der Mietzeit an E zurückzugeben. Hat M die Sache an einen anderen übereignet und verweigert dieser die Herausgabe, liegt ein Fall der Unmöglichkeit vor, der gemäß §§280 Abs.1, Abs.3, 283 BGB zu einem Schadensersatzanspruch des E führt. Gleiches gilt bei sonstigen Verträgen, die die Nutzung einer Sache auf Zeit betreffen (Leihvertrag, Leasingvertrag) und beim Verwahrungsvertrag.

Besteht zwischen einem unberechtigten Veräußerer und einem Eigentümer kein Vertrag, kommen nur die gesetzlichen Ansprüche aus §§823ff. BGB und aus §816 Abs.1 S.1 BGB in Betracht.

Beispiel

Mieter M veräußert ein dem Vermieter V gehörendes Fahrrad für 500,– € an den gutgläubigen G. G weigert sich, das Fahrrad, dessen Wert 700,– € beträgt, an V herauszugeben.

In diesem Fall kommen ein Schadensersatz- und ein Bereicherungsanspruch des Vermieters (bisherigen Eigentümers) gegen den Veräußerer M in Betracht:

1. Der Schadensersatzanspruch kann sich aus §§280 Abs.1, Abs.3, 283 BGB (vertraglicher Anspruch) und als gesetzlicher Anspruch aus §823 Abs.1 BGB, aus §823 Abs.2 BGB i.V.m. §246 StGB (Unterschlagung) und ggf. aus §826 BGB ergeben. Der Umfang des Anspruchs beträgt nach §251 BGB 700,– €.
2. Wenn M nicht schuldhaft gehandelt hat (etwa weil er irrtümlich und ohne Verschulden von einem Einverständnis des V mit der Veräußerung ausging), scheiden vertragliche und gesetzliche Schadensersatzansprüche aus.
3. Es verbleibt aber ein Anspruch aus §816 Abs.1 S.1 BGB, da dieser kein Verschulden voraussetzt, hier in Höhe des erzielten Kaufpreises (500,– €).
4. Die Voraussetzungen des **§816 Abs.1 S.1 BGB** sind:

[20] Vgl. S.426.

P1: Ein **Nichtberechtigter** muss eine **Verfügung** getroffen haben,

P2: die Verfügung muss **dem Berechtigten gegenüber wirksam** sein,

P3: der Nichtberechtigte muss durch die Verfügung **etwas erlangt** haben.

Rechtsfolge: Der Nichtberechtigte ist dem Berechtigten zur Herausgabe des Erlangten verpflichtet.

Zu P1: Nach einer – schwer verständlichen – Definition ist eine *Verfügung* ein Rechtsgeschäft, das unmittelbar darauf gerichtet ist, auf ein bestehendes Recht einzuwirken, es zu verändern, zu übertragen oder aufzuheben[21]. Der wichtigste Fall einer Verfügung ist die Übertragung des Eigentums an einer Sache, hier die Veräußerung von M an den gutgläubigen G.

Zu P2: Berechtigter ist der bisherige Eigentümer V. Ihm gegenüber ist die Verfügung wirksam, weil G das Eigentum gemäß §§929 S. 1, 932 BGB auch im Verhältnis zu V gutgläubig erworben hat.

Zu P3: Mit der Herausgabe des durch die Verfügung Erlangten ist dasjenige gemeint, das der Nichtberechtigte als wirtschaftliche Gegenleistung für die Verfügung erhält. Das ist hier der Kaufpreis in Höhe von 500,– €.

Rechtsfolge: Diesen Betrag muss M als Nichtberechtigter nach §816 Abs. 1 S. 1 BGB an den Berechtigten V herausgeben.

Ergebnis: Falls M schuldhaft gehandelt hat, wird V einen Anspruch auf Schadensersatz aus §823 Abs. 1 BGB oder aus §823 Abs. 2 BGB i. V. m. §246 StGB in Höhe von 700,– € erheben, anderenfalls einen Anspruch aus §816 Abs. 1 S. 1 BGB in Höhe von 500,– €.

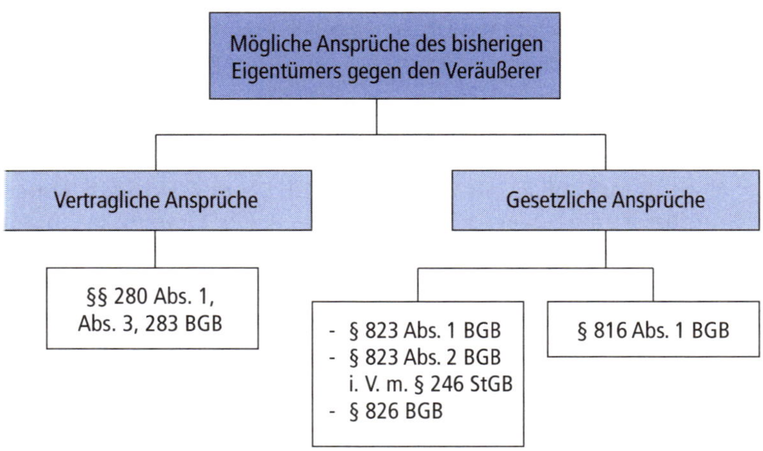

Abbildung 26.9: Mögliche Anspruchsgrundlagen

[21] Palandt/Ellenberger, Bürgerliches Gesetzbuch, Überblick vor §104 Rn. 16.

5. Teil Sachenrecht

Kapitel 27
Der gesetzliche Eigentumserwerb

Lernziele dieses Kapitels
Was kommt in diesem Kapitel auf Sie zu? Nach dem gerade behandelten rechtsgeschäftlichen Eigentumserwerb lernen Sie jetzt den gesetzlichen Eigentumserwerb kennen. Es gibt zahlreiche Fälle, in denen das Eigentum wechselt, ohne dass die Parteien dies wollen. Die Kenntnis dieser Vorschriften ist für die Praxis von erheblicher Bedeutung.

27.1 Grundlagen

In Fällen des gesetzlichen Eigentumserwerbs geht das Eigentum nicht über, weil die Parteien es wollen (und sich entsprechend einigen), sondern *„weil das Gesetz es will"*. Soll heißen: Weil bestimmte im Gesetz genannte Voraussetzungen vorliegen, an die das BGB die Rechtsfolge des Eigentumsübergangs knüpft. Folgende Fälle sind zu unterscheiden:

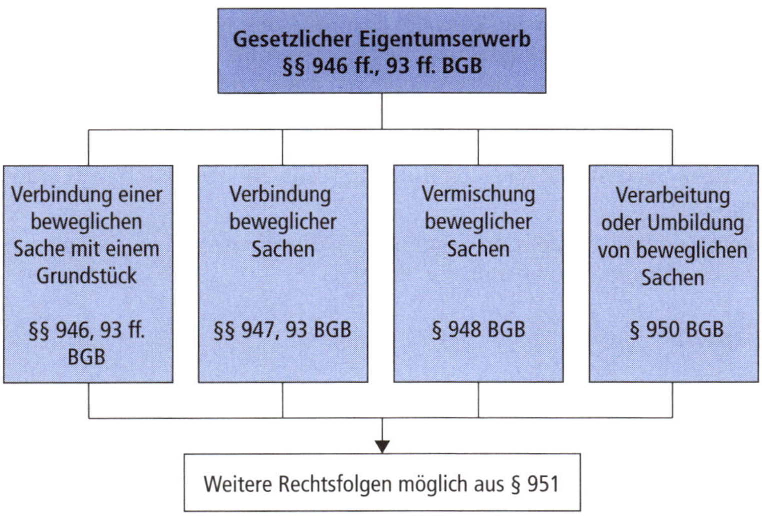

Abbildung 27.1: Gesetzlicher Eigentumserwerb

Vor der Darstellung von Einzelheiten sind einige **zentrale Begriffe** zu erläutern, auf die wir immer wieder zurückkommen werden:

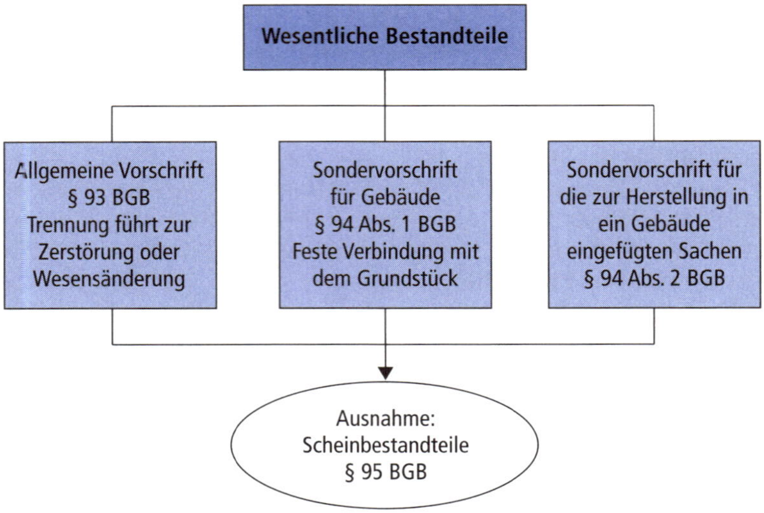

Abbildung 27.2: Wesentliche Bestandteile

27.1.1 Wesentlicher Bestandteil: § 93 BGB

Nach **§ 93 BGB** sind **wesentliche Bestandteile** einer Sache solche Bestandteile, die nicht voneinander getrennt werden können, ohne dass der eine oder der andere **zerstört** oder in seinem **Wesen verändert** wird. Daraus folgt im Umkehrschluss, dass eine Sache **kein** wesentlicher Bestandteil einer anderen Sache ist, wenn man die (Gesamt-)Sache auseinander bauen kann und die einzelnen Bestandteile dadurch *nicht* zerstört oder in ihrem Wesen geändert werden. Dies gilt auch dann, wenn diese Sachen erst nach Verbindung mit anderen Sachen wieder benutzbar werden[1].

Das führt zu sonderbar anmutenden Ergebnissen, die einem Nichtjuristen auch mit viel Mühe häufig nicht zu vermitteln sind:

Beispiele

- Die **Reifen** eines Pkw lassen sich mit etwas Mühe von der Felge trennen. Die Reifen werden durch die Trennung weder zerstört noch in ihrem Wesen verändert. Sie können vielmehr an ein anderes Fahrzeug montiert und wie bisher genutzt werden. Was folgt daraus? Die Reifen eines Kfz sind – juristisch gesehen – *keine* wesentlichen Bestandteile des Kfz, auch wenn sie natürlich sehr wichtig sind. Gleiches gilt für den *Motor* eines Kraftfahrzeugs. Auch beim Motor handelt es sich nicht um einen wesentlichen Bestandteil des Fahrzeugs, in dem sich der Motor gerade befindet.

1 BGH NJW-RR 1990, S. 586, 587.

- Lack, der auf eine Sache aufgebracht wurde, bildet hingegen einen wesentlichen Bestandteil. Auch ein angeschweißtes Bodenblech fällt darunter, weil es bei der Trennung beschädigt werden würde.

§ 93 BGB enthält die **Rechtsfolge,** dass wesentliche Bestandteile einer (Gesamt-) Sache „nicht Gegenstand besonderer Rechte sein" können. Dies bedeutet Folgendes: Wenn eine Gesamtsache aus drei wesentlichen Bestandteilen besteht, ist es nicht möglich, dass der *eine* Bestandteil A gehört, während die *anderen* Bestandteile B gehören. Entweder gehört die (Gesamt-)Sache A oder B *allein* oder A und B sind *Miteigentümer* der Sache.

In der Praxis geht es häufig um die Frage, ob eine **Einbauküche** ein wesentlicher Bestandteil eines Gebäudes im Sinne des § 93 BGB ist. Auszugehen ist davon, dass serienmäßig hergestellte Teile einer Einbauküche nach allgemeiner Erfahrung abgebaut und abtransportiert werden können, ohne dass sie mehr als unwesentlich beschädigt werden. Sie können danach in eine andere Küche in gleicher Funktion wieder eingebaut werden. Dies geschieht sehr häufig in denjenigen Gebieten Deutschlands, in denen Küchen üblicherweise nicht zusammen mit Wohngebäuden überlassen werden. Die durch den Umzug eintretenden Wertverluste und Mehrkosten werden hingenommen, weil der restliche Gebrauchswert als größer angesehen wird. Auch der zurückgelassene Küchenraum wird durch die Entfernung der Möbel nicht wesentlich beschädigt und kann seinen vollen wirtschaftlichen Wert durch eine Verbindung mit neuen Einrichtungsgegenständen wiedererlangen[2]. Derartige Einbauküchen sind also *keine* wesentlichen Bestandteile des Gebäudes nach § 93 BGB.

Merke

Für § 93 BGB kommt es *nicht* darauf an, wie *wichtig* ein Bestandteil für eine (Gesamt-)Sache ist. Ein Bestandteil ist nur dann ein wesentlicher Bestandteil einer anderen Sache, wenn die Bestandteile nicht voneinander getrennt werden können, ohne dass der eine oder der andere zerstört oder in seinem *Wesen verändert* wird.

27.1.2 Sondervorschrift für Gebäude: § 94 BGB

Eine Sondervorschrift für Gebäude enthält § 94 BGB. Nach **§ 94 Abs. 1 BGB** gehören zu den wesentlichen Bestandteilen eines Grundstücks die mit dem Grund und Boden fest verbundenen Sachen, insbesondere **Gebäude.** Gebäude im Sinne dieser Vorschrift sind neben Häusern auch andere Baulichkeiten wie Brücken, Windkraftanlagen und Tiefgaragen[3]. Voraussetzung für die Begründung eines wesentlichen Bestandteils ist eine **feste Verbindung** zwischen dem Gebäude und dem Grundstück.

Eine feste Verbindung liegt in jeden Fall vor, wenn die Trennung zur Beschädigung oder Wesensänderung der mit dem Grundstück verbundenen Sache führt. Es reicht aber auch aus, dass die Trennung einen unverhältnismäßigen Aufwand

[2] BGH NJW-RR 1990, S. 586, 587.
[3] Palandt/Ellenberger, Bürgerliches Gesetzbuch, § 94 Rn. 3 mit Nachweisen aus der Rechtsprechung.

erfordert[4]. Unter §94 Abs. 1 BGB können deshalb auch Einfriedungsmauern und Zäune fallen. Sind diese mit dem Grundstück fest verbunden, werden sie dessen wesentlicher Bestandteil. Sollte ein Mieter einen Zaun gesetzt haben, kann es sich aber um einen unter §95 BGB fallenden **Scheinbestandteil** handeln[5].

Für die Praxis besonders relevant ist, dass die **zur Herstellung eines Gebäudes eingefügten** Sachen nach **§94 Abs. 2 BGB** zu wesentlichen Bestandteilen des Gebäudes werden. Da das Gebäude wesentlicher Bestandteil des Grundstücks ist (§94 Abs. 1 BGB), folgt daraus, dass die wesentlichen Bestandteile des Gebäudes mittelbar wesentliche Bestandteile des Grundstücks sind.

„Zur Herstellung eingefügt" sind alle Teile, ohne die das Gebäude nach der Verkehrsanschauung nicht fertiggestellt ist. Auf den Zeitpunkt der Einfügung kommt es nicht an, sodass auch die Sachen, die zur Renovierung oder anlässlich eines Umbaus eingefügt werden, „zur Herstellung eingefügt" sind[6]. Das Merkmal „zur Herstellung eingefügt" zerfällt in zwei Bestandteile:

P1: Eine Sache muss in das Gebäude „eingefügt" werden,

P2: die Einfügung der Sache muss der „Herstellung des Gebäudes dienen".

Zu P1: Eine Sache ist in das Gebäude **eingefügt,** wenn zwischen ihr und dem Gebäude eine **Verbindung** besteht. Das lose Hineinstellen von Gegenständen in ein Gebäude, wie es etwa bei Möbeln der Fall ist, reicht dafür nicht aus. Möbel können aber Zubehör nach §97 BGB sein.

Die für die Einfügung erforderliche Verbindung muss nicht unbedingt fest sein[7]. Für die Frage, ob der Gegenstand **eingefügt** ist, ist nämlich nicht die Art der Verbindung (fest oder lose), sondern der **Zweck** der Einfügung in das Gebäude maßgeblich. **Fenster** werden deshalb mit ihrem Einbau wesentliche Bestandteile des Gebäudes, auch wenn sie sich ohne großen Aufwand und ohne Beschädigungen wieder ausbauen lassen. Bei einem **Heizkessel** genügt es, dass er auf den Platz im Rohbau verbracht worden ist, der nach den baulichen und betrieblichen Anforderungen für ihn bestimmt ist, auf ein vorbereitetes Fundament gesetzt und die zu seiner Einbringung erforderliche Wandöffnung wieder zubetoniert wird[8].

Zu P2: „Zur Herstellung" eingefügt sind alle Teile, ohne die das Gebäude nach der Verkehrsanschauung **nicht fertiggestellt** ist. Gegenstände, die lediglich der Ausstattung oder Einrichtung des Bauwerkes dienen, sind nur dann „eingefügt", wenn nach der Verkehrsanschauung erst deren Einbringung dem Gebäude eine besondere Eigenart, ein bestimmtes Gepräge gibt oder wenn sie dem Baukörper **besonders angepasst** sind und deswegen mit ihm eine Einheit bilden. Ob das der Fall ist, ist nach den Anschauungen des Verkehrs über Wesen, Zweck und Beschaffenheit des Gebäudes zu beurteilen[9] und deshalb im Wesentlichen eine Frage, die nur nach Lage des Einzelfalls entschieden werden kann.

---

4 Palandt/Ellenberger, Bürgerliches Gesetzbuch, §94 Rn. 2.
5 Vgl. BGH NJW 1984, S. 2277, 2278.
6 Palandt/Ellenberger, Bürgerliches Gesetzbuch, §94 Rn. 6.
7 BGH NJW-RR 1990, S. 586, 587.
8 BGH NJW 1979, S. 712.
9 BGH NJW-RR 1990, S. 586, 587.

Das hört sich alles sehr abstrakt an, hat aber eine große praktische Bedeutung! Denn immerhin geht es um die Frage, ob das Eigentum an der eingebauten Sache auf den Eigentümer des Grundstücks übergegangen ist.

Die Beurteilung kann dabei im Einzelfall sehr schwierig sein: Das in einem Vorlesungssaal angebrachte **Whiteboard** oder der an der Decke befestigte **Beamer** dürfte bei einem als Vorlesungsgebäude konzipierten Gebäude „zur Herstellung eingefügt" sein, weil sie dem Gebäude ein bestimmtes Gepräge verleihen. Anders dürfte zu entscheiden sein, wenn in einem Bürogebäude (nur) *ein* Raum zu Schulungszwecken mit Whiteboard und Beamer ausgestattet wird.

Einige weitere Einzelfälle, in denen ein wesentlicher Bestandteil angenommen wurde[10]:

- Be- und Entlüftungsanlagen in Gaststätten,
- Heizwasseranlage,
- Videoüberwachungsanlage eines Einkaufscenters.

Zu **Einbauküchen** wurde bereits ausgeführt, dass diese vielfach keine wesentlichen Bestandteile eines Gebäudes nach § 93 BGB sind, da sie sich ohne Zerstörung und Wesensänderung wieder ausbauen lassen. Sie können aber wesentliche Bestandteile nach § 94 Abs. 2 BGB sein, wenn sie „zur Herstellung des Gebäudes eingefügt" sind. Mit dieser Frage hat sich die gerichtliche Praxis immer wieder zu befassen[11]. Sie wird in Rechtsprechung und Literatur – teilweise landschaftlich bedingt – unterschiedlich beantwortet:

Der Bundesgerichtshof (BGH) hat gebilligt, dass nach der in Norddeutschland geltenden Verkehrsanschauung unter anderem der in der Küche aufgestellte Herd wesentlicher Bestandteil eines Wohnhauses nach § 94 Abs. 2 BGB ist[12]. Bei Einbauküchen, die ein Mieter eingebracht hat, ist § 95 BGB zu beachten, weil es sich insoweit um einen Scheinbestandteil handeln könnte.

27.1.3 Scheinbestandteile: § 95 BGB

Nach **§ 95 Abs. 1 S. 1 BGB** gehören Sachen, die nur zu einem **vorübergehenden Zweck** mit dem *Grundstück* verbunden sind, nicht zu dessen wesentlichen Bestandteilen. Nach Satz 2 gilt dies auch für Gebäude, die in Ausübung eines Rechts an einem fremden Grundstück von dem Berechtigten mit dem Grundstück verbunden werden. Hierunter fallen **Gartenhäuser** oder Jagdhütten, die auf einem für einen begrenzten Zeitraum **gepachteten Grundstück** errichtet werden.

Mehr Probleme in der Praxis bereitet **§ 95 Abs. 2 BGB,** wonach Sachen, die zu einem vorübergehenden Zweck in ein *Gebäude* eingefügt werden, nicht zu den Bestandteilen des Gebäudes gehören. Hier muss festgestellt werden, ob die Verbindung oder Einfügung tatsächlich nur zu einem **vorübergehenden Zweck** erfolgt ist. Davon ist auszugehen, wenn der spätere Wegfall der Verbindung von vornherein beabsichtigt war oder nach der Natur des Zwecks sicher ist. Betrof-

---

[10] Nachweise bei Palandt/Ellenberger, Bürgerliches Gesetzbuch, § 93 Rn. 5 ff.

[11] Vgl. die zahlreichen Nachweise bei Palandt/Ellenberger, Bürgerliches Gesetzbuch, § 93 Rn. 5.

[12] BGH NJW-RR 1990, S. 586, 587.

fen sind insbesondere Einrichtungsgegenstände, die ein Mieter in die von ihm gemietete Wohnung einbringt, etwa **Einbauküchen.** Hier wird häufig §95 Abs. 2 BGB zur Anwendung kommen, weil der Mieter von Anfang an die Absicht hat, die Küche beim Auszug „mitzunehmen". Als **Ausnahme** zu §93 BGB *und* §94 BGB[13] ordnet §95 Abs. 1 BGB an, dass die zu einem vorübergehenden Zweck mit Grund und Boden verbundenen Sachen als sogenannte „Scheinbestandteile" keine wesentlichen Bestandteile des Grundstücks werden. Die gleiche Rechtsfolge enthält §95 Abs. 2 BGB für die in ein Gebäude eingefügten Sachen.

Beispiele

- M hat ein Grundstück mit Haus gemietet. Er errichtet auf dem Grundstück eine Fertiggarage einschließlich eines Fundaments, wobei er von Anfang an vorhat, die Garage bei einem eventuellen Auszug mitzunehmen. Nach §94 Abs. 1 BGB wäre die Garage aufgrund der festen Verbindung wesentlicher Bestandteil des Grundstücks. Da M sie aber nicht auf Dauer, sondern nur für die Zeit des Mietvertrags dort belassen will, greift die Ausnahme des §95 Abs. 1 S. 1 BGB ein. Die Garage ist kein wesentlicher Bestandteil des Grundstücks, sie gehört M.
- M verlegt in seiner Mietwohnung sehr aufwendig einen teuren Teppichboden, den er aber im Falle des Auszugs „mitnehmen" will. Der Teppich ist kein wesentlicher Bestandteil des Gebäudes geworden (§95 Abs. 2 BGB), anders wäre es, wenn der Vermieter ihn hätte verkleben lassen (§93 BGB oder evtl. §94 Abs. 2 BGB).

Praxistipp

Beabsichtigt der Mieter, Gegenstände zu einem vorübergehenden Zweck in die Mietwohnung einzufügen, sollte er diese Absicht dem Vermieter vor der Einfügung in schriftlicher Form anzeigen. In jedem Fall muss der Mieter die Erlaubnis des Vermieters einholen, wenn er Änderungen an der Mietsache vornehmen will.

Nach der Klärung der wichtigen Begriffe können wir uns nun den verschiedenen Formen des gesetzlichen Eigentumserwerbs zuwenden:

27.2 Verbindung mit einem Grundstück: §946 BGB

§946 BGB regelt die Verbindung einer beweglichen Sache mit einem Grundstück. Sofern die Sache durch die Verbindung zum **wesentlichen Bestandteil des Grundstücks** wird, erstreckt sich das Eigentum an dem Grundstück auf diese Sache. Dies bedeutet, dass dem Eigentümer des Grundstücks nach der Verbindung auch die (bisher) bewegliche Sache gehört. Das Eigentum an dieser Sache geht durch die Verbindung mit dem Grundstück vom bisherigen Eigentümer auf

[13] Palandt/Ellenberger, Bürgerliches Gesetzbuch, §95 Rn. 1.

den Eigentümer des Grundstücks über: Das gilt auch dann, wenn die Parteien dies nicht wissen oder ausdrücklich nicht wollen.

Der Gesetzgeber will mit den §§ 946 ff. BGB verhindern, dass wirtschaftliche Werte, die geschaffen worden sind, wieder zerstört werden. Dabei wird in Kauf genommen, dass der bisherige Eigentümer der beweglichen Sache sein Eigentum sogar dann verliert, wenn ein Eigentumsvorbehalt vereinbart ist. §§ 946, 93 ff. BGB sind nämlich zwingendes Recht.

Die Voraussetzungen für den Eigentumserwerb nach § 946 BGB sind:

P1: *Verbindung* einer beweglichen Sache mit einem *Grundstück,*

P2: die Sache wird durch die Verbindung zu einem *wesentlichen Bestandteil* des Grundstücks.

Beispiel

Fensterhersteller F liefert für einen Neubau auf dem Grundstück des K 300 Fenster „unter Eigentumsvorbehalt". 100 Fenster sind bereits in das Gebäude eingebaut, lassen sich aber aufgrund der gewählten Montageart mühelos und ohne Beschädigungen wieder ausbauen. 200 Fenster stehen schon in der Nähe der Fensteröffnungen, sind also noch nicht montiert. Eine Bezahlung ist bisher nicht erfolgt. Wem gehören die Fenster?

Lösungsskizze

1. Bereits eingebaute Fenster

Zunächst gehörten die Fenster dem F. Das Eigentum an den eingebauten Fenstern könnte aber nach §§ 946, 94 Abs. 1, Abs. 2 BGB K zustehen.

Die Fenster – bewegliche Sachen – sind durch die Montage mit dem Gebäude – einer unbeweglichen Sache – verbunden und damit in das Gebäude **„eingefügt"** worden. Die Einfügung diente der **Herstellung des Gebäudes,** weil ein Haus ohne Fenster nach der Verkehrsanschauung nicht fertiggestellt ist. Durch die Einfügung der Fenster sind diese gemäß § 94 Abs. 2 BGB wesentliche Bestandteile des Gebäudes geworden. Unerheblich ist, dass sich die Fenster ohne Beschädigung oder Wesensänderung wieder ausbauen lassen.

Da die eingebauten Fenster nach § 94 Abs. 2 BGB wesentliche Bestandteile des Gebäudes sind, steht das Eigentum gemäß § 946 BGB dem Eigentümer des Gebäudes, also K zu. Das Gebäude gehört nach §§ 946, 94 Abs. 1 BGB dem Eigentümer des Grundstücks, also ebenfalls K. Damit ist K Eigentümer der eingebauten Fenster geworden.

Da die **§§ 946, 94 BGB zwingendes Recht** sind, ist der Eigentumsvorbehalt des F bezüglich der schon eingebauten Fenster erloschen. Er hat keine Rechte mehr an diesen Fenstern, insbesondere ist er nicht mehr deren Eigentümer.

2. Noch nicht eingebaute Fenster

Wegen des vereinbarten Eigentumsvorbehalts (§§929 S.1, 158 Abs.1 BGB) gehören die noch nicht eingebauten Fenster hingegen bis zur Einfügung noch F.

Zur Lösung des Falls Nr.9 aus der Einleitung[14] ist auszuführen, dass K gemäß §§946, 94 Abs.1, Abs.2 BGB durch den Einbau das Eigentum an den Fenstern erworben hat, sodass F kein Anspruch auf die Herausgabe der Fenster gemäß §§985, 986 BGB zusteht. K muss auch aus keinem anderen Rechtsgrund den Ausbau und die Abholung dulden. Wenn K nicht zahlt, hat F nur die Möglichkeit, seinen Zahlungsanspruch aus dem Liefervertrag (Kaufvertrag oder Werkvertrag) mit gerichtlicher Hilfe durchzusetzen.

Merke

Das Eigentum an einem *Gebäude* erstreckt sich gemäß den §§946, 94 Abs.2 BGB auf alle zur Herstellung des Gebäudes eingefügten Sachen. Das Gebäude gehört nach den §§946, 94 Abs.1 BGB demjenigen, dem das *Grundstück* gehört. Also gehören (auch) alle zur Herstellung des Gebäudes eingefügten Sachen demjenigen, dem das Grundstück gehört. Die §§946, 94 BGB sind zwingendes Recht und gehen deshalb einem vereinbarten Eigentumsvorbehalt vor.

Praxistipp

§946 BGB ist **zwingendes Recht** und kann deshalb durch eine Vereinbarung der Parteien nicht außer Kraft gesetzt werden. Ein etwa vereinbarter **Eigentumsvorbehalt** geht unter. Deshalb muss eine andere Art der Kreditsicherung vereinbart werden[15].

27.3 Verbindung beweglicher Sachen: §947 BGB

§947 BGB regelt die Rechtsfolgen, wenn zwei oder mehrere *bewegliche Sachen* so miteinander verbunden werden, dass sie **wesentliche Bestandteile** einer **einheitlichen Sache** werden. Nach dem hierfür maßgeblichen §93 BGB kommt es darauf an, ob eine Trennung der verbundenen Sachen dazu führt, dass die *eine* oder die *andere* Sache zerstört oder in ihrem Wesen verändert wird. Ist das nicht der Fall, dann ist die Voraussetzung „wesentlicher Bestandteil" nicht erfüllt. Auch hier darf man nicht den – leider nahe liegenden – Fehler machen, auf die Bedeutung der einen Sache für die Gesamtsache abzustellen.

Beispiel

Das Auto des B erhält anlässlich einer Inspektion in der Werkstatt des U vier neue Reifen. Nach **§93 BGB** sind die Reifen keine wesentlichen

[14] Vgl. S. XXXI.
[15] Vgl. S. 495 ff.

Bestandteile des Fahrzeugs, da eine Trennung der Reifen vom Auto ohne Probleme möglich ist. Der Umstand, dass das Auto ohne Reifen nicht fahrbereit ist, spielt im Rahmen des §93 BGB keine Rolle. Deshalb ist zum Beispiel auch der Motor – juristisch – kein wesentlicher Bestandteil eines Pkw. Das kann man einem Sportwagenfahrer oder einem anderen Autonarr kaum vermitteln, oder? **§94 BGB** ist nicht zu prüfen, da diese Vorschrift nur für Gebäude gilt.

Falls bewegliche Sachen durch Verbindung zu wesentlichen Bestandteilen einer einheitlichen Sache werden, erlangen die bisherigen Eigentümer nach §947 Abs. 1 BGB das **Miteigentum** an der Sache. Diese gehört ihnen gemeinsam entsprechend dem Wert der einzelnen Sachen. Anders ist es nach §947 Abs. 2 BGB, wenn *eine* Sache als **Hauptsache** anzusehen ist; dann erwirbt deren Eigentümer das Alleineigentum an der Sache.

Beispiel

L liefert unter Eigentumsvorbehalt eine Lasur an den Fensterhersteller F, mit der F ihm gehörende Fenster behandelt. Hier sind die Fenster als die Hauptsache anzusehen, sodass F Alleineigentümer der Fenster ist und bleibt.

Die Regelung des §947 BGB gilt nach §948 BGB entsprechend, wenn bewegliche Sachen vermischt oder vermengt werden, etwa bei Benzin oder Heizöl.

27.4 Verarbeitung: §950 BGB

§950 BGB regelt die eigentumsrechtlichen Folgen in den Fällen, in denen durch **Verarbeitung** oder **Umbildung** eines oder mehrerer Stoffe eine *neue bewegliche Sache* hergestellt wird.

Merke

Die Voraussetzungen und die Rechtsfolge des §950 BGB sind:

P1: Verarbeitung oder Umbildung eines oder mehrerer Stoffe,

P2: dadurch Herstellung einer neuen beweglichen Sache,

N1: der Wert der Verarbeitung oder Umbildung ist nicht erheblich geringer als der Wert der eingesetzten Stoffe (Materialien).

Rechtsfolge: Der Hersteller wird Eigentümer der neuen Sache.

Zu P1: Die **Anforderungen** an eine Verarbeitung oder Umbildung sind **gering.** Nach §950 Abs. 1 S. 2 BGB reicht bereits das Schreiben, Zeichnen, Malen, Drucken und Gravieren oder eine ähnliche Bearbeitung einer Oberfläche aus. Es genügt das Zusammenfügen von Bauteilen.

Zu P2: Ob eine Sache **neu** ist, ist wirtschaftlich unter Berücksichtigung der Verkehrsauffassung zu entscheiden. Eine *neue* Sache liegt einmal dann vor, wenn eine im Verhältnis zu den Stoffen **andere Sache** entsteht, aber auch bei Erreichung einer **höheren Verarbeitungsstufe.** Demgegenüber genügen bloße Wertsteigerungen (ein und dieselbe Sache ist mehr wert als vorher) ebenso wenig wie bloße Instandsetzungen oder Reparaturen. Anzeichen für das Vorliegen einer neuen Sache kann ein neuer Name sein.

Beispiele

- Werden aus Holz, Beschlägen und sonstigen Materialien Fenster hergestellt, sind diese im Verhältnis zu den Stoffen *neue* Sachen. Werden Fenster, die ein anderer gebaut hat, nur lackiert, entstehen *keine* neuen Sachen: Vorher waren es schon Fenster, nachher sind es immer noch Fenster. Es erhöht sich nur der Wert der Fenster, was für § 950 BGB aber nicht ausreicht.
- Wird die Endmontage von Halbfabrikaten vorgenommen, sind die fertigen Produkte nach der Verkehrsauffassung im Verhältnis zu den Halbfabrikaten neue Sachen.
- Durch den Einbau eines Motors in ein Auto oder durch die Reparatur eines Autos entsteht keine neue Sache, weil es sich bei dem Auto nach wie vor (nur) um ein Auto handelt.
- Dagegen liegt eine neue Sache vor, wenn sie eine eigenständige, gegenüber den einzelnen verarbeiteten Sachen weitergehende Funktion erfüllt. Dies ist bei einem Komplettmotor im Verhältnis zu einem schlichten Motorblock der Fall[16].

Zu N1: Sind die beiden positiven Tatbestandsmerkmale erfüllt, tritt die Rechtsfolge des § 950 BGB gleichwohl nicht ein, wenn der **Wert der Verarbeitung wesentlich geringer** ist als der Wert „des Stoffes", womit der Wert aller verarbeiteten Materialien gemeint ist. Dies wird angenommen, wenn sich der Stoffwert zum Verarbeitungswert wie etwa **100 zu 60** verhält[17]. Das bedeutet, dass die Summe des Wertes aller eingesetzten Stoffe zwar größer sein darf als der durch die Verarbeitung entstehende „Mehrwert", dass aber nach unten eine Grenze gezogen wird. Ein gesetzlicher Eigentumserwerb zugunsten des Herstellers soll nicht eintreten, wenn seine Tätigkeit nur zu einer geringen Wertschöpfung beigetragen hat.

Beispiel

Bei der maschinellen Herstellung von Holzfenstern beträgt der Stoffwert pro Fenster 400,– € (Holz 300,– €, Beschläge 70,– €, sonstige Materialien 30,– €), das fertige Fenster hat einen Wert von 600,– €. Dann errechnet sich der Wert der Verarbeitung wie folgt:

Wert des Fensters	600,– €
Stoffwert (Materialeinsatz gesamt)	400,– €
Verarbeitungswert	200,– €

16 BGH NJW 1995, S. 2633.
17 BGH ebd.

Der Verarbeitungswert beträgt damit 50% vom Wert der eingesetzten Stoffe. Damit ist er nach der Rechtsprechung erheblich geringer als der Stoffwert. Der Fensterhersteller erlangt nach §950 BGB kein Eigentum an den Fenstern. Anders ist es, wenn der Wert eines Fensters 700,– € betragen würde. Der Wert der Verarbeitung (300,– €) wäre zwar geringer als die Summe der Stoffwerte (400,– €), aber nicht erheblich geringer, da sich hier ein Verhältnis von 75 : 100 ergäbe.

Rechtsfolge: Eigentümer der neuen Sache wird nach §950 Abs. 1 BGB deren **Hersteller.** Das ist derjenige, in dessen Namen und wirtschaftlichem Interesse die Verarbeitung vom Standpunkt eines mit den Verhältnissen vertrauten objektiven Beobachters erfolgt[18].

Bei einer industriellen oder handwerklichen Produktion sind deshalb nicht die Arbeitnehmer der Hersteller, sondern die Arbeitgeber, also die **Inhaber** der Unternehmen. Darüber hinaus ist eine fremdwirkende Verarbeitung möglich, wenn nicht der Verarbeitende, sondern sein Auftraggeber im Wesentlichen das Produktions- und Absatzrisiko trägt[19]. Dies kann bei einer „Lohn- oder Auftragsfertigung" der Fall sein.

Beispiel

Die Elektro-GmbH lässt ihre Waren von selbstständigen Unternehmen nach genauen Anweisungen hinsichtlich Aufmachung, Qualität, Produktionsverfahren und Stückzahl zu einem festgelegten Stückpreis fertigen. Das Material wird von der Elektro-GmbH bereitgestellt. Diese kauft anschließend die gesamte Produktion und vermarktet sie. Hier ist die Elektro-GmbH Hersteller im Sinne des §950 BGB, da sie die ökonomische Lenkung der Produktion ausübt und das Absatzrisiko trägt.

Wenn die Voraussetzungen des §950 Abs. 1 BGB erfüllt sind, erlöschen mit dem Eigentumserwerb an der neuen Sache nach §950 Abs. 2 BGB alle an den Stoffen bestehenden Rechte. Dies gilt auch, wenn eine Lieferung unter Eigentumsvorbehalt erfolgt war, weil §950 BGB zwingendes Recht ist.

Beispiel

V hat im obigen Beispiel die Fensterbeschläge unter Eigentumsvorbehalt an den Fensterhersteller geliefert. Wenn die Voraussetzungen des §950 Abs. 1 BGB vorliegen, erlischt das Eigentum des V an den Beschlägen.

Der gesetzliche Eigentumserwerb tritt sogar dann ein, wenn der verarbeitete Stoff dem bisherigen Eigentümer *gestohlen* wurde oder *sonst abhandengekommen* ist. §935 Abs. 1 BGB gilt im Rahmen der §§946 ff. BGB nämlich nicht. Es kommt auch nicht darauf an, ob der Hersteller gutgläubig oder bösgläubig im Sinne des

---

18 BGH NJW 1991, S. 1480, 1481.

19 Palandt/Bassenge, Bürgerliches Gesetzbuch, §950 Rn. 6.

§932 Abs. 2 BGB ist. Diese beiden Vorschriften gelten nur beim rechtsgeschäftlichen Eigentumserwerb gemäß §§929 ff. BGB.

Beispiel

Das durch F verarbeitete Holz ist aus dem Lager des Eigentümers E gestohlen worden. Wenn dieses Holz vom Dieb gemäß §§929 ff. BGB an den F veräußert wird, wird F selbst dann, wenn er gutgläubig ist, kein Eigentümer, weil das Holz dem E abhandengekommen ist (§935 Abs. 1 BGB)[20]. Benutzt F das Holz jedoch zur Produktion von Fenstern, erlangt er unter den Voraussetzungen des §950 BGB das Eigentum, und zwar sogar dann, wenn er bösgläubig ist, also weiß, dass das Holz gestohlen wurde.

Merke

§950 BGB schlägt den Eigentumsvorbehalt und §935 BGB!

Einzugehen ist noch auf das Verhältnis des §950 BGB zu den anderen Formen des gesetzlichen Eigentumserwerbs.

Merke

§950 BGB geht in seinem Anwendungsbereich als spezielle Vorschrift den §§947, 948 BGB vor, tritt aber hinter §946 BGB zurück.

Diese Rangfolge ist bei einer Prüfung wie folgt zu beachten:

Klausurtipp

- Liegt eine Verbindung einer beweglichen Sache mit einem *Grundstück* oder einem Gebäude vor, ist §946 BGB in Verbindung mit den §§93–95 BGB zu prüfen.
- Sollte eine *Verarbeitung* beweglicher Sachen in Betracht kommen, ist die Prüfung mit §950 Abs. 1 BGB zu beginnen. Liegen die Voraussetzungen dieser Vorschrift im konkreten Fall nicht vor, sind *nachrangig* die §§947, 948 BGB in Verbindung mit den §93 BGB zu untersuchen.
- In den *sonstigen Fällen* ist sofern mit §947 BGB oder §948 BGB zu beginnen.

---

20 Vgl. S. 462 ff.

27.5 Rechtsfolge des § 951 BGB

Nach § 951 Abs. 1 BGB kann derjenige, der nach den §§ 946 ff. BGB einen Rechtsverlust erleidet, insbesondere sein Eigentum verliert, von demjenigen, zu dessen Gunsten die Rechtsänderung eintritt, nach den Vorschriften über die ungerechtfertigte Bereicherung **Wertersatz** in Form von Geld verlangen. Der bisherige Eigentümer kann also möglicherweise einen Anspruch nach den §§ 812 ff. BGB gegen den neuen Eigentümer, zum Beispiel den Hersteller, geltend machen. Diese Möglichkeit hat aber keine große praktische Bedeutung. Ist der verarbeitete Stoff – wie in den meisten Fällen – aufgrund eines Kaufvertrags an den Hersteller geliefert worden, besteht nämlich ein vertraglicher Erfüllungsanspruch aus § 433 Abs. 2 BGB, sodass es keines Zurückgreifens auf die §§ 812 ff. BGB bedarf.

Beispiel

In dem mehrfach bemühten Fensterfall haben die Lieferanten des Holzes, der Beschläge und der sonstigen Zutaten einen Anspruch auf Zahlung des Kaufpreises aus § 433 Abs. 2 BGB.

§ 951 Abs. 1 BGB kommt nur dann Bedeutung zu, wenn der Hersteller die Stoffe im Wege einer **Eingriffskondiktion** erlangt hat, insbesondere durch einen Diebstahl. In einem solchen Fall kommt zusätzlich gemäß § 951 Abs. 2 BGB ein Schadensersatzanspruch aus § 823 Abs. 1 BGB, aus § 823 Abs. 2 BGB i. V. m. Diebstahl (§ 242 StGB) und aus § 826 BGB in Betracht, der neben einem Geldersatz – sofern dies möglich sein sollte – sogar die Trennung der Gegenstände umfasst. Auf diese schwierige Problematik ist hier aber nicht näher einzugehen.

Kapitel 28
Recht der unbeweglichen Sachen

Lernziele dieses Kapitels
Was kommt in diesem Kapitel auf Sie zu? In gleicher Weise wie für bewegliche Sachen (§§ 929 ff. BGB) enthält das BGB Regelungen zum rechtsgeschäftlichen Eigentumserwerb an unbeweglichen Sachen, also an Grundstücken. Der wesentliche Unterschied zwischen beiden Regelungen besteht darin, dass bei Grundstücken an die Stelle der Übergabe die Eintragung des neuen Eigentümers in das Grundbuch tritt.

28.1 Grundlagen

Unbewegliche Sachen sind bebaute und unbebaute Grundstücke. Die für das gesamte Grundstücksrecht wichtigste Vorschrift ist **§ 873 BGB.** Sie geht in ihrer Bedeutung noch weiter als die Basisvorschrift für bewegliche Sachen, § 929 BGB.

Merke

§ 873 BGB ist die wichtigste Vorschrift im Grundstücksrecht. Sie geht in ihrem Anwendungsbereich sogar weiter als § 929 BGB, der lediglich die *Übereignung* beweglicher Sachen regelt. Demgegenüber erfasst § 873 BGB im Zusammenwirken mit anderen Vorschriften neben der **Übereignung** unbeweglicher Sachen (Grundstücke) auch **die Belastung eines Grundstücks** mit einem Recht (Hypothek, Grundschuld, Grunddienstbarkeit) und die Übertragung oder Belastung eines solchen Rechts (Übertragung einer Grundschuld von einer Bank auf eine andere Bank). Es gilt der Satz: „Bei Rechten an Grundstücken ist § 873 BGB fast immer dabei!"

Inhaltlich weisen § 929 S. 1 BGB und § 873 Abs. 1 BGB große Parallelen auf. So ist die erste Voraussetzung für die Übertragung des Eigentums in beiden Fällen die **Einigung** der Parteien über den Eigentumsübergang. Auch die dritte Voraussetzung – die **Berechtigung** zur Übereignung – ist identisch. Der wesentliche Unterschied besteht darin, dass bei Grundstücken anstelle der Übergabe der Sache (§§ 929 S. 1, 854 Abs. 1 BGB) oder eines Übergabesurrogats (§§ 930, 868; §§ 931, 398 BGB)[1] die **Eintragung** des neuen Eigentümers in das **Grundbuch** erforderlich ist. Erst mit der sogenannten **Umschreibung** geht das Eigentum auf den Erwerber über. Das Grundbuch befindet sich im Grundbuchamt, das eine Abteilung eines Amtsgerichts bildet.

[1] Vgl. S. 450 ff.

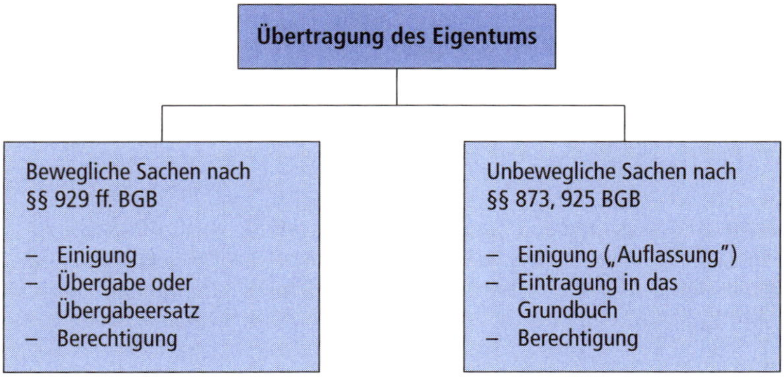

Abbildung 28.1: Übertragung des Eigentums

28.2 Auflassung

Neben der Voraussetzung der Umschreibung im Grundbuch enthält das BGB beim Grundstückserwerb besondere Anforderungen für die Voraussetzung **„Einigung".** Dabei wird § 873 Abs. 1 BGB durch **§ 925 BGB** ergänzt.

Merke

Nach § 925 Abs. 1 BGB muss die zur Übereignung eines Grundstücks erforderliche Einigung bei gleichzeitiger Anwesenheit beider Teile (Eigentümer und Erwerber) vor einer zuständigen Stelle erklärt werden. Diese Einigung wird, wie aus § 925 BGB zu entnehmen ist, **Auflassung** genannt. Zuständige Stelle ist nach § 925 Abs. 1 S. 2 BGB ein **Notar.** Es ist zulässig, dass Eigentümer und Erwerber sich bei Abgabe der Auflassungserklärung vertreten lassen.

Nach dem Trennungsprinzip ist die Auflassung von dem ihr – in der Regel – zugrunde liegenden notariellen Kaufvertrag über das Grundstück zu unterscheiden[2].

Merke

Der notarielle Kaufvertrag bildet das (schuldrechtliche) Verpflichtungsgeschäft, die Auflassung ist *ein* Teil des (sachenrechtlichen) Verfügungsgeschäfts (Erfüllungsgeschäft).

Nach § 925 a BGB *soll* der notarielle Kaufvertrag im Zeitpunkt der (sachenrechtlichen) Auflassung vorliegen. Da der Grundstückskaufvertrag gemäß **§ 311 b Abs. 1 BGB** wie auch die Auflassung von einem Notar beurkundet werden muss, wird häufig in ein und derselben Urkunde neben dem (schuldrechtlichen) Kaufvertrag auch schon die (sachenrechtliche) Auflassung, also die Einigung über den Eigentumsübergang erklärt.

---

2 Vgl. S. 439 ff.

Kaufen Eheleute von einer Einzelperson (hier einer Frau) ein Grundstück, heißt es in der notariellen Urkunde etwa wie folgt:

> *„Die Erschienenen baten um die Beurkundung eines Grundstückskaufvertrags nebst Auflassung.*
>
> §1
>
> *Die Erschienene zu 1), nachstehend „der Verkäufer" genannt,* **verkauft** *an die Erschienenen zu 2) und 3), nachstehend „die Käufer" genannt, zu je ½ das im Grundbuch von Mainz, Band 311, 13501 verzeichnete Grundstück … mit allem, was als Bestandteil und Zubehör gilt.*
>
> §§2 – 6
>
> Hier folgen weitere Regelungen des Kaufvertrags (Kaufpreis, Zahlung usw.).
>
> §7
>
> *Die Vertragsschließenden erklärten sodann die* **Auflassung** *wie folgt: Wir sind uns darüber einig, dass das Eigentum an dem in § 1 dieses Vertrags bezeichneten Grundbesitz vom Verkäufer auf die Käufer zu je ½ übergeht".*
>
> §§8 – 12
>
> Es folgen weitere Regelungen zur Durchführung des Eigentumserwerbs.

In der vorstehend auszugsweise wiedergegebenen Urkunde ist neben dem (kompletten) Kaufvertrag bereits ein Teil des ersten Verfügungsgeschäfts enthalten, nämlich die Einigung zum Übergang des Eigentums am Grundstück, also die Auflassung. Da für den Eigentumserwerb nach den §§873 Abs. 1, 925 Abs. 1 BGB neben der Auflassung die Eintragung des neuen Eigentümers im Grundbuch (Umschreibung) und die Berechtigung des Verkäufers zur Eigentumsübertragung erforderlich sind, geht das Eigentum aber erst später auf den Erwerber über.

Die Eintragung in das Grundbuch erfolgt in der Regel sogar wesentlich später, weil mehrere Voraussetzungen vorliegen müssen:

- Die formwirksame, also notariell beurkundete **Auflassung.**
- Die sogenannte **Unbedenklichkeitsbescheinigung** des Finanzamts über die Zahlung der Grunderwerbsteuer, im Jahre 2010 3,5 % vom Kaufpreis.
- Die Bescheinigung der Kommune (Gemeinde oder Stadt), in der das Grundstück liegt, darüber, dass für diesen Grundstückskauf kein **Vorkaufsrecht** (§§ 24, 25 BauGB – Baugesetzbuch) besteht bzw. dass das Vorkaufsrecht durch die Kommune nicht ausgeübt werden soll.

Da der Verkäufer sein Einverständnis zur Eintragung des Erwerbers in das Grundbuch überdies von der Zahlung des Kaufpreises abhängig machen kann, vergehen zwischen dem Abschluss des Kaufvertrags und der Umschreibung häufig mehrere Monate.

28.3 Auflassungsvormerkung

Für die Zeit zwischen dem Abschluss des notariellen Kaufvertrags und der Umschreibung im Grundbuch besteht die Möglichkeit, eine Vormerkung (§§873 Abs. 1, 883 Abs. 1 BGB) in das Grundbuch eintragen zu lassen. Da diese Vormerkung den Vollzug der Auflassung sichern soll, wird sie **„Auflassungsvormerkung“** genannt. Die Eintragung und die spätere Löschung der Vormerkung verursachen weitere Kosten. Dennoch ist die Eintragung der Auflassungsvormerkung in fast allen Fällen sinnvoll, da mit ihrer Hilfe der spätere Erwerb bzw. der lastenfreie Erwerb des Eigentums gesichert wird. Die rechtliche Konstruktion ist dabei nicht ganz einfach, sollte aber mithilfe des folgenden Beispiels verständlich werden:

Beispiel

V hat am 03.03. ein Grundstück an K verkauft, die Auflassung ist zeitgleich erklärt worden. Zugunsten des K besteht seit dem 06.03. im Grundbuch eine Auflassungsvormerkung. In der Zeit zwischen der Eintragung der Vormerkung und der Eintragung des K am 09.08. als neuer Eigentümer in das Grundbuch hat die B-Bank, eine Gläubigerin des Verkäufers V, eine Zwangshypothek in das Grundbuch eintragen lassen.

Mit der Eintragung am 09.08. hat K das Eigentum an dem Grundstück erworben, doch ist dieses mit der Hypothek zugunsten der B-Bank belastet[3]. Das jetzt dem K gehörende Grundstück haftet damit für eine Forderung der B-Bank gegen V. Da aber vor Eintragung der Hypothek zugunsten des K eine Auflassungsvormerkung eingetragen wurde, steht K gegen die B-Bank gemäß §888 Abs. 1 BGB i. V. m. §883 Abs. 1 BGB ein Anspruch auf Zustimmung zur Löschung der Hypothek zu. Nach erfolgter Löschung haftet das Grundstück nicht mehr für die Forderung der B-Bank gegen V.

Ähnliches gilt bei einem „Doppelverkauf“: Wenn V das Grundstück zweimal verkauft hätte und der zweite Käufer K 2 vor K 1 als Eigentümer eingetragen worden wäre, stünde K 1 gegen den K 2 aufgrund der Auflassungsvormerkung ein Anspruch auf Löschung der Eintragung des K 2 als Eigentümer zu. Anschließend könnte K 1 als Eigentümer eingetragen werden.

Praxistipp

In fast allen Fällen ist die Eintragung einer **Auflassungsvormerkung** (§§873 Abs. 1, 883 Abs. 1 BGB) sinnvoll, um den Erwerb bzw. lastenfreien Erwerb des Eigentums sicherzustellen. Dieser Vorteil überwiegt die zusätzlichen Kosten für Eintragung und spätere Löschung der Sicherheit.

[3] Zur Hypothek vgl. S. 527 ff.

28.4 Gutgläubiger Erwerb

Auch bei Grundstücken kommt ein gutgläubiger Erwerb in Betracht, wenn der Veräußerer zu Unrecht im Grundbuch steht (vgl. §892 BGB). Dies kann zum Beispiel der Fall sein, wenn jemand, der aufgrund eines Erbfalls im **Grundbuch** eingetragen ist, das Grundstück veräußert und sich dann aufgrund eines später gefundenen Testaments herausstellt, dass der Veräußerer von der Erbschaft ausgeschlossen war und deshalb zu Unrecht im Grundbuch stand.

28.5 Das Grundbuch

Das Grundbuch ist ein öffentliches Register, das bei den **Amtsgerichten** geführt wird[4]. Es enthält alle wesentlichen Tatsachen zu Grundstücken, wobei für jedes einzelne Grundstück ein eigenes **Grundbuchblatt** angelegt wird. Dieses beginnt mit dem Bestandsverzeichnis, in dem die Bezeichnung des Grundstücks nach der Gemarkung (Vermessungsbezirk), Flur, Flurstück, Wirtschaftsart, Lage und Größe vermerkt sind.

Beispiel

Gemarkung Nordheide, Flur 22, Flurstück 1871, Gebäude- und Freifläche, 851 qm.

Es folgen drei Abteilungen:

– Die **erste Abteilung** enthält den oder die Eigentümer und die Grundlage der Eintragung.

Beispiel

Mathias Halkötter, geb. am 22.08.1983, und Angelika Schweider, geb. am 23.11.1983, zu je ½, eingetragen aufgrund der Auflassung vom 05.12.2009.

– Aus der **zweiten Abteilung** sind alle Belastungen des Grundstücks mit Ausnahme der Grundpfandrechte zu ersehen, zum Beispiel **Vorkaufsrechte** (§§1094 ff. BGB) und **Grunddienstbarkeiten** (§§1018 ff. BGB). Außerdem gehören **Vormerkungen,** Widersprüche und Verfügungsbeschränkungen in die zweite Abteilung. Beispiele bilden die oben behandelte Auflassungsvormerkung und der Insolvenzvermerk, der anzeigt, dass über das Vermögen des Grundstückseigentümers ein Insolvenzverfahren eröffnet worden ist.

Beispiel für eine Grunddienstbarkeit

„Überwegungsrecht zugunsten des jeweiligen Eigentümers des Grundstücks Flur 22, Flurstück 2612/13, auf einem 3m breiten Streifen an der östlichen Grundstücksgrenze."

---

4 Ebenfalls bei den Amtsgerichten werden das Handelsregister, das Vereinsregister, das Genossenschaftsregister und das Güterrechtsregister geführt.

- In die **dritte Abteilung** werden die Grundpfandrechte eingetragen, mit denen das Grundstück belastet ist, also die **Hypotheken, Grundschulden** und die Rentenschulden[5].

Einsicht in das Grundbuch kann jeder nehmen, der ein berechtigtes Interesse darlegt (§ 12 GBO). Dies kann zum Beispiel ein Gläubiger des Eigentümers sein, der sich über bereits bestehende Belastungen des Grundstücks informieren möchte, um abschätzen zu können, ob eine Zwangsvollstreckung in das Grundstück sinnvoll ist. Aus dem gleichen Grund hat ein Kaufinteressent ein Einsichtsrecht. Um als Käufer später keine unliebsamen Überraschungen zu erleben, ist es vor dem Kauf eines Grundstücks dringend anzuraten, dass der beurkundende Notar zeitnah das Grundbuch einsieht. Man sollte sich nicht auf die bloße Aussage des Verkäufers verlassen, es seien keine Belastungen eingetragen.

Einzelheiten zur Ausgestaltung und zu den Voraussetzungen einer Eintragung in das Grundbuch regeln die Grundbuchordnung (GBO) und die Grundbuchverfügung.

Merke

Der Eigentumserwerb an Grundstücken setzt nach den §§ 873 Abs. 1, 925 Abs. 1 BGB voraus:

P1: Einigung zwischen Eigentümer und Erwerber, dass das Eigentum auf den Erwerber übergehen soll. Diese Einigung, die **Auflassung** genannt wird, muss bei gleichzeitiger Anwesenheit beider Teile vor einem Notar erklärt werden (§ 925 Abs. 1 BGB).

P2: Eintragung des Erwerbers in das Grundbuch. Dafür müssen die Unbedenklichkeitsbescheinigung des Finanzamts über die Zahlung der Grunderwerbsteuer, der Verzicht der Gemeinde auf die Ausübung des Vorkaufsrechts und die notariell beurkundete Auflassung vorliegen.

P3: Berechtigung des Veräußerers zur Eigentumsübertragung.

28.6 Erbbaurecht

Wie zuvor dargestellt, gehört ein auf dem Grundstück stehendes Gebäude gemäß §§ 946, 94 Abs. 1 BGB dem Eigentümer des Grundstücks. Gleiches gilt für die zur Herstellung des Gebäudes eingefügten Sachen (§§ 946, 94 Abs. 1, Abs. 2 BGB), sofern diese nicht nur zu einem vorübergehenden Zweck eingefügt sind (§ 95 BGB)[6]. Dieses „automatische Zusammenwachsen“ von Grundstück und Gebäude wird durch die Begründung eines Erbbaurechts verhindert.

5 Vgl. dazu S. 527 ff.
6 Vgl. S. 474 ff.

Nach § 1 ErbbauRG (Gesetz über das Erbbaurecht – Erbbaurechtsgesetz)[7] kann ein Grundstück in der Weise belastet werden, dass demjenigen, zu dessen Gunsten die Belastung erfolgt, das veräußerliche und belastbare Recht zusteht, auf oder unter der Oberfläche des Grundstücks ein Bauwerk zu haben. Das Erbbaurecht wird gemäß §§ 873 BGB, 1 ff. ErbbauRG bestellt. Nach § 14 ErbbauRG wird bei der Eintragung in das Grundbuch ein spezielles Grundbuchblatt (Erbbaugrundbuch) angelegt.

Dies bedeutet Folgendes: Durch die Bestellung eines Erbbaurechts wird das Bauwerk (Gebäude) abweichend von den §§ 946, 94 Abs. 1 BGB *kein* wesentlicher Bestandteil des Grundstücks, vielmehr gilt das Gebäude nach § 12 Abs. 1 S. 1 ErbbauRG als wesentlicher Bestandteil des Erbbaurechts. Das Gebäude gehört also dem, zu dessen Gunsten das Erbbaurecht besteht. Nach § 12 Abs. 2 ErbbauRG finden die §§ 94, 95 BGB auf das Erbbaurecht entsprechende Anwendung. Das bedeutet, dass Fenster, Heizungen und andere wesentliche Bestandteile des Gebäudes Bestandteile des Erbbaurechts und nicht des Grundstücks werden. Die Gegenstände gehören also dem, zu dessen Gunsten das Erbbaurecht besteht.

Erbbaurechte werden auf Zeit bestellt, häufig für 66 oder 99 Jahre, was zwei bzw. drei Generationen entsprechen soll. Nach Ablauf dieser Zeit erlischt das Erbbaurecht mit der Folge, dass die Bestandteile des Erbbaurechts, insbesondere die Gebäude, nunmehr doch wesentlicher Bestandteil des Grundstücks werden (§ 12 Abs. 3 ErbbauRG). Es kommt zu einem gesetzlichen Eigentumserwerb des Grundstückseigentümers (§§ 946, 94 Abs. 1 BGB), der dem bisherigen Erbbauberechtigten eine Entschädigung zu zahlen hat (§ 27 Abs. 1 ErbbauRG). Abweichend davon können die Parteien vereinbaren, dass der Erbbauberechtigte das Grundstück am Ende der vereinbarten Zeit kauft.

Bildlich kann man sich das so vorstellen, dass zunächst eine (Erbbaurechts-) Folie zwischen Grundstück und Gebäude gelegt wird. Diese Folie verhindert, dass das Grundstück und das Gebäude „zusammenwachsen". Nach der vereinbarten Zeit ist die Folie verrottet, sodass das Gebäude gemäß §§ 946, 94 Abs. 1 BGB dann doch zum wesentlichen Bestandteil des Grundstücks wird.

Beispiel

Gemeinde G verhandelt mit Unternehmer U über die Ansiedlung eines Produktionsbetriebs mit 300 neuen Arbeitsplätzen. Neben Vergünstigungen bei der Gewerbesteuer bietet die Gemeinde U ein voll erschlossenes Grundstück zu einem besonders günstigen Kaufpreis an. U lehnt dieses Angebot unter Hinweis auf „traumhafte Bedingungen" in der Nachbargemeinde ab. Daraufhin stellt die Gemeinde G dem U das von ihm gewünschte Grundstück im Wege der Erbpacht für einen symbolischen Preis von 1,– €/Monat zur Verfügung. U erhält damit das Recht, das Grundstück zu bebauen. Entgegen der §§ 946, 94 Abs. 1 BGB kommt es wegen der Bestellung des Erbbaurechts zu keiner Verbindung von Grundstück und Gebäude. Das Grundstück

[7] Bis 2007 wurde die Bezeichnung „Verordnung über das Erbbaurecht" (ErbbauRVO) verwendet.

gehört vielmehr nach wie vor der Gemeinde, das Gebäude gehört dem Erbbauberechtigten (§ 12 Abs. 1 S. 1 ErbbauRG), hier also U. Dieser kann das Erbbaurecht einschließlich des Gebäudes veräußern und belasten, zum Beispiel mit einer Grundschuld.

Die Praxis ist häufig damit befasst, dass der Grundstückseigentümer einige Zeit nach der Bestellung des Erbbaurechts eine Erhöhung des zu zahlenden Erbbauzinses begehrt. Ist eine Erhöhung vertraglich vorgesehen, ergeben sich Einzelheiten aus § 9 a ErbbauRG. Sieht der Vertrag, was selbst bei Bestellungen für einen Zeitraum von 99 Jahren durchaus vorkommt, keine Erhöhung vor und ergibt sich eine solche auch nicht aus einer ergänzenden Vertragsauslegung, besteht nur dann ein Anspruch auf einen höheren Zins, wenn seit der Bestellung eine wesentliche Änderung der Geschäftsgrundlage eingetreten ist. Dies wird nach der Rechtsprechung aber erst bei einem Kaufkraftschwund von 60 % angenommen[8].

28.7 Wohnungseigentumsrecht

Viele Nachfrager nach Wohnungseigentum sind nicht in der Lage, ein freistehendes Einfamilienhaus mit schönem Garten zu erwerben: Sei es, dass die finanziellen Möglichkeiten nicht ausreichen, sei es, dass das Angebot auf dem Wohnungsmarkt für derartige Objekte nicht groß genug ist, was insbesondere in großen Städten und Ballungsgebieten der Fall ist. Der Wunsch, dennoch in der eigenen Wohnung zu leben, lässt sich in diesen Fällen bisweilen durch die Begründung von Wohnungseigentum, einfacher ausgedrückt, durch den Kauf einer Eigentumswohnung realisieren. Nach § 1 Abs. 1 WoEigG (Gesetz über das Wohnungseigentum und das Dauerwohnrecht – Wohnungseigentumsgesetz) kann Wohnungseigentum an (einzelnen) Wohnungen begründet werden[9]. An diesen Wohnungen besteht dann **Sondereigentum** der jeweiligen Eigentümer. Die Wohnungen gehören den jeweiligen Eigentümern allein.

Daneben gibt es das **Gemeinschaftseigentum,** das im **Miteigentum** aller Wohnungseigentümer steht. In das Gemeinschaftseigentum fällt das Grundstück, auf dem sich das Gebäude befindet. Das Grundstück gehört damit allen Eigentümern der Wohnungen gemeinsam, was nicht ausschließt, dass die Nutzung bestimmter Teile einzelnen Eigentümern zugewiesen wird (zum Beispiel an einem Stellplatz). Zum Gemeinschaftseigentum gehören neben dem Grundstück die Gebäudeteile, die für den Bestand und die Sicherheit des Gebäudes erforderlich sind, sowie die Einrichtungen, die dem gemeinschaftlichen Gebrauch der Wohnungseigentümer dienen. Hierzu zählen das Fundament des Gebäudes, die Außenwände, das Dach, der Schornstein und tragende Innenwände usw.

---

8 BGH NJW 1986, S. 2698, 2699.
9 Bei nicht zu Wohnzwecken dienenden Räumen entsteht Teileigentum.

Beispiel aus einem notariellen Kaufvertrag über den Erwerb einer Eigentumswohnung:

„Der Veräußerer verkauft an den Erwerber den folgenden Miteigentumsanteil: 89,666/1.000 Miteigentumsanteil am Grundstück Kurze Str. 7 in 48149 Münster, verbunden mit dem Sondereigentum an der im Aufteilungsplan mit der Nr. 12 bezeichneten Wohnung, belegen im 1. Obergeschoss sowie dem Sondernutzungsrecht an dem Stellplatz Nr. 7."

Die krumme Zahl des Miteigentumsanteils ergibt sich aus der Relation der Gesamtquadratmeterzahl des Gebäudes zur Quadratmeterzahl der einzelnen Wohnungen. Das Miteigentum (§ 1008 BGB) wird also von den einzelnen Wohnungseigentümern anteilig erworben. Dies bedeutet aber nicht, dass dem einzelnen Eigentümer ein konkreter Teil des Grundstücks gehört. Vielmehr gehört jedem Eigentümer das gesamte Grundstück, wobei seine Rechtsposition aber dadurch beschränkt wird, dass den anderen Eigentümern ebenfalls das gesamte Grundstück gehört.

Dieser Anteil umfasst neben dem Grundstück auch alle Teile des Hauses, die nicht im Sondereigentum stehen, also das Fundament, die Außenwände, das Dach, tragende Innenwände usw. Das Dach des Hauses gehört also nicht dem Eigentümer der Dachgeschosswohnung, sondern den Eigentümern der einzelnen Wohnungen als Miteigentümer gemeinsam. Die im obigen Kaufvertrag genannte Zahl (89,666/1.000) drückt also nicht das Eigentum an einem bestimmten Teil aus, sondern einen wertmäßigen Anteil. Folge des Miteigentums ist, dass der Miteigentümer das Grundstück weder vollständig noch einen konkreten Teil davon veräußern oder belasten kann. Er ist nur zu Verfügungen im Umfang seines Miteigentumsanteils berechtigt.

Neben dem Miteigentumsanteil am Grundstück nebst Teilen des Gebäudes ist im obigen Kaufvertrag das **Sondereigentum** an der im Aufteilungsplan mit Nr. 12 bezeichneten Wohnung verkauft worden. An dieser Wohnung erwirbt der Käufer nach der Auflassung und Umschreibung im Wohnungsgrundbuch das Alleineigentum, allerdings mit gewissen Bindungen: Nach § 6 Abs. 1 WoEigG kann das Sondereigentum ohne den zugehörigen Miteigentumsanteil nicht veräußert oder belastet werden. Nach § 12 Abs. 1 WoEigG kann als Inhalt des Sondereigentums vereinbart werden, dass ein Wohnungseigentümer zur Veräußerung seiner Wohnung der Zustimmung der anderen Wohnungseigentümer oder eines Dritten bedarf, wobei die Zustimmung aber nur aus wichtigem Grund versagt werden kann (§ 12 Abs. 2 WoEigG). Durch den obigen Kaufvertrag ist dem Käufer außerdem das Recht zugewiesen worden, den – im Gemeinschaftseigentum stehenden – Stellplatz Nr. 7 ausschließlich zu nutzen.

Die Verwaltung des gemeinschaftlichen Eigentums obliegt den Wohnungseigentümern (§§ 21–25 WoEigG) und einem von diesen zu bestimmenden Verwalter (§§ 26–28 WoEigG). Zum Verwalter kann ein Dritter oder einer der Wohnungseigentümer bestellt werden. In der Praxis kommt es zwischen Wohnungseigentümern häufig zu Meinungsverschiedenheiten bezüglich der Nutzung und Erhaltung des gemeinschaftlichen Eigentums. Soll das Dach komplett erneuert werden oder reicht eine Reparatur aus? Ist ein Eigentümer berechtigt, eine Satellitenschüssel an der Balkonbrüstung anzubringen[10]? Leicht skurrile Züge nimmt der Streit an, wenn es darum geht, ob eine Madonna im Treppenhaus stehen[11] oder ob „eine Riege putzmunterer Gartenzwerge" den Vorgarten „verschönern" darf. Über Geschmack lässt sich ja bekanntlich streiten. Wenn die Fronten ausreichend verhärtet sind, werden diese und ähnliche „schwerwiegende" Konflikte durchaus vor den in erster Instanz zuständigen Amtsgerichten und in der Berufungsinstanz vor den Landgerichten mit großer Intensität ausgetragen. Bisweilen reichen sogar zwei Instanzen nicht aus: So entschied das Hanseatische Oberlandesgericht als Beschwerdeinstanz, dass die Aufstellung von zwei **Gartenzwergen** durch einen Wohnungseigentümer im gemeinschaftlichen Garten einer Wohnanlage eine übermäßige Nutzung des gemeinschaftlichen Eigentums bzw. eine schwerwiegende Beeinträchtigung der Rechte anderer Wohnungseigentümer darstelle[12]. Solche Prozesse sind sehr medienwirksam, stellen aber zum Glück die absolute Ausnahme in der gerichtlichen Praxis dar.

[10] Dazu BGH NJW 2004, S. 937 ff.
[11] Dazu AG Münster, NJW 2004, S. 1334.
[12] Hanseatisches Oberlandesgericht, NJW 1988, S. 2052.

6. Teil

Kreditsicherungsrecht

Gliederung des 6. Teils

Kapitel 29
Kreditsicherungsrecht

Lernziele dieses Kapitels
Was kommt in diesem Kapitel auf Sie zu? Nicht zuletzt die große Zahl der Insolvenzen belegt, wie wichtig es ist, Kredite richtig abzusichern. Dabei geht es nicht nur um Darlehen oder andere Kredite im engeren Sinne. Eine Absicherung sollte vielmehr auch für sonstige Forderungen erfolgen, in denen eine Partei zu einer Vorleistung verpflichtet ist. Das BGB stellt eine Reihe unterschiedlicher Kreditsicherungsformen zur Verfügung. Da die Bedürfnisse der Praxis damit nicht voll befriedigt werden, sind – beruhend auf dem Prinzip der Vertragsfreiheit – weitere Formen hinzugekommen. Die wichtigsten Formen lernen Sie im folgenden Kapitel kennen.

29.1 Grundlagen

Bei den Kreditsicherungsformen wird zwischen Personalsicherheiten und Sachsicherheiten (Realsicherheiten) unterschieden. Von den **Personalsicherheiten** ist die **Bürgschaft** gesetzlich geregelt (§§765 ff. BGB, §§349, 350 HGB). In der Praxis finden sich aufgrund der Vertragsfreiheit zulässige weitere Formen, von denen hier der Schuldbeitritt, die Patronatserklärung und der Garantievertrag behandelt werden sollen.

Bei den **Sachsicherheiten** (Realsicherheiten) sind die **Pfandrechte** an Grundstücken (genannt die „Grundpfandrechte", §§1113 ff. BGB), an beweglichen Sachen (§§1204 ff. BGB) und an Rechten (§§1273 ff. BGB) gesetzlich geregelt. Mit §449 BGB enthält das BGB außerdem eine Vorschrift zum Eigentumsvorbehalt, die aber erst eingreift, wenn die Parteien diese Sicherheit bereits vereinbart haben. Die Konstruktion des **Eigentumsvorbehalts** als solche ist im BGB hingegen nicht enthalten, sondern wird aus allgemeinen Vorschriften abgeleitet.

Ebenfalls aus allgemeinen Vorschriften abgeleitet sind die **Sicherungsübereignung** und die **Sicherungsabtretung,** die in der Praxis große Bedeutung erlangt und die der Funktion nach vergleichbaren gesetzlichen Sicherungsrechte (Pfandrechte an beweglichen Sachen und an Rechten) weitgehend verdrängt haben. Außerdem hat die **Grundschuld** die – vom Gesetzgeber favorisierte – Hypothek weitgehend verdrängt.

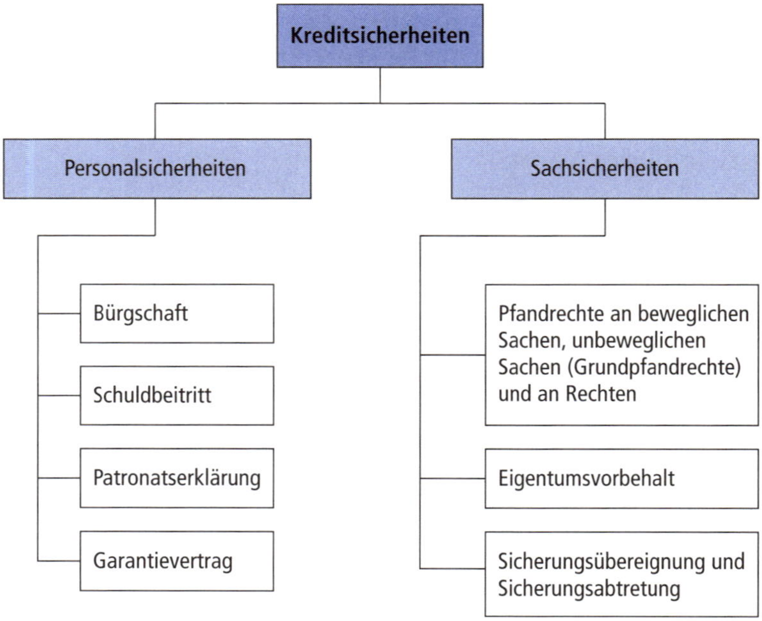

Abbildung 29.1: Kreditsicherheiten

29.2 Die Bürgschaft

29.2.1 Grundlagen

Nach §765 Abs. 1 BGB verpflichtet sich der Bürge gegenüber dem Gläubiger eines Dritten, für die Erfüllung einer Verbindlichkeit des Dritten einzustehen. An diesem Rechtsverhältnis sind also drei Personen beteiligt: Der Gläubiger, der Dritte und der Bürge.

Ausgangspunkt ist, dass der Gläubiger eine Forderung gegen den Dritten hat, der in einigen Vorschriften des Bürgschaftsrechts auch als „Hauptschuldner" bezeichnet wird. Durch den Bürgschaftsvertrag erklärt sich der Bürge bereit, für die Erfüllung der Forderung des Gläubigers gegen den Dritten (Hauptschuldner) einzustehen. Der Dritte bleibt der (Haupt-)Schuldner des Gläubigers, der aus dem Bürgschaftsvertrag zusätzlich den Bürgen als **weiteren Schuldner** erhält. Der Bürge wird dabei nicht unmittelbar Schuldner der gesicherten Forderung, sondern soll nur hilfsweise („als Ersatz") für deren Erfüllung aufkommen. Der „Gläubiger eines Dritten" kann zum Beispiel eine Bank sein, die Forderungen gegen eine GmbH (den „Dritten") hat. Als Bürgen kommen die Gesellschafter der GmbH in Betracht.

Die Rechtsbeziehungen stellen sich dann wie folgt dar:

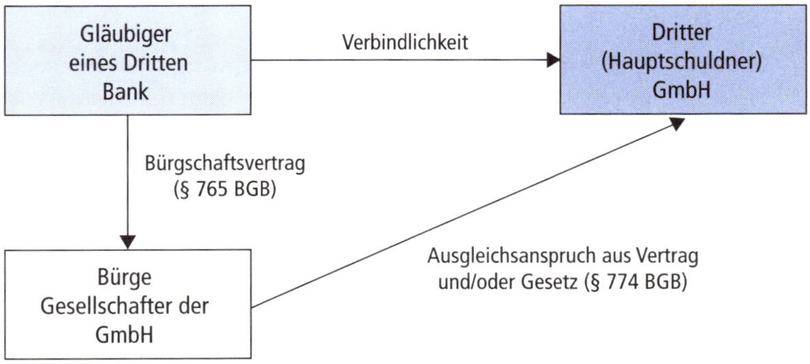

Abbildung 29.2: Bürgschaft

29.2.2 Abschluss des Bürgschaftsvertrags

Mechanismus des Vertragsabschlusses

Der Bürgschaftsvertrag kommt durch eine Einigung zwischen dem „Gläubiger eines Dritten" und dem Bürgen zustande. An dieser Einigung ist der Dritte (Hauptschuldner) nicht beteiligt. Die Übernahme der Bürgschaft erfolgt allerdings in der Regel auf Veranlassung des Hauptschuldners.

Warum übernimmt nun jemand eine Bürgschaft? Aus der Sicht des Bürgen gibt es unterschiedliche Motive für die Übernahme des mit einer Bürgschaft verbundenen Risikos:

Auf der einen Seite stehen Bürgschaften, die aus **Freundschaft,** Gefälligkeit, persönlichen oder **familiären Motiven** übernommen werden. Hier erhält der Bürge häufig keine unmittelbare Gegenleistung, außerdem schätzt er sein Risiko oft nicht richtig ein. Insbesondere nach der Scheidung einer Ehe kann es zu einem „bösen Erwachen" kommen nach dem Motto: *„Die Ehe geht, die Bürgschaft bleibt."*

Beispiel

Ehemann M möchte seine Kreditlinie bei der G-Bank erweitern. Die G-Bank verlangt vorab weitere Sicherheiten. M „überzeugt" seine Ehefrau F, dass die Übernahme der Bürgschaft für sie „praktisch mit null Risiko" verbunden sei. Die Bank benötige die Bürgschaft nur „für ihre Bücher". F unterschreibt daraufhin ein Bürgschaftsformular der G-Bank. Nachdem die Ehe zwei Jahre später geschieden wird, stellt M seine Zahlungen an die G-Bank ein. Diese nimmt daraufhin F aus der Bürgschaft in Anspruch.

Der Bürge kann mit der Übernahme der Bürgschaft **eigene wirtschaftliche Ziele** verfolgen, insbesondere weil er für die Übernahme der Bürgschaft eine Vergütung (Provision) erhält.

Beispiele

- Die G-GmbH möchte Ware mit einem Zahlungsziel von sechs Monaten kaufen. Der Lieferant verlangt neben dem Eigentumsvorbehalt eine weitere Sicherheit. Auf Veranlassung der G-GmbH übernimmt deren „Hausbank" gegen Zahlung einer Provision eine Bürgschaft.
- Die Bürgschaft könnte auch von einem Gesellschafter der G-GmbH übernommen werden. Auch wenn er dafür keine Vergütung erhalten sollte, verfolgt der Gesellschafter jedenfalls mittelbar wirtschaftliche Zwecke, weil er am Erfolg der GmbH beteiligt ist.

In der Praxis wird der Bürgschaftsvertrag in aller Regel als Formularvertrag geschlossen, wobei das Formular (Bürgschaftsurkunde) in vielen Fällen von einer Bank gestellt wird.

Beispiele

- Ehefrau F ist bereit, für Forderungen der G-Bank gegen ihren Ehemann eine Bürgschaft zu übernehmen. Sie unterschreibt ein ihr von der G-Bank zugeleitetes Bürgschaftsformular und schickt dieses an die G-Bank zurück. Damit hat F der G-Bank ein Angebot zum Abschluss eines Bürgschaftsvertrags gemacht. Der zuständige Mitarbeiter der Bank setzt den Eingangsstempel auf das Formular und nimmt es zu den Kreditunterlagen des Ehemannes. Darin liegt eine konkludente Annahmeerklärung[1], die gemäß § 151 BGB[2] ohne Zugang bei F wirksam ist.
- Die G-Bank übernimmt unter Nutzung eines ihrer Formulare eine Bürgschaft zugunsten des Lieferanten der G-GmbH.

Schriftform der Bürgschaftserklärung

Form nach § 766 BGB Nach § 766 S. 1 BGB muss die Erklärung des Bürgen **schriftlich** erteilt werden. Sie muss den Willen des Bürgen, für eine fremde Schuld einzustehen, die Bezeichnung des Gläubigers, des Hauptschuldners und der verbürgten Hauptschuld enthalten. Eine Urkunde mit diesem Inhalt muss **vom Bürgen eigenhändig unterschrieben** (§ 126 Abs. 1 BGB) und dem Gläubiger übergeben werden. Nicht ausreichend ist die Übernahme der Bürgschaft per Fax, selbst wenn dieses eigenhändig unterschrieben ist. Die Einhaltung der Schriftform verlangt vielmehr, dass dem Gläubiger das vom Bürgen unterzeichnete **Originaldokument übergeben** wird[3]. Nach § 766 S. 2 BGB ist die Übernahme einer Bürgschaft in elektronischer Form, also mittels digitaler Signatur (§ 126 a BGB)[4], ausgeschlossen.

Die Erklärung der anderen Seite (Gläubiger) ist an keine Form gebunden, kann also auch mündlich oder – wie im vorstehenden Beispielsfall – konkludent „durch Lochen und Abheften" des Bürgschaftsformulars geschehen.

6. Teil Kreditsicherungsrecht

---

1 Zum konkludenten Verhalten vgl. S. 14 ff.
2 Vgl. S. 31 f.
3 BGH NJW 1993, S. 1126, 1127.
4 Vgl. S. 127 f.

Wird die Schriftform der Bürgschaftserklärung nicht gewahrt, ist der Bürgschaftsvertrag nach §125 S.1 BGB wegen Formmangels nichtig. Abweichend von §125 S.1 BGB wird der Vertrag aber nachträglich wirksam, wenn der Bürge – etwa in Unkenntnis der Unwirksamkeit – die Hauptverbindlichkeit erfüllt, also Zahlungen an den Gläubiger leistet. Nach §766 S.3 BGB wird der Formmangel aber nur in dem Umfang („*soweit*“) geheilt, in dem der Bürge die Hauptverbindlichkeit erfüllt.

Beispiel

B hat sich per Fax für eine Forderung in Höhe von 100.000,– €, die der G-Bank gegen H-Sch zusteht, verbürgt. Nach Aufforderung durch die G-Bank zahlt B einen Betrag von 20.000,– €. Erst danach erhält er den Hinweis auf die Nichtigkeit des Bürgschaftsvertrags wegen Formmangels. Wie ist die Rechtslage?

Lösungsskizze

1. Anspruch des B auf Rückzahlung der 20.000,– € gegen die G-Bank aus §812 Abs.1 S.1 BGB

P1: Etwas erlangt? Jeder Vermögensvorteil, G-Bank hat 20.000,– € erlangt.

P2: Durch Leistung des B? Gewollte und zweckgerichtete Vermehrung fremden Vermögens, B hat zur Erfüllung des Bürgschaftsvertrags gezahlt.

P3: Ohne Rechtsgrund? Der Bürgschaftsvertrag war wegen Formmangels nichtig (§§766 S.1, 125 S.1 BGB), der Formmangel ist aber gemäß §766 S.3 BGB in Höhe der Zahlung (20.000,– €) geheilt worden und bildet damit den Rechtsgrund für die Vermögensverschiebung.

Ergebnis: Kein Anspruch des B auf Rückzahlung der geleisteten 20.000,– € aus §812 Abs.1 S.1 BGB.

2. Anspruch der G-Bank auf Zahlung von 80.000,– € gegen B aus §765 Abs.1 BGB

P1: Wirksamer Bürgschaftsvertrag: Eine Einigung liegt vor, doch ist diese nach den §§766 S.1, 125 S.1 BGB wegen Formmangels nichtig. Eine Heilung nach §766 S.3 BGB tritt nur ein, *soweit* der Bürge die Hauptverbindlichkeit erfüllt, hier also in Höhe der geleisteten Zahlung von 20.000,– €.

Ergebnis: Kein Anspruch der G-Bank auf Zahlung der 80.000,– €.

Ausnahme zur Schriftform gemäß §350 HGB Eine Ausnahme zur Formvorschrift des §766 S.1 BGB enthält **§350 HGB.** Danach bedarf die Erklärung des Bürgen keiner Form, wenn die Übernahme der Bürgschaft für den Bürgen ein Handelsgeschäft ist. In diesem Fall kann die Bürgschaftserklärung auch per Fax, E-Mail oder mündlich abgegeben werden.

Handelsgeschäfte sind nach §343 Abs.1 HGB alle Geschäfte

P1: eines Kaufmanns, die

P2: zum Betriebe seines Handelsgewerbes gehören, wofür nach § 344 Abs. 1 HGB eine Vermutung spricht.

Problematisch ist deshalb in aller Regel nur die Frage, ob derjenige, der die Bürgschaftszusage gegeben hat, **Kaufmann** ist, was nach den §§ 1 ff. HGB zu beurteilen ist. Wie an anderer Stelle schon ausgeführt, sind viele Einzelunternehmer keine Kaufleute, weil sie zwar ein Gewerbe, aber kein Handelsgewerbe betreiben[5]. Dies gilt auch für die GbR (Gesellschaft bürgerlichen Rechts). § 350 HGB gilt hingegen für alle Unternehmen in der Rechtsform der GmbH, AG, OHG, KG und der Genossenschaft. Wenn jemand, der kein Kaufmann im handelsrechtlichen Sinne ist, mit entsprechender Vertretungsbefugnis **als Vertreter eines Kaufmanns** eine Bürgschaft für diesen übernimmt, zum Beispiel für eine GmbH, ist die Einhaltung der Schriftform nicht erforderlich, weil es nicht darauf ankommt, ob der Vertreter, sondern ob der Vertretene (der Bürge) Kaufmann i. S. d. HGB ist.

Davon zu trennen ist der Fall, in dem der Handelnde die Bürgschaft **persönlich** übernimmt, etwa ein **Geschäftsführer** oder **Gesellschafter** einer **GmbH** für Verbindlichkeiten der GmbH. Geschäftsführer und Gesellschafter einer GmbH sind kein Kaufmann im Sinne des HGB, und zwar selbst dann nicht, wenn jemand Alleingesellschafter und Alleingeschäftsführer einer GmbH ist. Die Bürgschaftsübernahme bedarf deshalb der Form des § 766 S. 1 BGB, die Ausnahmevorschrift des § 350 HGB greift nicht ein. Vergleichen Sie hierzu bitte den Fall Nr. 10 aus dem Einleitungskapitel[6].

Beispiel

Die Rechtsanwälte R sind für die C-GmbH tätig. Da diese finanziell angeschlagen ist und mehrere Rechnungen der Anwälte offenstehen, weigern sich diese, neue Mandate für die C-GmbH zu übernehmen. Erst nachdem der Geschäftsführer G der C-GmbH am Telefon erklärt, er übernehme eine Bürgschaft, nehmen die Anwälte ihre Tätigkeit für die C-GmbH wieder auf. Als die C-GmbH kurz danach in die Insolvenz gerät, verlangen die Anwälte die Bezahlung der neuen Rechnungen aufgrund der Bürgschaft von G persönlich. Sie sind der Meinung, G habe als Kaufmann mündlich eine wirksame Bürgschaft übernommen. G bestreitet dies. Daraufhin erheben die Rechtsanwälte gegen G eine Zahlungsklage vor dem zuständigen Landgericht. Mit Erfolg?

Die von den Rechtsanwälten erhobene Zahlungsklage hatte keinen Erfolg, weil die Bürgschaftserklärung des G wegen Formmangels unwirksam war (§§ 766 S. 1, 125 S. 1 BGB). Das Landgericht hat ausgeführt, die Nichteinhaltung der Schriftform werde *nicht* durch § 350 HGB geheilt. Zwar sei nach § 350 HGB eine Bürgschaft, die auf der Seite des Bürgen ein Handelsgeschäft darstelle, abweichend von § 766 S. 1 BGB auch in mündlicher Form wirksam. Voraussetzung sei indes, dass die Bürgschaftserklärung nach den §§ 343, 344 HGB ein Handelsgeschäft darstelle.

6. Teil Kreditsicherungsrecht

---

5 Vgl. S. 57 f.

6 S. XXXI.

Nach §343 Abs.1 HGB seien Handelsgeschäfte alle Geschäfte eines Kaufmanns, die zum Betriebe seines Handelsgewerbes gehörten, wovon nach §344 Abs.1 HGB im Zweifel auszugehen sei. Voraussetzung sei aber, dass ein *Kaufmann* die Erklärung abgebe. Die Kaufmannseigenschaft beurteile sich dabei nach den §§1–6 HGB. Die Kläger hätten nicht vorgetragen, woraus sich eine Kaufmannseigenschaft des Beklagten ergeben könne. Insoweit sei es nicht ausreichend, dass er als Geschäftsführer der C-GmbH tätig sei. Es sei nämlich zwischen der Kaufmannseigenschaft der C-GmbH, die sich aus §13 Abs.3 GmbHG i.V.m. §6 Abs.1 HGB ergebe, und der Frage zu unterscheiden, ob der Beklagte als Alleingesellschafter und Alleingeschäftsführer der C-GmbH ebenfalls Kaufmann sei, was regelmäßig nicht der Fall sei. Die Kaufmannseigenschaft komme nämlich allein dem Rechtssubjekt zu, in dessen Namen das Unternehmen betrieben werde. Der Alleingesellschafter und -geschäftsführer einer GmbH sei mithin kein Kaufmann (BGH NJW-RR 1987, 42). Dafür sei auch nicht ausreichend, dass der Beklagte im „Steuerstrafverfahren“ angegeben habe, „Kaufmann“ zu sein. Die im Wirtschaftsleben häufig verwendete Bezeichnung „Kaufmann“ sei nämlich nicht deckungsgleich mit dem handelsrechtlichen Kaufmannsbegriff. Es verbleibe damit beim Regelfall, dass der Geschäftsführer und Gesellschafter einer GmbH kein Kaufmann im Sinne der §§1–6 HGB sei[7].

29.2.3 Akzessorietät der Bürgschaft

Die Bürgschaft ist **akzessorisch.** Das bedeutet zweierlei:

- Die Bürgschaft setzt immer voraus, dass eine Hauptverbindlichkeit besteht. „Ohne Hauptverbindlichkeit keine Bürgschaft“!
- Der Umfang der Bürgschaft richtet sich nach der Hauptverbindlichkeit: Für die Verpflichtung des Bürgen ist deshalb der *jeweilige* Bestand der Hauptverbindlichkeit maßgebend. Dies gilt auch, wenn sich die Hauptverbindlichkeit durch Verschulden oder Verzug des Hauptschuldners ändert. Durch ein Rechtsgeschäft, das der Hauptschuldner nach Übernahme der Bürgschaft vornimmt, kann der Umfang der Bürgschaft hingegen *nicht zum Nachteil* des Bürgen geändert werden (§767 Abs.1 BGB).

Beispiele

- B hat sich für die *jeweilige* Kontokorrentforderung der G-Bank gegen den H-Sch verbürgt. Hier haftet B auch, wenn die Forderung nach der Übernahme der Bürgschaft steigt.
- B hat sich für eine Darlehensforderung der G-Bank gegen H-Sch verbürgt. Im Zeitpunkt der Übernahme der Bürgschaft betrug die Forderung 100.000,– €. Anschließend vereinbaren Bank und H-Sch eine Erweiterung auf 200.000,– €. Diese Erweiterung hat keine Auswirkungen auf den Umfang der Bürgschaft.

---

7 LG Oldenburg, NJW-RR 1996, S.286, 287.

Wie das erste der beiden Beispiele zeigt, ist es in vielen Fällen sinnvoll, den Umfang der Bürgschaftshaftung auf einen **Höchstbetrag** zu begrenzen.

Beispiel

Bürge B hat sich für eine Kontokorrentforderung, die dem Gläubiger gegen den H-Sch zusteht, bis zum Höchstbetrag von 200.000,– € verbürgt. Wenn die Forderung des G gegen H-Sch 200.000,– € beträgt, beträgt die Bürgschaftsschuld ebenfalls 200.000,– €. Erhöht sich die Forderung, führt dies zu keiner Erhöhung der Bürgschaft. Verringert sich die Forderung, geht die Bürgschaft entsprechend zurück. Steigt die Forderung wieder an, erhöht sich auch die Bürgschaftsschuld wieder, allerdings höchstens auf 200.000,– €.

Eine Begrenzung auf einen Höchstbetrag hat in der Regel außerdem zur Folge, dass der Bürge – abweichend von § 767 Abs. 1 S. 2 BGB – auch dann nicht über den vereinbarten Betrag hinaus haftet, wenn sich die Hauptverbindlichkeit durch Verschulden oder Verzug des Hauptschuldners erhöht. Außerdem ist eine Regelung in AGB unwirksam, nach der sich die Bürgschaft auch dann auf die Zinsen, Provisionen und Kosten erstreckt, die in Zusammenhang mit der gesicherten Forderung entstehen, wenn dadurch der vereinbarte Höchstbetrag überschritten wird[8]. Eine solche Klausel entspricht zwar § 767 Abs. 2 BGB, widerspricht aber dem Sinn und Zweck einer Höchstbetragsbürgschaft.

Merke

Besteht keine Hauptverbindlichkeit, besteht auch keine Bürgschaft. Ändert sich der Umfang der Hauptverbindlichkeit, ändert sich auch der Umfang der Bürgschaft, und zwar sowohl zum Guten (Verringerung) als auch zum Bösen (Erhöhung), im Falle einer Höchstbetragsbürgschaft allerdings begrenzt auf den vereinbarten Höchstbetrag.

Praxistipp

Vor der Übernahme einer Bürgschaft sollte man sich das damit verbundene Risiko einer Inanspruchnahme verdeutlichen, auch wenn die Bürgschaft angeblich „nur für die Bücher erforderlich ist". Um das finanzielle Risiko überschaubar zu halten, sollte eine *Höchstbetragsbürgschaft* übernommen werden.

29.2.4 Einrede der Vorausklage

Regelung in §§ 771, 773 BGB

Der Bürge soll nach der Vorstellung des BGB-Gesetzgebers im Normalfall nur *hilfsweise* (nachrangig) haften. Deshalb steht ihm nach § 771 BGB die **Einrede der**

8 BGH NJW 2002, S. 3167, 3169.

Vorausklage zu. Wie bei anderen Einreden muss auch der Bürge die „Einrede erheben“; sie wird also nicht von Amts wegen beachtet[9].

In der Praxis wird die Einrede der Vorausklage allerdings oft vertraglich ausgeschlossen. Dies ist schon dann der Fall, wenn der Bürge ein Formular unterzeichnet, durch das er eine **selbstschuldnerische Bürgschaft** übernimmt. Hierin liegt nach §773 Abs. 1 Nr. 1 BGB ein Verzicht auf die Einrede. Dies gilt auch, wenn der Bürge nicht weiß, was es mit einer selbstschuldnerischen Bürgschaft auf sich hat.

Dem Bürgen steht die Einrede der Vorausklage nach dem Gesetz auch dann nicht zu, wenn über das Vermögen des Hauptschuldners (Dritten) das **Insolvenzverfahren** eröffnet ist (§773 Abs. 1 Nr. 3 BGB) oder wenn anzunehmen ist, dass eine **Zwangsvollstreckung** in das Vermögen des Hauptschuldners nicht zur Befriedigung des Gläubigers führen wird (§773 Abs. 1 Nr. 4 BGB). Dieser Fall ist gegeben, wenn ein Gerichtsvollzieher in einer **„Unpfändbarkeitsbescheinigung“** bestätigt, dass beim Hauptschuldner keine *„pfändbare Habe“* vorhanden ist.

Beispiel

F und M haben 1999 geheiratet, im Jahre 2009 wurde die Ehe geschieden. 2006 hat F für ein Darlehen, das M bei der G-Bank aufgenommen hat, eine Bürgschaft übernommen. Da M das Darlehen bei Fälligkeit nicht zurückzahlt, verlangt die G-Bank die Zahlung von F. Diese wendet ein, M verfüge über ausreichende Mittel. Durch diesen Einwand hat F die „Einrede der Vorausklage“ gemäß §771 S. 1 BGB erhoben. Danach kann sie die Befriedigung des Gläubigers – der G-Bank – verweigern, solange dieser nicht ohne Erfolg eine Zwangsvollstreckung gegen den Hauptschuldner versucht hat. Sollte F, wovon im Regelfall auszugehen ist, eine *selbstschuldnerische Bürgschaft* übernommen haben, stünde ihr die Einrede gemäß §773 Abs. 1 Nr. 1 BGB nicht zu.

Regelung in §349 HGB

Praxistipp

Nach **§349 HGB** ist die Einrede der Vorausklage ausgeschlossen, wenn die Übernahme der Bürgschaft aufseiten des Bürgen ein Handelsgeschäft ist. Hier gelten die obigen Ausführungen zu §350 HGB entsprechend[10]. Dies hat zur Folge, dass jede Bürgschaft, die eine **Bank** oder ein anderer Kaufmann im Sinne des HGB übernimmt, eine selbstschuldnerische Bürgschaft ist.

29.2.5 Besondere Bürgschaftsarten

In der Praxis findet sich eine Vielzahl unterschiedlicher Bürgschaftsarten[11], von denen im Folgenden nur einige behandelt werden können:

[9] Weitere Einreden: Einrede der Verjährung gemäß §214 BGB Abs. 1, S. 132 f.; Verweigerung der Nacherfüllung durch den Verkäufer gemäß §439 Abs. 3 BGB, S. 260. Einrede des nichterfüllten Vertrags gemäß §320 BGB, S. 587 f.

[10] Vgl S. 499 ff.

[11] Vgl. Palandt/Sprau, Bürgerliches Gesetzbuch, Einführung vor §765 Rn. 6 ff., §765 Rn. 23.

Ausfallbürgschaft, Bürgschaft auf erstes Anfordern

Wenn man darauf abstellt, wie groß das Risiko einer Inanspruchnahme des Bürgen ist und welche Gegenrechte ihm zustehen, lassen sich neben der „normalen BGB-Bürgschaft", bei der die Einrede der Vorausklage besteht (§ 771 BGB), und der schon behandelten selbstschuldnerischen Bürgschaft (§ 773 Abs. 1 Nr. 1 BGB) die Ausfallbürgschaft und die Bürgschaft auf erstes Anfordern unterscheiden.

Durch eine **Ausfallbürgschaft** verpflichtet sich der Bürge, für den *endgültigen* Ausfall der Hauptforderung einzustehen, also für das, was der Gläubiger trotz Anwendung gehöriger Sorgfalt, insbesondere durch Erhebung seines Anspruchs gegen den Schuldner, durch Zwangsvollstreckung und Verwertung anderer Sicherheiten vom Hauptschuldner nicht erlangen kann[12]. Dieser Vorbehalt gilt bei einer Ausfallbürgschaft von selbst, es ist also *nicht* erforderlich, dass der Ausfallbürge die Einrede der Vorausklage erhebt[13]. Eine Ausfallbürgschaft wird zum Beispiel von staatlichen Stellen zur Sicherung von Arbeitsplätzen gegeben.

Beispiel

Die aktuell regierende Partei übernimmt für einen angeschlagenen Baukonzern eine Ausfallbürgschaft, um einen vorübergehenden Liquiditätsengpass aufzufangen (und um die Chancen einer Wiederwahl im gerade laufenden Wahlkampf zu verbessern!).

Bei der **Bürgschaft auf erstes Anfordern** muss der Bürge sofort nach einer formgebundenen Aufforderung des Gläubigers (Anforderungsschreiben mit festgelegtem Inhalt) zahlen, ohne die Berechtigung der Inanspruchnahme vorab prüfen zu dürfen. Dies ist – wenn man so will – aus der Sicht des Bürgen die „gefährlichste Bürgschaftsart". Sie privilegiert den Gläubiger in ungewöhnlich starker Weise, da der Bürge auf das Anforderungsschreiben des Gläubigers ohne „Wenn und Aber" sofort zahlen muss. Einwendungen kann der Bürge, sofern diese nicht offensichtlich sind, erst nach der Zahlung erheben. Zu Unrecht geleistete Zahlungen muss der Bürge in einem Rückforderungsprozess gemäß § 812 Abs. 1 S. 1 BGB geltend machen[14].

Wegen dieser Gefahren erkennt der Bundesgerichtshof (BGH) die Verpflichtung, aus einer Bürgschaft auf erstes Anfordern zu zahlen, nur an, wenn sich eine insoweit geschäftserfahrene Person (Kreditinstitut, Bank, Sparkasse, Versicherung) verbürgt. Wegen der Begründung der unbedingten vorläufigen Zahlungspflicht sei die Bürgschaft auf erstes Anfordern, so der BGH, ein äußerst **risikoreiches** Rechtsgeschäft, das zum Missbrauch verleite. Personen, auch Kaufleute im Sinne des HGB, die keine Bankgeschäfte betrieben, seien in aller Regel nicht in der Lage, die besonderen Risiken einer solchen Bürgschaft, die einer Garantieübernahme für fremde Schuld fast gleichstehe, zu erkennen und abzuschätzen. Das Eingehen der Verpflichtung, auf erste Anforderung sofort

12 Palandt/Sprau, Bürgerliches Gesetzbuch, Einführung vor § 765 Rn. 11.
13 BGH NJW 1989, S. 1484, 1485.
14 BGH NJW 2003, S. 2231, 2233.

und ohne Rücksicht auf Einwendungen die Bürgschaftssumme zu zahlen, solle deshalb den **Kreditinstituten** vorbehalten bleiben.

Übernimmt eine nicht zu diesem Kreis gehörende Person eine Bürgschaft auf erstes Anfordern auf einem vom Gläubiger als Verwender gestellten Formular, liegt ein Verstoß gegen § 307 BGB vor[15]. Dies führt allerdings nicht dazu, dass gar keine Bürgschaft vorliegt. Nach der Rechtsprechung ist eine Vereinbarung über eine Bürgschaft auf erstes Anfordern nämlich grundsätzlich so auszulegen, dass sie eine einfache Bürgschaft enthält[16].

Gewährleistungsbürgschaft, Vertragserfüllungsbürgschaft

Stellt man auf die **Funktion** der Bürgschaft ab, sind neben der Bürgschaft, durch die eine auf Geld gerichtete **Forderung** aus einem Darlehens-, Werk-, Kauf- oder sonstigen Vertrag gesichert werden soll, die Gewährleistungsbürgschaft und die Vertragserfüllungsbürgschaft zu nennen.

Eine **Gewährleistungsbürgschaft** wird übernommen, um einen sofortigen Anspruch auf Zahlung eines vertraglich vereinbarten Sicherungseinbehalts zu erhalten. Die Zahlung dieses Einbehalts ist oft dringend erforderlich, um die Liquidität des Gläubigers zu erhalten oder zu stärken.

Beispiel

In einem zwischen Unternehmer U und Besteller B geschlossenen Werkvertrag zum Bau einer Produktionshalle ist folgende Regelung enthalten:

„Der Besteller ist berechtigt, 5 % der Auftragssumme bis zum Ablauf der Gewährleistungsfrist einzubehalten, es sei denn, zugunsten des Bestellers wird von einer deutschen Bank oder Sparkasse eine Gewährleistungsbürgschaft in Höhe des Sicherungseinbehalts übernommen."

Überlegen Sie bitte mal, was dieser Einbehalt bedeutet! Bis zum Ablauf der Gewährleistungsfrist für Mängel (fünf Jahre § 634 a Abs. 1 Nr. 2 BGB bzw. vier Jahre § 13 Nr. 4 VOB/B) darf der Besteller 5 % der Auftragssumme zurückhalten. Wirtschaftlich betrachtet gibt der Unternehmer dem Besteller ein zinsloses Darlehen, was die Liquidität des Unternehmers erheblich schmälert.

In der Praxis wird deshalb so verfahren, dass der Unternehmer seiner „Hausbank" die Anweisung erteilt, für die Laufzeit der Gewährleistungsfrist in Höhe des Einbehalts eine Gewährleistungsbürgschaft zu übernehmen und dem B zuzuleiten. Auch wenn dieses Vorgehen mit Kosten für U verbunden ist (Provision der Bank), rechnet sich die Übernahme: Denn U fließen sofort und nicht erst nach Ablauf der Gewährleistungsfrist liquide Mittel zu. Außerdem trägt er nicht länger das Insolvenzrisiko des Schuldners.

15 BGH NJW-RR 1990, S. 1265, 1266.
16 BGH NJW 2003, S. 2231, 2234.

Die **Vertragserfüllungsbürgschaft** dient der Absicherung eines Vertragspartners, der eine Vorleistung zu erbringen hat.

Beispiel

Käufer K muss ⅓ des Kaufpreises bereits bei Abschluss des Kaufvertrags zahlen. In Höhe dieser Anzahlung kann eine Bürgschaft gestellt werden, die die spätere Durchführung des Vertrags sichert. Sollte der Verkäufer nicht liefern und auch die Anzahlung nicht erstatten, kann der Käufer in Höhe der geleisteten Anzahlung auf die Bürgschaft zurückgreifen.

29.2.6 Ausgleichsanspruch des Bürgen

Wenn der Bürge nach einer Inanspruchnahme durch den Gläubiger Zahlung an diesen geleistet hat, steht ihm ein Ausgleichsanspruch gegen den Hauptschuldner zu. Dies kann ein vertraglicher Anspruch auf Aufwendungsersatz (§§ 675, 670 BGB) und/oder ein Anspruch aus einem gesetzlichen Forderungsübergang („cessio legis") gemäß § 774 BGB sein.

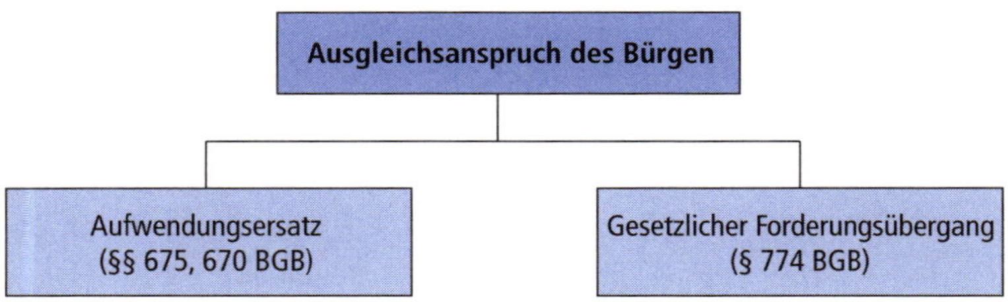

Abbildung 29.3: Ausgleichsanspruch des Bürgen

Ein Anspruch auf Aufwendungsersatz gemäß §§ 675, 670 BGB besteht, wenn die Übernahme der Bürgschaft auf einem **Vertrag** zwischen dem Bürgen und dem Hauptschuldner beruht; das ist bei Bürgschaften, die Banken oder Sparkassen auf Anweisung eines ihrer Kunden übernehmen, in aller Regel der Fall. Der Bürge kann den Ausgleichsanspruch in diesen Fällen zusätzlich gestützt auf eine nach § 774 Abs. 1 BGB übergegangene Forderung geltend machen.

Liegt der Übernahme der Bürgschaft lediglich eine **Gefälligkeit** zugrunde, bildet § 774 Abs. 1 BGB die Grundlage für den Ausgleich. Voraussetzung ist, dass der Bürge eine Zahlung auf die Hauptforderung geleistet hat. Eigentlich müsste die Hauptforderung mit der Zahlung gemäß § 362 Abs. 1 BGB erlöschen. Wegen der Akzessorietät der Bürgschaft würde sich die Bürgschaft in gleicher Höhe reduzieren (§ 767 Abs. 1 BGB).

§ 774 BGB ordnet aber abweichend zu § 362 Abs. 1 BGB an, dass die Forderung des Gläubigers gegen den Hauptschuldner mit der Zahlung des Bürgen nicht erlischt, sondern in der Höhe („soweit"), in der der Bürge zahlt, auf den Bürgen übergeht.

Beispiel

B hat aus Freundschaft gegenüber der G-Bank eine Höchstbetragsbürgschaft im Umfang von 100.000,– € für eine Verbindlichkeit des H-Sch aus einem Darlehensvertrag (§ 488 Abs. 1 BGB) übernommen. Die Forderung der G-Bank beträgt aktuell 75.000,– €. Da H-Sch bei Fälligkeit nicht zahlt, nimmt die G-Bank den Bürgen B in Höhe von 30.000,– € in Anspruch. B zahlt diesen Betrag. Welche Wirkungen hat die Zahlung?

- Mit der Zahlung hat sich die Forderung der G-Bank gegen den Hauptschuldner H-Sch aus § 488 Abs. 1 BGB von 75.000,– € auf 45.000,– € reduziert.
- Gemäß § 767 Abs. 1 BGB hat sich damit auch der Umfang der Bürgschaft auf diesen Betrag reduziert.
- In Höhe der Zahlung ist die Forderung der G-Bank aus § 488 Abs. 1 BGB gemäß § 774 BGB auf B übergegangen. B kann deshalb von H-Sch gemäß §§ 488 Abs. 1, 774 BGB die Zahlung von 30.000,– € verlangen.

29.2.7 Bürgschaften durch Familienangehörige

In der Diskussion steht seit Mitte der 1990er-Jahre die Wirksamkeit von „Bürgschaften durch Familienangehörige". Im Oktober 1993 entschied das Bundesverfassungsgericht, die Zivilgerichte seien verpflichtet, bei der Auslegung und Anwendung des unbestimmten Rechtsbegriffes der Sittenwidrigkeit im Sinne des § 138 BGB die durch das Grundgesetz geschützte („grundrechtliche") Gewährleistung der Privatautonomie zu beachten. Bürgschaftsverträge, die auf strukturell ungleicher Verhandlungsstärke beruhten, seien sittenwidrig[17]. Der Entscheidung lag folgender Sachverhalt zugrunde:

Beispiel

I ist Immobilienkaufmann. Um seine Kreditlinie bei der Sparkasse erhöhen zu können, veranlasst er seine 21-jährige, vermögens- und arbeitslose Tochter T zur Übernahme einer selbstschuldnerischen Bürgschaft in Höhe von 100.000,– DM (ca. 51.000,– €). Anlässlich der Übernahme der Bürgschaft erklärt ein Vertreter der Sparkasse sinngemäß: „Hier bitte, unterschreiben Sie das mal, Sie gehen dabei keine große Verpflichtung ein." T hat auf absehbare Zeit keine Chance, die Verpflichtung zu erfüllen.

Auf der Grundlage dieser Rechtsprechung des Bundesverfassungsgerichts haben die Zivilgerichte in der Folgezeit bis heute zahlreiche Bürgschaftsverträge, die von finanziell überforderten Familienangehörigen des Hauptschuldners unter einem „sanften familiären Druck" übernommen worden waren, nach § 138 BGB wegen Sittenwidrigkeit für nichtig erklärt. Nach dieser Rechtsprechung ist die fehlende Leistungsfähigkeit des Bürgen für die Annahme der

[17] BVerfG NJW 1994, S. 36 ff.

Sittenwidrigkeit allein nicht ausreichend. Es müssen vielmehr **weitere, die Sittenwidrigkeit begründende Umstände** hinzukommen. Solche Umstände können sich insbesondere daraus ergeben, dass der Gläubiger (zum Beispiel eine Bank) die geschäftliche Unerfahrenheit oder eine seelische Zwangslage des Bürgen ausnutzt oder diesen in anderer Weise in seiner Entscheidungsfreiheit unzulässig beeinträchtigt[18]. Im obigen Fall war die Übernahme der Bürgschaft wegen der krassen Überforderung der Tochter **und** des Zusammenwirkens von Vater und Bank sittenwidrig und damit nichtig[19].

Diese Grundsätze finden auch Anwendung, wenn keine Bürgschaft, sondern eine Mithaftung in Form eines Schuldbeitritts oder einer Mitunterzeichnung eines Darlehensvertrags vorliegt.

Der Bundesgerichtshof nimmt eine krasse finanzielle Überforderung des Bürgen oder Mithaftenden bei nicht ganz geringen Bankschulden grundsätzlich an, wenn dieser voraussichtlich nicht einmal die von den Darlehensvertragsparteien **festgelegte Zinslast** aus dem pfändbaren Teil seines laufenden Einkommens und Vermögens bei Eintritt des Sicherungsfalls dauerhaft allein tragen kann. In diesem Fall sei, so der BGH, nach der allgemeinen Lebenserfahrung ohne Hinzutreten weiterer Umstände im Ansatz („widerleglich") zu vermuten, dass der dem Hauptschuldner persönlich besonders nahe stehende Bürge bzw. Mithaftende die ihn vielleicht bis an das Lebensende übermäßig finanziell belastende Personalsicherheit allein aus emotionaler Verbundenheit mit dem Hauptschuldner gestellt und der Kreditgeber dies in sittlich anstößiger Weise ausgenutzt habe[20].

Etwas anderes kann sich dann ergeben, wenn anderweitige Sicherheitsleistungen des Kreditnehmers – vor allem dingliche Sicherheiten – das Haftungsrisiko des Mithaftenden in rechtlich gesicherter Weise auf ein vertretbares Maß beschränken oder den Mithaftenden mit Rücksicht auf die weitere Sicherheit allenfalls eine seine finanzielle Leistungsfähigkeit nicht übersteigende und damit von § 138 Abs. 1 BGB nicht erfasste „Ausfallhaftung" trifft. Dafür muss aber gewährleistet sein, dass der Kreditgeber den Mithaftenden erst nach einer ordnungsgemäßen Verwertung der anderen Sicherheit in Anspruch nimmt[21].

29.3 Schuldbeitritt (kumulative Schuld(mit)übernahme)

29.3.1 Grundlagen

Der Schuldbeitritt ist im Gesetz nicht geregelt, aber aufgrund der Vertragsfreiheit zulässig. Von der in den §§ 414, 415 BGB geregelten **befreienden Schuldübernahme** (auch „privative Schuldübernahme" genannt) unterscheidet sich der Schuldbeitritt dadurch, dass hier **kein** Wechsel des Schuldners erfolgt, sondern dass der Beitretende als **weiterer Schuldner** neben den vorhandenen Schuldner tritt. Der bisherige Schuldner und der Beitretende werden **Gesamtschuldner.**

18 BGH NJW 1994, S. 1278, 1279.
19 BGH NJW 1994, S. 1341, 1343 f.
20 BGH NJW 2009, S. 2671, Rn. 18.
21 BGH NJW 2009, S. 2671, Rn. 21.

Dies hat für den Gläubiger den Vorteil, dass er gemäß §421 BGB nach seiner Wahl die Leistung voll von dem einen oder dem anderen Schuldner oder auch anteilig von beiden Schuldnern verlangen kann. Er kann also die ganze Summe von *einem* der Schuldner fordern oder eine beliebige Aufteilung vornehmen[22].

Beispiele

- Die T-GmbH schuldet dem Lieferanten L 250.000,– €. Um die T-GmbH vor der drohenden Insolvenz infolge Zahlungsunfähigkeit zu retten, übernimmt der Alleingesellschafter A persönlich die Verbindlichkeit. Gleichzeitig wird zwischen L und A vereinbart, dass die T-GmbH nicht mehr Schuldner ist. Hier liegt eine **befreiende Schuldübernahme** gemäß §414 BGB vor, Schuldner ist nur noch A persönlich. L kann die Zahlung aus §433 Abs. 2 BGB nur noch von A verlangen.
- Wie zuvor, aber mit dem Unterschied, dass A nicht anstelle der GmbH Schuldner wird, sondern *neben* der T-GmbH, also zusätzlich. Hier liegt ein **Schuldbeitritt** vor; der bisherige Schuldner (T-GmbH) und der beitretende neue Schuldner (A) sind *Gesamtschuldner*. L kann gemäß §433 Abs. 2 BGB in Verbindung mit §421 Abs. 1 BGB die komplette Zahlung der 250.000,– € von der T-GmbH und/oder von A verlangen oder eine beliebige Aufteilung vornehmen; insgesamt bekommt L aber nur 250.000,– €.

29.3.2 Unterschiede zur Bürgschaft

Der Schuldbeitritt weist aus der Sicht des Gläubigers eine große Parallele zur **selbstschuldnerischen Bürgschaft** auf, weil der Gläubiger in beiden Fällen einen unmittelbaren Anspruch gegen den neuen Schuldner – Bürge bzw. Schuldbeitretender – erhält. Rechtlich bestehen aber einige Unterschiede:

- Während der Bürge (auch bei einer selbstschuldnerischen Bürgschaft) für eine **fremde** Schuld haftet, haftet der Schuldbeitretende für eine **eigene** Schuld.
- Die Übernahme der Bürgschaft erfordert die **Schriftform** (Ausnahme §350 HGB), der Schuldbeitritt ist hingegen **formlos** wirksam, kann also auch mündlich erfolgen.
- Schließlich ist der **Ausgleich** zwischen dem ursprünglichen Schuldner und dem neuen Schuldner unterschiedlich: Bei der Bürgschaft hat der Bürge einen vertraglichen Anspruch auf Aufwendungsersatz (§§675, 670 BGB) und/oder einen Ausgleichsanspruch aus §774 BGB gegen den Schuldner in Höhe der von ihm an den Gläubiger geleisteten Zahlung. Der Bürge kann einen Ausgleich in Höhe von 100% fordern. Beim Schuldbeitritt geht das Gesetz von einer anteiligen Verpflichtung der Schuldner aus, sie haften „nach Köpfen". (§426 Abs. 1 BGB)[23].

Beispiele

- B hat sich für eine Schuld des S verbürgt. Wenn B vom Gläubiger in Höhe von 20.000,– € in Anspruch genommen wird, kann er diesen

[22] Zur Gesamtschuld vgl. S. 167 ff.
[23] Vgl. S. 169 f.

Betrag in **voller Höhe** von S ersetzt verlangen (was natürlich nur etwas bringt, wenn S auch zahlen kann).

- B ist als zusätzlicher (weiterer) Schuldner einer Schuld beigetreten, die A in Höhe von 30.000,– € gegenüber G hat. Wenn B nach Inanspruchnahme durch G die 30.000,– € zahlt, steht ihm gegen A gemäß § 426 Abs. 1 und 2 BGB nur ein **anteiliger Anspruch** zu, hier auf Zahlung von 15.000,– €.

29.3.3 Abgrenzung zur Bürgschaft

Eine Abgrenzung zwischen Bürgschaft und Schuldbeitritt kann im Einzelfall schwierig sein, hat aber eine große praktische Bedeutung, wenn eine formfreie Verpflichtung vorliegt. Wie wir gesehen haben, bedarf die Übernahme einer Bürgschaft nach § 766 S. 1 BGB, vorbehaltlich der Ausnahme des § 350 HGB, der Schriftform. Der Schuldbeitritt unterliegt hingegen keiner Form, kann also auch mündlich erklärt werden. Deshalb liegt es nahe, dass der Gläubiger versuchen wird, eine nach den §§ 766 S. 1, 125 BGB wegen Formmangels nichtige Bürgschaft in einen (wirksamen) Schuldbeitritt umzudeuten.

Weiterführung eines Beispiels

Die Rechtsanwälte R sind für die C-GmbH tätig. Da diese finanziell angeschlagen ist und mehrere Rechnungen der Anwälte offenstehen, weigern sich die Anwälte, neue Mandate für die GmbH zu übernehmen. Erst nachdem der Geschäftsführer G der GmbH am Telefon ausdrücklich erklärt, er werde persönlich für diese Gebührenansprüche einstehen, nehmen sie ihre Tätigkeit wieder auf. Als die GmbH kurz danach in die Insolvenz gerät, verlangen die Anwälte die Bezahlung der neuen Rechnungen von G persönlich aus einem Schuldbeitritt. Hat die Klage Erfolg?[24]

Die Klage hat Erfolg, wenn sie zulässig und begründet ist. Gegen die Zulässigkeit bestehen keine Bedenken. Begründet ist die Klage, wenn den Rechtsanwälten ein Anspruch auf Zahlung gegen den G zusteht. Anspruchsgrundlage könnte § 765 BGB oder ein Schuldbeitritt sein.

Für die vorzunehmende Abgrenzung kommt es darauf an, ob die Äußerung des Beklagten (des G) ein Angebot zum Abschluss eines *Bürgschaftsvertrags* oder ein Angebot zum Abschluss eines *Schuldbeitritts* (einer Schuldmitübernahme) enthält. Dafür ist Bedeutung, ob durch die Zusage des G eine an die Hauptforderung „angelehnte" Schuld (dann Bürgschaft) oder eine selbstständige Schuld (dann Schuldbeitritt) begründet werden sollte. Bleiben Zweifel, ist nach der Rechtsprechung vom Vorliegen einer Bürgschaftserklärung auszugehen[25].

Bei der Auslegung einer mehrdeutigen Erklärung kann das eigene wirtschaftliche oder rechtliche Interesse des sich verpflichtenden Vertragspartners daran, dass die Verbindlichkeit des Schuldners getilgt wird,

6. Teil Kreditsicherungsrecht

24 LG Oldenburg, NJW-RR 1996, S. 286, 287.
25 BGH NJW 1986, S. 580.

ein wichtiger Anhaltspunkt für das Vorliegen eines Schuldbeitritts sein. Allerdings reicht die Annahme eines eigenen wirtschaftlichen Interesses des „Übernehmers" für die Bejahung eines Schuldbeitritts nicht in jedem Fall aus[26]. Zu berücksichtigen ist, dass der Beklagte als Gesellschafter und Geschäftsführer der C-GmbH ein eigenes wirtschaftliches Interesse daran gehabt haben dürfte, dass die Rechtsanwälte trotz Nichtbezahlung der Rechnungen weiterhin für die C-GmbH tätig waren. Dieser Umstand allein reicht aber für die Annahme eines Schuldbeitritts nicht aus. Vielmehr sind weitere konkrete Umstände für den Schluss erforderlich, dass der beklagte Geschäftsführer die Absicht hatte, nicht lediglich als Bürge für eine *fremde* Schuld einstehen zu wollen, sondern eine *eigene* Schuld einzugehen[27]. Daran fehlt es hier. Also liegt eine Bürgschaftserklärung vor.

Da die Übernahme der Bürgschaft nach §766 S. 1 BGB aber eine schriftliche Erklärung des Bürgen G erfordert hätte, liegt wegen des Formmangels (§125 S. 1 BGB) kein wirksamer Bürgschaftsvertrag gemäß §765 BGB vor[28].

Die Klage wurde vom Landgericht abgewiesen, sie hatte also keinen Erfolg.

Merke

Die Abgrenzung zwischen Schuldbeitritt und Bürgschaft ist im Wege der Auslegung vorzunehmen. Entscheidend ist, ob eine selbstständige oder eine an die Hauptforderung „angelehnte" Schuld begründet werden soll. Bleiben Zweifel, ist vom Vorliegen einer Bürgschaftserklärung auszugehen. Anderenfalls würde die Formvorschrift des §766 BGB, die den Bürgen schützen soll, leerlaufen.

29.4 Patronatserklärung

In der im BGB nicht geregelten, aber aufgrund der Vertragsfreiheit zulässigen Patronatserklärung verspricht ein „Patron" gegenüber dem Gläubiger eines Dritten ein bestimmtes Verhalten, das die Aussicht auf eine Vertragserfüllung durch den Dritten verbessert und damit dessen Kreditwürdigkeit erhöht.

Beispiel

Die Süd-West-Tel GmbH ist eine 100%ige Tochtergesellschaft der Süd-West-Energie AG („Mutter"). Dies bedeutet, dass die AG alle Geschäftsanteile der GmbH („Tochter") hält. Die GmbH hat aufgrund von Anlaufverlusten einen sehr hohen Bedarf an Fremdmitteln, kann aber keine geeigneten Sicherheiten stellen. Um einen Großkredit abzusichern, könnte die AG eine Bürgschaft übernehmen. In Betracht kommt

26 OLG Hamm, NJW 1993, S. 2625.
27 Vgl. BGH NJW-RR 1987, S. 42.
28 Zur dieser Problematik vgl. S. 498.

auch ein Schuldbeitritt. Außerdem besteht die Möglichkeit, dass die AG „als Mutter“ eine Patronatserklärung mit dem Inhalt abgibt, sie werde die GmbH („Tochter“) mit den für die Zinszahlung und Tilgung des Kredits erforderlichen Mitteln ausstatten.

Welche dieser Möglichkeiten gewählt wird, ist nicht nach juristischen, sondern nach betriebswirtschaftlichen Kriterien zu entscheiden.

Die Praxis differenziert zwischen **„weichen“** und **„harten“ Patronatserklärungen.** Den „weichen“ Erklärungen kommt kein rechtsgeschäftlicher Charakter zu, es handelt sich um unverbindliche Erklärungen („Goodwill-Erklärung“), die keine Rechtsfolge nach sich ziehen. Sie sind deshalb nicht einklagbar. Diese Form wird dem Kreditgeber in der Regel nicht genügen.

Bei den „harten“ Patronatserklärungen wird hingegen eine **rechtliche Einstandspflicht** des „Patrons“ (zum Beispiel der Muttergesellschaft) begründet. Der Patron verpflichtet sich dafür zu sorgen, dass die Tochtergesellschaft während der Laufzeit des Kredits in einer Weise geleitet und finanziell ausgestattet wird, dass sie ihren Verbindlichkeiten stets fristgerecht nachkommen kann. Dieses Ziel wird insbesondere durch eine entsprechende finanzielle Ausstattung der „Tochter“ durch die „Mutter“ erreicht **(„Ausstattungsverpflichtung“).** Die „harte“ Patronatserklärung ist eine garantieähnliche Verpflichtung[29].

Erfüllt der Schuldner die durch die Verpflichtung des Patrons gesicherte Verbindlichkeit nicht, kann der Gläubiger ohne Weiteres die sofortige Zahlung vom Patron **an sich** verlangen. Dies gilt unabhängig davon, ob man die Hauptleistung des Patrons in der Ausstattungspflicht oder den eigentlichen Leistungsgegenstand in der Erfüllung der gesicherten Zahlungspflichten des Schuldners sieht[30]. Die Möglichkeit der sofortigen Inanspruchnahme auf Leistung von Geld folgt aus Inhalt und Zweck dieses bürgschafts- und garantieähnlichen Rechtsinstituts. Dies bedeutet für den Gläubiger, dass er im Falle der Insolvenz der Tochtergesellschaft unmittelbare Ansprüche gegen den Patron erheben kann. Dieser haftet nicht *nach*, sondern *neben* dem eigentlichen Schuldner[31]. Die „harte“ Patronatserklärung erweist sich damit als gutes Kreditsicherungsmittel.

29.5 Garantievertrag

Durch den im BGB – ebenfalls – nicht geregelten Garantievertrag verpflichtet sich der Garant, für den Eintritt eines bestimmten Erfolgs einzustehen oder die Gefahr eines künftigen Schadens zu übernehmen. Der Garant muss den Erfolg aber nicht selbst herbeiführen oder die Gefahr konkret abwenden. Er haftet nachrangig wie folgt: Tritt der garantierte Erfolg nicht ein oder realisiert sich die Gefahr, ist der Garant zum **Schadensersatz** verpflichtet. Im Unterschied zur akzessorischen Bürgschaft wird dem Gläubiger zugesichert, dass er die Leistung auf jeden Fall erhält, und zwar selbst dann, wenn es eine andere Verbind-

29 OLG Düsseldorf, NJW-RR 1989, S. 1116, 1117.
30 BGH NJW-RR 2003, S. 1042, 1043 f.
31 BGH NJW 1992, S. 2093, 2095.

lichkeit gar nicht gibt, wenn die Verbindlichkeit des Hauptschuldners nicht zur Entstehung gelangt oder später wegfällt. Diese Form des Garantievertrags, auch **selbstständige Garantie** genannt, ist von den schon behandelten Verkäufer- und Herstellergarantien (unselbstständige Garantien) zu unterscheiden[32].

29.5.1 Beispiele für Garantien

- Garantie für eine bestimmte (günstige) Finanzierung[33],
- Garantie für die Nichtüberschreitung der Gesamtkosten eines Bauvorhabens[34],
- Leistungs- oder Lieferungsgarantien, durch die der Garant – häufig eine Bank – dem Importeur die Erfüllung der Lieferverpflichtung des Exporteurs (Verkäufers) garantiert,
- Garantie eines Vermittlers für eine bestimmte Mindestausschüttung bei der Beteiligung an einer Anlagegesellschaft[35],
- Hermes-Garantie der Bundesrepublik Deutschland zur Förderung des Exportgeschäfts zur Abdeckung von wirtschaftlichen und politischen Risiken bei Auslandsgeschäften. Die Abwicklung erfolgt durch die Euler Hermes-Kreditversicherungs-AG[36].

29.5.2 Mietgarantie

Insbesondere in Zusammenhang mit der Errichtung und dem Verkauf größerer Immobilienobjekte werden in der Praxis Mietgarantien gegeben. Hier gewährt der Bauträger (Verkäufer) dem Erwerber für einen bestimmten Zeitraum eine Absicherung gegen **wirtschaftliche Risiken** aus der geplanten Vermietung des Objekts. Die Mietgarantie soll für den Erwerber (häufig ein Kapitalanleger) die Wirtschaftlichkeit und Rentabilität des Objekts für einen bestimmten Zeitraum kalkulierbar machen und eine kostendeckende Vermietung gewährleisten. Die Garantie stellt aus der Sicht des Bauträgers ein Verkaufsargument dar. Sofern der Erwerber zum Beispiel in der Form einer „Publikums-KG“[37] oder GbR tätig ist, kann er in seinem Vertrieb gegenüber potenziellen Gesellschaftern mit verkaufsfördernder Wirkung auf die Mietgarantie verweisen, die über das Ergebnis der Gesellschaft den Kapitalanlegern zufließt.

Beispiel

In einem Prospekt zur Beteiligung an einem geschlossenen Immobilienfond in der Rechtsform einer „Publikums-KG“ heißt es:

---

[32] Dazu vgl. S. 280 ff.
[33] BGH Betriebsberater (BB) 1984, S. 564.
[34] OLG Düsseldorf, NJW-RR 1997, S. 1410.
[35] BGH NJW 1996, S. 2569 ff.
[36] www.eulerhermes.de (Stand: 05.08.2010).
[37] Diese Form der KG wendet sich an das breite Publikum und nimmt solange Kommanditisten auf, bis das im Gesellschaftsvertrag festgelegte Kommanditkapital erreicht ist. Neben Immobilienfonds werden auch Schiffsfonds häufig in dieser Rechtsform gegründet.

„Einnahmen: Das Hotel ist für 20 Jahre fest verpachtet, für die restlichen Flächen (Läden, Büros, Tiefgarage) hat der Verkäufer bis zum 31.12.2014 eine Mietgarantie in Höhe von 750.000,– € übernommen."

Die entsprechende Klausel im notariellen Kaufvertrag lautet:

„§10 Vermietung, Mietausfallgarantie

Der Verkäufer ist – unbeschadet des Rechts des Käufers, sich selbst entsprechend zu bemühen – verpflichtet, für die im Kaufgegenstand befindlichen Ladenflächen und Büroflächen Mieter zu suchen, wobei der monatliche Mietzins für die Ladenflächen € 18,– pro qm und für die Büroflächen € 13,– pro qm jeweils zuzüglich ges. MwSt. zu betragen hat. Die Mieter müssen hinsichtlich ihrer Bonität und der Art ihrer Tätigkeit für den Vermieter akzeptabel sein. Kommt es zu einer derartigen Vermietung nicht, so gewährt der Verkäufer dem Käufer zur Absicherung der von dem Käufer kalkulierten Vermietung der im Kaufgegenstand befindlichen Ladenflächen von insgesamt 400 qm zum Preis von € 18,– pro qm und Monat sowie Büroflächen von insgesamt 810 qm zum Preis von € 13,– pro qm und Monat sowie 90 Tiefgaragenplätzen zu einem Preis von € 75,– pro Monat und Platz bis zum 31.12.2014 einen Ausgleich zur Jahresmiete von € 293.760,– für diese Flächen, maximal € 750.000,– (in Worten: Euro siebenhundertfünfzigtausend)."

Hinweis

Die obige Mietgarantie wurde sehr schnell in Anspruch genommen und war nach etwa drei Jahren aufgezehrt, weil sich die Vermietung der Laden- und Büroflächen wegen eines Überangebots vor Ort als sehr schwer herausstellte. Sofern überhaupt ein Mieter gefunden wurde, ließen sich die im Verkaufsprospekt enthaltenen und von der KG kalkulierten Mieten auch nicht annähernd erzielen. Insbesondere wegen des schnellen Verbrauchs der auf 750.000,– € begrenzten Mietgarantie wurde die Ausschüttung an die Kommanditisten der KG wegen der fehlenden Mieteinnahmen über Jahre deutlich reduziert.

Praxistipp

Im Falle einer Mietgarantie sind verschiedene Punkte zu beachten:

- Wichtig ist die **Werthaltigkeit** der Garantie, die entscheidend von der wirtschaftlichen Leistungsfähigkeit des Garanten abhängt. Die schönste Garantie nützt nichts, wenn der Garantiegeber insolvent wird.
- Außerdem decken Garantien häufig – so auch im obigen Beispiel – nur einen bestimmten Zeitraum ab und enthalten regelmäßig einen **Höchstumfang,** der unter Umständen deutlich geringer ist als die für die **Garantielaufzeit** kalkulierte Miete.
- Nach dem (nicht sorgfältig abgefassten) Wortlaut der obigen Garantie ist unklar, ob auch das Risiko abgedeckt wird, dass es zwar „zu einer derartigen Vermietung kommt", der Mieter aber keine

Zahlungen leistet. Hier wäre aus Sicht des Käufers dringend eine Klarstellung notwendig gewesen.

29.5.3 (Erst-)Vermietungsgarantie

Von der Mietgarantie sind die (Erst-)Vermietungsgarantie und die Mietbürgschaft abzugrenzen.

Beispiel für eine (Erst-)Vermietungsgarantie

„Hiermit übernehmen wir die Garantie, dass für die Ladenflächen, Büroflächen und die Tiefgarage des in § 3 näher bezeichneten Objekts eine Erstvermietung binnen drei Monaten nach Fertigstellung erfolgt."

Die (Erst-)Vermietungsgarantie in der obigen Form sichert ihrem Wortlaut nach nur ab, dass innerhalb von drei Monaten ein Mieter gefunden wird. Im Wege der Auslegung ist zu ermitteln, ob auch die Vermietung zur kalkulierten Miethöhe garantiert werden soll. Davon wird man bei der gebotenen wirtschaftlichen Betrachtung ausgehen können. Was aber ist, wenn der Mieter die vereinbarte Miete nicht zahlt? Dieses Risiko dürfte ebenso wenig abgesichert sein wie das Risiko, dass der Mieter die Mietsache vertragswidrig räumt oder kündigt und kein neuer Mieter gefunden wird. Die (Erst-)Vermietungsgarantie bleibt in ihrer Wirkung damit deutlich hinter der Mietgarantie zurück.

29.5.4 Mietbürgschaft

Die dritte Variante, neben der Mietgarantie und der (Erst-)Vermietungsgarantie, stellt die Mietbürgschaft dar.

Beispiel für eine Mietbürgschaft

„Hiermit übernehmen wir für die Forderungen aus der Vermietung der Ladenflächen, der Büroflächen und der Tiefgarage des in § 3 näher bezeichneten Objekts bis zum 31.12.2014 die selbstschuldnerische Bürgschaft bis maximal € 750.000,– (in Worten: Euro siebenhundertundfünfzigtausend)."

Durch die vorstehende Mietbürgschaft wird nicht gesichert, *dass* ein Mieter gefunden und eine bestimmte Miete erzielt wird. Die Bürgschaft setzt erst ein, *wenn* eine Vermietung erfolgt ist, der Mieter aber keine Zahlungen leistet.

Praxistipp

Im behandelten Komplex ist viel Sorgfalt auf den Inhalt der vertraglichen Vereinbarung zu legen. Sinnvoll dürfte es sein, die Mietgarantie mit einer Bürgschaft zu kombinieren. Die Mietgarantie deckt ab, dass ein Mieter zu den kalkulierten Preisen gefunden wird; die Bürgschaft deckt ab, dass der Mieter die vereinbarte Miete auch tatsächlich zahlt.

29.5.5 Abgrenzung Bürgschaft zum Garantievertrag

Tabelle 29.1

	Bürgschaft	Garantievertrag
Grundlagen	§§765 ff. BGB, §§349, 350 HGB	Gesetzlich nicht geregelt, aufgrund der Vertragsfreiheit zulässig; §§765 ff. BGB, §§349, 350 HGB gelten nicht, auch nicht analog
Inhalt	Haftung für eine fremde Schuld; nach BGB nachrangige Haftung („Einrede der Vorausklage"), in der Praxis oft unmittelbare Haftung („selbstschuldnerische Bürgschaft")	Verpflichtung, für einen bestimmten Erfolg einzustehen oder die Gefahr eines künftigen Schadens zu übernehmen
Beziehung zur gesicherten Forderung	Akzessorisch = in Umfang und Bestand von der Hauptverbindlichkeit abhängig	Nicht akzessorisch, andere Verbindlichkeit nicht erforderlich
Form	Erklärung des Bürgen bedarf der Schriftform (§766 S. 1 BGB), Ausnahme: §350 HGB	Keine Form erforderlich, in der Praxis Schriftform üblich und zu Beweiszwecken sinnvoll
Arten	– Bürgschaft auf erstes Anfordern – Selbstschuldnerische Bürgschaft – „Normale" BGB-Bürgschaft – Ausfallbürgschaft – Höchstbetragsbürgschaft – Gewährleistungsbürgschaft – Vertragserfüllungsbürgschaft – Bürgschaft durch Familienangehörige	– Mietgarantie – Vermietungsgarantie – Garantie von Baukosten – Garantie einer bestimmten Finanzierung – Exportgarantie zur Absicherung wirtschaftlicher und politischer Risiken („Hermes AG")
Ausgleichsanspruch nach Inanspruchnahme	Aus Vertrag (§§675, 670 BGB), und/oder aus der gemäß §774 BGB übergegangenen Forderung („cessio legis")	Nach Vereinbarung, oft kein Ausgleichsanspruch
Wirtschaftliche Bedeutung	Sehr hoch, häufigste Personalsicherheit	Bei Geschäften mit größerem Volumen oft anzutreffen
Ökonomischer Hintergrund	– Sicherung des Gläubigers – Aus Sicht des Bürgen: Bei Bankbürgschaften Provision; im Übrigen häufig geschäftliche oder persönliche Verbundenheit zwischen Bürgen und Hauptschuldner	– Sicherung des Gläubigers – Schaffung eines Anreizes zum Geschäftsabschluss für den Garanten und für Vertrieb des Gläubigers – Ggf. Provision für Garantiegeber für die Übernahme der Garantie

29.6 Der Eigentumsvorbehalt

Nach den Personalsicherheiten wenden wir uns jetzt den **Sachsicherheiten (Realsicherheiten)** in Form des Eigentumsvorbehalts, der Sicherungsübereignung und der Pfandrechte zu.

29.6.1 Grundlagen des Eigentumsvorbehalts

Wenn ein Käufer nicht in der Lage ist, den Kaufpreis im Zeitpunkt der Lieferung (vollständig) zu bezahlen, bietet sich der Eigentumsvorbehalt zur Absicherung der Kaufpreisforderung an. Der Verkäufer macht die von ihm zu erbringende Leistung von der Leistung des Käufers abhängig. Die Verpflichtung des Verkäufers besteht nach §433 Abs. 1 S. 1 BGB darin, dem Käufer die Sache zu übergeben und das **Eigentum** an der Sache zu verschaffen. Wenn nun der Käufer die ihm nach §433 Abs. 2 BGB obliegende Pflicht zur **Kaufpreiszahlung** nicht oder nicht vollständig erfüllt, ist es sinnvoll, dass der Verkäufer seine Pflicht *ebenfalls* noch nicht vollständig erfüllt. Dies gilt insbesondere dann, wenn der Verkäufer die Zahlungsfähigkeit des Käufers nicht zuverlässig beurteilen kann. Das Ganze geschieht aus der Perspektive des Verkäufers frei nach dem Motto: *„Solange der Käufer nicht gezahlt hat, übertrage ich ihm auch noch nicht das Eigentum."*

Die Abwicklung des Kaufvertrags erfolgt dann in zeitlich gestreckter Form.

Beispiel

21.01. Abschluss des Kaufvertrags,

10.03. Lieferung der Ware, also Verschaffung des unmittelbaren Besitzes für den Käufer (§854 Abs. 1 BGB) *ohne* die Übertragung des Eigentums,

27.05. Vollständige Zahlung des Kaufpreises mit der Folge des automatischen Übergangs des Eigentums vom Verkäufer auf den Käufer.

29.6.2 Der einfache Eigentumsvorbehalt

Rechtliche Konstruktion

Die rechtliche Konstruktion des (einfachen) **Eigentumsvorbehalts** richtet sich nach **§§929 S. 1, 158 Abs. 1 BGB**, auch wenn der Begriff in diesen beiden Vorschriften nicht enthalten ist. Dagegen findet sich in der Überschrift und im Text des §449 BGB mehrfach das Wort „Eigentumsvorbehalt". Gleichwohl ist der weit verbreitete Satz, der Eigentumsvorbehalt sei in §449 BGB geregelt, zumindest missverständlich (wenn nicht falsch!). **§449 BGB** kommt nämlich erst zur Anwendung, *wenn* eine Partei sich das Eigentum vorbehalten hat *(„Hat sich der Verkäufer einer beweglichen Sache das Eigentum bis zur Zahlung des Kaufpreises vorbehalten, so ist im Zweifel … ")*. Die Vorschrift regelt deshalb nur einen Teil der **Folgen des Eigentumsvorbehalts,** aber nicht, *wie* ein solcher Vorbehalt vereinbart wird und konstruiert ist. Diese Funktion fällt vielmehr §§929 S. 1, 158 Abs. 1 BGB zu.

Merke

Die Konstruktion des Eigentumsvorbehalts ergibt sich aus den §§ 929 S. 1, 158 Abs. 1 BGB. Einen Teil der Rechtsfolgen regelt § 449 BGB.

Beim Eigentumsvorbehalt wird gegenüber dem durch Einigung, Übergabe und Berechtigung gemäß § 929 S. 1 BGB erfolgenden „normalen Eigentumserwerb"[38] eine Modifizierung vorgenommen, und zwar beim Merkmal „Einigung zur Übereignung der Kaufsache". Diese Einigung wird im Grundsatz schon herbeigeführt, aber davon abhängig gemacht, dass der Erwerber den Kaufpreis vollständig zahlt.

Beispiele für Formulierungen

- *„Die gelieferte Ware bleibt unser Eigentum, bis der Kaufpreis vollständig gezahlt ist."*
- *„Die Lieferung erfolgt unter Eigentumsvorbehalt."*

Bei der zweiten Formulierung fehlt der Zusatz, wovon der Eigentumsvorbehalt abhängig sein soll. Diese Lücke wird durch die Auslegungsregel des § 449 Abs. 1 BGB geschlossen.

Da nicht sicher ist, ob die Zahlung tatsächlich erfolgt, steht der Eigentumserwerb unter der **aufschiebenden Bedingung (vgl. § 158 Abs. 1 BGB)** der vollständigen Kaufpreiszahlung. Erfolgt die Zahlung, geht das Eigentum automatisch über, wenn die beiden anderen Voraussetzungen des Eigentumserwerbs, also die Übergabe der Sache und die Berechtigung, zusätzlich erfüllt sind. In Bezug auf diese beiden Merkmale gibt es keine Abweichung zum „normalen Erwerb" nach § 929 S. 1 BGB.

Merke

§ 158 Abs. 1 BGB ist beim Eigentumsvorbehalt wie folgt zu lesen:

„Wird die Übertragung des Eigentums von der Zahlung des Kaufpreises abhängig gemacht, geht das Eigentum über, sobald der Kaufpreis vollständig gezahlt ist."

Durch die Vereinbarung des Eigentumsvorbehalts heben die Parteien die nach dem **Trennungsprinzip (Abstraktionsprinzip)**[39] bestehende Trennung zwischen dem Kaufvertrag und den beiden Erfüllungsgeschäften (Übereignung der Kaufsache, Zahlung des Kaufpreises) zum Teil auf. In der Regel wird nämlich bereits im Kaufvertrag die oben beschriebene Verbindung zwischen der Kaufpreiszahlung und dem Übergang des Eigentums hergestellt, also zwischen dem ersten und dem zweiten Verfügungsgeschäft (Erfüllungsgeschäft).

Eine weitere Folge einer bedingten Übereignung gemäß §§ 929, 158 Abs. 1 BGB besteht darin, dass der Verkäufer bis zur Zahlung des Kaufpreises zwar noch nicht sein Eigentum, aber nach § 161 Abs. 1 BGB bereits seine Verfügungsbefugnis

[38] Vgl. S. 448 ff.
[39] Vgl. S. 439 ff.

verliert: Eine von ihm getroffene anderweitige Verfügung wird mit der Zahlung des Kaufpreises gegenüber dem unter Eigentumsvorbehalt kaufenden Erwerber **unwirksam.** Das hört sich schwierig an, ist aber durchaus zu verstehen:

Beispiel

V hat einen Lkw unter Eigentumsvorbehalt an K1 veräußert. Als K1 das Fahrzeug vor der vollständigen Zahlung des Kaufpreises zur Inspektion zu V bringt, nimmt dieser eine weitere Veräußerung an K2 vor.

V war aufgrund des Eigentumsvorbehalts noch Eigentümer der Sache, sodass er das Eigentum auf K2 übertragen konnte. Diese zunächst wirksame Übereignung wird aber unwirksam, sobald K1 den Kaufpreis an V bezahlt. Damit ist die aufschiebende Bedingung für den Eigentumserwerb des K1 eingetreten. Nach §161 Abs.1 BGB verliert K2 sein Eigentum, Eigentümer wird K1.

Etwas anderes gilt, wenn K2 gutgläubig war. Zugunsten des K2 ordnet §161 Abs.3 BGB nämlich an, dass die Vorschriften des gutgläubigen Erwerbs auf diesen Sachverhalt entsprechend anzuwenden sind. Dies bedeutet, dass K2 nach §161 Abs.3 BGB i.V.m. §§929, 932ff. BGB das Eigentum an der Sache erwerben und dauerhaft behalten kann.

Merke

Beim Eigentumsvorbehalt vollzieht sich die Übereignung nach den §§929 S.1, 158 Abs.1 BGB wie folgt:

P1: Einigung, dass das Eigentum übergeht (aber erst), **sobald der Kaufpreis vollständig gezahlt ist,**

P2: Übergabe der Kaufsache (§854 Abs.1 BGB),

P3: Berechtigung des Veräußernden zur Übereignung.

Das Anwartschaftsrecht

Im Fall der Vereinbarung eines Eigentumsvorbehalts erhält der Käufer in der Regel bereits den unmittelbaren Besitz an der Sache. Außerdem erwirbt er ein sogenanntes **Anwartschaftsrecht.** Hierbei handelt es sich um ein dingliches, gegenüber allen anderen wirkendes Recht. Mit der Zahlung des Kaufpreises wandelt sich das Anwartschaftsrecht automatisch in das Eigentumsrecht um. Man formuliert: *„Das Anwartschaftsrecht erstarkt zum Eigentumsrecht."*

Merke

Das Anwartschaftsrecht ist ein „wesensgleiches Minus" zum (Voll-)Eigentum. **„Wesensgleich",** weil es sich wie das Eigentumsrecht um ein dingliches Recht handelt, **„Minus",** weil es noch kein vollwertiges Eigentum ist. Auf das Anwartschaftsrecht finden die Vorschriften über das Eigentum entsprechend (analog) Anwendung: Das Anwartschaftsrecht kann deshalb nach §§929ff. BGB analog von seinem Inhaber auf einen anderen übertragen werden. Wird einem Anwartschaftsberechtigten der unmittelbare Besitz an der Sache entzogen, steht ihm gegen den Besitzer ein Herausgabeanspruch gemäß §§985, 986 BGB analog zu. Das Anwartschaftsrecht ist ein „sonstiges Recht" im Sinne des §823 Abs. 1 BGB[40].

Der Herausgabeanspruch

Ein Vorteil des Eigentumsvorbehalts besteht darin, dass der Verkäufer die Möglichkeit hat, die ihm noch gehörende Sache nach §§985, 986 BGB vom Käufer herauszuverlangen, wenn der Käufer den Kaufpreis nicht vertragsgemäß zahlt. Die Voraussetzungen der §§985, 986 BGB sind:

P1: Der Verkäufer muss noch **Eigentümer** der Sache sein: Das ist er, solange die Bedingung für den Eigentumserwerb, also die Zahlung des Kaufpreises, noch nicht eingetreten ist (§§929 S. 1, 158 Abs. 1 BGB) und auch kein gesetzlicher Eigentumserwerb erfolgt ist (§§946ff. BGB).

P2: Der Käufer muss **unmittelbarer Besitzer** sein. Das ist er, wenn er die Sache bereits erhalten und noch in Besitz hat (§854 Abs. 1 BGB)

N1: Der Besitzer (Käufer) darf gegenüber dem Eigentümer (Verkäufer) **kein Recht zum Besitz** haben (§986 BGB).

Die dritte Voraussetzung ist beim Verkauf unter Eigentumsvorbehalt *nicht* erfüllt, weil dem Käufer **aufgrund des Kaufvertrags ein Besitzrecht** gegen den Verkäufer zusteht. Der Umstand, dass der Käufer den Kaufpreis nicht ordnungsgemäß entrichtet, führt *nicht* dazu, dass der Kaufvertrag und mit ihm das Besitzrecht automatisch entfällt. Vielmehr ordnet **§449 Abs. 2 BGB** an, dass der Verkäufer die Sache aufgrund des Eigentumsvorbehalts nur herausverlangen kann, wenn er zuvor vom Vertrag **zurückgetreten** ist. Erst durch den Rücktritt vom Kaufvertrag entfällt das Besitzrecht.

Jeder Rücktritt vom Vertrag setzt voraus, dass der Rücktretende ein vertragliches oder gesetzliches **Rücktrittsrecht** hat. Im Falle des Eigentumsvorbehalts muss der Verkäufer dem Käufer in aller Regel gemäß **§323 Abs. 1 BGB** eine angemessene Frist zur Zahlung setzen. Läuft diese Frist erfolglos ab, hat der Verkäufer das Recht, vom Vertrag zurückzutreten. In bestimmten Fällen ist die Fristsetzung nach §323 Abs. 2 BGB entbehrlich[41].

Nach der **Erklärung des Rücktritts (§349 BGB)** wandelt sich der Kaufvertrag in ein Rückgewährschuldverhältnis um, sodass nach **§346 Abs. 1 BGB** die erbrachten Leistungen zurückzugewähren sind. Die vom Verkäufer bereits erbrachte Leistung besteht in der Übertragung des Besitzes an der Kaufsache. Also muss der Käufer den Besitz auf den Verkäufer rückübertragen, was durch die Herausgabe der Kaufsache geschieht. Durch die Umwandlung des Kaufvertrags in ein Rückgewährschuldverhältnis **erlischt** das dem Käufer zustehende **Besitzrecht,** sodass dieser die Herausgabe nicht mehr unter Berufung auf §986 BGB verweigern kann. Der Anspruch des Verkäufers auf die Herausgabe der Kaufsache besteht damit nach §§985, 986 BGB und aus **§346 Abs. 1 BGB** (zwei-

---

[40] Vgl. S. 386.
[41] Zu Einzelheiten vgl. S. 267f., 615.

te Anspruchsgrundlage). Der dem Käufer drohende Herausgabeanspruch übt „sanften Druck" auf ihn aus, seiner vertraglichen Zahlungspflicht pünktlich nachzukommen.

Der Herausgabeanspruch besteht auch, wenn über das Vermögen des Käufers das **Insolvenzverfahren** eröffnet worden ist. Da die Kaufsache aufgrund des Eigentumsvorbehalts bis zur vollständigen Zahlung des Kaufpreises noch dem Verkäufer gehört, fällt sie *nicht* in die Insolvenzmasse. Sie muss nach **§47 InsO i.V.m. §§985, 986 BGB** vom Insolvenzverwalter an den Verkäufer als (Noch-) Eigentümer herausgegeben werden, es sei denn, der Verwalter zahlt den noch offenen Kaufpreis. Natürlich muss im Fall der Herausgabe ein schon teilweise gezahlter Kaufpreis ebenso verrechnet werden wie die Vorteile, die der Käufer durch die Nutzung der Kaufsache gezogen hat.

29.6.3 Der verlängerte Eigentumsvorbehalt

In der Praxis ist der **verlängerte Eigentumsvorbehalt** weitverbreitet. Er ist erforderlich, wenn eine Absatzkette vorliegt und der erste Käufer nicht in der Lage ist, den Kaufpreis vor der Weiterveräußerung an seine Kunden (Dritte) zu zahlen. In diesem Fall kann der Eigentümer (Verkäufer) dem ersten Käufer die Weiterveräußerung gestatten. Der erste Käufer trifft dann zwar als Nichtberechtigter (Nichteigentümer) eine Verfügung (Übertragung des Eigentums), die aber nach **§185 Abs.1 BGB** wirksam ist, weil sie mit **Einwilligung** des Berechtigten (Eigentümers) erfolgt. Da damit das Eigentum auf den zweiten Käufer (Dritten) übergeht, lässt sich der bisherige Eigentümer (Verkäufer) die Forderung, die dem ersten Käufer gegen den zweiten Käufer (Dritten) zusteht, zur Sicherheit abtreten (§398 BGB).

Beispiel

Hersteller H liefert Waren unter Eigentumsvorbehalt an Großhändler G. Dabei gestattet H dem G, die Waren *„im Wege des ordnungsgemäßen Geschäftsgangs weiterzuveräußern"*, also an Dritte zu übereignen. Damit werden die Dritten Eigentümer der Waren (§§929 S.1, 185 Abs.1 BGB), zugleich verliert H sein Eigentum. Als „neue Sicherheit" lässt H sich von G gemäß §398 BGB dessen Kaufpreisforderungen gegen die Dritten abtreten. Wenn G den Kaufpreis nicht an H zahlt, kann H sich an die Dritten wenden und von diesen verlangen, dass sie an ihn zahlen.

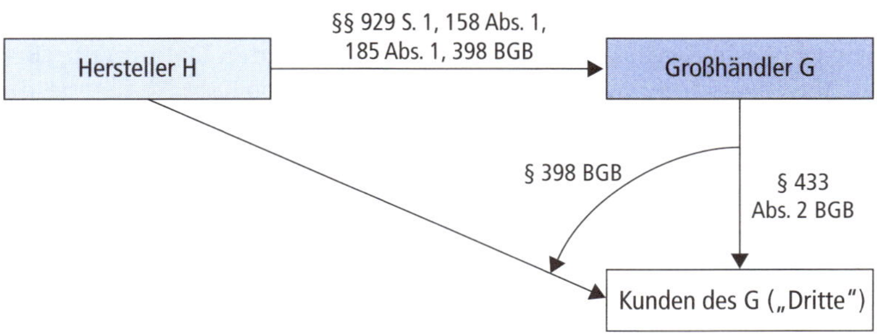

Abbildung 29.4: Verlängerter Eigentumsvorbehalt

Folgende Klauseln werden in der Praxis verwendet:

Verlängerter Eigentumsvorbehalt mit Weiterveräußerungsklausel und vorweggenommener (antizipierter) Sicherungsabtretung (hier zur Erläuterung mit Satzzählung versehen)

„(1) Die gelieferte Ware bleibt unser Eigentum, bis der Kaufpreis vollständig gezahlt ist. (2) Der Käufer ist jedoch befugt, unsere Vorbehaltsware im ordnungsgemäßen Geschäftsbetrieb weiterzuveräußern. (3) Sämtliche hieraus entstehenden Forderungen gegen Dritte tritt der Käufer hiermit im Voraus an uns ab.“

Sinnvolle Ergänzung

„(4) Ungeachtet dieser Abtretung bleibt der Käufer weiterhin zur Einziehung der Forderungen berechtigt. (5) Auf Verlangen hat der Käufer uns die abgetretenen Forderungen nebst deren Schuldnern bekannt zu geben und uns alle für die Forderungseinziehung benötigten Unterlagen zur Verfügung zu stellen. (6) Auf besonderes Verlangen hat der Käufer den betreffenden Drittschuldnern Mitteilung von der an uns erfolgten Abtretung zu machen.“

Erläuterung der vorstehenden Klauseln:

Satz (1) enthält einen einfachen Eigentumsvorbehalt (§§ 929 S. 1, 158 Abs. 1 BGB).

Satz (2) ermächtigt den Großhändler, der zwar ein Anwartschaftsrecht hat, aber bis zur Zahlung des Kaufpreises an den Hersteller noch kein Eigentümer der Kaufsache ist, die Ware als Nichtberechtigter im **ordnungsgemäßen Geschäftsbetrieb weiterzuveräußern** (§ 185 Abs. 1 BGB). Er darf also das Eigentum übertragen. **Kein** ordnungsgemäßer Geschäftsbetrieb liegt zum Beispiel bei einem Verkauf **unter Einkaufspreis**[42] und bei einer Sicherungsübereignung an eine **Bank** vor.

Satz (3) enthält die Vereinbarung zur Abtretung der Forderungen, die G aus dem Verkauf gegen seine Kunden zustehen (§ 398 BGB), an den Hersteller H. Die Abtretung erfolgt dabei, wie auch aus den folgenden Regelungen zu ersehen ist, nur **zur Sicherheit.** H will auf diese Forderungen nur dann zugreifen, wenn G den Kaufpreis nicht an ihn zahlt.

Satz (4) gestattet G weiterhin die Einziehung der Forderungen bei seinen Kunden, obwohl die Forderungen wegen der Abtretung H zustehen. G tritt nach außen wie der Inhaber der Forderungen auf, die Abtretung an H wird gegenüber seinen Kunden (zunächst) nicht offengelegt **(„stille Zession“).**

Satz (5) räumt H das Recht ein, von G zu verlangen, dass dieser ihm eine Aufstellung über alle Forderungen und die entsprechenden Dokumente (Rechnungen, Buchhaltungsunterlagen) zukommen lässt („gelbe Karte“). Erst dadurch erfährt H, welche Forderungen an ihn abgetreten und wer seine Schuldner sind. Damit erhält H die Möglichkeit zur Durchsetzung der abgetretenen Forderungen.

Satz (6) räumt H das Recht ein, von G zu verlangen, dass dieser seine Kunden von der an ihn (H) erfolgten Abtretung unterrichtet („rote Karte“). Nach Zugang dieser Mitteilung können die Kunden nicht mehr mit befreiender Wirkung an G zahlen (vgl. § 407 Abs. 1 BGB).

42 Palandt/Ellenberger, Bürgerliches Gesetzbuch, § 185 Rn. 9.

Die beiden letzten Schritte wird H erst einleiten, wenn G seinen Zahlungspflichten nicht ordnungsgemäß nachkommt. Zugleich wird er die in Satz (4) begründete Einzugsermächtigung des G widerrufen.

29.7 Die Sicherungsübereignung

Die Sicherungsübereignung wird gewählt, wenn zur **Sicherung einer Forderung,** insbesondere eines Darlehens, eine **bewegliche Sache** dienen soll. Dies kann die Kaufsache sein, zu deren Bezahlung der zu sichernde Kredit aufgenommen wurde. Es können aber auch andere Sachen sein, zum Beispiel ein Pkw, ein Lkw, ein Baukran, ein komplettes Warenlager oder Teile davon. Die Sicherungsübereignung **(„SÜ")** hat in der Praxis die rechtsgeschäftlichen Pfandrechte an beweglichen Sachen in weiten Bereichen vollständig verdrängt.

Beispiel

Reiseunternehmer R benötigt zur Absicherung eines Darlehens Sicherheiten. Ist es möglich und sinnvoll, seinen einzigen Reisebus an die G-Bank zu verpfänden?

Die Verpfändung des Busses, einer beweglichen Sache, setzt nach **§ 1205 Abs. 1 S. 1 BGB** voraus, dass der Eigentümer die Sache dem Gläubiger übergibt und beide darüber einig sind, dass dem Gläubiger das Pfandrecht zustehen soll. Diese Vorschrift erinnert stark an § 929 S. 1 BGB. Im Gegensatz zu den §§ 929 ff. BGB kann aber im Falle der Verpfändung die Übergabe der Sache **nicht** durch ein **Besitzmittlungsverhältnis** ersetzt werden. Die G-Bank muss deshalb *unmittelbare* Besitzerin des Reisebusses werden und bleiben! Nach § 1253 Abs. 1 BGB erlischt das Pfandrecht nämlich mit der Rückgabe der Pfandsache an den Eigentümer. Der Bus müsste also auf dem Parkplatz der Bank oder in deren Tiefgarage stehen!

Die in den §§ 1205 Abs. 1 S. 2, 1205 Abs. 2 und 1206 BGB genannten Möglichkeiten einer Modifizierung der Übergabe entsprechen in aller Regel, und so auch hier, nicht den Interessen der Beteiligten. Eine Verpfändung des Busses ist also möglich, aber nicht sinnvoll, weil der bei der Bank stehende Reisebus „totes Kapital" wäre. Dies ist einer der Gründe, warum die Praxis die Sicherungsübereignung als Alternative zum Pfandrecht „erfunden" hat.

Die rechtliche Konstruktion der „SÜ" ist wie folgt:

- Der Sicherungsgeber (Kreditnehmer) übereignet gemäß §§ 929 S. 1, 930, 868 BGB eine Sache (Reisebus, Lkw, Pkw, Baukran) oder eine Sachgesamtheit (Warenlager) an den Sicherungsnehmer (Kreditgeber).
- Die – neben der Einigung – für die Übereignung nach § 929 S. 1 BGB erforderliche Übergabe wird durch die Begründung eines Besitzmittlungsverhältnisses (Besitzkonstitut) ersetzt (vgl. §§ 930, 868 BGB), das in der Regel ein Leih-, Verwahrungs- oder ein Mietvertrag ist.

- Der Sicherungsnehmer (Kreditgeber) wird **Eigentümer** der Sache und infolge des **Besitzmittlungsverhältnisses** deren mittelbarer Besitzer[43].
- Der **unmittelbare Besitz** verbleibt beim **Sicherungsgeber** (Kreditnehmer), der die Sache damit weiter nutzen kann, um aus den Erlösen den Kredit begleichen zu können.
- Außerdem wird in der **Sicherungsabrede (Zweckerklärung)** vereinbart, dass der Sicherungsnehmer die zur Sicherheit an ihn übereignete(n) Sache(n) nur dann herausverlangen und verwerten darf, wenn es zu Problemen bei der Rückzahlung des Kredits kommt.

Beispiel

U möchte bei der G-Bank eine Ausweitung seiner Kreditlinie um weitere 100.000,– € erreichen. Die Bank verlangt weitere Sicherheiten. U übereignet der Bank deshalb *„zur Sicherung der Forderung“* einen Autokran. Im Sicherungsvertrag wird vereinbart, für welche Forderung die Sicherheit dienen soll. Außerdem wird vereinbart, dass U den Kran weiter unentgeltlich nutzen und die Bank den Kran nur dann von U herausverlangen und verwerten darf, wenn U seiner Verpflichtung zur Zahlung der Zinsen und der Tilgung des Darlehens nicht nachkommt.

Zum hoffentlich besseren Verständnis der vielen Begriffe die folgende Abbildung:

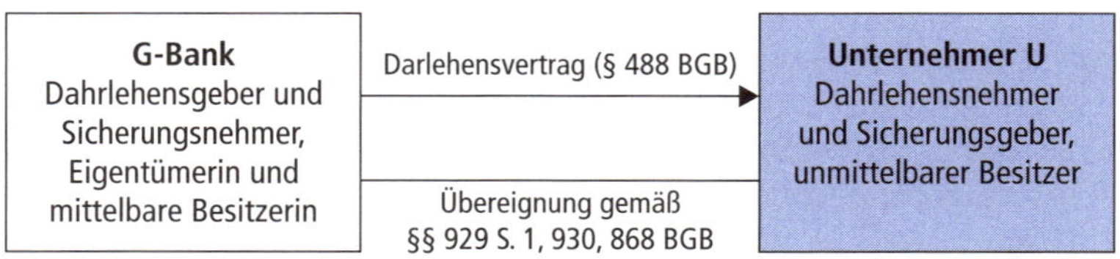

Abbildung 29.5: Sicherungsübereignung

Die Konstruktion mit dem Übergabeersatz in Form des Besitzmittlungsverhältnisses ist – wie oben beschrieben – beim Pfandrecht an beweglichen Sachen nicht möglich, da dort gemäß § 1205 Abs. 1 BGB der unmittelbare Besitz auf den Pfandgläubiger (Kreditgeber) übertragen werden *und* dort verbleiben muss. Zumindest muss dem Sicherungsnehmer gemäß § 1206 BGB der Mitbesitz eingeräumt werden. Beide Möglichkeiten sind in vielen Fällen nicht sinnvoll.

Merke

Die Sicherungsübereignung umfasst drei Bestandteile:

1. **Übereignung** der Sache vom Sicherungsgeber (Darlehensnehmer) an den Sicherungsnehmer (Darlehensgeber) nach den §§ 929 S. 1, 930, 868 BGB.

---

43 Vgl. S. 451 ff.

2. Bestehen der gesicherten **Forderung.**
3. Verbindung von Übereignung und Forderung durch die **Sicherungsabrede** (auch Zweckerklärung und Sicherungsvertrag genannt).

Zu 1: Die **Übereignung** der als Sicherheit dienenden Sache wird nach den §§ 929 S. 1, 930, 868 BGB vorgenommen. Die nach § 929 S. 1 BGB neben der Einigung und der Berechtigung erforderliche Übergabe wird durch die Vereinbarung eines Besitzmittlungsverhältnisses (Besitzkonstitut) ersetzt. Der Sicherungsgeber bleibt damit unmittelbarer Besitzer, der Sicherungsnehmer wird Eigentümer und mittelbarer Besitzer[44].

Zu 2: Das Bestehen einer **Forderung** ist *keine* Voraussetzung für die Wirksamkeit der Übereignung, weil diese, im Gegensatz zum Pfandrecht, *nicht akzessorisch* ist. Die Parteien nehmen die Übereignung aber nur deshalb vor, *weil* eine Forderung gesichert werden soll.

Zu 3: Die **Verbindung** von Übereignung und Forderung wird durch die **Sicherungsabrede** (Zweckerklärung, Sicherungsvertrag) hergestellt, die etwa wie folgt lautet: *„Die Übereignung dient zur Absicherung des Darlehens mit der Nummer … "*

Merke

Zu beachten ist, dass der Sicherungsnehmer juristisch gesehen vollwertiger *Eigentümer* des Sicherungsguts wird, sodass er mit der Sache nach Belieben verfahren kann (§ 903 BGB). Aus betriebswirtschaftlicher Sicht schießt der Erwerb des Eigentums über den beabsichtigten Zweck, nämlich die Sicherung einer Forderung, hinaus. Hier würde ein Pfandrecht ausreichen, da dieses das gewünschte Verwertungsrecht begründet. Diesem Umstand tragen die Parteien dadurch Rechnung, dass gleichzeitig mit der Übereignung (oft in derselben Urkunde) in der Sicherungsabrede vereinbart wird, dass der Sicherungsnehmer nur dann zur Verwertung des Sicherungsguts befugt ist, wenn der gesicherte Kredit nicht vertragsgemäß bedient wird. Der Sicherungsnehmer soll also nicht wie ein Eigentümer mit der Sache verfahren dürfen, sondern darf sie nur verwerten, wenn der Kredit „notleidend" wird, so wie es auch bei den Pfandrechten der Fall ist.

Die Sicherungsübereignung wird deshalb als **besitzloses Pfandrecht** bezeichnet. Das ist juristisch nicht korrekt, weil der Sicherungsnehmer das Eigentum am Sicherungsgut und nicht lediglich ein Pfandrecht erwirbt. Bei wirtschaftlicher Betrachtung und dem von den Parteien verfolgten Zweck ist die Aussage aber zutreffend.

Warenlager als Sicherungsgut

Gegenstände der Sicherungsübereignung können neben einzelnen Sachen auch **Warenlager** oder Teile davon sein. In einem solchen Fall müssen eine Reihe

---

44 Vgl. S. 451 ff.

zusätzlicher Vereinbarungen getroffen werden. Insbesondere muss genau vereinbart werden, **welche Waren** zur Sicherheit übereignet werden (sachenrechtliches **Bestimmtheitsgebot**). Nicht ausreichend ist die Vereinbarung, dass Waren im Wert von 200.000,– € oder im Umfang von 50 % des Warenlagers übereignet werden. Denn hier steht nicht mit der für das Sachenrecht erforderlichen Bestimmtheit fest, welche Waren erfasst werden. Die Praxis behilft sich wie folgt:

Beispiele

- „Übereignet werden *alle* Gegenstände, die sich im Lager in der Industriestraße 11–17 befinden."
- „Übereignet werden alle Gegenstände, die mit einem *roten Punkt* markiert sind."
- „Übereignet werden alle Gegenstände, die in den *Hochregallagern 14–22* liegen."

Bei einem „lebenden Warenlager" muss dem Sicherungsgeber außerdem das Recht eingeräumt werden, die für die Produktion oder den Verkauf benötigten Gegenstände zu entnehmen. Als Ausgleich dafür wird eine **Nachschusspflicht** vereinbart, damit das Lager seinen Wert behält.

Beispiel

„Der Sicherungsgeber ist berechtigt, im Wege des ordnungsgemäßen Geschäftsbetriebs zur Sicherheit übereignete Gegenstände zum Zwecke der Verarbeitung oder der Veräußerung zu entnehmen. Er hat aber durch Hinzufügung anderer Gegenstände dafür Sorge zu tragen, dass der Wert des Sicherungsguts jederzeit 110 % des Forderungswertes entspricht."

6. Teil Kreditsicherungsrecht

Bei der Sicherungsübereignung eines Warenlagers besteht die Gefahr einer **Übersicherung,** die nach § 138 BGB zur Unwirksamkeit der Übereignung führt. Eine Übersicherung liegt vor, wenn der Gläubiger Sicherheiten erhält, die den Umfang des gesicherten Darlehens unangemessen übersteigen. Zu unterscheiden ist zwischen einer ursprünglichen und einer nachträglichen Übersicherung.

- Eine **ursprüngliche Übersicherung** liegt vor, wenn schon bei Vertragsabschluss feststeht, dass im noch ungewissen Verwertungsfall ein auffälliges Missverhältnis zwischen dem realisierbaren Wert der Sicherheit und der gesicherten Forderung besteht[45]. Dies wird angenommen, wenn der Sicherungswert die gesicherte Forderung um mehr als 30 % übersteigt. Eine solche Übersicherung führt nach § 138 Abs. 1 BGB zur Nichtigkeit der Sicherungsübereignung[46].
- Eine **nachträgliche Übersicherung** kann dadurch eintreten, dass sich der Umfang der gesicherten Forderung reduziert, ohne dass eine entsprechen-

45 BGH NJW 1998, S. 2047.

46 Palandt/Bassenge, Bürgerliches Gesetzbuch, § 930 Rn. 24.

de Freigabe von Sicherheiten erfolgt. Diese Form der Übersicherung wird bereits angenommen, wenn der Sicherungswert die gesicherte Forderung einschließlich der Zinsen zuzüglich 10% Verwertungs- und Rechtsverfolgungspauschale übersteigt. Dies führt aber nicht zu einer Unwirksamkeit der Übereignung, sondern begründet unter weiteren Voraussetzungen einen Anspruch des Sicherungsgebers auf teilweise Rückgewähr der Sicherheit[47].

Praxistipp

Die Sicherungsübereignung von Warenlagern erfordert eine gute juristische Beratung, da eine Vielzahl von Fallstricken bestehen, die zur Unwirksamkeit der „SÜ" führen können.

29.8 Pfandrechte

Pfandrechte können an Rechten (insbesondere Forderungen), an beweglichen Sachen und an unbeweglichen Sachen bestehen. Sie können auf einer Vereinbarung der Parteien beruhen (rechtsgeschäftliche Pfandrechte) oder aufgrund einer gesetzlichen Regelung „von selbst" entstehen (gesetzliche Pfandrechte).

Gesetzliche Pfandrechte sind das **Vermieterpfandrecht** (§§ 562 ff. BGB) und das **Unternehmerpfandrecht** beim Werkvertrag (§ 647 BGB[48]). Diese Pfandrechte entstehen ohne und sogar gegen den Willen der Parteien. Bei den rechtsgeschäftlichen Pfandrechten ist hingegen neben weiteren Voraussetzungen eine **Einigung** der Parteien erforderlich.

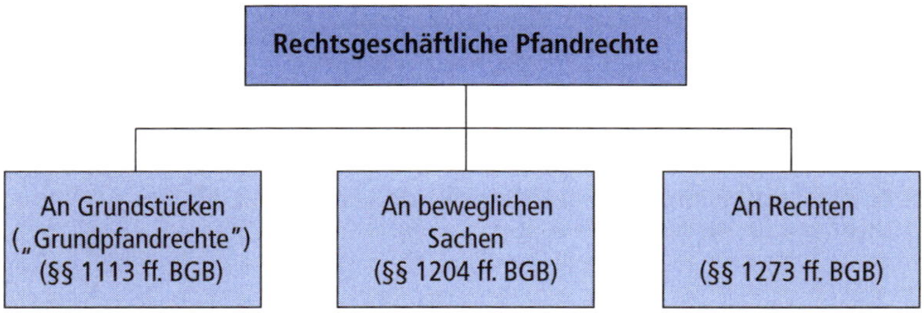

Abbildung 29.6: Pfandrechte

29.8.1 Grundpfandrechte

Zur Absicherung von (vornehmlich) langfristigen Verbindlichkeiten besteht die Möglichkeit, eine **Hypothek** (§§ 873 Abs. 1, 1113 Abs. 1 BGB) oder eine **Grundschuld** (§§ 873 Abs. 1, 1191 Abs. 1 BGB) an einem bebauten oder unbebauten Grundstück zu bestellen. In beiden Fällen wird dem Gläubiger das Recht eingeräumt, sich im Wege der **Zwangsvollstreckung** zu befriedigen (vgl. § 1147 BGB, der nach § 1192 Abs. 1 BGB auch für die Grundschuld gilt).

---

47 Palandt/Bassenge, Bürgerliches Gesetzbuch, § 930 Rn. 25.

48 Vgl. S. 330.

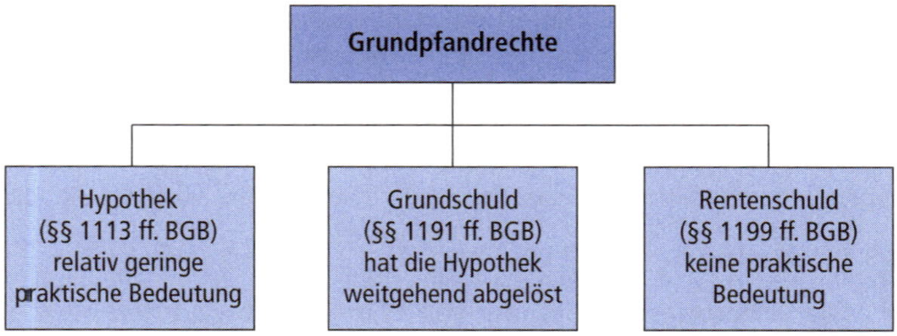

Abbildung 29.7: Grundpfandrechte

Im Folgenden wird die Rentenschuld aufgrund ihrer geringen praktischen Bedeutung nicht behandelt.

Hypothek und Grundschuld bereiten vielen Studierenden Probleme, weil es sich um abstrakte, wenig greifbare Rechtsinstitute handelt. Andererseits stellt insbesondere die Grundschuld ein äußerst wichtiges Kreditsicherungsmittel dar. Der Erwerber von Wohnungseigentum – reiche Barzahler ausgenommen – muss zur Sicherung der für die Finanzierung aufgenommenen Darlehen in der Regel eine oder mehrere Grundschulden bestellen.

Beispiel

Eheleute D haben am Stadtrand von Hohentalholzheim ein Haus gekauft, das sie zu 75% mit Darlehen bei der Wackelroder Volksbank fremdfinanziert haben. Zur Absicherung der Darlehen haben sie zugunsten der finanzierenden Volksbank Grundschulden bestellt.

Hypothek und Grundschuld sind wie das Eigentum **dingliche Rechte,** wirken also gegenüber jedermann. Sie sind unlösbar mit dem Grundstück verbunden, sodass eine Veräußerung des Grundstücks die Rechte bestehen lässt. Der Erwerber erwirbt dann ein Grundstück, das mit einer Hypothek bzw. einer Grundschuld belastet ist.

Praxistipp

Weisen Sie den Notar an, vor dem Kauf eines Grundstücks einen aktuellen Grundbuchauszug zu besorgen, um bestehende Belastungen zu kennen.

Es ist nicht erforderlich, dass der Schuldner eines gesicherten Darlehens zugleich der Eigentümer des Grundstücks ist.

Beispiel

G ist Alleingesellschafter der G-GmbH. Zur Absicherung eines für die G-GmbH aufgenommenen Darlehens bestellt er an seinem Privatgrundstück eine Grundschuld.

Abgrenzung Hypothek zur Grundschuld

Der Unterschied zwischen Hypothek und Grundschuld lässt sich aus einem Vergleich der beiden gesetzlichen Definitionen erkennen:

Tabelle 29.2

Grundschuld (§ 1191 Abs. 1 BGB)	Hypothek (§ 1113 Abs. 1 BGB)
Ein Grundstück kann in der Weise belastet werden, dass an denjenigen, zu dessen Gunsten die Belastung erfolgt, eine bestimmte Geldsumme **zur Befriedigung wegen einer ihm zustehenden Forderung** aus dem Grundstück zu zahlen ist (Hypothek).	Ein Grundstück kann in der Weise belastet werden, dass an denjenigen, zu dessen Gunsten die Belastung erfolgt, eine bestimmte Geldsumme aus dem Grundstück zu zahlen ist (Grundschuld).

Die bei der Hypothek fett gedruckte Passage fehlt bei der Grundschuld. Im Übrigen ist der Wortlaut der Vorschriften identisch. In beiden Fällen geht es um die Belastung eines Grundstücks mit dem Inhalt, dass zugunsten einer Person eine bestimmte Geldsumme aus dem Grundstück zu zahlen ist. Dies bedeutet natürlich nicht, dass die Geldsumme tatsächlich aus dem Grundstück gezahlt wird – wie sollte das auch gehen? Vielmehr ist gemeint, dass der Gläubiger das Recht erhält, das Grundstück zu verwerten, sodass die Geldsumme **aus der Verwertung des Grundstücks** gezahlt wird. Die Verwertung kann nach Wahl des Gläubigers durch eine Zwangsversteigerung oder durch eine Zwangsverwaltung erfolgen. Die Einzelheiten sind im **Zwangsversteigerungsgesetz** (ZVG) geregelt. Zuständig ist das Amtsgericht als Vollstreckungsgericht.

Beispiele

- Zugunsten der G-Bank ist das Grundstück des E mit einer Hypothek belastet. Da E nicht in der Lage ist, ein von der G-Bank gewährtes Darlehen zurückzuzahlen, lässt die G-Bank das Grundstück zwangsversteigern. Aus dem erzielten Versteigerungserlös wird das Darlehen der G-Bank abgelöst. Verbleibende Überschüsse erhält E.
- Auf dem Grundstück des E steht ein langfristig an die D-AG verpachtetes Hotel. Eine Zwangsversteigerung des Hotels ist mangels Kaufinteressenten wirtschaftlich nicht sinnvoll. Deshalb lässt sich die durch eine Grundschuld gesicherte G-Bank im Wege der Zwangsverwaltung die von der D-AG geschuldeten Pachtzinsen so lange überweisen, bis das Darlehen getilgt ist.

Kommen wir noch einmal zurück zum oben abgedruckten nahezu identischen Wortlaut des § 1113 Abs. 1 BGB und des § 1191 Abs. 1 BGB: Bei der Grundschuld fehlt, wie gesehen, die Passage **„zur Befriedigung wegen einer ihm zustehenden Forderung".** Daraus folgt: Während die **Hypothek akzessorisch** ist und deshalb eine Forderung voraussetzt, muss bei der Grundschuld keine Forderung bestehen. Daraus folgt außerdem, dass der Gesetzgeber zur Absicherung von Forderungen die Hypothek vorgesehen hat, während die Grundschuld für andere Sicherungen dienen sollte.

Beispiel

Die Eltern E wollen die spätere Ausbildung ihrer drei Kinder sichern und belasten deshalb zugunsten der Kinder ihr Grundstück mit je einer Grundschuld in Höhe von jeweils 25.000,– € für jedes der Kinder. Diese Grundschuld dient *nicht* zur Absicherung einer konkreten, *schon bestehenden* Forderung, führt aber dazu, dass die Kinder einen Anspruch gegen den **jeweiligen Eigentümer** des Grundstücks auf Zahlung dieser Geldsumme aus dem Grundstück haben. Sollten die Eltern das Eigentum am Grundstück aus welchem Grund auch immer verlieren, bleiben die Grundschulden zulasten des neuen Eigentümers bestehen. Eine solche Grundschuld ohne gesicherte Forderung heißt **„isolierte Grundschuld".**

Hypothek

Soll ein Darlehen durch eine Hypothek gesichert werden, sind für die Bestellung der Hypothek nach den §§ 873 Abs. 1, 1113 Abs. 1, 1116 BGB erforderlich:

- **P1:** Einigung, dass die Hypothek bestellt werden soll,
- **P2:** Bestehen des gesicherten Darlehens (Forderung),
- **P3:** Eintragung der Hypothek in das Grundbuch,
- **P4:** Berechtigung zur Bestellung der Hypothek,
- **P5:** Erteilung oder Ausschluss der Erteilung des Hypothekenbriefs[49].

Die Hypothek ist wie die Bürgschaft ein akzessorisches Recht, was bedeutet, dass die Hypothek notwendig eine zu sichernde Forderung voraussetzt.

Merke

Ohne Forderung keine Hypothek!

Besteht die Forderung nicht, besteht auch keine Hypothek. Geht die Forderung unter, geht auch die Hypothek unter. Werden Tilgungen auf die gesicherte Forderung geleistet, verringert sich die Hypothek entsprechend. Die Hypothek verschwindet dabei aber nicht einfach „im Nichts", sondern wandelt sich in eine dem Eigentümer zustehende Grundschuld um **(„Eigentümergrundschuld").**

Beispiel

Die durch eine Hypothek gesicherte Darlehensforderung der G-Bank gegen E belief sich zunächst auf 100.000,– €. Damit betrug die Hypothek ebenfalls 100.000,– €. Inzwischen hat E von der Darlehensforderung 30.000,– getilgt. Aufgrund der Verringerung der gesicherten Forderung auf 70.000,– € hat sich die Hypothek ebenfalls auf 70.000,– € verringert.

49 Die Erteilung des Hypothekenbriefs (§ 1116 Abs. 1 BGB) wird in der Regel gemäß § 1116 Abs. 2 BGB ausgeschlossen.

In Höhe von 30.000,– € ist eine Eigentümergrundschuld entstanden, was allerdings aus dem Grundbuch mangels Eintragung noch nicht ersichtlich ist. Im Grundbuch steht, was unrichtig ist, immer noch die Hypothek über 100.000,– €. Der Eigentümer kann gemäß § 894 BGB eine Berichtigung des Grundbuchs verlangen.

Wichtig ist, dass die Hypothek *nicht* wieder anwächst, wenn der Darlehensbetrag wieder steigt. Damit unterscheidet sich die Hypothek von der Bürgschaft, für deren Höhe nach § 767 Abs. 1 BGB der **jeweilige Bestand** der Hauptverbindlichkeit maßgebend ist[50].

Fortsetzung des Beispiels

Steigt der Darlehensbetrag um 10.000,– € von 70.000,– € auf 80.000,– €, wächst die Hypothek *nicht* wieder an. Der Betrag zwischen 70.000,– € und 80.000,– € ist deshalb nicht gesichert. Für die **Hypothek** gilt der Satz: **„Einmal tot, immer tot!"**

Grundschuld

Die Bestellung einer Grundschuld richtet sich nach den §§ 873 Abs. 1, 1191 Abs. 1, 1192 Abs. 1, 1116 BGB. Sie setzt voraus:

- **P1:** Einigung, dass die Grundschuld bestellt wird;

Merke

Die Grundschuld setzt keine Forderung voraus.

- **P2:** Eintragung der Grundschuld in das Grundbuch etwa wie folgt:
  „Einhunderttausend Euro Grundschuld mit 15 vom Hundert Jahreszinsen für die G-Bank in Berlin. Brieflos eingetragen unter Bezugnahme auf die Bewilligung vom 17.04.2010."
- **P3:** Berechtigung zur Bestellung der Grundschuld;
- **P4:** Erteilung eines Grundschuldbriefs oder Ausschluss der Erteilung[51].

Von Ausnahmen abgesehen („isolierte Grundschuld"[52]) besteht in der Praxis eine Forderung, die durch die Grundschuld gesichert wird. Man spricht dann von einer **Sicherungsgrundschuld.** Die nach dem BGB – im Gegensatz zur Hypothek – bei der Grundschuld nicht erforderliche Verbindung („Verzahnung") zwischen Grundschuld und Forderung erfolgt durch die **Sicherungsabrede** (auch Zweckerklärung und Sicherungsvereinbarung genannt) **außerhalb des Grundbuchs.** Sie wird also nicht in das Grundbuch eingetragen und bedarf keiner (notariellen) Form, wird in aller Regel aber schriftlich abgefasst.

---

50 Vgl. S. 501 f.

51 Die Erteilung des Grundschuldbriefs (§§ 1192 Abs. 1, 1116 Abs. 1 BGB) wird in der Regel ausgeschlossen (§§ 1192 Abs. 1, 1116 Abs. 2 BGB).

52 Vgl. S. 530.

Beispiel für eine Zweckerklärung

„Die zugunsten der G-Bank (Berlin) in das Grundbuch eingetragene Grundschuld am Grundstück Kaiserstraße 23, 10021 Berlin, dient zur Absicherung des Darlehens 178.983.869 gemäß Darlehensvertrag vom 13.11.2009 der G-Bank mit Herrn Gunther Fennemann und Frau Doris Fennemann."

Die Grundschuld bietet gegenüber der Hypothek folgende Vorteile:

- *Ein* wesentlicher Vorteil der Grundschuld gegenüber der Hypothek besteht darin, dass die Grundschuld **Forderungen in wechselnder Höhe** absichern und auch nacheinander zur Absicherung verschiedener Forderungen desselben Gläubigers dienen kann, ohne dass erneut Kosten für die Bestellung der Grundschuld, insbesondere für die nach den §§ 873 Abs. 1, 1191 Abs. 1 BGB erforderliche Eintragung in das Grundbuch anfallen.
- Da die **Sicherungsabrede (Zweckerklärung)** nicht in das Grundbuch eingetragen wird, kann ohne großen Aufwand eine Änderung erfolgen, sodass die Grundschuld zur Sicherung einer anderen Forderung desselben Gläubigers dienen kann.
- Da die Grundschuld nicht vom Bestehen einer Forderung abhängig ist, hat eine **Rückzahlung** des gesicherten Darlehens keinen Einfluss auf den Bestand und den Umfang der Grundschuld. Steigt der Darlehensbetrag wieder an, ist das Darlehen bis zur Höhe der eingetragenen Grundschuld gesichert.
- Dies gilt auch im Fall steigender Zinsen, wenn die Grundschuld sofort – was üblich ist – für einen höheren Zinsbetrag bestellt wurde.

Beispiel

Nach dem Darlehensvertrag zwischen der G-Bank und den Eheleuten F sind 5,5 % Zinsen zu zahlen. Die Grundschuldbestellung enthält hingegen 15 % Zinsen. Dann steht der G-Bank aufgrund des Darlehensvertrags und der Sicherungsabrede (Zweckerklärung) nur ein Anspruch auf 5,5 % Zinsen zu. Sollte der Zins steigen, wäre der höhere Betrag bis zur Höhe von 15 % Zinsen jedoch abgedeckt.

29.8.2 Pfandrechte an beweglichen Sachen

Pfandrechte an beweglichen Sachen können durch Gesetz oder durch Rechtsgeschäft begründet werden. Gesetzliche Pfandrechte gibt es beim Mietvertrag (Vermieterpfandrecht, §§ 562 ff. BGB) und beim Werkvertrag (Unternehmerpfandrecht, § 647 BGB[53]). Für rechtsgeschäftliche (vertragliche) Pfandrechte gelten die §§ 1205 ff. BGB. Für die Bestellung sind erforderlich:

- **P1:** Einigung, dass das Pfandrecht entstehen soll,
- **P2:** die Übergabe der Sache an denjenigen, dem das Pfandrecht zustehen soll („Pfandnehmer"),
- **P3:** die Berechtigung des „Pfandgebers" zur Bestellung des Pfandrechts,
- **P4:** außerdem muss die Forderung, die gesichert werden soll, bestehen.

[53] Vgl. S. 330.

Da die Pfandsache nach §1205 Abs. 1 BGB in den unmittelbaren Besitz des Pfandnehmers gelangen muss und das Pfandrecht im Falle einer Rückgabe der Sache erlischt (§1253 Abs. 1 BGB), hat die Sicherungsübereignung – wie schon ausgeführt – in vielen Bereichen die Verpfändung ersetzt. Dem Pfandrecht an beweglichen Sachen kommt in der Praxis nur noch Bedeutung für Gegenstände zu, die der Pfandgeber entbehren und der Pfandnehmer mit zumutbarem Aufwand lagern kann.

Tabelle 29.3

Gegenstand	**Pfandrecht §§1204 ff.**	**Sicherungsübereignung §§929, 930, 868 BGB**
Lkw, Pkw, Kran	(+)	
Warenlager		(+)
Schmuck Sonstige Kostbarkeiten	(+)	
Wertpapiere, insbesondere Inhaberaktien und Inhaberschuldverschreibungen	(+)	

29.8.3 Pfandrechte an Rechten

Die Pfandrechte an Rechten sind in den §§1273 ff. BGB geregelt. Nach §1274 BGB richtet sich die Bestellung nach den für die Übertragung des Rechts geltenden Vorschriften. Für die Verpfändung einer Forderung gilt damit §398 BGB, wobei aber nach **§1280 BGB** hinzukommt, dass die Verpfändung dem Schuldner **angezeigt** werden muss. Diese Pflicht zur Offenlegung der Verpfändung hat in der Praxis dazu geführt, dass anstelle der Forderungsverpfändung häufig eine **Sicherungsabtretung,** die keiner Anzeige bedarf, vereinbart wird **(„Stille Zession").** Das ist etwa beim verlängerten Eigentumsvorbehalt der Fall[54].

[54] Vgl. S. 521 ff.

7. Teil

Grundlagen der Fallbearbeitung

Gliederung des 7. Teils

Kapitel 30
Anleitung zur Lösung von Rechtsfällen

Lernziele dieses Kapitels
Was kommt in diesem Kapitel auf Sie zu? „Ich habe alles gewusst, aber ich wusste nicht, wie ich es hinschreiben sollte. Und außerdem hatte ich viel zu wenig Zeit" – solche und ähnliche Äußerungen sind sehr häufig nach der Abgabe einer Klausur zu hören. Studierende, die den Stoff gut beherrschen, schaffen es nicht, die in der Prüfung gestellten Aufgaben in der vorgegebenen Zeit erfolgreich zu bearbeiten. Das folgende Kapitel soll Ihnen helfen, Ihr Wissen richtig „auf das Papier zu bringen" und so eine gute Klausur zu schreiben.

30.1 Schritte zur Fallbearbeitung

Der erste und wichtigste Tipp zur Anfertigung einer guten Klausur lautet – wie so oft im Leben –: **„Übung macht den Meister".** Wenn Sie in der Vorlesung oder in der Übung juristische Fälle besprechen, dann sollten Sie zu Hause versuchen, diese Fälle selbstständig zu lösen, und zwar zunächst ohne Ihre Mitschriften, dafür aber in ausformulierter Form und in einer begrenzten Zeit. Sollten Sie am häuslichen Arbeitsplatz den Ablenkungen des Alltags allzu sehr ausgesetzt sein („ich muss erst noch schnell abwaschen und nachsehen, ob ich eine SMS habe, dann kurz bei Studi-VZ nachsehen, ob Rudi sich gemeldet hat, ein ganz bisschen surfen, aber danach fange ich wirklich sofort an"!), dann suchen Sie sich einen ruhigen Platz in der Bibliothek oder in einem freien Hörsaal oder in einem Seminarraum.

Ein kleiner Trost: Eine juristische Aufgabe zu bearbeiten, ist nicht so schwer, wie es auf den ersten Blick erscheinen mag. Es gibt nur wenige, aber wichtige Regeln, die zu beachten sind. Diese Regeln mögen Ihnen zunächst fremd oder seltsam vorkommen, aber ihre Beherrschung und vor allen Dingen ihre Beachtung können (Klausur-)Wunder bewirken.

Worum geht es in Klausuren? Was will der Aufgabensteller von Ihnen? Sehr häufig sollen Sie mithilfe des BGB oder anderer Gesetze klären, ob einer Partei (einem Beteiligten) gegen eine andere Partei (einen anderen Beteiligten) ein **Anspruch** zusteht. Wie man hier am besten vorgeht, erfahren Sie auf den nächsten Seiten.

30.1.1 Erster Schritt

Bei der Bearbeitung eines Falls empfiehlt es sich trotz, nein, besser wegen der begrenzten Bearbeitungszeit nicht sofort „draufloszuschreiben", sondern sich zunächst die Zeit für die folgenden Arbeitsschritte zu nehmen:

1. Sorgfältiges **Lesen** des Sachverhalts, auch mehrfach,

2. bei komplexeren Sachverhalten Markieren und/oder Herausschreiben der **wichtigsten** Angaben, zum Beispiel von Daten,
3. Anfertigen einer kleinen **Skizze** (auf jeden Fall sinnvoll, wenn mehr als zwei Personen beteiligt sind),
4. unter ganz genauer Beachtung der **Fallfrage** ermitteln, **was** zu bearbeiten ist. Der Leser Ihrer Arbeit will nicht **alles** wissen, was Sie wissen! Er möchte „nur", dass Sie die **gestellte Aufgabe** beachten und bearbeiten.

Der Aufwand, den Sie vor dem Schreiben Ihrer Lösung für diese Schritte investieren, zahlt sich aus. Wenn man die Aufsicht in einer Klausur führt, tut es fast körperlich weh, wenn man sieht, wie nach einer halben Stunde plötzlich großflächig der Tintenkiller eingesetzt wird, weil der ohnehin gestresste Prüfling merkt, dass er eine Frage bearbeitet hat, die gar nicht gestellt worden ist. Das bedeutet „Stress hoch zwei". Im Übrigen: Streichen Sie im „Falle eines Falles" einfach durch, was nicht gelten soll und lassen Sie den Tintenkiller, wo er ist. Durchstreichen geht schneller, und wenn Sie später bemerken, dass das, was Sie „killen" wollten, doch richtig war, können Sie die Streichungen durch einen entsprechenden Hinweis für ungültig erklären. Auch das ist ein Vorteil!

30.1.2 Zweiter Schritt: „Wer will was von wem woraus?"

In den folgenden Ausführungen wird zunächst davon ausgegangen, dass nach einem **Anspruch** einer Person gegen eine andere Person gefragt wird und deshalb der wohl berühmteste aller juristischen Sätze gilt: **„Wer will was von wem woraus?"** Dieser Satz zerfällt in **zwei Bestandteile:**

Erster Bestandteil: „Wer will was von wem?"

Hier geht es um die Interessen der Beteiligten, die häufig wirtschaftlicher Natur sind, weil eine Partei von einer anderen Partei etwas will und damit einen **Anspruch** geltend macht.

Beispiele

- V verlangt die Zahlung des Kaufpreises in Höhe von 20.000,– € von K.
- X begehrt 45.000,– € Schadensersatz von Y.
- V will die Herausgabe der Wohnung von M.

Zweiter Bestandteil: „Woraus?"

Erst nachdem Sie die Interessen der Beteiligten unter Beachtung des **Sachverhalts** und vor allen Dingen der in der Klausur gestellten **Fallfrage** ermittelt haben, wird es juristisch. Denn jetzt ist zu fragen, **woraus** sich der geltend gemachte Anspruch ergeben könnte, was also die mögliche – und damit zu prüfende – **Anspruchsgrundlage** ist. Es kommt auch in Betracht, dass **mehrere Anspruchsgrundlagen** zu prüfen sind.

Der Bestimmung der Anspruchsgrundlage kommt zentrale Bedeutung zu. Nur wenn Sie die „richtige(n)" Anspruchsgrundlage(n) prüfen, ist gewährleistet, dass Sie die für den gestellten Sachverhalt relevanten Fragestellungen ansprechen. Ein Fehler, den Sie an dieser Stelle machen, „schleppt" sich durch die ganze Klausur. Die gute Nachricht: Es gibt nur eine **begrenzte Anzahl von Anspruchsgrundlagen (AGL)!** Außerdem lässt sich ein sehr großer Teil aller Klausurfälle in den ersten Semestern mit vielleicht 20 Anspruchsgrundlagen lösen. Jetzt könnte man versuchen, sich diese Anspruchsgrundlagen zu merken. Das mag gelingen, aber was passiert, wenn die relevante Anspruchsgrundlage nicht zu den „TOP 20 der AGL" gehört?

Vor der Darstellung der wichtigsten Anspruchsgrundlagen sollen deshalb einige Hinweise dazu gegeben werden, wie Sie feststellen können, **ob** eine Vorschrift (überhaupt) eine Anspruchsgrundlage ist und wie Sie die **„richtige AGL"** finden.

30.2 Bestimmung der Anspruchsgrundlage

Was Ansprüche sind, beschreibt das BGB in Zusammenhang mit der Verjährung, doch gelten die dortigen Ausführungen für das gesamte Privatrecht, also für das BGB, das HGB, das GmbHG usw. Nach **§ 194 Abs. 1 BGB** ist ein **Anspruch** das Recht, von einem anderen ein **Tun** (zum Beispiel die Zahlung des Kaufpreises, die Rückzahlung eines Darlehens, die Überlassung der Mietsache) oder ein **Unterlassen** zu verlangen. Einen Unterlassungsanspruch gewährt § 1004 BGB[1], außerhalb des BGB bestehen solche Ansprüche insbesondere im Wettbewerbsrecht (vgl. § 8 UWG – Gesetz gegen den unlauteren Wettbewerb). In der Ausbildung haben die Unterlassungsansprüche eine untergeordnete Bedeutung, auch in der Praxis sind sie im Verhältnis zur Gesamtzahl aller Ansprüche selten.

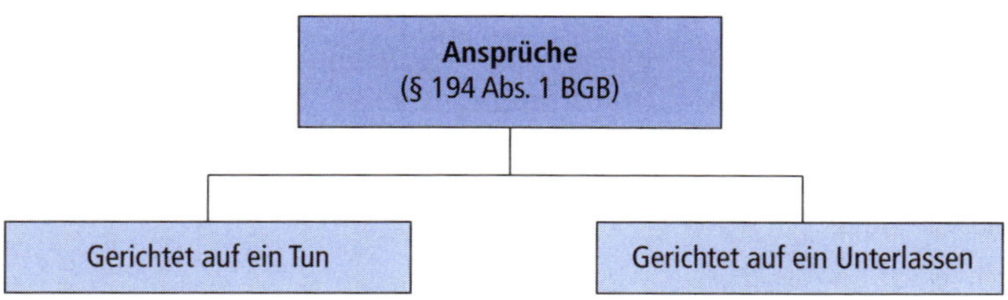

Abbildung 30.1: Ansprüche

In der Regel geht es also nicht um ein Unterlassen, sondern darum, dass eine Partei etwas **tun soll,** weil die andere Partei der Meinung ist, einen entsprechenden Anspruch zu haben. Nicht nur Anfängern fällt es schwer, die richtige Anspruchsgrundlage zu finden, zumal es bereits Mühe macht zu erkennen, ob eine Vorschrift **überhaupt eine Anspruchsgrundlage** ist. Dies hat zur Folge, dass Paragrafen als Anspruchsgrundlagen angesehen (und geprüft) werden, die gar *keine* Anspruchsgrundlagen sind. Das kann nicht gut gehen! Um mit diesem

[1] Vgl. S. 444 ff.

Problem besser fertig zu werden, sollten Sie bei der Suche nach der richtigen Anspruchsgrundlage drei Fragen unterscheiden:

1. Handelt es sich bei dem ins Auge gefassten Paragrafen **überhaupt** um eine Anspruchsgrundlage?
2. Ist diese Anspruchsgrundlage für die konkrete Fragestellung die **richtige** Anspruchsgrundlage?
3. In welcher **Reihenfolge** prüfe ich **mehrere** in Betracht kommende Anspruchsgrundlagen?

30.2.1 Voraussetzung einer Anspruchsgrundlage

Leider spricht das BGB in aller Regel nicht ausdrücklich die Rechtsfolge aus, dass jemand ein **Recht** hat oder **etwas verlangen** kann, sodass auf den ersten Blick nicht zu erkennen ist, ob eine Vorschrift eine Anspruchsgrundlage ist. Und das Wort „Anspruch" ist in den „Anspruchsgrundlagen" fast nie enthalten!

So heißt es bei den wichtigsten Vertragstypen *nicht*, dass einer Vertragspartei gegen die andere Vertragspartei ein *Anspruch* zusteht oder dass eine Partei von der anderen Partei etwas *verlangen* kann, zum Beispiel die Zahlung des Kaufpreises (vgl. § 433 Abs. 2 BGB), die Zahlung der Miete (§ 535 Abs. 2 BGB), die Erbringung einer Arbeitsleistung (§ 611 Abs. 1 BGB) oder die Herstellung eines Werkes (§ 631 Abs. 1 BGB). Die im BGB enthaltenen Formulierungen lauten vielmehr, dass eine Vertragspartei **verpflichtet** ist, den Kaufpreis oder den Mietzins an die andere Partei zu zahlen. Da das BGB diese Formulierungen enthält, muss vielfach auf der Grundlage eines **„Wenn-dann-Tests"** ein **Umkehrschluss** der folgenden Art gemacht werden:

Merke

Wenn X gegenüber Y zu etwas **verpflichtet** ist (z. B. zur Zahlung des Kaufpreises oder zur Zahlung der Miete), folgt daraus im **Umkehrschluss,** dass Y die Zahlung **verlangen kann** und damit einen entsprechenden **Anspruch** gegen X hat.

Bitte bearbeiten Sie jetzt – in Ihrem eigenen Interesse – sehr sorgfältig die folgende Übungsaufgabe:

Aufgabe

Nehmen Sie bitte das BGB zur Hand und ziehen Sie einen Umkehrschluss in Bezug auf § 433 Abs. 2 BGB, § 823 Abs. 1 BGB, § 831 Abs. 1 BGB, § 276 Abs. 2 BGB, § 278 BGB und § 280 Abs. 1 BGB nach dem Muster: Aus der Verpflichtung des einen Beteiligten *folgt* ein Anspruch des anderen Beteiligten. Entscheiden Sie danach, ob es sich bei den genannten Vorschriften um Anspruchsgrundlagen handelt, was – so viel sei vorab verraten – nicht bei allen der Fall ist.

Halt! Erst die Übung machen, bevor Sie weiterlesen!

Folgendes sollte herausgekommen sein:

- **§433 Abs. 2 BGB:** Aus der *Verpflichtung des Käufers* zur Zahlung des Kaufpreises an den Verkäufer folgt ein *Anspruch des Verkäufers* gegen den Käufer auf die Zahlung des Kaufpreises; also ist §433 Abs. 2 BGB eine Anspruchsgrundlage (AGL), oder kürzer: ⇒ AGL (+).
- **§823 Abs. 1 BGB:** Aus der *Verpflichtung* desjenigen, der vorsätzlich oder fahrlässig das Leben, den Körper, die Gesundheit, die Freiheit, das Eigentum oder ein sonstiges Recht eines anderen widerrechtlich verletzt, diesem anderen den dadurch entstehenden Schaden zu ersetzen, folgt, dass der andere einen *Anspruch auf Schadensersatz* hat; also ist §823 Abs. 1 BGB eine Anspruchsgrundlage: ⇒ AGL (+).
- **§831 Abs. 1 BGB:** Aus der *Verpflichtung* des Geschäftsherrn zum Ersatz des Schadens, den der zur Verrichtung Bestellte einem anderen in Ausführung der Verrichtung widerrechtlich zufügt, folgt der *Anspruch* des Geschädigten *auf Schadensersatz* gegen den Geschäftsherrn: ⇒ AGL (+).
- **§276 Abs. 2 BGB:** Die Vorschrift definiert den Begriff der Fahrlässigkeit, enthält aber **keine Rechtsfolge** dahingehend, dass der Handelnde zu etwas **verpflichtet** ist oder ein anderer etwas **verlangen** kann. Also handelt es sich **nicht** um eine Anspruchsgrundlage. Die Prüfung eines Anspruchs darf deshalb nicht mit §276 Abs. 2 BGB beginnen! ⇒ AGL (-).
- **§278 BGB:** Die Vorschrift regelt, dass der Schuldner sich ein Verschulden seines Erfüllungsgehilfen wie eigenes Verschulden zurechnen lassen muss. Es geht also um die Zurechnung von Verschulden. Aus §278 BGB ergibt sich aber **keine Pflicht** des Schuldners, dem Gläubiger Schadensersatz zu leisten. Deshalb steht dem Gläubiger aus dieser Vorschrift auch *kein Anspruch* zu. Also ist §278 BGB *keine* Anspruchsgrundlage (obwohl in Klausuren immer wieder das Gegenteil behauptet wird!!!). Bei dieser Vorschrift handelt es sich nur um eine unselbstständige Zurechnungsnorm bezüglich des Verschuldens. Die Prüfung eines Anspruchs darf deshalb nicht mit §278 BGB beginnen! ⇒ AGL (-).
- **§280 Abs. 1 BGB:** Relativ leicht fällt die Beurteilung des §280 Abs. 1 BGB. Zwar ist das Wort „Anspruch" im Text der Vorschrift nicht enthalten, doch folgt aus der Formulierung (*„… so kann der Gläubiger Ersatz des … Schadens verlangen"*) ganz deutlich, dass hier ein Anspruch begründet wird. Wie oben dargestellt, handelt es sich bei §280 Abs. 1 BGB um eine ganz wichtige Anspruchsgrundlage[2] ⇒ AGL (+).

Somit haben Sie gerade vier wichtige Anspruchsgrundlagen ausmachen können: **§280 Abs. 1 BGB, §433 Abs. 2 BGB, §823 Abs. 1 BGB und §831 Abs. 1 BGB.**

Zusammenfassend lässt sich sagen, dass es für das Verhältnis zwischen einer **Verpflichtung** des einen Teils und einem **Anspruch** des anderen Teils darauf ankommt, aus welchem **Blickwinkel** die Rechtslage betrachtet wird. Aus der Sicht des Verpflichteten oder aus der Sicht desjenigen, der einen Anspruch durchsetzen möchte? Es besteht eine gewisse Parallele zum halb gefüllten Glas Wasser: Je nach Blickwinkel ist das Glas halb voll oder halb leer.

2 Vgl. S. 186 ff.

Merke

Wenn X gegenüber Y zu etwas verpflichtet ist, **dann** hat Y einen Anspruch gegen X.

30.2.2 Auswahl der richtigen Anspruchsgrundlage

Falls Sie im ersten Schritt zu dem Ergebnis gelangt sind, dass ein Paragraf eine Anspruchsgrundlage ist, schließt sich im zweiten Schritt die Frage an, ob der Paragraph im **konkreten** Fall die **richtige Anspruchsgrundlage** ist. Es versteht sich von selbst, dass nicht alle Vorschriften, die Anspruchsgrundlagen sind, in jedem Fall geprüft werden können oder gar müssen. Vielmehr ist eine zweifache Auswahl vorzunehmen:

Die **erste Auswahl** geht von der **Rechtsfolge** der Anspruchsgrundlage aus. Sie müssen sich fragen, ob die in Betracht kommende Anspruchsgrundlage in der Rechtsfolge das ausspricht, was der Anspruchsteller nach dem Satz *„Wer will was von wem?"* begehrt. Zu klären ist also, ob die Anspruchsgrundlage „passt". Anders ausgedrückt: Spricht die mögliche Anspruchsgrundlage die **begehrte Rechtsfolge** aus? Anderenfalls ist die gefundene Anspruchsgrundlage für den zu lösenden Fall nicht die richtige Anspruchsgrundlage und deshalb nicht zu prüfen.

Wenn jemand **Schadensersatz** begehrt, muss die Rechtsfolge der in Betracht gezogenen Anspruchsgrundlage entweder aussprechen, dass jemand Schadensersatz **verlangen kann** (so in § 280 Abs. 1 BGB) oder es muss sich aus einem **Umkehrschluss** ergeben, dass ein solcher Anspruch besteht (so in §§ 823 Abs. 1, 831 Abs. 1 BGB).

Beispiele

§ 280 Abs. 1 S. 1 BGB: *„ … kann der Gläubiger Ersatz des hierdurch* (gemeint: durch die Pflichtverletzung des Schuldners) *entstehenden Schadens verlangen".*

§ 823 Abs. 1 BGB: *„ … ist dem anderen zum Ersatz des daraus entstehenden Schadens verpflichtet".*

§ 831 Abs. 1 BGB: *„ … ist zum Ersatz des Schadens verpflichtet".*

Im ersten Fall bedarf es keines Umkehrschlusses, in den letzten beiden Fällen führt der Umkehrschluss zu einem **Anspruch** auf Schadensersatz.

Weitere Beispiele aus anderen Bereichen:

Beispiele

- Wenn eine Käuferin die mangelhafte Kaufsache zurückgeben und den **Kaufpreis zurückhaben** möchte, muss die Rechtsfolge der möglichen Anspruchsgrundlage die Rückabwicklung des Kaufvertrags aussprechen. Ein solcher Anspruch ergibt sich nach einem Rücktritt vom Vertrag gemäß § 346 Abs. 1 BGB i. V. m. § 437 Nr. 2 BGB, denn nach §346 Abs. 1 BGB sind die empfangenen Leistungen zurückzugewähren.

- Wenn ein Besteller eines Werkvertrags den **Ersatz von Aufwendungen** begehrt, die ihm für eine auf eigene Kosten durchgeführte Reparatur eines mangelhaften Werkes entstanden sind, bildet §634 Nr. 2 BGB i. V. m. §637 BGB eine mögliche Anspruchsgrundlage.
- Verlangt jemand die **Herausgabe einer Sache,** „passen" die Rechtsfolgen

(1) „kann von dem Besitzer die *Herausgabe* der Sache *verlangen*" (§985 BGB),

(2) „ist zur *Herausgabe verpflichtet*" (§812 Abs. 1 S. 1 BGB) und

(3) „ist *verpflichtet*, die gemietete Sache nach Beendigung des Mietverhältnisses *zurückzugeben*" (§546 Abs. 1 BGB).

Anhand des letzten Beispiels lassen sich die weiteren Schritte für die Auswahl der richtigen Anspruchsgrundlage erläutern. Wenn Sie mehrere von der Rechtsfolge her „passende" Anspruchsgrundlagen gefunden haben (hier für einen Herausgabeanspruch), sind *nicht* alle Vorschriften zu prüfen. Vielmehr ist jetzt

- eine am konkreten Sachverhalt orientierte **Auswahl** vorzunehmen und
- eine **Prüfungsreihenfolge** festzulegen.

Fortsetzung des letzten Beispiels

- Wenn offensichtlich *kein* Mietvertrag vorliegt, kann sich der Herausgabeanspruch nicht aus §546 Abs. 1 BGB ergeben. Die Vorschrift darf nicht einmal erwähnt werden.
- Falls sowohl §985 BGB als auch §812 BGB in Betracht kommen, ist mit §985 BGB zu beginnen. Bezüglich des §812 BGB gilt umgangssprachlich der Satz **„Wenn nix geht, geht vielleicht 812".** Das bedeutet, dass §812 BGB jedenfalls im Regelfall (Ausnahmen gibt es leider immer!) erst dann zu prüfen ist, wenn alle sonstigen Anspruchsgrundlagen nicht zum Erfolg geführt haben. Die Hauptbedeutung des §812 Abs. 1 S. 1 BGB liegt – wie gesehen –, darin, dass mit seiner Hilfe die Folgen nichtiger Verträge rückgängig gemacht werden, etwa nach Anfechtung eines Kaufvertrags (vgl. §142 Abs. 1 BGB)[3].

Ein weiteres Beispiel, nochmals zum Schadensersatz:

Beispiel

- Wenn *offensichtlich* kein *Verzug* vorliegt, sind die §§280 Abs. 1, Abs. 2, 286 BGB nicht anzusprechen. Dagegen kann §280 Abs. 1 BGB allein oder in Verbindung mit anderen Vorschriften die Anspruchsgrundlage sein, zum Beispiel für Begleitschäden aus der Durchführung des Vertrags.

3 Vgl. S. 427.

- Wenn *klar* ist, dass kein Kaufvertrag vorliegt, ist § 437 Nr. 3 BGB fehl am Platze.
- Falls *eindeutig* kein Verrichtungsgehilfe tätig war, ist § 831 Abs. 1 BGB nicht zu prüfen.

30.2.3 Andere Fallfragen

Probleme mit dem Auffinden und der Auswahl der richtigen Anspruchsgrundlage ergeben sich insbesondere dann, wenn in der Fallfrage nicht direkt nach einem Anspruch gefragt wird, sondern die Frage etwas nebulös (unklar) formuliert ist.

Beispiele

- Kann V den Kaufpreis verlangen?
- U begehrt die Zahlung des Werklohns. Zu Recht?
- Ist S zum Schadensersatz gegenüber G verpflichtet?
- Wie ist die Rechtslage?

Die ersten drei Fragestellungen enthalten jeweils nur „schlecht versteckt" die Frage nach einem Anspruch, nämlich ob V ein Anspruch auf Zahlung des Kaufpreises zusteht (aus § 433 Abs. 2 BGB), ob U einen Anspruch auf Zahlung der vereinbarten (Werk-)Vergütung hat (aus § 631 Abs. 1 BGB) und ob G gegen S ein Anspruch auf Schadensersatz zusteht (wofür verschiedene Anspruchsgrundlagen in Betracht kommen, z. B. § 280 Abs. 1 BGB, § 823 Abs. 1 BGB, § 831 BGB). Alle Fragestellungen weisen nur in der Formulierung, nicht aber in der Sache Unterschiede zur (direkten) Frage nach dem Bestehen eines Anspruchs auf, sodass sich keine Probleme ergeben dürften.

Weniger klar ist hingegen die zum Schluss gestellte Frage nach der **Rechtslage.** Hier muss zunächst einmal überlegt und geklärt werden, **was** untersucht werden soll. In der Regel finden sich im Sachverhalt Angaben dazu, **wer was von wem will,** ob also ein Anspruch geltend gemacht wird. Möglicherweise geht es aber **gar nicht** um einen **Anspruch,** sondern um eine ganz andere Rechtsfrage.

Beispiele

- Ist G Eigentümer des Kfz geworden?
- Ist die Annahme rechtzeitig erfolgt?
- Ist die Kündigung des Mietvertrags wirksam?

Wie in diesen Fällen vorzugehen ist, wird an späterer Stelle dargestellt[4].

[4] Vgl. S. 559 ff.

30.3 Wichtige Anspruchsgrundlagen

Im Folgenden sollen einige für die Praxis, aber auch für die Ausbildung **wichtige Anspruchsgrundlagen** angeführt werden. Dabei wird unterschieden zwischen

- vertraglichen,
- vertragsähnlichen,
- sachenrechtlichen und
- gesetzlichen Anspruchsgrundlagen aus dem Schuldrecht.

30.3.1 Vertragliche Anspruchsgrundlagen

Ein vertraglicher Anspruch setzt voraus, dass die Parteien einen **wirksamen Vertrag** geschlossen haben. Mit Abschluss des Vertrags werden **Erfüllungsansprüche** begründet, die als **Primäransprüche** bezeichnet werden. Kommt es anlässlich der Abwicklung des Vertrags zu Störungen **(Leistungsstörungen),** können **Sekundäransprüche** entstehen.

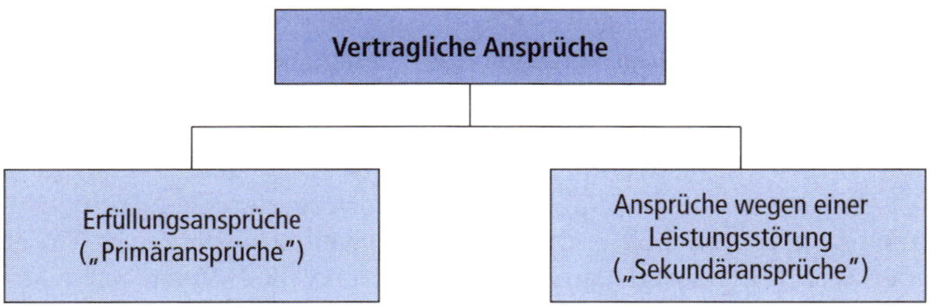

Abbildung 30.2: Vertragliche Ansprüche

Ansprüche auf Erfüllung (Primäransprüche)

Aus einem Kaufvertrag

- **§433 Abs.1 S.1 BGB:** Anspruch des Käufers gegen den Verkäufer auf Übergabe und auf Übereignung der Kaufsache,
- **§433 Abs.2 BGB:** Anspruch des Verkäufers gegen den Käufer auf Zahlung des Kaufpreises.

Bitte beachten Sie, dass **beide Absätze** des §433 BGB – je – eine **Anspruchsgrundlage** enthalten! Einmal für den Käufer (Abs. 1), einmal für den Verkäufer (Abs. 2). Deswegen sollten Sie nicht lediglich schreiben: „Anspruch aus §433 BGB", sondern den Absatz hinzufügen, beim Zahlungsanspruch also §433 Abs. 2 BGB.

Aus einem Mietvertrag

- **§535 Abs.1 S.1 BGB:** Anspruch des Mieters auf Gebrauch der gemieteten Sache im vertragsgemäßen Zustand,
- **§535 Abs.2 BGB:** Anspruch des Vermieters auf Zahlung der vereinbarten Miete.

Aus einem Dienstvertrag

- **§611 Abs.1 BGB:** Anspruch des Dienstberechtigten (z.B. Arbeitgeber) gegen den Dienstverpflichteten (Arbeitnehmer) auf Leistung der Dienste (Arbeitsleistungen),
- **§611 Abs.1 BGB:** Anspruch des Dienstverpflichteten (z.B. Arbeitnehmer) gegen den Dienstberechtigten (Arbeitgeber) auf Gewährung der vereinbarten Vergütung (Arbeitslohn). Falls keine Vereinbarung dazu vorliegt, *ob* eine Vergütung zu erfolgen hat, gilt ergänzend die Fiktion des §612 Abs.1 BGB[5], falls keine Vereinbarung zur *Höhe* der Vergütung vorliegt, gilt ergänzend die Fiktion des §612 Abs.2 BGB.

Aus einem Werkvertrag

- **§631 Abs.1 BGB:** Anspruch des Bestellers gegen den Unternehmer auf Herstellung des versprochenen Werkes,
- **§631 Abs.1 BGB:** Anspruch des Unternehmers gegen den Besteller auf „Entrichtung“ (Zahlung) der vereinbarten Vergütung. Falls keine Vereinbarung dazu vorliegt, *ob* eine Vergütung zu erfolgen hat, gilt ergänzend die Fiktion des §632 Abs.1 BGB, falls keine Vereinbarung zur *Höhe* der Vergütung vorliegt, gilt ergänzend die Fiktion des §632 Abs.2 BGB[6].

Aus im BGB nicht geregelten Vertragstypen Wegen des Prinzips der Vertragsfreiheit sind die Parteien berechtigt, Verträge mit anderen Inhalten abzuschließen, als die im BGB geregelten Vertragstypen aufweisen. Für die damit eingegangenen Verpflichtungen enthält das BGB keine Anspruchsgrundlage. So sind zum Beispiel der Leasingvertrag, der Lizenzvertrag, der Factoringvertrag und der Franchisevertrag im BGB nicht geregelt[7]. Bisweilen verbergen sich allerdings hinter den wohlklingenden Namen ganz „normale“ BGB-Verträge. So kann der Leasingvertrag ein (normaler) Mietvertrag, aber auch ein verdeckter Ratenkauf sein. Der Factoringvertrag wird oft ein „normaler“ Kauf von Forderungen, also ein unter §§453 Abs.1, 433 BGB fallender Rechtskauf sein. Um eine solche Feststellung treffen zu können, müsste man aber jeweils den kompletten Vertrag untersuchen. Da der Vertragstext in Klausuren aber nicht vollständig vorliegt, besteht nur die Möglichkeit, als Anspruchsgrundlage den Vertrag selbst ohne die Hinzufügung eines Paragrafen zu nennen.

Beispiel

Anspruch des Leasinggebers auf Zahlung der Leasingraten in Höhe von 21.550,– €/Monat gegen den Leasingnehmer aus dem Leasingvertrag.

Vertragliche Sekundäransprüche

Vertragliche Sekundäransprüche kommen in Betracht, wenn die – bisher genannten – Primärpflichten aus einem Vertrag gar nicht (Nichterfüllung), schlecht (Mängelhaftung, auch Gewährleistung genannt) oder zu spät (Verzug) erfüllt werden, wenn die Erfüllung nicht möglich ist (Unmöglichkeit) oder wenn bei

[5] Zur Fiktion vgl. S.334.
[6] Vgl. S.321ff.
[7] Vgl. S.369ff.

der Durchführung des Vertrags Schäden an anderen Rechtsgütern des Vertragspartners verursacht werden.

Schadensersatz wegen einer Pflichtverletzung Anspruchsgrundlage ist sehr häufig **§280 Abs.1 BGB.** Beruht der Schaden auf einer Verzögerung der Leistung (Verzug), auf Schlechtleistung oder auf Unmöglichkeit, müssen *zusätzliche* Voraussetzungen erfüllt sein (vgl. §280 Abs.2, 3 BGB).

Verspätete Leistung (Verzug) Wenn eine Leistung *nicht rechtzeitig* erbracht wird, können sich Ansprüche aus Verzug ergeben, wobei zwischen dem **Gläubigerverzug** und dem **Schuldnerverzug** unterschieden wird. Für die Praxis wesentlich bedeutsamer sind die Regelungen zum Schuldnerverzug. Dabei können *beide* Vertragsparteien in Schuldnerverzug geraten, beim Kaufvertrag also der Verkäufer *und* der Käufer.

Beispiele

- Der Verkäufer (Schuldner der *Lieferpflicht*) liefert nicht innerhalb der vereinbarten Frist („Lieferantenverzug“).
- Der Käufer (Schuldner der *Zahlungspflicht*) zahlt auch nach Mahnung den fälligen Kaufpreis nicht („Zahlungsverzug).

Anspruchsgrundlagen beim Schuldnerverzug

- **§§280 Abs.1, Abs.2, 286 BGB:** Ersatz des durch den Verzug entstandenen Schadens („Schadensersatz *neben* der Leistung“),
- **§§280 Abs.1, Abs.3, 281 BGB:** „Schadensersatz *statt* der ganzen Leistung“,
- **288 Abs.1, 286 BGB:** Verzugszinsen.

Merke

Die Frage, **ob** ein Schuldnerverzug vorliegt, richtet sich nach **§286 BGB,** aus dem sich aber **kein Anspruch** auf Schadensersatz ergibt, weil als Rechtsfolge nur ausgesprochen wird, *dass* der Schuldner in Verzug gerät. Deshalb ist die Prüfung mit **§280 Abs.1 BGB** zu beginnen! Diese Vorschrift bildet die Grundlage (Basis) für den Anspruch. Gemäß §280 Abs.2 BGB ist **zusätzlich** §286 BGB zu prüfen. Daraus folgt die Kette: **§§280 Abs.1, Abs.2, 286 BGB.**

Mängelhaftung beim Kaufvertrag

- **§§437 Nr.1, 439 BGB:** Anspruch des Käufers auf **Nacherfüllung** in Form der Beseitigung des Mangels (Reparatur) oder Lieferung einer mangelfreien Sache (Umtausch),
- **§§346 Abs.1, 437 Nr.2 BGB:** Anspruch des Käufers auf Rückzahlung des Kaufpreises nach **Rücktritt** vom Kaufvertrag oder gemäß **§§437 Nr.2, 441 BGB** auf Minderung (Herabsetzung) des Kaufreises,
- **§§280 Abs.1, Abs.3, 281 Abs.1, 437 Nr.3 BGB:** Anspruch des Käufers auf **Schadensersatz** statt der mangelhaften Sache oder auf Aufwendungsersatz.

Hinweis

Sie können auch immer § 437 BGB nach vorne stellen. Die Ketten heißen dann: **§§ 437 Nr. 2, 346 Abs. 1 BGB** bzw. **§ 437 Nr. 3, 280 Abs. 1, Abs. 3, 281 BGB.** Wichtig ist nicht so sehr die Reihenfolge der Paragraphen, sondern dass Sie alle Vorschriften nennen und auch prüfen!

Unmöglichkeit Wenn eine Leistung *unmöglich* ist, ist der Vertrag zwar wirksam (§ 311 a Abs. 1 BGB), doch entfällt nach § 275 Abs. 1 BGB der Erfüllungsanspruch des Gläubigers (der Schuldner kann ihn ja nicht erfüllen!). Bestehen kann aber ein Schadensersatzanspruch nach **§§ 280 Abs. 1, Abs. 3, § 283 BGB.** Welche Auswirkung die Unmöglichkeit der *einen* Leistung auf die (noch mögliche) *andere* Leistung (Gegenleistung) hat, regelt § 326 BGB.

30.3.2 Vertragsähnliche Anspruchsgrundlagen

Für bestimmte Handlungen, die **vor Abschluss eines Vertrags** begangen werden, kommen vertragsähnliche Ansprüche in Betracht.

- **§§ 280 Abs. 1, 311 Abs. 2, 241 Abs. 2 BGB:** Schuldhaftes Verhalten bei der Vertragsanbahnung als vorvertraglicher Anspruch,
- **§ 179 Abs. 1 BGB:** Anspruch auf Erfüllung oder Schadensersatz gegen den Vertreter ohne Vertretungsmacht,
- **§ 122 BGB:** außerdem kann ein Anspruch bestehen, wenn ein Vertrag gemäß §§ 119 Abs. 1, Abs. 2, 120 BGB angefochten wird: Schadensersatz nach (wirksamer) Anfechtung.

30.3.3 Anspruchsgrundlagen aus dem Sachenrecht

Herausgabeanspruch des Eigentümers aus § 985, 986 BGB

Die Regeln des Sachenrechts begründen **dingliche (absolute) Ansprüche.** Im Unterschied zu schuldrechtlichen Ansprüchen, die nur zwischen bestimmten Personen bestehen (*„relative Ansprüche"*), richten sich die sachenrechtlichen Ansprüche (*„absolute Ansprüche"*) gegen jedermann. Die wichtigste Anspruchsgrundlage des Sachenrechts ist § 985 BGB. Danach kann der **Eigentümer** vom **Besitzer** die **Herausgabe einer Sache** verlangen, es sei denn, der Besitzer hat im Verhältnis zum Eigentümer ein **Recht zum Besitz** (§ 986 BGB).

Merke

§ 985 BGB muss immer in Zusammenhang mit § 986 BGB geprüft werden, sonst ergeben sich unsinnige Ergebnisse!

Beispiel

Wird nur § 985 BGB geprüft, kann der Vermieter (*Eigentümer*) vom Mieter (*Besitzer*) jederzeit die Herausgabe der Mietsache verlangen. Gegen einen solchen Anspruch wird sich der Mieter aber zur Wehr setzen, weil ihm gegen den Vermieter aus dem Mietvertrag ein **Recht zum**

Besitz gemäß §986 Abs.1 S.1 BGB zusteht. Erst mit der Beendigung des Mietvertrags durch wirksame Kündigung, Ablauf der Mietzeit oder Auflösungsvertrag entfällt dieses Besitzrecht.

Neben §§985, 986 BGB ergibt sich der Anspruch des Vermieters auf Herausgabe der Mietsache nach Beendigung des Mietverhältnisses auch aus §546 Abs. 1 BGB, einer *weiteren* Anspruchsgrundlage.

Beseitigungs- und Unterlassungsanspruch

Wird das Eigentum in anderer Weise als durch Entziehung oder Vorenthaltung beeinträchtigt, kann der Eigentümer gemäß **§1004 Abs.1 S.1 BGB** vom Störer die Beseitigung verlangen, es sei denn, der Eigentümer ist zur Duldung verpflichtet (§1004 Abs.2 BGB). Sofern weitere, also künftige Beeinträchtigungen zu besorgen (zu befürchten) sind, kann der Eigentümer vorbeugend **Unterlassung** verlangen (§1004 Abs.1 S.2 BGB).

30.3.4 Gesetzliche Anspruchsgrundlagen aus dem Schuldrecht

Das Schuldrecht kennt neben den schon dargestellten vertraglichen Anspruchsgrundlagen zahlreiche gesetzliche Anspruchsgrundlagen. Die wichtigsten davon finden Sie in den §§823ff. BGB und den §§812ff. BGB.

Unerlaubte Handlungen (§§823ff. BGB)

Die Vorschriften über die unerlaubten Handlungen (auch „Deliktsrecht" genannt) sollen die durch eine schädigende Handlung eingetretene **Vermögenseinbuße** (Schaden) beim Geschädigten ausgleichen. Dessen Vermögen soll wieder auf den Stand gebracht werden, den es ohne das schädigende Ereignis hätte. Die wichtigsten Anspruchsgrundlagen sind:

- **§823 Abs.1 BGB:** Haftung für die Verletzung eines in der Vorschrift geschützten Rechtsguts oder Rechts,
- **§823 Abs.2 BGB i.V.m. der Verletzung eines Schutzgesetzes,**
- **§826 BGB:** vorsätzliche sittenwidrige Schädigung,
- **§831 BGB:** Haftung des Geschäftsherrn für den Verrichtungsgehilfen.

Merke

Die **§§249ff. BGB** enthalten **keine Anspruchsgrundlagen,** sondern regeln „nur", in welcher Weise und in welcher Höhe Schadensersatz zu leisten ist. Sie begründen also keinen Anspruch **auf** Schadensersatz, sondern setzen **voraus,** dass eine Verpflichtung zum Schadensersatz aufgrund anderer Vorschriften besteht (vgl. neben der obigen Aufzählung §280 Abs.1 BGB; §§280 Abs.1, Abs.3, 281 Abs.1; 437 Nr.3, 280 Abs.1; BGB; §179 Abs.1 BGB).

Außerdem ist in diesem Zusammenhang mit Nachdruck nochmals auf Folgendes hinzuweisen:

Merke

§278 BGB ist **keine Anspruchsgrundlage.** Zwar hat diese Vorschrift – auf den ersten Blick – eine starke Ähnlichkeit mit §831 BGB, bei dem es sich um eine Anspruchsgrundlage handelt: Beim **„Wenn-dann-Test"** ergibt sich jedoch, dass §278 BGB kein Recht des Gläubigers (keinen Anspruch) begründet, sondern „nur" regelt, dass der Schuldner ein Verschulden seines Erfüllungsgehilfen in gleicher Weise zu vertreten hat wie eigenes Verschulden. Die Funktion des §278 BGB besteht (nur) in der Zurechnung **fremden** Verschuldens, wenn der Schuldner nicht persönlich, sondern sein Erfüllungsgehilfe schuldhaft gehandelt hat. Demgegenüber knüpft §831 BGB die Verpflichtung des Geschäftsherrn zum Schadensersatz an dessen vermutetes **eigenes** Verschulden an.

Ungerechtfertigte Bereicherung (§§812 ff. BGB)

Die Vorschriften der ungerechtfertigten Bereicherung sollen Vermögensverschiebungen, für die es keinen Rechtsgrund, insbesondere **keinen wirksamen Vertrag** gibt, rückgängig machen. Im Gegensatz zum Schadensersatzrecht, das eine Vermögenseinbuße des Geschädigten ausgleichen soll, geht es hier um die Herausgabe eines **Vermögenszuwachses,** der sich zu Unrecht, nämlich **ohne Rechtsgrund,** im Vermögen einer Person befindet.

Beispiel

Wenn V ein Auto an K übereignet hat (§§929 ff. BGB) und sich dann herausstellt, dass der zugrunde liegende Kaufvertrag nichtig ist, hat K aufgrund des Trennungsprinzips[8] immer noch einen zuvor V gehörenden Gegenstand in seinem Vermögen (Eigentum und Besitz am Auto), ohne dass es für diese Vermögensverschiebung einen Rechtsgrund gibt. Der Ausgleich wird mithilfe des §812 Abs. 1 S. 1, 1. Fall BGB vollzogen. Dies gilt auch für den von K gezahlten Kaufpreis.[9]

Die wichtigsten Anspruchsgrundlagen aus diesem Bereich sind:

- **§812 Abs. 1 S. 1, 1. Fall. BGB: „Leistungskondiktion".**
- **§812 Abs. 1 S. 1, 2. Fall BGB:** „Sonstige Kondiktionsarten": Diese sind subsidiär (nachrangig) gegenüber der Leistungskondiktion. Sie sind deshalb nur zu prüfen, wenn der Vermögensgegenstand von **niemandem** geleistet worden ist. Hauptfall ist die **„Eingriffskondiktion".**
- **§816 Abs. 1 S. 1 BGB:** Die Vorschrift greift insbesondere dann ein, wenn ein Nichtberechtigter das Eigentum des Berechtigten auf einen gutgläubigen Dritten übertragen hat (gutgläubiger Erwerb gemäß §§929, 932 ff. BGB, 366 HGB[10]).
- **§816 Abs. 2 BGB:** Die Vorschrift greift ein, wenn eine Leistung, die an einen Nichtberechtigten erfolgt, dem Berechtigten gegenüber wirksam ist. Dies kann zum Beispiel eine Zahlung sein, die nach der Abtretung einer Forde-

7. Teil Grundlagen der Fallbearbeitung

---

[8] Vgl. S. 439 ff.
[9] Vgl. das Beispiel auf S. 427.
[10] Vgl. S. 456 ff.

rung (§ 398 BGB) vom Schuldner nicht an den berechtigten neuen Gläubiger, sondern an den bisherigen (alten) Gläubiger erfolgt, dem neuen Gläubiger gegenüber aber nach § 407 Abs. 1 BGB wirksam ist[11].

Merke

1. § 816 BGB geht § 812 BGB vor und ist deshalb vorrangig zu prüfen.
2. Bei der Prüfung des § 812 BGB gilt: Die *Leistungskondiktion* verdrängt die anderen *Kondiktionsarten,* zu denen insbesondere die *Eingriffskondiktion* gehört.
3. § 818 BGB ist keine Anspruchsgrundlage, sondern betrifft den Umfang eines aufgrund anderer Vorschriften gegebenen Herausgabeanspruchs.

30.4 Der Anspruchsaufbau

In vielen Fällen ist in der Klausur, aber auch in einer juristischen Hausarbeit, ein **Rechtsgutachten** nach dem sogenannten **Anspruchsaufbau** anzufertigen. Ein solches Gutachten besteht aus drei Teilen, nämlich

- der Einleitung (oft nur *ein* Satz, der beschreibt, welche Frage geprüft werden soll),
- dem Hauptteil, der die eigentliche Prüfung enthält (Kernstück des Gutachtens) und
- dem Ergebnis- oder Schlussteil (Antwort auf die in der Einleitung gestellte Frage).

Tabelle 30.1

Bestandteile eines Gutachtens nach dem Anspruchsaufbau	
Einleitung	Welche Frage wird aufgrund welcher Anspruchsgrundlage geprüft?
Hauptteil	Prüfung der in Betracht kommenden Anspruchsgrundlage(n)
Schluss	Ergebnis der Prüfung – Antwort auf die in der Einleitung genannte Frage

30.4.1 Gutachtenstil

Vielen Studierenden bereitet es Probleme, dass bei der Lösung einer Fallaufgabe der sogenannte **Gutachtenstil** anzuwenden ist. Die Vorgehensweise besteht darin, dass die Lösung nach einem bestimmten Muster **nach und nach** entwickelt wird. Kennzeichnend ist, dass die Ausführungen nicht mit dem (fertigen) Ergebnis beginnen *(„X hat einen Anspruch …“)*, sondern mit einem **möglichen Ergebnis** *(„X könnte einen Anspruch haben …“)*. Im Gutachten wird dann Schritt für Schritt untersucht, ob das zu Beginn für möglich gehaltene Ergebnis *(„könnte haben“)* tatsächlich vorliegt *(„hat“)*. Wenn das der Fall ist, besteht der Anspruch, andernfalls besteht er nicht.

[11] Vgl. das Beispiel auf S. 165.

Anders ist es bei der Verwendung des sogenannten **Urteilsstils,** den die Gerichte bei der Abfassung ihrer Entscheidungen benutzen. Das Urteil beginnt mit dem Ergebnis („X hat einen Anspruch…"), das anschließend begründet wird („weil…").

Unterschied

Gutachtenstil	Das Gutachten beginnt mit einem **möglichen Ergebnis.** Im Gutachten wird dann überprüft, ob das Ergebnis **tatsächlich** vorliegt. Das Gutachten tastet sich in kleinen Schritten an die Lösung heran. Das Ergebnis kommt erst zum Schluss.
Urteilsstil	Das Urteil beginnt mit dem **Ergebnis,** das sodann (nur noch) **begründet** wird. Das Ergebnis steht schon zu Beginn des Urteils fest.

Zum besseren Verständnis ein Beispiel:

Beispiel

Gutachtenstil

V **könnte** *einen* **Anspruch** *auf die Zahlung des Kaufpreises in Höhe von 20.000,– € gegen K aus § 433 Abs. 2 BGB* **haben.** *Dann müssten die Parteien einen entsprechenden Kaufvertrag geschlossen haben. Dies setzt voraus, dass* … (es folgt die Untersuchung, ob diese Voraussetzung erfüllt ist).

Urteilsstil

V **steht** *gegen K ein* **Anspruch** *auf Zahlung von 20.000,– € aus § 433 Abs. 2 BGB* **zu, weil** *zwischen den Parteien ein wirksamer Kaufvertrag geschlossen worden ist. Denn V hat das Angebot des K rechtzeitig angenommen* … (es folgt die weitere Begründung).

Da Sie ein **Gutachten** zu erstellen haben, werden wir den Urteilsstil nicht weiter beachten. Wie ein Gutachten abzufassen ist, wird in den folgenden Ausführungen beschrieben. Beispiele mit ausformulierten Lösungen finden Sie dann im nächsten Kapitel[12].

30.4.2 Einleitung

Der erste Satz des Gutachtens (*Einleitung*), soll dem Leser zeigen, welche Frage untersucht und welche Anspruchsgrundlage geprüft wird. Hier gilt der berühmte Satz mit den vielen „W" („*Wer will was von wem woraus?*"). Der Satz muss sich nicht wörtlich wiederfinden, er sollte aber „durchschimmern". Dafür bieten sich, je nach der konkreten Aufgabenstellung, verschiedene Formulierungen an:

[12] S. 563 ff.

Beispiele

Die Aufgabenstellung (Fallfrage) lautet: *„Ist K zur Zahlung des Kaufpreises in Höhe von 20,000,– € an V verpflichtet?“*			
Interessen der Beteiligten			**Anspruchsgrundlage**
Wer	will was	von wem	woraus
V	*könnte einen Anspruch auf Zahlung des Kaufpreises in Höhe von 20.000,– €*	*gegen K*	*aus § 433 Abs. 2 BGB haben.*

Die Aufgabenstellung (Fallfrage) lautet: *„Steht X der Schadensersatzanspruch gegen Y zu?“*			
Interessen der Beteiligten			**Anspruchsgrundlage**
Wer	will was	von wem	Woraus
X	*könnte einen Anspruch auf Schadensersatz*	*gegen Y*	*aus § 823 Abs. 1 BGB haben.*

Die Aufgabenstellung (Fallfrage) lautet: *„Kann E die Herausgabe des Lkw von B fordern?“*			
Interessen der Beteiligten			**Anspruchsgrundlage**
Wer	will was	von wem	woraus
E	*könnte ein Anspruch auf Herausgabe des Lkw*	*gegen B*	*aus §§ 985, 986 BGB zustehen.*

30.4.3 Hauptteil

Im mittleren Teil des Gutachtens, dem Hauptteil, wird untersucht, **ob alle Voraussetzungen** der zu prüfenden Anspruchsgrundlage(n) vorliegen. Dieser Teil bildet das „Kernstück“ des Gutachtens, da hier die Untersuchung der einschlägigen Rechtsfragen stattfindet. Er soll logisch aufgebaut sein und für den Leser in nachvollziehbarer Weise den Gang der Untersuchung erkennen lassen.

Dieses Ziel erreichen Sie am besten, wenn Sie bei allen Prüfungspunkten eine **„Dreiteilung** nach dem **NDS-Schema**[13] vornehmen. Wer dieses Schema beherrscht und anwendet, wird Prüfungsarbeiten erfolgreich schreiben. Wer es gar nicht oder nicht ausreichend berücksichtigt, läuft Gefahr, die eine oder andere Prüfungsarbeit wiederholen zu dürfen …

[13] NDS steht für Nennen, Definieren, Subsumieren, vgl. bereits S. XXIII ff.

Das NDS-Schema

Bei der Prüfung der einzelnen Tatbestandsmerkmale (Tatbestandsvoraussetzungen) sind drei „Ebenen" (Schichten) zu unterscheiden:

N wie Nennen des Prüfungspunktes/der Tatbestandsvoraussetzung

In der **ersten Ebene** wird der Untersuchungsgegenstand **genannt,** sodass klar ist, **was** untersucht werden soll. Wenn es zweckmäßig ist, kann man den **Sachverhalt,** der untersucht werden soll, *sofort* mit anführen, spätestens geschieht dies bei der Subsumtion (dritte Ebene).

Zur Verdeutlichung ist das Tatbestandsmerkmal (TBM) in den folgenden Beispielen jeweils fett gedruckt:

Beispiele

- X müsste ein **Angebot** abgegeben haben. Das Fax des X vom 09.05. könnte ein Angebot des X sein.
- B müsste **etwas erlangt** haben.
- E müsste (noch) **Eigentümer** des Pkw sein.
- V und K müssten sich über den **Eigentumsübergang geeinigt** haben.
- Die Annahmeerklärung des M müsste innerhalb der Annahmefrist V **zugegangen** sein.

D wie Definition (Beschreibung)

In der **zweiten Ebene** wird eine **Definition** in Form einer allgemeinen (abstrakten) Beschreibung der zuvor genannten Tatbestandsvoraussetzung gegeben. Hier wird in abstrakter Form, also **noch ohne Bezug zum konkreten Fall,** die Grundlage für die anschließend durchzuführende Subsumtion geschaffen.

Fortsetzung des Beispiels

Bisher wurde das TBM genannt:

„X müsste ein ***Angebot*** *abgegeben haben. Das Fax des X vom 09.05. könnte ein Angebot des X sein".*

Jetzt folgt die (abstrakte) Definition (D):

D: *„Ein* ***Angebot*** *ist eine einseitige empfangsbedürftige Willenserklärung, durch die eine Partei der anderen Partei den Abschluss eines Vertrags verbindlich, also mit Rechtsbindungswillen, anbietet. Das Angebot muss die Parteien, die Leistung und die Gegenleistung umfassen, sodass ein bloßes „Ja" der anderen Seite zur Einigung über die wesentlichen Vertragsbestandteile führt."*

S wie Subsumtion

In der dritten Ebene wird **subsumiert,** also untersucht, ob die

– in der ersten Ebene genannte und

– in der zweiten Ebene (abstrakt) definierte Voraussetzung im **konkreten** Fall vorliegt.

Es geht also um die Anwendung der in der zweiten Ebene enthaltenen abstrakten (allgemeinen) Definition auf den zu bearbeitenden **konkreten** Sachverhalt. Dieser Vorgang heißt **Subsumtion**[14].

Weitere Fortsetzung des Beispiels

1. Nennen des Prüfungspunktes (was soll untersucht werden?)

X müsste ein **Angebot** *abgegeben haben. Das Fax des X vom 09.05. könnte ein Angebot des X sein.*

2. Definieren (Begriff abstrakt beschreiben und erläutern)

Ein **Angebot** *ist eine einseitige empfangsbedürftige Willenserklärung, durch die eine Partei der anderen Partei den Abschluss eines Vertrags verbindlich, also mit Rechtsbindungswillen, anbietet. Das Angebot muss die Parteien, die Leistung und die Gegenleistung umfassen, sodass ein bloßes „Ja" der anderen Seite zur Einigung über die wesentlichen Vertragsbestandteile führt. Ob das Fax ein verbindliches Angebot oder nur eine unverbindliche Invitatio ad offerendum enthält, ist im Wege der Auslegung nach §§ 133, 157 BGB zu klären. Dabei kommt es darauf an, wie der Empfänger das Fax unter Berücksichtigung der Verkehrssitte und von Treu und Glauben verstehen musste.*

3. Subsumieren (konkret prüfen)

Dafür, dass das Fax vom 09.05. bereits ein **Angebot** *ist, spricht, dass es mit „Sonderangebot" überschrieben ist. Dagegen spricht aber, dass es sich nach der Aufmachung („Fax an alle meine Kunden und Geschäftsfreunde") um ein Massenfax handelt, aus dem nicht abzuleiten ist, dass die V-GmbH sich bereits gegenüber den zahlreichen Empfängern rechtlich binden will. Denn …*

(es folgen weitere Argumente und anschließend die Entscheidung, etwa so:).

Also stellt das Fax der V-GmbH vom 09.05. kein Angebot zum Abschluss eines Kaufvertrags mit K dar.

Bitte vergleichen Sie den letzten Satz im „Subsumtionsteil" mit dem Satz im „Nennenteil". Am Ende der Subsumtion steht die Antwort auf die zu untersuchende Frage, ob das Fax vom 09.05 ein Angebot ist. Genau so soll es sein!

Mehrfach erforderlich

Wenn die Anspruchsgrundlage mehrere TBM aufweist, ist der gerade beschriebene Vorgang nach der NDS-Methode für **jedes** Tatbestandsmerkmal und damit **mehrfach** durchzuführen.

[14] Vgl. bereits die Ausführungen in der Einleitung, S. XXIII ff.

Beispiel

Zu prüfen ist, ob ein Vertrag vorliegt.

D: Angebot + rechtzeitige Annahme = Vertrag,

P1: **Angebot**, zu prüfen nach NDS-Methode; falls Angebot vorliegt,

P2: **rechtzeitige Annahme,**

P2.1: **Annahme,** nach NDS-Methode prüfen; falls Annahme vorliegt,

P2.2: **rechtzeitig,** nach NDS-Methode prüfen.

Sie werden an dieser Stelle vielleicht leicht frustriert denken, dass Sie bei Beachtung dieser Anweisung „nie und nimmer fertig werden". Möglicherweise meinen Sie auch, so viel Aufhebens sei ja wohl unangebracht und unnötige „Schreibarbeit". Mit diesen Einwänden haben Sie Recht, zugleich aber auch Unrecht. Denn auf die Frage, ob Sie wirklich eine so umfassende Prüfung anstellen müssen, ist mit einem – oder sogar *dem* – typischen Juristensatz zu antworten, der da heißt: **„Es kommt darauf an!"**

Der Sachverhalt einer Aufgabenstellung wird in der Regel so aufbereitet, dass einige Voraussetzungen der möglichen Anspruchsgrundlage bejaht werden können, ohne dass es einer (so) eingehenden Prüfung oder überhaupt einer Prüfung bedarf.

Beispiele

- Wenn es im Sachverhalt heißt: *„V und K haben einen Kaufvertrag geschlossen"*, ist auf das Zustandekommen des Kaufvertrags nicht einzugehen, also insbesondere nicht zu fragen, wer das Angebot und wer die Annahme erklärt hat. Denn wie sollte man eine solche Prüfung durchführen, wenn gar keine Einzelheiten bekannt sind? Daraus folgt, dass Sie dann, wenn es zum Beispiel um die Nacherfüllung wegen eines Mangels der Kaufsache geht, einfach schreiben können:

  „Nach dem Sachverhalt liegt der nach § 437 Nr. 1 BGB erforderliche Kaufvertrag zwischen V und K vor."

  Anders ist es, wenn Einzelheiten zu den Vertragsverhandlungen dargestellt werden, etwa in der Weise, dass ein von V unterbreitetes Angebot von K nicht rechtzeitig angenommen wird oder wenn es zu Änderungen des Angebots durch K gekommen ist (vgl. § 150 Abs. 1 und Abs. 2 BGB). Dann muss das TBM[15] „Kaufvertrag" untersucht werden!

- Wenn der Sachverhalt keine Angaben dazu enthält, dass sich der Geschäftsherr nach § 831 Abs. 1 S. 2 BGB entlasten („exkulpieren") kann, reicht der Satz aus:

  „Im Sachverhalt finden sich keine Angaben dazu, dass G sich gemäß § 831 Abs. 1 S. 2 BGB entlastet hat."

[15] TBM = Tatbestandsmerkmal = positive Voraussetzung (P).

- Wenn die Parteien offensichtlich keinen Vertrag geschlossen haben, darf höchstens mit einem Satz ausgeführt werden, dass vertragliche Ansprüche nicht in Betracht kommen.

  „Da zwischen A und X kein Vertrag vorliegt, kommen vertragliche Ansprüche nicht in Betracht. Zu prüfen ist, ob ein gesetzlicher Anspruch besteht. Dieser könnte sich aus … "

- Wenn keine Angaben vorhanden sind, aus denen ein gesetzlicher Eigentumserwerb nach §§ 946 ff. BGB resultieren könnte, ist diese Möglichkeit nicht zu erwähnen.
- Wenn nichts zum Alter der Beteiligten gesagt wird, ist auf die Frage der Geschäftsfähigkeit nicht einzugehen, insbesondere nicht darauf, ob sie vielleicht unerkannt geisteskrank sein könnten …

Leider ist es nicht einfach, zu entscheiden, ob zu einem Punkt überhaupt etwas und wenn ja, wie viel geschrieben werden sollte. Als allgemeine, allerdings nicht immer einfach umzusetzende Regel gilt:

Klausurtipp

Unproblematisches ist kurz, problematische Fragen sind ausführlich zu bearbeiten!

Ein gewisses Indiz für die Abgrenzung **„wichtig/unwichtig"** wird oft darin liegen, ob der Sachverhalt zu bestimmten Voraussetzungen keine oder nur sehr kurze Angaben enthält, während zu anderen Voraussetzungen Einzelheiten geschildert werden. Stehen in einem Sachverhalt viele Daten, ist fast immer davon auszugehen, dass diese **Daten** von Bedeutung sind, etwa für den rechtzeitigen Zugang einer Annahme- oder Kündigungserklärung oder wegen einer möglichen Verjährung des Anspruchs.

Wenn Sie unsicher sind, schreiben Sie einfach einen kurzen Satz, in dem Sie die Voraussetzung nennen und anschließend eine „Minisubsumtion" durchführen.

Beispiel

K hat das bis zum 15.05. befristete Angebot des V durch das Schreiben vom 12.05. rechtzeitig angenommen, da V dieses Schreiben nach dem Sachverhalt bereits am 13.05. erhalten und gelesen hat.

30.4.4 Schlussteil

Der Schlussteil enthält die Antwort auf die in der Einleitung gestellte Frage und damit das abschließende Ergebnis der Untersuchung. Ergibt die Prüfung, dass im konkreten Fall alle positiven (Tatbestands-)Voraussetzungen der Anspruchsgrundlage gegeben sind und keine negative Voraussetzung vorliegt, ist der Anspruch begründet. Fehlt (mindestens) eine der positiven Voraussetzungen oder liegt eine negative Voraussetzung vor, ist der Anspruch unbegründet[16].

[16] Zu positiven und negativen Voraussetzungen vgl. S. XXVI f., 65, 227 f., 234, 238, 241, 444.

Beispiele

- *Da V das Angebot des K nicht rechtzeitig angenommen hat, ist kein Kaufvertrag zwischen V und K zustande gekommen. V hat deshalb keinen Anspruch auf Zahlung des Kaufpreises nach § 433 Abs. 2 BGB gegen K.*
- *Da alle Voraussetzung des § 823 Abs. 1 BGB vorliegen, hat X einen Schadensersatzanspruch gegen Y in Höhe von 50.000,– €.*

30.5 Prüfungsreihenfolge

Es kann sein, dass für ein und denselben Anspruch mehrere Anspruchsgrundlagen in Betracht kommen, zum Beispiel § 280 Abs. 1 BGB und § 823 Abs. 1 BGB. Dann ist zu entscheiden, in welcher Reihenfolge Sie die Prüfung durchführen. Noch komplexer wird es, wenn derselbe Anspruch gegen mehrere Personen bestehen könnte.

Beispiel

Arbeitnehmer A hat in Ausführung einer Verrichtung den Vertragspartner seines Chefs geschädigt. Damit kommen Schadensersatzansprüche gegen A (§ 823 Abs. 1 BGB) sowie gegen den Chef als Geschäftsherrn (§ 831 Abs. 1 BGB) und als Schuldner (§§ 280 Abs. 1, 278 BGB) in Betracht.

Hier gibt es *keine zwingende* Prüfungsreihenfolge, doch lassen sich einige Grundsätze aufstellen.

30.5.1 Mehrere Anspruchsgrundlagen gegen eine Person

Wenn mehrere Anspruchsgrundlagen gegen **dieselbe** Person in Betracht kommen, gelten im Normalfall folgende Regeln:

1. **Vertragliche** (und vertragsähnliche) **Anspruchsgrundlagen** sind **vor gesetzlichen Anspruchsgrundlagen** zu prüfen.
2. Innerhalb der vertraglichen Anspruchsgrundlagen sind **Erfüllungsansprüche** (**Primäransprüche**, aus §§ 433, 535, 611, 631 BGB und aus nicht geregelten Vertragstypen wie Leasing-, Franchise-, Factoring- und Lizenzvertrag) **vor Sekundäransprüchen** (Verzug, Mängelhaftung, Unmöglichkeit, sonstige Pflichtverletzungen) zu prüfen.
3. Bei den gesetzlichen Anspruchsgrundlagen gehen die **sachenrechtlichen Anspruchsgrundlagen** den schuldrechtlichen AGL vor. Also werden §§ 985, 986 BGB und § 1004 Abs. 1 BGB vor den §§ 823 ff. BGB und §§ 812 ff. BGB geprüft.
4. Im Schuldrecht gilt die Reihenfolge: **§§ 823 ff. BGB vor §§ 812 ff. BGB.**
5. **§ 816 BGB** geht wiederum **§ 812 Abs. 1 BGB**[17] vor.

[17] Daher der Satz: *„Wenn nix geht, geht vielleicht 812.“*

7. Teil Grundlagen der Fallbearbeitung

Diese Vielzahl von Anspruchsgrundlagen sollte Sie nicht verängstigen, weil in den meisten Fällen nur eine oder nur wenige Anspruchsgrundlagen zu prüfen sind.

Klausurtipp

- Es sind nur die Anspruchsgrundlagen zu prüfen, die möglicherweise einschlägig sind. Liegt ein *Kaufvertrag* vor, scheiden damit §§535, 611 und 631 BGB von vornherein aus.
- Liegt gar kein Vertrag vor, kommen nur gesetzliche Anspruchsgrundlagen in Betracht.
- Die Anspruchsgrundlagen sind möglichst genau zu bezeichnen, also zumindest mit der Angabe des Absatzes, also *nicht* §823 BGB oder §816 BGB, sondern zum Beispiel **§823 Abs.1 BGB** oder **§816 Abs.1 S.1 BGB.**
- Nach der **Aufgabenstellung** können Ansprüche in einem Rangverhältnis stehen, etwa durch die Formulierung: *„A möchte in erster Linie die Sache wiederhaben, jedenfalls möchte sie den von X gezahlten Kaufpreis".*
- Bisweilen gibt es auch einen logischen Vorrang, zum Beispiel zwischen einem Anspruch aus einer (Haupt-)Verbindlichkeit und der zur Sicherung dieser Verbindlichkeit übernommenen Bürgschaft. Da die Bürgschaft *akzessorisch* ist, setzt sie das Bestehen der Hauptverbindlichkeit voraus. Wenn also nach Ansprüchen gegen den (Haupt-)Schuldner *und* gegen den Bürgen gefragt ist, ist zunächst die Prüfung gegen den Hauptschuldner durchzuführen.

30.5.2 Ansprüche gegen mehrere Personen

Wenn Ansprüche gegen mehrere Personen zu prüfen sind, ist über die Reihenfolge nach Zweckmäßigkeitsgesichtspunkten zu entscheiden. Wenn zum Beispiel eine Haftung von Arbeitgeber **(Geschäftsherr)** nach **§831 Abs.1 BGB** und Arbeitnehmer **(Verrichtungsgehilfe)** nach **§823 Abs.1 BGB** in Betracht kommt, besteht *eine* Möglichkeit darin, mit der Prüfung gegen die Person zu beginnen, bei der am ehesten „etwas zu holen" ist (also im Regelfall Arbeitgeber *vor* Arbeitnehmer). Es ist aber auch möglich, die Prüfung gegen den Arbeitnehmer vorzuziehen, weil dieser *gehandelt* und damit den Schaden verursacht hat, und erst danach die Haftung des Arbeitgebers zu erörtern. Eine „richtige" im Sinne von zwingender Reihenfolge gibt es nicht.

30.6 Andere Aufgabenstellungen

Die bisherigen Ausführungen haben sich nur mit dem **„Anspruchsaufbau"** befasst. Klausuraufgaben müssen aber nicht notwendig auf die Untersuchung von Ansprüchen gerichtet sein. Es gibt nämlich sehr unterschiedliche Fallfragen:

Beispiele

a) Welche Ansprüche stehen A zu? ⇒ Prüfung *aller* dem A zustehenden Ansprüche
b) Hat A einen Herausgabeanspruch? ⇒ nur diesen *einen* Anspruch prüfen, aber eventuell nach mehreren AGL
c) Wie ist die Rechtslage? ⇒ unter Umständen eine sehr umfangreiche Prüfung aller wechselseitigen Ansprüche der Beteiligten untereinander
d) Ist G Eigentümer des Lkw geworden? ⇒ *nur* prüfen, ob ein Eigentumserwerb des G stattgefunden hat
e) Welche Rechte hat X? ⇒ Darstellung der verschiedenen in Betracht kommenden Rechte, die X haben könnte
f) Erstellen Sie einen Vermerk dazu, welche Rechte X zustehen! ⇒ wie e)
g) Ist die folgende Klausel in den AGB eines Möbellieferanten wirksam? ⇒ *nur* diese Frage prüfen

Sie haben sicherlich erkannt, dass nicht auf alle vorgenannten Fragestellungen der berühmte Satz mit den vielen W passt. Unmittelbar macht *„Wer will was von wem woraus?"* nur für die ersten beiden Fragestellungen Sinn, mittelbar dürfte er aber auch für andere Fragestellungen jedenfalls insoweit eine Bedeutung haben, als er eine Orientierung leistet und den Einstieg erleichtert. Was jeweils untersucht werden soll, ist aus dem Sachverhalt und der Fragestellung zu ermitteln. Diese Arbeit muss **zu Beginn** geleistet werden.

Bezogen auf die obigen Fragestellungen ergibt sich:

Zu a) Hier geht es um *einen* oder mehrere Ansprüche des A gegen *eine* oder mehrere Personen.

Zu b) Hier geht es um einen bereits konkret bezeichneten Anspruch. Anspruchsgrundlage könnten je nach dem Sachverhalt § 546 Abs. 1 BGB (falls ein Mietvertrag vorlag), §§ 985, 986 BGB oder § 812 Abs. 1 S. 1 BGB sein.

Zu c) Bei der Frage nach der Rechtslage kann sich aus dem Zusammenhang von Sachverhalt und Fallfrage ergeben, dass es auch hier darum geht, wer was von wem verlangen kann (will). Allerdings könnte auch zu klären sein, ob ein Vertrag wirksam ist, ob eine wirksame Vertretung stattgefunden hat oder ob die Kündigung eines Miet- oder Arbeitsvertrags rechtzeitig erfolgt ist.

Zu d) Hier ist eindeutig *nicht* nach einem Anspruch gefragt, sondern (nur) zu klären, ob G Eigentümer des Lkw nach §§ 929 ff. BGB geworden ist. Auch wenn diese Vorschriften keine Anspruchsgrundlagen sind, muss sich die Prüfung an ihnen orientieren.

Zu e) Hier könnte zu prüfen sein, welche Rechte X gegen einen anderen zustehen (*„Was will X von dem anderen?"*), aber auch, ob X ein Anfechtungs-, Rücktritts-, Widerrufs- oder Kündigungsrecht hat. Das hängt vom Sachverhalt ab.

Zu f) Es gilt das zu e) Ausgeführte.

Zu g) Es ist die Wirksamkeit der Klausel nach den §§ 307 ff. BGB zu prüfen. Da es insoweit um keinen Anspruch geht, wird keine Anspruchsgrundlage benötigt. Die Prüfung ist aber an §§ 307 ff. BGB auszurichten.

Weitere mögliche Aufgabenstellungen, bei denen kein Anspruchsaufbau gefragt ist, sind:

Beispiele

a) Beschreiben Sie, wie das BGB die Verjährung von Ansprüchen regelt.

b) Welche Möglichkeiten hat ein Gläubiger, um den bevorstehenden Eintritt der Verjährung zu verhindern?

c) Entwerfen Sie ein Mahnschreiben.

d) Wie regeln das BGB und das HGB das Problem des gutgläubigen Erwerbs des Eigentums an beweglichen Sachen?

Auf diese Fragestellungen ist der Anspruchsaufbau nicht anwendbar, weil nicht nach Ansprüchen gefragt ist. Wie geht man dann vor?

Man sollte von den einschlägigen Vorschriften ausgehen, also bei **Aufgabe a)** von den speziellen Vorschriften im Gewährleistungsrecht (§§ 438, 634 a BGB) und den §§ 194 ff. BGB. Diese Vorschriften sind aber *nicht* abzuschreiben, sondern inhaltlich zu erläutern, wobei die Bildung kleiner Beispiele die Darstellung unterstützen und erleichtern kann.

Der Aufbau könnte wie folgt sein:

a) Bedeutung und Wirkung der Verjährung
b) Verjährungsfristen (besondere Fristen vor allgemeinen Fristen)
c) Beginn des Laufs der Verjährungsfristen.

Bei Aufgabe b) ist zu beschreiben, was der Gläubiger tun kann, um den Eintritt der Verjährung zu verhindern. Auch hier sollten Sie von den einschlägigen Vorschriften des BGB ausgehen (vgl. etwa § 204 BGB).

Bei Aufgabe c) ist ein Mahnschreiben zu entwerfen, bei dessen Formulierung die Anforderungen zu beachten sind, die an das Vorliegen einer Mahnung gestellt werden.

Bei Aufgabe d) sind die §§ 932 ff. BGB und § 366 HGB zu erläutern.

Zur Darstellung: Wenn nicht nach einem Anspruch gefragt ist, muss natürlich auch keine Anspruchsgrundlage genannt werden. Dennoch ist in der Einleitung auszuführen, **was und welche Vorschrift geprüft** wird, damit der Leser sofort eine Orientierung erhält.

Beispiele

- Die Fallfrage lautet: „*Ist K Eigentümer der Ware?*"

  Mögliche Einleitung: „*K könnte nach § 929 S. 1 BGB Eigentümer der Ware geworden sein. Dies setzt voraus, dass V und K sich geeinigt haben, dass das Eigentum an der Ware von V auf K übergehen soll. Hier …* (es folgt die Subsumtion)."

- Die Fallfrage lautet: *„Ist die Annahme rechtzeitig erfolgt?"*

  Mögliche Einleitung: *„Die Frage, ob die Annahme rechtzeitig erfolgt ist, richtet sich nach § 148 BGB, § 147 Abs. 1 BGB oder § 147 Abs. 2 BGB.* (Es folgt die Subsumtion.) *Da V keine Annahmefrist gesetzt hat und keine Annahme unter Anwesenden vorliegt, scheiden § 148 BGB und 147 Abs. 1 BGB für die Beurteilung aus. Also ist nur § 147 Abs. 2 BGB zu prüfen. Danach …"*

Zum Schluss eine anspruchsvolle Aufgabenstellung:

Aufgabe

Worin bestehen die Gemeinsamkeiten, worin die Unterschiede zwischen einem Verrichtungs- und einem Erfüllungsgehilfen?[18]

Wenn es wie hier um die Gemeinsamkeiten und die Unterschiede von zwei Regelungen geht, besteht *eine* Möglichkeit darin, zunächst die beiden Vorschriften einzeln zu beschreiben und *danach* die Gemeinsamkeiten und die Unterschiede darzustellen. Das ergäbe folgende Gliederung:

1. Erläuterung Erfüllungsgehilfe
2. Erläuterung Verrichtungsgehilfe
3. Gemeinsamkeiten
4. Unterschiede

Geschickter dürfte es sein, Punkt für Punkt vorzugehen:

Lösungsvorschlag

1. *Während § 831 BGB eine eigenständige Anspruchsgrundlage bildet, handelt es sich bei § 278 BGB nur um eine unselbstständige Zurechnungsnorm. Dies bedeutet, dass …*
2. *§ 831 BGB regelt die Haftung für vermutetes eigenes Verschulden des Geschäftsherrn bei der Auswahl oder Überwachung des Verrichtungsgehilfen. § 278 BGB rechnet dem Schuldner ein Verschulden seines Erfüllungsgehilfen (ein fremdes Verschulden) wie eigenes Verschulden zu. Daraus folgt, dass …*
3. *§ 831 BGB eröffnet die Möglichkeit der Exkulpation für den Geschäftsherrn, diese Möglichkeit besteht bei § 278 BGB für den Schuldner nicht. Der Unterschied besteht also darin, dass …*
4. *…*

Nach so viel trockener Theorie folgen im nächsten Kapitel einige ausführliche Beispiele, bei denen Sie das Erlernte hoffentlich erfolgreich anwenden können!

---

[18] Vgl. die Tabelle auf S. 411.

Kapitel 31
Beispiele von Fallbearbeitungen

Lernziele dieses Kapitels
Was kommt in diesem Kapitel auf Sie zu? Sie werden anhand von Beispielen das Anfertigen einer Klausur üben. Dazu ein wichtiger Hinweis vorab: Die folgenden Lösungen sind zum Teil sehr lang und ausführlich. In einer Prüfung werden derartige Lösungen nicht erwartet. Sie sollten sich die Lösungen also nicht zum unmittelbaren Vorbild nehmen, aber dennoch als Hilfe zum Üben nutzen.

Fall 1: Damenmäntel

Originalfall aus einer Anfängerklausur, Bearbeitungszeit 30 Minuten

Sachverhalt (Aufgabenstellung)

Vogel (V) hat dem Einzelhändler Kaiser (K) per Fax, das am 26.05. (einem Montag) nachmittags bei K eingegangen ist, ein verbindliches Angebot über den Kauf von 200 Damenmänteln gemacht. Im Fax des V heißt es:

„Wegen der großen Nachfrage empfehlen wir eine baldige Bestellung."

Mit einem am 27.05. zur Post gegebenen Schreiben gibt K die Bestellung auf. Dieses Schreiben wird am frühen Morgen des 28.05. in der Hauptpost in das Postfach des V gelegt und am selben Tag gegen 8.30 Uhr von einem Auszubildenden (Azubi) des V abgeholt. V nimmt das Schreiben erst am Freitag zur Kenntnis, da er am Mittwoch und Donnerstag einen Messebesuch unternommen hat. Da V aufgrund der Vielzahl von Bestellungen nicht alle Kunden bedienen kann, teilt er K mit, dass er *„leider nicht beliefert werden könne, weil die Annahme nicht rechtzeitig erfolgt sei"*. K möchte wissen, ob seine Annahme tatsächlich nicht rechtzeitig war.

Arbeit am Sachverhalt

Da im Sachverhalt mehrere Daten enthalten sind, ist es trotz der knappen Bearbeitungszeit sinnvoll, eine kleine Aufstellung zu machen:

26.05. (Montag) Fax des V an K mit einem verbindlichen Angebot: Kauf von 200 Damenmänteln; baldige Bestellung empfohlen; Eingang bei K nachmittags

27.05. (Dienstag) Abgabe der Bestellung des K bei der Post

28.05. (Mittwoch) Bestellung K im Postfach des V, Abholung 8.30 Uhr durch den Azubi

30.05. (Freitag) V liest Schreiben, da Mittwoch und Donnerstag Messebesuch

Frage: Ist die Annahme rechtzeitig erfolgt?

Allgemeine Vorüberlegungen zur Lösung

Wie bei jeder Klausuraufgabe ist zunächst zu ermitteln, **welche Frage** *bearbeitet werden soll. Die Aufgabe ergibt sich hier – wie auch sonst sehr oft – aus dem letzten Satz der* **Aufgabenstellung:** *Danach möchte K wissen, ob seine* **Annahme rechtzeitig** *erfolgt ist. Nicht mehr und nicht weniger!*

Bitte beachten Sie, dass nur die gestellte Frage zu beantworten ist. Es ist also **nicht** *zu prüfen, ob V und K einen wirksamen* **Kaufvertrag** *geschlossen haben oder ob K einen* **Anspruch auf die Lieferung** *der Damenmäntel gegen V hat (dies wären allerdings die Rechtsfolgen einer rechtzeitigen Annahme!). Damit „funktioniert" der „berühmte" Satz „Wer will was von wem woraus?" hier nicht. Außerdem wird keine Anspruchsgrundlage benötigt.*

Deshalb sind Ausführungen dazu, wie ein Kaufvertrag zustande kommt, was ein Angebot und was eine Annahme ist, in diesem Fall **überflüssig.** *Auch wenn sie alle diese Fragen ohne Weiteres beantworten könnten: Lassen Sie es! Nicht gestellte Fragen sollen auch nicht beantwortet werden. Für überflüssige Ausführungen gibt es im Übrigen keine Pluspunkte, auch wenn sie richtig sind. Im Gegenteil: Solche Ausführungen erregen eher den Unmut des Prüfers, weil sie zeigen, dass der Prüfling nicht „zum springenden Punkt" kommt. Manche Prüfer stufen überflüssige Ausführungen ohne lange nachzudenken als falsch ein und nehmen Abzüge vor! Auch wegen der knappen Zeit, die in der Klausur zur Verfügung steht (hier sind es nur 30 Minuten!!!), ist es unbedingt erforderlich, sich ausschließlich auf die* **gestellte Frage zu konzentrieren.**

Die Prüfung muss dabei mit einer Vorschrift aus dem BGB beginnen, die eine Aussage dazu trifft, bis zu welchem Zeitpunkt eine Annahme rechtzeitig erfolgen kann. Dabei ist, auch wenn es nicht um einen Anspruch geht, auch hier nach der **NDS-Methode** *vorzugehen*[1].

Besondere Vorüberlegungen zur Lösung

Zur Rechtzeitigkeit der Annahme gibt es im BGB drei Regelungen: § 147 Abs. 1, Abs. 2 BGB und § 148 BGB. Die erste Aufgabe besteht darin, die für unseren Fall richtige Vorschrift zu finden. Dabei ist davon auszugehen, dass § 148 BGB als spezielle Norm beide Absätze der allgemeinen Vorschrift (§ 147 BGB) verdrängt. § 147 BGB kommt nur zur Anwendung, wenn kein Fall des § 148 BGB vorliegt. Deshalb ist mit § 148 BGB zu beginnen.

- **§ 148 BGB** wäre maßgeblich, wenn V dem K eine **Annahmefrist** gesetzt hätte, zum Beispiel *„bis zum 31.05."* oder *„innerhalb einer Woche"*. Hier wird nur eine „baldige Bestellung" empfohlen, aber keine bestimmte Frist gesetzt. Damit scheidet § 148 BGB aus.
- **§ 147 Abs. 1 BGB** betrifft die Annahme eines **unter Anwesenden** abgegebenen Angebots. *Hier* hat V das Angebot per Fax gemacht. Ein **Fax** ist keine dem Telefon gleichgestellte „sonstige technische Einrichtung" im Sinne des § 147 Abs. 1 S. 2 BGB, weil keine *unmittelbare* Kommunikation von „Person zu Person" stattfindet. Deshalb ist § 147 Abs. 1 BGB nicht maßgeblich. Es verbleibt § 147 Abs. 2 BGB.

[1] Vgl. S. XXIII ff.

– Für die Rechtzeitigkeit der Annahme nach § 147 Abs. 2 BGB kommt es darauf an, bis zu welchem Zeitpunkt der Antragende den Eingang der Antwort (also der Annahmeerklärung) unter regelmäßigen Umständen erwarten darf.

Diese Frage lässt sich nur dann überzeugend beantworten, wenn zunächst abstrakt **definiert** wird, wie lang die Frist ist. Danach ist zu untersuchen, ob die Annahme des K innerhalb dieser Frist erfolgt und wirksam geworden ist **(Subsumtion).** Das Wirksamwerden richtet sich nach § 130 Abs. 1 BGB. Hier muss zunächst der Begriff des **Zugangs** definiert werden, anschließend ist zu **subsumieren** (Liegt **hier** ein Zugang innerhalb der Frist vor?).

Bei der folgenden Lösung sind zu Übungszwecken die Buchstaben **N, D** und **S** jeweils vor die Absätze gesetzt worden. In eine Klausur gehört eine solche Aufzählung nicht hinein!

N wie **Nennen** des Prüfungspunktes, etwa eines Tatbestandsmerkmals (zum Beispiel „Angebot" oder „rechtzeitige Annahme") oder eines Paragrafen,

D wie **D**efinieren/beschreiben des Prüfungspunktes: **Abstrakte Beschreibung,** noch ohne Bezug zum Sachverhalt,

S wie **S**ubsumieren: Anwendung auf den konkreten Fall: Ist der Prüfungspunkt/das Tatbestandsmerkmal im **konkreten** Fall erfüllt?

Ausführlicher Lösungsvorschlag[2]

N Einleitung**:** Es ist zu untersuchen, ob die Annahme des K *rechtzeitig* erfolgt ist.

D Die Annahme ist rechtzeitig, wenn sie innerhalb der Annahmefrist erfolgt ist. Regelungen zur Annahmefrist finden sich in § 147 Abs. 1, Abs. 2 BGB und in § 148 BGB.

N Die Frist könnte nach § 148 BGB zu bestimmen sein.

D § 148 BGB kommt zur Anwendung, wenn eine **Annahmefrist** gesetzt wurde, zum Beispiel „bis zum 31.05." oder „innerhalb einer Woche nach Zugang des Angebots".

S Hier hat V nur eine *„baldige Bestellung"* empfohlen, aber keine bestimmte Frist gesetzt. Damit scheidet § 148 BGB aus.

N V hat sein Angebot per Telefax und damit nach § 147 Abs. 1 S. 2 BGB eventuell unter Anwesenden unterbreitet, sodass sich die Frist aus § 147 Abs. 1 BGB ergeben könnte.

D Ein Fax ist jedoch keine dem Telefon gleichgestellte „sonstige technische Einrichtung" im Sinne des § 147 Abs. 1 S. 2 BGB, weil keine unmittelbare Kommunikation von „Person zu Person" stattfindet.

S Damit scheidet § 147 Abs. 1 BGB, der nur für Angebote unter *Anwesenden* gilt, aus.

N Zu prüfen ist deshalb § 147 Abs. 2 BGB.

D Nach dieser Vorschrift kann der einem Abwesenden gemachte Antrag nur bis zu dem Zeitpunkt angenommen werden, in welchem der Antragende den Eingang der Antwort unter regelmäßigen Umständen erwarten darf. Diese Frist setzt sich zusammen aus der Zeit für den **Transport** und für

[2] Eine so ausführliche Lösung wird in einer Klausur nicht erwartet!

den Zugang des Antrags (Phase 1), einer **Überlegungs-** und Bearbeitungszeit des Empfängers (Phase 2) und der Zeit für den **(Rück-)Transport** und den Zugang der Annahmeerklärung (Phase 3). Es gilt die **„TÜR-Formel"** (**T**ransport + **Ü**berlegung + **R**ücktransport = Annahmefrist)[3].

Dabei wird für die **Berechnung** der Frist davon ausgegangen, dass für die Annahme ein gleich schnelles Mittel wie für den Antrag genutzt wird. Das bedeutet: Wenn das Angebot per Fax oder E-Mail erfolgt, wird die dafür erforderliche Zeit auch für die Übermittlung der Annahme in Ansatz gebracht.

Verzögerungen in einer Phase können aber durch Beschleunigungen in einer anderen Phase ausgeglichen werden. Entscheidend ist nämlich die **Gesamtzeit.**

S Zu klären ist, bis zu welchem Zeitpunkt V mit dem Eingang einer Annahmeerklärung (Bestellung) rechnen durfte. Da V das Angebot per Fax unterbreitet hat, beträgt die reine **Transportzeit** für das Angebot nur kurze Zeit. Hinzu kommt allerdings die Zeit bis zur erwarteten Kenntnisnahme des Faxes durch K. Für diese Frist gibt es keine gesetzlichen oder sonstigen Vorgaben. Deshalb ist davon auszugehen, was **im geschäftlichen Verkehr üblich** ist. Danach ist damit zu rechnen, dass Faxe, die bei Unternehmern während der Geschäftszeit eingehen, innerhalb von wenigen Stunden gelesen werden. Anzusetzen sind deshalb insgesamt etwa zwei bis drei Stunden[4]. Für die Berechnung der Annahmefrist folgt aus der Verwendung eines Faxes, dass für den Transport und die Kenntnisnahme der **Annahmeerklärung** ebenfalls nur zwei bis drei Stunden anzusetzen sind (gleich schnelles Transportmittel). Dies ergibt für den Transport und die Kenntnisnahme von Angebot und Annahme zusammen ca. vier bis sechs Stunden, also etwa einen halben Geschäftstag.

N Die Länge der Annahmefrist wird deshalb in erster Linie durch die Länge der **Überlegungs- und Bearbeitungszeit** bestimmt.

D Diese Frist kann nicht allgemein und für alle Geschäftsfälle einheitlich festgelegt werden, sondern richtet sich nach den **Umständen des Einzelfalls.** Es kommt zum Beispiel darauf an, ob der Empfänger Unternehmer ist und welchen Inhalt das Angebot hat. Wenn der Abschluss eines großen und riskanten Geschäfts angeboten wird, bei dem vielleicht Nachforschungen und Auskünfte oder eine Fremdfinanzierung erforderlich sind, ist die Frist länger als bei Angeboten, die auf den Abschluss von kleinen, überschaubaren Verträgen gerichtet sind. Von Bedeutung ist auch, ob eine verderbliche Ware angeboten wird (Fleisch, Obst) oder eine Ware, die keinem Verderb ausgesetzt ist.

S Hier dürfte nach dem Inhalt des Angebots (Kauf von 200 Damenmänteln) und den Umständen (geschäftlicher Verkehr) eine Überlegungs- und Be-

---

3 Vgl. S. 19 f.

4 Bitte beachten Sie, dass es eine eindeutig „richtige" Lösung nicht gibt. Weder ist eine mathematisch exakte Bestimmung möglich, noch kann auf empirisch gesichertes Wissen zurückgegriffen werden. Also muss eine Annahme getroffen werden. Sicherlich könnte man auch von vier Stunden ausgehen, vielleicht auch von nur ein bis zwei Stunden. Alle diese Lösungen sind vertretbar.

arbeitungszeit von zwei bis drei Werktagen angemessen sein. Der Umstand, dass V eine *„baldige Bestellung empfohlen"* hat, zeigt zwar, dass es sinnvoll ist, schnell zu reagieren, führt aber nicht dazu, dass die Frist weniger als zwei bis drei Tage beträgt. Hinzuzurechnen sind die vier bis sechs Stunden für den Transport von Angebot und Annahme, sodass die Frist *mindestens* zweieinhalb Tage beläuft (vier bis sechs Stunden für Transport und Rücktransport plus zwei Tage Überlegungszeit).

N Die Annahmeerklärung des K ist deshalb auf jeden Fall rechtzeitig, wenn sie innerhalb von zweieinhalb Tagen, gerechnet ab Montagnachmittag, bei V eingegangen ist.

D Mit dem Begriff „Eingang" in § 147 Abs. 2 BGB ist gemeint, dass die Annahmeerklärung **zugehen** muss. Eine Willenserklärung unter Abwesenden ist nach § 130 Abs. 1 S. 1 BGB zugegangen, wenn sie in den **Machtbereich des Empfängers** gelangt ist, der Empfänger unter **normalen Verhältnissen** die Möglichkeit hat, vom Inhalt der Erklärung Kenntnis zu nehmen *und* nach der Verkehrsanschauung **mit einer Kenntnisnahme** zu rechnen ist. Außerdem darf kein vorheriger oder gleichzeitiger Widerruf erfolgen (§ 130 Abs. 1 S. 2 BGB). Eine schriftliche Willenserklärung ist in den Machtbereich gelangt, sobald der Empfänger Zugriff auf sie hat.

S Die Annahmeerklärung des K ist am frühen Morgen des 28.05. in der Hauptpost in das **Postfach** des V gelegt worden. Damit ist sie in den Machtbereich des V gelangt, sobald V nach Öffnung des Postgebäudes Zugriff nehmen konnte. Dies war spätestens der Fall, als der Azubi das Schreiben um 8.30 Uhr abgeholt hat.

D Für den Zugang einer Willenserklärung muss hinzukommen, dass der Empfänger unter Zugrundelegung normaler Verhältnisse die Möglichkeit hat, vom Inhalt der Erklärung Kenntnis zu nehmen, **und** dass nach der **Verkehrsanschauung** mit einer **Kenntnisnahme zu rechnen** ist. Diese Voraussetzung ist erfüllt, sobald aufgrund der konkreten Umstände des Falls damit zu rechnen ist, dass die Willenserklärung gelesen wird. Bei schriftlichen Erklärungen im geschäftlichen Verkehr ist dies noch am selben Arbeitstag der Fall, sofern die Erklärung während der üblichen Geschäftszeiten im Unternehmen ankommt.

S Hier war damit zu rechnen, dass die eingehende Post noch am Vormittag desselben Tages (Mittwoch, 28.05.), spätestens aber im Laufe des frühen Nachmittags durch V oder einen Vertreter des V gelesen würde. Die Abwesenheit des V steht dem nicht entgegen, da von **normalen Verhältnissen** auszugehen ist. Wenn V nicht zur Messe gefahren wäre, hätte er die Möglichkeit gehabt, schon am Mittwoch die Bestellung zu lesen. Mit einer Kenntnisnahme war auch zu rechnen. Deshalb ist die Bestellung nach § 130 Abs. 1 S. 1 BGB im Laufe des Mittwochs und damit weniger als zwei Tage nach Zugang des Angebots (Montagnachmittag) bei V zugegangen. Der Zugang erfolgte also innerhalb der mindestens zweieinhalb Tage langen Annahmefrist.

N Dem V darf kein vorheriger oder gleichzeitiger Widerruf des K vorliegen (§ 130 Abs. 1 S. 2 BGB).

D Ein Widerruf ist eine Mitteilung, dass eine Willenserklärung, zum Beispiel ein Angebot oder eine Annahme, nicht mehr gelten soll.

S K hat keinen Widerruf erklärt.

Ergebnis: Da die Annahmefrist mindestens zweieinhalb Tage betrug und die **Annahme** innerhalb von zwei Tagen zugegangen ist, ist sie **rechtzeitig** erfolgt.

Hinweis

Damit ist die gestellte Frage, ob die Annahme *rechtzeitig* erfolgt ist, beantwortet. Weitere Ausführungen sind nicht nur nicht erforderlich, sondern schlicht überflüssig.

Insbesondere muss nicht hinzugefügt werden, dass V und K einen Kaufvertrag geschlossen haben und dass K deshalb die Lieferung der Mäntel nach § 433 Abs. 1 BGB verlangen kann. Also lassen Sie diese Ausführungen bitte weg!

Vorschlag für eine Klausurlösung[5]

Es ist zu prüfen, ob die Annahme des K innerhalb der Annahmefrist und damit rechtzeitig erfolgt ist. Dies richtet sich nach § 147 Abs. 1, § 147 Abs. 2 oder § 148 BGB.

§ 148 BGB setzt voraus, dass der Antragende dem anderen Teil eine Frist für die Annahme gesetzt hat. Das ist hier nicht der Fall, weil V zwar eine „baldige Bestellung" empfohlen, aber keine konkrete Annahmefrist genannt hat.

§ 147 Abs. 1 BGB ist maßgeblich, wenn ein Angebot unter Anwesenden erfolgt, wozu nach § 147 Abs. 1 S. 2 BGB auch telefonische Angebote gehören. Voraussetzung ist aber eine unmittelbare Kommunikationsmöglichkeit, die bei einem Fax nicht besteht.

Nach dem für Angebote unter Abwesenden und damit hier maßgeblichen § 147 Abs. 2 BGB kommt es darauf an, bis zu welchem Zeitpunkt der Antragende (V) unter regelmäßigen Umständen mit einer Annahmeerklärung des K rechnen musste. Hierfür gilt die „TÜR-Formel": Die Annahmefrist setzt sich zusammen aus der Zeit

- für die Übermittlung (**T**ransport) des Angebots und der Kenntnisnahme durch den Empfänger,
- der **Ü**berlegungs- und Bearbeitungszeit des Empfängers und
- der Zeit für die Übermittlung der Annahmeerklärung (**R**ücktransport).

Wenn der Antragende ein schnelles Transportmedium für das Angebot benutzt, darf er erwarten, dass der Empfänger ebenfalls ein schnelles Transportmedium für die Annahme einsetzt. Da V ein Fax verwendet, beträgt die eigentliche Übermittlungszeit für das Angebot nur wenige Minuten. Außerdem kann V erwarten, dass K das während der Geschäftszeit eingehende Angebot innerhalb von zwei bis drei Stunden zur Kenntnis nimmt und sodann für die Antwort ein ähnlich schnelles Transportmedium benutzt. Das ergibt für den Transport

[5] Diese Lösung verzichtet auf die Darstellung des NDS-Schemas, das ihr aber zugrunde liegt.

von Angebot und Annahme ca. vier bis sechs Stunden, also etwa einen halben Tag.

Damit verkürzt sich die Annahmefrist im Wesentlichen auf den Zeitraum, den K benötigt, um eine Entscheidung über den Kauf zu treffen und die Bestellung aufzugeben. Aufgrund der Umstände (Kauf von Damenmänteln im geschäftlichen Verkehr) ist davon auszugehen, dass die Frist mindestens zwei Werktage beträgt. Auch wenn V eine baldige Bestellung empfohlen hat, kann er nicht erwarten, dass K seine Bestellung in noch kürzerer Zeit aufgibt. Die Frist beträgt damit insgesamt *mindestens* zweieinhalb Tage.

Für die Rechtzeitigkeit der Annahmeerklärung kommt es nach § 147 Abs. 2 BGB darauf an, wann diese Erklärung bei V eingegangen ist. Mit Eingang ist dabei der *Zugang* nach § 130 Abs. 1 BGB gemeint. Eine Willenserklärung ist zugegangen, wenn sie in den Machtbereich des Empfängers gelangt *und* unter normalen Verhältnissen mit einer Kenntnisnahme zu rechnen ist. *Außerdem* darf kein vorheriger oder gleichzeitiger Widerruf zugehen.

In den Machtbereich des V ist die Bestellung *spätestens* gelangt, als der Azubi nach dem Gang zur Post den Betrieb erreichte[6]. Da V Unternehmer ist, war damit zu rechnen, dass die Bestellung noch am Vormittag oder jedenfalls im Laufe des Tages von V oder einem Vertreter des V gelesen würde. Der Umstand, dass V sich für einige Tage auf einer Messe befand, hat keine Bedeutung, weil auf normale Verhältnisse in einem kaufmännisch eingerichteten Betrieb abzustellen ist. Da K seine Annahmeerklärung auch nicht widerrufen hat, ist sie am 28.05. und damit innerhalb der (mindestens) zweieinhalb Tage langen Annahmefrist zugegangen.

Ergebnis: Die Bestellung ist nach § 130 Abs. 1 S. 1 BGB im Laufe des Mittwochs, also etwa zwei Tage nach Eingang des Angebots (Montagnachmittag) und damit innerhalb der Annahmefrist bei V zugegangen. Also ist die Annahme rechtzeitig erfolgt.

Fall 2: Vertrag oder nicht Vertrag, nur das ist hier die Frage

Fall aus einer Anfängerübung

Frau Gerster (G) richtet an das Hotel Heidemann (H) per Fax eine Anfrage nach dem Preis für ein Einzelzimmer mit Halbpension für 14 Tage in der Zeit ab dem 01.07. H schickt daraufhin an G einen bereits ausgefüllten und unterschriebenen Entwurf eines schriftlichen „Beherbergungsvertrags", in dem es auszugsweise wie folgt heißt:

„Ziff. 3: Der Vertrag kommt mit dem Zugang des vom Kunden unterschriebenen Beherbergungsvertrags zustande.

Ziff. 4: Unser Angebot gilt 14 Tage."

6 In diesem Punkt unterscheidet sich die Lösung von der ausführlichen Lösung, allerdings ohne dass sich der Unterschied auf das Ergebnis auswirkt.

18 Tage, nachdem G das Schreiben erhalten hat, geht der nunmehr auch von G unterschriebene Beherbergungsvertrag wieder bei H ein, der daraufhin eine entsprechende Reservierung im Buchungscomputer vornimmt.

Nachdem G bis zum 02.07. morgens nicht angereist ist, erfährt H auf telefonische Nachfrage von G, er könne anderweitig über das Zimmer verfügen, da sie „die Reise aus sehr persönlichen Gründen" nicht antreten werde. H möchte wissen, ob zwischen ihm und G ein Vertrag zustande gekommen ist.

Vervollständigen Sie bitte zunächst die Aufzählung

Anfrage Frau G mit Inhalt ______________________________

H schickt G ______________________________

18 Tage später ______________________________

H nimmt ______________________________

02.07. ______________________________

H möchte wissen, ob ______________________________

Hinweis

Bei der folgenden Lösung sind zu Übungszwecken nochmals die Buchstaben N, D und S jeweils vor die Absätze gesetzt worden. In eine Klausur gehört eine solche Aufzählung nicht hinein!

Lösungsvorschlag

N: Einleitung: Es ist zu prüfen, ob zwischen H und G ein Vertrag geschlossen worden ist[7].

D Ein Vertrag kommt durch die **rechtzeitige Annahme** eines **Angebots** zustande[8]. Also müsste eine Partei ein **Angebot** zum Abschluss eines Vertrags abgegeben haben und die andere Partei müsste dieses Angebot rechtzeitig angenommen haben. Ein Angebot (Antrag) ist eine einseitige empfangsbedürftige Willenserklärung, durch die der Antragende einem anderen den Abschluss eines Vertrags verbindlich anbietet. Das Angebot setzt einen **Rechtsbindungswillen** voraus und muss die wesentlichen Bestandteile des Vertrags **(Parteien, Leistung, Gegenleistung)** umfassen, sodass der Vertrag durch ein schlichtes (einfaches) „Ja" oder „Einverstanden" der anderen Seite zustande kommen kann.

N Die per Fax unterbreitete Anfrage der G könnte ein Angebot sein.

S Die ist nicht der Fall, weil sich aus der Anfrage ergibt, dass G sich nur nach dem Preis erkundigen, aber noch keinen Vertrag abschließen will. Sie handelt ohne **Rechtsbindungswillen.** Da der Preis für die von G gewünschten Leistungen nicht feststeht, fehlt außerdem ein wesentlicher

---

[7] Da hier *nicht* nach einem Anspruch des H gegen G gefragt ist, fängt die Prüfung auch hier *nicht* mit einer *Anspruchsgrundlage* an.

[8] Dies lässt sich aus dem ersten Teil des Satzes 1 des § 151 BGB ableiten, doch wird diese Vorschrift in der Regel nicht erwähnt.

Vertragsbestandteil, sodass auch deshalb kein Angebot vorliegt. Das Fax ist lediglich eine Invitatio ad offerendum.

N H könnte durch das Zuschicken des Vertragsentwurfs ein Angebot abgegeben haben.

S[9] Das Zusenden des bereits unterschriebenen Entwurfs ist – im Gegensatz zur bloßen Übersendung eines Prospekts – aus der Sicht der Erklärungsempfängerin, also der G, gemäß **§§ 133, 157 BGB** so zu verstehen, dass H einen verbindlichen Vertragsantrag unterbreiten will. Dies ergibt sich auch aus der Ziff. 3 des von H bereits unterzeichneten Vertragsentwurfs. Die Vertragsbestandteile sind ebenfalls klar, nämlich H und G als Parteien, die Leistung (14 Übernachtungen im Einzelzimmer mit Halbpension ab 01.07.) und die Gegenleistung (Preis). Das Verhalten des H ist so zu bewerten, dass der Abschluss des Vertrags nur noch von der Annahme durch G abhängen soll.

N Da das Angebot unter Abwesenden abgegeben wurde, wird es erst mit dem **Zugang** bei G wirksam (§ 130 Abs. 1 S. 1 BGB)[10].

D/S[11] Dass der Zugang hier erfolgt ist, ergibt sich daraus, dass G geantwortet hat. Damit ist ein wirksames Angebot des H gegeben.

N Dieses Angebot des H müsste G **rechtzeitig angenommen** haben.

D Die **Annahme** ist eine Willenserklärung, durch die der Empfänger des Angebots sein uneingeschränktes Einverständnis mit dem Angebot erklärt.

S Die für den Vertragsschluss erforderliche **Annahmeerklärung** der G liegt vor, da sie den Vertragsentwurf ohne Änderungen unterschrieben und an H zurückgeschickt hat.

N Die Annahme könnte jedoch **nicht rechtzeitig** erfolgt sein. Das ist der Fall, wenn sie H erst nach **Ablauf der Annahmefrist zugegangen** ist. Hier liegt eine Annahme unter Abwesenden vor.

D Die Frage der Rechtzeitigkeit der Annahme eines unter Abwesenden abgegebenen Angebots beurteilt sich nach § 147 Abs. 2 BGB, es sei denn, der Antragende hat für die Annahme des Angebots eine **Frist** gesetzt. Dann ist § 148 BGB maßgeblich.

S Weil das Angebot des H nach Ziff. 4 des Vertragsentwurfs 14 Tage gelten sollte, hat H eine **Annahmefrist** gesetzt. Diese Frist begann gemäß § 187 Abs. 1 BGB *spätestens* am Ende des Tages zu laufen, als G den Vertragsentwurf erhielt[12] und endete am letzten Tag des gesetzten Zeitraumes. Zu klären ist, ob es für die Rechtzeitigkeit der Annahme ausreicht, wenn die Annahme bis zu diesem Tag abgegeben wird oder ob die Annahmeerklärung innerhalb des **Annahmezeitraumes zugehen** muss. Im Regelfall muss die Erklärung innerhalb der Annahmefrist beim Antragenden an-

9 Die Definition darf (muss) nicht wiederholt werden!

10 Eine Definition des Zugangs ist hier nicht erforderlich, weil klar ist, dass G den Entwurf erhalten hat.

11 Auf die Definition des Zugangs ist verzichtet worden, da feststeht, dass der Zugang erfolgt ist und es an dieser Stelle *nicht* darauf ankommt, wann der Zugang genau erfolgt ist.

12 Nach Palandt/Ellenberger, Bürgerliches Gesetzbuch, § 148 Rn. 3 beginnt die Frist in der Regel schon mit dem Datum des Antrags, nicht erst mit dem Zugang zu laufen.

kommen, also zugehen im Sinne des § 130 Abs. 1 S. 1 BGB. Das bloße Absenden reicht nicht aus. Da hier wegen fehlender anderer Angaben vom Regelfall auszugehen ist, ist die Annahmeerklärung der G außerhalb der Annahmefrist von 14 Tagen und damit nicht rechtzeitig zugegangen. Der Vertrag ist deshalb nicht zustande gekommen. Es liegt eine **verspätete Annahme** vor.

N Die verspätete Annahme könnte ein Antrag der G sein.

D Nach **§ 150 Abs. 1 BGB gilt** eine verspätete Annahme als **neuer Antrag.**

S Deshalb liegt nunmehr ein Angebot der G vor, durch das sie H den Abschluss des Vertrags zu den im Entwurf des Beherbergungsvertrags enthaltenen Bedingungen anbietet. Das Angebot ist H zugegangen und damit wirksam geworden (§ 130 Abs. 1 S. 1 BGB).

N Dieses Angebot müsste H angenommen haben.

S[13] H hat keine **ausdrückliche Annahmeerklärung** abgegeben.

N Die Annahme könnte aber durch konkludentes (schlüssiges) Verhalten erfolgt sein.

D Ein **konkludentes Verhalten** ist eine Willenserklärung, wenn der Erklärende eine Handlung vornimmt, die einen **eindeutigen Schluss** auf einen ganz **bestimmten Rechtsfolgewillen** zulässt.

S Durch die Reservierung im Buchungscomputer bringt H klar und eindeutig zum Ausdruck, dass er den Vertrag mit G schließen will. Damit liegt eine Annahmeerklärung vor.

N Die Annahmeerklärung müsste wirksam geworden sein.

D Die unter Abwesenden erfolgte Annahme des H wird als empfangsbedürftige Willenserklärung nach § 130 Abs. 1 S. 1 BGB (erst) wirksam, wenn sie G **zugeht.**

S Im Zeitpunkt der Reservierung war dies noch nicht der Fall, weil G keine Mitteilung erhalten hat.

N Etwas anders könnte sich aber aus **§ 151 BGB** ergeben.

D Auch diese Vorschrift setzt für das Zustandekommen eines Vertrags eine Annahme voraus. Die Besonderheit besteht darin, dass die – erfolgte – Annahme dem Antragenden gegenüber nicht erklärt (mitgeteilt) werden muss, wenn dieser auf den **Zugang** der Erklärung **verzichtet** hat *oder* wenn eine solche Erklärung nach der **Verkehrssitte** nicht zu erwarten ist.

S Hier kommt ein Verzicht der G in Betracht. Da G den schon von H unterschriebenen Vertragsentwurf ebenfalls unterschrieben hat, liegen die Unterschriften beider Vertragspartner vor. Lediglich deshalb, weil G die Annahme – ein wenig – verspätet erklärt, ist ihre Erklärung nach § 150 Abs. 1 BGB rechtlich als neues Angebot zu bewerten, das – was G möglicherweise gar nicht weiß – der Annahme durch H bedarf. Unter diesen Umständen kann davon ausgegangen werden, dass G auf eine Buchungsbestätigung durch H verzichtet[14]. Da H das Angebot der G angenommen

[13] Die Definition der Annahme muss nicht wiederholt werden.

[14] Es ist auch möglich zu argumentieren, eine Erklärung der Annahme gegenüber dem Antragenden sei nach der Verkehrssitte nicht zu erwarten, wenn ein Gast eine als verbindlich gewollte Buchung vorgenommen hat. So hat das OLG Düsseldorf einen vergleichbaren Fall entschieden, veröffentlicht in: MDR 1993, S. 26.

hat, sind alle Voraussetzungen für den Abschluss des Beherbergungsvertrags gegeben.

Ergebnis: Zwischen V und K ist ein Vertrag geschlossen worden.

Hinweis

Weitere Punkte sind nicht zu prüfen, da nach der Aufgabenstellung nur gefragt ist, *ob* ein Vertrag geschlossen wurde. Diese enge Fragestellung war der Grund dafür, dass die Prüfung nicht mit einer Anspruchsgrundlage zu beginnen und auch der berühmte Satz *„Wer will was von wem woraus?"* nicht zugrunde zu legen war. Es ist auch nicht darauf einzugehen, ob und was sich daraus ergeben könnte, dass G die Reise „aus sehr persönlichen Gründen" nicht angetreten hat.

Fall 3: Computerbildschirme

Ausgangsfall

Am 09.03. erhält der Einzelhändler König (K) eine E-Mail des Großhändlers Vogel (V) mit folgendem Inhalt:

„An alle meine Kunden. Einmaliges Sonderangebot aus einer Geschäftsübernahme. Computerbildschirme, Hersteller MacCom, 27 Zoll, Modell 27/5, Sonderpreis 220,– €! Bestellen Sie sofort, die Nachfrage ist riesig." K antwortet drei Stunden später per Fax, in dem es heißt: „Eilt! Bitte um sofortige Lieferung von 30 Bildschirmen."

V lässt die Bildschirme unverzüglich verpacken und zum Transport geben. Ist damit bereits ein Kaufvertrag zustande gekommen? Was meinen Sie?

1. Abwandlung

K erhält auf sein Angebot laut Ausgangsfall eine *„Auftragsbestätigung"* des V, in der es heißt:

„Wir bestätigen infolge Lieferengpässen verbindlich die Bestellung von 15 Bildschirmen".

Bei der Anlieferung von 15 Bildschirmen verweigert K die Abnahme, während V auf der Abnahme und Bezahlung besteht. Hat V Recht? Auf das HGB ist nicht einzugehen.

2. Abwandlung

V unterbreitet K auf dessen Anfrage vom 08.03. am 09.03. per E-Mail ein verbindliches Angebot über die Lieferung von 30 Bildschirmen, Hersteller MacCom, 27 Zoll, Typ 27/5 zum „Aktionspreis von 220,– €". K nimmt dieses Angebot am 16.03. per Brief, der am 17.03. bei V eintrifft, an. Ist die Annahme rechtzeitig erfolgt?

3. Abwandlung

K bestellt am 10.03. wie folgt:

„Bitte um sofortige schnelle Lieferung von 30 Bildschirmen, letzter Termin 24.03."

Als V die Ware am 24.03. gegen 15.30 Uhr anliefern will, verweigert K die Abnahme mit der Begründung, er habe seit der Bestellung nichts mehr von V gehört. V meint, *„es sei alles im grünen Bereich"*. Hat V Recht?

4. Abwandlung

V unterbreitet K telefonisch ein verbindliches Angebot über 30 näher bezeichnete Computer zu einem Angebotspreis. K erwidert: *„Ich prüfe das und gebe übermorgen Bescheid."* V entgegnet: *„Geht in Ordnung."* Als K zwei Tage später die Bestellung aufgibt, erklärt V, *„er könne zu diesem Preis nicht mehr liefern, da sein Vorrat erschöpft sei."* K besteht auf der Lieferung zum „Angebotspreis". V verweist auf § 147 Abs. 1 Satz 2 BGB. Wie ist die Rechtslage?

5. Abwandlung

Wie im **Ausgangsfall** mit der Änderung, dass die Bestellung des K bei V verloren geht. Kann K mit der Begründung, Schweigen unter Kaufleuten sei als Zustimmung zu werten, die Lieferung verlangen? Gehen Sie davon aus, dass V unter seiner Firma in das Handelsregister eingetragen ist.

Hinweis

Der Grundfall mit seinen fünf Abwandlungen soll dazu dienen, verschiedene Aspekte des Abschlusses von Verträgen zu üben.

Die Lösung ist nicht in allen Punkten vollständig ausformuliert, sondern soll unter Verzicht auf sprachliche Feinheiten die Abfolge und das Vorgehen verdeutlichen. Zu Übungszwecken könnte es sinnvoll sein, wenn Sie den Text in einen Fließtext mit ganzen Sätzen und Übergängen umwandeln.

Ausgangsfall

Am 09.03. erhält der Einzelhändler König (K) eine E-Mail des Großhändlers Vogel (V) mit folgendem Inhalt:

„An alle meine Kunden. Einmaliges Sonderangebot aus einer Geschäftsübernahme. Computerbildschirme, Hersteller MacCom, 27 Zoll, Modell 27/5, Sonderpreis 220,– €! Bestellen Sie sofort, die Nachfrage ist riesig."

K antwortet drei Stunden später per Fax, in dem es heißt:

„Eilt! Bitte um sofortige Lieferung von 30 Bildschirmen."

V lässt die Bildschirme unverzüglich verpacken und zum Transport geben. Ist damit bereits ein Kaufvertrag zustande gekommen? Was meinen Sie?

Vorarbeit

Da im Text mehrere Daten vorkommen, ist es erforderlich, vorab eine zeitliche Darstellung etwa wie folgt anzufertigen:

09.03. Einzelhändler K erhält E-Mail des V: „An alle meine Kunden – einmaliges Sonderangebot über Computerbildschirme Modell 27/5, 220,– €, riesige Nachfrage, sofort bestellen"

10.03. Fax des K: „Eilt! Bitte um sofortige Lieferung von 30 Bildschirmen"

11.03. V lässt Ware verpacken und zum Transport geben.

Hinweis

Die folgende Lösung erfolgt nicht in ausformulierter Form, sondern soll lediglich den Gedankengang aufzeigen.

N **Einleitung:** Liegt bereits Kaufvertrag vor?[15]

D Voraussetzung für Abschluss Kaufvertrag: Angebot und rechtzeitige Annahme.

N Angebot durch „Sonderangebot" des V?

D Angebot muss umfassen: Parteien, Leistung, Gegenleistung, Rechtsbindungswillen.

S Zu klären ist, ob V bereits ein verbindliches Angebot abgeben wollte oder nur eine Invitatio ad offerendum, mit der er seine Kunden veranlassen wollte, Angebote abzugeben. Frage im Wege der **Auslegung vom Empfängerhorizont gemäß §§ 133, 157 BGB** zu entscheiden. Wie durfte K als vernünftiger Empfänger das Verhalten des V verstehen? Da V die *„Sonderangebote"* an *„alle meine Kunden"* geschickt hat, musste K davon ausgehen, dass V nach einer eventuellen Bestellung noch prüfen wollte, ob sein Warenvorrat ausreicht (Liefermöglichkeit) oder ob andere Hindernisse der Lieferung entgegenstehen (Bonität des Kunden). Deshalb liegt im Fax noch kein Angebot, sondern nur eine **Invitatio ad offerendum** (Aufforderung zur Abgabe eines Angebots).

N Angebot durch Fax des K?

(D) wie oben! Definition nicht wiederholen, sondern sofort subsumieren!

S Parteien: V = Verkäufer, K = Käufer.

Leistung: im Fax nur „30 Bildschirme", ohne Angabe des Typs, aber unmittelbarer zeitlicher Zusammenhang mit dem „Sonderangebot" des V, aus dem im Wege der Auslegung nach §§ 133, 157 BGB die restlichen Angaben zu entnehmen sind.

Gegenleistung = Preis: ebenfalls aus dem „Sonderangebot" zu entnehmen.

Rechtsbindungswille: K will verbindlich bestellen, zwar „Bitte" um Lieferung, aber aus Sicht des V Bestellung nach Auslegung §§ 133, 157 BGB

Damit liegt ein Angebot des K vor.

N Wirksamwerden des Angebots.

[15] In einer Klausur sind direkte Fragen zu vermeiden!

D Nach § 130 Abs. 1 S. 1 BGB mit dem Zugang, da Angebot unter Abwesenden[16].

S Hier Angebot unter Abwesenden; jedoch ist der **Zugang** eindeutig erfolgt, da V die Bestellung verarbeitet hat. Damit liegt ein wirksames Angebot des K vor.

Hinweis

Es hätte auch der Satz gereicht: *„Dieses Angebot ist V nach dem Sachverhalt zugegangen (§ 130 Abs. 1 S. 1 BGB), da er die Bestellung bearbeitet hat."*

N Rechtzeitige Annahme dieses Angebots durch V.

D Einfaches „Ja" innerhalb der Annahmefrist; ausdrücklich oder konkludent, wenn Annahmewille aus dem Verhalten eindeutig zum Ausdruck kommt.

S Ausdrückliche Annahmeerklärung nicht gegeben; in der Bearbeitung der Bestellung und in der Aufgabe der Ware zum Transport liegt aber eine **konkludente Annahme,** weil der Annahmewille aus dem Verhalten eindeutig zum Ausdruck kommt. Da die Bestellung „sofort" bearbeitet wurde, lag die Annahme unproblematisch auch innerhalb der Annahmefrist des hier mangels Fristsetzung (§ 148 BGB) anzuwendenden § 147 Abs. 2 BGB.

N Zugang der Annahmeerklärung bei K? Annahme des V war unter Abwesenden, wird erst wirksam mit Zugang (§ 130 Abs. 1 S. 1 BGB).

S Zugang noch nicht erfolgt, da Ware noch nicht bei K angekommen ist.

Zwischenergebnis: Wegen des fehlenden Zugangs der Annahmeerklärung liegt noch kein Vertrag vor.

N Zugang der Annahmeerklärung nach § 151 BGB entbehrlich?

D § 151 BGB verzichtet nicht auf die Annahme, sondern nur auf den **Zugang** der Annahmeerklärung; **§ 151 BGB ist also eine Ausnahme zu § 130 Abs. 1 S. 1 BGB.**

Verzicht auf die Erklärung der Annahme gegenüber dem Antragenden, falls die Erklärung

- nach Verkehrssitte nicht zu erwarten ist oder
- der Antragende auf den Zugang der Erklärung verzichtet hat.

S *Lösungsvorschlag:* Hier Verzicht des V, da er mit *„Eilt! Sofortige Lieferung"* bestellt hat; daraus ist im Wege der Auslegung (§§ 133, 157 BGB) zu entnehmen, dass V keinen Wert auf eine vorherige Bestätigung (Annahmeerklärung) legte, also darauf verzichtete. Die konkludente Annahme des V ist deshalb nach § 151 BGB sofort wirksam geworden.

Schluss: Damit liegen Angebot und Annahme vor, sodass der Kaufvertrag bereits zustande gekommen ist.

[16] Der Begriff „Zugang" muss hier nicht definiert werden, da die Subsumtion ganz einfach ist.

1. Abwandlung

K erhält auf sein Angebot laut Ausgangsfall eine *„Auftragsbestätigung“* des V, in der es heißt:

„Wir bestätigen infolge Lieferengpässen verbindlich die Bestellung von 15 Bildschirmen“.

Bei der Anlieferung von 15 Bildschirmen verweigert K die Abnahme, während V auf der Abnahme und Bezahlung besteht. Hat V Recht? Auf das HGB ist nicht einzugehen.

Einleitung: V besteht gemäß §433 Abs. 2 BGB zu Recht auf der *Abnahme* der 15 Bildschirme, wenn ein entsprechender Kaufvertrag zustande gekommen ist.

Angebot des K liegt laut Aufgabenstellung vor. Bestellung laut Ausgangsfall: 30 Stück.

Hinweis

Es ist ohne NDS-Prüfung festzustellen, dass ein Angebot des K vorliegt, weil der Sachverhalt dies eindeutig vorgibt.

N Rechtzeitige Annahme des V durch die „Auftragsbestätigung“.

D Einfaches „Ja“ innerhalb der Frist.

S Zwar grundsätzliches Einverständnis in der Auftragsbestätigung, aber Einschränkung des Angebots, da statt 30 nur Lieferung von 15 Bildschirmen bestätigt, damit ist das Angebot *nicht* angenommen; nach **§150 Abs. 2 BGB** liegt eine **geänderte Annahme** vor, die als Ablehnung verbunden mit einem neuen Angebot gilt.

N Annahme dieses neuen Angebots durch K erforderlich.

(D) Annahme nicht noch einmal definieren, sondern sofort subsumieren.

S Annahme nicht erfolgt, da K die Annahme der 15 Bildschirme verweigert; darin liegt Ablehnung des Angebots.

Schluss: Kein Kaufvertrag über 15 Bildschirme zustande gekommen, V steht deshalb gegen K kein Anspruch aus §433 Abs. 2 BGB auf Abnahme und Bezahlung zu. V hat damit nicht Recht.

Praxistipp

V und K haben sich kaufmännisch unvernünftig verhalten. V hätte sich erkundigen können, ob 15 Bildschirme ausreichen, K hätte mitteilen können, dass er an 15 Bildschirmen kein Interesse hat. So sind unnötige Transportkosten entstanden, außerdem dürfte die Geschäftsbeziehung zumindest einen „kleinen“ Dämpfer erhalten haben.

2. Abwandlung

V unterbreitet K auf dessen Anfrage vom 08.03. am 09.03. per E-Mail ein verbindliches Angebot über die Lieferung von 30 Bildschirmen, Hersteller MacCom, 27 Zoll, Typ 27/5 zum *„Aktionspreis von 220,– €"*. K nimmt dieses Angebot am 16.03. per Brief, der am 17.03. bei V eintrifft, an. Ist die Annahme rechtzeitig erfolgt?

Einleitung: Es ist (nur!) zu prüfen, ob die Annahme *rechtzeitig* erfolgt ist.

D Rechtzeitig, falls innerhalb der Annahmefrist: Keine Annahmefrist gesetzt, also kein Fall des § 148 BGB.
Problem, ob Antrag unter Abwesenden oder Anwesenden? E-Mail fällt nicht unter § 147 Abs. 1 S. 2 BGB, da es an einer *unmittelbaren persönlichen* Kommunikation fehlt. Damit § 147 Abs. 2 BGB. Annahmefrist = **T**ransport des Angebots + **Ü**berlegungs- und Bearbeitungszeit + **R**ücktransport der Annahmeerklärung **(„TÜR-Formel")**. Falls ein schnelles Transportmittel für das Angebot genutzt wird, wird für die Berechnung der Annahmefrist ebenfalls von der Nutzung eines schnellen Transportmittels für die Übermittlung der Annahmeerklärung ausgegangen; bei Nutzung eines langsamen Transportmittels für die Annahmeerklärung kann aber eine Verrechnung mit Überlegungs- und Bearbeitungszeit erfolgen.

S Anfrage K 08.03.; Angebot V 09.03. per E-Mail, Transport des Angebots: wenige Sekunden; mit Kenntnisnahme zu rechnen bei Unternehmern, die E-Mail geschäftlich nutzen, während der Geschäftszeit in zwei bis drei Stunden, spätestens innerhalb eines halben Tages, damit Zugang (§ 130 Abs. 1 S. 1 BGB) und zugleich Beginn der Überlegungs- und Bearbeitungszeit.

Dauer der **Überlegungs- und Bearbeitungszeit** hängt vom Umfang des Geschäftes ab,
– hier 30 Stück à 220,– € = 6.600,– €,
– K hatte nach Angebot gefragt, musste also mit Angebot rechnen,
– „Aktionspreis".

Überlegungs- und Bearbeitungszeit wohl nur zwei bis drei Tage, auf jeden Fall weniger als sieben Tage, die nach dem Sachverhalt angefallen sind.
Rücktransport: für Berechnung der Annahmefrist schnelles Mittel anzusetzen (= E-Mail, Fax, Telefon): wenige Sekunden, Kenntnisnahme bei K innerhalb zwei bis drei Stunden, spätestens innerhalb eines halben Tages.

Berechnung nach der „TÜR-Formel": **T** (zwei bis drei Stunden) + **Ü** (zwei bis drei Tage) + **R** (zwei bis drei Stunden) = drei bis vier Tage.

Schluss: Die Annahmeerklärung ging erst nach acht Tagen zu, also außerhalb der Annahmefrist und ist damit nicht rechtzeitig erfolgt.

3. Abwandlung

K bestellt am 10.03. wie folgt:

„Bitte um sofortige schnelle Lieferung von 30 Bildschirmen, letzter Termin 24.03."

Als V die Ware am 24.03. gegen 15.30 Uhr anliefern will, verweigert K die Abnahme mit der Begründung, er habe seit der Bestellung nichts mehr von V gehört. V meint, *„es sei alles im grünen Bereich"*. Hat V Recht?

Einleitung: V hat Recht, wenn die Annahme *rechtzeitig* erfolgt ist.

D Hier Angebot unter Abwesenden, also § 148 BGB, falls Annahmefrist durch K gesetzt wurde, sonst § 147 Abs. 2 BGB.

S Bestellung K: „Sofortige Lieferung, spätestens bis 24.03." *Problem*: Hat K mit dieser Erklärung eine **Annahmefrist** oder eine **Lieferfrist** *gesetzt*? Dies ist durch Auslegung vom Empfängerhorizont (§§ 133, 157 BGB) zu ermitteln.

D Wie durfte und musste V als vernünftiger Empfänger die Erklärung des K verstehen?

D *Lösungsvorschlag:* Wohl eine Lieferfrist, nicht Bestimmung einer Annahmefrist im Sinne des § 148 BGB, weil K um „sofortige schnelle Lieferung" gebeten hatte und den 24.03. als letzten Termin im Sinne eines Liefertermins genannt hatte. *(Eine andere Lösung ist vertretbar, muss aber begründet werden!)*

Nach dieser Lösung: Annahmefrist nach § 147 Abs. 2 BGB zu bestimmen, hier abgelaufen (vgl. Lösung zur 2. Abwandlung).

Entbehrlichkeit der Erklärung der Annahme nach § 151 BGB? Kein Hinweis darauf, dass die Erklärung der Annahme nach der Verkehrssitte nicht üblich ist oder dass K darauf verzichtet hat. Im Übrigen müsste während der Annahmefrist eine jedenfalls konkludente Annahme erfolgt sein, was aus dem Sachverhalt aber nicht hervorgeht. Die in der Lieferung liegende verspätete Annahme gilt nach § 150 Abs. 1 BGB als neuer Antrag, den K aber nicht angenommen hat.

Ergebnis: V hat nicht Recht, weil keine rechtzeitige Annahme erfolgt ist.

4. Abwandlung

V unterbreitet K telefonisch ein verbindliches Angebot über 30 näher bezeichnete Computer zu einem Angebotspreis. K erwidert: *„Ich prüfe das und gebe übermorgen Bescheid."* V entgegnet: *„Geht in Ordnung."* Als K zwei Tage später die Bestellung aufgibt, erklärt V, *„er könne zu diesem Preis nicht mehr liefern, da sein Vorrat erschöpft sei."* K besteht auf der Lieferung zum „Angebotspreis". V verweist auf § 147 Abs. 1 Satz 2 BGB. Wie ist die Rechtslage?

Vorüberlegung

Da nach der **Rechtslage** gefragt ist, muss vorab ermittelt werden, was zu untersuchen ist. Der Streit der Parteien geht darum, ob K die Lieferung zum „Angebotspreis" verlangen kann, ob er also einen entsprechenden **Anspruch** hat. Deshalb ist diese Prüfung mit einer **Anspruchsgrundlage** zu beginnen. Innerhalb der Prüfung ist auf den Einwand des V einzugehen.

Also: *Wer will was von wem woraus?*

N: **Einleitung:** K könnte einen Anspruch auf die Lieferung von 30 Computern zum Angebotspreis gegen V aus §433 Abs. 1 S. 1 BGB haben.

N Dann müsste zwischen K und V ein Kaufvertrag mit diesem Inhalt bestehen.

D Ein Kaufvertrag kommt durch die rechtzeitige Annahme eines Angebots zustande.

S V hat laut Sachverhalt telefonisch ein verbindliches Angebot abgegeben[17].

N Fraglich ist, ob eine **rechtzeitige Annahme** durch K erfolgt ist. Die Annahmefrist könnte sich nach §147 Abs. 1 BGB oder §148 BGB richten. Wenn V eine **Annahmefrist** nach §148 BGB gesetzt hat, würde §148 BGB als spezielle Norm §147 Abs. 1 BGB verdrängen.

S Ausdrücklich hat V keine Annahmefrist gesetzt, aber auf die Erklärung des K *„Ich prüfe das und gebe übermorgen Bescheid"* mit *„Geht in Ordnung"* geantwortet. Es ist im Wege der Auslegung (§§133, 157 BGB) zu ermitteln, ob K als vernünftiger Empfänger der Erklärung diese Äußerung des V als Fristsetzung verstehen durfte.

Lösungsvorschlag

Ja, sodass V bis zum Ende der Frist an sein Angebot gebunden war. Die Annahme des K innerhalb dieser Frist war rechtzeitig.

Ergebnis: Durch die rechtzeitige Annahme ist ein Kaufvertrag zustande gekommen, sodass K von V nach §433 Abs. 1 S. 1 BGB die Lieferung von 30 Computern zum Angebotspreis verlangen kann.

5. Abwandlung

Wie im **Ausgangsfall** mit der Änderung, dass die Bestellung des K bei V verloren geht. Berücksichtigen Sie jetzt auch das HGB! Kann K mit der Begründung, Schweigen unter Kaufleuten sei als Zustimmung zu werten, die Lieferung verlangen? Gehen Sie davon aus, dass V unter seiner Firma in das Handelsregister eingetragen ist.

Skizze

- Invitatio ad offerendum des V (*„An alle meine Kunden. Einmaliges Sonderangebot ..."*)
- Bestellung des K (*„Eilt! Bitte um sofortige Lieferung ..."*) = Angebot
- Schweigen des V → Schweigen als Annahme?

[17] Die Voraussetzungen eines Angebots sind hier nicht näher zu prüfen, da nach dem Sachverhalt ein Angebot vorliegt.

Einleitung: K kann die Lieferung der 30 Bildschirme von V gemäß §433 Abs. 1 S. 1 BGB verlangen, wenn zwischen ihm und V durch Angebot und Annahme ein entsprechender Kaufvertrag zustande gekommen ist.

S Ein Angebot des K liegt nach dem Sachverhalt mit der Bestellung des K vor.

N Dieses Angebot müsste V rechtzeitig angenommen haben.

S Es liegt weder eine *ausdrückliche* noch eine *konkludente* Annahme des V vor.

N Das *Schweigen* des V könnte nach *§362 Abs. 1 HGB* als Annahme des Angebots zu werten sein.

D **Erste** Voraussetzung des §362 Abs. 1 HGB: V muss Kaufmann sein; das richtet sich nach §§1 ff. HGB; nach §1 Abs. 1 HGB ist derjenige Kaufmann, der ein Handelsgewerbe betreibt. Nach §1 Abs. 2 HGB ist jeder Gewerbebetrieb ein Handelsgewerbe, es sei denn, dass das Unternehmen nach Art oder Umfang einen in kaufmännischer Weise eingerichteten Geschäftsbetrieb nicht erfordert. Betreiber ist derjenige, den die Folgen der Tätigkeit unmittelbar treffen.

S V betreibt als Großhändler einen Gewerbebetrieb und ist unter seiner Firma im **Handelsregister** eingetragen. Er ist deshalb nach §1 Abs. 1 HGB aufgrund der Tätigkeit oder nach §2 HGB i. V. m. §1 HGB aufgrund der Handelsregistereintragung Kaufmann im Sinne des HGB.

N **Zweite** Voraussetzung §362 HGB Abs. 1 HGB: Der Gewerbebetrieb des V muss die **Besorgung von Geschäften für andere** mit sich bringen.

D Das ist der Fall, wenn jemand Geschäfte für einen anderen ausführt, die der andere eigentlich selbst ausführen müsste[18]. Nicht unter §362 Abs. 1 HGB fallen demgegenüber die Geschäfte eines **Warenkaufmanns,** da dieser keine Geschäfte **für andere** tätigt, sondern nur **eigene Geschäfte** (für sich) ausführt.

S V kauft und verkauft Ware im *eigenen* Namen und für *eigene* Rechnung. V ist Warenkaufmann, deshalb liegt die zweite Voraussetzung des §362 Abs. 1 HGB nicht vor.

Zwischenergebnis: Das Schweigen des V gilt nicht nach §362 Abs. 1 HGB als Annahme; also ist bisher kein Kaufvertrag geschlossen.

N Schweigen des V als Zustimmung nach den Grundsätzen des **kaufmännischen Bestätigungsschreibens?**

D Ein kaufmännisches Bestätigungsschreiben setzt voraus, dass das Ergebnis mündlicher Verhandlungen von einem der Beteiligten schriftlich zusammengefasst wird[19].

S Die Bestellung des K erfüllt bereits diese Voraussetzung nicht.

Ergebnis: K kann die Lieferung nicht verlangen, weil das Schweigen (Nichtreagieren) des V auf das Angebot des K weder nach §362 Abs. 1 HGB noch nach den Grundsätzen des kaufmännischen Bestätigungsschreibens als Annahme zu werten ist. Damit ist mangels Annahme kein Kaufvertrag geschlossen worden.

---

[18] Vgl. zu Einzelheiten S. 24 ff.
[19] Zu den weiteren Voraussetzungen vgl. S. 27 f.

Fall 4: Der rote Golf

Originalfall aus einer Anfängerklausur, Bearbeitungszeit 40 Minuten

Kaiser (K) aus Köln will sich einen gebrauchten roten VW-Golf GLS kaufen. Da K weiß, dass man von VW-Werksangehörigen in Wolfsburg zu guten Preisen sogenannte „Jahreswagen" erwerben kann, bittet er seinen Bekannten Bertram (B), der in der Nähe von Wolfsburg wohnt, sich umzusehen und *„bei einer guten Gelegenheit nicht zu zögern, sondern die Sache sofort für ihn perfekt zu machen. Allerdings dürfe ein Preis von plus/minus 15.000,– € eigentlich nicht überschritten werden".* Auf eine Anzeige im Internet hin setzt sich B mit der VW-Angestellten Vogel (V) in Verbindung, die ein Fahrzeug des gesuchten Typs für 16.400,– € anbietet. Bei den Verhandlungen erklärt B, er kaufe für seinen *„armen Freund K, der höchstens so um 15.000,– € zahlen wolle."* Schließlich einigen sich V und B auf einen objektiv sehr günstigen Preis von 15.300,– €.

1. K weigert sich dennoch, zu zahlen, weil er meint, er habe B *„gar nicht richtig beauftragt, jedenfalls habe dieser einen zu hohen Preis vereinbart".* Muss K an V 15.300,– € zahlen?
2. Nehmen Sie an, V und B hätten bei einem im Übrigen völlig gleichen Sachverhalt einen Kaufpreis von 16.200,– € vereinbart. Nachdem K den Kaufvertrag *„wegen des zu hohen Preises nicht akzeptiert"*, verlangt V Zug um Zug gegen die Lieferung des Fahrzeugs die Zahlung von B. Zu Recht?

1. Frage

Vorüberlegung zur ersten Frage

- *Kein Problem bildet die Frage, ob eine* **Einigung** *über den Abschluss eines Kaufvertrags erzielt worden ist, da sich die Einigung aus dem Sachverhalt ergibt („... einigen sich V und B ..."). Diese Frage muss also nicht untersucht werden. Man könnte sie auch gar nicht untersuchen, weil keine Angaben dazu enthalten sind, wer das zum Vertrag führende (letzte) Angebot abgegeben und wer die Annahme erklärt hat. Ausführungen zur Einigung sind deshalb weder erforderlich noch überhaupt sinnvoll möglich.*
- *Der „springende Punkt" betrifft die Frage, ob B den K* **wirksam vertreten** *hat, ob also die zum Kaufvertrag führende Willenserklärung des B – gleichgültig, ob Angebot oder Annahme – für und gegen K wirkt. Das ist nach* **§ 164 Abs. 1 BGB** *zu beurteilen. Dieses Problem ist in den Mittelpunkt der Ausführungen zu stellen.*

Klausurtipp

Unproblematisches ist kurz abzuhandeln, problematische Fragen sind ausführlich zu behandeln!

- *Wenn – wie hier – nach einem* **Anspruch** *gefragt ist, muss der erste Satz der Lösung nach dem Satz „Wer will was von wem woraus?" einschließlich einer Anspruchsgrundlage gebildet werden.*
- *§ 164 BGB ist* **keine Anspruchsgrundlage.** *Aus dieser Vorschrift kann sich deshalb auch keine Zahlungspflicht des K ergeben. Die Prüfung ist deshalb* **nicht** *mit* **§ 164 Abs. 1 BGB** *zu beginnen.*

- *Wie so oft bildet* **§433 Abs.2 BGB** *die mögliche Anspruchsgrundlage, da dort die zu untersuchende Rechtsfolge (Pflicht zur Zahlung des Kaufpreises) enthalten ist.*
- *Der Lösung liegt die* **NDS**-*Methode zugrunde, doch wird hier auf die jeweilige Angabe verzichtet. Sie können aber gerne versuchen, die Buchstaben zuzuordnen!*

Nachfolgend eine Lösung, die in einer Klausur mit „sehr gut" bewertet worden wäre!

Lösung der ersten Frage

K muss den Kaufpreis von 15.300,– € nach §433 Abs.2 BGB an V zu zahlen, wenn zwischen ihm (K) und V ein entsprechender Kaufvertrag zustande gekommen ist.

Eine *Einigung* über den Abschluss des Kaufvertrags über den roten Golf zu diesem Preis ist (nach dem Sachverhalt) zwischen V und B, aber nicht zwischen V und K erzielt worden. B könnte K aber mit der Folge wirksam vertreten haben, dass die zur Einigung führende Willenserklärung des B (Angebot oder Annahme) gemäß §164 Abs.1 S.1 BGB unmittelbar für und gegen K wirkt.

Dafür muss B

a) eine (eigene) Willenserklärung abgegeben haben,
b) im Namen des K und
c) innerhalb der ihm zustehenden Vertretungsmacht gehandelt haben.

Zu a): Eine **(eigene) Willenserklärung** liegt vor, wenn der Erklärende die Erklärung **selbst erzeugt** und nicht lediglich, wie ein Bote, eine fremde Erklärung überbringt.

Hier hat B zunächst mit V verhandelt und sodann eine eigene Willenserklärung (Kauf für 15.300,– €) abgegeben, die zur Einigung hinsichtlich des Kaufvertrags führte.

Zu b): B muss **im Namen des Vertretenen,** also des K gehandelt haben. Nach dem **Offenkundigkeitsprinzip** muss deutlich werden, dass der Handelnde den Vertrag nicht für sich selbst, sondern *für einen anderen* abschließen will.

Hier hat B nicht ausdrücklich im Namen des K gehandelt, aber erklärt, dass er für seinen *„armen Freund"* kaufe. Dies reicht aus, weil V erkennen konnte, dass nicht der handelnde B, sondern dessen Freund ihr Vertragspartner werden sollte. Dafür muss sie die Person oder deren Namen nicht unbedingt kennen.

Zu c): B hat innerhalb der Vertretungsmacht gehandelt, wenn

- K ihm eine Vollmacht für den Kauf erteilt hatte **und wenn**
- der abgeschlossene Kaufvertrag vom Umfang der Vollmacht gedeckt war.

  Eine ausdrückliche Erteilung einer Vollmacht gemäß §167 Abs.1 BGB liegt nicht vor. Die Erklärung des K, B möge *„sich umsehen und bei einer guten Gelegenheit nicht zögern, sondern die Sache sofort für ihn perfekt machen"*, ist aber im Wege der Auslegung gemäß §§133, 157 BGB aus der Sicht des B als Erklärungsempfänger nach Treu und Glauben und unter Berücksichtigung der Verkehrssitte als Erteilung einer **Innenvollmacht** zu werten. Denn B konnte und musste die Aussage des K so verstehen, dass er *„bei einer guten Gelegen-*

heit" ein Fahrzeug für K kaufen sollte. Dass K seine Aussage möglicherweise anders gemeint hat, steht dem nicht entgegen, weil es auf das Verständnis des B als Erklärungsempfänger ankommt. Also handelte B mit Vertretungsmacht.

B müsste den **Umfang der Vertretungsmacht** eingehalten haben. K hat den Umfang der Vollmacht nicht exakt vorgegeben, sondern erklärt, ein Preis von *„plus/minus 15.000,– €"* dürfe eigentlich nicht überschritten werden. Der von B vereinbarte Preis von 15.300,– € übersteigt zwar den von K genannten Betrag, doch ist die Abweichung mit 2 % relativ gering: Sie bewegt sich noch in dem von K nur in etwa vorgegebenen Rahmen, zumal der Preis objektiv sehr günstig ist. Anders wäre es gewesen, wenn K, was ohne Weiteres möglich gewesen wäre, definitiv 15.000,– € als **Höchstbetrag** vorgegeben hätte. Da er diese Möglichkeit nicht genutzt, sondern B einem gewissen Spielraum eingeräumt hat, liegt der von B vereinbarte Betrag (noch) im Rahmen der Vertretungsmacht.

Damit liegen alle Voraussetzungen des § 164 Abs. 1 BGB vor, sodass die zum Vertrag führende Willenserklärung des B unmittelbar für und gegen K wirkt. K ist damit wirksam von B vertreten worden, also besteht der Kaufvertrag zwischen K und V. K ist verpflichtet, den Kaufpreis in Höhe von 15.300,– € gemäß § 433 Abs. 2 BGB an V zahlen.

2. Frage

Vorüberlegung zur zweiten Frage

Oft wird bei vergleichbaren Fragestellungen ein Anspruch nach § 433 Abs. 2 BGB geprüft. Überlegen Sie bitte, warum § 433 Abs. 2 BGB für einen möglichen Anspruch gegen B nicht die richtige Anspruchsgrundlage sein kann.

§ 433 Abs. 2 BGB *kommt nur in Betracht, wenn zwischen V und* **B** *ein* **Kaufvertrag** *vorliegen könnte. Das ist aber nicht der Fall, weil B seine Willenserklärung nicht im eigenen Namen, sondern im fremden Namen („für seinen armen Freund") abgegeben hat. B hat nicht erklärt, dass er persönlich* **Partei** *des Kaufvertrags sein will. Vielmehr hat er erklärt, dass er einen Kaufvertrag „für seinen armen Freund" schließen möchte. Nur darauf kommt es an. Dagegen ist ohne Bedeutung, ob B berechtigt war, K zu vertreten. Auch wenn das nicht der Fall sein sollte, hätte B „für seinen armen Freund" gehandelt. Deshalb kann kein Kaufvertrag V–B vorliegen. Damit scheidet § 433 Abs. 2 BGB als Anspruchsgrundlage aus.*

In Betracht kommt aber, dass B bei Abgabe seiner Willenserklärung den Rahmen seiner Vertretungsmacht überschritten und damit als **Vertreter ohne Vertretungsmacht** *gehandelt hat. Die mögliche Anspruchsgrundlage ist deshalb* **§ 179 Abs. 1 BGB.**

Merke

Im Gegensatz zu § 164 Abs. 1 BGB, der (nur) die Voraussetzungen und die Rechtsfolge der Vertretung regelt, handelt es sich bei **§ 179 Abs. 1 BGB** um eine **Anspruchsgrundlage.**

Lösung der zweiten Frage

V könnte einen Anspruch auf Zahlung von 16.200,– € gegen B aus § 179 Abs. 1 BGB haben. Dann müsste

a) B als Vertreter einen Vertrag geschlossen haben,
b) ohne (den Nachweis) seiner Vertretungsmacht.
c) Außerdem müsste der (angeblich) Vertretene K die Genehmigung des Vertrags verweigert haben.

Zu a): B hat als Vertreter einen Vertrag geschlossen, wenn er eine

- eigene Willenserklärung
- im Namen des Vertretenen

abgegeben hat[20]. Diese Voraussetzungen sind erfüllt, wie die Prüfung zur ersten Frage ergeben hat.

Zu b): B müsste ohne (den Nachweis) seiner Vertretungsmacht gehandelt haben. B war von K gemäß § 167 Abs. 1 BGB bevollmächtigt worden, einen roten Golf zu kaufen. Damit hatte er eine Vertretungsmacht (Vollmacht), doch war die Vollmacht auf einen *„Preis von plus/minus 15.000,– €"* beschränkt. Im Wege der Auslegung nach §§ 133, 157 BGB ist zu klären, ob der hier getätigte Kauf für 16.200,– € vom Umfang der Vollmacht gedeckt ist. Maßgeblich ist dabei der Empfängerhorizont des Bevollmächtigten, also des B.

Lösungsvorschlag

Dafür könnte sprechen, dass K keine genaue Vorgabe gemacht hat und die Abweichung gegenüber der Vorgabe weniger als 10 % ausmacht.

Dagegen spricht aber, dass die Abweichung absolut gesehen über 1.000,– € beträgt und damit erheblich ist.

Nach Treu und Glauben und unter Berücksichtigung der Verkehrssitte konnte B nicht davon ausgehen, dass eine Mehrbelastung des K von über 1.000,– € von der Vollmacht gedeckt sein sollte.

Zu c): Da K den Kaufvertrag *„wegen des hohen Preises nicht akzeptiert"*, hat er dessen **Genehmigung verweigert (§§ 177 Abs. 1, 182 Abs. 1 BGB).**

Zwischenergebnis: Damit liegen alle Voraussetzungen des § 179 Abs. 1 BGB vor, sodass V nach ihrer Wahl die **Erfüllung des Vertrags** oder **Schadensersatz** von B als Vertreter ohne Vertretungsmacht verlangen kann. Da sie sich hier für die Erfüllung entschieden hat, steht ihr ein Anspruch gegen B in Höhe des mit B vereinbarten Kaufpreises von 16.200,– € Zug um Zug gegen die Lieferung des Fahrzeugs zu[21].

Diesem Anspruch könnte aber **§ 179 Abs. 3 BGB** entgegenstehen. Danach haftet der Vertreter ohne Vertretungsmacht weder auf Erfüllung noch auf Schadensersatz, wenn der andere Teil – hier V – den Mangel der Vertretungsmacht kannte oder kennen musste. Kennen bedeutet Wissen, Kennenmüssen bedeutet Nicht-

[20] Das sind die beiden ersten Voraussetzungen einer wirksamen Vertretung nach § 164 Abs. 1 BGB.

[21] Bei der Wahl von Schadensersatz könnte V den entgangenen Gewinn (§ 252 BGB) aus dem gescheiterten Vertrag von B verlangen.

wissen aufgrund von Fahrlässigkeit. Nach § 276 Abs. 2 BGB handelt fahrlässig, wer die im Verkehr erforderliche Sorgfalt außer Acht lässt. Hier hat B bei den Verhandlungen darauf hingewiesen, er kaufe für einen „armen" Freund, der *„nur so um 15.000,– €"* zahlen wolle. Daraus hätte V ableiten müssen, dass ein Vertrag über 16.200,– € von der Vollmacht nicht gedeckt war. Da V sich dennoch auf den Vertragsabschluss eingelassen hat, muss sie das Risiko tragen, dass der „Vertretene" die Genehmigung des Vertrags verweigert. In diesem Fall kann der Vertreter B nicht zur Haftung herangezogen werden.

Damit steht V gegen B kein Anspruch nach § 179 Abs. 1 BGB zu.

Hinweis

- Ein Anspruch gegen K besteht ebenfalls nicht, weil B wegen Überschreitung der Vollmacht K nicht wirksam vertreten und K die Genehmigung des Vertrags verweigert hat.
- Die Lösung ist der Verkäuferin V gegenüber recht hart. Andererseits hätte sie stutzig werden können, als die Preisvorgabe so deutlich überschritten wurde. Das BGB kennt im Übrigen grundsätzlich keinen guten Glauben an das Bestehen einer Vollmacht[22]. Wer ein Geschäft mit einem „Vertreter" abschließt, trägt das Risiko, dass dieser keine Vertretungsmacht hat und damit kein Anspruch gegen den (angeblich) Vertretenen begründet wird. Es bleibt dann nur § 179 Abs. 1 BGB gegen den „Vertreter ohne Vertretungsmacht", freilich unter dem Vorbehalt der Absätze 3 und auch des Absatzes 2, der vorliegend nicht einschlägig war.

Fall 5: Gammelfleisch

Die K-GmbH produziert in großem Umfang Fertiggerichte *„für den gehobenen Bedarf"*. Aufgrund einer Bestellung vom 13.05. hat sie vom Fleischlieferanten Willi Vey (V), der sein Unternehmen unter der Firma *„Heinz Marich Frischfleisch e.K."* betreibt, große Mengen tiefgefrorenes Fleisch zum Preis von 40.000,– € bezogen. Zwei Mitarbeiter der Einkaufsabteilung der K-GmbH haben beim Ausladen der Ware „einen Blick daraufgeworfen" und eine Geruchsprobe gemacht, wobei sich keine Anhaltspunkte für Mängel ergaben. Das Fleisch wurde direkt aus dem gekühlten Transporter in ausreichend gekühlte Räume der K-GmbH gebracht.

Als das Fleisch Anfang Juni für die unmittelbar bevorstehende Verarbeitung aufgetaut wird, stellt sich schon aufgrund des Geruchs heraus, dass es verdorben ist. Nach dem Gutachten eines Sachverständigen lag dieser Mangel schon im Zeitpunkt der Lieferung vor, wobei sich nicht aufklären lässt, ob V, der lediglich als Zwischenhändler fungierte, dies gewusst hat oder hätte wissen müssen.

Die K-GmbH weigert sich unter Hinweis auf die Mängel den Kaufpreis zu zahlen. V solle erst einmal mangelfreie Ware liefern. V meint, die K-GmbH müsse zahlen, weil sie *„eine Kontrollpflicht verletzt habe"*.

[22] Ausnahme §§ 170 ff. und die Anscheins- und Duldungsvollmacht.

Vorüberlegung

Eine Schwierigkeit dieses Falls besteht darin, den richtigen Einstieg zu finden und danach die Lösung folgerichtig und logisch zu erarbeiten. Nach dem Satz „Wer will was von wem woraus?" ist gefragt, ob die K-GmbH den Kaufpreis zahlen muss. Dabei ist unproblematisch, dass die Beteiligten einen Kaufvertrag geschlossen haben, auch wenn der Begriff im Sachverhalt nicht enthalten ist. Daraus, dass die K-GmbH eine Bestellung getätigt und V die Ware geliefert hat, ist abzuleiten, dass ein Kaufvertrag vorliegt. Die K-GmbH weigert sich aber den Kaufpreis zu zahlen, weil das von V gelieferte Fleisch verdorben ist. Auch dieser Umstand ergibt sich unmittelbar aus dem Sachverhalt, ist also ebenfalls nicht näher zu untersuchen.

Es dürfte auch klar sein, dass die K-GmbH als Käuferin die Ware wegen des Mangels nicht bezahlen muss, sondern zuvor eine mangelfreie Lieferung verlangen kann (§§ 437 Nr. 1, 439 BGB). Dieses Recht hat die K-GmbH nach Auffassung des V aber infolge der *„Verletzung einer Kontrollpflicht"* verloren. In diesem Einwand des V liegt ein versteckter Hinweis auf das zentrale Problem der Aufgabe: Es geht darum, ob die von der K-GmbH vorgenommene Untersuchung möglicherweise nicht den kaufmännischen Anforderungen entsprochen und deshalb zu einem Rechtsverlust nach § 377 Abs. 2 HGB geführt hat.

Hinweis

Lesen Sie vor dem weiteren Durcharbeiten § 320 BGB und § 377 HGB und überlegen Sie, wie diese beiden Vorschriften in die Lösung zu integrieren sind.

Lösungsvorschlag

V könnte ein Anspruch auf Bezahlung des Kaufpreises gegen die K-GmbH aus § 433 Abs. 2 BGB zustehen.

Entstehen des Anspruchs[23]

Nach dem Sachverhalt ist davon auszugehen, dass zwischen den Parteien ein wirksamer Kaufvertrag geschlossen worden ist, da die K-GmbH nach ihrer Bestellung Fleisch zum Preis von 40.000,– € von V erhalten hat. Damit ist der Anspruch auf Zahlung des Kaufpreises entstanden.

Einrede des nichterfüllten Vertrags

Dem Zahlungsanspruch könnte aber entgegenstehen, dass das Fleisch schon im Zeitpunkt der Lieferung mangelhaft war (§ 434 Abs. 1 S. 2 Nr. 2 BGB). Durch die Lieferung des mangelhaften Fleisches hat V die ihm nach § 433 Abs. 1 S. 2 BGB obliegende Pflicht zur Lieferung einer mangelfreien Ware nicht erfüllt. Deshalb steht der K-GmbH nach §§ 437 Nr. 1, 439 BGB ein Recht auf Nacherfüllung zu. Solange die Nacherfüllung nicht erfolgt ist, kann die K-GmbH – wie

[23] Hier wird eine Darstellung mit Zwischenüberschriften gewählt, was in einer Klausur nicht unbedingt erforderlich ist, aber die Darstellung übersichtlicher und lesefreundlicher macht.

geschehen – nach **§ 320 Abs. 1 S. 1 BGB** die Einrede des nicht erfüllten Vertrags erheben und damit die Zahlung des Kaufpreises bis zur Lieferung mangelfreier Ware verweigern.

Verlust der Einrede

Diese Einrede könnte aber nach § 377 Abs. 2 HGB ausgeschlossen sein, wenn die K-GmbH ihrer Rügeobliegenheit nach § 377 Abs. 1 HGB nicht ordnungsgemäß nachgekommen ist.

Kauf für beide Teile ein Handelsgeschäft

Dann müsste der Kauf für beide Teile ein Handelsgeschäft gewesen sein. Nach § 343 Abs. 1 HGB sind Handelsgeschäfte alle Geschäfte eines Kaufmanns, die zum Betriebe seines Handelsgewerbes gehören. Aus der Firmierung des V mit dem Zusatz „e.K." (für eingetragener Kaufmann) ergibt sich, dass V nach § 1 Abs. 1 HGB oder § 2 HGB Kaufmann ist. Die Kaufmannseigenschaft der K-GmbH ergibt sich aus § 6 Abs. 1 HGB i. V. m. § 13 Abs. 3 GmbHG, da jede GmbH als Handelsgesellschaft im Sinne des HGB gilt. Der Kaufvertrag über das Fleisch gehörte für beide Parteien zum jeweiligen Handelsgewerbe[24]. Also war der Kauf für *beide Teile* ein Handelsgeschäft.

Ablieferung der Ware

Die Ablieferung der Ware ist mit der Übergabe (Besitzverschaffung gemäß § 854 Abs. 1 BGB) an die K-GmbH erfolgt.

Unterlassen der unverzüglichen Untersuchung und Rüge

Nach § 377 Abs. 1 HGB hat der Käufer die Ware nach der Ablieferung durch den Verkäufer, soweit dies nach ordnungsgemäßen Geschäftsgang tunlich ist, zu untersuchen und einen dabei entdeckten Mangel dem Verkäufer unverzüglich, also ohne schuldhaftes Zögern (§ 121 BGB), anzuzeigen. Hierbei handelt es sich nicht um eine Rechtspflicht des Käufers, auf deren Einhaltung der Verkäufer einen Anspruch hat. § 377 HGB enthält vielmehr eine **„Obliegenheit"**, die der Käufer im eigenen Interesse erfüllen sollte. Dem Käufer drohen nämlich erhebliche Nachteile, wenn er § 377 HGB nicht beachtet.

Hier haben zwei Mitarbeiter der K-GmbH bei der Anlieferung „einen Blick auf die Ware geworfen" und eine Geruchsprobe gemacht, ohne dabei einen Mangel festzustellen. Diese Art und der Umfang der Untersuchung könnte den Anforderungen aber nicht genügt haben. Die Untersuchung ist nämlich soweit durchzuführen, wie es im ordnungsgemäßen Geschäftsgang tunlich ist. **Tunlich** bedeutet dabei nicht üblich, sondern **zumutbar.** Die K-GmbH hat eine größere Menge tiefgefrorenes Fleisch für einen Kaufpreis von 40.000,– € bezogen. Es war deshalb zumutbar, im Wege einer Stichprobe einige Stücke aufzutauen und zu untersuchen[25]. Durch das bloße Ansehen der Ware und eine Geruchsprobe waren mögliche Mängel, die bei Lebensmitteln immer wieder auftreten können,

[24] Auf die Vermutung des § 344 Abs. 1 HGB muss hier nicht zurückgegriffen werden.
[25] Vgl. OLG Oldenburg, NJW 1998, S. 388.

nicht zu bemerken. Die nach Entdeckung der Mängel erhobene Rüge ist nicht mehr unverzüglich, weil seit der Lieferung schon etwa drei Wochen vergangen sind. Eine solche Zeitspanne ist insbesondere bei verderblichen Lebensmitteln zu lang.

Da die K-GmbH der Rügeobliegenheit nach § 377 Abs. 1 HGB nicht nachgekommen ist, gilt die Ware nach § 377 Abs. 2 HGB als genehmigt. Dies bedeutet, dass die K-GmbH im Wege einer *Fiktion* so behandelt wird, als sei sie mit der mangelhaften Ware einverstanden. Die Ware *gilt* als mangelfrei, sodass der K-GmbH die Einrede des nicht erfüllten Vertrags nach § 320 BGB nicht zusteht.

Ausnahmen

Eine Ausnahme nach § 377 Abs. 3 HGB liegt nicht vor, weil der Mangel hier durch eine ordnungsgemäße Untersuchung zu erkennen gewesen wäre. Da nicht feststeht, ob Vey den Mangel arglistig verschwiegen hat, ist er nicht gemäß § 377 Abs. 5 HGB gehindert, sich auf § 377 HGB zu berufen.

Ergebnis

Vey hat einen Anspruch auf Zahlung des Kaufpreises in Höhe von 40.000,– € gegen die K-GmbH aus § 433 Abs. 2 BGB, obwohl das Fleisch schon bei der Lieferung mangelhaft war.

Fall 6: Außer Spesen noch was gewesen

V und K haben einen Kaufvertrag über eine Maschine geschlossen. V ist nach dem Vertrag auch zur Lieferung und Montage verpflichtet. Lieferung und Montage werden durch Angestellte des V einwandfrei ausgeführt.

Beim Verlassen des Firmengeländes beschädigt ein Angestellter des V (A) infolge einer leichten Unachtsamkeit mit dem Lkw des V einen Pkw des K. Die Reparaturkosten für den Pkw betragen nach einem Sachverständigengutachten 6.000,– €.

1. Welche Ansprüche stehen K gegen V und gegen A zu? Das Straßenverkehrsgesetz (StVG) ist nicht zu berücksichtigen.
2. Ändert sich etwas, wenn V nachweist, dass er A vor elf Jahren besonders sorgfältig ausgewählt hat?
3. Welche Ansprüche bestehen im Verhältnis V zu A?

Vorüberlegungen

Dieser vom Sachverhalt her recht einfache Fall hat es in sich. Er enthält schon zu Beginn einige Probleme bezüglich der Auswahl der möglichen Anspruchsgrundlagen und der Prüfungsreihenfolge:

- Es kommen nämlich vertragliche und gesetzliche Ansprüche in Betracht.
- Außerdem sind Ansprüche gegen V und gegen A zu prüfen.
- Anschließend ist auf das Verhältnis zwischen V und A einzugehen.

Wie und womit ist die Prüfung also zu beginnen? Allgemein gilt die Regel, dass vertragliche *vor* gesetzlichen Ansprüchen zu prüfen sind. Vertragliche Ansprüche können hier nur zwischen V und K bestehen, da (nur) zwischen diesen Personen ein (Kauf-)Vertrag vorliegt. Dann ist es sinnvoll, nach den vertraglichen Ansprüchen gegen V auch die gesetzlichen Ansprüche gegen V zu prüfen und anschließend die Ansprüche des K gegen A zu untersuchen.

Auf jeden Fall sollten die Ausführungen gegliedert werden, damit Sie den Überblick behalten und um dem Leser einen Überblick zu geben.

1. Frage: Welche Ansprüche stehen K gegen V und gegen A zu? Das StVG ist nicht zu berücksichtigen.

1. Teil: Ansprüche gegen V

1. Anspruch aus § 280 Abs. 1 BGB

K könnte einen Anspruch auf Ersatz der Reparaturkosten an dem beschädigten Fahrzeug in Höhe von 6.000,– € gegen V aus § 280 Abs. 1 BGB haben[26].

1.1 Schuldverhältnis

Dann müsste zwischen V und K ein *Schuldverhältnis* bestehen. Dies kann ein vertragliches, ein vorvertragliches oder ein gesetzliches Schuldverhältnis sein. Hier liegt ein vertragliches Schuldverhältnis vor, weil V und K einen Kaufvertrag geschlossen haben.

1.2 Objektive Pflichtverletzung des V

V müsste eine *Pflicht* aus dem Schuldverhältnis – dem Kaufvertrag – *verletzt* haben. Pflichten können sich aus § 433 BGB i. V. m. § 241 Abs. 1 und Abs. 2 BGB ergeben. Die Hauptpflichten (§§ 433 Abs. 1, 241 Abs. 1 BGB) aus dem Kaufvertrag (Lieferung und Montage einer mangelfreien Maschine) hat V nicht verletzt.

In Betracht kommt eine Verletzung einer *Nebenpflicht*. Nach § 241 Abs. 2 BGB kann das Schuldverhältnis nach seinem Inhalt jeden Teil (jede Partei) zur Rücksicht auf die Rechte, Rechtsgüter und Interessen des anderen Teils verpflichten. Hier war der Schuldner V verpflichtet, Rücksicht auf das Eigentumsrecht des Gläubigers K an dessen Pkw zu nehmen. Das Eigentumsrecht des K ist durch die Beschädigung des Fahrzeugs beeinträchtigt worden.

Der Schuldner V hat die Nebenpflicht aber nicht persönlich verletzt, vielmehr hat dessen Angestellter A die Verletzungshandlung begangen. Für dieses Verhalten könnte V nach § 278 BGB einstehen müssen. Dann müsste A *Erfüllungsgehilfe* des V gewesen sein. Das ist der Fall, weil A auf Veranlassung des V und in dessen Interesse zur Erfüllung des mit K geschlossenen Kaufvertrags tätig wurde.

§ 278 BGB regelt unmittelbar aber nur eine Zurechnung des (subjektiven) *Verschuldens* des Erfüllungsgehilfen auf den Schuldner, nicht aber eine Zurechnung der (objektiven) *Pflichtverletzung*. Nach dem Rechtsgedanken des § 278 BGB kommt die Vorschrift aber entsprechend für die Zurechnung der Pflichtverletzung zur Anwendung. Die von A begangene Verletzungshandlung mit

[26] Auch hier wird nochmals eine Darstellung mit Zwischenüberschriften und einer sehr feinen Gliederung gewählt.

der Folge der Beschädigung des Eigentums des K wird deshalb wie eine Pflichtverletzung des Schuldners V bewertet[27].

1.3 Vertretenmüssen

Der Anspruch auf Schadensersatz setzt voraus, dass der Schuldner die Pflichtverletzung zu *vertreten* hat. Aus der Formulierung des §280 Abs. 1 S. 2 BGB ergibt sich aber, dass bei Vorliegen einer (objektiven) Pflichtverletzung ein (subjektives) Vertretenmüssen, insbesondere ein Verschulden des Schuldners *vermutet* wird. Diese Vermutung muss vom Schuldner widerlegt werden. Enthält der Sachverhalt – wie hier – keine Angaben zur Widerlegung der Vermutung, bleibt diese bestehen.

Hier hat aber nicht V, sondern sein Erfüllungsgehilfe A gehandelt. Nach §278 BGB wird dem Schuldner ein – tatsächlich vorhandenes – Verschulden seines Erfüllungsgehilfen wie ein eigenes Verschulden zugerechnet. Diese Regel gilt entsprechend für ein *vermutetes* Verschulden. Das bedeutet, dass die Vermutung des §280 Abs. 1 S. 2 BGB auch dann eingreift, wenn nicht der Schuldner, sondern dessen Erfüllungsgehilfe gehandelt hat. In einem solchen Fall wird ein Verschulden des Erfüllungsgehilfen vermutet, für das der Schuldner nach §278 BGB einzustehen hat. V hat laut Sachverhalt nichts vorgetragen, was die Vermutung entfallen lassen könnte[28].

1.4 Schaden infolge der Pflichtverletzung

Durch die Pflichtverletzung muss es zu einem *Schaden* gekommen sein. Der Schaden besteht hier darin, dass das Fahrzeug des V vorher nicht beschädigt war und nach dem Unfall für 6.000,– € repariert werden muss. Dieser Schaden beruht *adäquat kausal* auf der Pflichtverletzung des V, weil es nach der Lebenserfahrung nicht unwahrscheinlich ist, dass die Reparatur eines durch einen Lkw beschädigten Pkw 6.000,– € kostet. K hat deshalb aus §280 Abs. 1 BGB gegen V einen Anspruch auf Schadensersatz in Höhe der Reparaturkosten. Nach §249 Abs. 2 BGB kann er den für die Reparatur *erforderlichen Geldbetrag* verlangen, hier also 6.000,– €.

2. Anspruch aus §831 Abs. 1 BGB

Der Anspruch auf Schadensersatz gegen V könnte sich auch aus §831 Abs. 1 BGB ergeben.

2.1 Verrichtungsgehilfe

Dann müsste A Verrichtungsgehilfe des V gewesen sein. Verrichtungsgehilfe ist, wer von einem anderen – dem Geschäftsherrn – in *weisungsabhängiger Form* zu einer Verrichtung bestellt ist und in *Abhängigkeit* zum Geschäftsherrn steht. A war nach den Weisungen seines Arbeitgebers V damit betraut, die Maschine zu liefern und zu montieren. Er war als Arbeitnehmer auch sozial abhängig und deshalb Verrichtungsgehilfe des V. Der Umstand, dass A – wie festgestellt – auch Erfüllungsgehilfe des V ist (§278 BGB), steht der Qualifizierung als Verrich-

---

[27] Diese Konstruktion ist schwierig. Man könnte auch argumentieren, dass objektiv eine Pflicht aus dem Schuldverhältnis verletzt wurde und lediglich prüfen, ob V die (objektive) Pflichtverletzung auch (subjektiv) zu vertreten hat.

[28] Das Gegenteil ist der Fall: A hat leicht unachtsam und damit fahrlässig gehandelt (vgl. §276 Abs. 2 BGB).

tungsgehilfe nicht entgegen. Dieselbe Person kann zeitgleich Erfüllungs- *und* Verrichtungsgehilfe sein.

2.2 Widerrechtliche Schädigung eines Dritten

A müsste K – einem Dritten – widerrechtlich einen Schaden zugefügt haben. Diese Voraussetzung verlangt zunächst, dass der Verrichtungsgehilfe den **objektiven Tatbestand** des §823 Abs. 1 BGB verwirklicht. A muss deshalb

- durch eine Handlung
- eines der durch §823 Abs. 1 BGB geschützten Rechte oder Rechtsgüter des K verletzt haben.

Hier ist durch die **Handlung** des A – Wegfahren mit dem Lkw – das **Eigentumsrecht** des K am Pkw beschädigt worden. Eine **adäquate Kausalität** (schadensbegründende Kausalität) ist gegeben, weil der Geschehensablauf – Anfahren des Pkw durch den Lkw mit der Folge der Beschädigung des Pkw – nach der Lebenserfahrung nicht unwahrscheinlich war.

Außerdem muss die Verletzung **widerrechtlich** sein. Jede Verletzung eines fremden Rechtsgutes oder Rechts ist widerrechtlich, es sei denn, es liegt ein Rechtfertigungsgrund (insbesondere Einwilligung, Notwehr) vor. Da das hier nicht der Fall ist, ist die Verletzung rechtswidrig.

Alternativlösung: Die Widerrechtlichkeit (Rechtswidrigkeit) wird im Falle der Verletzung des Eigentums infolge des vorliegenden objektiven Tatbestands indiziert[29].

Der **Schaden** besteht in Höhe der Reparaturkosten von 6.000,– €; die schadensausfüllende **adäquate Kausalität** zwischen Eigentumsverletzung und dem Schaden ist ebenfalls gegeben, weil der Geschehensablauf zwischen der Beschädigung des Eigentums und der Höhe der Reparaturkosten nicht ganz und gar ungewöhnlich ist.

2.3 In Ausführung der Verrichtung

Die Schädigung des K müsste **in Ausführung der Verrichtung** und nicht lediglich „bei Gelegenheit" erfolgt sein. Dafür muss ein zeitlicher und sachlicher Zusammenhang zwischen der Verrichtung und dem Schaden bestehen. Hier erfolgte die Schädigung *nach* Beendigung der Montagearbeiten. Gleichwohl besteht der erforderliche Zusammenhang, weil An- und Abreise für die Verrichtung erforderlich waren.

2.4 Verschulden des Geschäftsherrn

Es muss ein **Verschulden** des Geschäftsherrn V vorliegen. Dagegen kommt es nicht darauf an, ob der Verrichtungsgehilfe schuldhaft gehandelt hat. Im Rahmen des §831 BGB wird ein Verschulden des Geschäftsherrn **vermutet.** Wie bei §280 Abs. 1 S. 2 BGB hat sich der Geschäftsherr zu entlasten (exkulpieren). Dafür muss er darlegen und beweisen, dass er bei der *Auswahl und* – was oft übersehen wird – bei der *laufenden Überwachung* des Verrichtungsgehilfen die im Verkehr erforderliche Sorgfalt beachtet hat. Da V nach dem Sachverhalt zur Frage 1) nichts zu seiner Entlastung vorgetragen hat, bleibt es beim vermuteten

[29] Ausnahmen im Falle eines Eingriffs in das Recht am Unternehmen und bei der Verletzung des allgemeinen Persönlichkeitsrechts, vgl. S. 387 ff.

Verschulden. Damit liegen alle Voraussetzungen des § 831 Abs. 1 BGB vor. Für den Umfang der Schadensersatzpflicht gilt auch hier § 249 Abs. 2 BGB.

Der Anspruch des K ergibt sich damit aus § 280 Abs. 1 BGB *und* aus § 831 Abs. 1 BGB.

Hinweis

Natürlich bekommt V insgesamt nur 6.000,– € und nicht etwa aus jeder Anspruchsgrundlage 6.000,– €.

2. Teil: Ansprüche gegen A

1. Anspruch aus § 280 Abs. 1 BGB

Gegen A kommt ein Anspruch aus § 280 Abs. 1 BGB nicht in Betracht, weil zwischen K und A *kein* Schuldverhältnis besteht. Andere vertragliche Ansprüche liegen ebenfalls nicht vor.

2. Anspruch aus § 823 Abs. 1 BGB

K könnte gegen A aber einen Schadensersatzanspruch aus § 823 Abs. 1 BGB haben. Wie im Rahmen des § 831 BGB geprüft, sind die Voraussetzungen

- Handlung des A
- Rechtsverletzung des K
- schadensbegründende Kausalität zwischen der Handlung und der Rechtsverletzung
- Widerrechtlichkeit
- Schaden und
- schadensausfüllende Kausalität zwischen der Rechtsverletzung und dem Schaden

gegeben und deshalb nicht noch einmal zu untersuchen.

Klausurtipp

Bitte achten Sie darauf: Alles, was Sie schon untersucht haben, dürfen Sie nicht noch einmal untersuchen. Vielmehr müssen Sie Bezug auf die bisherige Prüfung nehmen.

Zu prüfen ist deshalb nur noch, ob A **vorsätzlich** oder **fahrlässig** und damit schuldhaft gehandelt hat. Im Rahmen des **§ 823 Abs. 1 BGB** wird das **Verschulden nicht vermutet**[30], sondern muss positiv festgestellt werden.

Eine vorsätzliche, das heißt absichtliche Beschädigung des Fahrzeugs durch A liegt nicht vor. A könnte aber fahrlässig gehandelt haben. Nach § 276 Abs. 2 BGB handelt fahrlässig, wer die im Verkehr erforderliche Sorgfalt außer Acht lässt. Hier ist A eine leichte Unachtsamkeit unterlaufen. Dies reicht für die Annahme einer Fahrlässigkeit aus, weil A nicht so aufgepasst hat, wie es in der konkreten Situation erforderlich war.

[30] Ausnahme im Falle der Produkthaftung (Produzentenhaftung), S. 288 f.

Damit steht K ein Anspruch auf Schadensersatz in Höhe von 6.000,– € aus § 823 Abs. 1 BGB gegen A zu. Dieser Anspruch wird nicht dadurch ausgeschlossen, dass V als Schuldner (§§ 280 Abs. 1, 278 BGB) und als Geschäftsherr (§ 831 Abs. 1 BGB) ebenfalls haftet.

2. Frage: Ändert sich etwas, wenn V nachweist, dass er den A vor elf Jahren besonders sorgfältig ausgewählt hat?

1. Ansprüche gegen A

Wenn V nachweist, A vor elf Jahren sorgfältig ausgewählt zu haben, wäre A nach wie vor aus § 823 Abs. 1 BGB zum Schadensersatz verpflichtet. Für die Haftung des A ergibt sich also keine Änderung.

2. Ansprüche gegen V

Eine Änderung könnte sich bezüglich der Haftung des V ergeben. Wie festgestellt, haftet V nach § 280 Abs. 1 BGB und nach § 831 Abs. 1 BGB.

2.1 Haftung nach §§ 280 Abs. 1, 278 BGB

Für die Haftung nach § 280 Abs. 1 BGB i. V. m. § 278 BGB ist es ohne Belang, dass V den A sorgfältig ausgesucht hat. Denn diese Haftung knüpft an das weiterhin vorliegende *Verschulden des A* an, das dem V wie ein eigenes Verschulden *zugerechnet* wird. Eine Entlastung (Exkulpation) ist nicht möglich.

2.2 Haftung nach § 831 Abs. 1 BGB

Eine Änderung ist aber bei der auf § 831 Abs. 1 BGB gestützten Haftung möglich. Hier haftet der Geschäftsherr V für ein *vermutetes* eigenes Verschulden bei der Auswahl *und* Überwachung seines Verrichtungsgehilfen. Diese Vermutung ist gemäß § 831 Abs. 1 S. 2 BGB widerlegt, wenn der Geschäftsherr bei der Auswahl der bestellten Person – des Verrichtungsgehilfen – die im Verkehr erforderliche Sorgfalt beachtet hat. Da in der Vorschrift nur von der „Auswahl der bestellten Person" die Rede ist, wird oft übersehen, dass es für die Exkulpation nicht ausreicht, wenn der Geschäftsherr den Verrichtungsgehilfen im Zeitpunkt der Einstellung sorgfältig ausgesucht hat. Er muss vielmehr auch darlegen und ggf. beweisen, dass er den Verrichtungsgehilfen **während des Beschäftigungsverhältnisses** sorgfältig überwacht hat. Da V zur laufenden Überwachung und Kontrolle des A nichts vorgetragen hat, hat er sich *nicht* exkulpiert. Das vermutete Verschulden bleibt deshalb bestehen. V haftet damit auch aus § 831 BGB, sodass insgesamt keine Änderung eintritt.

3. Frage: Wie ist das Verhältnis zwischen A und V?

Nach § 840 Abs. 1 BGB sind V und A Gesamtschuldner, da beide K aus einer unerlaubten Handlung (§ 831 Abs. 1 BGB bzw. § 823 Abs. 1 BGB) zum Schadensersatz verpflichtet sind. Der Geschädigte K kann sich also aussuchen, von wem er den Schaden ersetzt haben möchte (§ 426 Abs. 1 BGB) [31]. Diese Regelung betrifft das **Außenverhältnis**.

Das **Innenverhältnis** der Gesamtschuldner regelt § 840 Abs. 2 BGB, der als spezielle Vorschrift der allgemeinen Regelung des § 426 BGB vorgeht. Weil V nur

[31] Zur Gesamtschuld vgl. S. 167 ff.

aus §831 BGB haftet, muss A als im Verhältnis zu V *„der andere"* den Schaden allein tragen. Derjenige, der den Schaden selbst herbeigeführt hat, soll im Innenverhältnis allein haften. Das würde bedeuten, dass in Arbeitsverhältnissen der Arbeitnehmer – Verrichtungsgehilfe – im Innenverhältnis gegenüber dem Arbeitgeber – Geschäftsherrn – in vollem Umfang haften müsste.

Zum Schutz der Arbeitnehmer hat das Bundesarbeitsgerichts (BAG) gegen den Wortlaut des §840 Abs. 2 BGB die **Grundsätze über die Beschränkung der Arbeitnehmerhaftung** entwickelt: Diese Rechtsprechung kommt auf alle Arbeiten zur Anwendung, die durch den Betrieb veranlasst sind und aufgrund eines Arbeitsverhältnisses geleistet werden[32]. Sie betrifft dabei nur das Innenverhältnis zwischen Arbeitgeber und Arbeitnehmer. Die Haftung des Arbeitnehmers aus §823 Abs. 1 BGB gegenüber den Geschädigten im Außenverhältnis bleibt unberührt.

Die Frage, ob und in welchem Umfang der Arbeitnehmer für einen von ihm angerichteten Schaden im *Innenverhältnis* haftet, richtet sich – neben anderen Kriterien – insbesondere nach dem *Grad seines Verschuldens.* Das BAG unterscheidet dabei zwischen leichtester, normaler, grober Fahrlässigkeit und Vorsatz. Im Falle grober Fahrlässigkeit bei Vorsatz hat der Arbeitnehmer in aller Regel im Innenverhältnis den gesamten Schaden zu tragen, bei leichtester Fahrlässigkeit haftet er dagegen (gar) nicht, während der Schaden bei normaler Fahrlässigkeit (§276 Abs. 2 BGB) in aller Regel zwischen Arbeitgeber und Arbeitnehmer quotal zu verteilen ist[33].

Da A nur leicht unachtsam handelte, liegt ein Fall der leichtesten Fahrlässigkeit vor, sodass seine Haftung im Verhältnis zu V, also im Innenverhältnis zwischen den Gesamtschuldnern, ausgeschlossen ist. Das ändert nichts daran, dass A im Außenverhältnis, also gegenüber K, weiter voll haftet. Falls A von K in Anspruch genommen wird, könnte er aber von V verlangen, dass dieser ihn von der Haftung *freistellt.*

Dies wird hier aber nicht erforderlich sein, da ein Verkehrsunfall vorliegt. K kann deshalb die Zahlung der Reparaturkosten nach §115 Abs. 1 Nr. 1 VVG (Versicherungsvertragsgesetz) direkt von der Versicherung verlangen, bei der das Fahrzeug des V haftpflichtversichert ist. K wird diese Möglichkeit nutzen, um das Geld schnell zu bekommen. Aufgrund der bestehenden Haftpflichtversicherung wird der Schaden von der Versicherung ausgeglichen, sodass auf V und A keine unmittelbaren Ansprüche zukommen.

Der Versicherung steht angesichts des geringen Verschuldens des A kein Regressanspruch gegen den Versicherungsnehmer (Versicherten) oder den Schädiger A zu. Allerdings kann es zu einer Erhöhung der Versicherungsprämie kommen, weil der Schadensfreiheitsrabatt sich reduziert.

32 BAG NJW 1995, S. 210, 211.
33 BAG NJW 1995, S. 210, 213; BAG NJW 2005, S. 2469, 2470.

Fall 7: Fahrt zur Schwarzwaldklinik

Originalklausurfall, Bearbeitungszeit 45 Minuten

Fahrer F ist seit 20 Jahren unfallfrei als Busfahrer bei der Busreisen-GmbH (B-GmbH) angestellt. Auf einer Fahrt mit einem Kegelverein zur Schwarzwaldklinik macht F auf der Autobahnraststätte Münsterland eine Pause. Nachdem die Gruppe sich gestärkt hat, übersieht F infolge einer Unachtsamkeit beim Verlassen der Parkbox das von hinten mit hoher Geschwindigkeit (ca. 70 bis 80 km/h) heranfahrende vorfahrtsberechtigte Fahrzeug des Handelsvertreters H. Dieser kann trotz einer sofortigen Vollbremsung eine Kollision der Fahrzeuge nicht verhindern.

Nach dem Kostenvoranschlag des Sachverständigen S betragen die Reparaturkosten für das Fahrzeug des H 10.000,– € netto. Außerdem wird H durch den Unfall erheblich verletzt, sodass er einen wichtigen Geschäftstermin verpasst, der ihm aufgrund der bereits geführten intensiven und nahezu abgeschlossenen Vertragsverhandlungen mit ziemlich großer Sicherheit eine Provision von 21.000,– € eingebracht hätte: Diese Provision kann H wegen Verärgerung des Geschäftspartners über den geplatzten Termin endgültig nicht mehr erzielen.

1. Prüfen Sie zunächst nur, ob H grundsätzlich („dem Grunde nach“) von **Fahrer F** Schadensersatz verlangen kann. Gehen Sie noch *nicht* auf die einzelnen Schäden ein.
2. Prüfen Sie anschließend, ob H dem Grunde nach Schadensersatz von der **B-GmbH** verlangen kann.
3. Gehen Sie unabhängig von Ihrem zu 1. erzielten Ergebnis davon aus, dass H von F dem Grunde nach Schadensersatz verlangen kann. Klären Sie jetzt, welche Schäden H von F ersetzt verlangen kann und in welcher Höhe ein Anspruch besteht bezüglich
   a) der Reparaturkosten, wenn noch nicht feststeht, ob H das Fahrzeug reparieren lässt,
   b) der dem H entgangenen Provision.

Hinweis: Es sind nur Vorschriften aus dem BGB zu prüfen![34]

Vorbemerkung

In dieser Aufgabenstellung sind einige Probleme enthalten, die bereits im vorhergehenden Fall von Bedeutung waren. Dies mag dazu verleiten, ganz schnell zu beginnen. Aber Vorsicht: Bitte sehen Sie sich zunächst ganz genau die Fragestellungen an. Sie laufen sonst Gefahr, Fragen zu beantworten, die nicht gestellt sind. Dann wird die zur Verfügung stehende Zeit von 45 Minuten auf keinen Fall reichen!

[34] Wegen dieses Hinweises sind § 7 StVG (Straßenverkehrsgesetz) und § 18 StVG nicht zu prüfen.

1. Aufgabe: Anspruch H gegen F

H könnte dem Grunde nach ein Schadensersatzanspruch gegen F aus §823 Abs. 1 BGB zustehen.

a) Dann müsste eine **Handlung** des F vorliegen. Eine Handlung kann ein positives Tun oder ein pflichtwidriges Unterlassen sein. Hier ist F aus der Parkbox gefahren. Darin liegt ein positives Tun.
b) Durch die Handlung muss es zu einer **Verletzung** eines in §823 Abs. 1 BGB geschützten **Rechtsguts** oder **Rechts** des H gekommen sein. Hier sind das Rechtsgut Körper und das Eigentumsrecht des H verletzt worden.
c) Die Verletzungen des H müssen **adäquat kausal** auf der Handlung des F – dem Herausfahren aus der Parkbox – beruhen. Das ist der Fall, weil es nach der Lebenserfahrung nicht ganz und gar unwahrscheinlich ist, dass es beim Ausparken eines Omnibusses auf dem Parkplatz einer Autobahnraststätte zu einem Verkehrsunfall mit den hier eingetretenen Folgen (Körperverletzung, Beschädigung des Eigentums) kommt.
d) Die Verletzungen müssten **widerrechtlich** sein. Jede Verletzung eines fremden Rechtsguts oder Rechts ist widerrechtlich, es sei denn, es läge ein Rechtfertigungsgrund vor (insbesondere Einwilligung, Notwehr), was hier nicht der Fall ist.
e) F müsste die Verletzungen vorsätzlich oder fahrlässig herbeigeführt haben. **Vorsätzlich** handelt, wer ein bestimmtes Ergebnis herbeiführen will oder die Herbeiführung zumindest billigend in Kauf nimmt. F ist zwar vorsätzlich aus der Parkbox gefahren, er hatte aber nicht die Absicht, den H zu verletzen und hat die Verletzungen auch nicht billigend in Kauf genommen. F handelte deshalb nicht vorsätzlich. Es könnte aber ein fahrlässiges Verhalten des F vorliegen. Nach §276 Abs. 2 BGB handelt **fahrlässig,** wer die im Verkehr erforderliche Sorgfalt außer Acht lässt, also nicht beachtet. Diese Voraussetzung ist erfüllt, weil F das Fahrzeug des H infolge einer Unachtsamkeit nicht gesehen hat.
f) Schließlich muss aus den Verletzungen ein **Schaden** entstanden sein. Ein Schaden ist eine unfreiwillige Vermögenseinbuße, die sich aus einem Vergleich der Vermögenslage vor und nach der Verletzungshandlung ergibt. Vor der Handlung war das Fahrzeug des F in Ordnung, jetzt muss es für 10.000,– € netto repariert werden. Damit ist der Wert seines Vermögens zumindest um diesen Betrag gemindert. Also liegt ein Schaden vor. Ob auch die nicht erzielte Provision einen Schaden bildet, muss an dieser Stelle noch nicht entschieden werden.
g) Der Schaden in Höhe von 10.000,– € muss **adäquat kausal** auf der Beschädigung des Fahrzeuges des H beruhen. Das ist der Fall, weil es nicht ganz und gar unwahrscheinlich ist, dass die Reparatur eines durch einen Bus beschädigten Fahrzeugs einen Aufwand von 10.000,– € netto erfordert.

Da alle Voraussetzungen des §823 Abs. 1 BGB vorliegen, hat H gegen F dem Grunde nach einen Schadensersatzanspruch.

2. Aufgabe: Anspruch H gegen die B-GmbH

H könnte dem Grunde nach ein Schadensersatzanspruch gegen die B-GmbH aus §831 Abs. 1 BGB zustehen[35].

a) Dann muss F **Verrichtungsgehilfe** der B-GmbH sein. Verrichtungsgehilfe ist derjenige, dem von einem anderen (dem „Geschäftsherrn") in dessen Interesse eine Tätigkeit übertragen worden ist und der von den Weisungen des Geschäftsherrn abhängig ist. F ist als angestellter Busfahrer den Weisungen der Geschäftsführer der B-GmbH unterworfen. Er war hier zu einer Verrichtung, dem Transport der Fahrgäste zur Schwarzwaldklinik, bestellt worden.

b) F muss einen **anderen widerrechtlich geschädigt** haben. Dies setzt neben dem objektiven Tatbestand des §823 Abs. 1 BGB die Widerrechtlichkeit und den Schaden voraus. Wie in der ersten Aufgabe geprüft, hat F durch eine Handlung eine Körper- und Eigentumsverletzung des H adäquat kausal herbeigeführt und H dadurch widerrechtlich und adäquat kausal einen Schaden zugefügt.

c) Die Schädigung muss **in Ausführung der Verrichtung** geschehen sein. Das ist der Fall, wenn ein zeitlicher und sachlicher Zusammenhang zwischen der Schädigung und der übertragenen Verrichtung besteht, nicht hingegen, wenn die Schädigung nur „bei Gelegenheit" erfolgt. Hier besteht der geforderte Zusammenhang, weil das Herausfahren zu der dem F übertragenen Verrichtung gehört.

d) Außerdem muss ein **Verschulden** des Geschäftsherrn, hier also der Geschäftsführer der B-GmbH, in Bezug auf die Auswahl oder Überwachung des Verrichtungsgehilfen vorliegen. Dieses Verschulden wird, wie sich aus §831 Abs. 1 S. 2 BGB ergibt, **vermutet.** Deshalb muss die B-GmbH sich entlasten (exkulpieren). Dafür reicht es nicht aus, dass der F bisher 20 Jahre unfallfrei gefahren ist. Die B-GmbH müsste vielmehr vortragen, dass sie den F sorgfältig ausgewählt **und** seine Fahrleistungen während der Beschäftigungsdauer regelmäßig überwacht hat. Da der Sachverhalt hierzu keine Angaben enthält, bleibt es beim vermuteten Verschulden.

Da alle Voraussetzungen des §831 Abs. 1 BGB vorliegen, ist die B-GmbH H dem Grunde nach zum Schadensersatz verpflichtet.

3. Aufgabe

Art, Inhalt und Umfang des Schadensersatzanspruchs richten sich bei den hier vorliegenden Anspruchsgrundlagen (§823 Abs. 1 BGB, §831 Abs. 1 BGB) nach §§842 ff. BGB und §§249 ff. BGB. Einer der in §§842 ff. BGB geregelten Fälle liegt hier nicht vor, sodass Art, Inhalt und Umfang der Schäden nach §§249 ff. BGB zu bestimmen sind.

a) Schadensumfang

aa) Schaden am Fahrzeug

Nach §249 Abs. 1 BGB hat H gegen F und die B-GmbH Anspruch auf Wiederherstellung des früheren Zustands, also auf eine Reparatur des Fahrzeuges. Da

[35] Da zwischen der B-GmbH und H vor dem Unfall kein Schuldverhältnis bestand, ist §280 Abs. 1 BGB im Gegensatz zum Fall 6 hier nicht zu prüfen.

eine Sache beschädigt wurde, kann H statt der Herstellung gemäß §249 Abs. 2 S. 1 BGB aber auch den für die Herstellung **erforderlichen Geldbetrag** in Höhe von 10.000,– € zzgl. Umsatzsteuer, im Jahre 2010 also 11.900,– € verlangen. Den Betrag von 10.000,– € bekommt H auch dann, wenn er das Fahrzeug gar nicht oder nur zum Teil reparieren lässt.

Ein Anspruch auf die **Umsatzsteuer** besteht nach §249 Abs. 2 S. 2 BGB nur, soweit diese tatsächlich angefallen ist. Lässt H das Fahrzeug nicht reparieren, bekommt er also gar keine Umsatzsteuer. Lässt er es nur teilweise reparieren, erhält er neben dem vollen Nettobetrag von 10.000,– € die anteilige Umsatzsteuer.

bb) Entgangene Provision

Die entgangene Provision ist nach §§249 Abs. 1, 252 BGB zu ersetzen. §252 S. 1 BGB stellt klar, dass der nach §249 Abs. 1 BGB zu ersetzende Schaden auch den entgangenen Gewinn, etwa in Form einer entgangenen Provision, umfasst. §252 S. 2 BGB enthält zugunsten des Geschädigten eine Beweiserleichterung. Zu ersetzen ist der Gewinn, der nach dem gewöhnlichen Lauf der Dinge, insbesondere nach den getroffenen Vorkehrungen, mit Sicherheit erwartet werden konnte. Da H aufgrund der schon geführten intensiven Gespräche mit ziemlich großer Sicherheit die Provision erzielt hätte, ist der Ausfall der Provision in Höhe von 21.000,– € zu ersetzen.

Nach §115 Abs. 1 Nr. 1 VVG (Versicherungsvertragsgesetz) kann H seine Ansprüche direkt gegen die Kfz-Haftpflichtversicherung der B-GmbH geltend machen.

b) Mitverschulden

Problematisch ist für beide Schadenspositionen, dass H an der Verursachung des Unfalls ein Mitverschulden treffen könnte, weil er mit hoher Geschwindigkeit (70 bis 80 km/h) im Bereich eines Autobahnparkplatzes gefahren ist. Eine so hohe Geschwindigkeit auf einem Autobahnparkplatz in der Nähe von Parkboxen stellt ein fahrlässiges und ins Gewicht fallendes Mitverschulden dar und rechtfertigt eine Kürzung der Ansprüche des H. Nach §254 Abs. 1 BGB kommt es für den Umfang der Kürzung darauf an, ob der Schaden vorwiegend von F oder von H verursacht worden ist. Den aus der Parkbox fahrenden und vorfahrtspflichtigen F trifft die größere Schuld an der Herbeiführung des Unfalls, doch ist auch die schnelle, nicht der Situation angepasste Fahrweise des H zu berücksichtigten. Danach erscheint eine Mitverschuldensquote von ⅔ für F und zu ⅓ für H angemessen[36]. Die Ansprüche des H sind mithin jeweils um ⅓ zu kürzen. H bekommt deshalb wegen des Sachschadens am Pkw nur ⅔ von 10.000,– €, also 6.666,67 € ggf. zuzüglich ⅔ einer tatsächlich angefallenen Umsatzsteuer, der entgangene Gewinn ist im Umfang von 14.000,– € zu ersetzen.

[36] Andere Quoten sind vertretbar, aber wohl nicht soweit, dass H ein Mitverschulden von mehr als ½ trifft.

Fall 8: Der enttäuschte Camper

Elke Eilers (E) einigt sich mit ihrem Bekannten Martin Mayer (M) darauf, dass M ihr am Wardenbüttner Waldsee aufgebautes Steilwandzelt gegen Zahlung von 50,– € für zwei Wochen nutzen darf. Nachdem M wegen eines Unwetters mit Windstärken bis Sturmstärke neun und starken Regenfällen den Spaß am Campen gründlich verloren und weil er außerdem *„Rücken hat"*, bietet er Benno Berens (B), dessen Zelt das Opfer des immer noch wütenden Sturmtiefs *Gudrun* geworden ist, das der E gehörende Zelt unter Angabe eines Neupreises von 625,– € für 380,– € zum Kauf an.

M tritt dabei gegenüber B wie der Eigentümer des Zeltes auf *(„mein Zelt")*, zumal er aufgrund von falsch verstandenen Andeutungen der E versehentlich davon ausgeht, E sei mit einem Verkauf zu einem guten Preis einverstanden. Bei den Kaufverhandlungen weist M ausdrücklich darauf hin, dass er das Zelt erst fünfmal für jeweils wenige Tage genutzt habe. Außerdem erzählt er B, er wolle wegen des unbeständigen Wetters in Zukunft lieber mit einem „Billigflieger" in den Süden jetten, zumal die Luftmatratze ihm *„voll krass Rücken mache"*. Er fügt hinzu: *„Zelten ist nicht mehr mein Ding. Keine Nacht werde ich mehr in einem Zelt verbringen."*

B, der die Geschichte des M glaubt, erwidert, er habe Interesse, doch könne und wolle er auf keinen Fall mehr als 250 abdrücken. Schließlich einigen sich beide auf einen Kaufpreis von 300,– €, der etwa 100,– € unter dem Zeitwert des Zeltes liegt.

Beim anschließenden gemeinsamen Abbauen fällt B auf, dass M nicht weiß, wie man sinnvoll vorgeht. So wählt M eine unzweckmäßige Reihenfolge der unterschiedlichen Arbeitsgänge, auch gelingt es ihm erst nach mehreren Fehlversuchen, aus den von Hand markierten Verpackungssäcken den jeweils richtigen für das Innenzelt, das Außenzelt, die Zeltstangen usw. herauszufinden. Peinlich berührt erklärt M, *„das Zeltabbauen sei für ihn auch beim sechsten Mal immer noch eine Kunst für sich"*. Nachdem der Abbau schließlich mit viel Mühe und unter tatkräftiger Mithilfe des B mehr schlecht als recht gelungen ist, verstauen B und M nach inzwischen erfolgter Zahlung des Kaufpreises die Zeltsäcke nebst Inhalt gemeinsam im Fahrzeug des B, das auf dem Parkplatz vor dem Campingplatz steht. In diesem Augenblick kommt E hinzu, die *„wegen des Sturms nur mal schnell nach dem Rechten sehen will"*.

Obwohl M der E sofort den von B gezahlten Kaufpreis von 300,– € anbietet, möchte E „ihr" Zelt wiederhaben. B lehnt die Rückgabe energisch ab, weil er „sein Zelt" wegen des günstigen Kaufpreises behalten will.

Aufgabe

Prüfen Sie, ob E gegen B ein Herausgabeanspruch zusteht. Berücksichtigen Sie dabei auch mögliche Anspruchsgrundlagen aus dem Deliktsrecht und aus dem Recht der ungerechtfertigten Bereicherung.

Hinweis

Diese Aufgabe eignet sich aufgrund ihrer Länge nicht für eine Klausur. Sie ist eher für eine Anfängerhausarbeit zu gebrauchen. Neben zahlreichen detaillierten Angaben im Sachverhalt ist besonderes Augenmerk auf die Aufgabenstellung zu richten. In Bezug auf den **Herausgabeanspruch** *sollen auch Ansprüche aus dem* **Deliktsrecht** *und aus dem Recht der* **ungerechtfertigten Bereicherung** *geprüft werden. Die folgende Lösung ist sehr ausführlich: Sie soll es Ihnen ermöglichen, drei wichtige gesetzliche Anspruchsgrundlagen im Rahmen einer einzigen Fallbearbeitung zu wiederholen. Die in der Lösung in Teil 2 und Teil 3 enthaltenen Rechtsprobleme weisen zudem einen recht hohen Schwierigkeitsgrad auf. Aber man kann es begreifen, wenn man es denn begreifen will! Also nicht verzweifeln, sondern alles gut und mit Verstand durcharbeiten!*

Vorüberlegung

Beginnen wir mit einer Grafik unter Berücksichtigung der möglichen Ansprüche und der Rechtsbeziehungen der Parteien:

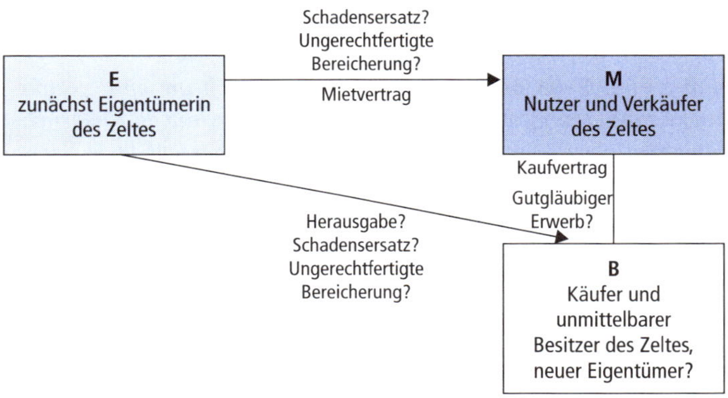

Abbildung 31.1: Grafik zu Fall 8

Jetzt ist nach dem berühmten „Satz" mit den vielen „W" vorzugehen:

„Wer will was von wem woraus?"

In der Aufgabenstellung heißt es dazu:

„Prüfen Sie, ob E gegen B ein Herausgabeanspruch zusteht. Berücksichtigen Sie dabei auch mögliche Anspruchsgrundlagen aus dem Deliktsrecht und aus dem Recht der ungerechtfertigten Bereicherung."

E begehrt die Herausgabe ihres (?) Zeltes von B. B weigert sich, weil er der Meinung ist, dass das Zelt ihm gehört. Zu prüfen ist also, ob E einem **Herausgabeanspruch** *gegen B hat. Da für einen solchen Anspruch mehrere Anspruchsgrundlagen in Betracht kommen, muss eine* **Reihenfolge** *unter Beachtung allgemein gültiger Regeln festgelegt werden. Diese Regeln gelten immer dann, wenn der Sachverhalt keine Besonderheiten aufweist.*

Merke

Regeln zur Prüfungsreihenfolge von Anspruchsgrundlagen:

1. Regel: *Vertragliche Ansprüche vor gesetzlichen Ansprüchen*

2. Regel: *Sachenrechtliche Ansprüche (§§ 985, 986 BGB) vor schuldrechtlichen Ansprüchen (§§ 823 ff. BGB, §§ 812 ff. BGB)*

3. Regel: *Deliktsrecht (§§ 823 ff. BGB) vor ungerechtfertigter Bereicherung (§§ 812 ff. BGB)*

4. Regel: *§ 816 BGB vor § 812 BGB*

Was folgt daraus?

1. **Vertragliche Ansprüche** *kommen im Verhältnis zwischen E und B nicht in Betracht, weil zwischen ihnen kein Vertrag besteht. Verträge bestehen nur zwischen E und M (Mietvertrag) und M und B (Kaufvertrag).*
2. *Aus dem* **Sachenrecht** *kommt der Herausgabeanspruch nach §§ 985, 986 BGB in Betracht.*
3. *Aus dem* **Deliktsrecht** *kommt im Gewande eines Schadensersatzanspruchs ein Herausgabeanspruch aus §§ 823 Abs. 1 i. V. m. 249 Abs. 1 BGB in Betracht.*
4. *Aus dem Recht der* **ungerechtfertigten Bereicherung** *kommt ein Herausgabeanspruch aus § 812 Abs. 1 S. 1 BGB in Betracht.*

Die Prüfung ist mit **§ 985 BGB** *zu beginnen, da es sich um eine „starke", nämlich dingliche und damit gegen jedermann wirkende sachenrechtliche Anspruchsgrundlage handelt: Außerdem spricht diese Vorschrift die begehrte Rechtsfolge (Herausgabe der Sache) unmittelbar aus. Dabei ist es sinnvoll, sofort § 986 BGB mit zu nennen.*

Anschließend sind die nach der Aufgabenstellung zu berücksichtigenden Vorschriften aus dem Deliktsrecht und dem Recht der ungerechtfertigten Bereicherung zu untersuchen.

1. E könnte gegen B einen Anspruch auf Herausgabe des Zeltes nach §§ 985, 986 BGB haben.

Dann müsste E (noch)

(1) **Eigentümerin** des Zeltes sein,

(2) B müsste dessen **Besitzer** sein und

(3) B dürfte gegenüber E **kein Recht zum Besitz** *haben.*

Klausurtipp

An dieser Stelle können Sie sich auch darauf beschränken, zunächst nur die erste Voraussetzung der §§ 985, 986 BGB („Eigentum der E") und, wenn diese Voraussetzung vorliegt, anschließend die weiteren Voraussetzungen zu nennen. Die Erfahrung zeigt, dass in einer Klausur die Prüfung der weiteren Voraussetzungen dann aber bisweilen vergessen wird.

Zu (1) E war Eigentümerin des Zeltes. Sie könnte das Eigentum aber durch eine zwischen M und B erfolgte Übereignung an B verloren haben.

Klausurtipp

Da offensichtlich ist, dass hier nicht die berechtigte Eigentümerin E, sondern M als Nichtberechtigter gehandelt hat, und auch kein Fall des §185 Abs. 1, Abs. 2 BGB vorliegt, ist es sinnvoll, sofort einen gutgläubigen Erwerb nach §§929 S. 1, 932 BGB zu prüfen.

Weil hier nicht die berechtigte Eigentümerin E gehandelt hat und weil M durch E weder ermächtigt worden war, das Eigentum zu übertragen (§185 Abs. 1 BGB), noch E die Eigentumsübertragung im Nachhinein genehmigt hat (§185 Abs. 2 BGB), kommt nur ein gutgläubiger Eigentumserwerb **nach §§929 S. 1, 932 BGB** in Betracht.

Klausurtipp

Auch beim gutgläubigen Eigentumserwerb gilt für bewegliche Sachen der Satz: *„§929 Satz 1 ist immer dabei!“* Das heißt, die Prüfung ist mit §929 S. 1 BGB und *nicht* mit §932 BGB zu beginnen! §929 S. 1 bildet das „Gerüst“, §932 hilft (nur) über die fehlende Berechtigung zur Übereignung hinweg.

1.1 Einigung

Erste Voraussetzung für einen gutgläubigen Eigentumserwerb gemäß §929 S. 1, 932 BGB ist eine **Einigung** zwischen dem **vermeintlichen Eigentümer** und dem **Erwerber** darüber, dass das Eigentum an der Sache übergehen soll. Hier müssten sich also M als vermeintlicher Eigentümer und B als Erwerber mit diesem Inhalt geeinigt haben. Eine entsprechende ausdrückliche Einigung ist dem Sachverhalt nicht zu entnehmen, doch ergibt sie sich aus den Umständen. Da M und B die Zeltsäcke nebst Inhalt im Auto des B verstaut haben, liegt darin eine durch **schlüssiges (konkludentes) Verhalten** zustande gekommene Einigung mit dem Inhalt, dass nunmehr B der Eigentümer der Sachen sein soll. Dafür spricht auch, dass B den Kaufpreis bereits gezahlt und damit die ihm aus dem Kaufvertrag obliegende Verpflichtung vollständig erfüllt hat. Das Verhalten von M und B kann nur so verstanden werden, dass das Zelt jetzt B gehören soll.

1.2 Übergabe

Nach §929 S. 1 BGB ist neben der Einigung über den Eigentumsübergang die **Übergabe** der Sache erforderlich. Dafür muss der – vermeintliche – Eigentümer seinen (unmittelbaren) **Besitz** vollständig auf den Erwerber übertragen (§854 Abs. 1 BGB). Diese Voraussetzung ist mit dem Einladen der Gegenstände in das Auto des B gegeben, weil M seinen Besitz vollständig aufgibt und B den unmittelbaren Besitz erwirbt.

1.3 Berechtigung zur Übereignung

Da M nicht der Eigentümer des Zeltes war, war er nicht zur Übertragung des Eigentums berechtigt. Die fehlende **Berechtigung** könnte durch den **guten Glauben** des B ersetzt worden sein. B muss geglaubt haben, dass M der **Eigentümer** des Zeltes ist. Einen Ansatzpunkt für die Begründung dieses Glaubens enthält **§1006 Abs.1 S.1 BGB.** Danach wird vermutet, dass der unmittelbare Besitzer einer Sache auch deren Eigentümer sei. Deshalb durfte B davon ausgehen, dass das Zelt M gehörte.

Dieser Glaube gilt aber nicht uneingeschränkt. Nach §932 Abs.2 BGB scheidet ein gutgläubiger Erwerb aus, wenn der Erwerber **weiß,** dass die Sache nicht dem Veräußerer gehört. Ein solcher Fall ist hier nicht gegeben, weil B die Geschichte des M für wahr hielt, also keine **positive Kenntnis** davon hatte, dass M nicht der Eigentümer des Zeltes war.

Ein gutgläubiger Erwerb tritt nach §932 Abs.2 BGB aber auch dann nicht ein, wenn der Erwerber infolge **grober Fahrlässigkeit** nicht erkennt, dass der Veräußerer nicht der Eigentümer der Sache ist. Ausgehend von der Definition der einfachen Fahrlässigkeit in §276 Abs.2 BGB handelt grob fahrlässig, wer die im Verkehr erforderliche Sorgfalt in **ungewöhnlich hohem Maße verletzt** und dasjenige nicht beachtet, was im gegebenen Fall jedem hätte einleuchten müssen.

Klausurtipp

Wenn es – wie hier – Argumente für und gegen das Vorliegen einer groben Fahrlässigkeit gibt, sind beide Seiten darzustellen. Bitte keine einseitigen Ausführungen, sondern ein abwägendes Pro und Contra. Dabei ist es geschickt, zunächst die Argumente zu nennen, denen im Ergebnis *nicht* gefolgt werden soll.

Für eine grobe Fahrlässigkeit des B spricht, dass er bemerkt, dass M erhebliche Probleme mit dem Abbau des Zeltes und mit dem Verstauen der Gegenstände in die Zeltsäcke hat. Wenn jemand einen Zeltabbau bereits fünfmal vorgenommen hat, müsste das eigentlich besser klappen. Es liegen deshalb Anhaltspunkte dafür vor, dass etwas „nicht stimmen" könnte. B hätte Verdacht schöpfen müssen und Nachfragen stellen können.

Gegen eine grobe Fahrlässigkeit sprechen aber die anderen Umstände des Erwerbs. Der Preis erscheint bei einem fünfmal genutzten Zelt nicht unangemessen niedrig zu sein, das Geschäft wurde auf einem öffentlichen Campingplatz abgewickelt. Die „Geschichte" des M für den Verkauf ist durchaus einleuchtend (Wetter, Rückenprobleme). Außerdem spricht §1006 Abs.1 S.1 BGB für das Eigentum des M.

Deshalb liegt möglicherweise eine leichte Fahrlässigkeit (§276 Abs.2 BGB) des B vor, aber keine grobe, also besonders schwere Fahrlässigkeit.

Damit sind alle Voraussetzungen für einen gutgläubigen Erwerb gemäß §§929 S.1, 932 BGB erfüllt.

1.4 Ausschluss durch §935 Abs.1 BGB

Dem Eigentumserwerb könnte aber **§935 Abs.1 BGB** entgegenstehen. Danach scheidet ein gutgläubiger Erwerb an solchen Sachen aus, die dem Eigentümer **abhandengekommen** sind. Abhandengekommen ist eine Sache, wenn der Eigentümer **unfreiwillig den unmittelbaren Besitz** an ihr verloren hat. Hier hat die Eigentümerin E ihren unmittelbaren Besitz **freiwillig** auf M übertragen, indem sie ihm das Zelt zur Nutzung überlassen hat. Also steht § 935 Abs. 1 BGB dem Eigentumserwerb nicht entgegen. Damit hat B gutgläubig das Eigentum erworben.

Klausurtipp

Zu (2) und (3): Die weiteren Voraussetzungen der §§ 985, 986 BGB – unmittelbarer Besitz des B und kein Besitzrecht des B gegenüber E – sind *hier* nicht zu prüfen, da schon die erste Voraussetzung (Eigentum der E) nicht vorliegt.

Zwischenergebnis: E hat keinen Herausgabeanspruch gegen B aus §§ 985, 986 BGB, weil E aufgrund des gutgläubigen Erwerbs des B nicht mehr Eigentümerin des Zeltes ist.

2. E könnte einen Anspruch auf Herausgabe des Zeltes gegen B aus § 823 Abs. 1 BGB i. V. m. § 249 Abs. 1 BGB haben.

Dann müsste durch eine **Handlung** des B ein durch § 823 Abs. 1 BGB geschütztes Rechtsgut oder Recht der E verletzt worden sein. Die Handlung des B, an die anzuknüpfen ist, besteht im gutgläubigen Erwerb des Eigentums und des Besitzes am Zelt. Denn durch diese Handlung hat E ihr Eigentum – ein Recht im Sinne des § 823 Abs. 1 BGB – und den Besitz – ein sonstiges Recht im Sinne des § 823 Abs. 1 BGB – verloren.

Kurze Frage: Was halten Sie von diesem Ergebnis? Warum *kann* diese Lösung nicht richtig sein?

Es besteht Einigkeit, dass im Ergebnis keine Schadensersatzpflicht des B gegeben ist, weil B – wie zuvor geprüft – nach den §§ 929, 932 BGB gutgläubig das Eigentum erworben hat. Dieses von der Rechtsordnung gewollte Ergebnis darf nicht durch eine Pflicht zum Schadensersatz beeinträchtigt oder gar rückgängig gemacht werden. Für dieses Ergebnis sind verschiedene Begründungen vertretbar:

Man kann argumentieren, im Falle eines **gutgläubigen Erwerbs** liege schon keine Verletzungshandlung gemäß § 823 Abs. 1 BGB vor, weil sonst ein Widerspruch zum Wertungsmodell der §§ 932 ff. BGB bestehen würde.

Falls man eine Verletzungshandlung annimmt, liegt es nahe, die **Rechtswidrigkeit** zu verneinen, weil der gutgläubige Erwerb mit der Rechtsordnung (§§ 932 ff. BGB) in Einklang steht.

Auf jeden Fall scheitert der Anspruch beim **Verschulden.** Da im Rahmen der §§ 932 ff. BGB nur Vorsatz und *grobe* Fahrlässigkeit einem Eigentumserwerb entgegenstehen, muss dieser Verschuldensmaßstab hier auch im Rahmen des § 823 Abs. 1 BGB gelten.

Zwischenergebnis: Also besteht kein Anspruch der E gegen B auf Herausgabe des Zeltes aus §§ 823 Abs. 1, 249 Abs. 1 BGB.

3. E könnte gegen B einen Anspruch aus §812 Abs. 1, S. 1 BGB auf Herausgabe des Eigentums und des Besitzes am Zelt haben.

Nach §812 Abs. 1 S. 1 BGB ist derjenige, der

(1) **etwas erlangt** hat,
(2) durch **Leistung eines anderen** oder in sonstiger Weise auf dessen Kosten,
(3) **ohne rechtlichen Grund,**

dem **Leistenden** oder dem, auf dessen Kosten sich der Erwerb vollzogen hat, zur **Herausgabe des Erlangten** verpflichtet.

Zu (1): B müsste etwas erlangt haben, wofür jeder **Vermögensvorteil** ausreicht. B hat Eigentum und Besitz am Zelt erlangt.

Zu (2): Dies müsste durch eine **Leistung** der Person, die die Herausgabe begehrt (hier E), erfolgt sein. Eine Leistung im Sinne des §812 Abs. 1 S. 1 BGB ist eine **gewollte und zweckgerichtete Vermehrung fremden Vermögens.** Maßgeblich für die Beurteilung, *wer* die Leistung erbracht hat, ist die **Sicht des Leistungsempfängers.** Aus der Sicht des B hat aber nicht E, sondern der M das Eigentum und den Besitz an dem Zelt zur Erfüllung des Kaufvertrags zwischen B und M übertragen. Damit liegt eine Leistung des M und nicht eine solche der E vor. Da E keine Leistung erbracht hat, steht ihr kein Anspruch aus einer „Leistungskondiktion" gegen B zu.

Da eine Leistung des M vorliegt, ist wegen des sogenannten **„Vorrangs der Leistungskondiktion"** die Fallgruppe „oder in sonstiger Weise auf dessen Kosten" nicht mehr zu prüfen[37].

Zu (3): Die Voraussetzung „ohne rechtlichen Grund" ist nicht zu prüfen, weil die zweite Voraussetzung nicht gegeben ist.

Zwischenergebnis: E hat damit auch nach §812 Abs. 1 S. 1 BGB keinen Anspruch auf Herausgabe des Zeltes gegen B.

4. Ergebnis

E steht gegen den gutgläubigen Erwerber B aus keinem rechtlichen Gesichtspunkt ein Anspruch zu. Der Herausgabeanspruch nach §§985, 986 BGB scheitert daran, dass E infolge des gutgläubigen Erwerbs durch B nicht mehr Eigentümerin des Zeltes ist. Dieses von der Rechtsordnung gewollte Ergebnis darf nicht durch einen Schadensersatzanspruch nach §§823 Abs. 1, 249 Abs. 1 BGB infrage gestellt werden. §812 Abs. 1 BGB scheidet aus, weil keine Leistung der E, sondern eine solche des M vorliegt.

[37] Zwischen den Fallgruppen „durch Leistung" und „in sonstiger Weise auf dessen Kosten" gibt es eine Rangordnung: Wenn *irgendjemand* eine Leistung erbracht hat, ist die Variante „in sonstiger Weise auf dessen Kosten" nicht mehr zu prüfen. Man spricht vom „Vorrang der Leistungskondiktion" vor den anderen Kondiktionsarten. Also ist zunächst zu untersuchen, ob eine Leistung vorliegt. Ergibt diese Prüfung, dass ein anderer als der, der die Herausgabe begehrt, eine Leistung erbracht hat, ist die Prüfung des §812 Abs. 1 S. 1 BGB zu beenden, vgl. auch S. 425f.

Ergänzung:

Nach der Aufgabenstellung ist nur nach Ansprüchen der E gegen B auf Herausgabe des Zeltes, nicht hingegen nach möglichen Ansprüchen der E gegen M gefragt. Deshalb sind diese Ansprüche auch nicht zu untersuchen. Zu Übungszwecken in Kürze:

a) *In Betracht kommt ein* **vertraglicher Schadensersatzanspruch** *der E gegen M, weil M seiner Verpflichtung zur Rückgabe der Mietsache (§ 546 Abs. 1 BGB) aufgrund der Weigerung des B, das Zelt wieder herauszugeben, nicht nachkommen kann* **(§§ 280 Abs. 1, Abs. 3, 283 BGB).**
b) *Ein Schadensersatzanspruch kann sich auch aus* **§ 823 Abs. 1 BGB** *ergeben, weil E durch eine Handlung des M das Eigentum am Zelt verloren hat. Beide Anspruchsgrundlagen setzen ein Verschulden des M voraus, das in Bezug auf den vertraglichen Anspruch gemäß § 280 Abs. 1 S. 2 BGB vermutet wird. Der Anspruch besteht nach § 251 Abs. 1 BGB in Höhe des Verkehrswertes des Zeltes (400,– €).*
c) *E kann von M die Herausgabe des Kaufpreises in Höhe von 300,– € aus* **§ 816 Abs. 1 BGB** *verlangen, weil M eine Verfügung – die Übertragung des Eigentums an B – vorgenommen hat. Diese Verfügung ist der E gegenüber nach §§ 929, 932 BGB wirksam. Als Gegenleistung hat M den Kaufpreis erhalten. Diesen muss er an E herausgeben, auch wenn ihn kein Verschulden trifft.*

Fall 9: Der unwesentliche Motor

Der dem Berger (B) gehörende Pkw erhält in der Werkstatt des Unger (U) einen Austauschmotor und ein neues angeschweißtes Bodenblech. Für den zwischen den Parteien geschlossenen Vertrag ist die Geltung der „Werkstattbedingungen" des U vereinbart worden. Darin heißt es:

„Alle Teile bleiben bis zur vollständigen Zahlung unser Eigentum."

Da der von B zum Zwecke der Bezahlung übergebene Scheck von der Bank nicht eingelöst wird, fragt U nach seinen Rechten.

Ein Wort vorab:

Ein kurzer, scheinbar einfacher Fall, der aber eine ganze Reihe von Problemen enthält und zu einem etwas überraschenden Ergebnis führen wird, weil die juristische Bewertung in Teilen nur schwer mit dem „gesunden Menschenverstand" in Einklang zu bringen ist.

Vorüberlegung zur Lösung

Da in dieser Aufgabe nicht nach einem ganz bestimmten Anspruch, sondern allgemein nach den Rechten des U gefragt ist, muss zunächst überlegt werden, welche Rechte dies sein könnten. Dabei ist es sinnvoll, sich in die Position des U zu versetzen und zu überlegen, was U bei **wirtschaftlich vernünftiger Betrachtung** *von B begehren könnte.*

– *Da keine Besonderheiten ersichtlich sind, ist davon auszugehen, dass U in erster Linie die* **Bezahlung** *seiner Arbeiten erhalten möchte. Denn damit hätte er das, was vertraglich vereinbart war.*

- *Wenn er diesen Anspruch nicht durchsetzen kann, wird U interessieren, ob ihm ein* **Unternehmerpfandrecht** *zusteht, um den Werklohn aus der Verwertung des Pkw zu erhalten.*
- *Schließlich könnte U ein Interesse daran haben, die eingebauten Teile wieder* **herauszuverlangen.** *Da der Ausbau mit weiterer Arbeit und mit weiteren Kosten verbunden ist, wird U ihn aber nur nachrangig verfolgen.*

1. Anspruch auf Zahlung der Vergütung

U könnte gegen B einen Anspruch auf Zahlung der Vergütung aus §§631, 632 BGB haben.

1.1 Der Anspruch muss **entstanden** sein. U und B müssten einen Werkvertrag geschlossen haben. Nach dem Sachverhalt liegt ein Vertrag unter wirksamer Einbeziehung der „Werkstattbedingungen" des U vor. Da dieser Vertrag auf die Herbeiführung eines **Erfolgs** in Form der Autoreparatur gerichtet ist, handelt es sich um einen **Werkvertrag** (§631 BGB). Mit dem Abschluss des Vertrags ist der Anspruch auf die Zahlung der Vergütung **entstanden.**

Klausurtipp

Da keine Einzelheiten zum Vertragsschluss mitgeteilt werden, ist insoweit auch keine Prüfung vorzunehmen. Also bitte kein Wort zu Angebot und Annahme, keine Definitionen und keine Subsumtionen! Sie könnten ohnehin nur spekulieren, wie es wohl gewesen sein könnte. Das macht aber keinen Sinn!

1.2 Der Anspruch darf nicht **erloschen** sein. Nach **§362 Abs.1 BGB** erlischt ein Schuldverhältnis – hier das Schuldverhältnis auf Zahlung der Vergütung –, wenn die geschuldete Leistung an den Gläubiger bewirkt wird. Bei einer Geldschuld ist, wenn keine andere Vereinbarung getroffen worden ist und sich aus den Umständen nichts anderes ergibt, eine Barzahlung zu leisten. Eine solche ist hier nicht erfolgt.

Nach **§364 Abs.1 BGB** erlischt ein Schuldverhältnis aber auch, wenn der Gläubiger eine andere als die geschuldete Leistung an **„Erfüllungs statt"** annimmt. Hier hat der B dem U zum Zwecke der Bezahlung einen **Scheck** übergeben. Die bloße **Annahme** eines Schecks führt aber in aller Regel noch nicht dazu, dass die der Scheckhingabe zugrunde liegende Forderung erlischt.

Durch die Annahme eines Schecks wird vielmehr zwischen dem Schuldner als Scheckgeber und dem Gläubiger als Schecknehmer eine **neue Verbindlichkeit aus dem Scheck** begründet. Der Aussteller (Scheckgeber) haftet nach Art. 12 ScheckG (Scheckgesetz) für die Zahlung des Schecks.

Aus §364 Abs.2 BGB folgt, dass der Scheck „im Zweifel" nicht an Erfüllungs statt, sondern lediglich **erfüllungshalber** angenommen wird. Die der Scheckhingabe zugrunde liegende Werklohnforderung des U geht deshalb solange nicht unter, bis der U den Betrag durch Einlösung des Schecks erhalten hat[38].

[38] Hinweis: Die Ausführungen gelten in gleicher Weise für die Annahme von Wechseln.

Damit ist der Anspruch des U auf Zahlung der Vergütung aus §§631, 632 BGB durch die Annahme des Schecks nicht erloschen. Da der Scheck nicht eingelöst wurde, ist der Vergütungsanspruch auch nicht zu einem späteren Zeitpunkt untergegangen.

1.3 Der Anspruch auf die Zahlung der Werklohnvergütung müsste **durchsetzbar,** insbesondere fällig sein. Nach **§641 Abs. 1 S. 1 BGB** ist die Vergütung bei der **Abnahme** des Werkes zu entrichten. Eine Abnahme im Sinne des **§640 Abs. 1 S. 1 BGB** liegt vor, wenn der Besteller das Werk als **im Wesentlichen vertragsgerecht anerkennt.** Dies kann auch durch schlüssiges Handeln geschehen, zum Beispiel durch Ingebrauchnahme, muss aber gegenüber dem Unternehmer zum Ausdruck kommen. Hier ist B mit dem reparierten Pkw weggefahren und nicht zurückgekommen, um eventuelle Mängel der Reparatur zu reklamieren. Dadurch hat er stillschweigend die Abnahme erklärt.

Der Vergütungsanspruch ist also **entstanden, nicht erloschen** und **durchsetzbar,** sodass U von B gemäß §§631, 632 BGB die Zahlung des Werklohns verlangen kann. Problematisch wird es aber, wenn B nicht in der Lage oder nicht gewillt ist, die Zahlung zu leisten. Für diesen Fall stellt sich die Frage nach dem Bestehen eines Unternehmerpfandrechts, um eine Verwertung des Fahrzeugs vorzunehmen.

2. Anspruch auf Verwertung aus einem Unternehmerpfandrecht

U könnte ein **Unternehmerpfandrecht** an dem Fahrzeug des B zustehen. Nach **§647 BGB** entsteht ein solches gesetzliches Pfandrecht für die dem Unternehmer zustehenden Forderungen an denjenigen Sachen des Bestellers, die zur Herstellung oder Ausbesserung in den unmittelbaren Besitz des Unternehmers gelangt sind. Hier hatte der U den **unmittelbaren Besitz** an dem Pkw des B erlangt, sodass das Pfandrecht für die Werklohnforderung entstanden war.

Das Pfandrecht könnte aber durch die Rückgabe des Fahrzeugs an B **erloschen** sein. Für das gesetzliche Pfandrecht gelten nach **§1257 BGB** die Regelungen für das rechtsgeschäftliche Pfandrecht entsprechend. Gemäß **§1253 Abs. 1 S. 1 BGB** erlischt ein Pfandrecht, wenn der Pfandgläubiger das Pfand an den Eigentümer zurückgibt. Mit der Rückgabe des Fahrzeugs von U an B ist das Pfandrecht des U am Pkw erloschen, sodass U kein Unternehmerpfandrecht aus §647 BGB mehr zusteht. U hat deshalb keine Möglichkeit, aus einer Verwertung des Fahrzeugs den Werklohn zu erhalten.

3. Herausgabeanspruch des U gegen B aus §§985, 986 BGB

Deshalb ist zu klären, ob U aufgrund des nach dem Sachverhalt wirksam vereinbarten **Eigentumsvorbehalts** berechtigt ist, die eingebauten Gegenstände, insbesondere den Austauschmotor von B herauszuverlangen.

Dieser Anspruch könnte sich für den Austauschmotor aus §§985, 986 BGB ergeben. Dann müsste

- U (noch) **Eigentümer** des Austauschmotors sein,
- B müsste dessen (unmittelbarer) **Besitzer** sein und
- B dürfte im Verhältnis zu U **kein Recht zum Besitz** haben.

3.1 U war vor dem Einbau der **Eigentümer** des Motors. Er könnte sein Eigentum aber infolge eines **gesetzlichen** Eigentumserwerbs gemäß den §§ 946 ff. BGB an B verloren haben[39]. In Betracht kommt § 947 Abs. 1 i. V. m. Abs. 2 BGB. Diese Vorschrift setzt voraus, dass bewegliche Sachen so miteinander verbunden werden, dass sie **wesentliche Bestandteile** einer einheitlichen Sache werden. Das Fahrzeug des B – ohne Motor – und der Austauschmotor des U sind bewegliche Sachen, die durch den Einbau des Motors miteinander verbunden worden sind. Fraglich ist aber, ob Fahrzeug und Motor durch den Einbau wesentliche Bestandteile einer einheitlichen Sache, nämlich des kompletten Fahrzeugs, geworden sind.

Diese Frage ist für bewegliche Sachen nach **§ 93 BGB** zu beurteilen. Nach dieser Vorschrift sind Bestandteile einer Sache, die nicht voneinander getrennt werden können, ohne dass der eine oder der andere Bestandteil **zerstört** oder in **seinem Wesen verändert** wird, wesentliche Bestandteile der Sache. Entscheidend ist, ob der eine oder der andere Bestandteil nach der Trennung in der bisherigen Art – sei es auch erst nach einer Verbindung mit einer anderen Sache – wirtschaftlich genutzt werden kann.

Es kommt also (nur) darauf an, ob der Ausbau des Austauschmotors aus dem Pkw zu einer Zerstörung oder Wesensänderung des Fahrzeugs oder des Motors führt. Da der Austauschmotor in ein anderes Fahrzeug eingesetzt und das Fahrzeug des B mit einem anderen Austauschmotor bestückt werden kann, können beide Bestandteile nach der Trennung weiter wirtschaftlich genutzt werden. Sie bilden damit **keinen wesentlichen Bestandteil** der einheitlichen Sache **Pkw.** U hat das Eigentum am Austauschmotor also nicht nach § 947 BGB verloren. Er ist nach wie vor (alleiniger) Eigentümer des Austauschmotors.

Merke

Das Ergebnis ist sicherlich überraschend, aber juristisch unbestritten. Sie dürfen also bei § 93 BGB nicht aus der Wichtigkeit oder Bedeutung einer Sache für eine andere Sache den Schluss auf einen wesentlichen Bestandteil ziehen. Bei § 94 BGB (vgl. den nächsten Fall) gilt ein anderer Maßstab.

In Betracht kommt, dass U sein Eigentum nach § 929 S. 1 BGB durch einen **rechtsgeschäftlichen Eigentumserwerb** an B verloren hat. Dann müsste eine entsprechende Einigung zwischen U und B vorliegen. U hat sich jedoch in den wirksam vereinbarten „Werkstattbedingungen" das **Eigentum** bis zur vollständigen Zahlung **vorbehalten.** Dies bedeutet, dass die für einen rechtsgeschäftlichen Eigentumserwerb erforderliche Einigung vom Eintritt einer **Bedingung** abhängig gemacht wird. Nach §§ 929 S. 1, 158 Abs. 1 BGB soll das Eigentum an dem Motor erst dann auf den B übergehen, wenn B den Werklohn vollständig an U gezahlt hat. Da dies bisher nicht geschehen ist, hat U das Eigentum nicht gemäß § 929 S. 1 BGB verloren.

[39] Ansatz wie das Ende im Märchen „E war Eigentümer, und wenn er das Eigentum nicht verloren hat, dann hat er's auch noch heute".

U ist also immer noch der Eigentümer des Motors.

3.2 B ist (unmittelbarerer) **Besitzer** des Austauschmotors, da er die tatsächliche Gewalt über den Pkw einschließlich des Motors hat (§854 Abs. 1 BGB).

3.3 B dürfte **im Verhältnis zu U kein Recht zum Besitz** haben. B ist aufgrund des mit U geschlossenen Werkvertrags jedoch der rechtmäßige Besitzer des Motors, ihm steht deshalb gegenüber U ein Besitzrecht zu.

Merke

B hat den Besitz am Motor aufgrund des Werkvertrags und mit dem Willen des U erhalten. Im Zeitpunkt der Abholung des Pkw war B deshalb der rechtmäßige Besitzer des Motors. Allein dadurch, dass der „Scheck geplatzt" ist, ist keine Änderung eingetreten. B ist also nach wie vor berechtigter Besitzer des Motors. Da sich das Besitzrecht aus dem Werkvertrag ableitet, muss dieser Vertrag „beseitigt werden". In der Klausur einer aus Russland stammenden Studentin hieß es: *„Man soll den Werkvertrag wegmachen."* Die Bemerkung des Prüfers am Rand: *„Jawoll: Weg damit!"* Wie das geht, kann aus §449 Abs. 2 BGB entnommen werden, nämlich durch einen Rücktritt vom Vertrag.

U kann dieses Besitzrecht dadurch beseitigen, dass er gemäß §349 BGB vom Werkvertrag **zurücktritt.**

Vor der Erklärung des Rücktritts muss U dem B gemäß §323 Abs. 1 BGB eine **angemessene Frist** zur Bezahlung des Werklohns setzen. Dies ist auch deshalb sinnvoll, weil die Bezahlung für U vorteilhafter ist als der Ausbau des Motors, der – wie schon der Einbau – weitere Kosten verursacht. Der Umstand, dass der von B zur Zahlung übergebene Scheck „geplatzt ist", führt ohne Hinzutreten weiterer Umstände nicht dazu, dass die **Fristsetzung** nach §323 Abs. 2 Nr. 3 BGB **entbehrlich** ist.

Deshalb ist U erst nach erfolglosem Ablauf der Zahlungsfrist zum Rücktritt vom Werkvertrag berechtigt. Nach Erklärung des Rücktritts (§349 BGB) entfällt das Besitzrecht des B, da die empfangenen Leistungen nach §346 Abs. 1 BGB zurückzugewähren (herauszugeben) sind. U hätte damit gemäß §§985, 986 BGB einen Anspruch gegen B auf die Herausgabe des Austauschmotors.

Hinweis

Dieser Anspruch ergibt sich nach dem Rücktritt vom Werkvertrag auch aus §346 Abs. 1 BGB.

4. Anspruch auf Herausgabe des Bodenblechs gemäß §§985, 986 BGB

Hier ist im Wesentlichen auf die Ausführungen zu 3. zu verweisen. Ein Unterschied kann sich allein daraus ergeben, dass das Bodenblech **wesentlicher Bestandteil** des Fahrzeugs gemäß **§93 BGB** geworden sein könnte. Dies ist anzunehmen, da der Ausbau des geschweißten Bodenblechs zu dessen Zerstörung führt. Da der Pkw im Verhältnis zum Bodenblech als Hauptsache anzusehen ist, hat B als Eigentümer des Fahrzeugs gemäß **§947 Abs. 1 i. V. m. Abs. 2 BGB** das

Alleineigentum am Bodenblech erworben. Damit hat U sein Eigentum verloren, sodass ihm wegen des Blechs kein Herausgabeanspruch gemäß §§ 985, 986 BGB gegen B zusteht.

Der in den „Werkstattbedingungen" des U enthaltene **Eigentumsvorbehalt** führt zu keinem anderen Ergebnis, da **§ 947 BGB zwingendes Recht** ist und durch eine Vereinbarung der Parteien nicht außer Kraft gesetzt werden kann.

Fall 10: Dachpfannen

Vey (V) liefert aufgrund eines Kaufvertrags von ihm produzierte Dachpfannen an die Kaiser-GmbH (K-GmbH), die auf einem ihr gehörenden Grundstück ein Bürogebäude errichtet. In den wirksam vereinbarten Lieferbedingungen des V heißt es wie folgt:

„Alle Lieferungen und Leistungen erfolgen unter Eigentumsvorbehalt."

Gehen Sie davon aus, dass sich 30 % der gelieferten Dachpfannen bereits auf dem Dach befinden und mit Sturmhaken befestigt sind, sich aber mit geringem Aufwand und ohne Beschädigung wieder entfernen lassen. Die anderen 70 % der Dachpfannen lagern vor dem Gebäude.

Nachdem die K-GmbH den fälligen Kaufpreis nicht wie vereinbart zahlt und weil es hartnäckige Gerüchte über eine bevorstehende Insolvenz der K-GmbH gibt, verlangt V unter Hinweis auf den Eigentumsvorbehalt die „sofortige Rückgabe" sämtlicher Dachpfannen von der K-GmbH. Zu Recht? Vertragliche Ansprüche sind nicht zu prüfen.

Klausurtipp

Da vertragliche Ansprüche nach der Aufgabenstellung nicht zu prüfen sind, scheidet § 346 BGB als Anspruchsgrundlage aus. Da vorvertragliche Ansprüche nicht in Betracht kommen, verbleiben für die Prüfung nur gesetzliche Anspruchsgrundlagen.

V könnte einen Anspruch auf Herausgabe der Dachpfannen gemäß §§ 985, 986 BGB gegen die K-GmbH haben.

1. Eigentum des V an den Dachpfannen

Die erste Voraussetzung ist, dass V noch **Eigentümer** der Dachpfannen ist. V war im Zeitpunkt der Lieferung als Produzent Eigentümer der Dachpfannen. Er ist noch Eigentümer, wenn er das Eigentum weder durch Rechtsgeschäft gemäß § 929 S. 1 BGB noch durch Gesetz gemäß § 946 BGB an die K-GmbH verloren hat.

1.1 Rechtsgeschäftlicher Eigentumserwerb

Voraussetzung für einen Eigentumserwerb der K-GmbH nach **§ 929 S. 1 BGB** sind Einigung, Übergabe und Berechtigung.

Eine **Einigung** mit dem Inhalt, dass das Eigentum bereits übergehen soll, liegt nicht vor, da V laut seinen Allgemeinen Geschäftsbedingungen unter **Eigentumsvorbehalt** geliefert hat (§§ 929 S. 1, 158 Abs. 1 BGB). Zwar enthält die Klausel in den wirksam vereinbarten Lieferbedingungen des V keine ausdrückliche Regelung, wovon der Eigentumsvorbehalt abhängig sein soll, und ist insoweit unvollständig. Die Klausel ist aber im Wege der Auslegung gemäß §§ 133, 157 BGB und § 449 Abs. 1 BGB so zu verstehen, wie es im Geschäftsverkehr üblich ist: Danach bildet die **Zahlung** der vertraglich geschuldeten Gegenleistung, hier also des Kaufpreises, die Bedingung für den Übergang des Eigentums. Da die Zahlung der K-GmbH noch nicht erfolgt ist, ist das Eigentum an den Dachpfannen nicht gemäß § 929 S. 1, 158 Abs. 1 BGB auf die K-GmbH übergegangen.

1.2 Gesetzlicher Eigentumserwerb

V könnte aber das Eigentum an den Dachpfannen nach **§ 946 BGB** verloren haben. Voraussetzung ist, dass eine bewegliche Sache dergestalt (gemeint ist: „so“) mit einem Grundstück verbunden wird, dass sie **wesentlicher Bestandteil des Grundstücks** wird. Dachpfannen sind bewegliche Sachen (§ 90 BGB). Um wesentlicher Bestandteil des Grundstücks zu werden, müssten sie mit dem Grundstück verbunden sein (§ 94 Abs. 1 BGB). Die vor dem Gebäude lagernden Dachpfannen sind gar nicht, die bereits eingedeckten Dachpfannen sind nicht *unmittelbar* mit dem Grundstück verbunden. Diese Dachpfannen könnten aber wesentliche Bestandteile des Gebäudes sein (§ 94 Abs. 2 BGB), das wiederum wesentlicher Bestandteil des Grundstücks sein könnte (§ 94 Abs. 1 BGB).

1.2.1 Bereits eingedeckte Dachpfannen

Nach § 94 Abs. 1 BGB sind die mit dem Grund und Boden fest verbundenen Sachen, insbesondere die **Gebäude,** wesentliche Bestandteile des Grundstücks. Also ist das von der K-GmbH errichtete Bürogebäude ein wesentlicher Bestandteil des Grundstücks. Nach § 946 BGB erstreckt sich damit das Eigentum an dem Grundstück auf das Gebäude: Deshalb gehört das Gebäude dem, dem das Grundstück gehört, hier also der K-GmbH[40].

Nach § 94 Abs. 2 BGB sind alle **zur Herstellung des Gebäudes eingefügten Sachen** wesentliche Bestandteile des Gebäudes.

„**Eingefügt**“ sind Teile, wenn sie mit dem Gebäude verbunden sind, wobei keine feste *Verbindung* erforderlich ist. Hier liegt durch die Befestigung mit den Sturmhaken eine Verbindung mit dem Gebäude vor.

Klausurtipp

Das bloße Hineinstellen, etwa von Möbeln, reicht für ein „Einfügen“ nicht aus. Deshalb sind die Betten eines Hotelzimmers keine wesentlichen Bestandteile des Hotels.

[40] Etwas anderes gilt, wenn an einem Grundstück ein Erbbaurecht bestellt ist, vgl. S. 487 ff.

„Zur Herstellung" eingefügt sind alle Gegenstände, ohne die das Gebäude nach der **Verkehrsanschauung nicht fertiggestellt** ist. Was dafür erforderlich ist, ist unter Berücksichtigung der Beschaffenheit des Gebäudes und seines Zwecks zu beurteilen. Unabhängig vom konkreten Zweck eines Gebäudes (Wohngebäude, Verkaufsraum, Lagerhalle) sind Dachpfannen bei einem Gebäude mit Dach erforderlich, um es fertig zu stellen.

Damit sind die bereits verlegten und mit Sturmhaken befestigten Dachpfannen **zur Herstellung des Gebäudes eingefügt** und so **wesentlicher Bestandteil des Gebäudes** geworden. Dass sich die Dachpfannen ohne großen Aufwand und ohne Beschädigungen wieder abnehmen und entfernen lassen, steht im Rahmen der Prüfung des §94 Abs. 2 BGB nicht entgegen[41].

Da das Gebäude wesentlicher Bestandteil des Grundstücks ist, ist das Eigentum an den bereits eingedeckten Dachpfannen nach **§§946, 94 Abs. 1, Abs. 2 BGB** durch die Einfügung von V auf die K-GmbH übergegangen, sodass V sein Eigentum an den Dachpfannen verloren haben könnte.

Etwas anderes könnte sich aus dem Eigentumsvorbehalt in den Lieferbedingungen des V ergeben. Bei **§946 BGB** handelt es sich jedoch um **zwingendes Recht,** sodass eine entgegenstehende vertragliche Vereinbarung keine Wirkung hat. Der Eigentumsvorbehalt ist deshalb mit der Einfügung der Dachpfannen in das Gebäude erloschen.

Die K-GmbH ist also Eigentümerin der bereits eingedeckten Dachpfannen geworden. Damit liegt schon die erste Voraussetzung des §985 BGB – Eigentum des V – nicht vor, sodass V keinen Anspruch auf Herausgabe dieser Dachpfannen hat.

1.2.2 Noch nicht eingedeckte Dachpfannen

Ein gesetzlicher Eigentumserwerb gemäß §§946, 94 Abs. 1, Abs. 2 BGB an den noch vor dem Gebäude lagernden Dachpfannen ist mangels „Einfügung" nicht erfolgt.

Zwischenergebnis: V hat das Eigentum an den bereits eingedeckten Dachpfannen verloren, während er nach wie vor Eigentümer der vor dem Gebäude lagernden Dachpfannen ist. Nur bezüglich dieser Dachpfannen kann eine Herausgabeanspruch nach §§985, 986 BGB bestehen.

2. Besitz der K-GmbH

Zweite Voraussetzung für den Herausgabeanspruch gemäß §§985, 986 BGB ist, dass die K-GmbH (unmittelbare) **Besitzerin** der vor dem Gebäude lagernden Dachpfannen ist. Da sich die Dachpfannen auf dem Grundstück der K-GmbH befinden, übt sie durch ihre Geschäftsführer die tatsächliche Sachherrschaft aus und ist damit deren Besitzerin (§854 Abs. 1 BGB). Somit liegen bezüglich der noch nicht eingedeckten Dachpfannen die beiden Voraussetzungen des §985 BGB vor.

---

41 Bei §93 BGB gilt ein anderer Maßstab! Vgl. den vorhergehenden Fall zum Austauschmotor!

3. Kein Recht zum Besitz der K-GmbH gegenüber V

Der Anspruch nach § 985 BGB besteht nicht, wenn der Besitzerin, also der K-GmbH, gegenüber dem Eigentümer V ein **Recht zum Besitz** gemäß § 986 Abs. 1 BGB zusteht. Das ist hier der Fall. Das Besitzrecht leitet sich aus dem **Kaufvertrag** ab. Auch wenn die K-GmbH den Kaufpreis bei Fälligkeit nicht gezahlt hat, ist und bleibt sie aufgrund des Kaufvertrags **rechtmäßige Besitzerin** der Dachpfannen. V kann deshalb deren Herausgabe solange nicht verlangen, wie der K-GmbH dieses Besitzrecht zusteht. Dieses Ergebnis folgt auch aus **§ 449 Abs. 2 BGB.** Danach besteht ein Herausgabeanspruch aufgrund des Eigentumsvorbehalts erst dann, wenn V (zuvor) vom Kaufvertrag **zurückgetreten** ist.

Dafür muss V ein **Rücktrittsrecht** zustehen, außerdem muss er den **Rücktritt erklären** (§ 349 BGB). Da nicht ersichtlich ist, dass die Parteien im Kaufvertrag zugunsten des V ein Rücktrittsrecht vereinbart haben, muss V nach **§ 323 BGB** vorgehen, um ein solches Recht zu begründen. Da die K-GmbH bei einem gegenseitigen Vertrag (Kaufvertrag) eine fällige Leistung (Kaufpreiszahlung) nicht erbracht hat, muss V der K-GmbH nach § 323 Abs. 1 BGB vor Erklärung des Rücktritts eine **angemessene Zahlungsfrist** setzen. Das ist bisher nicht geschehen.

Die Fristsetzung könnte aber **entbehrlich** sein. Nach **§ 323 Abs. 2 Nr. 3 BGB** muss keine Frist gesetzt werden, wenn besondere Umstände vorliegen, die unter Abwägung der beiderseitigen Interessen den sofortigen Rücktritt rechtfertigen.

Klausurtipp

Hier lässt sich mit guten Gründen vertreten, dass eine Fristsetzung ausnahmsweise entbehrlich ist. Dafür müssen Sie aber Argumente liefern!

Dagegen spricht, dass im Regelfall eine Frist gesetzt werden muss, um dem Schuldner die Möglichkeit zu geben, den Vertrag zu erfüllen. Außerdem gibt es zurzeit nur Gerüchte über eine bevorstehende Insolvenz der K-GmbH.

Auf der anderen Seite hat die K-GmbH die Möglichkeit, die restlichen Dachpfannen schnell einzudecken und damit einen gesetzlichen Eigentumserwerb herbeizuführen. Auch wenn im Sachverhalt zu dieser möglichen Entwicklung keine Angaben enthalten sind, besteht durchaus die Gefahr, dass die K-GmbH sich so verhält, sobald V eine Zahlungsfrist setzt und die Abholung der Dachpfannen ankündigt. Dies hätte zur Folge, dass der jetzt noch gegebene Herausgabeanspruch nicht mehr bestehen würde.

Deshalb kann V den Rücktritt (§ 349 BGB) ohne vorherige Fristsetzung erklären. Nach Erklärung des Rücktritts wandelt sich der Kaufvertrag gemäß § 346 Abs. 1 BGB in ein Rückgewährschuldverhältnis um. Damit entfällt für die K-GmbH das „Recht zum Besitz“ im Sinne des § 986 Abs. 1 BGB.

Ergebnis:

1. Bezüglich der bereits eingedeckten Dachpfannen ist das Eigentum nach §§ 946, 94 Abs. 1, Abs. 2 BGB von V auf die K-GmbH übergegangen, sodass

kein Herausgabeanspruch des V gegen die K-GmbH nach §§985, 986 BGB besteht. Auch nach anderen Anspruchsgrundlagen besteht kein Anspruch auf Herausgabe.

2. Nach Rücktritt vom Kaufvertrag steht V gegen die K-GmbH ein Recht auf Herausgabe der noch nicht eingedeckten Dachpfannen zu. Die nach §323 Abs. 1 BGB im Regelfall erforderliche Setzung einer angemessenen Frist zur Bezahlung des Kaufpreises ist hier gemäß §323 Abs. 2 Nr. 3 BGB ausnahmsweise entbehrlich.

8. Teil

Glossar

Glossar

Abnahme

⇒ *Werkvertrag: Abnahme*

Absolute Rechte

Absolute Rechte sind Rechte, die gegenüber jedermann bestehen. Sie werden auch dingliche Rechte genannt. Das wichtigste absolute Recht ist das Eigentum. Dem Eigentümer stehen aufgrund des Eigentums Ansprüche gegen jedermann zu. So kann der Eigentümer gemäß § 985 BGB von jedem Besitzer die Herausgabe seiner Sache verlangen, es sei denn, der Besitzer hätte gegenüber dem Eigentümer ein Besitzrecht (§ 986 BGB). ⇒ *Beschränkte dingliche Rechte* ⇒ *Hypothek* ⇒ *Grundschuld* ⇒ *Relative Rechte* ⇒ *Allgemeine Geschäftsbedingungen (AGB)*

Abstraktionsprinzip

⇒ *Trennungsprinzip*

Abtretung

Die Abtretung einer Forderung erfolgt durch einen Vertrag zwischen dem bisherigen und dem neuen Gläubiger (§ 398 BGB)

Abwehrklausel

⇒ *Allgemeine Geschäftsbedingungen (AGB): Abwehrklausel*

Adäquate Kausalität

Eine adäquate Kausalität ist gegeben, wenn der Zusammenhang zwischen Ursache und Wirkung, zum Beispiel zwischen einer Verletzungshandlung und der dadurch eingetretenen Verletzung eines Rechtsgutes, nicht völlig außergewöhnlich und ganz und gar unwahrscheinlich ist. Zu unterscheiden sind die haftungsbegründende und die haftungsausfüllende Kausalität.

Akzessorietät

Eine Kreditsicherheit ist akzessorisch, wenn sie ohne die gesicherte Forderung nicht besteht. Das ist bei der Bürgschaft (§ 765 BGB) und bei der Hypothek (§ 1113 Abs. 1 BGB) der Fall. Nicht akzessorisch sind die Grundschuld (§ 1191 Abs. 1 BGB) und die – im BGB nicht geregelte – Sicherungsübereignung. ⇒ *Bürgschaft* ⇒ *Hypothek* ⇒ *Grundschuld* ⇒ *Sicherungsübereignung*

Allgemeine Geschäftsbedingungen (AGB)

Begriff Allgemeine Geschäftsbedingungen sind nach § 305 Abs. 1 S. 1 BGB alle für eine Vielzahl von Verträgen vorformulierten Vertragsbedingungen, die eine Vertragspartei („Verwender“) der anderen Vertragspartei bei Abschluss eines

Vertrags stellt. Eine Vielzahl von Verträgen liegt vor, wenn die Bedingungen mindestens drei Mal verwendet werden sollen. Unerheblich ist, ob die Absicht der mehrfachen Nutzung durch einen oder mehrere Verwender besteht.

Einbeziehung Die Einbeziehung betrifft die Frage, ob die *kompletten* (vollständigen) AGB für den Vertrag gelten. Voraussetzungen für die Einbeziehung von AGB gegenüber einem Verbraucher sind nach §305 Abs. 2 BGB: ein ausdrücklicher Hinweis des Verwenders auf die AGB, die Möglichkeit der zumutbaren Kenntnisnahme der AGB für den Verbraucher und das Einverständnis des Verbrauchers mit der Geltung der AGB. Diese drei positiven Voraussetzungen müssen „bei Vertragsabschluss", also im Zeitpunkt des Vertragsschlusses, vorliegen. Aus §305 c BGB folgt, dass Klauseln in AGB, die ganz und gar ungewöhnlich sind, kein Vertragsbestandteil werden, auch wenn die Voraussetzungen des §305 Abs. 2 BGB erfüllt sind. ⇒ *Verbraucher*

Inhaltskontrolle Bei der Inhaltskontrolle von AGB geht es um die Wirksamkeit der *einzelnen* Klauseln. Bei der Verwendung von AGB gegenüber einem *Verbraucher* ist zunächst §309 BGB, dann §308 BGB und zum Schluss §307 BGB zu prüfen („9 vor 8 vor 7!"). Im Falle eines Verstoßes gegen eines der in §§307 ff. BGB enthaltenen Verbote ist (nur!) die betreffende Klausel vollständig unwirksam (nichtig). Die nichtige Klausel wird nicht mit einem (gerade) noch zulässigen Inhalt aufrechterhalten *(„Verbot der geltungserhaltenden Reduktion")*. Der Vertrag als solcher bleibt hingegen nach §306 Abs. 1 BGB wirksam. An die Stelle der unwirksamen Klausel treten die gesetzlichen Vorschriften (§306 Abs. 2 BGB). ⇒ *Verbraucher*

Unternehmer Bei Verwendung von AGB gegenüber *Unternehmern* bestehen nach §310 Abs. 1 S. 1 BGB Besonderheiten. Die Einbeziehung der AGB ist einfacher, da §305 Abs. 2 BGB nicht gilt. Bei branchenüblichen AGB muss nicht einmal ein Hinweis gegeben werden. Bei anderen AGB reicht ein Hinweis auf die AGB für die Einbeziehung aus. Die Möglichkeit zur Kenntnisnahme muss nur auf Anfrage eröffnet werden. Die Inhaltskontrolle erfolgt (unmittelbar) nur nach §307 BGB. Im Rahmen des §307 BGB werden aber auch die nach §§308, 309 BGB verbotenen Klauseln geprüft. Sie sind zwar nicht §§308, 309 BGB unwirksam, können es aber nach §307 BGB sein. Nach der Rechtsprechung begründet eine Klausel, die gegen §309 BGB verstößt, die Vermutung, dass die Klausel auch im Verkehr zwischen Unternehmern nach §307 BGB unwirksam ist. ⇒ *Unternehmer* ⇒ *Kaufmann*

Widersprechende Im kaufmännischen Verkehr kommt es häufig vor, dass beide Parteien **unterschiedliche AGB** haben. Hier ist zu entscheiden, welche AGB gelten. Die Rechtsprechung geht davon aus, dass beide AGB-Werke gelten, soweit sie sich *nicht* widersprechen. Wenn ein Widerspruch zwischen den beiden AGB vorliegt, gelten insoweit das BGB, das HGB und die anderen Gesetze.

Abwehrklausel In der kaufmännischen Praxis werden in AGB bisweilen Abwehrklauseln mit folgendem Inhalt verwendet: „Für den Vertrag gelten ausschließlich unsere Lieferbedingungen. Der Geltung anderer Bedingungen wird widersprochen, auch wenn diese Bedingungen unseren Lieferbedingungen nicht widersprechen." Nach der Rechtsprechung sind derartige Klauseln wirksam, und zwar auch in AGB. Sie haben zur Folge, dass die AGB der anderen Partei (überhaupt) nicht gelten, und zwar unabhängig davon, ob ein Widerspruch zwischen den beiden AGB vorliegt. Sollten beide Seiten Abwehrklauseln verwenden, gelten die beiderseitigen AGB, soweit sie übereinstimmen. Im Übrigen gelten die gesetzlichen Bestimmungen des BGB, HGB usw.

Allgemeines Persönlichkeitsrecht

Als „sonstiges Recht" im Sinne des § 823 Abs. 1 BGB ist das Allgemeine Persönlichkeitsrecht (APR) anerkannt, abgeleitet aus Art. 1, 2 GG (Grundgesetz). Es beinhaltet das Recht des Einzelnen auf Achtung seiner individuellen Persönlichkeit durch den Staat, aber auch im privaten Rechtsverkehr. Eine Verletzung begründet einen Schadensersatzanspruch. ⇒ *Wiederrechtlichkeit*

Allgemeines Schadensrecht

Das allgemeine Schadensrecht ist in den §§ 249 ff. BGB geregelt. Bei diesen Vorschriften handelt es sich *nicht* um Anspruchsgrundlagen. Die §§ 249 ff. BGB regeln (nur) Art, Inhalt und Umfang eines Schadensersatzanspruchs. Sie kommen erst zur Anwendung, wenn aufgrund einer Anspruchsgrundlage (z. B. §§ 280 Abs. 1, 823 Abs. 1, 831 Abs. 1 BGB) „dem Grunde nach" ein Anspruch auf Schadensersatz besteht und es (nur noch) um die Ausgestaltung des Anspruchs geht. ⇒ *Pflichtverletzung* ⇒ *Deliktsrecht* ⇒ *Verrichtungsgehilfe*

Anfechtung

Die Anfechtung ist ein Gestaltungsrecht. Ein anfechtbares Rechtsgeschäft ist wirksam. Es besteht aber die „Gefahr", dass das Rechtsgeschäft angefochten und damit nichtig wird (§ 142 Abs. 1 BGB). Erfolgt keine oder keine rechtzeitige Erklärung der Anfechtung, bleibt das Rechtsgeschäft trotz Vorliegens eines Anfechtungsgrundes wirksam. ⇒ *Ausschlussfrist* ⇒ *Gestaltungsrechte*

Anfechtungsgründe

Inhaltsirrtum § 119 Abs. 1, 1. Fall BGB: Hier erklärt jemand, *was* er erklären will, er erklärt *damit* aber *etwas anderes*, als er will, weil der verwendete Ausdruck eine andere Bedeutung hat, als der Erklärende meint.

Erklärungsirrtum § 119 Abs. 1, 2. Fall BGB: Hier erklärt jemand etwas anderes, als er erklären will, weil er sich versieht: Es handelt sich um die sogenannten „Ver-Fälle": Verschreiben, Versprechen, Vertippen, Vergreifen usw.

Eigenschaftsirrtum § 119 Abs. 2 BGB: Irrtum über eine verkehrswesentliche Eigenschaft einer Person oder einer Sache: *Eigenschaften* einer Sache sind alle wertbildenden Faktoren, Eigenschaften von Personen sind zum Beispiel Alter, Sachkunde und Zuverlässigkeit. Eine Eigenschaft ist *verkehrswesentlich,* wenn sie für *das* konkrete Rechtsgeschäft von Bedeutung ist.

Übermittlungsfehler § 120 BGB: Falsche Übermittlung einer Erklärung: Beim Empfänger kommt etwas anderes an, als der Absender auf den Weg gebracht hat, weil die Erklärung auf dem Transport einen anderen Inhalt erhält.

Arglistige Täuschung § 123 Abs. 1, 1. Fall BGB: Die arglistige Täuschung setzt eine Täuschung zum Zwecke der Herbeiführung oder der Aufrechterhaltung eines Irrtums voraus. Beispiele bilden falsche Angaben des Verkäufers eines Gebrauchtwagens zur Unfallfreiheit oder zur bisherigen Laufleistung des Fahrzeuges, die Vorlage gefälschter Zeugnisse bei der Einstellung oder eine „frisierte Bilanz" beim Unternehmenskauf.

Widerrechtliche Drohung § 123 Abs. 1, 2. Fall BGB: Widerrechtliche Drohung: Hier geht es nicht um einen Irrtum, sondern darum, dass jemand durch eine widerrechtliche Drohung zur Abgabe einer Willenserklärung veranlasst wird. Unter *Drohung* versteht man die Ankündigung der Herbeiführung (die „Inaussichtstellung") eines empfindlichen Übels. Die *Widerrechtlichkeit* ist gegeben, wenn zwischen der Drohung und dem Übel eine „verwerfliche Zweck-Mittel-Relation" besteht. Das bedeutet, dass nicht jede Drohung ein Anfechtungsrecht begründet.

Anfechtungserklärung

Nach § 143 Abs. 1 BGB erfolgt die Anfechtung durch Erklärung gegenüber dem Anfechtungsgegner. Bei einem Vertrag ist dies der andere Vertragsteil (§ 143 Abs. 2 BGB).

Anfechtungsfrist

Wird die Anfechtung auf §§ 119, 120 BGB gestützt, muss die Erklärung der Anfechtung nach § 121 Abs. 1 BGB *„ohne schuldhaftes Zögern (unverzüglich)"* erfolgen, nachdem der Anfechtungsberechtigte vom Anfechtungsgrund Kenntnis erlangt hat. Wird die Anfechtung auf eine arglistige Täuschung gestützt (§ 123 BGB), beträgt die Anfechtungsfrist ein Jahr. Diese Frist beginnt mit der Entdeckung der Täuschung zu laufen (§ 124 Abs. 1 BGB); sie beträgt höchstens zehn Jahre ab Abgabe der Willenserklärung (§ 124 Abs. 3 BGB). ⇒ *Ausschlussfrist*

Anfechtung, Wirkung

Im Falle einer wirksamen Anfechtung wird das Rechtsgeschäft so behandelt, als sei es von Anfang an nichtig gewesen (§ 142 Abs. 1 BGB, „ex tunc"). Eine Ausnahme gilt für die Anfechtung von Arbeitsverträgen. Hier wirkt die Anfechtung *nicht* zurück, sondern gilt nur für die Zukunft („ex nunc").

Sind im Falle einer Anfechtung bereits Leistungen ausgetauscht worden, erfolgt die Rückabwicklung nach den Vorschriften über die *ungerechtfertigte Bereicherung* (§§ 812 ff. BGB). ⇒ *Ungerechtfertigte Bereicherung* ⇒ *Gestaltungsrechte* ⇒ *Kündigung* ⇒ *Rücktritt* ⇒ *Widerruf*

Angebot

Ein Angebot (Antrag) ist eine Willenserklärung, die auf den Abschluss eines Vertrags gerichtet ist. Die Erklärung muss alle wesentlichen Vertragsinhalte enthalten, nämlich die Parteien des Vertrags, die Leistung der einen Seite und die Gegenleistung der anderen Seite, sodass der Vertrag durch ein einfaches „Ja" der anderen Seite zustande kommen kann. Erforderlich ist außerdem, dass der Anbietende sich rechtlich binden will (Rechtsbindungswille, Rechtsfolgewille). Abgekürzt kann man von P/L/GL + RBW (für Parteien, Leistung, Gegenleistung und Rechtsbindungswille) sprechen. ⇒ *Annahme* ⇒ *Invitatio ad offerendum* ⇒ *Willenserklärung* ⇒ *Vertrag* ⇒ *Letter of Intent* (LOI)

Angemessene Frist

Eine dem Schuldner gesetzte Frist (§§ 281 Abs. 1, 323 Abs. 1 BGB) ist angemessen, wenn der Schuldner die Möglichkeit hat, seine im Wesentlichen vorbereitete Leistung nunmehr zu erbringen. Er soll seine schon begonnene Leistung beenden können. Die Länge der Frist muss bestimmt oder zumindest *bestimmbar* sein. Nach neuerer Rechtsprechung kann es für eine Fristsetzung ausreichen, wenn der Gläubiger den Schuldner auffordert, die Leistung oder die Nacherfüllung „in angemessener Zeit", „umgehend" oder „so schnell wie möglich" zu bewirken. Damit werde, so der BGH, eine zeitliche Grenze gesetzt, die aufgrund der jeweiligen Umstände des Einzelfalls bestimmbar sei.

Annahme

Begriff Die Annahme ist eine Willenserklärung. Sie muss sich auf ein vorhergehendes Angebot beziehen und durch ein bloßes „Ja" oder „Einverstanden" oder in ähnlicher Weise erfolgen.

Verspätete Annahme Eine Annahme ist verspätet, wenn sie nach Ablauf der *Annahmefrist* erfolgt. Eine verspätete Annahme gilt als *neuer* Antrag (§ 150 Abs. 1 BGB) ⇒ *Angebot.*

Geänderte Annahme Eine Annahme unter Erweiterungen, Einschränkungen oder sonstigen Änderungen gilt nach § 150 Abs. 2 BGB als Ablehnung verbunden mit einem neuen Antrag. ⇒ *Angebot*

Annahmefrist

Begriff Die Annahmefrist beschreibt den Zeitraum, in dem der Anbietende an sein Angebot gebunden ist (§ 145 BGB). Nach Ablauf der Frist erlischt das Angebot (§ 146 BGB). Eine Annahme ist *rechtzeitig,* wenn sie innerhalb der nach §§ 147–149 BGB zu bestimmenden Frist erfolgt.

Unter Anwesenden Das einem Anwesenden gemachte Angebot muss sofort angenommen werden (§ 147 Abs. 1 BGB). Anderenfalls erlischt es (§ 146 BGB). Dies gilt gemäß § 147 Abs. 1 S. 2 BGB auch für telefonische Angebote, aber nicht bei Angeboten per E-Mail.

Unter Abwesenden Das einem Abwesenden gemachte Angebot muss innerhalb der Annahmefrist nach § 147 Abs. 2 BGB angenommen werden. Für die Berechnung der Frist gilt die „TÜR-Formel": **T**ransport + **Ü**berlegung und Bearbeitung + **R**ücktransport = Annahmefrist.

Gesetzte Annahmefrist Nach § 148 BGB kann der Antragende für die Annahme seines Angebots eine Annahmefrist setzten. Diese Frist geht den Fristen nach § 147 Abs. 1 BGB und § 147 Abs. 2 BGB vor.

Antrag

⇒ *Angebot*

Anwartschaftsrecht

Das Anwartschaftsrecht entsteht, wenn eine Sache unter *Eigentumsvorbehalt* veräußert wird. Es ist ein *„wesensgleiches Minus"* zum Eigentum: *„Wesensgleich"*, weil es sich – wie beim Eigentum – um ein absolutes (dingliches) Recht handelt, *„Minus"*, weil es noch kein vollwertiges Eigentum ist. Auf das Anwartschaftsrecht finden die Vorschriften über das Eigentum entsprechend (*analog*) Anwendung: Das Anwartschaftsrecht kann deshalb gemäß §§ 929 ff. BGB analog von seinem Inhaber auf einen anderen übertragen werden. Wird einem Anwartschaftsberechtigten der unmittelbare Besitz an der Sache entzogen, steht ihm gegen den Besitzer ein Herausgabeanspruch gemäß §§ 985, 986 BGB analog zu. ⇒ *Eigentumsvorbehalt* ⇒ *Absolute Rechte*

Auflassung

Nach § 925 Abs. 1 BGB muss die zur Übereignung eines Grundstücks erforderliche Einigung bei gleichzeitiger Anwesenheit beider Teile (Eigentümer und Erwerber) vor einer zuständigen Stelle erklärt werden. Diese Einigung wird *„Auflassung"* genannt. Zuständige Stelle ist nach § 925 Abs. 1 S. 2 BGB ein Notar. Eigentümer und Erwerber können sich bei Abgabe der Auflassungserklärung vertreten lassen. ⇒ *Grundstücksrecht* ⇒ *Eigentumserwerb an unbeweglichen Sachen* ⇒ *Auflassungsvormerkung*

Auflassungsvormerkung

Da zwischen dem Abschluss eines notariellen Kaufvertrags über ein Grundstück (§ 311 b Abs. 1 BGB) und der Eintragung des Erwerbes im Grundbuch („Umschreibung") oft mehrere Monate vergehen, ist es sinnvoll, zur Sicherung des Eigentumserwerbs eine Vormerkung (§§ 873 Abs. 1, 883 Abs. 1 BGB) in das Grundbuch eintragen zu lassen. Die *Auflassungsvormerkung* sichert den späteren Erwerb des Eigentums durch den Vormerkungsberechtigten (Käufer). Mithilfe der Vormerkung können auch zwischenzeitlich eingetragene Belastungen des Grundstücks (Hypothek, Grundschuld) wieder gelöscht werden. Die Vormerkung ist allerdings mit zusätzlichen Kosten für die Eintragung und die spätere Löschung verbunden. ⇒ *Auflassung* ⇒ *Grundstücksrecht* ⇒ *Eigentumserwerb an unbeweglichen Sachen*

Aufrechnung

Die Aufrechnung ist ein Gestaltungsrecht. Nach § 387 BGB kann die Aufrechnung erklärt werden, wenn zwei Personen einander Leistungen schulden, die ihrem Gegenstand nach gleichartig sind (insbesondere Geldleistungen), der Aufrechnende die ihm gebührende Leistung fordern (Anspruch muss fällig sein) und die ihm obliegende Leistung bewirken kann. Wird die Aufrechnung erklärt (§ 388 BGB), erlöschen die Forderungen, soweit sie sich decken (§ 389 BGB). ⇒ *Gestaltungsrechte*

Auslegung

⇒ *Willenserklärung: Auslegung*

Verträge Bei der *Auslegung eines Vertrags* gemäß §§ 133, 157 BGB ist vom *Wortlaut* des Vertragstextes auszugehen, außerdem ist *der Zweck des Vertrags* zu berücksichtigen.

Ausschlussfrist

Begriff Lässt der Berechtigte eine Ausschlussfrist verstreichen, erlischt das Recht. Der Ablauf einer Ausschlussfrist ist vom Gericht „von Amts wegen" zu beachten.

Beispiele Ausschlussfristen sind die Anfechtungsfristen der §§ 121 und 124 BGB und die Frist für eine fristlose Kündigung eines Dienstverhältnisses nach § 622 Abs. 2 BGB. Ebenfalls eine Ausschlussfrist ist die dreiwöchige Klagefrist nach § 4 KSchG (Kündigungsschutzgesetz). Nur unter sehr engen Voraussetzungen wird eine Klage nach Ablauf der drei Wochen zugelassen (§ 5 KSchG). Eine weitere Ausschlussfrist enthält § 377 Abs. 1 HGB. ⇒ *Verjährung* ⇒ *Kaufmännische Rügeobliegenheit* ⇒ *Kündigung, Außerordentliche*

Beschränkte dingliche Rechte

Neben dem Eigentum als Vollrecht an einer Sache gibt es *beschränkte dingliche Rechte*, die sich auf einen bestimmten Ausschnitt des „Vollrechts" Eigentum beziehen. Auch diese Rechte bestehen wie das Eigentum gegenüber jedermann. Beispiele bilden Hypothek und Grundschuld, die jeweils ein Verwertungsrecht an einem Grundstück begründen. ⇒ *Dingliche Rechte* ⇒ *Hypothek* ⇒ *Grundschuld*

Besitz

Begriff Der Begriff *„Besitz"* drückt eine *tatsächliche* Beziehung zwischen einer Person und einer Sache aus (vgl. § 854 Abs. 1 BGB zum Besitzerwerb). Besitzer ist derjenige, der die *tatsächliche* Gewalt über eine Sache ausübt („derjenige, der die Sache hat").

Unmittelbarer Besitz Wenn das BGB von „Besitz" spricht, ist der *unmittelbare* Besitz gemeint. Hier geht es ausschließlich um die *tatsächliche* Beziehung der Person zur Sache. Der unmittelbare Besitz wird nach § 854 Abs. 1 BGB durch die Erlangung der *tatsächlichen Gewalt* über die Sache erworben.

Mittelbarer Besitz Wenn jemand aufgrund eines *Miet- oder Verwahrungsvertrags* oder eines ähnlichen Vertrags (*Leihvertrag, Leasingvertrag*) unmittelbarer Besitzer einer Sache ist, so ist der andere (Vertragspartner) *mittelbarer* Besitzer dieser Sache (§ 868 BGB). Zwischen den Parteien besteht dann ein Besitzmittlungsverhältnis (auch „Besitzkonstitut" genannt). ⇒ *Besitzmittlungsverhältnis* ⇒ *Leasingvertrag*

Besitzmittlungsverhältnis Ein Besitzmittlungsverhältnis (Besitzkonstitut) wird durch den Abschluss eines Miet-, Verwahrungs- oder ähnlichen Vertrags (Leihvertrag, Leasingvertrag) begründet (§ 868 BGB). Im Fall des Mietvertrags ist der Mieter der unmittelbare Besitzer, der Vermieter der mittelbare Besitzer. Beim Leihvertrag ist der Entleiher der unmittelbare Besitzer, der Verleiher der mittelbare Besitzer. ⇒ *Sicherungsübereignung*

Besitzdiener

Arbeitnehmer, die den Weisungen des Arbeitgebers in Bezug auf die Nutzung einer dem Arbeitgeber gehörenden Sache unterliegen, sind keine Besitzer, sonder (nur) Besitzdiener (§ 855 BGB). Unmittelbarer Besitzer ist der Arbeitgeber, auch wenn er keine tatsächliche Sachherrschaft hat (also abweichend zu § 854 Abs. 1 BGB).

Besitzkonstitut

⇒ *Besitz: Besitzmittlungsverhältnis*

Besitzmittlungsverhältnis

⇒ *Besitz: Besitzmittlungsverhältnis*

Beweislastumkehr

Bedeutung Abweichend vom Grundsatz, dass jede Partei die für sie günstigen Tatsachen darlegen und ggf. beweisen muss, ordnet das Gesetz in bestimmten Fällen eine *Umkehr der Beweislast* an.

Pflichtverletzung Der wohl wichtigste Fall ist *§ 280 Abs. 1 S. 2 BGB*: Wenn eine objektive Pflichtverletzung vorliegt, wird vermutet, dass der Schuldner die Pflichtverletzung auch (subjektiv) zu vertreten hat. Der Gläubiger muss zu dieser Vermutung nichts vortragen oder beweisen. Vielmehr muss der Schuldner die Vermutung widerlegen, indem er beweist, dass er die Pflichtverletzung *nicht* zu vertreten hat (§ 280 Abs. 1 S. 2 BGB).

Verrichtungsgehilfe Wenn ein Verrichtungsgehilfe einen anderen widerrechtlich schädigt, wird nach *§ 831 Abs. 1 S. 2 BGB* vermutet, dass den Geschäftsherrn ein Verschulden bezüglich der Auswahl oder der Überwachung des Verrichtungsgehilfen trifft. Der Geschäftsherr muss deshalb beweisen, dass dies nicht der Fall ist. Er muss sich entlasten („exkulpieren").

Verbrauchsgüterkauf Eine weitere Beweislastumkehr enthält *§ 476 BGB* für den Verbrauchsgüterkauf: Tritt innerhalb von sechs Monaten nach Gefahrübergang (z. B. Lieferung) ein Sachmangel auf, wird vermutet, dass die Kaufsache bereits bei Gefahrübergang mangelhaft war.

⇒ *Verrichtungsgehilfe: Exkulpation* ⇒ *Sachmangel: Kerntheorie* ⇒ *Entlastungsbeweis* ⇒ *Verbrauchsgüterkauf*

Bringschuld

Eine Bringschuld liegt vor, wenn der Verkäufer die Kaufsache zum Käufer transportieren oder transportieren lassen muss. Der Transport der Ware ist Teil der Pflicht des Verkäufers aus dem Kaufvertrag. Der Verkäufer trägt deshalb das Transportrisiko. ⇒ *Holschuld* ⇒ *Schickschuld*

Bürgschaft

Begriff Durch den Bürgschaftsvertrag verpflichtet sich der Bürge gemäß § 765 Abs. 1 BGB gegenüber dem Gläubiger eines Dritten, für die Erfüllung der Verbindlichkeit des Dritten (auch „*Hauptschuldner*" genannt) einzustehen. ⇒ *Kreditsicherung* ⇒ *Schuldbeitritt* ⇒ *Garantievertrag, Selbständiger* ⇒ *Patronatserklärung*

Bürgschaftsvertrag Der Bürgschaftsvertrag kommt durch eine Einigung zwischen dem „Gläubiger eines Dritten" und dem Bürgen zustande. An dieser Einigung ist der Dritte (Hauptschuldner) nicht beteiligt. Er wird auch nicht Partei des Bürgschaftsvertrags. Die Übernahme der Bürgschaft erfolgt allerdings in der Regel auf Veranlassung des Dritten (Hauptschuldners).

Schriftform, Anforderungen Nach § 766 S. 1 BGB muss die *Erklärung des Bürgen* schriftlich erteilt werden. Nicht ausreichend ist die Übernahme der Bürgschaft per Fax, selbst wenn dieses eigenhändig unterschrieben ist. Die Einhaltung der Schriftform verlangt, dass dem Gläubiger das vom Bürgen unterzeichnete *Originaldokument* übergeben wird. Die Erklärung der anderen Seite (Gläubiger) ist an keine Form gebunden, kann also auch mündlich oder konkludent abgegeben werden. Wird die Schriftform der Bürgschaftserklärung nicht eingehalten, ist der Bürgschaftsvertrag nach § 125 S. 1 BGB wegen Formmangels *nichtig*. Der Vertrag wird aber gemäß § 766 S. 3 BGB nachträglich wirksam, *soweit* der Bürge – etwa in Unkenntnis der Unwirksamkeit – Zahlungen an den Gläubiger leistet. Der Formmangel wird allerdings nur in dem Umfang („*soweit*") geheilt, in dem der Bürge tatsächlich zahlt. Für den noch nicht bezahlten Teilbetrag bleibt der Bürgschaftsvertrag nichtig.

Schriftform, Ausnahme Eine Ausnahme zur Formvorschrift des § 766 S. 1 BGB enthält § 350 HGB. Danach bedarf die Erklärung des Bürgen keiner Form, wenn die *Übernahme der Bürgschaft für den Bürgen ein Handelsgeschäft* ist. In diesem Fall kann die Bürgschaftserklärung auch per Fax, E-Mail oder mündlich abgegeben werden. ⇒ *Handelsgeschäft* ⇒ *Kaufmann*

Akzessorietät Die Bürgschaft ist akzessorisch. Das bedeutet, dass die Bürgschaft nur besteht, wenn die gesicherte Forderung (die Hauptverbindlichkeit) besteht. „Ohne Forderung keine Bürgschaft!" Für den Umfang ist nach § 767 Abs. 1 BGB der *jeweilige* Bestand dieser Forderung (Hauptverbindlichkeit) maßgebend. ⇒ *Hypothek* ⇒ *Grundschuld*

Höchstbetragsbürgschaft Die Übernahme einer Höchstbetragsbürgschaft hat in der Regel zur Folge, dass der Bürge – abweichend von § 767 Abs. 1 S. 2 BGB – auch dann nicht über den vereinbarten Höchstbetrag hinaus haftet, wenn sich die Hauptverbindlichkeit durch Verschulden oder Verzug des Hauptschuldners erhöht. Außerdem ist eine Regelung in AGB unwirksam, nach der sich die Bürgschaft auch dann auf die Zinsen, Provisionen und Kosten erstreckt, die in

Zusammenhang mit der gesicherten Forderung entstehen, wenn dadurch der vereinbarte Höchstbetrag überschritten wird. ⇒ *Allgemeine Geschäftsbedingungen*

Einrede der Vorausklage Der Bürge soll nach der Vorstellung des Gesetzgebers nur „im Notfall" haften. Deshalb kann der Bürge nach § 771 BGB die Befriedigung (Bezahlung) des Gläubigers so lange verweigern, bis der Gläubiger eine erfolglose Zwangsvollstreckung gegen den Hauptschuldner versucht hat. Diese *„Einrede der Vorausklage"* muss der Bürge *„erheben"*. Anderenfalls wird dieses Gegenrecht des Bürgen vom Gericht nicht beachtet. In der Praxis ist die Einrede der Vorausklage oft *ausgeschlossen*. Dies ist schon dann der Fall, wenn der Bürge ein Formular unterzeichnet, durch das er eine *selbstschuldnerische Bürgschaft* übernimmt. In der Übernahme einer solchen Bürgschaft liegt gemäß § 773 Abs. 1 Nr. 1 BGB ein Verzicht auf die Einrede der Vorausklage. Die Einrede ist nach § 349 HGB auch dann ausgeschlossen, wenn die Übernahme der Bürgschaft für den Bürgen ein Handelsgeschäft ist. ⇒ *Handelsgeschäft* ⇒ *Kaufmann*

Selbstschuldnerische Bürgschaft ⇒ *Bürgschaft: Einrede der Vorausklage*

Bürgschaft auf erstes Anfordern Bei der Bürgschaft auf erstes Anfordern muss der Bürge nach Erhalt einer formgebundenen Aufforderung des Gläubigers (Anforderungsschreiben mit festgelegtem Inhalt) sofort zahlen, ohne die Berechtigung der Inanspruchnahme vorab zu prüfen. Dies ist – wenn man so will – aus der Sicht des Bürgen die „gefährlichste Bürgschaftsart". Die Übernahme einer solchen Bürgschaft auf einem Formular des Gläubigers ist nach § 307 BGB nichtig, wenn der Bürge nicht über eine besondere Geschäftserfahrenheit bezüglich dieser Bürgschaftsart verfügt. Als potenzielle Bürgen verbleiben deshalb vor allen Dingen Banken und Versicherungen. Ist die Übernahme der Bürgschaft auf erstes Anfordern nichtig, liegt nach der Rechtsprechung eine einfache Bürgschaft vor.

Ausfallbürgschaft Durch eine Ausfallbürgschaft verpflichtet sich der Bürge, (erst) für den *endgültigen* Ausfall der Hauptforderung einzustehen, also für das, was der Gläubiger trotz Anwendung gehöriger Sorgfalt, insbesondere durch Erhebung seines Anspruchs gegen den Gläubiger, durch Zwangsvollstreckung und Verwertung anderer Sicherheiten vom Hauptschuldner nicht erlangen kann. Eine Ausfallbürgschaft wird zum Beispiel von staatlichen Stellen zur Sicherung von Arbeitsplätzen gegeben.

Gewährleistungsbürgschaft Eine Gewährleistungsbürgschaft wird auf Veranlassung eines Unternehmers von dessen Bank übernommen, damit der Unternehmer einen sofortigen Anspruch auf Zahlung eines vertraglich bis zum Ablauf der Gewährleistungsfrist vereinbarten Einbehalts des Werklohns erhält.

Vertragserfüllungsbürgschaft Die Vertragserfüllungsbürgschaft dient der Absicherung eines Vertragspartners, der eine Vorleistung zu erbringen hat, etwa in Form einer Anzahlung auf den Kaufpreis.

Deklaratorisch

Eine Handlung ist *deklaratorisch* (rechtsbezeugend, rechtsbestätigend), wenn sie einen zuvor schon bestehenden Sachverhalt (lediglich) *bestätigt*. Beispiele sind die Eintragung eines Kaufmanns nach § 1 HGB in das Handelsregister: Derjenige, der ein Handelsgewerbe im Sinne des § 1 Abs. 2 HGB betreibt, ist nämlich bereits ohne Eintragung „Kaufmann". Ein zweites Beispiel bildet die Bestellung der Prokura nach § 49 Abs. 1 HGB: Sind die Voraussetzungen dieser Vorschrift erfüllt, ist die Erteilung der Prokura sofort, also schon vor der Eintragung in das Handelsregister, wirksam. Die nach § 53 HGB vorzunehmende Eintragung hat nur deklaratorische Bedeutung. ⇒ *Konstitutiv*

Deliktsfähigkeit

Begriff Wer deliktsfähig ist, muss für einen Schaden aufkommen, den er einem anderen durch eine unerlaubte Handlung zufügt, also Schadensersatz leisten. ⇒ *Geschäftsfähigkeit* ⇒ *Rechtsfähigkeit*

Nicht deliktsfähig Nach § 828 Abs. 1 BGB sind *Kinder* unter sieben Jahren (bei Verkehrsunfällen unter zehn Jahren, § 828 Abs. 2 BGB) nicht deliktsfähig.

Beschränkt deliktsfähig Beschränkt deliktsfähig sind *Minderjährige* zwischen sieben (bzw. bei Verkehrsunfällen zehn) Jahren und 18 Jahren (§ 828 Abs. 3 BGB).

Deliktsrecht

Die §§ 823 bis 853 BGB bilden das Recht der unerlaubten Handlungen (auch „Deliktsrecht" genannt). Sie regeln, unter welchen Voraussetzungen eine geschädigte Person von einem anderen Schadensersatz verlangen kann. Die Vorschriften bestimmen dabei – mit Ausnahme der §§ 842 ff. BGB – nur, *ob* ein Anspruch besteht, nicht aber, *wie* und *in welcher Höhe* Schadensersatz zu leisten ist. Art, Inhalt und Umfang des Anspruchs regeln §§ 842 ff. BGB und §§ 249 ff. BGB.

Dienstvertrag

Der in §§ 611 ff. BGB geregelte Dienstvertrag umfasst zwei Typen von Dienstverträgen: Den einen Bereich bilden die *Arbeitsverträge*. Diese haben unselbstständige, abhängige Dienstleistungen zum Gegenstand. Für diese Verträge gilt das Arbeitsrecht. Die zweite Gruppe („Sonstige Dienstverträge") enthält zum einen die Dienstverträge mit *selbstständig Tätigen*. Das sind Personen, die ihre Dienstleistung in wirtschaftlicher und sozialer Unabhängigkeit erbringen (Ärzte, Rechtsanwälte, Steuerberater und Wirtschaftsprüfer). Zu den „sonstigen Dienstverträgen" gehören die Anstellungsverträge mit den Organen juristischer Personen, insbesondere mit dem Vorstand einer Aktiengesellschaft und mit dem Geschäftsführer einer GmbH, und bestimmte Formen von Krankenhausverträgen und. ⇒ *Werkvertrag* ⇒ *GmbH*

Dingliche Rechte

⇒ *Absolute Rechte*

Dispositives Recht

Dispositives Recht steht zur Disposition der Parteien, es kann also vertraglich geändert oder sogar ganz ausgeschlossen werden. ⇒ *Zwingendes Recht*

Eigentum

Der Begriff „Eigentum" drückt die *rechtliche* Beziehung zwischen einer Person und einer Sache aus. Eigentümer ist derjenige, dem eine Sache *gehört*. Der Eigentümer ist nach § 903 BGB berechtigt, mit der Sache nach Belieben zu verfahren und andere von jeder Einwirkung auszuschließen, soweit nicht das Gesetz oder Rechte Dritter entgegenstehen. ⇒ *Besitz*

Eigentumserwerb an beweglichen Sachen

Begriff Der Eigentumserwerb an beweglichen Sachen kann sich aufgrund des Gesetzes (§§ 947 ff. BGB) oder durch Rechtsgeschäft vollziehen. Der *rechtsgeschäftliche* Eigentumserwerb nach § 929 S. 1 BGB beruht auf der *Einigung* der Parteien über den Eigentumsübergang. Das Eigentum geht über, weil der (bisherige) Eigentümer und der Erwerber diese Rechtsfolge wollen und sich deshalb entsprechend einigen. Neben der Einigung ist eine *Übergabe* der Sache an den Erwerber erforderlich. Außerdem muss der Veräußerer zur Übereignung *berechtigt* sein. ⇒ *Gesetzlicher Eigentumserwerb* ⇒ *Eigentumserwerb an unbeweglichen Sachen*

Einigung Die Einigung nach § 929 S. 1 BGB ist ein sachenrechtlicher *Vertrag*, der durch Angebot und Annahme gemäß §§ 145 ff. BGB zustande kommt. Beim Erwerb beweglicher Sachen wird dieser Vertrag häufig durch konkludentes Handeln geschlossen. Er ist von dem – in der Regel – zugrunde liegenden Kaufvertrag zu unterscheiden. ⇒ *Trennungsprinzip*

Übergabe, Normalfall Eine Übergabe nach § 929 S. 1 BGB erfordert, dass der Erwerber vom Veräußerer den *unmittelbaren Besitz* an der Sache erlangt. Dies geschieht gemäß § 854 Abs. 1 BGB dadurch, dass der Erwerber die tatsächliche Gewalt über die Sache erwirbt. Hierbei handelt es sich *nicht* um einen Vertrag, sondern um einen *Realakt*, also eine tatsächliche Handlung. Die Übergabe kann ausnahmsweise nicht erforderlich sein (§ 929 S. 2 BGB) oder durch ein Übergabesurrogat (Übergabeersatz) ersetzt werden (§§ 930, 868 BGB; §§ 931, 398 BGB).

Übergabe, Sonderfall Im Fall des § 929 S. 2 BGB befindet sich die Sache, die übereignet werden soll, bereits beim Erwerber, zum Beispiel, weil er sie vom Eigentümer gemietet oder geleast hat. Hier müssen nach § 929 S. 1 BGB nur die Voraussetzungen *Einigung* und *Berechtigung* zur Übereignung vorliegen. Die Übergabe ist nicht erforderlich, weil der Erwerber bereits unmittelbarer Besitzer der Sache ist.

Besitzmittlungsverhältnis Nach § 930 BGB kann anstelle der Übergabe ein Besitzmittlungsverhältnis (auch „Besitzkonstitut" genannt) vereinbart werden. Dies geschieht durch den Abschluss eines Vertrags mit dem Inhalt, dass der Erwerber (lediglich) den *mittelbaren* Besitz erlangt, während der Veräußerer *unmittelbarer* Besitzer bleibt. Beispiele finden sich in § 868 BGB. Praktisch wichtig sind Miet- und Leihverträge, bei denen der Erwerber der Vermieter/Verleiher ist, während der bisherige Eigentümer der Mieter/Entleiher ist. ⇒ *Besitz* ⇒ *Sicherungsübereignung*

Abtretung des Herausgabeanspruchs Wenn sich die zu übereignende Sache im unmittelbaren Besitz eines Dritten befindet, kann die nach § 929 S. 1 BGB für die

Übereignung erforderliche Übergabe dadurch ersetzt werden, dass der (bisherige) Eigentümer dem Erwerber den Herausgabeanspruch gegen den Dritten nach § 398 BGB abtritt.

Berechtigung Die Übereignung einer beweglichen Sache nach § 929 S. 1 BGB setzt neben der Einigung und der Übergabe die *Berechtigung zur Übereignung* voraus. Berechtigt ist der Eigentümer der Sache. In Ausnahmefällen ist der Eigentümer nicht zur Übereignung berechtigt, zum Beispiel nach Eröffnung des Insolvenzverfahrens (§§ 22 Abs. 1, 80 InsO – Insolvenzordnung). ⇒ *Gutgläubiger Erwerb*

Eigentumserwerb an unbeweglichen Sachen

Die Übertragung des Eigentums an unbeweglichen Sachen erfordert nach §§ 873 Abs. 1, 925 Abs. 1 BGB die Einigung über den Übergang des Eigentums („*Auflassung*"), die *Eintragung* des Erwerbers in das Grundbuch und die *Berechtigung* des Veräußerers zur Übereignung. ⇒ *Auflassung* ⇒ *Grundbuch* ⇒ *Gesetzlicher Eigentumserwerb*

Eigentumsvorbehalt

Beim Eigentumsvorbehalt behält sich der Eigentümer das Eigentum bis zum Eintritt einer Bedingung vor, in der Regel bis zur vollständigen Zahlung des Kaufpreises. Die rechtliche Konstruktion basiert auf §§ 929 S. 1, 158 Abs. 1 BGB. Die Einigung zur Übertragung des Eigentums wird von der Bedingung der vollständigen Zahlung des Kaufpreises abhängig gemacht. Der Käufer wird *unmittelbarer Besitzer* der Ware (§ 854 Abs. 1 BGB) und erhält ein *Anwartschaftsrecht*; der Verkäufer bleibt bis zur vollständigen Zahlung des Kaufpreises Eigentümer der Ware. ⇒ *Anwartschaftsrecht* ⇒ *Verlängerter Eigentumsvorbehalt*

Entlastungsbeweis

Der Schuldner muss den Entlastungsbeweis führen, um ein vom Gesetz vermutetes Vertretenmüssen bzw. Verschulden zu widerlegen. Beispiele für ein vermutetes Vertretenmüssen bilden § 280 Abs. 1 S. 2 BGB. Ein Beispiel für ein vermutetes Verschulden bildet § 831 Abs. 1 S. 2 BGB. Gelingt dem Schuldner der Entlastungsbeweis nicht, bleibt die gesetzliche Vermutung bestehen. ⇒ *Beweislastumkehr* ⇒ *Verrichtungsgehilfe: Exkulpation*

Erforderlicher Geldbetrag

In Fällen der Körperverletzung und der Sachbeschädigung macht der Geschädigte (Gläubiger) in aller Regel von dem ihm durch § 249 Abs. 2 BGB eingeräumten Wahlrecht Gebrauch und verlangt statt der vom Schädiger nach § 249 Abs. 1 BGB geschuldeten Herstellung den für die Herstellung *erforderlichen* Geldbetrag („fiktive Reparaturkosten"). Dieser Betrag ist auch dann zu zahlen, wenn die Reparatur nicht oder nicht vollständig durchgeführt wird. Es erfolgt dann eine Abrechnung auf „Gutachterbasis". Dies ist zulässig, da der Geschädigte einen Anspruch auf den für die Reparatur *erforderlichen* Geldbetrag hat, unabhängig davon, ob er die Reparatur durchführt.

Die Umsatzsteuer ist nach § 249 Abs. 2 S. 2 BGB aber nur in der Höhe zu erstatten, in der sie tatsächlich angefallen ist.

Ein Anspruch auf den Ersatz der „fiktiven Reparaturkosten" besteht nicht, wenn diese den Wert der beschädigten Sache, z. B. eines Pkw, übersteigen und somit ein wirtschaftlicher Totalschaden vorliegt. In diesem Fall wird nur der Zeitwert ersetzt. Wird die Reparatur in einem solchen Fall ordnungsgemäß *durchgeführt*, gewährt die Rechtsprechung aber einen Anspruch von bis zu 30 % über dem Zeitwert des Fahrzeugs.

Erfüllungsgehilfe

Erfüllungsgehilfen sind Personen, die mit Zustimmung des Schuldners zur Erfüllung seiner Verbindlichkeit tätig werden (§ 278 BGB). Dies können *Arbeitnehmer* des Schuldners sein, aber auch selbstständige *Unternehmer*, zum Beispiel *Subunternehmer*. Die Qualifizierung als Erfüllungsgehilfe gilt aber immer *nur gegenüber dem Gläubiger des Schuldners*, nicht gegenüber dritten Personen (Passanten, Nachbarn, sonstige Dritte), weil diesen gegenüber kein Schuldverhältnis besteht. *§ 278* BGB ist *keine Anspruchsgrundlage*. Dem Schuldner wird lediglich das Verschulden seines Erfüllungsgehilfen wie eigenes Verschulden zugerechnet. ⇒ *Verrichtungsgehilfe*

Etwas erlangt

„Etwas erlangt" im Sinne des § 812 Abs. 1 S. 1, 1. Fall BGB ist jeder Vermögenszuwachs. Um festzustellen, ob ein Vermögenszuwachs vorliegt, ist das Vermögen vor und nach der maßgeblichen Handlung zu vergleichen. Hat ein Zuwachs stattgefunden, ist das Merkmal „etwas erlangt" erfüllt. Neben einer Erhöhung der Aktiva kommt auch eine Verringerung der Passiva in Betracht. ⇒ *Leistung* ⇒ *Ohne rechtlichen Grund* ⇒ *Ungerechtfertigte Bereicherung*

Exkulpation

⇒ *Entlastungsbeweis*

Factoring

Echtes Factoring Beim *echten Factoring* kauft ein Factoringunternehmen (Factor) eine bestimmte, einige oder alle Forderungen eines Unternehmens gegen dessen Schuldner (Rechtskauf: § 453 BGB). Zur Erfüllung des Kaufvertrags werden die gekauften Forderungen nach § 398 BGB vom bisherigen Inhaber (Verkäufer) an den Factor (Käufer) abgetreten. Das Risiko, ob sich die Forderungen als werthaltig erweisen und durchsetzbar sind, trägt der Factor.

Unechtes Factoring Beim *unechten Factoring* behält das übertragende Unternehmen das Risiko der Durchsetzbarkeit der Forderung. Scheitert die Durchsetzung, ist der bereits gezahlte Kaufpreis gegen Rückabtretung der Forderung zurückzuzahlen. Die (zunächst nur vorläufige) Gutschrift wird rechtlich als Kreditgeschäft bewertet. ⇒ *Abtretung*

Fahrlässigkeit

Einfache (leichte) Fahrlässigkeit Die einfache (leichte) Fahrlässigkeit ist in §276 Abs. 2 BGB definiert. Fahrlässig handelt, wer die im Verkehr erforderliche Sorgfalt außer Acht lässt. Damit ist gemeint, dass jemand nicht so aufpasst, wie es in der konkreten Situation erforderlich ist. Mit „Verkehr" ist nicht etwa nur der „Autoverkehr", sondern der gesamte Rechts- und Geschäftsverkehr gemeint. ⇒ *Vorsatz*

Grobe Fahrlässigkeit Der Begriff der groben Fahrlässigkeit ist im BGB nicht definiert. Ausgehend von der gesetzlichen Definition der einfachen Fahrlässigkeit in §276 Abs. 2 BGB handelt grob fahrlässig, wer die im Verkehr erforderliche Sorgfalt in *besonders schwerer Weise außer Acht lässt*. Diese Definition entspricht §276 Abs. 2 BGB mit dem Einschub „in besonders schwerer Weise". ⇒ *Vorsatz* ⇒ *Gutgläubiger Erwerb an beweglichen Sachen: Kfz-Brief*

Fiktive Reparaturkosten

⇒ *Erforderlicher Geldbetrag*

Franchisevertrag

Durch den Franchisevertrag räumt ein Unternehmer (Franchisegeber) einem anderen Unternehmer (Franchisenehmer) das Recht ein, gegen Zahlung einer laufenden Franchisegebühr bestimmte Waren oder Dienstleistungen unter Nutzung der Marke, der Geschäftsform, der Vertriebsmethoden und des Know-how des Franchisegebers zu vertreiben. Beide Vertragspartner sind selbstständige Unternehmer, die *im eigenen Namen* und *auf eigene Rechnung* handeln. Die Bindung der Franchisenehmer an die Vorgaben des Franchisegebers kann aber sehr eng sein. ⇒ *Unternehmer* ⇒ *Kaufmann*

Fristsetzung

⇒ *Angemessene Frist*

Garantie, unselbstständige

Übernimmt der Verkäufer, der Hersteller oder ein Dritter gemäß §443 BGB eine Garantie für die Beschaffenheit oder Haltbarkeit einer Sache, so stehen dem Käufer im Garantiefall *neben* den gesetzlichen Ansprüchen im Verhältnis zum Verkäufer (§437 BGB) gegen den Garantiegeber zusätzlich die Rechte aus der Garantie zu. Der Umfang der Ansprüche ergibt sich aus der Garantieerklärung und der einschlägigen Werbung des Garantiegebers. Von der Garantie abzugrenzen sind bloße werbemäßige Anpreisungen und Zusagen, die sich nicht auf konkrete Eigenschaften beziehen. Besondere Regelungen für die Übernahme der Garantie bestehen nach §477 BGB beim Verbrauchsgüterkauf. ⇒ *Verbrauchsgüterkauf*

Garantievertrag, selbstständiger

Durch den im BGB nicht geregelten Garantievertrag verpflichtet sich der Garant, für den Eintritt eines bestimmten Erfolges einzustehen oder die Gefahr eines künftigen Schadens zu übernehmen. Der Garant muss den Erfolg nicht selbst herbeiführen oder die Gefahr konkret abwenden. Tritt der garantierte Erfolg nicht ein oder realisiert sich die Gefahr, ist der Garant aber zum Ausgleich verpflichtet. ⇒ *Kreditsicherung* ⇒ *Bürgschaft* ⇒ *Schuldbeitritt* ⇒ *Patronatserklärung*

GbR

Die in den §§705 ff. BGB geregelte Gesellschaft bürgerlichen Rechts (GbR, auch „BGB-Gesellschaft") ist der Grundtyp der Personengesellschaften. Nach der Rechtsprechung des Bundesgerichtshofs (BGH) ist die GbR rechtsfähig, wenn und soweit sie als „Außen-GbR" am Geschäftsverkehr teilnimmt. Ist das der Fall, haftet die GbR für Verbindlichkeiten. Neben der GbR haften deren Gesellschafter als Gesamtschuldner für alle Verbindlichkeiten der GbR (§128 HGB analog). ⇒ *Rechtsfähigkeit* ⇒ *Gesamtschuld* ⇒ *OHG* ⇒ *KG* ⇒ *GmbH*

Gesamtschuld

Nach §421 S. 1 BGB liegt eine Gesamtschuld vor, wenn mehrere Personen eine Leistung in der Weise schulden, dass jeder die ganze Leistung erbringen muss, der Gläubiger die Leistung aber nur einmal fordern kann. Der Gläubiger kann die Leistung dann von jedem Schuldner ganz oder zum Teil fordern. Eine Gesamtschuld kann sich aus einer vertraglichen Vereinbarung (mehrere Mieter) oder aus dem Gesetz (Gesellschafter GbR und OHG) ergeben. ⇒ *OHG* ⇒ *GbR*

Geschäftsfähigkeit

Begriff Geschäftsfähig ist, wer durch eigene Willenserklärungen wirksam Rechtsgeschäfte vornehmen kann. Dies können Verträge (zweiseitige Rechtsgeschäfte) oder einseitige Rechtsgeschäfte (Rücktritt, Widerruf, Kündigung, Anfechtung, Testament) sein. ⇒ *Rechtsfähigkeit* ⇒ *Deliktsfähigkeit*

Geschäftsunfähig Geschäftsunfähig sind Kinder unter sieben Jahren und Personen, die unter einer dauernden krankhaften Störung der Geistestätigkeit leiden (§104 BGB).

Beschränkt geschäftsfähig Beschränkt geschäftsfähig sind Personen, die zwischen sieben und 18 Jahre alt sind. Diese Personen nennt das BGB *„Minderjährige"* (§§2, 106 BGB). Die von einem Minderjährigen abgegebene Willenserklärung ist wirksam, wenn der Minderjährige durch die Willenserklärung *„lediglich einen rechtlichen Vorteil erlangt"*. In einem solchen Fall bedarf der Minderjährige nach §107 BGB keiner Einwilligung des gesetzlichen Vertreters.

Rechtlicher Vorteil Für die Frage, ob eine Willenserklärung lediglich rechtlich vorteilhaft ist, ist nur auf die *rechtlichen* Folgen der Willenserklärung abzustellen, nicht auf die *wirtschaftlichen* Folgen. Auch ein wirtschaftlich sehr günstiger Vertrag ist deshalb nicht nach §107 BGB wirksam, wenn der Minderjährige irgendeine, auch noch so kleine Gegenleistung erbringen muss („rechtlicher Nachteil"). Das ist bei einem Schenkungsvertrag (§516 Abs. 1 BGB) nicht der Fall, wenn der Minderjährige der Beschenkte ist. Mittelbare Folgen (Steuern, Versicherungen) bleiben außer Betracht.

„Taschengeldparagraph" Der von einem Minderjährigen geschlossene Vertrag ist nach § 110 BGB wirksam, wenn der Minderjährige die ihm obliegende Leistung vollständig mit ihm dafür überlassenen Mitteln erbracht *hat*. Im Fall eines Ratenkaufs muss also auch die letzte Rate gezahlt sein. § 110 BGB ist ein Sonderfall der Einwilligung nach § 107 BGB.

Voll geschäftsfähig Voll geschäftsfähig sind Personen, die älter als 18 Jahre und damit volljährig sind (§ 2 BGB).

Gesetzlicher Eigentumserwerb

Begriff Beim gesetzlichen Eigentumserwerb gemäß §§ 946 bis 950 BGB vollzieht sich der Wechsel des Eigentums, weil bestimmte im Gesetz genannte Tatbestandsmerkmale vorliegen. Dagegen kommt es nicht darauf an, ob die Parteien den Eigentumswechsel wollen oder ob sie überhaupt wissen, dass das Eigentum übergeht. Dieser erfolgt vielmehr „von selbst", also ohne und auch gegen den Willen einer oder beider Parteien. Das Eigentum geht über, *„weil das Gesetz es will."* Ein vereinbarter Eigentumsvorbehalt erlischt, da die §§ 946 ff. BGB zwingendes Recht sind. ⇒ *Eigentumserwerb* ⇒ *Eigentumsvorbehalt* ⇒ *Zwingendes Recht*

Durch Verbindung mit einem Grundstück § 946 BGB regelt die Rechtsfolgen der Verbindung einer beweglichen Sache mit einem Grundstück. Sofern die Sache durch die Verbindung zum *wesentlichen Bestandteil des Grundstücks* wird, erstreckt sich das Eigentum an dem Grundstück auf diese Sache. Dies bedeutet, dass dem Eigentümer des Grundstücks nach der Verbindung auch die (bisher) bewegliche Sache gehört. Das Eigentum geht durch die Verbindung mit dem Grundstück vom bisherigen Eigentümer auf den Eigentümer des Grundstücks über, und zwar selbst dann, wenn die Parteien dies gar nicht wissen oder wollen. Ein vereinbarter Eigentumsvorbehalt erlischt. Da § 946 BGB zwingendes Recht ist, kann die Vorschrift durch eine Vereinbarung der Parteien nicht außer Kraft gesetzt werden. ⇒ *Eigentumsvorbehalt*

Wesentlicher Bestandteil Nach § 93 BGB sind wesentliche Bestandteile einer Sache solche Bestandteile, die nicht voneinander getrennt werden können, ohne dass der eine oder der andere zerstört oder in seinem Wesen verändert wird. Daraus folgt im Umkehrschluss, dass eine Sache kein wesentlicher Bestandteil einer anderen Sache ist, wenn man die (Gesamt-)Sache auseinanderbauen kann und die einzelnen Bestandteile danach noch zu gebrauchen sind. Dies gilt auch dann, wenn diese Sachen erst nach einer Verbindung mit anderen Sachen wieder benutzbar werden. Ein Motor ist deshalb – juristisch gesehen – kein wesentlicher Bestandteil eines Kraftfahrzeugs.

Wesentlicher Bestandteil – Gebäude Eine Sondervorschrift für Gebäude enthält § 94 BGB. Nach § 94 Abs. 1 BGB gehören zu den wesentlichen Bestandteilen eines Grundstücks die mit dem Grund und Boden fest verbundenen Sachen, insbesondere die *Gebäude*. Gebäude sind neben Häusern andere Baulichkeiten wie Brücken, Windkraftanlagen und Tiefgaragen. Voraussetzung ist eine *feste* Verbindung zwischen Gebäude und Grundstück. Nach § 94 Abs. 2 BGB gehören die zur *Herstellung des Gebäudes eingefügten Sachen* zu den wesentlichen Bestandteilen des Gebäudes und damit nach § 94 Abs. 1 BGB des Grundstücks.

Zur Herstellung eingefügt Erforderlich für eine *„Einfügung"* der Sache in ein Gebäude im Sinne des § 94 Abs. 2 BGB ist eine – nicht notwendig feste – Verbindung zwischen dem Gebäude und der Sache. *„Zur Herstellung"* eingefügt sind alle Teile, ohne die das Gebäude nach der Verkehrsanschauung nicht fertiggestellt wäre. Auf den Zeitpunkt der Einfügung kommt es nicht an, sodass auch Sachen, die zur Renovierung oder anlässlich eines Umbaus eingefügt werden, „zur Herstellung eingefügt" sind. Beispiele bilden Fenster, Heizkörper und Dachpfannen. Lose hineingestellte Möbel sind „nicht eingefügt" im Sinne des § 94 Abs. 2 BGB.

Scheinbestandteile Eine Ausnahme zu § 93 BGB und – wichtiger – zu § 94 BGB enthält § 95 BGB. Zu den Bestandteilen eines Grundstücks gehören solche Sachen nicht, die nur zu einem vorübergehenden Zweck mit Grund und Boden verbunden bzw. in ein Gebäude eingefügt werden. Dies können zum Beispiel Einbauten durch einen Mieter sein, die nach Ablauf der Mietzeit wieder entfernt werden sollen.

Gesetzliche Schuldverhältnisse

Die gesetzlichen Schuldverhältnisse (zum Beispiel §§ 812 ff. BGB, §§ 823 ff. BGB) unterscheiden sich von den vertraglichen Schuldverhältnissen dadurch, dass die gesetzlichen Schuldverhältnisse ohne und auch gegen den Willen der Beteiligten allein deshalb entstehen, weil die im Gesetz enthaltenen Tatbestandsvoraussetzungen erfüllt sind, also *„weil das Gesetz es will"*. ⇒ *Vertragliches Schuldverhältnis* ⇒ *Vorvertragliches Schuldverhältnis*

Gestaltungsrechte

Gestaltungsrechte eröffnen die Möglichkeit, durch einseitige Erklärung auf einen Vertrag einzuwirken, ihn also zu *gestalten*. Dabei geht es häufig um die Einwirkung auf einen schon *bestehenden* Vertrag. Diese Einwirkung kann dabei ganz unterschiedlicher Natur sein: Im Falle einer *Anfechtung* gilt der Vertrag rückwirkend (von Anfang an) als nichtig (§ 142 Abs. 1 BGB). Durch die *Aufrechnung* tritt eine Erfüllungswirkung ein (§ 389 BGB). Wird der *Rücktritt* von einem Vertrag erklärt, wird ein Rückgewährschuldverhältnis begründet (§§ 346 ff. BGB). Dies gilt auch im Falle eines *Widerrufs*. Eine *Kündigung* beendet den Vertrag für die Zukunft. Der *Abschluss* eines Vertrags vollzieht sich bei Ausübung einer *Kaufoption*, etwa nach Ablauf eines Leasingvertrags. ⇒ *Anfechtung* ⇒ *Aufrechnung* ⇒ *Rücktritt* ⇒ *Widerruf* ⇒ *Kündigung* ⇒ *Option*

GmbH

Die Gesellschaft mit beschränkter Haftung (GmbH) ist eine juristische Person (§ 13 Abs. 1 GmbHG). Für Verbindlichkeiten der Gesellschaft haftet nach § 13 Abs. 2 GmbHG deshalb nur das Gesellschaftsvermögen. Die Gesellschafter oder der (die) Geschäftsführer können nur ausnahmsweise unmittelbar in Anspruch genommen werden. So haftet in Fällen der Insolvenzverschleppung der Geschäftsführer gemäß §823 Abs. 2 BGB i. V. m. §15 a Abs. 1 InsO. ⇒ *GmbH & Co. KG*

GmbH & Co. KG

Die GmbH & Co. KG ist eine Kommanditgesellschaft (KG) und damit eine Personengesellschaft. Die Besonderheit gegenüber einer „normalen" KG besteht darin, dass die Komplementärin eine GmbH, also eine juristische Person ist, die lediglich mit ihrem Gesellschaftsvermögen haftet. ⇒ *KG* ⇒ *GmbH*

Grundbuch

Das Grundbuch ist ein öffentliches Register, das bei den Amtsgerichten geführt wird. Es enthält alle wesentlichen Tatsachen zu Grundstücken. Für jedes Grundstück wird ein eigenes *Grundbuchblatt* angelegt. Dieses beginnt mit dem *Bestandsverzeichnis*, in dem die Bezeichnung des Grundstücks nach der Gemarkung (Vermessungsbezirk), Flur, Flurstück, Wirtschaftsart, Lage und Größe vermerkt sind. Es folgen *drei Abteilungen*: Die erste Abteilung enthält den oder die Eigentümer und die Grundlage der Eintragung (Auflassung, Erbschaft, Zwangsversteigerung). In die zweite Abteilung werden alle Belastungen des Grundstücks mit Ausnahme der Grundpfandrechte eingetragen, zum Beispiel Vorkaufsrechte (§§1094 ff. BGB) und Grunddienstbarkeiten (§§1018 ff. BGB). In die dritte Abteilung werden die Grundpfandrechte eingetragen, mit denen das Grundstück belastet ist, also die Hypotheken (§§1113 ff. BGB) und Grundschulden (§§1991 ff. BGB). Einsicht in das Grundbuch kann nach §12 Abs. 1 S. 1 GBO jeder nehmen, der ein berechtigtes Interesse darlegt. ⇒ *Eigentumserwerb an unbeweglichen Sachen* ⇒ *Auflassung* ⇒ *Grundschuld* ⇒ *Hypothek*

Grundschuld

Nach §1191 Abs. 1 BGB kann ein Grundstück in der Weise belastet werden, dass an denjenigen, zu dessen Gunsten die Bezahlung erfolgt, eine bestimmte Geldsumme aus dem Grundstück zu zahlen ist. Die Zahlung erfolgt aus der *Verwertung* des Grundstücks nach §§1192 Abs. 1, 1147 BGB im Wege der *Zwangsvollstreckung* (Zwangsversteigerung oder Zwangsverwaltung).

Die Bestellung einer Grundschuld vollzieht sich nach §§873, 1191 ff. BGB durch Einigung, Eintragung in das Grundbuch, Berechtigung und Erteilung oder Verzicht auf die Erteilung des Grundschuldbriefs (§§1192 Abs. 1, 1116 BGB). Die Grundschuld ist *nicht akzessorisch*, sodass das Bestehen einer Forderung *keine* Voraussetzung für die Bestellung der Grundschuld ist (*„isolierte Grundschuld"*). In der Regel ist aber eine Forderung vorhanden, die durch die Grundschuld gesichert werden soll (*„Sicherungsgrundschuld"*). Forderung und Grundschuld werden durch die *Sicherungsabrede (Sicherungsvertrag, Zweckerklärung)* miteinander verbunden.

In der Praxis hat die Grundschuld die Hypothek weitgehend verdrängt, weil die Grundschuld flexibler ist als die Hypothek und deshalb den Interessen der Beteiligten häufig besser gerecht wird. Ein wesentlicher Vorteil der Grundschuld besteht darin, dass die Grundschuld Forderungen in *wechselnder Höhe* absichern und durch eine Änderung der Zweckerklärung (Sicherungsabrede) nacheinander zur Absicherung *verschiedener Forderungen* desselben Gläubigers dienen kann, ohne dass erneut Kosten für die Eintragung der Grundschuld in das Grundbuch anfallen. ⇒ *Hypothek* ⇒ *Grundbuch* ⇒ *Grundstücksrecht* ⇒ *Akzessorietät*

Grundstücksrecht

§ 873 BGB ist die wichtigste Vorschrift im Grundstücksrecht. Sie geht in ihrem Anwendungsbereich weiter als § 929 BGB, der lediglich die *Übereignung* beweglicher Sachen regelt. Demgegenüber erfasst § 873 BGB – im Zusammenwirken mit anderen Vorschriften – neben der Übereignung unbeweglicher Sachen (Grundstücke) auch die Belastung eines Grundstücks mit einem Recht (Hypothek, Grundschuld, Grunddienstbarkeit) und die Übertragung oder Belastung eines solchen Rechtes (Übertragung einer Grundschuld von einer Bank auf eine andere Bank) ⇒ *Auflassung* ⇒ *Eigentumserwerb an unbeweglichen Sachen* ⇒ *Grundschuld* ⇒ *Hypothek*

Gutgläubiger Erwerb an beweglichen Sachen

Begriff Durch die Vorschriften zum guten Glauben (§§ 932 ff. BGB) wird für bestimmte Fälle ein Eigentumserwerb vom *Nichtberechtigten* ermöglicht, wenn der Erwerber glaubt, dass der Veräußerer der beweglichen Sache deren Eigentümer ist. Den Ansatzpunkt für diesen „guten Glauben" liefert § 1006 Abs. 1 S. 1 BGB: Danach wird zugunsten des (unmittelbaren) Besitzers einer beweglichen Sache vermutet, dass er der Eigentümer der Sache ist.

Guter Glaube im BGB Nach § 932 Abs. 2 BGB ist der Erwerber *nicht* im guten Glauben an das Eigentum des Veräußerers („bösgläubig"), wenn ihm bekannt ist, dass die Sache dem Veräußerer nicht gehört oder wenn ihm dieser Umstand infolge *grober Fahrlässigkeit* unbekannt ist. „Bekannt sein" bedeutet, dass der Erwerber weiß, dass der Veräußerer nicht der Eigentümer ist („positive Kenntnis"). Ein gutgläubiger Erwerb scheidet aber auch aus, wenn der Erwerber dies infolge *grober Fahrlässigkeit* nicht erkennt. Wenn der Erwerber hingegen aufgrund normaler (leichter) Fahrlässigkeit nicht bemerkt, dass die Sache dem Veräußerer nicht gehört, behandelt das BGB den Erwerber als gutgläubig, sodass er das Eigentum vom Nichtberechtigten erwerben kann. Dies gilt erst recht, wenn dem Erwerber gar keine Fahrlässigkeit zur Last fällt. ⇒ *Fahrlässigkeit: Grobe Fahrlässigkeit*

Guter Glaube im HGB § 932 BGB wird für den geschäftlichen Verkehr durch § 366 HGB erweitert. Geregelt wird der Fall, dass ein im Handelsregister eingetragener Kaufmann im Betriebe seines Handelsgewerbes eine ihm nicht gehörige (gehörende) bewegliche Sache veräußert. In diesem Fall gelten gemäß § 366 Abs. 1 HGB die Vorschriften des BGB über den gutgläubigen Erwerb – das sind die §§ 932 ff. BGB – auch dann, wenn der gute Glaube des Erwerbers (lediglich) dahin geht, dass der Veräußerer über die Sache *verfügen* darf. Damit kommt ein gutgläubiger Erwerb in Betracht, wenn der Erwerber zwar weiß, dass der Veräußerer nicht der Eigentümer der Sache ist, aber glaubt, der Eigentümer habe gemäß § 185 Abs. 1 BGB darin eingewilligt, dass der Veräußerer als Nichtberechtigter das Eigentum überträgt. ⇒ *Kaufmann* ⇒ *Handelsregister* ⇒ *Verlängerter Eigentumsvorbehalt*

Kfz-Brief Beim Kauf eines Gebrauchtfahrzeugs nimmt die Rechtsprechung eine den gutgläubiger Erwerb hindernde Bösgläubigkeit des Erwerbers an, wenn dieser sich nicht aufgrund der Eintragung im Kfz-Brief (offiziell „Zulassungsbescheinigung Teil II") davon überzeugt, dass der Veräußerer zur Veräußerung befugt ist. Für die anzustellende Prüfung reicht es nicht aus, dass der Veräußerer im Besitz des Kfz-Briefes ist. Der Käufer muss sich den Kfz-Brief vielmehr vorlegen lassen und auch die Identität prüfen, es sei denn, besondere Umstände ließen eine andere Beurteilung zu (etwa bei einem Kauf eines neuen Kfz von einem seriösen Händler).

Das Eigentum am Kfz-Brief („Zulassungsbescheinigung Teil II") steht jeweils dem Eigentümer des Kraftfahrzeuges zu (§ 952 Abs. 1 BGB analog). Demjenigen, dem das Auto gehört, gehört automatisch auch der Kfz-Brief. Die Übergabe des Briefes ist deshalb *keine* Voraussetzung für den Erwerb des Eigentums am Auto.

Abhandengekommene Sachen An abhandengekommenen Sachen kann nicht gutgläubig Eigentum erworben werden (§ 935 Abs. 1 BGB, Ausnahmen in § 935 Abs. 2 BGB für Geld und Inhaberpapiere). Eine Sache ist abhanden gekommen, wenn der Eigentümer den *unmittelbaren* Besitz an der Sache *unfreiwillig* verloren hat, wobei das Gesetz als Beispiele den Diebstahl und den Verlust einer Sache nennt. Daraus folgt im Umkehrschluss, dass ein Abhandenkommen *nicht* vorliegt, wenn der Eigentümer den unmittelbaren Besitz an der Sache *freiwillig* auf einen Dritten übertragen hat. Eine gestohlene oder verloren gegangene Sache ist deshalb abhandengekommen, eine verliehene oder vermietete Sache ist es hingegen nicht. Wenn der Eigentümer seine Sache verleiht oder vermietet, eröffnet er damit das Risiko, dass ein Dritter gutgläubig das Eigentum erwirbt. Es gilt der Satz: Wer seine Sache freiwillig aus der Hand gibt, trägt das Risiko eines gutgläubigen Erwerbs durch einen Dritten.

Handelsgeschäft

Handelsgeschäfte sind nach § 343 Abs. 1 HGB alle Geschäfte eines *Kaufmanns* (§§ 1 ff. HGB), die zum *Betriebe seines Handelsgewerbes gehören*, wofür nach § 344 Abs. 1 HGB eine Vermutung spricht. ⇒ *Kaufmann* ⇒ *Bürgschaft: Schriftform, Ausnahme* ⇒ *Bürgschaft: Einrede der Vorausklage* ⇒ *Handelskauf*

Handelskauf

Handelskauf ist ein Kaufvertrag, an dem *mindestens ein Kaufmann* beteiligt ist. Einige Vorschriften verlangen, dass *beide* Beteiligten Kaufleute sind (beiderseitiger Handelskauf) ⇒ *Kaufmännische Rügeobliegenheit* ⇒ *Kaufmann*

Handelsregister

Das Handelsregister ist – wie das Grundbuch – ein öffentliches Register, in das die für den kaufmännischen Geschäftsverkehr relevanten Tatsachen eingetragen werden. Es wird bei den Amtsgerichten geführt. Nach § 9 HGB kann jedermann zu Informationszwecken Einsicht in das Handelsregister und die zum Handelsregister eingereichten Schriftstücke nehmen. ⇒ *Kaufmann* ⇒ *Prokura* ⇒ *Deklaratorisch* ⇒ *Konstitutiv* ⇒ *Grundbuch*

Handlung

Eine Handlung – z. B. im Sinne des § 823 Abs. 1 BGB – kann in einem positiven *Tun* oder einem *Unterlassen* bestehen. Für die Abgrenzung kommt es darauf an, ob der Schwerpunkt der Vorwerfbarkeit im Tun oder im Unterlassen liegt. Ein Unterlassen erfüllt nur dann den Tatbestand, wenn eine Pflicht zum Tätigwerden bestand, zum Beispiel aus der Schaffung und Unterhaltung einer Gefahrenquelle („allgemeine Verkehrssicherungspflicht").

Herstellergarantie

Da die Übernahme der Herstellergarantie gemäß § 443 BGB eine freiwillige Leistung des Herstellers ist, ist er bezüglich der Ausgestaltung der Garantie an keine gesetzlichen Vorgaben gebunden. Er kann eine gegenüber den gesetzlichen Ansprüchen bei Mängeln (§ 437 BGB) weitergehende, aber auch eine dahinter zurückbleibende oder eine ganz andersartige Garantie übernehmen. Welche Rechte dem Garantienehmer im Einzelfall zustehen und unter welchen Voraussetzungen diese Rechte bestehen, richtet sich nach dem *Inhalt der Garantieerklärung*, die bei Unklarheiten auszulegen ist (§§ 133, 157 BGB). § 477 BGB stellt bei Vorliegen eines *Verbrauchsgüterkaufs* (§ 474 BGB) besondere Anforderungen an Haltbarkeits- und Beschaffenheitsgarantien (§ 443 BGB). Diese Garantien müssen einfach und verständlich abgefasst sein. Außerdem muss der Verbraucher darauf hingewiesen werden, dass die Rechte aus der Garantie neben den Ansprüchen aus § 437 BGB bestehen und dass diese Rechte durch die Garantie nicht eingeschränkt werden (§ 477 Abs. 1 Nr. 1 BGB). Werden diese Anforderungen nicht beachtet, ist die Garantie gleichwohl *wirksam* (§ 477 Abs. 3 BGB). ⇒ *Verbrauchsgüterkauf*

Holschuld

Eine Holschuld liegt vor, wenn der Gläubiger (Käufer) die Ware beim Schuldner (Verkäufer) abholen muss. Der Schuldner muss das Abholen der Ware ermöglichen, etwa durch Aussondern aus einer größeren Vorratsmenge und Bereitstellung, sich aber nicht um den Transport kümmern. Das Transportrisiko trägt bei der Holschuld der Käufer. ⇒ *Bringschuld* ⇒ *Schickschuld*

Hypothek

Nach § 1113 Abs. 1 BGB kann ein Grundstück in der Weise belastet werden, dass an denjenigen, zu dessen Gunsten die Bezahlung erfolgt, eine bestimmte Geldsumme aus dem Grundstück zu zahlen ist. Die Zahlung erfolgt aus der *Verwertung* des Grundstücks nach § 1147 BGB im Wege der Zwangsvollstreckung (Zwangsversteigerung oder Zwangsverwaltung). Die Bestellung einer Hypothek vollzieht sich nach §§ 873, 1113 ff. BGB durch Einigung, Eintragung in das Grundbuch, Berechtigung sowie Erteilung oder Verzicht auf die Erteilung des Hypothekenbriefs (§1116 BGB). Da die Hypothek – wie die Bürgschaft – ein *akzessorisches* Recht ist, muss außerdem die zu sichernde Forderung bestehen. „Ohne Forderung keine Hypothek!"

Geht die Forderung unter, geht infolge der Akzessorietät auch die Hypothek unter. Werden Tilgungen auf die gesicherte Forderung geleistet, verringert sich die Hypothek entsprechend. Die Hypothek wandelt sich insoweit in eine dem Eigentümer zustehende Grundschuld um („Eigentümergrundschuld"). Erhöht sich die gesicherte Forderung später wieder, wächst die Hypothek – anders als die Bürgschaft – *nicht* wieder an. Es gilt der Satz *„Einmal tot, immer tot".* ⇒ *Grundschuld* ⇒ *Grundbuch* ⇒ *Grundstücksrecht* ⇒ *Akzessorietät* ⇒ *Bürgschaft*

Immaterieller Schaden

⇒ *Nichtvermögensschäden*

Invitatio ad offerendum

Die invitatio ad offerendum (Einladung zur Abgabe eines Angebots) ist kein Angebot, weil der Wille des Handelnden, sich rechtlich zu binden, noch fehlt. Oft fehlen auch noch weitere Bestandteile eines Angebots. Ob bereits ein (verbindliches) Angebot oder nur eine (unverbindliche) Invitatio ad offerendum vorliegt, ist im Wege der Auslegung nach §§133, 157 BGB zu klären. ⇒ *Angebot* ⇒ *Willenserklärung: Auslegung*

Juristische Person

Juristische Personen sind rechtsfähig. Im Gegensatz zu den natürlichen Personen, die von der Natur geschaffen werden, werden die juristischen Personen aufgrund der Rechtsordnung („von den Juristen") geschaffen. Man unterscheidet zwischen juristischen Personen des öffentlichen Rechts (Bund, Länder, Kreise, Gemeinden) und denen des Privatrechts. Hierzu gehören der eingetragene Verein (§§21ff. BGB), die GmbH (geregelt im GmbHG) und die Aktiengesellschaft (geregelt im AktG). Keine juristischen Personen sind die Personengesellschaften, also die Gesellschaft bürgerlichen Rechts (GbR), die Offene Handelsgesellschaft (OHG) und die Kommanditgesellschaft (KG). OHG und KG sind den juristischen Personen aber angenähert (§124 HGB für die OHG, §§161 Abs.2, 124 HGB für die KG) und deshalb rechtsfähig. Die GbR ist nach der Rechtsprechung rechtsfähig, soweit sie als „Außen-GbR" am Rechts- und Geschäftsverkehr teilnimmt. ⇒ *Rechtsfähigkeit* ⇒ *GmbH* ⇒ *OHG* ⇒ *KG* ⇒ *GbR* ⇒ *Natürliche Person*

Kaufmann

Nach §1 Abs.1 HGB ist Kaufmann, wer ein Handelsgewerbe betreibt. Nach §1 Abs.2 HGB ist jeder Gewerbebetrieb ein *Handelsgewerbe*, es sei denn, dass das Unternehmen nach Art oder Umfang einen in kaufmännischer Weise eingerichteten Geschäftsbetrieb nicht erfordert. *Betreiber* ist derjenige, den die Folgen der gewerblichen Tätigkeit unmittelbar treffen.

Neben dem Einzelkaufmann sind die Offene Handelsgesellschaft, die Kommanditgesellschaft, die GmbH und die Aktiengesellschaft Kaufleute im Sinne des HGB (§ 6 Abs. 1 HGB, §§ 105, 161 HGB, § 13 Abs. 3 GmbHG, § 3 Abs. 1 AktG). Zahlreiche *Unternehmer* (Einzelhändler, Handwerker, Gastwirte) sind hingegen keine Kaufleute. Sie betreiben zwar ein Gewerbe, aber kein *Handels*gewerbe, weil ihr Unternehmen nach Art *oder* Umfang keine kaufmännischen Einrichtungen erfordert (§ 1 Abs. 2 HGB). Kein Kaufmann (keine Kauffrau?) ist auch die GbR (Gesellschaft bürgerlichen Rechts). Keine Kaufleute sind die Freiberufler (Ärzte, Steuerberater, Wirtschaftsprüfer, Rechtsanwälte, Architekten), da sie *kein Gewerbe* ausüben. Der Geschäftsführer und Gesellschafter einer GmbH ist ebenfalls *kein* Kaufmann im Sinne des HGB, und zwar selbst dann nicht, wenn er Alleingesellschafter und Alleingeschäftsführer der GmbH ist. Für die genannten Personen gilt das HGB deshalb nicht. ⇒ *Unternehmer* ⇒ *Verbraucher* ⇒ *Bürgschaft: Schriftform, Ausnahme* ⇒ *Bürgschaft: Einrede der Vorausklage*

Kaufmännische Rügeobliegenheit

Bedeutung Wenn ein *beiderseitiger* Handelskauf vorliegt (§§ 343, 344, 1 ff. HGB), ist der Käufer gemäß § 377 Abs. 1 HGB „verpflichtet", die Ware nach der Ablieferung unverzüglich auf Mängel zu untersuchen, soweit dies im ordnungsgemäßen Geschäftsgang *tunlich* (zumutbar) ist. Zeigt sich ein Mangel, muss der Käufer den Mangel unverzüglich dem Verkäufer in substanziierter Form (also möglichst genau) anzeigen. Hierbei handelt es sich nicht um eine echte Rechtspflicht des Käufers, sondern um eine Obliegenheit, deren Nichtbeachtung mit Rechtsnachteilen für den Käufer verbunden ist. ⇒ *Sachmangel* ⇒ *Handelskauf*

Umfang der Untersuchung „Tunlich" bedeutet nicht üblich, sondern *zumutbar*.

Wirkung Unterlässt der Käufer die unverzügliche Anzeige, *gilt* die Ware nach § 377 Abs. 2 HGB als genehmigt. Durch diese *Fiktion* verliert der Käufer seine Ansprüche aus § 437 BGB.

Streckengeschäft Eine Ablieferung liegt auch vor, wenn die Sache auf Anweisung des Käufers an eine dritte Person geliefert wird.

Durchlieferung Andere Bezeichnung für Streckengeschäft. ⇒ *Streckengeschäft*

Kaufvertrag

Nach § 433 Abs. 1 S. 1 BGB wird der Verkäufer einer Sache durch den Kaufvertrag verpflichtet, dem Verkäufer die Sache zu übergeben und das Eigentum an der Sache zu verschaffen. Nach Satz 2 muss die Sache frei von Sach- und Rechtsmängeln sein. Der Käufer ist nach § 433 Abs. 2 BGB verpflichtet, dem Verkäufer den vereinbarten Kaufpreis zu zahlen und – in aller Regel als Nebenpflicht – die gekaufte Sache abzunehmen. Die Vorschriften über den Kauf von Sachen (§§ 433 ff. BGB) finden gemäß § 453 Abs. 1 BGB auf den Kauf von Rechten (z. B. Forderungen) und sonstigen Gegenständen (z. B. Gas, Wasser, Strom) entsprechende Anwendung. Vom Kaufvertrag zu unterscheiden ist die Übereignung der Kaufsache gemäß §§ 929 ff. BGB. ⇒ *Trennungsprinzip*

Kausalität

⇒ *Adäquate Kausalität*

Kerntheorie

⇒ *Sachmangel: Kerntheorie*

Kfz-Brief

⇒ *Gutgläubiger Erwerb an beweglichen Sachen*

KG

Die in den §§ 161 ff. HGB geregelte Kommanditgesellschaft ist eine Personengesellschaft. Sie besteht aus mindestens einem persönlich haftenden Gesellschafter (*Komplementär, „Vollhafter"*) und mindestens einem beschränkt haftenden Gesellschafter (*Kommanditist, „Teilhafter"*). Für die KG und für den Komplementär gelten nach § 161 Abs. 2 HGB weitgehend die Vorschriften für die OHG bzw. den OHG-Gesellschafter (§§ 105 ff. HGB). Für Verbindlichkeiten der KG haftet neben der KG (§§ 161 Abs. 2, 124 Abs. 1 HGB) in vollem Umfang („komplett") auch der Komplementär (§§ 161 Abs. 2, 128 HGB). Die §§ 161 ff. HGB enthalten insbesondere Regelungen zum Kommanditisten, unter anderem zu seiner beschränkten Haftung gegenüber den Gläubigern der KG gemäß § 171 HGB. ⇒ *GbR* ⇒ *GmbH & Co. KG* ⇒ *OHG* ⇒ *Rechtsfähigkeit*

Kommanditgesellschaft

⇒ *KG*

Konkludentes Verhalten

Ein konkludentes (schlüssiges) Verhalten liegt vor, wenn aus dem Verhalten einer Person mit Sicherheit auf einen ganz bestimmten Rechtsfolgewillen geschlossen werden kann. Das Verhalten muss den eindeutigen Schluss auf einen bestimmten Willen zulassen. Ob dies der Fall ist, wird im Wege der Auslegung nach §§ 133, 157 BGB ermittelt, die vom Empfängerhorizont ausgeht. ⇒ *Willenserklärung: Auslegung*

Konstitutiv

Eine Handlung ist konstitutiv (*rechtsbegründend*), wenn die Rechtsänderung erst durch die Vornahme der Handlung eintritt. Ein Beispiel bildet die Eintragung einer GmbH in das Handelsregister, da die GmbH als solche vor der Eintragung nicht besteht (§ 13 Abs. 1 GmbHG). Gleiches gilt nach § 41 Abs. 1 S. 1 AktG für die Aktiengesellschaft. Ebenfalls konstitutiv ist die nach § 873 Abs. 1 BGB für den Eigentumserwerb an einem Grundstück erforderliche Eintragung des Erwerbers in das Grundbuch. ⇒ *Deklaratorisch* ⇒ *GmbH*

Konventionalstrafe

⇒ *Vertragsstrafe* ⇒ *Pauschalierter Schadensersatz*

Kreditsicherung

Personalsicherheiten Von den Personalsicherheiten ist die Bürgschaft gesetzlich geregelt (§§ 765 ff. BGB, §§ 349, 350 HGB). In der Praxis finden sich weitere – gesetzlich nicht geregelte – Formen, insbesondere der Schuldbeitritt, die Patronatserklärung und der Garantievertrag. ⇒ *Bürgschaft* ⇒ *Schuldbeitritt* ⇒ *Patronatserklärung* ⇒ *Garantievertrag, selbstständiger*

Sachsicherheiten Bei den Sachsicherheiten (Realsicherheiten) sind die Pfandrechte an Grundstücken (§§ 1113 ff. BGB: Hypothek; 1191 ff. BGB: Grundschuld), an beweglichen Sachen (§§ 562 ff. BGB, § 647 BGB, §§ 1204 ff. BGB) und an Rechten (§§ 1273 ff. BGB) gesetzlich geregelt. Weitere Formen von Realsicherheiten sind der Eigentumsvorbehalt und die Sicherungsübereignung. ⇒ *Pfandrechte* ⇒ *Eigentumsvorbehalt* ⇒ *Sicherungsübereignung* ⇒ *Hypothek* ⇒ *Grundschuld*

Kündigung

Begriff Die Kündigung ist ein Gestaltungsrecht. Sie beendet einen Vertrag, der auf einen dauernden Leistungsaustausch gerichtet ist („Dauerschuldverhältnis"), für die Zukunft. Die bis zum Wirksamwerden der Kündigung ausgetauschten Leistungen werden – anders als in Fällen des Rücktritts, des Widerrufs und der Anfechtung – nicht zurückgegeben. Deshalb muss ein Vermieter die erhaltene Miete nicht zurückzahlen, der Arbeitnehmer darf den für die Vergangenheit gezahlten Lohn behalten. ⇒ *Gestaltungsrechte* ⇒ *Anfechtung* ⇒ *Rücktritt* ⇒ *Widerruf* ⇒ *Option*

Außerordentliche Kündigung Eine außerordentliche Kündigung – oft auch fristlose Kündigung genannt – setzt voraus, dass ein Kündigungsgrund vorliegt (vgl. für den Mietvertrag §§ 543, 569 BGB, für den Dienstvertrag §§ 626 f. BGB); eine Kündigungsfrist muss nicht eingehalten werden (also: *mit Grund, ohne Frist*). Bei Arbeitsverträgen wird in der Regel verlangt, dass vor Ausspruch der Kündigung eine *Abmahnung* erfolgt ist, es sei denn, der Verstoß des Arbeitnehmers ist so gravierend, dass eine sofortige Beendigung des Arbeitsverhältnisses gerechtfertigt ist. Die Kündigung muss innerhalb einer Ausschlussfrist von zwei Wochen nach Kenntnis der Kündigungsgründe erklärt werden (§ 626 Abs. 2 BGB). ⇒ *Ausschlussfrist*

Ordentliche Kündigung Bei einer ordentlichen Kündigung muss eine Kündigungsfrist eingehalten werden (vgl. für den Mietvertrag über Wohnraum § 573 c BGB, für Geschäftsräume § 580 a Abs. 2 BGB, für den Dienstvertrag §§ 621, 622 BGB); sie bedarf hingegen eigentlich keines Grundes (also: *mit Frist, ohne Grund*). Abweichend davon wird aber in wichtigen Bereichen aus sozialen Gründen auch bei dieser Kündigungsart ein Kündigungsgrund verlangt: Im Wohnungsmietrecht gemäß § 573 BGB ein *berechtigtes Interesse* des Vermieters an der Beendigung des Mietverhältnisses, insbesondere in Form des „Eigenbedarfs"; bei Arbeitsverträgen sind häufig die Regelungen des Kündigungsschutzgesetzes (allgemeiner Kündigungsschutz) und solche zum Sonderkündigungsschutz

(z. B. Mutterschutzgesetz, Betriebsverfassungsgesetz) zu beachten, die eine ordentliche Kündigung erschweren oder für bestimmte Personengruppen ausschließen.

Leasingvertrag

Beim Leasingvertrag überlässt der Leasinggeber dem Leasingnehmer eine Sache (unbewegliche oder bewegliche) oder eine Sachgesamtheit gegen Zahlung von Leasingraten zum vorübergehenden Gebrauch. Eine Besonderheit des Leasingvertrags besteht darin, dass der *Leasingnehmer die Gefahr und Haftung* für Instandhaltung, Mängel, Untergang und Beschädigung der Sache trägt. Typisch ist außerdem, dass der Leasinggeber seine Ansprüche aus der Sachmängelhaftung gegen den Lieferanten (§437 BGB) an den Leasingnehmer abtritt. Durch diese Gestaltung unterscheidet sich der Leasingvertrag vom Mietvertrag, bei dem die Risiken der Beschädigung und des Untergangs der Sache vom Vermieter zu tragen sind, der allerdings vielfach die Schönheitsreparaturen und – bei der Geschäftsraummiete – bestimmte Instandsetzungsarbeiten auf den Mieter überträgt. ⇒ *Mietvertrag*

Leistung

Eine Leistung im Sinne des §812 Abs. 1 S. 1, 1. Fall BGB ist eine gewollte und zweckgerichtete Vermehrung fremden Vermögens. ⇒ *Etwas erlangt* ⇒ *Ohne rechtlichen Grund* ⇒ *Ungerechtfertigte Bereicherung*

Leistungshandlung/-erfolg

⇒ *Skonto*

Leistungskondiktion

Eine *Leistungskondiktion* liegt vor, wenn eine ungerechtfertigte Bereicherung dadurch eingetreten ist, dass (*irgend-*)jemand eine Leistung an den Bereicherten erbracht hat. Die wichtigste Form der anderen Kondiktionsarten („*in sonstiger Weise*") bildet die *Eingriffskondiktion*. Diese Kondiktionsarten sind gegenüber der Leistungskondiktion subsidiär (nachrangig) und deshalb nur zu prüfen, wenn *niemand* eine Leistung erbracht hat.

Letter of Intent (LOI)

Der *Letter of Intent (LOI)* ist eine Fixierung der Verhandlungsposition des Verfassers. Da ein Letter of Intent (LOI) in der Regel noch keine Rechtsbindung begründet, weist er eine Parallele zur invitatio ad offerendum auf. Ein wichtiger Unterschied besteht darin, dass der LOI während schon laufender Vertragsverhandlungen abgegeben wird, während eine invitatio ad offerendum die Vertragsanbahnung erst in Gang bringen soll. ⇒ *invitatio ad offerendum*

Lizenzvertrag

Durch den Lizenzvertrag wird einem anderen ein *gewerbliches Schutzrecht* (Patent, Gebrauchsmuster) zur Nutzung überlassen. Zum Teil wird der Begriff auch weiter verstanden und umfasst als Vertragsgegenstand auch *Urheberrechte* und *rechtlich nicht geschützte Gegenstände* wie Informationen, Geschäftsideen oder sonstiges Know-how.

Mahnung

Begriff Eine Mahnung ist eine an den Schuldner gerichtete bestimmte und eindeutige Aufforderung des Gläubigers zur Leistung. Eine Fristsetzung ist nicht erforderlich, auch nicht die Androhung negativer Folgen. Es genügt vielmehr, dass der Gläubiger deutlich zum Ausdruck bringt, dass er die Leistung ernsthaft verlangt.

Mahnungsgleiche Tatbestände In §286 Abs. 1 S. 2 BGB werden die Erhebung einer Klage auf die Leistung („Leistungsklage") und die Zustellung eines Mahnbescheides im (gerichtlichen) Mahnverfahren in ihrer Wirkung der Mahnung gleichgestellt.

Entbehrlichkeit der Mahnung Nach §286 Abs. 2 BGB ist die Mahnung in bestimmten Fällen entbehrlich, sodass der Verzug ausnahmsweise ohne Mahnung bzw. ohne Vorliegen eines mahnungsgleichen Tatbestandes eintreten kann. Nach der Nr. 1 ist das der Fall, wenn für die Leistung eine Zeit nach dem Kalender *bestimmt* ist. Diese Bestimmung kann sich aus dem *Gesetz* (vgl. §556 b BGB für die Zahlung der Miete) oder aus einer *Vereinbarung* der Parteien (Regelung im Vertrag) ergeben. Nicht ausreichend ist eine *einseitige* Bestimmung durch den Gläubiger, zum Beispiel eine auf die *Rechnung* gesetzte Zahlungsfrist.

Mangel

⇒ *Sachmangel*

Materieller Schaden

⇒ *Vermögensschäden*

Mietvertrag

Begriff Nach §535 Abs. 1 S. 1 BGB wird der Vermieter durch den Mietvertrag verpflichtet, dem Mieter den Gebrauch der Mietsache während der Mietzeit in einem vertragsgemäßen Zustand zu gewähren (zu überlassen). Der Mieter ist nach §535 Abs. 2 BGB zur Zahlung der vereinbarten Miete verpflichtet. ⇒ *Leasingvertrag* ⇒ *Pachtvertrag*

Formfreiheit Wie andere Verträge kommt auch der Mietvertrag durch die Annahme eines Angebots zustande, wobei ein Mietvertrag nach dem BGB *nicht* schriftlich geschlossen werden muss (vgl. aber §550 BGB). Die Parteien können aber die Einhaltung der Schriftform vereinbaren (*„gewillkürte Schriftform"*, §125 S. 2 BGB). In einem solchen Fall ist gemäß §154 Abs. 2 BGB analog „im Zweifel" davon auszugehen, dass der Vertrag erst nach der Unterschrift von Mieter und Vermieter wirksam werden soll.

Gesetzliche Formvorschrift Nach § 550 S. 1 BGB besteht eine gesetzliche Formvorschrift für Mietverträge, die für *bestimmte* Zeit, und zwar für *längere Zeit als ein Jahr* (fest) geschlossen werden sollen. Wird die Form nicht eingehalten, ist der Vertrag abweichend von § 125 S. 1 BGB aber *nicht* nichtig, sondern gilt für *unbestimmte Zeit.*

Auf bestimmte Zeit Ein Mietvertrag auf bestimmte Zeit endet gemäß § 545 Abs. 2 BGB – automatisch – mit Ablauf der vereinbarten Mietzeit. Mietverträge über Geschäftsräume werden häufig auf bestimmte Zeit geschlossen. In diesem Fall ist die ordentliche Kündigung während der Laufzeit des Vertrags ausgeschlossen, gekündigt werden kann nur aus wichtigem Grund. Die Parteien können außerdem jederzeit einvernehmlich einen Auflösungsvertrag schließen. Eine Erhöhung der Miete durch den Vermieter ist nur möglich, wenn dies vertraglich vorgesehen ist, etwa in Form einer Indexklausel. Eine Verlängerung des Mietverhältnisses über die vereinbarte Zeit hinaus tritt ein, wenn eine Partei von einem ihr im Mietvertrag eingeräumten *Optionsrecht* Gebrauch macht. ⇒ *Option*

Auf unbestimmte Zeit Der Mietvertrag auf unbestimmte Zeit, der bei der Wohnungsmiete wegen § 575 BGB den Regelfall bildet, endet durch die Kündigung einer Partei (§ 542 BGB) oder durch einen Auflösungsvertrag.

Eigenbedarf Nach § 573 Abs. 1 BGB kann der Vermieter das Mietverhältnis über Wohnraum nur ordentlich kündigen, wenn er ein *berechtigtes Interesse* an dessen Beendigung hat. In der Praxis geht es häufig um die Frage des sogenannten „Eigenbedarfs“. Eigenbedarf liegt vor, wenn der Vermieter die Räume für sich, seine Familienangehörigen oder Angehörige seines Haushalts *benötigt*.

Form der Kündigung Nach § 568 Abs. 1 BGB bedarf die Kündigung des Mietverhältnisses über Wohnraum der schriftlichen Form, und zwar auch, wenn der Mietvertrag nur mündlich geschlossen wurde. § 568 BGB gilt nicht für Geschäftsräume, hier kann aber im Mietvertrag die Schriftform für die Kündigung vorgesehen sein.

Schönheitsreparaturen Nach § 535 Abs. 1 S. 2 BGB hat der *Vermieter* die Mietsache während der Mietzeit in einem vertragsgemäßen Zustand zu erhalten. Diese Regelung ist dispositiv, kann also durch eine Vereinbarung der Parteien geändert werden, es sei denn, die Vereinbarung verstößt gegen § 307 BGB. Im Bereich der Geschäftsraummiete gehen die vertraglichen Änderungen zum Teil sehr weit, bei der Wohnungsmiete beschränken sie sich in der Regel auf die sogenannten „Schönheitsreparaturen“. Dies sind Maßnahmen zur Beseitigung von Mängeln, die durch einen vertragsgemäßen Gebrauch entstanden sind, wie das Streichen oder Tapezieren von Wänden, Decken, Böden, Heizkörpern einschließlich der Rohre sowie von Fenstern und Außentüren von innen. Davon zu unterscheiden sind *Instandsetzungsreparaturen*, die auf Beseitigung der durch Abnutzung, Alterung und Witterungseinflüsse entstandenen Mängel abzielen. Die Übertragung der Schönheitsreparaturen auf den Mieter ist nach § 307 BGB unwirksam, wenn der Mieter nach einem „starren Fristenplan“ unabhängig von der Renovierungsbedürftigkeit zur Durchführung der Arbeiten verpflichtet werden soll. ⇒ *Allgemeine Geschäftsbedingungen (AGB): Inhaltskontrolle*

Minderjährig

Minderjährig sind gemäß §§106, 2 BGB Personen zwischen dem siebten und dem 18. Lebensjahr. ⇒ *Geschäftsfähigkeit* ⇒ *Deliktsfähigkeit* ⇒ *Rechtsfähigkeit*

Natürliche Person

Natürliche Personen sind Menschen. Die Rechtsfähigkeit beginnt mit der Vollendung der Geburt (§1 BGB), die Erbfähigkeit gemäß §1923 Abs. 2 BGB schon mit der Zeugung. ⇒ *Juristische Person*

Negative Merkmale

Um einen Anspruch zu begründen, müssen alle positiven Tatbestandsmerkmale vorliegen. Negative Tatbestandsmerkmale dürfen nicht vorliegen, da sie einem Anspruch entgegenstehen. Es gilt der Satz *„Ein faules Ei verdirbt den Brei"* ⇒ *Positive Merkmale*

Nichtigkeit

Ein nichtiges Rechtsgeschäft entfaltet von Anfang an keine Wirkungen. Wenn das Geschäft trotz der Nichtigkeit ganz oder teilweise durchgeführt wird, erfolgt die Rückabwicklung nach den Vorschriften über die ungerechtfertigte Bereicherung (*§§812ff. BGB*). Nichtigkeitsgründe sind Formmängel (§125 BGB), Verstöße gegen ein gesetzliches Verbot (§134 BGB) oder gegen die guten Sitten (§138 Abs. 1 BGB), insbesondere Wucher (§138 Abs. 2 BGB). Die Anfechtung führt rückwirkend („ex tunc") zur Nichtigkeit des angefochtenen Rechtsgeschäfts (§142 Abs. 1 BGB). ⇒ *Rechtsgeschäft* ⇒ *Sittenwidrigkeit* ⇒ *Anfechtung* ⇒ *Ungerechtfertigte Bereicherung* ⇒ *Wucher*

Nichtvermögensschäden

Nichtvermögensschäden (immaterielle Schäden) lassen sich nicht konkret in Geld bestimmen. Nach §253 Abs. 1 BGB kann für einen Nichtvermögensschaden eine Entschädigung in Geld nur in den im Gesetz genannten Fällen verlangt werden. Hauptfall ist der Anspruch auf Schmerzensgeld nach §253 Abs. 2 BGB. ⇒ *Vermögensschäden*

Notarielle Beurkundung

Bei der notariellen Beurkundung (§128 BGB) eines Vertrags müssen Antrag und Annahme vor einem Notar beurkundet werden, allerdings nicht notwendig gleichzeitig. Der Notar beurkundet den gesamten Vertrag, nicht nur die Unterschriften der Parteien. Beispiele sind: Der Grundstückskaufvertrag (§311 b Abs. 1 S. 1 BGB), die Einigung über den Übergang des Eigentums an einem Grundstück („Auflassung", §§873 Abs. 1, 925 Abs. 1 BGB), der Gesellschaftsvertrag einer GmbH (§2 Abs. 1 GmbHG), die Satzung einer Aktiengesellschaft

(§ 23 Abs. 1 AktG), Hauptversammlungsbeschlüsse einer Aktiengesellschaft (§ 130 Abs. 1 S. 1 AktG), Ausnahmen bestehen bei nicht börsennotierten Aktiengesellschaften (§ 130 Abs. 1 S. 2 AktG). ⇒ *Auflassung* ⇒ *Eigentumserwerb an unbeweglichen Sachen*

Offene Handelsgesellschaft

⇒ *OHG*

OHG

Die in §§ 105 ff. HGB geregelte Offene Handelsgesellschaft ist eine Personengesellschaft mit mindestens zwei Gesellschaftern (natürliche oder juristische Personen). Für Verbindlichkeiten der OHG haften neben der Gesellschaft (§ 124 Abs. 1 HGB) unmittelbar auch alle Gesellschafter als Gesamtschuldner (§ 128 HGB). ⇒ *KG* ⇒ *GbR* ⇒ *GmbH* ⇒ *Gesamtschuld*

Ohne rechtlichen Grund

Das Merkmal *„ohne rechtlichen Grund"* im Sinne des § 812 Abs. 1 S. 1 BGB ist erfüllt, wenn für eine Vermögensverschiebung kein Rechtsgrund vorhanden ist. Insbesondere dann, wenn sich nach Durchführung eines Vertrags herausstellt, dass der Vertrag nichtig ist, sind die von den Parteien erbrachten Leistungen „ohne Rechtsgrund" erfolgt. Sie müssen deshalb nach §§ 812 Abs. 1 S. 1, 818 BGB herausgegeben werden. ⇒ *Etwas erlangt* ⇒ *Leistung* ⇒ *Ungerechtfertigte Bereicherung*

Option

Die Option ist ein Gestaltungsrecht. Sie beinhaltet das Recht, durch einseitige Erklärung einen Vertrag zustande zu bringen oder die Laufzeit eines schon bestehenden Vertrags zu verlängern. Der Berechtigte kann frei entscheiden, ob er von der ihm eingeräumten Option Gebrauch oder nicht Gebrauch macht. Die Ausübung eines Optionsrechtes führt in der Praxis häufig zur Verlängerung von befristeten Mietverträgen über Geschäftsräume oder zum Abschluss von Kaufverträgen nach einem vorhergehenden Leasingvertrag. ⇒ *Anfechtung* ⇒ *Kündigung* ⇒ *Rücktritt* ⇒ *Widerruf*

Pachtvertrag

Der Pachtvertrag ist in den §§ 581 bis 584 b BGB geregelt. Der wichtigste Unterschied zum Mietvertrag besteht darin, dass der Verpächter dem Pächter neben der Gebrauchsüberlassung des Gegenstandes nach § 581 Abs. 1 BGB zusätzlich *„den Genuss der Früchte"* zu gewähren hat. Ein Pachtvertrag über Räumlichkeiten liegt vor, wenn diese so beschaffen sind, dass aus ihrer Nutzung unmittelbar Erträge erzielt werden können, zum Beispiel ein komplett eingerichtetes Speiserestaurant. ⇒ *Mietvertrag* ⇒ *Leasingvertrag*

Patronatserklärung

In der im BGB nicht geregelten, aber aufgrund der Vertragsfreiheit zulässigen Patronatserklärung verspricht ein „Patron" gegenüber dem Gläubiger eines Dritten ein bestimmtes Verhalten, das die Aussicht auf eine Vertragserfüllung durch den Dritten verbessert und damit dessen Kreditwürdigkeit erhöht. Die Praxis differenziert zwischen „weichen" und „harten" Patronatserklärungen. Den *weichen* Erklärungen kommt kein rechtsgeschäftlicher Charakter zu, es handelt sich nur um unverbindliche Erklärungen („Goodwill-Erklärung"), die keine Rechtsfolge nach sich ziehen. Sie sind deshalb nicht einklagbar und wird dem Kreditgeber häufig nicht genügen. Bei den *„harten"* Patronatserklärungen wird eine rechtliche Einstandspflicht des „Patrons" begründet, zum Beispiel eine Pflicht der Muttergesellschaft zur ausreichenden finanziellen Ausstattung der Tochtergesellschaft im Zeitpunkt der Fälligkeit der gesicherten Forderung. ⇒ *Kreditsicherung* ⇒ *Bürgschaft* ⇒ *Schuldbeitritt* ⇒ *Garantievertrag, selbstständiger*

Pauschalierter Schadensersatz

Für den Fall der nicht gehörigen – nicht rechtzeitigen oder nicht mangelfreien – Erfüllung einer Pflicht durch den Schuldner kann die Zahlung eines pauschalierten Schadensersatzes vereinbart werden. Der Gläubiger verfolgt damit den Zweck, bei nicht gehöriger Erfüllung der Pflicht den Eintritt und die Höhe eines Schadens nicht beweisen zu müssen. ⇒ *Vertragsstrafe*

Pfandrechte

Pfandrechte können an *Rechten* (insbesondere Forderungen), an *beweglichen* Sachen und an *unbeweglichen* Sachen (Grundschuld, Hypothek) bestehen. Sie können auf einer Vereinbarung der Parteien beruhen (rechtsgeschäftliche Pfandrechte) oder aufgrund einer gesetzlichen Regelung „von selbst" entstehen (gesetzliche Pfandrechte). *Gesetzliche Pfandrechte* sind das Vermieterpfandrecht (§§ 562 ff. BGB) und das Pfandrecht des Unternehmers beim Werkvertrag (§ 647 BGB). Bei den *rechtsgeschäftlichen Pfandrechten* ist neben weiteren Voraussetzungen eine *Einigung* der Parteien über die Entstehung des Pfandrechts erforderlich. ⇒ *Grundschuld* ⇒ *Hypothek* ⇒ *Werkvertrag: Unternehmerpfandrecht* ⇒ *Sicherungsübereignung*

Pflichtverletzung

Nach § 280 Abs. 1 BGB hat der Schuldner dem Gläubiger den Schaden zu ersetzen, der durch eine Pflichtverletzung des Schuldners entsteht. Verstoßen werden kann gegen Leistungspflichten (§ 241 Abs. 1 BGB) und gegen sonstige Pflichten (§ 241 Abs. 2 BGB), insbesondere Schutz- und Aufklärungspflichten. Wenn eine (objektive) Pflichtverletzung vorliegt, wird vermutet, dass der Schuldner diese auch (subjektiv) zu vertreten hat. ⇒ *Beweislastumkehr*

Positive Merkmale

Um einen Anspruch zu begründen, müssen *alle positiven* Tatbestandsmerkmale vorliegen. *Negative* Tatbestandsmerkmale dürfen nicht vorliegen, da sie einem Anspruch entgegenstehen. ⇒ *Negative Merkmale*

Positives Tun

⇒ *Handlung*

Produkthaftung

Die Produkthaftung verpflichtet den Hersteller eines Produkts zum Schadensersatz, wenn jemand durch die Nutzung eines fehlerhaften Produkts einen Schaden erleidet. Sie beruht auf zwei Ansätzen: Aufgrund der Rechtsprechung des Bundesgerichtshofs zum einen auf *§ 823 Abs. 1 BGB*, zum anderen ist sie im *Produkthaftungsgesetz* (ProdHaftG) geregelt.

Prokura

Die Prokura ist eine rechtsgeschäftliche Vertretungsmacht. Sie kann nur vom Inhaber eines Handelsgeschäftes durch ausdrückliche Erklärung erteilt werden (§ 49 Abs. 1 HGB). Die Prokura muss in das Handelsregister eingetragen werden (§ 53 HGB), doch hat die Eintragung nur deklaratorische (rechtbezeugende) Wirkung. Die Erteilung der Prokura ist also schon vor der Eintragung wirksam. Eine Besonderheit der Prokura gegenüber anderen Vollmachten besteht darin, dass der Umfang der dem Prokuristen zustehenden Vertretungsmacht *gesetzlich* bestimmt ist. Nach § 49 Abs. 1 HGB ermächtigt die Prokura zu allen Arten von gerichtlichen und außergerichtlichen Rechtsgeschäften, die der Betrieb *eines* (gemeint ist *irgendeines*) Handelsgewerbes mit sich bringt. Einschränkungen dieser umfassenden Vertretungsmacht sind Dritten gegenüber gemäß § 50 Abs. 1 HGB unwirksam. ⇒ *Vertretung* ⇒ *Deklaratorisch* ⇒ *Handelsregister*

Realsicherheit

⇒ *Kreditsicherung: Sachsicherheiten*

Recht am Unternehmen

Als „sonstiges Recht" im Sinne des § 823 Abs. 1 BGB hat die Rechtsprechung das *„Recht am eingerichteten und ausgeübten Gewerbebetrieb"* entwickelt, das heute oft kürzer als *„Recht am Unternehmen" (RaU)* bezeichnet wird. Durch dieses Recht wird der Schutz des Unternehmers gegen Beeinträchtigungen seiner rechtmäßig ausgeübten unternehmerischen Betätigung gesichert. Ein Schadensersatzanspruch setzt voraus, dass ein unmittelbarer *betriebsbezogener Eingriff* vorliegt. Eine zufällige, nicht beabsichtigte Beeinträchtigung reicht hingegen nicht aus. ⇒ *Widerrechtlichkeit*

Rechtsfähigkeit

Rechtsfähig ist, wer Träger von Rechten und Pflichten ist. Dies können neben natürlichen Personen (Menschen) und juristischen Personen (GmbH, Aktiengesellschaft) auch Personenvereinigungen sein, wenn sie – wie die Offene Handelsgesellschaft und die Kommanditgesellschaft – den juristischen Personen angenähert sind. Nach der Rechtsprechung ist eine GbR ebenfalls rechtsfähig, wenn sie als Außen-GbR am Wirtschaftsverkehr teilnimmt. ⇒ *Geschäftsfähigkeit* ⇒ *Deliktsfähigkeit* ⇒ *Natürliche Person* ⇒ *Juristische Person* ⇒ *OHG* ⇒ *KG* ⇒ *GbR*

Rechtsgeschäft

Ein Rechtsgeschäft besteht aus einer oder mehreren Willenserklärungen, die allein oder in Verbindung mit weiteren Tatbestandsmerkmalen eine von dem oder den Beteiligten gewollte Rechtsfolge herbeiführen. Unterschieden wird zwischen einseitigen und mehrseitigen Rechtsgeschäften. Mehrseitige Rechtsgeschäfte sind *Verträge* und Beschlüsse. *Einseitige* Rechtsgeschäfte kann eine Person allein vornehmen. Beispiele bilden das Testament sowie die Gestaltungsrechte (Rücktritt, Widerruf, Kündigung, Anfechtung und Option). ⇒ *Willenserklärung* ⇒ *Vertrag* ⇒ *Rücktritt* ⇒ *Widerruf* ⇒ *Kündigung* ⇒ *Anfechtung* ⇒ *Option*

Relative Rechte

Relative Rechte bestehen nur zwischen bestimmten Personen. Beispiel: Ansprüche aus einem Vertrag bestehen nur zwischen den Vertragspartnern. ⇒ *Absolute Rechte*

Rücktritt

Der Rücktritt vom Vertrag setzt voraus, dass ein *Rücktrittsrecht* besteht (vgl. § 346 Abs. 1 BGB) und der Berechtigte den Rücktritt *erklärt* (§ 349 BGB). Ein Rücktrittsrecht kann sich aus dem Vertrag *(„Der Käufer ist berechtigt, vom Vertrag zurückzutreten, wenn nicht …“)* oder aus dem Gesetz ergeben.

Wenn die Kaufsache einen Sach- oder Rechtsmangel hat, kann der Käufer gemäß § 437 Nr. 2 BGB nach Fristsetzung bzw. Fehlschlagen der Nacherfüllung vom Kaufvertrag zurücktreten. Ein allgemeines Rücktrittsrecht bei gegenseitigen Verträgen begründet § 323 BGB.

Nach Erklärung des Rücktritts sind die Parteien nach § 346 Abs. 1 BGB verpflichtet, die empfangenen Leistungen zurückzugewähren. Der Vertrag wandelt sich in ein „Rückgewährschuldverhältnis“ um. ⇒ *Angemessene Frist* ⇒ *Gestaltungsrechte* ⇒ *Anfechtung* ⇒ *Kündigung* ⇒ *Widerruf*

Sachmangel

Begriff Eine gekaufte Sache ist frei von Sachmängeln, wenn sie bei Gefahrübergang die *vereinbarte Beschaffenheit* hat (§ 434 Abs. 1 S. 1 BGB). Soweit die Beschaffenheit nicht vereinbart ist, ist die Sache mangelfrei, wenn sie sich für die nach dem Vertrag *vorausgesetzte Verwendung* eignet (§ 434 Abs. 1 S. 2 Nr. 1 BGB). „Sonst" (gemeint ist in den verbleibenden Fällen) ist eine Sache mangelfrei, wenn sie sich für die *gewöhnliche Verwendung* eignet und eine Beschaffenheit aufweist, die bei Sachen der gleichen Art *üblich* ist und die der Käufer nach der Art der Sache erwarten kann (§ 434 Abs. 1 S. 2 Nr. 2 BGB).

Vereinbarte Beschaffenheit Eine Vereinbarung der Beschaffenheit der Kaufsache (*„Soll-Beschaffenheit"*) im Sinne des § 434 Abs. 1 S. 1 BGB liegt vor, wenn der Zustand der Kaufsache im Kaufvertrag ausdrücklich festgehalten wird. Die Vereinbarung kann aber auch stillschweigend (konkludent) getroffen werden.

Vorausgesetzte Beschaffenheit Die Beschaffenheit ist vorausgesetzt (§ 433 Abs. 1 S. 2 Nr. 1 BGB), wenn die Parteien eine *gemeinsame* Vorstellung vom Verwendungszweck der Sache haben, zum Beispiel weil eine bestimmte Verwendung der Sache im Vorfeld des Vertrags zugrunde gelegt wurde. Einseitige Vorstellungen des Käufers oder das Wissen des Verkäufers, wozu der Käufer die Sache nutzen will, reichen nicht aus.

Gewöhnliche Verwendung Ist die Beschaffenheit der Sache weder vereinbart noch nach dem Vertrag vorausgesetzt, ist die Sache nach § 434 Abs. 1 S. 2 Nr. 2 BGB mangelfrei, wenn sie sich für die *gewöhnliche Verwendung* eignet und eine Beschaffenheit aufweist, die bei Sachen der gleichen Art *üblich* ist und die der Käufer nach der Art der Sache *erwarten kann*.

Montagefehler Nach § 434 Abs. 2 BGB ist auch dann ein Sachmangel gegeben, wenn die vereinbarte Montage der Kaufsache durch den Verkäufer unsachgemäß durchgeführt wird oder wenn eine Montageanleitung mangelhaft ist (sogenannte „IKEA-Klausel"), es sei denn, die Sache wird fehlerfrei montiert.

Falsche Lieferung Wenn der Verkäufer eine andere als die gekaufte Sache (ein *„Aliud"*) oder eine zu geringe Menge (ein *„Minus"*) liefert, wird dieser Umstand nach § 434 Abs. 3 BGB wie ein Sachmangel behandelt.

Gefahrübergang Die Gefahr des zufälligen Untergangs und der zufälligen Verschlechterung geht nach § 446 BGB mit der Übergabe der Sache auf den Käufer über. Beim Versendungskauf geht die Gefahr nach § 447 BGB über, sobald der Verkäufer die Sache der zur Ausführung der Versendung bestimmten Person (Post, Spediteur, Frachtführer) übergeben hat. § 447 BGB gilt nicht beim Verbrauchsgüterkauf (§ 474 Abs. 2 BGB). ⇒ *Schickschuld* ⇒ *Verbrauchsgüterkauf*

Kerntheorie Der Mangel der Kaufsache muss im Zeitpunkt des Gefahrübergangs jedenfalls im Kern vorhanden sein, „sich zeigen" kann er später. Eine besondere Beweislastregel enthält § 476 BGB für den Verbrauchsgüterkauf. Danach wird bei einem Mangel, der sich innerhalb von sechs Monaten nach Gefahrübergang zeigt (auftritt), vermutet, dass die Sache schon bei Gefahrübergang mangelhaft war. ⇒ *Verbrauchsgüterkauf* ⇒ *Beweislastumkehr*

Rechte des Käufers Falls die Kaufsache einen Mangel hat, kann der Käufer gemäß § 437 BGB Nacherfüllung, Rücktritt vom Vertrag oder Minderung des Kaufpreises sowie Schadensersatz oder Aufwendungsersatz verlangen. Zunächst steht dem Käufer aber nur ein Recht auf Nacherfüllung zu. Insoweit kann der Käufer zwischen der Beseitigung des Mangels (Reparatur) und der Lieferung einer mangelfreien Sache (Umtausch) wählen (§ 439 Abs. 1 BGB). Die anderen

Rechte bestehen nachrangig und setzen in der Regel eine fruchtlose *Fristsetzung zur Nacherfüllung* voraus. ⇒ *Angemessene Frist* ⇒ *Rücktritt*

Schickschuld

Eine Schickschuld liegt vor, wenn der Schuldner die Ware an den Gläubiger abschicken, also zum Transport geben muss. Der Verkäufer muss die Ware in diesem Fall „auf den Weg bringen", zum Beispiel durch Aufgabe bei der Post oder Abgabe an eine andere Transportperson, etwa einen Frachtführer. Damit hat der Verkäufer seine Pflicht erfüllt. Das Transportrisiko trägt der Käufer. ⇒ *Bringschuld* ⇒ *Holschuld* ⇒ *Versendungskauf*

Schlüssiges Verhalten

⇒ *Konkludentes Verhalten*

Schönheitsreparaturen

⇒ *Mietvertrag: Schönheitsreparaturen*

Schuldbeitritt

Der Schuldbeitritt ist im Gesetz nicht geregelt, aber aufgrund der Vertragsfreiheit zulässig. Von der in §§ 414, 415 BGB geregelten *befreienden* Schuldübernahme unterscheidet sich der Schuldbeitritt (auch „Schuld*mit*übernahme") dadurch, dass hier *kein Wechsel* des Schuldners erfolgt, sondern dass der Beitretende als *weiterer* Schuldner neben den vorhandenen Schuldner tritt. Der bisherige Schuldner und der Beitretende werden Gesamtschuldner. ⇒ *Kreditsicherung* ⇒ *Bürgschaft* ⇒ *Garantievertrag* ⇒ *Patronatserklärung* ⇒ *Gesamtschuld*

Schuldverhältnis

Begriff Zu unterscheiden ist zwischen vertraglichen, vorvertraglichen und gesetzlichen Schuldverhältnissen. Wenn ein Schuldverhältnis vorliegt, ist der Gläubiger berechtigt, vom Schuldner eine Leistung zu fordern (§ 241 Abs. 1 BGB). Aus § 241 Abs. 2 BGB können sich Pflichten zur Rücksicht auf die Rechte, Rechtsgüter und Interessen des anderen Teils ergeben. ⇒ *Vertragliches Schuldverhältnis* ⇒ *Gesetzliche Schuldverhältnisse* ⇒ *Vorvertragliches Schuldverhältnis* ⇒ *Pflichtverletzung*

Gläubiger Gläubiger ist derjenige, dem ein Anspruch zusteht *(„der glaubt, dass er etwas bekommt")*.

Schuldner Schuldner ist derjenige, der den Anspruch erfüllen soll *(„der etwas schuldet")*.

Schutzgesetz

Ein Schutzgesetz im Sinne des § 823 Abs. 2 BGB ist eine Norm, die dem Einzelnen einen Schutz vor der Verletzung seiner Rechtsgüter, Rechte und anderen rechtlich geschützten Interessen gewähren soll. Dazu gehören viele Vorschriften des

Strafgesetzbuchs (StGB), zum Beispiel die Delikte Körperverletzung (§§223ff. StGB), Diebstahl (§242 StGB), Unterschlagung (§246 StGB) und Betrug (§263 StGB). Eine gemeindliche Satzung, die den Grundstückseigentümer verpflichtet, bei Eis und Schnee den Gehweg zu reinigen, ist ebenfalls ein Schutzgesetz.

Schwebende Unwirksamkeit

Ein schwebend unwirksames Rechtsgeschäft ist weder wirksam noch unwirksam (nichtig), sondern befindet sich in einer Schwebelage. Sein weiteres „Schicksal" hängt davon ab, ob ein bisher nicht beteiligter Dritter seine Genehmigung erteilt (vgl. §§177 Abs.1, 108 Abs.1 BGB). Tut er dies, wird das Rechtsgeschäft rückwirkend wirksam (§184 Abs.1 BGB). Die Verweigerung der Genehmigung führt zur Nichtigkeit des Rechtsgeschäfts. ⇒ *Nichtigkeit* ⇒ *Rechtsgeschäft* ⇒ *Geschäftsfähigkeit* ⇒ *Vertretung: Ohne Vertretungsmacht*

Schweigen

Wer schweigt, gibt keine (Willens-)*Erklärung* ab, weil er nichts *erklärt*. Dies gilt grundsätzlich auch für Kaufleute. Ausnahmen im BGB sind §§108 Abs.2 S.2, 177 Abs.2 S.2, 516 Abs.2 S.2, im Handelsrecht §362 HGB und das kaufmännische Bestätigungsschreiben. ⇒ *Willenserklärung*

Sicherungsabrede

Durch die Sicherungsabrede (Sicherungsvertrag, Zweckerklärung) erfolgt bei nicht akzessorischen Sicherungsformen die Verbindung zwischen der Sicherung (z.B. einer Übereignung oder einer Abtretung) und der gesicherten Forderung. ⇒ *Akzessorietät* ⇒ *Grundschuld* ⇒ *Sicherungsübereignung*

Sicherungsübereignung

Bei der im BGB nicht geregelten Sicherungsübereignung („SÜ") dient eine Sache oder eine Sachgesamtheit zur Absicherung einer oder mehrerer Forderungen. Objekte der SÜ können einzelne Sachen sein (Pkw, Lkw, Baukran) oder Sachgesamtheiten wie etwa ein Warenlager. Die rechtliche Konstruktion ist wie folgt: Der Sicherungsgeber (Kreditnehmer) übereignet gemäß §§929, 930, 868 BGB die Sache oder die Sachgesamtheit an den Sicherungsnehmer (Kreditgeber). Die – neben der Einigung – für die Übereignung nach §929 S.1 BGB erforderliche Übergabe wird durch die Begründung eines *Besitzmittlungsverhältnisses* ersetzt (vgl. §§930, 868 BGB), das häufig ein Leih-, Verwahrungs- oder Mietvertrag ist.

Der Sicherungsnehmer (Kreditgeber) wird Eigentümer der Sache und deren mittelbarer Besitzer. Der unmittelbare Besitz verbleibt beim Sicherungsgeber (Kreditnehmer), der die Sache damit weiter nutzen kann, um aus den Erlösen den durch die SÜ gesicherten Kredit begleichen zu können. Die Verbindung zwischen der Übereignung und Forderung wird durch die Sicherungsabrede (Zweckerklärung) hergestellt. Wenn es zu Problemen bei der Rückzahlung des Kredits kommt, ist der Sicherungsnehmer nach Maßgabe der Sicherungsabrede berechtigt, die Herausgabe der Sache zu verlangen und sie zu verwerten. ⇒ *Besitz: Besitzmittlungsverhältnis* ⇒ *Pfandrechte* ⇒ *Kreditsicherung*

Sittenwidrigkeit

Ein Rechtsgeschäft ist nach § 138 Abs. 1 BGB sittenwidrig, „wenn es gegen das Anstandsgefühl aller billig und gerecht Denkenden verstößt". ⇒ *Wucher* ⇒ *Rechtsgeschäft* ⇒ *Ungerechtfertigte Bereicherung*

Skonto

Der Schuldner ist nur dann zu einem Abzug von Skonto berechtigt, wenn eine entsprechende vertragliche Regelung mit dem Gläubiger besteht. Dem Gläubiger steht es frei, ob er ein Skontorecht einräumt, um den Schuldner zu einer schnellen Zahlung zu motivieren.

Wenn nichts anderes vereinbart ist, reicht es für die Inanspruchnahme des Skontos aus, dass der Schuldner rechtzeitig die *Leistungshandlung* vornimmt. Diese besteht im Falle der Überweisung darin, dass er „seine" Bank anweist, die Überweisung auszuführen. Diese Anweisung kann auch noch am letzten Tag der Skontofrist erfolgen. Dagegen kommt es nicht darauf an, dass der *Leistungserfolg* (Gutschrift des Geldes auf dem Gläubigerkonto) ebenfalls innerhalb der Frist eintritt, es sei denn, die Parteien hätten eine andere Vereinbarung getroffen.

Taschengeldparagraf

⇒ *Geschäftsfähigkeit: Taschengeldparagraf*

Trennungsprinzip

Die Abwicklung eines Kaufvertrags besteht aus *drei* Rechtsgeschäften: (1) Abschluss des Kaufvertrags (schuldrechtliches Verpflichtungsgeschäft), (2) Übereignung der Kaufsache (erstes sachenrechtliches Verfügungsgeschäft), (3) Zahlung des Kaufpreises (zweites sachenrechtliches Verfügungsgeschäft).

Das Trennungsprinzip besagt, dass die Wirksamkeit dieser drei Rechtsgeschäfte getrennt (einzeln) zu betrachten ist. Die Rechtsgeschäfte sind in ihrer rechtlichen Wirksamkeit unabhängig voneinander. Das bedeutet zum Beispiel, dass der Kaufvertrag unwirksam sein kann, während die beiden Erfüllungsgeschäfte wirksam sind. Ebenso kann im Falle eines wirksamen Kaufvertrags die Übereignung der Kaufsache unwirksam sein, die Zahlung des Kaufpreises hingegen wirksam. Dieser Sachverhalt wird, etwas ungenau, auch als *Abstraktionsprinzip* bezeichnet.

Umsatzsteuer

⇒ *Erforderlicher Geldbetrag*

Unbewegliche Sachen

Unbewegliche Sachen sind bebaute und unbebaute Grundstücke. ⇒ *Grundstücksrecht* ⇒ *Grundbuch* ⇒ *Eigentumserwerb an unbeweglichen Sachen*

Unerlaubte Handlung

⇒ *Deliktsrecht*

Ungerechtfertigte Bereicherung

Die Vorschriften über die ungerechtfertigte Bereicherung (§§ 812 ff. BGB) dienen dazu, Zuwächse im Vermögen einer Person, für die es keinen Rechtsgrund gibt, wieder rückgängig zu machen. ⇒ *Etwas erlangt* ⇒ *Leistung* ⇒ *Ohne rechtlichen Grund* ⇒ *Anfechtung* ⇒ *Nichtigkeit*

Unmöglichkeit

Bei der Behandlung der Unmöglichkeit ist es wichtig, zwischen der unmöglichen und der (immer noch) möglichen Leistung zu unterscheiden. Wenn eine Leistung (z. B. die Lieferung einer Ware) unmöglich ist, hat der Gläubiger gemäß § 275 Abs. 1 BGB keinen Anspruch mehr auf die Leistung, ohne dass es darauf ankommt, wer die Unmöglichkeit zu vertreten hat. Davon zu trennen ist die Frage, ob dem Gläubiger gegen den Schuldner der unmöglichen Leistung ein Schadensersatzanspruch zusteht (§§ 280 Abs. 1, Abs. 3, 283 BGB) und ob der Gläubiger seine, noch mögliche Leistung (Zahlung des Kaufpreises) zu erbringen hat (§ 326 BGB).

Unterlassen

Ein Unterlassen erfüllt nur dann den Tatbestand des § 823 Abs. 1 BGB, wenn eine Pflicht zum Tätigwerden, also zum Handeln besteht. Die Pflicht kann sich aus dem Gesetz, einer konkreten Lebensbeziehung (insbesondere innerhalb der Familie) oder aus einem vorangegangenen Tun ergeben. ⇒ *Handlung* ⇒ *Deliktsrecht*

Unternehmensbezogenes Geschäft

⇒ *Vertretung: Unternehmensbezogenes Geschäft*

Unternehmer

Nach § 14 BGB ist ein Unternehmer eine *natürliche* Person (Mensch), eine juristische Person (GmbH, Aktiengesellschaft) oder eine rechtsfähige Personengesellschaft (Offene Handelsgesellschaft, Kommanditgesellschaft), die bei Abschluss eines Rechtsgeschäftes in Ausübung ihrer gewerblichen oder selbstständigen beruflichen Tätigkeit handelt. Eine GbR, die als „Außen-GbR" am Geschäftsverkehr teilnimmt, ist nach der Rechtsprechung ebenfalls Unternehmerin. ⇒ *Verbraucher* ⇒ *Kaufmann* ⇒ *Verbrauchsgüterkauf* ⇒ *Allgemeine Geschäftsbedingungen: Unternehmer* ⇒ *GmbH* ⇒ *OHG* ⇒ *KG* ⇒ *GbR*

Veräußerung

Mit dem Begriff *„Veräußerung“* ist die Übertragung des Eigentums nach §§ 929 ff. BGB (für bewegliche Sachen) bzw. §§ 873, 925 BGB (für unbewegliche Sachen) gemeint. „Veräußerer“ ist derjenige, der das Eigentum überträgt. Wenn in einem juristischen Text von „Veräußerung“ die Rede ist, sind häufig der (schuldrechtliche) Kaufvertrag (§ 433 BGB) und die (sachenrechtliche) Übertragung des Eigentums (§§ 929 ff. BGB; §§ 873, 925 BGB) gemeint. ⇒ *Eigentum* ⇒ *Eigentumserwerb an beweglichen Sachen* ⇒ *Eigentumserwerb an unbeweglichen Sachen* ⇒ *Trennungsprinzip*

Verarbeitung

Begriff Wird ein Stoff (eine Sache) oder werden mehrere Stoffe (Sachen) verarbeitet oder umgebildet und entsteht dadurch eine *neue* Sache, so wird der Hersteller der neuen Sache gemäß § 950 Abs. 1 BGB deren Eigentümer, es sei denn, der Wert der Verarbeitung ist wesentlich geringer als der Gesamtwert der verarbeiteten Stoffe.

Voraussetzungen Die Voraussetzungen an eine Verarbeitung oder Umbildung sind gering. Nach § 950 Abs. 1 S. 2 BGB reicht bereits das Schreiben, Zeichnen, Malen, Drucken und Gravieren oder eine ähnliche Bearbeitung einer Oberfläche aus. Ebenso genügt das Zusammenfügen von Bauteilen.

Neue Sache Ob eine Sache *neu* im Sinne des § 950 BGB ist, ist wirtschaftlich unter Berücksichtigung der Verkehrsauffassung zu entscheiden. Eine *neue* Sache liegt vor, wenn eine im Verhältnis zu den Stoffen *andere* Sache entsteht, aber auch bei Erreichung einer höheren Verarbeitungsstufe. Ein Anhaltspunkt für das Vorliegen einer neuen Sache ist ein neuer Name. Bloße Wertsteigerungen (ein und dieselbe Sache ist mehr wert als zuvor) und Instandsetzungen oder Reparaturen genügen nicht.

Wert der Verarbeitung Nach § 950 BGB wird ein Hersteller *nicht* Eigentümer der neu hergestellten Sache, wenn der Wert der Verarbeitung wesentlich geringer ist als der Wert „des Stoffes“, womit der Wert aller verarbeiteten Materialien gemeint ist. Dies wird angenommen, wenn bei einem Stoffwert von 100 der Wert der Verarbeitung nicht größer als 60 ist.

Verbraucher

Nach § 13 BGB ist ein Verbraucher jede *natürliche* Person (Mensch), die ein Rechtsgeschäft zu einem Zweck abschließt, der weder ihrer gewerblichen noch ihrer *selbstständigen* beruflichen Tätigkeit zugerechnet werden kann. ⇒ *Unternehmer* ⇒ *Kaufmann* ⇒ *Verbrauchsgüterkauf* ⇒ *Allgemeine Geschäftsbedingungen (AGB)*

Verbrauchsgüterkauf

Ein Verbrauchsgüterkauf liegt vor, wenn ein *Verbraucher* (§ 13 BGB) von einem *Unternehmer* (§ 14 BGB) eine bewegliche Sache kauft. In diesem Fall gelten neben den §§ 433 ff. BGB zum Schutz des Verbrauchers zusätzlich die §§ 474 ff. BGB.

⇒ *Verbraucher* ⇒ *Unternehmer* ⇒ *Kaufmann* ⇒ *Beweislastumkehr* ⇒ *Sachmangel: Kerntheorie*

Verjährung

Begriff Wenn ein Anspruch verjährt ist, ist der Verpflichtete (der Schuldner) nach § 214 Abs. 1 BGB berechtigt, die Leistung zu verweigern. Die Verjährung bewirkt also nicht den Untergang (das Erlöschen) des Anspruchs, sondern begründet nur ein Gegenrecht. Der Eintritt der Verjährung wird in einem Prozess nicht „von Amts wegen" beachtet. Der Schuldner muss sein Leistungsverweigerungsrecht geltend machen, indem er die „Einrede der Verjährung" erhebt. ⇒ *Ausschlussfrist*

Verjährungsfristen Das BGB kennt eine Reihe von speziellen Verjährungsfristen im Besonderen Teil des Schuldrechts (§§ 438, 548, 634 a BGB) und im Allgemeinen Teil (§§ 196, 197 BGB). Wenn keine dieser Fristen eingreift, gilt die regelmäßige Verjährungsfrist, die nach § 195 BGB drei Jahre beträgt. Diese Frist gilt insbesondere für viele Zahlungsansprüche (§ 433 Abs. 2 BGB, § 535 Abs. 2 BGB, § 611 BGB, § 631 BGB)

Fristbeginn Die Verjährungsfristen laufen zu unterschiedlichen Zeiten an. Die regelmäßige Verjährungsfrist des § 195 BGB beginnt (erst) am Ende des Jahres, in dem der Anspruch entstanden ist *und* der Gläubiger Kenntnis vom Anspruch hatte oder grob fahrlässig nicht erlangt hatte (§ 199 Abs. 1 BGB).

Verlängerter Eigentumsvorbehalt

In der Praxis weit verbreitet ist der *verlängerte* Eigentumsvorbehalt (§§ 929 S. 1, 158 Abs. 1, 185 Abs. 1, 398 BGB). Er wird vereinbart, wenn eine Absatzkette vorliegt und der erste Käufer nicht in der Lage ist, den Kaufpreis vor der Weiterveräußerung an Dritte zu zahlen.

Die Konstruktion ist wie folgt: Zunächst wird ein einfacher Eigentumsvorbehalt vereinbart (§§ 929 S. 1, 158 Abs. 1 BGB), sodass der erste Käufer das Eigentum erst erwirbt, wenn er den Kaufpreis vollständig an seinen Lieferanten bezahlt hat.

Der Lieferant (Noch-Eigentümer) gestattet dem ersten Käufer (Noch-Nichteigentümer) aber schon vorher die Veräußerung der Kaufsache *„im ordnungsgemäßen Geschäftsgang"*. Der erste Käufer trifft mit der Übereignung an die Dritten eine Verfügung als Nichtberechtigter, die aber nach § 185 Abs. 1 BGB wirksam ist, weil sie mit der Einwilligung des Berechtigten (Noch-Eigentümer) erfolgt. Da damit das Eigentum gemäß §§ 929 S. 1, 185 BGB auf die Dritten übergeht, lässt sich der bisherige Eigentümer (Lieferant) die Kaufpreisforderungen, die dem ersten Käufer gegen die Dritten zustehen, zur Sicherheit abtreten (§ 398 BGB). ⇒ *Eigentumsvorbehalt* ⇒ *Anwartschaftsrecht*

Vermögensschäden

Vermögensschäden (materielle Schäden) sind Schäden, die sich in Euro und Cent konkret bestimmen lassen. Typische Beispiele sind Reparaturkosten, Heilungskosten (Krankenhauskosten, Zuzahlung für Medikamente, Fahrten mit dem Taxi zum Arzt), Verdienstausfall und entgangener Gewinn. ⇒ *Nichtvermögensschäden*

Verrichtungsgehilfe

Begriff Verrichtungsgehilfe ist, wer in weisungsabhängiger Form von einem anderen (Geschäftsherrn), zu dem er in einer gewissen Abhängigkeit steht, in dessen Interesse zu einer Verrichtung bestellt ist. Das sind insbesondere Arbeitnehmer. Subunternehmer sind in der Regel mangels Abhängigkeit keine Verrichtungsgehilfen.

Inhalt Nach § 831 Abs. 1 BGB haftet der Geschäftsherr, wenn der Verrichtungsgehilfe in Ausführung der Verrichtung einen anderen widerrechtlich schädigt. Dabei wird vermutet, dass den Geschäftsherrn ein Verschulden bei der Auswahl oder der (laufenden) Überwachung des Verrichtungsgehilfen trifft. § 831 Abs. 1 BGB ist also eine gegen den Geschäftsherrn gerichtete Anspruchsgrundlage. Neben diesem kann der Verrichtungsgehilfe persönlich haften, zum Beispiel aus § 823 Abs. 1 BGB ⇒ *Deliktsrecht* ⇒ *Erfüllungsgehilfe*

In Ausführung der Verrichtung Der Verrichtungsgehilfe handelt in Ausführung der Verrichtung, wenn ein zeitlicher und sachlicher Zusammenhang zwischen der aufgetragenen Verrichtung und der schädigenden Handlung besteht, was bei einer vorsätzlich begangenen *Straftat* in der Regel nicht der Fall ist.

Verschulden § 831 Abs. 1 BGB setzt ein Verschulden des Geschäftsherrn in Bezug auf die *Auswahl oder die (laufende) Überwachung* des Verrichtungsgehilfen voraus. Dieses Verschulden wird vermutet. ⇒ *Beweislastumkehr*

Exkulpation Da das Verschulden des Geschäftsherrn vermutet wird, muss dieser die Vermutung widerlegen, indem er sich exkulpiert (entlastet): Dafür muss er beweisen, dass ihn bezüglich der Auswahl *und der laufenden Überwachung* des Verrichtungsgehilfen kein Verschulden trifft. Gelingt dieser Beweis nicht, bleibt es beim vermuteten Verschulden.

Verschulden

⇒ *Fahrlässigkeit* ⇒ *Vorsatz*

Versendungskauf

Nach § 447 Abs. 1 BGB liegt ein Versendungskauf vor, wenn der Verkäufer die Kaufsache auf Verlangen des Käufers an einen anderen Ort als den Erfüllungsort versendet. In diesem Fall geht die Transportgefahr auf den Käufer über, sobald die Sache vom Verkäufer an eine Transportperson (DHL, UPS) übergeben wurde. § 447 BGB gilt gemäß § 474 Abs. 2 BGB nicht beim Verbrauchsgüterkauf. ⇒ *Schickschuld* ⇒ *Verbrauchsgüterkauf*

Vertrag

Begriff Ein Vertrag ist die von zwei oder mehreren Personen erklärte Willensübereinstimmung über die Herbeiführung eines rechtlichen Erfolgs. Er setzt mindestens zwei Willenserklärungen voraus. Der Vertrag ist ein mehrseitiges Rechtsgeschäft. ⇒ *Willenserklärung* ⇒ *Rechtsgeschäft*

Abschluss Der Abschluss eines Vertrags setzt die rechtzeitige Annahme eines Angebots (Antrags) voraus. ⇒ *Angebot* ⇒ *Annahme* ⇒ *Annahmefrist*

Gegenseitiger Vertrag Ein gegenseitiger Vertrag (besser: gegenseitig *verpflichtender* Vertrag) liegt vor, wenn sich beide Seiten wechselseitig zu einer Leistung verpflichten und die Leistung der einen Seite und die Gegenleistung der anderen Seite in einem Gegenseitigkeitsverhältnis stehen. Die wichtigsten schuldrechtlichen Verträge sind gegenseitig verpflichtende Verträge (zum Beispiel der Kauf-, Miet-, Leasing-, Dienst- und der Werkvertrag).

Vertragliches Schuldverhältnis

Ein vertragliches Schuldverhältnis beruht auf dem Willen der Parteien, die den Vertrag geschlossen haben. ⇒ *Gesetzliches Schuldverhältnis* ⇒ *Vorvertragliches Schuldverhältnis*

Vertragsstrafe

Die *Vertragsstrafe* (*Konventionalstrafe*) wird in Verträgen vereinbart, um den Schuldner zu einer ordnungsgemäßen, insbesondere rechtzeitigen Erfüllung seiner vertraglichen Pflichten anzuhalten. Nach § 339 BGB ist eine Strafe, die der Schuldner dem Gläubiger für den Fall verspricht, dass er seine Verbindlichkeit nicht oder nicht in gehöriger Weise erfüllt, verwirkt, wenn der Schuldner mit seiner Leistung in Verzug kommt. Mit „*Strafe*" ist hier nicht eine vom Gericht verhängte Geldstrafe gemeint, sondern eine Geldzahlung des Schuldners an den Gläubiger. „*Verwirkt*" bedeutet, dass der Anspruch auf die Strafe entstanden ist. ⇒ *Pauschalierter Schadensersatz*

Vertretung

Begriff Wenn jemand eine eigene *Willenserklärung* im Namen des Vertretenen und im Rahmen der Vertretungsmacht abgibt, wirkt diese vom Vertreter abgegebene Willenserklärung gemäß § 164 Abs. 1 S. 1 BGB *unmittelbar* für und gegen den Vertretenen. Der Sachverhalt wird also so behandelt, als wenn der Vertreter die Erklärung selbst abgegeben hätte. ⇒ *Prokura*

Eigene Willenserklärung Der Vertreter muss eine *eigene* Willenserklärung abgeben (erzeugen) und nicht lediglich – wie ein Bote oder eine Brieftaube – eine fremde (schon fertige) Willenserklärung überbringen.

Im Namen des Vertretenen Die Willenserklärung muss erkennbar im Namen des Vertretenen abgegeben werden („*Offenkundigkeitsprinzip*"). Häufig wird auch gesagt, der Vertreter müsse „im fremden Namen" handeln. Der andere Teil soll vor Abschluss des Vertrags wissen, dass der Vertrag nicht mit dem Handelnden – dem Vertreter –, sondern mit einem anderen – dem Vertretenen – geschlossen wird. Ausreichend ist, dass der Vertretene bestimmbar ist, sein Name muss nicht genannt werden oder dem anderen Teil (Vertragspartner) bekannt sein. Die Willenserklärung muss außerdem nicht ausdrücklich im Namen des Vertretenen abgegeben werden, vielmehr reicht es aus, wenn sich dieses aus den Umständen ergibt (§ 164 Abs. 1 S. 2 BGB). Solche Umstände können sich aus der Verwendung von Firmenbögen, aus der Angabe der Firmenadresse als Lieferadresse und aus Art, Inhalt und Umfang einer Bestellung ergeben.

Unternehmensbezogenes Geschäft Bei Verträgen und anderen Rechtsgeschäften, die sich auf ein Unternehmen beziehen, nimmt die Rechtsprechung an, dass der Wille der Beteiligten *im Zweifel* dahin geht, dass der (tatsächliche) Inhaber des Unternehmens (der Unternehmensträger) und nicht der handelnde Angestellte (der Vertreter) Vertragspartei werden soll. Diese Vermutung gilt sogar dann, wenn der andere Teil den Handelnden (Vertreter) irrtümlich für den Inhaber hält.

Vertretungsmacht Die Vertretungsmacht kann sich aus dem Gesetz (Eltern für die Kinder, §§ 1626 Abs. 1, 1629 Abs. 1 BGB) oder aus einer rechtsgeschäftlichen Erteilung ergeben (Vollmacht, § 167 BGB, Prokura, § 49 HGB). Daneben sind bestimmte Organe juristischer Personen zur Vertretung berechtigt, zum Beispiel der GmbH-Geschäftsführer für die GmbH (§ 35 Abs. 1 GmbHG) und der Vorstand für die Aktiengesellschaft (§ 78 Abs. 1 AktG).

Vollmacht Die Vollmacht ist die rechtsgeschäftlich erteilte Vertretungsmacht. Sie kann als *Innenvollmacht* gegenüber dem Vertreter oder als *Außenvollmacht* gegenüber dem anderen Teil erteilt werden (§ 167 Abs. 1 BGB).

Ohne Vertretungsmacht Handelt jemand ohne Nachweis seiner Vertretungsmacht als Vertreter oder überschreitet jemand seine Vertretungsmacht, ist der Vertrag *schwebend unwirksam* (§ 177 Abs. 1 BGB). Genehmigt der „Vertretene" den Vertrag, wird dieser rückwirkend wirksam (§§ 182 Abs. 1, 184 Abs. 1 BGB). Verweigert der „Vertretene" die *Genehmigung*, wird der Vertrag nichtig. Dann kommt ein Anspruch des anderen Teils gegen den Vertreter ohne Vertretungsmacht aus § 179 Abs. 1 BGB in Betracht. Im Gegensatz zu § 164 Abs. 1 BGB handelt es sich bei § 179 Abs. 1 BGB um eine Anspruchsgrundlage. ⇒ *Schwebende Unwirksamkeit*

VOB

Die „Vergabe- und Vertragsordnung für Bauleistungen" (VOB) ist ein vom Deutschen Vergabe- und Vertragsausschuss für Bauleistungen (DVA) erarbeitetes Regelwerk. Sie ist in die Teile A, B und C gegliedert. Teil A betrifft die Vergabe von Bauleistungen. Teil B behandelt die „Allgemeinen Vertragsbedingungen für die Ausführung von Bauleistungen". Er enthält neben den Regelungen zur Vergütung in § 2 VOB/B Regelungen zu den folgenden Punkten: Zur Bauausführung (§§ 3–6 VOB/B), zur Gefahrtragung (§ 7 VOB/B), zur Kündigung des Bauvertrags (§§ 8, 9 VOB/B), zur Vertragsstrafe (§ 11 VOB/B), zur Abnahme (§ 12 VOB/B), zur Gewährleistung einschließlich der Verjährung (§ 13 VOB/B) und zur Abrechnung und Zahlung (§§ 14–16 VOB/B). Teil C beinhaltet technische Vorgaben.

Bei der VOB handelt es sich – trotz des äußeren Erscheinungsbildes und ihrer Veröffentlichung im Bundesanzeiger – weder um ein Gesetz noch um eine andere Rechtsnorm. Die Regelungen der VOB/B stellen vielmehr Allgemeine

Geschäftsbedingungen dar und unterfallen den §§305 ff. BGB. Daraus folgt: Da die VOB kein Gesetz ist, gilt sie nicht automatisch. Vielmehr muss ihre Geltung von den Parteien vereinbart werden, was insbesondere gegenüber Verbrauchern wegen der Nichtbeachtung der Anforderungen des §305 Abs. 2 Nr. 2 BGB oft nicht gelingt. Häufig wird dem Verbraucher die Möglichkeit der zumutbaren Kenntnisnahme nämlich nicht eröffnet. Wenn die VOB wirksam vereinbart ist, geht sie den §§631 ff. BGB vor. ⇒ *Allgemeine Geschäftsbedingungen (AGB)* ⇒ *Verbraucher*

Vormerkung

⇒ *Auflassungsvormerkung*

Vorsatz

Vorsatz liegt vor, wenn der Täter *absichtlich* handelt (direkter Vorsatz). Vorsätzlich handelt aber auch, wer den Verletzungserfolg nicht will, ihn aber zumindest *billigend in Kauf nimmt* (bedingter Vorsatz, Eventualvorsatz). Hier verfährt der Täter nach dem Motto: „Es wird schon nichts passieren, aber wenn es passiert, dann passiert es eben". Bei der groben Fahrlässigkeit geht der Täter hingegen davon aus, dass „es gut gehen wird". ⇒ *Fahrlässigkeit: Grobe Fahrlässigkeit*

Vorvertragliches Schuldverhältnis

Nach §311 Abs. 2 BGB kann ein Schuldverhältnis mit Schutz-, Aufklärungs- und sonstigen Nebenpflichten bereits vor Abschluss eines Vertrags zustande kommen. In einem solchen „vorvertraglichen Schuldverhältnis" bestehen noch keine Leistungspflichten nach §241 Abs. 1 BGB, aber bereits Pflichten zur Rücksichtnahme nach §241 Abs. 2 BGB. ⇒ *Vertragliches Schuldverhältnis* ⇒ *Gesetzliche Schuldverhältnisse* ⇒ *Pflichtverletzung*

Werkvertrag

Begriff Der Werkvertrag ist auf die Herbeiführung eines *Erfolges* gerichtet. Nur wenn der Unternehmer den Erfolg herbeiführt, hat er einen Anspruch auf Zahlung der Vergütung. Dadurch unterscheidet sich der Werkvertrag vom Dienstvertrag: Dieser ist gemäß §611 Abs. 1 BGB auf die Leistung der versprochenen Dienste gegen Zahlung einer Vergütung und damit auf eine Tätigkeit gerichtet. Auch der zur Dienstleistung Verpflichtete muss sich um die *Herbeiführung* des Erfolges *bemühen*. Den Anspruch auf Bezahlung hat er aber auch dann, wenn der Erfolg nicht eintritt.

Fiktive Vergütung Nach §632 Abs. 1 BGB *gilt* eine Vergütung als vereinbart, wenn die Herstellung des Werkes den Umständen nach nur gegen eine Vergütung zu erwarten ist. Diese *Fiktion* („gilt als vereinbart ...") greift (nur) dann ein, wenn die Parteien keine ausdrückliche oder zumindest konkludente Vereinbarung zur Vergütung getroffen haben, was im wirtschaftlichen Bereich eher selten der Fall ist.

Übliche Vergütung Da es bei einem Werkvertrag häufig nicht möglich ist, die Höhe der Vergütung im Voraus zu bestimmen, enthält § 632 Abs. 2 BGB eine (weitere) *Fiktion*. Bei fehlender Vereinbarung *zur Höhe* der Vergütung ist bei Bestehen einer Taxe die taxmäßige Vergütung, anderenfalls die übliche Vergütung als vereinbart anzusehen. Unter einer Taxe versteht man einen behördlich festgesetzten Preis, etwa für die Benutzung von Taxen, aber auch Gebührenordnungen für Ärzte, Architekten, Rechtsanwälte und Steuerberater. Diese Ordnungen enthalten allerdings nicht immer starre Gebühren, sondern lassen den Rechnungsstellern einen Spielraum, den sie im Rahmen des Üblichen nutzen dürfen. Anderenfalls ist die übliche Vergütung zu zahlen, etwa der übliche Stundenlohn für Reparaturen.

Kostenanschlag Wenn dem Werkvertrag ein *verbindlicher* Kostenanschlag (oft „Kostenvoranschlag" genannt) zugrunde liegt, muss das Werk für den damit vereinbarten Preis erstellt werden („Festpreis"). Wenn der Unternehmer keine Gewähr für die Richtigkeit des Kostenanschlags („*unverbindlicher* Kostenvoranschlag") übernommen hat, muss der Unternehmer den Besteller informieren, wenn sich während der Herstellung des Werkes zeigt, dass dieses nicht ohne eine wesentliche finanzielle Überschreitung ausführbar ist (§ 650 Abs. 2 BGB). Als wesentlich wird eine Überschreitung ab 15 % oder ab 20 % angesehen. Unterlässt der Unternehmer die Anzeige, liegt hierin eine Pflichtverletzung gemäß § 280 Abs. 1 BGB mit der Folge, dass der Besteller nur dem Kostenanschlag gemäß zur Zahlung verpflichtet ist. Dies gilt nicht, wenn es während der Bauausführung zu Änderungen der Planung kommt.

Abnahme Nach § 640 Abs. 1 BGB ist der Besteller verpflichtet, das vertragsgemäß hergestellte Werk abzunehmen. Eine Abnahme liegt vor, wenn der Besteller das Werk als im Wesentlichen vertragsgemäße Leistung körperlich entgegennimmt. Die Abnahme kann förmlich durch die Unterzeichnung eines Abnahmeprotokolls oder konkludent (schlüssiges Verhalten) erfolgen. In beiden Fällen muss gegenüber dem Unternehmer zum Ausdruck kommen, dass der Besteller die Werkleistung als im Wesentlichen vertragsgemäß anerkennt. Möglich ist auch eine fiktive Abnahme (§§ 640 Abs. 1 S. 3, § 641 a Abs. 1 S. 1 BGB).

Unternehmerpfandrecht Nach § 647 BGB steht dem Unternehmer für seine Forderungen aus dem Werkvertrag ein Pfandrecht an den *beweglichen* Sachen zu, die in seinen Besitz gelangt sind. Das Pfandrecht berechtigt ihn zur Verwertung des Gegenstandes (§§ 1257, 1234 ff. BGB). ⇒ *Pfandrechte*

Wesentlicher Bestandteil

⇒ *Gesetzlicher Eigentumserwerb*

Widerrechtlichkeit

Jede Verletzung eines fremden Rechtsgutes oder Rechtes ist widerrechtlich, es sei denn, es liegt ein Rechtfertigungsgrund vor (Einwilligung, Notwehr). *„Die Tatbestandsmäßigkeit indiziert die Widerrechtlichkeit!"* Diese Regel gilt aber nicht für Eingriffe in das *Recht am Unternehmen (RaU)* oder in das *Allgemeine Persönlichkeitsrecht (APR)*. In diesen beiden Fällen muss die Rechtswidrigkeit im

Wege einer Güter- und Interessenabwägung festgestellt werden. ⇒ *Deliktsrecht* ⇒ *Allgemeines Persönlichkeitsrecht* ⇒ *Recht am Unternehmen*

Widerruf

In zahlreichen Fällen stehen Verbrauchern Widerrufsrechte zu, insbesondere beim Fernabsatzvertrag (§§ 312 d Abs. 1, 355 BGB), bei Haustürgeschäften (§§ 312, 355 BGB) und beim Verbraucherdarlehensvertrag (§§ 495 Abs. 1, 355 BGB). Die fristgerechte Erklärung des Widerrufs hat nach § 357 Abs. 1 BGB zur Folge, dass der Vertrag gemäß §§ 346 ff. BGB rückabgewickelt wird. ⇒ *Gestaltungsrechte* ⇒ *Rücktritt* ⇒ *Anfechtung* ⇒ *Kündigung*

Willenserklärung

Begriff Eine Willenserklärung ist die Erklärung einer Person, die auf die Herbeiführung einer Rechtsfolge gerichtet ist. Erster wesentlicher Bestandteil einer Willenserklärung ist der *Rechtsbindungswille*: Dies ist der Wille, eine in rechtlicher Hinsicht verbindliche Handlung vorzunehmen, zum Beispiel einen Vertrag abzuschließen, die Kündigung eines Mietvertrags auszusprechen oder eine Anfechtung wegen arglistiger Täuschung zu erklären. Dieser Wille wird auch *Rechtsfolgewille* genannt.

Neben dieser subjektiven Komponente (Rechtsbindungswille, Rechtsfolgewillen) ist die *Erklärung* des Willens der zweite Bestandteil einer Willenserklärung (objektive Komponente). Wenn eine dieser Komponenten fehlt, liegt keine Willenserklärung vor. Deshalb ist Schweigen (Nichtreagieren) grundsätzlich keine Willenserklärung. Dies gilt, von Ausnahmen abgesehen, auch unter Kaufleuten. ⇒ *Rechtsgeschäft* ⇒ *Vertrag* ⇒ *Invitatio ad offerendum* ⇒ *Schweigen* ⇒ *Kaufmann*

Auslegung Für die Auslegung einer (unklaren) Willenserklärung kommt es nach §§ 133, 157 BGB darauf an, wie der Erklärungsempfänger die Willenserklärung nach Treu und Glauben und unter Berücksichtigung der Begleitumstände und der Verkehrssitte verstehen musste. Dieser Ansatz wird als „Auslegung vom Empfängerhorizont" bezeichnet. ⇒ *Auslegung: Verträge*

Empfangsbedürftig Die meisten Willenserklärungen sind empfangsbedürftig. Sie werden erst wirksam, wenn sie bei einem anderen ankommen, ihm also zugehen. Beispiele sind Angebot und Annahme, Anfechtung, Kündigung, Rücktritt und Widerruf. Eine *nicht* empfangsbedürftige und damit sofort wirksame Willenserklärung ist das *Testament*. ⇒ *Zugang einer Willenserklärung*

Wucher

Nach § 138 Abs. 2 BGB ist ein Rechtsgeschäft nichtig, wenn jemand sich unter Ausnutzung bestimmter Gegebenheiten für eine Leistung Vermögensvorteile versprechen lässt, die in einem auffälligen Missverhältnis zu seiner Leistung stehen. Dies wird bei einem Darlehensvertrag angenommen, wenn der Zins 100 % oder zwölf Prozentpunkte über dem Marktzins liegt. Folge ist die Unwirksamkeit der Zinsabrede, sodass keine Zinsen (auch nicht die gesetzlichen Zinsen) zu zahlen sind. Der übrige Darlehnsvertrag bleibt wirksam (Laufzeit, Tilgung).

Zugang einer Willenserklärung

Begriff Eine Willenserklärung unter Abwesenden ist nach § 130 Abs. 1 S. 1 BGB zugegangen, wenn sie in den Machtbereich des Empfängers gelangt ist *und* der Empfänger unter normalen Verhältnissen die Möglichkeit hat, vom Inhalt der Erklärung Kenntnis zu nehmen *und* nach der Verkehrsanschauung mit einer Kenntnisnahme zu rechnen ist. Außerdem darf kein vorheriger oder gleichzeitiger Widerruf erfolgen (§ 130 Abs. 1 S. 2 BGB).

Verzicht auf den Zugang Nach § 151 BGB wird auf den Zugang *der Annahmeerklärung verzichtet*, wenn die Erklärung der Annahme gegenüber dem Antragenden nach der Verkehrssitte nicht zu erwarten ist oder der Antragende auf die Erklärung verzichtet hat. Es wird nicht auf die Erklärung der Annahme, sondern *nur* auf den Zugang der Erklärung beim Antragenden verzichtet. Deshalb muss mindestens eine konkludente Annahmeerklärung vorliegen. ⇒ *Konkludentes Verhalten*

Zweckerklärung

Sicherungsabrede ⇒ *Grundschuld* ⇒ *Sicherungsübereignung*

Zulassungsbescheinigung Teil II

⇒ *Kfz-Brief*

Zwingendes Recht

Zwingendes Recht kann durch eine Vereinbarung der Parteien weder geändert noch ausgeschlossen werden. ⇒ *Dispositives Recht*

Literaturverzeichnis

Canaris, Handelsrecht, 24. Aufl., München 2006

Gildeggen/Willburger, Internationale Handelsgeschäfte. Das Recht des grenzüberschreitenden Handels, 3. Aufl., München 2010

Koch, Die Fristsetzung zur Leistung oder Nacherfüllung – Mehr Schein als Sein? – Was bleibt noch vom Fristsetzungserfordernis?; in: NJW 2010, 1636 ff.

Mehrings, Papier ist geduldig – Zur Verjährungsfrist des § 13 Nr. 4 VOB, in: MDR 1998, S. 78 ff.

Mehrings, Typische Beratungsfallen im Mietrecht – Haftungsklauseln, Schriftform, Untervermietung, in: NZM 2009, 386 ff.

Meyer, Justus, Die Insolvenzanfälligkeit der GmbH als rechtspolitisches Problem, in: GmbH-Rundschau 2004, S. 1417 ff.

Palandt, Bürgerliches Gesetzbuch, 69. Aufl., München 2010

Seggewiße, Das Kaufmännische Abtretungsverbot und seine Rechtsfolgen, in: NJW 2008, 3256 ff.

Soering, Die Entwicklung des Presse- und Äußerungsrechts in den Jahren 2000 bis 2004, in: NJW 2005, 571 ff.

Wendeling-Schröder/Stein, Allgemeines Gleichbehandlungsgesetz, 1. Aufl., München 2008

Witt, Beweislastumkehr nach § 476 BGB bei äußerlichen Beschädigungen der Kaufsache, in: NJW 2005, 3468 ff.

Sachregister

Jos Mehrings ist Professor für Wirtschaftsrecht an der Fachhochschule Münster. Davor lehrte er an der Universität Oldenburg und war fünf Jahre als Richter am Amtsgericht, Landgericht und Oberlandesgericht tätig.

Wirtschaftsprivatrecht, insbesondere Bürgerliches Recht

„Three in one" lautet das Motto dieses Buchs: Es beginnt mit einer ausführlichen **Einführung in das BGB** mit Exkursen in andere Rechtsgebiete, insbesondere ins Handels- und ins Gesellschaftsrecht. Alle Sachverhalte werden zunächst in einer verständlichen Sprache erläutert, danach werden die Probleme anhand von Beispielen verdeutlicht. Zahlreiche Klausur- und Praktikertipps begleiten den Leser, eingestreute Übungsaufgaben und „Merksätze" fordern zum aktiven Lernen auf. Ein modernes Layout unter Verwendung von Icons bietet höchsten Lesekomfort. Der zweite Teil enthält eine ausführliche Anleitung zur **Bearbeitung von Klausuren** samt zehn Klausuren mit **Musterlösungen.** Ein **Glossar** mit 150 wichtigen Begriffen dient der **gezielten Klausurvorbereitung**. Ein ausführliches **Sachregister** macht das Buch zu einem **Nachschlagewerk,** insbesondere für Praktiker.

Aus Rezensionen zur 1. Auflage:

„Geniale Prüfungs- und Praxistipps machen Recht spannend und einfach".

„Klar verständlich, prägnant und dabei humorvoll bringt Mehrings die z.T. trockene Materie auf den Punkt".

„Dieses Buch ist Unternehmern zu empfehlen, da die Praxishinweise sehr wertvolle Tipps und Tricks aus jahrelanger Richtertätigkeit enthalten. Tolles Preis-/Leistungsverhältnis."

VAHLENS
ONLINE
MATERIALIEN

Dozenten und Studierende finden Zusatzmaterialien zu diesem Buch auf www.vahlen.de

ISBN 978-3-8006-3794-2
9 783800 637942 € 29,80

www.vahlen.de